प्रदीप गर्ग

प्रदीप गर्ग गणित के विद्यार्थी रहे और फिर दर्शनशास्त्र की भी पढ़ाई की, लेकिन उनका विशेष अनुराग हमेशा इतिहास के साथ ही रहा। इतिहास में वे जैसे-जैसे गहरे उतरते गए, कई अनुत्तरित प्रश्न उनके मन में उत्पन्न होते चले गए। उन प्रश्नों के उत्तर की खोज ने अकबर के जीवन पर आधारित औपन्यासिक वृत्तान्त 'A Forgotten Legacy' को जन्म दिया। 'शहंशाह अकबर : एक अनमोल विरासत' इसी पुस्तक का अनुवाद है। यह अनुवाद उन्होंने स्वयं किया है। उनकी एक और पुस्तक 'तथागत फिर नहीं आते' गौतम बुद्ध के जीवन पर आधारित है।

ई-मेल : pradeepgarg10@yahoo.in

शहंशाह अकबर

एक अनमोल विरासत

प्रदीप गर्ग

लोकभारती पेपरबैक्स

मूल कृति 'A Forgotten Legacy' का अनुवाद

लोकभारती पेपरबैक्स में
पहला संस्करण : 2024

लोकभारती पेपरबैक्स : उत्कृष्ट साहित्य के लोकप्रिय संस्करण

लोकभारती प्रकाशन
पहली मंजिल, दरबारी बिल्डिंग, महात्मा गांधी मार्ग
प्रयागराज-211 001
द्वारा प्रकाशित

शाखाएँ : 1-बी, नेताजी सुभाष मार्ग, दरियागंज, नई दिल्ली-110 002
अशोक राजपथ, साइंस कॉलेज के सामने, पटना-800 006
1, अनमोल सोराबजी संतुक लेन, धोबी तलाव, मरीन लाइंस, मुम्बई-400 002
वेबसाइट : www.lokbhartiprakashan.com
ई-मेल : info@lokbhartiprakashan.com

विकास कंप्यूटर एंड प्रिंटर्स
ट्रॉनिका सिटी-201 102
द्वारा मुद्रित

मूल्य : ₹650

SHAHANSHAH AKBAR : EK ANMOL VIRASAT
Novel by Pradeep Garg

ISBN : 978-81-19996-53-7

उन सभी को
जो कट्टरपंथी और संकीर्ण सोच के ख़िलाफ़ जंग में भागीदार हैं

क्रम

परिशिष्ट

भूमिका

वर्ष 2012 में अकबर पर मैंने एक किताब पढ़ी थी, एक औपन्यासिक जीवनी। यह किताब लगभग पूरी ही उसके शिकार के शौक़ तथा मैदान-ए-जंग में व बिस्तर पर उसके कारनामों को ही समर्पित है। इसमें उसका किरदार एक ख़ूँखार, युद्धपिपासु, वहशी इनसान का है जो रोज़ रात अपनी पहली हिन्दू पत्नी का बलात्कार किया करता है। किताब पढ़कर न सिर्फ़ बेहद नाउम्मीदी हुई मुझे बल्कि लेखक के प्रति क्रोध से भी मैं भर उठा। तब मैंने गूगल और अमेज़न पर जाकर यह मालूम करने की कोशिश की क्या और भी किताबें हैं अकबर के जीवन पर औपन्यासिक शैली में लिखी गईं? आश्चर्यजनक रूप से सिर्फ़ एक ही ऐसी किताब मुझे उपलब्ध हो पाई और उसे पढ़कर भी निराशा ही हाथ लगी। यह किताब बेहद लम्बे व ऊबाऊ ख़तों की शक्ल में है जिन्हें एक अनपढ़ बादशाह ख़ुद अपने हाथों से लिखता है। इन ख़तों में वह उसके द्वारा किए गए यौनाचारों के अभद्र, अश्लील और उद्दीप्त करनेवाले विवरण विस्तार के अतिरेक के साथ अपने बेटे सलीम को लिखते हुए गर्व अनुभव करता हुआ प्रतीत होता है। और अपनी 'कजिन' सलीमा को 'डिनर' के लिए बुलावा भेजकर वह ख़ुद उसके लिए प्याले में शराब उँडेलता है। इतना ही नहीं तो इन दोनों ही किताबों में तथ्यात्मक त्रुटियों की अविश्वसनीय रूप से भरमार है।

मैं विचलित था और अचम्भित भी। क्यों किसी भारतीय लेखक ने (ये दोनों किताबें यूरोपियन लेखकों की हैं) हिन्दुस्तान के महानतम शासकों में गिने जानेवाले बादशाह का कोई ढंग का जीवन चरित्र लिखने में रुचि नहीं दिखाई? अकबर न सिर्फ़ एक महान साम्राज्य का संस्थापक था बल्कि वह ऐसी शख़्सियत का मालिक भी था, हिन्दुस्तान को लेकर जिसकी परिकल्पना आश्चर्यजनक रूप से आधुनिक और प्रगतिशील थी। अन्धविश्वासों और विचित्र धारणाओं के काल में उस बुद्धिवादी बादशाह ने न केवल इस देश में पुनर्जागरण का सूत्रपात किया बल्कि आधुनिक भारत के निर्माता कहे जानेवाले राजा राममोहन राय से तीन शताब्दी पहले ही सामाजिक सुधारों के कार्यक्रमों की शुरुआत करने की भी यथासम्भव कोशिश की।

गुप्त सम्राटों के पश्चात एक हज़ार साल तक आपस में लड़ते-भिड़ते रहनेवाले छोटे-छोटे राज्यों को जोड़कर एक शक्तिशाली हिन्दुस्तान का निर्माण करके उसने निश्चित ही शान्ति एवं समृद्धि के नए युग का आरम्भ इस देश में किया। उसकी इस नीति की वजह से ही बीती सदियों में बारम्बार होनेवाले उन विदेशी आक्रमणों से भी इस देश को मुक्ति मिली, जिनमें सैकड़ों-हज़ारों हिन्दुस्तानी क़त्ल होते। उन्हें बेरहमी से लूटा जाता। अमीर और इज़्ज़तदार ख़ानदानों तक की औरतें बलात्कार का शिकार होतीं। बच्चे भी

इस पाशविक कृत्य से नहीं बच पाते। और फिर ज़ंजीरों में जकड़े हुए अकल्पनीय क्रूरता के साथ घसीटे जाकर किसी दूर देश में ग़ुलामी की ज़िन्दगी जीने और रोज़ के ज़ुल्म सहने के लिए मजबूर किए जाते। ग्यारहवीं सदी में महमूद गज़नवी ने यही किया, बारहवीं सदी में मुहम्मद गौरी ने इसे दोहराया और चौदहवीं सदी में तैमूर लंग ने। इस नारकीय यंत्रणा से हिन्दुस्तानियों को राहत उसने ही तो दिलाई!

इतना ही नहीं, सदियों से हिन्दुस्तान में मुसलमान शासकों की हुकूमत में धार्मिक प्रताड़ना झेलते चले आ रहे निरीह हिन्दुओं का त्राता भी वही बना। हमेशा ही आपस में भिड़ते रहनेवाले, अपनी शक्ति के मिथ्या अहंकार में भरे हुए, दूसरे हिन्दू राजाओं के पतन को बेताब और उनके इलाक़ों पर अपना क़ब्ज़ा जमाने के लिए भी—ऐसे हिन्दू राजाओं के पास इस प्रताड़ना से अपनी हिन्दू प्रजा को मुक्ति दिलाने के लिए वक़्त ही कहाँ था?[1]

हिन्दुओं को और बाक़ी धर्मों व सम्प्रदायों के अनुयायियों को भी अकबर ने न केवल अपने विश्वासों के अनुरूप जीवनयापन की पूरी आज़ादी दी बल्कि मुसलमानों के साथ पहली बार बराबरी का दर्जा उन्हें दिया और जिज़्या को समाप्त करके आत्मसम्मान की अनुभूति भी। और यह भी अकबर ही था जिसने हिन्दुस्तान के सभी धर्मों व सम्प्रदायों के माननेवालों का राजनीतिक, सांस्कृतिक और धार्मिक समावेशीकरण करने की नीति का सूत्रपात किया, जिसके नतीजे में पुष्पित हुई हमारी वह गंगा-जमनी तहज़ीब और पल्लवित हुई हमारे संस्कारों में वह उदारता और सहिष्णुता जिसे गर्व के साथ हम अपने देश की अनन्य व विशिष्ट परम्परा कहते हुए नहीं अघाते। उसकी इस नीति ने ही इस देश में वह ज़मीन तैयार की जिस पर समस्त धार्मिक, सांस्कृतिक एवं सामाजिक वैभिन्न्य और विरोध के बावजूद अनेकता में एकता की भावना का पौधा हमारे विचारकों व नेताओं ने रोपा और जिस पर ही भारत के एक राष्ट्र होने की अनुभूति फलीभूत हुई। इस भावना के अभाव में आज़ादी के लिए अंग्रेज़ों के ख़िलाफ़ हमारा संघर्ष सम्भव ही नहीं था।

मगर यह विचित्र विडम्बना है कि इस प्रायद्वीप पर न्यायपूर्ण सुशासन करनेवाला अकबर आज भारत और पाकिस्तान दोनों देशों में खलनायक घोषित हो रहा है। भारतीय उपमहाद्वीप के पूरे इतिहास में तो वह अकेला ही शायद ऐसा बदनसीब किरदार है। पाकिस्तान की स्कूली किताबों में अकबर का नाम मुस्लिम शासकों की सूची में न होकर एक ऐसे शख़्स के रूप में दर्ज है जो काफ़िर हो गया था और जिसने इस्लाम के ख़िलाफ़ एक के बाद एक कई साज़िशें रचीं। जिसने हिन्दू व मुस्लिम दोनों क़ौमों को उनकी मर्ज़ी के ख़िलाफ़ जाकर एक साथ लाने की नापाक कोशिशें कीं। और भारत में टेलीविज़न पर और सोशल मीडिया में उसकी छवि को एक रक्तपिपासु, सदैव षड्यंत्र रचने में लिप्त, लुटेरा, बलात्कारी मुसलमान आक्रान्ता के रूप में गढ़ने के अनथक प्रयास अनवरत जारी हैं। खेद का विषय यह है कि इसे ही असल इतिहास समझा जा रहा है और अकबर की बहुमूल्य विरासत को हम भुलाते जा रहे हैं।

---

1. हिन्दू धर्मग्रन्थों के अनुसार जो राजा अपनी प्रजा की रक्षा न कर सके वह राजा बने रहने का अधिकारी नहीं। हिन्दुस्तान में तो अपनी प्रजा की दुर्दशा के लिए हिन्दू राजा सीधे-सीधे ज़िम्मेदार थे। देखें, 'टिप्पणियाँ।'

अकबर की इस कहानी का प्रारूप तो उपन्यास का है मगर इतिहास के तथ्यों से इसमें ज़रा भी न तो छूट ली गई है और न ही तनिक भी छेड़छाड़ की गई है। इस किताब के लेखन के लिए मैंने अधिकांशत: तत्कालीन मूल स्रोतों का ही सहारा लिया है, मगर साथ ही आधुनिक स्रोतों को भी मैंने पर्याप्त महत्त्व दिया है। और उन स्रोतों का विस्तृत अध्ययन तथा उनकी समालोचना करने के पश्चात मैंने वे तथ्य चुने जो प्रामाणिक प्रतीत होते थे। ऐसे ही तथ्यों के आधार पर मैंने यह कहानी बुनी है जो केवल बादशाह अकबर की ही नहीं बल्कि एक पुत्र, मित्र, प्रेमी, पति और पिता की कहानी भी है।

इस कहानी को लिखते हुए भारत के उन सभी स्थानों का भ्रमण भी मैंने किया जिनके साथ अकबर के विशेष सम्बन्ध रहे। अजमेर में ख़्वाजा मोइनुद्दीन चिश्ती की दरगाह व अकबरी क़िला। दिल्ली में ख़्वाजा निज़ामुद्दीन औलिया की दरगाह, अमीर ख़ुसरो की मज़ार, हुमायूँ का मक़बरा। आगरा में लाल क़िला और सिकन्दरा में उसका मक़बरा। फ़तेहपुर सीकरी तो मैं पाँच बार गया और दिन-दिन भर क़िले में मैं भटकता, घूमता रहा और सीकरी में दो रातें भी मैंने बिताईं इस उम्मीद में कि अकबर और उसके दौर के सम्बन्ध में कोई प्रेरणा प्राप्त कर सकूँ। चित्तौड़गढ़, रणथम्भौर इत्यादि भी मेरे गन्तव्य स्थल रहे।

सच्चाई के निकट रहने के लिए जहाँ तक सम्भव हो सका मैंने सभी पक्षों पर ध्यान देने की कोशिश की है। एक तरफ़ तो अबुल फ़ज़ल है जिस पर अकबर की चाटुकारिता का कुछ हद तक सही ही आरोप लगाया जाता है। किन्तु साथ ही मूर्धन्य इतिहासकार इस बात के लिए उसकी तारीफ़ भी करते हैं कि तथ्यों के साथ उसने कोई समझौता नहीं किया है व उसकी चाटुकारिता तथ्यों की व्याख्या तक ही सीमित रही है।[1] दूसरे छोर पर इस्लामिक कट्टरपन्थी मुल्ला बदायूँनी है जो अबुल फ़ज़ल का समकालीन व अकबर के दरबार में उसका प्रतिद्वंद्वी था और पदोन्नति में उससे बहुत पिछड़ जाने की वजह से कुंठाग्रस्त भी। अकबर का वह प्रखरतम आलोचक था और अकबर की निन्दा व बुराई करने का न केवल कोई मौक़ा हाथ से नहीं जाने देता था, बल्कि ऐसे मौक़े कई बार ईजाद भी कर लिया करता था।[2] अत: अपनी धारणाओं को सन्तुलित बनाए रखने के लिए अबुल फ़ज़ल द्वारा रचित *अकबरनामा* और *आईने अकबरी* में

1. अबुल फ़ज़ल की विश्वसनीयता के विषय में ईस्ट इंडिया कम्पनी के लेफ्टिनेंट गवर्नर एल्फिंसटन माउंटस्टुअर्ट का, जिसने वर्ष 1841 में दो खंडों में भारत का इतिहास लिखा था, कथन है : आईन-ए-अकबरी की प्रस्तावना में, जो हाल ही में इंग्लैंड पहुँची है, श्री ब्लोख्मन कहते हैं : 'अबुल फ़ज़ल पर यूरोपीय लेखकों ने चापलूसी का, यहाँ तक कि जान-बूझकर उन तथ्यों को छुपाने का जो उसके मालिक की प्रतिष्ठा को क्षति पहुँचाते थे, अकसर ही इल्ज़ाम लगाया है। अकबरनामा का अध्ययन बता देगा कि यह आरोप पूर्णत: बेबुनियाद है। उसका (अबुल फ़ज़ल का) दोष आलंकारिक आडंबरपूर्णता है, न कि खुशामद।' (एच. एम. इलियट एंड जॉन डौसन भारत का इतिहास जैसा इसके अपने इतिहासकारों ने बताया भाग 6 पृष्ठ 7-8। Low Price Publications वर्ष 2001 में पुनर्मुद्रित)। देखें, 'टिप्पणियाँ'।
2. बदायूँनी ने अपनी किताब मुन्तख़बुल तवारीख़ में इतिहास लेखन के साथ ही कहानी-क़िस्सों, ख़ास तौर पर ऐसे जिन्हें चटखारे लेकर कहा जा सकता हो, और शेरोशायरी में भी काफ़ी दिलचस्पी दिखाई है बजाय इतिहास के। देखें, 'टिप्पणियाँ'।

वर्णित तथ्यों की तुलना और उनकी प्रामाणिकता की जाँच मुल्ला बदायूँनी द्वारा लिखे गए *मुन्तख़ब-उत तवारीख़* में उपलब्ध तथ्यों के साथ करते हुए चलने का मैंने अपनी तरफ़ से ईमानदार प्रयास किया है।

इस कहानी में मैंने उस महान शासक की अन्तर्यात्रा का भी समावेश किया जिसका चरित्र 'प्लेटो' रचित पुस्तक *रिपब्लिक* में परिकल्पित *दार्शनिक राजा* से काफ़ी मिलता-जुलता है। इसके लिए मैंने अन्य पुस्तकों के अतिरिक्त *कमेंटरी ऑफ़ फादर मोंसरेट* का सहारा लिया है जो उन जेसुइट मिशनरीज के अनुभवों की दास्तान है जो अकबर के साथ फ़तेहपुर सीकरी में बिताए गए तीन वर्षों में उन्हें प्राप्त हुए थे। उन्हीं दिनों फादर पियरे डू जैरिक भी फ़तेहपुर सीकरी में थे जिनकी पुस्तक *अकबर एंड दि जेसुइट्स* में भी इस सम्बन्ध में कई विवरण मुझे प्राप्त हुए। फिर एक और पुस्तक है *दबिस्तान-ए-मज़ाहिब* जो सम्भवत: अकबर की मृत्यु के चालीस वर्षों के भीतर ही किसी अज्ञात लेखक द्वारा लिखी गई थी। इस अज्ञात लेखक ने अपना पूरा वयस्क जीवन पूरे हिन्दुस्तान में घूमते हुए और सभी प्रचलित, अप्रचलित धर्मों व सम्प्रदायों के गुरुओं के साथ चर्चा करते हुए, उनके दर्शन और उनके सिद्धान्तों को समझते और उन पर विचार करते हुए ही बिता दिया था। उसने अकबर का नाम लिये बिना *फ़तेहपुर सीकरी* के 'इबादतखाना' में उसके द्वारा बुलवाए गए इतिहास के सर्वप्रथम 'विश्वधर्म सम्मेलन' में हुए वाद-विवाद को और विभिन्न धर्मों के जानकारों के साथ अकबर की चर्चाओं को इस किताब में जीवित करने का प्रयास किया है। इस तरह की चर्चाओं के कुछ अंश अबुल फ़ज़ल की पुस्तकों में भी हैं और इन चर्चाओं और विवादों का दूसरा पक्ष मुल्ला बदायूँनी ने अपनी किताब में काफ़ी विस्तार के साथ दिया है। इस किताब में अधिकांश मुद्दे मैंने इन सब पुस्तकों के आधार पर ही रचे हैं।

इन सारे वाद-विवादों और चर्चाओं के माध्यम से ही इस पुस्तक में अकबर के आध्यात्मिक विकास की रूपरेखा बनाने का मैंने प्रयास किया है। उसका सूफ़ीवाद के प्रभाव में आना और फिर उसमें गहराई तक उतरना, हिन्दू धर्म के प्रति उसका रुझान बढ़ना—विशेष रूप से सूफ़ीवाद और अद्वैतवाद में साम्य देखकर। और जो एक समय में उतना ही रूढ़िवादी और कट्टर मुसलमान था जितना कि कोई हो सकता है, उसका शनैः-शनैः धार्मिक बहुलतावाद को अंगीकार करते चले जाना। और आख़िर में उसका सुलह-ए-कुल या सार्वजनीन सहिष्णुता के सिद्धान्त को अपनाना जो आगे जाकर उसकी धर्मनिरपेक्ष नीति का आधार बना। यहाँ पर ध्यान देने की बात यह भी है कि उसकी धर्मनिरपेक्षता आयातित नहीं थी। क्योंकि तब तक विश्व में कहीं भी, यूरोप में भी नहीं, धर्मनिरपेक्ष शासन का अस्तित्व ही नहीं था![1] और अकबर ने तो इससे भी आगे बढ़कर सर्वधर्म समभाव की नीति को अपनाया जो कि आज स्वतंत्र भारत के संविधान के बुनियादी सिद्धान्तों में से एक है।

---

1. 'दरअसल, जिस सीमा तक धार्मिक सहिष्णुता और नागरिक असमानताओं से आजादी अकबर ने सोलहवीं शताब्दी के भारत में अपनाई थी, वह इंग्लैंड में उन्नीसवीं शताब्दी के उत्तरार्ध के पहले हासिल नहीं हो पाई।' —*The Religious Policy of the Mugal Emperors* by Sri Ram Sharma, Munshiram Manoharlal Publishers, New Delhi, पृष्ठ 49, तृतीय संस्करण 1988

उसके व्यक्तित्व के इस पहलू में सर्वाधिक महत्त्वपूर्ण तथ्य यह है कि उसकी यह नीति सुविधा की नीति नहीं थी, और न ही यह अवसरवाद था। वह अपनी अन्तरात्मा की गहराइयों से धर्मनिरपेक्ष था। और इस धर्मनिरपेक्षता पर उसने एक बार नहीं कई बार अपना सिंहासन तक दाँव पर लगा दिया। उसके व्यक्तित्व के इस पक्ष को सामने लाने में *इंशा-ए-अबुल फ़ज़ल* अत्यन्त सहायक रही जो कि उन पत्रों का संग्रह है जो अन्य देशों के शासकों, उसके सिपहसालारों और अपने बेटों को अकबर ने अबुल फ़ज़ल से लिखवाए थे।

इस पुस्तक का फ़लक अकबर की पूरी ज़िन्दगानी है, पैदा होने से लेकर उसके इन्तक़ाल तक। उसका उदास और तनहा बचपन। पिता को खोकर एक अनजान देश में भय और असुरक्षा से जूझता कैशौर्य। यौवन की दहलीज़ पर प्रेम की उमंग, निराशा व हताशा। फिर साज़िशों के जंगल से और कई लड़ाइयों के इम्तिहान से गुज़रकर हिन्दुस्तान का साम्राज्य खड़ा करना और अपनों का विरोध सहकर भी उसे एक धर्मनिरपेक्ष राज्य का रूप देना। इसके साथ ही तत्कालीन हिन्दुस्तान का सजीव चित्रण भी इस पुस्तक में है। उस समय की राजनीति व कूटनीति, व्यापार एवं अर्थव्यवस्था, धार्मिक परम्पराएँ और रीति-रिवाज, संस्कृति व लोकाचार, निर्धन ग्रामीणों और धनवान नगरवासियों का रहन-सहन।

किन्तु इसे अकबर की मात्र जीवनगाथा समझ लेना इस पुस्तक के प्रति अन्याय होगा। यह पुस्तक उसके जीवन में घटित छोटी और मामूली समझी जानेवाली घटनाओं की कोख़ में जाकर यह जानने की कोशिश भी करती है कि उसका जो व्यक्तित्व बना वह कैसे बना। कैसे उसके अन्तर में पहले हिन्दू धर्म और फिर दूसरे धर्मों के प्रति सद्भाव उत्पन्न हुआ। कैसे उसके तार्किक मस्तिष्क ने परम्परागत रूढ़ियों की ज़ंजीरों को तोड़कर उस 'बुद्धिवादी' युग का आरम्भ हिन्दुस्तान में किया जो यूरोप में पचास से भी अधिक वर्षों बाद आया। ऐसा क्या हुआ जो उसने हिन्दू समाज में व्याप्त कुरीतियों को समाप्त करने का बीड़ा उठा लिया। और कैसे कठमुल्लेपन व निहित स्वार्थों से कठिन संघर्ष कर इस देश में वे उदारचरित धार्मिक सुधार उसने लागू किए जिनकी कल्पना तक दूसरे देश उस कालखंड में नहीं कर सकते थे।

मगर इस सबको अंजाम तक पहुँचाने के लिए एक जीवन कम था और वह एक हताश व्यक्ति की तरह इस दुनिया से रुख़्सत हुआ। दरअसल, अपने वक़्त से वह कई सदियाँ आगे था और इसलिए अपने संघर्ष में नितान्त अकेला। यह पुस्तक उसके इसी एकाकी संघर्ष की गाथा है—धर्मान्धता, कट्टरपन, व अबुद्धिवादिता के ख़िलाफ़।

इस किताब को लिखते वक़्त बारीक से बारीक तथ्य का ध्यान रखने की मैंने भरसक कोशिश की है। अकबर की ज़िन्दगी की सभी मुख्य घटनाओं का इसमें समावेश किया गया है और उससे सम्बन्ध रखनेवाले सभी व्यक्तियों का भी। इतना ही नहीं यह सारी मुख्य घटनाएँ, और अधिकांश गौण घटनाएँ भी, पूर्ण रूप से इतिहाससम्मत हैं। इसमें आए सारे किरदार भी ऐतिहासिक हैं। कल्पना का सहारा मैंने निश्चित ही लिया है, रोचकता बनाए रखने के लिए भी और वहाँ भी जहाँ तथ्य उपलब्ध नहीं थे। लेकिन इस बात को ध्यान में रखते हुए कि उस कल्पना में शेष उपलब्ध प्रामाणिक

तथ्यों से कोई विरोधाभास या विसंगति न उत्पन्न हो और कल्पना बुद्धिसंगत रहे।[1]

इस पुस्तक में आए अकबर के सभी फ़रमान इतिहास में दर्ज हैं और जो ख़त उसके द्वारा भेजे गए दिखाए हैं वे भी। *आईने अकबरी* में दिए गए उसके कई बयान भी जस के तस मैंने रख दिए है। यह फ़रमान, ख़त और बयान जिस रूप में मूल फ़ारसी स्रोतों के अंग्रेज़ी अनुवाद में थे, तक़रीबन वैसा का वैसा ही उन्हें मैंने उनके हिन्दी अनुवाद में पेश करने की कोशिश की है। जहाँ भी यह शक हुआ कि किसी विषयवस्तु को लेकर पूर्वग्रह का आरोप लग सकता है अथवा उसकी प्रामाणिकता पर सन्देह हो सकता है, वहाँ उसके स्रोत और उसके पीछे मेरे तर्क इस किताब के अन्त में परिशिष्ट में 'टिप्पणियाँ' में दिए गए हैं।

मैं *एशियाटिक सोसाइटी ऑफ़ बंगाल* और *इंटरनेट आर्काइव* का बेहद शुक्रगुज़ार हूँ जिनकी वेबसाइट पर अकबर के काल में लिपिबद्ध हुए वे अनेक यात्रा-वृत्तान्त और इतिहास की वे पुस्तकें मैं पा सका जो अब अप्राप्य हैं। मैं 'गूगल' को भी धन्यवाद देता हूँ जो मुझे कई विद्वत्तापूर्ण शोधपत्रों तक ले गया, और उन विद्वानों का भी जिन्होंने गहन खोज के पश्चात उन शोधपत्रों में दी गई महत्त्वपूर्ण जानकारियाँ जुटाईं। उन सभी इतिहासकारों, तत्कालीन और अर्वाचीन, का भी मैं आभारी हूँ, इस पुस्तक को लिखने में जिनकी पुस्तकें मेरी सहायक बनीं और जिनमें दी गई सामग्री का मुक्तहस्त से इस पुस्तक में मैंने उपयोग भी किया है।

अपनी इस पहली किताब को लिखने के लिए मेरी पुत्री वंशिका, पुत्र अगम तथा मित्रगण आलोक जौहरी, संजीव बोकिल, प्रदीप जोशी, आलोक गुप्ता व राजेन्द्र भार्गव से मिला प्रोत्साहन मेरे लिए अमूल्य था। किन्तु इस पुस्तक का इस रूप में बिना मेरे अभिन्न मित्र आलोक त्यागी द्वारा की गई सृजनात्मक समालोचना एवं मुझमें आत्मविश्वास जगानेवाली प्रेरणा के अभाव में अस्तित्व में आना सम्भव नहीं था। उनकी पत्नी ममता त्यागी द्वारा दिए गए सुझाव भी मेरे लिए अत्यन्त सहायक रहे।

आशा करता हूँ कि यह पुस्तक गुणग्राही पाठकों की आशाओं पर खरी उतरेगी।

मकर संक्रान्ति
15 जनवरी, 2024

—प्रदीप गर्ग

[2016 में प्रकाशित मूल कृति 'A Forgotten Legacy' की संशोधित भूमिका]

---

1. यहाँ मैं सॉमरसेट माम की किताब *Razor's Edge* से उद्धरण देने का लोभ नहीं संवरण कर पा रहा हूँ : 'मैंने वही छूट ली है जो हेरोडोटस के ज़माने से इतिहासकार लेते आ रहे हैं, अपनी कहानी में किरदारों के मुँह में वे शब्द डालने की—जो न तो मैंने सुने और न ही सम्भवत: मैं सुन सकता था। यह उसी वजह से मैंने किया जिस वजह से इतिहासकार करते आए हैं, दृश्यों को जीवन्तता और सत्याभास देना जो प्रभावहीन रहते अगर उनका सिर्फ़ वर्णन किया गया होता। और मैं पढ़ा जाना चाहता हूँ।...'

हिन्दुस्तानी संस्करण की प्रस्तावना

अकबर के ज़माने में क्योंकि हिन्दी का वजूद ही नहीं था और आम लोगों की ज़बान ब्रज, अवधी और खड़ीबोली का मिला-जुला रूप हिन्दवी थी या फिर रेख़्ता[1] जो बाद में उर्दू ज़बान कहलाई, इसलिए मूल अंग्रेज़ी में प्रकाशित अपनी पुस्तक *A Forgotten Legacy*[2] का यह अनुवाद मैंने हिन्दुस्तानी ज़बान में करने की कोशिश की है जो उस समय अकबर, उसके दरबारी और बाक़ी तालीम-याफ़्ता लोगों द्वारा बोली जाने वाली ज़बान के सबसे क़रीब है। और यह भी है कि अकबर और उसके उमरा व उलेमा के बीच संवाद हिन्दी भाषा में बेतुके लगते। इस्लाम का अक़ीदा, उससे ताल्लुक़ रखने वाला फ़लसफ़ा और क़ुरआन की आयतें तथा अहादीस जिनका ज़िक्र इस किताब में कई जगह हुआ है, यह सब तो हिन्दी में कह पाना बिलकुल भी सम्भव नहीं था। और कहने की कोशिश करता भी तो वह बेमेल ही नज़र आता। मगर जहाँ तक हो पाया उर्दू के सिर्फ़ वही शब्द मैंने इस्तेमाल किए हैं जिन्हें समझ पाना हिन्दी-भाषियों के लिए सुगम हो। फिर भी कुछ मुश्किल शब्द इस्तेमाल करने ही पड़े, ख़ास तौर पर धर्म और दर्शन पर हुए वाद-विवादों और व्याख्यानों में। इनके हिन्दी अर्थ पाद-टिप्पणियों में हैं और इन सब शब्दों के हिन्दी अर्थ परिशिष्ट 'हिन्दी अर्थ' में भी दे दिए गए हैं।

सर्वप्रथम तो डॉ. सुरेश मिश्र जी का मैं स्मरण करना चाहता हूँ, कोरोना की महामारी ने जिन्हें हमसे छीन लिया। वे उच्च कोटि के इतिहासकार और पचासों शोधपूर्ण पुस्तकों के लेखक तो थे ही, लेकिन इनसान वे उससे भी उच्च कोटि के थे। उनका हँसता हुआ चेहरा मेरी स्मृतियों से कभी ओझल नहीं होने पाएगा। इस पुस्तक की अहमियत को पहचाननेवाले वे प्रथम पाठक थे, और मुझे प्रेरित कर मेरा आत्मविश्वास बढ़ाने वाले भी। उनकी कमी बहुत खलती है और सदा ही खलती रहेगी। उन्हें शत शत नमन!

फिर मैं हिन्दी साहित्य के प्रखर आलोचक, विचारक एवं कवि श्री विजयबहादुर सिंह जी का आभार प्रकट करना चाहता हूँ जिनके प्रोत्साहन और सहयोग से ही यह अनुवाद सम्भव हो पाया है। उनसे जो स्नेह और प्रेरणा मुझे मिलती रही है, वह अमूल्य है। उनका हृदय से आभार!

अकबर के विषय में जिन दो पुस्तकों को पढ़कर मैं क्षुब्ध व निराश हुआ था और जिनका ज़िक्र उक्त 'भूमिका' में मैंने किया है, उनके नाम भी अब मैं ज़ाहिर कर देना

1. इस पुस्तक के विषय में अधिक जानने के लिए देखें : www.facebook.com/Akbar.ForgottenLegacy/
2. देखें, 'टिप्पणियाँ'।

चाहता हूँ। पहली पुस्तक है *Empire of the Moghul*—लेखक हैं Alex Rutherford और दूसरी है *The Emperor's Writings*—लेखक हैं Dirk Collier[1] मेरी समझ में इतिहास-आधारित उपन्यास-लेखन का उद्देश्य होना चाहिए तथ्यों से समझौता किए बग़ैर इतिहास का वह पहलू उजागर करने की कोशिश जो सिर्फ़ और सिर्फ़ तथ्यों तक सीमित इतिहासकार नहीं कर सकता, क्योंकि उन तथ्यों में छिपे 'between the lines' निहितार्थ इतिहास के दायरे में नहीं आते। जिस तरह विज्ञान की हद के आगे फ़लसफ़ा शुरू होता है, उसी तरह मेरी राय में इतिहास की हद के आगे ऐतिहासिक आख्यान की शुरुआत होती है। और ऐसी बहुत सी बातें जिन पर यक़ीन करने के बावजूद इतिहासकार नहीं कह सकता, आख्यान कहने वाला न सिर्फ़ कह जाता है बल्कि प्रभावी ढंग से वह कह पाता है।

उक्त भूमिका में मैंने कहा था कि इस पुस्तक में आए सारे किरदार भी ऐतिहासिक हैं। यहाँ मैं अपने कथन को तनिक संशोधित करना चाहता हूँ। इस पुस्तक में वर्णित सभी चरित्र ऐतिहासिक हैं व उनके नाम भी वास्तविक हैं, सिवा एक नज़रीन के, जिसका नाम भले ही काल्पनिक है मगर वह किरदार नहीं, और दूसरे हरिया व उसकी पत्नी धनिया के जिनके किरदार व नाम तो काल्पनिक हैं मगर वे उस दौर के आम इनसान की नुमाइन्दगी ही करते हैं।

अब कर्नल टॉड और उनकी पुस्तक *Annals & Antiquities of Rajasthan* के बारे में भी मैं कुछ कहना चाहता हूँ, जिसमें कहे गए 'क़िस्सों' ने अकबर को लेकर ज़बर्दस्त आक्रोश भरे विवादों को जन्म दे दिया है।

राजपूतों के इतिहास के लिए अपनी पुस्तक में जिन स्रोतों का कर्नल टॉड ने इस्तेमाल किया, वे उसकी भूमिका में दिए गए हैं : अबुल फ़ज़ल का *अकबरनामा,* कल्हण द्वारा रचित *राजतरंगिणी,* महर्षि व्यास रचित *महाभारत, पुराण* व *रामायण* के अलावा *रासो* या राजाओं के कवित्वपूर्ण आख्यान, मन्दिरों को प्रदत्त दानपत्रों के विषय में ब्राह्मणों द्वारा दिए गए विवरण तथा जैसलमेर, मारवाड़, मेवाड़, कोटा, बूँदी व जयपुर राज्यों व उनके राजाओं के विषय में भारी-भरकम काव्य व ख्यातियाँ जैसे *विजय विलास, सूरज प्रकास, राज रत्नाकर, पृथ्वीराज रासो, खुमान रासो, राज प्रकास, मान चरित, जय विलास* आदि तथा अम्बर के राजा जयसिंह के पुस्तकालय से प्राप्त सामग्री भी। इन स्रोतों में से सिवा *अकबरनामा* व *राजतरंगिणी* के किसी भी स्रोत को सही अर्थों में इतिहास नहीं स्वीकारा जा सकता। शायद इसी वजह से उनकी लिखी पुस्तक का शीर्षक भी उन्होंने राजपूताना का इतिहास नहीं दिया बल्कि उसे *Annals & Antiquities of Rajasthan* कहा। इंग्लैंड के राजा जॉर्ज चतुर्थ को यह पुस्तक समर्पित करते हुए भी वे स्वयं को 'annalist' ही कहते हैं।

राजपूताना के चारणों की बुलन्द आवाज़ और जोशीले अन्दाज़ में उनसे सुनी गई उनके सरपरस्त और पालनहार राजाओं की प्रशस्ति और उन राजपूत राजाओं के वंशजों द्वारा दी गई मौखिक जानकारी ही उनके कदाचित सर्वाधिक महत्त्वपूर्ण स्रोत रहे, जैसा

1. इन दोनों ही किताबों से निराश होने की वजह से मैंने 'टिप्पणियाँ' में इनके बारे में विस्तार से बताया है और गम्भीर तथ्यात्मक त्रुटियों को भी सन्दर्भ सहित लिखा है।

कि उनकी पुस्तक की भूमिका कहती है, साथ ही उन राजाओं के वंशजों द्वारा उपलब्ध कराए गए दस्तावेज़ व ख़तो-किताबत भी। *अकबरनामा* से वे ज़रा मायूस थे क्योंकि उसमें राजपूताना के देशी राजाओं के बारे में ज़्यादा जानकारी उन्हें नहीं मिल सकी, जो कि उनका मक़सद था। किन्तु वे अपनी पुस्तक की भूमिका में ईमानदारी से यह भी क़बूल करते हैं कि 'इन चारण-श्रुत वृत्तान्तों में सबसे बड़ा दोष यह है कि यह पूरी तरह युद्ध में रणभूमि पर दिखाए गए उनके नायकों के कारनामों तक ही सीमित हैं।" फिर आगे जाकर वह यह भी कहते हैं कि 'दरबार में होने वाली साज़िशों और छिछोरेपन की हरकतों में चारण के गहराई तक संलिप्त होने की वजह से वह उसके नायक के कृत्यों पर संयमित निर्णय देने में समर्थ भी नहीं रह पाता।'

अपनी इसी पुस्तक के भाग-1, पृ. 273-75 (रूपा एंड कम्पनी, नई दिल्ली द्वारा वर्ष 2011 में प्रकाशित संस्करण) में कर्नल टॉड एक ख़त का ज़िक्र करते हैं और फिर उस बाबत कुछ स्पष्टीकरण व अपनी राय भी देते हैं, जिसने सोशल मीडिया पर बड़े विवाद को जन्म देने में कदाचित प्रमुख भूमिका निभाई है।

यह ख़त उनके अनुसार बीकानेर के राजा रायसिंह के छोटे भाई और अकबर के मनसबदार पृथ्वीराज राठौड़ ने मेवाड़ के गौरव महाराणा प्रताप को लिखा था। स्रोत के विषय में कोई जानकारी उन्होंने नहीं दी है मगर यह माना जा सकता है कि महाराणा प्रताप के वशंजों से यह उन्हें प्राप्त हुआ होगा। इस ख़त में कहा गया है :

'...कौन सच्चा राजपूत नौरोज़ के लिए अपनी आन गँवाएगा?...फिर भी कितनों ने ही इसका सौदा किया है। हताशा ने बहुतों को उसकी [अकबर की] मंडी में धकेल दिया है...अपनी बेइज़्ज़ती का गवाह बनने के लिए...'

फिर कर्नल टॉड कहते हैं कि पत्र में उल्लिखित 'नौरोज़ में इज़्ज़त का सौदा' स्पष्टीकरण की माँग करता है। इस बारे में वे लिखते हैं कि इन [नौरोज़ के] दिनों में महल के अहाते में एक जनाना बाज़ार लगता था जिसमें केवल औरतें ही शामिल हो सकती थीं। इस बाज़ार में सल्तनत के उमरा और ख़ानदानी राजपूतों के साथ ही शाही हरम की ख़वातीन आया करती थीं। फिर अबुल फ़ज़ल के *अकबरनामा* के हवाले से वे लिखते हैं कि बादशाह अकबर भी उस बाज़ार में भेस बदलकर मौजूद रहते थे और सल्तनत के हालात और हुकूमत के ओहदेदारों के किरदार के बारे में क्या कहा जाता है, यह सुनते थे। फिर कर्नल टॉड अपनी राय पेश करते हैं *कि आने वाली पीढ़ी यह नहीं स्वीकार पाएगी* कि अकबर महान मुस्लिम ख़वातीन की पश्तो ज़बान[1] और राजपूताना की मिली-जुली भाका (भाषा) के बीच रहकर यह सब (जो अबुल फ़ज़ल कह रहा है) मालूम कर पाते होंगे। अबुल फ़ज़ल की सच्चाई को नकारने के लिए यह तर्क कितना लचर है, यह कहने की तो मुझे ज़रूरत नहीं। मगर इस सवाल का जवाब

1. अफ़ग़ानिस्तान और बलूचिस्तान में बोली जाने वाली पश्तो ज़बान हिन्दुस्तान में कभी भी आम बोलचाल की ज़बान नहीं रही, न ही मुग़लों के हरम में या उनके दरबार में कभी इसे इस्तेमाल किया। बाबर की ज़बान तुर्की थी, हुमायूँ ने फारसी को अपनाया जो अकबर के ज़माने में भी सरकारी कामकाज की भाषा थी। मगर बोलचाल में उस समय, अकबर के दरबार में भी, रेख़्ता का उपयोग ही सामान्यत: होता था।

मैं यक़ीनन पाना चाहता था कि पश्तो ज़बान और राजपूताना की भाका अकबर क्यों नहीं समझ पाता होगा? लेकिन इस पर अपनी किताब में उन्होंने कोई रोशनी नहीं डाली। और मुस्लिम ख़वातीन में संवाद रेख़्ता या हिन्दवी में न होकर इन ज़बानों में क्यों होता होगा, इस पर भी वे ख़ामोश रहे हैं।

नौरोज़ में लगनेवाला यह बाज़ार ही, जिसे मीना बाज़ार के नाम से ज़्यादा जाना जाता है, वह मंडी भी था जिसका ज़िक्र पृथ्वीराज राठौड़ द्वारा लिखे गए ख़त में है और जिस मंडी में कर्नल टॉड के मुताबिक़ राजपूती आन का सौदा होता था। इस अनुमान या इस राय के समर्थन में भी कर्नल टॉड किसी स्रोत का हवाला नहीं देते परन्तु आगे चलकर यह राय वे ज़रूर देते हैं कि *इस बात पर विश्वास करना मुश्किल है कि अकबर जैसा राजनीतिज्ञ ऐसी घिनौनी हरकत करके अपनी लोकप्रियता और अपनी ताक़त को खोने का ख़तरा उठाएगा।* मगर साथ ही यह फ़ैसला भी वे कर देते हैं कि इसमें शक की तनिक भी गुंजाइश नहीं कि कुलीन वंश के कई लोगों ने नौरोज़ में अपनी इज़्ज़त को खोया। किन्तु पृथ्वीराज का सम्मान अक्षुण्ण रहा, उसकी वीरांगना पत्नी की वजह से जो मेवाड़ की राजकुमारी और शक्तावत वंश के संस्थापक की बेटी थी।

यहाँ ध्यान देनेवाली बात यह है कि अपने इन निष्कर्षों के समर्थन में किसी स्रोत से वे उद्धरण नहीं देते। जहाँ तक कर्नल टॉड सिर्फ़ सम्भावना जता रहे हैं कि *'आनेवाली पीढ़ी यह नहीं स्वीकार पाएगी'* और यह कि *'इस बात पर विश्वास करना मुश्किल है'*, वहाँ तक तो ठीक है। मगर फिर वे यह फ़ैसला भी देते हैं कि *'इसमें शक की तनिक भी गुंजाइश नहीं'*। मगर वे यह स्पष्ट नहीं करते कि शक की गुंजाइश इसमें क्यों नहीं है? जबकि शक की गुंजाइश इसमें बहुत से भी ज़्यादा है। इस विषय में अधिक विस्तार से परिशिष्ट 'मीना बाज़ार' में बताने की मैंने कोशिश की है, जिसमें पाठक मीना बाज़ार को लेकर प्रचलित भ्रान्तियों की अतार्किकता एवं उनके स्रोत के विषय में अधिक जानकारी पा सकेंगे।

निष्पक्ष एवं पूर्वग्रहमुक्त रहकर देखा जाए तो कर्नल टॉड सही मायनों में इतिहासकार थे ही नहीं। कम से कम प्रशिक्षित इतिहासकार तो नहीं ही थे। हिन्दुस्तान में वर्ष 1800 में वे ब्रिटिश ईस्ट इंडिया कम्पनी की फ़ौज में लेफ़्टिनेंट थे, फिर उन्नति पाते हुए वर्ष 1817-18 में हुए तीसरे एंग्लो-मराठा युद्ध के दौरान वे कम्पनी के ख़ुफ़िया विभाग के अधीक्षक हो गए जिसके बाद उन्हें राजपूताना में कम्पनी का 'रेजिडेंट' बना दिया गया, जिसका काम राजपूत रियासतों पर एक तरह से कम्पनी का अंकुश बनाए रखना था। राजपूताना की रियासतों का दौरा करते हुए वे राजपूत राजाओं के सम्पर्क में आए और सर्द रातों में अलाव के पास बैठ उनके चारणों के मुँह से उनके पुरखों की शूरवीरता और बहादुरी के आख्यान सुनकर वे इतने ज़्यादा प्रभावित हुए कि उन्होंने राजपूताना की इन स्मृतियों को सँजोने का बीड़ा उठा लिया। इसको लिखने में उनका एक उद्देश्य राजपूताना को लेकर नीति-निर्धारण में कम्पनी सरकार को सहायक होना भी था। इस पुस्तक को लिखने के बाद उन्होंने अनुशंसा भी की कि इस बहादुर क़ौम को कम्पनी अपने साथ जोड़े।

पत्रकार, इतिहासकार एवं स्वतंत्रता संग्राम सेनानी श्री सुन्दरलाल ने *भारत में अंग्रेज़ी राज* नामक पुस्तक लिखी थी, इतिहासज्ञ मेजर बी.डी. बसु द्वारा पाँच खंडों में लिखित अद्‌भुत पुस्तक *Rise of the Christian Power in India* से प्रभावित होकर जिसमें मूल और प्रामाणिक स्रोतों का हवाला देते हुए यूरोपीय ताक़तों के भारत आने से लेकर 1857 के सिपाही विद्रोह तक का विवेचनात्मक इतिहास बड़े विस्तार से दिया हुआ है। वर्ष 1929 में श्री सुन्दरलाल की इस पुस्तक के प्रथम प्रकाशन के साथ ही ब्रिटिश सरकार ने इसे छापने, रखने और इसका वितरण करने पर रोक लगा दी थी और गांधी जी ने इस किताब को पढ़ने के बाद उनके अख़बार *यंग इंडिया* के कई सम्पादकीयों में इसे काफ़ी सराहा था।

इस पुस्तक में यह दावा किया गया है कि मराठों के ख़िलाफ़ ईस्ट इंडिया कम्पनी से सुरक्षा की माँग करने के लिए राजपूतों को फुसलाने में कर्नल टॉड का ही हाथ था और शायद इस मक़सद को ही ध्यान में रखकर राजपूतों के जातीय अभिमान को तुष्ट करने के लिहाज़ से अपनी पुस्तक में उनके बारे में उन्होंने बहुत ज़्यादा बढ़ा-चढ़ाकर और सच से परे जाकर भी लिख दिया। जो भी हो, शायद इसका ही नतीजा था कि राजपूताना के सभी राजपूत राजा, मेवाड़ के सिसोदिया राणा भी, कम्पनी सरकार के साथ सन्धियाँ कर अपनी स्वाधीनता से हाथ धो बैठे थे।

The Fall of the Mughal Empire के प्राक्कथन में पुस्तक के लेखक जदुनाथ सरकार के इतिहास-लेखन के विषय में जो कहा गया है उसका आशय यह है कि जिस भी विषय पर उन्हें शोध करना व लिखना होता था, उसके सम्बन्ध में वे हर सम्भव सामग्री प्राप्त करने का ईमानदार प्रयास करते। फिर उस उपलब्ध सामग्री का आद्योपान्त बारीकी से विस्तृत परीक्षण करते। प्रत्येक सामग्री की ऐतिहासिकता को लेकर गहराई से उसकी विश्लेषणात्मक समीक्षा करते। और फिर उसका आलोचनात्मक आकलन करने के पश्चात जो सामग्री वे चुनते उसमें से भी जो अखंडनीय हो, उसका ही प्रयोग वे सत्य का अनुसन्धान करने में किया करते। और इस सबके बाद भी वे उस इस्तेमाल की जा रही सामग्री की प्रामाणिकता को लगातार जाँचते, परखते और आँकते रहते।

किन्तु कर्नल टॉड में इतिहासकार का यह अनुशासन नहीं था। कदाचित उन्होंने जो सुना या पढ़ा उसे उसकी face value पर ही स्वीकार कर लिया।[1] इसके ही साथ हक़ीक़त यह भी है कि राजपूताना का इतिहास समेटने की सबसे पहली कोशिश कर्नल टॉड ने ही की थी और इस कोशिश में उन्होंने राजपूताना की जनश्रुतियों व ऐतिहासिक परम्पराओं को अचम्भित कर देनेवाले परिश्रम और धैर्य के साथ सहेजा है। और यह भी स्वीकार करना होगा कि जितना भी इतिहास उन्होंने समेटा है उसमें सभी कुछ अप्रामाणिक नहीं है। बहुत कुछ सही भी है, शायद अधिकांश ही, मगर उसे स्वीकारने के पहले सर जदुनाथ सरकार वाला छन्ना लगाना ज़रूरी है।

नौरोज़ में लगनेवाले बाज़ार और पृथ्वीराज राठौड़ के ख़त के बाद मेवाड़ की एक वीरांगना का क़िस्सा, उसका नाम लिये बिना और अपनी जानकारी का स्रोत भी

1. इसका एक उदाहरण उनका यह कथन है : "इसके [अम्बर के] राजा भगवानदास ने अपनी बेटी हुमायूँ को दी; और बाद में यह प्रथा आम हो गई।" (पृष्ठ 124, भाग 1)

बताए बग़ैर, उसकी प्रामाणिकता जाँचने की किसी भी कोशिश का उल्लेख किए बग़ैर कर्नल टॉड अपनी पुस्तक में उसे हक़ीक़त का जामा पहना देते हैं। और इसी क़िस्से में भावनाओं का तगड़ा छौंक लगाकर व अतिशयोक्ति के भी अतिरेक के साथ सोशल मीडिया में कई साइट्स पर हम भारतवासियों के ज्ञानवर्धन और प्रबोधन के लिए परोसा जा रहा है। वह क़िस्सा कमोबेश यह है :

'एक दिन जब 'नौरोज़ी' के मेले में मीना बाज़ार की सजावट देखने के लिए किरण देवी [पृथ्वीराज राठौड़ की पत्नी जो मेवाड़-राजवंश से थी।] आई तो विषयान्ध अकबर ने उसे घेर लिया और नाना प्रकार के प्रलोभन उसे दिए। फिर ज्यों ही उसने उस राजपूत रमणी का अंग स्पर्श करने के लिए अपना हाथ बढ़ाया त्यों ही उस रणचंडी ने अपनी कमर से तीखी कटार निकाली और *अकबर को धरती पर पटक दिया* व उसकी छाती पर पैर रखकर कहा—दुष्ट! अधम! तू बादशाह नहीं नीच विषयी कुत्ता है! तुझे पता नहीं कि मैं किस कुल की कन्या हूँ। मेरी धमनियों में बप्पा रावल और साँगा का रक्त है। तू बचना चाहता है तो प्रतिज्ञा कर कि अब से नौरोज़ी का मेला नहीं होगा और किसी भी नारी की आबरू पर तू हाथ नहीं डालेगा। वरना आज इसी कटार से मैं तेरा काम तमाम करती हूँ। इस पर अकबर थरथर काँपने लगा और दोनों हाथ जोड़कर बोला—"माँ! क्षमा कर दो। अब से नौरोज़ी का मेला नहीं लगेगा और न ही मीना बाज़ार भरेगा।"

फिर इस घटना की प्रामाणिकता सिद्ध करने के लिए तक़रीबन इन सभी इंटरनेट साइट्स पर दावा किया गया कि इस घटना का वर्णन गिरधर आसिया द्वारा रचित *सगत रासो* में पृष्ठ 632 पर किया गया है।

मैंने *सगत रासो* की खोज की तो वह उदयपुर राजपूताना के एक पुस्तक विक्रेता के पास मिल गई। मैंने पाया कि वर्ष 1673 में रचित व प्रताप शोध प्रतिष्ठान विद्या प्रचारिणी सभा उदयपुर द्वारा वर्ष 1987 में प्रकाशित इस ग्रन्थ के पृ. 582-83 में इस घटना का वर्णन यक़ीनन है और लगभग वैसा ही है जैसा कि सोशल मीडिया पर मैंने पढ़ा। मगर नीचे के हाशिये में यह टिप्पणी भी है : *कल्याण* के नारी विशेषांक (पृ. 582-84) से साभार।

फिर मैंने अनन्य रूप से हिन्दू धार्मिक पुस्तकों के प्रकाशक गीता प्रेस गोरखपुर से *कल्याण* का यह नारी विशेषांक प्राप्त किया जिसके मुखपृष्ठ पर प्रकाशन वर्ष 22 अंक 1 लिखा है। इसमें पृ. 582 पर दी गई इस कथा की लेखक या लेखिका का नाम सिर्फ़ रा. श्री. दिया है। कथा का स्रोत तो ख़ैर है ही नहीं। अत: इस कथा को लेकर न तो लेखक या लेखिका की पात्रता का अनुमान हम लगा सकते हैं, और न ही एक धर्म विषयक पत्रिका में छपी इस कथा की ऐतिहासिक प्रामाणिकता का।

फिर एक वेबसाइट पर किरण देवी की कहानी के लिए सुरण्या सेनगुप्ता की वेबसाइट का सन्दर्भ दिया गया है जो इस कहानी को राजस्थानी लोककथाओं से प्रेरित बताती है परन्तु उसमें उस वीरांगना का नाम किरनदेवी न होकर बाईसा जस्वन्दे है। किन्तु न तो यह जानकारी है कि यह लोककथा कहाँ से ली गई है, और न ही काफ़ी कोशिशों के बाद भी मैं राजपूताना की लोक कथाओं में इसे खोज सका।

यहाँ यह उल्लेखनीय है कि हाल ही में Bloomsbury India, नई दिल्ली द्वारा वर्ष 2019 में प्रकाशित पुस्तक *अल्लाहू अकबर* के लेखक मणिमुग्ध शर्मा की राय में तो राजपूताना और बाक़ी जगहों के हिन्दू राजाओं द्वारा अतीत में रहे मुग़लों के साथ उनके सम्बन्धों को नकारने या तैमूर ख़ानदान के ख़िलाफ़ उनके प्रतिरोध को महिमामंडित करने के जो प्रयास 19वीं सदी में किए गए उसके नतीजे में ही ऐसे नक़ली किरदार पैदा हो गए जिनका इस्तेमाल मुग़लों को बेइज़्ज़त करने और उनके मातहत रहने की अपनी शर्म को छिपाने के लिए किया गया। लेखक के अनुसार बीकानेर की किरण देवी की कहानी भी इन प्रयासों का ही नतीजा है।

आज दुर्भाग्यपूर्ण वास्तविकता यह है कि इतिहास के नाम पर सोशल मीडिया पर जो भी परोस दिया जाता है उसे जाँचे-परखे बिना ही प्रामाणिक और सच समझ लिया जाता है। जब कोई विषयवस्तु विवादास्पद हो या विवादों को जन्म दे सकती हो तब स्रोत की जानकारी पाठक या श्रोता/दर्शक को अवश्य प्राप्त होनी चाहिए ताकि यदि वह चाहे तो जाँच-परखकर उस विषयवस्तु की प्रामाणिकता पर अपना फ़ैसला वह ले सके। साथ ही, किस ग्रन्थ को कितना प्रामाणिक समझा जाए और क्यों, इस प्रक्रिया से गुज़रे बिना भी इतिहास के साथ न्याय सम्भव नहीं।

अब आख़िरी बात। इस पुस्तक का मूल अंग्रेज़ी संस्करण 2016 में प्रकाशित हुआ था। इन गुज़रे सालों में अकबर को इस दुनिया के इतिहास में निकृष्टतम, क्रूरतम और सर्वाधिक चरित्रहीन शासक साबित करना बाक़ायदा एक परियोजना का रूप ले चुका है जिस पर वर्तमान में काम 'mission mode' पर चल रहा है। अकबर पर लगे क्रूरता के आरोपों का इस पुस्तक के अन्त में परिशिष्ट 'अकबर पर क्रूरता के आरोप' में मैंने विवेचन किया है। यहाँ मैं सिर्फ़ इतना ही कहना चाहूँगा कि क्रूरता के मापदंड देश-काल सापेक्ष होते हैं। मानवाधिकार किस चिड़िया का नाम है, तब कोई नहीं जानता था और न ही यह कि निचले तबक़े को भी सम्मान से जीने का हक़ है।[1] दूसरे देशों के शासकों का व्यवहार उस काल में कैसा था, इस परिप्रेक्ष्य में ही अकबर का आकलन न्यायोचित होगा।

अकबर का चरित्र हनन करने के प्रयासों के जवाब में कुछ पुस्तकों से उद्धरण देना भी यहाँ मैं वांछित समझता हूँ।

अठारहवीं शताब्दी के ब्रिटिश इतिहासकार राबर्ट ओर्मे ने अपनी पुस्तक *Historical Fragments of the Mogul Empire* में एक पत्र का ज़िक्र किया था जो उसकी राय में मारवाड़ के राजा जसवन्तसिंह ने औरंगजेब को लिखा था और कर्नल टॉड ने अपनी पुस्तक में जिसे मेवाड़ के राणा राजसिंह द्वारा लिखा हुआ माना। (भाग-1, पृ. 302-3) किन्तु ख्यातनाम इतिहासकार जदुनाथ सरकार ने कलकत्ता से प्रकाशित प्रसिद्ध पत्रिका

1. हम हिन्दुओं ने ख़ुद भी एक बड़े तबक़े को अछूत क़रार कर इनसान के नाते उनके सारे हक़ उससे छीन लिए थे और जैसा क्रूर व्यवहार उनके साथ हमने किया है उसकी मिसाल दुनिया के इतिहास में नहीं है। हमने विधवाओं को ज़िन्दा जलाया है और नवजात कन्याओं की हत्या की है, और दोनों ही कुकृत्यों को उस काल में सामाजिक मान्यता हासिल थी। लेकिन ख़ुद को हमने कभी क्रूरता का दोषी नहीं समझा।

मॉडर्न रिव्यू के जनवरी, 1908 के अंक में यह साबित कर दिया कि जिज़्या लगाने के ख़िलाफ़ यह पत्र औरंगजेब को वास्तव में शिवाजी ने लिखा था। यह बेहद लम्बा पत्र जदुनाथ सरकार ने उनकी पुस्तक *Shivaji and His Times* (ओरिएंट ब्लैकस्वान, हैदराबाद द्वारा वर्ष 1973 में सर्वप्रथम प्रकाशित व वर्ष 2013 में पुनर्मुद्रित) में अध्याय 13 के पृ. 251-53 पर उद्धृत किया है और फिर *History of Auranzeb* भाग-3 के अध्याय 34 पृ. 286-90 पर भी। इस पत्र का सिर्फ़ एक अनुच्छेद मैं यहाँ दे रहा हूँ।

"That architect of the fabric of empire, [Jalal-ud-din] Akbar Padishah,...adopted the admirable policy of universal harmony (sulh-i-kul) in relation to all the various sects, such as Christians, Jews, Muslims, Dadu's followers, sky-worshippers (falakia), malakia, heathens (ansaria), atheists (daharia), Brahmans and Jain priests. The aim of his liberal heart was to cherish and protect all the people. *So, he became famous under the title of Jagat Guru, 'the World's spiritual guide."*

हिन्दी व उर्दू के विख्यात लेखक मुंशी प्रेमचन्द ने बीसवीं सदी के तीसरे दशक में एक किताब लिखी थी, *कलम, तलवार और त्याग*। इसमें उन्होंने राणाप्रताप, स्वामी विवेकानन्द के साथ ही अकबर का जीवन-सार भी कहा हुआ है, सभी संक्षेप में ही परन्तु इन महापुरुषों के चरित्र व उनके योगदान को बख़ूबी रेखांकित करते हुए। अकबर की बाबत जो उन्होंने लिखा है वह मैं शब्दश: नीचे दे रहा हूँ :

'अकबर में यद्यपि चन्द्रगुप्त की वीरता और महत्त्वाकांक्षा, अशोक की साधुता और नियम निष्ठा और विक्रमादित्य की महत्ता और गुणज्ञता एकत्रित हो गई थी, फिर भी जिस महत्कार्य की नींव डाली थी, वह किसी एक आदमी के बस का न था।... फिर भी उसके सच्ची लगन से प्रेरित प्रयास निष्फल नहीं हुए और यह उन्हीं का सुफल था कि सामयिक अधिकारियों की इस ओर से उपेक्षा होते हुए भी हिन्दू-मुसलमान कई शताब्दियों तक बहुत ही मेल-मिलाप के साथ रहे।

और, आज के समय में भी...यदि कोई आशा है तो उसी के मंगल नाम से, जो हमारे बेड़े को पार लगाने में महामंत्र का काम करेगा। अत: हे हिन्दू-मुसलमान भाइयो! मोहनिद्रा को त्यागकर उठो और सिकन्दरे की राह लो, जिसमें उसकी पवित्र समाधि पर मुसलमान अगर दो फूल चढ़ाएँ तो हिन्दू भाइयो, तुम भी थोड़ा पानी डालकर उसकी आत्मा को प्रसन्न कर दिया करो। कोई आश्चर्य नहीं कि उसके आशीर्वाद से हमारे बेबुनियाद झगड़े और मतभेद मिटकर फिर मेल और एकता की सूरत पैदा हो जाए। खेद और लज्जा की बात है कि ब्रिटिश सरकार परदेशी होते हुए भी अपने को उसका स्थानापन्न और उसके अनुकरण में गौरव माने और तुम अपने देशभक्त राष्ट्रीय सम्राट की बहुमूल्य विरासत की ओर उठकर भी न देखो।'

स्वामी विवेकानन्द द्वारा जनवरी, 1899 में आरम्भ की गई मासिक बंगाली पत्रिका *उद्बोधन* के मार्च 1899 के अंक में उनका बंगाली में एक लेख छपा था जिसका *स्वामी विवेकानन्द के सम्पूर्ण कार्य, भाग 4* में 'Modern India' शीर्षक से पुनर्मुद्रण किया गया है। इसका हिन्दी अनुवाद कुछ इस तरह होगा :

'...अकबर सरीखे राजाओं की संख्या, जिनसे रियाया ज़िन्दगी पाती थी, औरंगजेब

सरीखे राजाओं से कहीं कम है जो रियाया के ख़ून पर ज़िन्दा रहते थे। राजा अगर ऐसे देवसम स्वभाव वाला भी हो जैसे युधिष्ठिर, रामचन्द्र, धर्माशोक, या अकबर जिनके जनहितकारी शासन में रियाया सुरक्षा और समृद्धि का उपभोग करती थी और शासकों द्वारा पितृवत देख-रेख पाती थी...'

इसके अलावा उनकी आयरिश शिष्या सिस्टर निवेदिता ने स्वामी जी के साथ हिमालय की वादियों में वर्ष 1898 में भ्रमण करते हुए उनके साथ हुए अपने वार्तालाप और अनुभवों को लिपिबद्ध किया था जिन्हें *Notes of Some Wanderings with the Swami Vivekananda* शीर्षक से वर्ष 1913 में ब्रह्मचारी गोनेन्द्रनाथ ने प्रकाशित किया था। मई-जून में अल्मोड़ा प्रवास के दौरान स्वामी विवेकानन्द के साथ हुए वार्तालाप के विषय में सिस्टर निवेदिता ने लिखा है :

"Again it would be an eager resume of the history of India or of the Moguls whose greatness never wearied him. Every now and then, throughout the summer, he would break out into descriptions of Delhi and Agra....*Oftener still, it was Akbar of whom he would tell, almost with tears in his voice,* and a passion easier to understand, beside that undomed tomb, open to sun and wind, the grave of Secundra at Agra." (अध्याय तीसरा 'Morning Talks at Almora' पृ. 31)

'Life And Times Of A Bengali Chemist' में देशभक्त, राष्ट्रवादी एवं भारत में रसायन विज्ञान के प्रणेता-पुरुष आचार्य प्रफुल्लचन्द्र रे लिखते हैं :

"We find there is tendency among a certain class of writers to single out some of the worst types of Mohammedan despots and bigots, and institute a comparison between the India under them and the India of today....It is forgotten that at the time when a queen of England was flinging into flames and hurling into dungeons those of her own subjects who had the misfortune to differ from her on dogmatic niceties, the great Mogul Akbar had proclaimed the principles of toleration, had invited the moulvie, the pundit, the rabbi, and the missionary to his court, and had philosophical disquisitions with them on the merits of their various religions."

दक्षिण अफ्रीका में वहाँ की सरकार से भारतीयों के हक़ की लड़ाई लड़ते हुए गांधी जी ने प्रिटोरिया से 29 सितम्बर, 1893 को स्थानीय समाचार-पत्र The Natal Advertiser को पत्र भेजा था जिसमें उन्होंने लिखा :

"...you think that they (the Indians) are not civilized enough to be fit for voting;...(but) the British Government in many respects follow in the footsteps of Akbar the Great, who ruled and lived in the 16th century. He was an Indian. The present land system is a copy of the policy of Todurmull, the great financier and an Indian, with but few modifications. If all this is the outcome, not of civilization, but of semi-barbarity, I have yet to learn what civilization means."

महापंडित और स्वतंत्रता सेनानी राहुल सांकृत्यायन उनके द्वारा रचित पुस्तक *अकबर* के प्राक्कथन में लिखते हैं : "अशोक के बाद हमारे देश में दूसरा महान ध्रुवतारा अकबर ही दिखाई पड़ता है।...अकबर सही अर्थों में देशभक्त, अपने राष्ट्र का परम उन्नायक था।...भारत में दो संस्कृतियों के संघर्ष...को सुलझाने के लिए...संस्कृतियों के समन्वय का प्रयास हमारे देश में अनेक बार किया गया। अकबर ने इसी महान समन्वय का बीड़ा उठाया और...वह बहुत दूर तक सफल हुआ। अन्त में उन सफलताओं को मिटा देने के बाद भी उससे बढ़कर कोई दूसरा रास्ता आज भी दिखाई नहीं पड़ता।...*अकबर ने चाहा, दोनों की मिलकर एक जाति हो जाए—एक हिन्दी या भारतीय जाति बन जाए। इसके लिए उसने दोनों में रोटी-बेटी का सम्बन्ध स्थापित किया।...अकबर 16वीं सदी नहीं, बल्कि 20वीं सदी का हमारे देश का सांस्कृतिक पैग़म्बर है।* पर...इसे समझनेवाले हमारे देश में कितने आदमी हैं! कितने यह मानने के लिए तैयार हैं कि अशोक और गांधी के बीच में उनकी जोड़ी का एक ही पुरुष हमारे देश में पैदा हुआ, वह अकबर था?"

प्लेग कमिश्नर रैंड की वर्ष 1897 में हत्या का आरोपी दामोदर हरि चापेकर रूढ़िवादी और कट्टर सनातनी हिन्दू कोंकणस्थ चितपावन ब्राह्मण था जो हिन्दू समाज-सुधारकों और मुसलमानों से इसलिए घृणा करता था कि उसके अनुसार वे हिन्दू धर्म को नीचा दिखाने के लिए प्रयासरत थे और गणपति मेले में गीत गाकर अपने श्रोताओं का आह्वान करता था कि हिन्दू धर्म का नाश करनेवालों का ख़ून बहाने के लिए अपने प्राणों की बाजी वे लगा दें। अदालती सुनवाई के दौरान पूना की यरवदा जेल में रहते हुए उसने अपनी आत्मकथा लिखी जो बम्बई पुलिस के दस्तावेज़ों में उपलब्ध है। उसमें उसने कहा है : "हाल के समय में बुरे और भले दोनों लोगों ने इतिहास में प्रसिद्धि प्राप्त की है।...बाद वाली श्रेणी में अकबर, शिवाजी महाराज और बाजीराव प्रथम और बाक़ी लोग हैं..."

महान स्वतंत्रता सेनानी लोकमान्य तिलक ने जब शिवाजी उत्सव मनाना शुरू करवाया तो उसमें कई मुसलमान भी शामिल होते थे। तब हिन्दू-मुसलमानों में फूट डलवाने के लिए यह प्रचारित किया गया कि शिवाजी तो एक हिन्दू राजा थे जिन्होंने अफज़ल ख़ान की धोखे से हत्या की थी। इसलिए मुसलमानों को इस उत्सव में नहीं शरीक होना चाहिए। तब तिलक ने यह स्पष्टीकरण दिया कि शिवाजी अगर उत्तर भारत में होते तो उन्होंने अकबर को समान रूप से हिन्दुओं और मुसलमानों का नायक अंगीकार कर लिया होता; दक्षिण में शिवाजी नायक थे। (पृष्ठ 88, *Indian Muslims A Political History (1858-1947)*, Ram Gopal, 1959, Asia Publishing House, Bombay)

अन्त में आदरणीय विजयबहादुर सिंह जी का तथा मेरे प्रिय मित्र श्री सआदत काज़मी का आभार मैं हृदय से व्यक्त करना चाहूँगा जिन्होंने इस हिन्दुस्तानी संस्करण को अन्तिम रूप देने के लिए अपना समय और श्रम देने में कोई कसर नहीं रख छोड़ी।

—प्रदीप गर्ग

शहंशाह अकबर

एक अनमोल विरासत

आगरा की एक सुबह

आगरा शहर आज सुबह होने के बहुत पहले ही से न सिर्फ़ उठ बैठा था बल्कि इतना ख़ुश भी था कि उस ख़ुशी की ख़ुशबू हवा में तो साफ़ महसूस हो रही थी, पौ फटने के भी बहुत पहले से मन्दिरों में लगातार बज रही घंटियों की आवाज़ों में भी वह ख़ुशी अपनी मौजूदगी दर्ज करा रही थी।

जहाँ-तहाँ आसमान में बिखरे हुए लाल रंग पर सुनहरी कूची फिराई जानी अभी बाक़ी ही थी कि शहर के सारे ही हलवाई अपनी-अपनी दुकानों को खोलने में लग गए।

जमुना नदी में नहाकर लौट रहा एक ब्राह्मण इसकी वजह जानने को बेताब हो उठा।

"हो भैया जी! आज इतनी जल्दी?"

"आपको नहीं पता महाराज जी?"

फिर धीमी आवाज़ में दोनों ने कुछ बातचीत की और ब्राह्मण की आँखें ख़ुशी से चमक उठीं। फ़ौरन ही वह मुड़ा और शाही महल की तरफ़ चल पड़ा। उसकी चाल में अब नया उछाह साफ़ नज़र आ रहा था।

सूरज की किरणों का मिलन धरती के साथ हो पाता उसके पहले ही आगरा की गलियों में रहनेवाले बाशिन्दे आपस में गले मिलते हुए नज़र आने लगे। जल्द ही शहर के तक़रीबन हर मोहल्ले में ख़ुशनुमा आवाज़ें गूँज रही थीं—ज़ोर-शोर से बतियाते और उससे भी ज़्यादा ज़ोर-शोर से हँसते हुए लोगों की आवाज़ें।

अब तक सारे हलवाई उनकी दुकानों में रखी चौकियों पर पालथी लगाए बैठ चुके थे और उनके नौकर मिठाइयों से भरे थाल और परात एक के बाद एक उनके बाएँ, दाएँ, सामने सजाए चले जा रहे थे। लेकिन न तो इन सभी थालों व परातों को सजाने के लिए काफ़ी जगह दुकान में थी, और न ही मिठाइयों को रखने के लिए थाल ही पूरे पड़ रहे थे। तक़रीबन पूरी ही रात तो मिठाइयाँ पकती रही थीं!

इस ख़ुशख़बरी की जानकारी सबसे पहले तो बादशाह अकबर की मल्लिका-ए-ख़ास हीरा कुँवर को हुई और फिर उनकी बाँदियों को। और देखते ही देखते पूरे हरम में इस मसले को लेकर गर्मागर्म बहस छिड़ गई। शाम को बाँदियाँ जब अपने-अपने घरों के लिए रवाना होतीं तो क़िले के सदर दरवाज़े पर खड़े पहरेदार इनके साथ तनिक छेड़छाड़ भरी चुहल कर लेते और वे भी हँस-हँसकर उनकी छेड़ का जवाब दे दिया करतीं। एक ऊबाऊ और मुश्किल दिन के बाद यह ताज़गी से भर देनेवाला शग़ल था। लेकिन गुज़श्ता शाम छेड़छाड़ के बजाय इस ख़बर के ही नाम रही।

यह ख़बर इन बाँदियों और पहरेदारों की मार्फ़त शहर भर में फैल पाती उसके पहले ही बाज़ार उठ गए थे और सड़कें सुनसान हो चली थीं—शराब की दुकानों से लुढ़कते-

पुढ़कते निकलते उन चन्द लोगों के सिवा जो इस फ़ानी दुनिया के अदना मसलों से कहीं ऊपर उठ चुके थे। लेकिन इतने बुलन्द मुक़ाम पर पहुँच जाने के बावजूद उन्होंने इस ख़ुशख़बरी को अपने जिगरी दोस्तों के साथ बाँटना अपना मुक़द्दस फ़र्ज़ समझा। नतीजतन वे उनके घरों के दरवाज़े तब तक पीटते रहे और गला फाड़कर चिल्लाते भी रहे, जब तक कि पूरा मोहल्ला ही नहीं उठ बैठा। शराब की तासीर में यक़ीनन काफ़ी जोश था।

मोहल्ले के ज़्यादातर बाशिन्दे तो शोर बन्द हो चुकने के बाद अपने-अपने ख़्वाबों में दोबारा गुम हो गए। लेकिन हलवाइयों की नींद तो पूरी तरह उड़ चुकी थी। मिठाइयों की कल सुबह से होनेवाली धड़ाके की बिक्री के ख़याल से उनके दिल में लड्डू जो फूट रहे थे! फ़ौरन ही उन्होंने नौकरों को लिवा लाने के लिए घर में मौजूद बालकों को उनके ठिकानों पर भेज दिया, इस सख़्त हिदायत के साथ कि जब तक वे नौकर यहाँ को चल न पड़ें, वे वहीं पर जमे रहें।

मुँह पर पानी के छींटे मारकर जब यह नौकर अपने-अपने मालिक के घर को चले तो चन्द नौकर ताज्जुब से भरे हुए थे तो चन्द चिड़चिड़ाहट से। और चन्द जो अभी अधजगे ही थे, वे न तो ताज्जुब करने लायक़ थे और न ही चिड़चिड़ाने लायक़। आगरा की सँकरी गलियों में वे सब नंगे-पाँव तेज़ क़दमों से चले जा रहे थे—बेवजह नींद ख़राब करने के लिए अपने मालिकों को कोसते हुए, पुराने शिकवे-शिकायतें दोहराते हुए और गलियों में जगह-जगह पड़े हुए गोबर व गन्दगी से बचने की कोशिशें करते हुए भी। लेकिन इस कोशिश में कामयाबी बिरले ही किसी के नसीब में थी।

इन सँकरी गलियों के एक-दूसरे से सटे हुए घरों में जो लोग हल्की नींद सोनेवाले थे, वे बातचीत और क़दमों की आवाज़ के शोर को सुनकर बेहद ख़फ़ा थे। एक घर के झरोखे से गली में झाँक रहा ऐसा ही एक शख़्स इतनी देर रात उमड़ी पड़ी इस भीड़ को देखकर हैरान था।

"क्या हुआ, हो? इतनी रात गए यह भीड़ कैसी?"

"पता नहीं जी! मालिक ने तलब किया है। न जाने क्यों।" कहने का अन्दाज़ बता रहा था कि उस नौकर को अपने मालिक की अक़्ल ठिकाने पर होने को लेकर शक था।

जो मर्द गहरी नींद में खोए हुए थे उनके घर की औरतें उन्हें झिंझोड़ते हुए जगाने की कोशिशों में लगी थीं, और उनसे इसरार कर रही थीं कि बाहर जाकर वे देखें तो सही कि आख़िरकार माजरा क्या है? कहीं ऐसा तो नहीं कि भागने की तैयारी करनी है? अचानक कोई हमला हो जाना और फिर जान बचाने के लिए घर छोड़कर भाग खड़ा होना ज़्यादा पुरानी बात तो थी नहीं। इनमें से कई औरतों को तो ख़ुद इसका तजुर्बा था और कई औरतों ने अपनी सासू माँओं से कई ऐसी दर्द-भरी दास्तानें सुन रखी थीं। बड़ी ही कशमकश भरी रात थी!

हलवाइयों के यहाँ नौकरों के पहुँचने के चन्द ही लम्हों बाद उनके घरों से कोयला और लकड़ी के धुएँ का गुबार उठा और गली भर में फैल गया। दो घड़ी भी न बीती होगी कि ख़ुशगवार ख़ुशबुएँ अड़ोस-पड़ोस के घरों में घुसकर मोहल्लेवालों के मुँह में पानी लाने लगीं। गेहूँ का आटा, बेसन और पिसी हुई दालों के भूने जाने की ख़ुशबू।

शकर को पानी में उबालकर चाशनी बनाए जाने की ख़ुशबू। और वह ख़ुशबू भी जो खोवा से भरे हुए मैदा के लड्डुओं को घी में तले जाने पर उठ रही थी।

बड़े-बड़े कड़ाहों में से उठती चटचट और सनसन की आवाज़ों के साथ ही रसोई में से दिल्लगी व हँसी-मज़ाक़ की आवाज़ें भी मुसलसल आ रही थीं। लतीफ़े सुनाए जा रहे थे। क़िस्से कहे जा रहे थे। और क़हक़हे तो रुकने का नाम ही नहीं लेते थे। लेकिन इन लतीफ़ों व क़िस्सों में जितना मज़ाक़ दरअसल था, हँसी व क़हक़हों की आवाज़ें उसकी बनिस्बत कहीं ज़्यादा थीं। बाज़ दफ़ा तो हँसने लायक़ कोई बात न होने पर भी ठहाके लगे ही चले जा रहे थे।

जब तक आसमान में सूर्यदेव अपना रोज़ाना का सफ़र शुरू करते, पूरा शहर जान चुका था। बादशाह अकबर ने जिज़्या को ख़त्म करने का फ़रमान सुना दिया है।

आसमान में जैसे-जैसे सूरज ऊपर उठता चला गया, बच्चे-बड़े सब एक से एक बेहतरीन लिबासों में घरों से बाहर आते चले गए। पौ फटने के साथ ही औरतों ने भी नहाना-धोना और सजना-सँवरना शुरू कर दिया था। अब वे अपनी सबसे उम्दा पोशाक में और तक़रीबन अपने सारे ही गहने बदन पर सजाए हुए खीर, पूरी और मोतीचूर के लड्डू तैयार करने में जुटी हुई थीं। हर हिन्दू आज फ़राख़दिल था और हर भिखारी झोली भर-भर पा रहा था। बाज़ारों और गलियों में मुफ़्लिसों को मुफ़्त खाना खिलाने के लिए जगह-जगह तम्बू लग गए थे और भजन-कीर्तन के लिए पंडाल भी, जिनमें से उठतीं तेज़ आवाज़ें हालिया हासिल सौग़ात से मिली ख़ुशी ज़ाहिर कर रही थीं। आगरा में आज जिधर नज़र जा रही थी, ख़ुशी और हँसी का ही माहौल था।

अकबर को क़तई यह गुमान नहीं था कि उसके इस क़दम का ऐसा ज़बर्दस्त ख़ैरमक़दम होगा, और अपनी ख़ुशी ज़ाहिर करते हुए ऐसा गुल-गपाड़ा हिन्दू मचाएँगे।

बाक़ी दिनों की ही तरह उसका यह दिन भी अँधेरा रहते ही शुरू हो गया था। क़िले के आँगन में कुएँ की मुँडेर पर बैठा हुआ वह अपने ही ख़यालों में तब तक डूबा रहा जब तक कि घड़ियाली ने चार बार और फिर थोड़ा रुककर पाँच बार और घड़ियाल के घंटे पर चोट नहीं की। रात के चौथे पहर की यह पाँचवीं घड़ी थी।

अज़ान की आवाज़ जैसे ही उसके कानों में पड़ी, वह उठा खड़ा हुआ। वुज़ू करके उसने फ़ज्र की नमाज़ पढ़ी। फिर सुबह के रोज़मर्रा के काम से वह फ़ारिग हुआ। और उसके बाद परिन्दों के तरानों का लुत्फ़ उठाते हुए उसने नाश्ता करना शुरू किया, रोज़ाना की तरह फलों का और फलों के रस का। जब तक उसका नाश्ता ख़त्म हुआ, सुबह के सूरज की शीतल किरणों ने उसके आसपास का सब कुछ सुनहरा कर दिया था। अब झरोख़ा-दर्शन का वक़्त था—ख़्वाबगाह की बाहरी दीवार में बने बड़े-से झरोख़े में जाकर बैठना जिससे कि नीचे खुले और बड़े मैदान में इकट्ठी हो चुकी भीड़ उसे एक नज़र देख ले। असल में तो यह रिवाज इसलिए था कि रियाया यह इत्मीनान कर ले कि उनका बादशाह ज़िन्दा और सही-सलामत है। कि महल में हुई किसी साज़िश या बग़ावत का शिकार होकर वह कल रात हलाक नहीं कर दिया गया है, और न ही गिरफ़्तार हुआ है। इसमें एक भी दिन की चूक अफ़वाहों का बाज़ार गर्म कर सकती थी और दंगे-फ़साद, यहाँ तक कि ग़दर की वजह भी बन सकती थी।

लेकिन साथ ही यह रियाया के लिए ऐसा मौक़ा भी था जिसमें वे अपनी अर्ज़ियाँ सीधे अपने बादशाह को पेश कर सकते थे। नीचे एक अमीर खड़ा रहता जो सारी अर्ज़ियाँ झरोखे से लटक रही टोकरी में रख देता और अकबर के पीछे कुछ दूरी पर बाअदब खड़ा हुआ मीर अर्ज़ टोकरी को खींचकर उसमें रखी अर्ज़ियाँ पढ़ने के इन्तज़ार में रहता। आम तौर पर इन अर्ज़ियों में नौकरी पाने की ख़्वाहिश होती या फिर ख़ैरात के लिए गुज़ारिश—किसी पुराने व ज़िद्दी मर्ज़ के इलाज के लिए, जवान हो रही बेटी की शादी के लिए, या फिर क़र्ज़ चुकाने के लिए। कई अर्ज़ियों में तो सिर्फ़ उसकी दुआ की ही इल्तिजा होती। लेकिन आज का दिन अकबर के लिए निहायत ही हैरानी भरा दिन था। टोकरी बिलकुल ख़ाली थी! बावजूद इसके कि नीचे बाक़ी दिनों से कई गुना ज़्यादा भीड़ जमा थी। वे सब हँस रहे थे, चिल्ला रहे थे और ख़ुशी के मारे उछले-उछले पड़ रहे थे। साधु और जोगी इकतारा, खड़ताल और चिमटा बजाते हुए गा रहे थे। मस्ती में नाच रहे थे। वहाँ नीचे बड़ा ही ग़ज़ब का हंगामा मचा हुआ था।

सैकड़ों सालों और मुसलमान सुल्तानों के एक लम्बे सिलसिले के बाद, जो न केवल मन्दिरों को नेस्तनाबूद करने और हिन्दू देवताओं के बुतों को तोड़ने में फ़ख़्र महसूस किया करते थे बल्कि अपनी हिन्दू रियाया की ज़िन्दगी को ज़्यादा से ज़्यादा तकलीफ़देह बना देने को अपना मज़हबी फ़र्ज़ भी समझते थे, हिन्दुस्तान के तख़्त पर अब एक ऐसा बादशाह बैठा हुआ था जिसने मुसलमान होने के बावजूद अपनी हिन्दू रियाया का दुख-दर्द समझा और उन्हें एक ऐसी सौग़ात दी जो उनकी ख़ुद्दारी को उन्हें लौटा देने में बहुत ज़्यादा कारगर साबित होनेवाली थी। जिज़्या एक माली बोझ से ज़्यादा हिन्दुओं को मुसलमानों की बनिस्बत उनकी कमतर औक़ात जतानेवाला महसूल था। कोई हिन्दू चाहे कितना ही अमीर या बाअसर क्यों न हो, था वह मुसलमानों के मुक़ाबले में दोयम दर्जे का नागरिक।[1] जिज़्या ख़त्म हो जाने पर हिन्दू और मुसलमान सल्तनत में बराबरी की रियाया थे।

'इस बात का सेहरा तो बेगम हीरा कुँवर के सिर पर ही बँधना चाहिए!' अकबर के दिल में ख़याल आया। 'उसके साथ निकाह मेरी ज़िन्दगी का निहायत ही ख़ुशनुमा इत्तेफ़ाक़ था। तब मैं सिर्फ़ अठारह साल की उम्र का ऐसा लड़का था जो हाल ही में अपनी सल्तनत के सबसे मज़बूत खम्भे बैरम ख़ान यानी अपने ख़ान बाबा को खो बैठा था। मेरे चारों तरफ़ साज़िशों और बग़ावतों का दौरदौरा था। लेकिन कोई भी ऐसा भरोसेमन्द और क़ाबिल शख़्स मेरे साथ न था जो मेरी मदद कर सकता, मुझे सही रास्ता दिखा सकता—सल्तनत के निज़ामती मामलात में, हुकूमत के माली मामलात में, या सियासी और फ़ौजी मामलात में। हिन्दुस्तान में अपने ख़ानदान की लम्बे अरसे तक टिकनेवाली हुकूमत को क़ायम करने का ख़्वाब मैंने देखा था। पर कैसे? दिन-रात

---

1. बारहवीं सदी के मशहूर ईरानी आलिम अल-ज़मख़शारी ने *क़ुरआन* पर अपनी तफ़सीर अल-क़श्शाफ़ में सूरा अत तौबा के मानी समझाते हुए लिखा है : '[ज़िम्मी] ख़ुद आएगा, चलकर न कि सवारी पर, जब वह [जिज़्या] चुकाता है, वह खड़ा रहेगा, जबकि उगाहनेवाला बैठा रहेगा। उगाहनेवाला उसे [ज़िम्मी को] गरदन से पकड़ेगा, उसे झिंझोड़ेगा और कहेगा : 'जिज़्या चुकाओ।' और जब वह चुका देता है, उसकी गरदन पर चपत लगाएगा।' देखें, 'टिप्पणियाँ'।

ही इस पर मैं अपना दिमाग़ दौड़ाता रहता। बड़ी ही शिद्दत के साथ मैं अल्लाह से मेरी रहनुमाई करने की दरख़्वास्त भी किया करता। एक दफ़ा जंगल में कुछ फ़क़ीरों के मुँह से मैंने सुना कि ख़्वाजा ग़रीब नवाज़ मोइनुद्दीन चिश्ती की दरगाह से कभी कोई ख़ाली हाथ वापस नहीं आता। फिर तो मैं बिना देरी किए अजमेर के लिए चल पड़ा। रास्ते में मुझे राजा भारमल मिल गए जिन्होंने उनकी सबसे बड़ी बेटी शहज़ादी हीरा कुँवर[1] का मेरे साथ निकाह पढ़वाने की पेशकश कर दी।'

1. जोधाबाई नाम से अकबर की कोई पत्नी नहीं थी, अगरचे उसके बेटे जहाँगीर की एक पत्नी का नाम जोधाबाई ज़रूर था। भ्रम की इस स्थिति की वजह कर्नल टॉड की किताब है। राजपूत वंशावलियों के मुताबिक़ जोधा के नाम से अम्बर के राजा भारमल की कोई बेटी नहीं थी और राजा की सबसे बड़ी बेटी का नाम राजकुमारी हीरा कुँवरी साहिबा बनाम हरखा बाई था। *कछवाहों का इतिहास* में अम्बर के राजा की बेटी का नाम हरखा बाई है, न कि जोधा बाई। *Medieval India from Sultanate to the Mughals* नामक पुस्तक में वरिष्ठ इतिहासकार सतीशचन्द्र लिखते हैं : "जोधपुर राज्य की ख्यात के मुताबिक़ जोधा बाई अकबर की पुत्रवधू थी, न कि पत्नी।"

एक ख़ुशगवार मुलाक़ात

"अम्बर के हाकिम राजा भारमल जहाँपनाह की ख़िदमत में आदाब बजा लाना चाहते हैं," मीर तुज़ुक[1] ने बाअदब एलान किया।[2]

"फ़ौरन उन्हें बाइज़्ज़त पेश किया जाए!" अकबर की आवाज़ में ख़ुशी ज़ाहिर थी।

"ख़ुश-आमदीद राजा भारमल!" अपनी बाँहें राजा भारमल के इस्तिक़बाल में फैलाते हुए अकबर ने गर्मज़ोशी से कहा, जैसे ही राजपूताना के साँगानेर में वे उसके ख़ेमे में दाख़िल हुए। अकबर को वे उसकी उम्मीद से कहीं ज़्यादा उम्र-दराज़ मालूम हुए। उनके साथ हुई उसकी पिछली मुलाक़ात को अभी पाँच साल भी तो नहीं हुए थे!

राजा भारमल भी कुछ कम हैरान नहीं थे। शाही तख़्त पर बैठा हुआ शख़्स वह तेरह साल का लड़का तो नहीं ही था जिससे कि दिल्ली में उनका वास्ता पड़ा था।

दिल्ली में दीनपनाह क़िले के सामने बड़े-से खुले मैदान में हाथी के ऊपर बैठा हुआ एक लड़का उस हाथी के माथे के बीचोबीच, और बड़े-बड़े कानों के पीछे भी, अंकुश चुभा रहा था तथा अंकुश के मुड़े हुए हिस्से से कभी-कभी उसके मुँह के कोने भी खींच रहा था। ग़ुस्से और दर्द के मारे ख़ौफ़नाक अन्दाज़ में चिंघाड़ रहे व बेतहाशा दौड़ रहे हाथी को देखने तमाशबीनों की भीड़ जमा थी। अभी दो घड़ी पहले ही उस वहशी जानवर ने अपने महावत को कुचल दिया था और यह भीड़ वैसा ही मंज़र फिर से देख पाने को बेताब थी।

राजा भारमल और उनके साथी राजपूत भी इत्तिफ़ाक़ से उस वक़्त इस भीड़ में शामिल थे। सभी ने सफ़ेद धोती के ऊपर लाल या पीले रंग का अँगरखा पहन रखा था। सिर पर बड़ी-सी रंगीन पगड़ी थी और पैरों में चमड़े के जूते, पंजे पर से ऊपर की तरफ़ ऐंठे हुए। हरेक ने अपने कमरबन्द में बाईं तरफ़ ख़ंजर खोंस रखा था और दाईं तरफ़ लटकी म्यान में एक खाँडा[3]। राजपूत एक निहायत ही बहादुर और लड़ाका क़ौम है जिसके दिल में बहादुरी के लिए तारीफ़ का जज़्बा हमेशा ही बना रहता है।

"यह छोकरा पन्द्रह साल से ज़्यादा का नहीं दीखता।" राजा भारमल से एक राजपूत

---

1. समारोह-मंत्री।
2. राजस्थान के अम्बर राज्य, जिसे बाद में आमेर कहा गया, के राजा का नाम अबुल फ़ज़ल ने बिहारीमल दिया है और कछवाहा वंशावली में उनका नाम भारमल बताया गया है। इसी तरह उसके बेटे का नाम इतिहासकार भगवान दास और भगवन्तदास दोनों ही प्रयुक्त करते हैं। लेकिन वंशावली में उसका नाम भगवन्तदास है जिसकी पुष्टि *Raja Man Singh of Amber* के लेखक राजीव नैन प्रसाद ने भी की है।
3. चौड़े फलवाली दोधारी तलवार।

मुख़ातिब हुआ। "लेकिन आप उसकी हिम्मत देखते हैं! और कितनी होशियारी से वह अंकुश का इस्तेमाल कर रहा है!"

"हाथी तो ज़ाहिरा तौर पर पगला गया है। कोई कह रहा था इसने अपने महावत को भी कुचल डाला है!" एक दूसरा राजपूत बोला।

"तब तो लड़का हक़ीक़त में ही बेहद बहादुर है!" तीसरे ने अपनी राय दी।

वह लड़का एक ढीली-ढाली सलवार कमर पर बाँधे हुए व बिना आस्तीन की क़मीज़ पहने हुए था, दोनों ही सफ़ेद। और उसकी लम्बी बाजुओं की ऊपर-नीचे होती हुई मछलियों पर धार लगाकर पसीना बह रहा था और पसीने में भीगी हुई क़मीज़ उसकी पतली कमर पर चिपक गई थी।

यक-ब-यक एक शोर उठा और तमाशबीन ठेलमठेल इधर से उधर भागते दिखाई दिए। हाथी ख़तरनाक तरीक़े से उनके बेहद नज़दीक जा पहुँचा था। लेकिन दौड़ते, भागते व चीख़ते हुए लोगों को मज़ाक़ उड़ानेवाले अन्दाज़ में देखते हुए यह सभी राजपूत अपनी जगह पर ही मज़बूती से पैर जमाए हुए खड़े रहे—म्यान में बन्द खाँडे की मूठ पर अपना दाहिना हाथ कसे हुए।

एक लम्बी और हठीली लड़ाई के बाद हाथी ने आख़िरकार अपनी हार मान ही ली। हाथी की गर्दन को हाथों से थपथपाकर लड़के ने उसे झुकने का इशारा किया और उसके दाँतों पर पैर रख नीचे कूद पड़ा। आगे बढ़कर सभी राजपूतों ने उसे उसकी बहादुरी और उसके हुनर के लिए शाबाशी दी। साथ ही वे सब उस लड़के के जिस्म को भी तारीफ़ भरी नज़रों से देखते रहे। चौड़ी उभरी हुई छाती, मज़बूती का अहसास दे रही गर्दन और कसरती पहलवान सरीखे कन्धे। माथा ऊँचा व खुला हुआ था, और धूप में तपे हुए गोरे चेहरे पर होंठों से ज़रा ऊपर नाक की बाईं तरफ़ मटर के आधे दाने बराबर काला मस्सा था।

लेकिन जिस चीज़ ने राजा भारमल का ध्यान ख़ास तौर पर खींचा वह थी छिदरा भौंहों व घनी पलकों के नीचे चमक रही उसकी दो आँखें, जिनमें सादगी व मासूमियत झलक रही थी।

"आलमपनाह! यह अम्बर-नरेश राजा भारमल हैं।" लम्बी दाढ़ीवाले एक शख़्स ने तभी वहाँ पहुँचकर उस लड़के को कोर्निश[1] करते हुए कहा। "इस ग़ुलाम ने ही जहाँपनाह की तख़्तनशीनी के जश्न में शामिल होने का दावतनामा इन्हें भेजा था।"

यह जानकर राजपूतों को बला की हैरानी हुई कि कल का यह छोकरा जिसकी मूँछ पर अभी बाल भी नहीं आए हैं, दिल्ली का बादशाह जलालुद्दीन मुहम्मद अकबर है! और अनजाने ही उनकी उँगलियाँ अपनी बड़ी-बड़ी व घनी और ऊपर को तनी हुई मूँछों को उमेठने लगीं, सिवा राजा भारमल के।

"हाँ! तुमने हमें बताया था इनके बारे में।" अकबर ने उस दाढ़ीवाले शख़्स से कहा और फिर राजा भारमल की तरफ़ मुख़ातिब होते हुए शाही अन्दाज़ में बोला, "राजा भारमल! हम आपकी नेकनीयती और समझदारी की क़द्र करते हैं।" यह कहते हुए

---

1. दाईं हथेली को ललाट पर रखे हुए कमर से झुककर दोहरा होते हुए बादशाह को सलाम करने का तरीक़ा जिसे हुमायूँ ने शुरू किया था।

राजा भारमल को वह परखती हुई निगाह से देखता रहा और फिर बाक़ी सभी राजपूतों पर नज़र दौड़ाते हुए बोला। "और आप लोगों की बहादुरी का नज़ारा कर हम बेहद मुतास्सिर[1] हैं।"

ज़ाहिर था कि वे लम्हे, जब हाथी से ख़ौफ़ खाकर अपने क़दमों को उन राजपूतों ने अपनी जगह से डिगाने से इनकार कर दिया था, अकबर की निगाह से चूके नहीं थे।

"इस इज़्ज़त-अफ़ज़ाई के लिए बादशाह के हम दिल से शुक्रगुज़ार हैं! और आपके मरहूम वालिद की हुकूमत फिर से हासिल कर लेने पर हम सब आपको तहेदिल से मुबारक़बाद देते हैं," अपने दोनों हाथों को नमस्कार के अन्दाज़ में जोड़ते हुए राजा भारमल बोले। ऐसा ही बाक़ी राजपूतों ने भी किया। सिर लेकिन किसी का भी ज़रा नहीं झुका।

"मजनूँ ख़ान! आपको ताकीद की जाती है कि हमारे इन ख़ास मेहमानों को किसी भी तरह की कोई परेशानी या कमी न हो!"

हुक्म देकर अकबर क़िले की तरफ़ चल दिया। राजपूतों ने देखा कि चलते हुए उसकी टाँगें पिंडलियों पर से थोड़ी बाहर की तरफ़ मुड़ी हुई नज़र आ रही थीं। वे समझ गए कि बहुत छोटी उम्र से ही उसने घुड़सवारी में ज़्यादा वक़्त बिताया है। बाएँ पैर में ज़रा लँगड़ाहट भी थी। लेकिन इसकी वजह से उसके चलने का अन्दाज़ और भी ज़्यादा शाहाना मालूम हो रहा था।

अकबर पर राजा भारमल का अच्छा असर पड़ा था। क़द के वे छोटे थे और थोड़े मोटे भी। झबरीली भौंहों के नीचे उनकी छोटी-छोटी आँखें सामनेवाले को भेदती हुई-सी नज़र आती थीं। ठोढ़ी पर से बँटी हुई लम्बी सफ़ेद दाढ़ी ऊपर की तरफ़ घूमकर मूँछों के साथ एक हो गई थी। सोने के तारों से कढ़ाई किया हुआ लम्बा अँगरखा और बड़ी रंगीन पगड़ी उनकी राजसी गरिमा को बढ़ा रही थी।

मजनूँ ख़ान क़शाल अकबर का मनसबदार था। राजा भारमल के दावतनामा क़बूल किए जाने से वह बेहद ख़ुश था। अपने परिवार की हिफ़ाज़त के लिए वह उनका अहसानमन्द जो था! पंजाब में उसकी जागीर नारनौल के क़िले पर हाजी ख़ान मेवाती और राजा भारमल ने मिलकर घेरा डाल रखा था। बादशाह हुमायूँ हिन्दुस्तान को छोड़कर ईरान जा चुके थे। परेशान-हाल और कहीं से भी किसी तरह की मदद पा सकने से ना-उम्मीद होकर उसने राजा भारमल से गुहार लगाई और उन्होंने क़िले से उसे सपरिवार हिफ़ाज़त के साथ निकल जाने देने के लिए हाजी ख़ान को राज़ी कर लिया। इसे ही अकबर उनकी नेकनीयती और समझदारी कह रहा था।

तख़्तनशीनी का जश्न शानदार था और अकबर ने उसके हर लम्हे का पूरा लुत्फ़ उठाया। हेमू के साथ जंग के लिए जलन्धर में जब तैयारियाँ चल रही थीं तब उसने दिल्ली में हुई उसकी शानदार ताजपोशी के बारे में सुना था। पहले सात हाथियों ने दूध और शहद की उस पर बारिश की। फिर बरहमनों ने कुछ पढ़ते हुए उसे सात दरियाओं के पानी से नहलाया। कई हिन्दू राजाओं और अफ़ग़ान उमरा की मौजूदगी में उसे विक्रमादित्य के ख़िताब से भी नवाज़ा गया। दरयाफ़्त करने पर उसे मालूम हुआ कि बहुत पुराने ज़माने में उज्जैन के सुल्तान विक्रमादित्य अपनी बहादुरी और फ़राख़दिली के लिए बेहद मशहूर

---

1. प्रभावित।

हुआ करते थे। यह सब जानकर उसे हेमू से बेहद रश्क़ हुआ था। तब तो और भी जब उसकी अपनी तख़्तनशीनी निहायत ही मामूली ढंग से हुई।

तख़्तनशीनी के बाद वकील-अस-सल्तनत[1] और सिपहसालार-ए-आज़म बैरम ख़ान की दोस्त और दुश्मन की पहचान करती हुई निगाह के साये में हिन्दुस्तान के कई छोटे-छोटे राजाओं, जागीरदारों और ज़मींदारों ने उसके लिए वफ़ादारी की क़सम खाई। यह सब हो चुकने के बाद एक छोटी-सी मुलाक़ात में अकबर ने राजा भारमल से अपने दिल की बात कही।

राजा ने लेकिन उसे कोई तवज्जो नहीं दी। 'एक नादान व नासमझ लौंडे की बकवास!' उन्होंने सोचा। और वे ग़लत भी नहीं थे। हिन्दुस्तान में अकबर की हुकूमत मज़बूती से अभी सिर्फ़ दिल्ली और आगरा सूबे में ही क़ायम हो सकी थी। और उन सूबों में भी उसका इख़्तियार क़ायम रह पाने में कई पेच थे।

सिकन्दर ख़ान अफ़ग़ान, जिसे दिल्ली की गद्दी से उतारकर हुमायूँ ने अपनी हुकूमत फिर से क़ायम की थी, पंजाब पर क़ाबिज़ होने की ज़बर्दस्त कोशिशों में मसरूफ़ था। एक के बाद एक अकबर के वफ़ादारों को भगाकर वह उसके अपने लोगों को उनकी जगह पर बिठा रहा था। मालवा, जौनपुर और गुजरात अपने-अपने तौर पर मज़बूत सल्तनतें थीं जिनमें हरेक की फ़ौज अकबर की फ़ौज से कम ताक़तवर नहीं थी। इतना ही नहीं तो राजपूताना—बहादुर राजपूतों का इलाक़ा जो अपने ख़ानदान की इज़्ज़त और अपनी ज़मीन की हिफ़ाज़त के लिए जाँनिसारी में एक-दूसरे से होड़ लगाया करते थे—उसकी सल्तनत से बाहर था। मशरिक़ी हिन्दुस्तान तो मुकम्मल तौर पर ही अफ़ग़ानों के क़ब्ज़े में था। और उनकी नई नस्ल जिसकी परवरिश उनके सुल्तान शेरशाह सूरी की इंसाफ़परस्ती, बहादुरी और नेकदिली के क़िस्सों पर ही हुई थी, अपनी शिकस्त का बदला लेने और तवारीख़ का रुख़ पलटने के लिए बेताब हो रही थी।

इस सब से अकबर अनजान नहीं था। इसके अलावा यह भी वह जान रहा था कि उसकी फ़ौज में कई लोगों की वफ़ादारी शक के दायरे में थी। तूरानी, उज़्बेक, ख़ुरासानी—सबके सब हिन्दुस्तान पर अपनी ही हुकूमत क़ायम करने के ख़्वाब देख रहे थे। उसके अपने चग़ताई क़बीले के लोग तक मुकम्मल तौर पर भरोसे के क़ाबिल नहीं थे। उनमें से भी बहुत की वफ़ादारी काबुल पर गद्दीनशीं उसके सौतेले भाई मिर्ज़ा हकीम के साथ थी।[2]

साँगानेर में अकबर के सामने खड़े हुए राजा भारमल को वे अल्फ़ाज़ याद आए जो दिल्ली में उन्होंने उससे कहे थे।

"राजा भारमल! वापस जाने के लिए हम नहीं आए, जैसा कि हिन्दुस्तान के कई हुक्मरानों का ख़याल है। और सच्ची दोस्ती की हम क़द्र करते हैं। यह बात आप अपने ज़ेहन में रखिएगा।"

और अकबर ने साबित कर दिया कि वे महज़ अल्फ़ाज़ नहीं थे जो उसने कहे थे। अपनी हुकूमत अब तक उसने मशरिक़ में जौनपुर और कन्नौज तक बढ़ा ली थी।

---

1. वज़ीर-ए-आज़म या प्रधानमंत्री।
2. तूरानी, उज़्बेक, ख़ुरासानी और चग़ताई ईरान व मध्य एशिया के निवासी थे। देखें, 'टिप्पणियाँ'।

दक्खिन में ग्वालियर और मालवा उसके इख़्तियार में थे। राजपूताना में अजमेर, नागौर व जैतारण पर वह क़ाबिज़ हो चुका था और मेड़ता उसकी फ़ौज की घेराबन्दी में था। उत्तर में तो जम्मू तक उसके ही नाम के सिक्के चल रहे थे। इन पाँच सालों में एक-तिहाई हिन्दुस्तान पर उसकी हुकूमत क़ायम हो चुकी थी।

राजा भारमल ने झुककर कोर्निश की, जिस तरह उसने दिल्ली में मजनूँ ख़ान को करते हुए देखा था। अकबर अब हिन्दुस्तान का शहंशाह था। लिहाज़ा उसे इस तरह से ही तस्लीम किया जाना लाज़िमी था। दिल्ली के जश्न के वक़्त दोनों का दर्जा बराबर का था।

राजा ने ग़ौर से अकबर को देखा। उसके ऊपरी होंठ पर रोएँ काले होने लगे थे। लेकिन अपने पुरखों और पहले के मुसलमान सुल्तानों की तरह उसने दाढ़ी नहीं रखी हुई थी। राजा ने मुसलमान सुल्तानों व उमरा को हमेशा दाढ़ी रखे हुए ही देखा था। लिहाज़ा उनका ख़याल था कि दाढ़ी रखने का मुसलमान होने से कोई रिश्ता ज़रूर है। अकबर भी तो मुसलमान है। फिर उसने क्यों नहीं दाढ़ी बढ़ा रखी? राजा को हैरत हुई।

"लम्बे वक़्त के बाद आपसे दोबारा मिलकर हम निहायत ख़ुश हैं!" अकबर ने कहा और अपने दाईं ओर रखी मसनद पर बैठने का राजा भारमल को इशारा किया। दाईं ओर किसी को बिठाने का मतलब था कि वह शहंशाह की नज़रों में चढ़ गया है।

मसनद पर बैठकर राजा भारमल ने अकबर की तरफ़ एक तिरछी निगाह फेंकी। उन्हें वह तुर्क से ज़्यादा एक हिन्दुस्तानी नज़र आया। यह देखकर राजा को तसल्ली का अहसास हुआ।

"यह तो शहंशाह का बड़प्पन है जो इस नाचीज़ को उन्होंने याद रखा!"

राजा भारमल की आवाज़ में मायूसी थी, और वजह अकबर को पता थी। चग़ताई ख़ान ने सीकरी गाँव के नज़दीक लगे पड़ाव में उसे पूरा मामला कह सुनाया था।

दोनों हाथ सीने पर बाँधे हुए चग़ताई ख़ान अपना सिर घुटनों तक ले गया और फिर वापस सीधा खड़े होते हुए उसने अर्ज़ किया।

"जहाँपनाह! मिर्ज़ा शरफ़ुद्दीन की बाबत एक ज़रूरी बात है जो आलमपनाह के क़ाबिल-ए-ग़ौर है।"

सुर्ख़ रंग के एक बड़े-से ख़ेमे में बने दीवानख़ाना-ए-ख़ास[1] में शाम के वक़्त अकबर अपने वज़ीरों के साथ निज़ामे हुकूमत के मसलों पर तबादला-ए-ख़याल कर रहा था। सिर्फ़ बादशाह का ख़ेमा ही मुकम्मल तौर पर सुर्ख़ रंग का हो सकता है। बाक़ी तो वहाँ हज़ारों ख़ेमे थे पीले और हरे रंग के रंग-बिरंगी पट्टियों से सजे, सिवा नीले रंग के जो कि मातम का रंग माना जाता है।

सभी वज़ीर अपने कन्धे झुकाए हुए, दोनों कोहनियों को हथेलियों पर टिकाए हुए और अपने हाथों को सीने पर बाँधे हुए खड़े थे। खड़े रहने का यह अन्दाज़ दरबारी अख़लाक़[2] से तय है। बादशाह उन्हें बैठने की इजाज़त दे सकता है, मगर सिर्फ़ तयशुदा अन्दाज़ में ही—पैर घुटनों पर से मुड़ा हुआ, पुट्ठे एड़ी पर टिके हुए और हथेलियाँ घुटनों से चिपकी हुईं।

---

1. मंत्री-परिषद और विशिष्ट लोगों के साथ बैठक का कक्ष।
2. आचार-संहिता।

लकड़ी के तक़रीबन दो गज़ ऊँचे तख़्त पर इसी अन्दाज़ में अकबर भी बैठा हुआ था, कढ़ाई किए हुए रेशमी ग़िलाफ़ चढ़े गाव-तकिए से टिककर। तख़्त पर बिछा मख़मल का ईरानी कालीन सुर्ख़ रेशम की चादर से ढका हुआ था। तख़्त की टाँगों पर गोमेद, लाजवर्द, सूर्यकान्त मणि, पुखराज व इन्द्रगोप[1] जैसे क़ीमती पत्थर जड़े हुए थे। चारों कोनों पर जवाहरात जड़े चाँदी के खम्भे थे, जिन पर सोने-चाँदी के तारों से कढ़ा हुआ मख़मली चँदोवा तना हुआ था। चँदोवे के चारों तरफ़ मोतियों की झालरें लटक रही थीं जो सैकड़ों शमाओं की रोशनी में जगमगा रही थीं।

"शरफ़ुद्दीन की बाबत! उसके बारे में क्या?" अपनी भौंहों को सिकोड़ते हुए अकबर ने पूछा।

"जहाँपनाह! मिर्ज़ा शरफ़ुद्दीन ने अम्बर पर हमला बोलकर वहाँ के हाकिम राजा भारमल से ख़िराज वसूलने के साथ ही उनके एक भाई और दो भतीजों को भी हिरासत में ले लिया है।"

दिल्ली में हुई तख़्तनशीनी के चन्द रोज़ पहले ही शरफ़ुद्दीन हुमायूँ बादशाह की मौत पर मातमपुरसी का पैग़ाम लेकर काशग़र-सुल्तान के एलची[2] की हैसियत से अकबर से मिला था। उसे माहम अंगा[3] की सिफ़ारिश पर उसने अपनी मुलाज़िमत में रख लिया। फिर पिछले साल ही उसने उसे अजमेर सूबे का सिपहसालार मुक़र्रर कर दिया जब उसे सबसे ज़्यादा अज़ीज़ उसकी बहन बख़्शी बानो बेगम ने, जो बदख़्शाँ-हाकिम मिर्ज़ा इब्राहीम के इन्तक़ाल पर हाल ही में बेवा हुई थी, उसके साथ निकाह कर लिया।

"लेकिन ऐसा वह कैसे कर सकता है? इसके लिए उसने हमसे कभी इजाज़त भी नहीं ली! और यह हुआ कब? इस वाक़िये से हम क्यों वाकिफ़ नहीं हैं?" हर सवाल के साथ अकबर की आवाज़ में ग़ुस्सा बढ़ता चला जा रहा था।

"शाही ख़ज़ाने में इस बाबत क्या कोई रक़म शरफ़ुद्दीन से हासिल हुई है?" दीवान मुज़फ़्फ़र ख़ान तुरबती से अकबर ने पूछा।

"नहीं आलमपनाह! उलटे नागौर की ख़ालिस-काश्त पर गुज़श्ता साल का लगान भी अभी बकाया है।"

ख़ालिस-काश्त उन ज़मीनों को कहा जाता था जिन पर हुई खेती से वसूल होनेवाला पूरा लगान शाही ख़ज़ाने में जाता था। और नागौर अजमेर सूबे का हिस्सा था।

"और क़ैदियों का क्या हुआ?" चग़ताई ख़ान से फिर मुख़ातिब होते हुए अकबर ने दरयाफ़्त किया।

"जहाँपनाह, अभी तक तो वे ज़िन्दा हैं! लेकिन..." चग़ताई ख़ान की आवाज़ धीमी होती हुई ख़ामोश हो गई।

"लेकिन क्या?" अकबर चिल्लाया।

"जहाँपनाह! ख़बर है कि मिर्ज़ा अब उन्हें क़त्ल कर देनेवाले हैं। राजा भारमल के भतीजे शुजा जो अम्बर की राजगद्दी के दावेदार हैं, उनके साथ मिर्ज़ा का सौदा हुआ है

---

1. onyx, lapis lazuli, jasper, topaz, carnelian.
2. राजदूत।
3. अपना ख़ुद का दूध पिलानेवाली धाय।

कि उन्हें वे अम्बर का हाकिम बनाएँगे और उसकी एवज़ में हर साल ख़िराज के साथ ही तगड़ा नज़राना भी उनसे वसूल करेंगे।"

चग़ताई ख़ान की आवाज़ में ख़तावारी का अहसास झलक रहा था, मानो मिर्ज़ा शरफ़ुद्दीन की इस गुस्ताख़ हरकत के लिए वह ख़ुद ही ज़िम्मेदार हो।

लेकिन अकबर को बख़ूबी यह इल्म था कि मिर्ज़ा के इस बर्ताव के लिए कोई और नहीं वह ख़ुद ही ज़िम्मेदार है। शरफ़ुद्दीन की मनमानियों की ख़बरें उसे पहले भी मिली थीं। लेकिन उसने उनकी अनदेखी कर दी क्योंकि उसे वह पसन्द करता है, और उससे भी ज़्यादा इसलिए कि बख़्शी बानो से वह बेइन्तिहा मोहब्बत करता है।

"दरबार में हाज़िर होने के लिए शरफ़ुद्दीन को फ़रमान भेजा जाए, हिरासत में रखे गए शहज़ादों के साथ!" अकबर ने हुक्म दिया और फिर गरजते हुए बोला, "ज़िन्दा!"

अकबर की आवाज़ क़ुदरती तौर पर तेज़ और भारी थी। मगर उस वक़्त तो सीकरी में पूरा दीवानख़ाना-ए-ख़ास ही उसकी गरज से गूँज उठा था।

शरफ़ुद्दीन की इस हरकत के मुताल्लिक़ चग़ताई ख़ान से अकबर को पता चला कि खानवा में फ़िरदौस मकानी[1] की राणा साँगा के साथ हुई जंग में अम्बर के राजा पृथ्वीसिंह जब अपनी ज़िन्दगी से हाथ धो बैठे तो उनके सबसे बड़े बेटे पूरनमल को राजगद्दी पर बिठाया गया। सात साल राज करने के बाद वे भी मारे गए, गुजरात के सुल्तान बहादुर शाह के सिपहसालार तातार ख़ान से बयाना के क़िले का क़ब्ज़ा छीनने के लिए हुई जंग में हुमायूँ बादशाह की मदद करते हुए। तब उनके छोटे भाई भीमसिंह गद्दी पर बैठे क्योंकि राजा पूरनमल का बड़ा बेटा शुजा उस वक़्त नाबालिग़ था। किसी वजह से उनके ही एक दरबारी ने उन्हें हलाक कर दिया और तब उनसे भी छोटे भाई रतनसिंह को राजगद्दी पर बिठाया गया। मगर उनके सौतेले भाई अस्करन ने ख़ुद अम्बर का राजा बनने के लालच में उनका क़त्ल कर दिया। लेकिन केवल एक ही दिन वह राजगद्दी पर बैठ सका। अम्बर के कुल-प्रधानों ने फ़ैसला किया कि भाई का क़ातिल उन पर हुकूमत कर सकता और उन्होंने सबसे छोटे भाई भारमल का तिलक कर दिया, शुजा के दावे को नज़रअन्दाज़ करते हुए हालाँकि तब तक वह बालिग़ हो चुका था।

यह वाक़या बारह साल पहले का है और तब से ही इस फ़ैसले को लेकर शुजा अपने दिल में नाराज़गी पाले हुए है।

सीकरी के बाद अकबर ने दौसा में पड़ाव करना तय किया। जैसे ही उसका काफ़िला वहाँ पहुँचा, गाँववालों में भगदड़ मच गई। उनका यह बर्ताव अकबर को फ़िक्र का सबब मालूम हुआ।

'ज़ाहिरा तौर पर यहाँ ज़रूर कुछ ग़लत हुआ है।' उसके दिल में ख़याल आया और मीर बख़्शी से मुख़ातिब हो उसने दरयाफ़्त किया। "हमारे यहाँ से गुज़रने और दौसा में पड़ाव करने की ख़बर क्या शरफ़ुद्दीन को नहीं दी गई?"

दौसा नागौर जागीर का हिस्सा था।

---

1. मृत्यु के बाद बाबर को इस ख़िताब से पुकारा जाता था, जिसका अर्थ है 'जिसका मकान फ़िरदौस यानी जन्नत में है।'

यह आम फ़रमान था कि जिस भी जागीर से शाही क़ाफ़िला गुज़रे वहाँ का जागीरदार शहंशाह की ख़िदमत में हाज़िर होकर महसूल का खाता मुआयने के लिए दीवानी महकमे में पेश करे। इसके अलावा जागीर के ऐसे मुक़दमे जो उनके इख़्तियारात के बाहर हों या जिनका फ़ैसला कर पाने में ख़ुद को वे नाक़ाबिल पाते हों, शहंशाह के सामने उनके बराए-ग़ौर रखे जाएँ। और यह ख़ास ज़िम्मेदारी भी उनकी थी कि शाही पड़ाव के आसपास के सभी गाँवों में मुनादी हो कि जिस किसी की भी कोई फ़रियाद हो वह मीर अर्ज़ की मार्फ़त उसे शहंशाह के हुज़ूर में पेश कर सकता है जो इसी मक़सद से तयशुदा वक़्त पर दीवानख़ाना-ए-आम में रोज़ ही तशरीफ़ रखा करेंगे। सफ़र के दौरान दीवानख़ाना-ए-आम एक बहुत बड़ा शामियाना हुआ करता था जहाँ हर ख़ास-ओ-आम को बेरोकटोक आने की इजाज़त रहती थी।

"जहाँपनाह! मिर्ज़ा को दो बार पैग़ाम भेजा गया।" मीर बख़्शी ने जवाब दिया। "एक तेज़ घुड़सवार को सफ़र शुरू करने के पहले आगरा से रवाना किया गया था, फिर दूसरे को सीकरी के पड़ाव से।"

मीर बख़्शी वज़ीर-ए-फ़ौज थे। उमरा व मनसबदारों को उनके ओहदे के हिसाब से और फ़ौजियों व जानवरों की तादाद के मुताबिक़, जिन्हें रखने के लिए वे पाबन्द थे, भुगतान करना उनका ही ज़िम्मा था। इसके अलावा शाही क़ाफ़िले के सफ़र के दौरान रसद का इन्तज़ाम करने और शहंशाह की सलामती व उनके आराम के लिए भी वे ज़िम्मेदार थे।

'मेरी बहन का शौहर होने का शरफ़ुद्दीन नाजायज़ फ़ायदा उठा रहा है,' अकबर बुदबुदाया। 'उसे उसकी औक़ात मुझे बतानी ही होगी।'

राजा भारमल के भाई, बेटे और भतीजे दौसा में अकबर की ख़िदमत में पेश हुए और अपनी तकलीफ़ बयाँ की। लेकिन उनसे उसने कोई वादा नहीं किया। इस बात से वह नाख़ुश था कि राजा भारमल ख़ुद नहीं आए और अपनी नाराज़गी को छिपाने की उसने कोशिश भी नहीं की।

अगले पड़ाव साँगानेर में भी मिर्ज़ा शरफ़ुद्दीन नहीं पहुँचा, लेकिन राजा भारमल आ गए।

"हम आपके भाई और भतीजों के बारे में सब जान चुके हैं। आप बेफ़िक्र रहें। वे सही-सलामत आपके पास पहुँच जाएँगे।" राजा को अकबर ने तसल्ली दी। "यह वाक़या हमारी जानकारी में नहीं था।"

राजा भारमल ने अकबर की आँखों में झाँका। उनमें उन्हें ईमानदारी नज़र आई।

"मैं जानता था कि मेरे भाई और भतीजों को गिरफ़्तार करने का हुक्म अकबर बादशाह ने नहीं दिया होगा!" ख़ुश होकर दिल ही दिल में वे बोले। "जो शख़्स पाँच साल पहले तक दोस्ती की बात कर रहा था और बड़ा साफ़दिल नज़र आ रहा था। इतना बेमुरव्वत तो वह हो ही नहीं सकता था कि ऐसा कोई क़दम उठाने के पहले इस बाबत बात भी न करे!"

और उसी वक़्त उन्होंने अपनी क़िस्मत का दाँव अकबर पर खेल जाने का फ़ैसला कर लिया।

लगातार और पुश्तों से चल रहे आपसी झगड़ों में राजपूताना की सभी रियासतों की जड़ें खोखली हुई जा रही थीं। बीकानेर के राजा जैतसिंह मारवाड़ के राव मालदेव के साथ हुई ज़ंग में मारे गए। मेवाड़ में राणा रायमल और उदयसिंह के बीच राजगद्दी को लेकर हुई लड़ाई में आपसी रंजिश इस हद तक पहुँच गई कि उदयसिंह के बेटे ने रायमल के ख़िलाफ़ दिल्ली के मुसलमान सुल्तान की मदद लेने में ज़रा भी झिझक नहीं महसूस की। फ़ितरत से राजपूत आम तौर पर जल्दबाज़ हुआ करते थे और मिज़ाज से अक्खड़। ज़रा ही में तो उनकी ख़ुद्दारी घायल हो जाती थी और उस वजह से पैदा हुई दुश्मनी पीढ़ियों तक निभाई जाती थी। यही वजह थी कि शायद ही कभी किसी राजपूत की मौत बीमारी या बुढ़ापे से होती थी।

'इन्हीं झगड़े-फ़सादों की वजह से मेरे ख़ानदान पर ऐसी मुसीबत टूट पड़ी है!' राजा भारमल सोच रहे थे। 'मेरा अपना भतीजा मेरा दुश्मन बन बैठा है और राजगद्दी के लालच में उसने अपने ही भाइयों और चाचा की जान ख़तरे में डाल दी है। लेकिन किसी भी राजपूत राजा ने उसके ख़िलाफ़ आवाज़ तक नहीं उठाई। तक़दीर को शायद यही मंज़ूर है कि हिन्दुस्तान के इस चढ़ते हुए सूरज के साथ एक मज़बूत रिश्ते की बुनियाद मैं रखूँ, बाक़ी सारे लिहाज़ परे रखकर। न सिर्फ़ मेरे ख़ानदान की बल्कि अम्बर की भलाई भी इसी में है।'

और फ़ौरन ही उन्होंने एक निहायत ही अहम फ़ैसला ले लिया।

"आलमपनाह अगर मेरी बेटी का हाथ क़बूल फ़रमाएँ तो इस नाचीज़ के लिए यह निहायत ही फ़ख़्र की बात होगी।"[1]

राजपूत शहज़ादियों का मुसलमान हुक्मरानों के साथ निकाह कोई नई बात नहीं थी। मारवाड़ के राव मालदेव राठौड़ ने अपनी बेटियों में से एक हाजी ख़ान मेवाती को ब्याही थी, दूसरी गुजरात के सुल्तान मुहम्मद शाह को और तीसरी सुल्तान शेरशाह सूरी के वारिस सुल्तान इस्लाम शाह सूर को। और इन रिश्तों की वजह से ही वे बाक़ी राजपूत रियासतों की क़ीमत पर अपनी हुकूमत को फैलाने में कामयाब हो पाए थे। लेकिन आम तौर पर हिन्दू अपनी बेटी की शादी किसी मुसलमान के साथ होना पसन्द नहीं करते, बशर्ते कि ज़ोर-ज़बर्दस्ती करके उन्हें मजबूर न कर दिया जाए। और अकबर को इस बात का इल्म था।

"लेकिन आपके भतीजों और भाई की भी रिहाई का हुक्म तो हम पहले ही फ़रमा चुके हैं!"

"आलमपनाह की यह तो दयानतदारी है! लेकिन मेरी पेशकश के पीछे दूर तक क़ायम रहनेवाले रिश्तों की ख़्वाहिश है।" राजा भारमल ने मज़बूत आवाज़ में कहा।

---

1. इतिहासकार सतीश चन्द्र के अनुसार इसके पहले राजा भारमल अपनी बड़ी बेटी का विवाह हाजी ख़ान पठान के साथ कर चुका था। *History of Medieval India* Orient Blackswan (पृष्ठ 243, नई दिल्ली, पुनर्मुद्रण 2011) लेकिन हाजी ख़ान मेवाती राजपूत मुसलमान था जिनमें निकाह के बाद अग्निकुंड के चक्कर लगाते हुए सप्तपदी भी होती थी और हिन्दू त्योहार भी मनाए जाते थे जिनमें ढोलक की थाप पर कृष्ण-भक्ति के गीत भी गाए जाते थे। इसलिए उस निकाह में राजपूत शहज़ादी को सांस्कृतिक सदमा नहीं पहुँचा होगा। देखें, 'टिप्पणियाँ'।

अकबर ने उठकर राजा भारमल को गले लगा लिया। अगले पड़ाव साँभर तक वे और बाक़ी सभी राजपूत अकबर के साथ हो लिये। शरफ़ुद्दीन वहाँ पहुँचा तो सही, मगर क़ैदी उसके साथ नहीं थे। इस बात की लेकिन तस्दीक़ हो गई कि वे सब हिफ़ाज़त से और सही-सलामत हैं।

"शरफ़ुद्दीन! गुज़श्ता महीनों में कई नाक़ाबिले बर्दाश्त फ़रियादें तुम्हारे ख़िलाफ़ हमें मिली हैं जो हमारे ज़ेहन में बेचैनी का सबब बन गई हैं। लेकिन उन पर फ़ैसला हमारे आगरा वापस पहुँचने के बाद ही होगा। फ़िलहाल तुम्हें हुक्म दिया जाता है कि जब हम यहाँ साँभर में वापस आएँ तो जो भी शख़्स तुम्हारी हिरासत में मौजूद हैं, वे सब हमारे हुज़ूर में पेश किए जाएँ। और याद रखना!" तल्ख़ अन्दाज़ में कहते हुए अकबर ने तीखी नज़र उस पर डाली, "तुम्हारी सलामती का दारोमदार उनकी सलामती पर ही है।"

आगे बातचीत में यह तय पाया गया कि शादी का जश्न साँभर में ही होगा, अजमेर से अकबर जब वापसी में वहाँ पहुँचेगा।

तक़दीर का तीर

शहंशाह की सवारी के लिए सबसे अज़ीम और ताक़तवर हाथी ही फीलख़ाने से चुने जाते हैं। ऐसे ही एक पहाड़नुमा हाथी की पीठ पर आरामदायक हौदे में बैठा हुआ अकबर हाथी की झूमती हुई चाल के साथ झूलता हुआ ख़यालों में डूब गया। राजपूत शहज़ादी के साथ अपने निकाह को लेकर वह बेहद ख़ुश था।

"बेशक ही यह क़िस्मत का खेल है और निहायत ही ख़ुशनुमा इत्तेफ़ाक़ भी! मगर इत्तेफ़ाक़ तो मेरी ज़िन्दगी में हमेशा ही होते रहे हैं। गुज़श्ता पाँच साल तो जैसे मुश्किलों के तूफ़ानों से लड़ते हुए ही बीते। उन तूफ़ानों से गुज़रकर हिन्दुस्तान का तख़्त तो मुझे हासिल हुआ। मगर अपने सबसे अज़ीज़ लोगों को मैंने खो भी दिया। पहले तो अब्बा को। और फिर ख़ान बाबा को भी।"

बैरम ख़ान को, जो उसके अतालीक़[1] थे व सरपरस्त भी, और जिनकी हिफ़ाज़त में बादशाह हुमायूँ ने अपने बेटे को सात साल की उमर से ही रख छोड़ा था, इज़्ज़त और मोहब्बत से अकबर ख़ान बाबा कहा करता था।

अपने माज़ी में डूबे हुए अकबर को वह रात याद आई जब अपने सिर पर साफ़ा बाँधे बग़ैर ही ख़ान बाबा उसके ख़ेमे में चले आए थे। बेहद ताज्जुब हुआ था उसे। इस तरह कहीं नंगे सिर चले आना तहज़ीब के ख़िलाफ़ तो था ही, दरबारी अख़लाक़[2] की भी यह नाफ़रमानी थी। मगर जल्द ही उनके इस सुलूक की वजह भी उसे मालूम हो गई।

"शहज़ादे! निहायत ही रंजोअलम[3] की ख़बर है!" बड़ी ही ग़मगीन आवाज़ में यह कहकर बैरम ख़ान सिर झुकाए हुए खड़े रह गए। ख़ेमे में घुटन-भरी ख़ामोशी छा गई।

उस वक़्त बैरम ख़ान की रहनुमाई में अपनी फ़ौज के साथ वह दिल्ली से सैकड़ों कोस दूर कलानौर में पड़ाव किए हुए था। सिकन्दर ख़ान अफ़ग़ान ने पंजाब में जो उधम मचा रखा था उससे निपटने के लिए हुमायूँ बादशाह ने अपने सिपहसालार बैरम ख़ान के साथ अकबर को भी भेज दिया। मगर इसके पहले कि सिकन्दर ख़ान को अपनी गिरफ़्त में अकबर की फ़ौज ले पाती, वह शिवालिक की पहाड़ियों में भाग लिया था और बैरम ख़ान ने शिवालिक की तराई में ही पड़ाव कर लिया।

बुरी ख़बर की बात सुनकर और बैरम ख़ान को यूँ रंजीदा देखकर अकबर, जो अभी सिर्फ़ बारह साल का बालक ही था, फ़िक्रमन्द होकर सोचने लगा कि ऐसा बुरा क्या हो सकता है जो उसके ख़ान बाबा को भी ग़मज़दा कर दे?

---

1. गुरु व प्रशिक्षक।
2. आचार व नीति।
3. शोक और दुख, बहुत अधिक शोक।

बैरम ख़ान मैदान-ए-जंग में तपा हुआ एक बेहद तजुर्बेकार फ़ौजी था। शिकस्त को फ़तह में तब्दील होते हुए उसने इतनी दफ़ा देखा था कि एकाध नाकामयाबी की वजह से उसका रंजीदा हो जाना मुमकिन मालूम नहीं होता था। आपस में कसे हुए होंठ और सामनेवाले के अन्दर गहरे तक उतर जानेवाली पैनी निगाह उसकी ख़ुद-एतमादी[1] और मज़बूत इरादों की गवाही देती थी। साथ ही उसका चौड़ा माथा गंजे सिर के साथ यकसां होता हुआ उसकी दानिशमन्दी का सबूत देता हुआ मालूम होता था।

"शहज़ादे! आलमपनाह हुमायूँ बादशाह जन्नतनशीं हो गए!" देर तक ख़ामोश रहकर अपने-आप को ज़ब्त कर लेने के बाद ही बैरम ख़ान के मुँह से यह अल्फ़ाज़ निकल पाए।

अपने ख़ान बाबा की आँखों में दर्द देख लेने के बावजूद अकबर को लगा कि उसके कान उसे धोखा दे रहे हैं। मगर फिर हक़ीक़त जल्दी ही उस पर उजागर हो गई और उसके अश्कों का दरिया बह निकला। पुरज़ोर कोशिश की उसने कि रोने की आवाज़ उसके मुँह से न निकले। यह बचकाना होगा और एक शहज़ादे की शान के ख़िलाफ़ भी। मगर फिर उसका दम घुटने लगा और उसके गले में उभर आई गाँठ बड़ी होती चली गई। यकायक ही और रोकते-रोकते भी उसके दिल में उमड़ा जज़्बात का सैलाब आख़िर फूट ही पड़ा, और उसकी रुलाई छूट गई। हिन्दुस्तान में अब्बा ही तो थे उसके सब कुछ! उसका बाक़ी कुनबा तो कई हफ़्तों के सफ़र की दूरी पर काबुल में था। एक अजनबी मुल्क में अब वह बिलकुल ही तन्हा था, जहाँ की न तो उसे ज़बान का इल्म था और न ही यहाँ उसका कोई ख़ैरख़्वाह था सिवा खान बाबा के। अपनी अम्मी की उसे बेइन्तिहा याद आने लगी। उसकी ज़बर्दस्त ख़्वाहिश हुई कि किसी जादुई तरीक़े से उसी लम्हे वह काबुल पहुँच जाए—अलादीन और उसके चिराग़ के अफ़साने की मानिन्द, जिन्न के ऊपर सवार होकर या फिर किसी जादुई कालीन पर बैठकर। देर तक वह रोता रहा, सुबकता रहा और फिर रंजोग़म में डूबता चला गया।

"ख़ान बाबा! मैं दिल्ली जाना चाहता हूँ। फ़ौरन! अभी!" अश्कों की बारिश करते हुए वह फुसफुसाया।

"नहीं शहज़ादे! यह मुमकिन नहीं!" बैरम ख़ान ने मुलायम लहजे में मगर मज़बूती के साथ अपना एतराज़ ज़ाहिर किया। "यह ख़बर अभी ख़ुफ़िया रखी गई है और उनके एक हमशक्ल को सुबह शाम दीनपनाह के क़िले[2] में झरोखे पर बिठाया जा रहा है। ख़बर अगर अभी से आम हो गई तो दंगे-फ़साद होने के साथ ही बग़ावत का भी ख़तरा है।"

हुमायूँ बादशाह का इन्तक़ाल दीनपनाह के क़िले में ही हुआ था। कुतुबख़ाने[3] की सीढ़ियों से उतरते हुए वे लड़खड़ाकर नीचे गिर पड़े थे।

अकबर ने इल्तिजाई नज़रों से बैरम ख़ान को देखा। सियासत को वह नहीं समझता था। वह तो केवल इतना जानता था कि उसे अपने अब्बा के पास जाना है। और अभी!

"सबसे अहम मसला तो शहज़ादे तुम्हारी ताजपोशी का है।"

---

1. आत्मविश्वास।
2. वर्तमान में यह दिल्ली का पुराना क़िला नाम से जाना जाता है।
3. पुस्तकालय।

यह सुनकर अकबर नफ़रत के अहसास से भर उठा। अब्बा के इन्तक़ाल पर मातम मनाने के बजाय ख़ान बाबा उसकी ताजपोशी की बात कर रहे हैं! यह समझ सकने के लिए वह अभी बहुत कमसिन और नादान था कि सियासी ज़रूरतें जज़्बात का लिहाज़ नहीं करतीं।

"तरदी बेग ने शाही मोहर भिजवा दी है और साथ ही अबुल क़ासिम को भी रवाना कर दिया है," बैरम ख़ान ने बोलना जारी रखा, "दिल्ली में उसकी मौजूदगी मुश्किलात की वजह बन सकती थी।"

अबुल क़ासिम अकबर का चचेरा भाई था, हुमायूँ बादशाह के सौतेले भाई मिर्ज़ा कामरान का बेटा।

किसी भी नए तख़्तनशीं हुए हुक्मरान के लिए उसके भाई हमेशा ही ख़तरे और परेशानी का सबब हुआ करते थे। सिर्फ़ इस वजह से नहीं कि शाही तख़्त पर वे अपना दावा पेश कर सकते थे। बल्कि इसलिए भी कि बाग़ियों के एकजुट हो जाने का वे हमेशा ही मरकज़[1] बने रहते थे। इसलिए जिस किसी की भी ताजपोशी होती, उसके भाइयों का ख़ात्मा हो जाना उसकी हुकूमत क़ायम रहने के लिए ज़रूरी समझा जाता था। रूम[2] के सुल्तान महमद फ़ातेह[3] ने तो ऐसे क़त्ल को क़ानूनी क़रार करते हुए एक फ़रमान भी जारी किया था : "मेरे जिस किसी भी फ़र्ज़न्द को अल्लाह सल्तनत बख़्शता है, हुकूमत की बेहतरी के मद्दुेनज़र क़ानूनी तौर पर वह अपने बिरादरान को हलाक करवा सकता है।"

"शाही निशानी आ जाने के बाद शहज़ादे सबसे पहले तो तुम्हारी ताजपोशी होगी और फिर तुम्हारे नाम का ख़ुत्बा[4] पढ़ा जाने के बाद नए बादशाह के नाम से सिक्के ढाले जाएँगे। इतना सब हो चुकने के बाद ही यह राज़ फ़ाश किया जाएगा कि हुमायूँ बादशाह जन्नतनशीं हो गए हैं।"

जब तक शाही निशानी और अबुल क़ासिम कलानौर पहुँचे, ईंट-गारे से चुना गया अठारह गज़ चौड़ा, अठारह ही गज़ लम्बा और तीन गज़ ऊँचा चबूतरा एक बाग़ीचे में तैयार था, जिस पर अकबर की ताजपोशी बेहद ही सादे ढंग से हो गई। सभी ने उसे मुबारक़बाद दी।

"बादशाह जलालुद्दीन मुहम्मद अकबर ग़ाज़ी उम्रदराज़ हों।"

सुनकर अकबर और भी ज़्यादा ग़मज़दा हो उठा।

"ऐसा मालूम हो रहा है जैसे कि अब्बा के गुज़र जाने की ख़ुशियाँ मनाई जा रही

---

1. केन्द्र।
2. ऑटोमन साम्राज्य, द्वितीय विश्वयुद्ध के पश्चात जिसका शेष और मुख्य भाग अब तुर्की के नाम से जाना जाता है। ऑटोमन उस्मान का यूरोपीय अपभ्रंश है, जिसे इस साम्राज्य का संस्थापक माना जाता है। रोमन साम्राज्य के पाँचवीं सदी में विनष्ट हो जाने के बाद भी उसकी ऐसी प्रतिष्ठा थी कि अल-कुस्तुनतुनिया या कांस्टेंटिनोपल में राजधानी वाले बिज़ंटाइन साम्राज्य को पूर्वी रोमन साम्राज्य कहना गर्व की बात समझी गई। रोमन ही वहाँ की ज़बान में रूम कहलाया हालाँकि बाक़ी इस्लामी मुल्कों में इसे सल्तनत-ए-उस्मानिया के नाम से ज़्यादा जाना जाता था।
3. पन्द्रहवीं शताब्दी में तुर्की का सुल्तान जिसने अल-कुस्तुनतुनिया, आज के इस्तान्बूल पर विजय पाई थी और इस फ़तह के बाद फ़ातेह तथा क़ैसर-ए-रूम की उपाधि धारण की थी।
4. जुमे की नमाज़ के बाद होनेवाले धर्मोपदेश में शासक के नाम की घोषणा होना।

हैं! सालों पुराने उनके ख़िदमतगार अपने मालिक को क्या चार ही रोज़ में भूल गए?"

मगर अपनी ताजपोशी के बाद भी वह दिल्ली नहीं जा सका। सियासी हालात इस बीच बहुत ज़्यादा बदल चुके थे। बंगाल के सुल्तान आदिल शाह अफ़ग़ान की धमकी की वजह से दिल्ली ख़तरे की ज़द में आ चुका था, जो सूरी सुल्तानों के वारिस की हैसियत से दिल्ली की गद्दी पर अपना दावा पेश कर रहा था। उसका सिपहसालार हेमचन्द्र दिल्ली पर क़ाबिज़ होने के लिए एक बड़ी फ़ौज के साथ रवाना भी हो चुका था। लिहाज़ा एहतियात के तौर पर हुमायूँ बादशाह के ताबूत को दिल्ली से सरहिन्द भेज दिया गया था जहाँ उसे दफ़न कर उस पर एक मामूली क़िस्म की क़ब्र बना दी गई थी।

कलानौर से मगर सरहिन्द भी काफ़ी दूर था। और दूर न भी होता तो क्या था? बैरम ख़ान ने तो कलानौर छोड़ने की इजाज़त तक अकबर को देने से इनकार कर दिया था। ऐसा करना उसके ख़याल से अकबर के लिए महफ़ूज़ नहीं था। इसके अलावा, लश्करगाह[1] में अकबर की नामौजूदगी अफ़वाहों का सबब बन सकती थी और बैरम ख़ान के लिए फ़िक्र और मुश्किल की वजह बन सकती थी।

लेकिन इस वक़्त बैरम ख़ान को सबसे ज़्यादा फ़िक्र तो इस बात की थी कि दिल्ली की हिफ़ाज़त में उसकी मसरूफ़ियत का फ़ायदा उठाकर सिकन्दर ख़ान अफ़ग़ान ने, जो अभी तक भी शिवालिक की पहाड़ियों में ही कहीं छिपा बैठा था, अगर कहीं लाहौर पर क़ब्ज़ा कर लिया तो काबुल जाने का रास्ता उसके लिए बन्द हो जाएगा। और उस रास्ते का महफ़ूज़ रहना बेहद ज़रूरी था। ख़ुदा-न-ख़ास्ता जंग में क़दम कभी पीछे हटाने पड़ गए तो उसी रास्ते तो वापस जाना होगा न!

सिकन्दर ख़ान की हरकतों पर नज़र रखने और उस तक कैफ़ियत रोज़ाना पहुँचाते रहने की ताकीद कर चुनिन्दा उमरा को बैरम ख़ान ने कलानौर में ही रख छोड़ा और बाक़ी पूरी फ़ौज को जलन्धर के लिए कूच करने का हुक्म दे दिया, जहाँ वह उस शख़्स के साथ आर-पार की जंग के लिए तैयारी करनेवाला था जिसे वह हिक़ारत से हेमू कहा करता था।

बादशाह अकबर की शाही मोहर से जारी हुए पहले फ़रमान ने बैरम ख़ान को वकील-अस-सल्तनत के साथ ही सिपहसालार का ओहदा भी अता कर दिया था। और अपने फ़र्ज़ की अदायगी में वह रोज़ाना के वाक़यात और लिए गए फ़ैसलों की तफ़सील अकबर को देने लगा।

"आलमपनाह! हेमू से जंग के लिये तरदी बेग ने सभी फ़ौजदारों को दिल्ली तलब किया हुआ है। कालपी से अब्दुल्ला ख़ान उज़्बेक, आगरा से इस्कन्दर ख़ान उज़्बेक, साँभर से अली क़ुली ख़ान शैबानी और कोल[2] से क़िया ख़ान को भी।"

मगर अकबर की दिलचस्पी इस सब में ज़रा भी नहीं थी। रोज़ ही सुबह वह नज़दीक के किसी जंगल में शिकार करने निकल जाता जहाँ उसका ज़्यादातर वक़्त किसी दरख़्त के नीचे बैठ जानवरों और परिन्दों को ताकते हुए ही बीता करता। खाने की खोज में फिरते और खेल-खेल में एक-दूसरे के पीछे दौड़ते-भागते ख़रगोश व गिलहरियाँ।

---

1. लश्कर यानी सेना, लश्करगाह यानी सैनिक छावनी।
2. अलीगढ़ शहर का पुराना नाम।

दरख़्तों की डालियों पर उछलते-कूदते हुए बन्दर और लंगूर। यह सब उसके दिल में अजूबे का अहसास बड़ी शिद्दत से जगाया करते। परिन्दों को चहचहाते हुए आपस में गुफ़्तगू करते हुए देख तो उसके दिल में हमेशा यह ख़याल आता कि कितने ख़ुश हैं यह सब! इत्मीनानी के सिवा कोई जज़्बा इनमें नज़र नहीं आता। न कोई दुनियावी उलझन, न कोई दर्द और न ही कोई ग़म। न तो गुज़रे हुए कल का मातम और न ही आनेवाले कल की फ़िक्र। यह नज़ारा उसे सुकून देता तो उन परिन्दों से उसे रश्क भी होता। और फिर अकसर ही उसके ज़ेहन में घुमड़ रहे जज़्बात यकायक अश्क की शक्ल में आँखों से बह निकलते।

फ़ौज के साथ पाँच महीने तक जलन्धर में ही मुक़ाम किए हुए बैरम ख़ान जंग की तैयारियाँ करता रहा। फ़ौज में नई भरती होती रही और हथियार व रसद भी इकट्ठा किए जाते रहे। जलन्धर पंजाब के तक़रीबन बीचोबीच था। लिहाज़ा सूबे पर पकड़ बनाने और अपनी ताक़त बढ़ाने के लिए यह जगह बैरम ख़ान को बेहद मुफ़ीद मालूम हुई। नज़राना देने और वफ़ादारी की कसमें खिलाने के लिए पंजाब के ज़मींदारों और जागीरदारों को पकड़-पकड़ कर वह अकबर के दरबार में पेश किया करता।

अकबर की मोहर से एक फ़रमान जारी करवा कर बैरम ख़ान ने सौदागरों को तमग़ा से छूट भी दिलवा दी, जो कि माल-असबाब की क़ीमत पर दस फ़ीसदी के हिसाब से वसूल किया जानेवाला महसूल[1] था।

"जहाँपनाह! फ़ौज के लिए हमें बहुत सारा साज़ोसामान और ढेर सारी रसद दरकार है। सौदागरों को यह रियायत दिए जाने पर वे और भी ज़्यादा तादाद में तिजारती सामान लेकर आएँगे जिससे हमारा भी फ़ायदा होगा।" बैरम ख़ान ने नए बने बादशाह को समझाया। "सौदागरों की वजह से मुल्क में सरमाया[2] आता है और बरकत व सस्ताई भी होती है। ख़ुश होकर यह सौदागर आलमपनाह की नेकनामी को दूर-दूर तक ले जाएँगे जिससे और भी कई सौदागर अपना माल इस सूबे में लाएँगे। और सबसे ख़ास बात तो यह जहाँपनाह कि आपकी इस शोहरत की वजह से कई क़ाबिल और ख़ानदानी लोग आपके दरबार में खिंचे चले आएँगे।"

और जैसा कि बैरम ख़ान का अन्दाज़ा था वैसा ही हुआ। जल्द ही सैकड़ों जाँबाज़ और आलिम फ़ाज़िल[3] शख़्स भी सिन्ध दरिया के उस पार ईरान, तूरान, खुरासान और यहाँ तक कि सल्तनत-ए-उस्मानिया से भी आकर अकबर के दरबार में जमा होने लगे, उसकी मुलाज़मत क़बूल कर वफ़ादारी की कसमें खाते हुए—यक़ीनन फ़तह के बाद जागीर और ऊँचे ओहदे के लालच में ही।

इस ढोंग-ढकोसले में अकबर को क़तई लुत्फ़ नहीं आता था। उसके सामने मगर कोई चारा भी न था। वह बादशाह था और इसलिए यह ढकोसला सहन करना उसकी मजबूरी थी। बैरम ख़ान ने ज़ोर दे कर उसे ताकीद किया था कि ऐसे मौक़ों पर दरबार से वह किसी भी हालत में ग़ैरहाजिर न रहे। ख़ान बाबा को इल्म है कि उसके लिए

1. कर।
2. धन-दौलत।
3. आलिम यानी विद्वान; फ़ाज़िल यानी ज्ञानी, समस्त विद्या का जानकार।

क्या मुनासिब है, अकबर को यक़ीन था। इसीलिए अपना फ़र्ज़ मानकर उसने उनकी समझाइश की तामील भी की।

हुमायूँ बादशाह के पुराने ख़िदमतगार ख़्वाजा अम्बर नज़ीर भी काबुल से जलन्धर आ पहुँचे। उनसे अकबर ने अजब-ग़ज़ब हिन्दुस्तान के, जो कि उसे यक़ीन हो चला था कि उसका अब नया मुल्क हो जानेवाला है, कई क़िस्से सुने और बड़े शौक़ से सुने। और इस मुल्क की बाबत दरयाफ़्त कर तरह-तरह की जानकारियाँ भी उनसे वह हासिल करता रहा।

"यह मुल्क इतना बड़ा है जहाँपनाह कि तेज़ से तेज़ घोड़े पर महीनों सवारी करते रहें, तब भी न तो मशरिक़[1] में इसका छोर पाया जा सकेगा और न ही दक्खिन में। और इतनी क़िस्म के तो लोग हैं यहाँ कि शुमार करना ही मुश्किल! जन्नत-आशियानी के साथ जब मैं बंगाल गया था तब गंगा नदी के किनारे ऐसे-ऐसे अजूबे देखे मैंने जहाँपनाह कि क्या कहूँ आपसे! सालों से कुछ लोग वहाँ खड़े हैं तो खड़े ही हैं। वह भी खुले आसमान के नीचे—कड़ाके की सर्दी हो, चिलचिलाती गर्मी हो या फिर तूफ़ानी बारिश। पोशाक के नाम पर सिर्फ़ एक धज्जी ही उनकी कमर पर बँधी रहती थी, मौसम चाहे जो हो। इतना ही नहीं जहाँपनाह! बड़े ही ग़ज़ब के कारनामे करनेवाले बाजीगर और जादूगर भी हैं इस मुल्क में। मगर आलमपनाह! इस मुल्क की सबसे उम्दा बात यह है कि यहाँ के बाशिन्दे निहायत सादा मिज़ाज हैं और यहाँ की ज़मीन बेहद ज़रख़ेज़[2] है।"

मीर अब्दुल लतीफ क़ज़विनी, जिनके वालिद को सुन्नी होने के शक में गिरफ़्तार कर ईरान के शाह तहमास्प ने क़त्ल करवा दिया था, ख़ुद का अंजाम भी वही होता देख वहाँ से भाग आए और अकबर की ख़िदमत में पेश हो गए थे। मगर यह जान कर वे हैरान रह गए कि मज़हब को लेकर उनकी आज़ाद-ख़याली की वजह से अकबर के दरबार में मौजूद सुन्नी मुल्ला और मौलवी उन पर शिया होने का शुबहा करते हैं। मौलाना रूमी की मसनवी से उन्होंने ही अकबर को रूबरू करवाया।

"जहाँपनाह! मौलाना जलालुद्दीन मुहम्मद रूमी शरीअत[3] और मज़हबी मामलात के आलिम होने के साथ ही बेहतरीन सुख़नगो[4] भी थे, आज से तक़रीबन चार सौ साल पहले जो मुल्क-ए-ईरान के बाशिन्दे थे। उनके अशआर में अल्लाह की मोहब्बत के साथ ही निहायत गहरे मानीवाले पैग़ाम भी मौजूद हैं। एक शेर में पैग़म्बर मूसा से वे कहते हैं :

जोड़ने आया तू, जुदा करने नहीं;
हिन्द में इबादत होती है हिन्दी तरीक़े से;
सिन्ध के बाशिन्दे करते हैं अपने तरीक़े से।

जहाँपनाह! मौलाना को यक़ीन था कि जुदा-जुदा मुल्क के लोग सालोसाल पुरानी उनकी अपनी रिवायत के मुताबिक़ मज़हब को मानते हैं, ख़ास तौर पर सिन्ध और हिन्द के। इस मामले में उनके साथ दख़लन्दाज़ी नहीं की जानी चाहिए।"

---

1. पूर्व दिशा।
2. उपजाऊ।
3. इस्लाम का धार्मिक क़ानून।
4. सुख़न यानी कविता या कथन, सुख़नगो या सुख़नवर यानी कवि।

इस बात को अकबर कभी नहीं भूला।

उनका बेटा मीर ग़यासुद्दीन अली अकबर का क़रीबी बन गया। अपने वालिद की तरह ही वह भी तवारीख़ और फ़लसफ़ा का आलिम होने के साथ ही बेहतरीन सुख़नवर भी था। गुज़रते वक़्त के साथ अकबर के और उसका रोज़ाना का साथ हो गया। उसका सबसे ख़ास काम था हर रात अकबर को मौलाना रूमी की मसनवी पढ़कर सुनाना, और फिर बाक़ी किताबें भी। अपने वालिद की मानिन्द उसका भी सूफ़ियों की तरफ़ गहरा रुझान था और ईरान के चौदहवीं सदी के सूफ़ी फ़क़ीर और सुख़नवर ख़्वाजा शम्सुद्दीन मुहम्मद शीराज़ी 'हाफ़िज़' का दीवान पढ़कर अकसर ही वह अकबर को सुनाया करता।

"जहाँपनाह! ख़्वाजा हाफ़िज़ ने तो एक से एक बेहतरीन सुख़न कहे हैं। मगर उनका एक सुख़न तो कमाल का है! इजाज़त हो तो सुनाऊँ।"

"हाँ हाँ, ज़रूर! इरशाद!"

"जहाँपनाह! ख़्वाजा फ़रमाते हैं :

मोहब्बत में हो जो मुब्तिला, सबब की उससे बात न कर;
न ही उम्दा शराब के ख़िलाफ़ तक़रीर कर;
इश्क़ में है अक़्लमन्दी क्या,अक़्लमन्द नहीं जान सकते;
रूहानी मुआमलों में अक़्ल का दख़ल नहीं।

"वल्लाह! क्या ख़ूब कहा है!" ख़यालों में डूबे हुए अकबर को याद आया कि ख़ुशी से भरकर वह कैसे चिल्ला उठा था और उसके होंठों पर मन्द मुस्कान तैर गई।

एक छोटे-से दरिया पर पहुँचकर क़ाफ़िले के रुक जाने की वजह से उसके ख़यालों में ख़लल पड़ गया। कश्तियों पर शहतीरें बिछाकर एक पुल बनाया जाने लगा और पहियेदार तोपों को गहरी कश्तियों में लुढ़काया जाने लगा। मीर बकावल[1] ने उजला सफ़ेद दस्तरख़्वान बिछवाकर संगे-यशब[2] और चाँदी के बर्तनों में उसके लिए खाना लगा दिया। सबसे पहले दरवेशों का हिस्सा अकबर ने निकाला और पेट पूरा भर जाने के पहले ही उसने अपना हाथ खींच लिया। फिर सज्दा करते हुए अल्लाह की रहमत के लिए उसका शुक्रिया अदा किया। अब तक ज़ुह्र की नमाज़ का वक़्त होने को आया था। नमाज़ पढ़ने के बाद अजमेर का सफ़र फिर शुरू हुआ और अपनी पुरानी यादों के कूचों में अकबर फिर खो गया।

"बारिश ख़त्म हो जाने के बाद फ़ौज को ख़ान बाबा ने दिल्ली कूच करने का हुक्म सुना दिया। जैसे ही मुझे पता चला कि हम सरहिन्द पहुँच चुके हैं, मैं भागा-भागा अब्बा की क़ब्र पर जा पहुँचा और सारी रात उस पर सज्दा करते हुए बिलखता ही रहा। अब्बा के साये में बीता बचपन रह-रहकर मेरी नज़रों के सामने आ खड़ा होता।"

"चलो जलाल! तैयार हो जाओ! हम तफ़रीह करने चल रहे हैं।"

"कहाँ अब्बा?" छह साल के जलाल की आँखें ख़ुशी से चमक उठीं।

"गुलबिहार!" बेटे को गोद में उठाकर हुमायूँ ने उसके फूले-फूले गाल चूम लिये।

1. शाही बावर्चीख़ाने का प्रमुख।
2. Jade या हरिताश्म।

हुमायूँ एक मुहिम के सिलसिले में बदख़्शाँ जा रहा था और हरम की औरतों को उसने गुलबिहार तक साथ चलने की दावत दी थी, जो नारंज[1] के बाग़ीचों से भरी-पूरी बेहद ख़ूबसूरत जगह थी। ऊँट पर हौदे में अम्मी हमीदा बानो के साथ बैठने के बजाय जलाल ज़िद करके घोड़े पर अब्बा के आगे बैठा हुआ था, जो सारे रास्ते हातिमताई की फ़राख़दिली और अमीर हमज़ा की बहादुरी के क़िस्से उसे सुनाते रहे थे।

'घोड़े की लगाम अब्बा ने मेरे हाथों में दे दी थी।' सोचते हुए अकबर के होंठों पर मीठी मुस्कान तैर गई। 'कितना ख़ुश था मैं इस ख़याल से कि घोड़ा मेरे क़ाबू में है! बहार का मौसम था और रास्ते के दोनों तरफ़ सुर्ख़ फूलों से लदे अनार के दरख़्त। और कैसी दिलकश वादी थी वह! और कितना ख़ूबसूरत था पहाड़ियों से घिरा हुआ नीला दरिया, जिसके किनारे अब्बा ने ख़ेमा लगवाया था! अँधेरा होने तक मैं तो नीले आसमान में परियों को अपने कन्धों पर बिठाकर ले जाते हुए सफ़ेद बादलों को ही देखता रह गया था।'

'अगली सुबह अब्बा की एक उँगली को अपनी मुट्ठी में बाँधे हुए मैं उछलता-कूदता हुआ उनके साये में अपना साया छिपाने का खेल खेलते हुए नदी जा पहुँचा। सबकी देखादेखी वहाँ पर मैंने भी वुज़ू कर लिया। पूरे वक़्त अब्बा मोहब्बत से लबरेज़ नज़रों से मुझे देखते हुए मुस्कुराते रहे थे। जिस वक़्त सब लोग नमाज़ पढ़ने के लिए बैठे, मेरे लिए भी उन्होंने एक जा-ए-नमाज़[2] बिछवा दी।'

'नमाज़ कैसे पढ़ी जाती है मुझे मालूम नहीं था। मगर मैं ख़ुश था। बेहद ही ख़ुश! यह सोचकर कि अब मैं भी बड़ा हो गया हूँ। और निहायत ही संजीदगी के साथ मैं नमाज़ पढ़ रहे अब्बा की नक़ल करता रहा। नमाज़ हो चुकने के बाद मैंने देखा कि सब लोग मेरी तरफ़ देखकर मुस्कुरा रहे थे।'

'जलाल जब पैदा हुआ था तो मेरे सितारे इतनी गर्दिश में थे कि तोहफ़े देने को मेरे पास कुछ भी नहीं था,' अब्बा की आवाज़ अपने तसव्वुर में अकबर को हूबहू सुनाई दे रही थी। "तो मैंने मश्क की एक गाँठ तोड़कर उसे सबमें तक़सीम करते हुए कहा कि मेरे फ़र्ज़न्द का नाम एक रोज़ इस मश्क की ख़ुशबू के माफ़िक़ ही दूर-दूर तक फैल जानेवाला है।"

'कितना फ़ख़्र महसूस हुआ था उस रोज़ ख़ुद पर मुझे!'

सोचते हुए अकबर के होंठों पर मुस्कान तैर गई, और आँखों में आँसू भी छलक आए।

'अब्बा की ज़िन्दगी तो जैसे दर्दोग़म की लम्बी व इन्तिहाई तौर पर उथल-पुथल भरी दास्तान ही थी। और जब तक सुकून और ख़ुशहाली का वक़्त आता, उनका अपना वक़्त ख़त्म हो चुका था।'

दिल्ली से तीस कोस उत्तर में स्थित करनाल के लिए कूच करने का फ़रमान फ़ौज को बैरम ख़ान ने जब तक नहीं सुनाया, सरहिन्द में अकबर की रातें अपने अब्बा की क़ब्र पर ही गुज़रतीं। चन्द रोज़ ही ऐसे गुज़रे होंगे कि एक सुबह बैरम ख़ान ने बेहद फ़िक्रमन्द अन्दाज़ में दिल्ली के हालात की तहरीर[3] पढ़कर उसे सुनाई।

---

1. नारंगी का फल।
2. आयताकार दरी या चटाई जिस पर बैठकर नमाज़ पढ़ते हैं।
3. लिखी हुई बात।

"जहाँपनाह! दिल्ली को हमने खो दिया है। ख़बर है कि हेमू के पास पचास हज़ार घुड़सवार व बंगाल के कोहपैकर[1] और ख़ूँखार दो हज़ार हाथियों के साथ ही एक अज़ीम पियादा फ़ौज और कई बड़ी-बड़ी तोपें भी हैं।"

यह तो सबको पहले ही मालूम था कि बंगाल से चलकर हेमचन्द्र बड़ी ही आसानी से कानपुर, इटावा और आगरा को फ़तह करता चला आया है। मगर लगातार हासिल की गई उसकी इस बाईसवीं फ़तह की ख़बर ने, वह भी बिना एक भी शिकस्त खाए, मायूसी का अँधेरा बनकर पूरे लश्करगाह को अपनी गिरफ़्त में ले लिया।

"मैंने तो पहले ही मशविरा दिया था कि हमें वापस काबुल चले ज़ाना चाहिए," एक अमीर अफ़सोस जताने लगा। यह बात और है कि किसी ने भी ऐसा कहते हुए उसे कभी नहीं सुना था। "कोई मेरी राय को मगर संजीदगी से ले तब न! मैं तो अब भर पाया हिन्दुस्तान से! कल ही मैं तो काबुल के लिए रवाना हो रहा हूँ, अपने फ़ौजियों के साथ," उसने एलान कर दिया और हिन्दुस्तान से हाथ धो चुकने के अन्दाज़ में अपने दोनों हाथ उसने ऊपर उठा लिये।

"मेरी तो यह अक़्ल के ही बाहर है कि हिन्दुस्तान में रिहाइश का इरादा हमने किया ही क्यों?" शिकन भरी पेशानी लिये अपनी हथेलियों को सवालिया अन्दाज़ में घुमाते हुए एक दूसरा अमीर बोला। "क़ायदे का एक फल तो मिलता नहीं यहाँ! न तो वैसा खरबूज़ा मिलता है यहाँ और न ही अंगूर, जैसे हमारे काबुल में मिला करते हैं। ऊपर से यहाँ बर्फ़ भी नहीं मिलती। सिर्फ़ गर्मी, धूल और मक्खियों के लिए हम न केवल अपने अज़ीज़ों की जुदाई सह रहे हैं बल्कि अपनी जान को भी ख़तरे में डाल रहे हैं। इससे ज़्यादा ख़ब्तीपने की बात कोई हो सकती है भला?"

"अल्लाह हमें इत्तिला कर रहा है कि हिन्दुस्तान की हुकूमत हमारे नसीब में नहीं," अपनी लम्बी सफ़ेद दाढ़ी को सहलाते हुए एक बुज़ुर्ग अमीर ने इस गहरे राज़ का पर्दाफ़ाश किया। "जन्नत आशियानी[2] को उसने दो बार ख़बरदार किया, पहले चौसा में और फिर कन्नौज में। और अब हमारे कमसिन बादशाह को भी अल्लाह वही पैग़ाम दे रहा है।"

अपने पुरख़तर हालात से अकबर नावाक़िफ़ नहीं था। मगर इस तरह नाकामयाबी और तबाही के एलानिया दावे करनेवाले लोग उसके दिल को और भी ज़्यादा नाउम्मीदी से भरे दे रहे थे। यह सब सुनकर उसके दिल में ग़ुस्सा उमड़ता और चिढ़ भी छूटा करती, ख़ास तौर पर चौसा और कन्नौज के ज़िक्र से। इन दो नामों से वह बचपन से ही जूझता आया है, हिक़ारत से जिन्हें उसकी तरफ़ मुसलसल उछाला जाता रहा था।

"हमारे अब्बा फ़िरदौस मकानी बाबर पादशाह ने इतनी मुश्किलों से और जान को ख़तरे में डालकर जो हासिल किया, वह सब उस नालायक़ ने चौसा और कन्नौज में खो दिया। और अब वह ईरान भाग गया है। बुज़दिल! नामर्द! लानत है उस पर! अल्लाह का क़हर उस पर नाज़िल हो!"

हुमायूँ को बेइज़्ज़त करने के ख़याल से काबुल में मिर्ज़ा कामरान सबके सामने ही

---

1. पर्वताकार।
2. मृत्यु के बाद हुमायूँ को इस ख़िताब से पुकारा जाता था, जिसका अर्थ है 'जिसका आशियाना जन्नत में है।'

और जलाल की तरफ़ निगाह किए हुए ऐसे फ़िक़रे अकसर ही कसा करता।

'कहीं ऐसा तो नहीं कि तवारीख़ ख़ुद को दोहरा रही है?' नाउम्मीदी की बातें रोज़-रोज़ ही उमरा को करते हुए सुनकर अकबर के दिल में घबराहट पैदा हो गई। दुश्मन से करारी शिकस्त खाने के बाद अब्बा और अम्मी की ही तरह दुश्मन के सिपाहियों से बचते हुए भागते फिरते रहने के ख़याल से वह काँप उठा और अपने दिल का ख़ौफ़ उसने अपने ख़ान बाबा को कह सुनाया।

"आलमपनाह! दानिशमन्द हज़रात का कहना है कि तवारीख़ एक आला इल्मदाँ है। मगर नसीहत-ओ-हिदायत वह सिर्फ़ तजुर्बे की मार्फ़त ही देती है। और उससे सबक़ सीखने से जो भी इनकार करता है, उसका नामोनिशान तक इसकी किताब से मिट जाता है।"

"और ख़ान बाबा! इस वक़्त तवारीख़ हमें क्या नसीहत दे रही है?"

"आलमपनाह! इस वक़्त तवारीख़ यह नसीहत दे रही है कि हमें होशियारी, हौसला, इन्तज़ाम और इत्तिहाद[1] के साथ रहने की ज़रूरत है—जिनकी नामौजूदगी से ही चौसा और कन्नौज में हमारी शिकस्त हुई और जन्नत आशियानी ईरान जाने पर मजबूर हुए।"

अपने ख़ान बाबा की बेफ़िक्री देख अकबर को काफ़ी तसल्ली हुई। उसे यक़ीन था कि ख़राब से ख़राब हालात का भी मुक़ाबला करने की उनमें क़ुव्वत थी और क़ाबिलियत भी।

'क्या वे ख़ान बाबा ही नहीं थे जिन्होंने ईरान के शाह तहमास्प के साथ अब्बा के ताल्लुक़ात बनवाए थे। और काबुल को फ़तहकर अब्बा जब दिल्ली का तख़्त दोबारा हासिल करने के मक़सद से हिन्दुस्तान लौटे थे, तब भी तो सबसे आगे ख़ान बाबा ही थे।' ख़ुद को उसने भरोसा दिलाया।

फ़ौज को दिल्ली की ओर बढ़ने का फ़रमान बैरम ख़ान सुना ही रहा था कि एक बरीद[2] वहाँ आ पहुँचा।

"आलमपनाह! तरदी बेग, पीर मुहम्मद शेरवानी, अब्दुल्ला ख़ान उज़्बेक और बाक़ी अमीर भी अपने रिसालों के साथ तुग़लक़ाबाद में एक बार फिर हेमू के मुक़ाबिल खड़े हुए।" बैरम ख़ान ने पैग़ाम पढ़ने के बाद कहा, "मगर उसे रोक पाने में इस बार भी वे नाकामयाब ही रहे।"

शिकस्त खाए हुए ग़मगीन और मायूस उमरा जल्द ही लश्करगाह आ पहुँचे। उनकी हालत देख काबुल वापस चले जाने का हो-हल्ला और भी बढ़ गया। मगर अगले ही दिन यह शोर-शराबा यकायक ख़ौफ़ज़दा कबूतरों की ख़ामोशी में बदल गया।

बैरम ख़ान ने तरदी बेग को अपने ख़ेमे में बुलवाया और धोखे से उसे गिरफ़्तार कर लश्करगाह के फ़ौजियों की नज़रों के सामने ही उसका सिर कलम कर दिया। शाम को अकबर जब शिकार से लौटा तब उसे यह ख़बर मिली। उसे बेहद रंज हुआ।

'तरदी बेग तो अब्बा के पुराने वफ़ादार ख़ादिम थे! अगर कोई ग़लती उन्होंने की भी थी, तब भी उन्हें सज़ा-ए-मौत देना किसी भी तरह वाजिब नहीं था।' सोचते हुए उसका दिल बेचैन हो उठा।

---

1. एकता।
2. धावक पत्रवाहक।

"तरदी बेग को हलाक करने के पहले कम-अज़-कम मशविरा तो मुझसे किया ही जाना चाहिए था!" दरबार में मौजूद अमीर-उमरा के सामने ही तल्ख़ अन्दाज़ में यह कहते हुए अपने अब्बा के अल्फ़ाज़ उसने दोहराए। "जन्नत आशियानी बताया करते थे कि क़ुरआन शरीफ़ में अल्लाह ने फ़रमाया है : जो ईमान लाए हैं और अपने रब पर भरोसा रखते हैं, जब वे ग़ुस्से में होते हैं तो मुआफ़ कर देते हैं। और जिसने मुआफ़ कर दिया और दुरुस्ती कर दी उसका अज्र[1] अल्लाह के ज़िम्मे है।"

बैरम ख़ान के साथ आमने-सामने के टकराव को अकबर टालना चाहता था। लिहाज़ा उसने मीर ग़यासुद्दीन अली से एक ख़त लिखने को कहा।

'ख़ान बाबा! जब हम सरहिन्द में थे तब आपने मुझे एक बार बताया था कि जन्नत आशियानी जब ईरान से लौटकर कन्धार के क़िले पर क़ाबिज़ हो गए थे तब मिर्ज़ा अस्करी को क़ैद कर उनके सामने ले जाया गया। उसके सामने जन्नत आशियानी ने वह ख़त रखा जो उसने बलूची सरदारों को लिखा था कि अगर ईरान जा रहे हुमायूँ बादशाह उनके इलाक़े से गुज़रें तो उन्हें वे क़ैद कर लें या फिर उनका क़त्ल कर दें। इसकी एवज़ में उन्हें इनाम से मालामाल कर दिया जाएगा। मिर्ज़ा अस्करी की ऐसी दग़ाबाज़ी का बदला सिर्फ़ इतना ही उन्होंने लिया और उसे मुआफ़ कर दिया।'

'और मिर्ज़ा कामरान की आँखों में गर्म सूआँ घुसाकर उसे अन्धा कर देने की बाबत बताते हुए आपने कहा था कि इस बात के लिए जन्नत आशियानी बड़ी मुश्किल से और उस हालत में ही राज़ी हुए थे जब सारे अमीर-उमरा उसे मुआफ़ी अता करने के सख़्त ख़िलाफ़ हो गए और जन्नत आशियानी से उन्होंने इसरार किया कि अगर आप बहैसियत भाई काम करने के ख़्वाहिशमन्द हैं तो शाही तख़्त को छोड़ दें। और अगर आप बादशाह बने रहना चाहते हैं तो भाई के जज़्बे को तर्क[2] कर दें। यह ख़ान बाबा आपके ही अल्फ़ाज़ हैं जो हम दोहरा रहे हैं। फिर सभी उमरा ने मिलकर मिर्ज़ा कामरान के सौ ऐसे गुनाहों की फ़ेहरिस्त बनाई जिसमें हर गुनाह पर मौत की सज़ा तजवीज़[3] की जानी चाहिए थी। जन्नत आशियानी को वह फ़ेहरिस्त दिखाकर उमरा ने उनसे साफ़ कह दिया कि इसके बावजूद अगर वे मिर्ज़ा कामरान को मुआफ़ी अता करते हैं तो आगे से उनका साथ देने के लिए उनमें से कोई भी क़तई राज़ी नहीं। और फिर मिर्ज़ा कामरान की आँखें फोड़ देने का फ़रमान सुना देने के बाद अब्बा को हमने ख़ुद सारी रात रोते हुए देखा है, बार-बार यह कहते हुए कि ऐसा मालूम हो रहा है जैसे उनकी अपनी आँखें फोड़ दी गई हैं।'

'जब जन्नत आशियानी इस तरह सबको ही मुआफ़ी अता कर देनेवाले बेहद नर्म दिल इनसान थे, और ख़ान बाबा आप इस बात को बख़ूबी जानते थे, तो फिर आपने क्यों ऐसा बर्ताव किया? हम नहीं समझ पा रहे हैं। और हमारे लिए यह बेहद तकलीफ़देह साबित हो रहा है।'

अकबर से कुछ ऐसी ही जवाबतलबी की उम्मीद बैरम ख़ान कर रहा था। सियासी

---

1. प्रत्युपकार, भलाई का बदला, सवाब या पुण्य।
2. त्याग, परित्याग।
3. प्रस्ताव, निर्णय, सलाह, उपाय।

बिसात का वह तजुर्बेकार खिलाड़ी था। अकबर की दिमाग़ी हालत वह समझ गया और यह भी जान गया कि इस वक़्त उससे आमना-सामना करना ग़लतफ़हमी दूर करने के बजाय गरमागरमी पैदा कर सकता है, जिससे बात के और भी ज़्यादा बिगड़ जाने का ख़तरा था। ख़ुद जाकर अकबर को सफ़ाई देने के बजाय उसने भी ख़त भेजना ही मुनासिब समझा। मीर ग़यासुद्दीन ने ख़त की इबारत पढ़कर अकबर को सुनाई।

"आलमपनाह जलालुद्दीन मुहम्मद अकबर बादशाह की ख़िदमत में यह ग़ुलाम बन्दगी अर्ज़ करता है और कोर्निश बजा लाता है।

जहाँपनाह! अपनी इस ख़ता के लिए मैं मुआफ़ी चाहता हूँ कि आलमपनाह के सामने ख़ुद पेश होकर अपना क़ुसूर बख़्श दिए जाने की दरख़्वास्त करने के बजाय यह ख़त आपके हुज़ूर में पेश कर रहा हूँ। इसकी वजह यह है कि अपने-आपको मैं जहाँपनाह की नज़रों के सामने लाने से बचना चाह रहा हूँ क्योंकि मैं जानता हूँ कि आलमपनाह इस ग़ुलाम से बेहद नाराज़ हैं, जिस वजह से मैं निहायत ही ख़ौफ़ज़दा हूँ। मगर आलमपनाह जानते हैं कि जिस दिन से जन्नत आशियानी ने आपको मेरी हिफ़ाज़त और सरपरस्ती में दिया था, तब से ही मैं आपका नमकहलाल और वफ़ादार ख़ादिम रहा हूँ। और उस रोज़ से ही यह ग़ुलाम आपको हिन्दुस्तान की बादशाहत दिलाकर जन्नत आशियानी की ख़्वाहिश पूरी करने की कोशिश मुसलसल[1] करता रहा है।

आलमपनाह! तुग़लक़ाबाद में हमारी शिकस्त की वजह तरदी बेग की बुज़दिली और दग़ाबाज़ी रही। हमारी फ़ौज के बाएँ बाज़ू से लड़ रहे इस्कन्दर ख़ान उज़्बेक के दस्ते ने हेमू की फ़ौज के दाएँ बाज़ू को शिकस्त दे ही दी थी कि तरदी बेग जो अपने रिसाले के साथ हमारी फ़ौज के दाएँ बाज़ू था, शिकस्त-शिकस्त चिल्लाते हुए भाग खड़ा हुआ। इससे हमारी पूरी फ़ौज में अफ़रा-तफ़री मच गई और बदहवासी में सबके सब भाग खड़े हुए। अली क़ुतुबशाह ख़ान, पीर मुहम्मद ख़ान शेरवानी और दूसरों ने भी इस बात की तस्दीक़ की है कि तरदी बेग न सिर्फ़ ख़ुद भाग खड़ा हुआ बल्कि चिल्ला-चिल्लाकर उसने बाक़ी सबको भी भाग जाने का मशविरा दिया। जहाँपनाह! तरदी बेग ने जान-बूझकर यह गद्दारी और ज़िल्लत का रास्ता इख़्तियार किया। उसके फ़रेब और उसकी दगाबाज़ी की बाबत सबको पहले से ही अन्दाज़ा था क्योंकि उसका बर्ताव शुरू से ही बदकारी से भरा हुआ रहा था। अगर ऐसे लोगों को मुआफ़ी दी जाती रही तो आलमपनाह के दिल में जिस मुक़ाम को पाने की तमन्ना है वह कभी न हासिल हो सकेगा। तरदी बेग ने अगर ऐसी बुज़दिली और कमज़ोरी न दिखाई होती तो जहाँपनाह हमारी फ़ौज की इतनी शर्मनाक शिकस्त इस जंग में किसी हाल न हुई होती।

इसके अलावा जहाँपनाह तरदी बेग हमारी फ़ौज में ख़ौफ़ पैदा कर रहा था। हर वक़्त वह मायूसी और तबाही की बातें करता रहता था। कहा करता था कि हेमू की फ़ौज नाक़ाबिले फ़तह है, कि हाथियों को हक़ीक़त में शैतान ने उसके साथ रवाना किया है। और तो और, वह अमीर-उमरा को भी भड़काने लगा था यह कहकर कि अगर लम्बी ज़िन्दगी चाहते हो तो हिन्दुस्तान को उसके हाल पर छोड़कर बिना देर किए काबुल के लिए रवाना हो जाओ। ख़ुद उसने तो वापस जाने के इन्तज़ामात कर भी लिये थे। इस

1. निरन्तर, लगातार।

गद्दारी और नामर्दी के लिए जहाँपनाह, सज़ा-ए-मौत से कम का हक़दार वह किसी भी तरह नहीं था।

आलमपनाह। यह ग़ुलाम इस क़दम को उठाने के पहले आपकी मर्ज़ी मालूम न करने के लिए मुआफ़ी का तलबगार[1] है लेकिन इसकी वजह आपके लिए मेरी वफ़ादारी और ख़ैरअन्देशी[2] के सिवा कुछ भी नहीं। इस बेअदबी का एक सबब यह भी था कि आलमपनाह रहम और करम का दरिया हैं और तरदी बेग को सज़ा-ए-मौत देने के लिए रज़ामन्द किसी हाल न होते। ऐसी हालत में अगर मैं उसे हलाक करने की हिमाक़त करता तो यह आलमपनाह की शान में नाक़ाबिले मुआफ़ी गुस्ताख़ी होती। और अगर उसे छोड़ दिया जाता तो फ़ौज में बदइन्तज़ामी और नाफ़रमानी फैल जाती। इस ग़ुलाम को उम्मीद थी कि आलमपनाह मेरे इस क़दम को रहम की नज़र से देखेंगे जिससे कि बाक़ी बदकार भी ख़बरदार हो जाएँ।

आलमपनाह रहमोकरम की खान हैं और इस ग़ुलाम को कई ग़लतियों के लिए मुआफ़ी अता करते हुए इस नाचीज़ पर हमेशा ही मेहरबान रहे हैं। माज़ी में इस ग़ुलाम की तमाम बेवक़ूफ़ियों और नादानियों को आलमपनाह ने रहमदिली से बख़्श दिया है। मैंने जो किया अगर वह आपकी मर्ज़ी के ख़िलाफ़ था तो इसके लिए तहेदिल से मैं मुआफ़ी-तलब हूँ, मगर इस क़दम के पीछे इस ग़ुलाम की मंशा सिवा आलमपनाह की ख़िदमत करने के, कुछ भी नहीं थी।

मैं रहा हूँ और हमेशा रहूँगा आलमपनाह का सबसे वफ़ादार और फ़रमाँबरदार ग़ुलाम।"

नीचे बैरम ख़ान, वकील-अस-सल्तनत की मुहर लगी हुई थी।

बैरम ख़ान ने जो कुछ लिखा था उसकी सच्चाई को अकबर देख पा रहा था। फिर भी जो हुआ उसकी माक़ूलीयत[3] को लेकर उसके दिल में अब भी शुबहा था। मगर आगे बात बढ़ाना उसने मुनासिब नहीं समझा। जंग के बादल अब मँडराने लगे थे और सिर्फ़ उसके ख़ान बाबा ही इन हालात से निपट सकने के क़ाबिल थे, अकबर यह बख़ूबी जानता था।

जल्द ही पानीपत के मैदान में जंग शुरू हो गई। अली क़ुली ख़ान के पेशदस्ते ने हालाँकि एक रोज़ पहले ही अचानक हमला करके हेमचन्द्र की तोपों को अपने क़ब्ज़े में कर लिया था, फिर भी अकबर की फ़ौज के मुक़ाबले दुश्मन की फ़ौज का पलड़ा भारी पड़ रहा था। उनके माथे पर लोहे का बख़्तर पहने हुए हेमचन्द्र के हाथी जिनके लम्बे और नुकीले दाँतों पर दोधारी तलवारें बँधी थीं, आषाढ़ के बादलों की तरह गरज रहे थे और सैलाब पर आए तूफ़ानी दरिया की मानिन्द हंगामाखेज़ साबित हो रहे थे। उन दरिन्दों के बख़्तर पर, उनकी लम्बी सूँड़ पर और सूप जैसे बड़े-बड़े कानों पर भी दहशतज़दा कर देनेवाली तसवीरें बनी हुई थीं जो फ़ौजियों की बनिस्बत घोड़ों के दिल में ख़ौफ़ ज़्यादा पैदा कर रही थीं।

---

1. इच्छुक, अभिलाषी।
2. शुभ-अभिलाषा।
3. औचित्य।

"आगे बढ़ो बहादुरो! फ़तह तुम्हारी है! दुश्मन पर तूफ़ान बनकर टूट पड़ो और उसका ख़ात्मा कर दो! बेधड़क आगे बढ़ो जाँबाज़ो और दुश्मन की फ़ौज में बेख़ौफ़ घुस जाओ!"

हवाई नाम के एक शानदार हाथी पर सवार हेमचन्द्र[1] तेज़ी से आगे बढ़ने के लिए अपनी फ़ौज की हौसला-अफ़ज़ाई कर रहा था। और उसकी तदबीर कामयाब होती दिखाई दे रही थी।

बैरम ख़ान अकबर की फ़ौज के हरावल[2] दस्ते में था और वह ख़ुद बीच में। हेमचन्द्र के हाथी अकबर की फ़ौज पर क़हर ढा रहे थे। उसके फ़ौजी हाल की एक के बाद एक मुसलसल फ़तह की वजह से बुलन्द-हौसला भी थे। ज़ोरदार तरीक़े से हमला बोलकर उन्होंने अकबर की फ़ौज की बाईं और दाईं दोनों ही बाजुओं की हालत ख़राब कर रखी थी। अकबर के फ़ौजियों के सिरों के ढेर लग गए और उनका ख़ून नाले बनकर बह निकला। ज़ख़्मी और फ़ौत हुए फ़ौजियों की तादाद बता रही थी कि अकबर के लिए जंग तक़रीबन ख़त्म ही हो चुकी थी।

बैरम ख़ान ने अकबर को ताकीद कर रखी थी कि शिकस्त की हालत में वह काबुल भाग जाने के लिए तैयार रहे। मगर यह शर्मनाक क़दम उठाने के लिए उसका दिल राज़ी नहीं था। उसने तो मरते दम तक मैदान-ए-जंग में डटे रहने का फ़ैसला कर लिया था और यह ज़ाहिर हो रहा था।

हेमचन्द्र को इस मुहिम पर भेजने से पहले सुल्तान आदिलशाह ने दरबारी नुजूमी को अकबर की कुंडली देकर जंग का फ़ैसला जानना चाहा था।

"आलमपनाह! इस कुंडली के लग्न का मालिक बुध तक़दीर के मालिक गुरु से दूसरे घर में बैठा हुआ है। और बुध ऐसा ग्रह है जो बेहतर तक़दीर को और भी बेहतर बनाता है। अकबर के सितारे कहते हैं कि वह नाक़ाबिले फ़तह है।"

"आलमपनाह! हिन्दुस्तान में तुर्क अभी मज़बूती से नहीं जम पाए हैं," हेमचन्द्र ने नुजूमी की राय से अपनी नाइत्तिफ़ाक़ी ज़ाहिर की। "और फिर अकबर तो अभी लौंडा ही है! छोटे पौधे को उखाड़ फेंकना क्या आसान नहीं होता?"

मगर अकबर की क़िस्मत में तो आदिलशाह के नुजूमी को सही साबित करना और लम्बे समय तक हिन्दुस्तान का सबसे ताक़तवर शहंशाह बने रहना लिखा था। उसकी फ़ौज के पैर तक़रीबन उखड़ ही चुके थे कि एक तीर ने उसकी तक़दीर बदल दी। न जाने कहाँ से और कैसे वह तीर आया और हेमचन्द्र की आँख में घुस गया। तीर को

1. हेमचन्द्र उर्फ़ हेमू का असली नाम बसन्त राय था जिसे शोरे का व्यापारी होने के कारण बनिया कहा गया, हालाँकि असल में वह वर्तमान हरियाणा का जाट था। बिहार जाकर इन्होंने शेरशाह सूरी के वारिस सलीम शाह को, जो इस्लाम शाह के नाम से राजगद्दी पर बैठा, शोरे की आपूर्ति करना शुरू किया और वक़्त के साथ उसके अत्यन्त कृपापात्र बन गए। शोरा सभी राजाओं और सुल्तानों के लिए बहुत महत्त्वपूर्ण था क्योंकि यह बारूद बनाने के काम आता था। सलीम शाह के बाद जब शेरशाह सूरी का साला आदिलशाह गद्दी पर बैठा तो उसे भी यह शोरा बेचने लगे और उसके साथ भी इनकी घनिष्ठता हो गई। आदिलशाह का इतना अधिक भरोसा इनमें बढ़ गया कि आगे चलकर उन्हें उसने अपनी फ़ौज का सिपहसालार बना दिया।
2. फ़ौज में सबसे आगे रहनेवाला दस्ता।

उसने जल्दबाज़ी में खींच निकाला जिस वजह से उसका नुकीला सिरा अन्दर ही रह गया। दर्द के मारे उस पर बेहोशी छा गई और अपने मालिक की हिफ़ाज़त के ख़याल से उसका महावत हाथी को दूर भगा ले गया। हेमचन्द्र के फ़ौजियों ने समझा कि उनका सिपहसालार भाग खड़ा हुआ है और उनमें भी भगदड़ मच गई। देखते ही देखते मैदान-ए-जंग में उसका एक फ़ौजी भी बाक़ी न रहा।

दिल्ली की बादशाहत अब अकबर की थी।

तबाही एक अज़ीम शख़्सियत की

अजमेर का सफ़र एक दिन बाक़ी रहते ही अँधेरा घिर आया। लिहाज़ा राजपूताना में किशनगढ़ के नज़दीक वीराने में ही पड़ाव कर लिया गया। जिस वक़्त अकबर अपने ख़ेमे में घुसा, वह बेहद उदास था। अपने ख़ान बाबा को याद करते हुए वह ख़ुद को कोस रहा था।

'कितना बेअक़्ल था मैं जो अपने रहनुमा और सरपरस्त की वफ़ादारी पर शक कर बैठा! उन पर जिन्होंने न सिर्फ़ मुझे दिल्ली के तख़्त पर बिठाया बल्कि मेरी हुकूमत पूरे हिन्दुस्तान में फैलाने के लिए हरदम ही कोशिश करते रहे! उनके बेवक़्त इन्तक़ाल के लिए ख़ुद को मुआफ़ मैं कभी नहीं कर पाऊँगा।'

उसे याद आया कि जिस वक़्त ख़ान बाबा के जन्नतनशीं होने की ख़बर उस तक पहुँची, आगरा के नज़दीक ही जंगल में वह शिकार कर रहा था। गुजरात के सूबेदार का ख़त लेकर एक बरीद वहाँ आ पहुँचा था।

"आलमपनाह की ख़िदमत में यह ग़ुलाम बन्दगी अर्ज़ करता है," मीर ग़यासुद्दीन अली ने ख़त का मज़मून पढ़कर उसे सुनाया, "और निहायत ही अफ़सोस के साथ यह इत्तिला क़रता है कि जनाब बैरम ख़ान अदन को जानेवाला जहाज़ पकड़ने के लिए सूरत अभी पहुँच भी न पाए थे कि एक ख़बीस अफ़ग़ान ने, जो मच्छीवाड़ा की जंग में उसके वालिद के इन्तक़ाल का इन्तिक़ाम लेने की ठाने बैठा था और जिसके लिए वह जनाब बैरम ख़ान को ही क़सूरवार मानता था, उनके पेट में छुरा तब घोंप दिया जब पाटन में वे अपनी बेगमों और बच्चों के साथ झील में तफ़रीह करके वापस आ रहे थे। और मौक़े पर ही वे जन्नतनशीं हो गए।"

बैरम ख़ान को अकबर ने उसके ओहदे से बर्ख़ास्त कर हज पर चले जाने का हुक्म सुना दिया था। इस मक़सद से ही वे सूरत से जहाज़ पकड़कर अदन और फिर मक्का जानेवाले थे।

ख़बर सुनकर अकबर वीरान आँखों से हवा में घूरते हुए देर तक बुत की मानिन्द खड़ा रह गया। फिर हरकत में आकर मीर ग़यासुद्दीन अली की तरफ़ उसने ऐसे देखा मानो पूछ रहा हो, 'पढ़ने में तुमसे कहीं कोई ग़लती तो नहीं हुई?'

"ख़ान बाबा नहीं रहे जहाँपनाह!" अकबर की निगाह में सवाल को मीर ग़यासुद्दीन अली ने पढ़ लिया।

"हमें उनको जाने नहीं देना चाहिए था!" अकबर के अश्क बह निकले। "यह हमारी ही ग़लती से हुआ है। हमें उन्हें नहीं जाने देना चाहिए था। और वह फूट-फूटकर रो पड़ा। "या अल्लाह! ख़ुद को हम कैसे कभी मुआफ़ कर सकेंगे?"

मीर ग़यासुद्दीन अली की समझ में नहीं आया कि अपने शहंशाह को तसल्ली वह किस तरह दे? लिहाज़ा अपनी आँखों में नमी लिये वह ख़ामोश ही खड़ा रहा।

हक़ीक़त यह थी कि जो कुछ बैरम ख़ान के साथ हुआ, उसके लिए क़सूरवार अकबर नहीं था। सिर्फ़ सत्रह साल के लड़के को दुनियावी तौर-तरीक़ों की समझ हो ही कितनी सकती है? बैरम ख़ान की तबाही का अफ़साना लिखनेवाली और उस अफ़साने के किरदारों को अपने इशारों पर नचानेवाली तो वास्तव में माहम अंगा ही थी।

दिल्ली पर अकबर की हुकूमत मज़बूती से क़ायम हो जाने के बाद जन्नत आशियानी के हरम को काबुल से बुलवा लिया गया था। उसके ही साथ माहम अंगा भी हिन्दुस्तान आ पहुँची। लाहौर पहुँचते-पहुँचते वह जान गई कि हिन्दुस्तान एक बेहद सरमायादार और अज़ीम मुल्क है। लाहौर के भीड़-भाड़ भरे बाज़ारों में ऐशोआराम का हर सामान मौजूद था। शहर के बाज़ार, सड़कें और कूचे हर मुल्क के सौदागरों से आबाद थे। शानदार लिबासों में औरतें सोने-चाँदी के गहनों से सजी-धजी इन बाज़ारों में घूम रही थीं। जानवरों की भी बहुतायत थी और ज़मीन ज़रख़ेज़ थी। इस दौलत में उसका भी हिस्सा हो सकता है, उसके शातिर दिमाग़ ने फ़ौरन ही यह हिसाब लगा लिया—बशर्ते कि हुकूमत में उसका भी दख़ल हो सके।

यहीं से उसे अकबर पर बैरम ख़ान का असर खलने लगा। वह यह भी जान गई कि बैरम ख़ान होशियार और चालाक शख़्स होनें के साथ ही सियासत के खेल का तजुर्बेकार और माहिर खिलाड़ी है। उसकी तमन्ना पूरी होने में कोई शख़्स अड़ंगा लगा सकता था तो वह बैरम ख़ान ही था। अपने इस नए दुश्मन के ख़िलाफ़ मोहरे बिछाने में माहम ने वक़्त ज़रा भी बरबाद नहीं किया।

खेल की शुरुआत उसने हमीदा बानो बेगम का भरोसा जीतने के साथ की—ऐसा भरोसा कि उन्हें यह यक़ीन हो जाए कि ख़ुदा की बनाई हुई इस दुनिया में उनके अलावा उनके बेटे का बेग़रज़ ख़ैरख़्वाह कोई है तो सिर्फ़ माहम है। फिर सब्र के साथ वह बैरम ख़ान की किसी ग़लत चाल का इन्तज़ार करने लगी।

बैरम ख़ान ने ज़्यादा इन्तज़ार उसे नहीं करवाया।

एक शाही हाथी को जमुना नदी में नहलाने ले जाया गया। इत्तिफ़ाक़ से बैरम ख़ान उसी वक़्त अपने हरम के साथ नदी में कश्तियों की सवारी का लुत्फ़ उठा रहे थे। न जाने कैसे वह हाथी उन कश्तियों के बेहद नज़दीक पहुँच गया जिसकी वजह से वे ख़तरनाक तरीक़े से डोलने लगीं। महावत ने लेकिन वक़्त रहते ही उस हाथी पर क़ाबू पा लिया और कोई बड़ा हादसा होने से रह गया। मगर बैरम ख़ान के ग़ुस्से की इन्तिहा नहीं थी।

अकबर की जानकारी में जब यह वाक़या आया तो उस महावत को एक ख़त देकर उसने उसे बैरम ख़ान के पास भेज दिया।

'ख़ान बाबा! इस ग़रीब आदमी की ग़लती के लिए हम आपसे मुआफ़ी की दरख़्वास्त करते हैं। आपके पास उसे हम भेज रहे हैं। जो सज़ा उसे देना चाहें आप दे सकते हैं। मगर आप उसे बख़्श देंगे तो हमें बेहद ख़ुशी होगी।'

बैरम ख़ान ने ख़त पढ़ा और फ़ौरन ही तलवार उठाकर महावत का सिर क़लम कर दिया।

इस ख़बर को पाकर माहम अंगा की ख़ुशी का तो ठिकाना नहीं रहा। अल्लाह के इस करम के लिए उसने तहेदिल से उसका शुक्रिया अदा किया और फ़ौरन ही अपनी अगली चाल चल दी। अपने बेटे अदहम ख़ान को उसने शम्सुद्दीन ख़ान के साथ अकबर के पास एक फ़रियाद लेकर भेजा। शम्सुद्दीन ख़ान एक सीधे-सादे शख़्स थे जिन्हें माहम के दिमाग़ में चल रही साज़िश का और इस फ़रियाद के पीछे की उसकी चाल का अन्दाज़ा ज़रा भी नहीं था।

"जहाँपनाह! ऊँची नस्ल के घोड़ों को वकील-अस-सल्तनत सिर्फ़ ईरानियों में ही तक़्सीम[1] करते हैं। इस वजह से हमारे जैसे ऊँचे ओहदेदारों तक को दोयम दर्जे के जानवर हासिल होते हैं।"

बैरम ख़ान ईरान के बाशिन्दे थे और ईरानी उमरा उन्हें अपना सरपरस्त मानते थे।

इस बारे में अकबर ने बैरम ख़ान से जब दरयाफ़्त किया तो उसका जवाब था, "ख़ता मुआफ़ हो जहाँपनाह! मगर ऊँची नस्ल के बेहतरीन घोड़े तो उन्हें ही दिए जा सकते हैं न जिनमें उनकी परवरिश व उनका इन्तज़ाम करने की सलाहियत हो!"

बाद में शम्सुद्दीन ख़ान को खुलेआम उसने डाँट पिलाई।

"ऊँचे ओहदे के लिए तुम्हारी क़ाबिलियत ही क्या है? सिवा इसके कि तुमने आलमपनाह की परवरिश की है और कन्नौज में जब जन्नत आशियानी गंगा में डूब रहे थे तब तुमने उनकी तरफ़ मदद का ज़रा हाथ बढ़ा दिया!"

फ़ौरन ही यह ख़बर अकबर के कानों तक पहुँच गई, ज़ाहिर है कि माहम अंगा के ज़रिये ही।

सुनकर अकबर को दिली सदमा पहुँचा। उस वक़्त वह सिर्फ़ चौदह महीने का बालक जलाल था जब उसके अब्बा और अम्मी को ईरान भाग जाना पड़ा था और शम्सुद्दीन ख़ान वह शख़्स था जिसकी परवरिश और हिफ़ाज़त में उसे वे छोड़ गए थे।

सुल्तान शेरशाह सूरी के हाथों चौसा और कन्नौज में हुई ज़बर्दस्त शिकस्तों के बाद हुमायूँ बादशाह ने हिन्दुस्तान का तख़्त खो दिया था। उनका पीछा कर रहे शेरशाह के रिसाले से बचते हुए वे सिन्ध के रेगिस्तान में जा निकले। जिस वक़्त वे अमरकोट में थे, घबड़ाया हुआ उनका एक ख़िदमतगार ख़बर लेकर आया कि काबुल पर तख़्तनशीन मिर्ज़ा कामरान का छोटा भाई मिर्ज़ा अस्करी एक बड़ी फ़ौज के साथ इसी तरफ़ आ रहा है, उन्हें गिरफ़्तार किए जाने का फ़रमान लेकर—ज़िन्दा या मुर्दा।

"जहाँपनाह! हमें ईरान चले जाना चाहिए।" बैरम ख़ान ने मशविरा दिया। कन्नौज में हुई जंग में वह हुमायूँ के साथ ही था। मगर शिकस्त के बाद मची भगदड़ में वह उनसे बिछड़ गया और भागते हुए हुमायूँ जब पंजाब पहुँचा तब वहाँ वह उससे आ मिला। "मुमकिन है कि हिफ़ाज़त के अलावा आलमपनाह को हिन्दुस्तान का तख़्त वापस हासिल करने में भी वहाँ से कोई मदद मिल सके।"

जलाल को गोद में उठाकर हुमायूँ ने अपने सीने से लगा लिया और उसके गालों को चूमते हुए शम्सुद्दीन ख़ान से कहा, "हम अपने कलेजे के टुकड़े को तुम्हारे सुपुर्द किए जाते हैं।" अपने बेटे को शम्सुद्दीन ख़ान के हाथों में देते हुए हुमायूँ की आँखें भर

1. बाँटना।

आईं। "उम्मीद है कि इसकी हिफ़ाज़त तुम अपनी जान से भी बढ़कर करोगे।"

"नहीं!" हमीदा बानो बेगम ने ज़ोर से चीख़ मारी और जलाल को शम्सुद्दीन ख़ान के हाथ से छीन लिया। अपने प्यारे बेटे से जुदाई का ख़याल उनके दिल को तार-तार किए दे रहा था। "इसे क्यों नहीं हम अपने साथ ले जा सकते?" हुमायूँ की तरफ़ मुख़ातिब होकर उन्होंने पूछा और फिर ज़ार-ज़ार रो पड़ीं।

"समझने की कोशिश करो बेगम! बहुत कम-उम्र है यह! हिन्दूकुश की बर्फ़ीली वादियों में सफ़र की मुश्किलात इसकी बर्दाश्त के बाहर हैं।"

हुमायूँ बिलकुल ऐन वक़्त पर बच निकला क्योंकि उसके जाते ही मिर्ज़ा अस्करी वहाँ पहुँच गया और जलाल को उसने अपनी हिरासत में ले लिया। अपने शहज़ादे के पीछे-पीछे शम्सुद्दीन ख़ान पहले कन्धार और फिर काबुल जा पहुँचा। हुमायूँ के लिए वफ़ादार रहने और हमेशा जलाल की हिफ़ाज़त में मुस्तैद बने रहने की वजह से मिर्ज़ा कामरान गुज़रते वक़्त के साथ उससे बेइन्तिहा नफ़रत करने लगा। शम्सुद्दीन ख़ान ने मिर्ज़ा के हाथों अपनी बेइज़्ज़ती बर्दाश्त की। कई ज़ुल्म झेले। सबसे निचले दर्जे के चाकरों के लायक़ कोठरी में रहने के लिए उसे मजबूर किया गया। मगर बिना कोई गिला-शिकवा किए वह यह सब सहता रहा और अपने शहज़ादे की हिफ़ाज़त व परवरिश निहायत ही मोहब्बत के साथ वह करता रहा—बाज़ दफ़ा तो ग़ुस्से से भरे हुए मिर्ज़ा कामरान के हाथों हलाक हो जाने का ख़तरा उठाकर भी। अकबर यह जानता था लिहाज़ा उसकी वह बेहद इज़्ज़त करता था।

माहम अंगा की मदद बैरम ख़ान और भी तरीक़ों से कर रहा था।

"पुराने वफ़ादार जब जन्नत आशियानी को छोड़ गए थे तब मैं ही था जो उनका ताबेदार बना रहा। क्या मेरी सियासी कोशिशों से ही जन्नत आशियानी को ईरान के शाह तहमास्प की मदद हासिल नहीं हुई?" उन उमरा को जो हुमायूँ बादशाह के ईरान चले जाने पर मिर्ज़ा कामरान की ख़िदमत में पेश हो गए थे, बार-बार यह याद दिलाकर वह उनकी तौहीन किया करता।

"यह तो बेकार की बात है!" नुक़्ताचीनी करने वाले लोग मगर उसकी पीठ के पीछे यह राज़ ज़ाहिर करने से नहीं चूकते थे। "वह तो शहज़ादी सुल्तानम ख़ानम थीं जिन्होंने अपने भाई को मजबूर किया कि वे जन्नत आशियानी की मदद करें।"

"इसका मतलब यह हुआ कि जो कुछ मैंने सुना था वह सही है!" एक नौजवान अमीर ने पुर-लुत्फ़ अन्दाज़ में कहा। "कि कहीं भी आते-जाते हुए व तफ़रीह के लिए घुड़सवारी के वक़्त भी शहज़ादी सुल्तानम ख़ानम जन्नत आशियानी के साथ ही बनी रहती थी। इतना ही नहीं तो आगे बढ़-बढ़कर ख़ुद उन्होंने जन्नत आशियानी की ऐसी ख़ातिर-तवाज़ो की कि हमीदा बानो बेगम को रश्क़..."

"आहिस्ता बोलो, आहिस्ता! इतनी ज़ोर से बोलते हो तुम तो कि दीवारों के कान न हों तो भी उन्हें सुनाई दे जाए!"

बैरम ख़ान ने ख़र्चों की जाँच भी बेहद बारीकी से करवानी शुरू कर दी थी जिसकी वजह से उमरा को होनेवाले भुगतानों में कटौती हो गई। कोई एतराज़ करता तो जवाब में उसे केवल एक हिक़ारत भरी नज़र ही मिलती।

कहते हैं कि पीठ की मार तो सह ली जाती है लेकिन पेट की मार नहीं। यहाँ तो उमरा की ख़ुद्दारी पर भी चोट हो रही थी! लिहाज़ा ताज्जुब नहीं कि बैरम ख़ान के दुश्मनों की कोई कमी न रही। तारीख़ गवाह है कि इस ग़ुरूर ने न जाने कितनी ऐसी शख़्सियात को तबाह किया है जो क़ाबिल थे, होशियार थे, ताक़तवर और मज़बूत भी थे। मगर उनके बर्ताव में रहमदिली व नरमाई न थी।

माहम अंगा के लिए वक़्त अब माक़ूल था कि अपने वज़ीर की चाल चलकर वह बैरम ख़ान को शह दे दे और फिर मात।

"बेगम साहिबा! हुकूमत की सारी ही ताक़त बैरम ख़ान ने अपनी मुट्ठी में कर रखी है।" हमीदा बानो बेगम का मिज़ाज अच्छा देख एक रोज़ माहम अंगा उनसे मुख़ातिब हुई। "ऐसे में अगर वह तख़्त पलटना चाहे तो कौन उसे रोक सकता है? मेरा तो दिल ही डूबा जाता है इस ख़याल से कि..."

इसके आगे की बात बेगम के तसव्वुर में पूरा होने के लिए छोड़कर माहम अंगा ख़ामोश हो गई। फिर कुछ देर बाद जैसे यूँ ही कुछ याद आ जाए इस अन्दाज़ में वह ऐसे क़िस्से बयाँ करने लगी जिनमें किसी वज़ीर या सिपहसालार ने शाही तख़्त के लिए अपने सुल्तान का क़त्ल कर दिया हो। हमीदा बानो बेगम भी आख़िरकार एक माँ थी और सभी माँओं की तरह वे भी अपने बेटे की हिफ़ाज़त और ख़ैरियत को लेकर हमेशा ही फ़िक्रमन्द रहा करती थीं।

"जलाल! अब आप बड़े हो गए हैं। वक़्त आ गया है कि आप बैरम ख़ान के साये से बाहर निकलें और सही मायनों में अपनी हुकूमत को सँभालें।"

उनकी यह सलाह अकबर ने तनिक भी संजीदगी से नहीं ली। मगर माहम अंगा भी आसानी से हार माननेवालों में कब थी?

आगरा के नज़दीक किसी जंगल में अकबर शिकार कर रहा था जब माहम अंगा का बेटा अदहम ख़ान हमीदा बानो बेगम का पैग़ाम लेकर आया। दिल्ली में वे बेहद बीमार हैं और माहम अंगा उनकी तीमारदारी में लगी हुई हैं। फ़ौरन ही वह दिल्ली की तरफ़ लपका। जब वह वहाँ पहुँचा तो उसने पाया कि वे तो भली-चंगी हैं। चल रहा इलाज बड़ा ही मुफ़ीद साबित हुआ और क़रामाती ढंग से कारगर हुआ, उसे बताया गया। अगले कुछ रोज़ में सभी ने मिलकर बैरम ख़ान के ख़िलाफ़ फ़रियादों का उसके सामने पिटारा ही खोलकर रख दिया।

"जलाल! फ़ौज और हुकूमत की बागडोर अब बिना देर किए आपको अपने हाथों में लेनी होगी," हमीदा बानो बेगम ने सख़्त लहज़े में कहा। "मैं जानती हूँ कि बैरम ख़ान की आप बहुत इज़्ज़त करते हैं। तुम्हें उसने अच्छी तालीम दी है और बहुत ही उम्दा तरीक़े से तुम्हारी सरपरस्ती भी। मगर ग़ुरूर अब उसके सिर चढ़ गया है और वह आरज़ूमन्द हो गया है। रोज़-ब-रोज़ अपनी ख़ुद की ताक़त वह इसी मनसूबे से नहीं बढ़ाए जा रहा है? ऐसे में किसी रोज़ वह हिन्दुस्तान के तख़्त पर क़ाबिज़ होना चाहे तो उसे कौन रोक सकेगा?" बेगम ने माहम अंगा के ही अल्फ़ाज़ दोहरा दिए।

"अब तो वह शाही फ़रमान जारी करने के पहले जलाल से राय-मशविरा तक नहीं करता। बस उन पर शाही मोहर लगवाने के लिए ही इसके पास भेज दिया करता है।"

गुलबदन बेगम ने सुनी-सुनाई ख़बरों की बुनियाद पर अकबर को जानकारी दी, जिसका ज़रिया भी ज़ाहिर है कि माहम अंगा ही थी।

"जहाँपनाह! अब तो फ़ौज में ईरानियों की ही भरती हो रही है।" अकबर के नज़दीक आकर और उसकी तरफ़ झुकते हुए इस अन्दाज़ में माहम अंगा बोली जैसे कि किसी बड़े ही ख़ुफ़िया राज़ को फ़ाश वह कर रही हो। "जो कि ज़ाहिरा तौर पर शिया होंगे व उसके अपने वफ़ादार भी। और वे सब ऊँचा मनसब तो पा ही रहे हैं, सबसे उम्दा जागीरें भी उन्हें अता की जा रही हैं," कहकर अकबर के चेहरे को उसने ग़ौर से देखा। मगर यह देख उसे भारी नाउम्मीदी हुई कि उस पर कोई जज़्बात ज़ाहिर नहीं हुए। लिहाज़ा अपनी बात में और ज़्यादा वज़न लाने के लिए उसने जोड़ा, "हमारे चग़ताई तुर्कों से कहीं ज़्यादा तो फ़ौज में अब ईरानी हो गए हैं। और जो ख़बरें मुझे मिल रही हैं उससे तो साफ़ ज़ाहिर है कि वह ज़ोर आज़माइश की तैयारी कर रहा है। मुझे तो इस बात में कोई शक ही नहीं।"

"आलमपनाह! इतना ज़्यादा मग़रूर हो चला है वह कि उसके बर्ताव से ऐसा लगने लगा है गोया कि वह ख़ुद ही बादशाह हो," अपनी माँ की बात को अदहम ख़ान ने और भी वज़न दिया।

शिकायतों की इस बारिश को झेलता हुआ अकबर अब भी ख़ामोश बैठा था और उसके चेहरे से साफ़ ज़ाहिर था कि इन सब बातों पर उसे यक़ीन नहीं आया है। यह देख माहम अंगा ने अपना आख़िरी मोहरा चला जिसकी चाल अब तक तो कभी नाकामयाब नहीं रही थी—जज़्बात का मोहरा।

"जहाँपनाह तो मुझे मक्का-शरीफ़ जाने की इजाज़त दे दें। बैरम ख़ान को जब मालूम होगा कि मेरा ख़त पाकर आप उसे बताए बिना ही आगरा से यहाँ दिल्ली चले आए हैं तो अल्लाह जाने वह मेरा क्या हाल करेगा!" सुबकते हुए यह अन्देशा जताकर माहम ने अश्क़ों की धार लगा दी।

"जलाल! चौसा और कन्नौज के बाद तुम्हारे अब्बा के साथ जो मुसीबतें मैंने झेलीं और जिन मुश्किलात से मैं रूबरू हुई, उन हालात को दोबारा पैदा मत होने देना।" कहते हुए हमीदा बानो बेगम की आँखों में भी आँसू भर आए।

अपनी वालिदा के आँसू और उनसे भी ज़्यादा यह दो नाम, चौसा और कन्नौज, अकबर पर असर कर गए। अब हर फ़ैसला माहम अंगा की सलाह से किया जाने लगा। इस खेल को माहम अंगा ने बड़ी ही होशियारी से आगे बढ़ाया। एक फ़रमान का मसौदा तैयार किया गया और मोहर लगाने के लिए उसे अकबर के सामने रख दिया गया। बाक़ी बातों के साथ इसमें बैरम ख़ान पर इल्ज़ाम था कि नामुनासिब तौर पर तरफ़दारी करके उसने उसके अपने चहेते और ख़ास लोगों को नाजायज़ फ़ायदा पहुँचाया है। इसके साथ ही वकील-अस-सल्तनत के ओहदे से उसकी बर्ख़ास्तगी और हज पर चले जाने का हुक्म भी इस फ़रमान में था।

अकबर ने जैसे ही इस फ़रमान पर अपनी मोहर लगाई, एक शातिर खिलाड़ी की तरह माहम अंगा ने अपने दुश्मन की अगली मुमकिन चाल का अन्दाज़ा लगाते हुए एक और फ़रमान पर शाही मोहर लगवाई कि बैरम ख़ान सही रास्ते से भटक गया है

और दोनों फ़रमानों की नक़ल सभी उमरा को भेजकर उन्हें अकबर के लिए वफ़ादारी की क़सम दिलाने के मक़सद से दिल्ली तलब कर लिया गया।

बैरम ख़ान ने न कोई एतराज़ जताया और न ही कोई मुख़ालफ़त की। बर्ख़ास्तगी का फ़रमान मिलते ही हज पर जाने के लिए वह गुजरात की तरफ़ चल दिया। मगर जब पीर मुहम्मद शेरवानी को माहम अंगा ने उसके पीछे इस फ़रमान के साथ दौड़ाया कि अकबर की हुकूमत की सरहद से वह जल्द से जल्द बाहर निकल जाए तो उसके सब्र का पैमाना छलक गया। पीर मुहम्मद कभी एक मुफ़लिस मुल्ला था जिसे अपनी मुलाज़मत में लेकर बैरम ख़ान ने ही फ़र्श से अर्श पर पहुँचाया था मगर फिर उसके बर्ताव में ज़ाहिर होने लगे ग़ुरूर और बद-तहज़ीबी से नाराज़ हो उसे बर्ख़ास्त भी उसने कर दिया था।

अब बिना मुक़ाबला किए इज़्ज़त के साथ हिन्दुस्तान छोड़ देना उसके लिए मुमकिन न था।

मच्छीवाड़ा के नज़दीक हुई जंग में अकबर की फ़ौज फ़तहयाब हुई। हुकूमत के ख़िलाफ़ एक आदमी शायद ही कभी किसी और नतीजे की उम्मीद कर सकता है।

बैरम ख़ान ने अकबर को पैग़ाम भेजा।

"जहाँपनाह! अपने इस क़दम के लिए, जिसे उठाने पर मैं मजबूर किया गया था, मुआफ़ी का तहेदिल से ख़्वाहिशमन्द हूँ। अगर मुझे बख़्श दिए जाने और मेरी ग़लतियों पर फ़रामोशी[1] का पर्दा डाल दिए जाने की इनायत आलमपनाह फ़रमाएँ तो मैं ख़ुद आपके हुज़ूर में पेश होकर मुआफ़ी की दरख़्वास्त करना चाहूँगा।"

अकबर के ख़ेमे की तरफ़ बैरम ख़ान नंगे पैर और नंगे सिर चल पड़ा, नज़रें ज़मीन पर गड़ाए हुए, और अपने दोनों हाथ उसने इस अन्दाज़ में फैला रखे थे मानो वे रस्सी से बँधे हों। पोशाक मैली और सिलवटों से भरी हुई थी। दाढ़ी के बाल अस्त-व्यस्त और धूल में अटे हुए जैसे कि हफ़्तों से वह न तो नहाया हो और न ही उसने मुँह धोया हो। कल तक जो इनसान सल्तनत का सबसे ताक़तवर शख़्स था, जिसके सामने सबकी बोलती बन्द हो जाया करती थी, उसे घेरकर चल रहे उमरा उसकी तरफ़ इशारे करते हुए फ़िक़रे कस रहे थे और मुस्कुराते हुए एक-दूसरे को देख रहे थे।

शोरगुल सुनकर अकबर ख़ेमे से बाहर निकला तो अपने ख़ान बाबा को देखकर वह हैरान रह गया, जो बदहाली की हालत में अपने गले में एक गमछा बाँधे चले आ रहे थे। चग़ताई तुर्कों में यह रिवाज था कि शिकस्त खाया हुआ दुश्मन अपनी गर्दन में अपना हथियार लटकाए हुए या फिर रूमाल जैसा कोई कपड़ा बाँधे हुए ही फ़तहमन्द के सामने पेश होता था।

अकबर बैरम ख़ान की तरफ़ दौड़ पड़ा और उसकी गर्दन से गमछा निकाल फेंका। बैरम ख़ान ने झुककर अपना सिर अकबर के पैरों में रख दिया। अकबर सकुचा उठा और इन्तिहाई शर्मिन्दगी से भर गया। फ़ौरन उसने बैरम ख़ान को उठाकर अपने गले से लगा लिया और देर तक एक-दूसरे के कन्धे पर सिर रखे हुए दोनों रोते रहे—अकबर पूरे वक़्त इन ख़यालात में मशग़ूल कि ऐसे नागवार हालात आख़िर पैदा ही कैसे हुए!

1. विस्मृति, भुला देना या भूल जाना।

बैरम ख़ान का हाथ थामे हुए अकबर उन्हें अपने ख़ेमे में ले गया और अपना अँगरखा उतारकर उसने अपने ख़ान बाबा के कन्धों पर रख दिया। बैरम ख़ान ज़ार-ज़ार रो पड़ा। यह सबसे बड़ा सम्मान था जो किसी को बादशाह से मिल सकता था। बैरम ख़ान को रोते हुए देख अकबर की भी रुलाई उमड़ी पड़ रही थी। ख़ान बाबा की तसवीर उसके ज़ेहन में हमेशा से ही एक मज़बूत शख़्स की रही जो किसी भी मुसीबत से उबर सकता है। उनके गालों पर बहते हुए अश्क उसे अच्छे नहीं लग रहे थे और उनका रोता हुआ चेहरा उसे बड़ा ही अजीब व बेढंगा नज़र आ रहा था।

बैरम ख़ान को अकबर ने अपने दाएँ बाजू बैठाया और उन्हें शरबत, अंगूर व खरबूज़े पेश किए। दोनों ने ही एक-दूसरे से मुआफ़ी माँगी और दोनों ही समझ गए कि जो हुआ उसमें उन दोनों में से किसी की भी ग़लती न थी। देर तक दोनों हाथ में हाथ डाले बैठे हुए अपने जज़्बात साझा करते रहे।

"ख़ान बाबा! जो कुछ भी हुआ उसके लिए हमें बेहद अफ़सोस है! मगर आपको हम यूँ जाने नहीं दे सकते। आप यहीं रहेंगे हमारे साथ, ता-उम्र। वज़ीर के ओहदे पर हमारे ख़ास सलाहकार बनकर। अगर यह आपको क़बूल नहीं तो अपनी पसन्द से किसी भी सूबे की आप सूबेदारी ले सकते हैं।"

"आलमपनाह! मेरा दिल दुनिया से फिर गया है। दुनियावी मसरूफ़ियत का वज़न अब मुझसे न झेला जाएगा।"

"तो आप अपनी पसन्द से एक उम्दा जागीर ले लें और सुकून के साथ अल्लाह की इबादत में अपना वक़्त गुज़ारें," अकबर ने बैरम ख़ान के हाथ पर अपना हाथ रखा। "मगर यहीं रहें। हमारे क़रीब।"

मगर बैरम ख़ान ने हिजाज़[1] को ही चुना। वह आज बिलकुल ही जुदा शख़्स था। न तो उसे अब वकील-अस-सल्तनत के ओहदे से बर्ख़ास्तगी का ग़म था और न ही अपना दबदबा व शानो-शौक़त खो देने का पछतावा। अब वह घमंड में चूर वह बैरम ख़ान नहीं था जो अपने आगे किसी को कुछ नहीं समझता था। आज वहाँ अकबर के बग़ल में जो शख़्स बैठा हुआ था वह हज पर जाने के ख़याल से ही बेइन्तिहा रूहानी ख़ुशी से भरा हुआ था। अपने दिल और दिमाग़ से तो वह मक्का पहुँच ही चुका था, मुक़द्दस काबा का तवाफ़[2] करते हुए और अर्ज़ करते हुए : "हाज़िर हूँ तेरी ख़िदमत में ऐ ख़ुदा, हाज़िर है तेरा ग़ुलाम तेरी बारगाह में!"

अकबर बेहद उदास था और अनमना भी, जब बैरम ख़ान ने सूरत और वहाँ से मक्का जाने के लिए उससे रुख़्सत ली।

---

1. अरब प्रायद्वीप का उत्तर-पश्चिमी भाग जिसमें मक्का, मदीना आते हैं।
2. परिक्रमा।

माहम अंगा

बैरम ख़ान के चले जाने के बाद अकबर को और भी ज़्यादा शिद्दत से यह अहसास होने लगा कि अपने ख़ान बाबा को खोकर उसने कितनी भारी भूल की है। क्योंकि माहम अंगा की सलाहियत, जिसने अब बैरम ख़ान की जगह ले ली थी, तिकड़में भिड़ाने और साज़िशें करने के आगे न थी। न तो मुलाज़िमों की रहनुमाई करने की लियाक़त और न ही हुकूमत के निज़ाम को चलाने की क़ाबिलियत। न तो तजुर्बा था उसके पास, न तमीज़, और न ही अक़्ल। जल्द ही सारे इख़्तियारात उसके बेटे अदहम ख़ान ने अपने हाथों में ले लिये और मिर्ज़ा शरफ़ुद्दीन सरीखे दोस्तों की सोहबत में उसकी कारिस्तानियाँ रियाया के लिए ख़ौफ़ की वजह बन गईं।

क़ुदरती था कि ख़ास-ओ-आम में नाराज़गी फैलती और शिकायतों की सुनवाई न होने पर बग़ावती तेवर भी उभरते।

सारा हाल जानकर करारानी और लोहानी अफ़ग़ान, जो कि उस वक़्त बंगाल, बिहार और उड़ीसा सूबों पर क़ाबिज़ थे, सुल्तान शेरशाह सूरी के ज़माने के उनके सरसब्ज़[1] वक़्त को फिर से देख पाने की उम्मीद से भर उठे। एक नातजुर्बेकार लौंडे को हिन्दुस्तान के तख़्त से उतार फेंकना, सब की ही राय में कुछ ही हफ़्तों या ज़्यादा से ज़्यादा कुछ महीनों का ही मसला था।

हालात को और भी ज़्यादा बिगाड़ने में माहम अंगा ने, जो बैरम ख़ान से अभी तक भी ख़ौफ़ज़दा थी और हरदम ही अपना ओहदा खो देने का डर पाले रहती थी—जैसा कि साज़िशी और नाक़ाबिल लोगों में हुआ ही करता है—कोई कोर-कसर बाक़ी न रखी। बजाय इसके कि हुकूमत में फैल रही बदइन्तज़ामी को ख़त्म करने और रियाया की तक़लीफ़ों को दूर करने की तरफ़ वह तवज्जो दे, अपने ख़याली दुश्मनों के ख़िलाफ़ चालें चलने में ही वह मसरूफ़ रहा करती। और इस वजह से ही उसके दुश्मनों की तादाद भी बढ़ती चली गई।

बैरम ख़ान की बर्ख़ास्तगी ने उमरा के दिलों में एक शुबहा भी पैदा कर दिया था। अगर वकील-अस-सल्तनत, और वह भी बैरम ख़ान जैसा, यूँ बात की बात में निकाल बाहर किया जा सकता है तो फिर उनकी अपनी क्या बिसात? उन्हें तो चुटकी बजाते ही उनके ओहदे से बर्ख़ास्त किया जा सकता है। लेकिन उनके दिलों से यह वहम दूर करने के बजाय माहम अंगा ने उनके इस डर का फ़ायदा उठाना शुरू कर दिया। उमरा को वह एक-दूसरे के ख़िलाफ़ भड़काने लगी और मुख़बिर बतौर उनका इस्तेमाल करने लगी। चन्द ही रोज़ में ज़्यादातर अमीर माहम अंगा के लिए बाक़ी उमरा की जासूसी कर रहे

1. समृद्ध और उन्नतिशील।

थे। जासूस के ख़िलाफ़ जासूस थे और जासूस के जासूस के ख़िलाफ़ भी जासूस! ऐसा साज़िशी माहौल माहम अंगा के लिए बड़ा ही माक़ूल था। वक़्त के साथ सूरत-ए-हाल ऐसे हो गए कि हरेक शख़्स, हर दूसरे शख़्स पर उसकी ख़ुफ़ियागिरी करने का शक कर रहा था और इस तरह माहम अंगा की ताक़त बढ़ती ही चली गई।

कुछ अमीर हालाँकि ऐसे भी थे जिन्होंने माहम अंगा का यह खेल समझ लिया। मगर करते क्या? हमीदा बानो बेगम का तो उस पर इतना पुख़्ता भरोसा था कि उसके ख़िलाफ़ फ़रियाद होती भी तो वे उसकी ही तरफ़दारी किया करतीं। और अकबर तो जैसे माहम अंगा का मुरीद ही था। जलाल को उसने अपना दूध पिलाया था, जो ऐसा क़र्ज़ था जिसे कोई तुर्क कभी अदा न कर सकता था। और फिर जिस रोज़ काबुल में क़िले के परकोटे पर खड़े पाँच साल के जलाल को गरजती हुई तोपों के मुँह के सामने से उठाकर वह दौड़ते हुए उसे दूर भगा ले गई थी, उस रोज़ से तो मानो वह उसकी इबादत करता है।

ईरान से वापस आकर हुमायूँ ने कन्धार को फ़तह करने के बाद काबुल के क़िले पर घेरा डाल रखा था। क़िले पर क़ाबिज़ मिर्ज़ा कामरान उसमें मौजूद उमरा की वफ़ादारी हुमायूँ की तरफ़ जाते देख अपने कुनबे के साथ रातोरात भाग खड़ा हुआ। लेकिन हुमायूँ ने उसे वापस तलब किया और न सिर्फ़ उसे मुआफ़ कर दिया बल्कि एक जागीर भी उसे दे दी।

हुमायूँ और हमीदा बानो अपने जलाल को सही सलामत पाकर बेइन्तिहा ख़ुश थे और उनकी मोहब्बत का साया पाकर जलाल भी। तक़रीबन एक साल ही गुज़रा होगा कि हुमायूँ को एक मुहिम के सिलसिले में बदख़्शाँ जाना पड़ गया। जब काफ़ी वक़्त गुज़र जाने पर भी हुमायूँ वापस नहीं आया और न ही उसकी कोई ख़बर मिली तो कामरान काबुल आ धमका। और यह दावा करके क़िले पर उसने क़ब्ज़ा कर लिया कि हुमायूँ का तो इन्तक़ाल हो चुका है। लेकिन हुमायूँ मरा नहीं था। दो महीने बाद ही वह काबुल के क़िले पर फिर घेरा डाले हुए था।

हुमायूँ के तोपची कई रोज़ से क़िले पर गोले बरसा रहे थे। उस दिन कामरान जब छत पर आया तो एक गोला उसके कान को तक़रीबन छूता हुआ सन्न से निकल गया।

"उस लौंडे जलाल को घसीटते हुए लेकर लाओ यहाँ! फ़ौरन! अभी!" आड़ लेने के लिए भागते हुए उसने चीख़कर पहरेदारों को हुक्म दिया।

हुमायूँ के पूरे कुनबे को कामरान ने एक कमरे में क़ैद कर उसके सब दरवाज़े व खिड़की ईंट-गारे से चिनवा दिए थे। खाने-पीने का सामान छत में किए गए छेद में से नीचे रस्सी के सहारे उतार दिया जाता।[1] उस छेद में से जब एक सीढ़ी नीचे उतरती हुई दिखी तो बेगा बेगम को, जो हुमायूँ की सबसे पहली ब्याहता थी, और हमीदा बानो को भी कुछ शुबहा होने लगा। मगर इसके पहले कि वे दोनों कुछ समझ पातीं, कुछ पहरेदार नीचे उतरे और जलाल को घसीटते हुए अपने साथ ऊपर ले जाने लगे। दोनों औरतें चीख़ती ही रह गईं।

---

1. बेगम गुलबदन ने तो इस वाक़िये को *हुमायूँनामा* में तफ़सील से दिया ही है, अबुल फ़ज़ल ने भी *अकबरनामा* में इसका ज़िक्र किया है और मुहम्मद आरिफ़ कन्धारी ने भी *तारीख़-ए-अकबरी* में इसके बाबत लिखा है। देखें, 'टिप्पणियाँ'।

"अगर यह हरामज़ादा भागने की कोशिश करे तो इसे फ़ौरन हलाक कर दो!" फ़सील[1] पर जलाल को धकेलते हुए कामरान चिल्लाया।

"अल्लाह! इसके बाप की तोप के गोले से ही इसके चिथड़े उड़ते देख कैसा सुकून मुझे हासिल होनेवाला है!" आसमान को देखते हुए मिर्ज़ा कामरान ने इबादत के अन्दाज़ में अपने दोनों हाथों को सामने फैलाया और गरज रही तोपों की तरफ़ उम्मीद भरी निगाह से देखने लगा।

दहशत से भरे हुए जलाल ने चीख़ मारी और फ़सील पर से भागने को हुआ मगर पहरेदारों ने लम्बे-लम्बे नेजे उसके सीने पर अड़ा दिए।

"धाँय! धूम!!" एक गोला फ़सील से जा टकराया।

कानों को फोड़ देने वाली उस आवाज़ को तो अकबर कभी भुला ही नहीं सकता।

जलाल के पाँव काँप उठे और पत्थर की किर्चियाँ उचटकर उसके गालों को ज़ख़्मी करती हुई निकल गईं। दर्द के मारे वह चीख़ उठा। ज़िन्दगी में पहली दफ़ा उसने जाना कि ख़ौफ़ क्या होता है। उसका बदन पसीने-पसीने हो रहा था। पूरा जिस्म थरथरा रहा था। टाँगें साथ छोड़ने लगी थीं। धूल ने उसकी आँखों में जैसे अंगारे सुलगा दिए थे। नीचे गिर जाने के डर से उसने अपने हाथों से कुछ पकड़ना चाहा। मगर पकड़े तो क्या पकड़े? वह तो फ़सील के ऊपर खड़ा था और उसके पीछे कुछ नहीं था।

उसे याद नहीं कितनी देर तक वह रोते, चिल्लाते हुए वहाँ खड़ा रहा था, जब उसे उसकी तरफ़ दौड़े आ रहे क़दमों की आवाज़ सुनाई दी।

"यह क्या पागलपन है मिर्ज़ा?" कोई चिल्लाया। आवाज़ को तो जलाल पहचान नहीं पाया मगर उसके दिल में वह आवाज़ उम्मीद का एक चिराग़ रोशन कर गई। दूसरे ही लम्हे धूल के गुबार में से एक हमदर्द चेहरा उभरा। यह चेहरा माहम अंगा का था और वह आँसुओं से भीगा हुआ था। माहम अंगा की वह तसवीर अकबर के दिल के आईने में कभी न मिटनेवाली छाप छोड़ गई। जलाल को उसने अपनी गोद में लिया और पहरेदारों को परे हटाते हुए सीढ़ियों की तरफ़ बेधड़क दौड़ गई।

उस रोज़ के बाद से तो हमीदा बानो की यह रट ही हो गई कि उनका कहा जलाल माने न माने लेकिन माहम अंगा की बात तो वह कभी टाल ही नहीं सकता! जलाल की दूसरी धाय माँ शम्सुद्दीन ख़ान की बेगम जीजी अंगा की माहम अंगा के साथ इस बात को लेकर होड़-सी लगी रहती थी कि जलाल का ज़्यादा लगाव किसके साथ हो। उस रोज़ इस मुक़ाबिले का आख़िरी फ़ैसला ही हो गया।

माहम की साज़िशों, अदहम की ज़्यादतियों और उमरा व रियाया की तकलीफ़ों को अकबर के कानों तक पहुँचाने में उसके ख़ैरख़्वाहों ने कामयाबी किसी तरह हासिल कर ही ली।

"माहम! हमें लगता है कि आपके कन्धों पर हुकूमत का वज़न कुछ ज़्यादा ही पड़ गया है," हिचकिचाते हुए अकबर ने कहा। "अकेले ही आपको कितना कुछ

---

1. क़िले को घेरती हुई दीवार या परकोटा।

सँभालना पड़ रहा है! । क्या यह बेहतर नहीं होगा कि किसी वफ़ादार और ज़हीन शख़्स को वकील-अस-सल्तनत मुक़र्रर कर दिया जाए जिससे कि ज़्यादा अहम मामलों को देखने के लिए आपको वक़्त मिल सके?"

माहम अंगा ने इशारा समझ लिया और इस ओहदे के लिए फ़ौरन ही बहादुर ख़ान उज़्बेक की सिफ़ारिश कर डाली। लेकिन बहादुर ख़ान को यह ओहदा देना आसमान से गिरे और खजूर में अटकेवाली मिसाल साबित हुई। निज़ाम-ए-सल्तनत के मामलों में वह न सिर्फ़ और भी ज़्यादा नाक़ाबिल साबित हुआ बल्कि यह भी जल्द ही ज़ाहिर हो गया कि बहादुर ख़ान उज़्बेक माहम अंगा का प्यादा भर था। वकील-अस-सल्तनत के सारे इख़्तियारात अब भी माहम ही इस्तेमाल कर रही थी। बहादुर ख़ान के ज़िम्मे सिर्फ़ एक काम उसने रख छोड़ा था। माहम अंगा जो भी फ़रमान भेजे उस पर वकील-अस-सल्तनत की मोहर चस्पाँ कर देना।

अकबर की ख़ुशक़िस्मती से एक वाक़या ऐसा हुआ जिसने माहम अंगा की बदइन्तज़ामी और लापरवाही की वजह से ख़स्ता हो चुके हुकूमत के माली हालात की जानिब अकबर की आँखें खोल दीं।

क़र्ज़-वसूली का एक मुक़दमा उसके दरबार में लाया गया। वक़्त पर और काफ़ी बारिश न हो पाने की वजह से फ़सल जब बरबाद हो गई तो एक ग़रीब काश्तकार ने बीज के लिए गाँव के मुखिया से बारह रुपये का क़र्ज़ यह वादा करके लिया कि अगली फ़सल पर यह रक़म वह सूद समेत चुका देगा। बदक़िस्मती से बारिश ने एक बार फिर धोखा दे दिया और वह बेचारा काश्तकार न असल चुका पाया और न ही सूद। लिहाज़ा मुखिया ने यह दावा पेश किया कि क़र्ज़दार से या तो उसी वक़्त उसे असल और सूद मिलाकर अठारह रुपये दिलवाए जाएँ या फिर उसकी काश्त को उसके नाम पर चढ़ा दिया जाए।

"मौसम माक़ूल न होने पर फ़सल जब ख़राब हो जाए तो हम क्या करते हैं?" वकील-अस-सल्तनत बहादुर ख़ान से अकबर ने दरयाफ़्त किया।

इस सवाल का जवाब देना बहादुर ख़ान के लिए मुमकिन न हुआ और बेचारगी भरे चेहरे से उसने माहम अंगा की तरफ़ देखा।

"आलमपनाह! ऐसी हालत में काश्तकार को लगान में छूट दे दी जाती है।" कहते हुए माहम अंगा की गर्दन में हल्का-सा ख़म आया जैसे कि रियाया की जानिब इस रहमोकरम के बर्ताव की वजह से उसे ख़ुद पर नाज़ हो आया हो। और फिर दरबारियों की तरफ़ हिक़ारत भरी नज़र फेंकते हुए वह यूँ मुस्कुराई जैसे कि कह रही हो : 'तुम बेवक़ूफ़ लोग क्या यह समझ रहे थे कि मुझे इतना भी मालूम नहीं होगा कि ऐसे में क्या किया जाना चाहिए?'

"मगर ऐसे हाल में कोई लगान क़ाबिले वसूल होगा ही कैसे! होगा क्या?" सवालिया अन्दाज़ में अपनी भौंहें सिकोड़ते हुए अकबर ने पूछा। "लगान फ़सल का एक-तिहाई होता है। लेकिन जब मौसम की मार से तमाम फ़सल बरबाद हो जाए या फिर काश्तकार की कोई ग़लती न होने पर भी फ़सल आधी से भी कम हो, तब कोई लगान नहीं बनता। जहाँ तक मुझे इल्म है, हमारी हुकूमत का दस्तूर यही है।"

फिर चन्द लम्हे ग़ौर करते रहने के बाद उसने दोबारा दरयाफ़्त किया, "फ़सल बरबाद हो जाने पर खेत की फिर से बुवाई करने में काश्तकार की मदद करने के लिए हम क्या करते हैं?"

देर तक इन्तज़ार करते रहने पर भी कोई जवाब नहीं आया।

"हुकूमत का काम सिर्फ़ लगान वसूल करना ही नहीं।" दरबारियों पर निगाह दौड़ाते हुए अकबर ने अपनी नज़रों को माहम अंगा की तरफ़ जाने से कोशिश करके रोका। "फ़सल ख़राब हो जाने की हालत में काश्तकार को हम तक़ावी[1] क्यों नहीं दे सकते?"

देर तक अपने ख़यालों में डूबे रहने के बाद उसने मीर-ख़ज़ाना ख़्वाजा जहाँ को हुक्म दिया कि मुद्दई को वह अठारह रुपये का भुगतान कर दे।

"आलमपनाह! ख़ज़ाने में इतनी रक़म नहीं है," सिर झुकाए हुए व नज़रों को ज़मीन पर गड़ाए हुए ख़्वाजा जहाँ फुसफुसाया।[2]

"आप क्या यह कहना चाहते हैं कि ख़ज़ाने में अठारह रुपये भी नहीं हैं," अकबर जैसे आसमान से गिरा।

"आलमपनाह! ख़ालिस जागीरों का महसूल गुज़श्ता साल का और इस साल का भी अभी तक वसूल होना बाक़ी है।"

"तो आपने इसके मुताल्लिक़ क्या किया?" ग़ुस्से की वजह से अकबर की आवाज़ में तल्ख़ी आ गई थी।

"आलमपनाह! वकील-अस-सल्तनत को इस बाबत कई दफ़ा ख़बर की गई।"

ख़्वाजा जहाँ हिसाब-किताब में माहिर और माली मामलात में होशियार शख़्स हैं, अकबर सोचने लगा, जो उन चन्द लोगों में से हैं जो अब्बा के साथ ही ईरान चले गए थे। उनकी ईमानदारी और वफ़ादारी पर भी शुबहा नहीं किया जा सकता। उसका जी उचाट हो आया और उठकर वह माहम अंगा से, जो बड़े ग़ौर से उसकी ही तरफ़ देख रही थी, नज़रें बचाता हुआ दरबार से चल दिया।

हैरान-परेशान मुद्दई को उसे ही ताकते हुए देख माहम अंगा ने अपनी तख़्त-बेगी[3] की मार्फ़त यह रक़म अपने घर से मँगवाकर उसे दिलवा दी।

बैरम ख़ान को बर्ख़ास्त किए जाने के कुछ ही पहले हुमायूँ का एक पुराना वफ़ादार ख़ादिम मुनीम ख़ान काबुल से आगरा आ पहुँचा था। बहादुर ख़ान की जगह अकबर ने उसे वकील-अस-सल्तनत मुक़र्रर कर दिया।

लेकिन माहम अंगा के रुतबे पर इससे कोई आँच नहीं आने पाई। मुनीम ख़ान भी

---

1. बैल, बीज ख़रीदने के लिए शासन द्वारा दिया जानेवाला क़र्ज़।
2. यह वाक़या बयाज़िद बायत ने, जो पहले हुमायूँ और फिर अकबर का मुलाज़िम था, अपनी किताब *तज़्किरा-ए-हुमायूँ व अकबर* में बयाँ किया हुआ है। इरफ़ान हबीब द्वारा सम्पादित Medieval India-1, Oxford University Press India, 1999 में पृष्ठ 74 पर ज़िक्र है : "यह शायद केन्द्र के राजस्व को रोके रखने के क्षेत्रीय हाकिमों के रवैये की वजह से था कि 1561 की शुरुआत में केन्द्रीय ख़ज़ाना पूरी तरह चुक गया था।"
3. ख़ास कनीज़ या दासी जो हमेशा अपनी मालकिन के साथ बनी रहती है।

नाम का ही वकील-अस-सल्तनत बनकर रह गया। न तो हिकमत[1] थी उसमें और न ही उसके किरदार में वह मज़बूती थी कि माहम अंगा के ख़िलाफ़ जाकर वह कुछ कर पाता। बाक़ी वज़ीर भी अपनी पुरानी आदत न छोड़ सके और हर मसला, हर फ़रमान अकबर को पेश किए जाने के पहले माहम अंगा के हुज़ूर में पेश होता रहा।

हुकूमत की बागडोर बैरम ख़ान के हाथों से निकलकर माहम अंगा के हाथों में आ गई थी। हक़ीक़त में बादशाहत पाने से अकबर अब भी दूर था।

1. कौशल, बुद्धिमानी और चतुराई।

सलीमा सुल्तान

जिस वक़्त अकबर अजमेर पहुँचा, अँधेरा घिर आया था। रात भर के लिए दरगाह के दरवाज़े बन्द हो चुके थे। वुज़ू करके मग़रिब की नमाज़ पढ़ चुकने के बाद टहलते हुए वह सलीमा के ख़ेमे की तरफ़ निकल गया। उसका दिल निहायत रंजीदा था और ऐसे मौक़ों पर हमेशा उसकी ही सोहबत की आरज़ू उसे रहती थी।

सलीमा अकबर की बेगम थी और उसका पहला इश्क़ भी।

"जहाँपनाह तो अब तक भी उस राजपूत शहज़ादी के ही ख़यालों में गुम मालूम होते हैं!" शरारत भरी मुस्कान के साथ सलीमा ने अकबर का अपने ख़ेमे में इस्तक़बाल किया।

सलीमा एक निहायत ही ज़िन्दादिल ख़ातून थी जो किताबें पढ़ने और शेर-ओ-शायरी कहने-सुनने की बला की शौक़ीन थी। जहाँ भी वह होती, उम्दा ख़ुशबुओं के साथ ही उसकी ख़ुशमिज़ाजी से भी वह जगह महका करती। अकबर को तो देखते ही उसका दिल उसके साथ कोई शरारत कर गुज़रने के लिए बेक़रार हो उठता। और सिर्फ़ वह ही थी जो ऐसा करने की हिम्मत कर सकती थी। अकबर की फुफेरी बहन होने के साथ ही काबुल में वह उसके बचपन की रफ़ीक़ जो रही थी!

"नहीं!" अकबर हँस दिया। "ऐसी कोई बात नहीं। लेकिन मालूम होता है बेगम कि तुम तो अभी से ही उससे रश्क करने लगी हो!"

"क्यों? नहीं करना चाहिए?" सलीमा के होंठों पर एक राज़दार मुस्कान तैर गई।

"क़तई नहीं! बिलकुल भी नहीं! मेरी ज़िन्दगी में बेगम कोई भी औरत तुम्हारी जगह तो ले ही नहीं सकती!" अकबर रूमानी हो उठा। "तुम तो मेरे लिए वह हो जिसके मुताल्लिक़ मौलाना रूमी फ़रमा गए हैं :

दरियाओं में मोहब्बत तेरी, तूफ़ान बेपनाह बरपाती है,
बादलों से क़दमों पर तेरे, बारिश मोतियों की होती है,
सियाह धुआँ उठता है उफ़क़ पर, एक आतिश रोशन होती है,
बिजली तेरी मोहब्बत की, ज़मीं से जब टकराती है।

"फ़रेबी कहीं के!" सलीमा की आँखों में ख़ुशी का दरिया बह निकला था।

"यक़ीन करो बेगम!" अकबर ने आह भरी। "मेरी सियाह और मायूस ज़िन्दगी में तुम तो आफ़ताब की रोशनी बनकर आई थीं। उस रोज़ की बात याद है तुम्हें जब लाहौर में हम दोनों मिले थे?"

"ख़ूब याद है! टुकुर-टुकुर मुझे ताकते हुए तुम अपना खुला हुआ मुँह बन्द करना

ही भूल गए थे," कहकर सलीमा खिलखिला दी। सिवा घर के बुज़ुर्गों के एक वह ही थी जो अकबर को तुम या तुम्हें पुकार सकती थी।

सलीमा यक़ीनन ही बेहद ख़ूबसूरत थी। लेकिन जब वह हँसती तो मानो क़यामत ही ढा देती। ऐसे में अकबर की नाक़ाबिले क़ाबू ख़्वाहिश होती कि अपने आग़ोश में उसे भरकर वह उसके नर्मोनाज़ुक लबों का बोसा ले ले।

और यही उसने किया भी।

हरम के साथ सलीमा भी काबुल से लाहौर आ पहुँची थी।

यह वाक़या बैरम ख़ान को बर्ख़ास्त किए जाने के पहले का है। शिवालिक पहाड़ियों की तलहटी में वह और अकबर मानकोट के क़िले पर घेरा डाले हुए पड़े थे, जिस पर सिकन्दर ख़ान अफ़ग़ान ने क़ब्ज़ा कर रखा था। उन दिनों अकबर ख़ुद को बेहद तन्हा महसूस कर रहा था। यह तन्हाई वह नहीं थी जो कि बुलन्दी पर बैठा हुआ शख़्स महसूस करता है। यह तन्हाई पन्द्रह साल की कमसिन उम्र के उस जज़्बाती नौजवान की थी जिसने हाल ही में अपने वालिद को खोया था और इस निहायत ही तकलीफ़देह हादसे के वक़्त, और उसके कई सालों बाद तक भी, उसके ख़ानदान का कोई भी शख़्स उसका शरीक-ए-ग़म होने के लिए मौजूद न था। मगर अब हरम काबुल से लाहौर के रास्ते में था और बेसब्री से वह अपनी वालिदा और बाक़ी अज़ीज़ों का इन्तज़ार कर रहा था।

"जहाँपनाह! शाही हरम आज लाहौर पहुँच जाएगा। वहाँ से यहाँ तक आने में उन्हें सिर्फ़ तीन-चार रोज़ और लगेंगे," अकबर को याद है कि यह बताते हुए ख़ान बाबा के चेहरे पर चौड़ी मुस्कान थी, जिससे अमूमन उन्हें परहेज़ ही रहा करता था।

सुनते ही अकबर ख़ुशी से उछल पड़ा। सूरज तक़रीबन डूब ही चुका था। फिर भी लाहौर के लिए रवाना होने के लिए बच्चे सरीखी बेताबी के साथ उसने बैरम ख़ान से गुज़ारिश की।

"ख़ान बाबा! लाहौर तो यहाँ से सिर्फ़ साठ कोस दूर है! और सबसे मिलने के लिए मैं बेहद बेताब हूँ।"

बैरम ख़ान समझ गए कि अकबर क्या कहना चाह रहा है।

"एक फ़ौजी रिसाले को मैं आलमपनाह के साथ जाने का हुक्म दे देता हूँ।"

लेकिन अकबर ने मना कर दिया।

"हमारी फ़िक्र आप बिलकुल न करें ख़ान बाबा! हम बिलकुल महफ़ूज़ रहेंगे। और फिर किसी भी हाल में आपके घुड़सवार हमारी रफ़्तार को तो पकड़ ही नहीं पाएँगे!" हँसते हुए अकबर बोला। ख़ुशी उसके रोम-रोम से फूटी पड़ रही थी।

फिर भी बैरम ख़ान ने अकबर के जाते ही पीछे से एक फ़ौजी रिसाला रवाना कर दिया, इस हिदायत के साथ कि जहाँपनाह से दूरी बनाकर वे उनके पीछे बने रहें।

सारी रात घुड़सवारी कर अकबर सुबह-सुबह लाहौर शहर में था। अज़ान सुनकर उसने फ़ज्र की नमाज़ पढ़ी और सूरज के उगते-उगते वह हरम के पड़ाव में था। हमीदा बानो के ख़ेमे के बाहर खड़े पहरेदारों ने अन्दर जाने से उसे रोक दिया।

"ये ख़ेमे शाही ख़वातीन के हैं। किसी भी मर्द के इनमें दाख़िल होने की सख़्त मुमानियत है।"

उन पहरेदारों को अकबर ने अपना तआरुफ़ दिया और उन्हें एक तरफ़ धकेलते हुए वह ख़ेमे में घुस गया।

एक अजनबी को अपने सामने खड़ा देख हमीदा बानो बेगम हैरान रह गईं। यह कौन बदतमीज़ आदमी है जो ज़नाने में इस तरह बिना इजाज़त घुस आया है? पहरेदारों से वे दरयाफ़्त करने जा ही रही थीं कि अपने बेटे को पहचानकर ख़ुशी के मारे उनकी चीख़ निकल गई।

बारह बरस का था जलाल जब उसने काबुल छोड़ा था। गुज़रे तीन सालों में वह शाही तर्ज़-ओ-अन्दाज़वाला एक गबरू नौजवान बन चुका था। हथियारों के साथ की गई मशक़्क़त, कसरत और तक़रीबन लगातार ही चली लड़ाइयों ने उसका बदन गठीली मांसपेशियों से भर दिया था। उसका रंग भी हिन्दुस्तान की धूप ने तपा दिया था। इस वजह से वह अपनी उम्र से बड़ा भी लगने लगा था।

अकबर को अपने गले से लगाते हुए हमीदा बानो बेगम रो पड़ीं। सिसकियों के बीच उन्होंने बताया कि किस तरह उसकी दो बहनों ने महीनों लम्बे इस सफ़र में बीमारी की वजह से दम तोड़ दिया। ढंग का इलाज भी उन्हें न मिल सका। एक तो नौ साल की थी जिसके साथ अकबर काबुल में ख़ूब खेला करता था और जिससे वह बेहद मोहब्बत करने लगा था। दूसरी केवल तीन साल की थी जिसे उसने कभी न देखा था। अकबर निहायत ग़मगीन हो उठा।

"या अल्लाह! मेरी अम्मी के लिए तू कैसे इतना बेरहम हो सकता है? उसके लिए जो तेरी इबादत सुबहोशाम किया करती है और जिस पर किसी गुनाह का इल्ज़ाम भी नहीं डाला जा सकता!" ख़ुदा से अकबर ने दिल ही दिल में सवाल किया।

हमीदा बानो बेगम निहायत ही मज़हबपरस्त ख़ातून[1] थीं जो न तो एक वक़्त की भी नमाज़ पढ़ना चूकती थीं और न ही कभी रोज़ा रखना ही भूलती थीं। अपने ख़ाली वक़्त में वे या तो क़ुरआन शरीफ़ पढ़ा करतीं या फिर अल्लाह को याद करते हुए अपनी अँगुलियों में तस्बीह[2] फिराती रहतीं।

अकबर के दिमाग़ में यकबयक एक सवाल कौंध गया।

"क्या वह वाक़ई अर-रहमान और अर-रहीम[3] है जैसा कि अम्मी को पुख़्ता यक़ीन है और जैसी नसीहत उन्होंने बचपन से ही मुझे भी दी है?"

लेकिन फिर फ़ौरन ही इस ख़याल को उसने अपने दिमाग़ से झटक दिया। उसे डर था कि ऐसा सोचना भी कुफ़्र होगा और दिल ही दिल में वह तौबा की दुआ कहने लगा—

तेरी अज़मत रहे अल्लाह, तेरी ही सिताइश![4]
मैं गवाही देता हूँ कि अल्लाह के अलावा कोई मौजूद नहीं।
वह अकेला है, उसका कोई शरीक नहीं।

---

1. महिला।
2. नाम जपने की माला।
3. दयालु और कृपालु।
4. अज़मत यानी प्रतिष्ठा, बड़ाई; सिताइश यानी प्रशंसा, स्तुति।

और मैं गवाही देता हूँ कि मुहम्मद उसके बन्दे और रसूल हैं।
तौबा करता हूँ ऐ ख़ुदा, तेरी रहमत की मैं दुआ करता हूँ।

फिर अपनी फूफी गुलबदन बेगम, बड़ी अम्मी बेगा बेगम व फूफी गुलरंग बेगम को उसने तस्लीम[1] अर्ज़ की, जिन्होंने उसे गले लगाकर उसके अब्बा के जन्नतनशीं होने के साथ ही उन दोनों बच्चियों के गुज़र जाने पर भी रंज ज़ाहिर किया। फिर उसकी नज़र सलीमा सुल्तान पर जाकर टिक गई—उसके अब्बा की सौतेली बहन गुलरुख़ बेगम की बेटी यानी उसकी सौतेली फुफेरी बहन।

अकबर का दिल मानो धड़कना ही भूल गया। काबुल से जब वह चला था तब सलीमा चौदह साल की सूखट, साँवली और गुमसुम रहनेवाली लड़की थी। लेकिन अब वही लड़की दिलकश अन्दाज़वाली सलीक़ेदार व ख़ूबसूरत दोशीज़ा बन चुकी थी। ज़ोर-ए-जवानी से उसका बदन भरने लगा था जिस वजह से उसका रंग भी निखर आया था। छोटी नाक और गोल ठुड्डी के बीच उसके शहद भरे होंठ उसे निहायत पुरकशिश मालूम हो रहे थे। उसकी छोटी भौंहों के नीचे पतली-सी पलकें सुरमा लगे होने की वजह से काफ़ी लम्बी दिखाई दे रही थीं और जो उसकी आँखों की चमक में और भी इज़ाफ़ा कर रही थीं।

अकबर के साथ ही हरम भी मानकोट आ गया। अगले कुछ दिनों में अकबर ने जाना कि फ़ारसी ज़बान में सलीमा न सिर्फ़ माहिर थी बल्कि उसका तलफ़्फ़ुज़ भी निहायत ही साफ़ था। पढ़ने की तो वह बला की शौक़ीन थी। न जाने कितनी किताबें उसने पढ़ रखी थीं। ख़्वाजा हाफ़िज़ की ग़ज़लें, मौलाना रूमी के अशआर व मौलाना उमर ख़य्याम की रुबाइयाँ तो सैकड़ों उसे मुँहज़बानी याद थीं। और उसका तर्ज़े-ए-कलाम[2] ऐसा कि उसे सुनकर अकबर का जी ही नहीं भरता था।

गर्मी का मौसम था। दिन तो तन-बदन झुलसा देता था मगर रातें ठंडी थीं। दोनों देर रात तक तारों भरे आसमान के नीचे बैठे हुए बचपन के दिन याद करते। किस्से-कहानियाँ सुनते, सुनाते। और हिन्दुस्तान की, जिसे सलीमा ने अपनी ज़िन्दगी में पहली दफ़ा देखा था, बातें भी दोनों अकसर ही किया करते। इस मुल्क के बारे में अकबर जब बताने लगता—इसके कोह[3] और दरियाओं के बारे में, इसके दरख़्त और जानवरों के बारे में, और इसके बाशिन्दों के बारे में भी, तो उसकी आँखों में जोश की ताब पैदा हो जाया करती। यह जानने में सलीमा को वक़्त नहीं लगा कि इस मुल्क से अकबर को मोहब्बत हो चली है।

एक सुबह सलीमा से अकबर ने पूछा कि क्या उसके साथ वह शिकार पर चलना चाहेगी। सलीमा ने जब उसे बताया कि काबुल में रहकर घुड़सवारी और तीरन्दाज़ी, दोनों ही उसने सीखे हुए हैं तो अकबर ने इसरार किया कि तब तो शिकार पर वह ज़रूर ही चले।

सब्ज़ रंग की ढीली-ढाली मगर पायँचे पर सँकरी सलवार के ऊपर सलीमा ने जैतून

---

1. झुकते हुए प्रणाम करना।
2. कहने का ढंग।
3. पहाड़।

के रंग की आब-ए-रवाँ कपड़े से सिली हुई कमीज़ डाल रखी थी। महीन और मुलायम मलमल के इस कपड़े को देखकर ऐसा गुमां होता था जैसे पानी के धारें उस पर लहरा रहे हों। अपनी पतली कमर पर उसने एक काले रेशम का कमरबन्द कस रखा था। पैरों में उसके चाँदी के तार से कढ़ाई की हुई सुनहरे रंग की जूतियाँ थीं। और अपनी घनी, चमकीली ज़ुल्फ़ को उसने एक हरी किनारी के गुलाबी साफ़े में समेट रखा था, जिसकी परतों में सफ़ेद बगुले का पंख बड़े ही बाँके अन्दाज़ से उसने फँसा रखा था। सलीमा को गहनों का शौक़ तो न था, मगर क़िस्म-क़िस्म की जूतियाँ पहनना और साफ़े या टोपी में रंग-बिरंगे पंखों को सजा लेना उसे बहुत भाता था। बगुले का चाँदी-सा सफ़ेद पंख तो उसे ख़ास तौर पर पसन्द था।

तैयार होकर सलीमा जब बाहर आई तो अकबर उसे देखता ही रह गया। दिलकश लचकदार चाल के साथ उसका नाज़नीन बदन हवा पर तैरता हुआ मालूम हो रहा था। उसके लिए बुलवाई गई घोड़ी की सलीमा ने अयाल सहलाई, उसकी पीठ को थपथपाया और फिर एक शहसवार के अन्दाज़ में पलक झपकते ही उस पर सवार हो गई। उसे ताकते हुए अकबर बेसुध-सा खड़ा रह गया था। यह देख सलीमा ने साफ़े के खुले हुए सिरे को अपने चेहरे पर नक़ाब की मानिन्द लपेट लिया और दिल ही दिल में मुस्कुराते हुए घोड़ी को एड़ लगा दी। नक़ाब से झाँकती उसकी आँखें अकबर को और भी ज़्यादा ताबदार और भी ज़्यादा दिलफ़रेब मालूम हो रही थीं।

'कहीं मुझे मोहब्बत तो नहीं हुई जा रही?' अकबर के दिल में ख़याल आया।

शिकार की शुरुआत एक साँभर का पीछा करने के साथ हुई। अकबर के घोड़े के साथ-साथ एक शिकारी चीता भी छलाँगें भर रहा था। पीछे-पीछे घुड़सवार फ़ौजी भी दौड़े चले आ रहे थे। उस साँभर का पीछा करते हुए अकबर ने इतनी तेज़ी से अपना घोड़ा दौड़ाया कि सलीमा पीछे रह गई और बियाबान में घुसते हुए अकबर घने दरख़्तों के बीच से इतनी फ़ुर्ती से दाएँ-बाएँ हुआ कि सलीमा को यह अन्दाज़ ही न रहा कि वह किस तरफ़ गया होगा। चारों तरफ़ उसने निगाह दौड़ाई तो तरह-तरह के जानवर, जिन्हें उसने कभी देखा भी न था, इधर से उधर और उधर से इधर दौड़ते नज़र आए—कुछ तो घोड़ों की टाप के नीचे आने से बचने के लिए और कुछ अकबर के साथ दौड़ते चले गए शिकारी चीते से अपनी जान बचाने के लिए। दरख़्तों की डालों पर परिन्दे ज़ोरों से अपने पंख फड़फड़ाते हुए चीख़-चीख़कर जंगल के जानवरों को ख़बरदार कर रहे थे।

"बच के रे! सँभल के!"

उनकी राय को तवज्जो देते हुए गिलहरियाँ बला की फ़ुर्ती से दरख़्तों पर चढ़ी चली जा रही थीं। ज़मीन के सूराख़ ख़रगोशों को जैसे निगलते जा रहे थे। हिरन मुँह में घास भरे हुए ही चौकड़ियाँ भरने में लगे थे। लेकिन वह यह नहीं समझ पाई कि लाल मुँह के बन्दर और काले मुँहवाले लंगूर शाख़ों को पकड़ एक पेड़ से कूदकर दूसरे पेड़ पर झूलते हुए करना क्या चाह रहे थे? सलीमा के लिए यह बिलकुल नया मगर दिलकश नज़ारा था। तभी साँभरों का एक झुंड दौड़ता हुआ उसके बेहद क़रीब से गुज़रा और देखते-देखते ही जंगल में गुम हो गया।

तभी एक दिल को दहलाती हुई आवाज़ बादलों की गड़गड़ाहट सरीखी उसके ऊपर से गुज़र गई। चन्द लम्हे लग गए उसे यह पहचान पाने में कि वह आवाज़ शेर की दहाड़ थी।

सलीमा ख़ौफ़ज़दा हो उठी, हालाँकि कुछ फ़ौजी उसकी हिफ़ाज़त के लिए उसके साथ बने हुए थे। बड़ी एहतियात के साथ वह उस तरफ़ बढ़ी जिस तरफ़ उसे अन्दाज़ा हुआ कि अकबर गया होगा और एक टीले पर चढ़कर जंगल में नज़र दौड़ाने लगी। यकायक उसकी चीख़ निकल गई।

टीले के नीचे कुछ ही गज़ की दूरी पर शेर खड़ा था और उसे अकबर की सिर्फ़ पीठ दिखाई दे रही थी। घोड़े पर सवार न होकर वह अपने पैरों पर था—दाएँ हाथ में तलवार और बाएँ हाथ में ख़ंजर पकड़े हुए। चन्द घुड़सवार फ़ौजी उसके पीछे ही मगर दूरी बनाकर खड़े थे, बिना कोई हरकत किए मगर ख़बरदार रहकर अपने बादशाह और जंगल के बादशाह—दोनों पर ही चौकन्नी नज़र रखे हुए। शेर के शिकार पर बादशाह का ख़ास इख़्तियार था और उसके हुक्म के बिना इस वक़्त कोई क़दम उठाना उन्हें बादशाह की नाराज़गी का शिकार बना सकता था।

लम्बी और घनी अयालवाला बड़ा ही शानदार शेर था यह! अकबर उससे दस गज़ से भी कम दूरी पर खड़ा था—दायाँ पैर पीछे व बायाँ पैर आगे, घुटनों से मुड़ा हुआ। दाएँ हाथ में तलवार ज़मीन के समानान्तर और हमला करने को तैयार। बाएँ हाथ में ख़ंजर शेर की तरफ़ यूँ तना हुआ था मानो मुक़ाबला करने के लिए वह उसे ललकार रहा हो। शेर पहले तो गुर्राया, फिर गरजा, और फिर ख़ून को जमा देनेवाली दहाड़ के साथ अकबर पर कूद पड़ा। एक लम्हे के लिए तो सलीमा बेहोश ही हो चली और फिर ज़ोर-ज़ोर से धड़कते हुए दिल को लिये हुए वह अकबर को देखने लगी जिसने बेहद फ़ुर्ती के साथ अपने दाएँ पैर पर पूरा घूमते हुए बायाँ पैर पीछे खींच लिया और नीचे आ रहे शेर की गर्दन को अपनी तलवार की तेज़ धार पर ले लिया। एक ख़ौफ़नाक दहाड़ के साथ शेर ज़मीन पर जा गिरा। लेकिन अभी वह मरा नहीं था और उसने उठने की कोशिश की। लेकिन अकबर ने यह मौक़ा उसे नहीं दिया और तलवार से ताबड़तोड़ वार करके उसका काम तमाम कर दिया।

जिस वक़्त अकबर सलीमा के पास पहुँचा, उसके गुलाबी गाल सफ़ेद हो चुके थे।

"तुम बहुत बदल गए हो जलाल!" एक दरख़्त के साये में अकबर के साथ बैठकर थोड़ा सँभल चुकने के बाद सलीमा बोली। उसका उसे जलाल कहकर बुलाना, जैसे कि वह काबुल में उसे बुलाया करती थी, अकबर को उसके कानों में शहद घोलता हुआ मालूम हुआ। आलमपनाह और जहाँपनाह सुन-सुनकर वह उकता चुका था।

"बेहतर हुआ हूँ या बदतर?"

सलीमा खिलखिला दी।

"अभी-अभी क्या घंटियों को बजते हुए मैंने सुना" अकबर को शुबहा हुआ। "या कि यह फ़क़त मेरा तसव्वुर था?"

"हुँ! तो जनाब हाज़िरजवाब भी हो गए हैं!" बाँकी नज़र से उसे देखते हुए सलीमा मुस्कुराई।

सलीमा के नर्म मख़मली सुर्ख़ होंठों पर उभरी उस बेहद ख़ूबसूरत मुस्कान को देख अकबर को ख़्वाजा हाफ़िज़ का एक शेर याद हो आया जो शायद ऐसे ही किसी मौक़े पर कहा गया होगा।

उसके हसीं लबों को गुलाब के मुक़ाबिल कैसे मैं कह दूँ?
कहाँ उसमें ऐसी दिलफ़रेब हँसी, कहाँ ऐसी दिलकश मुस्कान!

उसकी ज़बर्दस्त ख़्वाहिश हुई कि सलीमा से वह यह शेर अर्ज़ करे। लेकिन कर न सका।

फ़ौजियों ने अब तक एक छोटा ख़ेमा गाड़ दिया था। उन्होंने गुज़ारिश की कि जहाँपनाह उसमें तशरीफ़ ले आएँ। अकबर ने सलीमा से पूछा तो उसने उसमें जाने से इनकार कर दिया। वह और सलीमा दरख़्त के तने से पीठ टिकाए, अपने दोनों पैर सामने फैलाए बैठे हुए थे। और दोनों ही को वैसे ही और वहीं पर बैठे रहना पसन्द आ रहा था।

"तब तुम एक छोटे बच्चे हुआ करते थे जो सारा वक़्त कुत्तों के पीछे भागा करता और ऊँटों की पूँछ पकड़कर लटकता रहता।" लाड़ भरी निगाह से अकबर को देखते हुए सलीमा हँस दी। "अब तुम बियाबान में बेख़ौफ़ घुस जाते हो और शेर का शिकार करते हो। उस साँभर पर तीर चलाते हुए कितनी ख़ूबी से तुम दौड़ते हुए घोड़े की रकाब पर खड़े हो गए थे! मैं तो डर रही थी कि तुम कहीं गिर न जाओ। और शेर के साथ तुम्हारा मुक़ाबला! वह तो यक़ीनन ग़ज़ब था! तुम्हें ख़ौफ़ नहीं हुआ?"

'और तुम एक बेहद हसीन और ख़ुश-सुख़न ख़ातून हो गई हो।' अकबर ने कहना चाहा लेकिन उसके मुँह से सिर्फ़ इतना ही निकल पाया, "हुआ क्यों नहीं?" और वह सलीमा की आँखों में झाँकने लगा।

अकबर की तरफ़ से निगाह फेरकर सलीमा ने अपनी नज़रें अपने पैरों पर टिका लीं। उस शख़्स को समझने की वह कोशिश कर रही थी जिसको, उसका अभी तक ख़याल था, वह जानती है।

"तुम्हें वाक़फियत है जलाल?" सलीमा अब भी अपने पैरों पर ही नज़रें जमाए हुए थी। "काबुल में हमें जब यह ख़बर मिली कि सरहिन्द में बहादुरी के साथ दुश्मन पर हमला बोलते हुए तुम बेख़ौफ़ उसकी फ़ौज में घुस गए और शानदार फ़तह हासिल की तो हमीदा बानो बेगम के पैर कई रोज़ तक ज़मीन पर ही नहीं पड़े। लेकिन मुझे लगा कि इस ख़बर में मसाला कुछ ज़्यादा ही हो गया है," कहकर सलीमा हँस पड़ी और फिर अकबर की तरफ़ देखकर बोली, "लेकिन अब मुझे यक़ीन हो चला है कि ख़बर सही ही रही होगी। बाज़ लोगों ने तुम पर तोहमत भी लगाईं कि एहतियात और ख़बरदारी को तुमने ताक पर रख दिया और तैश में आकर दुश्मन की कई गुना बड़ी फ़ौज में बेधड़क घुस गए। उनका ख़याल था कि इस बचकानी और नादान हरकत से तुमने न सिर्फ़ अपनी बल्कि अपने कई हमवतनों की जान को भी नाहक ही ख़तरे में डाल दिया था। तुम्हें क्या कभी ख़ौफ़ नहीं होता?" सलीमा ने अपना सवाल दोहराया और अपना एक पैर मोड़कर उस घुटने पर अपना गाल टिकाए हुए दुलार-भरी निगाह से अकबर को देखने लगी।

ख़ून से सनी अपनी तलवार को देखते हुए अकबर सोच में पड़ गया। 'क्या जवाब दूँ इसका? मुझसे बेहतर कौन जानेगा कि ख़ौफ़ क्या होता है!'

मानकोट क़िले का घेरा छह महीने से भी ज़्यादा खिंच गया था।

"जहाँपनाह! कब तक यूँ मक्खियाँ मारते हुए हम यहाँ पड़े रहेंगे?" उमरा ने शिकायत की। "क़िले पर हमला बोलकर मामले को तुरत-फुरत क्यों न निपटा दिया जाए। हमारे फ़ौजी भी बेसब्र हो चले हैं।"

"नहीं! इसमें दोनों ही तरफ़ जान का नुक़सान ज़्यादा होगा," उमरा की राय से अकबर ने नाइत्तेफ़ाक़ी ज़ाहिर की। "घेरा डाले रहकर दुश्मन को हमें थका देना है। वक़्त यक़ीनन लगेगा। मगर जो नतीजा हम चाहते हैं वह हमें सस्ते में मिल जाएगा।"

"जहाँपनाह के मशविरे से मैं मुकम्मल इत्तेफ़ाक़ रखता हूँ," इस फ़ैसले पर बैरम ख़ान ने भी अपनी रज़ामन्दी जताई।

"वकील-अस-सल्तनत को बख़ूबी यह इल्म है कि दुश्मन की तबाही हम नहीं चाहते।" अकबर ने अपने फ़ैसले की सफ़ाई दी। "जहाँ तक मुमकिन हो सके, दुश्मन को हम अपना शरीक-ए-सफ़र बना लेने में यक़ीन रखते हैं। जो ताक़त आज हमारे ख़िलाफ़ खड़ी है, कल को उसे अपनी ताक़त बना लेने की सियासत से ही पूरे हिन्दुस्तान पर हमारी हुकूमत क़ायम हो सकती है।"

इसके एक महीने बाद ही सिकन्दर ख़ान ने बिना शर्त हथियार डालकर अकबर को नज़राना पेश कर दिया। अकबर ने भी उसे पूरी इज़्ज़त बख़्शी और बंगाल की सूबेदारी उसे अता किए जाने का फ़रमान सुना दिया। फ़रमान की तहरीर पर शाही मोहर लगते ही सिकन्दर ख़ान अपने सत्तर हज़ार घुड़सवारों के साथ बंगाल को चल दिया और शाही लश्कर लाहौर को।

बारिश का मौसम शुरू ही हुआ था और गर्म हवाओं को पानी की फुहारें आसमान में ही ठंडा किए दे रही थीं। इस हसीन फ़िज़ा में जंगलों और नदी-नालों से होता हुआ ख़ुशगवार सफ़र सलीमा की मौजूदगी से अकबर को और भी ज़्यादा ख़ुशगवार महसूस हुआ।

एक हफ़्ते के सफ़र के बाद यह लश्कर जैसे ही लाहौर पहुँचा, अकबर ने कई सारी बड़ी-बड़ी कश्तियाँ तैयार किए जाने का हुक्म दे दिया, जिन पर बड़े-बड़े आरामदेह कमरे हों और फ़र्श पर चार अंगुल मोटा मखमल बिछा हो। कश्तियों को तरह-तरह से सजाया गया और फिर कुछ कश्तियों को बावर्चीख़ाने में तब्दील कर यह बेड़ा रावी नदी में तफ़रीह के लिए निकल पड़ा, सलीमा और हरम की बाक़ी ख़वातीन के साथ।

"तुम्हें मालूम है जलाल? सलीमा आला दर्जे की शायरा है! फारसी ज़बान में यह बेहद दिलकश सुख़न कहती है।"

अकबर को नहीं मालूम कि यह किसने कहा। चोर निगाह से रह-रहकर सलीमा को देखते हुए अकबर को वह आवाज़ कहीं बहुत दूर से आती हुई मालूम पड़ी थी।

"क्या कोई शेर मुझे नहीं सुनाओगी?" गुज़ारिश करते हुए उसने अब भरपूर नज़र से सलीमा को देखा।

"क्यों नहीं! अर्ज़ है—

तुम्हारी ज़ुल्फ़ को ज़िन्दगी के सहारे कह गया;
बेख़ुदी में था मैं, ख़ुदा जाने क्या कह गया।

अकबर यक़ीनी तौर पर कह सकता था कि ऐसी दिलकश आवाज़ में और इतने नफ़ीस अन्दाज़ में इतना ख़ूबसूरत कलाम उसने पहले कभी न सुना था।

वह वक़्त अकबर के लिए बेशक़ीमती यादों का ज़ख़ीरा बन गया। कश्ती पर सलीमा के साथ टहलते हुए न जाने क्या-क्या गुफ़्तगू करते रहना और जब-तब बेवजह हँसते रहना। बचपन की यादों में एक-दूसरे को शरीक करना और देर रात तक सुख़न सुनते-सुनाते रहना।

"तुम्हें मालूम है जलाल! जब भी कोई ख़्वाजा हाफिज़ का ज़िक्र करता है तो वह उनकी शायरी का ही ज़िक्र करता है। मगर मैं तो उनकी हाज़िरजवाबी की भी क़ायल हूँ।"

"ऐसा क्यों?"

"ऐसा इसलिए कि एक महफ़िल में ख़्वाजा ने यह शेर सुनाया।" आँखें मूँदकर तरन्नुम में शेर सुनाते हुए सलीमा के होंठों पर शोख़ मुस्कान खेल रही थी।

बदल करो गर तुम, तो दे दूँ मैं
बुख़ारा—और हाँ, समरक़न्द भी।
दे दूँ बदले में उस ख़ाल[1] के
जो है साफ़-रंग रुख़्सार पर तुम्हारे;
और साथ में अपनी जान-ओ-रूह भी।

शेर सुनाकर सलीमा ने जब अपनी आँखें खोलीं तो उनमें हँसी तैर रही थी।

"उसके बाद जो हुआ उस पर तुम्हें यक़ीन नहीं आएगा मगर यह हक़ीक़त है। न जाने कैसे उस महफ़िल की ख़बर साहिब-क़िरान[2] अमीर तैमूर तक जा पहुँची। फ़ौरन उन्होंने ख़्वाजा को तलब किया और ग़ुस्से में भरकर उनसे कैफ़ियत माँगी। 'अपनी शमशीर के जलाल से आधी दुनिया पर फ़तहयाब होकर हमने समरक़न्द और बुख़ारा में एक से एक उम्दा इमारत तामीर करवाई हैं। दोनों ही शहरों को बागों और चश्मों के अलावा दुनिया भर के बेशक़ीमती और नायाब सामान से सजाया है। और शीराज़ की किसी लौंडिया के रुख़ पर नुक़्ते की एवज में जनाब इन दोनों ही शहरों को क़ुर्बान किए देते हैं!"

"ऐसा कहा उन्होंने? वल्लाह!" अकबर का क़हक़हा फूट पड़ा। "तो फिर ख़्वाजा ने क्या कहा?"

"ख़्वाजा ने निहायत ही शाइस्तगी के साथ फ़रमाया, "ओ मेरे बादशाह! मेरी इस फ़िज़ूलख़र्ची का ही तो नतीजा है जो ऐसा ख़स्ताहाल हुज़ूर मुझे देख रहे हैं।"

बात पूरी करने के पहले ही सलीमा की हँसी फूट पड़ी।

उसे यूँ हँसते देख अकबर के दिल में एक अजीब कसक जाग उठी। हसरत

---

1. स्त्री-सौन्दर्य का प्रतीक समझा जाने वाला उसके गालों पर काला तिल।
2. साहिब यानी स्वामी, मालिक; क़िरान यानी ज़माना, युग। तैमूर के लिए यह ख़िताब ख़ास तौर पर इस्तेमाल होता था। इसका अर्थ भाग्यवान और अजेय नायक भी है।

भरी निगाह से उसे अपनी ओर ताकते हुए देख सलीमा ने उसका ध्यान दूसरी तरफ़ खींचना चाहा।

"ख़्वाजा हाफ़िज़ को पढ़ा है तुमने?"

"उनका दीवान मैंने सुना है।"

"तो क्या उनके चन्द अशआर तुम मुझे नहीं सुनाओगे?"

"हाँ, हाँ! क्यों नहीं? यह इल्म तो तुम्हें होगा ही कि बादे ईसा[1] से मुर्दे जी उठते थे। उसको ही मिसाल बनाते हुए उन्होंने क्या ख़ूब फ़रमाया है :

ऐसी शिफ़ा है उसके लबों से निकलती साँसों में,
ज़माना वापस ईसा का आया है, मुर्दे उठ खड़े हुए हैं;
गहरी सियाह आँखों पर सैकड़ों दुआएँ बरसती हैं,
हर निगाह पर गोया एक आशिक़ फ़ना होता है।

सलीमा के गोरे गालों ने डूबते हुए सूरज का रंग ओढ़ लिया था।

मोहब्बत में मुब्तला शख़्स के लिए कितनी अदना, कितनी बेमानी हो जाती है हर बात, सिवा मोहब्बत के, इस हक़ीक़त से अकबर उन दिनों बड़ी शिद्दत के साथ रूबरू हुआ। दिन उसका सलीमा के ख़यालों में बीतता, और रात उसके ख़्वाबों में।

परवान चढ़ रही मोहब्बत की इस दिलचस्प कहानी पर मगर यकायक ही पर्दा गिर गया। बैरम ख़ान ने हमीदा बानो बेगम को याद दिलाया कि ईरान में रहते हुए जन्नत आशियानी ने वादा किया था कि दिल्ली फ़तह हो जाने पर सलीमा का निकाह वे उसके साथ कर देंगे। सलीमा तब मुश्किल से पाँच या छह साल की रही होगी जबकि बैरम ख़ान की उम्र उस वक़्त तीस बरस से भी ज़्यादा ही थी। लेकिन घर के मुखिया के लिए ऐसे मामलों में उन दिनों लड़की की या घर की बाक़ी औरतों की मर्ज़ी जान लेना ज़रूरी नहीं समझा जाता था।

बेगम हमीदा बानो बेगम ने इस बात की तस्दीक़ की और जन्नत आशियानी के वादे का एहतराम करने की ख़ातिर लाहौर से दिल्ली के रास्ते में जलन्धर के पड़ाव पर ही निकाह की रस्म अदा कर दी गई।

क़िस्मत को लेकिन कुछ और ही मंज़ूर था। दो बरस बीतते न बीतते सलीमा बेवा हो गई।

जंगल में दरख़्त के नीचे बैठा हुआ अकबर बैरम ख़ान के इन्तक़ाल की ख़बर के सदमे से अभी उबर भी न पाया था कि उसे सलीमा की फ़िक्र हो चली।

"गुजरात के सूबेदार ने ख़ान बाबा के हरम के बाबत क्या लिखा है? उनकी बेगमात और बच्चे तो ख़ैरियत से हैं न?" मीर ग़यासुद्दीन अली से अकबर ने पूछा।

"जहाँपनाह! जनाब सूबेदार लिखते हैं कि वह बदमाश कई फ़सादियों को साथ लेकर आया था जिन्होंने हरम की औरतों को लूटना चाहा और उन्हें जिस्मानी नुक़सान पहुँचाने की कोशिश भी की। मगर जनाब बैरम ख़ान के वफ़ादार सिपाहियों ने क़ाबिल-ए-तारीफ़ बहादुरी दिखाते हुए उन सबको महफ़ूज़ रखा। एक रिसाले की पहरेदारी में

1. हज़रत ईसा की फूँक।

उनको अब अहमदाबाद पहुँचाया जा रहा है जहाँ वे हमारे फ़ौजियों की निगहबानी में हिफ़ाज़त से रहेंगे।"

इस इन्तज़ाम से अकबर लेकिन मुतमइन नहीं हुआ। एक भी लम्हा गँवाए बग़ैर वह आगरा जा पहुँचा और मीर बख़्शी को तलब कर हुक्म दिया कि तेज़ घोड़ों पर फ़ौजियों को अहमदाबाद के लिए वह फ़ौरन रवाना कर दे, जो बैरम ख़ान के हरम की वहाँ चार पहर आठ घड़ी हिफ़ाज़त करें। और अजमेर के सूबेदार को बरीद के ज़रिये यह फ़रमान भेजा जाए कि हरम के आराम का वह ख़ास ख़याल रखे और उन सबको जल्द से जल्द आगरा पहुँचाने के इन्तज़ामात करे।"

और फिर वह बेसब्री से सलीमा के आगरा पहुँचने का इन्तज़ार करने लगा। लेकिन बारिश का मौसम ख़त्म होने तक हरम ने अहमदाबाद में ही रुके रहने का फ़ैसला कर लिया था। यह ख़बर देते हुए सलीमा ने एक ख़त अकबर को भेजा जिसमें उन सब की हिफ़ाज़त की फ़िक्र करने के लिए उसका शुक्रिया उसने अदा किया। इसके साथ ही ख़र्च के लिए रक़म मुहय्या करवाने को लेकर अकबर का अहसान मानते हुए सलीमा ने उसे लिखा :

"सारे रास्ते उन्होंने फ़राख़दिली से मस्जिदों और ग़रीबों पर रक़म ख़र्च की। जब तक हम लोग पाटन पहुँचे, फ़क़त मक्का जाने के ख़र्च लायक़ रक़म ही हाथ में बाक़ी रही थी। वापस कैसे आएँगे, इसका कुछ हिसाब नहीं था। मुझे गुमान हुआ कि वापस आने का उनका इरादा ही नहीं। मगर उनसे दरयाफ़्त करने का हौसला नहीं कर पाई। हज पर जाना तो उनका सालों पुराना ख़्वाब था। मगर निज़ामे हुकूमत में उनकी मसरूफ़ियत की वजह से इसके लिए तुमसे वे इजाज़त न ले पाए।"

बैरम ख़ान का हरम सीकरी पहुँचनेवाला है, यह ख़बर पाते ही तेज़ घोड़े पर सवार हो अकबर उड़ चला। सलीमा को देखते ही उसका दिल रो दिया। उसकी आँखों में अब ज़िन्दादिली की चमक के बजाय मायूसी के अँधेरे छाए हुए थे। उसके उठने-बैठने के अन्दाज़ में आज़िज़ी और बेदिली साफ़ ज़ाहिर हो रही थी। अपने तसव्वुर में अब तक भी अकबर ने उसे शोख़मिज़ाज और फूलों सरीखी खिली हुई ही देखा था। जैसी कि वह मानकोट में थी। जैसी कि उसने उसे लाहौर में पाया था।

अकबर का दिल रंजीदा हो उठा। 'इन हालात की वजह सिर्फ़ मैं हूँ!' सलीमा के ख़ेमे में बैठे हुए उसने ख़ुद की ही मलामत की। उससे वह बहुत कुछ कहना चाह रहा था मगर कैसे कहे, यह नहीं जान पा रहा था। सलीमा भी ख़ामोश बैठी थी। उसका हाल भी शायद अकबर सरीखा ही था। देर तक एक-दूसरे के साथ ख़यालों में ही गुफ़्तगू करते हुए दोनों अपने होंठों को सिए हुए बैठे रहे। सलीमा अपने पैरों पर निगाह जमाए बैठी थी और इसका फ़ायदा उठाकर अकबर चोर नज़र से जब-तब उसे देख लेता। सफ़ेद कुरते और सफ़ेद ही सलवार में उसके अफ़सोसशुदा सफ़ेद चेहरे पर रूहानी क़िस्म की ख़ूबसूरती छाई हुई थी।

"उन्हें तुमसे कितनी मोहब्बत थी!" सलीमा फुसफुसाई।

अकबर ने राहत महसूस की। ख़ामोशी अब उसका दम घोटने लगी थी।

"उन्हें हमेशा से ही थी।" भर आए गले को साफ़ करने के मक़सद से अकबर

कुछ लम्हों के लिए रुका। "मगर इसकी क़द्र करने में मुझसे बहुत देर हुई। ऐसी ग़लती मैं हमेशा ही करता आया हूँ!"

सलीमा ने अकबर की तरफ़ सवालिया निगाह से देखा जो अपनी आवाज़ में उभर आई लर्ज़िश को दबा पाने की कोशिश में नाकामयाब रहा था, और अपने अश्क आँखों में ही रोक पाने में भी वह कामयाबी हासिल नहीं कर पा रहा था। दोनों ही फिर से एक लम्बी ख़ामोशी में डूब गए। वक़्त जैसे ठहर-सा गया।

"तुम्हारे लिए और सल्तनत के लिए भी आख़िरी रोज़ तक वे फ़िक्रमन्द थे।" बातचीत का टूटा हुआ सिलसिला सलीमा ने फिर जोड़ा। "मगर इस बात से उन्हें बेहद तकलीफ़ होती थी कि तुमने उनकी वफ़ादारी पर शक किया। बर्ख़ास्तगी का फ़रमान हाथ में आते ही उन्होंने मुझसे कहा था कि शाही मोहर और बाक़ी साज़ोसामान वे ख़ुद ले जाकर तुम्हारे सुपुर्द करेंगे। इसी मक़सद से उन्होंने तुम्हारे साथ मुलाक़ात की इल्तिजा की थी और तुमसे रुख़्सत लेने के लिए भी।

बैरम ख़ान की यह दरख़्वास्त अकबर को मिली थी, मगर ज़ोर देकर उसे यह मुलाक़ात न करने के लिए रज़ामन्द कर लिया गया।

"जहाँपनाह! उस वाक़िये को कैसे नज़रअन्दाज़ किया जा सकता है जब तरदी बेग को अपने ख़ेमे में आने की दावत देकर बैरम ख़ान ने उसे ब-फ़रेब गिरफ़्तार करके हलाक कर दिया था।" माहम अंगा ने उसे याद दिलाया। "कौन जानता है कि मुलाक़ात की यह दरख़्वास्त उसकी किसी साज़िश का हिस्सा हो?" माहम अंगा को हमेशा यह डर लगा रहता था कि बैरम ख़ान को अगर अकबर से मिलने दिया गया तो उसका बना बनाया खेल कहीं बिगड़ न जाए।

और दरख़्वास्त नामंज़ूर होने की इत्तिला बैरम ख़ान को बाक़ायदा दे दी गई।

"दरख़्वास्त नामंज़ूर होने पर दो दफ़ा उन्होंने बरीदों की मार्फ़त पैग़ाम भेजे।" निगाह अपने पैरों पर ही जमाए हुए सलीमा कह रही थी। "मगर न तो बरीद ही वापस आए और न ही उन पैग़ामात का कोई जवाब मिला।"

अकबर समझ सकता था कि क्या हुआ होगा।

अगले पाँच दिन अकबर का ज़्यादातर वक़्त सलीमा के साथ ही बीता। आहिस्ता-आहिस्ता वह अपने ग़म से बाहर निकली और अकबर अपने अहसास-ए-गुनाह से। और फिर दोनों ही काबुल और मानकोट और लाहौर की बातें करने लगे। सलीमा के चेहरे की लक़ीरें नर्म हो चलीं। सियाह आँखों में ज़िन्दगी एक बार फिर अँगड़ाई लेने लगी। और उसके तर्ज़-ओ-अन्दाज़ में मलाल व बेरुख़ी की जगह एक बार फिर ज़िन्दादिली ने ले ली।

"मगर जलाल! आज तक भी मैं समझ नहीं पाई," अपने बचपन के दिनों को याद करते हुए सलीमा ने अकबर से पूछा, "कि पहले ही रोज़ तुम्हारे उस्ताद कबूतरबाज़ी की पोशाक में क्यों चले आए? सब जान रहे थे कि इसकी वजह यक़ीनन तुम्हारी कोई ख़ुराफ़ात है। मगर तुमने कभी क़बूल नहीं किया।"

अकबर ने एक ज़ोरदार ठहाका लगाया।

"चलो, आज मैं क़बूल करता हूँ। हाँ! उस वाक़िये के लिए मैं ही ज़िम्मेदार था!

बेचारे उसी हालत में जन्नत आशियानी से टकरा गए और घबराहट में वे ऐसे भागे कि उस रोज़ के बाद काबुल में कभी नज़र ही नहीं आए।"

"लेकिन तुम्हारे और उनके दरमियान आख़िर हुआ क्या था?" जानने को सलीमा बेताब हो उठी।

"तुम्हें उस किताब की याद है सलीमा? क़लीला व दिमना[1] नाम की? गुलबदन फूफी अकसर ही उसमें से हम बच्चों को उन जानवरों के अफ़साने सुनाया करती थीं जो इनसानी आवाज़ में बात करते थे : शेर, हाथी, सियार और लोमड़ी, हिरन और ख़रगोश, और कितने ही दूसरे जानवर।"

"याद क्यों नहीं? ख़ूब याद है। ग़ज़ब के दिलचस्प अफ़साने थे!"

"हाँ, वाक़ई! निहायत ही दिलचस्प अफ़साने थे! और अब्बा से मैंने सुना था कि यह अफ़साने पहली दफ़ा एक बरहमन ने कहे थे, जिसे हिन्दुस्तान के कुछ बिगड़े-दिल शहज़ादों को हुकूमत चलाने की तालीम देने और उनमें दुनियावी अक़्ल पैदा करने की ज़िम्मेदारी उनके वालिद सुल्तान ने दी थी। उन शहज़ादों को किसी भी क़िस्म की तालीम हासिल करने से सख़्त एतराज़ था और उनके सभी उस्तादों ने एलानिया तौर पर उन सबको हद दर्जे के अहमक़ क़रार दे दिया था। लेकिन वह बरहमन इन्हीं अफ़सानों के ज़रिये खेल-खेल में ही उन शहज़ादों को उम्दा तालीम देने में निहायत ही कामयाब रहा। है न कमाल की बात? बाद में इन्हीं अफ़सानों को एक किताब की शक्ल दे दी गई जिसका फारसी ज़बान में तर्जुमा थी वह क़लीला व दिमना।"

"मगर इस सबका उस सवाल से क्या ताल्लुक़ है जो मैंने तुमसे पूछा?" सलीमा के अन्दाज़ में बेसब्री साफ़ नज़र आ रही थी।

"वही तो मैं बताने जा रहा हूँ! अपने नए उस्ताद से मैंने पूछा कि क्या वे उस किताब के बारे में जानते हैं? और उनके हामी भरने पर मैंने उनसे गुज़ारिश की कि मुझे भी तालीम लेना पसन्द नहीं मगर खेलों का मुझे बेइन्तिहा शौक़ है। इसी वजह से उस रोज़ वे कबूतरों को उड़ाकर मुझे हिसाब की तालीम देने की तैयारी के साथ आए थे।"

अकबर का यह आख़िरी जुमला अभी मुकम्मल भी नहीं हो पाया था कि सलीमा का क़हक़हा ख़ेमे में गूँज उठा। बेतहाशा हँसते हुए वह अपना सिर पीछे ले जाती और फिर दोहरा होकर अपना पेट पकड़ लेती। सलीमा का यह अन्दाज़ देख अकबर उस पर फ़िदा हुआ जा रहा था। वह उठ खड़ा हुआ और उसके लरज़ते हुए बदन को देखने लगा। फिर ख़ेमे में टहलता हुआ वह वापस आकर सलीमा के सामने खड़ा हो गया।

"मेरे साथ निकाह करोगी?"

हँसी के आँसुओं से गीले हो रहे अपने गालों को पोंछते हुए सलीमा ने अपना सिर ऊपर उठाया और ताज्जुब से फैली हुई आँखों से वह अकबर को देखने लगी। उन आँखों में अकबर को अपनी पूरी दुनिया समाई हुई नज़र आई।

"मेरे साथ निकाह करोगी?" निकाह लफ़्ज़ पर ज़ोर देकर उसने दोहराया।

"लेकिन..."

"सारे लेकिन तुम मुझ पर छोड़ दो।" बीच में ही टोकते हुए अकबर ने अपना हाथ

1. *पंचतंत्र* पुस्तक का संस्कृत से फ़ारसी भाषा में हुए अनुवाद का शीर्षक।

हवा में जिस अन्दाज़ से घुमाया वह उसकी ताक़त और उसके इख़्तियार को बयान कर रहा था। "क्या मेरे साथ निकाह करने को तुम राज़ी हो?"

सलीमा उठ खड़ी हुई। लरज़ते लबों से फुसफुसाकर उसने हामी भरी और अकबर की आग़ोश में झूल गई। न जाने कब से जमा हो रहे अश्क चश्मा बनकर बह निकले और अकबर का सीना भिगोने लगे। जज़्बात का तूफ़ान बढ़ा तो सलीमा का बदन फिर से लरज़ उठा।

"अजीब है!" अकबर के दिल में ख़याल आया। "ख़ुशी और ग़म, दोनों ही हालात में औरत का बदन एक ही सरीखी हरकत करता है।"

सलीमा को अपनी आग़ोश में लिये हुए अकबर को एक रूहानी क़िस्म की ख़ुशी महसूस हो रही थी। ऐसा सुकूनबख़्श अहसास उसे पहले कभी न हुआ था, हालाँकि उसके दो निकाह हो चुके थे। उसका पहला निकाह अब्बा ने उनके उनसे सौतेले भाई मिर्ज़ा हिन्दाल की दुख़्तर रुक़य्या सुल्तान के साथ करवाया था। दूल्हा और दुल्हन दोनों ही तब सिर्फ़ दस साल के थे। पहली रात को उन दोनों ने निकाह को मुकम्मल करने की बेढब कोशिशें कीं मगर नाकामयाब रहे और उसके बाद यह कोशिश कभी नहीं की। दूसरा निकाह बैरम ख़ान की सलीमा के साथ शादी के फ़ौरन बाद ही बेगम हमीदा बानो की ज़िद पर मिर्ज़ा कामरान की बेगम की भतीजी के साथ हुआ था। उसके साथ उसने जिस्मानी लुत्फ़ तो लिये, मगर ऐसी रूहानी मसर्रत[1] का तजुर्बा उसे कभी हासिल न हुआ।

अगले ही रोज़ सलीमा और अकबर का निकाह हो गया।

---

1. आनन्द, हर्ष।

ख़्वाजा की दरगाह में

अजमेर के पड़ाव में सलीमा के साथ देर रात तक गुफ़्तगू करते रहने पर भी अकबर का जी नहीं भरा। लेकिन सलीमा जब उनींदी हो चली तो वह अपने ख़ेमे में लौट आया और बिस्तर पर लेट गया। उसकी आँखों में मगर नींद कहाँ थी? उसके ख़यालों में उसका माज़ी जो छाया हुआ था! ख़ास तौर पर वह वक़्त जब निकाह के फ़ौरन बाद कई हफ़्ते सलीमा के साथ उसने आगरा और सीकरी के बीच मन्धाकर क़स्बे के नज़दीक एक जंगल में बिताए थे। ख़्वाजा ग़रीब नवाज के बारे में तभी उसने पहले-पहल सुना था।

दिन भर शिकार के पीछे घोड़ा दौड़ाते रहने के बाद एक शाम वह सलीमा के साथ गुफ़्तगू करते हुए शराब की चुस्कियों में अपनी थकान घोल रहा था। तभी कहीं दूर से एक तराना हवा पर तैरते हुए ख़ेमे में चला आया। अकबर को ताज्जुब हुआ। 'कौन होगा जो इस बियाबान में गा रहा है? और वह भी इस वक़्त?' सलीमा से कुछ कहे बिना ही वह बाहर निकला और अपने घोड़े पर सवार हो आवाज़ की तरफ़ चल पड़ा। कुछ ही दूर वह गया होगा कि उसे एक अलाव की रौशनी दिखाई दी। नज़दीक जाकर देखा तो अलाव को घेरकर बैठे फ़क़ीर इकतारा बजाते हुए और तरन्नुम में गाते हुए ऐसे बेख़ुद थे कि उन्हें घोड़े की टाप तक सुनाई नहीं दी। अकबर वहीं ज़मीन पर बैठ गया।

उनकी मुँदी हुई आँखों में से आँसुओं को बहते देख अकबर को हैरानी हुई। और यह आँसू यक़ीनन ग़म के आँसू नहीं थे। क्योंकि उनके होंठों पर बड़ी शीरीं मुस्कुराहट खेल रही थी और उनके चेहरों से रूहानी मसर्रत झलक रही थी। गाना ख़त्म कर उन्होंने जब आँखें खोलीं तो अकबर को देख वे अचकचा गए।

"बड़ा ही ख़ूबसूरत तराना था! बेहद ख़ूबसूरत!" उन फकीरों के दिलों में घुमड़ती ख़ुशी अकबर के दिल में भी समा गई थी।

ख़ामोश रहकर फ़क़ीर उसे सवालिया निगाह से देखते रहे।

"इस नग़मे में आप गुज़ारिश किससे कर रहे थे?" अकबर ने चुप्पी तोड़ी।

"ख़्वाजा ग़रीबनवाज़ मोइनुद्दीन चिश्ती से।" दोनों हाथ आसमान की तरफ़ उठाकर एक फ़क़ीर बोला।

"उनकी मेहरबानियों का क्या कहना!" आँखें बन्द कर झूमते हुए दूसरे फ़क़ीर ने कहा। "उनकी झोली तो रहमतों से हमेशा ही भरी रहती है।"

"ऐसा करम है ख़्वाजा का कि उनकी दरगाह से कभी कोई ख़ाली हाथ नहीं गया।" तीसरे फ़क़ीर ने अकबर की जानिब देख मुस्कराते हुए बताया।

जिस वक़्त अकबर अपने ख़ेमे में वापस पहुँचा रात का दूसरा पहर आधा बीत

चुका था और सलीमा फ़िक्रमन्द हो चली थी। सलीमा को उसने सब हाल कह सुनाया और ख़्वाजा के बारे में उससे दरयाफ़्त किया।

"ज़्यादा तो उनके बारे में मुझे इल्म नहीं जलाल। मगर इतना जानती हूँ कि क़रीब चार सौ साल पहले ख़ुदा के रास्ते पर चलते हुए उन्हें इल्म-ए-तरीक़त[1] हासिल हुआ और फिर ईरान से हिन्दुस्तान आकर अजमेर में उन्होंने अपना डेरा कर लिया। सूफ़ियों के चिश्ती सिलसिले[2] को हिन्दुस्तान में उन्होंने ही क़ायमे किया था। उनके बारे में तो मशहूर है कि उनकी बारगाह में पहुँचकर आरज़ूमन्द की हर ख़्वाहिश पूरी होती है।"

और अकबर ने उसी वक़्त तय कर लिया था कि ख़्वाजा की दरगाह पर एक दफ़ा तो उसे हर हाल में जाना है।

ख़यालों में डूबे हुए रात का तीसरा पहर भी जब बीतने को था तो अकबर बेसब्र हो चला। वह उठा और हाथ-पैर धोकर, धुला हुआ सफ़ेद लिबास पहन अकेला ही दरगाह के लिए पैदल निकल पड़ा। मज़ार के दरवाज़े अभी खुले न थे। दरगाह के एक कोने में जाकर वह फ़र्श पर बैठ गया और अपनी आँखें मूँद लीं। कुछ तो रात की ख़ामोशी का असर और कुछ दरगाह की हवा में सिफ़त[3], आहिस्ता-आहिस्ता जैसे अपने अन्दर कहीं वह गहरे उतरता चला गया। और जो वाक़यात उसकी याददाश्त से कभी के रुख़सत हो चुके थे, एक के बाद एक उसके ज़ेहन में घूमने लगे।

'बचपन में अब्बा को जब भी मैंने मुक़द्दर की बातें करते सुना तो उनकी आवाज़ में इज़्ज़त और लहजे में अदब हुआ करता था। उस वक़्त अपने तसव्वुर में मुक़द्दर की जो तसवीर मैं बना पाया था वह एक बेहद ही ताक़तवर शख़्स की थी। उन ख़ौफ़नाक हैवानात की मानिन्द जिनके साथ अमीर हमज़ा की बहादुराना लड़ाइयों के क़िस्से काबुल में गुलबदन फूफी पढ़कर जब सुनाया करती थीं तो हम सभी बच्चों के दिल ज़ोर-ज़ोर से धड़कने लगते थे। लेकिन जब मैं बड़ा हुआ और मुझमें समझ आई तो मैं यह महसूस कर पाया कि अपनी ज़िन्दगी में अब्बा बेहिसाब मुसीबतों का सब्र के साथ मुक़ाबला कर पाए और उनकी जान के दुश्मन बने भाइयों के साथ भी मुआफ़ी-बख़्श बर्ताव रख पाए तो वह सिर्फ़ मुक़द्दर पर मुस्तक़िल भरोसे की वजह से ही। और अब तक तो मुझे भी यक़ीन हो चला है कि सब कुछ पहले से ही तय है, जैसा कि अब्बा कहा करते थे।'

फिर अकबर के ज़ेहन में ख़ान बाबा की आवाज़ गूँजी।

"जहाँपनाह! जन्नत आशियानी जिस वक़्त अपनी ज़िन्दगी के इन्तिहाई ख़राब दौर से गुज़र रहे थे, ईरान के रास्ते में उन्होंने इस ग़ुलाम से फ़रमाया था कि आसमान में सितारे जिस वक़्त माक़ूल जगह पर पहुँच जाएँगे, हिन्दुस्तान का ताज़ हमें उतनी ही आसानी से फिर हासिल हो जानेवाला है जितनी आसानी से उसे हमने खो दिया है।"

'मगर मेरा मुक़द्दर क्या है? मेरे दुश्मन समझते हैं कि हिन्दुस्तान मेरा मुक़द्दर नहीं। और बाज़ दफ़ा तो मैं भी उनसे इत्तेफ़ाक़ रखने लगता हूँ।'

'पैंतीस साल हो गए जब मेरे बाबा फ़िरदौस मकानी हिन्दुस्तान आए थे। पानीपत

---

1. सूफ़ी-मार्ग का ज्ञान।
2. परम्परा।
3. वही।

और खानवा की जंग के बाद हिन्दुस्तान में उनके पैर मज़बूती से जम गए और उनकी तलवार ने फिर मशरिक़ में बिहार और दक्खिन में मालवा तक भी अपने जौहर दिखाए। मगर जो उन्होंने हासिल किया उस पर मुस्तक़िल तौर पर अपनी हुकूमत जमा पाने के लिए चार साल काफ़ी नहीं रहे। उनके बाद अब्बा ने बंगाल और गुजरात तक अपना परचम फहराया। मगर उनकी हुकूमत के दस साल बग़ावतों से निपटने में ही गुज़र गए। वे गुजरात जाते तो मालवा अपनी आज़ादी का एलान कर देता और जब वे मालवा में अपनी हुकूमत फिर से क़ायम कर रहे होते तो गुजरात में फ़साद उठ खड़े होते। बिहार में तो हमेशा से ही अफ़ग़ान क़ाबिज़ रहे, जैसे कि वे आज भी हैं। और बंगाल भी कभी मुकम्मल तौर पर फ़तह नहीं किया जा सका। उसके तेवर मुसलसल बाग़ी ही बने रहे।'

'ख़ान बाबा के मुँह से ही सुना था कि कैसे बिहार के अफ़ग़ान सरदार शेरशाह सूरी ने एकबारगी तो अब्बा की हुकूमत क़बूल कर ली और वफ़ादारी की क़सम भी खाई। मगर जैसे ही अब्बा को उसने गुजरात के बाग़ियों से निपटने में मसरूफ़ पाया, वह ख़ुद बिहार का सुल्तान बन बैठा और फिर बंगाल पर भी क़ाबिज़ हो गया। ख़बर पाते ही बंगाल पर अब्बा ने फिर हमला बोला और उस पर फिर से अपनी हुकूमत क़ायम करने के बाद शेरशाह को सबक़ देने के मकसद से वे बिहार जा पहुँचे। उस सूबे में जिस जगह करमनासा नदी गंगा नदी में गिरती है, वहीं चौसा नाम की जगह पर नदी किनारे उन्होंने अपने लश्कर का मुक़ाम कर लिया। शेरशाह ने नज़राना लेकर अपना एलची उनके पास भेजा इस पैग़ाम के साथ कि अपनी ग़लती पर वह बेहद शर्मिन्दा है और अब्बा की हुकूमत फिर से क़बूल करने की रज़ामन्दी भी उसने ज़ाहिर की। लेकिन उसका असल मक़सद था अब्बा की फ़ौज की ताक़त और कमज़ोरी का अन्दाज़ा लगाना और फिर हमले का ख़ाका बनाकर उसकी तैयारी के लिए वक़्त हासिल करना। उसके एलची ने शेरशाह की तरफ़ से वफ़ादारी की कसमें खाईं और अब्बा भी उस पर भरोसा कर उसकी तरफ़ से ग़ाफ़िल हो गए। इस भरोसे का नाजायज़ फ़ायदा उठाकर अलसुबह उस वक़्त जब कि अब्बा की लश्करगाह में ज़्यादातर फ़ौजी सोए पड़े थे, यकायक उसने कई हज़ार घुड़सवारों के साथ हमला बोल दिया। अब्बा भी उस वक़्त बिस्तर में ही थे।'

'सुल्तान शेरशाह की इंसाफ़परस्ती और उसके क़ाबिल-ए-तारीफ़ निज़ाम का मैं बेशक क़ायल हूँ। मगर इस फ़रेब और दग़ाबाज़ी के लिए, इस बुज़दिलाना हरकत और वादा ख़िलाफ़ी के लिए, उससे मैं नफ़रत भी करता हूँ। कैसे भी हालात हों, ऐसा मैं कभी न करूँगा। कर सकता ही नहीं।'

चौसा में हुई उस तबाही का ख़याल करके अकबर के जिस्म में सिहरन दौड़ गई। आँखें खोलकर उसने आसपास नज़र दौड़ाई। अभी तक भी अँधेरा ही था मगर ख़्वाजा के फ़िदाई[1] दरगाह पहुँचना शुरू हो गए थे। अपनी आँखें उसने फिर से मूँद लीं और ख़ान बाबा की आवाज़ अकबर के ज़ेहन में गूँजने लगी

"जहाँपनाह! शेरशाह के सिपहसालारों ने बेहद शर्मनाक तरीक़े से ग़ैर-फ़ौजी जमात के ख़ेमों पर, दुकानदारों और कारीगरों के ख़ेमों पर हमला कर दिया और उनमें

1. भक्त।

अफ़रा-तफ़री मचा दी। भगदड़ में कितने ही औरतें, बच्चे कुचल गए और कितने ही अपनों से बिछड़ गए। हमारे फ़ौजी भी ज़्यादातर इस भगदड़ में उलझकर रह गए और अपनी जान बचाने के लिए हज़ारों की तादाद में गंगा नदी में कूद पड़े। बदक़िस्मती से नदी में सैलाब आया हुआ था और सबके सब उसमें डूब गए।"

अकबर को याद आया कि यह बेहद अफ़सोसनाक वाक़या बयाँ करते हुए ख़ान बाबा की आँखों में आँसू तैरने लगे थे और गला भर आया था। मगर अपनी बात कहना उन्होंने जारी रखा।

"शाही हरम भी जहाँपनाह उस भगदड़ की चपेट में आ गया। बेगम आयशा सुल्तान गुम हो गईं। शाद बीबी खो गईं। और चाँद बीबी का भी उसके बाद कुछ न पता चला जो सात महीने के पेट से थीं। बेगा बेगम की ज़बानी सुना था कि उनकी सात साल की बेटी अक़ीका नदी में फिसल गई और बचाओ, बचाओ चिल्लाने लगी। बदहवास-सी वे वहाँ से गुज़रनेवाले हरेक शख़्स से रो-रोकर इल्तिजा करती रहीं मगर ख़ुदा का एक भी नेक बन्दा उन्हें न मिला जो उनकी बेटी को बचा लेता। उनका गिड़गिड़ाना सुनने की किसी को भी फ़ुर्सत कहाँ थी? सबके सब तो अपनी जान बचाने के फेर में थे। और बेबस, मजबूर बेगा बेगम अपनी कमसिन बच्ची को अपनी ही आँखों के सामने नदी में गुम होते हुए देखती रह गईं।"

'काबुल में बड़ी अम्मी बेगा बेगम को अक़ीका की याद में जार-जार रोते हुए कितनी दफ़ा मैंने देखा था।' अकबर को याद आया। 'उनका वह बिलखना याद आते ही आज भी मैं सिहर उठता हूँ और आँखों से अश्क बह निकलते हैं।'

'बहुत खोज की गई, बहुतेरे लोगों से दरयाफ़्त की गई,' चौसा में हुई तबाही बैरम ख़ान अकबर को सुना रहा था, 'लेकिन किसी का कुछ पता न चला। जन्नत आशियानी भी गंगा में कूद गए और एक भिश्ती की मश्क के सहारे ही वे दूसरी पार पहुँच पाए। जो भी थोड़े बहुत बचकर उस पार पहुँचे वे भूखे-प्यासे तब तक वहाँ पड़े रहे जब तक कि एक हिन्दू ज़मींदार बीरबाहन खाने का सामान उनके लिए नहीं ले आया।'

'अपना लाव-लश्कर लेकर अगले साल जन्नत आशियानी फिर बिहार जा पहुँचे, शेरशाह को उसकी नाजायज़ हरकत के लिए सज़ा देने का इरादा लेकर। मगर इस बार भी गंगा किनारे कन्नौज में उन्हें शर्मनाक नाकामी झेलनी पड़ी। शिकस्तगी के अहसास के साथ सबके ज़ेहन में चौसा इस क़दर हावी था कि पस्त-हौसला उमरा जंग शुरू होने के पेशतर ही शिकस्त को तय मानकर अपनी जान की हिफ़ाज़त करने की तदबीर खोज रहे थे। नतीजतन, कन्नौज में चौसा फिर दोहराया गया।'

'कितने ही हमारे आदमी भारी पोशाक में ही गंगा में कूद गए। ज़्यादातर तो डूब गए। जन्नत आशियानी भी शम्सुद्दीन ख़ान की वजह से ही नदी में से बख़ैरियत निकल पाए, जिसने सही वक़्त पर अपना हाथ उनकी तरफ़ बढ़ा दिया। और फिर हिन्दुस्तान का बादशाह नंगे पैर, नंगे सिर एक मरियल घोड़े पर सवार होकर भाग निकला। रास्ते में जन्नत आशियानी लुटेरों का शिकार भी बने। पीछा करती हुई शेरशाह की फ़ौज की आमद जब आगरा के नज़दीक हुई तो शाही लवाज़िमा पूरी फ़ौज के साथ, अगर उस वक़्त के हालात में उसे फ़ौज कहा जा सकता था, आगरा से दिल्ली के लिए भाग खड़ा

हुआ। और शेरशाह के दिल्ली पहुँचने की ख़बर सुनते ही वे सबके सब भारी बारिश के बावजूद वहाँ से फिर भाग निकलने को मजबूर हो गए।'

'कितना ज़िल्लत भरा रहा होगा वह सब!' अकबर का जी रोने को हो आया।

वह खड़ा हो गया और उन बीती बातों से अपना दिमाग़ हटाने के लिए ख़्वाजा के उन चाहनेवालों को देखने लगा जो पत्तियों के दोनों में ताज़े फूल सजाए हुए आने लगे थे और अगरबत्तियों को जलाकर जगह-जगह मज़ार के बाहर फँसाने लगे थे। लेकिन रंज-अफ़ज़ा[1] ख़यालों में फिर डूब जाने से ख़ुद को वह देर तक नहीं बचा पाया और अपने ख़यालों में मानकोट पहुँच गया।

'तुम्हें जलाल शायद अन्दाज़ा नहीं कि तुम्हारे अब्बा और अम्मी ने अपनी ज़िन्दगी में कैसी मुसीबतें और तकलीफ़ें झेली हैं।' गुलबदन फूफी जो लाहौर से उसके साथ ही मानकोट आ गई थीं, एक शाम अपनी यादें उसके साथ साझा कर रही थीं। 'कन्नौज की जंग में शिकस्त होने के बाद दिल्लीं और फिर लाहौर तक भी उनका पीछा करते चले आए शेरशाह के फ़ौजियों से बचने के लिए वे सिन्ध के रेगिस्तान में घुस गए। क्योंकि मिर्ज़ा कामरान ने उन्हें मक्का जाने के लिए काबुल होकर रास्ता देने से इनकार कर दिया था। उनके ऊँटों और घोड़ों के पैर घुटनों-घुटनों तक गर्म रेत में घुसे जा रहे थे। सूरज की तपिश जानलेवा थी। फिर भी वे चलते चले गए। मुसीबत लेकिन अकेली कहाँ आती है? वहाँ पर मारवाड़ के राव मालदेव के फ़ौजी उनके पीछे पड़ गए। भारी इनाम के लालच में उसका इरादा तुम्हारे अब्बा को गिरफ़्तार कर शेरशाह के हवाले कर देने का था। किसी तरह बेचारा मेरा भाई उनसे पीछा छुड़ा पाया तो जैसलमेर के भट्टी राजपूतों के चंगुल में फँस गया, जिन्होंने उसे तब तक नहीं छोड़ा जब तक कि उसका सब कुछ लूट नहीं लिया।'

यह बताते हुए गुलबदन बेगम फूट-फूटकर रो पड़ी थी। साथ में अकबर भी।

'कई दिनों तक वे सब भूख-प्यास के मारे बेहाल फिरते रहे।' देर तक ख़ामोश रहने और फिर पानी पीकर अपना रुँधा हुआ गला साफ़ कर लेने के बाद गुलबदन बेगम ने हुमायूँ बादशाह की बदनसीबी की दास्तान फिर से सुनानी शुरू की। 'एक दफ़ा उन लोगों को तीन रोज़ तक पानी नसीब नहीं हुआ। चौथे दिन पानी से भरे चन्द गड्ढे दिखाई दिए। मगर वे बेहद गहरे थे। बैलों की मदद से देगचियों में पानी खींचा गया। पानी गँदला और लाल था। फिर भी उसे पीने के लिए ऐसी होड़ लगी कि रस्सियाँ टूट गईं और देगचियाँ उन गड्ढों में जा गिरीं, साथ में कई आदमी भी जिनमें से कई फ़ौत हो गए। फिर एक दिन और एक रात के लगातार सफ़र के बाद एक तालाब दिखा तो जानवर उस तरफ़ दौड़ गए और इतना ज़्यादा पानी पी लिया कि चन्द ही ज़िन्दा रह पाए। तुम उस वक़्त तुम्हारी अम्मी के पेट में थे। तुम्हारे अब्बा ने अपना ऊँट तुम्हारी अम्मी को दे दिया और ख़ुद पैदल घिसटते रहे।'

गुलबदन फूफी से सुना हुआ वह मंज़र याद कर अकबर का दिल दर्द से भर उठा।

'इंशाअल्लाह! ऐसा अब कभी न होने पाएगा। मर जाऊँगा, मगर ऐसे हालात मैं हरगिज न बनने दूँगा, न ख़ुद के साथ और न ही अपने ख़ानदान के साथ।' वह बुदबुदाया

1. दुख बढ़ानेवाले।

और अपना सिर दाएँ-बाएँ हिलाने लगा मानो अपने दिमाग़ को इन रंजीदा ख़यालों से वह ख़ाली करना चाह रहा हो।

'अब्बा की ज़िन्दगी तो जैसे एक के बाद एक आफ़त और तकलीफ़ की ही दास्तान थी। चन्द लोग ही अपनी ज़िन्दगी में इतने ज़्यादा हादसों से गुज़रे होंगे। लेकिन मेरे बाबा की ज़िन्दगी भी तो ज़िल्लत और मुसीबत का अफ़साना ही रही! क्या यह मेरे ख़ानदान का मुक़द्दर ही है ताउम्र मुश्किल इम्तहानों से गुज़रते रहना? या कि ज़िन्दगी सभी के साथ ऐसे ही पेश आती है? मेरी ज़िन्दगी भी कम-उम्र से ही अब्बा के मुक़द्दर की वादियों और पहाड़ियों के रास्ते चलती रही, और अब्बा के जाने के बाद तो यह तूफ़ानों का लम्बा सिलसिला ही बन गई।'

आँखें खोलकर अकबर ने तारों से सजे आसमान को देखा और उसकी दिलकशी में खोकर अपने परेशान-ख़यालों से उसने छुटकारा पाना चाहा। मगर यह हो न सका।

'आलमपनाह! जन्नत आशियानी के साथ ही था मैं जब वे हिन्दूकुश की बर्फ़ीली वादियों के मुश्किल रास्तों की नाक़ाबिले बर्दाश्त तक़लीफ़ों का मुक़ाबला करते हुए ईरान जा रहे थे।' अपने ख़यालों में अकबर ने ख़ुद को जलन्धर में बैरम ख़ान के सामने बैठे हुए पाया। 'हम लोगों के पास न तो काफ़ी लिबास थे, न ही रसद। ख़तरनाक सर्दी में जिस्म अकड़े जा रहे थे। भूख के मारे जब पाँव उठाना तक नामुमकिन हो गया तो एक घोड़े को ज़िबह कर उसका गोश्त जन्नत आशियानी ने उसकी काठी में आग लगाकर ख़ुद ही भूना। हम लोगों की क़िस्मत अच्छी थी जो शाहे ईरान की मदद हमें हासिल हो गई।'

'यक़ीनन वह मदद ख़ुदा की नियामत थी वरना हमारे ख़ानदान का नाम तवारीख़ के पन्नों में बारीक हर्फ़ों से हाशिये पर कहीं दर्ज होता।' मायूस-दिल अकबर को ख़याल आया। 'मैं भी पिछले पाँच सालों से लड़ता ही आ रहा हूँ। लेकिन मुझे नहीं लगता कि हिन्दुस्तान में मेरी हुकूमत अभी तक भी जड़ जमा पाई है।'

'अफ़ग़ान इस हक़ीक़त को भूल नहीं सके हैं कि उन्हें शिकस्त देकर ही दिल्ली का तख़्त हमने हासिल किया था। इस वजह से उनके तेवर हमेशा ही बग़ावती बने रहते हैं।' अपने मौजूदा हालात का हिसाब-किताब अकबर के ज़ेहन में ख़ुद-ब-ख़ुद चलने लगा। 'ख़गान[1] की नस्ल का होने की वजह से उज़्बेकों को यह ग़ुरूर है कि हम तुर्कों के मुक़ाबिल वे आला दर्जे के हैं। लिहाज़ा उनकी अपनी आरज़ू है और उनके अपने मनसूबे। दूसरी तरफ़ चग़ताई तुर्क, मेरी अपनी नस्ल के लोग भी पुख़्ता तौर पर भरोसे के क़ाबिल नहीं। मेरे लिए उनकी वफ़ादारी तभी तक है जब तक कि मेरे सितारे अर्श पर हैं।'

अपने बाबा की ज़िन्दगी अकबर के ज़ेहन में घूम गई।

'बारह साल की उम्र में उन्होंने अपने वालिद को खोया और फिर समरक़न्द को उज़्बेकों से फ़तह करने की नाकामयाब कोशिश में, जो कभी हमारे ख़ानदान के चिराग़-ए-रोशन साहिब-क़िराँ अमीर तैमूर की अज़ीमोशान दारुल-हुकूमत रही थी, उन्होंने अपनी पुश्तैनी रियासत फ़रगाना को भी गँवा दिया। कई साल तक वे बग़ैर सल्तनत के बादशाह बने हुए बियाबानों में भटकते रहे। ख़ूँख़ार भेड़ियों की तरह उनके पीछे पड़े हुए दुश्मनों से बचने के लिए मजबूरन उन्हें बर्फ़ीले पहाड़ों में भाग जाना पड़ा। ख़ून को जमा देनेवाली

1. चंगेज़ ख़ान।

सर्दी से और बर्फ़ के तूफ़ानों से अपनी हिफ़ाज़त के लिए उनके पास काफ़ी लिबास तक न थे। कई-कई रोज़ उन्हें व उनके वफ़ादारों को पेट भरने के लिए कुछ भी नसीब न होता। अपनी बेबसी पर बाबा ज़ार-ज़ार रोया करते। फिर भी उनके साथियों ने उन्हें नहीं छोड़ा। शैबानी ख़ान उज़्बेक के फ़ौजियों से उनकी जान बचाने की ख़ातिर उनके कोका[1] क़ासिम ने ख़ुद को क़ुर्बान कर दिया। बाबा जब उन फ़ौजियों के फंदे में पड़ गए तो उसने ख़ुद को बाबर बताकर उनके सामने पेश कर दिया। और उसकी बात पर यक़ीन कर उन्होंने उसकी बोटी-बोटी काट डाली। बाबा फिर निकल भागे और उनके वफ़ादार उनके पास जमा हो गए, जिनकी बदौलत वे काबुल पर क़ाबिज़ हो सके। फिर उन्हीं साथियों ने हिन्दुस्तान को फ़तह करने की बाबा की मुहिम को कामयाबी की मंज़िल तक पहुँचाया।'

अकबर ने अपने उमरा को उन वफ़ादार जाँनिसारों के मुक़ाबिल रखकर देखा।

'जंग का एलान हो चुका था। हेमू तेजी से बढ़ा चला आ रहा था। और सबके सब मुझे अकेला छोड़कर काबुल वापस जाने की बातें कर रहे थे। जब कि बाबा के हालात के बनिस्बत हमारे हालात कहीं बेहतर थे और हथियार भी हमारे पास काफ़ी थे। मुझे यक़ीन है कि दोबारा अगर मैं ऐसे हालात से मुक़ाबिल हुआ तो यह लोग मुझे छोड़ जाने में एक लम्हे की भी देरी नहीं करेंगे। हिन्दुस्तान में अपनी बादशाहत को उरूज पर पहुँचाने के लिए मुझे वैसे ही वफ़ादार और जाँनिसार हमराह तलाशने होंगे जैसे कि बाबा के साथ थे। और उनके साथ वैसा ही रिश्ता मुझे बनाना होगा जैसा कि बाबा का उनके साथ था। मगर कैसे?' ख़ुद से ही अकबर बार-बार पूछने लगा।

सोचते-सोचते उसे याद आया कि हिन्दुस्तान की सरहद में दाख़िल होने के पहले जब नीलाभ[2] नदी के किनारे लश्कर ने पड़ाव किया हुआ था, तब अब्बा ने फ़रमाया था :

'जलाल! राजपूत क़ौम हिन्दुस्तान की निहायत बहादुर और जंगजू क़ौम है। जब मैं ईरान में था तो शाह तहमास्प ने मुझे सलाह दी थी कि हिन्दुस्तान की सरज़मीन पर अपने पाँव अगर मुझे मज़बूती से जमाने हैं तो राजपूतों के साथ मुझे रिश्ते क़ायम करने होंगे। एक दफ़ा वे लोग तुम्हारे साथ आ गए, उन्होंने बेहद यक़ीन के साथ कहा था तो वे हमेशा तुम्हारे वफ़ादार बने रहेंगे।'

'बदक़िस्मती से अब्बा को न तो मौक़ा मिला और न ही वक़्त कि वे इस सलाह को अमल में लाते। दिल्ली का तख़्त दोबारा हासिल होने के बाद मुश्किल से छह महीने ही तो वे ज़िन्दा रह पाए थे!'

अकबर को यह भी याद आया कि किस तरह ख़ान बाबा की हिफ़ाज़त करने के लिए राजपूत ज़मींदारों ने अपनी ज़िन्दगी दाँव पर लगा दी थी। और सिर्फ़ इस वजह से कि उनसे उन्होंने मदद माँगी थी, जबकि पहले की उनकी कोई जान-पहचान भी न थी।

'पनाहगुज़ीं[3] को कोई भी राजपूत ना-उम्मीद नहीं कर सकता, भले ही वह शख़्स उसके लिए बिलकुल अजनबी ही क्यों न हो। यह मैंने सुना था, मगर जाना उस वक़्त

---

1. दूध-भाई।
2. सिन्ध नदी का पुराना नाम।
3. शरणागत।

ही। यह क़ौम कुछ अजीब है, और अलहदा तबीयत की भी, चग़ताई ख़ान ने मुझसे कहा था। साथ ही, उसने यह भी मुझे बताया कि अकसर ही राजपूत इतने ज़्यादा ख़ुद्दार होते हैं कि उनकी ख़ुद्दारी में कई दफ़ा ग़ुरूर की बू आने लगती है। अपनी इज़्ज़त और आबरू की ख़ातिर यह अपने ख़ानदान और बिरादरी के लोगों तक का क़त्ल करने में भी ज़रा नहीं हिचकते। मगर फिर वफ़ादारी में भी उनका कोई सानी नहीं! जिसके लिए वफ़ादारी की क़सम ले लेते हैं उसका साथ हर मुश्किल, हर आफ़त में ताज़िन्दगी निभाते हैं—ख़ुद की जान की ज़रा भी परवाह किए बग़ैर।'

'हिन्दुस्तान में राजपूताना ऐसा इलाक़ा है जिस पर राजपूत क़ौम ही मुकम्मल तौर पर क़ाबिज़ है। मगर इनके मुख़्तलिफ़ ख़ानदान सियासी मसलों पर एक-दूसरे के साथ इत्तेफ़ाक़-ए-राय नहीं रखते। यह लोग आपस में अगर मिल जाएँ तो ऐसी ताक़त खड़ी हो जाए जिसके सामने किसी का भी टिकना मुमकिन नहीं।[1] इनकी हर रियासत के हर ख़ानदान के पास अपनी ताक़तवर फ़ौज है। और इनका हर लड़ाका बहादुर और दिलेर है। किसी ईरानी, किसी तूरानी, किसी उज़्बेक या तुर्क अमीर के पास न तो इतने फ़ौजी हैं, न ही ऐसे जंगजू। काश कि इन राजपूतों को मैं अपना तरफ़दार बना सकता! इनकी वफ़ादारी हासिल कर सकता!'

अकबर के होंठों पर अचानक एक मुस्कान खेल गई और उसकी आँखें चमक उठीं।

'उस राजपूत शहज़ादी के साथ मेरा निकाह करवा कर ख़्वाजा शायद मुझे रास्ता दिखा रहे हैं। यह निकाह तो वाक़ई ख़ुदा की नियामत ही मालूम होता है!'

'मगर मुझे उनके मज़हब और उनके दस्तूर के मसलों में उनके जज़्बात का एहतराम करना होगा। साथ ही उनके साथ ऐसे रिश्ते भी क़ायम करने होंगे जो मुसलसल और राजपूतों में पुश्तों तक बने रहें, जिससे कि ख़ानदान-ए-तैमूरिया की हुकूमत हिन्दुस्तान में मुस्तहकम[2] हो जाए। इसके लिए मुझे उन्हें यक़ीन दिलाना होगा कि मेरे मातहत हो जाने से उनका रुतबा कम नहीं होगा, बल्कि उसमें इज़ाफ़ा ही होगा। मुझे उनको यह अहसास कराना होगा कि मेरे साथ आने से उनके इख़्तियारात में बढ़ोतरी ही होनेवाली है। और मुझे उनको यह भी दिखाना होगा कि अपनी बात का वैसा ही पक्का हूँ जैसे कि वे लोग।'

अकबर का दिल ख़ुशी से लबरेज़ हो उठा और उठकर वह मज़ार के सामने टहलने लगा।

तभी अज़ान की आवाज़ उसके कानों में पड़ी। मगर नमाज़-ए-फ़ज्र का वक़्त तो अभी हुआ न था! यह ख़्वाजा की ख़िदमत की अज़ान है, दरयाफ़्त करने पर अकबर को मालूम हुआ। मज़ार के दरवाज़े खुल गए और ख़्वाजा की क़ब्र के चारों तरफ़

---

1. आख़िरी बार राजपूत एक साथ बाबर पादशाह के ख़िलाफ़ खानवा में लड़े थे। राणा साँगा ने इन्हें इकट्ठा ज़रूर किया था मगर इस मिली-जुली फ़ौज का कितना नेतृत्व उनके हाथ में था, यह कह पाना मुश्किल है। हरेक राजपूत पहले अपने ख़ाणदान की आन और राजपूती शान के लिए लड़ता था और जीत से ज़्यादा ज़रूरी उसके लिए था रणभूमि में बहादुरी की मिसाल क़ायम करना। देखें, 'टिप्पणियाँ'।
2. स्थिर व स्थायी।

मोरपंखों की झाड़ू से गर्द को साफ़ किया गया। पुराने बासी फूलों को हटाया गया और मज़ार पर नया गिलाफ़ चढ़ाया गया। फिर उनके ख़ास ख़िदमतगार ने लोबान जलाया। और वुज़ू करने के बाद हाथों में ताज़ा फूल लिये हुए ख़्वाजा की इनायत के तलबगार क़तार में खड़े हो गए।

वुज़ू करने के बाद अकबर ने भी अन्दर जाकर सज्दा किया और उसकी रहनुमाई करने व मुसीबतों का मुक़ाबला करने की उसे ताक़त अता करने की ख़्वाजा से दुआ की। फिर अपने दिल में अल्लाह की रहमत के लिए शुक्राना अदा करता हुआ वह एक कोने में तब तक बैठा रहा जब तक कि फ़ज्र की नमाज़ के लिए अज़ान नहीं सुनाई दी।

उठकर अकबर ने क़िबला की तरफ़ चेहरा करके अपने दोनों हाथ कानों तक उठाए और बुलन्द आवाज़ में पुकारा।

अल्लाहु अकबर।
अल्लाह के नाम से जो बहुत मेहरबान व रहम करनेवाला है।
तमाम तारीफ़ें अल्लाह के लिए हैं जो तमाम जहान का रब है।
बहुत मेहरबान रहम करनेवाला
रोज़-ए-हश्र का मालिक
तेरी ही हम इबादत करते हैं और तुझसे ही सिर्फ़ मदद दरकार है।

दरगाह से जब वह बाहर निकला तो आसमान शर्म के मारे लाल हो रहा था, दूल्हा जबकि अभी उफ़क़ के नीचे ही था। हवा में हलकी ठंडक थी और फूलों से महकी हुई भी। अपनी दुल्हन से मिलने के लिए अकबर बेताब हो उठा और फ़ौरन ही साँभर के लिए चल पड़ा।

सफ़र में एक शहर

सूरज जिस वक़्त उफ़क़ से हाथ भर की ऊँचाई पर था, दूर से किसी बेहद अज़ीम अजगर की मानिन्द नज़र आ रहा एक कारवाँ रफ़्ता-रफ़्ता चलता हुआ साँभर आ पहुँचा। लाखों इनसानों के इस कारवाँ में जवान थे तो बूढ़े भी। मर्द थे तो औरतें भी। और इनसानों से कहीं ज़्यादा तादाद में जानवर थे जो मुसाफ़िरों की सवारी बने हुए थे, या औरतों-बच्चों से लदी हुई गाड़ियाँ खींच रहे थे, या फिर उनका माल-असबाब ढो रहे थे। इस कारवाँ के लिए झाड़-झंखाड़, टीलों और गड्ढों से होकर रास्ता बनाने के लिए पाँच सौ बेलदार और कामगार कुल्हाड़ी, बेलचा, कुदाल, तगाड़ी लिये हुए मीर मंज़िल की अगवानी में एक रोज़ आगे-आगे चल रहे थे।

लेकिन पूरा एक पहर बीत चला फिर भी इस कारवाँ का छोर ही नज़र नहीं आ रहा! कैसे आएगा? कारवाँ है भी तो पाँच कोस लम्बा! और फैलाव भी कुछ कम नहीं, पूरे कोस भर का है![1]

यह कारवाँ बादशाह अकबर का शाही कारवाँ है।

अपने भारी-भरकम पैरों से कच्चे रास्ते पर धमक पैदा करते और धूल उठाते हज़ारों तो हाथी हैं इस कारवाँ में जो अपनी लम्बी सूँड़ों को हिलाते-डुलाते हुए मस्त चाल से चले जा रहे हैं। और हज़ारों ही ऊँट हैं जिनके बेआवाज़ क़दमों के उठने के पहले ही उनकी लम्बी गर्दन लहराती हुई आगे को चल देती है। तीर-कमान, भाले-तलवार, बख़्तर व ढाल के भंडार लदे हैं इन हाथियों और ऊँटों पर तो ख़ेमे, रस्से, बाँस व पटिए भी। इनके पीछे हज़ारों साँड हैं और बैल भी, जो अपनी गर्दन से लटक रही घंटियों को टिनटिनाते हुए चरमर-चरमर करती गाड़ियों को खींचते हुए ले आ रहे हैं। इन गाड़ियों में सन्दूक हैं, लिबासों से और जूते-जूतियों से अटे हुए। इनमें पेटियाँ हैं, सिंगारदानों और चूड़ीदानों से भरी हुई। इनमें पोटलियाँ हैं, बही व रोज़नामचे और दस्तावेज़ बँधे हैं जिनमें। इनमें पुलिन्दे हैं, जिनमें तरह-तरह के बाजे और साज़ लिपटे हैं। इनमें बोरे भी हैं, बरतन-भाँडों से ठुँसे हुए। और मुख़्तलिफ़ क़िस्म के परिन्दे भी ढेरों पिंजरों में इनमें लदे हुए हैं। उनके पीछे फिर सैकड़ों हाथी हैं जो क़तार बाँधे हुए ग़ुसलख़ानों व कश्तियों से लदी गाड़ियाँ खींचते चले आ रहे हैं। और सैकड़ों ऊँट भी जो ख़ूँखार शिकारी चीतों के भारी व मज़बूत कटहरों को उनमें लगे पहियों के सहारे लुढ़का रहे हैं।

1. यह अध्याय मूलरूप से तत्कालीन फ्रांसीसी यात्री फ्रैंकोइस बर्निअर की पुस्तक *Travels in the Mughal Empire* पर आधारित है। साथ ही *आईन-ए-अकबरी* का भी इसे लिखने में इस्तेमाल किया गया है। इटली के यात्री निकोलाई मनुक्सी ने लिखा : 'यह जगह-जगह घूम रहे एक बड़े शहर के जैसा दिखाई देता है।'

लेकिन इस कारवाँ के सबसे आगे तो पहियेदार तोपें हैं, जो तोपचियों और घुड़सवार फ़ौजियों की निगरानी में लुढ़क रही हैं। उनके पीछे शाही अलमबरदार[1] है और फिर शाही ख़ज़ाना। बेशक़ीमती हीरे-जवाहरातों से भरी तिजोरियाँ और सोने-चाँदी से भरी सन्दूकचियाँ सौ ऊँटों पर बँधी हैं, जिनकी पहरेदारी ईमानदार व वफ़ादार रिसालदारों की मातहती में हज़ारों तलवारबाज़ घुड़सवार कर रहे हैं। हाथियों पर सवार सैकड़ों तीरन्दाज़ भी अपनी चौकन्नी निगाह मुसलसल चारों तरफ़ दौड़ाते हुए इस ख़ज़ाने की हिफ़ाज़त में तैनात हैं। इसके बाद शाही नक़्क़ारख़ाना है, नगाड़े लिये हुए नगाड़चियों और नफ़ीरी[2] लिये हुए नफ़ीरचियों के साथ। सारे नगाड़े ख़ामोश हैं सिवा एक के, जिस पर हर दस क़दम के बाद एक चोट होती है। इस गूँजती हुई आवाज़ की गिनती भी होती चल रही है। तय किए जा रहे फ़ासले को जरीब[3] से नापते चलते मुलाज़िम भी साथ हैं। यह गिनती और यह नाप अगले पड़ाव पर मुहाफ़िज़-ए-दफ़्तर[4] के सुपुर्द कर दी जाएँगी और सल्तनत के इलाक़े को समझने के लिए इस्तेमाल की जाएँगी।

जो मुसाफ़िर और जानवर बादशाह के रास्ते में आ गए हैं, दुलकी चाल चलते घोड़ों पर सवार फ़ौजी उन्हें एक तरफ़ करते चल रहे हैं। इन घोड़ों की टाप से उड़ रही धूल पर पानी का छितराव करते हुए भिश्तियों की जमात उनके ठीक पीछे ही है। और फिर सोंधी खुशबू छोड़ती हुई ज़मीन पर अपने भारी पाँवों के निशान बनाते चल रहे एक शानदार हाथी पर बादशाह अकबर चले आ रहे हैं, सोने के तारों और सोने की पत्तियों से सजाए गए ख़ालिस चाँदी से ढले हुए छतरीदार हौदे में आरामदेह गद्दों पर तकियों से घिरे बैठे। उनके तक़रीबन चौथाई कोस पीछे एक छोटा तोपखाना चल रहा है जिसकी सोने-सी चमचमाती पीतल की छोटी तोपों को उनमें लगे पहियों पर लुढ़काते हुए तोपची और उनके सहायक चल रहे हैं। बादशाह की हिफ़ाज़त के लिए ज़िम्मेदार रिसाला इसके पीछे है, ख़ास पोशाक में घुड़सवार फ़ौजी अपने हाथों में नंगी शमशीर व नेज़े थामे हुए चमकीली झालरों और लाल-हरे कपड़ों से सजाए गए अरबी नस्ल के घोड़ों पर शान से बैठे हुए। और उनके पीछे हैं ख़ास ख़िदमतगार और उनसे घिरा हुआ शाही हरम।

ख़ूबसूरत छतरी और रेशमी पर्दोंवाले हौदे में एक हथिनी पर बैठी हुई रुक़य्या सुल्तान बेगम अपनी उँगलियों में तस्बीह फिरा रही हैं। सलीमा सुल्तान भी हथिनी पर ही है, मगर हौदे के पर्दे उसने खोल रखे हैं और नक़ाब लगाए हुए वह खेतों में मेहनत कर रहे किसानों का निहायत दिलचस्पी से नज़ारा कर रही है। बेगम गुलबदन ने लेकिन ऊँटनी पर सवार होना पसन्द किया है, यक़ीनन आरामदेह हौदे में ही। बेगम हमीदा बानो और बेगा बेगम के अलावा जन्नत आशियानी की बाक़ी बेगमात भी सोने-चाँदी से सजी हुई पालकियों में गुदगुदे गद्दों और नर्म तकियों पर आराम फ़रमा रही हैं। पालकी के दोनों बाजू घोड़ों पर सवार ख़ास बाँदियाँ हैं जो पुकार लगते ही अपनी मालकिन की ख़िदमत में हाज़िर हो जाएँगी।

---

1. राजकीय ध्वज-वाहक।
2. एक क़िस्म की तुरही, छोटा बिगुल।
3. लोहे की कड़ियों से जुड़े हुए बाँस जो खेत, ज़मीन नापने के काम आते थे।
4. मुहाफ़िज़ यानी रक्षा या देख-रेख करनेवाला। यहाँ पर अर्थ अभिलेखागार-नियंत्रक है।

पसीने से लथपथ और नंगे काले बदन पर केवल घुटनों से कुछ ऊपर तक की धोती कमर पर कसे हुए कहार इन पालकियों को अपने कन्धों पर उठाए हुए एक ताल में हईया-हो कहते हुए और उस आवाज़ के साथ क़दम से क़दम मिलाते हुए नपी-तुली चाल से चल रहे हैं। ऐसा न करें तो पालकी में झटका लगने से इन ख़वातीन की नींद में ख़लल पड़ने का अन्देशा जो है! हरेक पालकी को आठ कहार उठाए हुए हैं, और उनके पीछे आठ कहार और भी हैं जो आगेवाले कहारों का इशारा पाकर पालकी को इस ख़ूबी के साथ अपने कन्धों पर ले लेंगे कि उनकी सवारी को भनक भी न होगी।

अकबर की फूफियाँ गुलरंग बेगम और गुलरुख़ बेगम, उसकी चचीजान सुल्तान बेगम और बाक़ी चचीजान और फूफीजान भी अगल-बग़ल चल रही दो ऊँटनियों या फिर दो छोटी हथिनियों के बीच लटक रही बड़ी और आरामदेह डोलियों में ऊँघ रही हैं। पीछे-पीछे आ रही अकबर की बीवियाँ[1] और उसकी दूध-माँएँ जैसे माहम अंगा और जीजी अंगा ऊँटनियों पर कसे हुए शानदार हौदों में झपकी ले रही हैं।

मगर उसके नौजवान भतीजों, भानजों के साथ ही उसकी भतीजियों, भानजियों ने भी घोड़े की सवारी को ही तरजीह दी है, और वे सभी उर्दू-बेगी[2] की चौकन्नी निगाह और उसकी मातहत पहरेदार औरतों की सख़्त निगरानी में चल रही हैं। घोड़ों पर सवार यह पहरेदार औरतें रास्ते के दोनों तरफ़ के मैदान और खेत लोगों से ख़ाली करवाती जा रही हैं ताकि शहज़ादियों की पर्दा-दारी में ख़लल-अन्दाज़ी न होने पाए। उनके पीछे फिर ऊँटनियों की क़तार है जिन पर हौदों में बेगमात व बीबियों की तख़्त-बेगियाँ कड़ी धूप से बचने के लिए सफ़ेद कपड़े की छतरियाँ लगाए बैठी हैं। हरम के बाक़ी हज़ारों मुलाज़िम उन्हें घेरे हुए पैदल ही चल रहे हैं—आगे लड़कियाँ व औरतें और उनके बाद हिजड़े। उनके पीछे फिर कई उमरा हैं और सैकड़ों घुड़सवार फ़ौजी भी।

खच्चर और गधे, मज़दूर और हम्माल हज़ारों की गिनती में इन सबके बाद हैं, नाज़ुक मगर क़ीमती सामान से भरे बोरे व सन्दूक लादे हुए। काँच के गुलदान और इत्रदान। फूलों के शरबतों की शीशियाँ और अर्क़-दान। बाहरी मुल्कों से मँगवाई गई क़ीमती शराब की सुराहियाँ और काँच के ख़ूबसूरत प्याले। साथ ही, सिरके के मर्तबान और अचार की बरनियाँ भी।

दूर-दूर तक इनके बाद इस कारवाँ में फ़ौजी ही फ़ौजी नज़र आते हैं, पैदल चलते हुए हज़ारों की तादाद में। हाथों में भाले थामे हुए या कमरबन्द में म्यान-बन्द तलवारें खोंसे हुए या फिर कन्धे पर बन्दूकें लटकाए हुए यह सभी फ़ौजी सफ़ेद धोती या काले रंग की ऊपर से चौड़ी सलवार पर जुदा-जुदा रंग के घुटनों तक आते ढीले-ढाले कुरते पहने हैं, जो तेज़ हवा में ज़ोर-ज़ोर से फड़फड़ा रहे हैं। लेकिन साफ़ों या टोपियों के रंग उन सबके अपने-अपने फ़ौजी दस्ते के हिसाब से हैं, जिनसे ही उनकी पहचान भी है। इन सभी के साथ उनके बीबी-बच्चे भी हैं। कई फ़ौजियों ने अपने बच्चों को कन्धे पर बिठा रखा है जो सहारे के लिए बन्दूक़ की नली में उलटे घुसाए हुए करछुल को थामे हुए हैं, लम्बे हत्थे की वजह से सामान में जिसे और कहीं जगह नहीं मिल पाई थी।

1. रखैलें।
2. अकबर के हरम की पहरेदार औरतों की मुखिया का ओहदा।

कम से कम एक नौकर तो हरेक फ़ौजी के साथ है ही, ज़्यादातर के पास तो दो हैं या उससे भी ज़्यादा। यह नौकर ज़्यादातर नीची जाति के हैं जो अपने सिर पर मूँज से बुनी बाँस की चारपाई लादे चल रहे हैं, जिस पर ख़ेमे और बिस्तर बँधे हुए हैं। लेकिन बोरों में या पोटलियों में भरे हुए रसोई के बरतन या तो फ़ौजी ख़ुद लिये हैं या उसकी औरत। कोई नीच जात इन बरतनों को छू भी कैसे सकता है? पूरी रसोई नापाक नहीं हो जाएगी! नीच जात के छू लेने से वैसे तो एक हिन्दू का बदन भी नापाक हो जाता है। मगर नापाक बदन तो नहाने करने भर से पाक-साफ़ हो जाएगा, लेकिन धो-माँज दिए जाने पर भी बरतन नहीं। फिर इस्तेमाल करने के लिए तो उन्हें आग में तपाने के सिवा कोई चारा नहीं। लेकिन इससे भी मुश्किल तो यह है कि किसी हिन्दू ने ग़लती से भी अगर नीच-जात के छुए हुए बरतन में पका या उसमें रखा हुआ खाना खा लिया तो खानेवाला फ़ौरन जात-बाहर कर दिया जाएगा। और जात में फिर क़बूल किए जाने का तरीक़ा निहायत पेचीदा होने के साथ ही बहुत ख़र्चीला भी है।[1]

और सबसे आख़िर में उन लोगों का लवाज़मा है जिनकी रोज़ी-रोटी का ज़रिया यह कारवाँ है, और तादाद में यह इस कारवाँ के बाक़ी लोगों से दोगुने हैं। इनमें बड़े-बड़े सौदागर हैं जो सैकड़ों दुपहिया बैलगाड़ियों और चौपहिया भैंसागाड़ियों में अनाज और दाल के बोरे, घी और तेल के डिब्बे, मसाले व शक्कर के थैलों के अलावा क़िस्म-क़िस्म के कपड़ों की गठानें भी लदवाए हुए हैं। यह सौदागर घोड़ों पर सवार रहकर आगे से पीछे और पीछे से आगे दौड़ते हुए इन गाड़ियों के साथ बने हुए अपने नौकरों को लगातार होशियार करते जा रहे हैं कि सामान की हिफ़ाज़त में वे किसी भी क़िस्म की लापरवाही न बरतें, नहीं तो जिसे मौक़ा मिलेगा वही उनके माल पर हाथ साफ़ कर जाएगा।

इस कारवाँ में कई जौहरी भी हैं जिनकी जान उस गाड़ी में अटकी हुई है जिसमें तालाबन्द पेटियों में हीरा, पन्ना और माणिक से जड़े हुए सोने के गहने रखे हैं। हथियारबन्द चौकीदार साथ होते हुए भी वे उस गाड़ी से एक लम्हे के लिए भी दूर नहीं हो रहे और हर आने-जानेवाले को शक भरी निगाह से देख रहे हैं। कौन शरीफ़ है और कौन बदमाश, कौन जानता है? किसी के माथे पर तो लिखा नहीं है! और फिर बदमाश यहाँ हैं भी तो कैसे-कैसे! आँख से सुरमा चुरा ले जाएँ और भनक भी न पड़े।

लेकिन जो छोटे दुकानदार और फेरीवाले हैं, वे तो अपने-अपने गधों के बग़ल में बेफ़िक्र और ब-इत्मीनान हँसते, बतियाते चल रहे हैं। मोटे रस्से से बुने जाल में लिपटा तिजारती और घरेलू सामान उन गधों के दोनों बाजू लटक रहा है। हर पेशे के कारीगर भी हैं इस कारवाँ में जो उनकी खच्चर-गाड़ियों में बैठे हुए उनके औरतों-बच्चों के साथ लतीफ़ेबाज़ी करते चल रहे हैं, जिनके मज़ाक़ का निशाना अकसर ही साथ में चल रहा उनका कुँवारा शागिर्द ही होता है।

---

1. इस मामले में हिन्दू बेहद बेरहम और बेमुरव्वती थे। विदेशी हमलावर लाखों हिन्दुओं को, जिनमें संभ्रान्त परिवार की औरतें और बच्चे भी थे, ग़ुलाम बनाकर अपने देश ले गए थे। लेकिन अगर कोई किसी तरह उनकी गिरफ़्त से भाग निकलने में कामयाब हो जाता था तो उसे हिन्दुस्तान में अपने सहधर्मियों से सिर्फ़ हिक़ारत और नफ़रत ही मिला करती थी। देखें, 'टिप्पणियाँ'।

इस कारवाँ का दिल बहलाकर पेट भरनेवालों की भी कोई कमी नहीं हैं, जो जहाँ-तहाँ नाचते-गाते हुए नज़र आ रहे हैं। लेकिन इनसे कहीं ज़्यादा तादाद तो भिखारियों की हैं जिनका ज़िद्दी रवैया सबको परेशान किए देता है। भीख लिये बग़ैर टलना तो उन्होंने जाना ही नहीं है।

इस ग़ैर-फ़ौजी जमात ने कारवाँ में भारी अफ़रा-तफ़री मचा रखी है! जिसे देखो वह बीच रास्ते में ही खड़ा होकर बतियाने लगता है, बिना इस बात की ज़रा भी परवाह किए कि उसकी इस हरकत से बाक़ी लोगों को वहाँ से गुज़रने में कितनी परेशानी होगी! जो थक गए थे वे तो फिर भी रास्ते के एक बग़ल बैठकर सुस्ता रहे हैं, उकड़ूँ या फिर धूल में ही आराम से पालथी मारकर। उनकी गुफ़्तगू का मसला या तो भावों के उतार-चढ़ाव थे, या फिर फ़सल की पैदावार। और नहीं तो फिर मौसम की मार तो था ही।

"इस बार जैसी गर्मी तो भइया कभी नहीं पड़ी! चैत में पहले कभी देखी है ऐसी तपिश?"

"सच कहते हो जी। कलजुग है जे तो घोर कलजुग! जो न हो सोई ग़नीमत है।"

मगर उनकी औरतों को ऐसी फ़ालतू बातचीत में अपना वक़्त बरबाद करना क़तई पसन्द नहीं। कपड़ों और ज़ेवरों की बातें करने से उन्हें फ़ुर्सत भी कहाँ है? उनके बच्चे कभी भूख तो कभी प्यास के मारे उनका सिर खाए जाते हैं। कभी उनके वे बाल खींचते तो कभी साड़ी। मगर क्या मजाल जो इस वजह से उनकी गुफ़्तगू में ज़रा भी ख़लल पड़ जाए! एकाएक सबके सब उठ खड़े हुए और कारवाँ के बाक़ी मुसाफ़िरों के साथ मिलकर ज़ोर-ज़ोर से गालियाँ बकने लगे। एक जवान छोरा उसकी घोड़ागाड़ी को इतनी तेज़ी से दौड़ाता हुआ निकल गया था कि हवा में धूल ही धूल हो गई।

एक रोज़ आगे चल रहा पेशदस्ता, जो मीर-मंज़िल की हिदायतों के मुताबिक़ रास्ता बनाता और पहले से बना हुआ रास्ता साफ़ करता चल रहा था, कभी का साँभर पहुँच चुका है और उनके पीछे-पीछे फ़र्राश[1] भी जो सरा-परदा लगा चुकने के बाद पेशख़ाना[2] तैयार करने में जुटे हैं। पचास ऊँटों पर लदा हुआ बावर्चीख़ाना भी आ पहुँचा है, दूध के लिए पचास गायों और पानी ढोने के लिए सौ भिश्तियों के साथ।

जब तक शाही कारवाँ साँभर पहुँचा, शाही ख़ेमे लग चुके थे। अकबर जैसे ही पेशख़ाने के नज़दीक पहुँचा, पीछे चल रहा उसका हिफ़ाज़ती दस्ता फ़ुर्ती से आगे बढ़ा और दो हिस्सों में बँटकर फ़ौजी गुज़रगाह[3] के दोनों तरफ़ क़तार लगाकर खड़े हो गए, उनके दरमियान से गुज़र रहे बादशाह को मुस्तैदी के साथ तस्लीम अर्ज़ करते हुए।

अपने-अपने ख़ेमों के लिए तयशुदा जगह की तरफ़ जाने के पहले मुज़फ़्फ़र ख़ान तुरबती, मुनीम ख़ान, मजनूँ ख़ान क़शाल, शम्सुद्दीन ख़ान और बाक़ी वज़ीर-ओ-उमरा भी अकबर को तस्लीम करने के लिए पेशख़ाना आ पहुँचे। उनके और मनसबदारों के ख़ेमों के लिए पेशख़ाना के तीन तरफ़ निशानदेही की हुई है, सिवा गुज़रगाह के सामने

1. फ़र्श बिछानेवाले व ख़ेमा लगानेवाले।
2. अकबर, उसका हरम व उनके ख़ास ख़िदमतगार और पहरेदारों की रिहाइशगाह।
3. प्रवेश-मार्ग।

की तरफ़। इसके पीछे इनके नौकरों व फ़ौजियों के लिए जगह मुक़र्रर है, और उन सबके भी पीछे बाक़ी अवाम के लिए।

देखते ही देखते न सिर्फ़ चार लाख से ज़्यादा इनसान अपने-अपने ख़ेमों में दाख़िल हो चुके थे बल्कि उनके छह लाख से ज़्यादा जानवर भी रात बिताने की मुनासिब जगह पा चुके थे। और यह सब इतनी होशियारी के साथ हुआ जैसे कि इस पूरी कवायद की कई दफ़ा रियाज़ की जा चुकी हो। न कोई हड़बड़ी, न कोई गड़बड़ी। सबको जैसे पहले से ही मालूम था कि कहाँ उनके लिए जगह तय की हुई है और कहाँ उनके जानवरों के लिए।

कन्धे पर मश्क लटकाए हुए भिश्ती भी अब तक पड़ाव में फैल चुके थे, इस सरगर्मी से उठी धूल पर पानी छिड़कने के लिए। जल्द ही भीगी मिट्टी की सौंधी महक सब तरफ़ फैल गई। और धूल का गुबार छँटने के साथ जो मंज़र निगाह के सामने उभरा, उसे नाक़ाबिले यक़ीन कहना भी काफ़ी नहीं। दो घड़ी पहले तक जो जगह उजाड़ थी, वहाँ अब पूरा शहर मौजूद था! सो भी निहायत तरतीब के साथ बसाया हुआ। और कोई छोटा-मोटा शहर नहीं! पूरे ढाई कोस लम्बा और एक कोस चौड़ा शहर, जो छह हज़ार एकड़ से भी ज़्यादा जगह घेरे हुए था।[1]

एक रात के वुजूदवाले इस शहर में सिर्फ़ पेशख़ाना ही हज़ार एकड़ से भी ज़्यादा में फैला हुआ है।[2] सौ हाथी, पाँच सौ ऊँट, चार सौ बैलगाड़ियाँ और सौ हम्माल लगे थे पेशख़ाना के ख़ेमे और बाक़ी सामान को ढोने में! ज़मीन में गाड़े गए मज़बूत बाँसों पर ठुके लकड़ी के तख़्तों पर सुर्ख़रंग कपड़ा चढ़ाकर आदमक़द सरा-परदा तैयार हुआ है जिसने पूरे पेशख़ाने को घेर रखा है। इसके अन्दर दाख़िल होते ही सबसे पहले नक़्क़ारख़ाना है और फिर लम्बी गुज़रगाह जिसके बाद है बड़ा-सा दीवानख़ाना-ए-आम और फिर शानदार दीवानख़ाना-ए-ख़ास। इन सबके पीछे सल्तनत का दफ़्तर है, एक हज़ार भारी गलीचों से घिरे हुए बहत्तर कमरों में। आज की रात यही अकबर की राजधानी है। जहाँ बादशाह, वहीं उसकी दारुल-हुकूमत[3]।

सबसे आख़िर में शाही हरम की ख़वातीन के ख़ेमों की कतारें हैं। हरम की हिफ़ाज़त के लिए इन ख़ेमों के आगे हिजड़े पहरेदारों के तम्बू थे, जो भाले और तलवार हाथों में लिये चाक़-चौबन्द खड़े हुए हर आने-जानेवाले पर पैनी निगाह रखे थे। नज़दीक ही लकड़ी से बने दो-मंज़िला आशियाने में नीचे अकबर की बैठक है और ऊपर उसकी ख़्वाबगाह व ग़ुस्लख़ाना। नहा-धोकर तहमत को लपेटे हुए वह बिस्तर पर लेट गया। घड़ी भर बाद ही अज़ान हो गई। वुज़ू करने के बाद अकबर ने नमाज़ पढ़ी और सीढ़ियाँ चढ़कर वह छत पर जा पहुँचा, जहाँ से उर्दू-बाज़ार[4] समेत पूरा पड़ाव दिखाई दे रहा था।

1. सर थॉमस रो ने लिखा है : 'पड़ाव की विशालता यूरोप के किसी भी शहर की बराबरी कर सकती थी।'
2. अंग्रेज़ जौहरी विलियम हॉकिंस की राय में, जो कुछ साल अकबर का मुलाज़िम भी रहा, "शाही ख़ेमा लन्दन के क्षेत्रफल के बराबर या उससे भी ज़्यादा रहा होगा।'
3. राजधानी।
4. लश्करगाह में जो बाज़ार भरा करता था उसका नाम। विभिन्न भाषाओं और बोलियों को बोलनेवाले विभिन्न देशों और प्रदेशों के लोगों ने इस बाज़ार में आपसी संवाद क़ायम करने के लिए जो मिली-जुली बोली अपनाई, वही आगे चलकर अपने विकसित रूप में उर्दू कहलाई।

पेशख़ाना के बाशिन्दों की ज़रूरतें पूरी करने के मक़सद से दो ख़ास बाज़ार सरा-परदा की लम्बाई में दाएँ और बाएँ बाजू सज गए थे।[1] इन दुकानों में दाल, अनाज, घी और मसालों जैसी बावर्चीख़ाने की ज़रूरियात के अलावा रोज़मर्रा में काम आनेवाले कपड़ों व जूतों-चप्पलों से लेकर मलमल के महँगे लिबास और रेशम की क़ीमती पोशाकें भी बिकाऊ हैं। सोने के गहनों की दुकानों में तो औरतों की भीड़ अभी से जुटने लगी है। इन दो बाज़ारों की पिछली तरफ़ इतने ही बड़े दो बाज़ार और भी हैं जो सिपहसालारों और उमरा के ख़ेमों की क़तारों के बीच से गुज़र रहे हैं। इन दो बाज़ारों से आड़े में बनिस्बत छोटे कई और बाज़ार फ़ौजियों और नौकरों के ख़ेमों की तरफ़ निकल गए हैं।

एक छोटी नदी के किनारे बसे तम्बुओं के इस शहर के घरों में जल्द ही हलचल शुरू हो गई। जो मोल ले सकते थे उन्होंने बड़े-बड़े बरतनों में भिश्तियों से पानी भरवा लिया। बाक़ी आदमी नदी में फटाफट नहा-धोकर गुंड और कलसों में पानी भर लाए। उनकी औरतें भी तम्बू के एक कोने में तुरत-फुरत नहा-धोकर चूल्हा फूँकने बैठ गईं। जल्द ही लकड़ियों के जलने की तीखी बू के साथ लहराता हुआ धुआँ इन घरों में से उठने लगा, जिनमें से भूख के मारे रो रहे बच्चों और डाँटकर उन्हें चुप कराती हुई औरतों की आवाज़ें भी मुसलसल आ रही थीं।

शहर को बसे हुए अभी दो ही घड़ी बीती थी मगर बाज़ारों में चहल-पहल ख़ासी हो चली थी। यह कारवाँ कहीं भी बसेरा करे, बाज़ारों का नक़्शा हरदम एक ही होता है। इस वजह से जो भी कोई दो-चार बार इस कारवाँ के साथ रह लेता, इन बाज़ारों से वह उतना ही वाक़िफ़ हो जाता जितना कि उसके अपने शहर के बाज़ारों से।

इन बाज़ारों में एक तरफ़ तो ख़रीदारों का ध्यान खींचने के लिए दुकानदार अपने-अपने माल की ख़ूबी गिनाने के गला-फाड़ मुक़ाबले में मशग़ूल हैं। और दूसरी तरफ़ ख़रीदारों ने भी आफ़त मचा रखी है। सौदेबाज़ी के बिना कुछ भी ख़रीदना बेवक़ूफ़ी समझी जाती थी और यह मोल-भाव कभी-कभी बहसबाज़ी के शोर में भी बदल जाता।

मोल-भाव करना भी एक कला थी। पहले तो बहस की जाती। फिर दुकानदार को मीठी-मीठी बातों से फुसलाने की कोशिश की जाती। तब भी उस पर यानी भाव पर कुछ असर न होता तो ग़ुस्से का इज़हार किया जाता, जिसके बाद दोबारा दुकानदार की व उसके बर्ताव की तारीफ़ की जाती। फिर भी अपने मक़सद में नाकामयाब रहने पर उसका मज़ाक़ उड़ाया जाता और बेचे जा रहे माल को घटिया बताया जाता। उसे धमकी दी जाती कि आगे से उसकी दुकान की तरफ़ देखेंगे भी नहीं और कन्धे उचकाते व दुकानदार की ज़िद और बेवक़ूफ़ी पर आह भरते हुए वहाँ से जाने को होते। मगर फिर रुक जाते और अफ़सोस करते कि कैसे नादान से पाला पड़ा है। और आख़िर में अहसान जताने के अन्दाज़ में कहते, "अब आ ही गए हैं तुम्हारी दुकान पर तो लाओ दे ही दो!"

बढ़ई ठीक से अभी बैठ भी न पाए थे कि बिगड़ी हुई गाड़ियों की क़तारें और टूटे हुए अरेंवाले पहियों के ढेर उनके सामने लग गए। जिन गाड़ियों के पहिए धुरे से निकल

1. पादरी मोन्सेर्राते ने, जो अकबर के साथ काबुल की मुहिम पर गया था, लिखा है : पड़ाव के बाज़ार 'किसी समृद्ध शहर के मालूम होते थे बजाय कि एक पड़ाव के।'

भागे थे और जिन्हें जुगाड़ भिड़ाकर किसी तरह यहाँ तक लाया गया था, उनके थके हुए गाड़ीवान इन बढ़इयों से चिरौरी कर रहे थे कि पहले वे उन्हें निपटा दें। बढ़इयों के तम्बुओं के आगे नालबन्दी करनेवाले अपना तामझाम फैलाए बैठे थे। एक नालबन्द छोटी हथौड़ी से लोहे की एक नाल को बड़े ही एहतियात के साथ हलके-हलके पीट रहा है, जिससे कि वह घोड़े के खुर पर नीचे इस तरह लग जाए कि नाल और खुर के बीच बाल बराबर भी जगह बाक़ी न रहे। वरना घोड़ा तो लँगड़ा होगा ही, नालबन्द भी सही-सलामत न रहने पाएगा। ग़ुस्से से पागल घोड़े का मालिक, वह जानता है, उसके हाथ-पैर तोड़ देने में तनिक भी न झिझकेगा।

तिब्बत और हिन्दूकुश से भारी ख़तरा उठाकर लाई गईं नायाब जड़ी-बूटियों को बेचनेवाले भी यहाँ मौजूद हैं। लँगोटी लगाए जटाजूटधारी साधु नज़र आनेवाले कुछ लोग अलग-अलग फड़ पर इन्हें सजाकर बैठे हुए इनकी ख़ासियत गिना रहे हैं। इनको घेरे हुए खड़ी भीड़ में ख़रीदारों से ज़्यादा संख्या तमाशबीनों की है।

'मेहरबान! क़दरदान! बरसों पुराने मर्ज़ ने जिनकी ज़िन्दगी को नरक बना दिया हो! बैद-हकीमों ने जवाब दे दिया हो! इस जड़ी को सिर्फ़ एक साल खाएँ। मर्ज़ शर्तिया ख़त्म हो जाएगा। जिन साहिबान की लुगाई उनके नज़दीक न आती हो! रात में दुत्कार देती हो! वे इस शिलाजीत को ज़रूर आजमाएँ। चाहे जितनी लुगाइयाँ हों, हर रात उन्हें ख़ुश करने की ताक़त इसे गर्म दूध के साथ महीने भर खा लेने पर यक़ीनन हासिल होगी।'

लोहे और ताँबे की करामाती अँगूठियाँ बेचनेवाले भी यहाँ हैं। जो पहने उसका पुराने से पुराना मर्ज़ ग़ायब हो जाए। जिसका धन्धा न चल रहा हो उसका धन्धा चमक जाए। मोहब्बत में जिसे नाकामयाबी मिली हो उसकी माशूक़ा उसके क़दमों पर आकर गिर जाए। जानी दुश्मन रफ़ीक़ बन जाए। हारे हुए मुक़दमे में यह अँगूठियाँ फ़तह दिलवा देती हैं। यहाँ तक कि जुए में भी क़िस्मत चमका देती हैं। साथ ही इनके पास करिश्माई तावीज़ भी हैं जो इन्हें पहननेवाले की हर मुराद तो पूरी करते ही हैं, भूत-प्रेत व जिन्नात से भी हिफ़ाज़त करते हैं और काले जादू को तो बिलकुल ही नाकाम कर देते हैं।

बाज़ार के एक अलहदा हिस्से में बनजारों का कारोबार भी बढ़िया चल रहा है। यह बनजारे सब तरह के ग़ल्ले और नमक की तिजारत किया करते हैं। लेकिन इनमें भी जमातें हैं। कुछ ऐसे हैं जो सिर्फ़ चावल ही बेचते हैं और माथे पर हल्दी से पीले रंग का तिलक लगाया करते हैं। जो सिर्फ़ गेहूँ का कारोबार करते हैं वे लाल सिन्दूर का तिलक माथे पर लगाए हुए हैं। ज्वार, बाजरा लेकर आए बनजारे भूरे रंग का तिलक लगाते हैं। और जो नमक-फ़रोश हैं उनकी शिनाख़्त सफ़ेद रंग के तिलक से हो जाती है। ईमानदार और मेहनती कारोबारियों की साख रखनेवाले यह बनजारे मुनाफ़ा कमाने के लिए हर ख़तरा उठाने को तैयार रहते हैं और इसके लिए दूर-दूर के देश जाने में भी यह ज़रा नहीं हिचकते।

बाज़ार के बीचोबीच इनकी फड़ों के लिए बड़ा-सा मैदान तय है जिसे इन लोगों ने अनाज से भरी अपनी बैलगाड़ियों से घेर लिया है। इन गाड़ियों के सामने ग़ल्ले की फड़ पर इनकी औरतें तराज़ू-बाट लिये हुए पालथी मारे बैठी हैं। ख़रीदारों की सबसे ज़्यादा भीड़ इसी बाज़ार में है, और सबसे ज़्यादा ग़ुलगपाड़ा भी यहीं मचा हुआ है। इस

कारवाँ के दस में से नौ मुसाफ़िर शाकाहारी भोजन करनेवाले हैं। इस वजह से अनाज और दाल इस बाज़ार में सबसे ज़्यादा खपनेवाली जिंस हैं।

उर्दू-बाज़ार की सरहद पर इस कारवाँ के साथ आए जानवरों के बाड़े हैं। ईरान, बुख़ारा, मुल्क-ए-अरब और सल्तनत-ए-उस्मानिया के सौदागर जो घोड़े लेकर आए हैं, उनके बाड़े इनसे दूर हैं और सबसे अलग भी। दरदरे गेहूँ व जौ के अलावा उन्हें भीगा हुआ चना ख़ालिस घी में मिलाकर खिलाया जा रहा है। एक से एक उम्दा नस्ल के इन घोड़ों में अरबी, ईरानी, मारवाड़ी और काठियावाड़ी सभी हैं। लेकिन हिनहिनाते यह सब देशी घोड़ों के जैसे ही हैं।

इन घोड़ों के सौदागर ख़रीदारों की तलाश में मनसबदारों और उमरा के ख़ेमों के चक्कर लगा रहे हैं। जो बड़े सौदागर हैं और कई घोड़े लेकर आए हैं वे उमरा को सस्ते भाव में बेहतरीन घोड़ा देने के साथ ही नज़राना पेश करने के वादे कर रहे हैं, बशर्ते कि बादशाह से वे उनकी सिफ़ारिश कर दें। और जो छोटे सौदागर हैं वे मनसबदारों को ख़ुश करने के मक़सद से तूरानी बाशिन्दों के ख़ेमों में जाकर ईरानियों की बुराई कर रहे हैं और ईरानी बाशिन्दों के ख़ेमों में जाकर तूरानियों की।

ईरानियों के और तूरानियों के ख़ेमे हमेशा एक-दूसरे से फ़ासले पर होते हैं। आपस में मिलना-जुलना तो दूर रहा, कहीं टकरा जाएँ तब भी उन्हें एक-दूसरे से बात करना नागवार गुज़रता है। ईरानी सलीक़ेदार और नफ़ासत-पसन्द हैं। बात धीमी आवाज़ में करते हैं। खाना-पीना बड़े क़ायदे से करते हैं। फ़ुर्सत के वक़्त सुख़न कहते, सुनते हैं। मौलाना रूमी, हाफ़िज़, ख़य्याम व शेख़ सादी के कलाम इन्हें मुँहज़बानी याद हैं और बात-बात में उनका हवाला दिया करते हैं। गुफ़्तगू यह लोग या तो फ़लसफ़े की बारीकियों पर किया करते हैं या फिर इल्म-ओ-हुनर[1] के मसाइल पर। अपनी हज़ारों साल पुरानी अज़ीमोशान व आलीशान तहज़ीब पर इन्हें ग़ुरूर है और तूरानियों को ख़ुद से यह कमतर समझते हैं।

इनके तौर-तरीक़ों के बरख़िलाफ़ तूरान के बाशिन्दे तू-तड़ाक में बात करते हैं, तेज़ आवाज़ में बोलते हैं, और बड़े-बड़े निवाले मुँह में ठूँसकर उन्हें चबाने की आवाज़ें निकालते हुए ज़रा भी नहीं शर्माते। खा चुकने के बाद अपने हाथ धोना तो इन्होंने सीखा ही नहीं। चटख़ारे लेते हुए पहले अपनी उँगलियों को एक-एक करके चाटते हैं और फिर चिकनाई लगी हथेलियों को दाढ़ी, चेहरे और बाँहों पर रगड़ लेते हैं। साथ ही, ज़ोर-ज़ोर से डकार लेने का आपस में मुक़ाबला करते हुए बिरयानी में घी कम होने की शिकायत भी करते जाते हैं।

कई तूरानी तो अपने पुरखों के उन तौर-तरीक़ों को भी क़ायम रखना चाहते हैं जो सैकड़ों बरस पहले उन्होंने तब अपनाए थे जब हिन्दुस्तान को फ़तह करने की मुहिम पर वे हज़ारों कोस की दूरी से बिना कोई रसद लिये अपने घोड़ों पर सवार होकर चल पड़े थे। लिहाज़ा खा-पी चुकने के बाद यह तूरानी ख़ंजर के बेहद फ़ुर्तीले वार से अपने घोड़े की गर्दन पर एक महीन चाक लगाकर उससे बहते हुए ख़ून को कटोरे में लेकर पी लेते हैं। और फिर अपना अँगूठा उस हिस्से पर दबाकर ख़ून का बहना बन्द भी कर

1. ज्ञान-विज्ञान।

देते हैं। महीनों तक लगातार घुड़सवारी करके नदी, नाले, जंगल, पहाड़ पार करते हुए उनके पुरखों को लूटने-खाने के लिए कई-कई रोज़ तक जब कुछ भी नसीब नहीं होता था, तब वे इसी तरह तो ज़िन्दा रह पाए थे! और इस हुनर को तूरानी भुलाना नहीं चाहते।

हिन्दुस्तानियों को तो लेकिन ईरानी और तूरानी दोनों ही अपने से कमतर समझते हैं। यहाँ तक कि हिन्दुस्तानी मुसलमान भी असल मुसलमानों के मुक़ाबले—यानी अफ़ग़ान, उज़्बेक, तुर्क, ईरानी व तूरानी मुसलमान जो मग़रिब में अफ़ग़ानिस्तान, ईरान और उससे भी आगे से आए थे—नीचे दर्जे के समझे जाते हैं। बराबरी और भाईचारे का इस्लामी उसूल किताब से निकलकर असल ज़िन्दगी में हक़ीक़त नहीं बन पाता था।

इन बाहर से आए लड़ाकों की बनिस्बत हिन्दुस्तानी मनसबदार फ़ौज में कम थे। मगर हिन्दुस्तानियों की कुल जमा तादाद इस कारवाँ में सबसे ज़्यादा थी। इनमें बढ़ई थे व फ़र्राश भी। बावर्चीख़ानों के मुलाज़िम थे व भिश्ती भी। हम्माल, बेलदार, मेहतर व चमार भी। और पैदल फ़ौजियों में तो हिन्दुस्तानी ही हिन्दुस्तानी थे।

चूल्हों से उठता धुआँ हवा में जब पूरी तरह घुल गया तो यह सारे आम लोग तमाशेवाले मैदान की तरफ़ जाते हुए दिखाई देने लगे। यह बड़ा-सा मैदान जानवरों के बाड़ों के भी आगे था जहाँ धीरे-धीरे हज़ारों की तादाद में तमाशबीन जमा हो गए।

बाँसों पर ऊँचे बँधे रस्से पर चलती नटिनी की कलाबाज़ियों को देख उसके चारों तरफ़ जमा भीड़ ख़ुश होकर तालियाँ बजा रही है। उसके साथ आया मर्द ज़मीन से हवा में कई गज़ ऊँचा उछला और तीन गुलाटियाँ मारकर वापस ज़मीन पर आ खड़ा हुआ। तभी ज़ोरदार हँसी की आवाज़ें सुनाई दीं। थोड़ी देर पहले ग़ायब हुए अंडों को जादूगर ने एक तमाशबीन की जेब में से खोज निकाला था। बीन की धुन पर एक सँपेरा नाग को नचा रहा था और डुगडुगी बजाता हुआ एक मदारी भालू को। लेकिन बच्चों को तो कठपुतली के खेल में ज़्यादा मजा आ रहा है। एक तरफ़ घेरा बाँधे बैठे हुए बूढ़े-बच्चे, जवान रुस्तम-सोहराब के हरदिल अज़ीज़ अफ़साने को सुनते हुए उसमें खो गए हैं। किरदारों की अलग-अलग आवाज़ निकालते हुए और उनके जज़्बात को अपने लहजे में उतारते हुए एक दास्तानगो इस अफ़साने को इस तर्ज़-ओ-अन्दाज़ के साथ बयाँ कर रहा है कि सुननेवाले के तसव्वुर में सिलसिला-ए-वाक़यात की तसवीर ज़िन्दा हो जाती है।

राजपूताना की ही एक नौटंकी भी आई हुई है, स्वाँग दिखाने। तम्बूरे को झनकारते हुए एक आदमी तरन्नुम में अपनी घरवाली से कह रहा है कि जीरे की फ़सल देखभाल बहुत माँगती है। देखो न! पुदीना घर में सबको कितना पसन्द है! तो क्यों न खेत में इस बार पुदीना ही बो दिया जाए? उसकी घरवाली मगर अपने मर्द को बख़ूबी पहचानती है और वह उसकी पोल खोल देती है। हाथों में उसके मजीरे हैं। सिर पर बँधे साफ़े में उसने मोरपंख खोंसे हुए हैं और नन्ही-नन्ही घंटियाँ भी उस साफ़े से लटक रही हैं। मजीरे बजाते हुए वह ताना मारती है कि पुदीना बोने की असली वजह यह है कि उससे वह शराब खींचेगा। बग़ैर ज़्यादा किसी ताम-झाम के एक तख़्त पर चादर बिछाकर दिखाया जा रहा यह स्वाँग लोगों को ख़ूब हँसा रहा है। लेकिन सबसे ज़्यादा भीड़ तो वहाँ लगी है जहाँ लोकगीत की ताल पर नाचती कंचनी की कमर के ठुमकों व लहराते बदन पर फ़िदा हो रहे फ़ौजी हो-हल्ला करते व ठहाके लगाते हुए उसकी तरफ़ सिक्के उछाल रहे हैं।

क़रीब चार घड़ी बाद इस भीड़ में फुसफुसाहट होने लगी और एक-एक करके लोग वहाँ से रुख़्सत होने लगे। नज़दीक के गाँवों से कलार जो आ पहुँचे हैं! लेकिन हैं वे पड़ाव की हद के बाहर ही। पड़ाव में शराब बेचने पर पाबन्दी जो है!

रात के दूसरे पहर तक उस शोरगुल भरे पड़ाव में सन्नाटा छा गया था—सिवा झींगुरों की झाँय झाँय, मुर्ग़ियों की कुड़कुड़, घोड़ों के खुर पटकने की, कुत्तों के भौंकने की और 'ख़बरदार-होशियार' की आवाज़ों के। यह पुकार लगाते हुए पहरेदार अपना मुँह हमेशा पेशख़ाना के सामने रोशन 'आकाश-दीप' की तरफ़ घुमा लिया करते हैं। यह एक काफ़ी बड़ी मशाल है जो बाँसों और लकड़ी के पटियों के सहारे ज़मीन से क़रीब साढ़े चार गज़ ऊपर लटकी हुई है। इस 'शहर' के बाशिन्दों के दिल-ओ-दिमाग़ से यह आकाश-दीप इस क़दर जुड़ा हुआ है कि जब भी यहाँ किसी भी वजह से शोरगुल उठता है या अफ़रा-तफ़री मचती है तो सबके सब इसकी ही तरफ़ दौड़ पड़ते हैं। जो लोग किसी वजह से कारवाँ से पिछड़ गए हैं, इसकी दूर तक नज़र आती लौ रात के अँधेरे में उनके लिए क़ुतुबनुमा का काम करती है, और उन्हें मुतमइन करती है कि 'स...ब ठीक है!'

मुग़ल क़िले में मन्दिर

हीरा कुँवर का अकबर के साथ निकाह हुए चार घड़ी ही बीती होगी कि जश्न में शामिल उमरा ने उसे घोड़े पर सवार हो अकेले ही साँभर झील की तरफ़ जाते हुए देखा। उस वक़्त वे सभी वलीमा ख़त्म हो चुकने के बाद पान चबाते हुए गप्पें मार रहे थे। देखकर ताज्जुब तो सभी को हुआ मगर कुछ पूछने की हिम्मत कोई नहीं कर पाया। हाँ! उन्होंने उसकी आँखों में सुलग रहे अंगारे अगर देख लिये होते, या उसके जिस्म की वह तपिश महसूस की होती जो कि उसकी साँसों में लू के थपेड़े उठा रही थी, तो उसके ख़ास उमरा यह हिम्मत शायद कर लेते।

गुस्से से भन्ना रहा अकबर झील-किनारे एक चट्टान पर बैठ गया।

'इस राजपूत शहज़ादी के साथ निकाह करना मेरी बहुत बड़ी ग़लती थी। अगर यूँ ही चलता रहा तो राजपूतों को अपना ख़ैरख़्वाह बनाने के बजाय उन्हें मैं अपना दुश्मन ही बना बैठूँगा। इस निकाह से न तो शरीक़-ए-हयात ही मिली मुझे, और न ही हासिल होंगे वे दोस्त जिनकी कि मुझे ख़्वाहिश थी। उसकी माँगों को मुझे यूँ ही नहीं मान लेना चाहिए था।'

हिरासत में लिये गए अम्बर के शहज़ादों को मिर्ज़ा शरफ़ुद्दीन गुज़श्ता रोज़ ही ले आया था और फ़ौरन ही अकबर ने उन्हें रिहाई भी दे दी। फिर आज हीरा कुँवर के साथ उसका निकाह हो गया। अकबर के साथ निकाह क़बूल करने के लिए क़ाज़ी ने हीरा कुँवर से जब महर के बाबत पूछा तो उसने कहा कि अपना महर वह बाद में माँगेगी। इस वक़्त उसे सिर्फ़ यह वादा चाहिए कि जो भी महर वह माँगेगी उसे दे दी जाएगी। हीरा कुँवर की इस शर्त पर अकबर को ताज्जुब तो हुआ फिर भी उसने हामी भर दी, बावजूद इसके कि क़ाज़ी-निकाह इसरार कर रहे थे कि ज़र-ए-महर[1] इसी वक़्त तय किया जाना लाज़िमी है जिससे कि निकाहनामे में उसे दर्ज किया जा सके।

'मैं तो बादशाह-ए-हिन्दुस्तान हूँ।' अकबर का ख़याल था। 'ऐसी कौन सी चीज़ है जो देना मेरे लिए मुमकिन नहीं?'

निकाह के बाद मुबारक़बाद का दौर चला। फिर वलीमा हुआ। उसके बाद ही अकबर अपनी ख़्वाबगाह जा सका। यह देखकर उसे बेहद हैरत हुई कि घूँघट काढ़े हुए बेगम हीरा कुँवर फ़र्श पर बिछे कालीन पर बैठी हुई थी।

"आपको तो बेगम बिस्तर पर तशरीफ़ फ़रमाना चाहिए! यह तो हक़ है आपका!"

मख़मल के सुर्ख़ कालीन पर टकटकी लगाए हुए हीरा कुँवर चुपचाप खड़ी हो गई।

1. वह रक़म जो निकाह के समय दुल्हन को दिए जाने के लिए तय होती है।

"कोई बात आपको अगर परेशान कर रही है तो आप बेख़ौफ़ हमसे कह सकती हैं।"

"मुझे अपनी महर चाहिए।"

"बेशक! बेशक! लेकिन इसके लिए आपको यह तो हमें बताना ही होगा कि महर में आपकी मुराद क्या है?"

"पहले तो यह वादा कि मुझे आपके साथ सोने के लिए मजबूर न किया जाए, जब तक कि मैं ख़ुद ही ऐसी ख़्वाहिश न करूँ।"

"क्या मेरे साथ निकाह के लिए आपको मजबूर किया गया था?" अकबर के लहजे में नाराज़गी साफ़ नज़र आ रही थी।

"नहीं! लेकिन यह निकाह मेरी आरज़ू भी नहीं था।"

हैरान हो अकबर कुछ लम्हों के लिए ख़ामोश खड़ा रह गया और फिर अपने ग़ुस्से को दबाते हुए उसने तल्ख़ अन्दाज़ में पूछा।

"इसके अलावा?"

"मेरे कमरे में एक मन्दिर हो और अपने मज़हब को मानने व ख़ानदानी रिवाजों पर अमल करने की पूरी आज़ादी मुझे मिले।"

"मंज़ूर!" तड़ से अकबर ने जवाब दिया और तेज़ क़दमों से बाहर निकल गया।

साँभर की झील के किनारे अपने ख़यालों में गुम बैठा हुआ अकबर चाँद के अक्स को मौजों के साथ बल खाते हुए ऊपर-नीचे होता देखता रहा, जो कि उसे उसकी अपनी दिमाग़ी हालत का आईना मालूम हो रहा था। झील के पानी को छूकर आती ठंडी हवा ने उसकी साँसों में घुलकर आहिस्ता-आहिस्ता उसके ज़ेहन व जिस्म, दोनों को ही तपिश से राहत पहुँचाई।

'राजपूत शहज़ादी की दूसरी माँग पर तो हमें कोई एतराज़ ही नहीं! वह उनके महर का हिस्सा अगर न भी होती तो भी हम उसे मंज़ूर कर लेते। ऐसा करना हमारे उस फ़ैसले के हक़ में ही जाता जो अजमेर में हमने लिया था। लेकिन उसकी पहली माँग यक़ीनन तकलीफ़देह है। मगर शायद इसमें भी कोई बेहतरी हो।' अकबर ने ख़ुद को ही समझाया, 'उसकी इस नाजायज़ और ग़ैरवाजिब माँग का भी लिहाज़ रखना राजपूतों को सही पैग़ाम भेजेगा। ख़्वाजा ग़रीब नवाज़ ही बेहतर जानेंगे। लेकिन इसमें कोई शक नहीं कि है वह असल राजपूतानी! इस क़िस्म की महर माँगना तो दूर रहा, यह ख़्वाहिश ज़ाहिर करने की क्या और कोई हिम्मत भी कर पाती?'

ख़यालों में गुम अकबर को वक़्त के गुज़रने का होश ही न रहा और नमाज़-ए-फ़ज्र की अज़ान सुनकर ही उसकी बेख़बरी ख़त्म हुई। वुज़ू करके उसने नमाज़ पढ़ी। अल्लाह का शुक्राना अदा किया। और चुनिन्दा शख़्सियात के साथ वह आगरा के लिए रवाना हो गया, जिनमें बेगम हीरा कुँवर के बड़े भाई भगवन्तदास और उनका ग्यारह साल का बेटा मानसिंह भी शामिल थे। पाँच दिन का सफ़र केवल तीन दिन में तय करके वह अकेला ही सबके आगे आगरा पहुँच गया। और बेगम हीरा कुँवर जब तक शाही महल पहुँची, उस कमरे में एक मन्दिर बन चुका था जो कि उसकी ख़्वाबगाह होनेवाला था।

हमीदा बानो बेगम और बेगम गुलबदन को जब यह मालूम हुआ तो उम्मीद के मुताबिक़ ही हंगामा बरपा हो गया।

"यह मैं क्या सुन रही हूँ जलाल? क़िले में तुमने मन्दिर तामीर करवा दिया है?" हमीदा बानो अपने आपे से बाहर हुई जा रही थीं।

"उस राजपूत शहज़ादी ने महर में यही माँग लिया अम्मी! मैं क्या करता?" अकबर ने कैफ़ियत दी।

"उसको कलमा पढ़वाना तो दूर रहा, उलटे काफ़िराना दस्तूर में ही मुब्तला रहने के लिए उसकी हौसला-अफ़ज़ाई कर रहे हो!" हमीदा बानो ने अकबर को फटकार लगाई। "तुम तो मेरा मक्का जाने का बन्दोबस्त कर दो। मैं हरगिज़ उस जगह नहीं रह सकती जहाँ बुतपरस्ती की जाए। क़यामत के रोज़ अल्लाह तआला को क्या मुँह मैं दिखाऊँगी?"

"जलाल! क्या तुम हम सबको ही दोज़ख़ की आग में जलवाना चाहते हो?" फूफी गुलबदन ने झिड़की दी। "तुमसे यह काफ़िराना हरकत यक़ीनन शैतान ही करवा रहा है। इसके पेशतर कि वह हम सबको ही बदकार बना दे, उस मन्दिर का तुम नामोनिशान मिटा दो।"

"अब तो बजाय अज़ान के हमारी सुबह की शुरुआत घंटियों से हुआ करेगी!" पान के पत्ते पर चूना-कत्था लगाकर उसमें सुपारी के टुकड़े लपेटते हुए रुक़य्या बेगम ने तंज़ कसा।

"और क़ुरआन-ए-पाक की आयतों की जगह," कहते हुए गुलरुख़ बेगम ने, जो रुक़य्या सुल्तान बेगम का पेश किया हुआ बीड़ा ज़ोर-ज़ोर से चबा रही थी, रेत से आधे भरे हुए चाँदी के पीकदान में अपनी लार उड़ेली, "सारा वक़्त हम लोग अब भजन सुना करेंगे! इससे ज़्यादा कुफ़्र और क्या होगा?"

अकबर का कोई जवाब न आता देखकर हमीदा बेगम झुँझला उठीं। "तुम समझ क्यों नहीं रहे हो जलाल? इस काफ़िराना हरकत को अगर बर्दाश्त किया गया तो क़यामत के रोज़ हम सभी गुनहगार होंगे।"

"अम्मी! जो काम हमने किया ही नहीं उसके लिए अल्लाह तआला कभी हमें क़ुसूरवार नहीं ठहराएगा।" हमीदा बानो के हाथों को मुलायमियत से अपने हाथों में थामते हुए अकबर ने समझाया। "बुतपरस्ती हम तो नहीं कर रहे! हम तो अल्लाह तआला के सिवा किसी को भी इबादत के क़ाबिल ही नहीं मानते। लेकिन दुनिया के बाक़ी लोग जो करें उसके लिए ज़िम्मेदार हमें वह किस तरह ठहराएगा? वह तो अर-रहीम है!"

लेकिन इस बात से हमीदा बानो क़ायल नहीं हुईं और कुफ़्र की उस निशानी को ख़त्म कर दिए जाने के पहले उन्होंने खाने को हाथ लगाने तक से इनकार कर दिया। इसरार करके उन्हें दस्तरख़्वान पर बैठाकर अकबर ने एक निवाला बड़ी मोहब्बत के साथ उनके मुँह में देते हुए उन्हें उनकी ज़िद की ग़ैर-वाजिबीयत समझाने की कोशिश की।

"अम्मी! अल्लाह तआला तो अल-अलीम[1] है। उसे सब मालूम है कि दुनिया में कहाँ कौन क्या कर रहा है। लिहाज़ा वह इस बात से भी नावाकिफ़ नहीं कि यह हिन्दू क़ौम क्या कर रही है। और यह लोग तो हज़ारों सालों से बुतपरस्ती कर रहे हैं! अल्लाह तआला अगर इन्हें जहालत में ही रखना चाहता है, तो उसके फ़ैसले में दख़ल देनेवाले हम कौन होते हैं? क़ुरआन शरीफ़ में अल्लाह तआला के रसूल मुहम्मद, सल्लल्लाहु

1. सर्वज्ञ, अल्लाह के निन्यानबे नामों में से एक।

अलैहि वसल्लम, ने क्या नहीं फ़रमाया है कि वह गुमराह करता है जिसको वह चाहता है और हिदायत देता है जिसको वह चाहता है।"

कहकर अकबर हमीदा बानो के चेहरे पर उमड़ते जज़्बात ग़ौर से देखने लगा और फिर मुस्कुराते हुए बोला, "अम्मी! आपको तो ख़ुश होना चाहिए कि जन्नत में यह लोग भीड़ नहीं मचाएँगे।"

इस ख़याल से ही हमीदा बानो की हँसी फूट पड़ी और वह नरम पड़ गई। लेकिन बेगम हीरा कुँवर की मुख़ालफ़त फिर भी जारी रही और उसका मज़ाक़ भी उड़ाया जाता रहा।

"तुम्हारा भगवान इतना बहरा क्यों है कि हर सुबह उसके कान में तुम्हें घंटी बजानी पड़ती है?"

"गोपियों की ग़ैरमौजूदगी में तुम्हारे किशन को अकेलापन परेशान नहीं करता?"

"तुम्हारी भोग-परसादी उस तक पहुँचती कैसे है? या कि वह तुम्हारे कमरे में ही आ जाता है उसका भोग लगाने?"

और फिर क़हक़हे गूँज उठते।

हीरा कुँवर अपने को अकेला महसूस करती और बिस्तर में पड़कर रोया करती।

"अल्लाह अपने हर बन्दे का इम्तहान लेता है। यह तुम्हारा इम्तहान है।" सलीमा ने उसे ढाढस बँधाया।

रोज़ाना सुबह सूरज को जल चढ़ाना हीरा कुँवर का नियम था।

"बेगम! आप किसलिए ऐसा करती हैं?" एक रोज़ अकबर ने पूछ ही लिया।

"जी, मैं सूरज देवता को जल चढ़ा रही हूँ।"

"लेकिन यह पानी वहाँ तक पहुँचेगा कैसे?"

हीरा कुँवर के पास इसका कोई जवाब नहीं था। उसकी माँ करती थी और उससे भी करने को कहती थी, इसलिए वह करती है। क्यों? कैसे? धर्म के मामलों में ऐसे सवाल उठाना मुनासिब नहीं समझा जाता था।

कुछ देर बाद उसने ज़रा हिचकिचाहट के साथ पूछा, "अगर परेशानी न हो तो क्या सूरज को चढ़ाने के लिए, और पूजा के लिए भी, गंगाजल का इन्तज़ाम हो सकता है?"

"लेकिन आपको गंगा नदी का पानी ही क्यों दरकार है?"

"गंगा जी नदी नहीं हैं! वे तो देवी हैं, देवी!" अपने दोनों हाथ जोड़कर हीरा कुँवर ने सिर झुका लिया। "गंगा जी का पानी कभी ख़राब नहीं होता। और इतना पाक होता है कि जिसमें भी इसे मिला दिया जाए उसे भी यह पाक कर देता है।"

अकबर ने हीरा कुँवर के लिए तो गंगाजल का इन्तज़ाम किया ही, ख़ुद के पीने के लिए भी उसका ही इस्तेमाल करने का फ़ैसला कर लिया। साथ ही, उसने यह भी ताकीद कर दी कि बावर्चीख़ाने में खाना पकाने में इस्तेमाल होनेवाले पानी में भी इसे मिलाया जाए।

"लेकिन शरीअत में तो ऐसा कोई फ़रमान नहीं," हमीदा बानो के एतराज़ करने पर अकबर ने दलील दी, "जो गंगाजल के इस्तेमाल को नाजायज़ क़रार देता हो।"

हरिद्वार के पास गंगा किनारे सोरन नाम की जगह पर मुलाज़िम तैनात हो गए। पत्थर

के मर्तबानों को गंगाजल से भरवाकर उनके मुँह पर सफ़ेद कपड़ा बाँध दिया जाता। फिर जमुना नदी तक पहुँचाने के लिए उन्हें हाथियों पर लादा जाता। और जमुना में उन्हें कश्तियों पर चढ़ा दिया जाता, आगरा ले जाने के लिए। इसके बाद से हर सफ़र और हर मुहिम में गंगाजल के मर्तबानों से लदे पचास ऊँट अकबर के क़ाफ़िले का ज़रूरी हिस्सा हो गए। कई सालों बाद जब उसने लाहौर को दारुल-हुकूमत बना लिया, तब भी डेढ़ सौ कोस की दूरी से गंगाजल वहाँ रोज़ लाया जाता रहा।

वक़्त बीतने के साथ मन्दिर की मुख़ालफ़त हरम में तो ख़त्म हो गई। लेकिन महल के बाहर यह मुद्दा गरमाया ही रहा। मुसलमानों के दिलों में मुल्ला और मौलवी दहशत पैदा कर रहे थे।

"बादशाह यह कर क्या रहा है?" एक मस्जिद में जुमे की नमाज़ के बाद इमाम गरज रहा था। "दारुल हरब[1] को बजाय दारुल इस्लाम में तब्दील करने के वह क्या उसे दारुल हिन्द बनाएगा? अगर हम ख़ामोश रहे तो एक वक़्त आएगा जब हमारी मस्जिदों को नेस्तनाबूद कर उनकी जगह काफ़िरों की इबादतगाहें खड़ी हो जाएँगी। सच्चा ईमान ख़तरे में है। बादशाह को अगर हमारी माक़ूल बात समझ नहीं आती तो अल्लाह सुबहानु व तआला और रसूलुल्लाह मुहम्मद, सल्लल्लाहु अलैहि वसल्लम, के हुक़्म की तामील में कोई और रास्ता हमारे पास बाक़ी न रहेगा, सिवा इसके कि इस बादशाह के ख़िलाफ़ हम सभी मुसलमान ज़िहाद छेड़ दें।"

जल्द ही सल्तनत के सदर क़ाज़ी जनाब मख़्दूम-उल-मुल्क की अगुआई में आगरा के उलेमा अकबर के दरबार में हाज़िर थे।

"जहाँपनाह! हमें ख़बर मिली है कि बादशाह सलामत ने क़िले में मन्दिर तामीर किए जाने की इजाज़त दी है और रोज़ाना ही वहाँ बुतपरस्ती भी की जा रही है।"

"आप बजा फ़रमाते हैं मख़्दूम-उल-मुल्क साहब।" अकबर ने बाअदब जवाब दिया।

मख़्दूम-उल-मुल्क का असल नाम अब्दुल्ला सुल्तानपुरी था। मख़्दूम-उल-मुल्क[2] का ख़िताब उसे बादशाह हुमायूँ ने दिया था क्योंकि उस समय उसे इस्लाम का सबसे अज़ीम आलिम होने की शोहरत हासिल थी। क़ुरआन, उसकी तफ़सीर[3], और अहादीस[4] के साथ ही उसे शरीअत का भी भरपूर इल्म था। शेरशाह सूरी और उसके वारिसों के समय में अब्दुल्ला सुल्तानपुरी पंजाब का क़ाज़ी हुआ करता था। हुमायूँ ने उसे सल्तनत के क़ाज़ी-उल-क़ुज़ात[5] का ओहदा अता किया था जिस पर वह अकबर की हुकूमत में भी क़ायम था।

---

1. युद्ध क्षेत्र, जहाँ इस्लाम का प्रभाव स्थापित किया जाना है यानी जिसे दारुल इस्लाम बनाया जाना है।
2. मख़्दूम का अर्थ है पूज्य, मान्य।
3. व्याख्या, विवेचना
4. हदीस का बहुवचन। हदीस यानी पैगम्बर मुहम्मद के वचनों व उनके आचरण का परम्परा से चला आ रहा विवरण।
5. प्रधान न्यायाधीश।

"यह तो कुफ्र है जहाँपनाह! रसूलल्लाह, सल्लल्लाहु अलैहि वसल्लम, ने फ़रमाया है कि अल्लाह तआला हर गुनाह की मुआफ़ी बख़्श देता है, मगर इबादत में किसी और को उसके साथ शामिल किए जाने के गुनाह को वह हरगिज़ मुआफ़ नहीं करता।"

"मख़्दूम-उल-मुल्क साहब! हम भी सच्चे मुसलमान हैं। पाँच दफ़ा नमाज़ पढ़ते हैं। रमज़ान के महीने में रोज़े बिला नाग़ा रखते हैं। अपनी हुकूमत को भी हम शरीअत के मुताबिक़ ही चलाते हैं। और दीन के मामले में आपके किसी फ़तवे पर अमल को भी हमने कभी नहीं टाला।"

"जहाँपनाह! एक सच्चे दीनपरस्त से यह उम्मीद भी की जाती है कि वह काफ़िरों को दबाकर रखे और उन्हें ज़लील करे," मख़्दूम-उल-मुल्क ने 'ज़लील' लफ़्ज़ पर ख़ास ज़ोर देकर कहा, "जिससे कि इस्लाम की ख़ूबियों को समझने के ख़्वाहिशमन्द होकर वे सच्चा दीन क़बूल करने के तलबगार हों।"

"हज़रात-ए-आलिया!" बाक़ी सभी उलेमा की तरफ़ मुख़ातिब हो अकबर ने कहा। "दिल्ली के सुल्तानों ने मन्दिरों को ढहाया। उन्हें नापाक भी किया। मगर इससे हासिल क्या हुआ? हर हिन्दू के घर में अब मन्दिर है जिसमें वह बुतों की इबादत करता है। क्या इस्लाम को कोई फ़ायदा पहुँचा? कई हिन्दुओं का ज़ोर-ज़बर्दस्ती भी मज़हब बदलवाया गया। क्या वे सच्चे मुसलमान हो सके? हिन्दू इस मुल्क के पुराने बाशिन्दे हैं। चुनाँचे जब तक वे इस्लामी हुकूमत की मुख़ालफ़त नहीं करते और मुसलमानों के जज़्बात को चोट नहीं पहुँचाते, उन्हें उनके अपने मुताबिक़ इबादत करने देना हुकूमत के सियासी फ़ायदे में ही है।"

कहकर अकबर एक लम्हे के लिए रुका और फिर मख़्दूम-उल-मुल्क की तरफ़ देखकर अपनी बात पूरी की। "और इस वजह से इस्लाम के व आपके फ़ायदे में भी।"

यह आख़िरी दलील मख़्दूम-उल-मुल्क पर असर कर गई। सूबों के सदर और क़ाज़ी, मस्जिदों के इमाम व मुअज़्ज़िन और ख़तीब[1], मकतबों के मौलवी—सल्तनत भर में इनकी भरती करने और इन्हें तनख़्वाह का भुगतान करने के इख़्तियार सदर क़ाज़ी और सदर-ए-आगरा के बीच ही बँटे हुए थे। उनके ही पास शाही ख़ज़ाने से मदद-ए-मआश[2] की रक़म भी पहुँचती थी। मस्जिदें तामीर करने, उनके रखरखाव व मरम्मत वग़ैरह पर ख़र्च का भुगतान भी उनकी ही मार्फ़त होता था। और जैसे-जैसे अकबर की हुकूमत फैलती जा रही थी, उनके इख़्तियारात भी बढ़ते जा रहे थे।

मख़्दूम-उल-मुल्क ने इस वजह से मसले को वहीं ख़तम कर देना मुनासिब समझा। लेकिन ज़्यादातर मुल्ला और उलेमा एक काफ़िर औरत का इस हद तक मुलाहज़ा किए जाने को नाजायज़ ठहरा रहे थे, और अकबर की इस 'हिमाक़त' के ख़िलाफ़ उनका जिहाद बदस्तूर जारी रहा।

---

1. ख़ुत्बा पढ़ने वाला, धर्मोपदेशक।
2. धर्माचरण से जुड़े हुए एवं धर्म के अध्ययन से सम्बन्धित व्यक्तियों और विद्वानों, विद्यार्थियों को दिया जानेवाला वज़ीफ़ा।

टोडरमल

अठारह रुपये के वाक़िये के बाद से दीवानी मामलों में अकबर ने ख़ुद दिलचस्पी लेनी शुरू कर दी और लगान व महसूल की वसूली पर निगाह बनाए रखने के लिए दीवानी महकमे के ओहदेदारों के साथ बैठकें करने लगा। बकायादारों के साथ सख़्त रवैया इख़्तियार किया गया। राजाओं और जागीरदारों को यह नागवार गुज़रा और कुछ बाग़ी भी हो गए। उनसे निपटने के लिए रिसाले भेजने पड़े और कभी-कभी अकबर ख़ुद भी ऐसी मुहिम पर गया। नतीजतन, हुकूमत की माली हालत आहिस्ता-आहिस्ता सुधरने लगी।

लेकिन निज़ामे सल्तनत और फ़ौज की ज़रूरियात के हिसाब से आमदनी अब भी कम थी। जल्द ही अकबर पर यह साफ़ ज़ाहिर हो गया कि दीवानी मामलों को ख़ुद उसका देखना काफ़ी नहीं था। न ही उसका इसके लिए वक़्त निकाल पाना हमेशा के लिए मुमकिन है। दीवानी मामलों में माहिर किसी शख़्स की उसे सख़्त ज़रूरत महसूस होने लगी।

"मीर ग़यासुद्दीन अली! ऐसे लोगों की तलाश फ़ौरन शुरू की जाए जिन्होंने कभी सुल्तान शेरशाह सूरी या उसके वारिसान की दीवानी में काम किया हो।"

चन्द हफ़्तों बाद उसके सामने एक बुज़ुर्ग शख़्स को पेश किया गया।

"जहाँपनाह! यह ख़्वाजा फूल मलिक हैं। सुल्तान इस्लाम शाह सूर की दीवानी में इन्होने कई सालों तक ऊँचे ओहदे पर काम किया हुआ है। इनकी ईमानदारी और क़ाबिलियत की हमेशा ही तारीफ़ रही है।"

ख़्वाजा फूल मलिक ने दीवानी के कामकाज को बेहतर करने के मक़सद से सूरी सुल्तानों के कई पुराने मुलाज़िमों की भरती कर ली।

एक दफ़ा अकबर के साथ चल रही बैठक के दौरान हाल ही में मुक़र्रर हुए दीवान मुज़फ़्फ़र ख़ान तुरबती ने किसी मसले को लेकर ऐसे ही एक नए-नए भरती हुए बितिकची[1] टोडरमल को तलब किया।

क़रीब चालीस साल की उम्र, दरमियाना क़द और मज़बूत काठीवाले खत्री जात के टोडरमल का रंग साफ़ था। नाक लम्बी व नुकीली थी और होंठ आपस में कसे हुए। अपने सिर पर उसने एक चुटिया भी रख छोड़ी थी। लिबास उसका हमेशा सलीक़ेदार व बेदाग़ होता और चेहरे से उसके ख़ुद-एतमादी झलकती। टोडरमल एक सुलझा हुआ और नेकनीयत इनसान था मगर ऐसा बेबाक भी कि जो बात वह सही समझता था, ज़रा भी इस बात की फ़िक्र किए बग़ैर कि सामनेवाले को बुरा भी लग सकता है, बोल दिया करता था। इस वजह से उसके साथ काम करनेवाले कई मुलाज़िम उससे रंजिश रखने

1. मुंशी, सहायक।

लगे थे, मगर साथ ही उसकी क़ाबिलियत की दिल ही दिल में वे इज़्ज़त भी करते थे।

टोडरमल के साथ हुई पहली ही मुलाक़ात में अकबर उसे पसन्द करने लगा। चन्द रोज़ बाद उसने उसे अपने दौलतखाने में बुलाया और कुछ वक़्त गुफ़्तगू उसके साथ करने के बाद वह दीवानी मामलों में उसकी समझ का क़ायल हो गया।

"टोडरमल! हुकूमत की आमदनी में बरकत के लिए तुम्हारी राय में क्या किया जाना चाहिए?"

"आलमपनाह! इसके लिए तिजारत और खेती को बढ़ावा देने के साथ ही लगान और महसूल की वसूली में लापरवाही और उनकी चोरी को रोकने के तरीक़े अमल में लाने होंगे," सिर झुकाए हुए और हथेलियों पर कोहनियाँ टिकाए खड़े टोडरमल ने जवाब दिया।

"इसमें कौन-सी पते की बात तुमने कह दी?" अकबर की भौंहें सिकुड़ गईं। "इतना तो एक रास्ते चलता हुआ आदमी भी बता देगा। मुद्दे की बात तो यह है कि तिजारत और खेती को बढ़ावा दिया किस तरह जाए?"

"आलमपनाह! सियासी और माली मामलों के आला आलिम एक निहायत ही दानिशमन्द ब्राह्मण बहुत पुराने वक़्त में हमारे मुल्क में हुआ करते थे, चाणक्य नाम के जिन्हें कौटिल्य कहकर भी पुकारा जाता था। हुकूमत के निज़ाम की बेहतरी के लिए सख़्त क़ानून बनाने और मुस्तैदी से उस पर अमल किए जाने पर उनका ख़ास ज़ोर था। साथ ही इस बात पर भी उनका इसरार था कि न तो रियाया को इंसाफ़ देने में कोई कोताही हो और न ही ख़तावारों को सज़ा देने में।" टोडरमल ने इस बार अकबर की आँखों में देखते हुए कहा। "उनका यह यक़ीन था जहाँपनाह कि जो हाकिम ऐसा कर पाने में नाकामयाब रहे, जो अपनी रियाया को ज़ोर-ओ-ज़ुल्म से निजात न दिला सके, उसकी हिफ़ाज़त न कर सके, उसे हुकूमत करने का हक़ ही नहीं! उनके मुताबिक़ आलमपनाह! निज़ाम-ए-हुकूमत अगर इंसाफ़-परस्त हो, क़ानून पर सख़्ती से और बिना तरफ़दारी के अमल हो व अमन-चैन बना रहे तो तिजारत और खेती में बढ़त तो ख़ुद-ब-ख़ुद होती चली जाएगी।"

मगर गुज़श्ता कई सालों से हिन्दुस्तान में न तो अमन क़ायम था, न क़ानून और न ही इंसाफ़ का निज़ाम। सुल्तान शेरशाह सूरी के बाद उसका बेटा सलीम ख़ान इस्लाम शाह सूर के नाम से तख़्तनशीं हुआ मगर तख़्त के बाक़ी दावेदारों के साथ ताज़िन्दगी वह जंग में मशग़ूल रहा। उसके इन्तक़ाल के बाद उसके बारह साल के बेटे फ़िरोज़ ख़ान की तख़्तनशीनी हुई मगर उसी रोज़ वह अपने मामा आदिलशाह के हाथों हलाक हो गया। नए सुल्तान आदिलशाह के साले इब्राहीम शाह ने सोचा कि मलाई का दोना उसका जीजा अकेला ही क्यों खाए? और उसने एलान कर दिया कि दिल्ली और आगरा पर हुकूमत उसकी चलेगी। यह मालूम होते ही सुल्तान शेरशाह सूरी के भतीजे सिकन्दर ख़ान ने पंजाब और लाहौर में अपनी सल्तनत क़ायम कर ली और इब्राहीम शाह पर हमला बोलकर दिल्ली व आगरा उससे छीन लिये। अब इब्राहीम शाह को और कुछ न सूझा तो उसने आदिलशाह के ख़िलाफ़ ही जंग छेड़ दी। मगर आदिलशाह के सिपहसालार हेमचन्द्र के हाथों उसे भारी शिकस्त खानी पड़ी, सो भी एक नहीं दो-दो

बार। तख़्त के एक और दावेदार मुहम्मद ख़ान सूर, जो अभी तक ख़ामोश बैठे थे, यकायक आदिलशाह पर चढ़ाई कर बैठे। मगर उनका हश्र भी वही हुआ जो इब्राहीम शाह का हुआ था।

कुल मिलाकर भारी अफ़रा-तफ़री का माहौल बना हुआ था जो जागीरदारों और उमरा के लिए निहायत पसोपेश भरा था और रियाया के लिए तकलीफ़देह। कल तक जो बाग़ी था, वह आज का हाकिम है। और तख़्त पर बैठते ही पुराने मुलाज़िमों को हटाकर उनकी जगह पर वह अपने आदमी मुक़र्रर करने लगता। लगान व महसूल की वसूली फिर वह नए सिरे से करवाता, पिछले हाकिम के मुलाज़िमों को चुकाई गई रक़म की रसीदों को कोई तवज्जो न देते हुए। यही नहीं कल का हाकिम जो अब बाग़ी हो चुका है, आमदनी का कोई ज़रिया न होने से डाकू बन बैठता था। उसके बेरोज़गार हो चुके फ़ौजी, जिन्हें सिवा लड़ने के न तो कोई काम आता था और न ही कोई और काम करने की उनकी मंशा हुआ करती थी, अपना ही गिरोह बना लेते और गाँव-गाँव घूमकर लूटपाट करते हुए अपनी रोज़ी का बन्दोबस्त कर लेते।

सौदागरों के क़ाफ़िलों के लिए भी कोई रास्ता इनसे महफ़ूज़ नहीं था। कई गिरोह तो इतने बड़े और ताक़तवर थे कि हथियारबन्द सिपाहियों से घिरे हुए क़ाफ़िलों को भी लूट लिया करते। और सिर्फ़ लूटकर ही इन लोगों को तसल्ली नहीं होती थी। उनकी गिरफ़्त में आए लोगों का वे बड़ी ही बेरहमी से क़त्ल कर दिया करते।

डाकुओं का अचानक धावा हो जाने के डर से शहरों और क़स्बों में बनिये दुकान के दरवाज़े न खोलकर उसमें बने एक छोटे-से छेद में से ही लेना-देना करते। डाकुओं के निशाने पर आ जाने के ख़ौफ़ से दौलतमन्द से दौलतमन्द शख़्स भी ग़रीबों की मानिन्द रहा करता। ख़ुशी और आराम का ज़रिया होने के बजाय दौलत परेशानी और चिन्ता का सबब हो गई थी। इस वजह से काम-धन्धा फैलाने में किसी की कोई दिलचस्पी बाक़ी न रही। जो कुछ है उसे ही हिफ़ाज़त से बनाए रखना और अपनी जान को महफ़ूज़ रखना ही सबका मक़सद हो गया था।

काश्तकारों की अपनी मुसीबतें थीं। एक के बाद एक मुसलसल हो रही जंगों के लिए कूच करती हुई फ़ौजें हाल में बुवाई किए गए खेतों और पक चुकी फ़सलों को जूतों तले रौंदते हुए चली जातीं, बग़ैर रत्ती भर भी इस बात की परवाह किए कि बेचारे काश्तकारों पर क्या बीतेगी। इस सबके बाद भी जो थोड़ा-बहुत ज़मीन दे देती, हालिया हाकिम के मुलाज़िम लगान वसूली के नाम पर वह भी छीन ले जाते। रो-धोकर या चालाकी से काश्तकार अगर कुछ बचा भी लेता तो उसे डाकू छीन ले जाते।

ऐसे में अकसर यह होता कि बीज तक को दाना नहीं बचता। कई काश्तकार तो जिन्हें अब आगे भी अपनी फ़सल में से कुछ मिल पाने की उम्मीद बाक़ी न रहती, गाँव छोड़कर शहर भाग जाया करते। इसका ख़ामियाज़ा भी बाक़ी गाँववालों को ही भुगतना होता। इस वजह से लगान वसूली में जो कमी होती उसकी भरपाई करने के लिए उनसे ज़बर्दस्ती की जाती, उन पर ज़ुल्म ढाए जाते। नतीजतन और भी काश्तकार भाग खड़े होते और इस तरह हुकूमत की आमदनी में और भी कमी होती जाती। इस लूटमार से अगर कोई ख़ुशक़िस्मत बच भी जाता तो उन्हें मूँडने के लिए गाँव में पटवारी और मुकद्दम

तो मौजूद थे ही। उधर शहरों में कोतवाल व फ़ौजदार, जिन्हें हरदम अन्देशा बना रहता था कि न जाने कब उनके हुक्मरान का तख़्त पलट जाए और वे रास्ते पर आ जाएँ, सौदागरों और कारोबारियों की जेबें हलकी करने की तरक़ीबें हरदम ही भिड़ाते रहते।

"उस बरहमन चाणक्य के बाबत तुम्हारे पास और क्या मालूमात हैं, टोडरमल?" अकबर की आवाज़ में अब टोडरमल के लिए इज़्ज़त थी।

"जहाँपनाह! सैकड़ों साल पहले उन्होंने हुकूमत के बेहतर निज़ाम पर एक किताब लिखी थी। वह किताब तो गुम हो चुकी है, शायद नालन्दा के दारुल-उलूम[1] पर हुए हमले के वक़्त, मगर उनकी दी हुई नसीहतें ज़बानी तौर पर क़ायम रह गई हैं।"

"तो इन नसीहतों में हुकूमत के बेहतर निज़ाम और उसकी आमदनी में बरकत के लिए तुम्हारे चाणक्य क्या कह गए हैं?"

"जहाँपनाह! उनकी पहली नसीहत तो यह थी कि हुकूमत के ओहदेदारों और मुलाज़िमों की बेईमानी व रिश्वतख़ोरी पर सख़्ती से लगाम लगाई जाए। क्योंकि यह लोग बाज़ दफ़ा लालच में आकर ज़्यादती की इन्तिहा कर देते हैं जिसकी वजह से रियाया बग़ावत पर उतर आती है। इस तरह इनकी बेईमानियाँ हुकूमत के लिए ख़तरे का सबब बन सकती हैं। लिहाज़ा उन्होंने ताकीद की थी कि ओहदेदारों और मुलाज़िमों को बेईमानी व रिश्वतख़ोरी के गुनाह के साथ ही हुकूमत की अमानत में ख़यानत के अज़ीम गुनाह के लिए ऐसी सज़ा दी जाए कि बाक़ी मुलाज़िमों के लिए नज़ीर क़ायम हो। साथ ही उनका यह इसरार था कि लगान और महसूल इस तरह वसूल किया जाना चाहिए जैसे शहद की मक्खी फूलों को चूसती है। इस तरह और इतना ही वह चूसती है कि फूलों को नुक़सान न पहुँचे। ग़ैरक़ानूनी और ग़ैरवाजिब वसूलियों से रियाया ज़्यादा ही तंग हो जाए तो आमदनी का चश्मा सूख भी सकता है।"

"और जो मक़ामी अहलकार[2] दूर-दराज़ के क़स्बों और गाँवों में सालों से जमे हैं, और सूबे के ओहदेदारों के साथ मिलीभगत होने की वजह से जिनकी रिश्वतख़ोरी पर कोई कार्रवाई मुमकिन नहीं हो पाती, उनके बाबत वे क्या फ़रमाते हैं?" चाणक्य की नसीहतों में अकबर की दिलचस्पी बढ़ती जा रही थी।

"जहाँपनाह! उन लोगों की रिश्वतख़ोरी पर मुक़म्मल तौर पर नकेल कस पाना चाणक्य के मुताबिक़ मुमकिन नहीं। उनका कहना था कि ऐसा कोई शख़्स नहीं हो सकता जिसके मुँह में शहद रखा हो और वह उसका ज़ायक़ा न ले। जो मक़ामी अहलकार हैं वे देनदारी से ज़्यादा वसूली तो करेंगे ही। ऐसा करने से उन्हें रोक पाना हुकूमत के लिए उतना ही नामुमकिन है जितना कि यह मालूम कर पाना कि पानी में तैर रही मछली कब, कैसे और कितना पानी पी जाती है।"

"तो क्या चाणक्य के मुताबिक़ उन लोगों की रिश्वतख़ोरी और बेईमानी की तरफ़ से आँखें मूँद लेने के सिवा कोई चारा नहीं?" अकबर ने तनिक चिढ़ते हुए पूछा।

"नहीं आलमपनाह! ऐसा नहीं है। मगर इस मक़सद को हासिल करने के लिए कौटिल्य ने एक मज़बूत ख़ुफ़िया निज़ाम की सिफ़ारिश की है। जहाँपनाह! हिन्दुओं में

1. विश्वविद्यालय।
2. स्थानीय कर्मचारी।

एक कहावत है : गाय सूँघकर पता लगाती है, पंडित किताबों से मालूमात करता है, और हुक्मरान जासूसों की मार्फ़त। जहाँपनाह! कौटिल्य ने तजवीज़ किया था कि बादशाह को काफ़ी तादाद में ऐसे ख़ुफ़िया मुख़बिर मुक़र्रर करने चाहिए जो सब जगह घूमते रहें, रियाया के साथ मेल-जोल बढ़ाते रहें और उनसे हुकूमत के मुलाज़िमों के तौर-तरीक़ों के बाबत वाक़फ़ियत लेते रहें। और फिर यह सारी मालूमात बाक़ायदा बादशाह तक पहुँचती रहे। उन्होंने यह भी सिफ़ारिश की थी कि इस ख़ुफ़ियागीरी के लिए घुमक्कड़ जोगियों का इस्तेमाल ज़्यादा से ज़्यादा किया जाए और ख़ुफ़िया मुख़बिर भी जहाँ तक हो सके घुमक्कड़ जोगियों का स्वाँग भरकर ही घूमा करें। क्योंकि रियाया के साथ जोगी आसानी से घुल-मिल जाते हैं और रियाया भी अपने दिल की बात उनसे कहने में हिचकिचाती नहीं है।"

"बहुत ख़ूब!" अकबर के मुँह से बेसाख़्ता निकल पड़ा। कलम-नवीसों की तरफ़ उसने निगाह डाली यह देखने के लिए कि इन सब बातों को वे दर्ज तो कर रहे हैं न! बारह कलम-नवीस इस काम के लिए ही उसने रख छोड़े थे कि जो कुछ भी वह कहता है, जो भी हुक्म वह देता है, जो भी फ़रमान वह जारी करता है, जो फ़ैसले वह देता है, जिनसे भी वह मुलाक़ात करता है उनके साथ क्या बात होती है—यानी हर वाक़या जो होता है और हरेक कार्रवाई जो वह करता है—वह सब रोज़नामचे में बाक़ायदा और फ़ौरन दर्ज हो। हुकूमत में हुए वाक़यात की और हुक्मरान के फ़ैसलों की इतनी तफ़सील से और ऐसी मुकम्मल दस्तावेज़-बन्दी हिन्दुस्तान की तवारीख़ में पहले कभी न हुई थी।

"तो तुम क्या सुझाते हो? हुकूमत की आमदनी में इज़ाफ़ा कैसे किया जाए?" सवाल करने का अन्दाज़ बता रहा था कि टोडरमल की क़ाबिलियत पर अकबर का यक़ीन पुख़्ता हो चला है।

"आलमपनाह! इसके लिए पहले तो हमें ज़्यादा से ज़्यादा ज़मीन को काश्त में लाना होगा।" अकबर के अन्दाज़ में अपने लिए तारीफ़ पढ़कर टोडरमल की आवाज़ में ख़ुशी झलकने लगी थी। "ऐसा कर पाने के लिए लगान की रक़म हमें इस तरह तय करनी होगी जिससे कि काश्त का रक़बा बढ़ाने के लिए काश्तकारों की हौसला-अफ़ज़ाई हो। जंगल की ज़मीन या बंजर और परती ज़मीन पर पहली दफ़ा हल चलाकर जो भी उसे जोते और बोए, लगान की वसूली उस ज़मीन की फ़सल पर मौजूदा दर से आधी दर पर की जाए। फिर दूसरे साल उस खेत की फ़सल पर तीन चौथाई की दर से लगान लगाया जाए। और तीसरे साल से उस काश्तकार से पूरा लगान वसूला जा सकता है। इसके अलावा जहाँपनाह! लगान-वसूली में लगे अहलकारों की बेईमानी और रिश्वतख़ोरी की वजह से होनेवाले नुक़सान को रोकने के लिए हरेक काश्तकार की ज़मीन को नपवाकर और उस ज़मीन की औसत उपज दरयाफ़्त कर लगान की उस ज़मीन पर कितनी वसूली बनती है, इसे मुस्तक़िल तौर पर तय करके काश्तकार को बता दिया जाए। इससे उसे ग़ैर-वाजिब वसूलियों से तो निजात मिलेगी ही, अपनी काश्त पर मेहनत कर उसमें से ज़्यादा से ज़्यादा पैदा कर लेने में भी उसकी हिम्मत-अफज़ाई भी होगी। और हमें यह पेशगी मालूम होने से कि लगान से कितनी आमद होनी है, गबन और रिश्वतख़ोरी के लिए कोई रास्ता बाक़ी न रहेगा।"

"माशाअल्लाह! बहुत ख़ूब!" अकबर के दिल में टोडरमल के लिए बेहिसाब तारीफ़ पैदा हो गई और उसके चेहरे पर ख़ुशी छा गई। "इसी मुताबिक़ फ़रमान का मसौदा तैयार कर हमारी मोहर लगवाई जाए और उसे सभी अमलगुज़ारों[1] को बग़ैर देर किए भेज दिया जाए। इस फ़रमान में उन्हें यह हिदायत भी दी जाए कि कोई भी काश्त बग़ैर जुताई के न रहे। इस मक़सद से काश्तकारों को वे तक़ावी भी दे सकते हैं। साथ ही, गन्ना, कपास जैसी नक़द फ़सलों की काश्त बढ़ाने के लिए भी वे ज़रूरी क़दम उठाएँ।"

अगले ही रोज़ टोडरमल की तरक़्क़ी कर उसे नायब-दीवान बना दिया गया।

वक़्त के साथ टोडरमल दीवान बना और तब उसने दीवानी महक़मे में बुनियादी और दूर-अन्देशी भरे बदलाव किए। पूरी सल्तनत को उसने कई दस्तूरों यानी वसूली-हलक़ों में बाँट दिया। हरेक परगने में हर फ़सल की पिछले दस सालों में हुई फ़ी-बीघा पैदावार और जिंसों के पिछले दस सालों के बाज़ार-भावों की पूरी जानकारी इकट्ठी करके उसने आईन-ए-दहसाला[2] तैयार किया। फिर उसके मुताबिक़ हरेक दस्तूर में मुख़्तलिफ़ फ़सलों के लिए लगान की दरें तय की गईं। इसके साथ ही ज़मीनों की नपती करवाने के बाद हरेक काश्तकार को एक मालकियत-पट्टा दिया गया। उसमें तफ़सील से काश्तकार को यह बता दिया गया कि उसकी काश्त में जुदा-जुदा क़िस्म की ज़मीन का कितना बीघा और कितना बिस्वा रक़बा है। गुज़श्ता सालों में उन रक़बों में कौन-कौन सी फ़सलें उगाई गई हैं और हरेक फ़सल कितने रक़बे में बोई गई है। फिर उस काश्तकार के साथ क़ुबूलियात के दस्तावेज़ पर दस्तख़त किए गए जिससे कि काश्तकार को बुवाई के पहले ही पक्का पता हो गया कि लगान की कितनी देनदारी उसके ऊपर बनती है।[3] काश्तकारों के लिए यह इन्तज़ाम वाक़ई बेहद तसल्लीबख़्श साबित हुआ। नाजायज़ और ग़ैर-वाजिब वसूली अब मुमकिन न थी और न ही इस मक़सद से कोई उसे हैरान-परेशान कर सकता था। इस तरह चोरी, हेरा-फेरी और रिश्वतख़ोरी पर लगाम लग जाने से हुकूमत की आमदनी भी बढ़ गई।

इसके अलावा फ़सल ख़राब होने पर और सूखा पड़ने या बाढ़ आने पर लगान में सौ फ़ीसदी तक की छूट के साथ ही तक़ावी दिए जाने की हिदायतें भी मार्फ़त फ़रमान दस्तूर-ए-अमल अमलगुज़ारों को दे दी गईं। इस सबका नतीजा यह हुआ कि काश्तकार अपना काम सुकून और जोश के साथ करता जिसकी वजह से खेतों की पैदावार साल दर साल और भी ज़्यादा बढ़ती चली गई। इसके साथ ही हुकूमत की आमदनी में भी वक़्त के साथ मुसलसल इज़ाफ़ा होता चला गया।

अपनी सल्तनत को बढ़ाने व उसके निज़ाम को बेहतर बनाने में यह सारे क़दम बहुत दूर तक अकबर के मददगार साबित हुए।

---

1. परगना आज की तहसील सरीखा प्रशासनिक क्षेत्र था जिसका प्रमुख अमलगुज़ार कहलाता था।
2. दस वर्ष का विधान।
3. टोडरमल के बनाए पट्टे और कुबूलियत खसरा और खतौनी के नाम से अभी तक क़ायम हैं और लगभग पन्द्रह-बीस साल पहले हुए उपग्रह से सर्वेक्षण तक उसके वक़्त के नक़्शे या अक्स ही तक़रीबन किसानों को दिए जाते थे। देखें, 'टिप्पणियाँ'।

एक आईने का टूटकर बिखरना

झुलसाती गर्मी, दोपहर का बेरहम सूरज और राजपूताना से बेरोक-टोक चले आते अन्धड़ों की वजह से आगरा की सड़कें, बाज़ार और गलियाँ तो सुनसान हो ही गई हैं, बादलगढ़[1] क़िले में भी सन्नाटा छाया है। यह अकबर की दोपहर-बाद झपकी का वक़्त है और इस दौरान किसी भी क़िस्म की आवाज़ करने की सख़्त मुमानियत है।

मगर आज यह सन्नाटा सिर्फ़ इस वजह से ही नहीं था। क़िले में पड़ी हुई अदहम ख़ान की लहूलुहान लाश अब भी गर्म थी।

ख़यालों में डूबा हुआ अकबर अपनी ख़्वाबगाह में बिस्तर पर पालथी लगाए हुए बैठा था और उसका दिल ज़ोरों से धड़क रहा था। वह तय नहीं कर पा रहा था कि उसने जो किया, क्या वह सही था? शम्सुद्दीन ख़ान का क़त्ल करने के जुर्म में अदहम ख़ान को अभी-अभी उसने बेहद बेरहमी के साथ हलाक करवा दिया था।

'जिस तरह मैंने उसे मरवाया है, वह इस वजह से तो जायज़ नहीं हो जाता कि उसने अतगा का दिन-दहाड़े क़त्ल किया।' अकबर ख़ुद को ही कोस रहा था। 'माहम अंगा का लख़्त-ए-जिगर था वह और पाँच-हज़ारी मनसबदार भी। मेरा तो वह बचपन का रफ़ीक़ था और मेरे बुरे वक़्त का साथी भी! हम दोनों साथ-साथ खेलते-खाते हुए ही तो बड़े हुए थे! ऐसी मौत का वह यक़ीनन हक़दार नहीं था। क़तई नहीं!'

दोपहर बाद खाना खाकर रोज़ाना की तरह वह झपकी ले रहा था जब औरतों के चीख़ने-चिल्लाने की आवाज़ें सुनकर वह हड़बड़ाते हुए उठ बैठा। तहमद को कमर पर कसकर वह ख़्वाबगाह से बाहर निकला तो देखा कि ख़ून में सनी तलवार हाथ में लिये हुए अदहम ख़ान खड़ा है।

"जहाँपनाह! जनाब अदहम ख़ान ने अतगा[2] को हलाक कर दिया।" एक हिजड़ा चिल्लाया।

क़िले में बने दफ़्तर में मुनीम ख़ान के साथ बैठे हुए शम्सुद्दीन ख़ान हुकूमत की आमदनी और ख़र्चों का हिसाब देख रहे थे जब अदहम ख़ान एक नंगी तलवार हाथ में लिये हुए वहाँ आ धमका और उन्हें क़त्ल कर दिया। सलीमा की सिफ़ारिश पर अकबर ने मुनीम ख़ान की जगह शम्सुद्दीन ख़ान को वकील-अस-सल्तनत मुक़र्रर कर दिया था। बैरम ख़ान जितना क़ाबिल वह भले न हो, सलीमा ने समझाया था, मगर माहम

1. यमुना नदी के दाहिने तट पर स्थित ईंटों के इस क़िले को सिकरवार राजपूत राजा बादलसिंह ने पन्द्रहवीं सदी में बनवाया था। देखें, 'टिप्पणियाँ'।
2. अंगा का पति।

अंगा के असर से वह यक़ीनन आज़ाद रह सकेगा और उसकी वफ़ादारी पर शक की तो गुंजाइश ही नहीं।

"हरामज़ादे! यह तूने क्या किया?" अकबर चिल्ला उठा और तलवार उसके हाथ से लेने के लिए अपना हाथ आगे बढ़ाया। मगर यहीं अदहम ख़ान अपनी ज़िन्दगी की सबसे बड़ी ग़लती कर बैठा : तलवार को उसने पीछे खींच लिया। अगले ही लम्हे अकबर का ज़ोरदार घूँसा उसके जबड़े पर पड़ा और चक्कर खाकर वह फ़र्श पर औंधे मुँह गिर पड़ा। जब वह उठा तो उसके आधे दाँत फ़र्श पर ही पड़े रह गए। उसका सूजा हुआ मुँह पहचाना नहीं जा रहा था। पहरेदारों को हुक्म हुआ कि अदहम ख़ान को क़िले की दीवार पर से नीचे फेंक दिया जाए—सिर के बल। पहरेदारों ने फ़ौरन अपने बादशाह का हुक्म बजाया। गरदन की हड्डी टूटने की 'तड़' की आवाज़ आई। अदहम ख़ान मगर अभी ज़िन्दा था।

"दोबारा फेंका जाए!" अकबर का ग़ुस्सा अब भी कम नहीं हुआ था।

ऊपर लाकर उसे फिर फेंका गया। इस बार 'ठक' की आवाज़ आई। अदहम ख़ान की खोपड़ी टूटकर दो टुकड़े हो गई थी।

'ग़ुस्सा मेरी निहायत ही क़ाबिल-ए-अफ़सोस कमज़ोरी है!' पछतावे से भरा हुआ अकबर सोच रहा था। 'मगर इतनी तेज़-रफ़्तारी से यह सब हुआ कि कुछ सोच-समझ पाने का मुझे वक़्त ही कहाँ मिल पाया?'

मगर जो हुआ उसकी वजह सिर्फ़ शम्सुद्दीन ख़ान का क़त्ल ही नहीं था। अदहम ख़ान और माहम अंगा के लिए उसके दिल में पल रहा ग़ुस्सा भी कम ज़िम्मेदार नहीं था।

शम्सुद्दीन ख़ान का बेटा अज़ीज़ और अदहम ही काबुल में जलाल के चन्द दोस्त हुआ करते थे। वे ही थे जो उसके लिए उन बच्चों से भिड़ जाया करते थे जो उसका और उसके अब्बा का मज़ाक़ उड़ाया करते। अदहम चाहता था कि जलाल का सबसे जिगरी दोस्त वह ही कहलाए। मगर उसे हमेशा यह महसूस होता कि उसकी बनिस्बत जलाल को अज़ीज़ और उसके छोटे भाई सैफ़ से ज़्यादा मोहब्बत है। वक़्त गुज़रने के साथ वह इस बात को लेकर अज़ीज़ के जानिब ग़ुस्से से भरता चला गया। दिल्ली में रहते हुए एक रोज़ अपने दिल के यह जज़्बात उसने अपनी अम्मी को कह सुनाए। यह बात सलीमा का निकाह बैरम ख़ान के साथ हो जाने के बाद की है।

"सब्र करो अदहम! और अपने दिल के यह जज़्बात बाक़ी किसी के सामने ज़ाहिर मत होने देना," माहम अंगा ने उसे ताकीद की।

"लेकिन ऐसा क्यों अम्मी?" अदहम को हैरत हुई कि इस बात को उसकी उम्मीद से कहीं ज़्यादा संजीदगी से उसकी अम्मी ले रही थी।

"बहुत बड़े दाँव इस वक़्त लगे हुए हैं अदहम! जलाल अब सिर्फ़ तुम्हारा दोस्त नहीं, बादशाह है। और उसके साथ तुम्हें वैसा ही बर्ताव करना चाहिए। कभी किसी को मालूम न होने दो कि हक़ीक़त में तुम्हारे ख़यालात क्या हैं। और न ही जलाल को कभी इस बात का मौक़ा दो कि वह तुम्हारे बारे में बुरे ख़याल रखने लगे।"

"लेकिन अम्मी..."

"बस अब ख़ामोश हो जाओ! तुम्हारा वक़्त भी आएगा, जल्द ही।"

और वक़्त वाक़ई जल्द ही आ गया जब मालवा को फ़तह करने के लिए एक बड़ी फ़ौज को भेजा जाना तय हुआ। इस मुहिम को सरअंजाम देने के लिए अपने बेटे की माहम ने पुरज़ोर सिफ़ारिश की। और फिर एक फ़रमान जारी हुआ जिससे मुहिम की मुकम्मल ज़रूरियात जैसे फ़ौजी, हथियार, जानवर, तम्बू, रसद वग़ैरह का बन्दोबस्त करने के तमाम इख़्तियारात अदहम ख़ान को दे दिए गए।

"अदहम! मालवा के सुल्तान की ख़िदमत में सबसे पहले तुम अपना एक नुमाइन्दा भेजकर उनके साथ सुलह की तजवीज़ पेश करोगे, और उन्हें यक़ीन दिलाओगे कि अगर वे नज़राना देने और हमारी बादशाहत क़बूल करने को राज़ी हों तो उनके साथ उनके रुतबे के मुताबिक़ ही उम्दा सुलूक किया जाएगा," अकबर ने अदहम को ताकीद की। "और अगर वह गुस्ताख़ी करे तो उसके ख़िलाफ़ जंग छेड़कर मालवा पर क़ाबिज़ हो जाओ।"

दो महीने बाद अदहम के फ़तहयाब होने का पैग़ाम लेकर अमीर सादिक़ ख़ान आगरा आ पहुँचा, नज़राना बतौर चन्द अदना-क़द हाथियों के साथ। फ़तह की ख़बर तो अकबर को पहले ही मिल चुकी थी, अब उसे तफ़सील भी मालूम हुई।

"जहाँपनाह! शाही फ़ौज के मालवा पहुँच जाने की ख़बर पाते ही मालवा का सुल्तान बाज़ बहादुर अपनी फ़ौज को लेकर मांडू से आगे बढ़ा और सारंगपुर में उसने अपना पड़ाव कर लिया," सादिक़ ख़ान बताने लगा। "रात के अँधेरे में जनाब अदहम ख़ान ने यकायक ही उस पर धावा बोल दिया। बाज़ बहादुर के पड़ाव में भगदड़ मच गई और अपना हरम व ख़ज़ाना वहीं छोड़कर वह भाग खड़ा हुआ।"

सफ़ेद सूती सलवार के ऊपर टखने से एक हाथ ऊँचा हलके बादामी रंग का सूती कुर्ता पहने और मोतियों की तीन लड़वाली माला गले में डाले अकबर इस वक़्त दीवानख़ाना-ए-ख़ास में बैठा हुआ था।

ऊँची छत से लकड़ी का एक चौखटा लटक रहा था जिस पर नारंगी और कत्थई रंग के धागों से की गई कढ़ाईवाला हरे रंग का गाढ़े का कपड़ा तना हुआ था। चौखटे के नीचे बीचोबीच एक रंगीन डोरी बँधी थी जो एक दीवार में बने छेद से होकर बग़ल के कमरे तक जा रही थी, जहाँ फ़र्श पर लेटा हुआ एक ख़ादिम उसे अपने पैर के अँगूठे में बाँधकर मुसलसल खींचता व छोड़ता जा रहा था ताकि बादशाह को पंखे की हवा बराबर मिलती रहे।

"और इन हाथियों के साथ अदहम ख़ान ने तुम्हें यहाँ भेजा है," अकबर की आवाज़ से तो नहीं मगर तर्ज़-ओ-अन्दाज़ से उसका ग़ुस्सा साफ़ ज़ाहिर था।

सादिक ख़ान ख़ामोश खड़ा रह गया।

सूरज के उफ़क़ पर पहुँचते-पहुँचते कई भिश्ती पानी से भरी मश्क ले आए थे। पत्थर के तपते फ़र्श पर छिड़काव होते ही भभूके उठने लगे और हवा भारी हो चली। मगर दूसरी बार छिड़काव होने पर ख़ुशनुमा ठंडक छा गई। धूपदानों में रखे सुलगते हुए कोयलों पर लोबान डालकर उन्हें जगह-जगह रख दिया गया।

तेल से भीगी रुई को मशालों में डालकर अँधेरे से पहले ही क़िले की दीवारों में लगे पीतल के कुंदों में फँसा दिया गया था। अँधेरा होते ही मशालें जल उठीं। हरेक मशाल के बग़ल में लम्बी टोंटीवाली तेल की कुप्पी के साथ एक तेलिया खड़ा था, जो

तेल को रुक-रुककर उसमें टपकाता जा रहा था। ख़ूबसूरत नक़्क़ाशी किए हुए चाँदी के शमादानों में मोटी और ऊँची मोमबत्तियाँ दीवानख़ाना-ए-ख़ास के अन्दर जल उठीं। पूरे चाँद की रात में इन मशालों व मोमबत्तियों की संख्या सबसे कम होती है और चाँद के घटने के साथ यह संख्या बढ़ती जाती है।

तभी मुअज़्ज़िन ने इशा की नमाज़ के लिए अज़ान दी।

ख़यालों में ग़ाफ़िल अकबर जैसे नींद से जागा। सादिक़ ख़ान को रुख़्सत देकर उसने वुज़ू किया और नमाज़ पढ़ने के बाद टोडरमल व मिर्ज़ा अज़ीज़ कोका को तलब कर उन्हें शिकार पर चलने की तैयारी करने का हुक्म दिया, बिना यह ज़ाहिर किए कि जाना कहाँ है। परेशान-ख़यालों में डूबे हुए अकबर को उस रात एक लम्हा भी नींद नहीं आई।

'अदहम ने वही किया है जो सुल्तान शेरशाह ने मेरे अब्बा के साथ किया था और जिस वजह से ही मैं सुल्तान से इतनी नफ़रत करता हूँ। अदहम ने यह सही नहीं किया!'

चुनिन्दा चालीस लोगों को साथ लेकर अगली सुबह अकबर मग़रिब की तरफ़ चल दिया और तक़रीबन पचास कोस के बाद अचानक उसने दक्खिन में मालवा का रुख़ किया। जब वह झालावाड़ पहुँचा तो पता चला कि मालवा पहुँचने की जल्दी में अदहम ख़ान गागरौन के क़िले को बाज़ बहादुर के क़िलेदार के क़ब्जे में ही छोड़कर आगे बढ़ गया है। भरपूर इनाम का वादा पाकर क़िलेदार ने बिना कोई मुख़ालफ़त किए क़िला अकबर के हवाले कर दिया और इनाम के साथ ही एक जागीर भी पाई। बीच-बीच में शिकार का अपना शौक़ भी पूरा करते हुए अकबर सोलहवें दिन मांडू में था। अकबर के चेहरे पर ग़ुस्से की झलक देख अदहम ने ख़ज़ाने का एक हिस्सा अकबर को नज्र कर दिया और साथ ही बाज़ बहादुर के हरम से उठाई गई कुछ रक़्क़ासाएँ भी।

देर रात चन्द उमरा ने आकर अकबर को कोर्निश की और ख़ुफ़िया तौर पर कुछ अर्ज़ करने की उससे इजाज़त चाही।

"तख़लिया!" हुक्म सुनते ही उन उमरा के सिवा बाक़ी सब लोग बाहर चले गए।

"जहाँपनाह! जिस रोज़ जश्न-ए-फ़तह मनाया जा रहा था, जनाब अदहम ख़ान और जनाब पीर मुहम्मद शेरवानी ने क़ैदियों को एक-एक करके बुलाया और उन सबके सिर बेरहमी से कलम कर दिए," एक अमीर ने बताया।

"जहाँपनाह! सय्यद और शेख़ जो अपने हाथों में क़ुरआन शरीफ़ लिये हुए थे, उन तक को नहीं छोड़ा!" दूसरा अमीर बोला

"आलमपनाह! उन ज़ालिमों ने तो औरतों और बच्चों को भी नहीं बख़्शा! उनकी चीख़ें गूँजती रहीं मगर वे संगदिल उन्हें हलाक करते ही चले गए," कहते हुए तीसरे अमीर की आँखें भर आईं।

"ऐसा यह लोग कैसे कर सकते थे?" अकबर को यक़ीन ही नहीं हो पा रहा था। "हैवानियत की यह तो इन्तिहा है! यहाँ जो उमरा मौजूद हैं, क्या उनमें से किसी ने भी इस ज़ुल्म के ख़िलाफ़ कोई आवाज़ नहीं उठाई?" एक-एक करके सबके चेहरे पर अकबर ने नज़र दौड़ाई।

"उठाई थी जहाँपनाह! कई दफ़ा उन्हें रोकना चाहा। उन्होंने मगर हर एतराज़ को दरकिनार कर दिया। जनाब पीर मुहम्मद को याद भी दिलाया गया कि बेगुनाह औरतों

और बच्चों को हलाक करने की इस्लाम में मुमानियत है। यह सुनकर उन्होंने हँसते हुए कहा कि अगर रात भर के लिए भी इन्हें ज़िन्दा छोड़ा गया तो इनका अंजाम क्या होनेवाला है, इससे भी जनाब वाक़िफ़ होंगे ही।"

उमरा ने यह भी बयाँ किया कि "अदहम ख़ान ने बाज़ बहादुर के ख़ज़ाने का आधा भी अभी अकबर को पेश नहीं किया है, और न ही हरम में मिलीं सारी लड़कियाँ उसके हुज़ूर में पहुँचाई हैं।"

वकील-अस-सल्तनत न होने पर भी माहम अंगा का ख़ुफ़िया निज़ाम अभी काफ़ी कारगर था और अगले ही रोज़ वह मांडू में थी।

"यह मैं क्या सुन रही हूँ अदहम? बादशाह की मिल्कियत को खुलेआम हड़पे ले रहे हो!"

"लेकिन अम्मी तुमने ही तो कहा था कि मालवा में मुझे पूरी छूट होगी और..."

"लेकिन इस तरह नहीं बेवक़ूफ़! और न ही इतनी जल्दी," अदहम को माहम ने लताड़ लगाई।

अपनी माँ के दबाव में अगले ही रोज़ अदहम ख़ान ने बाज़ बहादुर का बाक़ी ख़ज़ाना और उसके हरम से लाई गई सभी लड़कियाँ भी अकबर की ख़िदमत में पेश कर अपनी ख़ता के लिए मुआफ़ी चाही और अपने बेटे के लिए रहमदिली की माहम अंगा ने अकबर से सिफ़ारिश कर दी। माहम की बात टालना अकबर के लिए कैसे मुमकिन था? लिहाज़ा अदहम ख़ान को जान की अमान बख़्श दी गई।

लेकिन अपनी माँ का लाड़ला बेटा फिर एक बेवक़ूफ़ी कर बैठा। हरम में मिली दो लड़कियों पर वह बुरी तरह फ़िदा था। उन दोनों लड़कियों को रात में वह चुपके से ले उड़ा। मगर अदहम की बदक़िस्मती कि उन लड़कियों के साथ आई हुई एक और लड़की इस बात से जल-भुन गई कि अदहम ख़ान उन दो लड़कियों पर ही क्यों इतना फ़िदा है। सुबह होते ही उसने बादशाह के हुज़ूर में पेश होने की इजाज़त माँगी और अकबर के सामने सारा राज़ फ़ाश कर दिया।

तेज़ घुड़सवार फ़ौरन ही चारों तरफ़ दौड़ाए गए मगर उन लड़कियों का कहीं कुछ पता न चला।

"जहाँपनाह! लड़कियों को माहम के हुक्म से क़त्ल कर दफ़ना दिया गया है," माहम अंगा की एक कनीज़ ने अकबर के हुज़ूर में ख़ुद ही पेश होकर बयान दिया। "जिस्म से जुदा हो चुके सिर शोर नहीं मचाते, हुक्म देते वक़्त उन्होंने फ़रमाया था।"

यह सुनकर अकबर बदहवास रह गया। और वह आईना जिसमें माहम का अक्स एक रहमदिल फ़रिश्ते सरीखा उतरा हुआ था, उस रोज़ से ही जिस रोज़ काबुल में गरजती हुई तोपों के सामने से जलाल को वह बेख़ौफ़ उठा ले गई थी, चूर-चूर होकर बिखर गया।

मांडू में अदहम ख़ान ने क़ैदियों के साथ जो किया उसके बारे में अकबर कई रोज़ तक सोचता रहा और इस बाबत सलीमा व अपने ख़ास सलाहकारों के साथ मशविरा भी करता रहा। शिकस्त-ख़ुर्दा दुश्मन के औरतों-बच्चों को हलाक करने की इजाज़त शरीअत में नहीं है। मगर ग़ुलाम उन्हें बनाया जा सकता है जैसा कि रसूलुल्लाह ने भी किया था। उन्हें मगर ग़ुलाम भी क्यों बनाया जाए? न तो इसकी वजह अकबर को समझ

में आई, न ही ऐसा करना उसे मुनासिब मालूम हुआ। और उसने दुश्मन के औरतों-बच्चों को हलाक करने या उन्हें ग़ुलाम बनाने को नाजायज़ व ग़ैर-क़ानूनी ठहराते हुए एक फ़रमान जारी कर दिया।

'किसी ख़ाविन्द ने अगर बदअमनी का तरीक़ा इख़्तियार किया है तो इसमें उसकी औरत का क्या क़सूर? और अगर एक वालिद ने बग़ावत का रास्ता पकड़ा है तो इसमें उसके बच्चों की क्या ग़लती है?'

"जहाँपनाह! जनाब अदहम ख़ान के इन्तक़ाल की ख़बर क्या माहम अंगा को पहुँचा दी जाए?" एक हिजड़े ने ख़्वाबगाह के बाहर से ही पूछा।

"नहीं! उन्हें इत्तिला हम ख़ुद करेंगे।" खोए-खोए अन्दाज़ में अकबर ने जवाब दिया।

'इसमें शक की कोई वजह नहीं कि शरीअत अल्लाह का हुक्म है' अदहम ख़ान की दर्दनाक मौत का अफ़सोस करते हुए अकबर फिर से अपने ख़यालों में डूब गया। 'और मैं अपनी हुकूमत शरीअत की हिदायतों के मुताबिक़ ही चला रहा हूँ। क़त्ल की सज़ा शरीअत में बिलकुल साफ़ बयाँ है—जान के बदले जान। लेकिन जो मैंने किया, वह इस वजह से तो वाजिब नहीं हो जाता! अदहम को सज़ा-ए-मौत देना तो बेशक इंसाफ़ के हक़ में था। अगर बदमाशों को सज़ा न दी जाए तो नेक और कमज़ोर इनसानों का जीना दुश्वार हो जाए। मगर ऐसे बेरहम तरीक़े से सज़ा देना यक़ीनन जायज़ नहीं था। यह अफ़सोसनाक काम मुझसे हालाँकि ग़ुस्से में हुआ, मगर इस वजह से मेरा यह क़दम वाजिब तो नहीं हो जाता! कहीं ऐसा तो नहीं कि यह बेरहमी मेरी फ़ितरत में है? क्या इसी वजह से जानवरों का शिकार करने में मुझे इतना लुत्फ़ हासिल होता है?'

'मगर यह तो क़ुदरत का क़ानून है। ताक़तवर जानवर को ज़िन्दा रहने के लिए अपने से कमज़ोर जानवर का शिकार करना ही होता है। अल्लाह को अगर इस पर एतराज़ होता कि जानवर का शिकार किया जाए तो वह उसकी बनाई हुई कायनात में हर ज़िन्दा शै की आदत और पसन्द उसी मुताबिक़ बना सकता था। अल्लाह तो अल-क़ादिर[1] है। अल-अलीम है। उसके हुक्म से जानवर और इनसान जंगलात की पैदावार पर ही ज़िन्दा रहने के आदी हो सकते थे।'

'इसके अलावा भी, बिना किसी को हलाक किए या बिना किसी का ख़ून बहाए एक बादशाह अपनी हुकूमत को क़ायम कैसे रख सकता है? उसे दुश्मनों से लड़ना है और गुनाहों की सज़ा भी उसे सुनानी है। शरीअत के ख़िलाफ़ मैं कभी जा नहीं सकता और न ही उलेमा की राय के ख़िलाफ़, जो मुझे बताते हैं कि कई गुनाहों के लिए शरीअत में सिर्फ़ सज़ा-ए-मौत मुक़र्रर है। इस्लाम से फिर जाना, पराई औरत के साथ जिस्मानी ताल्लुकात रखना, सरेआम डाका डालना और हाकिम पर क़ातिलाना हमला करना या उससे गद्दारी करना : इन सभी गुनाहों के लिए उलेमा बताते हैं कि शरीअत में सज़ा-ए-मौत ही तय की हुई है। और इन गुनाहों के लिए यह सज़ा ही देना मेरा फ़र्ज़ बनता है। मगर अपने फ़ैसलों में और उनके अमल में ग़ुस्से का दख़ल जायज़ नहीं! इस तरह का वाक़या आगे न पेश आने पाए इसके लिए कोई क़दम उठाना ही होगा।'

और एक फ़रमान जारी हुआ।

---

1. सर्वशक्तिमान, अल्लाह के निन्यानबे नामों में से एक।

'किसी भी सज़ा-ए-मौत के फ़रमान पर अमल तब तक नहीं किया जाएगा जब तक कि बादशाह ख़ुद उस फ़ैसले की तस्दीक़ तीन दफ़ा न कर दें। क़ाज़ियों को सलाह दी जाती है कि फ़ैसले लेने में वे रहम को तरजीह दें। गुनहगार से वे मुआफ़ी भी क़बूल कर सकते हैं, मगर किसी भी बदकिरदार शख़्स के साथ कोई रियायत नहीं की जाए और बदमाशों को सज़ा ज़रूर मिले इस बात का इत्मीनान करते रहें। इसके अलावा यह भी ख़याल रहे कि भूखा होने पर या ग़ुस्से की हालत में क़ाज़ी कोई फ़ैसला न सुनाएँ।'

माहम अंगा को अकबर ने जब पूरा वाक़या सुनाया तो उसने बिना कोई जज़्बात ज़ाहिर किए हुए कहा कि अकबर ने जो किया ठीक ही किया। लेकिन अदहम की लाश को देखने तक से उसने इनकार कर दिया। उसके बाद से मायूसी के अँधेरों में वह डूबती ही चली गई और चालीस रोज़ बाद उसका भी इन्तक़ाल हो गया।

माँ-बेटे के लिए अकबर ने दिल्ली के नज़दीक ही एक हश्त-पहलू[1] मक़बरा बनाए जाने का हुक्म दिया, बजाय आम तौर पर बनाए जानेवाले शश-पहलू[2] मक़बरे के। इसकी वजह को ज़ाहिर उसने कभी नहीं किया।

अपने अतगा के मक़बरे के लिए उसने दिल्ली में ख़्वाजा निज़ामुद्दीन चिश्ती औलिया की दरगाह के नज़दीक ही एक जगह पसन्द की और वहाँ एक छोटा, चौकोर व सादगी भरा लेकिन निहायत ही ख़ूबसूरत मक़बरा उसने बनवाया। और उसके हुक्म से सफ़ेद संगमरमर की उसकी दीवारों को *क़ुरआन* की ऐसी आयतों से सजाया गया जो शहीदों की क़ुरबानी का एहतराम करती हैं।

जल्द ही बेगम हमीदा बानो ने अपने शौहर के लिए जमना किनारे इस मक़बरे के नज़दीक ही जगह पसन्द कर ली। हेरात से वही दो ख़ास ईरानी कारीगर उन्होंने बुलवाए जिन्होंने शम्सुद्दीन ख़ान का मक़बरा बनाया था और उस मक़बरे के जैसा ही मगर उससे काफ़ी बड़ा गुम्बद हुमायूँ के मक़बरे के लिए उन्होंने तामीर करवाया। और फिर इस मक़बरे के चहार-जानिब ख़ूबसूरत बाग़ लगाया गया—क़ुरआन-ए-पाक में बतलाए हुए बाग़-ए-जन्नत की तर्ज़ पर—बहते हुए पानी की नहरों और फलों से लदे हुए दरख़्तों से भरा हुआ।

---

1. अष्टभुजाकार।
2. षड्भुजाकार।

ख़ौफ़ का चेहरा

माहम अंगा के इन्तक़ाल फ़रमा जाने के बाद आगरा के उमरा ने अकबर के हुज़ूर में एक ख़त पेश किया जो कि उन्हें बैरम ख़ान ने लिखा था। जिसे उसकी बग़ावत कहा जा रहा था उसकी असलियत को ज़ाहिर करते हुए ख़त में उसने उमरा को लिखा,

'यह कारगुज़ारी ख़ास तौर पर माहम अंगा की है जिसने मेरी तबाही को ही अपनी ज़िन्दगी का मक़सद बना रखा है।'

साथ ही उमरा से मदद की गुज़ारिश करते हुए उसने अपना मज़बूत इरादा भी ज़ाहिर किया कि, 'जिस साज़िशी गिरोह ने हमारे रहमदिल बादशाह को गुमराह करने के मक़सद से उनके कान भरे हैं, उसे तो सबक़ सिखाना ही होगा।'

ख़त में उसने यह अहद भी किया कि इस मसले को निपटा लेने के फ़ौरन बाद वह हज के लिए निकल पड़ेगा।

उस रात अपने ख़ान बाबा को याद करके अकबर देर तक रोता रहा। दुनियावी मसले जो अब तक उसे सीधे-सरल नज़र आते थे, जिनका निपटारा आसानी से आमने-सामने रहकर किया जा सकता था, यकायक पेचीदा हो गए। अब यहाँ एक पिछवाड़ा भी था जहाँ उसके अपने और भरोसेमन्द लोग ही उससे फ़रेब कर सकते थे और ख़ुफ़िया तौर पर उसके इर्द-गिर्द साज़िशी माहौल पैदा कर सकते थे।

जंगबाज़ी में तो अकबर को ज़बर्दस्त महारत हासिल थी। मैदान-ए-जंग में फ़ौज को कैसे उतारना है और फिर दुश्मन की फ़ौज के साथ मुक़ाबला करना है, इस सबका इल्म उसे बख़ूबी हासिल था। हुकूमत के मामले कैसे निपटाना है, यह भी थोड़ा-बहुत वह अपने ख़ान बाबा की शागिर्दी में रहकर सीख गया था। मगर साज़िश और फ़रेब से कैसे निपटना है, यह सलाहियत उसमें क़तई न थी। किस पर यक़ीन करे और किस पर न करे, यह समझ पाना उसके लिए अब बिलकुल भी मुमकिन नहीं हो पा रहा था। और इस वजह से वह हैरान-परेशान रहने लगा। फ़ैसला लेने की अपनी क़ाबिलियत पर उसे शुबहा होने लगा। और कोई ग़लत क़दम वह न उठा ले, इस डर की वजह से वह फ़ैसले लेने से ही कतराने लगा। सियासी शतरंज पर एक ग़लत चाल या जंग के मैदान में एक शिकस्त और उसका शाही तख़्त देखते ही देखते उससे छिन सकता है—यह वह बख़ूबी जानता था।

अफ़ग़ान अभी तक भी काफ़ी ताक़तवर थे और इस इन्तज़ार में थे कि वक़्त का फेर कब उनकी क़िस्मत चमका दे। कि दिल्ली के तख़्त पर बैठा हुआ कल का लौंडा कब कोई ऐसी ग़लती कर बैठे जो उसे अपने वालिद की मानिन्द हिन्दुस्तान छोड़कर भाग जाने पर मजबूर कर दे।

सिर्फ़ अपने चालीस वफ़ादारों को लेकर जब वह मालवा जा धमका था, तब वहाँ एक अफ़वाह अकबर के कानों में पड़ी थी कि अदहम ख़ान ने घात लगाकर उसका काम तमाम करने का इरादा कर रखा है। अकबर के लिए यह नाक़ाबिले यक़ीन था कि उसका बचपन का यार ऐसी ज़लील हरकत करे। फिर भी एहतियातन वह होशियार रहने लगा था और उसके बाद से अपनी रातें उसने जागे हुए ही बिताईं। लेकिन शम्सुद्दीन ख़ान का अदहम के हाथों दिन-दहाड़े क़त्ल हो जाने पर उसे ख़याल हुआ था कि मुमकिन है वह अफ़वाह कोरी अफ़वाह न रही हो।

'क़िले में घुसकर अतगा को खुलेआम हलाक करके अदहम ने साबित कर दिया कि मेरा क़त्ल करने के मनसूबे बाँधने की बेवक़ूफ़ी वह कर सकता था। मगर उस साज़िश में क्या वह अकेला ही शामिल रहा होगा? अतगा को ऐसा क्या मालूम हो गया जो अदहम उनकी जान का दुश्मन बन बैठा? सवाल कई थे लेकिन जवाब किसी का नहीं। और न ही ऐसा कोई शख़्स उसे नज़र आ रहा था जो इन सवालों के जवाब उसे दे सके।

मगर घटा जब घनघोर होती है उसी वक़्त तो बिजली चमका करती है! टोडरमल को अपने बादशाह की मुश्किलात का अहसास हो चुका था। और उसकी राय में इनका एक ही इलाज़ था—मज़बूत ख़ुफ़िया महकमा। अपने दीवानी-निज़ाम को बेहतर ढंग से चलाने और लगान व महसूल की वसूली में लापरवाही व गड़बड़ी से निपटने के लिए उसे भी ख़ुफ़िया तौर पर सल्तनत के हर इलाक़े की ख़बर ले आनेवाले मुलाज़िमों की सख़्त ज़रूरत महसूस हो रही थी।

इस बाबत उसने अकबर से मशविरा किया और फिर अकबर ने एक अख़बार-नवीस महकमा क़ायम करने का फ़ैसला किया।[1] इस महकमे के तहत हर परगने में एक वाक़या-नवीस तैनात किया जाएगा जो गाँव-गाँव घूमकर अपने ख़बरी बनाएगा। हर सूबे के सदर मुक़ाम में एक सवाई-निगार होगा जो सूबे की अन्दरूनी व सियासी ख़बरें मुस्तैदी के साथ बादशाह के पास पहुँचाएगा और ख़ास ख़बर के लिए इनाम भी पाएगा। और सबसे ख़ास होंगे ख़ुफ़ियानवीस जिन्हें अकबर ख़ुद मुक़र्रर करेगा और जिनके नाम दफ़्तर में कहीं भी इन्दिराज नहीं होंगे, तनख़्वाह की फ़ेहरिस्त-ए-अदायगी[2] में भी नहीं। उन्हें उनकी तनख़्वाह बादशाह के किसी ख़ास और भरोसेमन्द मातहत की मार्फ़त हासिल हुआ करेगी। और जो भी तफ़्तीश व तहक़ीक़ात वे करेंगे उसका तहरीरी[3] बयान या तो ख़ुद हाज़िर होकर वे बादशाह की ख़िदमत में पेश करेंगे या फिर बादशाह की शाही मोहर चस्पाँ किए हुए फ़रमान को लेकर आए शख़्स के हाथों में उस बयान को वे सौंपेंगे।

वकील-अस-सल्तनत का ओहदा मगर अब भी ख़ाली था। इस ओहदे के लिए दावेदार हालाँकि कई थे मगर वे एक-दूसरे की ख़ामियाँ अकबर को गिनवाकर उसकी उलझन को बढ़ाते रहते।

---

1. इस महकमे की बदौलत ही हिन्दुस्तान में पहले-पहल अख़बार का प्रकाशन और प्रचलन हुआ। देखें, 'टिप्पणियाँ'।
2. Payroll.
3. लिखित।

इन सियासी दाँव-पेचों से जब वह ज़्यादा ही परेशान हो जाता था तो सिर्फ़ सलीमा की सोहबत में ही उसे सुकून मिलता।

सलीमा के कमरे में अकबर जब दाख़िल हुआ तो वह पेट के बल लेटी हुई मौलाना रूमी की मसनवी को पढ़ते हुए हौले-हौले गुनगुना रही थी। पढ़ने की सलीमा निहायत ही शौक़ीन थी और उसकी रिहाइशगाह का बड़ा हिस्सा बड़ी-बड़ी अलमारियों में करीने से जमाई हुई किताबों से भरा पड़ा था। इसी वजह से जब भी कोई उम्दा किताब अकबर के हाथों में आती तो ख़ुश-नवीसों[1] से उसकी नक़ल करवा कर सलीमा को वह बिना चूके भिजवाया करता। सुख़न कहने में भी वह माहिर थी और मख्फ़ी[2] तख़ल्लुस से शायरी किया करती थी। जब भी उसके साथ अकबर होता तो हुकूमत के मसलों के अलावा भी दुनिया-जहान की बातें दोनों में हुआ करतीं—तवारीख़ व फ़लसफ़े की बातें, तहज़ीब की और मज़हब की बातें। साथ ही उसे दुनिया भर के आलिम-फ़ाज़िल सुख़नवरों के कलाम भी तरन्नुम में वह सुनाया करती—उमर ख़य्याम और रूमी से लेकर हाफ़िज़ तक के। अलबत्ता गाहे-ब-गाहे यह गुफ़्तगू घरेलू और ज़ाती मसलों तक भी जा पहुँचती।

"जलाल! मानकोट में तुमसे मैंने एक सवाल पूछा था। क्या कभी ख़ौफ़ का अहसास तुम्हें हुआ है? और जवाब में तुम सिर्फ़ मुस्कुरा दिए थे। जहाँपनाह!" घुटने तक आते और कमर पर से घेरदार हरे अंगूरों के रंगवाला रेशमी कुरता सँभालते हुए सलीमा उठ खड़ी हुई और दरबारी अन्दाज़ में अकबर के सामने पूरा नीचे झुककर कोर्निश बजाते हुए बोली, "वह सवाल जवाब न मिलने का आज भी फ़रियादी है!"

और उसका क़हक़हा गूँज उठा।

अकबर ने सिर झुका लिया और संजीदा चेहरा लिये ख़ामोश बैठा रहा। यह देखकर सलीमा हैरान रह गई।

"क्या बात है जलाल? तबीयत तो नासाज़ नहीं?" कहते हुए अकबर के माथे पर उसने अपनी हथेली रख दी। "बुख़ार तो नहीं है। चलो, थोड़ा आराम कर लो।" कहते हुए उसने अकबर का हाथ थामा और ले जाकर उसे अपने बिस्तर पर लिटा दिया।

सलीमा के चेहरे को अकबर ने ग़ौर से देखा। अपने ज़ाती ग़म किसी के भी साथ साझा करना उसकी फ़ितरत में शुमार न था। मगर आज अपनी ज़िन्दगी के राज़ सलीमा के सामने ज़ाहिर कर देने की ज़बर्दस्त ख़्वाहिश उसके दिल में जाग उठी।

'बड़ा भारी वज़न उतर जाएगा मेरे दिल से! और फिर इसके लिए सलीमा से बेहतर कौन होगा?'

अकबर उठ बैठा और सोचने लगा कहाँ से शुरू करूँ। देर तक ख़ामोशी छाई रही और अकबर को सलीमा बिना पलक झपकाए देखती रही।

"आज तुम्हें सब कुछ मैं शुरू से ही सुनाता हूँ," खिड़की से होकर फ़र्श पर आ पसरी सूरज की किरणों पर नज़र जमाए हुए अकबर ने कहा।

"हाँ! मुझे आज सब बताओ! कुछ भी मुझसे पोशीदा न रखना," अकबर के बग़ल में बैठते हुए सलीमा ने अपने हाथ उसके हाथों पर रख दिए।

---

1. सुलेखकों।
2. गुप्त।

"काबुल में सलीमा तुम मेरे साथ तो थीं।" अकबर ने ज़रा हिचकिचाते हुए अपनी दास्तान छेड़ी। "लेकिन पता नहीं कि तुम्हें यह वाक़फ़ियत है कि नहीं। शायद नहीं... मगर...शायद हो भी सकती है।"

"मुझे क्या वाक़फ़ियत नहीं?" सलीमा ने हैरान लहजे में पूछा। "क्यों? काबुल में ऐसा क्या होता रहा जो मुझे नहीं मालूम? पहेलियाँ मत बुझाओ! साफ़-साफ़ बताओ। जानने को मैं बेताब हो रही हूँ कि क्या है जो तुमने मुझसे अब तक पोशीदा रखा हुआ है?"

"नहीं, मैं नहीं समझता कि तुम्हें वाक़ई मालूम हो पाया होगा कि किस जहन्नुम का उस वक़्त मैं नज़ारा कर रहा था। हाँ! यक़ीनन वह जहन्नुम ही था!" सलीमा की आँखों में सवाल उभरता देख अकबर ने दोहराया। "अलबत्ता चन्द अच्छे रोज़ भी थे। लेकिन ख़ौफ़ और शक-ओ-शुबहों से भरा वक़्त मेरी याददाश्त में ज़्यादा है।"

सलीमा की निगाह में ग़ैर-यक़ीनी देख अकबर ने हलके से उसके हाथों को दबाया। "हाँ! यह सही है। अब्बा और अम्मी की याद तो उन दिनों की नहीं है मुझे क्योंकि जब मैं सिर्फ़ साल भर का था तो अमरकोट में मुझे वे शम्सुद्दीन अतगा के हवाले करके ईरान चले गए थे। लेकिन कन्धार से काबुल तक का वह सफ़र मेरी यादों में आज भी बसा हुआ है, अलबत्ता कुछ धुँधला-सा ही। मैं सिर्फ़ तीन बरस का ही तो था! मगर उन वीरान रातों के गहरे अँधेरों को मैं अब भी देख सकता हूँ और हड्डियों को गला देनेवाली ठंड को अब भी मैं महसूस कर सकता हूँ।" कहते हुए अकबर के बदन में सिहरन दौड़ गई।

यह ख़बर पाकर कि ईरान के शाह तहमास्प की मदद से बारह हज़ार क़िज़िलबाश[1] घुड़सवारों की फ़ौज लेकर हुमायूँ बादशाह कन्धार के लिए चल पड़े हैं, मिर्ज़ा कामरान ने कन्धार के क़िलेदार मिर्ज़ा अस्करी को फ़रमान पहुँचाया कि जलाल को वह काबुल के लिए फ़ौरन रवाना करवा दे। गुज़श्ता दो सालों में जलाल मिर्ज़ा अस्करी की शरीक-ए-हयात सुल्तानम बेगम का लाड़ला बन चुका था। मिर्ज़ा कामरान को पैग़ाम भेजा गया कि ठंड बेतहाशा है और ऐसे में हिन्दूकुश की बर्फ़ीली वादियों से होकर पन्द्रह रोज़ का सफ़र तीन साल के बच्चे के लिए जानलेवा हो सकता है। मगर कामरान अपनी ज़िद पर अड़ा रहा कि जलाल को काबुल के लिए फ़ौरन रवाना किया जाए। जलाल तो उसके लिए सियासी शतरंज के उस खेल का वज़ीर था जो वह काबुल पर क़ाबिज़ रहने के लिए अपने बड़े भाई के साथ खेलने जा रहा था।

"काबुल की मेरी पहली-पहली याद झुर्रियों से भरे हुए वे दो हाथ हैं, मेरे पहुँचते ही जिन्होंने मुझे उठा लिया था और झुर्रियों भरा ही चेहरा जो मुझे देख खिल उठा था और मेरे गालों को जिसने चूम लिया था। वे मेरी दादी ख़ानज़ादा बेगम थीं। निहायत ही मजबूत ख़ातून थीं वे जिनका हुक्म कोई नहीं टाल सकता था—मिर्ज़ा कामरान भी नहीं। उन्होंने मुझे अपनी सरपरस्ती में रख लिया। दिल-ओ-जान से वे मुझसे मोहब्बत करती थीं।" अकबर के चेहरे पर ऐसी मीठी मुस्कान छा गई मानो वह कोई ख़ुश-ख़्वाब देख रहा हो। "मैं भी उनसे बेहद मोहब्बत करने लगा था। उनका वह गहरी झुर्रियों भरा

1. शब्दश: अर्थ है 'लाल सिर'; लाल टोपीवाले शिया लड़ाके जिन्होंने ईरान में सफ़वी वंश का राज स्थापित होने में सबसे महत्त्वपूर्ण भूमिका निभाई।

मेहरबान चेहरा और मोहब्बत की बारिश करती हुई उनकी छोटी-छोटी आँखें! तुमने भी उन्हें यक़ीनन ही देखा होगा।"

सिर को हिलाकर सलीमा ने हामी भरी। "उन्हें सिर्फ़ देखा ही नहीं, उनका लाड़ भी पाया था।" संजीदगी से यह कहते हुए सलीमा अकबर को बड़े ग़ौर से देख रही थी।

"कैसा सुकून था उन आँखों में! और कैसा इत्मीनान! यह उस हालत में ही मुमकिन है जब ज़िन्दगी ने मुश्किलों के तूफ़ान क़दम दर क़दम बर्दाश्त किए हों, और जब तक़लीफ़ों के समन्दर की मौजों से मुक़ाबिल होते हुए ही ज़िन्दगी गुज़री हो। उन आँखों को मैं आज भी देख सकता हूँ। उनके नज़दीक रहकर मैं ख़ुद को महफ़ूज़ महसूस करता था।"

कहते हुए अकबर अपनी आँखों को मूँदकर अपनी दादी के ख़यालों में खो गया जिनकी ज़िन्दगी वाक़ई मुसीबतों से जूझते हुए ही बीती थी।

"फिर?" अकबर की ख़ामोशी सलीमा को बेचैन करने लगी।

"जिस वक़्त अब्बा की फ़ौज ने कन्धार के क़िले पर घेरा डाला हुआ था, नाक़ाबिले-बर्दाश्त ठंड के बावजूद वे वहाँ पहुँच गईं और उन्होंने मिर्ज़ा अस्करी के साथ अब्बा की सुलह करवाने के बाद क़िले का क़ब्ज़ा उनको दिलवा दिया। मगर जब वे वापस काबुल के लिए रवाना हुईं, ठंड और भी ज़्यादा हो चली थी जिस वजह से रास्ते में ही उनका इन्तक़ाल हो गया," अकबर ने गहरी ठंडी साँस भरी। "उन्हें क्या हुआ था यह समझ पाने के लिए मैं बहुत छोटा था। बस दादी के पास जाने के लिए मैं रोता रहता। कई रोज़ तक मैं क़िले के दरवाज़े पर सुबह से लेकर शाम तक बैठा रहा, इस उम्मीद में कि यकायक वे आ पहुँचेंगी और मुझे उठाकर अपनी आग़ोश में ले लेंगी।"

अकबर की आवाज़ काँपने लगी थी और चेहरे पर आया पसीना पोंछने के बहाने उसने अपनी आँखों की भीगी हुई कोर भी सुखा ली।

"धीरे-धीरे यह उम्मीद कम होती चली गई और फिर उनकी याद भी वक़्त के साथ धुँधलाती चली गई।"

"हाँ! मुझे याद है," अपनी आँखों में छलक आए आँसुओं को दुपट्टे से पोंछते हुए सलीमा बोली। "जब उनका जनाज़ा उठा था और अम्मी के साथ बाक़ी औरतें भी बुक्का फाड़कर रो पड़ी थीं तो मैं भी रोने लग गई थी।" कहते हुए सलीमा ने अकबर के चेहरे को देखा जिस पर ग़म की लकीरें गहराने लगी थीं। "मुझसे भी वे बहुत मोहब्बत करती थीं। मगर यह अन्दाज़ा मुझे नहीं था कि उनका इन्तक़ाल हो जाने से तुम्हें इतना ज़्यादा सदमा पहुँचा होगा।"

"तुम बड़ी थीं। और फिर तुम्हारी अम्मी भी तो तुम्हारे साथ थीं।"

"इस पर क्या हम और कभी बात नहीं कर सकते?" अकबर की वीरान आँखों में दर्द उभरते हुए देख सलीमा उसके हाथों को सहलाते हुई बोली।

लेकिन इस बात से बेख़बर कि सलीमा ने कुछ कहा है, अपनी ही रौ में अकबर कहता चला गया।

"फिर अब्बा आ पहुँचे और उन्होंने काबुल को फ़तह कर लिया। पीछे-पीछे अम्मी भी आ गईं। कितना ख़ूबसूरत था वह वक़्त जो उनके साथ गुज़रा! मगर अब्बा और

अम्मी का दामन बदक़िस्मती ने अभी छोड़ा कहाँ था? एक मुहिम पर अब्बा बदख़्शाँ गए हुए थे कि ख़बर आई वे नहीं रहे। मिर्ज़ा कामरान ने, जो यह ख़बर लेकर आया था, ज़िद पकड़ ली कि अब उसके नाम का ख़ुत्बा पढ़वा दिया जाए। लेकिन अब्बा के इन्तक़ाल की ख़बर जब तक सही साबित नहीं हो जाए, ऐसा होने देने के लिए कोई तैयार न था। ग़ुस्से में आकर उसने हमारे पूरे कुनबे को एक कमरे में ठूँस दिया और उसके सभी खिड़की-दरवाज़े ईंट-गारे से चिनवा दिए। बेइन्तिहा ख़ौफ़-ओ-दहशत का वक़्त था वह! हम सबका दम ही घुट जाता अगर छत में एक छेद न होता जिसमें से रस्सी लटकाकर हमें खाना-पानी पहुँचाया जाता था। कुछ रोज़ बाद गुलबदन फूफी भी हमारे साथ आ गईं। उन्होंने जब सुना कि हम लोगों को इस तरह क़ैद कर लिया गया है तो मिर्ज़ा कामरान से उन्होंने गुज़ारिश की कि उन्हें हमारे ही साथ रहने दिया जाए। 'जिन हालात में वे रह सकते हैं उन हालात में मैं भी रह सकती हूँ।' मिर्ज़ा कामरान से उन्होंने कहा था।"

"कैसा दर्दनाक वक़्त था वह! अम्मी सारा वक़्त रोती रहतीं और उन्हें देखकर मैं भी रो पड़ता। फूफी और बड़ी अम्मी उन्हें दिलासा देने की कोशिश करतीं कि अल्लाह बड़ा कारसाज़ है। कोई न कोई रास्ता इस हालात से बाहर निकालने का वह ज़रूर तजवीज़ करेगा। मगर अम्मी को उससे कोई तसल्ली हासिल न हो पाती थी।"

अकबर की आँखों में आँसू भर आए थे। उसके हाथों को सलीमा ने अपने हाथों में ले लिया। ख़ुद को वह अब कोस रही थी कि मानकोटवाली बात उसने छेड़ी ही क्यों?

"ख़ुद को और तकलीफ़ मत दो जलाल! इस मसले पर शायद बाद में कभी बात करना बेहतर होगा।"

सलीमा के दुपट्टे से अपनी आँखें पोंछकर अकबर ने मनाही में सिर हिलाया।

"नहीं! मुझे कहने दो। आज मुझे कह लेने दो।" आवाज़ में लर्ज़िश को दबाने के लिए कुछ देर ठहरकर अकबर ने अपनी दास्तान-ए-ग़म फिर शुरू की। "तक़रीबन एक हफ़्ते बाद चुपके से एक ख़त हम तक पहुँचाया गया। यह ख़त अब्बा का था, और मेरे नाम था। मेरे नाम! जलाल के नाम! मेरी ख़ुशी की इन्तिहा नहीं थी। अब्बा ज़िन्दा हैं इस वजह से, और इस वजह से भी कि मैं बड़ा हो गया था। नहीं तो बजाय अम्मी को लिखने के यह ख़त अब्बा मुझे क्यों लिखते? मैंने ख़ुद को यक़ीन दिलाया। ख़त फूफी ने पढ़कर सुनाया। अब्बा को बेइन्तिहा नींद आनेवाली कोई बीमारी हो गई थी जिस वजह वे कई हफ़्ते ग़ाफ़िल रहे थे। अब उनकी तबीयत ठीक थी मगर मुकम्मल तौर पर नहीं। उस बन्द कमरे में अपनी ख़ुशी का इज़हार हम सबने दबी ज़बान से ही किया कि मिर्ज़ा कामरान तक कहीं यह बात न पहुँच जाए और हमारी जानिब उसकी नफ़रत और भी बढ़ जाए।"

"दो महीने बाद हमें क़िले की दीवार से तोप के गोलों की टकराने की आवाज़ें सुनाई देने लगीं। हमें खाना पहुँचानेवाले पहरेदार ने बताया कि अब्बा ने क़िले पर घेरा डाल रखा था। अपनी आज़ादी का हमें अब बेसब्री से इन्तज़ार हो चला। मगर इसी बीच कामरान मिर्ज़ा ने ज़लालत की हद पार कर दी। मुझे उसने गरजती हुई तोपों के सामने धकेल दिया। उस रोज़ उसने न सिर्फ़ मुझे ख़ौफ़ का चेहरा दिखा दिया बल्कि हर रात

दहशतज़दा करते रहनेवाला बदख़्वाब भी मुझे दे दिया।"

एक काला साया जैसे अकबर के चेहरे पर से गुज़र गया।

'कितना दर्द छिपा हुआ है मेरे रफ़ीक़ के दिल में!' सलीमा ने ख़ुद को ही लानत भेजी। 'और मैं कैसी बे-ख़बर रही!'

"हाँ, मुझे याद है। यह बात मुझे...हम लोगों को...अम्मी से बाद में मुझे मालूम हुई थी," अपने पैरों पर नज़र गड़ाए हुए सलीमा ने अटक-अटककर अपनी बात पूरी की। "यकायक ही मुझे ख़याल आया जलाल! वकील-अस-सल्तनत तुमने किसको बनाने का फ़ैसला किया है?" कहकर अपनी निगाह सलीमा ने अकबर के चेहरे पर गड़ा ली।

"आज मुझे यह सब कह लेने दो!" सलीमा के हाथों को अपने हाथों में लेकर अकबर बोला। "मैं समझ रहा हूँ कि दर्द के अहसास से मुझे बचाने के लिए बात का रुख़ तुम मोड़ना चाहती हो। लेकिन आज अगर मैं नहीं कह पाया तो अपने दिल का यह राज़ फिर मैं कभी किसी से न कह सकूँगा।"

"मेरी उम्र तब पाँच साल की ही तो थी! क़िले की फ़सील पर खड़ा मैं रो रहा था। पीछे लम्बे नेज़े मेरी तरफ़ ताने हुए क़िले के पहरेदार और सामने गरजती हुई तोपें। एक गोला फ़सील से मेरे नज़दीक ही आ टकराया और पत्थर की उड़ती हुई किर्चियों से लहूलुहान हो मैं चिल्ला उठा। उसके बाद तोप दागे जाने की आवाज़ें आना भी बन्द हो गई थीं। बाद में मालूम हुआ कि अब्बा के तोपची को शक हो गया था कि क़िले की फ़सील पर खड़ा शख़्स मैं हूँ। उस तोपची की मार्फ़त तक़दीर ने दख़ल नहीं दिया होता तो अपने अब्बा की ही तोपों का मैं शिकार हो गया होता," कहते हुए अकबर के बदन में सिहरन दौड़ गई।

"फिर माहम अंगा आकर मुझे वहाँ से ले गईं। उस रात मैंने अम्मी से पूछा था कि शैतान कैसा नज़र आता है। जब अम्मी ने बताया कि वह बड़ा ही बदसूरत और लम्बी पूँछवाला होता है। यह सुनकर मुझे बेहद हैरत हुई थी, मुझे याद है। क्योंकि मिर्ज़ा कामरान तो बहुत ख़ूबसूरत शख़्स था। उस रोज़ के बाद से हर रात मैं पसीने में नहाया हुआ और जोरों से धड़क रहा दिल लिये कई दफ़ा उठ बैठता था।"

सलीमा के अश्क अकबर के हाथों पर टपके तो वह जैसे नींद से जागा।

"तुमसे मैं बेहद ख़फ़ा हूँ!" कहते हुए सलीमा के होंठ काँप रहे थे। "तुमने यह सब पहले कभी क्यों मुझे नहीं बताया? ताज्जुब है कि न तो तुम्हारी अम्मी ने कभी इस बारे में कुछ कहा और न ही गुलबदन खाला ने।"

"वे दोनों मज़बूत ख़वातीन हैं, ख़ास तौर पर अम्मी। और जहाँ तक मेरा सवाल है, इस दर्द भरे मंज़र से गुज़रने में मैं ख़ौफ़ खाता था।" सलीमा के अश्क पोंछते हुए अकबर बोला। "मेरे लिए वे बेइन्तिहाई दर्दनाक यादें हैं। लेकिन मेरे ज़ेहन पर छाए हुए दहशत के इन सायों से कभी न कभी तो मुझे मुक़ाबिल होना ही था! वरना यह साये और भी ज़्यादा सियाह होते चले जाते, और भी ज़्यादा तकलीफ़देह।" कहकर अकबर ने सलीमा की आँखों में देखा। "और सिर्फ़ तुम ही हो जिसे दर्द-ओ-दहशत के उन लम्हों में शरीक कर उन डरावने सायों से मैं मुक़ाबिल हो सकूँगा। है कि नहीं?"

आँखों में आँसू भरे हुए सलीमा ने हामी में अपना सिर कई दफ़ा हिलाया। यह देख

सलीमा पर अकबर का प्यार उमड़ आया और उसके गालों को अपने हाथों में लेकर उसकी आँखों को उसने चूम लिया।

"फिर?" अकबर के हाथों को अपने गालों पर ही थाम सलीमा ने दास्तान को आगे बढ़ाने के लिए जैसे मंज़ूरी देते हुए पूछा।

"फिर एक रात ख़्वाब में मुझे तोपों की गरज सुनाई दी। मैं चौंककर उठ बैठा। दरअसल वह ईंटों की चिनाई करके बन्द किए गए दरवाज़े पर हथौड़ा चलाए जाने की आवाज़ थी। जल्द ही सभी उठ बैठे और दहशत में भरे हुए अपनी निगाहें दरवाज़े पर टिकाए बैठे रहे। न जाने मिर्ज़ा कामरान का अब क्या इरादा है। लेकिन जब वह दरवाज़ा खुला और धूल का गुबार छँटा सलीमा! तो मेरी ख़ुशी की इन्तिहा नहीं थी!" अकबर की आँखें चमक उठीं और उसके होंठों पर मीठी मुस्कान तैर गई। "सामने अब्बा खड़े थे!"[1]

जब से यह दास्तान अकबर ने कहना शुरू की थी, पहली बार उसके चेहरे पर ख़ुशी और मुस्कान दिखाई दी। ख़ामोश बैठी हुई सलीमा चकोरी की तरह अकबर को ताक रही थी, जो आँखें बन्द किए हुए मानो कोई सुहाना ख़्वाब देख रहा था।

"उसके बाद सलीमा! अब्बा के साथ मैंने बड़ा ही ख़ूबसूरत वक़्त बिताया!" कहते हुए अकबर ने सलीमा के हाथों को अपने हाथों में ले लिया था। "लेकिन एक साल बाद जब वे उज़्बेकों के ख़िलाफ़ मुहिम पर निकले हुए थे, मिर्ज़ा कामरान के आदमियों ने उन पर ऐसे वक़्त पर हमला बोल दिया जब उनके साथ चन्द फ़ौजी ही थे। और काबुल के क़िले पर मिर्ज़ा कामरान फिर से क़ाबिज़ हो गया, इस एलान के साथ कि अब्बा जंग में मारे जा चुके हैं। सबूत के तौर पर उसने ख़ून से रँगा हुआ अब्बा का अँगरखा भी दिखाया।"

"मगर मुझे उसकी इस बात पर भरोसा नहीं हुआ। तब तक मैं यह तो समझने लगा था कि किसी का इन्तक़ाल हो जाने का मतलब क्या होता है—उसके बाद वह वापस नहीं आता। लेकिन अब्बा ज़रूर वापस आएँगे, मुझे यक़ीन था। मगर कभी-कभी यह यक़ीन डगमगाने लगता और मेरे दिमाग़ में शक घर करने लगता। तब वही पुराने बदख़्वाब रातों में मुझे फिर ख़ौफ़ज़दा करते। वक़्त के साथ वे ख़्वाब और भी ज़्यादा दहशतज़दा हो गए।"

सलीमा अकबर के कन्धे पर गिर पड़ी और फूट-फूटकर रोने लगी। उसे गुमान तक नहीं था कि उसके बचपन के साथी ने उन दिनों इतना दर्द झेला होगा। ख़ानदानी रिवाज के मुताबिक़ लड़के और लड़कियाँ पाँच साल की उम्र के बाद क़िले में जुदा-जुदा रहते थे और उनका आपस में मेल-जोल भी पसन्द नहीं किया जाता था, साथ-साथ खेलने की बात तो दूर रही। और फिर सलीमा की माँ गुलरुख़ बेगम तो मिर्ज़ा कामरान की सबसे अज़ीज़ बहन थी, जिन्हें उसने क़िले के अलहदा हिस्से में वैसी ही शानोशौक़त और आराम के साथ रखा हुआ था जैसे कि उसकी अपनी बेगमात रहा करती थीं।

अकबर ने सलीमा की पीठ को हौले से सहलाया और उसकी रुलाई बन्द हो जाने तक ख़ामोश ही रहा।

---

1. यह वाक़या भी *हुमायूँनामा* से लिया गया है। देखें, 'टिप्पणियाँ'।

"वह वक़्त कितना तकलीफ़देह था, कितना दर्दनाक! अम्मी नंगे फ़र्श पर पड़ी हुई दिन-रात रोती रहतीं, अकसर ही मुँह से कोई आवाज़ निकाले बग़ैर। न अपने लिबास का होश उन्हें, न अपने गेसुओं का। उनके नज़दीक बैठ मैं उन्हें दिलासा देना चाहता। मगर कैसे? यह मैं नहीं जान पाता था। और अगर यह जानता भी तो कैसे देता उन्हें दिलासा? उन्हें देख-देख मेरी रुलाई भी तो फूट पड़ती थी। कभी-कभी तो ऐसा महसूस होता कि दर्द से मेरा दिल फट जाएगा।" कहते हुए शायद उसी दर्द का अहसास अकबर के चेहरे पर उभर आया और ऐंठन से उसका चेहरा बदनुमा हो उठा। "लेकिन तब भी मेरे अन्दर कोई बैठा हुआ यह कहता ही रहता कि तेरे अब्बा मरे नहीं हैं। वे ज़िन्दा हैं और सही सलामत हैं। अपने जलाल से वे कितनी मोहब्बत करते हैं! उसे छोड़कर वे ऐसे कैसे जा सकते हैं?"

ख़ामोश हो अकबर ने अपना सिर सीने पर झुका लिया और सलीमा उसका हाथ अपने हाथों में थामे बैठी हुई उसे देखती रही। काफ़ी वक़्त गुज़र जाने के बाद अकबर ने जब अपनी आँखें खोलीं तो उनमें अश्क तैर रहे थे।

"बेहद दर्दनाक तीन महीने इसी तरह गुज़र चुकने के बाद एक रोज़ अब्बा काबुल में क़िले के फाटक पर आ खड़े हुए और उनका सामना करने से डरा हुआ मिर्ज़ा कामरान रातोरात अपने अहल-ओ-अयाल[1] के साथ भाग खड़ा हुआ। अब्बा और मैं गले लगकर उस रोज़ बड़ी देर तक रोते रहे।" अकबर की आवाज़ लरज़ने लगी। "अब्बा की आग़ोश में जैसे मुझे जन्नत नसीब हो गई थी! आज के बाद तुझसे दूर मैं कभी नहीं जाऊँगा, आँखों से अश्क टपकाते हुए उन्होंने मुझसे वादा किया।"

बात पूरी होते-होते अकबर बिलख उठा और सलीमा के कन्धे पर अपना सिर रखे हुए उसके कुरते को भिगोने लगा।

सलीमा हैरान थी। इतना दर्द दिल में छिपा हुआ और इतना ग़म! उसे ताज्जुब हुआ कि ऐसे में भी अकबर अपने दिमाग़ पर क़ाबू कैसे बनाए हुए है?

सूरज की किरणें अब तक फ़र्श से उठकर दीवार पर जा चिपकी थीं। उन पर नज़र टिकाए हुए अकबर देर तक ख़ामोश बैठा रहा, और सलीमा उसे निहारती रही। अकबर ने पानी माँगा। सलीमा उठी और सुराही में से गंगाजल चाँदी के प्याले में उड़ेलकर उसके हाथों में दे दिया।

"अब्बा ने अपना कौल निभाया," पानी से गला तर करने के बाद अकबर ने फिर कहना शुरू किया, "और जब हिन्दुस्तान को फ़तह करने की मुहिम पर वे चले तो अम्मी के रोने-धोने के बावजूद मुझे अपने साथ ले चले। और मैं..."

"हाँ, मुझे याद है!" सलीमा बीच में ही बोल उठी। "क़िले के परकोटे पर खड़े होकर हम सभी यह नज़ारा कर रहे थे। अपने घोड़े पर सवार तुम जन्नत-आशियानी की बग़ल में कैसी शान के साथ खड़े हुए थे! तुम सबको हम लोग तब तक देखते रहे थे जब तक कि निगाह से ओझल नहीं हो गए। क़िला यकायक ही कैसा सूना-सूना लगने लगा था! तुम्हारी अम्मी तो देर तक सुबकती रहीं, और गुलबदन खाला व मेरी अम्मी भी। लेकिन लड़के तो सभी तुम्हारी ही बात करने में मशग़ूल थे। उन सबको तुमसे बेहद

---
1. पत्नियाँ व बच्चे।

रश्क हो रहा था। मगर अदहम और अज़ीज़ तुमसे जुदा होकर ग़मज़दा थे।"

"सरहिन्द की जंग, जिसकी बाबत तुम मानकोट में बात कर रही थीं," अब तक अकबर अपने जज़्बात पर क़ाबू पा चुका था, "मेरी ज़िन्दगी की वह पहली जंग थी। अस्सी हज़ार के रिसाले के साथ सिकन्दर ख़ान ने सरहिन्द के क़िले पर घेरा डाल रखा था और ख़ान बाबा उसके अन्दर फँसे हुए थे। ख़बर पाते ही अब्बा और मैं लाहौर से निकल पड़े। सरहिन्द पहुँचते ही किसी ने मुझसे कहा कि नज़दीक के मकान की छत पर से मैं सिकन्दर ख़ान की फ़ौज का जायज़ा तो ले लूँ। अज़ीम, बेहद अज़ीम फ़ौज थी वह!" अकबर की आँखें फैल गईं। "अस्सी हज़ार घुड़सवारों के क्या मानी होते हैं यह मैं तब तक नहीं समझ पाया था सलीमा जब तक कि उस बड़े-से मैदान में दूर-दूर तक सब तरफ़ अपने खुरों से ज़मीन खूँद रहे और ज़ोर-ज़ोर से हिनहिना रहे घोड़ों पर नज़र नहीं दौड़ाई थी। हमारी फ़ौज इसकी चौथाई भी नहीं थी। और दुश्मन के पास तो कई हाथी भी थे।"

"ज़िन्दगी में पहली बार मैंने वे पहाड़ सरीखे वहशी देखे। तुम्हें याद है सलीमा दास्तान-ए-अमीर हमज़ा के ख़ौफ़नाक और वहशियाना हैवानों की? अब्बा को तो जब फ़ुर्सत मिलती अमीर हमज़ा के कारनामे ही मुझे सुनाया करते थे। उन हाथियों का नज़ारा कर मुझे ख़याल आया कि शायद वे सिर्फ़ तसव्वुर की ही पैदाइश नहीं थे। दुनिया के किसी कोने में उनका वुजूद शायद हक़ीक़त भी हो। उस फ़ौज को देखकर सलीमा हक़ीक़त में मैं बेहद डर गया था! शायद बेहद से भी ज़्यादा! लेकिन फिर भी उन उमरा के सामने जो मेरे साथ वहाँ खड़े थे, मैंने शेख़ी बघारी कि दुश्मन की फ़ौज का चुटकियों में हम सफ़ाया कर देंगे। और वे मुझे, बारह साल की कमसिन उम्र के उनके शहज़ादे को, देखते हुए मन्द-मन्द मुस्कुराने लगे।"

"उस रात मुझे फिर वही भयानक ख़्वाब आया। अँधेरे घने जंगल में मैं छोटा बालक भटक गया हूँ। जंगली जानवरों की ख़ौफ़नाक आवाज़ें सुनकर मेरा दिल ज़ोरों से धड़क रहा है। मैं अकेला ही हूँ, नंगे सिर व नंगे पैर। मेरा पूरा बदन सूखे पत्ते सरीखा लरज़ रहा है। मेरी हड्डियों तक में जैसे ख़ौफ़ समाया हुआ है। उस भयानक बियाबान में मुझे अपने हाथ तक सुझाई नहीं दे रहे थे। मगर फिर भी मैं चलता ही चला जा रहा हूँ। रुक नहीं सकता। न जाने क्यों! कहाँ जा रहा हूँ? क्यों जा रहा हूँ? यहाँ मैं क्यों और कैसे पहुँचा? किसी भी सवाल का जवाब मेरे पास नहीं है। बस मैं इतना जानता हूँ कि मुझे चलते ही चले जाना है, बिना रुके।"

"उस घुप्प अँधेरे में मैं बड़ी एहतियात के साथ क़दम बढ़ाता हूँ, फिर भी कभी लड़खड़ा जाता हूँ और कभी गिर भी जाता हूँ। कोहनियाँ छिल गई हैं। नंगे पैर नुकीले पत्थरों और काँटों पर पड़कर घायल हो चुके हैं। लेकिन फिर भी मैं रुकता नहीं हूँ। उठता हूँ और फिर चल देता हूँ, चोट और खरोंच से हो रहे दर्द की परवाह किए बग़ैर। डर के मारे मैं काँप रहा हूँ। पसीने से मेरा लिबास भीग रहा है, और आँसुओं से मेरे गाल भी। लेकिन न तो उस बियाबान के अँधेरे का कोई छोर है, और न ही जंगली जानवरों की दहशतनाक चीख़-चिल्लाहटों का कोई पार है। यकायक मैं एक गहरी, अँधेरी ख़न्दक़ में गिर पड़ता हूँ और पसीने में नहाया हुआ मैं चौंककर उठ बैठता हूँ।"

इस ख़ौफ़नाक ख़्वाब को बयान करते हुए अकबर पसीने-पसीने हो उठा और उसके दिल की धड़कनें सलीमा को साफ़ सुनाई देने लगीं, इस दास्तान को सुनते हुए जो अपनी पलकें झपकाना भूल गई थी।

"यही वह ख़्वाब था जिसके मुतल्लिक़ मैंने तुम्हें बताया था। यह ख़्वाब मेरी ज़िन्दगी में उस रोज़ आया जिस रोज़ मिर्ज़ा कामरान ने मुझे, पाँच साल के नादान बालक को, गरजती हुई तोपों के सामने धकेल दिया था। ख़ौफ़ के साथ वह मेरा पहला वास्ता था। और वह ख़ौफ़ बदख़्वाब बनकर फिर मेरे साथ ही बना रह गया। उस वाक़िये को हुए पन्द्रह साल हो गए। मगर अब भी वह बदख़्वाब कभी-कभी मेरी रातों को दहला देता है। सरहिन्द की वह रात ऐसी ही रात थी। सुबह जब मैं उठा तो मैंने तय किया, इस ख़ौफ़ से मुक़ाबिल मुझे अब होना ही होगा। तभी सलीमा सुल्तान इस्कन्दर[1] की वह कहानी मुझे याद आई जो गुलबदन फूफी ने काबुल में सुनाई थी। कैसे वह अपनी जान की ज़रा भी परवाह किए बग़ैर सुल्तान दारा[2] की फ़ौज में घुस गया था। और कैसे उसका यह बहादुरी और हिम्मत भरा कारनामा देखकर उसकी फ़ौज जोश से भर उठी थी। सुल्तान इस्कन्दर हमेशा से ही, शायद तुम्हें इल्म हो, मेरे सबसे ज़्यादा पसन्दीदा बहादुर सिपहसालार रहे हैं, और मेरे लिए एक मिसाल भी।"

"हाँ! बख़ूबी जानती हूँ! तुम्हारी वजह से तो गुलबदन खाला जब देखो तब *इस्कन्दरनामा* पढ़कर हम बच्चों को सुनाती रहती थीं।"

अकबर मुस्कुरा दिया।

"मैं सिर्फ़ बारह साल का था तब भी सिकन्दर ख़ान के साथ जंग के लिए एक फ़ौजी दस्ते की कमान मेरे हाथों में भी दे दी गई। जिस वक़्त बाक़ी उमरा अब्बा के साथ हमले की तरकीब और ज़रूरी एहतियात तय करने में मशग़ूल थे, मैं पूरी ताक़त के साथ दुश्मन की फ़ौज में घुस चुका था और मेरे पीछे मेरे फ़ौजी भी। सिकन्दर ख़ान भी शायद उस वक़्त यह मशविरा करने में मसरूफ़ था कि हमले का मुक़ाबला किस तरह करना बेहतर होगा और शायद इस वजह से ही उसके फ़ौजी भिड़ने के लिए तैयार नहीं थे। जो भी हो। मेरे हमले की तेज़ी और शिद्दत को देखकर उनके तो होशोहवास उड़ गए। बाद में सभी उमरा ने इसे मेरी दीवानगी बताया।"

"काबुल में तो तुम्हारी इस दीवानगी का ज़िक्र कई महीनों तक होता रहा था," सलीमा मुस्कुराई।

"शायद मुकम्मल तौर पर उनका यह कहना ग़लत भी नहीं था। मगर मेरी जाँनिसारी में ज़ाहिर उस दीवानगी ने ही मेरे फ़ौजियों में बला का जोश भर दिया और ग़ज़ब की हिम्मत उनमें पैदा कर दी। तभी तो दुश्मन की फ़ौज कई गुना होने पर भी बेझिझक वे उससे भिड़ गए, अपनी जान को हक़ीक़त में अपनी हथेली पर लेकर! मेरे हमले से

1. सिकन्दर महान, मैसीडोनिया का राजा, जिसे ग्यारहवीं शताब्दी के महान फारसी कवि फ़िरदौसी ने फारसी साहित्य की महानतम कृति *शाहनामा* में ईरान के राजा दारा (डेरियस) का सौतेला भाई बताया है और तेरहवीं सदी में लिखी गई और बेहद लोकप्रिय हुई किताब *इस्कन्दरनामा* में भी लेखक निज़ाम गंजवी ने भी उसे ईरान का शहज़ादा बताया है। देखें, 'टिप्पणियाँ'।
2. ईरान का शहंशाह डेरियस।

सिकन्दर ख़ान की फ़ौज में भगदड़ मच गई और काफ़ी नुक़सान उठाकर उसके फ़ौजी बदहवासी में शिवालिक की पहाड़ियों की तरफ़ निकल भागे। बाद में वे फिर जमा हुए और एक महीने तक इक्का-दुक्का लड़ाइयाँ चलती रहीं, मगर उनकी हिम्मत टूट चुकी थी और उनकी उम्मीद भी ख़त्म हो चुकी थी। मैं बेहद ख़ुश था।"

अकबर के चेहरे पर एक दिलकश मुस्कान खिल उठी।

"जान-बूझकर मिर्ज़ा कामरान मेरी मौजूदगी में अब्बा पर तंज़ कसा करता, हिन्दुस्तान का तख़्त गँवा देने के लिए। चौसा और कन्नौज की जंग का ज़िक्र करते हुए बाक़ी बच्चों के सामने ही उन्हें डरपोक व नामर्द भी कहा करता। वे बच्चे फिर मेरा मज़ाक़ उड़ाते और मुझ पर हँसते। सारा बचपन मैंने यह ज़िल्लत बर्दाश्त की थी, जिसका वज़न अपने दिल पर लिये हुए ही मैंने जवानी की दहलीज़ पर क़दम रखा था। सरहिन्द में जंग शुरू होने के पेशतर ही मैं फ़ैसला कर चुका था कि अपनी जान दे दूँगा, मगर 'चौसा' या 'कन्नौज' को दोहराया जाते हुए मैं हरगिज़ नहीं देखूँगा। जंग में फ़तहयाब होने के लिए उस रोज़ मैं कुछ भी कर गुज़रने को तैयार था। और उस रोज़ मैंने एक निहायत ही अहम सबक़ सीखा। जंग में सभी डरे हुए होते हैं, और जंग के अंजाम से भी। तादाद में दुश्मन की बनिस्बत कोई कितना भी ज़्यादा क्यों न हो। और यह भी कि जंग फ़ौजियों की तादाद की बिना पर नहीं बल्कि बहादुरी और हिम्मत की बिना पर जीती जाती है। और यह बात उस रोज़ अपने ज़ेहन में मैंने मजबूती से बिठा ली। और उस रोज़ ही अपने दिल में बैठे ख़ौफ़ के जिन्न पर मैं फ़तहयाब हुआ, हालाँकि डरता तो कभी-कभी मैं अब भी हूँ।"

सूरज की किरणें अब तक दीवार पर से भी ग़ायब हो चुकी थीं। सलीमा ने दो बार ताली बजाई और दो बाँदियाँ आकर दरवाज़े पर खड़ी हो गईं।

"रोशनी!" सलीमा ने कहा और फ़ौरन ही कई बाँदियाँ जलती हुई मोमबत्तियाँ चाँदी के शमादानों में लिये हुए कमरे में दाख़िल हो गईं।

उनके चले जाने के बाद सलीमा ने शिकायती लहजे में अकबर से कहा, "जलाल! जानती हूँ कि अपना दिल किसी के भी सामने तुम नहीं खोलते। लेकिन कम से कम मुझसे तो तुम्हें यह बातें पोशीदा नहीं रखनी चाहिए थीं।"

"कभी मौक़ा ही नहीं आया बताने का! और जिस वक़्त यह सब हुआ, मैं बच्चा ही तो था!"

"तो अब कौन-से बड़े हो गए हो!" सलीमा ने अकबर को छेड़ा। अब वह फिर से वही सलीमा थी जिसे अकबर की टाँग-खिंचाई करने में बेहद मज़ा आता था।

"ऐसा तुम कैसे कह सकती हो?"

"ऐसे कह सकती हूँ कि तुम मुझसे मोहब्बत करते थे फिर भी कभी इसका इजहार तुम न कर सके। न ही मेरे साथ निकाह करने की तमन्ना रखते हुए भी तुम रावी नदी में उस ख़ूबसूरत और यादगार सफ़र के दौरान या उसके बाद भी यह ख़्वाहिश कभी ज़ाहिर कर पाए, जबकि उस वक़्त भी तुम बादशाह थे।"

"वह बात जुदा है।"

"जुदा कैसे है? एक सच्चा आशिक़ तो अपनी माशूक़ के लिए कोह भी हिलाकर

रख दे, और तुम यह अदना-सी ज़बान नहीं हिला पाए," सलीमा के होंठों पर शरारत भरी मुस्कुराहट खेलने लगी। "तुमने क्या शीरीं-फ़रहाद का क़िस्सा नहीं सुना?"

"क्या है वह क़िस्सा? मुझे सुनाओ! गुज़रे हुए वक़्त को याद करके दिल उदास हो आया है।" कहते हुए अकबर तकियों पर सिर टिकाकर लेट गया। बचपन से जवानी तक जो चीज़ें उसके साथ चली आई थीं, क़िस्से-कहानियाँ सुनने का शौक़ भी उनमें से एक था।

सलीमा फ़ौरन अकबर की बग़ल में बैठ गई और उसके बालों में अपनी उँगलियों से कंघा करते हुए उसने क़िस्सा कहना शुरू किया।

"बहुत पुराने ज़माने की बात है। ईरान में एक संगतराश हुआ करता था, जिसका नाम था फ़रहाद। एक रोज़ उसने बादशाह की इकलौती बेटी शहज़ादी शीरीं को देख लिया, जिस वक़्त वह कश्ती में तफ़रीह कर रही थी। और उसे देखते ही वह उस पर दिलोजान से फ़िदा हो गया। तुम्हें वह जानती तक नहीं, तुमसे मोहब्बत करना तो दूर रहा! और फिर शहज़ादी के इश्क़ में मुब्तला होने की जुर्रत भी तुम कैसे कर सकते हो? उसके इस इकतरफ़ा इश्क़ की ख़बर पाकर दुनियादार लोगों ने उसकी मलामत की।"

अकबर की आँखें बन्द हो चुकी थीं। उसके बालों के साथ सलीमा का खेलना उसे बेहद सुकून दे रहा था।

"मायूस होकर वह पहाड़ियों में चला गया और वहाँ की तन्हा वादियों को अपनी बाँसुरी से उसने ग़मज़दा मगर दिलकश तानों से गुँजा दिया। साथ ही शीरीं का नाम ले-लेकर वह आहें भी भरा करता। उन वादियों की गूँज शहज़ादी शीरीं तक भी पहुँच गई और वह बाँसुरीवाले को देखने के लिए बेताब हो उठी। रह-रहकर शीरीं-शीरीं पुकारता हुआ और आह भरता हुआ उसका आशिक़ एक बेहद दिलकश तान अपनी बाँसुरी पर निकालता हुआ—शीरीं के दिल पर जैसे जादू चल गया। और फ़रहाद के दिल में घर कर चुकी मोहब्बत चुपके से शहज़ादी के दिल में भी उतर गई।"

"आह! कैसा दिलफ़रेब मंज़र!" आँखें बन्द किए हुए ही अकबर बोल उठा। "फिर?"

"फिर जब फ़रहाद के साथ निकाह करने की ख़्वाहिश शीरीं ने अपने वालिद को बताई तो वे बेहद ख़फ़ा हो गए। मगर अपनी इकलौती औलाद को वे साफ़-साफ़ इनकार भी न कर सके। तो उन्होंने कहा कि मैं तुम्हारी ख़्वाहिश पूरी कर दूँगा। मगर पहले यह तो मालूम हो कि वह शख़्स तुम्हारे साथ निकाह करने के क़ाबिल है भी या नहीं? शहज़ादी ने पूछा, यह कैसे मालूम हो? तो बादशाह ने कहा कि उससे कहो उन पहाड़ियों में जहाँ इस वक़्त वह है, एक नहर खोदे जिसमें छह नेज़े आड़े में एक के बाद एक समा सकें। इतनी गहरी हो कि तीन नेज़े उसमें एक के पीछे एक उतर जाएँ। और पूरे बीस कोस तक वह बेरोकटोक चलती चली जाए!"

"यह तो बड़ी बेजा शर्त थी!" अकबर ने आँखें खोल दीं। "साफ़ तौर पर नामुमकिन नज़र आनेवाला काम! क्या यह फ़रहाद के साथ नाइंसाफ़ी नहीं थी?" अपनी भौंहें सिकोड़कर उसने सवाल किया।

अकबर की इस बच्चों सरीखी बात पर सलीमा को प्यार आ गया और हँसकर उसने अकबर की पेशानी चूम ली।

"हाँ! शीरीं ने भी तो यही कहा! और अपने वालिद से वह रहमदिली से पेश आने की इल्तिजा करने लगी। मगर बादशाह तो अपनी ज़िद पर अड़ा था। मजबूर होकर उसने पहाड़ियों में जाकर फ़रहाद को अपने वालिद की शर्त कह सुनाई। फ़रहाद के मायूस चेहरे पर फ़ौरन ही उम्मीद की मुस्कान तैर गई और बिना एक भी लम्हा गँवाए वह गैंती-फावड़ा लेकर नहर खोदने निकल पड़ा। सूरज की रोशनी उफ़क़ पर नज़र आने से लेकर अँधेरा होने तक रोज़ वह सालो-साल पत्थर तोड़ता रहा, पहाड़ियों को खोदता रहा। एक रात चुपके से शहज़ादी उन पहाड़ियों में जा पहुँची। उसने देखा कि फ़रहाद पत्थरों पर ही पड़ा सो रहा है। चाँद की रोशनी में उसे यह भी नज़र आया कि पहाड़ियों में जगह-जगह फ़रहाद ने उसकी सूरत नक़्श की हुई है। यह देख उसके मुँह से गहरी आह निकल गई और फ़रहाद को सोता हुआ छोड़ वह वापस अपने महल चली आई। सालों तक फ़रहाद पत्थर तोड़ता रहा और सालों तक शीरीं उसका इन्तज़ार करती रही। एक रोज़ बादशाह को ख़बर हुई कि नहर तक़रीबन पूरी हो चुकी है। उसे ख़्वाब में भी यह गुमान न था कि सख़्त पत्थरों में से फ़रहाद नहर कभी खोद भी पाएगा। उसे डर लगने लगा कि अब अपनी लाड़ली बेटी को एक आम आदमी के हाथों उसे सौंपना पड़ेगा। एक चालाक बुढ़िया को उसने पहाड़ियों में भेजा जो वहाँ जाकर ज़ोर-ज़ोर से रोने लगी और फ़रहाद से कहने लगी कि उसका नहर खोदना तो बेकार हो गया। क्योंकि जिसके लिए उसने यह मेहनत की थी वह तो अब इस दुनिया में ही नहीं रही।"

"कितना बदमाश बादशाह था!" क़िस्से में खोया हुआ अकबर यह कहते हुए उठ बैठा। "फिर?"

"क्या? शीरीं नहीं रही!" अकबर के हाथों को अपने हाथों में लेकर सलीमा वैसे ही चीख़ी जैसे कि फ़रहाद चीख़ा होगा। "फ़रहाद ने ग़म की लम्बी आह भरी और ज़मीन पर गिर पड़ा। उसकी रूह उसका जिस्म छोड़कर जा चुकी थी। फ़रहाद क्या कमाल का काम कर रहा है! यह ख़बर अपनी बाँदियों से शीरीं को मिला ही करती थी। और उनसे यह भी उसे मालूम होता रहा कि गेंती-फावड़ा चलाते हुए फ़रहाद हर साँस के साथ शीरीं-शीरीं कहता जाता है। इन बातों ने उसके दिल के तार झनझना दिए और फ़रहाद के लिए उसकी मोहब्बत के दरिए में एक रोज़ ऐसा सैलाब उमड़ा कि अपने आशिक़ का दीदार करने वह उन पहाड़ियों में जा पहुँची। वहाँ उसे हर शै में से शीरीं-शीरीं की आवाज़ आती सुनाई दी—दरख़्तों में से, पहाड़ियों में से, वादियों में से और उनमें बह रहे दरियाओं में से भी। मगर फ़रहाद कहीं नज़र नहीं आ रहा था! तब एक कबूतर आया जिसने उसे वहाँ का रास्ता दिखाया जहाँ उसके आशिक़ की लाश पड़ी थी। यह देखते ही शीरीं का दिल दर्द से फट पड़ा और वह चिल्ला उठी, 'फ़रहाद! मैं भी तुम्हारे पास आ रही हूँ!' अगले ही लम्हे वह ज़मीन पर गिर पड़ी।"

जैसे ही साँस लेने के लिए सलीमा रुकी, फ़िक्रमन्द लहजे में अकबर के मुँह से निकल पड़ा, "तो क्या उसकी भी मौत हो गई?"

"हाँ! उसी लम्हे उसकी रूह भी उसका जिस्म छोड़कर चल दी। बादशाह को

जब यह मालूम हुआ तो वह रंज में डूब गया और अपनी कमीनगी पर पछताने लगा। उसने हुक्म दिया कि उन दो मोहब्बत करनेवालों को उसी जगह और एक ही क़ब्र में अगल-बग़ल दफ़ना दिया जाए। कहते हैं कि वहाँ के दरख़्तों से, वहाँ की वादियों और पहाड़ियों से अब भी शीरीं-शीरीं की आवाज़ आती रहती है। मगर उनकी क़ब्र तक कोई भी तब तक नहीं पहुँच सकता जब तक कि एक कबूतर न रास्ता दिखाए। और वह सिर्फ़ सच्ची मोहब्बत करनेवालों को ही उनकी क़ब्र तक पहुँचाता है।"

"कितनी ख़ूबसूरत कहानी है!" अकबर ने गहरी आह भरी और अश्क बाहर न बहने देने की कोशिश में अपनी आँखें मूँद लीं।

"तुम फिर मुझसे छिपा रहे हो!" नकली ग़ुस्से में भरकर सलीमा बोली, और धक्का देकर अकबर को बिस्तर पर गिराते हुए वह उस पर चढ़ गई।

अकबर के लिए सलीमा की आरज़ू उस रात दीवानगी की हद पार कर गई। अकबर को मानो वह समूचा अपने में जज़्ब कर लेना चाह रही थी।

वस्ल के बाद भी सलीमा सारी रात जागती रही, अकबर को उसके ख़्वाबों में गुम होता देखते हुए। और अल्लाह से दुआ करती रही कि उसके रफ़ीक़ की आँखों में अब से कोई बदख़्वाब न आए—कभी भी।

दुश्मन और दोस्त

अपने मनसबदारों और उमरा से घिरा हुआ अकबर हाथी पर सवार हो दिल्ली के चौपड़ बाज़ार से गुज़र रहा था कि दाएँ कन्धे में किसी नुकीली चीज़ के चुभ जाने से उसे इतना ज़्यादा दर्द हुआ कि अपने होश खोकर वह हौदे में ही गिर पड़ा।

महावत ने बादशाह को बेहोश होते देखा और फिर उनके कन्धे में चुभे हुए तीर को। फ़ौरन वह चिल्ला उठा, "बादशाह सलामत पर हमला हुआ है!"

उमरा ने चारों तरफ़ नज़र दौड़ाई तो माहम अंगा के मदरसे की छत पर एक हब्शी तीर-कमान लिये दिखा। सबके सब उसके पीछे दौड़ पड़े और बात की बात में उसका काम तमाम कर डाला।[1]

बेहोश अकबर को हौदे से नीचे उतारा गया। हकीम आइन-उल-मुल्क[2] ने बड़ी होशियारी से तीर को हौले से इस तरह बाहर खींचा कि उसकी नोक अलग होकर अन्दर ही न रह जाए। नोक को सूँघते ही वे जान गए कि वह ज़हर-बुझी है। ख़ून से भीग रहा उसका अँगरखा उतरवाकर हकीम साहब ने अपने झोले में से एक छोटी डिबिया निकाली और उसमें से कुछ लीचें (जोंकें) निकालकर घाव पर रख दीं। उनके मर जाने के बाद उन्हें हटाकर फिर से कुछ लीचें वहाँ रख दीं।

इस बीच अपनी उँगली और अँगूठे के बीच एक जड़ी को मसलकर उन्होंने अकबर की नाक के पास रख दिया। चन्द लम्हों के बाद जब अकबर के कराहने की आवाज़ सुनी तो सब की जान में जान में आई। हकीम साहब ने घाव पर सूखी पट्टी बाँध दी और एक ऊँट पर रखी डोली में सवार होकर अकबर तेज़ बुख़ार में वापस आगरा पहुँचा। ख़्वाबगाह में उसने क़दम रखा ही था कि हमीदा बानो बेगम और हरम की बाक़ी ख़वातीन वहाँ दौड़ी चली आईं—हीरा कुँवर भी।

मेरे बेटे की हिफ़ाज़त में यह चूक कैसे हुई? हकीम आइन-उल-मुल्क से हमीदा बानो बेगम ने दरयाफ़्त किया। उस नामुराद तीरन्दाज़ को ज़िन्दा क्यों नहीं पकड़ा गया जिससे कि इस वाक़िये के पीछे की साज़िश का पर्दाफ़ाश होता? गुलबदन बेगम चिल्लाई। सवाल कई थे। जवाब एक भी नहीं। शम्सुद्दीन ख़ान के क़त्ल के वक़्त भी कई सवाल

1. बदायूँनी लिखता है कि अकबर पैदल जा रहा था और अबुल फ़ज़ल के मुताबिक़ अकबर घोड़े पर सवार था। बदायूँनी के मुताबिक़ तीर कन्धे को सिर्फ़ खरोंचता हुआ निकल गया और अबुल फ़ज़ल लिखता है कि तीर एक बालिश्त अन्दर घुस गया था। दोनों का ही कहना है कि अकबर के साथ जो अमीर थे वे उस हब्शी को पकड़कर उससे पूछताछ करना चाहते थे मगर अकबर ने उसे फ़ौरन हलाक कर दिए जाने का हुक्म सुना दिया। देखें, 'टिप्पणियाँ'।
2. मुल्क का मददगार।

उठे थे। नंगी शमशीर हाथ में लिये अदहम ख़ान दौलतख़ाने में कैसे घुस आया जबकि हथियार अन्दर लेकर आने की इजाज़त किसी को भी नहीं?

इस वक़्त तक आगरा में अफ़वाहों का बाज़ार गर्म हो चुका था कि बादशाह सलामत इन्तक़ाल फ़रमा गए हैं। लेकिन जब अकबर जीता-जागता आगरा पहुँच गया तो यह अफ़वाह उड़ गई कि बादशाह सलामत पर फ़ालिज गिर गया है मगर हक़ीक़त पर पर्दा डाला जा रहा है। पुराने दुश्मन और अकबर से नाराज़ उमरा उसका तख़्त पलटने के मनसूबे बाँधने लगे। हवा में साज़िशों की बू आने लगी और अकबर की ज़िन्दगी वाक़ई ख़तरे में नज़र आने लगी। सबसे ज़्यादा अन्देशा उसके खाने में ज़हर मिला देने का था। और यह डर बेबुनियाद नहीं था।

शाही बावर्चीख़ाने के सभी ख़ानसामा व उन पर निगरानी रखने वाले बकावल भी मुसलमान ही थे। और उलेमा व मुल्ला मुसलमानों को लगातार भड़का रहे थे कि बादशाह इस्लाम से फिर गया है। एक तो काफ़िरों की मुक़द्दस जगहों में उनसे वसूला जानेवाला महसूल उसने ख़त्म कर दिया। ऊपर से क़िले में मन्दिर तामीर करवाकर बुतपरस्ती को भी उसने शह दे रखी है। और अब तो शरीअत के ख़िलाफ़ जाकर उसने पाँचवाँ निकाह भी कर लिया है!

माहम अंगा के पड़ोस में फ़ातिमा नाम की बेवा रहा करती थी। उसके साथ अपने बड़े बेटे बाक़ी ख़ान के जिस्मानी ताल्लुक़ात होने की ख़बर जब माहम को हुई तो बदनामी से बचने के लिए उसने दोनों का निकाह करवा देने का फ़ैसला किया। यह निकाह पढ़े जाने के दौरान अकबर भी मौजूद था। नज़रीन फ़ातिमा की देवरानी थी व उसकी सबसे ख़ास सहेली भी। और बला की ख़ूबसूरत! अकबर की निगाह जो उस पर गई तो फिर उससे हटी ही नहीं।[1]

उस ज़माने की कई आज़ाद-ख़याल औरतों की तरह फ़ातिमा भी हुर्रेम सुल्ताना बेगम पर दिल-ओ-जान से फ़िदा थी, जिन्हें रुख़साना बेगम के नाम से ज़्यादा जाना जाता था। गैलीशिया[2] के यूक्रेनी पादरी ने मुफ़लिसी से मजबूर होकर अपनी बेटी ग़ुलामों के बाज़ार में बेच दी और वह सल्तनत-ए-उस्मानिया के अज़ीमोशान सुल्तान सुलेमान के हरम में पहुँच गई। अपनी हसीन अदाओं और उस दिलकश मुस्कान की बदौलत जो हमेशा ही उसके चेहरे पर खिली रहती थी, सुल्तान की वह बेहद अज़ीज़ हो गई। एक रोज़ सुल्तान से उसने ख़्वाहिश ज़ाहिर की कि वह इस्लाम की तालीम लेना चाहती है। ख़ुशी-ख़ुशी सुल्तान ने इसकी इजाज़त दे दी। तालीम ले चुकने के बाद उसने इस्लाम की ख़ूबियों की तारीफ़ करते हुए सुल्तान से एक रोज़ गुज़ारिश की कि इस्लाम को अपना मज़हब क़बूल करने की इजाज़त उसे दी जाए। सुल्तान बेहद ख़ुश हुए और उसी

---

1. इस घटना की रूपरेखा मुल्ला अब्दुल क़ादिर बदायूँनी ने *मुन्तख़बुल तवारीख़* में दी है, सिवा नज़रीन नाम के। देखें पृष्ठ 59-60, खंड दूसरा, *मुन्तख़बुल तवारीख़,* Saeed International नई दिल्ली, संस्करण 1990।
2. वर्तमान में पोलैंड का दक्षिण-पूर्वी और यूक्रेन का पश्चिमी क्षेत्र जो उसकी ग़रीबी और बार-बार पड़नेवाले अकाल के लिए उन्नीसवीं सदी तक भी इतना कुख्यात था कि गैलीशिया शब्द ग़रीबी का पर्यायवाची बन गया था।

रोज़ उसे कलमा पढ़वा दिया। हर रात की तरह जब उस रात भी सुल्तान ने उसके साथ वस्ल करना चाहा तो उसने उनकी आग़ोश में आने तक से इनकार कर दिया क्योंकि उसका नया मज़हब ऐसे किसी मर्द के साथ सोने की इजाज़त उसे नहीं देता जिसके साथ उसका निकाह नहीं हुआ। सुल्तान सिर्फ़ तीन रोज़ ही उससे जुदा रह पाए और चौथे रोज़ उसके साथ निकाह कर लिया। पाँच साल पहले तक जब सुल्तान सुलेमान ज़िन्दा थे, सल्तनत-ए-उस्मानिया की असल हुक्मरान वह ही थी।

क़ुदरती था कि औरत के बदन की पाकीज़गी को लेकर फ़ातिमा के ख़यालात में बग़ावती तेवर थे। उसके मुताबिक़ औरत के जिस्म की पाकीज़गी का हौवा आदमियों ने औरतों के पैरों में जंजीरें डालने और उनके मुक़ाबिल उनकी अपनी कमतरी को पोशीदा रखने के लिए ही ईजाद किया हुआ था। रुख़साना बेगम की ज़िन्दगी से यह सबक़ बख़ूबी उसने सीख लिया था कि औरत का जिस्म ही उसका सबसे बड़ा हथियार है। और वह ख़ुद इस हथियार का इस्तेमाल करने में माहिर थी जिसका शिकार बाक़ी ख़ान हुआ। फ़ातिमा के साथ रहकर नज़रीन भी इस हथियार के इस्तेमाल में माहिर हो चुकी थी।

अकबर की निगाह में नज़रीन के लिए कशिश को फ़ातिमा ने पढ़ लिया और निकाह के बाद अपनी सहेली को साथ लेकर उसके सामने पहुँच गई। तस्लीम करने और अपने लिए उसकी दुआओं की गुज़ारिश करने के बाद उसने नज़रीन का तआर्रुफ़ अकबर से कराया।

"आलमपनाह! आपसे मिलने के लिए यह तो ऐसी बेताब हुई जा रही थी कि निकाह पढ़ लिये जाने का इन्तज़ार भी इसके लिए मुश्किल हो रहा था।"

नज़रीन के गुलाबी गाल लाल हो गए थे।

फ़ातिमा की तजुर्बेकार आँखों ने जान लिया था कि नज़रीन पर अकबर बुरी तरह फ़िदा है। लिहाज़ा अकसर ही अपने साथ वह नज़रीन को क़िले में ले आती और किसी न किसी बहाने से उसे अकबर के साथ तन्हा छोड़ देती। नज़रीन भी मौक़े को हाथ से न जाने देती और अपने नाज़-ओ-अन्दाज़ के तीर अकबर के दिल पर मुसलसल छोड़ा करती।

"तुम कितनी ख़ूबसूरत हो नज़रीन!" एक रोज़ अकबर ने अपने दिल की बात उससे कह ही दी। "तुम्हारे साथ निकाह करके ख़ुद को मैं ख़ुशक़िस्मत समझूँगा।"

"मैं तो यक़ीन ही नहीं कर पा रही हूँ कि जहाँपनाह इस नाचीज़ को इतनी इज़्ज़त बख़्श रहे हैं! ताज़िन्दगी आलमपनाह की कनीज़ बनकर रहना मेरी ख़ुशनसीबी होगी। मगर मेरा तलाक़ हुए बग़ैर यह कैसे मुमकिन होगा?"

एक हसीन, जवान व शोख़ औरत की दिलफ़रेब अदाओं से शायद ही कोई नौजवान हो जो घायल होने से बच पाए। अकबर की उम्र उस वक़्त महज इक्कीस साल थी और बाक़ी नौजवानों से वह भी कुछ अलग नहीं था, इस मामले में तो। उसी रोज़ उसने नज़रीन के शौहर अब्दुल वसी को पैग़ाम भेजा कि नज़रीन को वह तलाक़ दे दे। इस बात से अकबर मुतमइन नहीं था कि जो वह कर रहा है, ठीक कर रहा है। लेकिन ख़्वाजा हाफ़िज़ के इस कलाम को याद कर उसने ख़ुद को समझा लिया।

यक़ीनन न पूछो तुम मुझसे, सबब इस बात का;
तोड़ देता है फ़ानी हुस्न क्यों, लाफ़ानी दस्तूरों को।

पैग़ाम पाकर अब्दुल वसी के वालिद शेख़ बुदा ने नज़रीन को तलाक़ देने के लिए अपने बेटे की मर्ज़ी न होने के बावजूद उसे राज़ी कर लिया। वे एक दुनियादार आदमी थे लिहाज़ा अपने बेटे को उन्होंने समझाया—

कहाँ है कमी कोई, औरत की इस जहाँ में?
बड़ी है बहुत अल्लाह की बनाई दुनिया!

अकबर और नज़रीन के निकाह में हुए वलीमे के वक़्त मौजूद उमरा के पास गप्प लड़ाने के लिए इस दास्तान-ए-मोहब्बत से बेहतरीन मसाला और क्या हो सकता था? और जो वहाँ मौजूद नहीं थे वे अपने दीवानख़ानों में इस पुर-लुत्फ़ वाक़िये का मज़ा ले रहे थे।

उस दौर में रुतबे और रसूख़वाले किसी भी शख़्स के घर इन तीन चीज़ों का होना लाज़िमी हुआ करता था : नक़्क़ारा, हाथी और दीवानख़ाना।

दीवानख़ाना एक ख़ासा बड़ा कमरा था जिसके फ़र्श पर दीवार से दीवार तक ईरान के मोटे और मुलायम मख़मली कालीन बिछे रहते। दीवारों में बने क़िस्म-क़िस्म के मेहराबदार ताक़ों में चीनी मिट्टी के रंग-बिरंगे चमकीले प्याले, तश्तरियाँ व सुराहियाँ सजाई हुई होतीं, साथ ही अल-फ्रांज़ा से लाए गए शीशे के गुलदान भी। नक़्क़ारा इस मक़सद से हुआ करता था कि साहब-ए-ख़ाना[1] जब दीवानख़ाने में तशरीफ़ लाएँ तो उसे पीटकर इस बात का एलान कर दिया जाए। साथ ही, जब भी कोई ख़ास शख़्सियत आने की नवाज़िश फ़रमाए तो नक़्क़ारा बजाकर उसका ख़ैरमक़दम हो और इस तरह यह ख़बर अन्दर भी पहुँच जाए। हाथी तो ख़ास तौर पर शान-ओ-शौक़त व रुतबे की निशानी समझा जाता था। रोज़ ही उसे सजा-धजाकर बाहर दालान में खड़ा कर दिया जाता जिससे कि हर आने-जानेवाले की निगाह में वह आता रहे। बाहर कहीं जाने पर साहब-ए-ख़ाना की शान की सवारी भी यह हाथी ही हुआ करता।

शाम के वक़्त दीवानख़ाना निहायत ही ख़ुशनुमा जगह हो जाता। रेशमी धागों व सोने-चाँदी के तारों से कढ़ाई किया हुआ खोल चढ़ाए गए मोटे गद्दों पर दोस्त और ख़ास मेहमान अपनी तशरीफ़ रखते। और साफ़-शफ़्फ़ाफ़ शीशे की सुराही या चीनी मिट्टी के ख़ूबसूरत चमकीले रंग के क़राबे[2] में से सुर्ख़ चमकीली शराब एक कमसिन कनीज़ मुस्कुराते हुए चाँदी के प्यालों में उड़ेलती रहती।

"यह नई ख़बर सुनी तुमने? बादशाह सलामत और भी कई ख़ूबसूरत औरतों की तलाश में हैं," गाव-तकिए पर अपनी कमर टिकाते हुए मोहतरम जनाब मेज़बान ने गुफ़्तगू की शुरुआत की।

"कहाँ तलाश कर रहे हैं?"

"हमारे-तुम्हारे हरम में! और कहाँ?"

---

1. गृहस्वामी, मेज़बान।
2. सुराहीनुमा मूठदार पात्र, अकसर लम्बी टोंटी वाला, जो शराब व अर्क वग़ैरह रखने में प्रयुक्त होता था।

"तुम्हारा मतलब है कि अकबर बादशाह अब आकर हमारे हरम में झाँकेंगे?"

"नहीं, नहीं! इस काम पर तो उन्होंने हिजड़ों को लगा रखा है।"

"हाँ, और कव्वालों को भी। लेकिन वे लोग उस वक़्त ही आया करेंगे जब तुम घर पर नहीं रहोगे।"

"इससे बेहतर तो क्या यह नहीं होता कि इस काम को वे फ़ातिमा ख़ातून पर छोड़ देते?"

और ठहाकों का दौर चल पड़ा।

ऐसा ही मंज़र आगरा और दिल्ली के तक़रीबन सभी दीवानख़ानों में देखा जा सकता था।

मगर इस सबसे बेख़बर अकबर नज़रीन के साथ मसर्रत-आमेज़[1] तजुर्बों में डूबा हुआ था। नज़रीन का मतलब है जंगली गुलाब। और वह दोनों ही थी। अकबर के दिन ख़ूबसूरत थे और रातें तूफ़ानी। नज़रीन के पिटारे में उसके लिए रोज़ नया लुत्फ़ था और हर रात उसे नई ताक़त और जोश से भर रही थी। नज़रीन के साथ जब वह मथुरा के जंगलों में था, एक ही रोज़ में उसने पाँच शेरों का शिकार कर डाला।

अगले रोज़ वह शहर के मुआयने पर निकला। मथुरा की फिज़ा में उसे एक अजीब-सी ख़ुशी तैरती हुई महसूस हुई। पूरे शहर में त्योहार सरीखा माहौल था। मन्दिरों के घंटों की घनघनाहट और घंटियों की टनटन रुकने का नाम ही नहीं लेती थी। रास्तों पर खड़ताल और चिमटा बजाते हुए जोगी मस्त होकर नाच रहे थे, गा रहे थे। आते-जाते लोगों के चेहरों पर ख़ुशी और बेफ़िक्री साफ़ नज़र आ रही थी। उसे हैरत हुई यह देखकर कि शहर में भिखारी एक भी न था। जबकि दूसरे शहरों में, ख़ास तौर पर हिन्दुओं के लिए मुक़द्दस समझी जानेवाली जगहों पर, भिखारियों की वजह से लोग परेशान रहा करते हैं।

पंडित-पुरोहितों को जब मालूम हुआ कि बादशाह अकबर उनके शहर में तशरीफ़ लाए हैं तो वे उनका इस्तिक़बाल करने चले आए।

"जहाँपनाह! हमारे हिन्दू भाई जो तीरथ करने यहाँ आते हैं उन्हें शहर में दाख़िल होने के लिए कर भी चुकानी होती है," एक पंडित ने अर्ज़ किया। "जहाँपनाह अगर यह महसूल..."

"क्या मुसलमानों से भी यह महसूल वसूला जाता है," पंडित की बात को बीच में ही काटकर अकबर ने मुज़फ़्फ़र ख़ान तुरबती से पूछा, "जब वे इस्लाम की मुक़द्दस जगहों पर या दरगाहों पर जाते हैं?"

"नहीं जहाँपनाह! दिल्ली के सुल्तानों के वक़्त से ही यह महसूल सिर्फ़ काफ़िरों से ही वसूला जाता है।"

"इसमें मुझे कोई शुबहा नहीं कि यह लोग नादान हैं।" कुछ देर सोचते रहने के बाद अकबर बोला। "मगर इस बात से जब वे वाक़िफ़ ही नहीं कि उनका रास्ता ग़लत रास्ता है, ज़ियारतगाहों[2] पर जाने के लिए उनसे महसूल वसूल करना किसी भी तरह से

---

1. आनन्द से भरपूर।
2. तीर्थस्थलों।

मुझे जायज़ मालूम नहीं होता। और मुझे यक़ीन है कि यह अल्लाह की मर्ज़ी भी नहीं हो सकती।"

और उसी दम अकबर ने उस महसूल को ख़त्म करने का एलान कर दिया।

अब तो तलवारें खिंच गईं। ख़ुफ़ियानवीस रोज़ ख़बर लाने लगे कि उलेमा और मुल्ला मिलकर बादशाह के ख़िलाफ़ जिहाद छेड़ने की तजवीज़ कर रहे हैं। और कुछ ही रोज़ बाद अकबर पर दिल्ली में यह क़ातिलाना हमला हुआ।

जैसा कि हमले के बाद हुई तफ़्तीश से पता चला, हमलावर मिर्ज़ा शरफ़ुद्दीन के वालिद का ग़ुलाम एक हब्शी मुसलमान था। जिहाद से उसका नाम पुख़्ता तौर पर तो नहीं जोड़ा जा सका मगर क़त्ल की कोशिश करनेवाले का नाम एक बाग़ी से जुड़ा होने की वजह से शक की गुंजाइश तो थी ही। इसके अलावा उड़ती हुई ख़बर यह भी थी कि मिर्ज़ा शरफ़ुद्दीन ने ही उसे दिल्ली भेजा था।

हीरा कुँवर ने अकबर से इल्तिजा की कि उसकी तीमारदारी की ज़िम्मेदारी उसे सौंपने की नवाज़िश की जाए। साथ ही उसने यह गुज़ारिश भी की कि उसके लिए खाना अपनी रसोई में ख़ुद पकाने की इजाज़त भी उसे दी जाए। निकाह के बाद जब वह आगरा पहुँची थी तो अगले ही रोज़ उसकी रसोई अलग किए जाने का उसने इसरार किया था और इसकी इजाज़त भी अकबर से उसे मिल गई थी।

"एक हिन्दू औरत पर एतबार किस तरह किया जा सकता है," हमीदा बानो ने एतराज़ जताया, "जो मुकम्मल तौर पर तुम्हारी शरीक़-ए-हयात अभी तक नहीं हुई है?" शरीअत के मुताबिक़ शौहर और औरत में जिस्मानी ताल्लुक़ात बन जाने तक निकाह को मुकम्मल नहीं माना जाता।

मगर फिर भी अकबर ने हीरा कुँवर की इल्तिजा मंज़ूर कर ली।

जब भगवन्त दास और मानसिंह अकबर के मनसबदार बन गए और कई कछवाहा राजपूत शाही फ़ौज में शामिल हो गए, और जब सबने देखा कि अम्बर के कछवाहा राजपूतों को अकबर से कितनी इज़्ज़त हासिल हो रही है तो कई और राजपूत ख़ानदानों के मुखिया अपने लड़ाकों के साथ अकबर की मनसबदारी में आ गए। इसके बाद से राजपूतों को परखने के कई मौक़े अकबर को मिले। और उसने पाया कि राजपूत अपनी बात के वाक़ई बेहद पक्के होते हैं। जो कह देते हैं, वह करते हैं—अपनी जान पर खेलकर भी। और वफ़ादारी में तो उनका कोई सानी ही नहीं!

आगरा से तीस कोस पर अठगढ़ा में जाटों की बहादुर क़ौम रहा करती थी। मगर वे बेक़सूर मुसाफ़िरों को लूट लेने और फिर उन्हें क़त्ल कर देने को भी बड़ी बहादुरी और मर्दानगी का काम समझते थे। अपनी हिफ़ाज़त के लिए उन्होंने कई गढ़ियाँ बना रखी थीं और कोतवाल आगरा के लिए वे बेहद सिरदर्द बने हुए थे क्योंकि उसके सिपाही भी उन जाटों से ख़ौफ़ खाते थे।

एक सुबह एक ब्राह्मण रोता हुआ अकबर के दरबार में आया और उसने बताया कि उसके नौजवान और बेगुनाह बच्चे को लूटकर उन जाटों ने उसका क़त्ल कर दिया है। अठगढ़ा के चार हज़ार से ज़्यादा जाटों को सबक़ सिखाने और उन्हें उनके जुर्म की सज़ा देने के मक़सद से सिर्फ़ दो सौ लड़ाकों को साथ लेकर अकबर उसी वक़्त

हाथी पर सवार हो चल दिया। इन लड़ाकों में उमरा थे, मनसबदार थे और फ़ौजी भी।

बादशाह के उन पर धावा बोलने की ख़बर पाते ही सारे जाट गढ़ियों में घुस गए और दरवाज़े बन्द कर लिये। अकबर के वहाँ पहुँचते ही गढ़ियों की छतों से तीरों और पत्थरों की बारिश होने लगी। कई तीर उसकी ढाल में घुस गए और कई तीरों ने उसके ज़िरह बख़्तर को भी छेद डाला। इसके बावजूद अपने हाथी को अकबर बेख़ौफ़ आगे बढ़ाता चला गया।

"सँभलकर जहाँपनाह!" भगवन्तदास चिल्लाया और अपने बादशाह की हिफ़ाज़त करने के ख़याल से अपने हाथी को दौड़ाकर वह अकबर के हाथी के आगे ले गया।

"तुम हमारी फ़िक्र मत करो!" अकबर चिल्लाया। "तुम्हारी बहन इतनी जल्दी बेवा नहीं होनेवाली।"

"मैं जानता हूँ जहाँपनाह!" अकबर की जानिब आ रहे तीरों को अपने नेज़े और ढाल से रोकते हुए भगवन्तदास ने कहा। "जब तक मैं ज़िन्दा हूँ कम से कम तब तक तो नहीं।"

गढ़ियों पर आगे से हमला बोलना मुमकिन न देख अपने हाथी को अकबर उनके पीछे की तरफ़ दौड़ा ले गया, इस बात से बेख़बर कि लगातार बरस रहे तीरों और पत्थरों की मार से बचने के लिए दरख़्तों की आड़ लिये हुए उसके साथ आए लड़ाकों में से ज़्यादातर पीछे ही रह गए थे। एक गढ़ी की दीवार ढहाने के ख़याल से अकबर अपने हाथी को उसके नज़दीक ले जाने लगा तो उसका आगे का एक पाँव गहरे गड्ढे में उतर गया। हाथी का पाँव बाहर खींचने के लिए अकबर नीचे कूद पड़ा और मदद के लिए चारों तरफ़ नज़र दौड़ाई तो केवल भगवन्तदास और नगरकोट के राजा बीदी चन्द वहाँ मौजूद थे।

और किसी भी जंग में जब भी अकबर की ज़िन्दगी ख़तरे में आई, भगवन्तदास को हमेशा उसने अपने साथ खड़ा हुआ पाया।

जिस वक़्त वह सेहतयाब हो रहा था, अकबर के सामने हीरा कुँवर की एक बिलकुल ही जुदा तसवीर सामने आई। किसी पर भी भरोसा न करके उसकी तीमारदारी में आठों पहर वह ख़ुद जुटी रही। वक़्त से उसे दवा देती; उसके घाव की रोज़ तीन दफ़ा मरहम-पट्टी करती; उसका बदन भी गीले कपड़े से ख़ुद ही पोंछती। अकबर के लिए खाना अपनी रसोई में अम्बर से आए ब्राह्मण बावर्चियों से वह अपनी सख़्त निगरानी में बनवाती। और अकबर का दस्तरख़्वान भी वह ख़ुद ही लगाती—हर व्यंजन को चख लेने के बाद। और यह सब इस जज़्बे के साथ वह करती जैसे कि उसके लिए यह इबादत ही हो। रात दर रात कई रातों को तक़रीबन पूरी ही रात जागे रहने पर भी न कोई थकन, न कोई शिकायत।

"हम दोनों आज भी उतने ही नज़दीक हैं जितने कि पहली रात को थे," एक रोज़ हीरा कुँवर से अकबर पूछ ही बैठा। "फिर भी तुम मेरी ऐसी ख़िदमत कर रही हो! बग़ैर एक भी लम्हा आराम किए और अपनी जान का ख़तरा उठाकर भी!"

अकबर जानता था कि खाने में ज़हर तो नहीं, यही तसल्ली करने के मक़सद से वह उसे परोसने के पहले हर चीज़ ख़ुद चखा करती है।

"एक हिन्दू औरत के लिए उसके शौहर की ज़िन्दगी उसकी ख़ुद की ज़िन्दगी से बढ़कर होती है। अपने शौहर के लिए जान दे देना उसका धर्म है, और उसकी ख़ुशनसीबी भी।"

'ये लोग वाक़ई अजीब हैं, यह राजपूत!' अकबर को ख़याल आया।

"तुम्हें कुछ इनाम देने की हमारी दिली तमन्ना है।" सेहत मुकम्मल तौर पर दुरुस्त होने के बाद अकबर ने हीरा कुँवर से कहा। "जो बे-ग़र्ज़ ख़िदमत तुमने हमारी की है, उससे ख़ुश होकर।"

"बे-ग़र्ज़ ख़िदमत को इनाम की क्या चाहत? जहाँपनाह सेहतमन्द हो गए, यही मेरे लिए सबसे बड़ा इनाम है।"

"हमारी ख़ुशी के लिए ही सही, मगर कुछ तो माँगो!"

"जहाँपनाह कुछ देना ही चाहते हैं तो भगवन्तदास भाया को जिज़्या माफ़ कर दें। उन्हें बहुत बुरा लगता है कि जहाँपनाह की ख़िदमत में होकर भी उन्हें जिज़्या चुकाना पड़ता है।"

सुल्तान शेरशाह सूरी और उनके वारिसान की हुकूमत के दौरान दीवानी के जो दस्तूर थे उनमें ज़्यादा कुछ तब्दीली नहीं हुई थी और जैसा चल रहा था वैसा ही अब भी चला आ रहा था, जिज़्या के मामले में भी।

"जहाँपनाह अगर मेरे पूरे ख़ानदान को ही जिज़्या से माफ़ी दे दें," कुछ ठहरकर हीरा कुँवर ने कहा, "तो मेरे लिए यह बहुत बड़ा इनाम होगा।"

जिज़या है क्या, अकबर को इसका भी कोई इल्म न था। मुज़फ़्फ़र ख़ान तुरबती को तलब कर उसने इस महसूल के बाबत उससे दरयाफ़्त किया।

"जहाँपनाह! इस बाबत मुझे तो सिर्फ़ इतना इल्म है कि काफ़िरों को उनके मज़हब पर क़ायम रहने देने की एवज़ में सैकड़ों सालों से यह महसूल हिन्दुओं से वसूल किया जा रहा है। इस मद में काफ़ी बड़ी रक़म ख़ज़ाने में पहुँचा करती है।"

उसी रोज़ अकबर ने जिज़या को रद्द करने का फ़रमान जारी कर दिया, सो भी उलेमा की राय मालूम किए बग़ैर। जबकि उसे मालूम था कि एक इस्लामी हुकूमत का बादशाह होने की वजह से उसके लिए यह लाज़िमी था कि मज़हब से जुड़े किसी भी मसले पर उलेमा से मशविरा किए बिना कोई क़दम वह न उठाए। लिहाज़ा यह भी वह बख़ूबी जान रहा था कि उसके इस क़दम की ज़बर्दस्त मुख़ालफ़त होनेवाली है। और इस इन्तज़ार में अपना ख़ाली वक़्त वह मीर अब्दुल लतीफ़ क़ज़विनी के साथ यह जानने में बिताने लगा कि इस बाबत क़ुरआन शरीफ़ और शरीअत की क्या हिदायतें हैं।

जल्द ही सद्रुस्सुदूर[1] शेख़ अब्दुन्नबी की सदारत में इस्लाम के नुमाइन्दों की एक जमात उसके दरबार में मौजूद थी।

शेख़ अब्दुन्नबी इमाम अबू हनीफ़ा के ख़ानदान से ताल्लुक़ रखते थे। शरीअत का मुकम्मल इल्म हासिल करने, उसकी बारीकियों को जानने व पेचीदगियों को समझने के लिए उन्होंने दुनिया भर में मशहूर मक्का के उस्तादों की दस साल तक शागिर्दी की थी और उसके बाद भी कई और साल अहादीस में महारत पाने में लगाए थे। इसके

1. मुग़ल काल में धार्मिक मामलों का प्रधान।

अलावा, ईमानदारी और मज़हबपरस्ती के मामले में उनकी साख़ काफ़ी ऊँची थी। कुछ वक़्त पहले ही अकबर को सयूरगल[1] में भारी गड़बड़ी का पता चला था। कई ऐसे शख़्स जिनका मज़हब या इल्म से दूर-दूर तक कोई वास्ता नहीं था, वे भी इसका फ़ायदा उठा रहे थे। परगने के क़ाज़ी और सूबे के सद्र काज़ी को रिश्वतें खिलाकर इन लोगों ने लगान-माफ़ीवाली ज़मीनें अपने नाम करा ली थीं। नाम की सिफ़ारिश करना परगने के क़ाज़ी के इख़्तियार में था व ज़मीन मुहय्या कराना सूबे के सद्र काज़ी के इख़्तियार में। उस वक़्त अकबर ने दीवान मुज़फ़्फ़र ख़ान तुरबती से कहा था कि ऐसे किसी ईमानदार आलिम-फ़ाज़िल शख़्स की वह तलाश करे जो इस सारी गड़बड़ी की तफ़्तीश बिना किसी लालच या दबाव में आए हुए कर सके। मालूमात करके तब उसने सद्र-काज़ी आगरा शेख़ अब्दुन्नबी का ही नाम उसे सुझाया था।

थोड़े ही वक़्त में शेख़ अब्दुन्नबी की सलाहियत और इल्म का अकबर बेहद क़ायल हो गया और सद्रुस्सुदूर का ओहदा उसने उन्हें अता कर दिया। वक़्त के साथ उनके लिए इज़्ज़त का जज़्बा उसके दिल में इस हद तक पैदा हो गया कि उनसे अहादीस के सबक़ लेते वक़्त वह अपना सिर झुकाकर हाथों को आगे बाँधे हुए उनके सामने खड़ा रहता। बाज़ दफ़ा तो उसे उनकी जूतियाँ उठाकर उनके पाँवों के नज़दीक रखते हुए भी देखा गया।

"जहाँपनाह! जिज़या रद्‌द करने का फ़रमान अल्लाह के हुक्म की क़तई नाफ़रमानी है, जो उसने पैग़म्बर मुहम्मद, सल्लल्लाहु अलैहि वसल्लम की मार्फ़त दीनदारों तक पहुँचाया था।" शेख़ अब्दुन्नबी ने तक़रीर शुरू की। "किताबे पाक की सूरा अत तौबा में अल्लाह सुबहानु व तआला ने दीनदारों से मुख़ातिब होकर फ़रमाया है : 'तुम उन लोगों से जंग करो जो ईमान नहीं लाए अल्लाह पर और न यौमे आख़िरत[2] पर, और न हराम जानते हैं वह जो अल्लाह और उसके रसूल ने हराम ठहराया है, और न दीने हक़[3] को क़बूल करते हैं उन लोगों में से जो अहले किताब[4] हैं, यहाँ तक कि वह जिज़या दें अपने हाथ से ज़लील होकर।' इसके अलावा आलमपनाह! सही अहादीस में यह रिवायत[5] भी है कि जो काफ़िर इस्लाम पर ईमान नहीं लाते उनके लिए जिज़या देना लाज़िमी है वरना उन्हें हलाक कर दिया जाए। लिहाज़ा हम सब की गुज़ारिश है कि इस फ़रमान को फ़ौरन से पेशतर मंसूख़[6] कर दिया जाए।"

"इसमें ग़ौर करनेवाली बात यह है जहाँपनाह कि अल्लाह ने फ़रमाया है, ज़िम्मी ज़लील होकर जिज़या अदा करे। लिहाज़ा सिर्फ़ जिज़या वसूल करना ही काफ़ी नहीं।" मख़्दूम-उल-मुल्क ने जोड़ा। "इसे वसूल करने का तरीक़ा भी ज़िम्मी को ज़्यादा से ज़्यादा

---

1. इस्लाम के मज़हबपरस्त और अल्लाह की इबादत में मुब्तला लोगों के साथ ही इस्लामी इल्म के माहिर लोगों को हुकूमत की तरफ़ से दी जानेवाली लगान-माफ़ खेती की ज़मीनें।
2. क़यामत का दिन।
3. सच्चा मज़हब यानी इस्लाम।
4. आसमानी या ईश्वरीय ग्रन्थ रखने वाले, ग्रन्थ-आधारित धर्म वाले।
5. किसी मुसलमान के द्वारा पैग़म्बर मुहम्मद के मुँह से सुनी हुई बात जो किसी और दूसरे या तीसरे से होती हुई अहादीस में आई है।
6. निरस्त, रद्‌द।

ज़लील करनेवाला होना चाहिए, जिससे कि इस्लाम पर ईमान न लाने की जाहिलियत पर काफ़िर शर्मिन्दा हों। इसके अलावा जहाँपनाह! जिज़या अदा कर देने पर भी कुफ्र का व इस्लाम पर ईमान न लाने का गुनाह मुआफ़ नहीं हो जाता। जिज़या वसूल करने का असल मक़सद यह है कि ज़िम्मी इस्लाम की ख़ूबियों को जानने, समझने की जानिब मुख़ातिब हो और इस तरह सच्चा इल्म हासिल कर अपना मज़हब तब्दील किए जाने के लिए वह ख़ुद को पेश करे।"

"मगर मुक़द्दस किताब की सूरा अल बक़र में यह आयत भी तो है कि "ज़बर्दस्ती नहीं दीन में।" अकबर ने बाअदब अपनी बात रखी। "इसके मानी क्या यह नहीं कि दूसरे मज़हब को माननेवालों को ज़बर्दस्ती मुसलमान नहीं बनाया जाए? और मेरे ख़याल से तो जिज़या वसूल करना भी एक क़िस्म की ज़बर्दस्ती है।"

"जहाँपनाह बजा फ़रमाते हैं। जिज़या लेना ज़बर्दस्ती है। लेकिन यह ज़बर्दस्ती काफ़िरों की भलाई के मक़सद से ही है। वरना वे लोग जहालत में पड़े हुए ही इस दुनिया से उठ जाएँगे और फिर हमेशा के लिए दोज़ख़ की आग में जलते रहेंगे," शेख़ अब्दुन्नबी ने समझाया।

"जहाँपनाह की अगर इजाज़त हो तो मैं कुछ अर्ज़ करूँ," मीर अब्द-उल लतीफ़ क़ज़विनी ने गुज़ारिश की।

"ज़रूर, क़ज़विनी साहब!" कहते हुए अकबर ने इजाज़त देने के अन्दाज़ में अपना हाथ उनकी ओर बढ़ाया।

"जहाँपनाह! शेख़ साहब के इल्म की मैं क़द्र करता हूँ। मगर यह मैं ज़रूर कहना चाहूँगा कि सही अहादीस जमा किए जाने के दो सौ साल पहले ख़लीफ़ा उमर ने जब ईरान पर फ़तह हासिल की तो उन्होंने वहाँ के बाशिन्दों का मज़हब तब्दील किए जाने की कोशिश हरगिज़ नहीं की, बल्कि उनसे जिज़या माँगा। यहाँ क़ाबिले ग़ौर बात यह भी है जहाँपनाह कि जिज़या सिर्फ़ तन्दुरुस्त आदमियों से ही तलब किया गया। औरतों व बच्चों को और जो अपाहिज या बीमार थे, उन्हें इससे मुआफ़ी दे दी गई। अगर जिज़या वसूलने की वजह वह होती जो शेख़ साहब ने फ़रमाई है तो हमें यह मानना होगा कि ख़लीफ़ा उमर ने इन सब कमज़ोर लोगों को जिज़या चुकाने पर मजबूर न करके जहालत में ही उनका बने रहना और इस तरह से दोज़ख़ की आग में उनका जलते रहना भी यक़ीनी कर दिया। हक़ीक़त तो यह है जहाँपनाह कि फ़ौज में भरती होने से काफ़िरों को रियायत देने और साथ ही बाहरी हमलों से उनकी हिफ़ाज़त करने की क़ीमत थी जिज़या। ज़बर्दस्ती उनका मज़हब बदलवाना इसका मक़सद कभी नहीं रहा।"

"और हिन्दुस्तान में तो आज हमारी फ़ौज में कई हिन्दू हैं।" अकबर ने दलील दी। "और इस इस्लामी हुकूमत को फैलाने में वे इस्लाम की तलवार बने हुए हैं। ऐसे में उनसे जिज़या कैसे वसूल किया जा सकता है? यह उनके साथ क्या नाइंसाफ़ी नहीं होगी?"

"जहाँपनाह! यह काफ़िर निहायत ही ना-शुक्रगुज़ार होते हैं।" अपनी दलील कमज़ोर पड़ते देख शेख़ नबी ने बादशाह को अपनी बात से क़ायल करने के लिए नया दाँव खेला। "रहमदिली के हक़दार यह लोग क़तई नहीं हैं!"

"इस मामले में शेख़ साहब! आपकी राय से मैं इत्तेफ़ाक़ नहीं रखता," अकबर ने

निहायत शाइस्तगी से अर्ज़ किया। "मेरा तजुर्बा इसके बरख़िलाफ़ है।"

शेख़ नबी ने आगे और बहस नहीं की। वे समझ गए कि जिज़या वसूल किए जाने पर अब किसी भी दलील से अकबर को राज़ी नहीं किया जा सकेगा। लेकिन उनकी बात रखने की ख़ातिर अपने फ़रमान को मंसूख़ किए जाने की बाबत अकबर दस साल के बाद ग़ौर करने को राज़ी हो गया।[1]

अल्लाह के फ़रमान के ख़िलाफ़ दलील देने की अकबर की हिमाक़त से उलेमा और मुल्ला हैरतज़दा थे। अगले ही रोज़ उसकी इस गुस्ताख़ी को उन्होंने इस्लाम की मुख़ालफ़त क़रार दे दिया। मुसलमानों पर हुकूमत करने के अकबर के हक़ पर उलेमा सवाल उठाने लगे और कई मस्ज़िदों में पढ़े गए ख़ुत्बे में उसके ख़िलाफ़ जिहाद का एलान कर दिया गया। इसी के साथ साज़िशों का और साज़िशों की अफ़वाहों का बाज़ार गरम होने लगा। कन्नौज, जौनपुर, अवध और मालवा से उमरा के बग़ावती तेवरों की ख़बरें आने लगीं। दीवानख़ानों में गर्मागर्म बहसें छिड़ने लगीं और सबकी एक राय बनी कि तख़्त खोने में अकबर को ज़्यादा वक़्त नहीं लगने वाला। उधर मुल्ला व उलेमा अकबर के सौतेले, छोटे भाई काबुल के सूबेदार मिर्ज़ा हकीम के नाम का ख़ुत्बा पढ़ने की बाबत राय-मशविरा करने लगे।

झरोखा-दर्शन के लिए भीड़ मगर दिनोदिन बढ़ती ही जाती थी। कुछ ब्राह्मणों ने ख़ुद को दर्शनिया ब्राह्मण कहना शुरू कर दिया जो रोज़ सुबह अकबर का दीदार किए बग़ैर न कुछ खाते थे, न पीते थे। अपनी मज़हबी क़िताबों में हिन्दुओं ने यह पेशीनगोई भी तलाश ली कि हिन्दुस्तान के तख़्त पर एक ऐसा म्लेच्छ हुक्मरान भी बैठेगा जो ब्राह्मणों व गायों की हिफ़ाज़त करेगा और अपनी हुकूमत में हर क़ौम के साथ बराबरी का सुलूक करेगा।[2]

ज़ुल्म और ज़िल्लत की चार सदियों बाद हिन्दुस्तान के तख़्त पर हिन्दुओं को पहली दफ़ा ऐसा बादशाह नसीब हुआ था जिसने उनकी तक़लीफ़ों और उनके जज़्बात की परवाह थी।

---

1. अधिकांश इतिहासकारों का मत है कि जिज़या वर्ष 1564 में अन्तिम रूप से समाप्त हो गया था। लेकिन जिज़या वसूली के शाही फ़रमान वर्ष 1574 के बाद भी प्रकाश में आए हैं। इस विषय में प्रसिद्ध इतिहासकार सतीश चन्द्र ने लिखा है : 'बदायूँनी कहता है कि शेख़ अब्दुन्नबी और मख़्दूम-उल-मुल्क को अकबर ने 1575-76 में आदेश दिया कि इस मसले की जाँच करें और हिन्दुओं से वसूल किए जानेवाले जिज़या की राशि तय करें।' उन्होंने सब तरफ़ फ़रमान भेजे मगर जल्द ही वे ऐसे ग़ायब हो गए जैसे पानी पर प्रतिबिम्ब।' इस तरह 1564 के फ़रमान को रद्द करने का प्रयास नाकामयाब हो गया। —*मध्ययुगीन भारत : सल्तनत से मुग़ल साम्राज्य* भाग दो, पृष्ठ 168, हर-आनन्द प्रकाशन, नई दिल्ली, पुनर्मुद्रण 2015
2. यह कथन बदायूँनी की *मुन्तख़ुबुल तवारीख़* से है। हिन्दू दरअसल सल्तनत में दोयम दर्जे के नागरिक थे जब तक कि जिज़या को ख़त्म करके अकबर ने उन्हें मुसलमानों के समकक्ष नहीं रख दिया। इसीलिए, जैसा कि प्रसिद्ध इतिहासकार जदुनाथ सरकार ने लिखा, ब्राह्मणों ने उसे 'दिल्लीश्वरो वा जगदीश्वरो वा' की उपाधि दी। राजस्थानी साहित्य में अकबर को राम, लक्ष्मण और अर्जुन का अवतार बताया गया है। *भविष्य पुराण* ने अकबर को उसके पूर्वजन्म में तपस्वी ब्रह्मचारी मुकुन्द कहा। देखें, 'टिप्पणियाँ'।

बग़ावतें और बाग़ी

कमर में लँगोटी लगाए और लम्बी जटाओं को सिर के ऊपर जूड़े में बाँधे हुए बीस-पच्चीस साल उम्र का एक आदमी आगरा की एक गली में ज़मीन पर उकड़ूँ बैठा हुआ रोए जा रहा था। उसे घेरकर खड़े हुए लोगों के चेहरों पर लेकिन हमदर्दी या अफ़सोस का जज़्बा ज़ाहिर न होकर ताज्जुब और दिल्लगी का जज़्बा ही नुमायाँ हो रहा था।

"मैं ख़ूब अच्छी तरह जानता हूँ कि तुममें से ही किसी ने मेरी ख़ूबसूरत जोरू को चुरा लिया है! मुझे मेरी प्यारी बीवी लौटा दो। उसके बग़ैर मैं ज़िन्दा नहीं रह पाऊँगा," और वह बुक्का फाड़कर रो दिया। "रहम करो! मेरी दिलबर मुझे वापस दे दो, और मैं यहाँ से चला जाऊँगा।" रोते-रोते ही वह बोला। "वरना फ़रियाद लेकर मजबूरन मुझे बादशाह के दरबार में जाना होगा।"

"हमारा यक़ीन तो करो! तुम्हारी जोरू को किसी ने भी नहीं चुराया," मजमा लगाए हुए लोगों में से एक आदमी ने उसे समझाने की कोशिश की। "हवा में लटकते रस्से को पकड़कर ऊपर चढ़ते हुए आसमान में जब तुम ग़ायब हो गए थे तो..."

"मैं आसमान में ग़ायब हो गया था? कैसी शेख़चिल्ली सरीखी बातें करते हो!"

"क्या रस्से को हवा में ऊपर उछालकर उसे सीधा खड़ा करने के बाद तुमने..."

"हाँ मैंने रस्से को हवा में खड़ा किया था! और उस पर चढ़कर मैं ऊपर भी गया था! मगर जब वापस नीचे आया तो देखा कि मुझे अपनी जान से भी अज़ीज़ मेरी औरत कहीं नहीं है। तुम लोगों ने..."

"मगर जब ऊपर जाकर तुम ग़ायब हो गए और फिर तुम्हारे हाथ-पैर और फिर बाक़ी जिस्म के टुकड़े भी एक-एक करके नीचे गिरे तो तुम्हारी औरत ने सोचा कि तुम मर गए," एक और तमाशबीन बोला। "तब उसने एक चिता जलाकर तुम्हारे जिस्म के टुकड़ों के साथ ही ख़ुद को भी आग में झोंक दिया।"[1]

"तो फिर चिता की राख कहाँ है? और जली हुई हड्डियाँ कहाँ हैं? दिखाओ मुझे!"

"वहाँ, उस पेड़ के बग़ल में," एक तीसरे तमाशबीन ने अपने हाथ से इशारा किया। "वहाँ तुम्हारी औरत ने..."

"क्यों चुप क्यों हो गए?" लँगोटीधारी ने तंज़िया अन्दाज़ में पूछा।

---

1. इस जादुई करामात को जहाँगीर ने देखा था जिसका उल्लेख *तुज़ुक-ए-जहाँगीरी* में है। मोरक्को का यात्री इब्न बतूता अपने यात्रा वृत्तान्त में कहता है कि इस करामात को देखकर वह बुरी तरह घबरा गया था। अंग्रेज़ पादरी ओविंगटन ने सत्रहवीं सदी में सूरत की यात्रा पर लिखी हुई अपनी पुस्तक में इस करामात का ज़िक्र किया है। देखें, 'टिप्पणियाँ'।

"मगर मैंने ख़ुद देखा था! हक़ीक़त में देखा था! ऊँची लपटें...और उसकी चीख़ें..." उस तमाशबीन की ज़बान लड़खड़ाने लगी।

भीड़ में अब सुगबुगाहट होने लगी और हर तमाशबीन के चेहरे पर हैरत का जज़्बा था।

"वाह! क्या कहानी गढ़ी है! मेरे जिस्म के टुकड़े! मगर मैं तो यहाँ जीता-जागता खड़ा हूँ।"

"नहीं, नहीं, यह हक़ीक़त है! हम सबने देखा था," भीड़ में से कई लोग एक साथ बोल पड़े।

"यह तुम लोगों की साज़िश के सिवा कुछ नहीं! तुम सब मिले हुए हो! मैं जानता हूँ कि मेरी जोरू तुम्हारे घर में है," कहते हुए लँगोटीधारी ने एक तमाशबीन का हाथ पकड़ लिया।

"मेरे घर में? क्या बकवास करते हो!"

"तुम्हारा घर यही है न?" लँगोटीधारी ने एक घर की तरफ़ इशारा किया और जाकर उसके दरवाज़े को खटखटाने लगा। "ओ मेरी प्यारी बीवी! बाहर आकर तुम दिखा दो कि यह सबके सब कैसा झूठ बोल रहे हैं।"

और घुटनों तक साड़ी लपेटे हुए एक औरत उस घर से बाहर निकल आई।

तमाशबीनों के मुँह हैरत से खुले रह गए। अगले ही लम्हे तालियों की गड़गड़ाहट गूँज उठी। आदमी व औरत दोनों ने झुककर सबको सलाम किया और एक कपड़ा ज़मीन पर बिछा दिया। फ़ौरन ही उस पर सिक्कों की बौछार होने लगी।

ये मियाँ-बीवी बंगाल से आए थे और अकबर की हुकूमत के दस साल मुकम्मल होने के जश्न का हिस्सा थे।

पूरा आगरा ही इन दिनों जश्न में डूबा हुआ था और जगह-जगह मजमा लगा हुआ था। कहीं हाथियों की लड़ाई हो रही है तो कहीं मेढ़ों की। घोड़ों और ऊँटों की दौड़ के मुक़ाबले चल रहे हैं। जहाँ-तहाँ हो रहे दंगल में पहलवान तरह-तरह के दाँव आजमा रहे हैं और हर दाँव पर तमाशबीन उत्तेजित होकर उछल-उछल पड़ते हैं। कठपुतलियों के तमाशे भी हो रहे हैं। कहीं कंचनिया का नाच देखने को भीड़ जमा है तो कहीं बाज़ीगर का कमाल देखने को।

आगरा का क़िला भी सजाया-सँवारा जा रहा है। पुताई हो रही है। पुराने गद्दे और चादरें बदली जा रही हैं। नए परदे लग रहे हैं और नए कालीन बिछ रहे हैं। क़िले के परकोटे पर रंग-बिरंगी झंडियाँ लटकाई जा रही हैं। और जश्न को रात में भी जारी रखने के लिए कुंदों में मशालें अटकाई जा रही थीं।

इस सारे इन्तज़ाम पर अकबर ख़ुद नज़र रखे हुए था। तभी जौनपुर के ख़ुफ़ियानवीस का भेजा हुआ पैग़ाम उसे मिला।

"जहाँपनाह! जौनपुर में बग़ावत हो गई है।" मीर ग़यासुद्दीन अली ने पैग़ाम पढ़ा। "ख़ान ज़माँ अली क़ुली ख़ान उज़्बेक और उनके भाई बहादुर ख़ान उज़्बेक जो कि आलमपनाह के वकील-अस-सल्तनत रहे हैं, उन दोनों ने बाक़ी उज़्बेक उमरा के अलावा अफ़ग़ानों को भी अपने साथ मिला लिया है और ख़ज़ाना लूटकर अपने आदमी निज़ाम

में बिठा दिए हैं। जौनपुर के मुल्लाओं ने इसे जिहाद क़रार दिया है।"

पानीपत के मैदान में अकबर की फ़तह में तक़दीर और बैरम ख़ान के बाद अली क़ुली ख़ान का ही हाथ था। जंग शुरू होने के एक रोज़ पहले हेमू की फ़ौज के पेशदस्ते के साथ जा रहे तोपख़ाने पर क़ाबिज़ होकर उसने दुश्मन को तो कमज़ोर किया ही था, अकबर की पस्त-हौसला फ़ौज में नया वलवला और हिम्मत भी उसके इस कारनामे ने भर दी थी। इनाम में उसे जौनपुर की सूबेदारी अता कर क़ायम-मुक़ाम[1] के ओहदे से नवाज़ा गया था। मुल्ला-मौलवियों की शह पाकर अब बाक़ी उज़्बेक उमरा के साथ मिलकर उसने अपना सूबा अकबर के निज़ाम से जुदाकर लेना चाहा।

"जनाब मीर बख़्शी! दुश्मन की ताक़त का अन्दाज़ा करने और उसकी फ़ौज की तफ़सील हासिल करने के मक़सद से आप अपने क़ाबिले-एतमाद मातहतों को फ़ौरन रवाना कर दें," अपने वज़ीरों और सिपहसालारों को दीवानख़ाना-ए-ख़ास में तलब कर अकबर ने आनेवाली जंग की तैयारियाँ शुरू कर दीं। "जनाब मुनीम खान! सौ आदमियों को आप अपने साथ लेकर जाएँ और जौनपुर पहुँचने के लिए ऐसा रास्ता चुनें जिसमें पानी की बहुतायत हो और जानवरों के चारे की भी। जनाब मुज़फ़्फ़र ख़ान अपने लोगों को सब तरफ़ भेजकर मुनादी करवाएँगे जो सौदागर हमारी लश्करगाह में रसद लेकर आएँगे और वाजिब दामों पर जिंस फ़रोख़्त करेंगे उनसे राहदारी और बाज़ारी महसूल नहीं वसूला जाएगा। अपने-अपने रिसालों के घोड़ों व हथियारों की बाबत सभी सिपहसालार यह इत्मीनान करेंगे कि वे सब तरह से दुरुस्त हैं और जंग के लिए मुस्तैद रिसालों का हमसे मुआयना करवाएँगे। जनाब टोडरमल और मिर्ज़ा अज़ीज़! आप दोनों दौलतख़ाने में तशरीफ़ लाएँ।"

"टोडरमल! लश्कर के रास्ते में जिन हिन्दुओं की ज़मींदारी और जागीर पड़ेगी, जाकर उनसे मुलाक़ात करो।" दौलतख़ाने को तख़्लिया कर लेने के बाद अकबर ने हुक्म दिया, "और यह मालूम करने की कोशिश करो कि उनके दिमाग़ में बाग़ियों ने कोई ख़लल तो नहीं डाल दिया है। किसी क़िस्म की बदअमनी फैलाने की मंशा तो वे लोग नहीं रखते। साथ ही, हमारी फ़ौजी ताक़त का अन्दाज़ा देकर उन्हें समझाओ कि जो लोग हमसे वफ़ादार रहते हैं उनके साथ हम रहमत से पेश आते हैं। और जो हमसे गद्दारी करते हैं उनका अंज़ाम क़ाबिले-अफ़सोस ही होता है। इनाम-ओ-इकराम के हवाले से यह भी कोशिश करो कि जंग में वे हमारे साथ शामिल हो जाएँ। मिर्ज़ा अज़ीज़! यही काम आप मुसलमान ज़मींदारों और जागीरदारों से रूबरू होकर करें।"

गर्मी का मौसम अपने उरूज पर था, फ़ौज ने जब कूच किया और शाही नगाड़े बज उठे। दो हज़ार चुने हुए हाथियों के साथ अकबर ने जमना नदी पार की। नाक़ाबिले-बर्दाश्त गर्मी के मद्दे-नज़र यह तय हुआ कि फ़ौज सुबह और शाम को ही रवानगी डालेगी, और बाक़ी वक़्त आराम करेगी।

एक ख़ुफ़ियानवीस ख़बर लाया कि भारी फ़ौज के साथ बादशाह के चल पड़ने की ख़बर सुनकर इस्कन्दर ख़ान उज़्बेक अवध छोड़कर लखनौती भाग गया है और वहाँ क़िलेबन्दी कर रहा है। सुनते ही अकबर हाथी से उतरकर अपने ख़ास घोड़े पर

1. बादशाह का प्रतिनिधि।

सवार हो गया और एक दिन व दो रात बिना रुके, सिवा घोड़े का दाना-पानी करते वक़्त, उसे दौड़ाता रहा।

अकबर का जिस्म न सिर्फ़ बेहद मज़बूत था बल्कि उसमें बिना थके मेहनत करते रहने की भी ज़बर्दस्त क़ुव्वत थी। बचपन उसका खेलों और जिस्मानी सरगर्मियों में ही बीता, शायद इल्म हासिल करने में दिलचस्पी न होने की वजह से भी। सात साल की उम्र से बैरम ख़ान की सरपरस्ती व शागिर्दी में उसे दे दिया गया। उसके बाद से उसका सारा वक़्त माहिर जंगजू बनने की तरबियत[1] लेते हुए मेहनत-मशक़्क़त करने या फिर शिकार खेलने में ही गुज़रा। और जवानी की दहलीज़ से भी वह कई साल दूर था जब मैदान-ए-जंग में दुश्मन को वह अपनी तलवार के जौहर का नज़ारा करवा रहा था। सरहिन्द की लड़ाई के वक़्त महज बारह साल का था वह, और पानीपत के मैदान पर हुई जंग के वक़्त सिर्फ़ चौदह साल का। नतीजतन, उसका जिस्म फ़ौलादी हो चुका था और उसके इरादे मज़बूत। दुश्मन इस वजह से उससे ख़ौफ़ खाते थे और दोस्तों की निगाह में उसके लिए तारीफ़ के साथ ही रश्क भी झलकता था।

जिस वक़्त अकबर लखनौती में दाख़िल हुआ उसके साथ फ़क़त सौ लड़ाके थे। बादशाह इतनी जल्दी आ भी पहुँचा! अपने ख़बरी से यह जानकर इस्कन्दर ताज्जुब कर गया और लखनौती की क़िलेबन्दी को अधूरी छोड़ वहाँ से भी वह भाग खड़ा हुआ।

लखनौती में अकबर ने अपनी फ़ौज के पहुँचने का इन्तज़ार करने का फ़ैसला किया। फ़ौज के साथ ही उसका हरम भी आ पहुँचा। बेगम हीरा कुँवर ने अयोध्या जाने की ख़्वाहिश ज़ाहिर की जो कि नज़दीक ही था।

"ऐसा वहाँ पर क्या ख़ास है?" अकबर ने पूछा।

"भगवान विष्णु के सातवें अवतार राजा रामचन्द्र वहीं पैदा हुए और पले-बढ़े," हीरा कुँवर ने बताया। "चार भाइयों में वे सबसे बड़े थे मगर उनकी सौतेली माँ ने उनके वालिद राजा दशरथ को मजबूर कर दिया कि वे उसके अपने बेटे को राजगद्दी देकर रामचन्द्र जी को चौदह बरस के लिए जंगलों में रहने का हुक्म सुना दें।"

अकबर ने ज़ोर का ठहाका लगाया। "हरम की ख़वातीन का सियासी तिकड़मबाज़ी में मसरूफ़ रहना इसका मतलब कोई नई बात नहीं!"

फिर भगवन्तदास से वह मुख़ातिब हुआ।

"भगवन्तदास! तुम अपनी बहन को लेकर अयोध्या जाओगे और मेरी बेगम को हिफ़ाज़त के साथ मुझे वापस करोगे।"

और फिर दोनों के ही ठहाके गूँज उठे।

बारिश का मौसम शुरू होते ही हवा में ठंडक घुल गई थी। अकबर ने फ़ौज को जौनपुर के लिए कूच करने का हुक्म सुना दिया।

"हुज़ूर! अकबर बादशाह हज़ारों हाथियों की फ़ौज लेकर आए हैं, सबके सब कोहनुमा और ख़ौफ़नाक! शैतान के कारिन्दे जहाँ से गुज़रते हैं, भरी दोपहरी में वहाँ अँधेरा छा जाता है।" अली क़ुली ख़ान से एक उज़्बेक अमीर कह रहा था। "उनके पैरों तले तो ज़मीन भी जैसे डर के मारे थरथराती है। बहादुर से बहादुर फ़ौजी का दिल

1. प्रशिक्षण।

हुज़ूर, उनका नज़ारा कर यक़ीनन ख़ौफ़ज़दा हो जाएगा।"

सरहिन्द की जंग में हाथियों की कारगुज़ारी देखर अकबर भी ख़ौफ़ खा गया था। घोड़ों को सवारों समेत अपने बड़े-बड़े दाँतों पर वे उठा लेते और फिर उन्हें ज़मीन पर पटककर अपने पैरों तले कुचल डालते। पैदल फ़ौजियों को तो अपनी सूँड़ में लपेटकर इतनी ज़ोर से दूर फेंकते कि उनकी हड्डी-पसली एक हो जाती। और जब सिकन्दर ख़ान की फ़ौज भाग खड़ी हुई थी तो उसका पीछा कर रहे हाथियों की फ़ुर्ती देखकर तो वह हैरान ही रह गया! भागते हुए फ़ौजी और घोड़े उनसे टकराकर गिर पड़ते और उनके पैरों तले कुचल जाते। इन जानवरों की मैदान-ए-जंग में क्या अहमियत है, वह उसी रोज़ जान गया था।

पानीपत की जंग फ़तह करने के बाद हेमू के दो हज़ार हाथी उसके क़ब्जे में आ गए। जल्द ही वह हाथियों की फ़ितरत को समझने लगा। और कुछ ही वक़्त में मद से भरकर मस्त या पागल हो रहे हाथी को भी अपने क़ाबू कर लेने की महारत उसने हासिल कर ली। क़िले के परकोटे पर से या किसी दरख़्त पर से वह पागल हाथी की पीठ पर कूद जाता और दूसरे हाथियों के साथ लड़ा-लड़ाकर उसे थका देता। इतना ही नहीं तो लड़ाई जारी रहते हुए ही वह इस हाथी की पीठ पर से उस हाथी की पीठ पर और उस हाथी की पीठ पर से इस हाथी की पीठ पर कूदते हुए उन्हें जोश दिलाते रहता।

हाथियों के लिए उसका जुनून वक़्त के साथ बढ़ता चला गया और फिर हर साल नरवर के जंगलों में महीनों मुक़ाम कर उम्दा नस्ल के हाथियों को पकड़ लाना जैसे उसका ख़ब्त ही हो गया। चार आदमी मिलकर भी अपने हाथों से जिनके तने न घेर पाएँ ऐसे मोटे और आसमान को छूते हुए बरगद, महुआ, साल और दीगर दरख़्तों से भरे उन घने जंगलों में, जिनसे बाहर निकलने का रास्ता खोजने में हवा के झोंके भी नाकामयाब रहते, खर-पतवार और सड़ी हुई पत्तियों की तीखी बू व मरे हुए जानवरों से उठती बदबू को बर्दाश्त करते हुए, झाड़-झंखाड़ों के बीच से गुज़रकर दरख़्तों के बीच लटक रही मोटी-मोटी बेलों को अपनी तलवार से काटते हुए वह अपने घोड़े को दौड़ाता ही रहता। कीचड़ और दलदल में कभी घोड़े गिर भी पड़ते और उनके साथ ही उनके सवार भी जिनमें वह भी शामिल होता। जब बारिश होती और फिर बिजली कड़कती तो हज़ारों पतंगे न जाने कहाँ से निकल आते और उड़ते हुए उसके चेहरे से टकराने लगते। मगर कोई भी परेशानी या तकलीफ़ उसके जोश और जज़्बे में जरा भी कमी नहीं ला पाती थी।

ऊँची नस्ल के इन हाथियों की परवरिश पर तवज्जो देकर उनकी नस्ल को और भी बेहतर करने की कोशिशें भी उसने शुरू कर दीं। साथ ही उनकी तरबियत पर भी वह काम करने लगा। एक साथ मिलकर एक दीवार की मानिन्द दुश्मन पर दौड़ पड़ने और इस दीवार के रास्ते में जो भी आए उसे कुचलते हुए आगे बढ़ते जाने का रियाज़ उन्हें करवाया गया।

हाथियों को लेकर अकबर के जुनून को देखकर मीर अब्दुल लतीफ़ क़ज़विनी ने एक रोज़ उससे कहा, "जहाँपनाह! हाथियों के साथ सबसे बड़ी मुश्किल यह है कि तोपों की गरज सुनकर और उनमें से उठती आतिश को देखकर यह दहशत खा जाते

हैं। सिन्ध के हाकिम दाहिर के हाथियों ने उसके अपने ही फ़ौजियों को कुचल दिया था। जब मुहम्मद बिन क़ासिम ने तेल में भीगे हुए गोलों को चिनगारी दिखाकर बड़ी-बड़ी गुलेलों से उन पर फेंका था। पंजाब के हिन्दू राजा आनन्दपाल के साथ जंग में ग़ज़नी के सुल्तान महमूद ने भी यही चाल चली। ऐसा ही एक जलता हुआ गोला उस हाथी के ऊपर गिरा जिस पर आनन्दपाल सवार था। जब उस हाथी की पुश्त जलने लगी तो घबराकर वह मैदान-ए-जंग से भाग खड़ा हुआ और फिर किसी भी तरह क़ाबू में न कर सका। नतीजतन, उसकी फ़ौज यह मान बैठी कि उनका राजा मैदान छोड़कर भाग खड़ा हुआ है और उन्होंने भी मैदान छोड़ दिया। इस कमज़ोरी से हाथियों को नजात दिलाने के लिए आलमपनाह को कोई तरकीब करनी होगी।"

और तरकीब अकबर ने ईजाद कर भी ली। मरे हुए जानवरों की मोटी खालों को सिलवाकर हाथियों के लिए उसने पुश्तपोश[1] बनवाए और रोज़ कई दफ़ा उनके पैरों के बीच आतिशबाज़ी करवाई। वक़्त के साथ तेज़ आवाज़ और आतिश का उनका डर तो चला ही गया, इस आतिशबाज़ी को वे खेल समझने लगे और इसमें उन्हें मज़ा आने लगा। चन्द सालों में ही उसने उम्दा नस्ल के ऐसी तरबियत पाए हुए पचास हज़ार से भी ज़्यादा हाथियों की फ़ौज खड़ी कर ली। हिन्दुस्तान में ऐसी फ़ौज बेनज़ीर थी, जिसने अकबर की हुकूमत को तेज़ी से पूरे हिन्दुस्तान में फैलाने में बेहद अहम किरदार निभाया।[2]

शैतान के कारिन्दों की दिल दहला देनेवाली कैफ़ियत उज़्बेक अमीर से सुनकर अली क़ुली ख़ान दहशत खा गया और भाग खड़ा हुआ। मुनीम ख़ान को अकबर ने उसका पीछा करने और उसे क़ाबू में कर लाने के लिए भेजा। वे दोनों पुराने रफ़ीक़ थे। लिहाज़ा क़ुली ख़ान ने जब सुलह का पैग़ाम भेजा तो मुनीम ख़ान ने उसके साथ बातचीत शुरू कर दी और इस बात के लिए राज़ी हो गया कि उसे मुआफ़ी बख़्श देने की वह बादशाह से सिफ़ारिश करेगा।

"लेकिन मैंने तो तुम्हें उसको गिरफ़्तार कर लाने के लिए भेजा था, न कि उसके साथ सुलह करने के लिए!" मुनीम ख़ान को अकबर ने फटकार लगाई। "मगर तुम पुराने ख़िदमतगार हो। लिहाज़ा तुम्हारी बात की इज़्ज़त रखी जाएगी।"

"जहाँपनाह तो रहम की खान हैं!" शर्मिंदगी से सिर झुकाए हुए मुनीम ख़ान ने दबी हुई आवाज़ में अपने बादशाह का शुक्रिया अदा किया।

"मगर इस हक़ीक़त से तुम्हें मैं वाक़िफ़ करा दूँ! यह बदकार लोग जो भी वादा करेंगे उसे निभाएँगे क़तई नहीं। फ़िलहाल अली क़ुली ख़ान को यह परवाना भेज दिया जाए कि जब तक हमारा मुक़ाम यहाँ है, गंगा को वह पार नहीं करेगा।"

कुछ रोज़ जौनपुर में रहकर अकबर बनारस के लिए रवाना हो गया और तीन रोज़ के लिए वहाँ पड़ाव डाला। पूरे वक़्त एक बड़े शामियाने के नीचे दीवानख़ाना-ए-आम में बैठा हुआ वह अपनी रियाया की फ़रियाद सुनता रहता। और जो लोग सिर्फ़ अपने बादशाह का दीदार करने के मक़सद से आते उनकी पेशकश क़बूल करता रहता।

---

1. पीठ का आवरण।
2. उस दौर में हाथी की वही अहमियत थी जो बीसवीं सदी के मैदान-ए-जंग में टैंक की थी—और अब हर शहर में बुलडोज़र की है।

हरिया ने जब सुना कि बादशाह अकबर आम रियाया को भी उनसे मुलाक़ात करने का मौक़ा दे रहे हैं तो वह भी उनके दीदार करने जा पहुँचा।

हरिया एक ग़रीब किसान था जिसके पास नज़दीक के गाँव में दो बीघा ज़मीन थी। मगर उसकी पैदावार उसके दो बच्चों, बीवी और उसके माँ-बाप के लिए काफ़ी न होती थी। बढ़ईगिरी से भी वह थोड़ा-बहुत कमा लेता था, फिर भी दो वक़्त की रोटी का जुगाड़ नहीं हो पाता था। फिर ऐसा हुआ कि अकबर के तख़्तनशीन होने के साल भर पहले एक भयंकर अकाल पड़ा। दो साल तक लगातार बारिश ने धोखा दे दिया था। ऊपर से एक के बाद एक जंग छिड़ती रही और जो भी थोड़ा-बहुत पैदा हुआ, उसे फ़ौज के लिए ज़बर्दस्ती हथिया लिया गया।

बात यहीं पर ख़त्म नहीं हुई। हुकूमत बदलने के साथ नए हुक्मरान के कारिन्दे नए सिरे से लगान की वसूली करने लगते। सो भी बड़ी सख़्ती और बेरहमी के साथ। इससे उन्हें कोई वास्ता नहीं था कि किसने कितना लगान पहले ही चुकाया हुआ है। और ज़बर्दस्ती बेगारी करवाते सो अलग। फ़ौजियों को हज़ारों नौकरों की ज़रूरत होती है—अनाज साफ़ करने और पीसने के लिए, तरकारियाँ छीलने और काटने के लिए, बर्तन और कपड़े धोने के लिए, जानवरों की लीद और कचरा साफ़ करने के लिए। फ़ौज के कुछ घुड़सवार किसी भी गाँव में पहुँच जाते और जो भी हाथ-पैर से ठीक-ठाक आदमी दिखाई देते, उन्हें पकड़कर लश्करगाह ले आते।

गाँव की चौपाल पर ऐसे ही कुछ लोगों की दुख भरी दास्तान हरिया ने कई दफ़ा सुन रखी थी।

"सुबह से लेकर शाम तक सारा दिन जी-तोड़ मेहनत करो, पसीना बहाओ और आख़िर में मिलता क्या है? दो मुट्ठी भात खाने के लिए और जानवरों के बाड़े में दो गज़ ज़मीन सोने के लिए। ऊपर से मुसीबत यह कि चक्की चलाते हुए ज़रा हाथ धीमा हुआ नहीं कि पड़ा ज़ोर से डंडा पीठ पर!"

इस ज़ुल्म और नाइंसाफ़ी से ख़फ़ा होकर गाँव के कई नौजवान शहर चले आए थे। हरिया भी उनमें से एक था।

पहले हरिया को नहीं पता था कि उसके मुल्क का हाकिम कौन है। पता हो भी नहीं सकता था। इतनी जल्दी-जल्दी तो हाकिम बदलते थे! वैसे भी हाकिम के बदलने से गाँव वालों को कोई फ़र्क़ नहीं पड़ता था। क्योंकि नए हाकिम के मुलाज़िम भी वैसी ही दाढ़ी रखे होते, वैसा ही लम्बा पैराहन पहने होते और कलगीवाली वैसी ही टोपी लगाते या तुर्रेवाला साफ़ा सिर पर बाँधे होते। और वैसे ही घोड़े पर सवार हो तलवार को कमर से लटकाए हुए उतनी ही बेदर्दी से गाँव वालों को लूटते और उतनी ही संगदिली से गाँव के नौजवानों को बेगारी करने पर मजबूर करते।

मगर अब उसे फ़र्क़ समझ आ रहा था। उसके गाँव के कई लोग तो वापस भी चले गए थे जब उन्होंने सुना कि अब न तो नाजायज़ वसूली होती है और न ही अब बेगारी करनी पड़ती है। यही वजह थी कि वह बादशाह अकबर का दीदार करने और उनका एहतराम करने के लिए बेताब था।

हरिया जब पहुँचा तो दीवानख़ाना-ए-आम के बाहर लम्बी क़तार लगी हुई थी

जिसमें ख़ास व आम, अमीर व ग़रीब एक ही साथ खड़े हुए थे।

"इन गन्दे, फटेहाल लोगों के साथ तुम मुझे कैसे खड़ा कर सकते हो?" सोने के तारों की कढ़ाई किया हुआ रेशमी अँगरखा पहने हुए एक रोबदार नज़र आनेवाले शख़्स ने उस पहरेदार से शिकायत की जो क़तार लगवा रहा था।

"जनाब मीर तुज़ुक साहब ने हमें यही हुक्म दिया कि सबको एक ही क़तार में खड़ा किया जाए।"

"और यह हुक्म उन्हें बादशाह सलामत से मिला है," उसके साथ खड़ा हुआ दूसरा पहरेदार बोला।

हरिया का दिल यह देखकर बैठने लगा कि क़ीमती से क़ीमती नज़राना देखकर भी बादशाह के चेहरे पर ज़रा भी मुस्कुराहट नहीं आती। उन पर सिर्फ़ एक उड़ती हुई नज़र डालकर वे बेनियाज़ी से उन्हें छू भर देते। फिर उनके पास खड़ा ख़िदमतगार बेमुरव्वती से उन्हें एक तरफ़ रख देता। जो लोग बेहद महँगे तोहफ़े भी ला रहे थे, उन्हें भी बादशाह की जानिब सिर की हलकी-सी जुम्बिश के अलावा कोई और जवाब नहीं मिलता था। सो भी अगर वे क़िस्मतवाले हुए तो!

बादशाह के चेहरे पर लगातार बेरुख़ी व ऊब झलकती देख हरिया ने एकबारगी इरादा किया कि क़तार से निकलकर वह भाग खड़ा हो। लेकिन यह सोचकर कि कहीं बादशाह या उसके किसी ओहदेदार की निगाह ऐसे में उस पर पड़ गई तो उसे उनकी नाराज़गी न झेलनी पड़ जाए, धड़कते दिल से वह क़तार में ही खड़ा रह गया।

सोने के तारों से कढ़ा हुआ अँगरखा पहने हुआ शख़्स एक बड़ा ज़मींदार था जो अपने काश्तकारों की तरफ़ से एक अर्ज़ी लेकर बादशाह के दरबार में हाज़िर हुआ था।

"जहाँपनाह! लगान का भुगतान फ़सल का हिस्सा न देकर नक़द करने में काश्तकारों को बड़ी मुश्किलात का सामना करना पड़ रहा है।"

"ऐसा क्यों?" अकबर ने पूछा।

"आलमपनाह! अच्छी फ़सल और बढ़ी हुई पैदावार होने से जिंस के दाम गिर गए हैं। गुज़श्ता सालों में बारिश भी अच्छी हुई और काश्तकारों ने दिल लगाकर खेतों में मेहनत की क्योंकि आलमपनाह के निज़ाम में न तो उनसे कोई नाजायज़ वसूली होती है और न ही उनसे बेगारी करवाई जाती है। जिंस के दाम गिर जाने की वजह से जहाँपनाह! भुगतान नक़द करने पर लगान फ़सल के एक-तिहाई से कहीं ज़्यादा बैठता है।"

लगान वसूली के पुराने तरीक़े में जिंस को खेतों से उठवाने, ढोने और हिफ़ाज़त के साथ उसे भंडार करने में काफ़ी ख़र्च होता था। फफूँद, नमी और चूहों से होनेवाला नुक़सान अलग। लिहाज़ा अकबर ने लगान के नक़द भुगतान को तरजीह दी थी।

"लगान की वसूली नक़द में ही की जाएगी," अकबर ने हुक्म दिया और फिर टोडरमल की तरफ़ मुख़ातिब होकर कहा। "लेकिन जिंस के दामों में हुई कमी के हिसाब से ही लगान को भी कम कर दिया जाए। इस फ़रमान को जारी कर सभी अमलगुज़ारों को भेज दिया जाए।"

हरिया के कुछ आगे एक बूढ़ी औरत खड़ी थी जिसने एक पोटली को बड़ा सँभालकर अपनी छाती पर दबा रखा था। हरिया को बड़ा ताज्जुब हुआ जब उसने देखा

कि बादशाह ने उस बुढ़िया के हाथों से उस पोटली को ख़ुद क़बूल किया और उनके चेहरे पर पहली दफ़ा मुस्कुराहट दिखाई दी।

"क्या लाई हो माई इस पोटली में?" अकबर ने हँसते हुए उस बुढ़िया से पूछा और फिर पोटली को सूँघकर बोला। "ख़ुशबू से तो सूजी का हलवा लग रहा है!"

बुढ़िया अपने पोपले मुँह से खिलखिला उठी। "तू तो बहुत होशियार है बेटा! मैंने ख़ुद अपने हाथों से पकाया है, अपनी गाय के दूध से बने ख़ालिस घी में।"

दरबारी हैरान थे कि बुढ़िया के इस नाशाइस्ता[1] बर्ताव से नाराज़ होने के बजाय अकबर ने पोटली खोलकर उसमें रखा हुआ डिब्बा निकाला और हलवे को अपनी उँगली से निकालकर बड़े मज़े में उँगली को चाटते हुए बोला, "वाक़ई! यह तो बड़ा ज़ायकेदार है!"

"जीते रहो बेटा! ख़ूब फलो-फूलो!" कहते हुए बुढ़िया की आँखों में आँसू तैर गए।

अकबर ने वह डिब्बा नज़दीक खड़े ख़िदमतगार को थमाया और बग़ल में रखी तश्तरी में से मुट्ठी भर अशर्फ़ियाँ लेकर उस बुढ़िया के आँचल में डाल दीं।

हरिया ने इत्मीनान की साँस ली। लकड़ी के एक टुकड़े को छील, काट और कुरेदकर उसने एक छोटा-सा रथ बनाया था। उसे अब भी डर था कि बादशाह को यह मामूली और सस्ता तोहफ़ा शायद पसन्द न आए। मगर उसे हैरत हुई जब बादशाह ने उस रथ को हाथ में लेकर उसे उलट-पुलटकर देखा।

"बेहतरीन! बेहतरीन नमूना है कारीगरी का! तुमने ख़ुद बनाया है?"

अपने हाथों को छाती पर जोड़े हुए हरिया चुपचाप खड़ा रह गया और उसके आँसू बह निकले। उसने अपनी पत्नी धनिया और उनकी दस साल की बेटी व सात साल के बेटे की तरफ़ इशारा किया जो दीवानख़ाना-ए-आम के बाहर खड़े थे। उन सबको अन्दर आने देने का अकबर ने चोबदार को इशारा किया।

उसके बाद तो कई महीनों तक हरिया की बस्ती में इसी बात की चर्चा होती रही कि कैसे बादशाह अकबर ने उसके बनाए हुए रथ की तारीफ़ की और कैसे उसके लड़के-लड़की को देखकर वे मुस्कुराए थे। बस्ती में उसकी इज़्ज़त भी बढ़ गई। बादशाह अकबर से उसकी सीधी वाक़फ़ियत जो हो गई थी!

सुल्तान इल्तुतमिश से लेकर सुल्तान फ़िरोज़ तुग़लक और सुल्तान सिकन्दर लोदी तक कई मुसलमान सुल्तानों ने बनारस के कुछ मन्दिरों को खँडहर बना दिया था। उन मन्दिरों के पुरोहित बनारस के दूसरे नामी-गिरामी ब्राह्मणों को लेकर अकबर के दरबार में हाज़िर हुए और इल्तिजा की कि ढहाए हुए मन्दिरों को वापस बनाने की इजाज़त उन्हें अता की जाए। अकबर को यह सुनकर हैरत हुई कि पुराने मन्दिरों को सुधारने तक के लिए बादशाह की इजाज़त को लाज़िमी समझा जा रहा था। बड़ी मुश्किल से वह उन्हें यक़ीन दिला पाया कि न तो पुराने मन्दिरों को सुधारने पर अब कोई रोक है और न ही नए मन्दिर तामीर करने पर कोई पाबन्दी। नए मन्दिर तामीर करने और पुराने मन्दिर सुधरवाने के लिए शाही ख़ज़ाने से उन ब्राह्मणों को उसने बड़ी रक़म भी दिलवा दी।

ब्राह्मणों के चेहरे खिल गए मगर मुल्ला और उलेमा के तेवर बिगड़ गए। वे नाराज़

---

1. अशिष्ट।

थे और हैरतज़दा भी। जौनपुर में हुई बग़ावत के बाद भी बादशाह काफ़िरों की हौसला-अफ़ज़ाई करने और कुफ़्र को बढ़ावा देने से बाज़ नहीं आ रहा था।

अकबर की ग़ैर-मौजूदगी का फ़ायदा उठाकर अली क़ुली ख़ान ने गंगा को पार कर जौनपुर पर फिर से क़ब्ज़ा कर लिया। ख़बर पाते ही अकबर बनारस से चल पड़ा लेकिन उसके जौनपुर पहुँचने के पहले ही अली क़ुली ख़ान फिर भाग खड़ा हुआ।

"जब तक अली क़ुली ख़ान और उसका भाई ज़िन्दा है," अकबर ने एलान किया, "तब तक हमारी दारुल-हुकूमत जौनपुर ही रहेगी।"

और उसने जौनपुर में शाही महल तामीर किए जाने का हुक्म भरे दरबार में सुना दिया, उसके इस एलान की संजीदगी में किसी को कोई शुबहा न रहे इस ख़याल से भी।

शाही फ़ौज को अली क़ुली ख़ान का पीछा करने के लिए रवाना किया गया इस हिदायत के साथ कि उनके लिए आराम हराम है जब तक कि या तो वह हलाक न हो जाए या उसे गिरफ़्तार न कर लिया जाए। सिपहसालार इस बार भी मुनीम ख़ान ही था। अली क़ुली ख़ान ने सुलह का पैग़ाम फिर उसे भेजा, लेकिन मुनीम ख़ान ने इस बार सुलह करना मंज़ूर न किया। इस पर अली क़ुली ख़ान ने क़ाज़ी-उल-क़ुज़ात अब्दुल्ला सुल्तानपुरी मख़्दूम-उल-मुल्क और सद्रुस्सुदूर शेख़ अब्दुन्नबी से गुज़ारिश की कि अकबर बादशाह के साथ वे उसकी सुलह करवा दें।

"जहाँपनाह! अल्लाह तो अल-रहीम है!" शाही दरबार में अली क़ुली ख़ान की पैरोकारी शुरू करते हुए निहायत संजीदा आवाज़ में मख़्दूम-उल-मुल्क ने कहा। "अपने गुनाहों पर जो पशेमान होते हैं अल्लाह उन्हें मुआफ़ी अता करता है। आलमपनाह! सही अल-बुख़ारी में हदीस है कि नबी करीम, सल्लल्लाहु अलैहि वसल्लम, ने फ़रमाया था : 'बनी इस्राइल[1] में एक शख़्स था जिसने निन्यानबे नाहक ख़ून किए थे। फिर वे पशेमान[2] होकर मसला पूछने निकला। वह एक दरवेश के पास आया और उससे पूछा, क्या उस गुनाह से तौबा क़बूल होने की कोई सूरत है? दरवेश ने जवाब दिया कि नहीं।' आलमपनाह अन्दाज़ा लगा सकते हैं कि इस पर उस शख़्स ने क्या किया होगा?"

कहकर मख़्दूम-उल-मुल्क चन्द लम्हों के लिए ख़ामोश हो गया और इस तरह मुस्कुराने लगा जैसे कि अब वह बेहद ख़ास व राज़दारी की बात कहने जा रहा हो।

"जहाँपनाह! नबीउल्लाह मुहम्मद, सल्लल्लाहु अलैहि वसल्लम ने बताया कि 'यह सुनकर उसने उस दरवेश को भी क़त्ल कर दिया और सौ ख़ून पूरे कर दिए। फिर वे दूसरों से पूछने लगा। आख़िर उसको एक दरवेश ने बताया कि फलाँ बस्ती में चला जा। वे आधे रास्ते भी नहीं पहुँचा था कि उसकी मौत हो गई। मरते-मरते उसने अपना सीना उस बस्ती की तरफ़ झुका दिया। आख़िर रहमत के फ़रिश्तों और अज़ाब[3] के फ़रिश्तों में बाहम झगड़ा हो गया कि कौन इसे ले जाएगा। लेकिन अल्लाह तआला ने उस नसरह नाम की बस्ती को जहाँ वह तौबा के लिए जा रहा था हुक्म दिया कि उसकी

---

1. इस्लामी रिवायत के मुताबिक़ हज़रत अब्राहम के पोते याक़ूब के बारह बेटों के बारह क़बीले बनी इस्राइल कहलाए। यहूदी उनके ही वंशज हैं।
2. शर्मिन्दा होकर, पछताते हुए।
3. नरक की यातना, पापों का दंड जो दूसरे लोक में मिलता है।

लाश से क़रीब हो जाए और दूसरी बस्ती को जहाँ से वह निकला था हुक्म दिया कि उसकी लाश से दूर हो जा।"

रुककर मख़्दूम-उल-मुल्क ने आसपास खड़े उमरा को देखा और फिर अकबर पर नज़र दौड़ाई। उसकी आँखों में उसे ग़ैर-यक़ीनी नज़र आई तो अपनी बात को वज़न देने के लिए वह बोल उठा, "आलमपनाह! अल्लाह तो अल-अज़ीज़[1] है। उसके लिए कुछ भी नामुमकिन नहीं! पैग़म्बर मुहम्मद, सल्लल्लाहु अलैहि वसल्लम, ने तब जहाँपनाह! उसकी रहमत का नज़ारा करवाते हुए ज़ाहिर किया कि 'फिर अल्लाह तआला ने फ़रिश्तों से फ़रमाया कि अब दोनों का फ़ासला देखो और जब नापा तो उस बस्ती को जहाँ वे तौबा के लिए जा रहा था एक बालिश्त नअश से नज़दीक पाया लिहाज़ा वह बख़्श दिया गया।' अल्लाह तो आलमपनाह! अल-करीम है। उस पर ईमान लाने वालों पर उसकी बेपनाह रहमत बरसती है। और अपने बन्दों से भी वह उम्मीद करता है कि वे रहमदिली का बर्ताव करें और गुनहगारों को मुआफ़ी बख़्शें।"[2]

"जहाँपनाह! पैग़म्बर मुहम्मद, सल्लल्लाहु अलैहि वसल्लम, तो अपने जानी दुश्मनों तक के लिए रहमत का जज़्बा रखते थे।" अब शेख़ अब्दुन्नबी ने अली क़ुली ख़ान की पैरोकारी शुरू की। "सही अल-बुख़ारी में एक और हदीस है आलमपनाह कि पैग़म्बर मुहम्मद, सल्लल्लाहु अलैहि वसल्लम, एक दफ़ा अल्लाह तआला का पैग़ाम देने ताइफ़ नाम के शहर में गए। वहाँ के बाशिन्दों ने उनके साथ बेहद बदसलूकी की। उन्हें गालियाँ दीं। उन पर पत्थर फेंके। बेइज़्ज़त और ज़ख़्मी होकर नबीउल्लाह, सल्लल्लाहु अलैहि वसल्लम, उस शहर से बाहर एक दरख़्त के साये में जाकर बैठ गए। तब अल्लाह तआला का एक फ़रिश्ता उनके पास आया। उसने कहा कि अल्लाह उसके पैग़म्बर के साथ हुई इस बदसलूकी और उसकी बे-इज़्ज़ती की वजह से ताइफ़ के बाशिन्दों से बेहद ख़फ़ा है और उन्हें वह तबाह कर देना चाहता है। आप जानते हैं आलमपनाह कि पैग़म्बर मुहम्मद, सल्लल्लाहु अलैहि वसल्लम, ने तब क्या फ़रमाया? उन्होंने कहा : अल्लाह, सुबहानु व तआला, इन लोगों की रहनुमाई करें व इनकी ग़लतियों को मुआफ़ करें, क्योंकि यह नहीं जानते कि यह क्या कर रहे हैं।"

शेख़ अब्दुन्नबी और मख़्दूम-उल-मुल्क दोनों ही एक दीनी हुकूमत के बाअसर दीनी आलिम थे जिनकी पुकार इस्लाम की पुकार समझी जाती थी और जिनकी आवाज़ को मुसलमानों की आवाज़ माना जाता था। उन दोनों की ही नेक और मज़हबपरस्त ज़िन्दगी की वजह से अकबर उनकी इज़्ज़त भी करता था। बख़ूबी वह जान रहा था कि बाग़ियों को माफ़ी देने के मानी बेहतर तैयारियों और फिर से बग़ावत के मुनासिब मौक़े के लिए उन्हें वक़्त मुहय्या कराने से ज़्यादा कुछ नहीं। फिर भी उसने उन्हें माफ़ कर देने का फ़ैसला कर लिया।

उसके इस फ़ैसले पर कई उमरा ने एतराज़ जताया। इस फ़ैसले से भगवन्तदास तो बहुत ज़्यादा ख़फ़ा था।

"जहाँपनाह! बर्र के पास डंक तो होता है मगर उसके छत्ते में शहद नहीं होता।

---

1. सर्वशक्तिमान, अल्लाह के निन्यानबे नामों में से एक।
2. सहीह अल बुख़ारी की हदीस संख्या 3470 को यहाँ लगभग शब्दशः उतारा गया है।

ज़्यादा नेक-दिली भी अच्छी नहीं। अक़्लमन्द लोग जानते हैं कि इनसान की चमड़ी का गोरापन भी एक हद के आगे नागवार गुज़रता है। उसी तरह आलमपनाह! रहमदिली हद से ज़्यादा हो जाए उसकी वक़त नहीं रहती। और आसानी से हासिल होनेवाली मुआफ़ी की क़द्र नहीं रहती।"

"भगवन्तदास! रहम का बर्ताव वह शख़्स ही कर सकता है जो बहादुर हो। कमज़ोर आदमी दुश्मन को कभी मुआफ़ नहीं करता। क्योंकि उसे डर सताता है कि दुश्मन को ख़त्म करने का मौक़ा फिर उसे मिल पाएगा कि नहीं। लिहाज़ा वह पहली फ़ुर्सत ही में अपने दुश्मन को ख़त्म कर देने में यक़ीन रखता है। लेकिन एक बहादुर शख़्स के साथ ऐसा नहीं है।"

अकबर जानता था कि एक राजपूत बहादुरी के लिए ना नहीं कर सकता।

काबुल में मिर्ज़ा हकीम को उसके भरोसेमन्द लोगों से ख़बर मिली कि अकबर के ज़ुल्मो-सितम से हिन्दुस्तान कराह उठा है। उमरा और मनसबदार उसकी हुकूमत के जुए को उतार फेंकने के लिए न सिर्फ़ बेताब हो रहे हैं बल्कि हिन्दुस्तान का अगला बादशाह होने का रुतबा वे मिर्ज़ा हकीम को ही अता करना चाहते हैं। यह सुनकर तो उसकी बाँछें खिल गईं! बिना वक़्त गँवाए वह अपनी फ़ौज को लेकर हिन्दुस्तान में घुस आया और पंजाब को रौंदते हुए उसने लाहौर के क़िले पर घेरा डाल दिया। उसे बेहद ताज्जुब हुआ कि क़िलेदार और उमरा उसके इस्तिक़बाल के लिए दौड़े-दौड़े नहीं चले आए! क़िले का क़ब्ज़ा उसे सौंप देने का पैग़ाम भेजने पर भी नहीं। बल्कि जब उसने हमला बोला तो तोप के गोलों से उसे उसके पैग़ाम का जवाब मिला। लाहौर के क़िले पर घेरे की ख़बर सुनकर अकबर फ़ौरन अपनी फ़ौज को लेकर चल पड़ा। लाहौर से मगर जब सिर्फ़ दो रोज़ की दूरी पर वह था, मिर्ज़ा हकीम दुम दबाकर भाग खड़ा हुआ, और सिन्ध दरिया के उस पार चला गया जिसे हिन्दुस्तान की सरहद समझा जाता था। अकबर ने उसका पीछा न करने का फ़ैसला किया।

ठीक उसी वक़्त जब मिर्ज़ा हकीम सिन्ध दरिया को पार कर रहा था, जौनपुर में उसके नाम का ख़ुत्बा पढ़ा जा रहा था और एलान किया जा रहा था कि हिन्दुस्तान का शहंशाह अब मिर्ज़ा हकीम है।

"ला इलाहा इल्लल्लाह, मुहम्मद उर-रसूलुल्लाह! तारीफ़ उस ख़ुदा की जिसने यह ख़ुदाई बनाई। जो हमारी रहनुमाई करता है और हमें सही रास्ता दिखाता है। बिना उसकी रहनुमाई के सच्चे दीन को हम कैसे पा सकते थे? सिर्फ़ अल्लाह ही तारीफ़ के क़ाबिल है जो हमारे सभी गुनाहों को मुआफ़ कर देता है, सिवा एक गुनाह के। किसी और का नाम उसके साथ जोड़ने के गुनाह की कोई मुआफ़ी नहीं है।"

"तारीफ़ उस अल्लाह की जिसने हमें क़ुरआने-पाक दिया। जिसने इस ज़मीन को बनाया और उसे समन्दरों से घेर दिया। तारीफ़ उस अल्लाह की जिसकी हुकूमत बादलों पर भी चलती है। जिसने आसमान में क़ुतुब-तारा[1] बनाया जिससे कि भटके हुए लोगों को सियाह रातों में सही रास्ता मिल सके।"

"हम सब अल्लाह के ग़ुलाम हैं जिसने हम पर करम किया और हमें सही रास्ता

1. ध्रुव तारा।

दिखाने के लिए, इस्लाम का रास्ता दिखाने के लिए पैग़म्बर मुहम्मद, सल्लल्लाहु अलैहि वसल्लम, को भेजा। इस्लाम में दीनदारों पर फ़र्ज़ है कि बुतपरस्ती और कुफ़्र के ख़िलाफ़ जिहाद करें। जलालुद्दीन मुहम्मद अकबर इस्लाम के रास्ते से भटक गया है और कुफ़्र के रास्ते पर चल पड़ा है। उसके दरबार में अब काफ़िरों का ही बोलबाला है और उसकी हुकूमत में सारी मलाई उनको ही नसीब हो रही है। टिड्डों की मानिन्द वे फैलते ही जा रहे हैं और अल्लाह की बनाई हुई इस ज़रख़ेज ज़मीन को सफ़ाचट किए दे रहे हैं, जबकि ख़ुदा के नेक बन्दे भुखमरी के कगार पर पहुँच गए हैं।"

"इस्लाम पर ईमान रखने वालो! उस शख़्स के ख़िलाफ़ जिहाद के लिए तैयार हो जाओ जिसने इस्लाम के सभी उसूलों को तोड़ा है। एक हिन्दू औरत से उसका मज़हब इस्लाम में तब्दील किए बग़ैर ही उसने निकाह किया है। काफ़िरों पर लगनेवाला जिज़या और बुतपरस्तों की नापाक ज़ियारतगाहों पर उनसे वसूल किए जानेवाले महसूल को भी ख़त्म कर दिया है। ऊपर से काफ़िरों के मन्दिर सुधारने और नए मन्दिर तामीर करवाने के लिए उसने ख़ासी रक़म बरहमनों को नक़द दिलवा दी है। और सबसे ज़्यादा नाक़ाबिले-बर्दाश्त गुनाह तो उसने यह किया है कि अपने क़िले के अन्दर मन्दिर तामीर करवाकर बुतपरस्ती को वह शह दे रहा है। मुसलमानों पर हुकूमत करने का अब उसे कोई इख़्तियार नहीं रहा।"

"इस्लाम पर सच्चा ईमान रखनेवाले हर शख़्स पर फ़र्ज़ है कि बादशाह के ख़िलाफ़ जिहाद में वह शामिल हो। और काफ़िरों के ख़िलाफ़ मुजाहिद[1], दीनदारों के चाँद और दयानतदारों के आफ़ताब, रोशन चिराग़-ए-ख़ानदान-ए-तैमूरिया मिर्ज़ा मुहम्मद हकीम वल्द नसीरुद्दीन मुहम्मद हुमायूँ वल्द जहीरुद्दीन मुहम्मद बाबर को अब वह अपना बादशाह क़बूल करे।"

"अल्लाह अल-करीम है! अल-ग़फ़्फ़ार[2] है! दीनदारों की दुआएँ वह क़बूल करेगा और उनके गुनाहों के लिए मुआफ़ी अता करेगा।"

"आमीन!"

मुनीम ख़ान का पैग़ाम लेकर एक बरीद लाहौर आ पहुँचा। मीर ग़यासुद्दीन अली ने उसे पढ़कर अकबर को सुनाया।

"जहाँपनाह! अली क़ुली ख़ान ने जौनपुर में शाही परचम गिरा दिया है और ख़ुद का झंडा फहरा दिया है। क़ाज़ी जौनपुर से आलमपनाह के ख़िलाफ़ एक फ़तवा भी उसने हासिल कर लिया और मिर्ज़ा हकीम के नाम का ख़ुत्बा पढ़वाकर उसके नाम के सिक्के भी ढलवा दिए हैं।"

"कहाँ हैं अब इस बदजात के पैरोकार?" अकबर चिल्ला उठा और लाहौर से फ़ौरन ही आगरा के लिए निकल पड़ा। रास्ते में एक बरीद यह ख़बर भी ले आया कि सम्भल में मिर्ज़ाओं ने बग़ावत कर दी है।

सम्भल के मिर्ज़ा हिन्दुस्तान के तख़्त पर अकबर से बढ़कर नहीं तो उसके बराबर तो अपना हक़ समझते ही थे, क्योंकि वे भी साहिब-क़िराँ अमीर तैमूर के दूसरे फ़र्ज़न्द से

1. धर्मयोद्धा।
2. क्षमाशील, अल्लाह के निन्यानबे नामों में से एक।

तैमूरिया ख़ानदान के वारिस थे। अकबर से उन्हें जो सम्भल की जागीर मिली थी उसमें ही उन्होंने लूट मचाई और एक बड़ी फ़ौज खड़ी करके वे दिल्ली पर हमला बोलने के लिए निकल पड़े। लेकिन वहाँ जब मुनीम ख़ान से उन्हें कड़ा मुक़ाबला करना पड़ा तो वे दिल्ली को छोड़कर जौनपुर के लिए चल दिए और वहाँ उन्होंने उज़्बेक बाग़ियों के साथ हाथ मिला लिया। लेकिन जब कोई शख़्स हिन्दुस्तान के तख़्त से कम पर समझौता करने को राज़ी न हो तो आपस में फूट पड़ना लाज़िमी है। जल्द ही उनका उज़्बेक बाग़ियों से झगड़ा हो गया और वे मालवा पहुँच गए, जहाँ उन्होंने शाही ख़ज़ाने को लूटकर निज़ाम में अपने आदमी बिठा दिए।

अकबर के आगरा पहुँचते-पहुँचते माणिकपुर के क़िलेदार मजनूँ ख़ान क़ाशाल का पैग़ाम भी आ पहुँचा, जिसमें उसने मदद की दरख़्वास्त की थी। अली क़ुली ख़ान ने उसके क़िले पर कई हफ़्तों से घेरा डाल रखा था।

आगरा पहुँचते ही अकबर ने मीर बख़्शी को हुक्म दिया कि फ़ौज में वक़्ती भरती का एलान कर दिया जाए।

हिन्दुस्तान में इस वक़्त ऐसे लोगों की बहुत बड़ी जमात थी जो फ़ौज में शामिल होने की आरज़ूमन्द थी। इनमें ज़्यादा तादाद तो ऐसे लोगों की थी जिनका ख़ानदानी पेशा ही था उसकी तरफ़ से लड़ना जो उन्हें नक़द और बेहतर भुगतान कर सके, जंग चाहे जिनके बीच हो। इस जमात में क्षत्रिय ज़्यादा थे जो लड़ने के पेशे के अलावा बाक़ी पेशों को हिक़ारत की निगाह से देखते थे। भरती के लिए उम्मीदवारों में इनके अलावा कई डाकू, लुटेरे भी थे जो या तो अपने ज़मीर की आवाज़ सुनकर और या फिर पकड़े जाने और बेरहमी से हलाक कर दिए जाने के ख़ौफ़ के साये में ज़िन्दगी बिताने से आजिज़ आकर अब ईमानदारी और इज़्ज़त का काम ढूँढ़ रहे थे। इन उम्मीदवारों में वे भी थे जो पहले किसी और हुक्मरान की फ़ौज में थे। उसकी गद्दी छिन जाने के बाद फ़ौज से इन्हें बर्ख़ास्त कर दिया गया और बेरोज़गारी से मजबूर होकर लूटपाट को ही जिन्होंने अपना पेशा बना लिया।

फ़ौज में यह भरती काफ़ी फ़ायदेमन्द भी थी। वक़्ती तौर पर भरती हुए फ़ौजी की तनख़्वाह बाक़ी फ़ौजियों के मुक़ाबले दोगुनी होती थी। और फिर शिकस्त-ख़ुर्दा दुश्मन से हासिल लूट का माल तो था ही, जो कि हर फ़ौजी का वाजिब हक़ समझा जाता था।

इन उम्मीदवारों में चन्द ऐसे भी थे जिन्हें रोज़गार की ज़रूरत तो न थी, मगर उनके इरादे बुलन्द थे और हौसले भी। इस ख़याल से ही वे तो जोश में थे कि फ़ौज में वक़्ती तौर पर भरती होकर जंग में किसी अमीर को वे अपनी शमशीर का जलवा दिखाकर व अपनी जाँबाज़ी का नज़ारा करवा कर उसे मुतास्सिर कर लेंगे, जिसकी बिना पर वे फ़ौज में मुस्तक़िल तौर पर मुलाज़िमत और फिर वक़्त के साथ ऊँचा ओहदा हासिल करने में कामयाब हो सकेंगे। जिनकी परवाज और भी ऊँची थी वे यह ख़्वाब भी देख लेते कि जंग में कैसे उन्होंने बादशाह को अपनी बहादुरी का क़ायल कर दिया, जिन्होंने फिर बिना देर किए मनसबदारी में उन्हें बड़ा ओहदा अता कर दिया।

इन सब उम्मीदवारों को पहले मगर कड़े इम्तिहान से गुज़रना होता था जिसमें उनकी ताक़त, फ़ुर्ती और हथियार चलाने में उनके हुनर की आज़माइश की जाती थी।

तलवारबाज़ी के जौहर दिखाने के लिए मुक़ाबले रखे जाते थे। जुदा-जुदा लम्बाई और वज़न के नेज़े मुख़्तलिफ़ दूरी पर रखे निशानों पर मारने की क़ाबिलियत को परखा जाता था। तीरन्दाज़ों को अलग अलग क़िस्म के कम-ज़्यादा सख़्त कमान से दूर रखे लकड़ी के तख़्ते पर, जो उसके नीचे लगे पहियों पर इधर से उधर लुढ़कता रहता था, बनाए गए निशान को भेदने के लिए कहा जाता। वक़्ती फ़ौजी की तनख़्वाह इस मुताबिक़ ही तय होती थी कि उसके कितने तीर निशाने पर लगे और तख़्ते को उन तीरों ने कितनी गहराई तक भेदा। कुछ उम्मीदवारों के पास उनके अपने घोड़े भी हुआ करते थे। उनसे कहा जाता कि कभी दुलकी तो कभी सरपट चाल से अपने घोड़े को दौड़ाते हुए ज़मीन पर लुढ़क रही गेंद को तीर या नेज़े का निशाना बनाएँ। कामयाब उम्मीदवारों को, ख़ास तौर पर जब कि उनका घोड़ा भी ऊँची नस्ल का हो, बाक़ी फ़ौजियों से कई गुना वेतन मिलता था।

जो न तो तीरन्दाज़ी में माहिर थे, न तलवारबाज़ी में और न ही नेज़ा फेंकने में वे बरकन्दाज़ी के लिए अपनी उम्मीदवारी पेश कर देते। बरकन्दाज़ या बन्दूक़ची को फ़ौजियों में सबसे कमतर समझा जाता था। लिहाज़ा वह सबसे कम तनख़्वाह पाता था। एक वजह इसकी तो यह थी कि बरकन्दाज़ को जान का ख़तरा सबसे कम होता था। दूसरे बरकन्दाज़ी के लिए ज़्यादा ताक़त भी ज़रूरी नहीं समझी जाती थी। इसके अलावा बरकन्दाज़ी को मर्दाना भी नहीं समझा जाता था। आमने-सामने की लड़ाई जो बरकन्दाज़ को नहीं लड़नी होती! इस वजह से राजपूत तो बरकन्दाज़ी को क़तई नापसन्द करते थे।

बरकन्दाज़ जंग में उतने कारगर भी नहीं थे। बन्दूक़ को दाग़ने में बड़ा वक़्त लगता था। एक बार गोली दाग़ चुकने के बाद बरकन्दाज़ को बन्दूक़ की नली साफ़ करनी होती थी। फिर नली के ऊपरी सिरे में लोहे की गोली घुसाई जाती। फिर कमरबन्द से लटक रही थैली में से बारूद निकालकर नली में गोली के पीछे एक डिब्बी में भरना होता था। डिब्बी के पीछे एक छोटी-सी तश्तरी होती थी जिसमें चुटकी भर ऐसा बुरादा रखा जाता जो गरम हो जाने पर चिनगारियाँ छोड़ने लगता। उसके बग़ल में एक और नन्ही तश्तरी होती थी जिसके नीचे एक घोड़ा लगा होता था। इस नन्ही तश्तरी में गन्धक का एक सुलगता हुआ बारीक कंकड़ रख दिया जाता जो घोड़े को दबाने पर उस बुरादे में गिर जाता। फिर उस बुरादे से निकली चिनगारियाँ बारूद की डिब्बी में पहुँचकर धमाकाकर देतीं। और इस धमाके के ज़ोर से डिब्बी के आगे रखी गोली तेज़ी के साथ नली के बाहर दौड़ पड़ती।

बन्दूक़ से गोली दाग़ने का यह तरीक़ा धीमा होने के साथ ही बड़ा बेढब भी था, और चिनगारीवाले बुरादे में धोखे से धमाका हो जाने पर बरकन्दाज़ की दाढ़ी जल उठने के वाक़िये भी कम नहीं थे।

आगरा से सिपहसालारों को कई रिसालों के साथ मालवा व माणिकपुर के लिए रवाना कर देने के बाद अकबर ख़ुद एक बड़ी फ़ौज के साथ जौनपुर के लिए चल पड़ा। मगर जैसे ही वह जौनपुर में दाख़िल हुआ, अली क़ुली ख़ान अपनी पूरी फ़ौज के साथ कश्तियों के पुल पर होकर गंगा के उस पार चला गया और फिर उस पुल को

तोड़ दिया। नदी उफ़ान पर थी और मौजें तूफ़ानी। मगर अली क़ुली ख़ान को भागने का मौक़ा अकबर किसी हाल नहीं देना चाहता था। उसने हुक्म दिया कि और कश्तियाँ मँगवाकर गंगा पर नया पुल बनाया जाए। मगर फिर उसे यह अन्देशा हुआ कि इस काम में तो वक़्त लगेगा और ज़्यादा देर हो जाने पर दुश्मन हाथ से निकल जाएगा। उसने आव देखा न ताव और गंगा में अपना हाथी उतार दिया। उसके उमरा चिल्लाते ही रह गए कि जहाँपनाह ऐसा करना बेहद ख़तरनाक है। कि कश्तियों का पुल जल्द ही तैयार हो जानेवाला है लिहाज़ा वे वापस आ जाएँ। उसने मगर किसी की न सुनी। मजबूरन उसके चन्द वफ़ादार जान हथेली पर रखकर नदी में उतर गए। उस पार अकबर जब पहुँचा तो उसके साथ सिर्फ़ ग्यारह लोग थे, जबकि कोस भर की दूरी पर दुश्मन तीन हज़ार घुड़सवारों के साथ डेरा डाले हुए था। ख़ुशक़िस्मती से उज़्बेक बाग़ी मौज-मस्ती में मशग़ूल थे, जिसका फ़ायदा उठाकर अकबर की फ़ौज कश्तियों के नए पुल पर से गंगा को रात भर बेरोकटोक पार करती रही।

अगली सुबह हुए हमले में अली क़ुली ख़ान एक हाथी के पैरों तले कुचल गया और बहादुर ख़ान को ज़िन्दा गिरफ़्तार कर हलाक कर दिया गया।

जिन क़ैदियों ने अपनी हरकत पर मलाल ज़ाहिर किया और माफ़ी अता किए जाने की इल्तिजा की उन्हें बख़्श दिया गया। जिन क़ैदियों ने अफ़सोस तो ज़ाहिर किया लेकिन उनके अन्दाज़ में और उनके चेहरे पर ढिठाई नज़र आ रही थी, उन्हें क़ैदख़ाने में डलवा दिया गया। जिन्होंने न तो अफ़सोस ज़ाहिर किया और न ही मुआफ़ी तलब की उन्हें क्या सज़ा दी जानी चाहिए इस पर फ़तवा देने की क़ाज़ी-ए-लश्कर मुल्ला तावैसी से गुज़ारिश की गई। अकबर का ख़याल था कि आनेवाले वक़्त में बग़ावत करने के मनसूबे जो लोग बाँध रहे हों उनके लिए सबक़ के तौर पर इन्हें सज़ा-ए-मौत सुनानी चाहिए।

"जहाँपनाह! बाग़ियों को सज़ा-ए-मौत सुनाने की इजाज़त इस्लाम नहीं देता।" क़ाज़ी तावैसी ने फ़तवा दिया। "ख़लीफ़ा उस्मान व ख़लीफ़ा अली को भी बाग़ियों से जंग करनी पड़ी थी। मगर सज़ा-ए-मौत उन्हें कभी नहीं सुनाई गई। अहादीस में रिवायत है कि ख़लीफ़ा अली ने उन लोगों के मुताल्लिक़ यह फ़रमाया था कि जिन लोगों ने बग़ावत की, वे हैं तो हमारे भाई ही!"

अकबर को इस नज़ीर में और मौजूदा मामले में कोई बराबरी नज़र नहीं आई। उसे महसूस होने लगा कि उसके तालीम-याफ़्ता न होने और इल्मे-शरीअत व इल्मे-तवारीख़ से उसके महरूम रहने का बेजा फ़ायदा उठाया जा रहा है।

"लेकिन इन लोगों ने तो पहले भी बग़ावत की थी और फिर मुआफ़ी की इल्तिजा करने पर इन्हें दो दफ़ा मुआफ़ी भी बख़्शी गई। मगर इन बदज़ातों ने इसके बाद फिर बग़ावत की और हमारी हुकूमत के ख़िलाफ़ जंग छेड़ी। इन लोगों की इस बदकारी के नतीजे में न जाने कितने फ़ौजियों ने अपनी जान बेवजह गँवाई है! कितना ही सरमाया फ़िज़ूल बरबाद हुआ है! और यह सिर्फ़ इस वजह से कि इन्हें हिन्दुस्तान का तख़्त चाहिए था, जिसके कि यह हक़दार नहीं। यह बग़ावत सिर्फ़ बग़ावत नहीं गद्दारी भी है! और इतना इल्म तो मुझे भी है कि गद्दारी की सज़ा शरीअत में सिर्फ़ मौत है।"

मगर क़ाज़ी तावैसी अपनी बात पर क़ायम रहा।

"जहाँपनाह! न तो क़ुरआन-ए-पाक में और न ही सुन्ना[1] में बाग़ियों के लिए मौत की सज़ा तजवीज़ की गई है।"

"मगर वाजिबी तौर पर और बाहक़ तख़्तनशीं हुए बादशाह के ख़िलाफ़ की जानेवाली जंग को तो बग़ावत नहीं कहा जा सकता। यह तो फ़ित्ना[2] है।" मीर ग़यासुद्दीन अली ने दलील पेश की। "और फ़ित्ना की तो अल्लाह तआला ने सख़्त मुमानियत की हुई है। क्या क़ुरआन मजीद की सूरा अन निसा में नहीं फ़रमाया गया है? 'ऐ ईमानवालो! अताअत[3] करो अल्लाह की और अताअत करो रसूल की और उनकी जो तुममें से साहिबे-हुकूमत हैं।"

क़ाज़ी तावैसी मगर अब भी अपनी बात पर अड़ा हुआ था। अकबर के गुस्से का ठिकाना नहीं रहा।

"उन बदकारों की बाबत शरीअत क्या कहती है जो बार-बार नाफ़रमानी करते हैं और जिनके ज़िन्दा रहते हुए अवाम को उनके ज़ुल्मों से नजात हासिल नहीं हो सकती?"

अपने चेहरे पर बेपरवाही ओढ़े हुए क़ाज़ी तावैसी ख़ामोश खड़ा रहा। अकबर ने उसी वक़्त उसे उसके ओहदे से बर्ख़ास्त कर दिया और उसकी जगह मौलाना याक़ूब को क़ाज़ी लश्कर मुक़र्रर किए जाने का एलान कर दिया।

मौलाना याक़ूब ने फ़ौरन अपना फ़तवा सुनाया।

"बाग़ी जब बेक़ाबू हो जाएँ और उन्हें सही रास्ते पर लाने का कोई ज़रिया न रहे तब उन्हें सज़ा-ए-मौत देना जायज़ है। ऐसे लोगों को हलाक कर देने में न तो कोई गुनाह है; न ही क़त्ल का मुआवज़ा फ़र्ज़ है, और न ही तौबा दरकार है।"

बग़ावत के सरदारों को हाथियों के पैरों तले कुचलवा दिया गया और उन गद्दारों को भी जो शाही फ़ौज को छोड़कर बाग़ियों से जा मिले थे। अकबर की राय में भगोड़े और गद्दार फ़ौजी बाग़ियों के मुक़ाबिल ज़्यादा सख़्त सज़ा के हक़दार थे। उन्हें इस तरह की सज़ा देना फ़ौजी निज़ाम को कारगर बनाए रखने के लिए ज़रूरी भी था।

इसी बीच सम्भल के मिर्ज़ाओं की बग़ावत भी नाकाम हो गई। उनसे निपटने के लिए भेजी गई फ़ौज के मालवा पहुँचने के पहले ही वे चित्तौड़ की तरफ़ भाग लिये।

दो बेहद मुश्किल और दुश्वारियों भरे सालों के बाद हिन्दुस्तान में एक बार फिर अमन-चैन क़ायम हो गया था।

---

1. पैग़म्बर मुहम्मद के कथन, आचरण व शिक्षाएँ जिनके प्रामाणिक विवरण एकत्रित कर अहादीस लिखी गईं।
2. राजद्रोह या Sedition, षड्यंत्रपूर्वक समाज में अशान्ति फैलाना।
3. आज्ञापालन।

दर्दोग़म व शादमानी

एक बीवी से अकबर को जुड़वाँ बेटे पैदा हुए। उसकी ख़ुशी का कहना ही क्या था! ग़ुलामों को आज़ादी दे दी गई, क़ैदियों को रिहाई। ग़रीबों और मुफ़लिसों के लिए पूरे आगरा शहर में जगह-जगह मुफ़्त खाने के पंडाल लग गए और सूबेदारों को फ़रमान भेज दिया गया कि अपने सूबे में वे भी ऐसे पंडाल लगवाएँ। एक बच्चे का नाम अकबर ने रखा हसन और दूसरे का रखा हुसैन।

अकबर की ख़ुशी मगर ज़्यादा वक़्त न टिक सकी। पैदा होने के दस रोज़ बाद ही हुसैन इस फ़ानी दुनिया को अलविदा कह गया। पहले उसने दूध पीना छोड़ दिया और उसका बदन बुख़ार से तपने लगा। अगले रोज़ उस नन्ही जान का सारा शरीर बुरी तरह काँपने लगा और उसके हाथ-पैर ऐंठने लगे। हकीमों से अकबर ने बड़ी मिन्नतें कीं कि उसके बेटे को वे किसी भी तरह बचा लें। मगर वे भी मजबूर थे और उसका नन्हा बेटा उसकी आँखों के सामने ही अल्लाह को प्यारा हो गया। इसके एक ही हफ़्ते बाद हसन में भी वही आसार नज़र आने लगे। सारी-सारी रात जानुओं पर बैठा हुआ अकबर अपनी रूह की गहराइयों से अल्लाह से दुआ करता रहा, मिन्नतें करता रहा कि उसके बेटे को वह ज़िन्दगी अता करे। अल्लाह को मगर हसन की लम्बी ज़िन्दगी मंज़ूर नहीं थी और अकबर अपने दूसरे बेटे की मौत का भी बेबस गवाह बना हुआ बिलखता रह गया।

इस दर्द ने उसके दिल को चीरकर रख दिया और उसके अन्दर कुछ टूट गया। एक बार फिर उसे शुबहा होने लगा कि अल्लाह क्या वाक़ई अर-रहीम और अल-करीम है? मगर फिर इस ख़याल से कि अल्लाह की रहमदिली और उसकी मेहरबानियों पर शक करके उसने कुफ्र किया है, अपने कानों को उँगलियों से थाम वह मुआफ़ी की दुआ पढ़ने लगा—

ऐ हमारे रब! हमें न पकड़ अगर हम भूल जाएँ या हम चूकें।
ऐ हमारे रब! हम पर वज़न न डाल, जैसे तूने डाला हमसे पहले लोगों पर,
ऐ हमारे रब! हमसे न उठवा, जिसकी हमको ताक़त नहीं,
और दरगुज़र फ़रमा हमसे, और हमें बख़्श दे,
और हम पर रहम कर, तू हमारा आक़ा है।[1]

शको-शुबहा मगर उसके दिल में क़ायम ही रहा। वह समझ नहीं पा रहा था कि जो कुछ उसके साथ हो रहा है उसके मानी वह क्या समझे? यह क्या उसके किसी

1. सूरा अल बक़र आयत 286।

गुनाह की सज़ा है? मेरी यह बेशुमार दौलत और ताक़त किस काम की जब मेरे बेटों को बचाने ही में यह मेरी मददगार न हो सकी?

फ़ौत हुए लोगों के लिए अश्क बहाना तो अल्लाह को मंजूर है, मगर रोना और चीख़ना-चिल्लाना क़तई नहीं। पैग़म्बर मुहम्मद ने फ़रमाया था कि ऐसा करने से मरहूम शख़्स को तकलीफ़ पहुँचती है और दर्द होता है। इस वजह से अकबर अपने दिल में रंज लिये हुए ख़ामोश रहकर अश्क बहाता रहता और ख़्वाजा हाफ़िज़ शीराज़ी की यह नज़्म उसके कानों में गूँजा करती।

ऐ दिल! तूने देखा क्या उस नेक बच्चे को?
क्या करना पड़ा बर्दाश्त उसे, इस रंग-बिरंगे गुम्बद तले!
चाँदी के पालने के बजाय, सोने के लिए
तक़दीर ने उसे क़ब्र-ए-संग में दफ़न किया।

इन हादसों के तक़रीबन दो साल पहले बीवी पुंगराइ से उसे एक बेटी हुई थी। उसका नाम रखा गया था फ़ातिमा बानो। पैदा होने के कुछ ही रोज़ बाद उसका भी इन्तक़ाल हो गया था। मगर उन दिनों वह नरवर के जंगलों में हाथियों को पकड़ने में मशग़ूल था। लिहाज़ा फ़ातिमा को न तो पैदाइश के वक़्त उसने देखा था और न ही उसकी मौत के वक़्त। इस वजह से उस बच्ची की मौत उसके लिए सिर्फ़ एक अफ़सोसनाक ख़बर थी। लेकिन अपने बच्चों की पैदाइश का गवाह बनना; फिर बाप बनने की ख़ुशी में जश्न मनाना; और फिर उन नन्ही-नन्ही जानों को बीमार होते हुए व दर्द से तड़पते हुए देखना; उनके नर्म व मुलायम छोटे-छोटे हाथ-पैरों को किसी नामालूम मर्ज़ की वजह से ऐंठते हुए देखना; उनके मासूम और हसीन चेहरों को बेइन्तिहा तकलीफ़ के नतीजे में बदशक्ल होते हुए देखना; और फिर उन बेगुनाह और नादान बच्चों के बदन नीले पड़ते हुए और बर्फ़ के मानिन्द सर्द और सख़्त होते हुए देखना। इस इन्तिहाई तकलीफ़देह तजुर्बे ने अकबर को हिलाकर रख दिया।

अपने बेटे की कफ़न में लिपटी लाश को अपनी बाँहों में उठाए, अपने हाथों में जो उसे जितनी हलकी महसूस हो रही थी उतनी ही उसके दिल पर वह भारी थी, क़ब्रिस्तान ले जाते हुए सारे रास्ते उसकी आँखों से अश्क का दरिया बहता रहा। दस रोज़ में यह दूसरी दफ़ा था जब वह पैदल इस तरह अपने बेटे की लाश लेकर क़ब्रिस्तान गया था। अकबर टूट गया। बिखर गया। और उदासी व मायूसी के अँधेरों में डूबता चला गया। जब-तब औलिया और दरवेशों के दर पर वह जाने लगा और इनसानी वुजूद को लेकर उनसे सवाल करने लगा। ऐसा क्योंकि एक आदमी को तो सौ साल की ज़िन्दगी मिलती है और दूसरे को महीने भर की भी नहीं? इस्लाम कहता है कि आदमी को ज़मीन पर उसके ईमान के इम्तिहान के लिए भेजा गया है। अल्लाह के जानिब उसकी वफ़ादारी की आज़माइश करने के लिए भेजा गया है। अकबर यह नहीं समझ पा रहा था कि उसके बच्चों को, जो बिना इम्तिहान दिए ही, बिना आज़माइश के ही इस दुनिया से चले गए, इस ज़मीन पर भेजा ही क्यों गया? और इम्तिहान से गुज़रे बग़ैर, बग़ैर आज़माइश के, क़यामत के रोज़ उनका क्या हश्र होनेवाला है, जब नफ़ीरी बज उठेगी

और अपनी-अपनी क़ब्र में से उठकर सभी खड़े हो जाएँगे?

"जहाँपनाह! ऐसे बच्चों को तो यक़ीनन जन्नत ही नसीब होगी," एक वली ने उसे तसल्ली दी। "और उनकी बदौलत उनके वालिदैन को भी। एक सही हदीस में रिवायत है कि पैग़म्बर मुहम्मद, सल्लल्लाहु अलैहि वसल्लम, ने फ़रमाया था कि जो बच्चे अपने वालिदैन के पेशतर फ़ौत हो जाते हैं, रोज़-ए-हश्र पर उनके लिए अल्लाह से वे सिफ़ारिश करते हैं। ऐसे बच्चों को जब जन्नत में दाख़िल होने के लिए कहा जाता है तो वे रोने लगते हैं, मचलने लगते हैं और कहते हैं कि हम अपने अब्बा और अम्मी के बग़ैर कहीं नहीं जाएँगे। और ऐसे बच्चे जन्नत के दर पर भीड़ लगा लेते हैं और रोते ही रहते हैं जब तक कि अल्लाह उसकी बेइन्तिहा रहमदिली की वजह से तरस खाकर उन बच्चों के वालिदैन को भी जन्नत में दाख़िल होने की इजाज़त नहीं दे देता। और आलमपनाह! इस बात से कोई फ़र्क़ नहीं पड़ता कि उस रोज़नामचे के मुताबिक़, जिसमें दो फ़रिश्ते हर इनसान का दफ़्तर-ए-अमल[1] रखते हैं, जन्नत के हक़दार वे वालिदैन हैं या नहीं।"

अकबर को मगर यह सुनकर ज़रा भी तसल्ली हासिल नहीं हुई। अपने बच्चों की बेवक़्त मौत की क़ीमत पर उसे जन्नत में नाहक़ दाख़िल होने में क़तई कोई दिलचस्पी नहीं थी।

"जहाँपनाह! जिस तरह चाँद की तक़दीर में घटना और बढ़ना लिखा है, वैसे ही इनसान की क़िस्मत में भी ग़म और ख़ुशी, दर्द और मज़ा, दोनों ही होते हैं।" एक दरवेश ने उसे समझाया। "पैग़म्बर मुहम्मद, सल्लल्लाहु अलैहि वसल्लम, को भी यह दर्द बर्दाश्त करना पड़ा था। और वह शख़्स, जो इस कायनात के वुजूद में आने से लेकर अब तक जितने भी इनसान पैदा हुए हैं उनमें सबसे आली इनसान था, ऐसी हालत में किस तरह पेश आया वह मैं आपसे बयान करता हूँ। अल्लाह के पैग़म्बर, सल्लल्लाहु अलैहि वसल्लम, अपने सात बच्चों को खो चुके थे। जब उन्हें ख़बर मिली कि उनकी इकलौती ज़िन्दा सन्तान उनका बेटा इब्राहीम बिस्तर पर पड़ा आख़िरी साँसें गिन रहा है तो उन्हें महसूस हुआ कि उनके पैर अब उनका वज़न नहीं झेल पाएँगे। फिर भी वे किसी तरह घर पहुँचे और वह भी बिलकुल ऐन मौक़े पर जिस वक़्त अपनी वालिदा की गोद में लेटा हुआ उनका बेटा इस दुनिया से रुख़्सत हो रहा था। उनके ज़ेहन में उठे दर्द का अक्स उनके चेहरे पर उभर आया और जज़्बात उनका दम घोंटने लगे।"

ख़ामोश रहकर दरवेश कुछ देर तक अकबर के चेहरे को ग़ौर से देखता रहा और फिर पूछा, "क्या आलमपनाह को यह इल्म है कि उनके मुँह से उस वक़्त क्या अल्फ़ाज़ निकले? अल्लाह के पैग़म्बर ने कहा : 'ओ इब्राहीम! अल्लाह के फ़ैसले के ख़िलाफ़ तुम्हारे लिए मैं कुछ नहीं कर सकता। आँखें अश्क बहाती हैं, दिल ग़मगीन है, मगर अल्लाह की मर्ज़ी के ख़िलाफ़ हम कुछ नहीं कह सकते।' और यह कहकर वे ख़ामोश हो गए। मगर अश्क उनकी आँखों से बहते ही रहे। जहाँपनाह! वह जो अल-अलीम[2] है, यक़ीनन यह जानता है कि क्या हो रहा है और क्या होनेवाला है। क़ुरआने-पाक में लिखा है कि अल्लाह की मर्ज़ी के बग़ैर और उसकी वाक़फियत में आए बग़ैर इस

1. अच्छे-बुरे कामों का हिसाब।
2. सर्वज्ञ, अल्लाह के निन्यानबे नामों में से एक।

कायनात का एक ज़र्रा भी इधर से उधर नहीं हो सकता। और सिर्फ़ वह जानता है कि जो हो रहा है वह क्यों हो रहा है।"

लेकिन इन गहन ज्ञान भरी बातों से अकबर का जी बहल नहीं पाता था। बल्कि उसके दिमाग़ में और भी कई सवाल उठ खड़े होते।

"जहाँपनाह! इनसान सिर्फ़ वह देखने और समझने का आदी है जो ज़ाहिरा तौर पर उसे नज़र आता है, जो उसकी निगाह के सामने है।" एक बुज़ुर्ग शेख़ ने उसे समझाया। "मगर जो ज़ाहिर है, जो निगाह के सामने है, उसके पीछे क्या पोशीदा है, उसे वह नहीं समझ पाता। ज़िन्दगी के रोज़मर्रा के मसलों में भी जो ज़ाहिर है सिर्फ़ उसको ही देखने की इनसानी आदत ग़लतफ़हमियाँ पैदा करती है। फिर अल्लाह जो करता है उसे मुकम्मल तौर पर समझ पाना तो यक़ीनन इनसानी दिमाग़ की क़ुव्वत के बाहर है। मगर उस अर-रऊफ़[1] का हर काम बिला शुबहा इनसान के फ़ायदे और उसकी बेहतरी के लिए ही है।"

और फिर उन बुज़ुर्ग शेख़ ने अकबर को क़ुरआने-पाक की सूरा अल-कहफ़ में से एक वाक़या सुनाया, यह समझाने के मक़सद से कि इस दुनिया में जो भी हो रहा है वह अल्लाह की मर्ज़ी से और इरादतन ही हो रहा है। और जो हो रहा है वह इनसान को भले ही उसकी ख़राबी करनेवाला दिखे, उसका अंजाम आख़िर में उसकी भलाई ही होता है।

"जहाँपनाह! पैग़म्बर ख़िज्र को इल्म बराह-ए-रास्त[2] अल्लाह हासिल हुआ, ऐसा उन पर उस अल-करीम का करम था! एक दफ़ा पैग़म्बर ख़िज्र के साथ जाते हुए पैग़म्बर मूसा ने देखा कि मुसाफ़िरों से लदी हुई कश्ती में पैग़म्बर ख़िज्र ने सूराख़ कर दिया और रास्ते में एक लड़के को क़त्ल कर दिया। हैरतज़दा हो पैग़म्बर मूसा ने जब पैग़म्बर ख़िज्र से इसकी वजह दरयाफ़्त की तो पैग़म्बर ख़िज्र ने फ़रमाया कि वह कश्ती ग़रीब मल्लाहों की थी और दरिया में आगे एक बादशाह ने डेरा किया हुआ है जो हर कश्ती को ज़बर्दस्ती छीन लेता है। उसके हाथों में न जाने देने के लिए ही कश्ती को उन्होंने ऐबदार किया है। और जिस लड़के को उन्होंने क़त्ल किया उसके माँ बाप दोनों मोमिन[3] हैं। और उन्हें अन्देशा हुआ कि वह लड़का उन्हें कुफ्र में न फँसा दे। इस वजह से उन्होंने इरादा किया कि पाकीज़गी और नेकी में उस लड़के से बेहतर औलाद रब से उन दोनों को हासिल हो।"[4]

कुल मिलाकर बात यहाँ पहुँचती थी कि अल्लाह पर यक़ीन रखो और उसकी दानाई व रहमत पर भरोसा रखो।

जब उसके अपने मज़हब के वली, दरवेश व दानिशमन्द शेख़ उसे मुतमइन न कर सके तो वह हिन्दू संन्यासियों व जोगियों की तरफ़ मुड़ा। उन्होंने उसे बताया कि बचपन में ही जिसकी मौत हो जाती है वह उसके उन गुनाहों की सज़ा है जो इस ज़िन्दगी के

---

1. सबसे बड़ा दयालु और कृपालु।
2. सीधे अल्लाह से, बिना किसी मध्यस्थ के।
3. धर्मनिष्ठ मुसलमान।
4. सूरा अल कहफ़ आयत 65 से 82।

पेशतर अपनी गुज़श्ता ज़िन्दगी में उसने किए थे। अकबर तनासुख़-ए-रूह[1] में यक़ीन नहीं करता था क्योंकि इस्लाम में इसकी क़बूलियत नहीं है, फिर भी उसने पूछा।

"लेकिन बजाय सज़ा के क्या यह इनाम नहीं होगा अगर फ़ौत हुए बच्चे की आनेवाली ज़िन्दगी तक़लीफ़ों में और रंजोग़म में मुब्तला रहनेवाली हो?"

"क़तई नहीं जहाँपनाह! गुनाहों की सज़ा तो भुगतनी ही होगी! ऐसे में वह बच्चा फिर इस दुनिया में आएगा और अपने गुनाहों की सज़ा लाज़िमी तौर पर भुगतेगा।"

"तो फिर उसे बेवक़्त मौत देने की ज़रूरत ही क्या थी?" अकबर ने हैरान होकर पूछा।

इस सवाल का कोई तसल्ली-बख़्श जवाब अकबर को नहीं मिल पाया। बल्कि उसे महसूस हुआ कि अंजाम की वजह को आग़ाज़ में ढूँढ़ने की जद्दोजहद में ऐसी दलीलें ईजाद हुई हैं जो ज़िन्दगी के नाक़ाबिले-सफ़ाई हालात के आसान और सहूलियत भरे जवाब बन सकें।

अपनी इसी ज़ेहनी कशमकश से परेशान वह एक रोज़ आगरा से तक़रीबन पन्द्रह कोस दूर सीकरी गाँव जा पहुँचा और वहाँ सूफ़ी फ़क़ीर शेख़ सलीमुद्दीन चिश्ती के साथ ही एक हफ़्ता ठहर गया। उनके बारे में उसी वक़्त उसे मालूम हो गया था जब ख़्वाजा ग़रीबनवाज़ की दरगाह में सज्दा करने वह पहली दफ़ा अजमेर गया था। मगर उनसे मिलने का ख़याल उसके दिमाग़ में अब से पहले नहीं आया था।

शेख़ सलीम चिश्ती एक सीधे-सादे और निहायत सादगी के साथ गुज़र-बसर करनेवाले शख़्स थे। अपने पूरे कुनबे के साथ वे एक छोटे-से मकान में रहते और सारा दिन या तो क़ुरआने-पाक पढ़ते रहते और उसकी आयतों में पोशीदा पैग़ाम पर ग़ौर फ़रमाया करते। या फिर तस्बीह फेरते हुए अल्लाह के निन्यानबे नामों को दोहराया करते। जब उनके सामने भी अकबर ने अपने सवाल रखे तो देर तक आँखें बन्द किए हुए वे ख़ामोश बैठे रहे और फिर यह कहते हुए उन्होंने अपनी आँखें खोल दीं।

इन्ना लिल्लाहि व इन्ना इलैही राजिउन।[2]

"तुम ग़मज़दा हो क्योंकि इस दुनिया से तुम्हें उल्फ़त है। मगर क़ाबिले-उल्फ़त तो सिर्फ़ अल्लाह है! तुमने इस आलम के साथ दिल लगाने के बजाय उसके साथ लगाया होता तो रंज-ओ-ग़म की कोई वजह ही न होती। ख़ुशियों का सरचश्मा उसके सिवा कौन है? और उसके नज़दीक जाने से बढ़कर ख़ुशी कौन-सी है? पूरी शिद्दत के साथ जो शख़्स उसकी तलाश करता है, उसके लिए तो उससे अलहदा होने का ग़म भी, जो कि हरेक सूफ़ी महसूस करता है, ख़ुशी का ही सबब होता है। क्योंकि उस ग़म से गुज़रकर ही तो वज्द[3] पाने का रास्ता तय होता है। इस रास्ते पर क़दम बढ़ाना तो शुरू करो। हर दर्द, हर ग़म से तुम्हें निजात मिल जाएगी। तुम्हारी ज़ेहनी उलझनें भी ख़ुद-ब-ख़ुद सुलझती चली जाएँगी।"

---

1. आत्मा का आवागमन यानी पुनर्जन्म।
2. हम अल्लाह के लिए हैं, और हम उसी की तरफ़ वापस जानेवाले हैं। सूरा अल बक़र आयत 156।
3. आनन्दातिरेक और उसके कारण आत्मविस्मृति, सूफ़ी तरीक़े में हासिल परमानन्द की मनोदशा।

शेख़ सलीम चिश्ती की बातें तो अकबर को ज़्यादा कुछ समझ में नहीं आईं, मगर उनकी मौजूदगी और नज़दीकी ने उसके तपते दिल पर जैसे ठंडे पानी की फुहार छोड़ दी। अलबत्ता उसके सवाल बदस्तूर क़ायम थे और उनके जवाब पाने के लिए वह संन्यासियों, फ़क़ीरों और जोगियों की दहलीज़ पर पहुँचता ही रहा।

उन्हीं दिनों महेशदास उसकी ज़िन्दगी में आ गया जिसकी हाज़िरजवाबी ने अकबर को मायूसी के अँधेरों से बाहर खींच निकालने में बेहद अहम किरदार निभाया। उससे उसकी मुलाक़ात जौनपुर जाते हुए कालपी में हुई थी और उसके मज़ाक़िया अन्दाज़ व तर्ज़े कलाम[1] से मुतास्सिर होकर उसे आगरा आने की दावत उसने उसी वक़्त दे दी थी।

जिस रोज़ महेशदास आगरा पहुँचा, उसी रोज़ ईरान के शाह तहमास्प के एलची की आमद भी वहाँ हुई। उनके इस्तिक़बाल के लिए क़िले के बाहर एक बड़ा शामियाना लगाया गया था। वहाँ पहुँचकर बादशाह से मुलाक़ात के लिए महेशदास ने चोबदार से गुज़ारिश की तो उसने एक नौजवान की तरफ़ इशारा कर दिया जो बीच शामियाने में खड़ा हुआ था। यह देखकर उसे बेहद ताज्जुब हुआ कि वह नौजवान निहायत ही मामूली सलवार-कमीज़ पहने हुए अपनी बग़ल में खड़े शख़्स के कन्धे पर बेतकल्लुफ़ अन्दाज़ में कोहनी टिकाए हुए था और आते-जाते लोग उससे टकरा रहे थे।[2]

"यहाँ पर क्या बादशाह के साथ अदब और इज़्ज़त के साथ पेश आने का दस्तूर नहीं है?" महेशदास ने चोबदार से पूछा।

"है क्यों नहीं? क़ायदे तो बहुत हैं कि बादशाह के सामने कैसे पेश आना चाहिए। मगर जब वे मामूली लोगों के साथ ऐसी बेतकल्लुफ़ी से पेश आएँगे," चोबदार ने बुरा-सा मुँह बनाया, "तो कैसे कोई उन क़ायदों को माने?"

यह सुनकर महेशदास बेझिझक अकबर के सामने जा पहुँचा और तस्लीम अर्ज़ करते हुए उसकी तारीफ़ में एक नज़्म तरन्नुम में सुना दी।

उसे देखकर अकबर को बेहद ख़ुशी हुई।

महेशदास एक दरम्याने क़द का दुबला-पतला तक़रीबन पच्चीस साल की उम्र का नौजवान था। उसके गालों की हड्डियाँ उभरी हुईं थीं और हँसते हुए उसके चेहरे पर मुँह और आँखों के दोनों तरफ़ गहरी लकीरें बन जाती थीं।

"ख़ुशआमदीद कबि राय!" महेशदास को कबि राय का ख़िताब अता करते हुए अकबर ने उसका इस्तिक़बाल किया। "मगर यह तो बताएँ कि हमारे दरबार में मुलाज़मत हासिल करने के लिए जनाब क्या कर सकते हैं?" दोस्ताना लहजे में अकबर ने पूछा। "ख़ुशामदी नज़्म पढ़ने के सिवाय?" और कहकर वह ज़ोरों से हँस दिया।

"जहाँपनाह! आपके दरबार में तो एक से बढ़कर एक ज़हीन और क़ाबिले-तारीफ़ शख़्सियात हैं। उनके सामने इस ग़रीब ब्राह्मण की बिसात ही क्या?" ख़ुद को ग़रीब

1. वाक्शैली।
2. यह घटना उसी समय ईरान से वहाँ आए हुए इब्राहीम शीराज़ी के अनुभव पर आधारित है जो वरिष्ठ इतिहासकार हरबंस मुखिया की किताब में वर्णित है। —*The Mughals of India*, पृ. 95, Wiley India Pvt. Ltd. of Blackwell Publishing, पुनर्मुद्रण 2009)

ब्राह्मण कहना महेशदास की आदत में शुमार था। "सिर्फ़ दो क़ाबिलियत ही इस ग़रीब ब्राह्मण के पास हैं। दुनियावी अक़्ल और सोचने-समझने का माद्दा।"

"क्या तुम यह कहना चाहते हो कि जितने भी लोग यहाँ मौजूद हैं, इनके पास दुनियावी अक़्ल और सोचने-समझने का माद्दा नहीं?" अकबर ने मज़ाक़िया लहजे में पूछा।

"जहाँपनाह बेहतर जानते हैं।" बड़े अदब के साथ झुकते हुए महेशदास ने निहायत ही मासूम अन्दाज़ में जवाब दिया।

सुनकर अकबर तो मुस्कुरा दिया मगर वहाँ मौजूद उमरा और मुल्लाओं की पेशानी पर शिकन आ गई।

महेशदास को अकबर ने दस-सवारी मनसबदार बना दिया। इससे कुछ बेहतर पाने के लिए उसे साबित करना होगा कि इस लायक़ वह है।

कुछ ही हफ़्तों बाद श्राद्ध के दिन आए। इन दिनों कौओं को खीर-पूड़ी खिलाने का रिवाज हिन्दुओं में है, इस यक़ीन के साथ कि यह ख़ुराक उनके पुरखों तक पहुँचकर उन्हें सन्तुष्ट करेगी। इस वजह से कौओं की तादाद आगरा में काफ़ी बढ़ गई थी और उनकी काँव-काँव सुनकर अकबर तंग आ चुका था।

"क्या कोई मुझे बताएगा कि आगरा में कितने कौए इस वक़्त होंगे?" दीवानख़ाना-ए-ख़ास में एक रोज़ अकबर पूछ ही बैठा।

चोर निगाह से एक-दूसरे की तरफ़ देखते हुए दरबारी सोचने लगे कि बादशाह सलामत को आज यह क्या सूझी जो ऐसा अहमक़ाना सवालकर रहे हैं, एक महेशदास के अलावा।

"जहाँपनाह! हिसाब लगाने के लिए इस ग़रीब ब्राह्मण को चन्द लम्हों की मोहलत दी जाए।" कहकर महेशदास अपनी उँगलियों पर कुछ गिनती करने लगा। फिर उसने छत की तरफ़ देखा। उँगलियों से हवा में कुछ गोले, कुछ लक़ीरें खींचीं और फिर बुदबुदाने लगा।

यह देख अकबर के चेहरे पर तो मुस्कान खेल रही थी लेकिन सारे मुल्ला महेशदास को हिक़ारत भरी निगाह से देख रहे थे, और उमरा फ़िक्रमन्द नज़रों से।

"यह गँवार आदमी न जाने क्या बेवक़ूफ़ी करने जा रहा है!" आपस में वे फुसफुसाने लगे। "यह ग़धा ऐसा कुछ न कर बैठे जिससे बादशाह सलामत का ग़ुस्सा हम लोगों पर भी उतरने लगे।"

"आलमपनाह!" आगरा में इस वक़्त तिरानबे हज़ार चार सौ अड़सठ कौए हैं।" कुछ देर बाद महेशदास ने बड़े यक़ीन के साथ कहा।

"तुम इतने यक़ीन के साथ कैसे कह सकते हो, कबि राय?" ताज्जुब से अकबर की भौंहें ऊपर खिंच गईं। "इस ख़याल में मत रहना कि कौओं की गिनती हम नहीं करा सकते! फिर अगर कौओं की तादाद तुम्हारी बताई हुई तादाद से कम या ज़्यादा निकली तो ग़लत बयानी के लिए तुम्हें सज़ा भुगतनी होगी।"

मुल्ला और उमरा के होंठ मुस्कान में फैल गए और आँखों में चमक दौड़ गई।

"न जाने कहाँ से यह बेवक़ूफ़ आ टपका!" वे फुसफुसाने लगे, "और हमसे ही चाल खेलने लगा कि सिर्फ़ उसके ही पास सोचने-समझने का माद्दा है! बाक़ी तो यहाँ

जैसे गधे ही बैठे हैं। अब पता चलेगा बच्चू को! सारी पोल अभी खुल जाएगी।"

"आलमपनाह इस ग़रीब ब्राह्मण को सज़ा बेशक दे सकते हैं, अगर कौओं की गिनती इसी वक़्त करवाई जाए और उनकी तादाद मेरी बताई हुई तादाद के मुताबिक़ न हो।" महेशदास ने बाअदब झुकते हुए मगर आवाज़ में ख़ुद-एतमादी के साथ कहा। "बाद में अगरचे कौओं की गिनती कम या ज़्यादा होना मुमकिन है।"

"मगर ऐसा कैसे हो सकता है, अगर तुम्हारी गिनती सही है?"

"जहाँपनाह! मेरा हिसाब इस वक़्त तो बिलकुल सही है," महेशदास ने अर्ज़ किया। "मगर बाद में की गई गिनती में तादाद कम भी हो सकती है क्योंकि श्राद्ध के बाद कुछ कौए अपने गाँव वापस जा सकते हैं।"

सवाल का बीज अकबर के दिमाग़ में कैसे पड़ा होगा, इसका अन्दाज़ महेशदास ने बख़ूबी लगा लिया था।

"और अगर गिनती में कौए तुम्हारी बताई हुई तादाद से ज़्यादा निकले तो?" जिस हँसी को अकबर ने बमुश्किल अपने होंठों में दबा रखा था वह उसकी आँखों से फूटी पड़ रही थी।

"जहाँपनाह! इसका साफ़ मतलब यह होगा कि गाँवों के ग़रीब कौए अपने अमीर रिश्तेदारों की मेहमानी करने आगरा आ पहुँचे हैं," महेशदास ने पूरी संजीदगी के साथ सफ़ाई दी।

अगले ही लम्हे दीवानख़ाना-ए-ख़ास अकबर के बुलन्द क़हक़हे से गूँज उठा।

अकबर को याद नहीं कि पिछली दफ़ा कब वह इस तरह हँसा था। बदक़िस्मती से उसका बचपन तो हँसी-दिल्लगी से क़तई नावाक़िफ़ रहा। और यही हालात कमोबेश उसकी जवानी में भी बने रहे। सलीमा उससे कहा भी करती कि उसकी आँखों में उदासी नुमायाँ रहती है। उसका ख़याल था कि रंज और मायूसी से भरा बचपन और किसी हमदर्द हमदम के बग़ैर गुज़रा जवानी का वक़्त ही इसके लिए ज़िम्मेदार हैं। ऐसे दोस्त के लिए अकबर वाक़ई तरसता था जो उसकी ज़िन्दगी में कुछ हँसी-मज़ाक़ लेकर आए, लेकिन बादशाह की नज़दीकी जिसके मिज़ाज में ग़ुरूर न ले आए।

कुछ हफ़्तों बाद महेशदास को यह साबित करने का मौक़ा भी मिल गया कि वह सिर्फ़ मसख़रा ही नहीं।

अकबर ने एक फ़रमान जारी किया था कि अदालतों में मुद्दई और मुद्दालेह की गवाहियों की सच्चाई के बाबत शुबहा होने पर वह मुक़दमा उसके सामने पेश किया जाए। इसमें लिखा था :

'क़ानून के ओहदेदारों को ताकीद की जाती है कि गवाहों के बयानात की बुनियाद पर फ़ैसला करते वक़्त उन्हें बहुत होशियार रहने की ज़रूरत है, क्योंकि ऐसे लोगों की पूरी जमात खड़ी हो गई है जिन्होंने थोड़ी-सी रक़म के लिए हलफ़ उठाकर भी झूठी गवाही देने को अपना रोज़गार बना लिया है। सच और झूठ का फ़र्क़ करने के लिए गवाही सुनते वक़्त गवाह की आवाज़ में लर्ज़िश, हाथों और निगाह की जुम्बिश[1], जिस्म का वज़न पैरों पर तब्दील करते रहना जैसे इशारों पर ज़्यादा भरोसा किया जाना चाहिए।

1. हरकत, हलचल।

उस हालत में जब कि एक फ़रीक़[1] अमीर हो और दूसरा फ़रीक़ मुफ़लिस, गवाहों के बयानात मुस्तक़िल तौर पर नज़रअन्दाज़ कर दिए जाने चाहिए और उस मसले की तहक़ीक़ात क़ाज़ी को अलहदा से आज़ादाना तौर पर करनी चाहिए।'

आगरा का शहर कोतवाल एक ऐसे मुक़दमे को लेकर दरबार में आया, क़ाज़ी आगरा जिस पर फ़ैसला नहीं ले पा रहा था।

"आलमपनाह! तिजारती माल-असबाब को लेकर इन दोनों आदमियों में झगड़ा है।" कोतवाल ने दीवानख़ाना-ए-आम के एक कोने में खड़े हुए दो आदमियों की तरफ़ इशारा करते हुए कहा। "जहाँपनाह! यह दोनों ही ख़ुद को सल्तनत-ए-उस्मानिया का सौदागर बताते हैं और हरेक का यह दावा है कि यह तिजारती सामान आगरा में वह ले आया था। लेकिन अपने दावे की तस्दीक़ करने के लिए दोनों में से किसी के भी पास न तो कोई गवाह है और न ही सबूत। कोई ऐसे काग़ज़ात भी इनकी तलाशी में दस्तयाब नहीं हुए जो बता सकें कि सामान पर मालिकाना हक़ वास्तव में किसका है। माल जहाँपनाह क़ीमती है और फ़िलहाल इस ग़ुलाम की और जनाब क़ाज़ी आगरा की शामिल हिफ़ाज़त में है। सामान की फ़ेहरिस्त जनाब मीर अर्ज़ को सौंप दी गई है।"

उन दोनों आदमियों को अकबर ने एक-एक करके अपने नज़दीक बुलाया और उनके बयान उनसे अलहदा-अलहदा सुने। फिर उन दोनों से ही उसने चन्द सवालात भी किए। तुर्की और फ़ारसी ज़बान दोनों ही फ़र्राटे से बोल लेते थे। अपने तौर-तरीक़ों से दोनों ही तहज़ीब-याफ़्ता व ख़ानदानी मालूम हो रहे थे और अपनी सूरत व पोशाक से दौलतमन्द। दोनों को ही उनके कारोबार और उनके सामान के बाबत पुख़्ता इल्म था। और दोनों ही ख़ुद को सौदागर और दूसरे को फ़रेबी लुटेरा बता रहे थे।

हुकूमत के शुरुआती सालों के दौरान हुए गद्दारी और साज़िश के वाक़यात ने अकबर को इनसानी किरदार की कुछ समझ तो दे ही दी थी। फिर गुज़श्ता सालों में उसने मुक़दमों की सुनवाई करते हुए मुद्दई, मुद्दालेह व गवाहों की हरकतों पर बारीकी से ग़ौर करके आहिस्ता-आहिस्ता यह फ़र्क़ करना भी सीख लिया था कि कोई शख़्स कब झूठ बोल रहा है और कब सच। मसलन कि बोलते हुए अपनी पलकों को वह कितनी जल्दी-जल्दी झपकाता है। उसकी आवाज़ कब ऊँची उठती है व कब धीमी हो जाती है, और कब उसमें लर्ज़िश होती है व कितनी होती है। क्या कहने के पहले वह ठहरता है और कितनी देर। दूध का दूध और पानी का पानी कर देने की अपनी क़ाबिलियत पर अब वह फ़ख़्र करने लगा था।

मगर इस वक़्त वह भी पसोपेश में था। उन दोनों में से कोई एक आदमी यक़ीनन ही निहायत उम्दा फ़नकार और स्वाँग भरने में बेहद माहिर शख़्स था।

मुक़दमे की बाबत उसने अपने दरबारियों की राय भी जाननी चाही, मगर सब ख़ामोश ही खड़े रहे।

"जहाँपनाह!" इस ख़ामोशी को मुल्ला दो-पिआज़ा ने तोड़ा। "महेशदास का दावा है कि दुनियावी अक़्ल और सोचने-समझने का माद्दा सिर्फ़ उसके ही पास है। इस दावे को साबित करने के लिए इससे बेहतर मौक़ा उसके लिए और कौन-सा होगा?"

---

1. मुक़दमे में पक्षकार।

"कबि राय! बात तो वाजिब है!" महेशदास से मुख़ातिब होते हुए अकबर ने कहा। "तुमने दावा किया था कि तुम सोच सकते हो और तुम्हारे पास दुनियावी अक़्ल भी है। इस दावे को साबित करने का वक़्त अब आ गया है।"

"जहाँपनाह! यह ग़रीब ब्राह्मण अपनी तरफ़ से पूरी कोशिश करेगा। मगर इसके लिए इन दोनों का तहरीरी बयान मुझे चाहिए होगा।"

"जहाँपनाह! अपना तहरीरी बयान यह दोनों दे चुके हैं," कहते हुए शहर कोतवाल ने कुछ काग़ज़ात मीर अर्ज़ की तरफ़ बढाए। दोनों बयानों को अकबर ने ब-आवाज़-ए-बुलन्द पढ़े जाने का हुक्म दिया। दोनों ही बयानों की इबारत तक़रीबन एक जैसी ही थी और जिस तरह के अल्फ़ाज़ और जुमले इस्तेमाल करने की उम्मीद किसी सौदागर से की जाती है, वैसे ही अल्फ़ाज़ और जुमले दोनों ही के बयानों में थे।

दोनों तहरीरों को अपने हाथ में लेकर अकबर ने बारीकी से उन पर ग़ौर किया। पढ़ तो वह नहीं सकता था मगर यह उसे साफ़ नज़र आ रहा था कि दोनों ही तहरीरें तजुर्बेकार हाथों ने लिखी हैं और हर्फ़ उम्दा तरीक़े से बनाए हुए हैं।

"आलमपनाह! अपने बयान फिर से लिखने का हुक्म इन्हें दिया जाए।" महेशदास ने गुज़ारिश की।

"जहाँपनाह! दख़ल देने के लिए मैं माफ़ी चाहूँगा। मगर यह दरबार संजीदा कारोबार के मक़सद से लगा हुआ है।" मुल्ला दो-पिआज़ा ने इस अन्दाज़ में कहा जैसे महेशदास की बेवक़ूफ़ी भरी बातों को तवज्जो देकर अकबर अपने व दरबार, दोनों के रुतबे की तौहीन कर रहा हो। "जनाब महेशदास ने इस दरबार को क्या कोई तमाशा समझ रखा है?"

मुल्ला दो-पिआज़ा का नाम वास्तव में अब्दुल मोमिन था और दरबार में पेश होनेवाले मुक़दमों में शरीअत के मुताबिक़ क़ानूनी सलाह देने के लिए उसे ख़ास तौर पर मुक़र्रर किया गया था। वह एक मशहूर-ओ-मारुफ़ आलिम था जिसका इल्मे शरीअत में कोई मुक़ाबला नहीं था।[1]

मगर इस इल्म का वज़न वह अपने ऊपर कुछ ज़्यादा ही लादे रहता था। उसकी सूरत से गुरूर और बदमिज़ाजी टपकने की यह भी एक वजह थी। ज़िन्दगी में जो लोग छोटी-छोटी ख़ुशियाँ तलाशते रहते थे, उन लोगों से तो वह हद से ज़्यादा ख़फ़ा रहता। और उन लोगों से अपनी नाराज़गी ज़ाहिर करने में वह निहायत ही बेमुरव्वती के साथ पेश आता। उसे यक़ीन था कि जहन्नुम में अपनी जगह पक्की करने का इससे आसान रास्ता दूसरा न था। एक काफ़िर को बेवजह अहमियत देने और उसकी बातों में, जिनमें उसके ख़याल से बेहूदा मसख़रेपन के सिवा कुछ भी न था, मज़ा लेने की अकबर की ख़ता तो उसे और भी ज़्यादा नागवार गुज़रती। और उसने यह एलानिया बयान कई उमरा के सामने किया हुआ था कि एक बुतपरस्त काफ़िर की मज़ाक़िया बातों पर हँसने का गुनाह करके अकबर दोज़ख़ की आतिश में जलने से नहीं बचनेवाला।

---

1. मुल्ला दो-पिआज़ा वास्तव में कोई व्यक्ति था या वह काल्पनिक चरित्र है, इस विषय में विस्तृत जानकारी देता हुआ दिलचस्प लेख 17 जून, 1995 के *Economic and Political Weekly* में उपलब्ध है।

"काग़ज़, कलम और दवात पेश किए जाएँ," मुल्ला दो-पिआज़ा के तंज़ को नज़रअन्दाज़ करते हुए अकबर ने हुक्म दिया।

ये सामान लाने के लिए मीर अर्ज़ जैसे ही जाने लगा, उसे रोककर महेशदास उसके कान में कुछ फुसफुसाया।

दोनों आदमियों को सरकंडे की कलम, काग़ज़ और दवात के साथ ही सियाही का बुरादा भी मुहय्या करवा दिया गया। दोनों को एक-दूसरे से दूर बैठाकर प्यालों में उन्हें पानी भी दे दिया गया। सभी दरबारी इस तमाशे को बड़ी दिलचस्पी भरी निगाह से देख रहे थे, सिवा मुल्ला दो-पिआज़ा के। उसे इस बात में कोई शुबहा ही नहीं था कि यह हक़ीक़त आज सामने आ जानेवाली है कि एक फ़रेबी और बेवक़ूफ़ शख़्स के सिवा महेशदास कुछ नहीं। और जिसके चेहरे पर कभी किसी ने मुस्कुराहट नहीं देखी, वह मुल्ला दो-पिआज़ा इस ख़याल से दिल ही दिल में मुस्कुराए जा रहा था।

चन्द लम्हों के बाद एक आदमी ने खड़े होकर सियाही का बुरादा और माँगा।

"जहाँपनाह! यही आदमी मुज़रिम है।" महेशदास ने फ़ौरन फ़ैसला दे दिया।

सुनकर हर दरबारी ताज्जुब में पड़ गया। इस पूरे वाक़िये का सिर-पैर ही किसी को पल्ले नहीं पड़ रहा था। उनके दिलों में उठ रहा सवाल मुल्ला दो-पिआज़ा ने ही पूछा।

"जहाँपनाह! महेशदास इस दरबार को गुमराह कर रहा है। यह क्या समझता है," महेशदास की तरफ़ ग़ुस्से से देखते हुए मुल्ला दो-पिआज़ा तेज़ आवाज़ में बोला, "कि हम लोग बेअक़्ल हैं जो इसकी बात पर यक़ीन कर लेंगे। मुज़रिम होने का सियाही के बुरादे से क्या लेना-देना? महेशदास के अल्फ़ाज़ काफ़ी नहीं हैं यह फ़ैसला करने के लिए कि मुज़रिम कौन है?"

"बात तो यह वाजिब है, कबि राय! अपने फ़ैसले की दलील तो तुम्हें पेश करनी ही होगी," अकबर ने महेशदास को फ़िक्रमन्द निगाह से देखा।

"आलमपनाह! सियाही बनाने के लिए उसके बुरादे में पानी को बूँद-बूँद मिलाया जाता है। सौदागर यह जानता था और उसकी आदत में यह शुमार था। जबकि..."

"वल्लाह! क्या दिमाग़ पाया है तुमने कबि राय!" महेशदास की बात पूरी होने के पहले ही अकबर बोल उठा। "आफ़रीन! आफ़रीन!"

मुल्ला दो-पिआज़ा और दरबारी अभी दो जमा दो बराबर चार का हिसाब समझने में ही लगे थे कि महेशदास को पचास-सवारी मनसबदारी दिए जाने का फ़रमान अकबर ने सुना दिया। साथ ही उसे बीरबर का ख़िताब भी उसने अता कर दिया—बीरबर यानी दबंग और दिलेर।

सिर्फ़ तेज़ दिमाग़ ही नहीं था बीरबर के पास, एक नर्म दिल भी था जो दूसरों की तकलीफ़ देख परेशान हो उठता था। उसकी ज़रूरतें बहुत थोड़ी थीं और जो भी रक़म उसके हाथ में आती, मुफ़लिस फ़रियादियों के हिस्से में ही ज़्यादातर चली जाती। जल्द ही उसकी शोहरत एक ऐसे शख़्स की हो गई जो ईमानदार है, हमदर्द है, और उलझे हुए मसले सुलझाने के लिए असरदार तरीक़े ईजाद करने की जिसमें ग़ज़ब की क़ाबिलियत है। कि साँप मर जाए और लाठी भी न टूटे। वक़्त के साथ वह ग़रीब और सीधे-सादे लोगों, हिन्दू और मुसलमान दोनों ही, का चहेता बीरबल हो गया जो उनकी मदद के

लिए हरदम तैयार रहता। और जो उनकी ऐसी फ़रियादें जिन्हें सुनकर बाक़ी लोग बग़लें झाँकने लगते, अपने तरीक़े से बादशाह सलामत तक बेझिझक पहुँचा दिया करता।

मीर अब्दुल लतीफ़ क़ज़विनी ने एक दफ़ा अकबर से कहा था,

"जहाँपनाह! पुराने ज़माने के दानिशमन्द लोग कह गए हैं कि बादशाह का एक ऐसा जिगरी दोस्त होना बेहद ज़रूरी है जो भरोसेमन्द हो, समझदार हो व जिसे सही-ग़लत की तमीज़ हो। उनकी राय थी कि ऐसे शख़्स को बादशाह की रोजमर्रा की ज़िन्दगी का नज़ारा करने का पूरा मौक़ा दिया जाना चाहिए ताकि वह उसकी बुराइयाँ और उसकी ग़लतियाँ उस पर ज़ाहिर कर सके। बेख़ौफ़ रहकर वह इस काम को अंजाम दे सके इसके लिए यह भी ज़रूरी है कि बादशाह उस पर ग़ुस्सा न हुआ करे। इसके अलावा ख़ुद की बाबत उसकी राय से इत्तेफ़ाक़ न रखने पर या कोई बात उसकी नागवार गुज़रने पर भी उससे वह ख़फ़ा न हो। वरना वह शख़्स आज़ादी से और ईमानदारी से अपनी राय नहीं दे पाएगा।"

इस वाक़िये के बाद अकबर के दिल ने कहा कि महेशदास ऐसा शख़्स हो सकता है। वक़्त के साथ महेशदास पर उसका भरोसा बढ़ता ही चला गया और उसके जानिब एक नाक़ाबिले-बयान कशिश उसके दिल में मुक़ाम करती चली गई। अपनी बेग़रज़ी से, अपनी साफ़गोई से और अपनी हमदर्द फ़ितरत की वजह से बीरबर, या कि मज़लूमों और मुफ़लिसों का बीरबल, जल्द ही अकबर का रूहानी रफ़ीक़ बन गया।

ख़ुशियों की बहार

अपने बेटों की बेवक़्त और दर्दनाक मौत के बाद यह यक़ीन अकबर के दिल में बैठता चला गया कि बादलगढ़ का क़िला मनहूस है। लिहाज़ा उसे ढहाकर उसी जगह पर एक नया क़िला तामीर करवाने का उसने फ़ैसला कर लिया। फ़न-ए-तामीर[1] में माहिर ईरान के जिन बाशिन्दों ने दिल्ली में उसके अब्बा का मक़बरा बनवाया था, उन्हें ही उसने नए क़िले की नक़्शा-नवीसी का और जो नक़्शा वह मंज़ूर करे उसके मुताबिक़ नया क़िला तामीर करवाने का काम सौंप दिया। और जब तक कि नया क़िला तैयार हो तब तक के लिए उसने आगरा से चार कोस दक्खिन में ककराली नाम के गाँव में उसके लिए महल बनाए जाने का हुक्म दे दिया।

मौसम-ए-बहार ने जैसे ही दस्तक दी, वह महल भी अकबर के इस्तिक़बाल के लिए तैयार था। इस बीच सिपहसालारों और उमरा ने भी अपने-अपने मकान उस गाँव में और उसके महल के आसपास खड़े कर लिये थे। साथ ही बहते हुए पानी की नहरोंवाले कई बाग़-बगीचे वहाँ लग गए और चौगान खेलने के लिए बड़ा मैदान भी तैयार हो गया।

इस नए शहर का नाम उसने रखा नगरचैन, यानी आराम-ओ-सुकून की बस्ती। दूर-दूर तक चारों तरफ़ खुली जगह, दरख़्तों की भरमार, क़िस्म-क़िस्म के परिन्दों का हुजूम। उसके नाम के मुताबिक़ ही निहायत ताज़गी-बख़्श और दिल को सुकून पहुँचानेवाला माहौल था नगरचैन का। अपने बेटों के इन्तक़ाल के बाद से अकबर की दिलचस्पी ख़ुशियों के लम्हे तलाशने में ख़त्म हो चुकी थी। मगर नगरचैन आकर वह अपने मनबहलाव के लिए मुख़्तलिफ़ खेलों को वक़्त देने लगा : घुड़दौड़ व चौगान के साथ ही बाज़ों की बुलन्द परवाज़ का मज़ा लेने में और कबूतरों की कलाबाज़ियों में भी।

ये कबूतर ख़ास तरबियत पाए हुए सफ़ेद पंखोंवाले परिन्दे थे जो आसमान में ऊँची उड़ान भरते और फिर वहाँ गोल चक्कर काटते हुए नाचा करते। फिर यकायक वे ठहर जाते और इस तरह नीचे गिरने लगते जैसे कि जान ही उनमें बाक़ी न रही हो। फिर जब वे बहुत नीचे आ जाते तो पलटी खाकर दोबारा फ़लक़ में उड़ जाते। बुलन्दी पर पहुँचकर वे एक बार फिर जमा होते और आपस में मिलकर कोई बनावट इख़्तियार कर ख़रामा-ख़रामा वापस अपने घरौंदों में पहुँच जाते। इनका नज़ारा करते हुए अकबर को हमेशा उस ख़ालिक़[2] का ख़याल आता जो इन अनोखे बेमिसाल परिन्दों को वुजूद में लाया।

मगर सबसे ज़्यादा मज़ा उसे बीरबल के लतीफ़ों, क़िस्से-कहानियों और उसकी लाजवाब हाज़िरजवाबी में आता। हँसी और क़हक़हों की गूँज से परेशान होकर मायूसी

1. भवन-निर्माण कौशल।
2. स्रष्टा, ईश्वर।

ने आख़िरकार अकबर को अलविदा कह ही दिया। नगरचैन उसके लिए ख़ुशक़िस्मत भी साबित हुआ। अपनी रिहाइशगाह में बुलवाकर बेगम हीरा कुँवर ने एक शाम पान का बीड़ा उसे पेश कर दिया।

गुज़श्ता सालों में अकबर के लिए हीरा कुँवर की बेरुख़ी की बर्फ़ आहिस्ता-आहिस्ता पिघलती चली गई थी। मगर एक हिन्दू औरत की फ़ितरत में जो शर्म हुआ करती है उसकी वजह से हमबिस्तर होने की दावत वह उसे अब तक न दे सकी थी। उसकी इस झिझक को आख़िरकार उसकी माँ के मशविरे ने और उससे मिली झिड़कियों ने ही दूर किया।

जिस वक़्त बादलगढ़ का क़िला छोड़कर नगरचैन जाने की तैयारियाँ चल रही थीं, चन्द हफ़्तों के लिए हीरा कुँवर अपनी माँ चन्द्रावती देवी से मिलने अम्बर चली आई। अपनी माँ से वह बेपनाह मोहब्बत करती थी और उसकी इज़्ज़त भी। उसके दिल में भगवान कृष्ण के लिए भक्ति पैदा करने में उसकी माँ का ही हाथ था। अपनी बेटी को वह अकसर ही अपनी जेठानी मीराँबाई[1] के क़िस्से बड़े फ़ख़्र के साथ सुनाया करती और उनके लिखे व गाए हुए भजन भी गाया करती।

शादीशुदा बेटी की हर माँ की तरह चन्द्रावती देवी को भी हमेशा यह जानने की बेताबी बनी रहती थी कि हीरा कुँवर का पैर भारी हुआ कि नहीं। हर बार की तरह इस बार भी जब उन्होंने फ़िक्र ज़ाहिर की कि इतने साल गुज़र जाने पर भी उसे कोई औलाद क्यों नहीं हुई? तब हीरा कुँवर ने उनके सामने यह राज़ फ़ाश किया कि अपनी ही ज़िद से वह अपने शौहर के साथ अभी तक हमबिस्तर नहीं हुई है। चन्द्रावती देवी यह सुनकर हैरान रह गई और फिर अपनी बेटी की इस नामुनासिब हरकत पर उनका ग़ुस्सा फूट पड़ा।

"बेवक़ूफ़ लड़की! तेरी तो मत मारी गई है! जब कोई और बेगम बादशाह अकबर के बेटे और उनके वारिस की माँ बन जाएगी, तब तुझे समझ में आएगा कि तूने कितनी भारी भूल की है। तब तू हरम के किसी कोने में पड़ी रहेगी और कोई तुझे पानी को पूछनेवाला भी नहीं होगा।"

फिर जब उन्होंने देखा कि हीरा कुँवर पर उनके ग़ुस्से का कोई असर नहीं हो रहा तो अपने हथियार डाल देने के अन्दाज़ में वे बोलीं, "अब तेरे नसीब में ठोकरें खाना ही लिखा है तो क़ोई क्या कर सकता है! क्या-क्या सपने देखे थे मैंने और उन्होंने तेरे लिए! मगर जब अपना ही सिक्का खोटा हो तो भला कोई क्या करे? तेरे साथ हम भी भुगतेंगे! और क्या?"

और इस नाटक के बाद हीरा कुँवर को अपने नज़दीक बिठाकर व उसका हाथ अपने हाथों में लेकर नरमी से उन्होंने उसे समझाइश दी।

"बादशाह ने हम सबका कितना ख़याल रखा है! तेरे सभी चाचा व भाई मनसबदारी में ऊँचे ओहदों पर हैं। तेरे भाई भगवन्त व तेरे भतीजे मान को तो उन्होंने पाँच-हज़ारी

---

1. हीरा कुँवर की माँ के नाम के विषय में कोई प्रामाणिक जानकारी उपलब्ध नहीं है मगर उसका नाम चम्पावती और चन्द्रावती प्रचलित है। लेकिन इसमें कोई शक नहीं कि रिश्ते में मीराँबाई उसकी जेठानी थी। अम्बर का राजा पृथ्वी सिंह चित्तौड़ के राजा संग्राम सिंह या राणा साँगा का जीजा था। और हीरा की माँ पृथ्वी सिंह की पुत्रवधू थी व मीराँबाई राणा साँगा की पुत्रवधू। कालक्रम के हिसाब से मीराँबाई की उम्र भी उन दोनों में ज़्यादा ही रही होगी।

मनसबदारी दी हुई है। दोनों जब भी घर आते हैं तो मुझे बताया करते हैं कि बादशाह उनका कितना मान करते हैं! कितने अदब और इज़्ज़त के साथ उनसे पेश आते हैं। बादशाह के साथ तेरे निकाह के बाद अम्बर पर न कभी कोई हमला हुआ, न कोई बग़ावत, न ही गद्दी के लिए ख़ानदान में कोई झगड़ा। इतना अमन-चैन अम्बर में कभी क़ायम नहीं रहा! इस वजह से ही खेती-किसानी ख़ूब फल-फूल रही है। तिजारत भी बढ़ रही है। रियाया ख़ुशहाल है। राज्य की आमदनी भी कई गुना बढ़ गई है। नतीजतन, तेरे पिता ज़िन्दगी का सबसे बेहतरीन वक़्त जी रहे हैं। तुझ पर भी तो बादशाह कितने मेहरबान हैं! तूने मन्दिर माँगा। उन्होंने मन्दिर दे दिया। तूने अलग रसोई चाही। तुझे उन्होंने दिलवा दी। तूने ब्राह्मण रसोइए चाहे। सो भी तुझे मिल गए। और हर तरह तेरा वे कितना लिहाज़ करते हैं, सो तो तूने ही मुझे बताया है।"

चन्द्रावती देवी ने जो कुछ भी कहा, वह हक़ीक़त थी। हीरा कुँवर को आगरा में अपना पहला दिन याद आया। सारा दिन वह भूखी पड़ी रही थी। अकबर को जैसे ही ख़बर हुई, वह भागा चला आया।

"तुम्हारी सारी शर्तें तो मैं क़बूल कर चुका हूँ! मन्दिर तैयार है। बुतपरस्ती करने और घंटी बजाने पर कोई भी एतराज़ नहीं किया जाएगा, यह मैंने सबसे कह दिया है। और तुम्हारे साथ कभी कोई ज़बर्दस्ती नहीं होगी, यह वादा भी मैं कर चुका हूँ। तो फिर यह भूख हड़ताल क्यों?"

"मुझे अपनी अलग रसोई चाहिए और मेरे अपने ब्राह्मण रसोइए भी, जो अम्बर से आए हैं और भगवन्त भाया के घर ठहरे हुए हैं।" घूँघट के अन्दर से तनिक घबराहट भरी नज़र अकबर पर डालते हुए हीरा कुँवर ने अपनी यह माँग रखी थी।

और बेगम हमीदा बानो व बेगम गुलबदन की भारी मुख़ालफ़त के बावजूद उसकी इस माँग को भी अकबर ने मंज़ूर कर लिया।

चन्द महीनों बाद राखी का त्योहार आया। भगवन्त भाया के घर जाकर उसने उन्हें राखी बाँधनी चाही तो सख़्त एतराज़ की कई आवाज़ें हरम में उठीं। इसके बावजूद उसके जाने का बन्दोबस्त अकबर ने ख़ुद आगे रहकर करवा दिया था।

जिस वक़्त अम्बर से हीरा कुँवर वापस आगरा पहुँची, नगरचैन उसके ख़ैरमक़दम के लिए तैयार था और मौसम-ए-बहार उसकी मेज़बानी के लिए। हवा में ताज़गी थी। ख़ुशबुओं के झोंके हर जगह डोलते फिर रहे थे। अपने कोंपलों और फूलों का नज़ारा करवाने और तारीफ़ पाने के लिए दरख़्त अपनी शाख़ें झुलाए जा रहे थे। क़िस्म-क़िस्म के परिन्दों ने उनमें मुक़ाम किया हुआ था, अपनी चहचहाहट से हवा में जिन्होंने सारे ही सुर बिखरा दिए थे।

झरोख़े से हीरा कुँवर ने देखा, एक मैना उड़ती हुई आई और एक दरख़्त के तने में बने छेद के अन्दर अपने घोंसले में घुस गई। अगले ही लम्हे अपना सिर बाहर निकालकर उसने खोजी नज़रों से इधर-उधर देखा। मानो जानना चाह रही हो कि उस ज़रा सी जगह में उसने इतनी तेज़ी से जो पलटी खाई है, उसकी क़द्र करनेवाला कोई है भी कि नहीं? रामचिरैया[1] बड़ी दूर से जैसे तैरती हुई आई और बड़ी सफ़ाई के साथ ज़मीन पर रेंग

1. Kingfisher bird.

रहे कीड़े को अपनी लम्बी नुकीली चोंच में दबाकर एक ऊँचे दरख़्त की फुनगी पर जा बैठी। रंग-बिरंगे दिलकश पंखों को फैलाए हुए मोर इतराते हुए यहाँ-वहाँ दौड़ रहे हैं। ख़ूबसूरत हरे पंखोंवाले छोटे-छोटे परिन्दे उड़ते हुए पतंगों और भुनगों को अपनी लम्बी चोंच से पकड़ने के लिए हवा में ग़ज़ब की कलाबाज़ियाँ खा रहे हैं।

एक घुमक्कड़ गवैया इकतारा बजाते हुए महल के नीचे से गुज़र रहा था। हीरा कुँवर उसे ग़ौर से सुनने लगी। ब्रज-बोली में गाए जा रहे उस गीत में वह घुमक्कड़ कह रहा था :

आया मौसम बहार का, हुआ बेताब दरख़्त अशोक का,
ठोकर खाने उन पाँवों की, भर दें जो फूलों से हर डाली उसकी।
पाँव प्रेमातुर कामिनी के, आलता रँगे, पाज़ेब छनकाते हुए,
ख़याल से पिया मिलन के, लरज़ता है बदन जिस हसीं का।

आगे इस गीत में वह गवैया दूर देश के सफ़र पर जा रहे शौहर को समझा रहा है कि वह अपनी प्रियतमा को यह समझाइश देकर जाए कि आम के दरख़्त पर बौर आनेवाली है। उसकी ग़ैरहाज़िरी में वह उसके नज़दीक न जाए वरना बौर की नशीली ख़ुशबूवाली पाँच पंखुड़ियाँ कामदेव के पाँच तीरों की तरह प्रणय की इच्छा उसके दिल में जगाकर उसे तड़पा देंगी। और उस प्रियतमा को वह गवैया मशविरा दे रहा है कि सफ़र पर जा रहे अपने शौहर से यह वादा वह ज़रूर ले ले कि टेसू के दरख़्त की तरफ़ भूले से भी वह निगाह न करे। उस पर लदे फूलों की पंखुड़ियाँ वरना उसके नर्म, नाज़ुक लबों की उसे याद दिलाकर उसके दिल में हसरतों का तूफ़ान उठा देंगी।

हीरा कुँवर ने देखा, टेसू अपने शवाब पर था। अमलतास चमकदार पीले फूलों से भरा हुआ था। मगर अशोक में फूल अभी तक भी नहीं आ पाए थे। अपना घाघरा घुटनों तक उठाकर उसने अपने रेशम सरीखे चिकने पाँवों पर नज़र डाली।

"इस पर फूल क्या मैं नहीं खिला सकती? क्या यह पाँव ख़ूबसूरत नहीं?" उसने ख़ुद से ही पूछा और फिर शर्म से सुर्ख़ हो रहा रुख़सार अपनी हथेलियों में छिपाकर वह खिलखिला दी।

मुँडेर पर बैठी टिटहरी लगातार कहे जा रही थी :

नहीं किया तुमने अभी? कर लो, कर लो!
नहीं किया तुमने अभी? कर लो, कर लो!

क़ुदरत भी इस वक़्त जैसे इश्क़-मिज़ाज हो रही थी और ठंडी बयार दिलों में हसरत जगा रही थी। हीरा कुँवर भी इस माहौल से बेअसर नहीं रह पाई। उसने फ़ैसला कर लिया कि उसके दिल में जाग उठी आरज़ू को ज़ाहिर होने से अब वह और नहीं रोकेगी। और टिटहरी का मशविरा मानकर उसी दम उसने 'कर लेना' तय कर लिया।

मगर अकबर तो अभी नरवर के जंगलों में हाथियों को पकड़ने में मसरूफ़ था। बेताबी से हीरा कुँवर उसके नगरचैन आने का इन्तज़ार करने लगी। तीन सौ पचास से भी ज़्यादा शानदार हाथियों की बड़ी खेप के साथ तक़रीबन महीने भर बाद अकबर वापस

पहुँचा। हीरा कुँवर की ज़िन्दगी में वह महीना अब तक का सबसे लम्बा महीना था।

जैसे ही हीरा कुँवर को ख़बर मिली कि अकबर आगरा में तामीर हो रहे नए क़िले का मुआयना कर रहा है, उसने रात की तैयारी शुरू कर दी।

नगरचैन में उसकी रिहाइशगाह के नीचे बने तहख़ाने में सिर्फ़ उसके इस्तेमाल के लिए आलीशान हम्माम बना हुआ है, जिसके लिए सीढ़ियाँ अन्दर ही से जाती हैं। हम्माम में बाँदियाँ उसके नहाने का पूरा इन्तज़ाम किए हुए थीं। उसके आते ही उन्होंने उसके सभी लिबास उतारकर उसे चिकने सफ़ेद संगमरमर की बड़ी चौकी पर बिठा दिया। पीछे संगमरमर की ही जाली थी जिस पर टिककर हीरा आराम से बैठ गई और अपने दोनों पैर सामने फैला दिए। दो बाँदियाँ पीछे खड़ी होकर उसके सियाह रेशमी गेसुओं में हिना लगाने लगीं। दो बाँदियों ने फ़र्श पर बैठकर उसके सुडौल पाँवों को अपनी गोद में रख लिया और आहिस्ता-आहिस्ता उन पर मलाई मिला उबटन मलने लगीं और दो बाँदियाँ उसकी मरमरी बाँहों पर।

सामने रखे बड़े शीशे में अपने को निहारती हुई हीरा कुँवर अपने जिस्म की तारीफ़ से ख़ुद ही भर उठी, और वहीं बैठे-बैठे वस्ल के ख़्वाबों में खो गई। होश उसे तब आया जब उबटन छुड़ाकर बाँदियाँ नहाने की हौज़ में तशरीफ़ ले जाने की उससे इल्तिजा कर रही थीं। उसकी तेज़ चलती साँसों और उठते-गिरते उरोज़ों का नज़ारा कर उनके चेहरों पर शरारत भरी मुस्कुराहट खेल रही थी। यह देखकर हीरा कुँवर शर्म से लाल हो उठी और अपनी बाँहों से उसने छाती को ढाँप लिया।

गुलाबी संगमरमर की अकेली चट्टान से बने हौज़ के पानी में चन्दन व केवड़ा का इत्र और बादाम के तेल की कुछ बूँदें बाँदियों ने डाल रखी थीं। हीरा कुँवर उसमें जाकर लेट गई। उसके गेसुओं को आँवला और रीठे के पानी से धोकर बाँदियों ने उन्हें धूप के धुएँ के ऊपर फैला दिया। हौज़ से जब हीरा बाहर निकली तो ग़ुस्लख़ाना जैसे रोशनी से भर उठा।

बाँदियों ने उसके बदन को सुखाकर कतान का दुपट्टा उसकी छाती पर लपेटकर पीछे बाँध दिया और फिर चीन देश के रेशम से बुने हुए कपड़े की शहद के रंग की चोली पहनाकर डोरी उसकी पीठ पर कस दी। जैसे ही हीरा कुँवर पीछे घूमी, डोरी में बँधी चाँदी की नन्ही-नन्ही घंटियाँ एक साथ बज उठीं। चमकीले सुर्ख़ रंग के नीम-शफ़्फ़ाफ़[1] कपड़े से, जिसे बफ़्त-हवा[2] कहा जाता था, तीन तहवाला घाघरा हीरा कुँवर ने ख़ास इस रात के लिए ही सिलवा रखा था। बफ़्त-हवा इतना महीन कपड़ा था कि हवा उसके आर-पार हो जाती थी। और वज़न में इतना हलका कि हवा थमी रहने पर भी लहराता ही रहता और हलके-से झोंके पर ही ज़ोरों से फड़फड़ाने लगता।

हीरा कुँवर के गुलाबी तलवों के किनारे-किनारे महावर लगाई गई। उसकी चमकीली ज़ुल्फ़ों में बेला के ताज़े फूलों के गजरे गूँथे गए। और उन बड़ी-बड़ी आँखों में, जिनमें अकबर के आग़ोश में गुज़रनेवाली रात के ख़्वाब अभी से तैरने लगे थे, बरेली का सुरमा लगाया गया।

---

1. अर्ध-पारदर्शी।
2. हवा से बुना हुआ।

सूरज अब डूबने को ही था। मियाँ तानसेन की दिलकश आवाज़ में अमीर ख़ुसरो का तराना तानपूरे की संगत पर पूरे क़िले में गूँज रहा था :

अम्बवा फूटे, टेसू फूले;
कोयल बोलत डार डार,
और गोरी करत श्रृंगार।

नगरचैन पहुँचकर अकबर नहा-धोकर दौलतख़ाने में बैठा ही था कि एक बाँदी तस्लीम बजा लाई।

"जहाँपनाह! अम्बरवाली बेगम साहिबा की इल्तिजा है कि बादशाह सलामत रात में ख़्वाबगाह तशरीफ़ ले जाने के पेशतर उनके ग़रीबख़ाने को रौनक-अफ़रोज़ करने की नवाज़िश फ़रमाएँगे तो इनायत होगी।"

"किसलिए?" सुनकर अकबर को ताज्जुब हुआ। हीरा कुँवर की रिहाइशगाह की दहलीज़ पर भी उसने अब तक कभी क़दम न रखा था।

"वजह जहाँपनाह रात में बेगम साहिबा से ही दरयाफ़्त कर लें!" आँखें नचाकर और शरारत से मुस्कुराते हुए यह कहकर बाँदी भाग खड़ी हुई।

अकबर के क़दमों की आहट सुनते ही हीरा कुँवर ने अपने सिर पर अमलतास के फूलों के रंग की शबनम से बनी बेहद महीन और तक़रीबन शफ़्फ़ाफ़ ओढ़नी डाल ली जो उसकी चोली पर से होते हुए कमर तक लटक रही थी। शबनम कहलानेवाला यह मुलायम कपड़ा बंगाल में ढाका के जुलाहों ने तैयार किया था, जिसके इन्तिहाई तौर पर हलका व चिकना होने की वजह से ओढ़नी हीरा कुँवर के सिर पर से फिसल-फिसल पड़ रही थी।

अकबर का ख़ैरमक़दम करने के लिए हीरा कुँवर दरवाज़े पर जा खड़ी हुई। जैसे ही वह पहुँचा, सिर पर पड़ी ओढ़नी को हीरा कुँवर ने अपने चेहरे पर खींच लिया। अकबर की निगाह उसके लिबास पर टिक गई जो उसके जिस्म की पर्दादारी भी कर रहा था और उसे नुमायाँ भी कर रहा था। तभी हीरा कुँवर ने अपना मेहँदी लगा हाथ आगे बढ़ाया जिसमें पान का बीड़ा रखा था। अकबर की ख़ुशी की इन्तिहा नहीं थी। पान का बीड़ा सुलह का पैग़ाम था, और दावतनामा भी।

जैसे ही अकबर ने हीरा कुँवर के चेहरे पर से ओढ़नी का घूँघट उठाया, उसके दिल की धड़कन जैसे थम गई। उसके कन्धे में तीर लगने के बाद जिन दिनों वह उसकी तीमारदारी में लगी हुई थी, उसके गोरे-गोरे व सुडौल हाथ-पैरों पर निगाह डालने से वह कभी नहीं चूकता था। उन्हें देख वह यह तो जान गया था कि हीरा कुँवर ख़ूबसूरत होगी। लेकिन उसे ख़्वाब में भी यह गुमान न था कि वह ऐसी ख़ुशजमाल होगी। गेहुँआ रंग। नूरानी चेहरा। कमान सरीखी तनी हुई लम्बी भौंहें। सुतवाँ नाक। तराशी हुई ठोड़ी और उस पर क़यामत एक सियाह तिल।

अकबर ने हीरा कुँवर की ठोड़ी ऊपर उठाई तो उसके सुर्ख़ लबों पर पसीने की महीन बूँदें ऐसे चमक उठीं जैसे कि गुलाब की पंखुड़ियों पर सुबह की ओस। ठोड़ी को अकबर के छूने भर से वे पंखुड़ियाँ काँप उठी थीं। अपनी धड़कन को क़ाबू में करने की कोशिश

में हीरा ने उन्हें अपने दाँतों में दबा लिया। अगले ही लम्हे वह मुड़ी और धीमे, सधे हुए क़दमों से अन्दर चल दी—उसका घाघरा हवा में उड़ता हुआ और उसके आलता लगे नंगे हसीन पाँवों में पड़ी पाज़ेब के घुँघरू छनछन-छनछन करते हुए। दो क़दम चलकर ही उसकी ओढ़नी फिसलकर नीचे गिर गई। उसका बदन हर क़दम के साथ लहराते हुए, अकबर ने देखा, ऊपर-नीचे होता हुआ मालूम हो रहा था। लचकती कमर के साथ उसकी करधनी में जड़े हीरे-माणिक शमाओं की रोशनी में जगमग-जगमग कर उठे।

दौड़कर अकबर ने हीरा कुँवर को अपनी मज़बूत बाँहों में उठा लिया और उसे उसके बिस्तर पर बिछी दूधिया सफ़ेद चादर पर फ़ैले हुए मोगरे के फूलों पर लिटा दिया।

हीरा कुँवर को बिलकुल भी याद नहीं कि इसके बाद क्या हुआ। उसे सिर्फ़ इतना अहसास है कि महकते हुए फूल रात भर उसके चारों तरफ़ तैरते रहे। पाज़ेब और चूड़ियाँ छनछनाती रहीं। और तारे सारी रात आसमान से नीचे उतरते रहे।

चित्तौड़गढ़

चित्तौड़गढ़ के राणा उदयसिंह सिसोदिया की राजगद्दी पर अकबर ख़यालों में डूबा बैठा हुआ था। सिपहसालार और उमरा उसके सामने उनके दर्जे के हिसाब से क़तार में खड़े थे, सिर झुकाए हुए और ख़ामोश। गुज़श्ता महीनों के अफ़सोसनाक वाक़यात सबके ही दिलों पर तारी थे। चार महीनों तक दिनभर नगाड़ों की धमाधम, नफ़ीरी का शोर, तोपों की गरज, और हज़ारों गलों से निकली अल्लाहु अकबर व हर हर महादेव की तेज़ आवाज़ें कानों को फोड़े डालती थीं और रात के सन्नाटे में ज़ख़्मी फ़ौजियों की दर्दनाक चीख़ें व उनके रोने, कराहने की आवाज़ें दिल को चीरे देती थीं।

किसी को भी यह गुमान नहीं था कि राजपूत इस क़दर ज़िद्दी साबित होंगे, और न ही किसी को यह अन्दाज़ा था कि उनके ख़िलाफ़ जंग इतनी ख़ौफ़नाक होगी व इतनी लम्बी खिंचेगी। मेवाड़ के राजपूतों की बहादुरी, दिलेरी और हँसकर मौत को गले लगाने की उनकी अदा ने सबके दिल जीत लिये थे। मगर साथ ही अपने कितने ही अज़ीज़ों को—भाइयों को, बेटों को और दोस्तों को हमेशा के लिए खोकर मातम-ज़दा भी थे।

उनके इस ग़म में अकबर भी बराबरी से शरीक था, या शायद कुछ ज़्यादा ही। इस जंग में उसने बीस हज़ार फ़ौजी खोए थे, साथ ही सैकड़ों मनसबदार व उमरा भी जिनमें से कई तो उसके निहायत ही अज़ीज़ थे। इसके अलावा ज़िन्दगी भर के लिए हज़ारों फ़ौजी अपाहिज हो गए थे। इतनी ज़्यादा क़ीमत उसने किसी जंग में नहीं चुकाई थी। अब तक सबसे ज़्यादा फ़ौजी उसने पानीपत की जंग में गँवाए थे—कुल तीन हज़ार।

चित्तौड़ को फ़तह करने के बाद एक ऐसा वाक़या हुआ कि ग़ुस्से से पागल होकर अकबर ने क़िले में क़त्लेआम का हुक्म दे दिया। और अब वह फ़तहयाब होकर भी ख़ुद को शिकस्तख़ुर्द महसूस कर रहा था।

इस क़िस्से की शुरुआत छह महीने पहले हुई थी जब वह धौलपुर के नज़दीक बाड़ी में पड़ाव किए हुए था। मसनद पर गाव-तकिए के सहारे टिककर बैठा हुआ वह मिर्ज़ा अज़ीज़ कोका, मीर ग़यासुद्दीन अली और भगवन्तदास के साथ पुर्तगाल से लाई गई शराब और काबुल से मँगवाए गए अंगूरों का लुत्फ़ उठा रहा था। टोडरमल और बीरबल भी वहाँ थे, मगर शराब से उन दोनों को सख़्त परहेज़ था।

"मुझे उम्मीद थी कि अम्बर राजपूताना की रहनुमाई करेगा," कहते हुए अकबर ने भगवन्तदास की तरफ़ ख़फ़ा नज़रों से देखा।

अम्बर के कछवाहा राजपूतों के साथ अकबर के बर्ताव में शुरू से ही मुरव्वत छलकती थी। उनके मज़हबी दस्तूरों को उसने इज़्ज़त बख़्शी थी। उनके गुरूर को भी बड़ी हद तक उसने बर्दाश्त किया था। उसने उन्हें नक़्क़ारख़ाने तक अपना ढोल बजवाने

की इजाज़त दे दी थी जबकि बाक़ी सबको क़िले के सदर दरवाज़े के बाहर ही उनके ढोल ख़ामोश कर देने होते थे। चन्द कछवाहा राजपूत तो दीवानख़ाना-ए-आम के अहाते तक अपने घोड़े पर सवार होकर और तलवार लिये हुए पहुँच सकते थे, जबकि अमीर-उमरा और सिपहसालार तक को अपने हथियार नक़्क़ारख़ाने पर ही छोड़कर वहाँ से पैदल आना होता था। मगर किसी भी राजपूत राजा ने अब तक उसकी इस नेकनीयती को तवज्जो नहीं दी थी, बल्कि उसके दरबार में बाअदब हाज़िर होकर उसे साहिब-ए-इक़्तिदार[1] क़बूल कर लेने के कई दफ़ा भेजे गए उसके पैग़ाम नज़रअन्दाज़ ही होते रहे थे।

भगवन्तदास हड़बड़ा गया। 'मैं क्या जवाब दूँ?' उसने सोचा। बादशाह सलामत के साथ उसके ख़ानदान की रिश्तेदारी को बाक़ी राजपूत राजा हिक़ारत की नज़र से देखते हैं और उनके साथ नाता रखने को अपनी तौहीन मानते हैं।

गुरूर को ज़िन्दा रहने के लिए दूसरों को कमतर साबित करना ही होता है। और यह बात राजपूतों पर भी लागू होती थी।

"जहाँपनाह के परचम-तले आने की पेशकश सभी से की गई थी। बीकानेर और मेवाड़ ने तो ख़िराज[2] भेजा भी है।"

"मगर यह काफ़ी नहीं है!" सीधे बैठते हुए अकबर ने तल्ख़ अन्दाज़ में कहा।

ख़िराज देना भी एक तरह मातहती क़बूल करना ही था। लेकिन सिर्फ़ इससे अकबर ख़ुश नहीं था। उसकी ख़्वाहिश थी कि राजपूत हुक्मरान शाही दरबार में ख़ुद पेश होकर उसके इख़्तियार को क़बूल करें।

तेरहवीं सदी में सुल्तान इल्तुतमिश की हुकूमत के वक़्त से राजपूताना की ज़्यादातर रियासतें दिल्ली के सुल्तानों की कभी न कभी ख़िराज-गुज़ार रही थीं। मगर जैसे ही सल्तनत कमज़ोर होती, वे ख़िराज देना बन्द कर देते थे जब तक कि दिल्ली के तख़्त पर फिर से कोई ताक़तवर सुल्तान क़ाबिज़ होकर उन्हें ख़िराज देने के लिए मजबूर न कर दे। मगर अकबर का ख़्वाब तो वह था जो उसने अजमेर में दरगाह शरीफ़ के अहाते में गुज़री ख़ामोश रात को देखा था। ख़िराज हासिल हो जाने भर से उसे राजपूतों का साथ और उनकी वफ़ादारी हासिल नहीं होती थी। इससे उसके और राजपूतों के बीच न तो जज़्बाती ताल्लुक़ात बनते थे, न ही कोई आपसी मदद का कोई रिश्ता पनपता था। ख़िराज मिल जाने भर से हिन्दुस्तान को लेकर उसके ख़्वाब को हक़ीक़त का जामा नहीं मिल सकता था—एक ऐसा हिन्दुस्तान जिसमें इत्तिहाद हो; जो एक होकर आपसी लड़ाई-झगड़ों से दूर हो; और इतना मज़बूत हो कि बाहरी हमलों का कामयाबी के साथ मुक़ाबला कर सके। उसकी हुकूमत में जिसमें अमन-चैन व ख़ुशहाली का दौर दोबारा आ सके।[3] और इसके लिए उसे राजपूतों की जाँबाज़ी, उनकी बहादुरी व उनकी

---

1. प्रभुसत्ता-सम्पन्न।
2. वह धनराशि एवं उपहार जो प्रभुसत्ता या अधीनता स्वीकार करनेवाले राजा को देना होता है।
3. *मुन्तख़बुल तवारीख़* के अनुवादक जॉर्ज रैंकिंग ने इतिहासकार बी. एन. लूनिया के हवाले से पाद-टिप्पणी में लिखा है : 'अकबर के समय की प्राथमिक आवश्यकता राजनीतिक और सामाजिक स्थिरता और सुरक्षा थी। इसे हासिल करना और अपनी ताक़त को क़ायम रखना व जताना अकबर ने तय कर लिया था।' (पृष्ठ xi, पूर्वोक्त।)

वफ़ादारी दरकार थी। नमक का क़र्ज़ चुकाने के लिए राजपूत अपनी जान पर खेलने को तैयार रहता है, वह जान चुका था। अपना मनसबदार बनाकर वह उन्हें ऐसा ही क़र्ज़दार बनाने की मंशा रखता था।

इस मक़सद को पाने के लिए उसने पाँच साल इन्तज़ार किया था। कुँवर भगवन्तदास, कुँवर मानसिंह, कुँवर रूपसिंह, कुँवर जगन्नाथ समेत राजा भारमल के ख़ानदान के तक़रीबन सभी मर्द एक-हज़ारी से लेकर पाँच-हज़ारी मनसबदारी के ऊँचे ओहदों पर थे। कभी जहाँ बंजर और रेतीली ज़मीन पर खेती से नाकाफ़ी पैदावार का ही आसरा था, वहाँ अब इफ़रात थी। और यह उनकी शानदार इमारतों, आलीशान महलों, अज़ीम मन्दिरों व उनकी औरतों के बदन पर सोने-जवाहरात के गहनों की तादाद में नुमायाँ हो रहा था। अकबर के मनसबदार होते हुए भी राजा भारमल ही अम्बर के हाकिम थे और उन पर कोई फ़र्ज़ नहीं था सिवा जंग या बग़ावत के वक़्त फ़ौजी रिसाले मुहय्या करवाने के। उनके मज़हबी रस्मो-रिवाजों को अकबर ख़ुद तो इज़्ज़त देता ही था, मुसलमान उमरा को भी उसने ताकीद कर दी थी कि हिन्दुओं के बुतख़ानों और उनकी बाक़ी मुक़द्दस इमारतों के साथ ही उनके त्योहारों के लिए भी अपने दिल में इज़्ज़त का जज़्बा रखें और भूलकर भी उनकी तौहीन न करें।[1]

"तुम्हारा क्या ख़याल है मिर्ज़ा?" अकबर ने अज़ीज़ कोका की तरफ़ देखकर पूछा।

मिर्ज़ा अज़ीज़ कोका अब ऐसे ख़ुशमिज़ाज और हाज़िर जवाब शख़्स हो गए थे, याराना महफ़िलों में जिनके लतीफ़ों की भारी माँग रहा करती थी।

"जहाँपनाह इजाज़त दें तो एक नज़ीर देकर अपनी राय ज़ाहिर करूँ," कहते हुए मिर्ज़ा के होंठों पर मुस्कुराहट खिल गई।

"यक़ीनन मिर्ज़ा!" अकबर भी मुस्कुरा दिया।

"जहाँपनाह! किसी दानिशमन्द शख़्स ने कभी मशविरा दिया था कि हर होशियार मर्द को चार औरतें ज़रूर रखनी चाहिए। एक ईरानी औरत गुफ़्तगू करने के लिए। एक ख़ुरासानी औरत घर-गृहस्थी के काम निपटाने के लिए। एक हिन्दू औरत बच्चों की उम्दा परवरिश के मक़सद से। और एक औरत मावरा-उन-नहर[2] की, जिस पर हाथ उठाकर बाक़ी तीनों को गाहे-ब-गाहे ख़बरदार किया जा सके। राजपूताना में आलमपनाह को यह चौथी औरत खोजनी होगी।"

अकबर को यह नज़ीर हँसने की वजह नहीं मालूम हुई। भगवन्तदास की आँखें भी ग़ुस्से से लाल थीं। मगर मिर्ज़ा जो कहना चाहता था, वह अकबर समझ गया।

---

1. प्रख्यात इतिहासकार श्री सुरेश मिश्र के अनुसार, 'राजस्थान के सम्बन्ध में अकबर ने वह ग़लती नहीं की जो सुल्तानों ने की थी। उसने यहाँ के राज्यों को साम्राज्य में विलीन नहीं किया बल्कि अधीनता स्वीकार कराके उन्हें उनका राज्य वापस कर दिया और उनके आन्तरिक मामलों में हस्तक्षेप नहीं किया। *अकबर,* पृष्ठ 35, द्वितीय संस्करण 2001, पंचशील प्रकाशन, जयपुर।
2. शब्दश: 'नदी के उस पार का इलाक़ा', जिसे यूरोप में Trans-oxiana या beyond Oxus कहा गया यानी आमू नदी के पार, उसके दक्षिण में मध्य एशिया स्थित क्षेत्र जिसमें आज का उज़्बेकिस्तान, ताजिकिस्तान, दक्षिणी कज़ाख़स्तान और दक्षिणी किर्गिस्तान शामिल थे। तब यह तूरान का हिस्सा था।

"तुम क्या तजवीज़ करते हो, मीर ग़यासुद्दीन अली?"

"जहाँपनाह! मेवाड़ के सिसोदिया राजा ख़ुद को राजपूताने का सरदार मानते हैं, और चित्तौड़गढ़ उनका ग़ुरूर है। आलमपनाह का मक़सद तभी हासिल हो सकेगा जब कि उनके ग़ुरूर को तोड़ दिया जाए।"

"आफ़रीन! ख़ूब कहा तुमने।"

चित्तौड़गढ़ में बाग़ी मिर्ज़ाओं को पनाह दी गई थी, हमला करने की एक वाजिब वजह यह भी बनती थी। इसके अलावा आगरा से सूरत का रास्ता चित्तौड़ होकर ही जाता था। लिहाज़ा गुजरात को फ़तह करने की कामयाब मुहिम चलाने के लिए भी उस पर क़ाबिज़ होना ज़रूरी था।

"और तुम क्या कहते हो?" देर तक ख़यालों में गुम रहने के बाद अकबर टोडरमल से मुख़ातिब हुआ।

"जहाँपनाह! चित्तौड़गढ़ पर हमला सुल्तान शेरशाह अफ़ग़ान ने भी किया था। उस वक़्त मेवाड़ के हुक्मरान सिसोदिया राणा उदयसिंह ने जंग किए बग़ैर ही हथियार डाल दिए थे और चित्तौड़गढ़ पर सुल्तान शेरशाह क़ाबिज़ भी हो गए थे। मगर सुल्तान के इन्तक़ाल की ख़बर पाते ही राणा ने सुल्तान के क़िलेदार से इसे फिर हासिल कर लिया। इस दफ़ा राणा उदयसिंह का क्या रुख़ होगा, इसका अन्दाज़ लगाना मुश्किल है। चित्तौड़गढ़ एक खड़ी चढ़ाईवाली पहाड़ी पर बना है जिस पर फ़ौज का चढ़ पाना बेहद मुश्किल होगा। राणा ने अगर जंग का फ़ैसला किया तो क़िले पर घेरा बहुत लम्बा खिंचेगा। लिहाज़ा घेरा डालने का वक़्त और लश्करगाह का मुक़ाम, दोनों ही तय करते हुए यह ख़याल रखना होगा कि जानवरों का चारा व पानी उस जगह पर काफ़ी मौजूद हो और मुसलसल मुहय्या हो सके।"

"बहुत ख़ूब टोडरमल!" अकबर ने तारीफ़ के अन्दाज़ में सिर हिलाया। "निगाह हमेशा तफ़सील पर।"

"और इस ग़रीब बरहमन का क्या कहना है?" बीरबल की तरफ़ देखते हुए अकबर मुस्कुराया।

"जहाँपनाह! यह ग़रीब ब्राह्मण जंग और सियासत के बारे में क्या जाने? मगर एक बात तयशुदा है। तक़दीर का साया अब चित्तौड़गढ़ पर से उठ चुका है।"

ख़िराज लेकर शाही दरबार में पेश होने के लिए राणा उदयसिंह को पैग़ाम भेजा गया। मगर उन्होंने ख़ुद न हाज़िर होकर अपने बड़े बेटे कुँवर प्रतापसिंह को भेजना चाहा। प्रतापसिंह की ख़ुद्दारी ने यह गवारा न किया और मजबूरन उन्होंने अपने छोटे नाबालिग़ बेटे शक्तिसिंह के साथ ख़िराज को रवाना किया।

गर्मी का मौसम था। अँधेरा हो चुका था। बाड़ी के शाही पड़ाव में टेसू की लकड़ी से बनी सुलगती हुई गेंद से अकबर उमरा के साथ चौगान खेल रहा था। एक ज़बर्दस्त मुक़ाबले के बाद पसीने से लथपथ अकबर कुछ वक़्त साँस लेने के लिए जब रुका तो शक्तिसिंह को इशारे से नज़दीक बुलाकर बोला,

"शक्तिसिंह! राणा ने ख़िराज लेकर ख़ुद आने की ज़हमत नहीं उठाई इस वजह से मैं नाराज़ हूँ और चित्तौड़गढ़ पर हमला बोल देने की सोच रहा हूँ।"

शक्तिसिंह के चेहरे पर हवाइयाँ उड़ने लगीं।

"घबराओ मत!" अकबर हँस पड़ा। "मैंने तो दिल्लगी की थी।"

शक्तसिंह इतना तो जानता ही था कि हुक्मरान दिल्लगी भी बेवजह नहीं किया करते। उसी रात वह बिना किसी को बताए चित्तौड़ के लिए भाग खड़ा हुआ। बादशाह सलामत से इजाज़त लिये बिना चले जाना अख़लाक़ के ख़िलाफ़ था और बेअदबी व गुस्ताख़ी भी। चित्तौड़ पर हमला करने के लिए अकबर को अब एक वजह और मिल गई थी।

चित्तौड़ आगरा के दक्खिन में मशरिक़ की तरफ़ तक़रीबन दो-सौ कोस दूरी पर है। रास्ते में बीचोबीच श्योपुर का क़िला पड़ता था जो राजपूताना में रणथम्भौर रियासत के राजपूत हाकिम राय सुर्जनसिंह हाड़ा के क़ब्ज़े में था। हमले के दौरान अपने पिछवाड़े की तरफ़ से बेफ़िक्र रहने के ख़याल से अकबर तीन हज़ार रिसाले के साथ श्योपुर के क़िले पर धावा बोलने दौड़ पड़ा। यह ख़बर पाते ही कि बादशाह अकबर फ़ौज को लेकर ख़ुद आ रहे हैं, सुर्जनसिंह हाड़ा का क़िलेदार क़िले को छोड़कर भाग खड़ा हुआ। अपने मनसबदार नज़र बहादुर को वह क़िला सौंपकर अकबर वहाँ से चित्तौड़ के रास्ते में ही चालीस कोस दूर कोटा जा धमका। क़िले पर यहाँ भी हाड़ा राजपूत ही क़ाबिज़ थे। मगर अकबर को क़िला वीरान मिला और उसे उसने अपने अमीर शाह मुहम्मद कन्धारी के हवाले कर दिया। कोटा से उसने यह फ़रमान आगरा भेजा कि बड़ी फ़ौज को चित्तौड़ के लिए तोपों के साथ रवाना कर दिया जाए। साथ ही, अपने सिपहसालार आसफ़ ख़ान को यह हुक्म दिया कि लश्करगाह के लिए चित्तौड़गढ़ के नज़दीक कोई ऐसी जगह वह तलाश करे जहाँ पानी की बारह महीने इफ़रात हो।

मालवा में मिर्ज़ाओं ने उसकी हुकूमत के लिए मुश्किलें फिर खड़ी कर रखी थीं और अकबर को यक़ीन था कि चित्तौड़गढ़ में उसकी मसरूफ़ियत का फ़ायदा वे ज़रूर उठाएँगे। इस दफ़ा उन्हें कभी न भूलनेवाला सबक़ सिखाने के मक़सद से उसने दक्खिन की तरफ़ कूचकर दिया, मगर पैंतीस कोस दूर झालावाड़ के नज़दीक गागरौन पहुँचकर उसका इरादा बदल गया। अपने दो अमीर उसने एक हज़ार रिसाले के साथ मालवा रवाना किए और ख़ुद वह चित्तौड़ की तरफ़ चल दिया।

अकबर को उम्मीद थी कि उसके साथ सिर्फ़ दो हज़ार घुड़सवार देख राणा उदयसिंह आमने-सामने की लड़ाई के लिए तैयार हो जाएगा। लेकिन जब वह चित्तौड़गढ़ से सौ कोस की दूरी पर था तो एक ख़ुफ़ियानवीस ख़बर लाया कि राणा उदयसिंह अरावली की पहाड़ियों में भाग लिया है जहाँ वह गोगुंडा में क़िले-बन्दीकर रहा है। साथ ही, चित्तौड़गढ़ की हिफ़ाज़त के लिए वह आठ हज़ार जंगजुओं को अपने पीछे छोड़ गया है।

"अब क्या किया जाए? राणा का पीछा करें या चित्तौड़गढ़ चलें?" भगवन्तदास की तरफ़ अकबर ने सवालिया निगाह से देखा।

"जहाँपनाह! ख़बर के हिसाब से राणा उदयसिंह दो रोज़ पहले भागे होंगे। और अरावली की पहाड़ियों को उनसे हम यक़ीनन ही कम जानते हैं," भगवन्तदास ने हालात का जायज़ा लिया। "उन्हें पकड़ पाना हमारे लिए शायद मुमकिन न होगा।"

"आलमपनाह! हमारा मक़सद सिसोदिया राजपूतों का ग़ुरूर तोड़ना है," मीर ग़यासुद्दीन ने याद दिलाया। "और उनका ग़ुरूर चित्तौड़गढ़ है, न कि वह भगोड़ा राणा।"

अकबर ने कुछ वक़्त सोचते रहने के बाद तय किया कि राणा का पता लगाने के लिए हुसैन क़ुली ख़ान एक हज़ार रिसाले के साथ अरावली की पहाड़ियों को छाने और वह ख़ुद चित्तौड़गढ़ के लिए चल दिया। अब उसके पास सिर्फ़ एक हज़ार घुड़सवार थे। तभी आसफ़ ख़ान का भेजा हुआ बरीद ख़बर लेकर आया कि आगरा से लश्कर के साथ चल पड़े शाही हरम और अमीर-उमरा के हरम के लिए चित्तौड़गढ़ से बीस कोस पर एक छोटे से क़स्बे मंडल में उसने पड़ाव की तैयारियाँ शुरू कर दी हैं, जहाँ एक ख़ासा बड़ा तालाब भी है।

चित्तौड़ की हद में अकबर जैसे ही घुसा वैसे ही घने, काले बादलों ने आसमान को यकायक अपनी गिरफ़्त में ले लिया और दिन में ही रात कर दी। किसी तंग दर्रे में जैसे सैकड़ों भारी-भरक़म तोपें लुढ़क चली हों, ऐसी ज़बर्दस्त गड़ागड़ाहट होने लगी। और फिर जब ख़ौफ़नाक आवाज़ें करती हुई बिजलियाँ भी कड़कने लगीं तो ऐसा मालूम हुआ जैसे उन तोपों ने भारी गोलाबारी भी शुरू कर दी है। जल्द ही कानों के परदे फोड़ देनेवाले धड़ाकों के साथ आसमानी बिजलियाँ एक के बाद एक उसकी फ़ौज के चारों तरफ़ गिरने लगीं। सबके साथ अकबर का दिल भी एकबारगी थर्रा उठा।

क़ुदरत का ग़ुस्सा इतने पर ही ख़त्म नहीं हुआ। तेज़ सीटी बजाती हुई तूफ़ानी हवाएँ दरख़्तों को उखाड़ फेंकने में मशग़ूल हो गईं। कई दरख़्तों ने अपनी मोटी-मोटी शाख़ों की क़ुर्बानी देकर भरसक कोशिश की कि उनकी जड़ उखड़ने से बच जाए। मगर ज़्यादातर दरख़्त कामयाब नहीं हो पाए। और फिर तो जैसे आसमान ही फट पड़ा। बड़ी-बड़ी बूँदें बन्दूक़ के छर्रों की मानिन्द अकबर और उसके फ़ौजियों के जिस्म से टकराकर उन्हें ज़ख़्म देने की कोशिश में लग गईं। हवा के सनसनाते झोंकों और धार लगाकर हो रही तेज़ बारिश के थपेड़ों ने अकबर के कानों से टकराकर उसे ऐसा बहरा कर दिया कि बादलों की गरज भी उसे सुनाई देना बन्द हो गई। और आँखों के सामने बौछारों का ऐसा परदा पड़ गया कि आसमानी बिजली की चमक तक धुँधली हो गई। तर-बतर अपने घोड़े पर बैठा हुआ अकबर क़ुदरत के इस क़हर का नज़ारा कर हैरतज़दा था।

मगर सिर्फ़ दो घड़ी बाद मौसम साफ़ था व हवा ख़ामोश। और उजले नीले आसमान तले चित्तौड़गढ़ जैसे ज़मीन की कोख़ से निकलकर अकबर की निगाह के सामने आ खड़ा हुआ—बारिश में धुलकर धूप में चमकता हुआ, एक बुलन्द व तन्हा पहाड़ी पर शान के साथ खड़ा होकर मानो ख़ुद के नाक़ाबिले फ़तह होने का एलान करता हुआ।

"माशा-अल्लाह!" अकबर के मुँह से बेसाख़्ता निकल पड़ा और वह देर तक उस क़िले का नज़ारा करता रह गया। फिर अपने फ़ौजियों से मुख़ातिब होकर बोला, "बड़ा मुबारक शगुन था यह बारिश और तूफ़ान का आना। हमारी फ़तह अब यक़ीनी है।"

यह तो वह बाद में ही जान पाया कि यह आँधी-तूफ़ान हक़ीक़त में आनेवाले वक़्त का नमूना थे।

उस पहाड़ी के चारों तरफ़ अकबर ने घोड़ा दौड़ाया। तीन तरफ़ से एकदम खड़ी चढ़ाई थी। सिर्फ़ दक्खिन से ही क़िले तक पहुँच पाना मुमकिन हो सकता था।

उसके हुक्म से नक़्शा-नवीसों ने पहाड़ी की पैमाइश करके क़िले का ख़ाका बनाया।

"जहाँपनाह! इस पहाड़ी की ऊँचाई तक़रीबन दो सौ गज़ है, घेरा पाँच कोस है,

लम्बाई तक़रीबन दो कोस और चौड़ाई औसतन चौथाई कोस है।" मीर ग़यासुद्दीन अली ने नक़्शा-नवीसों की तहरीर पढ़कर सुनाई। "मगर दक्खिनी सिरे पर चौड़ाई सिर्फ़ पाँच गज़ रह जाती है। और क़िले का परकोटा पहाड़ी की हद के किनारे-किनारे ही चलता गया है।"

अकबर ने नक़्शा-नवीसों के बनाए हुए नक़्शे पर नज़र डाली। पहाड़ी को देखकर उसे ऐसा गुमान हुआ मानो ज़मीन की पेशानी पर किसी ने तिलक लगा दिया हो।

इस पहाड़ी के दक्खिन में कमान से छोड़े गए तीर की दूरी पर एक छोटी पहाड़ी भी थी जिसे चित्तौड़ी पहाड़ी पुकारा जाता था। अकबर ने उस पर चढ़कर देखा। पहाड़ी एकदम हमवार और गोल थी।

'बिलकुल हीरा कुँवर के माथे पर लगी बिन्दी के माफ़िक़!' सोचते हुए अकबर मुस्कुरा दिया। 'कैसा इत्तेफ़ाक़ है! क़िले की पहाड़ी तिलक की शक्ल में है जो कि हिन्दू मर्द अपनी पेशानी पर लगाया करते हैं और यह चित्तौड़ी पहाड़ी उस बिन्दी की शक्ल में जो शादीशुदा हिन्दू औरतों के माथे पर सजती है।'

चित्तौड़ी पहाड़ी से उसने क़िले की तरफ़ देखा। परकोटे पर खड़े राजपूत अपनी मूँछों पर ताव देते हुए उसे ही देख रहे थे। 'ये लोग आसानी से माननेवाले नहीं हैं।' वह बुदबुदाया और साथ खड़े हुए टोडरमल को हुक्म दिया, "अपने आदमियों को चारों तरफ़ रवाना कर दो, इस हिदायत के साथ कि फ़ौज के लिए रसद का बन्दोबस्त करने के लिहाज़ से वे सारा इलाक़ा छान मारें। इसके अलावा तुम ख़ुद अपनी निगरानी में लश्करगाह को गहरी खाई से घेर देने का काम शुरू करवा दो जिससे कि रात में हमारे लश्कर पर कोई हमला न करने पाए।"

फिर देर तक उस रात वह भगवन्तदास से मेवाड़ और चित्तौड़ की तवारीख़ सुनता रहा।

"जहाँपनाह! आज से आठ सौ साल पहले तक चित्तौड़ पर परमार राजपूतों के ही ख़ानदान के मोरी राजाओं की हुकूमत थी। आख़िरी मोरी राजा मानसिंह मोरी था जिसके सिपहसालार गहलोत राजपूत ख़ानदान के बप्पा रावल हुआ करते थे। बगदाद के ख़लीफ़ा ने उनके वक़्त में चित्तौड़ पर क़ब्ज़ा करने के मक़सद एक बड़ी फ़ौज भेजी। बप्पा रावल ने जब उसे खदेड़ दिया तो चित्तौड़ की रियाया उनकी मुरीद हो गई और उनकी ताक़त उरूज पर पहुँच गई। इसका फ़ायदा उठाकर वे मानसिंह को ख़त्म कर ख़ुद शाही तख़्त पर बैठ गए और शाही सिसोदिया ख़ानदान की बुनियाद रखी। इस तरह आठ सौ साल पहले यह क़िला सिसोदिया राजपूतों के क़ब्जे में चला गया।"

"बप्पा रावल के नामवर वारिस राणा कुम्भा ने मेवाड़ में बत्तीस क़िले तामीर करवाए, जिनमें राजपूताने का सबसे अज़ीम क़िला कुम्भलगढ़ भी शामिल है। इस तरह कुल चौरासी क़िलों के साथ मेवाड़ सबसे ज़्यादा क़िलेबन्दी वाली रियासत बन गया। राणा कुम्भा ने पचास साल तक मेवाड़ पर शानदार हुकूमत की। लेकिन फिर उनके अपने ही बेटे उदयसिंह ने राजगद्दी के लालच में उनका क़त्ल कर दिया। लेकिन राजगद्दी उसे न मिल सकी क्योंकि मेवाड़ के राजपूत ख़ानदानों के मुखियाओं ने तय किया कि राणा कुम्भा का सबसे बड़ा बेटा रायमल ही मेवाड़ की गद्दी पर बैठेगा।"

"राणा रायमल का सबसे बड़ा बेटा पृथ्वीराज ग़ज़ब का बहादुर लड़ाका था। सिसोदिया ख़ानदान की देवी के मन्दिर की पुजारन ने, जो सच्ची पेशीनगोई के लिए मशहूर थी, जब उसकी मौजूदगी में एलान किया कि राणा रायमल के बाद उनके सबसे छोटे बेटे संग्राम को ही गद्दी पर बिठाया जाएगा तो उसने संग्राम पर तलवार से हमलाकर दिया। उसके इस जुर्म के लिए राणा रायमल ने पृथ्वीराज को मुल्क बदर कर दिया। फिर सोलंकी ख़ानदान के मुखिया राव सुरतन के हाथों उनका दूसरा बेटा जयमल क़त्ल हो गया, जब उसने उनकी बेटी तारा के साथ बदसलूकी करने की कोशिश की। संग्राम या साँगा का, जो तलवार के पाँच घाव लेकर और अपनी एक आँख खोकर भाग निकला था, बहुत ढूँढ़ने पर भी कुछ पता नहीं चला। तब मजबूर होकर राणा रायमल ने पृथ्वीराज को वापस बुला लिया क्योंकि गद्दी का और कोई क़ाबिल वारिस नहीं बचा था।"

"आलमपनाह! ताराबाई बेइन्तिहा ख़ूबसूरत थी। उसके वालिद राव सुरतन ने शर्त रखी थी कि जो भी उनकी खोई हुई रियासतें टोंक और टोंड को अफ़ग़ानों के क़ब्ज़े से छुड़ा देगा, उसके ही हाथ में वे ताराबाई का हाथ देंगे। पृथ्वीराज ने यह बीड़ा उठा लिया। फ़ौजी लिबास में ताराबाई भी उसके साथ जंग में शरीक हो गई थी। टोंक और टोंड से अफ़ग़ानों को पृथ्वीराज ने खदेड़कर न सिर्फ़ जंग जीती बल्कि ताराबाई का दिल भी जीत लिया।"

"वल्लाह! मुहब्बत की क्या दिलचस्प दास्तान है!" अकबर बोल उठा। "फिर क्या हुआ?"

"जहाँपनाह! पृथ्वीराज की एक बहन आबू रियासत के शहज़ादे को ब्याही गई थी। अपने शौहर की उसके साथ बदसलूकी की शिकायत उसने जब अपने भाई से की तो पृथ्वीराज आकर एक रात चुपके से अपने जीजा के कमरे में घुस गया और उसे उसने मजबूर किया कि अपना सिर उसकी बहन के पैरों पर वह रगड़े और उसकी चप्पलों को वह अपने सिर पर रखे। अगले दिन पृथ्वीराज जब वापस जाने लगा तो उसकी बहन ने अपने भाई के लिए जो लड्डू बनाए थे उनमें उसके शौहर ने ज़हर मिला दिया। रास्ते में भूख लगने पर पृथ्वीराज ने जैसे ही वे लड्डू खाए, उसी दम उसका इन्तक़ाल हो गया।"

"एक तरफ़ वफ़ादारी और बहादुरी की मिसाल व दूसरी तरफ़ इन्तिक़ाम का ऐसा जज़्बा और संगदिली! तुम राजपूतों की क़ौम भी अजीब है!" न चाहते हुए भी अकबर बोल पड़ा। "और साँगा का क्या हुआ?"

"जहाँपनाह! उन्हें आख़िरकार तलाश कर ही लिया गया और वापस भी उन्हें बुलवा लिया गया ताकि मेवाड़ को क़ाबिल राणा मिल सके। मगर फिर खानवा में फ़िरदौस मकानी के हाथों मिली शिकस्त के बाद उन्होंने क़सम खाई कि अपनी शिकस्त का बदला लिये बिना वह मेवाड़ वापस नहीं जाएँगे। और कालपी में उनका इन्तक़ाल हो गया। शक है कि उन्हें ज़हर दिया गया था।"

"उनके बाद उनका बेटा रतनसिंह मेवाड़ की गद्दी पर बैठा। पाँच साल के अन्दर ही हमारे ख़ानदान की एक शहज़ादी के साथ शादी को लेकर उसके और बूँदी के हाड़ा शहज़ादे के बीच तलवारें खिंच गईं जिसमें वह मारा गया। उसके बाद उसका भाई विक्रमजीत गद्दीनशीन हुआ। उसने ग़ुरूर में आकर एक बार राजपूत ख़ानदानों के

सरदारों की बेइज़्ज़ती कर दी। उन्होंने पृथ्वीराज के नाजायज़ बेटे बनबीर को उकसाया कि वह विक्रमजीत का ख़ात्मा कर और राणा रतनसिंह के छह साल के बेटे उदयसिंह का सरपरस्त बनकर मेवाड़ पर अपनी हुकूमत चलाए। विक्रमजीत को तलवार के घाट उतारने के बाद बनबीर उदयसिंह को भी हलाक करने पहुँच गया। मगर उसकी दूध-माँ पन्ना धाय ने शहज़ादे को छिपाकर उसकी ही उम्र के अपने बेटे को शहज़ादे के बिस्तर पर लिटा दिया, और अपनी आँखों के सामने ही वह अपने नन्हे लाड़ले को बनबीर की तलवार से हलाक होते हुए देखती रही।"

"सलाम है उस धाय-माँ को!" अकबर के मुँह से बेसाख़्ता निकल पड़ा। "फिर?"

"फिर बनबीर तो गद्दी पर बैठ गया और पन्ना धाय शहज़ादे को लेकर चोरी-छिपे भाग निकली। बारह साल तक उसने उसे सबकी नज़रों से बचाए रखा और उसके बालिग़ होते ही उसे लेकर राजपूत सरदारों के पास पहुँच गई। बनबीर की वादा-ख़िलाफ़ी और उसकी बेजा हरकत से वे सब रंजीदा तो थे ही, शहज़ादे की पुख़्ता पहचान करने के फ़ौरन बाद उसे उन्होंने मेवाड़ की राजगद्दी पर बिठा दिया और बनबीर दक्खिन को भाग लिया।"

"और पन्ना धाय का क्या हुआ?"

"इस बारे में आलमपनाह कोई मालूमात नहीं है। मेवाड़ की तवारीख़ से वह उस रोज़ के बाद ग़ायब ही हो गई।"

"उदयसिंह को तो चाहिए था कि उसे सिर-आँखों पर बिठाकर रखता!" अकबर ने अफ़सोस के अन्दाज़ में अपना सिर हिलाया। "और वही उदयसिंह इस वक़्त मेवाड़ का राणा है जो भागकर अरावली की पहाड़ियों में चूहे की तरह जा छिपा है।"

"जहाँपनाह दुरुस्त फ़रमाते हैं। मगर क़िले की हिफ़ाज़त के लिए वह कई हज़ार जाँबाज़ राजपूतों को राव जयमल राठौड़ की सिपहसालारी में छोड़ गया है। जयमल राठौड़ पहले मेड़ता रियासत का हाकिम था। मगर जब आलमपनाह ने मेड़ता के क़िले पर क़ब्ज़ा कर लिया तब वह अपने लोगों के साथ मेवाड़ आकर राणा उदयसिंह की फ़ौज में शामिल हो गया। यह तो जहाँपनाह भी अब तक जान गए होंगे कि एक राजपूत अपनी शिकस्त को कभी भुला नहीं पाता। और मेरी मालूमात के हिसाब से जयमल राठौड़ बहादुर होने के साथ ही बेहद ख़ुद्दार शख़्स भी है। यक़ीनन वह हमें निहायत ही कड़ी टक्कर देनेवाला है।"

टोडरमल के भेजे हुए खोजी ख़बर लाए कि कई-कई कोस तक पूरा इलाक़ा ग़ैर-आबाद है। खड़ी हुई फसलें जला दी गईं हैं और काश्तकार अपने जानवरों के साथ क़िले में चले गए हैं। अकबर ने फ़ौरन ही फ़रमान जारी किया कि बनजारों को रसद-रसानी के लिए पैग़ाम भेज दिए जाएँ।

एक ग़ैर-मौजूद क़रारनामे के तहत इन बनजारों की हर रियासत में बेरोकटोक आवाजाही रहती थी और उन्हें बेवजह तंग करने से भी सभी बाज़ आते थे। इसलिए मुश्किल से मुश्किल हालात में भी और कहीं भी वे रसद पहुँचा सकते थे, बशर्ते उन्हें तसल्ली-बख़्श मुनाफ़े का यक़ीन हो। जल्द ही वे दूर तक धूल के गुबार उड़ाते हुए हज़ारों बैलगाड़ियों में अनाज और दालों के बोरे, नमक और मसालों के थैले, तेल और

घी के डिब्बे लादे हुए मंडल की तरफ़ जाते हुए दिखने लगे। किसी भी बैलगाड़ी में चार मन से कम माल न था। साथ ही जानवरों के लिए ज्वार, बाजरा व चना भी वे भरपूर ले आए थे और दूध के लिए सैकड़ों गाएँ भी।

अकबर के साथ सिर्फ़ दो हज़ार घुड़सवार देखकर क़िले के परकोटे पर से राजपूत उस पर हँसा करते। "इस फ़ौज से फ़तह करेगा चित्तौड़गढ़ को?"

मगर जल्द ही आगरा से रवाना हुई फ़ौज वहाँ पहुँचनी शुरू हो गई, अपने साथ सैकड़ों हाथी और बड़ी-बड़ी तोपें लिये हुए। क़िले से अब तानों की जगह तीर आने लगे और फिर बन्दूक़ की गोलियाँ भी। क़िला इतनी ऊँचाई पर था कि अकबर के फ़ौजियों के तीर और गोलियाँ क़िले की दीवार से टकराकर रह जाते। कुछ ग़ुस्से में और कुछ जोश में आकर चन्द मनसबदार अपने फ़ौजियों के साथ पहाड़ी पर चढ़ने की नाकामयाब कोशिश में या तो जान गँवा बैठे या फिर हाथ-पैर तुड़वा बैठे।

"ये क्या बेवक़ूफ़ी है?" ख़ुश-क़िस्मती से बच गए मनसबदारों को अकबर ने फटकारा। "इस जंग में फ़तहयाब होने के लिए तदबीर और होशियारी दरकार है, न कि सिर्फ़ जोश और वलवला।"

सारी तोपें पहुँच जाने के बाद उनके लिए मुनासिब मुक़ाम तय किए गए। सबसे भारी तोपों को लखौटा पोल[1] के सामने लगाया गया। कुछ तोपें आसफ़ ख़ान की निगरानी में सूरज पोल के सामने रखी गईं। सबसे हलकी तोपों को उनमें लगे पहियों के सहारे हाथियों की टोलियाँ धकेलते-खींचते हुए चित्तौड़ी पहाड़ी पर चढ़ाने में जुट गईं। बाक़ी छोटी तोपों को क़िले के मशरिक़ में दो जगहों पर तैनात कर दिया गया।

मगर किसी भी तोप के गोले, कहीं से भी दागे गए हों, अलबत्ता तो क़िले तक पहुँचते ही नहीं थे। और अगर एकाध गोला कभी टकरा भी जाता, तो वह क़िले की मज़बूत और कई हाथ मोटी दीवारों पर से चन्द किरचें छील लेने के सिवा कोई कारनामा नहीं दिखा पाता था। दूसरी तरफ़, क़िले पर से दागे हुए गोले अकबर के लश्कर बीच आकर गिरते और उनके बरकन्दाज़ों की गोलियाँ ठीक निशाने पर लगतीं। राजपूतों को जहाँ ऊँचाई का फ़ायदा था और क़िले की दीवारों से आड़ मिली हुई थी, वहीं अकबर के फ़ौजी खुले में थे राजपूतों की निगाह में, और बचने का कोई तरीक़ा न था। नतीजतन अकबर की फ़ौज को जान का हर रोज़ भारी नुक़सान हो रहा था।

"राजपूतों को तो बरकन्दाज़ी नापसन्द है। फिर इनका निशाना इतना बेख़ता कैसे है?" टोडरमल से अकबर ने पूछा।

"जहाँपनाह! यह बरकन्दाज़ राजपूत नहीं हैं, कालपी के पुरबिया हैं जो अपनी निशानेबाज़ी के लिए मशहूर हैं।"

पुरबिया बरकन्दाज़ों के हुनर के लिए अकबर के दिल से जहाँ तारीफ़ें निकल रही थीं, वहीं अपने फ़ौजियों को उनकी गोलियों से ज़ख़्मी होते देख उसके होंठों से आहें भी फूट रही थीं। मुसलसल हो रहे नुक़सान को देख सिपहसालार ग़मज़दा थे, और ग़ुस्साए हुए भी।

---

1. क़िले का विशाल प्रवेशद्वार जो लोहे से बने हुए मज़बूत और भारी फाटक से बन्द रखा जाता था।

ग़म और ग़ुस्सा तो अकबर के ज़ेहन में भी छाया हुआ था, मगर वह अपने जज़्बात ज़ाहिर नहीं होने दे रहा था। और नाकामयाबी का हर दिन उसके इरादों को और भी पुख़्ता कर रहा था। इस हक़ीक़त से भी वह बेख़बर नहीं था कि इस वक़्त पूरा राजपूताना उस पर निगाहें गड़ाए हुए है। उसके ख़ुफ़ियानवीस हर राजपूत रियासत में मौजूद थे जो राजपूत हुक्मरानों में उसके ख़िलाफ़ हो रहे क़ौल-ओ-क़रार की मालूमात उसे हर रोज़ पहुँचा रहे थे। मारवाड़ के राठौड़ राजपूत राव चन्दरसेन और सिरोही के देवड़ा-चौहान राजपूत राव सुरतन इस कोशिश में थे कि सभी राजपूत हुक्मरान एकजुट होकर अकबर के ख़िलाफ़ मोरचा खोल दें। और अकबर फ़िक्रमन्द था कि चित्तौड़गढ़ का घेरा अगर ज़्यादा वक़्त तक खिंच गया तो सारी राजपूत रियासतें उसके ख़िलाफ़ इत्तिहाद कर उसी तरह न जंग छेड़ दें जिस तरह फ़िरदौस मकानी के ख़िलाफ़ राणा साँगा ने छेड़ी थी।

हुसैन क़ुली ख़ान का पैग़ाम आया कि अरावली की पहाड़ियों के बीच गोगुंडा में जहाँ राणा उदयसिंह एक क़िला तामीर करवा रहा था और उदयपुर जहाँ वह नया महल बनवा रहा था, दोनों ही जगहों को छान लेने पर भी राणा उदयसिंह का कुछ पता नहीं चल रहा। चन्द रोज़ बाद दूसरा पैग़ाम आया कि यह ख़बर मिलने पर कि राणा अरावली की एक ऊँची पहाड़ी पर जंगलों के बीच बने ग़ज़ब की मज़बूतीवाले कुम्भलगढ़ में छिपा बैठा है, उस क़िले पर हमला बोलकर उसने उसे अपने क़ब्जे में ले लिया है। मगर राणा वहाँ भी नहीं मिला। यक़ीनन वह अरावली की वादियों के घने जंगलों में कहीं छिपा बैठा है, मगर वहाँ उसे तलाश कर पाना उसकी राय में तक़रीबन नामुमकिन ही है। अकबर ने उसे फ़रमान भेजा कि राणा के पीछे अब वह वक़्त बरबाद न करे और चित्तौड़ चला आए।

"फ़िरदौस मकानी फ़रमाया करते थे कि घेराबन्दी किए हुए क़िले में फँसी हुई फ़ौज के लिए पानी और अनाज दो पैरों की तरह हैं।" अपने सिपहसालारों के साथ क़िले को फ़तह करने की तरकीब पर तबादला-ए-ख़याल करते हुए अकबर ने ज़िक्र किया। "और जब तक यह दोनों पैर मज़बूत रहेंगे, फ़ौज को घुटने टेकने पर मजबूर करना मुमकिन नहीं।"

"जहाँपनाह! मेरी जानकारी में इस क़िले के अन्दर ही अस्सी से ज़्यादा तालाब हैं।" भगवन्तदास ने बताया। "और मुख़बिरों ने मुझे इत्तिला की है कि राव जयमल ने इतनी रसद तो इकट्ठी कर ही ली है कि क़िले में सबके लिए पाँच साल तक काफ़ी हो।"

"फिर तो सिवा इसके कोई तरीक़ा नहीं कि क़िले की दीवार को तोड़ने की कोई तदबीर की जाए और तब उस पर चढ़ाई की जाए।" कहते हुए अकबर ने सभी सिपहसालारों पर बारी-बारी से नज़र डाली। सबको ख़ामोश बैठे देख उसने कहना जारी रखा। "मगर सवाल यह है कि क़िले से छूटनेवाली गोलियों, तीरों और गोलों की बौछार से बचकर उसके नज़दीक पहुँचा कैसे जाए?" फिर उसने टोडरमल से मुख़ातिब होकर दरयाफ़्त किया। "तुम जब सुल्तान शेरशाह की मुलाज़मत में थे तब कालिंजर के क़िले पर हमले के वक़्त साबात और पाशीब क्या तुम्हारी निगरानी में ही नहीं बनी थी?"

"जहाँपनाह दुरुस्त फ़रमाते हैं।"

"तो अब तुम चित्तौड़ी पहाड़ी से क़िले तक की साबात बनवाओगे, और पाशीब भी।"

साबात एक क़िस्म की छावन होती थी, गाय, बैल, भैंसों वग़ैरह जानवरों की मोटी खालों को आपस में सिलकर बनाई हुई जिसे बेहद मज़बूत और चौड़ी दीवारों पर शहतीरों के सहारे बिछाया जाता था। फिर उसकी आड़ में रहते हुए मिट्टी-पत्थर का चढ़ता हुआ रास्ता यानी पाशीब बनाकर उस पर से तोपों को लुढ़काते हुए क़िले के नज़दीक ले जाया जा सकता था।

टोडरमल ने तय किया कि साबात बिछाने के लिए मिट्टी की दीवारें ही मुनासिब रहेंगी क्योंकि इनके लचकदार होने की वजह से क़िले पर से बरसनेवाले गोलों को यह बेहतर झेल सकेंगी। इन दीवारों की मोटाई इतनी रहेगी कि उस पर दो घोड़ों से खींची जानीवाली गाड़ी चल सके। दीवारों के बीच का फ़ासला इतना कि दस घुड़सवार साथ-साथ निकल सकें। और ऊँचाई इतनी कि नेज़े को लिए हुए हाथी पर बैठा फ़ौजी बग़ैर नेज़े को झुकाए हुए साबात के नीचे से निकल सके।

पहाड़ी की ऊँचाई को देखते हुए टोडरमल ने यह फ़ैसला भी लिया कि दीवारों को सीधे क़िले की तरफ़ न ले जाकर उनमें जगह-जगह घुमाव दिए जाएँ ताकि पाशीब को आहिस्ता-आहिस्ता ही ऊँचा करने के लिए लम्बा रास्ता मिल सके, और इस मुताबिक़ हिदायत मिस्त्रियों को दे दी गई।

मगर क़ुदरत शायद अब तक भी अकबर से ख़फ़ा थी। ठंड का मौसम उरूज पर था। दिन भर बर्फ़-सी सर्द हवाएँ चलतीं और हर रात बारिश होती। फ़ौजी और मज़दूर बीमार पड़ने लगे। मिट्टी कीचड़ हो गई जिसे ढोना बेहद मुश्किल हो गया। उधर क़िले से आनेवाली गोलियों की बौछारें उसके फ़ौजियों के साथ ही उन ग़रीब दिहाड़ी मज़दूरों की जान की भी दुश्मन बनी हुई थीं।

अकबर के हुक्म से लकड़ी का ऐसा एक छोटा ढाँचा बनाया गया जिसके अन्दर वह बैठ सके और जिसे आसानी से उठाकर एक जगह से दूसरी जगह ले जाया जा सके। उसे उसने तैयार हो रही साबात के ऊपर रखवा दिया और सारे दिन उसमें बैठा हुआ एक तरफ़ तो वह साबात के बनने की रफ़्तार पर नज़र रखे रहता और दूसरी तरफ़ अपनी पसन्दीदा बन्दूक़ 'संग्राम' से क़िले के बुर्ज के पीछे से गोलियाँ दाग रहे पुरबिया बरकन्दाज़ों पर अपना निशाना साधता रहता। बड़ी शिद्दत से उसे तमन्ना थी कि किसी तरह वह अपने फ़ौजियों की मौत का उनसे इन्तिक़ाम ले सके। मगर वह कभी नहीं जान पाया कि बुर्ज की आड़ लिये हुए उन पुरबियों में से कोई उसकी गोली का शिकार कभी हुआ भी या नहीं।

साबात की दीवारें और पाशीब दोनों ही इन्तिहाई अज़ीम ढाँचे थे जिन्हें मुकम्मल करने में काफ़ी वक़्त लगनेवाला था। और साबात पूरी होने तक तोपचियों के हाथ सिवा मायूसी के कुछ नहीं आ सकता था। लाचारगी और बेबसी का यह अहसास उसके सिपहसालारों और मनसबदारों के हौसले पस्त कर रहा था। अकबर ने हुक्म दिया कि मौजूदा तोपों से कई गुना बड़ी तोप को मौक़े पर ही ढालने के इन्तज़ामात किए जाएँ।[1]

यह सुनकर सभी नए जोश से भर गए और सबने मिलकर आनन-फानन में मिट्टी और पत्थर से एक के अन्दर एक, दो अज़ीम साँचे खड़े कर दिए और उनके चारों

---

1. साबात और तोप-ढलाई के अवशेष चित्तौड़गढ़ में अब भी मौजूद हैं।

बाजू ख़ासी बड़ी चार भट्टियाँ भी बना डालीं। भट्टियों में नीचे सूखी लकड़ियाँ जला दी गईं और ऊपर से उनमें लोहे के टुकड़े और लोहे का कबाड़ डाला जाने लगा। कुछ ही देर में पिघला हुआ लोहा चारों भट्टियों में से दोनों साँचों के बीच भरने लगा। फ़ौज में ख़ुशी की लहर दौड़ गई और मायूसी के बादल छँट गए।

क़िले पर से इस सारे ताम-झाम पर फ़ब्तियाँ कसी जाती रही थीं और अकबर का मज़ाक़ भी उड़ाया जाता रहा था। मगर जैसे-जैसे वह अज़ीम तोप शक्ल लेने लगी, क़िले में फ़िक्र हो चली। जल्द ही राजपूतों की तरफ़ से अमन की तजवीज़ पेश हुई।

"आलमपनाह!" राजपूतों के एलची ने बाअदब झुकते हुए कहा। "हम सालाना ख़िराज देने को राज़ी हैं, और मनसबदारी व मुलाज़मत के लिए भी तैयार हैं।"

"तुम्हें हक़ किसने दिया कि तुम हमारे साथ सुलह की तजवीज़ पेश करो?" अकबर दहाड़ा। "तुम्हारा राणा कहाँ है?"

एलची ख़ामोश खड़ा रह गया।

"सिर्फ़ तुम्हारा राणा ही सुलह की पेशकश कर सकता है, उसके मुलाज़िम नहीं। क्या इतना भी तुम्हें इल्म नहीं?" अकबर ने फटकारा।

एलची के चले जाने के बाद सिपहसालारों ने अकबर से गुज़ारिश की कि राजपूतों की इस पेशकश को न ठुकराया जाए। दो महीने से वे घेरा डाले पड़े थे और सिवा जान-माल के नुक़सान के कुछ भी हाथ नहीं लगा था। साबात तैयार होने में अभी महीनों लगने थे और नई तोप कितनी कारगर साबित होगी इसे लेकर भी उनके दिलों में शुबहा था।

राजपूतों को यह ख़बर हो गई और इस बार उन्होंने साहिब ख़ान को अपना नुमाइन्दा बनाकर भेजा, इस उम्मीद में कि एक मुसलमान के अल्फ़ाज़ का वज़न बादशाह पर शायद कुछ ज़्यादा पड़े।

"घेरा उठाने का तो कोई सवाल ही नहीं है जब तक कि उदयसिंह ख़ुद हाज़िर होकर ख़िराज न पेश करे। और अगर उसे चूहे की मानिन्द अरावली की पहाड़ियों में किसी सूराख़ के अन्दर छिपा रहना ही मंज़ूर है तो मेरा वादा है," धमकी भरे अन्दाज़ में अकबर बोला, "तुममें से हरेक के लिए उसके मज़हब के मुताबिक़ कफ़न-दफ़न का इन्तज़ाम करके ही मैं वापस जाऊँगा।"

अगले रोज़ ही क़िले से तोप के गोलों की बौछार तेज़ हो गई। साबात की मग़रिबी दीवार के नज़दीक अकबर बीस मनसबदारों के साथ खड़ा था। एक गोला वहीं पर आ गिरा। जब धूल छँटी तो देखा बीस के बीस मनसबदार शहीद हो गए थे। बरकन्दाज़ों में भी फ़ुर्ती आ गई थी और उनका निशाना ज़्यादा सटीक हो गया था। नतीजतन लाशों और घायलों की तादाद बढ़ती जा रही थी। मैदान-ए-जंग में अपने फ़ौजियों के साथ अकबर भी हरदम ही डटा रहता। ऐसे में गोलियों की बौछार उसकी तरफ़ भी कई दफ़ा आई और उसके नज़दीक खड़े कई फ़ौजी उन गोलियों का शिकार भी बने। मगर वह ख़ुद हर बार बच जाता। तक़दीर का यह करिश्मा देख एक तरफ़ तो फ़तहयाब होने का उसका इरादा और भी ज़्यादा मज़बूत होता गया तो दूसरी तरफ़ अल्लाह के लिए उसकी अक़ीदत[1] बढ़ती चली गई और दुआ का वक़्त भी।

---

1. श्रद्धा, आस्था।

तभी उसे ख़ुशख़बरी मिली कि क़िले की पहाड़ी में दो जगह सूराख़ करके बारूद भर दी गई है और उसमे पलीता लगाने के लिए उसकी इजाज़त दरकार है। फ़ौजी नई उम्मीद और वलवले से भर गए। साबात के तैयार हो चुके हिस्से के ऊपर से अकबर मुन्तज़िर[1] निगाह से पलीता लगते हुए देखने लगा। एक ज़बर्दस्त धमाका हुआ। धूल का गुबार छँटने के पहले ही उसके फ़ौजी जवान अल्लाहु अकबर का नारा बुलन्द करते हुए क़िले की टूटी हुई दीवार की तरफ़ दौड़ पड़े, जिसके सामने नंगी तलवारें लेकर राजपूत जाँबाज़ क़िले की ढाल बनकर खड़े हो गए थे और हर हर महादेव की ललकार से आसमान गुँजा रहे थे।

चन्द ही लम्हों के बाद एक और धमाका हुआ और नारे व ललकारें दर्द की चीख़ों में बदल गईं। सब तरफ़ लाशें बिछ गईं और जिस्म के टुकड़े व पत्थर उड़ते हुए आए और साबात पर गिरने लगे। धमाका इतना ज़बर्दस्त था कि साबात की भारी-भरक़म दीवारें भी हिल उठीं।

हुआ यह था कि बारूद के दोनों ढेरों के पलीते आपस में जोड़ दिए गए थे, इस ख़याल से कि इस तरह आतिश दोनों ढेरों में एक साथ पहुँचेगी और एक साथ ही दोनों में धमाका हो जाएगा। मगर एक ढेर तक चिनगारी चन्द लम्हे पहले पहुँच गई। हिसाब की मामूली-सी ग़लती की सज़ा अकबर के दो सौ फ़ौजियों को अपनी जान देकर चुकानी पड़ गई। पत्थरों के ढेर में जो ज़िन्दा दबे हुए थे, उन्हें जब निकाला गया तो आधा जिस्म उनका बुरी तरह कुचल चुका था। न जाने कितने फ़ौजी अपने पैर ज़िन्दगी भर के लिए गवाँ बैठे और न जाने कितने अपने हाथ खो बैठे। जहाँ-तहाँ उड़ रही किर्चियों से सैकड़ों फ़ौजी आँखों की रोशनी से महरूम हो गए। मलबा उठाने पर चालीस राजपूत जाँबाज़ों की लाशें भी चट्टानों में दबी हुई मिलीं।

अकबर के जंगजुओं का वलवला मगर फिर भी कम नहीं हुआ और फिर से वे क़िले की टूटी हुई दीवार की तरफ़ दौड़ पड़े जिसके सामने राजपूत लड़ाके मोरचा जमाए खड़े थे। शाही फ़ौजियों ने उन पर हल्ला बोल दिया और तलवारों के टकराने की खनखनाहट पूरे लश्करगाह में सुनाई देने लगी। लाशों के ढेर लग गए मगर राजपूत जाँबाज़ दुश्मन के हमले से अपने उन साथियों की हिफ़ाज़त, जो टूटी हुई दीवार की मरम्मत करने में जी-जान से जुटे थे, तब तक करते रहे जब तक कि पहले जैसी ही मोटी और ऊँची दीवार खड़ी नहीं हो गई।

अगले रोज़ आसफ़ ख़ान ने भी एक बारूदी सुरंग में धमाका करने की कोशिश की मगर नाकामयाब रहा। न जाने क्यों बारूद ने आग ही नहीं पकड़ी! इसके साथ ही बारूदी सुरंगों को लेकर जोश भी ख़त्म हो गया।

अब साबात ही एक उम्मीद बाक़ी थी। जल्दी से जल्दी उसे पूरा करने का अकबर ने हुक्म दिया और सारा दिन उस पर कमरे में बैठकर वह अपनी 'संग्राम' से क़िले के परकोटे पर निशाना साधते रहता। साथ ही वह यह देखकर झुँझलाता भी रहता कि हर-चन्द कोशिशों के बावजूद साबात के काम को रफ़्तार देने में उसे कुछ ख़ास कामयाबी हासिल नहीं हो पा रही थी।

1. प्रतीक्षा भरी, इन्तज़ार करती हुई।

एक तरफ़ तो बारिश अड़चन बनी हुई थी। और दूसरी तरफ़ ज्यों-ज्यों साबात आगे बढ़ रही थी, त्यों-त्यों उस पर काम करनेवाले मज़दूर और मिस्त्री पुरबिया बरकन्दाज़ों के लिए आसान निशाना साबित हो रहे थे। फ़ौत होनेवाले मज़दूरों की तादाद हर रोज़ सौ से भी ज़्यादा होने लगी। लावारिस लाशें सड़ने लगीं तो उनसे बीमारी फैलने का अन्देशा होने लगा। तब उन लाशों को पाशीब में ही चिनवा दिया गया। फ़ौत हुए मजदूरों की एवज़ में नए मज़दूर बुलाए गए, ज़्यादा उजरत का लालच देकर। शुरुआत में एक टोकरी मिट्टी उठा लाने के लिए ताँबे का एक सिक्का दिया गया। फिर एक टोकरी मिट्टी के लिए ताँबे के दस सिक्के दिए जाने लगे। फिर एक चाँदी का दिरहम दिया गया और आख़िर में सोने की एक मोहर![1]

सूरज पोल के सामने रखी गई तोपों ने गोले लगातार दाग-दाग कर क़िले को नुक़सान पहुँचाने में कुछ हद तक कामयाबी हासिल कर ली थी, मगर यह काफ़ी नहीं थी। उधर मौक़े पर ढाली गई बड़ी तोप लखौटा पोल के सामने से ख़ास उसके लिए ढाले गए बड़े-बड़े गोले बरसाए जा रही थी और क़िले की दीवार से टकराकर यह गोले उसे हिलाए दे रहे थे। यकायक दीवार का एक हिस्सा भरभराकर ढह पड़ा। फ़ौजी ख़ुशी से चिल्ला उठे। नफ़ीरी बजाने वालों के गले की नसें फूल गईं और ढोलची जैसे पगला गए। गिरी हुई दीवार को राजपूतों ने मगर इतनी फ़ुर्ती से फिर उठा दिया कि सारा जोश ठंडा पड़ गया।

तमाम मुश्किलों से जूझते हुए आख़िरकार साबात को क़िले के काफ़ी नज़दीक पहुँचा देने में कामयाबी हासिल हो ही गई। टोडरमल को अकबर ने हुक्म दिया कि चित्तौड़ी पहाड़ी पर से छोटी तोपों को उतारकर उन्हें पाशीब पर से लुढ़काते हुए क़िले के नज़दीक ले जाया जाए। दिन भर की गोलाबारी के बाद दीवार में ख़ासा बड़ा छेद कर पाने में कामयाबी हासिल तो हुई, मगर राजपूतों ने फ़ौरन ही उस जगह पर तेल में डुबाई गई रुई व दूसरी आतिश-गीर चीज़ों का ढेर लगाकर उन्हें आग दिखा दी और इस आतिशी दीवार की आड़ में वे दीवार के ढह गए हिस्से को सुधारने में जुट गए।

जैसे ही रात उतरी, लपटों की रोशनी में अकबर को क़िले के परकोटे पर एक आदमी का साया नज़र आया जो अपने तर्ज़े-अमल से कोई अहम शख़्सियत मालूम हो रहा था। अपनी संग्राम से उस पर उसने निशाना लगाया और घोड़ा दबा दिया। अगले ही लम्हे वह शख़्स नीचे गिर पड़ा और चीख़-पुकार मच गई। आधा पहर भी न गुज़रा होगा कि क़िले में से धुएँ के घने बादल उठने लगे। सवालिया निगाह से अकबर ने भगवन्तदास को देखा।

"जहाँपनाह! राजपूत औरतें जौहर करने जा रही हैं।"

---

1. दाम, जिसे टका भी कहा जाता था, ताँबे का सबसे कम क़ीमत का सिक्का था। चाँदी के 11 ग्राम से अधिक वज़न के एक रुपये के सिक्के में 40 दाम होते थे। दिरहम भी चाँदी का सिक्का था मगर सिर्फ़ 3 ग्राम या उससे कुछ अधिक वज़न का। सोने की मोहर 10 ग्राम से ज़्यादा की होती थी जिसकी क़ीमत चाँदी के 15 रुपये के बराबर थी। अंग्रेज़ों के शासनकाल में किसी बात या चीज़ को तुच्छ बताने के लिए कहा जाता था : 'I don't give a dam!' वह यही दाम था। यह जुमला अंग्रेज़ी भाषा का बाद में हिस्सा बन गया।

अकबर की गोली का निशाना जो शख़्स बना वह जयमल था। अकबर की तोपों के गोलों की लगातार मार से क़िले की दीवार का गिर चुका हिस्सा बढ़ता ही जा रहा था। राजपूत इस वजह से मायूस तो थे ही, अपने सरदार को खोकर उनका हौसला बिलकुल ही पस्त हो गया। क़िले को महफ़ूज़ रख पाने की सारी उम्मीदें जब ख़त्म हो गईं, तो घरों में बैठी राजपूतानियों को ख़बर कर दी गई।

जिस-जिस को ख़बर होती गई, वह जौहर की तैयारी में जुटती गई। सबसे पहले तो ख़ुशबूदार पानी से नहाया गया। हाथों और पैरों में महावर लगाई गई। माँग में सिन्दूर भरा गया। फिर शादी का जोड़ा पहना गया और साथ में सारे ज़ेवरात भी। राजपूत जाँबाज़ भी अपने-अपने घर जा पहुँचे और नहा-धोकर केसरिया बाना अपने बदन पर डाल लिया। केसरिया पगड़ी की तहों में तुलसी की पत्तियाँ खोंस ली गईं। फिर बिस्तर पर अगल-बग़ल बैठ राजपूत और राजपूतानी एक-एक बीड़ा पान का अपने मुँह में रखकर गुज़रे हुए दिनों की ख़ूबसूरत यादों में खो गए। और आख़िर में आख़िरी हम-आगोशी के साथ राजपूत जंगबाज़ ने अपनी राजपूतानी को अलविदा कहा व राजपूतानी ने अपने शौहर के पैरों की धूल लेकर अपनी माँग में भर ली। और फिर दोनों ही निकल पड़े अपनी ज़िन्दगी के आख़िरी फ़र्ज़ को सरंजाम देने—राजपूत साका करके और राजपूतानी जौहर करके।

अब तक क़िले के अन्दर गलियों में गोरा और बादल की बहादुरी के क़िस्से गाए जाने लगे थे जो मेवाड़ के राणा रावल रतनसिंह को सुल्तान अलाउद्दीन ख़िलजी की क़ैद से आज़ाद करवाने के लिए अपनी जान पर खेल गए थे और सुल्तान की फ़ौज को जिन्होंने नाकों चने चबवा दिए थे।

क़िले में जगह-जगह पर भाट[1] जमा हो गए जो इकतारा छेड़कर तरन्नुम में बता रहे थे कि बादल, जो सिर्फ़ बारह साल का बालक है, अपनी माँ से ज़िद कर रहा है कि जंग पर वह भी जाएगा। और माँ उसे समझा रही है कि अभी उम्र में वह छोटा है और जंग बहुत भयानक होनेवाली है। हाथी ऐसी तबाही मचाएँगे कि दहशत फैल जाएगी। यह सुनकर भी बादल बेख़ौफ़ है और अपनी ज़िद पर अड़ा हुआ है।

कौन होगा मुझ जैसा हाथियों का वध करनेवाला?
उखाड़ फेंकूँगा सूँड़ उनकी, और दाँतों को तोड़ दूँगा!

बादल जोश भरी आवाज़ में एलान करता है और फिर अपनी माँ की हौसला-अफ़ज़ाई करते हुए कहता है कि वह उसकी फ़िक्र न करे।

---

1. इन भाटों या चारणों द्वारा जोशीले अन्दाज़ और बुलन्द आवाज़ में गाये जानेवाले युद्ध और युद्ध में उनके स्वामी या उनके किसी पुरखे की बहादुरी और वीरता के गीतों से कर्नल जेम्स टॉड बेहद ज़्यादा प्रभावित हुआ था। उसने लिखा : राजस्थान में ऐसी कोई रियासत नहीं जिसका अपना थर्मोपायली [Thermopylae] न हो और न ही कोई शहर जिसने अपना लियोनाइडस [Leonidas] पैदा न किया हो। मगर हिन्दुओं का या तो कोई हेरोडोटस [Herodotus] और ज़ेनफ़न [Xenophon] नहीं था या बदक़िस्मती से उसे खो दिया गया।' *Annals and Antiquities of Rajasthan,* Volume I, Rupa Publications, New Delhi, पृष्ठ xviii, पुनर्मुद्रण 2011

हिला न सकेंगे ज़रा भी, छत्तीस लाख भी मुझे,
अंगद की मानिन्द जब, धर दूँगा पाँव मैं मैदान में।

आख़िरकार बादल निकल ही पड़ता है क़िले से, सुल्तान की क़ैद से अपने राणा को छुड़ाने के लिए। मगर कुछ ही देर बाद वह भागता हुआ वापस आता है और हाँफते हुए महारानी पद्मिनी को बताता है :

कर लिया था आज़ाद हमने, रावल को सुल्तान की क़ैद से।
मगर हो रहे वे खेत लड़कर, बहादुरी के साथ उसकी फ़ौज से।

कुछ ही देर बाद महारानी पद्मिनी जौहर करने निकल पड़ी है। सिर से पैर तक गहनों से सजी हुई महारानी की ख़ूबसूरती का बयान करने में शब्दों की असमर्थता को लेकर भाट अफ़सोस जताता है।

कैसे करें बयाँ, महारानी की ख़ूबसूरती बेमिसाल?
बदन पर सजे गहने जिसके, हुए हैं देख उसे बे-ज़बाँ!

जौहर के लिए सजी चिता में कूदने के लिए जाती हुई रानी तनिक ठहरकर बादल से पूछती है।

"यह तो बता बादल! जंग में मेरे पिया कैसे पेश आए?"

"क्या कहूँ माँ, कैसे बताऊँ? एक भी दुश्मन ज़िन्दा न रहा, ख़ौफ़ खाया हुआ या तारीफ़ से भरा!"

महारानी पद्मिनी के चेहरे पर इन्तिहाई ख़ुशी उमड़ पड़ती है और मुस्कुराते हुए वह बादल से विदा लेती है।

"मुझे अब जल्दी करनी चाहिए! देर करने पर रावल मुझसे ख़फ़ा न हो जाएँगे?"

और वह लपलपाती हुई लपटों में कूद पड़ती है।

राजपूत इस बात से मुतमइन थे कि जंग के मैदान में बहादुरी से लड़ते हुए जान दे देने पर उनको जन्नत ही नसीब होनेवाली है और राजपूतानी को भी यक़ीन था कि जौहर करने पर उसी जन्नत में वह भी पहुँचनेवाली है।

जौहर करने की ख़्वाहिशमन्द राजपूतानियाँ अब तक चिता के चारों तरफ़ जमा हो चुकी थीं और ब्राह्मण पुरोहित उनसे मुख़ातिब था :

नैनं छिन्दन्ति शस्त्राणि नैनं दहति पावकः।
न चैनं क्लेदयन्त्यापो न शोषयति मारुतः।
अच्छेद्योऽयमदाह्योऽयमक्लेद्योऽशोष्य एव च।
नित्यः सर्वगतः स्थाणुरचलोऽयं सनातनः[1]

"यह कौन है और क्या कह रहा है?" भगवन्तदास से अकबर ने पूछा। रात के सन्नाटे में यह श्लोक अकबर को साफ़ सुनाई दे रहे थे।

1. न काट सकता शस्त्र इसे, न ही जला सकती अग्नि; कर सकता न जल गीला, न सुखा सकती वायु इसे। अविखंडनीय, अघुलनशील, अदाह्य, अशुष्कणीय; शाश्वत, सर्वगता, अपरिवर्तनीय, अक्षय।

"जहाँपनाह! वह मेवाड़ के राजपूतों का कुल-पुरोहित है जो हमारे मज़हब की किताबे-पाक भगवद्गीता में से इनसान की रूह की बाबत बता रहा है।"

"क्या बता रहा है वह इनसान की रूह की बाबत?"

"जहाँपनाह! इनसानी रूह की बाबत वह जो कह रहा है उसके मानी कुछ इस तरह हैं :

कटे न हथियार से, जला न पाए आतिश इसे;
भीगता न आब से, ख़ुश्क करे न हवा इसे।
नाक़ाबिले - तक़्सीम, नाक़ाबिले - तहलील,
ग़ैर-आतिशगीर व नाक़ाबिले - ख़ुश्की;
ला-फ़ानी है यह, नाक़ाबिले - रोक,
नाक़ाबिले - तब्दील और लाज़वाल।

"बहुत ख़ूब! बहुत ख़ूब कहा है!" मशालों की रोशनी में अकबर की आँखें चमक उठी थीं।

चिता के नज़दीक खड़ी हुई एक औरत ऊँची लपटों में कूदने के ख़याल से दहशतज़दा होकर दो क़दम पीछे हट गई। पुरोहित ने उसे प्यार से समझाया कि अगर उसने जौहर नहीं किया तो वह किसी म्लेच्छ तुर्क के ज़नाने में इसी ज़िन्दगी में जहन्नुम को भोगेगी और मरने के बाद भी वह जहन्नुम ही जाएगी। मगर उस ख़ौफ़ज़दा औरत को समझदारी और अक़्लमन्दी भरी यह बातें क़तई पल्ले नहीं पड़ रही थीं। मजबूर होकर पुरोहित ने कुछ हटकर खड़े हुए राजपूतों की तरफ़ इशारा किया और उन्होंने फ़ौरन ही उस औरत को उठाकर चिता में फेंक दिया। उन राजपूतों को वहाँ खड़ा ही इसलिए किया गया था कि वे इस बात का इत्मीनान करते रहें कि जन्नत के लिए रवानगी से कोई औरत छूट न जाए।

ढोलची बेतहाशा ढोल पीटने में लगे थे। चिता से उठने वाली चीख़ों के तेज़ हो जाने पर उनके ढोल और ज़ोर से गरज उठते। बच्चे तो सब राणा उदयसिंह के साथ ही चले गए थे, मगर माँ के दूध पर पल रहे नन्हे शिशु अभी क़िले में ही थे। चिता में कूदते वक़्त राजपूतानियाँ उन लाड़लों को अपनी छाती से चिपकाकर अपने ही साथ जन्नत ले चली थीं।

उधर क़िले के हर पोल के साथ लगे हुए महादेव-मन्दिर में राजपूत इकट्ठा थे—कमरबन्द में दाएँ व बाएँ दोनों तरफ़ एक-एक खाँडा खोंसा हुआ, मगर ढाल एक नहीं। सभी ख़ानदानों के सरदार पान के बीड़ों से भरी तश्तरी अपने बग़ल में रखे हुए थे। राजपूत जाँबाज़ आते और पान का बीड़ा मुँह में रखकर हर हर महादेव के नारों से आसमान को सिर पर उठाने लगते। पान में अफ़ीम आज दोगुनी से भी ज़्यादा डाली गई थी।

वालिदैन ने बेटों को गले लगाया, भाइयों ने भाइयों को। नफ़ीरियाँ बज उठीं। ढोल ढमक उठे। और राजपूती ख़ून में उबाल ले आनेवाली तालें गूँज उठीं। हर हर महादेव के नारे तेज़ होते गए। नफ़ीरी फूँकनेवाले कैसे पीछे रहते? उन्होंने जैसे अपनी जान ही

उनमें फूँक दी। ढोलचियों ने भी ढोलक की खाल उधेड़ देने में कोई कसर न रख छोड़ी।

नारे लगा-लगाकर राजपूतों के गले अब बैठने लगे थे। अपनी-अपनी कमरबन्द में से सबने खाँडे खींच निकाले और ढोल की ताल पर नाचते हुए, बल्कि उछलते-कूदते हुए, हवा में उन्हें लहराना शुरू कर दिया।

सभी पोलों पर यही हाल था। राजपूत अब लड़ने और मर मिटने के लिए बेताब हो चले थे। अब तक उनकी राजपूतानी तो जन्नत पहुँच भी चुकी होंगी, सबके दिल में यही ख़याल था। उससे जुदाई अब नाक़ाबिले-बर्दाश्त हो रही थी। आसमान की तरफ़ उन्होंने सिर उठाया तो ऐसा मालूम हुआ जैसे कि ऊपर बैठी वह जल्द चले आने का उनसे इसरार कर रही है।

"ओ जी! कब से मैं इन्तज़ार में हूँ। अब क्यों देर करते हो?"

और आधी रात को वे तूफ़ानी दरिया की मानिन्द हरहराते हुए, हर हर महादेव का नारा बुलन्द करते हुए सारे ही पोलों से निकल पड़े।

मुक़ाबला करने के लिए शाही फ़ौजी भी दौड़ पड़े। मगर राजपूतों का हमला इतना तेज़ रफ़्तार था कि उसकी रवानी में उनके पाँव उखड़ने लगे। किसी तरह जब वे ख़ुद को सँभाल पाए, तो राजपूत जंगजू ऐसे ख़ौफ़नाक तरीक़े से उन पर टूटे कि उनके तो होशोहवास ही उड़ गए! दोनों ही हाथों में उनके दोधारी खाँडे थे जिन्हें वे दाएँ, बाएँ, सामने, पीछे एक साथ ग़ज़ब की ताक़त और फ़ुर्ती से घुमा रहे थे। दुश्मन के सिरों को काटते हुए, उनके जिस्मों को चीरते हुए, उनके पेट फाड़ते हुए खाँड़े अकबर की फ़ौज में घुसते ही चले गए। हवा में दहशत-अंगेज़ आवाज़ें तैरने लगी थीं। हड्डियों के टूटने की कड़कड़ाहट। घायलों की दर्द भरी चीख़-पुकार। और 'मारो मारो' की ख़ून सुखा देनेवाली आवाज़ें। ख़ून के धारे दरिया में तब्दील होने लगे और लाशों के ढेर पहाड़ बनते चले गए।

अकबर के मनसबदारों व उमरा को ऐसे तबाह-कुन हमले की उम्मीद कभी ख़्वाब में भी न थी। ऐसा मालूम होता था जैसे किसी शैतानी ताक़त ने या किसी करामाती जिन्न ने उनके जिस्म में ज़बर्दस्त क़ुव्वत और ज़ेहन में दीवानगी भर दी हो। मैदान-ए-जंग पर उनके खाँडे जैसे मौत के फ़रिश्ते बनकर नाच रहे थे और अकबर के फ़ौजियों को गाजर-मूली की तरह काटे दे रहे थे। शाही फ़ौजियों ने अपने पाँव ज़माने की कोशिश कई दफ़ा की। मगर राजपूत जाँबाज़ों के सैलाब की रौ में आकर वे हर बार नाकामयाब रहे। अकबर भी यह नज़ारा देखकर हैरान था। उसने अब अपने फ़ौजियों की तादाद का फ़ायदा उठाने का फ़ैसला किया। राजपूतों के आठ हज़ार जाँबाज़ों के मुक़ाबले उसकी फ़ौज में पचास हज़ार जंगजू थे। और अपने बहादुर फ़ौजियों का ताज़ा और बड़ा जत्था उसने आगे बढ़ा दिया।

जंग शुरू हुए अब तक एक पहर बीत चला था। मगर राजपूतों के वलवले में कोई कमी नहीं थी और शाही फ़ौजियों के इस नए जत्थे का हाल उन्होंने और भी बेहाल कर दिया। राजपूतों के खाँडे जिस्म से जुदा हुए सिर और हाथों की बारिश किए दे रहे थे। यूँ तो अकबर की फ़ौज में भी एक से बढ़कर एक बहादुर थे। मगर वे उनके सामने भला कैसे टिक पाते जो कि इन्तिहाई दिलेर और दमदार जंगजू थे, जो कि मौत को

गले लगाने पर आमादा थे, और जो राजपूत भी थे। अकबर के फ़ौजी बदहवास और पस्त-हौसला हो रहे थे। ऐसी जंग उन्होंने पहले कभी नहीं लड़ी थी।

राजपूतों की इस दीवानगी और मतवालेपन का नज़ारा कर आसमान में सितारे भी जहाँ के तहाँ खड़े रह गए और उनकी निगाहें एकटक ज़मीन पर टिक गईं। सप्तर्षि तारे कृत्तिका नक्षत्र का पीछा करना भूलकर अचम्भित खड़े रह गए। और जो नज़ारा उन्होंने अपनी हज़ारों-लाखों साल की ज़िन्दगी में पहले कभी न देखा था, धड़कता दिल लिये और साँस रोके हुए वे उसे देखते ही रह गए।

अकबर ने अपने फ़ौजियों को राजपूतों के मुक़ाबिल एक दफ़ा और पूरी ताक़त से खड़े होने का जोश दिलाया और वे दाँतों को किटकिटाते हुए उनकी तरफ़ दौड़ भी पड़े। सैकड़ों जंगजू फ़ौत हुए, शाही फ़ौज के और राजपूत भी, मगर एक भी राजपूत के पाँव बित्ते भर भी पीछे नहीं हटे। मैदान-ए-जंग में एक बार पाँव बढ़ाकर उसे पीछे हटाना राजपूती आन-बान-शान की तौहीन है, भले ही ऐसा करना जंग जीतने के लिए फ़ायदेमन्द क्यों न हो। राजपूत को मरना क़बूल है, मगर दुश्मन के सामने एक क़दम भी पीछे हटा लेना क़तई नहीं। और न ही दुश्मन के वार से बचने के लिए उसे अपना सिर झुकाना मंज़ूर है। राजपूत का सिर कट सकता है, दुश्मन के आगे झुक नहीं सकता। राजपूती ख़ून में उबाल ऐसा व दिल में ऐसा वलवला कि मैदान-ए-जंग में इन राजपूतों के सिरकटे जिस्म भी दोनों हाथों से खाँडे घुमाए जा रहे थे। कई-कई घाव खाकर जो राजपूत गिर गए थे और अपनी मौत का इन्तज़ार कर रहे थे, वे भी पूरा दम लगाकर 'मारो मारो' चिल्ला रहे थे।

इस फ़ानी दुनिया को अलविदा कहने के लिए राजपूतों की बेताबी अब हद से पार हो चली थी। मगर अपने खाते में दुश्मन के सिरों की ख़ासी गिनती दर्ज किए बिना वे कैसे जा सकते थे? जन्नत में अपनी राजपूतानी को वे क्या मुँह दिखाएँगे!

एक राजपूत के पेट में अकबर के फ़ौजी की शमशीर मूठ तक अन्दर घुसी हुई है और अँतड़ियाँ बाहर को लटक गई हैं। उसके लिए मुमकिन नहीं कि उन्हें वह अपने हाथ से पेट के अन्दर दबाए रखे। दोनों ही हाथ उसके खाँडे जो घुमा रहे हैं! जन्नत के लिए रवाना होने के पहले उसे ज़्यादा से ज़्यादा दुश्मनों को हलाक कर देना है। वहाँ जब उसकी राजपूतानी पूछेगी, 'मेरे पिया ने कितने मारे?' तो उसके पास ऐसी गिनती तो हो जिसे बताते हुए उसे शर्म न आए! वरना वहाँ भी वह उससे रूठकर बैठ जानेवाली है।

एक और राजपूत लड़ाका उसके गहरे तक चीर दिए गए पेट में से बाहर लटक आए गुर्दे को अपने एक हाथ में सँभाले हुए था और अपने दूसरे हाथ से खाँडा घुमाते हुए अकबर के फ़ौजियों को काटने में मसरूफ़ था। चेहरे पर उसके बजाय दर्द के मुस्कुराहट थी क्योंकि वह जान रहा था कि उसकी प्यारी जन्नत में बैठी हुई यही गिनती करने में लगी है कि उसके खाविन्द ने कितने दुश्मन ख़त्म किए।

एक राजपूत जंगजू अपने दोनों पैर खो बैठा था। मगर अपनी जाँघों से बहते ख़ून के धारों से बेख़बर और दर्द से बेपरवाह वह ज़मीन पर पड़े-पड़े ही बला के जोश के साथ अपने दोनों हाथों से खाँडे लहराते हुए मुस्कुराए जा रहा था। अब कुछ ही लम्हों

की तो बात है जब वह अपनी राजपूतानी के साथ जन्नत में होगा। वह जन्नत जहाँ न तो मौत है, न ही बीमारी। और हर चीज़ की इफ़रात है।

जंगल के जानवर यह नज़ारा देख हैरतज़दा थे और मौत की दहलीज़ पर खड़े व ज़ख़्मी लड़ाकों की कराह व चीख़ें सुनकर ख़ौफ़ज़दा भी। झींगुर तक दहशत से भरकर ख़ामोश थे। प्यासे जानवर पानी के नज़दीक खड़े थे मगर अपनी प्यास बुझाना वे भूल गए थे, और भूखे जानवर सामने खड़े अपने शिकार को देख तक नहीं रहे थे। शिकार व शिकारी, चीता व हिरन, भेड़िया व ख़रगोश, डरे और सहमे हुए, ताज्जुब और हैरत से भरे हुए साथ-साथ खड़े रहकर घुप्प अँधेरे में क़िले की तरफ़ आँखें गड़ाए हुए थे। साँप अपने बिलों में जा घुसे और चींटियाँ जमा होकर राय-मशविरा करने लगीं कि कैसे अपनी तादाद और अपने इत्तिहाद की ताक़त को इस अनजान मुसीबत का मुक़ाबला करने में इस्तेमाल किया जाए।

चिता की आग अब बुझने लगी थी और लपटों में घिरी हुई औरतों की चीख़ों की जगह क़िले में भयावह सन्नाटा पसर गया था। सियाह धुएँ का एक बादल क़िले के परकोटे के ऊपर से उड़ते हुए उस जगह आकर ठहर गया जहाँ जंग हो रही थी। जंग के नज़ारे और उसके दरमियान इस बादल के आ जाने से चाँद की पेशानी पर बल पड़ गए, जो राजपूतों की दिलेरी और बर्दाश्त को तारीफ़ और ताज्जुब भरी नज़रों से देखने में मशग़ूल था। मगर जन्नत के लिए रवाना हो चुकी राजपूतानियाँ अपने शौहरों की बहादुरी को देख बेहद फ़ख़्र महसूस कर रही थीं और चाँद के सख़्त एतराज़ के बावजूद वहाँ से वे ज़रा भी हिलने को राज़ी नहीं हुईं। उन्हें कोई जल्दी भी नहीं थी जन्नत पहुँचने की। बल्कि उनकी तो ख़्वाहिश थी कि अपने 'उनके' साथ ही वे वहाँ पहुँचें। इन रूहों की बेअदबी देख ग़ुस्से से भरे हुए चाँद को मजबूरन कुछ क़दम आगे बढ़ जाना पड़ा, जहाँ पर वह धड़कता हुआ दिल लिये 'न भूतो न भविष्यति' जंग का नज़ारा करने में फिर मसरूफ़ हो गया।

मैदान-ए-जंग में अब तक भी पाँव जमाए हुए राजपूत दहशतनाक दिखने लगे थे। ख़ून में लिथड़ी हुई दाढ़ी जो ख़ून से तर बतर साफ़े के साथ यकसाँ हो चुकी थी। चेहरे पर तलवारों के गहरे घाव और लटके हुए गाल। किसी का कान कटकर कन्धे पर लटका हुआ तो किसी की आँख ग़ायब और आँख के गड्ढे में से बहते ख़ून के धारे। वाक़ई ख़ून को जमा देनेवाला नज़ारा था यह!

अकबर ने अब अपने हाथियों को आगे बढ़ाने का फ़ैसला किया। उसके हाथियों के सामने किसी भी जंग में अब तक कोई नहीं टिक सका था। एक साथ जब वे चिंघाड़ने लगते तो दुश्मन के रोंगटे खड़े हो जाते। और जब वे दुश्मन पर एक साथ दौड़ पड़ते तो अच्छे-अच्छे सूरमा सिर पर पैर रखकर भाग खड़े होते। मगर यहाँ तो उलटा ही नज़ारा था! बजाय ख़ौफ़ खाने या भाग जाने के राजपूत जाँबाज़ तो आगे बढ़कर उन हाथियों का मुक़ाबला करने में लग गए! अकबर हैरतज़दा था। ऐसे जंगजुओं से उसका वास्ता ज़िन्दगी में पहली दफ़ा पड़ा था जो हाथियों के हमले से दहशतज़दा नहीं थे। उन्हें कुचल डालने को बेताब इन हाथियों को चकमा देकर राजपूत उनके पैरों के बीच में घुस जाते और एक हाथ से उनकी सूँड़ को पकड़कर बिजली की तेज़ी से किए गए

खाँडे के एक ही वार से सूँड़ को उसके जिस्म से जुदा करके उछाल देते। सूँड़ों की जैसे बारिश हो चली थी और ज़मीन पर गिरी हुई सूँड़ें ऐसे तड़प रही थीं मानो सैकड़ों काले नाग मचल रहे हों।

एक हाथी ने अपनी सूँड़ ऊपर उठा रखी थी जिस वजह से उसके मुक़ाबले पर आए राजपूत लड़ाके का हाथ उस तक पहुँच पाना मुमकिन नहीं था। उस जंगजू ने हाथी के आगे के पाँवों पर अपने दोनों खाँड़ों से एक ही साथ ऐसा ज़बर्दस्त वार किया कि हाथी घुटनों के बल गिर पड़ा। अगले ही लम्हे उसकी सूँड़ उसके जिस्म से अलग हो चुकी थी। मगर एक-दूसरे राजपूत का वार हाथी के पाँवों पर कुछ हलका ही पड़ा। नतीजतन ग़ुस्साए हुए हाथी ने अपने पाँवों तले कुचल देने के लिए उसे अपनी सूँड़ में लपेटकर ऊपर उठा लिया। यह देखकर दूसरा एक राजपूत लड़ाका दौड़कर उस हाथी के सामने आ पहुँचा और उसके गले पर अपने खाँडे से गहरा घाव कर दिया। सूँड़ की पकड़ ढीली पड़ जाने से वह पहला राजपूत नीचे गिर गया। नाराज़ हाथी ने उस दूसरे राजपूत को अपने पाँवों से कुचलना चाहा। मगर जैसे ही उसने पाँव उठाया, पहले राजपूत ने उसके पीछे के पाँवों पर इतनी ताक़त से खाँडे के वार किए कि बेचारा वह चिंघाड़ता हुआ वहीं पर ढेर हो गया। डर किस चिड़िया का नाम है यह राजपूतों ने कब जाना था?

फ़तहसिंह, जिसे प्यार से फ़त्ता कहकर पुकारा जाता था, सिर्फ़ सोलह साल का नौजवान राजपूत था जिसकी महीने भर पहले ही शादी हुई थी। उसकी विधवा माँ और उसकी पत्नी दोनों को यह शुबहा हुआ कि उनकी वजह से जंग में फ़त्ता कमज़ोर पड़ सकता है। फिर क्या था! सास और बहू ने राजपूत जंगजू का बाना पहना और अपने हाथों में खाँडे लिये मैदान-ए-जंग में कूद गईं। फ़त्ता को जब उनकी मौत की ख़बर मिली तो वह तड़प उठा। मगर रोने-धोने का उसके पास भी कहाँ वक़्त था? धड़धड़ाता हुआ वह खाँडे लिये हाथियों के बीच जा पहुँचा और घड़ी भर बाद ही हाथियों का पूरा झुंड अपनी सूँड़ों को ज़मीन पर तड़पता हुआ देख चिंघाड़ रहा था। साबात पर से यह नज़ारा करते हुए अकबर के ताज्जुब और हैरानी की इन्तिहा नहीं थी! आख़िरी बार फ़त्ता को एक हाथी की सूँड़ में लिपटे हुए और फिर अपने खाँड़े से उस सूँड़ को काट देने पर उसे नीचे गिरते हुए देखा गया। यह मंज़र देखने वालों में अकबर भी शामिल था।

अपनी सूँड़ को खोकर हाथी ज़्यादा वक़्त ज़िन्दा नहीं रह पाता। मगर जब तक वह ज़िन्दा रहता है, तबाही मचाए रहता है। ऐसे ही सैकड़ों हाथी चिंघाड़ते हुए मैदान-ए-जंग में सब तरफ़ दौड़ पड़े थे और जो भी उनके रास्ते में आता उसका क़ीमा बनाए दे रहे थे। अकबर ने अब और हाथियों को राजपूतों की तरफ़ दौड़ाया और उनके पीछे फिर और हाथियों को। इस तरह क़रीब दो हज़ार हाथियों ने राजपूतों पर हमला बोल दिया।

राजपूत जंगजू अब थकने लगे थे। लड़ने वालों की तादाद भी काफ़ी कम हो चुकी थी। नतीजतन, कुछ हाथियों को क़िले में घुसने का मौक़ा मिल गया और अन्दर तंग गलियों में उन्होंने ज़लज़ला ला दिया। जो भी सामने पड़ा उसे पैरों तले कुचलते हुए या सूँड़ में लपेटकर पत्थरों पर पटकते हुए यह हाथी क़िले भर में फैल गए।

हाथियों के पीछे-पीछे अकबर के फ़ौजी भी क़िले में घुस आए। राजपूत मगर अभी चुके नहीं थे। दिल ही दिल में यह तो वे क़बूल चुके थे कि जंग में उनकी शिकस्त हो

चुकी है। मगर लड़ते रहने का इरादा उनका अब भी उतना ही मज़बूत था जितना कि जंग की शुरुआत में था। अपने पिता, भाई, पुत्र के साथ ही अपनी प्राणप्रिया को तो वे खो ही चुके थे। और अब उनसे उनकी आबरू, उनकी सरज़मीं भी छिन जानेवाली थी, जिसे वे अपनी जान से ज़्यादा चाहते थे। मगर राजपूती अज़मत अभी बाक़ी थी और अब उन्हें इसकी हिफ़ाज़त के लिए लड़ते रहना था—आख़िरी साँस तक।

जितने भी राजपूत जंगजू ज़िन्दा और हाथ-पैरों से सही-सलामत थे, उन्होंने अब क़िले के अन्दर मोरचा सँभाला। हर गली में, हर घर में, हर मन्दिर में राजपूत लड़ाके अकबर के फ़ौजियों का रास्ता रोके खड़े थे। एक-एक बालिश्त ज़मीन के लिए उन्होंने ख़ून का दरिया बहा दिया और हर तरफ़ लाशें बिछ गईं। उस एक दिन में अकबर के दस हज़ार फ़ौजी काम आए और एक हज़ार हाथी भी। न तो इतनी महँगी जंग उसने कभी लड़ी थी, और न ही ऐसी हिम्मत और बहादुरी का नज़ारा कभी उसने किया था। राजपूतों के बारे में उसकी जो राय थी, उससे भी कहीं बढ़कर वे साबित हुए थे।

सूरज की पहली किरण के साथ आख़िरी राजपूत लड़ाका नीचे गिरा। ग़मज़दा सितारे अपने आँसुओं को छिपाने के लिए आसमान के पीछे छिप गए। मौत का फ़रिश्ता भी हैरान था रूहों की इतनी बड़ी तादाद को देख, वह भी क़ुदरत के क़हर या किसी आसमानी आफ़त की वजह से नहीं। सबको अकेले ही ले जाना नामुमकिन पाकर वह लाशों के ढेर पर ही बैठ गया और मदद का इन्तज़ार करने लगा।

हाथी पर सवार अकबर जब क़िले में घुसा तो हर जगह कटे, कुचले, जले हुए मांस की बदबू तैर रही थी जिसे वहाँ से दूर बहा ले जाने के लिए हवा ने भी इनकार कर दिया था। जौहर की चिता में कूद पड़ी राजपूतानियों की चीख़ों और राजपूत लड़ाकों की 'मारो, मारो!' की आवाज़ों के साथ ही खाँडों और शमशीरों के टकराने की आवाज़ें क़िले में अब भी गूँज रही थीं। हज़ारों गाएँ ख़ामोश खड़ी हुईं उनके अन्नदाता और परस्तिश-गारों की मौत पर आँसू बहा रही थीं। और जंगल के जानवर, जो अब तक भूले हुए थे कि आवाज़ उनके पास भी है, यकायक रोने, चिल्लाने, गुर्राने लगे थे।

जैसे ही राणा उदयसिंह के महल में अकबर दाख़िल हुआ, उसके फ़ौजी दुश्मन को लूटने के अपने हक़ को अंजाम देने पूरे क़िले में फैल गए।

राणा की गद्दी पर बैठने के बाद अकबर ने अपना पहला हुक्म जारी किया।

"कालपी के बरकन्दाज़ कहाँ हैं? फ़ौरन उन्हें हमारे सामने पेश किया जाए!"

पूरे क़िले को छान मारा गया। मगर वे उसमें मौजूद होते तब तो मिलते! आख़िरकार भगवन्तदास ने हिम्मत करके अकबर को कड़वी हक़ीक़त से रूबरू करवाया।

"जहाँपनाह! ऐसा मालूम होता है कि वे निकल भागे हैं।"

"निकल भागे हैं? मगर ऐसा कैसे हो सकता है?"

"जहाँपनाह! हमारे फ़ौजियों के साथ वे चाल चल गए। अपनी ही औरतों और उनके साथी बरकन्दाज़ों को रस्सियों से बाँधकर वे यह जताते हुए कि क़ैदियों को वे लश्करगाह ले जा रहे हैं, क़िले से बाहर निकल भागने में कामयाब हो गए।"

अकबर का चेहरा ज़र्द पड़ गया। गुज़श्ता महीनों का बेपनाह दर्द उसके दिल और दिमाग़ पर सियाह बादल की मानिन्द छा गया। कैसे उन बरकन्दाज़ों ने चुन-चुनकर

उसके मनसबदारों को अपना निशाना बनाया था। उसकी निगाह के सामने ही कैसे उसके हज़ारों फ़ौजी उन्होंने हलाक कर दिए थे। कितने ही उमरा व मनसबदार, जो उसके बेहद अज़ीज़ थे, उनकी गोलियों का शिकार हुए थे।

"क़िले के बाशिन्दों की मदद के बग़ैर एक हज़ार बरकन्दाज़ यहाँ से नहीं भाग सकते थे। वे सब शरीक़े-जुर्म हैं।" अकबर की आँखों में सुर्ख़ डोरे खिंच गए। "क़त्लेआम हो!" आवाज़-ए-बुलन्द में उसने फ़रमान जारी कर दिया।

तीस हज़ार इनसान, राजपूतों के ख़िदमतगार और वे काश्तकार जो घेरा डलने के पहले क़िले में पनाह पा गए थे, उस रोज़ हलाक हो गए।[1] ख़ून से तर-बतर लाशों के ढेरों पर गिद्धों का जमाव होने लगा। दावत का न्योता जल्द ही दूर-दूर तक पहुँच गया और देखते ही देखते गिद्धों, चीलों, बाज़ों से पूरा आसमान भर गया।

लश्करगाह जाने के लिए दोपहर में अकबर जब चलने लगा तो एक नज़र उसने चारों तरफ़ डाली। चित्तौड़गढ़ भुतहा मालूम हो रहा था।

"किसी भी तरह की मरम्मत इस क़िले की, कभी भी नहीं की जाएगी," उसने हुक्म सुनाया।

राजपूताना का ग़ुरूर टूट चुका था। उसे अब फिर से खड़ा नहीं होने देना था।

आसमान में सूरज थके हुए क़दमों से मग़रिबी उफ़क़ की तरफ़ चल दिया, सूर्यवंशी राजपूतों की तबाही का नज़ारा करके ग़मगीन और उदास। जाते-जाते उसने ग़ुस्से से सुर्ख़ हो रही आँखों से शाही पड़ाव को देखा और सर्दी का मौसम ख़त्म किए जाने का एलान कर दिया।

---

1. इस घटना को लेकर अकबर पर क्रूरता के एक हद तक उचित आरोप लगे हैं। इस विषय में विस्तार से परिशिष्ट 'अकबर पर क्रूरता के आरोप' में दिया गया है।

आगरा की एक शाम

अज़ीम आसमान में एक उफ़क़ से दूसरे उफ़क़ तक के थका देनेवाले मुसलसल सफ़र के बाद अपनी ख़्वाबगाह में जाने के पहले ज़रा दम लेने के लिए मग़रिबी उफ़क़ पर सूरज जैसे ही चन्द लम्हों के लिए ठहरा, उसकी किरणें बैंगनी, नारंगी और लाल रंगों से तसवीर-निगारी में मसरूफ़ हो गईं। यह नज़ारा करने चन्द तारे शरारती बच्चों की तरह वक़्त के पहले ही आसमान के पर्दे से बाहर निकल आए। चाँद उनसे कहता ही रह गया कि सूरज को अभी डूब तो जाने दो! जो तारे अच्छे बच्चे थे और दस्तूर के ख़िलाफ़ नहीं गए, वे बेचारे इस दिलकश मंज़र का नज़ारा न कर सके और बाहर निकलने के लिए सही वक़्त का इन्तज़ार करते हुए नीले पर्दे के पीछे ही बने रह गए।

शहर के सदर बाज़ार के चौक से नए-नए तामीर हुए अकबरी क़िले को जानेवाली आगरा की सबसे चौड़ी और ख़ास सड़क को ककैया ईंटों का खड़ंजा बग़ैर गारे के ही बिठाकर पक्का किया हुआ है। इस पर उन लोगों ने अपनी पीक से मुख़्तलिफ़ क़िस्म के नक़्श भी जगह-जगह खींच दिए हैं जो पान का बीड़ा मुँह में दबाए बग़ैर एक क़दम भी नहीं चल सकते। और ऐसे लोगों की तादाद शहर में कम नहीं है। सड़क के किनारे-किनारे खम्भे गड़े हैं। अँधेरा हो जाने के पहले ही उन पर जलती हुई मशाल लगाने के लिए हाथ-ठेलों पर सीढ़ी, तेल, कपास और मशालें लिये हुए मुलाज़िम मसरूफ़ हैं।

मगर शहर की तंग पेचदार गलियों में, जिनको भी इसी तरह ईंटों से पक्का किया हुआ है, उजाला सिर्फ़ अमीर-उमरा और दौलतमन्द सौदागरों की हवेलियों से ही आ रहा है। इन सौदागरों ने फ़िरंगियों की दलाली में ख़ासा माल बनाया है जो मग़रिब से तरह-तरह का सामान लाकर रोज़ ही आगरा में ख़रीदार ढूँढ़ा करते हैं : इटली में बने हुए काँच के बेहद ख़ूबसूरत बरतन, पुर्तगाल की बेहतरीन शराब, फ्रांस के मदहोश कर देनेवाले इत्र व ऐसा ही और भी लाजवाब सामान। आगरा-अल्लाहाबाद, आगरा-बुरहानपुर और आगरा-अजमेर के रास्ते इस वक़्त पूरे हिन्दुस्तान की तिजारत का मर्कज़ आगरा बना हुआ है। यहाँ हींग की मंडी है, गुड़ की मंडी है, लोहा मंडी है, दाल मंडी है, साबुन कटरा है, कटरा रेशम है, चीनी टोला है, और बयाना का मशहूर नील तैयार करनेवालों की बस्ती नीलपाड़ा भी। तवज्जो देनेवाली बात यह है कि अपनी दौलत को सौदागर अब छिपाते नहीं हैं और ऐशो-आराम की ज़िन्दगी वे खुलेआम बसर करते हैं।

ये हवेलियाँ काफ़ी उठी हुई नींव पर खड़ी की गई हैं। निहायत मज़बूत व बड़े फाटक और चौड़ी व बुलन्द चहारदीवारी के अन्दर बने हुए जानवरों के बाड़ों व अस्तबलों से हवेली को अलग करता हुआ और उसे घेरता हुआ लकड़ी के पायों पर टिका हुआ चौड़ा गलियारा है। हवेली में घुसने का रास्ता तंग ही है। मगर दो-तीन गज़

के बाद ही बड़ा व आसमान पर खुला हुआ बरामदा आ जाता है। इसके चारों तरफ़ भी एक गलियारा है, ख़ूबसूरत नक़्क़ाशी की हुई सागौन या शीशम की लकड़ी के पायों पर टिका हुआ। बरामदे के चारों तरफ़ बने हुए कमरों के दरवाज़े इसी गलियारे में खुलते हैं। बुलन्द छतों और ऊँचे रोशनदानवाले इन कमरों के फ़र्श चिकने सफ़ेद संगमरमर के हैं, और खिड़की व दरवाज़े पेचीदा मगर पुरकशिश नक़्क़ाशी की हुई सागौन के।

आसमान को हवेली के अन्दर से आया यह बरामदा या आँगन औरतों-बच्चों की आवाज़ों और खिलखिलाहटों से दिन भर आबाद रहता है। इसके पथरीले फ़र्श पर खड़िया या कोयले से चारखाने खींचकर लड़कियाँ एक पैर पर फुदकती हुई एकट-दुकट खेला करती हैं। यहीं बैठकर बहुएँ और जवान बेटियाँ घर-गिरस्ती के काम निपटाती हैं। अनाज बीनना। हाथ की चक्की में गेहूँ पीसना। लिबासों की उधड़ी हुई सीवन सुधारना। और वहाँ खेल रहे बच्चों को बीच-बीच में किसी वजह से या बिना किसी वजह के थप्पड़ भी जड़ते रहना। जो बुज़ुर्ग औरतें हैं, मुसलसल पान चबाते हुए वे यहीं पर बैठकर अड़ोस-पड़ोस के छोकरे-छोकरियों में चल रहे इश्क़-ओ-माशूक़ी के क़िस्सों का चटख़ारे लेते हुए मज़ा लिया करती हैं। गठिया व मोतियाबिंद की तकलीफ़ें बयान करते हुए हकीमों और वैद्यों के नाकारापन को कोसा करती हैं। चौपड़ व कौड़ियाँ खेलते वक़्त कभी झगड़ पड़ती हैं तो कभी क़हक़हे लगाया करती हैं। और बच्चों के हद से ज़्यादा ज़िद करने पर बातूनी तोता-मैना के क़िस्से भी उन्हें सुना दिया करती हैं।

हवेली की बाहरी दीवारों से अन्दर की ख़ूबसूरती का ज़रा भी गुमान नहीं होता। दौलतमन्द से दौलतमन्द शख़्स भी बाहरी दीवारों पर गोबर-मिट्टी-चूने का ही लेप करवाता है। इससे हवेली के अन्दर गर्मी में ठंडक और सर्दी में गर्मी बनी रहती है। शहतीरों से छाई हुई छत की दरारों को गोबर, बुझा हुआ चूना, पीली मिट्टी और गुड़ के गारे से भरा हुआ है। उसके ऊपर या तो ढलवाँ में कवेलू बिछाए हुए हैं या फिर ईंटों को सपाट बिछाकर उसी गारे से जोड़ दिया है। बारिश में पानी के रिसाव को असरदार तरीक़े से रोकने के लिए इसी गारे का लेप पूरी छत पर कर दिया जाता है।

इन गलियों में हवेलियों के अगल-बग़ल बाँस-फूस के झोंपड़े भी हैं—साईसों, धोबियों, भिश्तियों, महावतों, बावर्चियों, नाइयों, फेरीवालों और हवेली-मालिकों के घरेलू नौकरों के। गली के बाशिन्दों की रोज़ाना ज़रूरियात के लिए दुकानें भी गली में ही हैं—जिंस, तेल, मसाले वग़ैरा के लिए परचूनी की; दवाओं, जड़ी-बूटियों, व औरतों के आराइश के सामान के लिए पंसारी की; और हलवाइयों की भी, बग़ैर जिनकी दो-चार दुकानों के तो कोई गली हो ही नहीं सकती।

अँधेरा होते ही हवेलियों में जल उठी मशालों, विदेशी लालटेनों व मोटी-मोटी मोमबत्तियों के साथ ही झोंपड़ों में जल उठे तेल के दीयों की रोशनी में इन गलियों में आते-जाते इनसानों और जानवरों के साये दिलचस्प अक्स दीवारों पर बना रहे हैं। ऐसी ही एक गली में धनिया अपनी झोंपड़ी के दरवाज़े पर बैठी हुई हरिया का इन्तज़ार करते हुए बेचैन और फ़िक्रमन्द हो चली है।

"उस मुए को तो कब का आ जाना चाहिए था!" वह बड़बड़ाई। "अपने साथ उसने मुझे भी भूखा मार डाला।"

क़रीब साल भर पहले अपने बच्चों के साथ दोनों आगरा आकर बस गए थे। यूँ तो बनारस में ज़िन्दगी आराम से बसर हो रही थी। मगर हरिया को जब पता चला कि बादशाह अकबर आगरा में नया क़िला तामीर करवा रहे हैं जिसके लिए उन्हें हुनरमन्द कारीगरों की ज़रूरत है और मज़दूरी भी वे अच्छी दे रहे हैं तो उसे आगरा जाने की जैसे सनक ही चढ़ गई। आगरा आकर सबसे पहले तो बनारस की झोंपड़ी को बेचकर मिले पैसों से हरिया ने रहने की जगह का बन्दोबस्त किया। इसके फ़ौरन बाद ही बढ़इयों की तंज़ीम[1] के मुखिया ने उसे एक ठेकेदार के पास काम पर रखवा दिया।

इस वक़्त हरिया सदर बाज़ार में जौहरियों की दुकानों के सामने से गुज़रता हुआ काँच की अलमारियों में करीने से सजे हुए जड़ाऊ गहनों को आँखें फाड़-फाड़कर देख रहा है। अँधेरा होते ही लालटेनें जल उठी हैं जिनकी रोशनी दुकान में चारों तरफ़ टँगे शीशों से टकराकर उन गहनों में जड़े जवाहरातों पर झिलमिल-झिलमिल करते हुए उनकी कशिश में और भी इज़ाफ़ा कर रही हैं। बग़ल से गुज़र रहे ऊँट को देखकर वह एक किनारे हो गया। दाढ़ी बढ़ाए और ऊँची टोपी लगाए हुए कोई फ़िरंगी उस पर सवार था जिसकी आँखें हरिया की आँखों से भी ज़्यादा फटी हुई थीं, दोनों तरफ़ की दुकानों की सजावट का और उनमें रखे हुए बेशक़ीमती सामान का नज़ारा करते हुए। दुनिया के सबसे बड़े और शानदार शहरों में आगरा का शुमार यूँ ही नहीं है![2]

सर्राफ़ की दुकान के सामने पहुँचकर फ़िरंगी ने जैसे ही अपना ऊँट रोका, उसमें बैठा हुआ बुज़ुर्ग उसका ख़ैरमक़दम करने दुकान से नीचे उतर आया। आजकल वह बड़े मुश्किल दौर से गुज़र रहा है। आलम-ए-नऊ[3] की खोज होने तक तो चाँदी की ऐसी किल्लत थी कि उसके भाव बढ़ते ही चले जा रहे थे। इस तेज़ी का फ़ायदा उठाने के लिए बाक़ी लोगों की तरह उसने भी चाँदी के हज़ारों सिक्के अपनी तिजोरियों में भर लिये। मगर फिर इस नए मुल्क से चाँदी की आमद होने लगी, जो बढ़ती ही चली गई। और चाँदी के भाव लुढ़ककर फ़र्श पर आ गिरे।

इस नुक़सान के सदमे से अभी वह उबर भी नहीं पाया था कि बादशाह अकबर के एक फ़रमान ने उसकी कमर ही तोड़कर रख दी। पहले तो हुकूमत की टकसालों में ढाले जानेवाले सिक्कों में ख़ालिस चाँदी का वज़न उन्होंने सख़्ती से तय कर दिया। और फिर यह फ़रमान भी दे दिया कि सभी मुल्कों व रियासतों के सिक्कों में, भले ही वे कितने भी खोटे क्यों न हों, जितनी भी ख़ालिस चाँदी है उस चाँदी की मौजूदा क़ीमत पर महकमा-ए-ख़ज़ाना में उन्हें क़बूल किया जाए। उसके पहले आगरा आनेवाला हर फ़िरंगी, यहाँ तक कि हिन्दुस्तान की दूसरी रियासतों व सल्तनतों जैसे बंगाल और बीजापुर से आनेवाले तिजारती और मुसाफ़िर भी, सबसे पहले किसी न किसी सर्राफ़ के पास पहुँचा करते अपने सिक्कों को अकबरी सिक्कों से बदलवाने के लिए। इस दलाली में

1. Guild, शिल्पीसंघ।
2. अंग्रेज़ यात्री राल्फ फिच ने, जो फ़तेहपुर सीकरी आकर अकबर से मिला था, लिखा है : 'आगरा और फतेपोर दो बेहद अज़ीम शहर हैं, हरेक लन्दन से बड़ा...आगरा से फतेपोर 12 मील पूरा बाज़ार है...'
3. नई दुनिया अर्थात अमेरिका।

हर सर्राफ़ की तरह उसे भी ख़ासी आमदनी हो जाया करती थी। मगर अब जब बिना किसी दलाली के बादशाह के ख़ज़ाने में सिक्के बदले जा रहे हैं तो कोई उसकी दुकान पर भला क्यों आए? बड़े और मालदार सर्राफ़ जिनकी या तो हिन्दुस्तान के कई शहरों में साख़ है या जिनके कारोबारी ताल्लुक़ात बाक़ी शहरों के सर्राफ़ों से भी हैं, वे तो फिर भी हुंडी जारी करके या उसे भुनाकर ख़ासी दलाली कमा ले रहे हैं, और एक शहर से दूसरे शहर ले जाए जानेवाले तिजारती माल का बीमा करके भी। मगर बाक़ी सर्राफ़ों का हाल बुरा है।

चौक पर पहुँचकर हरिया चकरा गया। वहाँ से छह रास्ते निकल रहे थे। किस गली वह जाए?

ख़ालिस घी में तली जा रही पिट्ठी की कचौड़ियों की हलवाई गली से आती ख़ुशबू उसके मुँह में पानी ले आई थी। दुनिया भर के फ़िरंगी—अल-अन्दलूस[1] से लेकर सल्तनत-ए-उस्मानिया तक के व बग़दाद से लेकर तेहरान तक के—और हर इलाक़े के हिन्दुस्तानी—दिल्ली से लेकर सूरत व लाहौर से लेकर पटना तक के—हलवाइयों की दुकानों के सामने भीड़ लगाए हुए हलवा, जलेबी खाते हुए तारीफ़ में अपने सिर हिलाए जा रहे हैं। अपने नायबों के साथ मुहतसिब[2] गली का दौरा करते हुए दुकानों में साफ़-सफ़ाई की जाँच कर रहा है और हलवाइयों व उनके नौकरों को समझाइश देते हुए चल रहा है कि बरतनों को ढककर रखें जिससे कि खाने की चीज़ों पर मक्खियाँ व दूसरे कीड़े न बैठें। किसी दुकान में कम तौले जाने का शक होने पर वह अपने किसी नायब को उस दुकान में तराज़ू के पासंग और बाट के वज़न की पड़ताल करने की हिदायत भी देता चल रहा है। और वह यह भी देखता जा रहा है कि गली से गुज़रने वालों के लिए यह भीड़ मुश्किल न खड़ी करे।

दूसरी गली में आवाज़ लगा-लगाकर फल बेचे जा रहे हैं। बदख़्शाँ के खरबूज, कश्मीर व समरक़न्द के सेब, काबुल के तरबूज व अंगूर और लाहौर से लेकर पटना तक से आए हिन्दुस्तानी सन्तरों, सीताफल, अनन्नास, केले और नारियल के साथ ही खिरनी व बेर भी बिक रहे हैं। मगर सबसे ज़्यादा तो आम ही बिक रहे हैं, मौसम में जिनके बग़ैर शहर के बाशिन्दों का गुज़ारा एक रोज़ भी नहीं हो सकता।

कूचा-ए-गुलफ़रोशाँ से आती शीरीं-शीरीं ख़ुशबू ने हरिया का दिल भी ख़ुश कर दिया। दुकानदारों के अलावा गली में छोटे-छोटे लड़के-लड़कियाँ भी हैं जो मोगरा, चमेली के गजरे लिये खड़े हैं और वहाँ से गुज़रनेवाले हर शख़्स का रास्ता रोककर उसे समझा रहे हैं कि गजरा पाकर किस तरह उसकी बेगम या माशूक़ा उस पर मोहब्बत की बेपनाह बारिश कर देगी। गुलदाउदी, गुलाब व यास्मीन (चम्पा) के गुलदस्ते लिये हुए भी कुछ बच्चे खड़े हैं।

ख़ुशबू-कटरे की तो रौनक़ ही कुछ और है! हिन्दुस्तान के बाक़ी शहरों की तरह आगरा के बाशिन्दे भी इत्र के बेहद ही शौक़ीन हैं। क़द्रदानों की कलाई पर तरह-तरह के इत्र लगाकर या रुई के फाए में इत्र की एक बूँद डालकर इत्र-फ़रोश उन्हें सुँघवा

1. स्पेन।
2. शरीअत के अनुसार आचरण सुनिश्चित करनेवाला अधिकारी।

रहे हैं। काँच की ख़ूबसूरत शीशियों में भरे हुए यह इत्र चन्दन व अगरु की लकड़ी से खींचे गए हैं और बनफ़शा की जड़ से व धूप कही जानेवाली जड़ से भी जो कि ख़ास तौर पर कश्मीर से मँगाई जाती है। केवड़ा व कस्तूरी के इत्रों का तो कहना ही क्या! इनकी ख़ुशबू दूर से ही दिल को ख़ुश कर देती है। कई इत्र क़िस्म-क़िस्म के फूलों जैसे गुल-ए-बहार, गुल-ए-सुर्ख़, गुल-ए-नारंज[1] के अलावा सफ़ेद नरगिस, मोगरा, चम्पा व चमेली के फूलों से भी खींचे गए हैं। ख़ास ग्राहकों के लिए शीराज़, अल-कुस्तुनतुनिया व अल-फ्रांज़ा[2] से मँगवाई गईं मदहोश कर देनेवाली ख़ुशबुएँ भी हैं। मगर जो क़द्रदान ख़र्च की परवाह नहीं करते, वे अम्बर लेना ही पसन्द करते हैं। यह बेहद महँगा इत्र तैयार कैसे होता है, इस बाबत पक्के तौर पर तो किसी को भी कुछ मालूम नहीं। इस इत्र के सौदागर जो मग़रिब से इसे ले आते हैं, वे भी अँधेरे में हैं। इतना ज़रूर उन्हें मालूम है कि यह समन्दर से निकाला जाता है। मगर उसमें से यह कैसे निकलता है इस राज़ को पोशीदा रखने के लिए इस इत्र को बनाने वालों ने तरह-तरह की दिलचस्प कहानियाँ मशहूर कर रखी हैं।

दरयाफ़्त करने पर हरिया को मालूम हुआ कि ख़ुशबू-कटरे के बग़लवाली गली में ही कूचा-ए-बज़ाज़ है। उसमें वह घुस गया। बंगाल से आया हुआ एक सौदागर एक दुकानदार को अपना माल बेचने की कोशिश में लगा था।

"लाला जी! पूरी दुनिया में इसके मुक़ाबले का मुलायम और चिकना कपड़ा नहीं मिलेगा," कहते हुए उसने साड़ी को लाला जी के कन्धे पर गिरा दिया। "इसे छूकर तो देखो लाला जी! अहाँ! उँगलियों से नहीं, हथेली से। है न ग़ज़ब की चीज़? असली शबनम है लाला जी! ज़रा इसकी चमक तो देखिए! और इसके रंगों की शोख़ी का तो कहना ही क्या! मामूली से मामूली औरत भी इसे पहनकर मेनका और उर्वशी नज़र आएगी!

दुकानदार के चेहरे पर मुस्कुराहट खेल गई।

"मगर जो दाम तुम माँग रहे हो वह बहुत ज़्यादा है। इतने महँगे कपड़ों का बाज़ार आगरा में अब नहीं बचा।"

बंगाल के सौदागर ने यह अल्फ़ाज़ अपनी ज़िन्दगी में सैकड़ों बार सुने थे और इनमें छिपा हुआ मतलब भी वह बख़ूबी समझता था। फ़र्क़ बस इतना था कि आगरा की जगह बाज़ार दिल्ली, सरहिन्द या जौनपुर का हो जाता।

"लेकिन लाला जी, इसकी सिफ़त पर तो ग़ौर कीजिए! छह गज़ लम्बी यह साड़ी कितनी आसानी से इस अँगूठी के आर-पार हो जाती है।" कहते हुए उस सौदागर ने ताँबे की एक अँगूठी अपने कमरबन्द की तहों में से निकाली, जिसने अपने आर-पार होती ऐसी साड़ियों की सरसराहट हज़ारों दफ़ा सुन रखी थी, और बड़ी अदा के साथ साड़ी को उसके बीच में से दूसरी तरफ़ खींच दिया।

सौदे का सबसे मुश्किल हिस्सा अब शुरू हुआ। बेहद सख़्त मोलभाव के बाद सौदा

---

1. क्रमशः हलके लाल रंग का गुलाब, गहरे लाल रंग का गुलाब, नारंगी का फूल।
2. यूरोप, रोमन साम्राज्य के पतन के बाद फ्रैंक नाम से जाने गए लोगों का यूरोप पर क़ब्ज़ा हो गया और यूरोप अल-फ्रांज़ा हो गया व बाद में फ़िरंग। और इसके साथ ही हर यूरोपियन फ़िरंगी हो गया।

पट पाया और सौदागर ख़ुशी-ख़ुशी सराय के लिए चल दिया, साड़ियाँ सुबह-सुबह ही ले आने का दुकानदार से वादा करके।

हरिया भी तो यहाँ अपनी धनिया के लिए साड़ी ख़रीदने ही आया है! धनिया के कन्धे पर जब वह चुपके से नई साड़ी रख देगा तो उसकी आँखों में ख़ुशी की कैसी चमक आ जाएगी, इस ख़याल से हरिया के होंठों पर मीठी मुस्कुराहट तैर गई। गुज़श्ता महीनों में उसे अच्छी आमदनी हुई थी। मगर वह सारी की सारी पहले तो बरतन, दरी, चटाई वग़ैरा घर-गिरस्ती का सामान जुटाने में ख़र्च हो गई, और उसके बाद बच्चों की ज़रूरतें पूरी करने में।—उनके लिबास पर और उनकी पढ़ाई में। सोचते हुए वह फिर मुस्कुरा उठा। रोज़ सुबह जब वह दोनों बच्चों को पट्टी और बत्ती अपने नन्हे हाथों में पकड़े हुए गुरुजी के घर जाते हुए देखता है तो फ़ख़्र से उसकी छाती गज़ भर चौड़ी हो जाती है। इसके बाद कुछ रक़म उसे बेहतर औज़ार ख़रीदने में भी ख़र्च करनी पड़ गई, ख़ास तौर पर हाल ही में बाज़ार में आए नए क़िस्म के बरमे के लिए। एक छोटी-सी कमान में बँधी डोरी को इसके दस्ते पर लपेटकर जब कमान को आगे-पीछे चलाते हैं तो उसका सुम्बा ऐसी तेज़ी से घूमता कि सख़्त से सख़्त लकड़ी में सूराख़ बात की बात में हो जाता है। मगर अब उसके हाथ में इतना है कि धनिया के लिए साड़ी वह ख़रीद सकता है। वाक़ई उसे अब एक नई साड़ी की ज़रूरत है, हालाँकि उसने कभी फ़रमाइश नहीं की।

बाज़ार की भीड़ में ऊँट, घोड़े व गधे पर सवार और पैदल: सब साथ-साथ और अगल-बग़ल ख़रामा-ख़रामा चले जा रहे हैं। वक़्त की आम तौर पर किसी के पास कमी नहीं है और कहीं पहुँचने में देर हो जाना भी कोई ख़ास फ़िक्र की बात नहीं है। तभी एक शोर उठा और हरिया रास्ते के किनारे खड़ा हो गया। हाथी पर सवार किसी ख़ास शख़्स को रास्ता देने के लिए मुहतसिब के आदमी सभी को बीच रास्ते से बाजू हटा रहे थे।

हाथी के गुज़र जाने के बाद हरिया ने अपने क़दम तेज़ कर दिए और कूचा-ए-बज़ाज़ के दोनों तरफ़ से अन्दर जाती हुई तंग गलियों में से एक में वह घुस गया। इन गलियों की छोटी दुकानों में कपड़ा सस्ते में मिल जाता है। घर से वह मूँगदाल की खिचड़ी गाय के घी के साथ खाकर क़िले के लिए निकला था, जो कि उसके जैसे कामगारों का सुबह का नाश्ता अमूमन ही हुआ करता है। और दोपहर के लिए बाक़ी मज़दूरों की ही तरह एक पोटली में रोटियों के बीच उसने आम का अचार रख लिया था। मगर सारे दिन की कड़ी मेहनत के बाद उसे अब ज़ोर की भूख लग आई थी। फिर भी उसने साड़ी छाँटने और मोलभाव करने में जल्दी नहीं की। अपनी धनिया के लिए आख़िरकार उसने दबे हुए हलके बैंगनी रंग की सूती साड़ी पसन्द की। शोख़ और गहरे रंगोंवाली साड़ियाँ महँगी थीं। दुकानदार ने बताया कि शोख़ रंग पाने के लिए महँगा मसाला चाहिए होता है और गहरे रंग को जमाने के लिए साड़ी को कई बार रँगना होता है। उस पर से शोख़ और चटक रंग के कपड़ों के लिए मुँहमाँगा दाम देकर फ़िरंगी सौदागरों ने इनके भाव आसमान पर पहुँचा दिए हैं।

फूल-पत्ती, तरकारी, जड़, छाल के साथ ही हल्दी व नमक जैसे मसालों का इस्तेमाल कर हिन्दुस्तान के रँगरेज़ों ने कपड़ों पर ऐसे चटकीले और पक्के रंग चढ़ाने

में महारत हासिल कर ली थी जो कि सालों तक और कई-कई बार धुलने पर भी फीके नहीं पड़ते थे। हल्दी और चूने से ख़ूबसूरत चटकीला पीला रंग, अनार के छिलकों और हल्दी से पुरकशिश सब्ज़ पिस्ताई रंग व कचनार की छाल और फिटकरी से दिलकश शोख़ गुलाबी रंग बनाने में तो उनके हुनर का कोई जवाब नहीं था। इसके अलावा वे फिटकरी के इस्तेमाल से इन रंगों की चमक भी बढ़ा देते। कपड़े की मुलायमियत में इससे कुछ कमी ज़रूर हो जाती थी, मगर टार्टरी के इस्तेमाल से वापस उसे पहले जैसा मुलायम बना देना भी वे जानते थे। इन रंगों को पक्का करने के लिए नीबू के छिलके, अमिया की खड़ी खटाई और बाक़ी भी कई जड़ों व मसालों को पीसकर, छानकर पानी में उबाला जाता और फिर कई-कई रोज़ तक रँगे हुए कपड़े को उसमें भिगाए रखा जाता। बाज़ दफ़ा कपड़े को रँगने के पहले उसे कई जगह से और कई तरह से वे बाँध दिया करते। इससे उस कपड़े पर रंग की जो लहरिया धारें उभरतीं, फ़िरंगी तो उस पर फ़िदा थे।

फ़िरंगियों की बढ़ती हुई माँग को पूरा करने के लिए हिन्दुस्तान के कई शहरों में और बन्दरगाहों पर भी हथकरघों के कई कारख़ाने खुल गए थे। तक़रीबन हर गाँव के हर घर में चर्ख़े पर सूत काता जाता था—वही चर्ख़ा जो दो सौ साल बाद अंग्रेज़ों की हुकूमत के दौरान इंग्लैंड की मिलों में मशीनों से बने कपड़े का हिन्दुस्तान के बाज़ार पर क़ब्ज़ा होने पर तक़रीबन ग़ायब ही हो गया था। औरतें, बच्चे और खेतों में जब काम न हो तब आदमी भी चर्ख़ा चलाते और काता हुआ सूत उनसे ख़रीदकर कारख़ानों के दलाल बड़ी-बड़ी गठानों में बैलगाड़ियों पर लादकर ले जाते। किसी भी कारख़ाने में तीन सौ से कम हथकरघे न थे और सैकड़ों बैलगाड़ियाँ भरकर सूत हर महीने एक ही कारख़ाने में खप जाता था। कपड़ों की गाँठें इन कारख़ानों से रँगरेज़ों के ठिकानों पर पहुँचतीं जो इस कपड़े पर कुछ ऐसा नुस्ख़ा आज़माते कि उनमें ग़ज़ब की आबो-ताब पैदा हो जाती और वे शफ़्फ़ाफ़ झलक मारने लगते। इनके शोख़ व चटकीले रंगों के साथ ही इस वजह से भी फ़िरंगी औरतें इन कपड़ों की, जिन्हें वे छींट के नाम से जानती थीं, ऐसी दीवानी हुईं कि इंग्लैंड की मिलों के बन्द होने की नौबत आ गई और हज़ारों मज़दूरों के बेरोज़गार हो जाने का ख़तरा पैदा हो गया। तब पूरे इंग्लैंड में ऐसे पर्चे छपवाकर बँटवाए गए जिनमें बताया गया था कि छींट कितनी आसानी से व कितनी जल्दी आग को पकड़ लेता है। छींट का कपड़ा पहने हुए जलती हुई औरतों की तसवीरें भी अख़बारों में छपवाई गईं। एकाध बार तो किसी ने छींट का लिबास पहनी हुई औरत पर तेज़ाब भी फेंक दिया। लेकिन छींट की माँग फिर भी कम नहीं हुई। आख़िरकार मिल-मालिकों ने अर्ज़ियों पर अर्ज़ियाँ देकर और मज़दूरों ने जुलूस के बाद जुलूस निकालकर हुकूमत पर दबाव बनाया कि छींट को इंग्लैंड में लाए जाने पर वह रोक लगा दे।

हरिया जब तक साड़ी ख़रीदकर दुकान से बाहर निकला, बाज़ार बन्द होने लगा था। मगर साथ ही एक दूसरा बाज़ार भरा जाना भी शुरू हो चुका था। बन्द दुकानों के बाहर चबूतरों पर छोटे ख़ुदरा कारोबारी अपना माल सजाने में लग गए थे। ढाई घड़ी बाद नफ़ीरी बजेगी और यह सब अपनी दुकान बढ़ाना शुरू कर देंगे। मगर इतने कम वक़्त में भी कुछ आमदनी तो वे कर ही लेते थे। जहाँ उन्हें जगह मिली वहाँ नजूमी भी जम गए हैं।

जितने नजूमी थे उतनी ही तरह के उनके तरीक़े थे पेशीनगोई के। सवालों के जवाब कोई पाँसे फेंककर देता तो कोई सामने वाले के मज़हब के हिसाब से *रामायण* या *क़ुरआन* का आँख बन्द करके कोई भी पन्ना खोलकर किसी श्लोक या आयत पर अपनी उँगली रख देता। और फिर उस तहरीर की तफ़सील और उसमें पोशीदा मानी बयान कर उसमें से जवाब ढूँढ़ लाता। कोई कौड़ियों पर मंत्र फूँककर उन्हें पानी से भरे चौड़े मुँह के बरतन में गिरा देता और ऐसा करने से पैदा हुई लहरों को बेहद ग़ौर से देर तक देखते रहने के बाद आनेवाले वक़्त के बारे में बड़े यक़ीन के साथ एलान कर देता। एक नजूमी ने भूसे के तीन तिनके अपने सामने बैठे हुए सवाली को देकर हौले-से उन्हें पानी से ऊपर तक भरे हुए गोल चौड़े बरतन में छोड़ने को कहा और फिर संस्कृत के श्लोक और *क़ुरआन* की आयतें पढ़ते हुए उन पर हलके-हलके फूँक मारकर उनकी चाल को बिना पलक झपकाए देखने लगा। यह तिनके ही अब उस सवाली की क़िस्मत का फ़ैसला करेंगे।

उसकी झोंपड़ी के लिए जानेवाली गली का मोड़ आते ही तन्दूर में सिक रही रोटियों की महक ने हरिया की भूख को और भी भड़का दिया। गली के ज़्यादातर बाशिन्दे अपने घर से गुँथा हुआ आटा ले आते हैं और यहाँ पर रोटियाँ सिंकवा लेते हैं। मगर हवेली वाले, जिनके यहाँ नौकरों की फ़ौज है, कुनबे के हर शख़्स के लिए आम तौर पर दस नौकर के हिसाब से, वे घर की सिंकी रोटी खाना ही पसन्द करते हैं।

हिन्दुओं के घरों से आती हुई शाम की आरती की धुनें हवा में फैली हुई हैं और रोटियाँ सिंकने का इन्तज़ार कर रहे तन्दूर के आसपास खड़े लोगों में छिड़ी हुई गरमा-गरम बहस की आवाज़ें भी। मुद्दा वही है जो हिन्दुस्तान के हर शहर में मुल्लाओं व मौलानाओं के दिलो-दिमाग़ पर छाया हुआ है—बादशाह अकबर का हिन्दू काफ़िरों के जानिब रवैया।

"ला हौल वला क़ुव्वता इल्ला बिल्लाह!"[1] सफ़ेद दाढ़ीवाले एक मौलाना फ़रमा रहे हैं। "ज़िन्दगी के इस आख़िरी वक़्त में कैसे कुफ्र का गवाह हमें होना पड़ रहा है। इन काफ़िरों की गुस्ताख़ी तो देखिए! अपने घरों में यह अब कितने ज़ोर-शोर के साथ बुतपरस्ती करने लगे हैं। गुज़रे ज़माने में तो इसे मुसलमान बने हिन्दुओं को वापस उसी जाहिलियत में चले आने की दावत क़रार कर दिया जाता और इस संगीन ज़ुर्म के लिए सज़ा-ए-मौत इन्हें कभी की सुना दी गई होती।"

"इतना ही नहीं जनाब!" मुँह में दबाया हुआ पान का बीड़ा ज़ोर-ज़ोर से चबाते हुए एक नौजवान मुल्ला ने यह कहते हुए पान की पीक के मुँह से बाहर बह निकलने के ख़तरे का अन्दाज़ कर अपनी ठोड़ी को ऊपर उठा लिया। मगर बात फिर भी नहीं बनी। आख़िरकार बग़ैर पीक थूके अपनी बात को साफ़ सुनाई देनेवाले अल्फ़ाज़ में कह पाने में ख़ुद को नाक़ाबिल पाकर उसने अपने होंठ सिकोड़े और पीक की एक लम्बी पिचकारी गली की मोरी की तरफ़ निशाना लगाकर दे मारी। और फिर इस हक़ीक़त से क़तई बेख़बर कि पीक की यह बौछार गली को ही ज़्यादातर भिगो गई है और इस बात से भी बेपरवाह कि इस बारिश के छींटे उसके झक सफ़ेद लम्बे कुर्ते पर भी आ

1. अल्लाह के सिवा कोई ताक़तवर नहीं।

गिरे हैं, निहायत ही ग़ुस्सा व दर्द भरी आवाज़ में उसने अपना दर्द बयान किया। "ये ग़लीज़ काफ़िर अपने वाहियात और बेहूदा मज़हब का न सिर्फ़ सच्चे दीन से मुक़ाबला करने लगे हैं बल्कि यह बदज़ात जब देखो तब इस्लाम में नुक्स निकालने की कोशिश में भी लगे रहते हैं। इन काफ़िरों ने तो हद ही पार कर दी मियाँ!" पान को चबाना फिर शुरू करते हुए नौजवान मुल्ला ने निहायत ही अफ़सोसनाक अन्दाज़ में अपना सिर दाएँ-बाएँ हिलाया।

"सारा क़ुसूर इस बादशाह का है!" मौलाना ने फ़ैसला सुना दिया। "सुल्तान फ़िरोज़शाह तुग़लक़ के दरबार में एक शिकायत आई कि कई मुसलमान औरतें एक बरहमन के घर जाकर बुतपरस्ती किया करती हैं और वह काफ़िर उन्हें इस्लाम को तर्क कर देने के लिए गुमराह करने की हर-चन्द कोशिशें किया करता है। उस नामाक़ूल को फ़ौरन गिरफ़्तार कर सुल्तान के सामने पेश किया गया। सुल्तान फ़िरोज़शाह ने दरबार में मौजूद उलेमा से फ़तवा माँगा कि उस बरहमन को क्या सज़ा दी जाए। तब उन सबने एक राय होकर कहा कि या तो वह काफ़िर इस्लाम क़बूल करे या फिर उसे ज़िन्दा ही जला दिया जाए। तुम अन्दाज़ा लगा सकते हो कि उस ज़लील शख़्स ने क्या किया?" मौलाना की भौंहें ऊपर खिंच गईं। "सच्चा दीन क़बूल करने के बदले उस जाहिल ने सज़ा-ए-मौत को चुन लिया। फिर क्या था! उसी दम उस बददिमाग़ को बाँधकर लकड़ियों के ढेर पर फेंक देने के बाद उसमें आग लगा दी गई।" तनिक ठहरकर मौलाना ने अपनी दाढ़ी को सहलाया और फिर ज़ोर देकर बोले, "इन काफ़िरों के साथ ऐसा ही सुलूक लाज़िमी है मियाँ नहीं तो यह बदमाश सिर चढ़ जाएँगे।"

"आपकी राय से मैं पूरा इत्तेफ़ाक़ रखता हूँ जनाब!" जिस शख़्स ने यह अल्फ़ाज़ कहे, वह एक मकतब का मौलवी था। "इन काफ़िरों के दिलों में ख़ौफ़ क़ायम रखना ज़रूरी है। हमारे बादशाह अगर उन सुल्तानों के नक़्श-ए-क़दम पर चले होते तो क्या मजाल थी इन कमबख़्तों की जो हमसे ज़बान लड़ाने की जुर्रत करने की सोचते भी?" अपनी भौंहें सिकोड़कर मौलवी ने वहाँ मौजूद लोगों को बारी-बारी से देखा। "एक दफ़ा सुल्तान सिकन्दर लोदी के दरबार में एक बरहमन पर इल्ज़ाम लगाया गया कि उसने मुसलमानों की मौजूदगी में यह दावा किया है कि इस्लाम अगर सच्चा दीन है तो उसका अपना मज़हब भी सच्चा है। देखी आपने उस गुस्ताख़ की हिम्मत? कमीना कहीं का।" कहते हुए मौलवी ने ज़मीन पर हिक़ारत से थूक दिया। "अल्लाह ऐसे लोगों को जहन्नुम की आतिश में जलाए! फ़ौरन सुल्तान का हुक्म हुआ कि उस काफ़िर को गिरफ़्तार कर उनके सामने पेश किया जाए। और फिर जब भरे दरबार में उस बदबख़्त ने वही बात दोहराई तो उलेमा से गुज़ारिश की गई कि उसके गुनाह की सज़ा के लिए वे फ़तवा दें। सबने आपस में मशविरा किया और फिर एक राय से उसके लिए मौत की सज़ा तजवीज़ की। मगर साथ ही इस्लाम क़बूल कर लेने पर उसे माफ़ी का हक़दार भी बताया। और हाज़िरीन उस बेवक़ूफ़ ने बजाय सच्चा दीन क़बूल करने के सज़ा-ए-मौत और उसके बाद दोज़ख़[1] की आग में जलना ही चुन लिया। इससे ज़्यादा जहालत की बात दूसरी कोई हो सकती है जनाब?"

---

1. नरक, जहन्नुम।

नौजवान मुल्ला ने कुछ कहने के लिए मुँह खोला। मगर बग़ैर पीक को थूके कुछ भी कह सकने में ख़ुद को नाक़ाबिल पाकर अपने होंठ उसने सिकोड़े ही थे कि मौलवी फिर से बोल उठा, और पीक की पिचकारी से गली के फ़र्श पर नक़्श खींचने के काम को फ़िलहाल उसने मुल्तवी कर दिया।

"ये काफ़िर तो अब हमसे ज़रा भी ख़ौफ़ नहीं खाते।" मौलवी ने ऐसा मुँह बनाया जैसे नीम की कड़वी पत्तियाँ ज़बर्दस्ती उसके मुँह में ठूँस दी गई हों। "ये अहमक़ अपने नापाक बुतों के जुलूस हद दरजे के हंगामा-ओ-शोरगुल के साथ अब तो खुलेआम निकालने लगे हैं। और अपनी इस हरकत-ए-नाशाइस्ता को अल्लाह के करम से महरूम यह बदनसीब लोग अपना मज़हब समझते हैं। मगर अब कोई इन्हें हिरासत में लेकर यह कुफ़्र करने से नहीं रोकता। और जब से बादशाह ने जिज़या ख़त्म किया है तब से तो यह ज़िम्मी इतने बेख़ौफ़ और बेहया हो गए हैं कि अपनी काफ़िराना हरकतों को जायज़ ठहराने के लिए हमसे तकरार करने लगे हैं!" ग़ुस्से में मौलवी ने ज़ोरों से सिर हिलाया। "और तब तो बिलकुल ही नाक़ाबिले-बर्दाश्त हो जाता है जनाब, जब यह काफ़िर हमारे सामने ही इस्लाम पर ग़ैर-वाजिब तोहमत लगाने लगते हैं।"

"बादशाह यह सही नहीं कर रहा," मौलाना ने अफ़सोस से सिर हिलाया, "इन अहसान-फ़रामोश हिन्दुओं को इतनी रियायत देकर। यक़ीनन उसे पछताना पड़ेगा। बुतपरस्तों और उनके मददगारों पर अल्लाह कभी रहम नहीं करता।"

गली के मोड़ से ज़रा आगे जमा कचरे के ढेर में कुत्ते, मुसलमान जिन्हें नापाक समझते हैं, और सूअर, जिन्हें देख हिन्दू नाक-भौं सिकोड़ते हैं, दोनों ही हिल-मिलकर अपना खाना तलाश रहे थे। सुबह जब हरिया वहाँ से गुज़रा था तो कौए भी उनका साथ दे रहे थे और एकाध गाय भी, जो सिर्फ़ अपना ज़ायक़ा बदलने के लिए ही कचरे में मुँह मारती है। वरना तो हिन्दुओं के घरों के सामने उसके पहुँचते ही बच्चे और औरतें रोटी लेकर बाहर निकल आते हैं, जिसके बदले में उससे वे सिर्फ़ उसका गोबर और पेशाब ही लिया करते हैं। इनसे वे अपने घर के फ़र्श को लीपकर, ख़ास तौर पर रसोई के फ़र्श को, घर और घर की आबो-हवा दोनों को पाक व सेहतमन्द कर लेते हैं।

कचरे के ढेर से ख़ुद को बचाते हुए हरिया अपनी झोंपड़ी की तरफ़ चल दिया। कुएँ के बाजू से गुज़रते हुए उसे यूँ ही ख़याल आया कि इस वक़्त यहाँ कितना वीराना है। हर गली, मोहल्ले में घिर्री लगे हुए कुएँ हैं, आम तौर से दस घरों पर एक के हिसाब से, जहाँ हर रोज़ सुबह सूरज निकलते से ही औरतों का जमघट लग जाता है। उनका गपियाना, आपस की उनकी छेड़छाड़ और हँसी की फुहारें पहर भर पनघट पर रौनक़ किए रहती हैं। जब वे यहाँ से जाती हैं तो घर की बाक़ी औरतों को सुनाने के लिए कई मज़ेदार क़िस्से साथ ले जाती हैं, और थोड़ा पानी भी।

हरिया जब घर पहुँचा तो रात का दूसरा पहर हो चला था। बच्चे सो चुके थे मगर धनिया दरवाज़े पर फ़िक्रमन्द बैठी हुई उसकी बाट जोह रही थी। साँवले मगर साफ़ रंग की वज़न में हलकी और बदन से औसत क़द की न दुबली न मोटी धनिया ने उसकी बदरंग हो चुकी साड़ी को दाएँ कन्धे से घुटनों तक लपेट रखा था। उसे ख़ूबसूरत तो नहीं

कहा जा सकता था मगर चेहरे पर उसके सलोनापन था व आँखें बड़ी और मासूमियत लिये हुए थीं।

धनिया की आँखों में सवाल देखकर हरिया ने आहिस्ता से अपने झोले में से साड़ी निकाली और बड़ी मोहब्बत व मुलायमियत से उसके कन्धे पर रख दी। धनिया ने अपने हाथों से साड़ी को सहलाया और हरिया के लिए उसकी आँखों में बेपनाह प्यार उमड़ आया। शुक्रिया कहना उसकी आदत में शुमार न था, मगर शुक्रगुज़ार होना वह जानती थी। आहिस्ता से उसने झोंपड़ी के किवाड़ अटकाए और हरिया को अपने साथ फ़र्श पर खींच लिया।

रणथम्भौर

चित्तौड़गढ़ की फ़तह को हिन्दू व मुसलमान दोनों ही उनके अपने तंग मज़हबी नज़रिये से देख रहे थे, जबकि वह ख़ालिस सियासी मुहिम थी। चित्तौड़गढ़ को फ़तह करने के बाद अकबर जब अजमेर गया तो दरगाह तक आख़िरी सात कोस वह पैदल ही चला, जैसा कि वह गुज़श्ता कई सालों से करता आया था। मगर मुसलमान इसे चित्तौड़गढ़ के बदमिज़ाज काफ़िरों पर फ़तह दिलाने के लिए ख़्वाजा का शुक्राना अदा करना समझ रहे थे तो हिन्दू क़िले में हुए क़त्लेआम पर अकबर का पशेमान होना इसकी वजह मान रहे थे।

क़त्लेआम ग़ैरज़रूरी था व ग़ैरवाजिब भी, यह अकबर भी समझ रहा था। मगर वह कोई सोचा-समझा हुआ फ़ैसला न होकर सिर्फ़ एक फ़ौरी तौर पर दिया गया जज़्बाती फ़रमान था। और इसके लिए वह पशेमान नहीं था। उसके सैकड़ों बहादुर मनसबदार, जिनमें कई राजपूत भी थे, खड़े-खड़े ही कालपी के बरकन्दाज़ों की गोलियों का निशाना बन गए थे। क़िले की आड़ में वे महफ़ूज़ थे और उसके अपने लोग खुले मैदान में। और उन बरकन्दाज़ों ने चुन-चुनकर उसके मनसबदार व उमरा इस तरह हलाक किए थे जैसे कि कोई शिकारी मचान पर बैठकर बाड़े में बन्द जानवरों का शिकार करे। इतना बेबस ख़ुद को अकबर ने कभी नहीं पाया था, इतना मजबूर! लिहाज़ा जब उसके फ़ौजियों को बेवक़ूफ़ बनाकर क़िले से वे बरकन्दाज़ बच निकले तो महीनों से उसके ज़ेहन में उबल रहा लावा फूट पड़ा।

उसके मनसबदार व उमरा भी उन बरकन्दाज़ों के बच निकलने पर हद से ज़्यादा ग़ुस्से से भरे हुए थे। उनके अपने और उनके अज़ीज़ उनके देखते-देखते उन बरकन्दाज़ों की गोलियों से हलाक हुए थे। लिहाज़ा दुश्मन की लाशों के सिर एक मीनार में चिनवाए जाने का इसरार जब उन्होंने उससे किया तो वह फ़ौरन राज़ी हो गया।

उसके सिपहसालारों ने भी उससे गुज़ारिश की, "जहाँपनाह! फ़ौत हुए फ़ौजियों की तादाद सबके दिलों पर बोझ बनी हुई है, और इस वजह से फ़तह के बावजूद हमारे फ़ौजी बेहद पस्तहौसला हैं। इस जंग को जिहाद एलान कर देने से जिनका इन्तक़ाल हुआ है वे शहीद का दरजा पा जाएँगे और जो ज़िन्दा हैं उनके दिलों को सुकून हासिल हो सकेगा।"

फ़तहयाबी के एलानिया फ़रमान में जंग को लिहाज़ा जिहाद बताया गया व ख़ुद उसको ग़ाज़ी।[1]

---

1. ग़ाज़ी का अर्थ है जो ग़ज़ा करे। पैग़म्बर मुहम्मद के वक़्त यह लूटने के मक़सद से किसी क़ाफ़िले पर किए जानेवाले धावे को कहा जाता था और यह अरब की ख़ानाबदोश जीवनशैली का अहम हिस्सा था। मगर वक़्त के साथ ग़ज़ा का अर्थ जिहाद हो गया और ग़ाज़ी कहलाना हर मुसलमान सुल्तान और बादशाह के लिए उसी तरह फ़ख़्र की बात हो गई जिस प्रकार →

अकबर को उम्मीद थी कि ऐसा करके वह उलेमा और मुल्लाओं को ख़ुश करने में भी कामयाब हो पाएगा। दिली तौर पर वह उनसे अब सुलह करने का ख़्वाहिशमन्द था। उसके लिए यह बेहद तकलीफ़देह था कि सालोसाल उसके वफ़ादार रहे और उसके एक इशारे पर जाँनिसारी के लिए तैयार शख़्स इन लोगों के बहकावे में आकर रातोरात उसके दुश्मन बन बैठते हैं। उसे तो अभी कई जंग लड़नी हैं, अपनी हुकूमत को बंगाल और गुजरात तक बढ़ाने के लिए। अपने वफ़ादारों की बग़ावतों में ही अपने आदमी और असलहा[1] जाया होते देखना उसे बेहद नागवार गुज़र रहा था। अब उसे समझ में आया कि उसके बाबा फ़िरदौस मकानी ने अपनी आपबीती *तुज़ुक-ए-बाबरी* में ऐसा क्यों लिखा : 'मुल्क फ़तह करते हुए व उनके निज़ाम का बन्दोबस्त करते हुए चन्द मामलात सतही तौर पर मामूली नज़र आते हैं मगर हर अमल के पीछे सैकड़ों-हज़ारों लिहाज़ करने होते हैं।'

चित्तौड़गढ़ को फ़तह करने के बाद अकबर को यक़ीन था कि बाक़ी राजपूत रियासतें उसे साहिब-ए-इक़्तिदार क़बूल कर लेने में अब आनाकानी नहीं करेंगी। उसने सभी राजपूत राजाओं के दरबार में अपने एलची भी भेजे इस फ़रमान के साथ कि उसके दरबार में हाज़िर होकर वे ख़िराज पेश करें। तब से एक साल होने को आया मगर अब तक भी उस फ़रमान पर तवज्जो देने की ज़हमत किसी ने नहीं उठाई है।

'ताक़त की नुमाइश करने का वक़्त अब दोबारा आ गया है।' उसने फ़ैसला किया। 'और राजपूतों की इस बेवजह ज़िद का ख़मियाज़ा इस दफ़ा रणथम्भौर को भुगतना होगा।'

चित्तौड़गढ़ की तरह रणथम्भौर का क़िला भी किसी वक़्त सुल्तान शेरशाह सूरी के क़ब्ज़े में रहा था। उसके इन्तक़ाल के बाद क़िलेदार जुझार ख़ान को नक़्द इनाम और तोहफ़े देकर इसे सुरजन राय हाड़ा ने अपने क़ब्ज़े में ले लिया। हाड़ा शुरुआत में आम राजपूत सरदार थे जो दो सौ साल पहले तब ख़ास हो गए जब राव देव हाड़ा ने मीणा क़बीले से बूँदी और भील क़बीले से कोटा को छीनकर अपनी अलहदा रियासत खड़ी कर ली। उसके वारिसान ने आहिस्ता-आहिस्ता इन दोनों इलाक़ों से इन क़बीलों का ख़ात्मा कर दिया और अपनी रियासत का नाम हाड़ौती रख लिया। साथ ही, इस इलाक़े की सरहद से लगी रियासतों के राजपूत हुक्मरानों की कभी न बुझनेवाली ज़मीन की भूख से हाड़ौती की हिफ़ाज़त के लिए उन्होंने मेवाड़ की मातहती को क़बूल कर लेने में ही अपनी ख़ैरियत समझी। फिर जब सुल्तान अलाउद्दीन ख़िलजी के बार-बार हमलों की वजह से मेवाड़ कमज़ोर पड़ा तो न सिर्फ़ अपने ख़ुदमुख़्तार होने का एलान उन्होंने कर दिया बल्कि मेवाड़ के इलाक़ों पर भी वे अपने दाँत गड़ाने लगे।

मगर फिर मेवाड़ का भी वक़्त बदला और उसके राणाओं ने न केवल अपनी खोई हुई ज़मीन वापस हासिल कर ली बल्कि बूँदी और कोटा पर भी उनकी हसरत भरी निगाह पड़ने लगी। और अपनी रियासत की हिफ़ाज़त के लिए हाड़ा सरदार फिर से मेवाड़ के ताबेदार बन गए।

→हिन्दू राजाओं के लिए चक्रवर्ती कहलाना यानी जिसके रथ का चक्र (पहिया) बिना व्यवधान और विरोध के हर राज्य में वर्तन करता (घूमता) है।

1. अस्त्र-शस्त्र।

रणथम्भौर को फ़तह करना भी कोई कम मुश्किल न था। जिस पहाड़ी पर क़िला खड़ा था वह चित्तौड़गढ़ की पहाड़ी से भी ज़्यादा ऊँची थी। तीन निहायत ही अज़ीम तोपें अकबर ने ढलवाईं और लोहे के बड़े-बड़े पहियों पर चढ़वाकर उन्हें रणथम्भौर के लिए रवाना कर दिया। एक-एक तोप को अपनी ताक़त के लिए मशहूर दो सौ शानदार गुजराती बैल खींच रहे थे। और लश्करगाह के लिए मुनासिब जगह तलाश करवाने की हिदायत मीर मंज़िल को देकर वह दिल्ली के लिए चल पड़ा, अब्बा के मक़बरे पर दुआ पढ़ने।

मक़बरा तो अब तक मुकम्मल हो चुका था मगर उसको घेरकर बन रहे चहारबाग़ का पूरा होना अभी बाक़ी था। हाल ही में हज से वापस आई बेगा बेगम की निगरानी में इसमें पेड़, पौधे रोपे जा रहे थे और नहरों का जाल बिछाया जा रहा था। अन्दर की तरफ़ रेतीले पत्थर से और बाहर की तरफ़ संगमरमर से तामीर किए गए दोहरे गुम्बद को सँभाले हुए लहरदार टोड़ों[1], मेहराबदार गुज़रगाहों व गुम्बद के चारों तरफ़ बनी छतरियों की वजह से यह लाल पत्थरों की जुड़ाईवाली शानदार इमारत ईरानी फ़ने-तामीर व हिन्दुस्तानी तहज़ीब के मेल की नायाब तसवीर बनकर उभरी थी।

अकबर जिस वक़्त मक़बरे पर पहुँचा, बारीक नक़्क़ाशी की हुई संगमरमर की ख़ुशनुमा जालियों में से छितराती हुई सुबह के सूरज की किरणें उसके अब्बा की क़ब्र को जैसे किसी मुक़द्दस नूर से नहला रही थीं। क़ुरआने-पाक की आयतों को दुरुस्त तलफ़्फ़ुज़ और माक़ूल लहजे में आवाज़ के उतार-चढ़ाव के साथ बर-वक़्त ठहराव देते हुए जैसा कि अल्लाह के रसूल ने मदीना में इस्लाम क़बूल करनेवालों को पहले-पहल सिखाया था, कई क़ारी[2] आठों पहर मुसलसल एक के बाद एक पढ़ते रहते। गुम्बद से टकराकर लगातार गूँज रही इन आवाज़ों ने यहाँ की फ़ज़ा में रूहानी अहसास जगा दिया था। देर तक यह आवाज़ें अकबर के ज़ेहन में उतरती रहीं और फिर उसमें भी इनकी गूँज पैदा हो गई। आहिस्ता-आहिस्ता वह अपने अन्दर ही कहीं गहरे में डूबता चला गया। होश उसे तब आया जब नमाज़ पढ़ने के लिए क़ारी उठ खड़े हुए थे।

रणथम्भौर का क़िला अरावली और विंध्याचल की पर्वत श्रृंखलाओं को जोड़नेवाली एक पर्वत श्रेणी के दक्खिनी छोर पर एक ऊँची पहाड़ी पर खड़ा था। चारों तरफ़ घने जंगल थे। उनमें से अपना रास्ता बनाते हुए अकबर जब तक उसके बेहद नज़दीक नहीं पहुँच गया, उसकी निगाह से वह छिपा ही रहा। क़िले के दक्खिन-मशरिक़ में वहाँ से आधा कोस की दूरी पर मोर डूँगरी नाम की जगह पर एक क़ुदरती तालाब था। लश्करगाह का मुक़ाम वहीं पर होना तय हुआ था।

क़िले के तीन तरफ़ एक-एक तोप तैनात कर दी गई और टोडरमल को हुक्म हुआ कि वह साबात और उसके नीचे पाशीब बनवाना शुरू करे। अकबर को ताज्जुब हुआ जब क़िले से न तो गोलियाँ चलीं, न ही तीर आए। और एक महीने से भी कम वक़्त में साबात व पाशीब पूरी हो गईं, बग़ैर जानो-माल के किसी नुक़सान के और मुकम्मल चैनो-अमन के साथ। पाशीब पर से धकेलते हुए तोपों को क़िले के नज़दीक ले जाया गया और रमज़ान के आख़िरी रोज़ क़िले की दीवार में बड़ा सूराख़ करने में कामयाबी हासिल हो गई।

---

1. corbel brackets.
2. क़ुरआन को शुद्ध उच्चारण और सही लहजे के साथ पढ़ने के लिए प्रशिक्षित व्यक्ति।

"कल ईद-उल-फ़ितर का मुबारक दिन है। अगर हाड़ा राजा की अक़्ल अब भी दुरुस्त नहीं हो पाई है तो कल ईद की नमाज़ पढ़ने और त्योहार की ख़ुशियाँ मनाने के बाद क़िले पर हमला बोल दिया जाएगा," अकबर ने एलान किया।

लेकिन 'चित्तौड़गढ़' को दोहराए जाने के ख़याल से दिल ही दिल में वह ख़ौफ़ज़दा था। 'क्या फिर वही जौहर होगा और फिर वही साका भी? या ख़ुदा रहम कर!' वह रात उसकी यह दुआ करते हुए ही बीती कि अल्लाह उसकी रहनुमाई करे और हाड़ा राजपूतों को सही अक़्ल बख़्शे।

अल्लाह ने उसकी दुआ शायद सुन ली क्योंकि सुबह होते ही भगवन्तदास ख़ुश-ख़बरी लेकर उसके ख़ेमे में दाख़िल हुआ। राय सुरजन हाड़ा हथियार डालने को रज़ामन्द है। दोपहर होते-होते राय सुरजन हाड़ा के बेटे ख़िराज लेकर आ गए। अकबर ने उन्हें ख़िलअत[1] अता की, वह भी ख़ुद एक दफ़ा इस्तेमाल की हुई पोशाकें देकर—बादशाह की ख़ास इनायत होने और इज़्ज़त-अफ़ज़ाई की निशानी। अगले दिन राय सुरजन हाड़ा भी दरबार में हाज़िर हो गया।

"जहाँपनाह! अपने लोगों को क़िले से निकालकर उसे बादशाह सलामत के सुपुर्द किए जाने के लिए मुझे तीन दिन की मोहलत दी जाए," बाअदब तस्लीम करने के बाद राय सुरजन हाड़ा ने अर्ज़ किया।

"राय सुरजन! एक राजपूत के क़ौल की हम क़द्र करते हैं। जितना भी वक़्त तुम्हें चाहिए, देने के लिए हम तैयार हैं। इसके अलावा मनसबदारी में बुलन्द ओहदे की पेशकश भी हम तुम्हें करते हैं।"

"जहाँपनाह की यह इनायत होगी। लेकिन मनसबदारी क़बूल करने के लिए मेरी एक शर्त है।"

दरबार में हाज़िर उमरा की भौंहें चढ़ गईं। शिकस्त खाए हुए काफ़िर की इतनी जुर्रत[2] कि बादशाह सलामत के आगे शर्त रखे? ग़ुस्सैल निगाह से उस गुस्ताख़ को घूरते हुए वे उसको हिरासत में लिये जाने के हुक्म का इन्तज़ार करने लगे।

"क्या शर्त है तुम्हारी, राय सुरजन?" अकबर ने नरमी से पूछा।

"जहाँपनाह! अपने ख़ानदान की किसी भी औरत को निकाह में देने की पेशकश मैं नहीं कर पाऊँगा।" राय सुरजन के अन्दाज़ में न तो हिचकिचाहट थी, न ही ज़रा भी घबराहट।

राय सुरजन की हिम्मत का अकबर क़ायल हो गया, जो दरबार में अकेला और निहत्था खड़ा हुआ बेख़ौफ़ यह कह रहा था जो कि उसे बेहद नागवार गुज़र सकता था और नतीजे में राय सुरजन उसके ग़ुस्से का शिकार हो सकता था। मुस्कुराते हुए उसने शर्त मंज़ूर कर ली और फ़ौरन ही राय सुरजन हाड़ा को गढ़-कटंगा (गढ़ा-मंडला) का सूबेदार बना दिया।

इस इलाक़े को चार साल पहले ही रीवा के सूबेदार आसफ़ ख़ान ने गढ़-कटंगा की रानी दुर्गावती से हासिल किया था। माहिर निशानेबाज़ और शेरों का शिकार बेख़ौफ़

1. सम्मान-स्वरूप दिए जानेवाले वस्त्रादि उपहार।
2. धृष्टता, दुस्साहस।

होकर करनेवाली रानी की बहादुरी की दास्तान सुनकर कि किस तरह उसने ख़ुद आगे होकर जंग लड़ी और कितनी ही दफ़ा आसफ़ ख़ान के दाँत खट्टे किए, अकबर बेहद मुतास्सिर हुआ था। यहाँ तक कि जब उसके तीर ख़त्म हो गए तो हाथ में तलवार लेकर वह हाथी पर से कूद पड़ी और आसफ़ ख़ान की फ़ौज के पाँव उखाड़ दिए।[1]

"राजपूत क़ौम के साथ इत्तिहाद के मेरे मक़सद को हासिल करने में, उनको अपनी फ़ौज के और अपने निज़ाम का हिस्सा बना लेने के मेरे इरादे को कामयाब करने में जब तक कोई ख़लल नहीं पड़ता" उसके ख़ास सलाहकारों मिर्ज़ा अज़ीज़ कोका, बीरबल, मीर ग़यासुद्दीन अली और टोडरमल के साथ महफ़िल में हर रात की तरह बैठा हुआ अकबर अपने फ़ैसले पर रोशनी डाल रहा था, "तब तक मैं पूरी गुंजाइश करने को तैयार हूँ। राजपूत शहज़ादियों के साथ निकाह मेरे लिए सिर्फ़ इस इरादे को पूरा करने का एक ज़रिया रहा है, न कि मेरी मंज़िल। पैग़म्बर मुहम्मद, सल्लल्लाहु अलैहि वसल्लम, ने भी क्या इसी मक़सद से अपने दुश्मनों व उनकी मुख़ालफ़त कर रहे लोगों की बेटियों के साथ निकाह नहीं किया था?"

पन्ना के हाकिम राजा रामचन्द ने अपनी रियासत का क़ब्ज़ा अकबर के सिपहसालारों को दे देने के बाद मरहूम सुल्तान शेरशाह सूरी के अफ़ग़ान क़िलेदार से कालिंजर का क़िला उसे कुछ रक़म देकर हासिल कर लिया था। चारों तरफ़ से खड़ी चढ़ाईवाली बुलन्द पहाड़ी पर बने उस क़िले पर महीनों से मजनूँ ख़ान क़शाल ने घेरा डाला हुआ था। यह ख़बर पाते ही कि राय सुरजन हाड़ा ने रणथम्भौर को बग़ैर जंग लड़े ही अकबर के हवाले कर दिया है, राजा ने वह क़िला मजनूँ ख़ान के हवाले कर दिया। चित्तौड़गढ़ ने अकबर के सब्र का और उसके इरादे की मज़बूती का निहायत ही सख़्त इम्तहान लिया था और बेहद भारी क़ीमत भी उससे वसूली थी। मगर अब उसके नतीजे में बिना जंग के ही उसका मक़सद हासिल हो रहा था और दोनों ही तरफ़ की हज़ारों जानें बच रही थीं।

अगले दिन शाम को अकबर ने मीर-मंज़िल को अजमेर का रास्ता दुरुस्त करने का हुक्म देकर ख़ुद सलीमा के ख़ेमे की तरफ़ रुख़ किया। मसनद पर वह पेट के बल लेटी हुई थी और घुटनों से मुड़े हुए उसके पैर ऊपर हवा में झूल रहे थे। कमर व रानों पर फूली हुई मगर टखनों पर तंग फ़ाख़्तई रंग की सलवार पर उसने हलके बादामी रंग की कमर से ज़रा ही नीचे आ रही कुर्ती पहन रखी थी। ख़ुद में ही डूबी हुई वह एक बयाज़[2] में हंस के पंख की कलम से कुछ दर्ज कर रही थी।

"किस काम में इतनी मशग़ूल हैं मोहतरमा?" उसके आने से बेख़बर सलीमा के ठीक सामने पहुँचकर अकबर ने पूछा।

चौंककर सलीमा ने ऊपर निगाह उठाई और संगे-लाजवर्द[3] की ख़ूबसूरत दवात में कलम को डुबोकर हँस दी।

---

1. रानी दुर्गावती अकेली वह शासक है जिसकी बहादुरी की तारीफ़ करते हुए अबुल फ़ज़ल नहीं थकता और उसके लिए *अकबरनामा* में पूरा एक अध्याय उसने लिखा है। देखें, 'टिप्पणियाँ'।
2. किताबों में से उद्धरण, अपने विचार, या शायरी लिखने की कापी।
3. lapis lazuli, गहरे नीले रंग का चमकीला पत्थर।

"कुछ ख़ास नहीं।"

"कोई शेर या ग़ज़ल, हँ?"

"जहाँपनाह दुरुस्त फ़रमाते हैं," कहते हुए सलीमा उठ खड़ी हुई तो अकबर ने देखा कि उसके होंठों पर एक शरारती मुस्कान खिली हुई थी।

'यह कभी नहीं बदलेगी।' मोहब्बत भरी नज़रों से सलीमा को देखते हुए अकबर के दिल में ख़याल आया।

निकाह के बाद हीरा कुँवर का तो फिर भी कुछ वज़न बढ़ा था। गाल तनिक फूल गए थे और बदन गदरा गया था। मगर सलीमा अब तक भी वैसी ही छरहरी और हलकी-फुल्की थी जैसी कि वह निकाह के वक़्त थी और शादीशुदा औरत के बजाय वह दोशीज़ा[1] ज़्यादा नज़र आती थी। हाँ, यह ज़रूर था कि उसके तर्ज़ो-अन्दाज़ व उसकी शक्लो-सूरत में शाहाना रुतबा और नफ़ासत झलकने लगी थी। मगर अकबर को देखते ही उसके अन्दर की शरारती लड़की उस पर फिर हावी हो जाती।

"ख़ुश-आमदीद! अपने ग़रीबख़ाने में यह कनीज़ हुज़ूर का इस्तिक़बाल करती है।" कमर से झुकते हुए उसने अपने हाथ दोनों तरफ़ फैला लिये।

अकबर हँस दिया।

"इस इस्तिक़बाल की आज कोई ख़ास वजह?"

"जहाँपनाह का इस नाचीज़ के आशियाने में हमेशा ही इस्तिक़बाल है। बादशाह सलामत की यहाँ मौजूदगी इस ख़ादिमा की इज़्ज़त-अफ़ज़ाई का सबब है।" दरबारी अन्दाज़ में सलीमा ने अर्ज़ किया। "आलमपनाह की ज़र्रा-नवाज़ी ही तो इस कनीज़ की ज़िन्दगी को जीने के क़ाबिल बनाती है!"

उसे ग़ौर से देखते हुए अकबर खड़ा रह गया। कोई बात तो है जिसकी राज़दारी है। और सलीमा से राज़ उगलवाने का सबसे उम्दा तरीक़ा अकबर की नज़र में था, ख़ामोशी इख़्तियार कर लेना। जितना ज़्यादा वह दरयाफ़्त करेगा, उतना ही ज़्यादा वक़्त वह राज़ को फ़ाश करने में लेगी।

"अल्लाह अल-करीम और अर-रहीम है! जहाँपनाह वालिद बनने जा रहे हैं!"

अपने कानों पर अकबर को भरोसा नहीं हुआ कि उन्होंने सही सुना है।

"ज़रा फिर से तो कहो! मैं क्या बननेवाला हूँ?"

"सौ बार कहूँगी जलाल! तुम्हारी ख़ातिर मैं हज़ार बार कहूँगी," अकबर को अपनी बाँहों में भरते हुए आशिक़ाना अन्दाज़ में सलीमा ने अकबर की आँखों में झाँका और जज़्बाती लहजे में फुसफुसाई, "जितनी दफ़ा तुम फ़रमाइश करोगे। उतनी दफ़ा मैं कहूँगी। तुम वालिद बनने जा रहे हो जलाल।"

अकबर की ख़ुशी का ठिकाना नहीं था। सलीमा का चेहरा अपने हाथों में लेकर उसने पूछा, "यह तुम्हें कब मालूम हुआ?"

"अन्दाज़ा तो दो-तीन हफ़्ते से था मगर तुम्हें ख़बर करने के पहले मुतमइन होना चाह रही थी।"

"ओह! आज मैं कितना ख़ुश हूँ! अल्लाह अपने बन्दों पर यक़ीनन रहमो-करम

---

1. कुँवारी, नवयौवना।

की बारिश करता है। कितना बेताब था मैं यह ख़बर सुनने को! तुम्हारा शुक्रिया किस तरह अदा करूँ, बेगम? क्या तोहफ़ा दूँ, मैं समझ नहीं पा रहा! बताओ बेगम, तुम्हें मैं क्या दे सकता हूँ?"

"ज़रा साँस तो ले लो जलाल! इतनी बेक़रारी भी अच्छी नहीं," अकबर की आग़ोश से निकलकर सलीमा हँस दी। "शुक्रिया की हक़दार मैं नहीं हीरा कुँवर है।"

अकबर को भौचक्का खड़ा देख सलीमा का क़हक़हा गूँज उठा।

"शरारत करने से तुम कभी बाज़ नहीं आओगी न?" हँसकर अकबर ने सलीमा को अपनी आग़ोश में कसकर बाँधा और उसके लबों पर अपने होंठ रख दिए।

"तुम्हारी ख़बर तो मुझे लेनी है, मगर बाद में," जाते हुए अकबर ने सलीमा को धमकाया। "अभी तो मैं ज़रा जल्दी में हूँ।"

अकबर को तेज़ क़दम बढ़ाते हुए देख सलीमा पेट पकड़कर हँसते-हँसते दोहरी हो गई।

एक थाल में जलता हुआ दीया लिये हीरा कुँवर अकबर का ही इन्तज़ार कर रही थी। उसके आते ही उसने थाल को तीन बार अकबर के चेहरे के चारों ओर घुमाया, रोली का तिलक उसके माथे पर लगाया और आरती का थाल एक बाँदी को थमा उसने घुटनों के बल बैठ अकबर के पैर छू लिये। हीरा के कन्धे थामकर उसे उठाते हुए अकबर ने उसकी आँखों में मोहब्बत से देखा।

"तुमने आज मुझे नायाब ख़ुशी दी है!"

"मैं अपने मायके जाना चाहती हूँ," अकबर के सीने पर अपना सिर रखकर हीरा कुँवर फुसफुसाई। "यह ख़बर वहाँ जाकर मैं ख़ुद सुनाऊँगी।"

अगली सुबह भगवन्तदास, मानसिंह और बाक़ी कछवाहा राजपूतों के साथ हीरा कुँवर अम्बर के लिए चल दी और अकबर अजमेर के लिए। ख़ून का कतरा भी बहाए बग़ैर हासिल फ़तह के लिए ख़्वाजा का अहसानमन्द तो वह था ही, हीरा कुँवर की कोख़ में पल रहे अपने बच्चे के लिए लम्बी ज़िन्दगी की दुआ भी उसे उनसे करनी थी—और यह दुआ भी कि वह बेटा ही हो।

एक बेटे का बाप बनने की ख़्वाजा से दुआ उसने सबसे पहली दफ़ा तब की थी जब चित्तौड़गढ़ फ़तह करने के बाद वह उनकी दरगाह में हाज़िर हुआ था। हसन और हुसैन के जन्नतनशीं होने के बाद से उसे कोई बेटा नहीं हुआ था। मुल्ला व उलेमा इसे अज़ाब-ए-इलाही[1] बताकर उसके साथ अपना हिसाब चुकता करने की कोशिशों में लगे हुए थे।

एकबारगी तो अकबर को लगने लगा कि शायद वे सही ही कह रहे हैं और वह फ़िक्रमन्द हो उठा। एक फ़र्ज़न्द का होना न सिर्फ़ उसकी ज़ाती ज़िन्दगी को मुकम्मल करने के लिए लाज़िमी था बल्कि हुकूमत में अमनो-चैन क़ायम रहने और शाही तख़्त पर ख़ुद उसके मज़बूती से बने रहने के लिए भी ज़रूरी था। हुक्मरान का कोई वारिस न होने पर बाग़ियों को यह ख़याल आने लगता है कि अगर किसी तरह उसे ख़त्म कर दिया जाए तो वे ख़ुद तख़्तनशीन होने में कामयाब हो सकते हैं। बग़ावत के नतीजे में

1. ईश्वरीय दंड, दैवीय प्रकोप।

दंगे-फ़साद और बदअमनी भी यक़ीनन फैलेगी, जिसका फ़ायदा उठाने के लिए हिन्दुस्तान से बाहर के मुल्कों के हुक्मरान भी हमला करने पर आमादा हो जाएँगे।

दूसरी तरफ़ आगरा की गलियों में अकबर की मर्दुमी और नुतफ़े[1] में ऐब होने की अफ़वाहें आम हो चली थीं। दीवानख़ानों में शराब के हर प्याले के साथ यह मसला और भी ज़्यादा संजीदा होता जाता था।

"मुझे यह समझ नहीं आता कि हुकूमत करने का इख़्तियार ऐसे शख़्स को हम दे ही कैसे सकते हैं जिसकी मर्दुमी ही शक के दायरे में हो?" साहब-ए-ख़ाना ने फ़रमाया।

"मर्दुमी से हुकूमत करने के इख़्तियार का क्या लेना-देना है?" सवाल करने वाला शख़्स अकबर का मनसबदार था।

"जो मर्द अपाहिज हो, जिसमें जिस्मानी या दिमाग़ी कमतरी हो, शरीअत के मुताबिक़ वह शख़्स हाकिम नहीं हो सकता," एक आलिम ने, शराब पीने पर शरीअत में लगाई गई पाबन्दी पर तामीली को फ़िलहाल जिसने मुल्तवी कर रखा था, निहायत संजीदगी के साथ बात को साफ़ किया।

"मगर यह कैसे मालूम हो कि बादशाह सलामत की कमतरी जिस्मानी है या दिमाग़ी?" मनसबदार ने समझना चाहा।

"अगर वह जिस्मानी तौर पर दुरुस्त है तो दिमाग़ी। और अगर दिमाग़ी तौर पर दुरुस्त है तो जिस्मानी।" साहब-ए-ख़ाना ने उस मनसबदार की मुश्किल जैसे ही आसान की, उनका दीवानख़ाना कहक़हों से गूँज उठा।

उसको लेकर आगरा में चल रहे ऐसे और दीगर मज़ाक़ व क़िस्से अपने हज्जाम से अकबर को रोज़ ही सुबह सुनने को मिला करते। उसके नुतफ़े में ताक़त पैदा करने के लिए शाही हकीम ने उसे एक काढ़ा पीने के लिए दिया। मगर चन्द रोज़ बाद ही उसने वह पीना बन्द कर दिया। उसके नुतफ़े में कमज़ोरी हो सकती है, यह मानने को उसका दिल राज़ी नहीं था।

'जिस्म मेरा ख़ूब ताक़तवर है। सख़्त से सख़्त मेहनत करने की मुझमें क़ुव्वत है। दिमाग़ी तौर पर भी मैं मज़बूत हूँ। फिर मुझमें से पैदा हुई कोई भी चीज़ कमज़ोर कैसे हो सकती है?' उसने ख़ुद से ही सवाल किया।

चित्तौड़गढ़ की मुहिम के फ़ौरन बाद जब वह अजमेर पहुँचा था, उस वक़्त भी उसने ख़्वाजा से मिन्नत की थी कि उसकी गोद में जल्द एक बेटा आ जाए, जिसकी उम्र इतनी लम्बी हो कि वह उसका वारिस बने और कई सालों तक हिन्दुस्तान पर तख़्तनशीं रह सके। उसको लेकर बेबुनियाद क़यास और तमाम अफ़वाहें भी तभी ख़त्म होंगी। तब वह पूरे एक महीने तक वहाँ रुका था, दुआएँ पढ़ते हुए व ख़ैरात तक़्सीम करते हुए। और आख़िरी रोज़ दरगाह में ख़्वाजा की मज़ार पर उसने अहद किया था कि अगर उसे बेटा उन्होंने अता फ़रमाया तो आगरा से पैदल चलकर वह उनके दर पर अपनी पेशानी रगड़ने आएगा।

इस दफ़ा भी आगरा के लिए रवाना होने के पहले ख़्वाजा की मज़ार पर अपना क़ौल अकबर ने फिर दोहराया।

---

1. पुंसत्व और वीर्य।

यादगार सफ़र

आगरा के बाशिन्दे हैरान थे शहर की गलियों में अपने बादशाह को एक हाजी के लिबास में पैदल नंगे पाँव चलते हुए देखकर। एक बग़ैर बखिया की हुई सफ़ेद सूती चादर कमर पर टखनों के कुछ ऊपर तक लिपटी हुई थी, और एक उसके शानों पर पड़ी थी जो उसकी दाईं बग़ल के नीचे से होकर उसके सिर पर लम्बे बालों को ढकती हुई दाएँ शाने पर से उतर रही थी।

ख़बर फैलते देर नहीं लगी और दूर-दूर के मोहल्लों से लोग इस अजब-ग़ज़ब मंज़र का नज़ारा करने के लिए दौड़ पड़े। हैरत भरी निगाहों से उसे देखते हुए दबी आवाज़ में एक-दूसरे से बात कर रहे लोगों को देख अकबर मुस्कुरा दिया।

दोपहर बीत चुकी थी। सर्दियों की धूप सुहानी लग रही थी, सिर्फ़ एक चादर में तो और भी ज़्यादा। जल्द ही वह खेतों के बीच से गुज़र रहा था। एक तरफ़ तो पीली-हरी गेहूँ की बालियाँ अपनी चढ़ती जवानी के नशे में झूम रही थीं तो दूसरी तरफ़ हरे-भरे चने के पौधे अपनी फलियों में पनप रहे दानों को महसूस कर लहलहा उठे थे। और अपने चमकदार पीले फूलों की ख़ूबसूरती पर इतराते हुए सरसों के पौधे हवा के हर झोंके के साथ कुछ ज़्यादा ही मटक रहे थे। इन पौधों की भीनी-भीनी ख़ुशबू अकबर के नथुनों में भर गई और उसने लम्बी गहरी साँस भरकर उसे अपने अन्दर ले लिया।

उसका कारवाँ छोटा ही था, शहंशाही तामझाम के बग़ैर। न सायबान[1], न माहीमरातिब[2] और न ही शाही परचम। मीर मंज़िल के साथ बेलदारों व मज़दूरों की जमात ऊँटों पर ख़ेमे और औज़ार लादे एक रोज़ आगे-आगे चल रही थी। उसके पीछे सौ ऊँटनियों पर रसद व बर्तन लादे हुए बावर्चीख़ाना था। हज़ार घुड़सवारों का पेशदस्ता हिफ़ाज़त के लिहाज़ से अकबर के आधा कोस आगे था और इतने ही घुड़सवारों का रिसाला उसके आधा कोस पीछे चल रहा था। बाक़ी इस सफ़र में उसके साथ कोई 'शहर' न था। रास्ते में न तो दीवानख़ाना-ए-आम होगा और न ही दीवानख़ाना-ए-ख़ास। न दरबार और न ही निज़ाम-ए-सल्तनत के मसलों पर कोई राय-मशविरा। हुकूमत की सारी ज़िम्मेदारी वह राजा भारमल को सौंप आया था। लिहाज़ा वह इस वक़्त सिर्फ़ एक मुसाफ़िर था जो ज़ियारत पर ख़्वाजा की दरगाह जा रहा था।

अजमेर के सफ़र अकबर की ज़िन्दगी का हिस्सा बन चुके थे। जब भी वह किसी

---

1. लम्बे दस्तेवाली सोने-जवाहरात से सजी हुई छतरी जिसे एक सेवक राजा के सिर पर छाए रहता था।
2. मछली वगैरह की राजसी निशानियाँ जो राजाओं के आगे-आगे चल रहे हाथियों पर रखी होती थीं और राजा की पहचान होती थीं।

जंग के लिए रवाना होता तो पहले ख़्वाजा की दरगाह पर फ़तहयाब होने के लिए दुआ करता और फ़तह हासिल हो जाने के बाद ख़्वाजा की मज़ार पर चादर चढ़ाने आता। और जितनी बार वह जंग पर निकला हर बार वह चादर चढ़ाने के लिए दरगाह पर आया क्योंकि कामयाबी ने हर बार उसकी क़दमबोसी की। उसकी हर फ़तह ख़्वाजा में उसके यक़ीन को और भी ज़्यादा पुख़्ता करती चली गई और वह बार-बार अजमेर जाने लगा। यह सफ़र मगर ख़ास था। यह उस अहद को पूरा करने के लिए था जो उसने चित्तौड़गढ़ को फ़तह करने के बाद ख़्वाजा के दरबार में किया था।

इस सफ़र में मिर्ज़ा अज़ीज़ कोका, बीरबल, मीर ग़यासुद्दीन और शेख़ अब्दुल लतीफ़ क़ज़विनी भी साथ थे और पैदल ही। मगर वे अकबर के पीछे-पीछे सौ गज़ की दूरी रखकर चल रहे थे। टोडरमल नहीं आ सका था क्योंकि उसे अकबर ने पंजाब की दीवानी को ढर्रे पर लाने के काम से भेजा हुआ था।

'काश हीरा कुँवर भी मेरे साथ होती!' अकबर को ख़याल आया। उससे उसने इसरार भी किया था, मगर उसने साफ़ इनकार कर दिया।

"मेरे नन्हे सलीम को यहाँ मेरी ज़रूरत है।" पालने की डोरी खींचते हुए उसने कहा था, जिसमें नन्हा शहज़ादा सो रहा था। "मुझे अपना दूध जो उसे पिलाना है!"

बेटे के लिए शेख़ सलीम चिश्ती का अहसानमन्द होने की वजह से अपने बेटे को अकबर ने सलीम नाम दे दिया था।

"मगर उसके लिए तो अंगा हैं न!" अकबर ने समझाया।

सलीम की पैदाइश के दो महीने बाद ही सलीमा ने भी एक लड़की को जन्म दिया था मगर सिर्फ़ एक बार उसके मुँह में अपनी छाती देने के बाद सलीमा ने उसे अंगा के सुपुर्द कर दिया। शाही ख़ानदान का यही रिवाज था और हमीदा बानो बेगम ने भी जलाल को कभी अपना दूध नहीं पिलाया।

"जब मेरी छाती में दूध उतरना कम हो जाएगा या मेरे लाड़ले को पूरा नहीं पड़ेगा," यकायक रो उठे सलीम को अपने से चिपकाकर उसके मुँह में अपनी छाती देते हुए हीरा कुँवर बोली, "मैं तो तभी किसी अंगा को इसे दूँगी। और जब तक मेरी माँ मुझे सोंठ, गोंद व मेवे के लड्डू खिला रही है," अकबर की आँखों में देख वह मुस्कुराई, "जहाँपनाह इत्मीनान रखें कि आपके जिगर का टुकड़ा कभी भूखा नहीं रहेगा।"

हिन्दू औरतें सौंफ, अजवायन व बादाम, पिस्ता को अदरक के चूरे के साथ एक ख़ास दरख़्त की गोंद में मिलाकर लड्डू बनाया करती हैं। हाल ही में माँ बनी औरतों की छातियों में इससे दूध बढ़ जाता है, ऐसा उन्हें पुख़्ता यक़ीन है।

सलीम को अपना दूध पिलाती हुई हीरा कुँवर और उसकी निगाह से झलकती अपने लाड़ले के लिए बेपनाह मोहब्बत! जैसे किसी जादू की गिरफ़्त में आकर अकबर यह रूहानी मंज़र देखते हुए देर तक खड़ा रह गया था। अपने नन्हे बेटे के लिए उसके दिल में उमड़ रही ममता की रोशनी में हीरा कुँवर का मुकम्मल वुजूद जगमगा उठा था।

'जब बाहोश हुआ तो सलीम के जानिब एकबारगी कैसे मैं रश्क से भर उठा था!' याद करके अकबर हँस दिया।

"किस ख़याल पर इतनी हँसी आ रही है जलाल?" सुनहरे रंग की मखमल से बनी

जूतियाँ पाँवों में पहने हुए सलीमा ने अकबर के साथ क़दम बढ़ाते हुए पूछा।

इस सफ़र में सिवा सलीमा के कोई औरत उसके साथ न थी। ढीली और फूली हुई सूती सफ़ेद सलवार पर उसने पुर्ज़ेदार[1] रेशम की ढीली-ढाली सफ़ेद कुर्ती पहन रखी थी। घने काले बालों को छिपाते हुए सिर पर ओढ़ी हुई लचक[2] को उसने ठुड्डी पर बाँध रखा था। काले रेशम की इस लचक में लिपटा हुआ उसका गोरा, गुलाबी चेहरा आसमानी नूर से दमकता हुआ मालूम हो रहा था।

"अपने बेवक़ूफ़ी भरे ख़याल पर," कहते हुए अकबर फिर से हँस दिया।

हीरा कुँवर के साथ उस पहली रात के बाद उसकी हर रात किस तरह हीरा कुँवर के पहलू में ही गुज़री, अकबर को याद आया। वस्ल की हर रात के साथ हीरा कुँवर की जिस्मानी ख़्वाहिशें बढ़ती चली गईं, मानो गुज़रे हुए ख़ुश्क सालों की भरपाई हो रही हो और दिन-ब-दिन उसके निखरते चले जाते हुस्न ने अकबर की तमन्नाओं को भी सुलगाए रखा। नतीजतन हीरा कुँवर के लिए उसकी दीवानगी बढ़ती चली गई जो वक़्त के साथ मोहब्बत में तब्दील हो गई।

'हर काम के लिए शायद एक सही वक़्त होता है। आसमान में रोशन होने के पहले चाँद को भी तो आफ़ताब के डूबने का इन्तज़ार करना होता है!' यह सोचते हुए निकाह की रात को उसके दिलो-दिमाग़ में उमड़ा तूफ़ान, फिर हीरा कुँवर के लिए उफ़न पड़ा उसका ग़ुस्सा और आख़िर में मायूसी में ख़ुद का मुब्तला हो जाना अकबर को याद आया। 'फूल खिलने का भी एक वक़्त होता है, दरख़्तों पर फलों के पकने का भी, और शायद मोहब्बत के परवान चढ़ने का भी।'

'हीरा कुँवर जब हमल से थी तो मथुरा का उसने कोई परस्तिशगाह नहीं छोड़ा था जहाँ उसने इबादत न की हो। एक बरहमन को वहाँ से नगरचैन लाकर उसने हवन भी करवाया, पैदा होनेवाले बच्चे की लम्बी उम्र के लिए। हीरा कुँवर के इसरार पर हवन के वक़्त वह भी उसके बाजू में बैठ गया था और मुक़द्दस आतिश में घी उसने भी गिराया था। हीरा कुँवर के मन्दिर की घंटियाँ उन दिनों देर रात को भी क़िले में गूँजा करतीं। मगर सबसे ज़्यादा ख़ौफ़ज़दा तो ख़ुद मैं ही था। इसी वजह से हीरा कुँवर को मैंने सीकरी भेजा था कि वहाँ शेख़ सलीम चिश्ती के मुबारक साये में बच्चा हिफ़ाज़त के साथ इस दुनिया में आए और उनकी दुआओं से लम्बी ज़िन्दगी भी हासिल करे। इसी लिहाज़ से उसकी बेटी पैदा होने तक सलीमा को भी मैंने सीकरी में ही रख छोड़ा था।'

अकबर को वह वाक़या भी याद आया जब बेटा न होने का दर्द उसने शेख़ सलीम से बयान किया।

"बिस्मिल्लाह अर-रहमान अर-रहीम!" देर तक आँखें बन्द किए हुए ख़ामोश बैठे रहने के बाद शेख़ सलीम ने कहा। "अल्लाह तुम्हें एक नहीं बल्कि तीन बेटों से नवाज़ेगा। और उन तीनों को ही तुम ख़ूबसूरत और मज़बूत नौजवान बनते हुए देखोगे।"

अकबर को मगर यक़ीन नहीं हुआ।

'कोई कैसे जान सकता है?' उसने ख़ुद से ही पूछा। 'क़ुरआने-पाक में क्या नहीं कहा

1. उभरे हुए धागोंवाली।
2. बड़ा चौकोर रूमाल जिसे मोड़कर तिकोने आकार में महिलाएँ सिर पर लपेट लेती हैं।

गया है कि किसी का मुस्तक़बिल क्या है यह कोई नहीं जान सकता, सिवा अल्लाह के?'

इस मसले पर उसने उलेमा के साथ भी मशविरा किया।

"जहाँपनाह!" मख़्दूम-उल-मुल्क ने समझाया। "अपने राज़ वह उसके बन्दों पर दो तरीक़े से उजागर करता है। एक तो वही[1] की मार्फ़त जैसा कि उसने पैग़म्बर मूसा अलैहिस्सलाम व पैग़म्बर ईसा अलैहिस्सलातु वस्सलम के साथ किया, और जैसा कि उसने उसके आख़िरी पैग़म्बर और रसूल मुहम्मद सल्लल्लाहु तआला अलैहि वसल्लम के साथ किया। वही को पूरी कायनात के लिए नाज़िल किया जाता है और पूरी इनसानियत पर वह फ़र्ज़ होता है। दूसरा तरीक़ा इल्हाम[2] का है जो वह किसी ख़ास मसले पर और किसी ख़ास इनसान के लिए किसी वलीउल्लाह[3] को बख़्शता है। इल्हाम हरेक इनसान पर फ़र्ज़ नहीं है, जिस तरह कि वही है। लेकिन रसूलुल्लाह मुहम्मद, सल्लल्लाहु अलैहि वसल्लम, को भेजने के बाद उसने वही का रास्ता ख़त्म कर दिया है और अब सिर्फ़ इल्हाम का ही रास्ता खुला हुआ है।"

"इसके अलावा जहाँपनाह, वही तो किसी न किसी की मार्फ़त नाज़िल होती है जैसे कि क़ुरआने-पाक पैग़म्बर मुहम्मद, सल्लल्लाहु तआला अलैहि वसल्लम, पर फ़रिश्ते जिबराइल की मार्फ़त नाज़िल हुई।" शेख़ अब्दुन्नबी ने जोड़ा, "इल्हाम के लिए अलबत्ता किसी का दरमियान में होना ज़रूरी नहीं।"

इस सबके बावजूद अकबर के दिल का शुबहा और उसका डर ख़त्म नहीं हो पाया और नजूमियों के इसरार पर हीरा कुँवर के सीकरी रहते हुए और सलीम के इस दुनिया में आ जाने पर भी, उसने वहाँ का रुख़ नहीं किया।

'कितना मुश्किल और कितना तकलीफ़देह था अपने जिगर के टुकड़े से दूर रह पाना!' उन दिनों को याद करते हुए अकबर सोच रहा था। 'नजूमियों ने तो साफ़ कह दिया था कि आसमान में सितारों की जमावट कुछ ऐसी है कि बादशाह सलामत के सीकरी जाने और बेगम साहिबा या पैदा होनेवाली औलाद पर निगाह डालने भर से उन दोनों की ही जान के लिए ख़तरा पैदा हो सकता है। उन्होंने तो औलाद पैदा हो जाने के दो महीने बाद तक उसके सीकरी जाने की मुमानियत कर दी थी।'

हीरा कुँवर ने उसे फ़र्ज़न्द का तोहफ़ा दिया है यह ख़बर पाने के बाद ख़ुद को सीकरी जाने से रोक पाना उसके लिए नामुमकिन साबित हो रहा था। फिर भी किसी तरह उसने ख़ुद को ज़ब्त किया। अलबत्ता दिन में तीन बार सीकरी की ख़बर मुस्तैदी से उसके पास पहुँच जाया करती। कैसा है उसका बेटा? कैसा नज़र आता है? उसकी बढ़त कैसी है? क्या करता रहता है?

सीकरी में अपने बेटे को पहली बार देखकर उसके दिल में उठे जज़्बात का ख़याल आते ही अकबर के होंठों पर एक शीरीं मुस्कान खेल गई।

'कैसी नाक़ाबिले-बयान ख़ुशी का लम्हा था वह जब उस नर्मो-नाज़ुक लख़्त-ए-जिगर को निहायत ही नरमाई के साथ अपने हाथों में लेकर मैंने अपने सीने से चिपकाया

1. ईश्वर-प्रेषित आदेश या सन्देश।
2. ईश्वरीय प्रेरणा।
3. सन्त।

था और रुई से भी मुलायम उसके गालों का बोसा लिया था! मेरा दिल पिघलकर जैसे मेरी रगों में बहने लगा था और फिर उस नाज़ुक जान में।'

आँखें मूँदकर अकबर ने अपने दिमाग़ में उस मंज़र का नज़ारा किया और उन्हीं शीरीं जज़्बात से उसका दिल एक बार फिर लबरेज़ हो उठा।

तब भी एहतियातन हीरा कुँवर को उसने तब तक सीकरी में ही रहने दिया जब तक कि सलीम चार महीने का नहीं हो गया। पाँच दिन का जश्न मनाए जाने का फ़रमान भी उसके बाद ही उसने जारी किया।

सलीमा अब बीच-बीच में ऊँटनी पर सवार हो रही थी। मगर न तो अकबर के चेहरे पर थकन थी और न ही उसके क़दम कम-रफ़्तार हुए थे। इस सफ़र की पहली रात गुज़ारने का इन्तज़ाम मन्धाकर में किया गया था, वही जगह जहाँ उसे वे फ़क़ीर मिले थे जिन्होंने ख़्वाजा के बारे में उसे बताया था।

पड़ाव तक पहुँचते-पहुँचते सूरज उफ़क़ के नीचे जाने लगा था। अपने ख़ेमे में जाकर अकबर ने दूसरी धुली हुई चादरें अपने बदन पर लपेटीं, वुज़ू किया और मग़रिब की नमाज़ पढ़ने के बाद वह मसनद पर आ लेटा। एक हज्जाम उसके पाँवों में सरसों के तेल की मालिश करते हुए उसकी मांसपेशियों को बीच-बीच में ज़ोर से मगर होशियारी से ऐसे भींच देता कि थकन उनमें से बाहर को बहती हुई अकबर को महसूस होती। एक ख़िदमतगार उसके तलवों को बड़ी नरमाई से गुलाब-जल से साफ़ कर उनमें पड़े छालों पर आहिस्ता-आहिस्ता चन्दन का लेप करने लगा। सब तरह से फारिग़ होकर कुछ ही देर में शेख़ अब्दुल लतीफ़ क़ज़विनी, मिर्ज़ा अज़ीज़ कोका, मीर ग़यासुद्दीन अली व बीरबल भी चले आए और उसे घेरकर बैठ गए।

सलीमा भी आ गई, अपने चेहरे के रंग से मिलते हुए हलके गुलाबी रेशम की नक़ाब लगाए हुए जिसमें से सिर्फ़ उसकी चमकती हुई दो आँखें ही नज़र आ रही थीं। हरम की औरतों का पराए व बाहरी मर्दों के साथ मिलना-जुलना न तो जायज़ समझा जाता था और न ही आम तौर पर इसकी इजाज़त मिला करती थी। मगर यह तो अकबर के अज़ीज़, उसके दिल के बेहद क़रीब हमनशीनों की हर रात को लगनेवाली महफ़िल थी जिसमें पहले भी वह शिरक़त कर चुकी थी—यक़ीनन अकबर की इजाज़त से ही।

"आगरा के बाशिन्दों को मैंने जब मेरी तरफ़ निग़ाहें किए फुसफुसाते हुए देखा," अकबर मुस्कुराया और गाव-तकिया बग़ल में दबाकर अधलेटा हो गया, "तो मुझे एक निहायत ही मज़ेदार वाक़या याद आ गया। कबि राय तब तक नहीं आए थे। मगर ग़यासुद्दीन मेरे साथ था। यह वाक़या उसकी ही ज़बानी क्यों न सुना जाए कि निहत्थे हम दोनों हुल्लड़बाज़ों के हुजूम में उस रात कैसे फँस गए थे?"

"जहाँपनाह इस ग़ुलाम को मुआफ़ करेंगे अगर वाक़या सुनाने में कोई ग़लती या गुस्ताख़ी हो जाए।" कहते हुए मीर ग़यासुद्दीन अली मुस्कुरा दिया। "जैसा कि हाज़िरीन-ए-महफ़िल को इल्म है, सालार मसूद ग़ाज़ी की मज़ार पर ज़ियारत करने बहराइच जाने की ख़्वाहिशमन्द रियाया हज़ारों की तादाद में हर साल जमना-पार जमा होती है और कई रोज़ तक वहाँ मेला भरा रहता है। उस रात आलमपनाह के साथ यह ग़ुलाम भी कश्ती में बैठकर उस पार जा पहुँचा। बादशाह सलामत अकसर ही रातों में

तब मुफ़लिसी लिबास में आगरा की गलियों में यह मालूम करने के मक़सद से घूमा करते थे कि उनकी रियाया गुज़र-बसर कैसे करती है। साथ ही, उनके साथ गुफ़्तगू करके यह भी दरयाफ़्त करने की कोशिश किया करते थे कि निज़ाम-ए-सल्तनत के मुलाज़िमों व ओहदेदारों का बर्ताव उनके साथ कैसा है।"

आँखें मूँदे सुन रहे अकबर का सिर उसके सीने पर झुका हुआ था और होंठों पर मन्द मुस्कान थी।

"उस रात जमना-पार हँसते, खिलखिलाते व हंगामा करते हुए लोगों का नज़ारा करते हुए जहाँपनाह बेहद ख़ुश थे।" मीर ग़यासुद्दीन अली ने क़िस्सा जारी रखा। "तभी एक आवाज़ सुनाई दी। 'ज़रा उस आदमी को तो देखो! मैं यक़ीन से कहता हूँ कि वह अकबर बादशाह है।' बदतमीज़ लहजे में कहे गए इस जुमले को सुनते ही मैंने घूमकर देखा तो एक देहाती बादशाह सलामत की तरफ़ उँगली से इशारा कर रहा था। इस बेअदबी पर मुझे बेहद ग़ुस्सा आया। मगर साथ ही आलमपनाह की हिफ़ाज़त को लेकर मुझे डर भी लगा। हमारे पास हथियार के नाम पर कुछ भी तो नहीं था! इसके आगे क्या हुआ, यह तो बादशाह सलामत की ज़बानी सुनना ही बेहतर होगा।"

मीर ग़यासुद्दीन अली की बात पूरी होते-होते अकबर का क़हक़हा ख़ेमे में गूँज उठा।

"एक लम्हे के लिए तो मैं अकबका गया।" अकबर के होंठों से मुस्कुराहट विदा होने का नाम ही नहीं ले रही थी। "मगर फिर मौक़े की नज़ाकत को पहचान कर फ़ौरन ही अपना ऊपरी होंठ ऊपर खींचकर अपने दाँतों को मैंने मसूढ़ों समेत नुमायाँ कर दिया और दोनों आँखों को नाक की तरफ़ घुमाकर मैं भैंगा बन गया। ऐसी शक्ल बनाकर उस देहाती की तरफ़ मैं जैसे ही घूमा, उसके साथ खड़े लोग चिल्ला उठे, 'बादशाह अकबर क्या ऐसे बदसूरत शख़्स हैं? नहीं, नहीं! पहचानने में तुझसे ग़लती हुई है।"

इस दफ़ा अकबर का क़हक़हा पहले से भी ज़्यादा बुलन्द था।

वाक़या सुनकर महफ़िल में मौजूद हर शख़्स के मुँह से हँसी के फ़व्वारे छूट रहे थे, सिवा सलीमा के। जब सब चले गए तो उसने अपना नक़ाब निकाल फेंका और उसकी खिलखिलाहट मोतियों सरीखी पूरे ख़ेमे में बिखर गई। शमाओं की रोशनी में उसका चेहरा भी मोतियों जैसा ही दमक रहा था। उसे अपनी आग़ोश में भर लेने से अकबर बड़ी मुश्किल से ख़ुद को रोका। दरगाह शरीफ़ में दुआ करके वापस चलने तक उसने औरत और शराब से तौबा जो कर रखी थी!

अगली सुबह सफ़र जब फिर शुरू हुआ तो धुन्ध छाई हुई थी। सूती चादर हालाँकि काफ़ी मोटी थी फिर भी सर्द हवा की वजह से अकबर के रोएँ खड़े हो रहे थे। चौड़े मगर कच्चे रास्ते पर बैलगाड़ियों के पहियों से बनी गहरी लक़ीरों और उनकी छाया के लहरदार फ़ीतों पर नज़र टिकाए हुए अपने ख़यालों में गुम अकबर के कानों से अचानक एक तराना जा टकराया। कुएँ का चक्कर काटते हुए बैल रहट को खींच रहे थे और पानी लेकर ऊपर आते चमड़े के थैलों को खेत की नहरों में उलटते हुए एक नौजवान बड़ी ही मस्ती में व निहायत ही दिलकश अन्दाज़ में कोई नगमा गा रहा था। खेत में काम कर रहे चीथड़े पहने हुए आदमी, औरत भी उसके पीछे-पीछे गा रहे थे।

'इन लोगों की मानिन्द मैं भी क्यों ख़ुश नहीं रह सकता?' अकबर के दिल में ख़याल

आया। 'सब कुछ तो है मेरे पास! और अब तो फ़र्ज़न्द भी मिल गया। मगर फिर भी न जाने क्यों ऐसा महसूस होता है कि कुछ कमी है ज़िन्दगी में।'

सूरज डूबते-डूबते वह सीकरी में था।

'चित्तौड़गढ़' के बाद अकबर का तक़रीबन हर महीने ही सीकरी आकर हफ़्ते, दो हफ़्ते ठहरने का जैसे नियम ही बन गया था। जितने दिन वह सीकरी में रहता, रोज़ ही शेख़ साहब से वह ढेरों सवालात किया करता। वुजूद के मानी क्या हैं? ज़िन्दगी का मक़सद क्या है? और अल्लाह व इस्लाम के बाबत उसके ज़ेहन में उठते रहते तमाम ख़यालात को लेकर भी उनमें गुफ़्तगू हुआ करती। जैसे-जैसे वह शेख़ चिश्ती के नज़दीक आता गया, उनमें उसे ख़ुदाई नूर नज़र आने लगा।

शेख़ सलीम चिश्ती के साथ ही रहने के मक़सद से उनके पुराने छोटे मकान को सुधरवाने के साथ ही उसमें दो कमरे भी उसने जुड़वा दिए थे। मगर जब हीरा कुँवर और सलीमा को उसने सीकरी भेजा तो उनके रहने के लिए शेख़ सलीम चिश्ती के मकान के नज़दीक ही एक बड़ी इमारत तामीर करवा दी जिसका नाम उसने रखा था रंगमहल। इस दफ़ा उसका पड़ाव इसी इमारत में था।

रंगमहल में जाकर उसने दूसरी चादर ओढ़ी, कुछ देर आराम किया। फिर वुज़ू करके मग़रिब की नमाज़ पढ़ने के फ़ौरन बाद वह अकेला ही शेख़ सलीम चिश्ती के मकान की तरफ़ चल दिया।

शेख़ चिश्ती इस वक़्त एक कम नब्बे साल के थे फिर भी रोज़ दो दफ़ा ठंडे पानी से वे नहाया करते, ठिठुरती सर्दियों में भी। और बारह महीने सिर्फ़ एक सूती सफ़ेद कमीज़ ही पहना करते, जैसी कि इस वक़्त भी वे पहने हुए थे।

"न जाने किस वजह से मेरे ज़ेहन में हमेशा एक अजीबो-ग़रीब महरूमियत का अहसास बना ही रहता है। ज़िन्दगी गोया कि नामुकम्मल हो। गोया कि कुछ बहुत ज़रूरी हासिल होने से रह गया हो। मगर क्या? यह वाक़फियत नहीं हो पाती।" शेख़ सलीम से अकबर ने अपने दिल की हालत बयाँ की। "रोज़मर्रा के कारोबार के बीच, कई दफ़ा दरबार में बैठे हुए या किसी जश्न में शरीक होते वक़्त भी, बग़ैर किसी ज़ाहिर वजह के ही मेरा दिल उदास हो उठता है।"

शेख़ सलीम ने अपनी आँखें मूँद लीं मगर उनकी उँगलियाँ तस्बीह पर फिरती रहीं।

"तमाम तारीफ़ें अल्लाह के लिए हैं जिसने आसमानों और ज़मीन को पैदा किया और अँधेरों और रोशनी को बनाया।" क़ुरआने-पाक की सूरा अल-अनआम की यह आयत कहकर शेख़ सलीम ने आँखें खोलीं। "ऐसा इस वजह से है कि तुम्हारी रूह को उस अल-वदूद[1] के साथ मुलाक़ात की आरज़ू है। यह आरज़ू हरेक इनसान की रूह में मौजूद है मगर उसे लालच, नफ़रत और ऐशो-आराम की ख़्वाहिशात की गर्द ने ढक दिया है। क़ुरआन शरीफ़ की सूरा अल-आराफ़ में अल्लाह सुबहानु व तआला ने फ़रमाया है : 'और याद करो जब तुम्हारे रब ने निकाली आदम की पुश्त से उनकी औलाद, और उन्हें उनकी जानों पर गवाह बनाया, क्या मैं तुम्हारा रब नहीं हूँ? वह बोले क्यों नहीं! हम गवाह हैं।' उस गवाही की आवाज़ हर इनसान की रूह में गहरे उतरी

1. सर्वाधिक प्रेममय, अल्लाह के निन्यानबे नामों में से एक।

हुई है। और वह गूँजती है। मगर अपनी दुनियावी मसरूफ़ियत में इनसान इस आवाज़ को नज़रअन्दाज़ करता है। ऐशो-आराम के शौक़ में इस आवाज़ का दम घोंटने की कोशिश भी करता है। मगर यह आवाज़, यह क़बूलियत-ए-अल्लाह, यह तो इनसान की रूह का बुनियादी हिस्सा है जो इनसानी वुजूद के आग़ाज़ के वक़्त से ही क़ायम है। हर इनसान के दिलो-दिमाग़ में जो बेचैनी और परेशानी है, अमूमन वह इस आवाज़ को नज़रअन्दाज़ करने, उसे न सुनने की वजह से ही है। लेकिन साफ़-दिल इनसान में इस आवाज़ को सुनने की बेकली और भी ज़्यादा शिद्दत के साथ महसूस हुआ करती है।"

शेख़ सलीम की बात पर ग़ौर करते हुए अकबर के ज़ेहन में चन्द सवालात फिर उठ रहे थे। तभी शेख़ सलीम ने दोबारा बोलना शुरू कर दिया, मानो उसके दिमाग़ को उन्होंने पढ़ लिया हो।

"ख़ुदा की राह में क़दम तो बढ़ाओ! मुश्किलें ख़ुद-ब-ख़ुद दूर होती चली जाएँगी। इब्तिदा ज़िक्र से करो, ज़िक्र-ए-अल्लाह से। मुसलसल उसका नाम लेते रहने से। इसके लिए फ़ुर्सत न निकाल सको तो फ़िक्र मत करो। अपनी हर साँस के साथ उसका नाम लेने की कोशिश करते रहो—चलते वक़्त, खाते वक़्त, दरबार में बैठे हुए। ज़िक्र की डोर कई दफ़ा टूट जाएगी। उसे फिर से पकड़ो। आहिस्ता-आहिस्ता ज़िक्र तुम्हारे वुजूद का वैसा ही नागुज़ीर[1] हिस्सा बन जाएगी जैसे कि साँस लेना।"

शेख़ सलीम ने अपनी आँखें फिर से बन्द कर लीं और देर तक दोनों ख़ामोश बैठे रहे। दरख़्तों के पत्तों के खड़कने के सिवा कहीं कोई आवाज़ नहीं थी।

"दुनियावी मसले मजनूँ की ऊँटनी के माफ़िक़ हैं," यकायक शेख़ सलीम फिर बोल उठे। "वे तो उनके अपने रास्ते चले चलते हैं। अगरचे हम यह समझते हैं कि हम ही उन्हें चला रहे हैं। तुमने सुना तो है न वह क़िस्सा?"

"नहीं! क्या क़िस्सा है वह?" अकबर की आवाज़ और अन्दाज़ में बच्चों सरीखी बेताबी थी।

"लैला से मजनूँ बेपनाह मोहब्बत करता था। एक रोज़ भी अपनी महबूबा को देखे बिना रह पाना उसके लिए मुमकिन न था। लैला अपने गाँव गई तो अगले रोज़ अपनी ऊँटनी पर सवार होकर वह उसके गाँव की तरफ़ चल पड़ा और अपनी माशूक़ा के तसव्वुर में गुम हो गया। उस ऊँटनी का एक बच्चा था जो पीछे घर पर ही छूट गया था। तो ज़रा ही दूर जाकर वह ऊँटनी घर की तरफ़ मुड़ गई। लैला के ख़्वाबों से मजनूँ लम्हे भर के लिए जब जागा तो देखा कि ऊँटनी तो लैला के गाँव से दूर होती जा रही है। उसने फिर उसे लैला के गाँव की तरफ़ मोड़ दिया और फिर से वह लैला के ख़यालों में खो गया। चन्द क़दम चलकर ऊँटनी फिर घर की तरफ़ मुड़ गई। ऐसा कई दफ़ा हुआ और मजनूँ ने पाया कि लैला के गाँव से अब भी वह उतना ही दूर है जितना कि चलते वक़्त था। तब वह बोल उठा।

ऊँटनी की हसरत है मेरे पीछे,
और मेरी तमन्ना मेरे आगे;

---

1. जिससे छुटकारा न हो, अनिवार्य।

बर-ख़िलाफ़ हैं ख़्वाहिशात दोनों की,
नहीं रहा उनमें इत्तेफ़ाक़ बाक़ी।

और फिर ऊँटनी को उसकी मर्ज़ी पर छोड़कर पैदल ही वह लैला के ख़यालों में डूबा हुआ उसके गाँव को चल पड़ा। और लो! कब वह लैला के गाँव पहुँच गया, उसे मालूम ही नहीं हुआ!"

देर रात अकबर रंगमहल लौटा तो सलीमा सोने जा चुकी थी मगर उसकी महफ़िल उसका इन्तज़ार कर रही थी। बग़ैर अपने बादशाह से इजाज़त लिये वे जा भी कैसे सकते थे? उन सबको रुख़्सत कर वह मसनद पर ही लेट गया, जो भी शेख़ सलीम से सुना उस पर ग़ौर-ओ-ख़याल करते हुए। ख़्वाब में उसके फ़िरदौस मकानी बाबर पादशाह और उनके साथ जन्नत-आशियानी भी आए। उनके चेहरों से फ़रिश्तों सरीखा नूर टपक रहा था। उन्होंने ख़ुशी ज़ाहिर की कि ख़ानदान को आगे बढ़ाने का सिलसिला उनके क़ाबिल वारिस ने क़ायम रखा है। फिर उसके अज़ीमो-आलीशान मुस्तक़बिल के लिए उसे दुआ दी और चल पड़े। उसने उन्हें आवाज़ दी कि उनकी ख़ातिर-तवाज़ो का वे उसे मौक़ा तो दें और उनके पीछे दौड़ गया। तभी उसकी नींद खुल गई। नमाज़ पढ़ने के लिए मुअज़्ज़िन दीनदारों को आवाज़ दे रहा था।

उस रोज़ का अपना सफ़र शुरू करने से पहले अकबर उस तालाब को देखने चला गया जिसके बीचोबीच बाबर पादशाह ने हश्त पहलू चबूतरा तामीर करवाया था और फिर दोस्तों के साथ उस पर शराब की महफ़िलें सजाई थीं। उसने वह बावड़ी भी देखी जो उसके बाबा ने ठीक उस जगह बनवाई थी जहाँ उनके हुक्म से एक गड्ढे में शराब की सारी सुराहियाँ ख़ाली कर दी गई थीं।

रास्ते में सलीमा को वह वाक़या सुनाते हुए अकबर ने पूछा, "जानती हो उस रोज़ क्या हुआ था? खानवा की जंग शुरू होने के पेशतर एक अमीर ने फ़िरदौस मकानी से सवाल किया। 'इस जंग को जिहाद किस तरह कहा जा सकता है जबकि शराब पीकर शरीअत की ख़िलाफ़-वर्ज़ी खुलेआम हो रही है। फ़ौरन ही बाबा ने उमरा व फ़ौजियों की मौजूदगी में न सिर्फ़ शराब से तौबा की बल्कि इसी जगह पर बड़ा गड्ढा खुदवाकर शराब की सारी सुराहियाँ उसमें ख़ाली कर दीं और उन सुराहियों के साथ ही शराब के प्याले भी तोड़ दिए।"

"फिर?"

"फिर क्या? बाबा ने ऐसी पुरजोश तक़रीर की कि पस्त-हौसला फ़ौजी वलवले से भर गए! और यह एलान कर तो उनको मैदान-ए-जंग में मौत का इस्तिक़बाल करने के जज़्बे से बाबा ने भर दिया कि इस जंग में जो हलाक होंगे उन्हें शहादत हासिल होगी, और जो हलाक करेंगे वे जिहादी कहलाएँगे।"

कहते हुए अकबर के चेहरे पर मुस्कुराहट खिल गई।

"मैं यक़ीन के साथ कह सकता हूँ बेगम कि फ़ौजियों की हौसला-अफ़ज़ाई के लिए मशहूर सुल्तान इस्कन्दर की तक़रीरें बाबा की तक़रीर से किसी हाल भी बेहतर नहीं रही होंगी। काश कि मैं भी ऐसी तक़रीर कर सकता!"

कहकर अकबर ख़ामोश हो गया और उसके ज़ेहन में वह सब घूमने लगा जो अपने बाबा के बारे में उसने गुलबदन फूफी से सुन रखा था। यकायक ही वह हँस पड़ा और सलीमा से मुख़ातिब होकर बोला,

"तुम्हें मालूम है बाद में क्या हुआ? शराब से तौबा कर लेने का बाबा को इतना मलाल रहा कि अपनी हालत उन्होंने कुछ इस तरह बयाँ की—

शराब से तौबा कर बेक़रार हूँ मैं;
नहीं जानता क्या करूँ, कशमकश में हूँ;
पशेमां होते हैं लोग शराबनोशी से, फिर तौबा करते हैं;
मैंने की है तौबा और अब पशेमान हूँ।"

और क़हक़हा लगाते हुए अकबर के क़दम थम गए।

"वाक़ई! उनकी साफ़गोई, ख़ुद की कमज़ोरियों को लेकर भी, उनके लिए मेरे दिल में बेपनाह मोहब्बत का सबब है!"

जैसे-जैसे अकबर सीकरी से दूर होता गया, खेतों की जगह घने होते जाते जंगलों ने ले ली। नारंगी-लाल फूलों से लदे टेसू के दरख़्त जंगल में जैसे आग लगाए हुए थे। फ़िज़ा में तैरती फूलों, पौधों और दरख़्तों की मिली-जुली महक ने अकबर को ताज़गी के अहसास से भर दिया और उसने लम्बी, गहरी साँस खींची। शेख़ सलीम चिश्ती की सलाह पर अमल करते हुए वह हर क़दम के साथ दिल ही दिल में अल-हक़, अल-हक़[1] दोहराते हुए चले जा रहा था। मगर ज़िक्र की यह डोर कब टूटी और कब वह अपने नन्हे बेटे के ख़यालों में ग़ाफ़िल हो गया, उसे पता ही नहीं चला। उन दिलकश ख़यालों से जैसे ही वह उबरा तो हर क़दम के साथ फिर से अल-हक़, अल-हक़ दिल ही दिल में दोहराने लगा। ज़िक्र की इस डोर के टूटने, जुड़ने का यह सिलसिला पूरे ही वक़्त चलता रहा।

उस शाम अपने ख़ेमे में देर रात जब केवल सलीमा उसके साथ थी, उसने उसे वह सब बताया जो शेख़ चिश्ती से उसने सुना था, ज़िक्र के बारे में ख़ास तौर पर। मगर सलीमा पर उसने यह ज़ाहिर नहीं होने दिया कि सारे रास्ते वह ज़िक्र की कोशिश भी करता हुआ आया है।

"यह आसान नहीं है, जलाल," उसका हाथ अपने हाथों में लेकर सलीमा ने मशविरा दिया। "अगर साफ़-साफ़ कहूँ तो निज़ाम-ए-हुकूमत में तुम्हारी मसरूफ़ियत के मद्दे-नज़र तुम्हारे लिए न तो ज़िक्र मुमकिन होगा, और न ही मुनासिब। इस कायनात को वुजूद में जो लाया है, उसने ही इनसान का वुजूद क़ायम किया है। और हर इनसान की इस दुनिया में ज़िम्मेदारी भी उसने ही तय की है। तुम्हें उसने यह काम सुपुर्द किया हुआ है कि हुकूमत का निज़ाम तुम रियाया की बेहतरी के लिए क़ायम करने की कोशिशें करो। उनके जानो-माल की हिफ़ाज़त और उनकी बरकत के मक़सद से हुकूमत में मुनासिब इन्तज़ामात करो।"

---

1. The Absolute Truth, अल्लाह के निन्यानबे नामों में से एक जो सूफ़ियों को विशेष रूप से प्रिय है।

"एक तरह तुम्हारा ख़याल दुरुस्त है। मगर अपने अन्दर के ख़ालीपन और अधूरेपन के अहसास का मैं क्या करूँ?"

"मेरे ख़याल में जलाल! इस अहसास का ताल्लुक़ तुम्हारे बचपन से है। उस ख़ौफ़ से है जिसके लम्बे सियाह साये तुम्हारी ज़िन्दगी पर छाए रहे। ख़ौफ़ज़दा शख़्स को हमेशा एक सहारा दरकार होता है जो उसे महफ़ूज़ होने का अहसास दे सके। शायद इसी वजह से तुम औलिया, फ़क़ीरों की तरफ़ इतने ज़्यादा खिंचते हो। मगर मैं नहीं समझती कि तुम्हारी मुश्किलात का हल उनके पास होगा। तवारीख़ में ऐसे कई फ़लसफ़ादाँ व आलिम-फ़ाज़िल शख़्स हुए हैं जो तसव्वुर की गहराइयों में जाकर बेशक़ीमती मोती खोज लाए हैं। उन्होंने जो फ़लसफ़ा दिया है, तुम्हें उसकी गहराइयों में उतरकर उसे समझना चाहिए। तब ही तुम्हें वह नुक़्ता-ए-नज़र हासिल होगा जो यह समझ पाने में तुम्हारा मददगार हो कि यह ख़ालीपन और अधूरापन क्यों तुम्हें महसूस होता है? तब ही तुम यह समझ पाने के क़ाबिल भी हो सकोगे कि सच्चा दीन क्या है। कि किस इनसान पर अल्लाह ने क्या फ़र्ज़ किया है, ख़ास तौर पर एक हुक्मरान पर। दो सौ साल पहले जलाल! ईरान में एक सूफ़ी फ़क़ीर हुए थे हज़रत महमूद शबिस्तारी। उन्होंने एक किताब लिखी थी *गुलशन-ए-राज़*। इस तरह का इल्म हासिल करने की अहमियत को उसमें कुछ इस तरह उन्होंने कहा हुआ है—

ताहम[1]*, ख़ोल बग़ैर पकता नहीं दाना;*
इल्म-ए-बेरूँ[2] *से ही होता पैदा, इल्म-ए-दीन शीरीं।*"

राजपूताना में दाख़िल होते वक़्त अकबर सिर झुकाए चलता हुआ सलीमा के साथ गुज़श्ता रात को हुई गुफ़्तगू पर ही ग़ौर कर रहा था कि दूर से आती 'बा..अ..अ..अ' की आवाज़ें सुनकर उसके ख़यालों का सिलसिला टूट गया।

दर्जनों रेवाड़ी भारी-भारी पगगड़ सिर पर बाँधे, लम्बी-लम्बी लाठियाँ हाथों में लिये और कन्धे पर पानी का बरतन लटकाए हुए सैकड़ों ऊँटों, ऊँटनियों और भेड़ों की एक के बाद एक चले आ रहे रेवड़ों को हाँकते चले आ रहे थे। सभी मर्द सफ़ेद सादे लिबास में थे मगर उनकी औरतों ने शोख़ रंगों का उटंग घाघरा और साड़ी से कुछ ही कम चौड़ी ओढ़नी सिर से कमर तक लपेट रखी थी। पाँवों में उन सभी औरतों ने चाँदी के भारी-भरकम कड़े भी डाल रखे थे।

रेगिस्तानी इलाक़ों में बारिश के जो भी थोड़े-बहुत छींटे पड़ते हैं, थोड़ा-बहुत चारा तो जानवरों के लिए पैदा कर ही जाते हैं। मगर जब यह चारा चुक जाता है, तब यह रेवाड़ी इन रेवड़ों को लेकर रेगिस्तान से बाहर निकलते हैं और चरागाह खोजते हुए व उनमें अपने ऊँटों और भेड़ों को चराते हुए सैकड़ों कोस तक चलते चले जाते हैं। मगर उनके गाँव में बारिश जब फिर से आनेवाली होती है तो ऐन मौक़े पर वापस भी पहुँच जाया करते हैं।

मर्द तो सारे पैदल ही चल रहे थे, भेड़ों को भटकने से बचाने के लिए अपने कुत्तों

---

1. तदपि।
2. बाहरी।

के साथ। मगर उनकी औरतें ऊँट या ऊँटनी की पीठ पर उलटी रखी हुई मूँज की रस्सी से बुनी हुई बाँस की चारपाई पर पालथी मारे या पैरों को लटकाए हुए बैठी थीं, छोटे बच्चों को अपनी गोद में लेकर। उस पर ही उनकी पूरी गृहस्थी लदी थी : चन्द बरतन एक बोरी में, दो-एक जोड़ी लिबास एक पोटली में, और एक छोटा-सा तम्बू। शाम होने के पहले ही खुले मैदान में उनकी चारपाइयाँ बिछ गईं। बिखरे पड़े पत्थरों की जमावट कर चूल्हे बन गए। सूखा हुआ गोबर व सूखी हुई टहनियाँ जलाकर रोटले सेंके जाने लगे। रास्ता चलते इकट्ठी की गई इमली की फलियों को पत्थर पर घिसकर आदमियों ने तुरत-फुरत चटनी बना ली और ऊँटनी के दूध के साथ रोटला-चटनी खाते हुए आदमी और औरतें आपस में हँसने-बतियाने लगे।

रोटलों की भीनी महक ने अकबर की भूख जगा दी।

'कितने ख़ुश हैं यह लोग इतने थोड़े में भी! इससे ज़्यादा की अल्लाह से शायद यह उम्मीद भी नहीं करते।'

अल्लाह का ख़याल आते ही अकबर को याद आया कि ज़िक्र को तो उस रोज़ वह बिलकुल ही भूल गया था बल्कि सारे रास्ते ऐसे पेचीदा सवालों में उसका दिमाग़ उलझा रहा कि क़यामत के रोज़ ख़ुदा मुझे कैसे नज़र आएगा? क्या मुझे वाक़ई वह नज़र आएगा? और क्या हक़ीक़त में मेरा उससे मिलना होगा? क़यामत क्या वाक़ई होगी और क्या वाक़ई रोज़-ए-आख़िरत तय है? और फिर यह शुबहा भी हुआ कि ऐसे सवालों का दिमाग़ में आना कहीं कुफ्र तो नहीं?

अकबर इन्हीं ख़यालों में डूबा हुआ था जब ज़ाफ़रानी रंग का अज़ीम गोला दबे पाँव आसमान में चलता हुआ अरावली की पहाड़ियों पर झूल गया।

टोडा में शाही पड़ाव लग चुका था। फारिग़ होकर सब अकबर के ख़ेमे में आ गए और महफ़िल जम गई। न जाने क्यों अकबर का दिल आज उदास था। चुनाँचे मीर ग़यासुद्दीन अली ने अपनी ख़ुशगुलू आवाज़ में मौलाना जलालुद्दीन रूमी के *दीवान-ए-शम्स तबरेज़*[1] से जब यह अश'आर पढ़े, तो उसकी आँखों से अश्क बह निकले—

गुज़श्ता रोज़ जब सहर हो चली,
मेरे 'महबूब' ने मुझसे कहा...,
तुम एक बूँद हो मेरे समन्दर की,
क्यूँ उलझे हो बारिश में अल्फ़ाज़ की?
आओ! इस समन्दर में डूब जाओ।
और भर लो रूह की सीप को—मोतियों से!

"इसके मानी क्या यह हुए कि उसके बारे में कुछ कहने-सुनने के लिए अल्फ़ाज़ नाकाफ़ी हैं?" ख़ुद को सँभाल चुकने के बाद अकबर ने सवाल किया।

"जहाँपनाह! मौलाना रूमी ने इस सवाल का बड़ा ही ख़ूबसूरत जवाब दिया है।"

---

1. शम्स-तबरेज़ मौलाना रूमी के मुर्शिद या धर्म-गुरु थे जिनके नाम पर उन्होंने अपने दीवान का नाम रखा था।

मीर ग़यासुद्दीन अली ने मुस्कुराते हुए कहा। "आलमपनाह की इजाज़त हो तो कुतुबख़ाने से एक किताब ले आऊँ।"

अकबर जहाँ भी, जब भी किसी सफ़र या मुहिम पर रवाना होता, एक कुतुबख़ाना उसके कारवाँ के साथ हर हाल में चलता। बचपन से उसने देखा था कि उसके अब्बा किताबें पढ़ने के बेहद शौक़ीन थे और एक कुतुबख़ाना हमेशा उनके साथ चलता था। उनके चले जाने के बाद वह कुतुबख़ाना उसके कारवाँ का हिस्सा हो गया। वक़्त के साथ उसमें कई उम्दा किताबें जुड़ती गईं और उसके कभी न ख़त्म होनेवाले सवालात की वजह से कुतुबख़ाना उसकी ज़रूरत भी बन गई।

मौलाना रूमी की किताब *फ़िए मा फ़िही*[1] में से मीर ग़यासुद्दीन अली ने पढ़ना शुरू किया।

"जहाँपनाह! मौलाना रूमी कहते हैं : 'ज़ेहनी तसवीरों के जहाँ में अहसास और तसव्वुर की दुनिया से ज़्यादा गुंजाइश है, क्यूँकि इनकी पैदाइश ज़ेहनी तसवीरों से ही है। इसी मानिन्द, ज़ेहनी तसवीरों का आलम उस आलम के मुक़ाबिल तंग है जो इन ज़ेहनी तसवीरों की पैदाइशगाह है। ज़बानी समझ हमें सिर्फ़ यहीं तक ले जा सकती है, क्यूँकि अल्फ़ाज़ में हक़ीक़त बयाँ नहीं हो सकती। तो फिर अल्फ़ाज़ का क्या फायदा? किसी ने पूछा। अल्फ़ाज़ का फायदा यह है कि यह हमें होशियार करते हैं और तलाश करने पर हमें आमादा करते हैं। मगर जो तुम तलाश रहे हो वह अल्फ़ाज़ से हासिल नहीं हो सकता। क्यूँकि अगर ऐसा मुमकिन होता तो जिहाद[2] और फ़ना की कोई ज़रूरत ही न होती। अल्फ़ाज़ कुछ इस मानिन्द हैं कि दूर कहीं कुछ हरकत देखते हो और उसकी तरफ़ दौड़ते हो यह देखने के मक़सद से कि वह क्या है? मगर देख नहीं पाते कि क्या है जो हरकत कर रहा है। इनसानी ज़बान भी ऐसी ही है। तुम्हें यह तहक़ीक़ पर आमादा करती है।"

"क्या ख़ूब कहा है मौलाना रूमी ने!" अकबर की आँखों से उदासी दूर हो उनमें चमक आ गई थी। "मगर यह फ़ना क्या है?"

"जहाँपनाह! सूफ़ी तसव्वुफ़[3] के मरकज़ में वहदत-उल-वुजूद[4] का फ़लसफ़ा है।" मीर अब्दुल लतीफ़ क़ज़विनी ने समझाया। "इस फ़लसफ़े के मुताबिक़ यह कायनात और अल्लाह अलहदा नहीं हैं। इनसान को जब यह इल्म हो जाता है तो उसकी नक़ली ख़ुदी ख़त्म हो जाती है और वह हासिल-ए-अल्लाह हो जाता है। ख़ुद की हस्ती का यह मिट जाना ही फ़ना है। सूफ़ी इसे मौत के पेशतर फ़ौत होना भी कहते हैं। क्यूँकि जब कोई शख़्स ख़ुद की हक़ीक़त से रूबरू होने लगता है तो अपनी महदूद[5] शख़्सियत का अहसास उसे बाक़ी नहीं रहता। उसे तब यह इल्म हो जाता है कि अल्लाह और वह एक हैं व यकसाँ हैं। और मुकम्मल वुजूद उसका ही वुजूद है। मौलाना रूमी इस हक़ीक़त को इस तरह भी फ़रमाते हैं :

---

1. शब्दशः, 'वहाँ क्या है'।
2. धर्मयुद्ध, संयम या इन्द्रियनिग्रह के लिए ख़ुद से लड़ाई अथवा प्रयास।
3. अध्यात्मवाद।
4. अस्तित्व का ऐक्य, अद्वैत।
5. सीमित, जिसका अन्त हो, अन-अनन्त।

समन्दर की तुम सिर्फ़ एक बूँद नहीं हो;
एक बूँद में तुम समन्दर हो!"

"वल्लाह! कितनी ख़ूबसूरती से इतनी गहरी बात कह दी! मर्हबा! मर्हबा!" अकबर की आवाज़ और उसकी आँखों से ख़ुशी टपकी पड़ रही थी। मौलाना रूमी के अश'आर उसने पहले भी सुने थे। मगर उसके पास तब वह नुक़्ता-ए-नज़र नहीं था जो उन अश'आर में छुपे हुए मानी उसके दिल में उतार देता। पहली दफ़ा उसने जाना, और उसे ताज्जुब हुआ यह जानकर कि जानने की ख़ुशी ऐसी ज़बर्दस्त मसर्रत-बख़्श[1] भी हो सकती है।

देर तक वह अपने सिर को सीने पर झुकाए व आँखें मूँदे बैठा रहा, उसके होंठों पर खेलती मन्द मुस्कान उस सुरूर की गवाही देती हुई जिसमें वह डूबा हुआ था। फिर अपनी आँखें खोलते हुए उसने पूछा,

"लेकिन क्या यह शिर्क[2] नहीं? यह कहना कि अल्लाह और इनसान एक हैं या हो सकते हैं।"

"क़तई नहीं, जहाँपनाह! बल्कि यह कहना शिर्क है कि इस कायनात में अल्लाह से दीगर कुछ है या उससे अलहदा कुछ है। जब अज़ीम सूफ़ी फ़क़ीर मंसूर अल-हल्लाज को कायनात व अल्लाह में इत्तिहाद का यह इल्म हासिल हुआ तो वह चिल्ला उठा: अन-अल-हक़![3] अन-अल-हक़!"

मीर अब्दुल लतीफ़ क़ज़विनी की बातों पर ग़ौर करते हुए अकबर ने आँखें मूँद लीं और सिर को सीने पर झुका लिया। महफ़िल में देर तक ख़ामोशी छाई रही। उलेमा से उसने अब तक जो सुना था, उससे तो यह बातें बिलकुल ही फ़र्क़ थीं!

"जहाँपनाह! कलाम-ए-पाक में कहा गया है," लम्बी ख़ामोशी को आख़िरकार मिर्ज़ा अज़ीज़ कोका ने तोड़ा कि "इस कायनात की तख़्लीक़[4] अल्लाह ने की है। ज़मीन और आसमान, आफ़ताब और माहताब, सबका ही वुजूद उससे है। तो ख़ालिक़ और मख़्लूक़[5] एक कैसे हो सकते हैं?" भौंहें सिकोड़ते हुए उसने दरयाफ़्त किया।

"जहाँपनाह! तक़रीबन तीन सौ साल पहले एक सूफ़ी फ़लसफ़ादाँ और बेहतरीन शायर हुए हैं शेख़ इब्ने अरबी जिन्हें वहदत-उल-वुजूद के अक़ीदे का बानी[6] माना जाता है। उनका यक़ीन था कि इस कायनात के ज़रिये अल्लाह ख़ुद को ही ज़ाहिर कर रहा है, जिसका कि हम सब एक हिस्सा हैं।" मीर क़ज़विनी ने बताया। "इसके मुताबिक़ मसला सिर्फ़ इस बात से वाक़िफ़ होने से है कि अल्लाह एक है और वह इस पूरी कायनात में क़ायम है—आलमपनाह में, मुझमें, हम सबमें। इस वजह से ही

1. आनन्ददायक।
2. ईश्वरत्व में ईश्वर के सिवा किसी को शामिल करना, अनेकेश्वरवाद।
3. अल्लाह मैं ही हूँ।
4. सृजन।
5. सृष्टिकर्ता और उत्पन्न, जनक और जनित।
6. वहदत का अर्थ है अद्वैत भाव या एकत्व। वहदत-उल-वुजूद का अर्थ है अस्तित्व का एकत्व। यानी एक ईश्वर के सिवा कोई अस्तित्व नहीं। बानी का अर्थ है किसी काम की शुरुआत करनेवाला, संस्थापक।

शेख़ इब्ने अरबी का यह कहना हुआ कि अल्लाह के साथ एक होने के वास्ते सूफ़ी तरीक़े पर चलने की बात ही बेबुनियाद है क्यूँकि उससे जुदा तो हम कभी हैं ही नहीं! चुनाँचे यह मसला उस मंज़िल तक पहुँचने के वास्ते सूफ़ी के जिहाद का नहीं है, जिससे कि वह दूर है। बल्कि यह मसला सूफ़ी का अल्लाह के साथ इत्तिहाद की हक़ीक़त से बा-ख़बर होने का है। और यह इल्मे हक़ीक़त उसके ही अन्दर मौजूद है।"

बीरबल, जो बड़े ग़ौर से यह सब सुन रहा था, बोलने से ख़ुद को अब रोक न सका।

"जहाँपनाह की इजाज़त हो तो यह ग़रीब ब्राह्मण भी कुछ कहने के लिए बेताब है।"

"ज़रूर, बीरबल! कहो क्या कहना चाह रहे हो।" इजाज़त देने के अन्दाज़ में अकबर ने अपना हाथ उसकी तरफ़ हिलाया।

"जहाँपनाह! ठीक यही बात हमारे आदिगुरु शंकराचार्य ने भी कही है, जिन्होंने हमारे मज़हब में अद्वैत का अक़ीदा क़ायम किया था। इसके मुताबिक़ आत्मा यानी रूह हर इनसान में ही नहीं, हर जानवर में भी है और वह नाक़ाबिल-ए-फ़ना है। और ब्रह्म इस कायनात की सबसे अज़ीम, सबसे आला हस्ती है जो न सिर्फ़ इस कायनात की जानदार और बेजान हर शै में समाया हुआ है बल्कि वह हर शै को अपने में समाए हुए भी है। आदिगुरु शंकराचार्य कहते हैं कि आत्मा व ब्रह्म, यह दोनों जुदा नहीं हैं। बल्कि दोनों एक ही हैं।"

"कायनात की हर शै में समाया है और हर शै को अपने में समाए हुए भी है, यह बात कुछ हज़म नहीं हुई बीरबल," कुछ देर तक सोचते रहने के बाद अकबर ने अपना शुबहा ज़ाहिर किया। "इसको क्या तुम और खुलकर समझा सकते हो?"

"जहाँपनाह! इस फ़लसफ़े को यूँ समझा जा सकता है कि ब्रह्म एक दरिया है। और हमारे जिस्म मुख़्तलिफ़ क़िस्म के घड़े हैं। जब यह घड़े दरिया यानी ब्रह्म में तैरते हैं तो दरिया का पानी उनमें भर जाता है। घड़े में भरा हुआ पानी आत्मा है। इस तरह ब्रह्म हर घड़े में समाया हुआ है और यह सारे घड़े दरिया में यानी उसमें समाए हुए भी हैं। आलमपनाह! यहाँ ग़ौर करने की बात यह है कि दरिया का पानी और घड़े का पानी जुदा होकर भी जुदा नहीं हैं। असल में वे एक ही हैं। चुनाँचे जब आख़िरी वक़्त आता है और जिस्म ख़त्म हो जाता है यानी घड़ा टूट जाता है तो उसमें भरा हुआ पानी यानी आत्मा दरिया में यानी ब्रह्म में मिलकर उसके साथ एक हो जाता है।"

"बहुत ख़ूब! कितने ख़ूबसूरत तरीक़े से तुमने समझाया है बीरबल! मर्हबा!" अकबर की नज़रों में बीरबल के लिए इज़्ज़त आज कुछ और बढ़ गई थी।

अगला पड़ाव फूलमहल नाम की जगह में था। उस रात जैसे ही महफ़िल बैठी, मीर अब्दुल लतीफ़ क़ज़विनी ने अपने जामे की ज़ेब से एक बयाज़ निकालते हुए कहा, "जहाँपनाह ने गुज़श्ता रात एक सवाल किया था। वहदत-उल-वुजूद का नज़रिया इनसान और अल्लाह को बराबर का दर्जा देकर क्या शिर्क का गुनहगार नहीं? आलमपनाह! शेख़ इब्ने अरबी का शाहकार *अल-फ़ुतुहात अल-मक्किया*[1] जिसे अरबी ज़ुबान में लिखा गया था, उसके चन्द हिस्सों का तर्जुमा इस बयाज़ में दर्ज है। मुझे यक़ीन है

1. शीर्षक का शब्दश: अनुवाद है मक्का में हुईं प्राप्तियाँ या प्रकटन; अंग्रेज़ी में अनुवादित किताब का शीर्षक है *Meccan Revelation*।

कि जहाँपनाह को इसमें अपने सवाल का जवाब मिल जाएगा।"

यह कहकर वह बयाज़ उन्होंने खोली, उसके पन्ने पलटे और फिर खुली हुई बयाज़ को अपने बेटे के हाथ में उन्होंने थमा दिया। सालोसाल किताबें पढ़कर अकबर को सुनाते रहने से मीर ग़यासुद्दीन अली का तलफ़्फ़ुज़ निहायत ही साफ़ और सही हो गया था।

"कोई ख़ुदा नहीं अलावा अल्लाह के। और अल्लाह अल-हक़ है।" मीर ग़यासुद्दीन अली ने पढ़ना शुरू किया। "इसके मानी हुए कि कुछ भी अस्ल नहीं, कोई हक़ीक़त नहीं अलावा अल्लाह के। सिवा अल्लाह के हक़ीक़त में कोई वुजूद नहीं। चुनाँचे जिसका भी वुजूद है वह सब अल्लाह है। क्यूँकि ऐसा कोई वुजूद नहीं जो अल्लाह न हो। और फिर भी अगर कुछ ऐसा है जो अल्लाह नहीं है तो इसके मानी होंगे कि अल्लाह अल-वाहिद[1] नहीं। इस कायनात में तब दो असलियत होंगी : अल्लाह और ना-अल्लाह।"

मीर ग़यासुद्दीन अली ने ठहरकर अकबर की तरफ़ देखा, यह जानने के लिए कि जो उसने पढ़ा वह बादशाह सलामत पर साफ़ ज़ाहिर हुआ या नहीं।

"इसे दोबारा पढ़ो और आहिस्ता-आहिस्ता पढ़ो," कुछ वक़्त ख़यालों में डूबे रहने के बाद अकबर ने इसरार किया।

मीर ग़यासुद्दीन अली ने इबारत को दोबारा एक-एक जुमला जुदा-जुदा करके पढ़ा।

"जहाँपनाह! इसी वजह से शेख़ इब्ने अरबी ने ज़ोर देकर कहा था कि हक़ीक़त में यह दावा करना शिर्क है कि कायनात अल्लाह से अलहदा है।" मीर अब्दुल लतीफ़ क़ज़विनी ने कैफ़ियत दी। "हक़ीक़त एक है : अल्लाह। असलियत एक है : अल्लाह। चुनाँचे कोई वुजूद मुमकिन ही नहीं, सिवा अल्लाह के।"

"बात ज़रा पुरपेच है मगर ग़ौर करने पर दलील सही मालूम होती है," अकबर ने थोड़ा समय लिया अपनी राय ज़ाहिर करने में। "यक़ीनन बड़ी गहरी और ख़ूबसूरत बात कही है शेख़ साहब ने!"

"जहाँपनाह की इजाज़त हो तो इबारत को आगे पढ़ूँ?" मीर ग़यासुद्दीन अली ने पूछा।

"बेशक! बेशक!"

"अल्लाह के नाम जो कि उसकी ख़ुसूसियात बयाँ करते हैं जैसे अल-कबीर, अर-रहीम, अल-ग़फ़्फ़ार, अल-अलीम, अल-हादी[2] वग़ैरा सब ख़िल्क़त से ही तो ताल्लुक़ रखते हैं! अल्लाह तो अल-कामिल व अल-क़य्यूम[3] है और वुजूद की हद से आज़ाद है। मगर उसका कोई भी नाम होने के लिए किसी वुजूद का होना भी तो लाज़िमी है। अल्लाह के मुख़्तलिफ़ नामों में बयाँ हुई उसकी ख़ुसूसियात बग़ैर वुजूद-ए-ख़िल्क़त[4] के मुमकिन ही नहीं, ख़ास तौर पर बग़ैर वजूद-ए-इनसान के जो इन ख़ुसूसियात को अमलीजामा पहना सके—मसलन रहम।"

"इसके तो मानी यह हुए कि इनसान का वुजूद अल्लाह को भी दरकार है। तो फिर

1. एक, अकेला; अल्लाह के निन्यानबे नामों में से एक।
2. क्रमशः महानतम, कृपानिधान, क्षमाशील, सर्वज्ञ, पथ-प्रदर्शक; अल्लाह के निन्यानबे नामों में से।
3. सम्पूर्ण व स्वपोषित; अल्लाह के निन्यानबे नामों में से।
4. सृष्टि का अस्तित्व।

उसे हम अस-समद[1] कैसे कह सकते हैं?" अकबर की भौंहें तन गईं। "अल्लाह के नबी सल्लल्लाहु अलैहि वसल्लम ने क्या नहीं फ़रमाया था कि इनसान को तो उसकी ज़रूरत है मगर उसे किसी भी क़िस्म की कोई ज़रूरत नहीं, न इनसान की, न ही किसी और शै की।"

"जहाँपनाह! शेख़ इब्ने अरबी ने यह भी तो कहा है कि अल्लाह से जुदा कोई वुजूद नहीं।" सलीमा ने इस नज़रिये की अपनी ही अलग तफ़सीर पेश की। "चुनाँचे इनसान, जिसकी उसे ज़रूरत है, वह उससे अलग नहीं। इसके मानी यह हुए कि उसकी ज़रूरत वह ख़ुद है। उसकी ज़रूरत उसके अन्दर ही है। क्या इसी वजह से उसे अल-क़य्यूम नहीं कहा जाता?"

अकबर सलीमा के लिए जलाल सिर्फ़ ज़ाती तौर पर था। सबके सामने वह भी बाअदब उसे जहाँपनाह ही पुकारा करती थी।

"वल्लाह बेगम! आपकी दलील तो नाक़ाबिले-तर्दीद[2] है!" अकबर ने तारीफ़ भरी नज़रों से सलीमा को देखते हुए कहा। "मगर शेख़ इब्ने अरबी यह भी तो फ़रमाते हैं कि अल्लाह का कोई भी नाम होने के लिए वुजूद ज़रूरी है।" मीर ग़यासुद्दीन के अल्फ़ाज़ याद करते हुए अकबर बोला। "और उसके नाम ही उसकी ख़ुसूसियात हैं जिनसे हम उसे पहचानते हैं। जिनसे हम पुकारते हैं उसको जिसकी कोई शक्ल नहीं, जिसका कोई चेहरा नहीं। तो इसका मतलब यह हुआ कि उसके नाम वे ज़रिया हैं जिनकी मार्फ़त हम इनसानों पर वह ज़ाहिर होता है। ऐसी हालत में यह तजवीज़ कि उसका कोई भी नाम होने के लिए वुजूद ज़रूरी है हमें इस नतीजे पर पहुँचा सकता है कि ख़िल्क़त या इस कायनात के ज़रिये वास्तव में वह ख़ुद को ही ज़ाहिर करने का ख़्वाहिशमन्द है। दूसरी तरफ़ इनसान में भी ख़ुद को ज़ाहिर करने की ख़्वाहिश है, नज़्म या मौसीक़ी के ज़रिये या फिर तसवीर-निगारी के ज़रिये। अगर अल्लाह और इनसान में इत्तिहाद है तो इनसान की यह ख़ुद को ज़ाहिर करने की ख़्वाहिश इलाही ख़्वाहिश का ही हिस्सा नहीं?"

"वल्लाह जहाँपनाह! बेहतरीन! बेहतरीन दलील! अहादीस में एक रिवायत भी है।" मीर ग़यासुद्दीन अली ने अर्ज़ किया। "अल्लाह सुबहानु व तआला ने फ़रमाया कि 'मैं एक छिपा हुआ ख़ज़ाना था और मैं ख़्वाहिशमन्द था उजागर होने के लिए, चुनाँचे यह कायनात मैंने बनाई जिससे कि मैं पहचाना जाऊँ।' शायद यही वजह है आलमपनाह कि अपने जज़्बातो-ख़याल का इजहार, चाहे सुख़नगोई के ज़रिये या मौसीक़ी ज़रिये, दिल को मसर्रते बेहद से भर देता है।"

मीर अब्दुल लतीफ़ क़ज़विनी के हाथों की हरकत बता रही थी कि अपनी बात कहने के लिए वे बेताब हो रहे हैं। मीर ग़यासुद्दीन अली की बात ख़त्म होते ही वे बोल उठे, "जहाँपनाह! इस बाबत मैं इस बात को साफ़ करना चाहूँगा कि इस रिवायत के सही होने बाबत उलेमा में इत्तेफ़ाक़े-राय नहीं हैं। मगर साथ ही इस मसले पर और

---

1. जिसके सब ज़रूरतमन्द हों मगर वह किसी का ज़रूरतमन्द नहीं, अल्लाह के निन्यानबे नामों में से एक।
2. अकाट्य, अखंडनीय।

रोशनी डालने की इजाज़त भी मैं चाहूँगा कि अल्लाह का कोई भी नाम होने के लिए वुजूद का होना लाज़िमी क्यों है।"

"ज़रूर! ज़रूर! आपके इल्म का फ़ायदा उठाने के हम तो हमेशा ही ख़्वाहिशमन्द हैं।"

"जहाँपनाह की यह तो ज़र्रानवाज़ी है! आलमपनाह! अल्लाह तो बेसूरत है। इस वजह से अल्लाह को हम उसकी ख़ुसूसियात से याद करते हैं, मसलन अर-रहमान या अर-रहीम। मगर इन अल्फ़ाज़ के, रहमान या रहीम के, कोई मानी ही नहीं अगर कोई इनसान न हो जिसके दिल में रहम का जज़्बा हो व जिसके अमल में रहम की सिफ़त ज़ाहिर हो। मोहब्बत लफ़्ज़ से जहाँपनाह कोई इनसान क्या समझ पाएगा अगर दुनिया में ऐसा शख़्स ही न हो जिसके दिल में यह जज़्बात हो? इसके मानी यह हुए कि इनसान का अगर वुजूद नहीं होगा तो अल्लाह की ख़ुसूसियात बयान करने का भी कोई तरीक़ा न होगा। ऐसी हालत में हम अल्लाह का ख़याल कैसे कर सकेंगे? उसे कोई भी शक्ल देने की तो इस्लाम में सख़्त मुमानियत है। इस वजह से उसकी ख़ुसूसियात का जामा उसे पहनाकर ही हम अल्लाह को याद कर पाते हैं। जब हम अल्लाह को याद करते हैं तो हम उस अल्लाह को याद करते हैं जो अर-रहमान है या अल-ग़फ्फार है या अल-कबीर है। दरअसल, उसकी इन ख़ुसूसियात से ही हम समझ पाते हैं, हालाँकि मुकम्मल तौर पर नहीं कि अल्लाह क्या है, कैसा है। और यह सिर्फ़ इस वजह से मुमकिन हुआ कि इस कायनात में उसने इनसान को पैदा किया, जिसने इन अल्फ़ाज़ को मानी दिए।"

"बहुत ख़ूब! बहुत ख़ूब!" अकबर की आँखों में बेपनाह ख़ुशी झलक रही थी। "बड़ी ही ख़ूबसूरत दलीलें दी हैं आपने।" फिर कुछ देर सिर को सीने पर झुकाए हुए आँखें मूँदे रहने के बाद उसने सवाल किया, "लेकिन इसका मतलब तो यह हुआ क़ज़विनी साहब कि अल्लाह का ख़याल पैदा ही नहीं हो सकता अगर इनसान का वुजूद न हो। मगर वह इनसान, जिसे उसने ही बनाया है, वह उस पर या उसके ख़याल पर भी, तरजीह किस तरह पा सकता है?"

"जहाँपनाह अल्लाह तो जावेदाँ है। वह हमेशा से है और हमेशा रहेगा। इनसान का वुजूद न होता तो भी उसका वुजूद तो यक़ीनन ही क़ायम होता।"

मीर अब्दुल लतीफ़ क़ज़विनी जब यह कह रहे थे तो उनकी आँखों में अपने बादशाह के लिए एक नई इज़्ज़त साफ़ नज़र आ रही थी। पहली दफ़ा जलन्धर में जब वे अकबर से मिले थे तो वह सिर्फ़ तेरह साल का लौंडा था, इल्म हासिल करने में जिसकी रत्ती भर भी दिलचस्पी नहीं थी। फिर गुज़रते वक़्त के साथ उन्होंने उसमें अहम तब्दीलियाँ देखीं जब मज़हब और तवारीख़ के बाबत मालूमात करने की चाहत उसमें पैदा हुई। इसके साथ ही उन्होंने पाया कि उसके मज़हबी नज़रिये में आज़ाद-ख़याली भी आने लगी जिसके नतीजे उसके सियासी फ़ैसलों में दिखने लगे। और अब फ़लसफ़े के मसलों में वह न सिर्फ़ वह दख़ल दे रहा था बल्कि दानिशमन्दी के साथ वाजिब दलीलें भी पेश कर रहा था। अकबर की शख़्सियत में हो रहे इस बदलाव को देख उन्हें ख़ुद पर भी फ़ख़्र होता क्यूँकि इस बदलाव में उनका भी बड़ा हाथ था।

"मगर इसमें कोई शक नहीं आलमपनाह कि अल्लाह के ख़याल का वुजूद इनसानी वुजूद के ख़याल के बग़ैर मुमकिन न था।" मीर अब्दुल लतीफ़ क़ज़विनी ने कहना जारी रखा। "जहाँपनाह! किसी भी शै के वुजूद में आने के पेशतर उस शै की तसवीर तसव्वुर में बनती है, जैसे कि एक बुत-तराश के तसव्वुर में बनती है उस बुत की तसवीर जो कि वह बनानेवाला है। इस दलील के मुताबिक़ इनसान के वुजूद में आने के पेशतर ही उसकी तसवीर अल्लाह के तसव्वुर में रही होगी। मगर अल्लाह तो कामिल[1] है, और जो कामिल है उसमें कोई तब्दीली मुमकिन ही नहीं, न ही उसमें कुछ इज़ाफ़ा किया जा सकता है। इसके मानी यह हुए कि अल्लाह के तसव्वुर में इनसानी वुजूद का ख़याल हमेशा से मौजूद था। चूँकि अल्लाह जावेदाँ है तो इनसानी वुजूद का ख़याल भी जावेदाँ हुआ। और अल्लाह की सभी ख़ुसूसियात इनसानी वुजूद के इस जावेदाँ ख़याल में मौजूद थीं, हालाँकि अपने उरूज पर यह ख़ुसूसियात सिर्फ़ और सिर्फ़ अल्लाह में ही मौजूद हो सकती हैं।"

काफ़ी देर तक अकबर आँखें मूँदे और सिर को सीने पर झुकाए हुए बैठा रहा और फिर यकायक चिल्ला उठा। "वल्लाह!! क्या ग़ज़ब की दलील पेश की है आपने! मर्हबा! मर्हबा! समझने में कुछ वक़्त लगा मगर दलील आपकी यक़ीनन बे-नुक़्स है। आफ़रीन!"

"जहाँपनाह! फ़लसफ़े के मसलों में तक़रीर को कई दफ़ा सुनने पर और जो सुना है उस पर ग़ौर करते रहने पर ही उनमें पोशीदा ख़याल ज़ाहिर होते हैं।" सलीमा ने मुलायमित से टोका। "आज की महफ़िल को अब क्या बर्ख़ास्त कर देना मुनासिब नहीं होगा?"

आधी रात गुज़र चुकी थी और हर औरत की तरह उसे भी अपने खाविन्द को माक़ूल आराम मिलने की फ़िक्र थी। लेकिन इल्म की भूख एक बार जिसकी खुल जाती है, उसका पेट आसानी से फिर कहाँ भरता है? और कैसे उसे बिना अपने सवालों के जवाब पाए नींद आ सकती है?

"नहीं, अभी नहीं। पहले शेख़ इब्ने अरबी की बात पूरी हो जाने दो," कहते हुए उसने मीर ग़यासुद्दीन अली की जानिब इशारा किया। "आगे क्या फ़रमाते हैं शेख़?"

"जहाँपनाह! शेख़ कहते हैं : 'हक़ीक़त में हम क्या हैं, इससे वाक़िफ़ होने के लिए हमें एक तरफ़ रख देनी होंगी हमारे दिमाग़ में मौजूद इससे वाबस्ता[2] सारी मालूमात कि हम क्या हैं।" मीर ग़यासुद्दीन अली आहिस्ता-आहिस्ता व रुक-रुककर हरेक जुमला पढ़ रहा था। "इस तरह से अपनी शिनाख़्त को भूल जाने के बाद जो बाक़ी रहता है सिर्फ़ वह हमारे वुजूद की असलियत है। हक़ीक़त को आईने में देखने के लिए पहले उसे साफ़ करना ज़रूरी है। ख़ुदी को तर्क कर दो जो कि अल्लाह से और बाक़ी सबसे भी 'मैं' के जुदा होने का अहसास है। और इस ख़ुदी की मौत यानी फ़ना होने के बाद भी जो क़ायम रहता है सिर्फ़ वह वहम के पीछे की असलियत है, जो कि अल्लाह है।"

"क़ज़विनी साहब! फ़ना होना क्या है यह मैं अब भी मुनासिब तौर पर नहीं समझ सका हूँ। क्या इस पर आप और भी तफ़सील से रोशनी डालेंगे?"

"जहाँपनाह! फ़ना होना कुछ ऐसा है जैसे कि किसी की मोहब्बत में कोई गिरफ़्तार

1. सम्पूर्ण, परिपूर्ण।
2. सम्बन्धित।

हो जाए।" मीर अब्दुल लतीफ़ क़ज़विनी के होंठों पर मन्द मुस्कान तैर गई। "तब उसे न तो वक़्त का ख़याल रहता है, न ही उसे भूख महसूस होती है। यहाँ तक कि उसे अपने होने का, अपने वुजूद का अहसास तक बाक़ी नहीं रहता। क्यूँकि उसका मुकम्मल वुजूद मोहब्बत में और अपनी महबूबा के ख़यालों में खोया रहता है। या यूँ कहें कि महबूबा का ख़याल ही आशिक़ का वुजूद बन जाता है। ख़ुदी का यह ख़त्म हो जाना ही आलमपनाह फ़ना है। लेकिन ऐसा तब होता है जब किसी को वहदत-उल-वुजूद का अहसास हो जाता है। तब उसे वाक़फ़ियत होती है कि हक़ीक़त में तो अल्लाह से अलहदा उसका अपना कोई वुजूद ही नहीं!

"बहुत शुक्रिया क़ज़विनी साहब! बड़े ही दिलचस्प तरीक़े से आपने बताया है। मीर ग़यासुद्दीन अली! आख़िरी दो जुमले क्या एक दफ़ा फिर पढ़ोगे?"

"ख़ुशी से जहाँपनाह! शेख़ कहते हैं, 'ख़ुदी को तर्क कर दो जो कि अल्लाह से और बाक़ी सबसे भी 'मैं' के जुदा होने का अहसास है। और इस ख़ुद की मौत के बाद या फ़ना होने के बाद भी जो क़ायम रहता है सिर्फ़ वह वहम के पीछे की असलियत है, जो कि अल्लाह है'।"

"क़ज़विनी साहब! यह वहम के पीछे की असलियत के क्या मानी हुए? शेख़ यहाँ पर वहम किसे कह रहे हैं? क्या है यह वहम?"

"जहाँपनाह! वहम यह कि अल्लाह से हम जुदा हैं।" मीर अब्दुल लतीफ़ क़ज़विनी ने समझाया। "कि अल्लाह से अलहदा भी इस कायनात में कोई वुजूद है। आलमपनाह! यह वहम उन पर्दों के माफ़िक़ है जिन्होंने हक़ीक़त को हमसे छिपा रखा है। जब इन पर्दों को गिरा दिया जाता है तो वह जो कि अकेला ही हक़ीक़त है, वह ज़ाहिर हो जाता है।"

"मुझे याद आता है कि एक दफ़ा तुमने भी तुम्हारे मज़हब में ऐसी ही कुछ वहम की बात बताई थी," बीरबल की तरफ़ देखते हुए अकबर ने पूछा। "क्या दोबारा तुम बताओगे कि वह किस तरह के वहम की बात थी?"

"जहाँपनाह को बिलकुल दुरुस्त याद है।" बीरबल ने मुस्कुराते हुए पुरजोश अन्दाज़ में कहा। "जहाँपनाह हमारे मज़हब में जो अद्वैत का अक़ीदा है उसके मुताबिक़ इस कायनात की जो अज़ीम-तरीन और बुलन्द-तरीन हस्ती है, परमब्रह्म या ब्रह्म, वह ख़ुद-मख़्लूक़ है। यानी किसी ने उसे पैदा नहीं किया। वह जावेदाँ है, ग़ैर-फ़ानी है, नाक़ाबिले-तब्दील है, और वह ख़ुद-मुख़्तार है यानी किसी का मोहताज नहीं, ला-मोहताज है। जहाँपनाह इस अक़ीदे में भी यह कहा गया है कि इस कायनात में उस ब्रह्म के सिवा किसी का भी कोई वुजूद नहीं। और यह भी कि यह कायनात उस ब्रह्म का ही हिस्सा है। इसके साथ ही आदिगुरु शंकराचार्य ने कई वाजिब सवाल उठाए। ऐसा कैसे हो सकता है कि जो ख़ुद-मख़्लूक़ है उसका एक हिस्सा पैदा होनेवाला हो? जो ख़ुद-मुख़्तार है उसका एक हिस्सा मोहताज किस तरह होगा? जो फ़ानी है, वह उसमें कैसे शामिल हो सकता है जो ग़ैर-फ़ानी है? जो नाक़ाबिले-तब्दील है उसका कोई हिस्सा तब्दील होनेवाला किस तरह होगा? इससे उन्होंने यह नतीजा निकाला कि तब्दील होती रहनेवाली यह फ़ानी कायनात हक़ीक़त नहीं हो सकती। तब तो यक़ीनन यह फ़रेब-ए-नज़र है, यानी माया है। जब कोई इनसान इस हक़ीक़त से रूबरू होता है तो वहम के

सारे पर्दे गिर जाते हैं और वह मग़्फ़िरत[1] हासिल कर लेता है।"

"किस तरह की मग़्फ़िरत?" अकबर ने फ़ौरन सवाल किया। "मेरे पूछने का मतलब है कि इनसान किस तरह की बन्दिश में है? किसने उसे क़ैद कर रखा है जिससे कि उसे निजात या मग़्फ़िरत हासिल होती है?"

"जहाँपनाह! हमारे मज़हब में तनासुख़-ए-रूह[2] के उसूल पर सभी जमातें इत्तेफ़ाक़-ए-राय रखती हैं, और इस बात पर भी कि इनसानी ज़िन्दगी का आख़िरी मक़सद है उसकी आत्मा या रूह को इस दुनिया में आमद-ओ-रफ़्त से निजात दिलवाना। लेकिन यह हासिल कर पाना तभी मुमकिन होता है जब इनसान की रूह अपने सभी कर्मबन्धन यानी बन्दिश-ए-अमल से, अपनी गुज़श्ता ज़िन्दगियों में उसने जो भी किया उसके नतीजों से, जो कि एक क़िस्म की ज़ंजीरें हैं जिनकी गिरफ़्त में वह रूह है, उनसे आज़ादी हासिल कर लेती है। और यह मुमकिन तब हो पाता है जब यह हक़ीक़त उस पर ज़ाहिर होती है कि ब्रह्म के सिवा कोई वुजूद ही नहीं। और यह कि उस अज़ीम-तरीन हस्ती से वह ख़ुद भी जुदा या अलहदा नहीं। तब मौत के बाद इनसान की रूह कर्मबन्धन की ज़ंजीरों से आज़ाद होकर उस ब्रह्म में मिल जाती है और अपनी शिनाख़्त को खोकर उसके साथ यकसाँ हो जाती है।"

"जहाँपनाह! यह बन्दिश-ए-अमल और ज़ंजीरवाली बात मुझे नहीं समझ आई।" सलीमा ने अपना शुबहा जताया।

बादशाह सलामत की मौजूदगी में हरेक शख़्स को अपना सवाल जहाँपनाह से मुख़ातिब होकर ही पूछना होता है।

"जहाँपनाह! इसे इस तरह समझा जा सकता है कि इनसान जो भी करता है, अच्छा या बुरा, इस अक़ीदे के मुताबिक़ उसका नतीजा उसे भुगतना ही होता है। लेकिन अपने जिन कामों का नतीजा इस ज़िन्दगी में वह नहीं भुगत पाता और जिन नामुकम्मल आरज़ुओं व हसरतों को अपने दिल में लिये हुए इस दुनिया से रुख़्सत हो लेता है, वे सब उसकी रूह के लिए एक क़िस्म की ज़ंजीरें हैं। इन्हें ही कर्मबन्धन या बन्दिश-ए-अमल कहा जाता है। और अगर किसी तरह इन ज़ंजीरों की गिरफ़्त से वह आज़ाद हो जाता है तो फिर उसकी रूह को दोबारा किसी जिस्म में जाने से निजात मिल जाती है। फिर उसकी रूह के लिए किसी जिस्म का होना लाज़िमी नहीं। क्योंकि जिस्म में तो रूह को इन ज़ंजीरों की गिरफ़्त से आज़ाद होने के मक़सद से ही आना होता है। और इस गिरफ़्त से आज़ाद होने के लिए सबसे ज़रूरी है ख़्वाहिशात का, आरज़ुओं व हसरतों का ख़त्म होना, जिसके बाद ज़िन्दगी में किए गए अमल नई ज़ंजीर नहीं बनाते। मगर यह ख़्वाहिशात, यह हसरतें तब तक ख़त्म नहीं होतीं जब तक कि यह हक़ीक़त इनसान पर ज़ाहिर नहीं होती कि ब्रह्म के सिवा कोई वुजूद ही नहीं, और यह भी कि उस आला-तरीन हस्ती से वह जुदा या अलहदा नहीं।"

"बहुत ख़ूब, बीरबल! तुमने बड़े उम्दा तरीक़े से बात को समझाया है।" अकबर ने तारीफ़ के अन्दाज़ में सिर हिलाया और हाथ से मीर ग़यासुद्दीन अली को शेख़ इब्ने

---

1. मोक्ष।
2. मरणोपरान्त आत्मा का दूसरे नवजात शरीर में जाना, आत्मा का आवागमन।

अरबी की इबारत के साथ आगे बढ़ने का इशारा किया।

"फ़ना व बक़ा का कोई आख़िर नहीं। क्यूँकि सूफ़ी को हर लम्हा ख़ुद को क़ुर्बान करना होता है, जो कि इस्लाम का सही मतलब भी है—ख़ुद को अल्लाह के हवाले कर देना। ख़ुद को खोने और अपनी शिनाख़्त को फिर से खोजने का यह मुसलसल सिलसिला है।"

इतना पढ़कर मीर ग़यासुद्दीन अली ठहर गया और ख़ामोशी से अकबर को देखने लगा मानो पूछ रहा हो कि आगे पढ़ता जाऊँ या जो पढ़ा है उस पर ग़ौर करने के लिए कुछ देर रुकूँ।

अकबर शायद ख़ुद भी चाह रहा था कि मीर ग़यासुद्दीन अली थोड़ी देर ठहर जाए क्यूँकि जैसे ही उसने पढ़ना बन्द किया, अकबर पूछ बैठा।

"क़ज़विनी साहब! यहाँ पर बक़ा से क्या ग़रज़ है?" अकबर ने ज़रा परेशान-अन्दाज़ में पूछा।

"जहाँपनाह! सूफ़ी अक़ीदे में बक़ा उस बेइन्तिहा ख़ुशी की तरह है जो एक आशिक़ को अपने महबूब से मिलने पर होती है।" मीर अब्दुल लतीफ़ क़ज़विनी ने समझाया। "तब अपने महबूब की मोहब्बत में हम मुकम्मल तौर पर ग़ाफ़िल हो जाते हैं। तब हमारी निगाह में उसके सिवा कुछ नहीं होता। तब चाहे जिस तरफ़ भी हम देखें, जो भी हम देखें, हमें सिर्फ़ वह दिखाई देता है और हमारा वुजूद खो जाता है। इसी तरह अल्लाह में सूफ़ी जब फ़ना हो जाता है तो अपना वुजूद खोकर वह एक नई ज़िन्दगी हासिल करता है, एक नया व कभी न ख़त्म होनेवाला वुजूद जो उसको पा लेने के अहसास से पैदा हुई नाक़ाबिले-बयाँ ख़ुशी से लबरेज़ रहता है। ऐसा सूफ़ी इश्क़-ए-इलाही में मुकम्मल तौर पर डूबा हुआ जो भी देखता है, सिर्फ़ उसकी ही मार्फ़त देखता है। जो सुनता है, सिर्फ़ उसकी ही मार्फ़त सुनता है। और जो सोचता है वह भी उसकी ही मार्फ़त सोचता है। इसे ही जहाँपनाह बक़ा कहते हैं।"

"वल्लाह! कितनी ख़ूबसूरत बात कही है आपने। कितनी ग़ज़ब की ख़ूबसूरत बात!" कहकर अकबर ने आँखें मूँदीं, सिर को सीने पर झुकाया और दोनों हाथ अपने सीने पर बाँध लिये। उसके लबों पर खेल रही शीरीं मुस्कान कह रही थी कि सूफ़ी फ़लसफ़े के एक के बाद एक खुल रहे पन्ने उसके ज़ेहन को कैसी नायाब ख़ुशी से भरते चले जा रहे हैं।

"चलिए अब शेख़ की इबारत आगे..." आँखें खोलकर उसने कहना शुरू किया ही था कि बीच में रुक गया, सलीमा की आँखों में ग़ुस्से का नज़ारा कर। "मेरा ख़याल है कल पर छोड़ दी जाए। रात भी काफ़ी गुज़र चुकी है।"

अब हर पड़ाव पर अकबर एक सवाल करता और उसका जवाब पाने के लिए मीर ग़यासुद्दीन अली कोई किताब ले आता व उसमें से पढ़कर सुनाता। फिर मीर अब्दुल लतीफ़ क़ज़विनी उसकी तफ़सील देते और उस तफ़सील पर से अकबर के ज़ेहन में उठे सवालों के जवाब भी।

"क्या कोई बता सकता है कि ख़ुशी किसे कहते हैं और ज़िन्दगी का मक़सद क्या है?" एक पड़ाव पर अकबर का सवाल था।

अकबर से इजाज़त लेकर मीर ग़यासुद्दीन अली क़ुतुबख़ाने गया और उसमें से एक किताब ले आया।

"आलमपनाह! इस किताब का नाम है *कीमिया-ए-सआदत* यानी ख़ुशी की कीमियागरी[1] जिसे इमाम अबू हमीद अल-ग़ज़ाली ने आज से तक़रीबन चार सौ साल पहले लिखा था, जो ईरान के मशहूर आलिमे-दीन व माहिरे-फ़िक़्ह[2] होने के साथ ही अज़ीम फ़लसफ़ादाँ भी थे।"

"जहाँपनाह! उन्हें हुज्जत-उल-इस्लाम यानी इस्लाम का सबूत भी कहा जाता था," मीर अब्दुल लतीफ़ क़ज़विनी ने जोड़ा, "क्यूँकि उन्होंने उन फ़लसफ़ादाँ के ख़िलाफ़ ज़ेहनी जंग छेड़ी थी जिन्होंने इस्लाम के उसूलों की मुख़ालफ़त की थी। उन फ़लसफ़ादाँ की जो दलीलें मुन्किर-ए-ख़ुदा[3] की तरफ़ ले जाती थीं, उन दलीलों में सूराख़ करके ही उन्होंने *तहाफ़ुत-उल फ़लासिफ़ा*[4] किताब में इस्लाम के उसूलों को सही साबित कर दिया था।"

"तब तो यक़ीनन ही वे निहायत दानिशमन्द शख़्स रहे होंगे।" मुतास्सिर हो अकबर ने सिर हिलाया और फिर मीर ग़यासुद्दीन अली की जानिब देखते हुए पूछा, "इस किताब में से क्या पढ़कर सुनाना चाहते हो?"

"जहाँपनाह! इस किताब में इमाम अल-ग़ज़ाली फ़रमाते हैं : 'जो कोई भी इस मसले पर ग़ौर करेगा उसे नज़र आएगा कि ख़ुशी का ताल्लुक़ यक़ीनन इल्म-ए-इलाही से है। इनसान की रूह के लिए आला-तरीन काम है हक़ीक़त से रूबरू होना। इसी वजह से इस काम में उसे ख़ास ख़ुशी हासिल होती है। शतरंज खेलने जैसे मामूली मसलों तक में ऐसा है। अगर एक शख़्स शतरंज के खेल में डूबा हुआ है तो कई दफ़ा बुलाने पर भी वह खाना खाने नहीं जाएगा। और मसला जितना आला होगा उसे जान पाने की ख़ुशी भी उतनी ही ज़्यादा होगी। एक आलिम-ए-फ़लकीयात[5] जो अपने इल्म से सितारों का नक़्शा तैयार करता है और उनकी चाल व उनका रास्ता बताता है, उसे इस काम में शतरंज के खिलाड़ी से भी ज़्यादा ख़ुशी हासिल होती है। तो यह जानते हुए कि अल्लाह से बढ़कर कोई नहीं, वह ख़ुशी कितनी ज़्यादा होगी जो उसकी हक़ीक़त को मालूम होने पर हासिल होगी!"

"वाक़ई क्या ख़ूब कहा है!" ख़ुशी के मारे अकबर चिल्ला उठा और दिल ही दिल में उसने ख़्वाजा ग़रीबनवाज़ का शुक्राना अदा किया जिनकी दरगाह तक के इस ख़ास सफ़र की वजह से ही उसे इल्म का यह बेमिसाल ख़ज़ाना खोजने का नायाब मौक़ा हासिल हो पाया था। "आगे क्या फ़रमाते हैं इमाम?"

"जहाँपनाह! आगे इमाम अल-ग़ज़ाली ने यह साबित करने की कोशिश की है कि इनसान की अक़्ल ही इनसान को उसके वुजूद का मक़सद देती है।"

"दिलचस्प है! कैसे यह साबित करते हैं इमाम?"

---

1. रसायन-विद्या।
2. फ़िक़्ह का अर्थ है मज़हबी तौर-तरीक़े या इस्लामी धर्मशास्त्र जिसके आधार पर न्यायविद् निर्णय लेते हैं।
3. ईश्वर के अस्तित्व से इनकार या नास्तिकता।
4. दार्शनिकों की विसंगतियाँ।
5. खगोलज्ञ।

"जहाँपनाह! वे कहते हैं : 'किसी भी ज़िन्दा शै की माहियत-ए-अस्ल[1] उसकी उस सलाहियत में खोजी जानी चाहिए जो कि उसमें ख़ास है और सबसे अज़ीम है। जैसे एक घोड़ा और एक गधा, दोनों ही ढुलाई में इस्तेमाल होनेवाले जानवर हैं, मगर गधे से घोड़े की बरतरी इस बात में है कि उसे जंग में इस्तेमाल होने के लिए तैयार किया जा सकता है। अगर वह इसमें नाकाम रहता है तो उसका दर्जा घटकर लद्दू जानवर का हो जाता है। ऐसा ही इनसान के साथ है। उसकी आला-तरीन सलाहियत अक़्ल है जो उसे अल्लाह का मुराक़बा[2] के क़ाबिल बनाती है। कई जानवरों से इनसान कमतर है मगर उसकी अक़्ल उसे उनसे बेहतर बनाती है।"

"जहाँपनाह से मैं माफ़ी चाहूँगा दख़ल देने के लिए। मगर यह बताए बिना मैं रह नहीं पा रहा हूँ कि यूनान के अज़ीम फ़लसफ़ादाँ जनाब अरस्तू ने भी ठीक यही सवाल उठाया था।" मीर अब्दुल लतीफ़ क़ज़विनी ने बताया। "उन्होंने पूछा कि इनसान का आख़िरी मक़सद क्या है या उसकी ख़ुशी किसमें है? और फिर उन्होंने ख़ुद ही जवाब दिया कि यह उसकी उस सलाहियत के तकामुल[3] में ही होनी चाहिए जो कि इनसान को बाक़ी जानदार शै से ख़ास बनाती है, और वह है उसका दिमाग़ यानी उसकी अक़्ल।"

"लाजवाब! लाजवाब! क्या दलील पेश की है! मर्हबा! सभी मुल्कों के दानिशमन्द आलिम कितने मिलते-जुलते ख़यालात रखते हैं!" अकबर के लहजे में इन्तिहाई अन्दरूनी ख़ुशी झलक रही थी। फिर कुछ देर ठहरकर उसने पूछा, "मगर फिर दुनिया में ऐसे इनसान क्यों है जो अक़्ल से काम न लेकर वहशी जानवरों की मानिन्द जीते हैं? डाकू जिन्हें मुसाफ़िरों को लूटकर उन्हें हलाक कर देने में ज़रा भी हिचकिचाहट नहीं होती! वे दरिन्दे जिन्हें मासूम लड़कियों की आबरू लूटते हुए ज़रा भी ख़ुदा का ख़ौफ़ नहीं होता। और वे मालदार लोग जो किसी मुफ़लिस के साथ भी बेईमानी करने से बाज़ नहीं आते।"

"जहाँपनाह! इमाम अल-ग़ज़ाली ने इसका जवाब भी दिया है।" किताब के पन्ने पलटते हुए मीर ग़यासुद्दीन अली ने कहा। "जहाँपनाह! इमाम फ़रमाते हैं : 'इनसान में जुदा-जुदा कई दर्जों पर रहने की क़ाबिलियत है, हैवान से लेकर फ़रिश्ते तक, और इसमें ही उसके लिए ख़तरा मौजूद है—सबसे नीचे के दर्जे तक गिर जाने का। क़ुरआने-पाक में कहा हुआ है : 'बेशक हमने अपनी अमानत को पेश किया आसमानों और ज़मीन और पहाड़ों पर, तो उन्होंने उसके उठाने से इनकार किया, और वह उससे डर गए और इनसान ने उसे उठा लिया, बेशक वह ज़ालिम, बड़ा नादान था।' आलमपनाह! अपने तयशुदा मुक़ाम व दर्जे को न तो जानवर बदल सकते हैं, न ही फ़रिश्ते। सिर्फ़ इनसान में ही यह क़ाबिलियत है। जिस अमानत या ज़िम्मेदारी को इनसान के उठाने की बात क़ुरआने-पाक में कही है, उसके मानी यही हैं।"

"यानी आज़ाद-मर्ज़ी[4] की ज़िम्मेदारी?" तसदीक़ करने के ख़याल से अकबर ने दरयाफ़्त किया।

---

1. मूल प्रकृति या सारतत्त्व।
2. ईश्वर में ध्यान लगाना।
3. पूर्ण होना।
4. Free-will या स्वतंत्र इच्छा, अपनी इच्छा से निर्णय लेने की स्वतंत्रता जिसमें नियति का या दैवीय हस्तक्षेप नहीं।

"जहाँपनाह ने बिलकुल बजा फ़रमाया!" अकबर की जानिब तारीफ़ भरी निगाह से देखते हुए मीर अब्दुल लतीफ़ क़ज़विनी ने मुस्कुराते हुए कहा। "आलमपनाह! मौलाना रूमी के मुताबिक़ जानदार शै तीन क़िस्म की हैं : फ़रिश्ते, हैवान और इनसान। फ़रिश्ते पाक-साफ़ हैं जिनकी कोई नफ़्सानी[1] ख़्वाहिशात नहीं और अल्लाह की इबादत करना व उसका हुक्म मानना उनकी फ़ितरत है, जिससे दीगर वे कर ही नहीं सकते। हैवानों के पास सिर्फ़ हवस है और सिवा उनकी ख़ुराक व पनाहगाह के वे किसी और बाबत नहीं सोचते। फ़रिश्ते और हैवान ज़ेहनी कशमकश व जद्दोजहद से आज़ाद हैं—फ़रिश्ते उनकी फ़ितरत की वजह से, हैवान उनकी जहालत की वजह से। इन दोनों के बीच में है इनसान जिसे अक़्ल हासिल है। और इस वजह से यह मुक़द्दर है उसका कि हवस और अल्लाह के हुक्म की तामील के बीच मुसलसल जद्दोजहद में वह मुब्तला रहे और इस ज़ेहनी तकलीफ़ को वह बर्दाश्त करता रहे। यह कशमकश आलमपनाह! इनसान पर वज़न भी है और इनसान के लिए यह मौक़ा भी है।"

"जहाँपनाह! हज़रत इमाम अली, रज़िअल्लाह तआला अन्हु, ने एक दफ़ा फ़रमाया था," अब तक ख़ामोश बैठे हुए मिर्ज़ा अज़ीज़ कोका यकायक बोल उठे, "अल्लाह ने फ़रिश्तों को अक़्ल से नवाज़ा बग़ैर नफ़्सानी ख़्वाहिश और ग़ुस्से के, और हैवानों को ग़ुस्से और ख़्वाहिश से मगर बग़ैर अक़्ल के। इनसान को यह सारी ख़ूबियाँ अता करके अल्लाह ने उसका रुतबा बुलन्द किया है। साथ ही उन्होंने यह भी साफ़ बयान किया कि इनसान की अक़्ल अगर उसकी ख़्वाहिश और दरिन्दगी पर हावी होती है तो वह फ़रिश्तों के दर्जे से भी ऊपर उठ जाता है क्यूँकि यह दर्जा इनसान ने ऐसे ख़लल के बावजूद हासिल किया होता है जो फ़रिश्तों को तंग नहीं करते।"

"बहुत ख़ूब, मिर्ज़ा! बहुत ख़ूब! मुझे नज़र आ रहा है कि बेगम भी कुछ फ़रमाना चाह रही हैं।" सलीमा की आँखों में देखते हुए अकबर ने कहा जिसने उसका हाथ हलके से उठता हुआ देख लिया था।

"जहाँपनाह की निगाह काफ़ी तेज़ है।" सलीमा का यह जुमला अकबर समझ नहीं पाया कि उसकी तारीफ़ में था या आदत के मुताबिक़ उसकी खिंचाई करने के लिए। "जहाँपनाह! क़ुरआने-पाक की सूरा अत-तलाक़ में अल्लाह, सुबहानु व तआला, ने फ़रमाया है : 'अल्लाह वह है जिसने सात आसमान पैदा किए और ज़मीन भी उनकी तरह, उनके दरमियान हुक्म उतरता है ताकि वह जान लें कि अल्लाह हर शै पर क़ादिर है।' ऐसे में आलमपनाह आज़ाद-मर्ज़ी कहाँ बाक़ी रही जो कि इनसान यह फ़ैसला करे कि उसे फ़रिश्ते का मुक़ाम हासिल करना है या हैवान के दर्जे तक ख़ुद को गिर जाने देना है?"

"बेगम की दलील बिलकुल वाजिब है। किताबे-पाक की सूरा अल बक़र में अल्लाह, सुबहानु व तआला, यह भी तो फ़रमाते हैं कि 'जो ईमान लाए, और उन्होंने नेक अमल किए उनके लिए बागात हैं,' और यह कि 'उनके लिए उसमें बीवियाँ हैं पाक़ीज़ा' और फिर यह कि वह इस मिसाल से 'बहुत लोगों को गुमराह करता है और इससे बहुत लोगों को हिदायत देता है, और इससे नाफ़रमानों के सिवा किसी को गुमराह

1. कामवासना या भोगेच्छा से सम्बन्धित।

नहीं करता।' तो क्या इसके मानी यह नहीं हुए कि इस तरीक़े से अल्लाह ने इनसान की आज़ाद-मर्ज़ी की हद मुक़र्रर की हुई है?"

"जहाँपनाह! आज़ाद-मर्ज़ी के मुक़ाबिल पेश-तअय्युन[1] को लेकर मुख़्तलिफ़ नज़रिये हैं।" मीर अब्दुल लतीफ़ क़ज़विनी ने बताया। "और किसी भी नज़रिये पर आम इत्तेफ़ाक़-ए-राय भी नहीं है। इमाम अल-ग़ज़ाली ने मगर अपनी किताब *इहया अल-उलूम अल-दीन*[2] में इनसानी अमल व उसमें उसकी जवाबदेही की तहक़ीक़ो-तफ़्तीश तफ़सील से करके उनके अपने नज़रिये को सही साबित करने के लिए निहायत ही मक़बूल व माक़ूल दलीलें पेश की हैं।"

"वो किस तरह?" अकबर की सवालिया निगाह मीर क़ज़विनी पर जम गई।

"जहाँपनाह! इमाम अल-ग़ज़ाली पहले तो यह तफ़्तीश करते हैं कि इनसान कोई काम करता किस तरह है। फिर वे दलीलें देकर इस बात का फ़ैसला करते हैं कि उस काम के लिए इनसान कितना व कहाँ तक ज़िम्मेदार है।" कहकर मीर अब्दुल लतीफ़ क़ज़विनी ने उनके सामने रखे कागज़ात पलटे और पढ़ना शुरू किया। "आलमपनाह! उनका मानना था कि किसी भी वाक़िये का असर पहले इनसान के अन्दरूनी व बाहरी हवास[3] में दाख़िल होता है और फिर वह असर उसके दिल तक पहुँचता है। तब दिल में जो ख़याल या इरादा पैदा होता है वह उस इनसान के ज़ेहनी रुझान के मुताबिक़ मनसूबे की शक्ल इख़्तियार करता है। उसके बाद इस मनसूबे पर इनसान का दिमाग़ ग़ौर करता है और तब कहीं जाकर उसकी मर्ज़ी और फिर कार्रवाई की नौबत आ पाती है।"

"कमाल है! हरेक अमल वास्तव में इसी मानिन्द तो वुजूद में आता है!" अकबर ने दिली ख़ुशी से लबरेज निगाह सभी पर डाली। "ताज्जुब है! पहले कभी क्यों मैंने इस पर ग़ौर नहीं किया? यक़ीनन इमाम निहायत ही बारीक-नज़र व तेज़-दिमाग़ रहे होंगे। आगे वे क्या फ़रमाते हैं?"

"आगे जहाँपनाह इमाम अल-ग़ज़ाली इस बात पर ज़ोर देते हैं कि दिल में उठनेवाले इरादे और तजवीजें मुकम्मल तौर पर इनसान के क़ाबू में नहीं हैं। कायनात की ताक़तें, फ़रिश्ता-सिफ़त[4] व शैतानी, दोनों ही इनसान के दिल पर असर करती हैं। मगर फ़रिश्ता-सिफ़त ताक़तों के असर में वह सिर्फ़ उसी हालत में होता है जब उसका दिल उसके दिमाग़ के क़ाबू में होता है। दिल का दिमाग़ के क़ाबू में होना या न होना, यह किसी भी इनसान की फ़ितरत में हुआ करता है जो उसके किसी भी अमल या कार्रवाई की वजह बनता है और इनसान की आज़ाद-मर्ज़ी अपनी फ़ितरत में तब्दीली लाने तक ही महदूद है। मगर बाक़ी कोई भी वजह जो उसके किसी भी अमल के लिए ज़िम्मेदार हैं, मुकम्मल तौर पर उसके क़ाबू में नहीं हैं।"

"वल्लाह! कितनी ख़ूबसूरती से हक़ीक़त बयाँ की है इमाम साहब ने! मर्हबा! मर्हबा!" इल्म हासिल करने में ऐसी ख़ुशी अकबर को पहले कभी महसूस नहीं हुई थी।

---

1. हर घटना का और इनसान के हर निर्णय का पूर्व-निर्धारित होना या नियतिवाद।
2. शब्दश: 'धर्म-विज्ञानों का पुनरुज्जीवन'।
3. इन्द्रियाँ।
4. देवताओं जैसे गुणवाली।

और यह ख़ुशी उसकी आवाज़, उसके चेहरे और उसकी आँखों से बरसी पड़ रही थी। "इमाम साहब की दलील नाक़ाबिले-तर्दीद है! शको-शुबहा की इसमें कोई गुंजाइश ही नहीं! तुम्हारी क्या राय है, बीरबल?"

"जहाँपनाह बिलकुल बजा फ़रमाते हैं। आलमपनाह की इजाज़त हो तो यह ग़रीब ब्राह्मण इस सिलसिले में हमारे मज़हब के *वेदान्त* अक़ीदे में दी हुई दलीलें बयाँ करना चाहता है जो इमाम अल-ग़ज़ाली की दलीलों के साथ पूरा इत्तेफ़ाक़ रखती हैं। *वेदान्त* में भी यह कहा गया है कि अपनी फ़ितरत के मुताल्लिक़ इनसान ख़ुद-मुख़्तार है। मगर इसके भी आगे जाकर यह अक़ीदा दावा करता है कि इनसान की फ़ितरत उसके संस्कारों से भी तय होती है। संस्कार यानी ऐसे ख़यालात व अहसास जिन्हें लेकर वह पैदा होता है। यह संस्कार उसकी गुज़श्ता ज़िन्दगियों में किए गए अमल का नतीजा होते हैं। साथ ही, *वेदान्त* इस बात पर भी ज़ोर देता है कि इनसान में सलाहियत है और उसे मुकम्मल इख़्तियार भी है कि उसके संस्कारों में वह तब्दीली ला सके। मगर यह तब्दीली लाने की ज़िम्मेदारी उसकी और सिर्फ़ उसकी है, हालाँकि एक क़ाबिल मुर्शिद इस मक़सद को हासिल करने में उसकी मदद यक़ीनन कर सकता है।"

"तो इसके मानी यह हुए कि आज़ाद-मर्ज़ी और पेश-तअय्युन, दोनों मिलकर ही इनसान के फ़ैसले और उन पर उसके अमल को तय करते हैं। क्या राय है सबकी?"

मशविरा करते हुए अकबर ने बारी-बारी से सबकी तरफ़ नज़र दौड़ाई। मगर जैसे ही उसकी नज़र सलीमा पर पड़ी, वह बोल उठी।

"जहाँपनाह का ख़याल बिलकुल दुरुस्त है मगर अब रात का तीसरा पहर भी आधा बीत चला है। जहाँपनाह अगर इजाज़त दें तो ईरान के अज़ीम शायर, फ़लसफ़ादाँ और आलिम-ए-फ़लकीयात मौलाना उमर ख़य्याम की एक रुबाई के साथ इस महफ़िल को बर्ख़ास्त किया जाए?"

"इरशाद!" सलीमा की आँखों में झाँकते हुए अकबर मुस्कुराया।

"जहाँपनाह मुलाहिज़ा फ़रमाएँ! तर्जुमा इस ख़ादिमा का ही है। इस रुबाई में मौलाना उमर ख़य्याम तक़दीर की बेमुरव्वती पर अफ़सोस ज़ाहिर करते हुए फ़रमाते हैं :

चलती जाती है उँगली, लिखती जाती है;
और लिखकर वह आगे बढ़ जाती है।
न नेकनीयती तुम्हारी, न ही होशियारी,
कर सकेगी राज़ी उसे वापस आकर,
आधी भी लक़ीर मंसूख़ करने को।
न ही धो सकेंगे सारे अश्क तुम्हारे,
उसके एक भी लफ़्ज़ को।"

"सुबहान अल्लाह बेगम! क्या बेहतरीन तो तर्जुमा किया है आपने, और क्या ही ख़ूबसूरत आपका अन्दाज़-ए-बयाँ है! आफ़रीन! आफ़रीन!"

अकबर चिल्ला उठा और आँखें मूँदे हुए कुछ वक़्त के लिए रुबाई के अल्फ़ाज़ में पोशीदा मानी तलाशते रहने के बाद वह मीर क़ज़विनी से मुख़ातिब हुआ।

"इस रुबाई के मानी तो यह हुए कि आज़ाद-मर्ज़ी के लिए इस कायनात में कोई जगह ही नहीं! यह मसला शायद कभी नहीं सुलझ पाएगा।"

पन्द्रहवें रोज़ अकबर अजमेर में था। बदन पर लपेटी हुई चादरें बदलकर वह सीधे दरगाह पहुँच गया। वुज़ू करके ख़्वाजा की मज़ार पर उसनें उनका शुक्राना अदा किया। वहीं पर उसने अस्र की नमाज़ पढ़ी और फिर अँधेरा होने तक वहीं बैठा रहा, ख़्वाजा की अक़ीदत से लबरेज दिल को लिये।

दरगाह से लगी हुई ख़ानकाह में शेख़ चिश्ती के कई मुरीद मुस्तक़िल तौर पर रहा करते थे। गुज़श्ता कई सालों में अजमेर में मुक़ाम के दौरान अकबर का उनसे अच्छा तआर्रुफ़ हो गया था। उनके साथ बैठकर वह अकसर ही उनसे शेख़ मोइनुद्दीन चिश्ती के क़िस्से सुना करता।

"जहाँपनाह! ख़्वाजा ग़रीबनवाज़ फ़रमाते थे कि पैग़म्बर मुहम्मद, सल्लल्लाहु अलैहि वसल्लम, सबसे पहले सूफ़ी थे।" एक बुज़ुर्ग मुरीद ने बताया। "अल्लाह सुबहानु व तआला के साथ इत्तिहाद का तरीक़ा सबसे पहले उन्होंने ही इमाम अली को दिया था, जो कि किसी भी सूफ़ी के लिए मंज़िल-ए-आख़िरी है।"

"जहाँपनाह! मौलाना रूमी भी अज़ीम सूफ़ी थे। उनके अश'आर में वहदत-उल-वुजूद का अक़ीदा निहायत ही ख़ूबसूरती के साथ पेश हुआ है।" एक-दूसरे बुज़ुर्ग मुरीद ने बताया और फिर तरन्नुम में कहना शुरू किया :

किया क्या जाए मुस्लिमीन? गोया कि मैं ख़ुद की भी शिनाख़्त नहीं कर पाता।
न तो मैं ईसाई हूँ, न यहूदी, न गब्र[1], न ही मुस्लमान।
न मैं हिन्द का हूँ, न चिन[2] का, न बुल्गारिया का, न ही सक़्सिन का।
न मैं सल्तनत-ए-इराक़ैन का हूँ, न ही मुल्क-ए-ख़ुरासान का।
दुई को दूर रख दिया मैंने; दोनों आलम एक हैं, देख लिया मैंने।
एक को मैं तलाशता हूँ, एक को मैं जानता हूँ।
एक को मैं देखता हूँ, एक को मैं पुकारता हूँ।

"आफ़रीन! आफ़रीन!" बेसाख़्ता अकबर के मुँह से निकल पड़ा और फिर देर तक वह अपने ही ख़यालों में गुम ख़ामोश बैठा रह गया।

कई रोज़ तक अपना वक़्त इस क़िस्म की गुफ़्तगू में, दुआएँ पढ़ने में, तस्बीह फिराते हुए ज़िक्र में व ख़ैरात तक़्सीम करने में गुज़ारने के बाद वापस आगरा रवाना होने के पहले पूरी एक रात उसने दरगाह में बैठकर दुआएँ पढ़ने में बिताई। और फिर सूरज की पहली किरण के साथ ही एक ऊँटनी पर सवार होकर साँभर के लिए चल पड़ा।

उस रात जब महफ़िल बैठी तो सलीमा ने ग़ौर किया कि अकबर कुछ उनींदा और उखड़ा-उखड़ा मालूम हो रहा है। फ़ौरन ही उसने हाज़िरान से गुज़ारिश की कि बादशाह सलामत को अब आराम करने दिया जाए। सब रुख़्सत हो पाते उसके पहले ही अकबर के खर्राटे ख़ेमे में गूँजने लगे थे।

---

1. अग्निपूजक अर्थात पारसी।
2. चीन को उस समय चिन कहा जाता था।

मोहब्बत भरी निगाह से सलीमा उसे देर तक देखती रही। फिर अपने ख़ेमे में जाकर इत्मीनान से नहाने के बाद उसने एक सुर्ख़रंग जगुल्फी[1] अपनी गर्दन पर बाँधी और दबे पाँव जाकर वह अकबर की बग़ल में लेट गई।

बीस रोज़ से भी ज़्यादा परहेज़गारी किए हुए अकबर के साथ हमबिस्तर होना एक तूफ़ानी रात को दावत देना है, वह जानती थी। मगर इसके लिए न सिर्फ़ वह राज़ी थी बल्कि बेताब भी थी। अकबर की नींद न टूटते देख वह अकबर के बदन से चिपककर उसके कान में फुसफुसाई।

"दुनिया से तो दूर रह लोगे मेरे सूफ़ी! मगर मुझसे दूर कैसे रह पाओगे?"

सलीमा के बदन से उठती ख़्वाहिशे-वस्ल की ख़ुशबू पाकर अकबर की नींद खुल गई और एक भी लम्हा बरबाद किए बग़ैर वह सलीमा की आगोश में था।

---

1. आजकल के गाउन जैसा बड़े घेरवाला व कमर पर तंग मुग़लकालीन परिधान जो गर्दन पर और कमर में बँधता था।

आगरा से सीकरी

लाल पत्थर के नंगे फ़र्श पर महारानी हीरा कुँवर पालथी मारे बैठी हुई थी। नन्हा सलीम उसकी गोद में सो रहा था और उसके जिस घुटने पर सलीम का सिर था, वह एक लय में ऊपर-नीचे हो रहा था। साथ ही, अपने लाड़ले को हौले-हौले थपकियाँ देते हुए वह एक लोरी भी गुनगुना रही थी। गर्मी का मौसम उरूज पर था और बदन को झुलसा देनेवाली लू चल रही थी। मगर तहख़ाने में बने इस हश्त-पहलू बड़े-से कमरे में ठंडक थी। सलीमा भी वहीं बैठी हुई थी, दोनों पैर सामने की तरफ़ फैलाए व अपनी पीठ दीवार से टिकाए हुए। मगर उसकी बेटी वहाँ न होकर तहख़ाने में किसी दूसरे कमरे में एक अंगा के पास थी जो अपना दूध पिलाते हुए उसे सुलाने की कोशिश में लगी थी। और सलीमा ख़ुद इस वक़्त ईरान की तवारीख़ पर एक किताब पढ़ रही थी। शाह तहमास्प का एलची जब अकबर से मिलने आया था तो शाह की तरफ़ से लाए गए तोहफ़ों में यह किताब भी थी।

"जहाँपनाह बहुत बदल गए हैं," खुले हुए पन्ने पर उँगली रखकर किताब को बन्द करते हुए सलीमा यकायक बोल उठी। "तुम्हें नहीं महसूस होता?" हीरा कुँवर की तरफ़ देखते हुए उसने पूछा।

"इसकी नाक और होंठ बिलकुल जहाँपनाह सरीखे नहीं हैं?" अपने बेटे को लाड़ से निहारते हुए हीरा कुँवर ने जवाब दिया।

सलीमा बेसाख़्ता हँस पड़ी। "जहाँपनाह ने एकदम सही ख़िताब से नवाज़ा है तुम्हें—मरिअम उज़-ज़मानी!"[1]

बग़ल में एक और हश्त-पहलू बड़े कमरे में हरम की बुज़ुर्ग औरतें नए ज़माने की औरतों के ऐब गिनाती हुई गर्म दोपहरिया बिता रही हैं। हाल ही में तैयार हुए आगरा के इस क़िला-ए-अकबरी[2] में बने अकबरी महल के अहाते में एक गहरी और बड़ी सीढ़ीदार बावड़ी है जिसके चारों तरफ़ तहख़ाने में यह कमरे बने हुए हैं। इन कमरों में गर्मी की तपिश के दाख़िल होने पर सख़्त पाबन्दी है। क्योंकि ऊपर से आनेवाले गर्म हवा के झोंके बावड़ी में जाकर पानी को तस्लीम किए बग़ैर इन कमरों में दाख़िल हो ही नहीं सकते। एक के नीचे एक छह तल में बने इन कमरों के आगे बावड़ी की तरफ़ गलियारे हैं, सिवा सबसे नीचेवाली मंज़िल के जहाँ से सीढ़ियाँ बावड़ी के अन्दर पानी के नीचे तक चली जा रही हैं।

ऊपर से पहली मंज़िल पर तंग गलियारे से घिरा हुआ बड़ा-सा कमरा अकबर का

---

1. Mother of the World या जगत-माता।
2. अब लाल क़िला।

है जहाँ वह निज़ाम के कामकाज निपटा रहा है। इसके अगल-बग़ल में उसके ख़ास वज़ीरों के दफ़्तर हैं। ऊपर से दूसरी और तीसरी मंज़िल पर हरम की शाही ख़वातीन के लिए चौड़े गलियारे से घिरे हुए बड़े और शानदार कमरे हैं। यह गलियारे एक तरफ़ से बंगाली महल में खुलते हैं, दूसरी तरफ़ से अकबरी महल में, और तीसरी तरफ़ से यह खिज़री दरवाज़े पर निकलते हैं जहाँ से क़दम बाहर रखते ही पाँव जमना नदी के रेतीले किनारे को छूते हैं। रेत में चहलक़दमी करने या नावों पर तफ़रीह करने के लिए शाही ख़वातीन हर शाम जब इस दरवाज़े से निकलती हैं तो उनकी पोशीदगी की हिफ़ाज़त के लिए हथियारबन्द हिजड़े नदी के दोनों किनारों पर खड़े रहकर चौकन्नी निगाह से देखा करते हैं कि कहीं दूर से भी कोई मर्द शाही ख़वातीन की तरफ़ नज़र डालने की गुस्ताख़ी तो नहीं कर रहा।

बंगाली महल अकबर की ख़ास बेगमात की रिहाइशगाह है, जिसके सामने फव्वारों, दरख़्तों और फूलों की क्यारियों से सजा हुआ ख़ूबसूरत बाग़ लगा है। महल की दीवारें संगमरमर की हैं जिन पर बारीक नक़्क़ाशी की गई है। हिन्दू महलों व मन्दिरों की दीवारों की मानिन्द तरह-तरह के फूल इन पर उकेरे हुए हैं तो मुस्लिम इमारतों की तर्ज़ पर आपस में लिपटी हुई बेलें और ज्यामितीय आकृतियाँ बनी हुई हैं। इस महल की ऊपरी मंज़िल चारों तरफ़ से एक चौड़े गलियारे से घिरी हुई है, जिसमें बने बड़े-बड़े झरोखों में बैठकर नीचे दालान में उनके मनबहलाव के लिए हो रहे नाच-गाने, बाज़ीगरों के करतब जादूगरों के खेल का लुत्फ़ शाही ख़वातीन हर शाम ही उठाया करती हैं। और सुबह उनकी ऊपर खुली छत पर गुम्बदनुमा छतरियों के नीचे बैठ ताज़ा हवा खाते व ख़ूबसूरत नज़ारों का मज़ा लेते हुए बीता करती है।

पूरे अकबरी क़िले को कई गज़ चौड़े कंगूरेदार परकोटे से घेरा हुआ है, पूरे तेईस गज़ ऊँचा व कोस भर से भी ज़्यादा लम्बा जिस पर बीच-बीच में शानदार बुर्ज भी बने हैं। दीवारों पर, बाहरी व भीतरी, दोनों ओर चिकने लाल पत्थर लगे हैं। सूरज के डूबते वक़्त इन पत्थरों पर रोशनी और छाया का खेल अकबर को बहुत ही भाता है। सूरज जिस वक़्त फलक पर होता तो इनका रंग नारंगी रहता। फिर आहिस्ता-आहिस्ता इनका रंग गहरा होता चला जाता है, गेरुए से शुरू होकर गहरे कत्थई रंग तक। फिर शाम के झुटपुटे में सुरमई रंग इख़्तियार कर यह दीवारें जैसे ही आँखों से ओझल होने को होती हैं, हज़ारों मशालों की रोशनी इन्हें सुनहरा जगमगा देती है।

सलीम के पैदा होने के बाद, जैसा कि हिन्दू औरतों के साथ आम तौर पर हुआ करता है, हीरा कुँवर की ज़िन्दगी में अकबर हाशिये पर चला गया था। अब उसका तक़रीबन सारा ही वक़्त अपने लाड़ले को दुलराते व खिलाते-पिलाते हुए बीता करता, साथ ही भगवान कृष्ण से अपने बेटे की तन्दुरुस्ती और लम्बी ज़िन्दगी की दुआएँ करने में भी। अकबर की रातें अब ज़्यादातर बीबी ख़ायरा के साथ गुज़रने लगी थीं। यही वह बात थी जिसकी तरफ़ सलीमा इशारा कर रही थी। मगर फिर वह हँसकर रह गई जब उसे अहसास हुआ कि हीरा कुँवर के ज़ेहन में बसी माँ उसके अन्दर की औरत पर बेहिसाब हावी हो चुकी है।

बीबी ख़ायरा अकबर की रखैल है।

अकबर के हरम में दर्जनों रखैलें हैं। शिकस्त-ख़ुर्दा दुश्मन की औरतों, बच्चों को ग़ुलाम बनाने पर तो उसने पाबन्दी लगा दी थी। लेकिन फ़िरंगी सौदागरों से, ईरान से लेकर तूरान और ख़ुरासान के एलचियों से और हिन्दुस्तान के राजाओं से भी बाँदियाँ उसे बतौर नज़राना मिला ही करती हैं। इस दौर में औरत की हैसियत एक सामान से ज़्यादा नहीं।[1]

ये जवान ख़ूबसूरत गोरी लड़कियाँ ज़्यादातर गैलीशिया, सरकैशिया और जॉर्जिया[2] की थीं जिनके वालिदैन ने इन्तिहाई ग़रीबी और बेरोज़गारी से मजबूर होकर उन्हें बेच दिया था, इस उम्मीद से भी कि उनकी बेटी को ग़ुलामी में भी उस ज़िन्दगी से तो बेहतर ही ज़िन्दगी हासिल होगी जो कि उन्हें आज़ाद रहते हुए नसीब होनेवाली है। ग़ुलामों के सौदागर इन लड़कियों को ख़रीदकर बग़दाद और अल-क़ुस्तुन्तुनिया के मशहूर ग़ुलाम-बाज़ारों में ले जाते जहाँ पर ख़रीदार उनके बदन को बेहिचक, बेझिझक इस तरह टटोलते जैसे कि गाय को ख़रीदते वक़्त उसके थन टटोले जाते हैं। इन लड़कियों के मुँह खुलवाकर उनके दाँतों का जायज़ा भी वे इस तरह लेते जैसे कि मवेशी बाज़ार में ख़रीदार बैलों के दाँतों की जाँच किया करते हैं। इन लड़कियों में से किसी में इनके सौदागर अगर कुछ ख़ास ख़ूबियाँ देख लेते तो उस पर थोड़ा और ख़र्च करके उसकी क़ीमत में ख़ासा इज़ाफ़ा भी कर लेते।

इन लड़कियों में से ज़्यादातर की ख़्वाहिश तो यह होती कि वे किसी सुल्तान के या किसी राजा के या फिर किसी अमीर या किसी जागीरदार के हरम में पहुँच जाएँ, बजाय इसके कि किसी चकले में पिसते हुए या किसी आम आदमी के घर में चूल्हा-चक्की करते हुए वे अपनी ज़िन्दगी तमाम कर लें। हरम में जाने की सलाहियत जिन लड़कियों में यह सौदागर देखते—ख़ूबसूरती, नाज़ो-अदा, अन्दाज़-ए-गुफ़्तगू के साथ ही नाचने, गाने व बजाने का उनका हुनर भी—तो इन हुनर की वे उन्हें तरबियत दिलवाते, साथ ही दिलकश तर्ज़ो-अन्दाज़ व शाही हरम के तौर-तरीक़ों की भी। जो लड़कियाँ उन्हें बाक़ी से बेहतर मगर दोयम दर्जे की नज़र आतीं उनको वे ख़ुश-नवीसी सिखवाते और यह भी कि सिलाई, कढ़ाई, बुनाई वग़ैरा घरेलू काम इज़्ज़तदार ख़ानदानों में किस तरह किए जाते हैं। मगर इस्लामी मज़हब और उसके दस्तूरों की जानकारी व क़ुरआने-पाक के सबक़ सबके ही लिए ज़रूरी थे।

नज़राने में हासिल हुईं ऐसी ही लड़कियों में से कुछ को अकबर ने अपनी रखैल बना लिया था।

बीबी ख़ायरा की ख़ूबसूरती तो ग़ज़ब की थी ही, उसके अन्दाज़ भी उतने ही हसीन थे। लिबास उसके चटकीले रंग के होते फिर भी उनसे शाइस्तगी ज़ाहिर होती।

---

1. अफ़्रीकी देश मोरक्को से चौदहवीं सदी में भारत आए यात्री इब्न-बतूता की ख़ुशी का ठिकाना नहीं था जब उसे मालूम हुआ कि एक ख़ूबसूरत गोरी क़नीज़ उसे बंगाली रेशम के एक थान की क़ीमत से भी कम में हासिल हो सकती है।
2. सरकैशिया काले समुद्र के उत्तर-पूर्व में स्थित क्षेत्र था जो तातार हमलों की वजह से तबाह था और जॉर्जिया उसमें लम्बे चले गृहयुद्ध और उससे उत्पन्न अराजकता की वजह से बरबाद था तथा इसका फ़ायदा उठाकर ईरान और तुर्की द्वारा उसके शोषण के कारण भी।

हाफ़िज़ और ख़य्याम की शायरी तो उसकी ज़बान पर रहती, जिन्हें निहायत ही पुरकशिश व नफ़ासत भरे लहजे में अकबर को सुनाने का मौक़ा वह कभी नहीं चूका करती थी।

जल्द ही उसने अकबर को एक बेटा दे दिया—मुराद। और ख़्वाजा ग़रीबनवाज़ का शुक्राना अदा करने के लिए अकबर एक बार फिर अजमेर के लिए रवाना हो गया।

दरगाह पर सज्दा करने के बाद वह नागौर जा पहुँचा। बाज़बहादुर, जिससे अदहम ख़ान ने मालवा का तख़्त छीना था, वहाँ उसके दरबार में कोर्निश बजा लाया। मालवा पर क़ाबिज़ होने के फ़ौरन बाद ही अकबर ने अपनी मनसबदारी की पेशकश उसे की थी, जिसे क़बूल करने को वह राज़ी भी हो गया था। मगर आख़िरी वक़्त में अपने एक ख़ास हिजड़े सलाहकार की बातों में आकर उसने यह पेशकश ठुकरा दी और गुजरात चला गया। वहाँ के उमरा की मदद से मालवा के तख़्त पर उसने दोबारा बैठना चाहा और अहमदनगर के निज़ाम-उल-मुल्क के साथ समझौता करके वह इसमें कामयाब भी हो गया। मगर चन्द महीने ही वह तख़्तनशीन रह पाया और अकबर की फ़ौज से उसे दोबारा शिकस्त खानी पड़ी। तब वह मेवाड़ के राणा उदयसिंह के पास पहुँच गया, इस भरोसे पर कि मालवा के तख़्त पर फिर बैठ पाने में उनसे उसे मदद हासिल हो सकेगी। मगर हासिल उसे सिर्फ़ नाउम्मीदी ही हुई। अब तक उसकी माली हालत भी बेहद ख़राब हो चुकी थी। आख़िरकार उसने अकबर की शरण में आने का फ़ैसला कर लिया। अकबर ने भी उसे नाउम्मीद नहीं किया बल्कि उसकी उम्मीद से कहीं ज़्यादा एक हज़ारी मनसबदारी उसे अता कर दी।

राव चन्दरसेन राठौड़ ने अपने वालिद राव मालदेव राठौड़ के इन्तक़ाल के बाद अपनी ताजपोशी ख़ुद ही कर ली थी। मगर उसका बड़ा भाई राम राय उसके इस दावे को चुनौती दे रहा था और उसका छोटा भाई उदयसिंह भी, जो कि पहले से ही अकबर का मनसबदार था। नागौर पहुँचकर राव चन्दरसेन ने अकबर के दरबार में दरख़्वास्त भिजवाई कि राजगद्दी पर उसके हक़ को शाही मंज़ूरी दे दी जाए। मगर यह हो न सका क्योंकि राव चन्दरसेन की राजपूती आन ने इस बात की इजाज़त उसे नहीं दी कि अकबर के दरबार में वह ख़ुद हाज़िर होकर यह गुज़ारिश करे।

मगर बीकानेर के राजा राय कल्याणमल ने अपने ग़ुरूर को एक तरफ़ रख देना ही मुनासिब समझा और अपनी भतीजी लाल राज कुँवर के साथ अकबर का ब्याह नागौर में ही कर दिया। उसका बेटा राजसिंह अकबर का मनसबदार बन गया जो वक़्त के साथ अकबर की निगाह में और नतीजतन मनसबदारी में भी इतना चढ़ता चला गया कि मानसिंह का प्रतिद्वंद्वी बन बैठा। जैसलमेर के रावल हर राय ने भी नागौर आकर अकबर के साथ सुलह कर ली और अपनी बेटी नाथी बाई का निकाह शहंशाह के साथ पढ़वा दिया।

अकबर का यह दस्तूर था कि राजपूत राजाओं के साथ सुलह करते वक़्त ही सुलह की शर्तें सभी को साफ़-साफ़ बता दी जाती थीं। इनमें सबसे अहम थीं यह तीन शर्तें जिनकी तामीली में कोई गुंजाइश नहीं की जाती थी, भले ही निकाह का रिश्ता उनके साथ उसने क़ायम कर लिया हो। पहली शर्त थी, सौदागरों से और कारोबारियों

से भी राहदारी[1] वसूल नहीं की जाएगी। दूसरी शर्त यह थी कि जिन राजाओं के साथ शहंशाह ने सुलह की हुई, सरहद को लेकर उनसे झगड़ा होने पर जंग नहीं छेड़ी जाएगी बल्कि इस मामले को शहंशाह के हुज़ूर में पेश किया जाएगा, जिनका फ़ैसला सभी को क़बूल करना होगा। और तीसरी शर्त थी कि राजगद्दी के वारिस को लेकर आपस में ख़ून-ख़राबा नहीं होगा और वारिस तय करने का हक़ सिर्फ़ शहंशाह का होगा। राजपूतों में आपसी जंग सरहद और गद्दी के हक़ को लेकर ही ज़्यादातर हुआ करती है, अकबर यह समझ गया था।

'आख़िरकार राजपूतों की बाबत मेरे फ़ैसले नतीजे दिखाने लगे हैं!' इन समझौतों से अकबर बड़ा ख़ुश था।

लेकिन मुल्ला और उलेमा, मन्दिर को लेकर जिनके साथ उसकी जंग अभी ख़त्म नहीं हुई थी, अकबर की इस काफ़िराना हरकत से और भी ज़्यादा भड़क उठे कि हिन्दू शहज़ादियों को मुसलमान बनाए बिना ही वह एक के बाद एक निकाह उनके साथ करता ही चला जा रहा है!

"जहाँपनाह! आगरा के वाक़या नवीस ने अपने बयान-ए कैफ़ियत[2] में दर्ज किया है," आगरा में और सूबों के सदर मुक़ाम पर तैनात वाक़या नवीस जो शहंशाह का हालिया मुक़ाम मालूम करके ऐसे बयान रोज़ाना ही भेजा करते हैं, उनमें से एक बयान चुनकर मीर ग़यासुद्दीन अली उसे पढ़ते हुए बोला, "आलमपनाह के हुज़ूर में यह ग़ुलाम बन्दगी अर्ज़ करता है और कोर्निश बजा लाता है। इसके आगे यह ग़ुलाम ख़बर देना चाहता है कि किसी रोज़ ऐसा नहीं होता जब मस्जिदों में इमाम जहाँपनाह के ख़िलाफ़ नमाज़ियों को न भड़काएँ। जामा मस्जिद में जुमे की नमाज़ के बाद इमाम चिल्ला-चिल्लाकर कह रहा था कि क़ुरआने-पाक में अल्लाह ने दीन वालों को पाबन्द किया है : 'मुशरिक[3] औरतें जब तक ईमान न लाएँ उनसे निकाह न करो, एक ईमानवाली लौंडी मुशरिक औरत से कहीं बेहतर है, चाहे वह तुम्हें कितनी ही भली क्यों न लगे।' लेकिन अल्लाह के हुक्म की बादशाह नाफ़रमानी किए जा रहा है। हिन्दू औरतों पर तो वह ऐसा फ़िदा है कि एक न एक हिन्दू औरत के साथ निकाह रोज़ ही कर लेता है। बात मगर यहीं ख़त्म नहीं होती। बुतपरस्ती के लिए उन काफ़िर औरतों की यह बादशाह हौसलाअफ़ज़ाई भी करता है और क़िले में उनके लिए मन्दिर तामीर करवा देता है।' कमोबेश ऐसी ही तक़रीरें बाक़ी मस्जिदों के इमाम भी किया करते हैं। इसके अलावा आगरा के उलेमा ने एक फ़तवा जारी कर अम्बर की शहज़ादी साहिबा के साथ हुए निकाह के बाद हुए सभी निकाहों को नाजायज़ करार कर दिया है, क्योंकि किसी भी मुसलमान को चार से ज़्यादा औरतों के साथ निकाह करने की इजाज़त शरीअत नहीं देती।"

---

1. तिजारती या व्यापारिक सामान लाते-ले जाते समय रास्ते में पड़नेवाले राज्यों द्वारा वसूल किया जानेवाला महसूल या कर। छोटे-छोटे राज्य, हर सौ-पचास कोस पर उनकी सरहद जहाँ पर महसूल-चौकी और उनकी अपनी मनमानी दर महसूल वसूली. व्यापार के लिए यह असुविधाजनक तो था ही, व्यापार की उन्नति में बाधक भी था।
2. कैफ़ियत = हाल, समाचार।
3. बहु-ईश्वरवादी।

इस फ़तवे में छिपे हुए मानी को लेकर अकबर परेशान हो उठा यानी बीकानेर और जैसलमेर के राजाओं की बेटियाँ व ख़ानदेश और कश्मीर की शहज़ादियाँ उसकी बेगम न होकर उसकी रखैल हैं।

"पैग़म्बर मुहम्मद, सल्लल्लाहु अलैहि वसल्लम, ने भी तो नौ औरतों के साथ निकाह किया था," त्योरियाँ चढ़ाकर अकबर ग़ुस्से से बोला। "और ऐसा करने के पीछे उनका मक़सद था, जैसा कि इन्हीं उलेमा ने मुझे बताया है, ख़लीफ़ा अबु बकर[1] सरीखे वफ़ादार साथियों के साथ अपने रिश्तों को मज़बूत करना और उन क़बीलों के साथ रिश्ते बनाकर अमन क़ायम करना जिन्होंने मुसलमानों के ख़िलाफ़ जंग छेड़ रखी थी। मैं भी तो वही कर रहा हूँ! फिर मेरे चार से ज़्यादा निकाह करने पर इतना बवाल क्यों?"

"जहाँपनाह! वे रसूल-ए-अल्लाह थे और सिर्फ़ उनके ही लिए अल्लाह ने चार से ज़्यादा निकाह जायज़ ठहराए थे," मीर ग़यासुद्दीन अली ने सफ़ाई दी।

"अल्लाह ही जानता है कि मैं क्या कर रहा हूँ, और क्यों!" आह भरते हुए अकबर ने कहा। "और मैं जानता हूँ कि वह तो मेरे साथ नाइंसाफ़ी हरगिज़ नहीं करेगा। और दिल्ली के वाक़या नवीस ने क्या लिख भेजा है?"

"जहाँपनाह! वह लिखता है : 'जामा मस्जिद में जुमे की नमाज़ के बाद एक आलिम ने निज़ाम-ए-सल्तनत में काफ़िरों को ऊँचे ओहदे दिए जाने के लिए आलमपनाह पर अल्लाह तआला के हुक्म की नाफ़रमानी की तोहमत लगाई है। अपनी तक़रीर में जोर देकर यह बात उसने कई दफ़ा दोहराई कि रसूलुल्लाह मुहम्मद, सल्लल्लाहु अलैहि वसल्लम, ने फ़रमाया है : ऐ ईमान वालो मोमिनों के सिवा किसी की सोहबत न करो। जो भी मुशरिक के साथ रहता है वह भी मुशरिक हो जाता है। और जो काफ़िर को दोस्त बनाता है वह मोमिन नहीं रहता। एक और आलिम ने सुन्ना का हवाला देते हुए दावा किया कि अल्लाह के नबी मुहम्मद, सल्लल्लाहु अलैहि वसल्लम, ने यह भी फ़रमाया था कि मुशरिक को कुत्ते की मानिन्द हाथ भर की दूरी पर रखना चाहिए। मगर तुम्हारे बादशाह ने टोडरमल और महेशदास जैसे काफ़िर कुत्तों को सिर पर चढ़ा रखा है। अल्लाह की इनायत उन पर हरगिज़ नहीं होती जो क़ाफिरों का साथ देते हैं।"

"कैसे इन लोगों को समझाया जाए?" मायूस अन्दाज़ में अकबर ने सिर हिलाया। "क्या इन लोगों को नहीं दिखाई देता कि हिन्दुओं की तादाद मुसलमानों से कहीं ज़्यादा है? और फिर हमारी हुकूमत के माली निज़ाम की बुनियाद तो उन पर ही टिकी हुई है! तिजारत ज़्यादातर उनके ही हाथों में है और काश्तकारी भी। लगान और महसूल वसूली का निज़ाम भी निचले दर्जे पर उनके ही ज़िम्मे है। परगने के आमिल और अमीन से लेकर क़ानूनगो तक और फिर पटवारी, कारकुन से लेकर मुक़द्दम तक तक़रीबन सभी तो हिन्दू हैं![2] बग़ैर उनको मुसलमानों के साथ बराबरी का दर्जा दिए, बग़ैर उनके

---

1. पैग़म्बर मुहम्मद के वारिस, इस्लाम के पहले ख़लीफ़ा वर्ष 632 से वर्ष 634 तक। ख़लीफ़ा का शाब्दिक अर्थ है प्रतिनिधि।
2. हर परगने में एक आमिल या अमलगुज़ार था जो लगान वसूली के लिए ज़िम्मेदार था, और अमीन हर परगने में भू-सर्वेक्षण और लगान के निर्धारण के लिए। क़ानूनगो अमीन का सहायक और पटवारियों का मुखिया था। पटवारी गाँव के स्तर पर फ़सल व भू अभिलेख तैयार करता →

मुखियाओं को अपने साथ लिये, और बग़ैर उनके सरदारों के साथ दोस्ताना ताल्लुक़ात बनाए एक मज़बूत हुकूमत क़ायम करना किस तरह मुमकिन है? और इस मक़सद को हासिल करने के लिए उनके साथ शादी-ब्याह के रिश्ते-नाते बनाने से बेहतर तरीक़ा और क्या हो सकता है? अम्बर की मिसाल तो सबके सामने ही है!"[1]

कुछ देर ख़यालों में डूबे रहने के बाद अकबर फिर बोल उठा।

"मगर दीन के यह ठेकेदार मुझसे चाहते हैं कि रियाया पर, चाहे वह किसी भी मज़हब की हो, शरीअत को मैं लागू कर दूँ। इतना बड़ा मुल्क है यह और इतने किस्म के लोग! सैकड़ों फिरक़ों में बँटे हुए व बेशुमार रिवायतें लिये हुए! मेरी तो अक़्ल के बाहर है कि शरीअत को क़बूल करने के लिए इन सभी को पाबन्द किस तरह किया जा सकता है? और क्या यह उनके साथ नाइंसाफ़ी नहीं होगी—शरीअत को उन लोगों पर ज़बर्दस्ती लादना जिनके मज़हब और जिनकी हज़ारों बरस पुरानी रिवायतों का हिस्सा वह कभी भी नहीं रही?"

"जहाँपनाह बजा फ़रमाते हैं। *अख़लाक़-ए-नासिरी* में ख़्वाजा नासिरुद्दीन तूसी भी यही इसरार करते हैं," अबुल फ़ज़ल ने नज़ीर दी, "कि एक कामिल और क़ाबिल बादशाह वह है जो अपनी सल्तनत की मुख़्तलिफ़ जमातों के मुख़ालिफ़ मफ़ादात[2] का आपस में मेल करवाते हुए निज़ाम चलाए और अपनी रियाया में सभी मज़हबी जमातों की भलाई का ख़याल रखते हुए वह हुकूमत करे, न कि सिर्फ़ मुसलमानों की।"

"जहाँपनाह को अगर ख़याल हो तो मौलाना रूमी ने भी कमोबेश यही पैग़ाम दिया था जब उन्होंने यह फ़रमाया था कि सिन्ध और हिन्द के लोगों के मज़हब में दख़लन्दाज़ी नहीं की जानी चाहिए।" बरसों पहले जलन्धर में हुई गुफ़्तगू की तरफ़ अकबर का ध्यान खींचते हुए मीर क़ज़विनी ने याद दिलाया। "इसके अलावा जहाँपनाह! सुन्ना और शरीअत के फ़रमान को लेकर मुसलमानों में भी तो कितनी ना-इत्तेफ़ाक़ी है! मुख़्तलिफ़ मुल्कों में शरीअत को लेकर चार नज़रिये हैं जिनमें आपस में ही काफ़ी इख़्तलाफ़-ए-राय है। और फिर हिन्दुओं के तो उनके अपने क़ानून क़ायदे हैं जिनको वे हज़ारों सालों से मानते चले आ रहे हैं? ऐसी हालत में शरीअत को हिन्दुओं पर किस तरह लागू किया जा सकता है और हिन्दू क्यों उसे क़बूल करेंगे? जहाँपनाह! इस कई मज़हबोंवाले हिन्दुस्तान में सिर्फ़ एक ही उसूल पर चलकर अमन और चैन क़ायम रह सकता है, और वह है सुलह-ए-कुल।"[3]

"इसकी बाबत अजमेर में ख़्वाजा के मुरीदों से मैंने सुना तो था," अकबर को याद आया, "मगर सुलह-ए-कुल वाक़ई है क्या मैं अभी भी नहीं जानता।"

→और लगान वसूली में मदद देता। कारकुन आमिल, अमीन और क़ानूनगो के दफ़्तर में लिखा-पढ़ी के काम निपटाता। मुक़द्दम गाँव का प्रधान था।

1. पंडित राहुल सांकृत्यायन लिखते हैं : 'अकबर राजपूतों के साथ भाईचारा चाहता था।...अकबर को दोतरफ़ा सम्बन्ध अभीष्ट था। वह चाहता था...धर्म व्यक्तिगत चीज़ हो, जाति के तौर पर हम सब एक बन जाएँ। *अकबर,* किताब महल, इलाहाबाद, पृष्ठ 233-34, संस्करण 2015
2. विभिन्न हितों।
3. सार्वजनीन सहिष्णुता।

"जहाँपनाह! सुलह-ए-कुल कहता है कि मज़हब आपसी तक़रार की वजह कभी नहीं बन सकता। शेख़ शहाबुद्दीन सुहरावर्दी एक अज़ीम सूफ़ी वलीउल्लाह[1] थे जिन्होंने सुलह-ए-कुल की तफ़सीर की हुई है। उन्होंने इस बात पर ज़ोर दिया है कि अल्लाह में अक़ीदा[2] हर इनसान का उसकी अक़्ल और उसकी दानिशमन्दी के मुताबिक़ ही होता है। लेकिन हरेक शख़्स यह समझता है कि फ़कत वही सही है और बाक़ी सब गलत। अगर ऐसी किसी बात से वह मुक़ाबिल होता है जो कि उसके यक़ीन के ख़िलाफ़ है तो वह उसे समझने की कोशिश नहीं करता बल्कि दूसरों पर तोहमत रखने लगता है और मुर्तद[3] होने का इल्ज़ाम उन पर लगाने लगता है।"

"यही तो इन मुश्किलात की असली वजह है!" बेसाख़्ता अकबर बोल उठा।

"जहाँपनाह! बग़दाद के मशहूर सूफ़ी पीर शेख़ जुनैद ने भी सुलह-ए-कुल की हिमायत की है। उन्होंने कहा था कि मुसलमान अगर यह समझ जाएँ कि पानी का आकार वही है जो उस बर्तन का है जिसमें वह पानी भरा हुआ है तो बाक़ी लोगों के अक़ीदे में वे दख़ल नहीं देंगे बल्कि हर सूरत में और हर मज़हब में उन्हें अल्लाह नज़र आने लगेगा।"

"वल्लाह! क्या ख़ूब कहा है!" अकबर की आँखें चमक उठीं। "और अगर मैं ग़लती नहीं कर रहा हूँ तो पानी अक़ीदा या मज़हब है और बर्तन है उस अक़ीदे या मज़हब में यक़ीन रखने वाला।"

"जहाँपनाह कभी ग़लत नहीं होते!" मीर क़ज़विनी ने तारीफ़ भरे अन्दाज़ में कहा।

"जहाँपनाह! सुलह-ए-कुल का अक़ीदा तो हमारे मज़हब में भी है," बीरबल ने उत्साहित होकर कहा। "एक उपनिषद में ऋषि कहते हैं :

अयं निजः परो वेति गणना लघुचेतसाम्।
उदारचरितानां तु वसुधैव कुटुम्बकम्।[4]

इसके मानी हैं आलमपनाह कि यह मेरा है, यह उसका है। ऐसी सोच तो फ़क़त तंगदिल इनसानों की हुआ करती है। जो फ़राख़दिल हैं उनके लिए तो मुकम्मल जहाँ ही उनका कुनबा है।

"बहुत ख़ूब! कितनी सही बात कही है!" ख़ुशी से अकबर चिल्ला उठा। फिर चन्द लम्हे ख़यालों में डूबे रहकर खेद जताते हुए बोला, "मगर कितनी भुलाई हुई!"

"जहाँपनाह! हक़ीक़त में तो मुख़्तलिफ़ मज़हबों में आपसी झगड़े की कोई वजह ही नहीं," मीर क़ज़विनी ने खुलासा किया। "दुनियावी मसलों में भी कोई एक नुस्ख़ा नहीं चलता तो रूहानी मसलों में किस तरह चल सकता है? कोई दो दरख़्त एक जैसे नहीं होते और न ही उनकी ज़रूरतें एक जैसी होती हैं। एक दरख़्त को बहुत ज़्यादा पानी दरकार है मगर उतना ही पानी देने पर दूसरा दरख़्त ख़त्म हो जाता है। न ही एक

1. शब्दशः अर्थ ईश्वर का मित्र, पहुँचे हुए साधु महात्मा।
2. मत, धार्मिक विश्वास, श्रद्धा।
3. जो अपना धर्म छोड़कर दूसरा धर्म अपना ले, धर्मभ्रष्ट। यहाँ अर्थ है, इस्लाम से विमुख होकर काफ़िर हो गया मुसलमान।
4. महा उपनिषद् 6/71-75

दरख़्त के सारे फल एक जैसे होते हैं। फिर अपनी रूहानी ज़िन्दगी में इनसान किस तरह एक जैसे हो सकते हैं? और किस तरह एक किताब, एक मज़हब सबको मुआफ़िक़ आ सकता है? अल्लाह जो अल-अलीम है वह इस हक़ीक़त को जानता है और इस वजह से उसने जुदा-जुदा लोगों के लिए जुदा-जुदा किताबें और मुख़्तलिफ़ पैग़म्बर भेजे हैं। क़ुरआने-पाक की सूरा अन नहल में अल्लाह तआला ने फ़रमाया भी है : 'हमने हर उम्मत[1] में भेजा कोई न कोई रसूल।' और सूरा अन निसा में अल्लाह तआला ने साफ़ ज़ाहिर किया है : 'और हमने कोई रसूल नहीं भेजा मगर उस क़ौम की ज़बान में, ताकि वह अल्लाह के अहकाम[2] खोलकर बयान कर दे।"

"क्या इन लोगों को यह इल्म नहीं? जो लोग इस्लाम और क़ुरआने-पाक के आलिम फ़ाज़िल होने का दावा पेश करते हैं।" त्योरियाँ चढ़ाकर अकबर ने सवाल किया। "मगर यह लोग नहीं समझेंगे। समझना चाहते ही नहीं!" आजिज़ी[3] के अन्दाज़ में यह कहकर अकबर ने ठंडी साँस भरी।

इस सारी गुफ़्तगू के साथ ही अकबर के दिल में सूफ़ी सन्त ख़्वाजा फ़रीदुद्दीन गंजशकर की पाकपट्टन पंजाब में बनी दरगाह पर सज्दा करने और उनकी रहनुमाई हासिल करने की ज़बर्दस्त ख़्वाहिश पैदा हो गई। वे चिश्ती सिलसिले के वली शेख़ क़ुतुबुद्दीन बख़्तियार काकी चिश्ती के शागिर्द थे और हज़रत ख़्वाजा निज़ामुद्दीन औलिया के मुर्शिद। एक महीना वहाँ ठहरकर ख़्वाजा की दरगाह पर उसने रोज़ सज्दा किया और दिन-दिन भर दुआ पढ़ी। मगर उसके दिल को सुकून हासिल नहीं हुआ और अजमेर जाकर ख़्वाजा मोइनुद्दीन चिश्ती की दरगाह पर सज्दा करने की उसके दिल में यकबयक हसरत जाग उठी। बारिश का मौसम होने के बावजूद वह रवाना हो गया और पूरी बारिश उसने अजमेर में ही बिताई, ख़्वाजा से दुआ करते हुए, ख़ैरात तक़्सीम करते हुए और ख़ानकाह में ख़्वाजा के मुरीदों के साथ सुलह-ए-कुल पर गुफ़्तगू करते हुए।

पूरे एक साल तक आगरा से बाहर रहने के बाद वह वापस रवाना हुआ। सीकरी पहुँचकर वह शेख़ सलीमुद्दीन चिश्ती के झोंपड़े के नज़दीक बनी मस्जिद में ठहर गया, बजाय रंग महल में रुकने के, हर तरह के ऐशोआराम व ख़िदमत से ख़ुद को महरूम करते हुए। यह सब देख उसके कई दरबारियों को तो उसकी ज़ेहनी सेहत के बाबत शक हो चला, ख़ास तौर पर जब उन्होंने देखा कि सुबह-शाम मस्जिद के फ़र्श की सफ़ाई भी झाड़ू लेकर वह ख़ुद ही किया करता है।[4]

एक रोज़ अल सुबह वह सलीम चिश्ती के झोंपड़े पर जा पहुँचा और उनसे पूछने लगा,

"ख़ुद को तस्कीन[5] मैं किस तरह दूँ? ढेरों सवाल हैं मेरे ज़ेहन में मगर जवाब नहीं मिलते। अल्लाह मुझसे क्या उम्मीद रखता है? किस तरह मैं पेश आऊँ जिससे कि वह

1. समुदाय, समाज।
2. आदेश।
3. असहायता, लाचारी।
4. स्रोत : आज़ाद हुसैन की *दरबार-ए-अकबरी* और बदायूँनी की *मुन्तख़बुल तवारीख़।*
5. सांत्वना, दिलासा।

ख़ुश हो? ईमानवालों के लिए उसका हुक्म वाक़ई क्या है? क्योंकि अब तक जो मैंने सुना और जाना है, उस पर मेरा यक़ीन नहीं बैठता।"

"तुम्हारे सवाल तुम्हारे दिल की बेकली की वजह से हैं और इनके जवाब सिर्फ़ अल्लाह सुबहानु व तआला ही दे सकते हैं। उनके राज़दार बनो। जब तुम वहदत-उल-वुजूद के मानी समझ जाओगे तो तुम्हें अपने सारे सवालों के जवाब मिल जाएँगे।"

"मगर यह किस तरह मुमकिन होगा?"

"सिर्फ़ ज़िक्र से। अल्लाह को लगातार याद करते रहना ही ताले की चाबी है। अल्लाह को इतना याद करो, इतनी शिद्दत से उसकी तमन्ना करो कि अपने वुजूद का होश भी तुम्हें न रहे। वक़्त के साथ पुकारनेवाला और जिसे पुकारा जा रहा है, दोनों का वुजूद ख़त्म हो जाएगा और सिर्फ़ पुकार बाक़ी रह जाएगी।"

अकबर को सोच में डूबे हुए देखकर शेख़ सलीम ने फिर कहना शुरू किया।

"तुम किसी भी तरह का ज़िक्र चुन सकते हो। अल्लाह-अल्लाह या अल-हक़्क़-अल-हक़्क़, या अल्लाह के निन्यानबे नामों से कोई भी। तुम इसके अलावा भी ऐसा कुछ चुन सकते हो जो तुम्हें अल्लाह की याद दिलाए, इससे कोई फ़र्क़ नहीं पड़ता।"

शेख़ सलीम की बातों पर ग़ौर करता हुआ अकबर ख़ामोश ही बैठा रहा। शेख़ सलीम भी अपनी उँगलियों में तस्बीह फिराते हुए आँखें बन्द किए हुए ख़ामोश थे।

"क़ुरआने-पाक में अल्लाह को याद करने पर बहुत जोर दिया गया है और अल्लाह के रसूल पैग़म्बर मुहम्मद, सल्लल्लाहु तआला अलैहि वसल्लम, ने भी।" कुछ वक़्त तक ख़यालों में डूबे रहने के बाद शेख़ सलीम ने फिर से अकबर को समझाना शुरू किया। क़ुरआने-पाक में कहा गया है : 'ऐ ईमान वालो! अल्लाह को ज़्यादा से ज़्यादा याद किया करो। और सुबह और शाम उसकी पाकीज़गी बयान किया करो। वही तो है जो तुम पर रहमत भेजता है।"

"मगर ख़याल रखो कि कई दफ़ा तुम्हें बेहद तकलीफ़देह दर्द का सामना भी करना पड़ेगा, जिस दर्द से मुक़ाबिल अल्लाह के रसूल सल्लल्लाहु अलैहि वसल्लम को भी होना पड़ा था जब फ़रिश्ते जिब्राइल ने उन पर क़ुरआने-पाक नाज़िल की थी। तुम पर जन्नती अहसास तारी होंगे[1] और शैतानी असरात भी। जन्नती अहसास के नतीजे में तुम्हें सुकून, तरावट और रूहानी ख़ुशी हासिल होगी तो शैतानी असरात तुम्हें ख़ौफ़ और शकोशुबहा की तरफ़ ले जाएँगे। मगर ज़िक्र को तुम्हें छोड़ना नहीं है वर्ना शैतानी असरात तुम्हें गुमराह कर देंगे। ऐसा न हो पाए इसके लिए तुम्हें ख़ुद से ही अहद करना होगा और इस अहद को अल्लाह पर ज़ाहिर भी करना होगा। आवाज़े बुलन्द में यह ज़ाहिर करो कि अल्लाह जैसा कोई नहीं है; कि उसके सिवा मेरी कोई चाहत नहीं; और यह भी कि इससे कम क़बूल मैं नहीं ही करूँगा, कि इससे कम पर मैं राज़ी होनेवाला नहीं। और अपने अहद की सच्चाई का इम्तेहान देने के लिए भी तैयार रहो। मगर इस रास्ते पर आनेवाली मुश्किलात से पार पाने के लिए तुम्हें एक पीर की ज़रूरत होगी।"

"आप ही मेरे पीर हैं! मुझे अपना मुरीद क़बूल कीजिए! और अगर आपकी इजाज़त हो तो यहाँ सीकरी में इसी पहाड़ी पर ही मैं एक क़िला तामीर करवाऊँगा। इस तरह

1. छा जाएँगे, ढक लेंगे।

आपके नज़दीक रहकर आपके बताए हुए रास्ते पर मैं चल सकूँगा।"

"यह रास्ता तो पैग़म्बर मुहम्मद सल्लल्लाहु अलैहि वसल्लम और हज़रत अली रज़िअल्लाह तआला अन्हु का दिखाया हुआ है। और क़िला बनवाने की इजाज़त देनेवाला मैं कौन होता हूँ? तुम बादशाह हो और यहाँ तुम्हारी हुकूमत है। हाँ, यह ज़रूर है कि मैं एक बादशाह को अपना मुरीद बनाना पसन्द नहीं करूँगा, मगर जलालुद्दीन को अपना शागिर्द बनाने में मुझे दिली ख़ुशी हासिल होगी।"

अकबर ख़ुशी से झूम उठा। आगरा जाने के बजाय उसने सीकरी में ही अपना मुक़ाम कर लिया। फ़ौरन ही माहिर-ए-तामीरात[1] तलब किए गए और उनकी आमद होते ही ज़ोर-शोर से पहाड़ी की पैमाइश होने लगी। अकबर की बेसब्री उस बच्चे के जैसी ही थी जो बहुत भूखा था और अभी-अभी उसे मिठाई का दोना मिल गया है।

सीकरी का क़िला तामीर करवाने में अकबर ने अपने तसव्वुर को पंख लगा दिए। जितने नक़्शे उसे पेश किए गए, सारे के सारे उसने ख़ारिज कर दिए। उनमें कोई परवाज़[2] नहीं थी। इमारतें तामीर करने के क़ायदे निहायत ही बेज़ायक़ा तरीक़े से काग़ज़ पर उतार दिए गए थे। उसे ऐसी इमारत दरकार न थी जिसमें उछाह न हो। जो ज़मीन से बँधी हुई नज़र आए, तवारीख़ के बोझ से दबी हुई। तवारीख़ को वह पीछे छोड़ आया था। शेख़ सलीम चिश्ती का वह मुरीद बन चुका था और उसने 'यादगार सफ़र' भी तय कर लिया था। इस नए क़िले को वह अपनी तमन्नाओं की उड़ान के साथ ले जाना चाहता था जो तब से कहीं ऊँचे उठ चुकी थीं जब सात साल पहले क़िला-ए-अकबरी उसने आगरा में तामीर करवाया था।

काफ़ी बहस-मुबाहिसे और दिमाग़ी कसरत के बाद उसने ऐसा नक़्शा तैयार करवाया जो क़िले की हर इमारत को उसके अपने मुक़ाम पर उठान देता हो। पहाड़ी के पैमाइश किए गए हिस्से में उत्तर-पश्चिम की तरफ़ हलकी ढलान थी। क़िले का नक़्शा लिहाज़ा मुख़्तलिफ़ सतह पर तैयार किया गया। पहले से बनी हुई मस्जिद सबसे ऊँचे हिस्से में थी। इसे तरतीबवार मेहराबों और उनके ऊपर ख़ूबसूरत रंगीन नक़्क़ाशीवाली छत बनवाकर एक शानदार इमारत में तब्दील कर दिया गया, और इसकी नई बनी दीवारों पर तरह-तरह के नक़्श खुदवाकर उनमें रंग-बिरंगे क़ीमती पत्थर जड़े गए।

मस्जिद से निचली सतह पर शाही ख़वातीन के लिए ज़नानख़ाना बनाया जाना तय हुआ। इसके बाद दौलतख़ाना यानी अकबर का महल होगा जिसमें आगे की तरफ़ दीवानख़ाना-ए-ख़ास व उसकी बगल में दीवानख़ाना-ए-आम बनेगा, जहाँ से सलीमा की रिहाइशगाह की तरफ़ निकलनेवाला जालीदार गलियारा भी तजवीज़ किया गया, जो आगे हीरा कुँवर की रिहाइशगाह और फिर ज़नानख़ाने होता हुआ पंचमहल तक जाएगा। पंचमहल एक पाँच-मंज़िला इमारत होनी थी जिसमें सबसे ऊपर एक बड़ी सी छतरी बनाई जाएगी जिसके नीचे बैठकर वह हीरा कुँवर और सलीमा के साथ सुहानी शामें गुज़ार सकता था और अल्लाह के क़रीब रहकर ख़ामोश रातें।

मालवा, गुजरात, राजस्थान, बुन्देलखंड और अवध से आए हुए कारीगरों से ख़ुद

---

1. वास्तुकार, वास्तुशिल्पी।
2. उड़ान।

अपनी निगरानी में अकबर ने काम शुरू करवाया। उसकी ख़्वाबगाह के लिए ज़नानख़ाना और दीवानख़ाना-ए-ख़ास के बीच की जगह में एक दो-मंज़िला इमारत तामीर की गई। नीचे की मंज़िल पर एक बहुत बड़ा कमरा बना जिसकी दीवारों में क़िताबें रखने के लिए खाँचे बने। उसकी रातों का बड़ा हिस्सा इसमें आलिम फ़ाज़िल शख़्सियात की सोहबत में मज़हबी, ग़ैरमज़हबी और रूहानी इल्म हासिल करने में जो बीतनेवाला था! इसकी दक्खिनी दीवार के पीछे एक कमरा और बनाया गया। उसके आगे एक बड़ा चबूतरा था जिस पर पाँच हाथ ऊँची छतरी थी और जो मशरिक़ व मग़रिब में संगमरमर में नक़्श की हुई जालियों से घिरा था। यह 'दर्शन झरोखा' था जिसमें बैठकर वह अपनी रियाया के साथ रोज़ सुबह रूबरू होगा।

उसके ख़ुद के सोने के लिए ख़्वाबगाह की ऊपरी मंज़िल के बीचोबीच एक चौकोर कमरा बना जिसकी चारों ही दीवारों में दरवाज़े थे और चारों ही तरफ़ छतवाला बरामदा भी। वक़्त गुज़रने के साथ इस कमरे को ऊपर से नीचे तक ख़ूबसूरत रंग-बिरंगी तसवीरों से सजाया गया। घर की खिड़की से एक शख़्स बाहर को झाँकता हुआ; मस्तूल, रस्सों और पतवारों के साथ जहाज़ में मल्लाह; और अपने हाथों में लिये हुए नन्हे बालक को बेपनाह मोहब्बत के साथ देखता हुआ फ़रिश्ता[1]—ठीक वैसे ही जैसे पाँच महीने के सलीम को अपने हाथों में लेकर निहारती हुई हीरा कुँवर को अकबर ने 'एक यादगार सफ़र' पर रवाना होते समय देखा था।

और उसकी इस ख़्वाबगाह के सामनेवाले दालान में बनेगा एक अनोखा, अनूठा तालाब, तीस गज़ लम्बा व इतना ही चौड़ा, बाक़ी इमारतों की मानिन्द लाल बलुए पत्थर से ही बनाया हुआ। तीन गज़ से भी ज़्यादा गहरे इस तालाब में ताज़ा पानी हमेशा ही बहकर आता रहेगा और बासी पानी क़िले के बाहर बने तालाब में जाता रहेगा। इस तालाब के बीचोबीच ख़ूबसूरत नक़्क़ाशी की हुई पत्थर की जालियों से घिरा हुआ एक ऊँचा चबूतरा बनाना भी अकबर ने तय किया जिस पर तशरीफ़ रखकर मियाँ तानसेन अपनी मौसीक़ी की मिठास क़िले की हवा में घोलेंगे।

अकबर की ज़िन्दगी का यह सबसे ख़ुशनुमा दौर था। ख़ाली वक़्त में वह क़िले में चल रहे काम का मुआयना करता और मज़दूरों के साथ मेहनत भी। पत्थर की खदानों में वह ज़मीन की गहराइयों में से पत्थर की चट्टानें खोद निकालता। पत्थर की फ़र्शियों को खुरचते हुए नक़्क़ाशों के नज़दीक बैठ वह देर तक उन्हें ग़ौर से देखता रहता और फिर पत्थर पर नक़्क़ाशी में अपना हुनर दिखलाकर यह चन्द घड़ियों का शागिर्द अपने उस्तादों को भी हैरत में डाल देता।

कभी वह साहुल की डोरी मिस्त्रियों के हाथ से लेकर जिस दीवार की वे चुनाईकर रहे होते उसके सहारे लटकाकर यह जाँचने लगता कि दीवार बिलकुल सीधी ही खड़ी हो रही है न। तो कभी करनी अपने हाथ में लेकर तसले में रखा गारा किसी हुनरमन्द मिस्त्री की तरह कलाई के एक झटके से ईंटों पर बिखेर देता। कभी वह लुहारों के साथ

1. इन तसवीरों की जानकारी मुझे मौलवी मुहम्मद अशरफ़ हुसैन की किताब *A Guide to Fatehpur Sikri* से हासिल हुई है, जिसे भारत सरकार के पुरातत्त्व विभाग द्वारा वर्ष 1937 में प्रकाशित करवाया गया था। देखें, 'टिप्पणियाँ'।

बैठकर लोहे को पीटने या रेतने लगता। तो कभी किसी बढ़ई के नज़दीक बैठ बसूले से लकड़ी को तराशने लगता या रन्दे से उसे छीलने लगता। ऐसे ही एक दिन वह हरिया से टकरा गया और फ़ौरन ही उसे वह पहचान भी गया।

उस शाम तो धनिया उकता उठी यह सुन-सुनकर कि हरिया को देखते ही बादशाह अकबर ने न सिर्फ़ उसका हालचाल पूछा बल्कि लकड़ी के बुरादे और छीलन की परवाह न करते हुए नंगे फ़र्श पर कैसे उसके ही पास बैठ गए और उससे बढ़ईगिरी सीखी। रात ढलते-ढलते पूरा आस-पड़ोस जान गया कि हरिया बादशाह अकबर का उस्ताद बन गया था, एक दिन के लिए ही सही।

लेकिन अकबर का कोई भी दिन नन्हे सलीम, जिसे वह मोहब्बत से शेख़ू बाबा कहकर पुकारा करता था और मुराद, जिसे वह पहाड़ी कहा करता था, के साथ खेले बग़ैर पूरा नहीं होता था। दोनों बेटे उसके चौड़े कन्धों पर बैठे हुए; उमके नन्हे मुलायम हाथ वह अपने हाथों में थामे हुए; उनके पाँव उसकी फ़ख्र से फूली हुई छाती पर लटकते हुए; और दोनों बच्चे ख़ुशी से किलकारी मारते व खिलखिलाते हुए; जन्नत में भी ऐसी ख़ुशी किसी को क्या हासिल होगी जिसका अहसास ऐसे में अकबर को हुआ करता।

कभी वह उनका घोड़ा बन जाता और अपनी पीठ पर उन्हें बिठाए हुए दोनों हाथों और घुटनों के बल अनूप तालाब के दालान में वह चक्कर लगाता। तो कभी घोड़े पर उन्हें अपने आगे बिठाकर लम्बी सैर को ले जाता, जैसे उसके अब्बा काबुल में उसे ले जाया करते थे। क़िले में रोज ही कोई न कोई बाज़ीगर आ जाता जो तरह-तरह के करतब दिखाता। बच्चों को सबसे ज़्यादा मज़ा तब आता जब अपने एक हाथ के सहारे उलटा खड़ा होकर वह दोनों पैरों और एक हाथ से लोहे के बड़े-बड़े छल्ले लगातार घुमाते रहता। तक़रीबन रोज ही कोई न कोई मदारी भी उसके जमूरे और बन्दरों व भालुओं के साथ क़िले में बुलवा लिया जाता जो डमरू बजाकर उन बन्दरों व भालुओं को नचाता। या फिर कोई जादूगर आ जाता जो कबूतरों को ख़रगोश और ख़रगोशों को मुर्ग़ी के चूजे बना देता।

और अकबर ने जाना कि बच्चे की हँसी से ज़्यादा शीरीं और दिलकश आवाज़ दुनिया में कोई नहीं।

दीवानख़ाना-ए-आम में निहायत ही ख़ूबसूरत नक़्क़ाशी किए हुए संगमरमर के जालीदार पर्दों से घिरे ऊँचे चबूतरे पर बैठ, जो कि उसका शाही तख़्त था, अकबर ने वहाँ मौजूद आलिम फ़ाज़िल और दानिशमन्द दरबारियों से निहायत ही संजीदा अन्दाज़ में एक सवाल किया,

"ऐसे बदतमीज़ को क्या सज़ा दी जानी चाहिए जो आपके बादशाह के कान पकड़ने और उनके मूँछ के बाल खींच लेने की गुस्ताख़ी करे?"

"क्या सज़ा दी जानी चाहिए?" फ़ौरन ही मुल्ला दो-पिआज़ा चिल्ला उठा। "ऐसी गुस्ताख़ी करनेवाले को तो सरेआम फाँसी पर लटका देना चाहिए!"

बाक़ी दरबारी भी ज़्यादातर सज़ा-ए-मौत के ही हिमायती थे, अगरचे कुछ उस बेहया शख़्स को ज़िन्दगी भर के लिए अँधेरे तहख़ाने में धकेल दिए जाने की पैरवी भी कर रहे थे। बीरबल मगर ख़ामोश था।

"क्यों कबि राय? ख़ामोश क्यों हो? सज़ा-ए-मौत के फ़ैसले पर क्या तुम्हें भी एतराज़ है?" अपनी भौंहों को ग़ुस्सा करने के अन्दाज़ में ऊपर चढ़ाते हुए अकबर ने दरयाफ़्त किया।

"जी हाँ आलमपनाह!" कमर से पूरा नीचे झुकते हुए बीरबल अदब से बोला।

"तो फिर तुम्हारे मुताबिक़ क्या सज़ा दी जानी चाहिए?" पूछने के अन्दाज़ में अकबर का ग़ुस्सा ज़ाहिर हो रहा था।

"जहाँपनाह! मेरी राय में ऐसा शख़्स सज़ा के क़ाबिल न होकर मोहब्बत का हक़दार है।"

दरबार में सन्नाटा खिंच गया। कैसी अहमक़ाना बात यह काफ़िर कर रहा है! अकबर की बीरबल से नाराज़गी का तसव्वुर कर मुल्लाओं व उलेमा की बाँछें खिल गईं। मुल्ला दो-पिआज़ा तो अपनी ख़ुशी को छिपाने की कोशिश में किसी हाल कामयाब नहीं हो पा रहा था। अकबर की आँखों पर से बीरबल की दानिशमन्दी का पर्दा उतरने का नज़ारा करने का और बादशाह की जानिब उसे बेआबरू होते हुए देखने का उसका कई सालों पुराना ख़्वाब आज पूरा होने जो जा रहा था!

"तुम्हें ख़याल भी है कबि राय कि तुम क्या कह रहे हो?" बीरबल को अकबर ने फटकार लगाई। "तुम यह कहना चाहते हो कि तुम्हारे बादशाह के साथ इतनी बेअदबी के साथ पेश आनेवाले शख़्स को बजाय सख़्त सज़ा देने के उसे इस गुस्ताख़ हरकत के लिए इनाम से नवाज़ा जाए? कैसी वाहियात और बेहूदी बात की है तुमने!" अपनी भौंहें सिकोड़कर अकबर ग़ुस्से से चिल्लाया।

"और आलमपनाह उसे तोहफ़े भी दिए जाने चाहिए।" अपना सिर नीचे झुकाए और आँखें ज़मीन पर गड़ाए हुए बीरबल ने निहायत ही संजीदगी के साथ इसरार किया।

इस तमाशे को अकबर आगे जारी न रख सका और उसका ठहाका दीवानख़ाने के बाहर तक गूँज उठा। दरबारियों की अक़्ल काम नहीं कर रही थी कि बजाय बीरबल की इस बद-दिमाग़ी के लिए सज़ा का फ़रमान सुनाने के बादशाह उसे तारीफ़ भरी निगाह से क्यों देख रहे हैं।

"मुज़रिम को फ़ौरन इस अदालत में पेश किया जाए," आवाज़-ए-बुलन्द में अकबर ने हुक्म दिया और कुछ ही लम्हों बाद तीन साल का सलीम उसकी गोद में था। अपने बेटे को उठाकर अकबर ने अपने सीने से चिपकाया और उसके दोनों गाल चूम लिये। अपने बादशाह की यह सूरत दरबारियों ने पहले कभी नहीं देखी थी और वे पसोपेश में पड़े हुए थे कि किस जज़्बे को अपने चेहरे पर आने की वे इजाज़त दें।

"बच्चे इस ज़िन्दगी के बग़ीचे में खिलनेवाले ऐसे ख़ूबसूरत फूल हैं," हैरान-परेशान दरबारियों को देखते हुए अकबर बोला, "जिन पर मोहब्बत लुटाते हुए इनसान उस अर-रहीम के नज़दीक पहुँच जाता है जिसने यह बग़ीचा इनसानी नस्ल को अता किया है।"

शाम को मग़रिब की नमाज़ के बाद कुछ वक़्त अकबर सवानी-निगारों व ख़ुफ़ियानवीसों के भेजे हुए बयान व ख़बरें सुनने में बिताता और फिर वज़ीरों के साथ राय-मशविरा कर निज़ाम-ए-सल्तनत के अहम फ़ैसले लेने में। रात को इशा की नमाज़ के बाद महफ़िल जमा हो जाती जिसके बाद आलिम फ़ाज़िल शख़्सियात के साथ मज़हब

और फ़लसफ़े की बारीकियों पर तबादला-ए-ख़याल शुरू हो जाता, जो आधी रात हो जाने तक चला करता। और सबके रुख़्सत हो जाने के बाद वह शेख़ सलीम चिश्ती के घर का रुख़ करता, जिसे उसने अब पक्का बनवा दिया था।

"ज़िक्र अल्लाह के दरवाज़े पर दस्तक देने के मानिन्द है।" एक रात शेख़ सलीम ने उसे समझाया। "दस्तक देते रहो। दरवाज़ा यक़ीनन खुलेगा। इसमें वक़्त लग सकता है। कितना? उसे देख पाने की तुम्हारी ख़्वाहिश में कितनी शिद्दत है, यह इस पर से तय होगा। और जब दरवाज़ा खुलेगा तो उसका जलाल देख तुम ख़ुद को भूल जाओगे। हर वुजूद भूल जाओगे। भूल जाओगे कि उसके सिवा भी किसी का वुजूद है। तुम्हारी शिनाख़्त खो जाएगी। तुम्हारी ख़ुदी ख़त्म हो जाएगी और सिर्फ़ ख़ुदा ही बाक़ी रहेगा। यह ऐसा होगा जैसे एक मोमबत्ती को आफ़ताब के नज़दीक रख दिया हो। मोमबत्ती का वुजूद बाक़ी नहीं रहेगा, सिर्फ़ आफ़ताब की रोशनी सब तरफ़ फैली होगी। और फिर जब तुम वापस आओगे तो सिर्फ़ तुम्हारा जिस्म यहाँ होगा। उसके साथ मुलाक़ात का ज़ायक़ा तुम्हारे ज़ेहन में बल्कि पूरे वुजूद पर छाया रहेगा। उसके बाद उससे फिर मुलाक़ात करने और फिर से उस अज़ीम ख़ुशी को महसूस करने की कोशिश में तुम हमेशा मुब्तिला रहोगे। तब तुम वही पुराने जलालुद्दीन बाक़ी न रहोगे, तुम्हारा जिस्म अलबत्ता वही रहेगा।"

बेगम हीरा कुँवर और बेगम सलीमा को बेहद फ़िक्र हो चली जब उन्हें मालूम हुआ कि शेख़ सलीम चिश्ती की रिहाइशगाह में अकबर रात के तीसरे पहर में भी तस्बीह फेरता रहता है। और फिर सहर होते ही हाथ में झाड़ू लेकर मस्जिद को बुहारते हुए देखा जाता है।[1] उसके वज़ीर व दरबारी भी हैरान थे कि बादशाह जब देखो तब यह दरयाफ़्त क्यों करने लगते हैं कि लम्बे वक़्त तक उनकी ग़ैरमौजूदगी में हुकूमत का कामकाज किस तरह चल सकता है? मसलन हज पर जाने के दौरान।

1. इतिहासकार एम. एल. रायचौधुरी के मुताबिक़ 'वह [अकबर] अत्यन्त धार्मिक संवेदनशीलता के दौर से गुज़र रहा था।' मेरे विचार में यह दौर अकबर के लिए यह अपने मज़हब और ख़ास तौर पर सूफ़ी तरीक़े की गहराई में उतरने का दौर था। देखें, 'टिप्पणियाँ'।

तूफ़ानी फ़तह

रात अँधेरी थी, रास्ता ऊबड़-खाबड़। कहीं गहरे गड्ढे थे तो कहीं पत्थर। मगर इन सबको ही नजरअन्दाज़ करता हुआ अकबर का रथ सरपट दौड़ा चला जाता है। अकबर की बेसब्री का तो लेकिन कोई ठिकाना ही नहीं! बार-बार अँधेरे में झाँककर देखने लगता है कि रथ कहाँ पहुँचा होगा।

तीन हज़ार के रिसाले के साथ रविवार की सुबह पौ फटते ही वह सीकरी से निकल पड़ा था। तक़रीबन मुसलसल अपने घोड़े को दौड़ाता हुआ सोमवार की रात के दूसरे पहर तक सत्तर कोस से भी ज़्यादा दूरी तय करके वह साँगानेर पहुँच गया। वहाँ जब घोड़े की लगाम उसने खींची तो यह देख वह झुँझला उठा कि सीकरी से उसके साथ रवाना हुए ज़्यादातर उमरा और मनसबदार पीछे ही रह गए हैं। उनका इन्तज़ार करने के सिवा उसे कोई चारा नहीं सूझा और लेटते ही उसकी आँख लग गई। एक पहर की गहरी नींद के बाद वह हड़बड़ाकर उठ बैठा और मुँह अँधेरे ही फिर चल पड़ा। आँखों में नींद भरी होने की वजह से उसने आगे का सफ़र घोड़े के बजाय रथ से तय करना मुनासिब समझा।

"किसी भी वजह से रफ़्तार को तुम कम नहीं करोगे!" रथ में बैठते हुए अकबर ने रथवान को हुक्म दिया। "मैं कहूँ तब भी नहीं।"

और उसके हुक्म की बख़ूबी तामील हो रही थी।

आँखें नींद के मारे मुँदी जा रही हैं, मगर कभी उन्हें मलकर तो कभी पलकों को ऊपर खींचते हुए अकबर बाहोश रहने की कोशिश में लगा है ताकि यह इत्मीनान उसे रहे कि रथ की रफ़्तार क़ायम है। कभी झपकी आ भी जाती तो दो लम्हे बाद ही वह चौंककर जाग पड़ता और आँखें फाड़े हुए फिर से बाहर झाँकने लगता। ऐसा बेसब्र वह पहले कभी नहीं हुआ था।

अकबर गुजरात जा रहा है, मिर्ज़ाओं ने जहाँ बगावत का झंडा फिर से उठा लिया है। अहमदाबाद के क़िले पर उनकी फ़ौज महीनों से घेरा डाले हुए पड़ी है। और उसके अन्दर फँसा हुआ मिर्ज़ा अज़ीज़ कोका, जो इस वक़्त गुजरात का सूबेदार है, मदद के लिए एक के बाद एक पैग़ाम उसे भेजता रहा है।

गुजरात में अकबर की यह दूसरी मुहिम होनेवाली है। चन्द महीने पहले ही उसने इस सूबे को फ़तह किया था। उस वक़्त भी उसके साथ ज़्यादा रिसाला नहीं था। फिर भी अहमदाबाद के सुल्तान ने जंग करने के बजाय भाग खड़े होने में ही अपनी ख़ैरियत समझी। शाही फ़ौजी जल्द ही उसे ढूँढ़कर गेहूँ के खेत में से घसीट लाए थे। मगर अकबर ने न सिर्फ़ उसे आज़ाद कर दिया था बल्कि एक उम्दा वज़ीफ़ा भी उसके लिए तय कर

दिया था। उसके बाद मिर्ज़ा भी अहमदाबाद से भाग निकले और बड़ौदा में उन्होंने मोर्चा जमा लिया। ख़बर पाते ही अकबर केवल सौ घुड़सवारों के साथ दौड़ पड़ा तेज़ रफ़्तार से धावा बोलकर उनके हज़ार फ़ौजियों को बात की बात में खदेड़ दिया। फिर मिर्ज़ाओं ने सूरत के क़िले में पनाह ली तो अकबर की तोपों ने उस पर क़हर ढा दिया। तब वे वहाँ से भी भाग खड़े हुए और उनके जाते ही क़िलेदार ने सुलह का परचम फहरा दिया।

मगर उसके वापस सीकरी पहुँचने की देर थी कि ख़बर मिली, गुजरात के शिकस्त-ख़ुर्दा उमरा को उकसाकर मिर्ज़ाओं ने अपने साथ ले लिया है और सूरत, भड़ौच व चाँपानेर पर क़ाबिज़ हो चुकने के बाद उन्होंने अहमदाबाद पर हमला बोल दिया है।

'शायद तवारीख़ ख़ुद को दोहरा रही है।' ख़बर पाकर अकबर के दिल में ख़याल आया। 'गुजरात के ग़दर से अब्बा अपनी सारी ही ज़िन्दगी जूझते रहे थे।'

मिर्ज़ा अज़ीज़ कोका के पैग़ाम-ए-मदद अकबर के ख़ुद गुजरात पहुँचने पर ज़ोर दे रहे थे। मगर सीकरी छोड़ने को वह क़तई राज़ी नहीं था। शेख़ सलीम चिश्ती का हाल ही में इन्तकाल हुआ था और अकबर का रंजीदा दिल दुनियावी मसलों की जानिब बेज़ार हो चला था। क़िले के भीतर ही अपने पीर की मज़ार पर उनकी क़ब्र के सामने दुआएँ पढ़ते हुए उसने कई रातें बिताईं। फिर दो रातों को वह कुएँ में उलटा लटककर 'या हुवा' और 'या हादी'[1] पढ़ता रहा। और तब उसने जाना कि उसका रहनुमा हक़ीक़त में उससे हमेशा के लिए जुदा हो चुका है।

मगर जब अपने बेटे की सलामती के लिए फ़िक्रमन्द होकर जीजी अंगा जब तब उसके सामने बैठकर अपना दुखड़ा रोने लगी तो मजबूर होकर वह तीन हज़ार का रिसाला साथ लिये सीकरी से निकल पड़ा—मिर्ज़ाओं को कभी न भूलनेवाला सबक़ पढ़ाने और उनका यह बखेड़ा हमेशा के लिए ख़त्म कर देने का पुख़्ता इरादा अपने दिल में लिये।

मंगलवार की सुबह वह अजमेर में था। दरगाह शरीफ़ पर माथा टेकने और ख़ैरात तक़्सीम करने के बाद वह क़िले में जाकर सो रहा, जिसको हाल ही में तक़रीबन नए सिरे से ही उसने तामीर करवाया था। नींद में एक अजीबोग़रीब ख़्वाब उसने देखा। वह दहशत-अंगेज़ ख़्वाब नहीं जो कि बचपन ही से उसका पीछा करता रहा था। उस ख़्वाब ने तो उस रोज़ के बाद से ही उसकी नींद में ख़लल डालना छोड़ दिया जिस रोज़ सलीमा को उसने उसके बारे में बताया था। इस ख़्वाब में वह एक समन्दर में था और हज पर जा रहा था। कश्ती, जिसमें वह बैठा हुआ था, कई-कई हाथ ऊपर-नीचे डोल रही थी। यकायक एक लड़की का चेहरा समन्दर की मौजों के ऊपर आया और वह चिल्ला उठी।

"मदद! मदद!"

इसके पहले कि वह कुछ समझ पाता, उसके पीछे से उसे एक औरत के रोने की आवाज़ आई।

"अरे! यह तो अक़ीक़ा है! उसे बचा लो! ख़ुदा के वास्ते मेरी बच्ची को बचा लो!"

पीछे मुड़कर उसने देखा तो वहाँ कोई नहीं था। कश्ती में वह अकेला ही था। तभी उसकी आँख खुल गई और फ़ज्र की नमाज़ के लिए अज़ान उसके कानों में पड़ी।

1. या हुवा = ओ वह, अल्लाह का एक नाम जो सूफ़ियों में लोकप्रिय है। या हादी = ओ रहनुमा, अल्लाह के निन्यानबे नामों में से एक।

कूदकर वह बिस्तर से उतरा। वुज़ू करके नमाज़ पढ़ी। और सूरज के निकलने के पहले ही वह तेज़ घोड़े पर सवार हो दौड़ता चला जा रहा था, रात को देखे हुए ख़्वाब के बारे में सोचते हुए।

'बेगा बेगम फिर से हज करने गई हुई हैं। अब तक तो वे मक्का से वापस चल पड़ी होंगी। ख़ैरियत से तो हैं वे? इस अजीबोग़रीब ख़्वाब की ताबीर[1] क्या हो सकती है? चौसा इतनी गहराई से मेरे ज़ेहन में पैठा हुआ है कि उस जंग को और उसमें हुई तबाही को मैं कभी भुला नहीं पाऊँगा। और न ही कभी 'कन्नौज' को मैं भूल पाऊँगा। हमारे बेशुमार फ़ौजी गंगा नदी के सैलाब में डूबकर जान गँवा बैठे थे। अब्बा की क़िस्मत अच्छी थी कि उन्हें भिश्ती से मदद मिल गई। इस वजह से ही शायद मैं बाबा की मानिन्द तैरने का लुत्फ़ नहीं उठा पाता। अपनी आख़िरी मुहिम में, जब कि सेहत उनका साथ छोड़ने लगी थी, तब भी वे गंगा नदी पहुँचने के बाद उसे तैरकर पार करने की ख़्वाहिश पर क़ाबू नहीं रख पाए थे—सो भी दो दफ़ा और बिना बीच में रुके।'

अपने बाबा की सोहबत और उनकी मोहब्बत से महरूम रह जाना अकबर को हमेशा से ही कचोटता रहा है।

घोड़े को और भी तेज़ दौड़ाने के लिए उसने उसे एड़ लगाई और गुजरात की गुज़श्ता मुहिम के दौरान समन्दर का अपनी ज़िन्दगी में पहली मर्तबा नज़ारा करना उसे याद हो आया। अहमदाबाद पर क़ाबिज़ होने और वहाँ का निज़ाम दुरस्त करने के बाद वहाँ से तीस कोस चलकर वह देर रात खम्भात जा पहुँचा था। अगली सुबह फ़ज्र की नमाज़ पढ़ने के बाद एक आदमी की पोशाक में और आम आदमी की तरह अकेला ही वह बन्दरगाह के लिए चल दिया।

अभी तक भी अल्फ़ाज़ नहीं मिल पाए हैं उसे, उन जज़्बात को बयाँ करने के लिए जो समन्दर के किनारे उस रोज़ उसके दिल में उठे थे। पहले तो उसे यक़ीन ही नहीं हुआ था कि वह ख़्वाब नहीं देख रहा! फिर आँखें फाड़े वह देर तक बुत सरीखा खड़ा रह गया। हैरतज़दा था वह, और कुछ सहमा हुआ भी। समन्दर की बाबत उसने यह तो सुन रखा था कि वह एक बेइन्तिहाई अज़ीम वुजूद-ए-आब है। लेकिन उस रोज़ जो उसने देखा, उसे तो अल्फ़ाज़ में बाँध पाना मुमकिन ही नहीं! आब। आब के आगे आब। और उस आब के बाद भी आब ही आब! उस पार साहिल का नामोनिशान नहीं! होता भी कैसे? उसका तो कोई पार ही नहीं था! इस ला-महदूद आब के पेट में क्या-क्या राज़ नहीं पोशीदा होंगे, उसके दिल में यह ख़याल आया और उस अल-मुक़्तदिर[2] की इस करिश्मा-साज़ी पर वह उसके जानिब अक़ीदत से भर उठा।

समन्दर के उस बेमिसाल नज़ारे के ख़याल में खोए हुए अकबर को यकायक बन्दरगाह के दफ़्तर में देखा हुआ एक दिलचस्प वाक़या याद आ गया।

बन्दरगाह पर उतरे मुसाफ़िरों की तफ़सील बन्दरगाह के दफ़्तर में एक बही में दर्ज की जा रही थी। चुंगी महकमे के मुलाज़िम ग़ैर-मुल्क से आए हर मुसाफ़िर को सख़्त निगाह से घूरते हुए गोया उसे चुंगी की चोरी करने का गुनहगार ठहरा रहे थे। ज़रा भी

1. स्वप्नफल।
2. सर्वशक्तिमान।

शुबहा होता तो मुसाफ़िर के सारे सन्दूक, पेटियाँ खुलवाकर वे उनमें रखा सामान खँगालते और फिर उसकी पोशाक को भी टटोलते। चुंगी की दर सिर्फ़ दो फ़ीसदी से शुरू होकर सोने और बाक़ी क़ीमती सामान पर वसूल की जानेवाली पाँच फ़ीसदी चुंगी के दरमियान ही थी। इसके बावजूद लोग चुंगी की चोरी करने से बाज़ नहीं आते थे क्योंकि पकड़े जाने पर ज़ुर्माने के तौर पर केवल दोगुनी चुंगी ही देनी होती थी।

जिस वक़्त अकबर दफ़्तर में पहुँचा, अपने लिबास से दौलतमन्द मालूम होनेवाला एक शख़्स चुंगी महकमे के मुलाज़िमों के साथ बहस में उलझा हुआ था।

"मैं सल्तनत-ए-उस्मानिया के सुल्तान का एलची हूँ और तुम्हारे सुल्तान के बुलावे पर यहाँ आया हूँ! यह रहे मेरे काग़ज़ात! तुम लोग मुझसे चुंगी नहीं वसूल सकते।"

कागज़ात को बारीकी से देखने के बाद मुलाज़िम मुस्कुराते हुए बोला, "लेकिन यह बुलावा तो बेकार हो गया! हमारे सुल्तान तो अब बादशाह अकबर हैं।"

हिन्दुस्तान की ख़बर सल्तनत-ए-उस्मानिया तक पहुँचने में उन दिनों हफ़्तों लग जाते थे और अल-क़ुस्तुनतुनिया से खम्भात तक के सफ़र में महीनों। पहले समन्दर में कश्ती से हफ़्तों का सफ़र। फिर अल-क़ाहिरा से ज़मीन के रास्ते बहर-ए-क़ुल्ज़ुम[1] पहुँचना। फिर से कश्ती का सफ़र और जेद्दा व अदन में कश्ती को बदलना। हर बन्दरगाह पर आगे जाने के लिए कश्ती का इन्तज़ार करना, और साफ़ मौसम व माक़ूल हवाओं का भी। अगर ज़मीन का रास्ता ले मुसाफ़िर तो हर मुल्क की सरहद पर चुंगी का हिसाब लगवाना और निकासी की चिट्ठी पाना। डाकू लुटरों की भरमार के मद्देनज़र हर मुल्क में नए सिरे से या तो पहरेदारों का दस्ता तलाशना या फिर किसी कारवाँ के साथ जुड़ जाने के लिए इन्तज़ार करना।

चुंगी महकमे के मुलाज़िम इस हक़ीक़त से वाक़िफ़ थे। फिर भी उस शख़्स को तनिक भी रियायत देने के लिए वे राज़ी नहीं हुए। उनके तजुर्बे से वे जानते थे कि बाहरी मुल्कों से आए एलची ख़ुद के इस्तेमाल के नाम पर लाया हुआ सामान अकसर ही हिन्दुस्तान में अच्छे दामों में बेचकर यहाँ से ऐसी चीजें ख़रीद लिया करते हैं, जिनकी उनके मुल्कों में भारी माँग है। और इस तरह बिना चुंगी दिए दोनों तरफ़ से ही वे ख़ासा मुनाफ़ा कमा लेते हैं—सो भी बतौर नज़राना एक टका भी ख़र्च किए बग़ैर।

बन्दरगाह के नज़दीक ही एक ख़ूबसूरत मस्जिद थी, जिसके खम्भे नक़्क़ाशीदार पत्थर के थे। उसमें उसने ज़ुहर की नमाज़ पढ़ी और फिर एक कश्ती में सवार होकर वह खम्भात की खाड़ी के उस पार घोघा जा पहुँचा। बड़े और भारी जहाज़ घोघा बन्दरगाह पर ही अपना माल उतार देते थे क्योंकि खम्भात के मुहाने पर माही नदी के साथ चली आई गाद भर गई थी। लिहाज़ा घोघा से खम्भात तक यह माल तारी कही जानेवाली छोटी-छोटी कश्तियों में लादकर लाया जाता था।

घोघा में उसने सैकड़ों साल पहले बनी जूनी मस्जिद में बैठकर अस्र की नमाज़ पढ़ी। इस मस्जिद का क़िबला जेरुशलम था। क्योंकि उसे तब बनाया गया था जब क़िबला को तब्दील कर काबा करने की आयत पैग़म्बर मुहम्मद पर नाज़िल नहीं हुई थी।

1. लाल सागर।

वहाँ उससे मिलने अल-क़ाहिरा, बसरा और सीरिया के कई सौदागर और मुसाफ़िर भी आए जिन्होंने निहायत ही हैरतअंगेज़ क़िस्से उसे सुनाए।

"बादशाह सलामत! फ़िरंगियों में भी एक सिन्दबाद हुआ करता था।" अल-मग़रिब[1] से चिन जा रहे एक मुसाफ़िर ने उसे बताया। "आलम-ए-नऊ जब वह पहुँचा तो उसके पहले तक वहाँ के बाशिन्दों ने घोड़ा नहीं देखा था। उन्होंने समझा कि घोड़ा और उसका सवार मिलकर एक ही शख़्स है और घोड़े की शक्लवाले इनसान का नज़ारा कर वे दहशत खा गए। नतीजतन अपने हथियार फेंककर सबके सब सिन्दबाद के आगे सज्दा करने लगे, यह मानकर कि उन पर हुक्मरानी के मक़सद से अल्लाह ने ही उसे वहाँ भेजा था।"

ख़यालों में गुम अकबर को आधी रात बीत चुकने के बाद दूर रोशनी दिखाई दी। यह जोधपुर था। थकान से वह चूर हो रहा था। लिहाज़ा डेढ़ पहर सो लेने के बाद जब वह चला तो सूरज उफ़क़ से ऊपर आने को ही था। सर्द हवाएँ तेज़ हो चली थीं। सूरज की किरणों ने उसके चेहरे को जैसे ही छुआ, आँखों को मूँदकर खम्भात के ख़यालों में वह फिर से डूब गया।

बन्दरगाह के बाहर ही दलालों, साहूकारों व सौदागरों की दुकानें थीं। वे सब ज़्यादातर तो हिन्दू बनिए थे, उनमें भी मारवाड़ी या जैन ज़्यादा थे। चन्द पारसी भी थे जो ख़लीफ़ा उमर[2] के ईरान पर हमले के बाद वहाँ से हिन्दुस्तान भाग आए थे। और कुछ गिने-चुने यहूदी भी जो जेरुशलम में उनकी इबादतगाह नेस्तनाबूद कर दिए जाने व उनकी बग़ावत नाकामयाब रहने के बाद वहाँ से कूच कर गए थे। कई यहूदी बाद में भी तब हिन्दुस्तान चले आए थे, अकबर को मालूम हुआ, जब नस्रानियों ने मूर मुसलमानों को अल-अन्दलूस[3] से खदेड़ दिया था। उसे ताज्जुब हुआ था यह जानकार कि इनमें से कुछ यहूदी इस्राइल के दस खोए हुए क़बीलों में से एक क़बीले बनी इस्राइल से होने का दावा करते हैं।

गुफ़्तगू के दौरान उसे यह भी मालूम हुआ कि फालगोई[4] और सितारों की चाल को पढ़कर पेशगोई[5] के फ़न में माहिर होना हर साहूकार और सौदागर के लिए लाज़िमी समझा जाता है। एक तरफ़ तो बीच समन्दर में फ़िरंगी लुटेरों का खतरा और दूसरी तरफ़ जब-तब मचल उठते तूफ़ानों का। ऐसे में मुबारक़ वक़्त का हिसाब लगाए बग़ैर या बिना सही शगुन मालूम किए न तो कोई सौदा किया जाता, न ही कोई लेन-देन होता, और न ही कोई माल बन्दरगाह से रवाना किया जाता। मज़ेदार बात यह थी कि उन मकड़ियों की भी मदद, जो हर दुकान की छत पर और दीवारों के कोनों में अड्डा जमाए हुए थीं, शगुन मालूम करने में ली जातीं। छत से नीचे उतरकर मकड़ी किस तरफ़ भागती है, इससे भी कई दफ़ा सौदों की क़िस्मत तय हो जाया करती।

1. मोरक्को।
2. वर्ष 634 से वर्ष 644 तक इस्लाम के दूसरे ख़लीफा।
3. नस्रानीयानी ईसाई; अल-अन्दलुस यानी स्पेन।
4. शकुन बताना।
5. भविष्य बताना।

इन दुकानों के सामने रास्ते को घेरे हुए छोटे कारोबारी खड़े थे जो अपने हाथों और कन्धों पर कपड़ों को फैलाए हुए ख़रीदारों को पुकार लगा रहे थे। इनमें अल-फ्रांजा से आया चिकना व चमकदार अतलस[1] था, चिन से लाया गया मुलायम झिलमिल करता हुआ रेशम था और ईरान का ख़ास दरयाई तफ़्ता[2] भी, जिसकी लहरदार दमक में दरियाई मौजों की झलक थी।

एक दुकान पर तो उसने अजीब ही नज़ारा देखा। दोपहर का वक़्त था और दुकान में अच्छी ख़ासी रोशनी थी फिर भी दुकानदार उसके दोनों तरफ़ एक-एक मोमबत्ती जलाए हुए बैठा था। दुकान के सामने भीड़ जमा थी और लोग उस दुकानदार को कोस रहे थे, उसे गालियाँ दे रहे थे। मालूम किया तो पता चला कि यह सब उसके लेनदार हैं। कल तक वह दुकानदार एक बड़ा सौदागर था मगर आज वह दिवालिया हो चुका है। दिन के वक़्त दो मोमबत्तियों को जला देना बुरी ख़बर को सुनाने का तयशुदा तरीक़ा था।

दरअसल, ग़ैर मुल्कों के साथ तिजारत में जोख़िम बहुत ज़्यादा था क्योंकि बाहर से आए हुए माल का बाज़ार निहायत ही तंग था। इस वजह से सिर्फ़ एक जहाज़ भर माल क़िल्लत को इफ़रात में तब्दील कर सकता था। मगर इस सौदागर का मसला दूसरा ही था। चिन से चीनी मिट्टी के बरतन व सजावटी चीजें लेकर और रास्ते में पड़नेवाले जज़ीरों से गरम मसाले उठाते हुए आ रहे उसके जहाज़ों का बेड़ा कुंज अली ने लूट लिया था, जो मलाबार के नज़दीक समन्दर से सटी हुई झील में क़िलेबन्दी करके जमा हुआ है। फ़िरंगियों के कार्ताज़[3] की तर्ज़ पर जहाज़ों और कश्तियों को वहाँ से बेख़तर गुज़रने के लिए इजाज़तनामा वह भी जारी करता है और इस सौदागर के जहाज़ उससे इजाज़तनामा हासिल किए बग़ैर चले आ रहे थे। कुंज अली का रुतबा ऐसा था कि फ़िरंगी भी उससे ख़ौफ़ खाते थे। उसने न सिर्फ़ उनके कई जहाज़ लूट लिये थे बल्कि एक दफ़ा तो जहाज़ों के उनके ताक़तवर बेड़े को, जो फ़िरंगियों ने उसे गिरफ़्तार कर लाने के लिए भेजा था, समन्दर में उसने डुबोकर रख दिया था।

अपने ख़यालों में डूबे हुए अकबर की नज़र यकायक अपनी लम्बी होती परछाईं पर पड़ी तो वह चौंक उठा। उसे पता ही नहीं चला कि मग़रिबी उफ़क़ पर सूरज कब पहुँच गया था। उसने चारों तरफ़ निगाह दौड़ाई। वह पाटन पहुँच चुका था जबकि सीकरी से चले उसे अभी आठ ही दिन हुए हैं। पिछली दफ़ा उसे यहाँ तक पहुँचने में पाँच हफ़्ते लग गए थे, तब अलबत्ता हरम भी उसके साथ था।

घोड़े की लगाम खींचकर अकबर अब्दुर्रहीम से मुख़ातिब हुआ, जो सीकरी से ही उसके साथ था, और ख़ान बाबा की क़ब्र का रास्ता दिखाने को कहा। अब्दुर्रहीम अब अठारह साल का गबरू नौजवान है। फ़ारसी के साथ ही ब्रज की बोली में भी वह बेहतरीन कलाम कहने लगा है, जिनके मज़मून कई मर्तबा हिन्दुओं की मज़हबी किताबों से भी वह उठा लिया करता है।

क़ब्र की तरफ़ जाते हुए अकबर ने उससे उस अफ़सोसनाक वाक़िये की बाबत

---

1. साटन।
2. taffeta.
3. पुर्तगालियों द्वारा जारी किया जानेवाला पार-पत्र।

दरयाफ़्त किया जिसमें उसके वालिद हलाक हो गए थे।

"जहाँपनाह! एक निहायत ही तेज़ शोर उठा और अफ़रातफ़री मच गई। चीख़ते-चिल्लाते हुए सबके सब बदहवास होकर इधर-उधर भागने लगे, और मुझे गोद में लिये हुए अम्मी भी। बाद में मुझे मालूम हुआ कि अब्बा का क़त्ल हो गया है।"

अब्दुर्रहीम की उम्र उस वक़्त सिर्फ़ पाँच साल थी।

"कैसा अजीब इत्तेफाक़ है!" अकबर के दिल में यक-ब-यक ख़याल आया। "ख़ान बाबा के इन्तक़ाल के डेढ़ साल के भीतर ही उन सबका, जो ख़ान बाबा की बरबादी के लिए सीधे तौर पर ज़िम्मेदार थे, या तो क़त्ल हो गया या फिर निहायत ही अफ़सोसनाक हालात में उनका इन्तक़ाल हुआ—अदहम ख़ान, पीर मुहम्मद और शम्सुद्दीन अतगा भी जो माहम अंगा के हुक्म से ख़ान बाबा के ख़िलाफ़ फ़ौज लेकर गए थे। और इसी डेढ़ साल में मायूसी के अँधेरों में घिरकर माहम अंगा भी इस दुनिया को अलविदा कह गई।

क़ब्र पर पहुँचकर अकबर ने जानुओं पर बैठ सज्दा किया और सीने पर सिर को झुकाए हुए गहरे ख़यालों में डूब गया। कुछ वक़्त यूँ ही बीत जाने के बाद अब्दुर्रहीम बोल पड़ा।

"जहाँपनाह! वह तो मुक़द्दर का ही खेल था सारा, किसी का कोई क़सूर नहीं।

जो रहीम भावी कतहूँ होती आपने हाथ
राम न जाते हरिन संग, सीय न रावण साथ।"

अकबर ने रहीम की तरफ़ तारीफ़ भरी निगाह से देखा और ख़ान बाबा के ताबूत को क़ब्र से निकालकर ईरान में उनके अपने शहर मशहद में दफ़नाए जाने का हुक्म दिया। उनकी यही ख़्वाहिश थी, सलीमा ने एक रोज़ उससे कहा था।

रात भर चलकर अगली सुबह वह अहमदाबाद के नज़दीक जा पहुँचा। रिसाले की गिनती की तो पता चला कि सीकरी से चले हुए तीन हज़ार घुड़सवारों में सिर्फ़ तीन सौ ही उसके साथ थे। बीरबल को भी उनमें पाकर उसे बड़ा ताज्जुब हुआ। घोड़ों को उसने खोल देने का हुक्म दिया और घुड़सवार उन्हें दाना-पानी कराते हुए खरहरा करने लगे। इस बीच कुछ उमरा और मनसबदार अपनी टुकड़ियों के साथ वहाँ आ पहुँचे। दुश्मन पर हमला बोलने में अब और देरी करना अकबर ने मुनासिब नहीं समझा।

"जहाँपनाह! मिर्ज़ा मुहम्मद हुसैन के साथ बीस हज़ार घुड़सवार हैं और हमारे साथ तीन हज़ार भी नहीं," फ़िक्रमन्द होकर बीरबल ने अकबर की तरफ़ देखा।

"कबि राय! अपने फ़ैसलों में, और ख़ास तौर पर इस मुहिम पर, हमेशा मेरा भरोसा अल्लाह की मदद पर रहा है। ऐसा न होता तो इतने कम रिसाले के साथ इतनी बड़ी मुहिम पर मैं कैसे निकलता? क्या क़ुरआन-ए-पाक में नहीं फ़रमाया गया है कि 'अगर अल्लाह तुम्हारी मदद करे तो तुम पर कोई ग़ालिब[1] होनेवाला नहीं, और अगर वह तुम्हें छोड़ दे, तो कौन है जो तुम्हारी मदद करे उसके बाद।"

लेकिन अकबर के उमरा और मनसबदार इलाही मदद पर ऐसा मुस्तक़िल यक़ीन नहीं रखते थे। अहमदाबाद से मिर्ज़ा अज़ीज़ कोका कुमुक भेजते ही होंगे, इस उम्मीद

1. पराभूत करनेवाला, अधीन करनेवाला।

में वे साबरमती नदी को पार करने में हीला-हवाला करते रहे, जिसके उस पार मिर्ज़ा की फ़ौज डेरा डाले पड़ी थी। लेकिन अकबर तो मिर्ज़ा के साथ दो-दो हाथ करने को बेताब हो रहा था। आख़िरकार उसने अकेले ही अपना घोड़ा साबरमती नदी में डाल दिया। पीछे-पीछे भगवन्तदास और मानसिंह भी उनके कछवाहा राजपूतों के साथ नदी में उतर गए, साथ ही अकबर के एक सौ अहदी मुहाफ़िज़[1] भी जिन्हें उसने अठगढ़े के वाक़िये के बाद ख़ास तौर पर भरती किया था। जो अपने बादशाह का साथ किसी भी हाल में नहीं छोड़ा करते थे, ख़तरा कितना ही बड़ा क्यों न हो।

पीछे से बाक़ी सब भी उस पार पहुँच गए। अकबर ने हुक्म दिया कि अपने-अपने हथियार व बाक़ी सामान लेकर सभी उसके सामने पेश हों। जो हथियार व ढाल वग़ैरह अकबर को कमज़ोर नज़र आए या उनमें कोई ऐब नज़र आया, उन्हें तब्दील किया गया। जो घोड़े उसे ज़्यादा थके हुए समझ में आए उन्हें भी एक तरफ़कर दिया गया वरना वे बाक़ी सबके लिए अड़चन ही साबित होंगे। अल्लाह में और इलाही मदद में अकबर को हालाँकि पूरा यक़ीन था, मगर किसी काम को सरंजाम देते हुए अपनी तरफ़ से किसी भी क़िस्म की कोताही बरतना उसे मंज़ूर न था। उन हिन्दू राजाओं की नादानी पर उसे हैरत होती थी, जिनकी बाबत एक दफ़ा मरहूम अब्दुल लतीफ़ क़ज़विनी ने उसे बताया था।

"जहाँपनाह! हमले की ख़बर पाकर हिन्दू राजा बजाय जंग की तैयारी करने के हवन की तैयारियों में मसरूफ़ हो जाया करते, जिसमें वे सैकड़ों जानवरों की क़ुर्बानी मुक़द्दस आतिश में दे देते। उन्हें यक़ीन था कि ऐसा करने पर उनके देवता हमलावर को आगे बढ़ने से रोक देंगे। और अगर बढ़ते हुए उनकी सल्तनत तक वे पहुँच भी गए, तो उसी देवता की मदद से जंग में उन पर वे यक़ीनन फ़तहयाब होंगे। देवता की मदद पर इस बेबुनियाद यक़ीन की वजह से न तो दुश्मन की ताक़त व हौसले को तौलने की कोशिश करते थे और न ही उनकी अपनी फ़ौज को वे होशियार व मुस्तैद[2] रख पाते। कन्नौज के राजा जयचन्द ने ऐसा ही अहमक़ाना काम किया जब उसे ख़बर मिली कि दिल्ली के चौहान राजा को फ़तह करने के बाद ग़ोर का सुलतान शहाबुद्दीन मुहम्मद अपनी फ़ौज के साथ उसकी तरफ़ बढ़ा चला आ रहा है। बजाय कि वह मुक़ाबले की तैयारी करे, उसने हवन करना शुरू कर दिया जिसमें बेहिसाब जानवरों की क़ुर्बानी दी गई। और जंग में उसने न सिर्फ़ शिकस्त खाई बल्कि अपनी जान भी गँवाई।"

"जिस तरतीब से रिसाले को जमाया जाएगा उसे बिगाड़ना नहीं है। किसी भी हाल में!" दाएँ बाज़ू, बाएँ बाज़ू और दरमियानी रहनेवाली टुकड़ियों के सरदार मुक़र्रर करने के बाद अकबर ने हमले की तरकीब पर रोशनी डालना शुरू किया। "हम कम तादाद में हैं। लिहाज़ा हमला तब तक नहीं बोला जाएगा जब तक कि दुश्मन के हम काफ़ी नज़दीक न पहुँच जाएँ। दूर से हमला बोल देने पर हमारे कोताह[3] रिसाले के बिखर जाने

1. प्रतिज्ञाबद्ध अंगरक्षक, जिनकी हिम्मत, दिलेरी और जाँबाज़ी का इम्तिहान लेकर अकबर ख़ुद उन्हें चुनता था और वे बादशाह की हिफ़ाज़त के लिए अपनी जान दे देने की प्रतिज्ञा यानी अहद करते थे।
2. सन्नद्ध।
3. छोटा, थोड़ा।

का अन्देशा रहेगा। हमला दबंग हो, दिलेर हो, और तेज़-रफ़्तार हो। इसका मतलब यह क़तई नहीं कि एहतियात को दरकिनार कर दिया जाए। ख़ास तवज्जो उन पेशवाओं[1] को हमें देनी है जिनकी शिनाख़्त दूर से ही नज़र आ रहे उनके परचम हैं।"

इसके साथ ही नफ़ीरी फूँक दी गई। मिर्ज़ा मुहम्मद को जब इत्तिला दी गई कि फ़ौज के साथ ख़ुद बादशाह अकबर मौजूद है तो उसे यक़ीन ही नहीं हुआ।

"लेकिन मेरे ख़बरी ने तो बताया था कि पन्द्रह दिन पहले तक बादशाह सीकरी में था!"

फ़ौरन वह अपने ख़ेमे से बाहर भागा और एक टीले पर चढ़कर देखा। शाही परचम को फ़हरता हुआ देख उसके होश फ़ाख़्ता हो गए।

सीकरी से तूफ़ानी दौड़ लगाते हुए चले आने के पीछे यही तो अकबर का मक़सद भी था—बाग़ी मिर्ज़ाओं की इस ख़ुशफ़हमी को दूर कर देना कि सीकरी में रहकर गुजरात से वह बहुत दूर है।

शाही रिसालों की जो जमावट हुई, उसमें अकबर हरावल दस्ते के आगे खड़ा था, जिसमें उसके अहादी मुहाफ़िज़ थे और कछवाहा राजपूत जाँबाज़ भी। पहले के सुल्तान, बाबर पादशाह और हुमायूँ बादशाह भी, जंग में या तो पीछे के दस्ते के साथ होते थे या बीच में। लेकिन अकबर को यह मंज़ूर न था।

अकबर के उमरा और मनसबदारों की यह राय बनी कि मिर्ज़ाओं को सँभलने का मौक़ा दिए बग़ैर फ़ौरन उन पर हमला बोल दिया जाए। इसके लिए मगर अकबर राज़ी नहीं हुआ। सुल्तान शेरशाह ने उसके अब्बा के साथ जो किया, अपने दुश्मन के साथ वह कभी नहीं करेगा। उसने तब तक इन्तज़ार किया जब तक कि मिर्ज़ाओं ने अपनी फ़ौज को मुस्तैद नहीं कर लिया।

"अल्लाहु अकबर!" अकबर पूरी ताक़त से चीख़ा और उसके पीछे खड़े जंगबाज़ों ने हवाओं को जंगी नारों से भर दिया। और जैसे ही अकबर ने नंगी तलवार को ऊपर उठाकर अपने घोड़े को एड़ लगाईं, सारे घुड़सवार अपनी-अपनी तलवार सामने की तरफ़ ताने हुए और हवा का सीना चीरते हुए एक साथ दौड़ पड़े। घोड़ों के कन्धों से और उनकी ज़ीन[2] से लटके हुए याक की पूँछ के बालों से बने फुँदने हवा में तैरते हुए यूँ मालूम हो रहे थे जैसे कि मुसलसल छलाँगें भरते उड़े चले जा रहे उन घोड़ों के वे डैने हों। अजीबोग़रीब और वहशतनाक नज़र आते उड़नेवाले जानवर और ख़ूँखार[3] अन्दाज़ में नंगी तलवारों को लहराकर हवाओं के दिल दहलाते हुए जाँबाज़—मानो मज़हबी किताबों में बयाँ दहशतअंगेज़ जंग के वाक़यात में से किसी ख़ूनी जंग की दास्तान का एक ख़ौफ़नाक लम्हा आँखों के सामने जीता-जागता आ खड़ा हुआ हो।

मिर्ज़ा हुसैन के फ़ौजी इस तूफ़ानी हमले के आगे न टिक सके और वे भाग खड़े हुए।

"दुश्मन की फ़ौज के मुक़ाबले हम कई गुना हैं! हिम्मत से काम लो! फ़तह हमारी ही होगी!" मिर्ज़ा ने अपने फ़ौजियों को जोश दिलाया और उन्हें अकबर को चारों तरफ़

1. नेताओं, अगुआओं।
2. घोड़े की पीठ पर बँधी काठी।
3. जिसे देखकर डर लगे, हिंसक।

से घेरने के लिए उकसाया। अकबर की तलवार अब बिजली की माफ़िक़ चमकने लगी और दुश्मन फ़ौजियों के सिर ज़मीन पर टपाटप गिरने लगे। यह मंज़र देखकर मिर्ज़ा हैरान था। यह तो उसे मालूम था कि अकबर निहायत ही हुनरमन्द व जाँबाज़ जंगजू है। मगर अब यह नज़ारा देख मिर्ज़ा को अहसास हुआ कि हक़ीक़त में वह उसे बेहद कम आँक रहा था।

मिर्ज़ा ने अब अकबर के बाएँ, दाएँ और पीछे की बाजू भी पाँच-पाँच हज़ार फ़ौजी और धकेल दिए, अकबर को अलग-थलग कर देने के ख़याल से। लड़ाई अब और भी ज़्यादा ख़तरनाक हो चली। पुख़्ता इरादों के बावजूद अकबर के फ़ौजियों के पैर उखड़ने लगे। मौक़े का फ़ायदा उठाकर मिर्ज़ा ने अकबर के और उसके हरावल दस्ते के बीच में भी अपने फ़ौजी घुसा दिए व उसके दाएँ, बाएँ बाजू की टुकड़ियों के आगे अपने फ़ौजियों को दीवार बनाकर खड़ा कर दिया।

अकबर को लेकिन इससे कोई फ़र्क़ पड़ा तो सिर्फ़ यह कि उसकी तलवार दुश्मन के ख़ून की और भी ज़्यादा प्यासी होकर चारों तरफ़ सनसनाने लगी।

तभी उसके पीछे से आवाज़ आई।

"जहाँपनाह! हम आपके पीछे हैं!" यह भगवन्तदास था जो दुश्मन के घेरे को तोड़कर कछवाहा राजपूतों के साथ अपने बादशाह की हिफ़ाज़त करने पहुँच गया था। "आपके नज़दीक पहुँचने की जो कोई कोशिश भी करेगा, अपनी ज़िन्दगी से हाथ धो बैठेगा!"

"बहुत ख़ूब, भगवन्तदास!" अपनी तलवार को एक भी लम्हे का आराम न देते हुए अकबर बिना पीछे देखे ही चिल्लाया। "मेरी तलवार की धार का ज़ायक़ा चखने से आज कोई कमबख़्त नहीं बच सकेगा।"

इसके साथ ही अकबर ने अपने बाक़ी फ़ौजियों को भी जोश दिलाया।

"बहादुर जंगबाज़ो! दुश्मन की तादाद से मत डरो! अल्लाह हमारे साथ है! डटकर मुक़ाबला करो और दुश्मन के दिल में ख़ौफ़ भर दो! उस सुर्ख़ परचम पर एक साथ मिलकर हमला बोलो! वह कमीना मुहम्मद हुसैन वहीं पर है।"

अल्लाहु अकबर और या-मु'ईन[1] के नारों के साथ अकबर के फ़ौजियों ने लाल झंडे की तरफ़ बढ़ने की बड़ी जद्दोजहद की मगर नाकामयाब रहे। लेकिन जंग शुरू हुए एक पहर से ज़्यादा वक़्त बीत जाने पर भी अकबर की तलवार मौत का फ़रिश्ता बनकर दुश्मन पर क़हर बरपाए जा रही थी, बिना साँस लिये।

मिर्ज़ा के चार फ़ौजियों ने अकबर पर एक साथ हमला बोल दिया। एक ने अकबर के घोड़े की गर्दन पर वार किया। उसकी तलवार मगर घोड़े को छू पाती उसके पहले ही अकबर की तलवार उसकी गर्दन के आर-पार हो गई। दूसरे फ़ौजी ने अकबर की पीठ में तलवार भोंकने के अन्दाज़ में अपना हाथ पीछे खींचा तो वह दूर से ही फेंके गए मानसिंह के भाले का शिकार बन गया। बाक़ी दो फ़ौजी दाएँ और बाएँ से अकबर पर एक साथ टूट पड़े। जिस वक़्त अकबर एक फ़ौजी के सिर को उसके जिस्म से अलग कर रहा था, दूसरे ने उसकी जाँघ पर तलवार चला दी। मगर दूसरा वार करने के लिए उसका हाथ उसके साथ न रह पाया बल्कि अकबर के घोड़े के पैरों पर गिर

---

1. जिसे देखकर डर लगे, हिंसक।

पड़ा, अगले ही लम्हे उसका सिर भी। गहरे ज़ख़्म से बह रहे ख़ून और बेपनाह दर्द के बावजूद अकबर के जोशोख़रोश में अब भी कोई कमी नहीं थी और सिरों के ढेर उसकी तलवार लगाती ही चली गई।

अहदी मुहाफ़िज़ भी पूरी शिद्दत से यह साबित करने में लगे थे कि उनके बादशाह ने उन्हें चुनकर कोई ग़लती नहीं की। और मौत को हिक़ारत से देखने के उनके ख़ास अन्दाज़ का भरपूर नज़ारा करवाते हुए राजपूत जाँबाज़ दुश्मन में बेख़ौफ़ घुसे जाते थे।

अकबर के बाएँ और दाएँ बाजू की टुकड़ियाँ मिर्ज़ा के फ़ौजियों को पीछे धकेलकर हरावल दस्ते के नज़दीक पहुँच पाने में किसी तरह कामयाब हो गईं। उन्होंने देखा कि कई अहादी और कछवाहा राजपूत ज़मीन पर बेजान पड़े थे, तलवारों की मूठ पर अपनी मुट्ठियों को अब तक भी कसे हुए। मगर उनका बादशाह उन्हें कहीं नज़र नहीं आया। इस ख़याल से सबके दिल दर्द और शर्म से भर उठे कि बादशाह अकबर शायद जन्नतनशीं हो गए। तभी अकबर की दहाड़ उनके कानों में पड़ी। नज़र हालाँकि उन्हें वह अब भी नहीं आ रहा था, दुश्मन के फ़ौजियों ने इस क़दर उसे घेर रखा था।

"बहादुरो! आगे बढ़ो और इन बदनसीबों का काम तमाम कर दो!"

और मुसलमान जाँबाज़ अल्लाह का व हिन्दू जंगजू भगवान का शुक्रिया करते हुए पूरी ताक़त और तेज़ी से मिर्ज़ा के फ़ौजियों पर टूट पड़े।

यह नज़ारा देखते हुए अकबर की तक़दीर अब तक हाथ पर हाथ धरे ख़ामोश बैठी थी। कोई भी क़दम उठाने के पहले उस शख़्स की बहादुरी और दिलेरी की बाबत वह मुतमइन हो जाना चाहती थी जिसकी वह सरपरस्त थी, और उसकी कोशिशों को लेकर भी। और यकायक उस ऊबड़-खाबड़ मैदान की कँटीली झाड़ियों ने आग पकड़ ली और मिर्ज़ा मुहम्मद का हाथी डरकर भाग खड़ा हुआ, उसके ही फ़ौजियों को अपने पाँवों तले कुचलते हुए। हाथी के रास्ते में आ रहे दूसरे फ़ौजी घबराकर इधर-उधर भागने लगे, और उन्हें देख पूरी फ़ौज में ही भगदड़ मच गई।

हर फ़तह अल्लाह की जानिब अकबर की अक़ीदत में और इज़ाफ़ा कर देती। उसका फ़तहयाब होना तो लेकिन लाज़िमी था, क्योंकि उसने तो हर जंग फ़तह या मौत के लिए ही लड़ी थी। शिकस्त से उसे सख़्त नफ़रत थी। मैदान-ए-जंग में उसके मौजूद होते हुए सौ फ़ीसदी फ़तहयाबी की मिसाल उसके इस मौत को ललकारनेवाले रवैये की वजह से थी या उसकी तक़दीर की वजह से, यह कह पाना तो मुश्किल है। लेकिन अकबर के दिल में ज़रा भी शुबहा न था कि अल्लाह की उस पर बेपनाह रहमत की वजह से ही उसे एक के बाद एक कामयाबी हासिल होती गई हैं। और हर गुज़रते साल के साथ अल्लाह में और अल्लाह का करम उस पर होने में उसका यक़ीन और भी ज़्यादा पुख़्ता होता जाता था।

ख़ून में भीगी जाँघ की सफ़ाई होकर उसके ज़ख़्म पर टाँके लग जाने व मरहम-पट्टी हो जाने के बाद अकबर लेटा हुआ आराम कर रहा था जब उसके नज़दीक बैठे हुए भगवन्तदास ने उससे शिकायती लहजे में कहा,

"जहाँपनाह को हरावल दस्ते में रहकर, वह भी तब जब बनिस्बतन हम बहुत कम तादाद में थे, अपनी जान को इस तरह से ख़तरे में नहीं डालना चाहिए था।"

“भगवन्तदास! उस अल-मुक़्तदिर पर मेरा पूरा एतबार है। जो अब तक हुआ है, जो अब हो रहा है, और जो अब आगे होनेवाला है—उस सब में क्या सिर्फ़ उसकी ही मर्ज़ी ज़ाहिर नहीं?”

मिर्ज़ा मुहम्मद हुसैन भागते हुए पकड़ा गया और अकबर के हुक्म से उसे मौत के घाट उतार दिया गया।

तभी इत्तिला मिली कि मुहम्मद हुसैन मिर्ज़ा का सिपहसालार हब्शी अमीर इख़्तियारुल मुल्क पाँच हज़ार घुड़सवारों के साथ इधर ही बढ़ा चला आ रहा है। मिर्ज़ा ने उसे अज़ीज़ कोका को अहमदाबाद के क़िले में ही रोके रखने के लिए तैनात कर रखा था जिससे कि वह अकबर की फ़ौज के साथ न मिलने पाए। मिर्ज़ा मुहम्मद हुसैन की शिकस्त की बाबत जब उसे मालूम हुआ तो बदला लेने की नीयत से उसने अहमदाबाद से कूचकर दिया।

ख़ून बहुत बह जाने की वजह से अकबर काफ़ी कमज़ोरी महसूस कर रहा था। मगर जैसे ही यह ख़बर उसे मिली वह उठ बैठा और भगवन्तदास व बीरबल की इल्तिजा को नजरअन्दाज़ करते हुए अपने घोड़े पर सवार होकर वह दौड़ पड़ा। इख़्तियारुल मुल्क ने जब शाही परचम का नज़ारा किया और फिर हाथ में नंगी तलवार लिये अपने घोड़े को उड़ाते हुए ख़ुद बादशाह अकबर को अपनी तरफ़ बढ़ते हुए उसने देखा, तो उसके हाथ-पाँव फूल गए और वह उलटे पैर भाग खड़ा हुआ।

इस जंग में अकबर के सौ फ़ौजी शहीद हुए और मिर्ज़ा के एक हज़ार फ़ौजियों ने अपनी जान गँवाई।

सैफ़ ख़ान कोका का मुर्दा जिस्म जब अकबर के सामने लाया गया तो वह अज़ीज़ ख़ान कोका, जो अभी-अभी वहाँ पहुँचा था, के कन्धे पर सिर रखकर रो पड़ा। सैफ़ उन दोनों का ही बेहद अज़ीज़ था।

और अपनी ज़िन्दगी में पहली बार ख़ुद खड़े होकर अकबर ने दुश्मन के सिरों की मीनार खड़ी किए जाने का फ़रमान जारी किया। अब वह जान चुका था कि हरेक जंग के बाद उसके बाबा फ़िरदौस मकानी क्यों ऐसी मीनारें उठवाया करते थे।[1]

“मुर्दा सिरों की मीनार बाग़ियों के दिलों में ख़ौफ़ पैदा करके अगर कुछ सिरों को ज़िन्दा बचाए रखने में मददगार साबित होती हैं, तो ऐसी मीनार बनाना समझदारी ही कहलाएगी।”

उसके इस फ़रमान को सुनकर हैरतज़दा हुए बीरबल की तरफ़ मुख़ातिब होकर उसने कैफ़ियत दी।

1. ऐसी मीनारें उठवाना दुश्मन के दिलों में दहशत पैदा करने की रणनीति थी जिसे चंगेज़ ख़ान ने शुरू किया था।

कड़वी हक़ीक़त

चलते-फिरते पहाड़ सरीखे हाथी पर आठ हाथ से भी ज़्यादा लम्बे भाले को सीधा ऊपर की तरफ़ ताने हुए बैठा अकबर जैसे ही सीकरी में दाख़िल हुआ, रास्ते के दोनों तरफ़ खड़ी भीड़ ने नारों से आसमान गुँजा दिया।

"शहंशाह-ए-आलम ज़िन्दाबाद! बादशाह-ए-हिन्दुस्तान ज़िन्दाबाद!"

घरों की छत पर से औरतें फूल बरसा रही थीं। बच्चे ताली बजा-बजाकर उछल रहे थे। बिजली की रफ़्तार से उसका गुजरात पहुँचना और अपने रिसाले से कई गुना बड़ी फ़ौज से बेझिझक भिड़कर फ़तहयाब हो जाना—उसकी जवाँमर्दी और दिलेरी के क़िस्से अब तक पूरे हिन्दुस्तान में मशहूर हो चले थे।

क़िले पर उतरकर सबसे पहले वह मरियम मकानी से दुआ करने गया और ज़ानुओं पर बैठ उनके पैरों पर अपना सिर रख दिया। हमीदा बानो बेगम ने उसकी बलाएँ लीं, उसकी पेशानी को चूमा और अल्लाह से उसकी लम्बी ज़िन्दगी के लिए दुआ की। वहाँ से अकबर अपनी मलिका-ए-ख़ास हीरा कुँवर की रिहाइशगाह जा पहुँचा, जो आरती का थाल हाथों में लिये बेसब्री से उसका इन्तज़ार कर रही थी।

"तुम्हारा भाई और तुम्हारा भतीजा, दोनों ही इतने ज़्यादा परेशान-हाल थे," अकबर शरारत से मुस्कुराया, "इस डर से कि कहीं तुम बेवा न हो जाओ। कि मैं कहीं..."

आरती उतार रही हीरा कुँवर के हाथ रुक गए।

"ऐसी मनहूसियत की बात क्यों करते हो, जी!" झिड़की देने के अन्दाज़ में उसने अकबर को टोका और आरती पूरी करके अपना सिर उसके पाँवों में रख दिया।

"इस वजह से कि जो मज़ा तुम्हें छेड़ने में है वह किसी और को छेड़ने में कहाँ?" हीरा कुँवर की बाँहें थाम उसे ऊपर उठाते हुए अकबर ने मोहब्बत भरी निगाह से उसकी आँखों में देखा। हीरा कुँवर का चेहरा शर्म से लाल हो गया।

"आलमपनाह चार हफ़्ते ही में सब भूल गए?"

जैसे ही अकबर सलीमा की रिहाइशगाह जाने को मुड़ा, उलाहना देने के अन्दाज़ में हीरा कुँवर ने पुकारा।

"ओह हाँ! मैं तो बिलकुल ही भूल गया," कहते हुए अकबर घूमा और आरती के थाल में से चुटकी भर सिन्दूर लेकर हीरा कुँवर की माँग में भरते हुए हँस दिया।

गुजरात की इस बेमिसाल फ़तह के बाद अकबर की मक़बूलियत[1] आसमान छू रही थी। कोई हुक्मरान कितना ही नेकदिल और अपनी रियाया की भलाई के लिए कितना ही फ़िक्रमन्द रहनेवाला क्यों न हो, उसके लिए उनके दिल में इज़्ज़त का अहसास तब

1. लोकप्रियता।

तक नहीं जाग सकता था जब तक कि मैदान-ए-जंग पर वह अपनी बहादुरी न साबित कर दे। और न ही मैदान-ए-जंग में फ़तहयाबी की मिसाल क़ायम किए बग़ैर वह उमरा के दिल में अपने लिए वफ़ादारी का जज़्बा पैदा कर सकता था।

गुजरात की मुहिम में अकबर ने साबित कर दिया था कि वह एक अज़ीमोशान जंगजू है। उसकी ग़ज़ब की जाँबाज़ी की दास्तानें गली-मोहल्लों में कही-सुनी जाने लगीं। कई अफ़साने भी चल पड़े—उसके नाक़ाबिल-ए-शिकस्त होने के अफ़साने, उसके सिर पर ख़ुदा का हाथ साबित करते हुए अफ़साने। और उसकी ख़ुशक़िस्मती मुहावरा बन गई।

"ख़ुद को क्या तुम अकबर बादशाह जितना ख़ुश किस्मत समझते हो?" ढंग का कोई कामकाज करके दो पैसे कमाने के बजाय आवारागर्दी में लगे हुए अपने बेटों को फटकारते हुए उनके वालिदैन कहने लगे।

शहर के नाम सीकरी के पहले फ़तेहपुर जोड़े जाने का फ़रमान जारी हो गया और गुजरात की फ़तह को यादगार बनाने के मक़सद से क़िले की गुज़र-गाह के आगे एक शानदार दरवाज़ा तामीर किए जाने का हुक्म भी सुना दिया गया।

मौक़े का फ़ायदा उठाते हुए अकबर ने चन्द पुराने उलझे हुए मसलों को निपटाने का फ़ैसला किया, जो कि ताक़तवर तबक़ों की मुख़ालिफ़त की वजह से पहले नहीं सुलझ सके थे।

सबसे अहम मसला तो मनसबदारों में रोज़-ब-रोज़ बढ़ती चली जा रही बेईमानी का ही था।

कई मनसबदार अकसर ही अकबर के सामने तो एक-दूसरे की बुराई करके उसकी निगाह में चढ़ने की कोशिश किया करते मगर शाही ख़ज़ाने को चूना लगाने में वे ग़ज़ब का भाईचारा निभाते। सौ-सवारी मनसबदार को पचास घोड़े रखना भी गवारा नहीं था। मगर जब घोड़ों पर हुए ख़र्च की रक़म ख़ज़ाने से भुगतान किए जाने के पहले उन घोड़ों की पड़ताल के मक़सद से क़वायद के लिए घोड़े तलब किए जाते तो दूसरे मनसबदारों से घोड़े उधार लेकर वे पूरे सौ घोड़े पेश कर देते। बाज़ दफ़ा तो उनमें एक भी घोड़ा जंग के क़ाबिल नहीं होता। और कई घोड़े तो ऐसे मरियल होते कि उन्हें ताँगे में जोत पाना तक नामुमकिन था, जंग में तो वे क्या ही जा पाते।

इस बदअमली से निपटने के मक़सद से अकबर ने चन्द साल पहले घोड़ों पर दाग़ लगाने का दस्तूर चलाना चाहा था। यह दस्तूर सबसे पहले सुल्तान अलाउद्दीन ख़िलजी ने हिन्दुस्तान में शुरू किया था और फिर सुल्तान शेरशाह सूरी ने भी इसे अपनाया। मगर उन दोनों के साथ ही यह चलन भी ख़त्म हो गया था।

अकबर के इस इरादे की ख़बर पाते ही उसकी मुख़ालिफ़त शुरू हो गई।

"जहाँपनाह! दाग़ लगाना घोड़ों के जानिब बेरहमी होगी," उलेमा और मुल्लाओं ने एतराज़ जताया। "और जानवरों पर ज़ुल्म को इस्लाम में नाजायज़ ठहराया हुआ है।"

"लेकिन क्या खाने के लिए जानवरों को हलाक करने में उन पर ज़ुल्म नहीं होता?" अकबर ने दलील दी।

"जहाँपनाह! मुहम्मद रसूलुल्लाह, सल्लल्लाहु अलैहि वसल्लम, ने इसे जायज़ ठहराया है क्योंकि इनसान के ज़िन्दा रहने के लिए ऐसा करना ज़रूरी है। मगर जानवरों

के साथ ग़ैरज़रूरी बेरहमी को वे सख़्त नापसन्द करते थे।"

"घोड़ों पर दाग़ लगाना भी सल्तनत क़ायम रहने के लिए ज़रूरी है," अकबर ने कहा तो सही मगर बात को आगे बढ़ाना उसने मुनासिब नहीं समझा और इस मसले को मुल्तवी कर दिया था।

मगर इस बार उसने मज़बूत इरादे के साथ यह फ़रमान जारी कर दिया कि जिन घोड़ों को अब से क़वायद के वक़्त पेश किया जाएगा उनकी बारीकी से जाँच करके जो घोड़े जंग में शामिल होने के क़ाबिल पाए जाएँ उन पर दाग़ लगाकर सिर्फ़ उन्हें ही मंज़ूरी दी जाए। मुख़ालिफ़त की आवाज़ें फिर उठीं मगर उन्हें अब अकबर अनसुना कर सकता था।

शाही ख़ज़ाने को लूटने का दूसरा तरीक़ा तो और भी नायाब था। तनख़्वाह बाँटते वक़्त मीर बख़्शी मनसबदारों से उनके फ़ौजियों की क़वायद करवाने को कहते तो वे दूसरे मनसबदारों से उधार माँगे हुए फ़ौजी पेश कर देते। शुमार फिर भी न पूरा होता तो अपने ख़िदमतगारों को खड़ाकर देते या गली कूचों में फिरते आवारा लोगों को इनाम का लालच देकर पकड़ लाते। जंग छिड़ जाती तो अपनी जागीर के बेरोज़गार नौजवानों की वक़्ती तौर पर भरती कर लेते और जंग के ख़त्म होते ही उनकी छुट्टी भी कर देते।

इस बदचलनी को ख़त्म करने के मक़सद से अकबर ने मीर बख़्शी को हुक्म दिया कि हर मनसबदार के फ़ौजियों की तफ़सील जैसे उनका कद, वज़न, चेहरा-मोहरा व जिस्म पर पहचान की निशानियों को अलग-अलग दर्ज किया जाए और क़वायद के वक़्त इनका मिलान किया जाए।

मगर दफ़्तरशाही को ख़त्म वह नहीं कर पाया। शाही ख़ज़ाने से कोई ग़लत भुगतान या ग़बन न होने पाए इस मक़सद से आहिस्ता-आहिस्ता कई क़ायदे-क़ानून बनते चले गए थे। इस वजह से दफ़्तरशाही का पंजा निज़ाम पर कसता चला गया था और रिश्वतख़ोरी का बाज़ार भी गर्म होता चला गया था। वाजिब तनख़्वाहें पाने के बावजूद ज़्यादातर मुलाज़िम बग़ैर रिश्वत लिये किसी भी काम को हाथ लगाने तक से परहेज़ करते। निचले दर्ज़े के मुलाज़िम तो रिश्वत पाने के लिए, जिसे वे दस्तूरी कहते थे, भिखारियों की तरह गिड़गिड़ाया करते और दफ़्तर में दाख़िल होनेवाले हर शख़्स के पीछे उन्हीं की तरह पड़ जाते।

अकबर के साथ गुजरात गए फ़ौजियों में तक़रीबन आधे अम्बर के कछवाहा राजपूत थे जिनकी जाँबाज़ी का नज़ारा कर वह बेहद मुतास्सिर था। लिहाज़ा मानसिंह का एहतराम करने के लिहाज़ से उसे ख़िलअत के साथ ही एक-सौ एक घोड़ों से नवाज़ा गया और उसकी तरक़्क़ी कर उसे पाँच-हज़ारी मनसबदार का मर्तबा अता किया गया।

गुजरात में किए गए बेहतरीन दीवानी बन्दोबस्त[1] के इनाम बतौर, जो कि आगे चलकर बाक़ी सभी सूबों के दीवानी बन्दोबस्त के लिए नज़ीर हो जानेवाला था, टोडरमल को दीवान-ए-सल्तनत[2] का ओहदा बख़्श दिया गया।

धूमधाम के साथ सलीम का ख़तना हुआ और चार साल, चार महीने और चार दिन

1. 'Revenue settlement.
2. केन्द्रीय वित्तमंत्री।

की उम्र होते ही उसे मकतब में दाख़िल किए जाने का जश्न मनाया गया। सलीमा की बेटी शहज़ाद ख़ानम को भी मदरसे भेजा गया। पढ़-लिख सकने में ख़ुद की नाक़ाबिलियत अकबर को कई दफ़ा बहुत चुभती थी। उसके बेटे के साथ ऐसा न हो इसलिए सलीम की तालीम के मामले में वह बेहद सख़्त-मिज़ाजी का बर्ताव किया करता।

एक सुबह ख़बर मिली कि राजा भारमल नहीं रहे। उनका दाह-संस्कार और श्राद्ध हो चुकने के बाद राजपूती रस्म-ओ-रिवाज के मुताबिक़ अकबर ने भगवन्तदास का तिलक किया। साथ ही, अम्बर का नया राजा होने की तस्दीक़ बतौर उसे उसने पगड़ी पहनाई और एक क़मरबन्द, तलवार, सायबान, ख़ेमा, नक़्क़ारा, परचम व ज़ीन कसे हुए घोड़े के साथ ही ख़िलअत भी उसे अता कर जवाहरात-जड़ी मूठवाला ख़ंजर उसके क़मरबन्द में खोंस दिया।

इस सारे कारोबार के बीच शेख़ मुस्तफ़ा बन्दगी के साथ उसका उन मसलों पर ज़िक्र भी चलता रहा जिनमें उलेमा उसके फ़ैसलों की मुख़ालिफ़त करते वक़्त क़ुरआन शरीफ़ और अहादीस से नज़ीरें दिया करते थे। यह जानने का वह बेहद ख़्वाहिशमन्द था कि उन मामलों में वाक़ई अल्लाह तआला ने क्या हुक्म दिया था और पैग़म्बर मुहम्मद ने क्या फ़रमाया था? और सबसे ज़्यादा बेताबी उसे यह मालूम करने की थी कि रियाया के जानिब—मुसलमान हों, काफ़िर हों या दीगर मज़हबों के माननेवाले हों—कैसे बर्ताव की उम्मीद अल्लाह उससे रखता है?

गुजरात में गिरफ़्तार कर मुस्तफ़ा को ज़ंजीरों से जकड़कर सीकरी लाया गया था। मख़्दूम-उल-मुल्क ने उसे हलाक कर दिए जाने का फ़तवा जो जारी किया हुआ था!

"जहाँपनाह! मुस्तक़िल ईमान वालों को गुजरात का यह मुस्तफ़ा गुमराह कर रहा है। वह एक महदवी है और सच्चे दीन में बिदअत[1] पैदा करने में मशग़ूल है। ख़ुद तो वह दोज़ख़ में जाएगा ही आलमपनाह! दूसरों को दोज़ख़ में भेजने का सामान भी वह तैयार कर रहा है।" मुस्तफ़ा के ख़िलाफ़ फ़तवा अकबर को पेश करते हुए उसने कहा था।

अहादीस में ऐसी रिवायतें हैं कि पैग़म्बर मुहम्मद का इन्तक़ाल होने के एक हज़ार साल बाद कभी इमाम महदी अर्श से उतरकर ज़मीन पर आएँगे व इस दुनिया पर इंसाफ़ के साथ हुकूमत करेंगे। और यह भी कि उनके पीछे ही ईसा भी चले आएँगे। ईसा तो नहीं आए मगर हिन्दुस्तान में महदी कई पैदा हो गए। महदवी वे थे जो इनमें से किसी एक महदी को सच्चा इमाम महदी क़बूल कर उनके मुरीद बन गए थे।

उस दौर के इस्लामी मुल्कों में इमाम महदी की बाबत एक क़िस्म का जूनून छाया हुआ था, कुछ वैसे ही जैसे कि ईसाइयत में एक वक़्त दुनिया के ख़त्म होने का ख़ौफ़ हुआ करता था और ईसा के दोबारा आने के बाद ख़ुदाई हुकूमत क़ायम होने का यक़ीन, जिसमें रहम और इंसाफ़ का निज़ाम होगा। इमाम महदी की तारीफ़ में नज़्में कही जाने लगीं जिनमें उनकी हुकूमत क़ायम हो जाने पर किसी भी क़िस्म की कमी या ग़रीबी का वुजूद न रहने और इंसाफ़ का बोलबाला हो जाने को लेकर पुरकशिश व दिलफ़रेब तसवीरें खींची जातीं। आम आदमी, चाहे जिस मज़हब को माननेवाला हो, अपने मौजूदा हालात से हर दौर में ही परेशान रहा है, और काफ़ी जद्दोजहद के बाद

1. धर्म में नई बात, इस्लाम में ऐसी बात जो रसूल के समय नहीं थी।

भी अपने बच्चों का पेट भरने में नाकामयाब रहने की वजह से आजिज़ भी। दुनिया में मुकम्मल तौर पर इंसाफ़ की हुकूमत क़ायम होने व ग़रीबी का नामोनिशान बाक़ी न रहने के ख़ूबसूरत ख़्वाब ने हज़ारों लोगों को हर उस शख़्स का दीवाना बना दिया जो कि ख़ुद के इमाम महदी होने का दावा करता था, और इस तरह हर महदी के ही हज़ारों मुरीद हो गए—ख़ास तौर पर निचले और ग़रीब तबक़े के लोग।

सल्तनत में क़ानून का निज़ाम क़ायम बने रहने को लेकर इन महदवियों ने कई मुश्किलात भी खड़ी कर रखी थीं।

पहली मुश्किल तो यह कि वे किसी भी क़िस्म का रोज़गार करना छोड़ देते क्योंकि क़ुरआन शरीफ़ में फ़रमाया गया है कि कारोबार या ख़रीद-फ़रोख़्त की वजह से इनसान को अल्लाह की याद-आवरी[1] से ग़ाफ़िल न होना चाहिए। फटे चिथड़ों में रहकर वे भीख माँगकर गुज़ारा करते और अपना ज़्यादातर वक़्त अल्लाह से दुआ करने में बिताते। नतीजतन, काम करनेवाले कम हो गए और भिखारी ज़्यादा, जिसका असर कारोबार पर पड़ने लगा और सल्तनत की आमदनी पर भी।

दूसरी मुश्किल और भी बड़ी थी। ख़ुदा की बनाई इस ज़मीन को इमाम महदी के उतरने क़ाबिल बनाने की भारी ज़िम्मेदारी को अपने कन्धों पर उन्होंने ख़ुद ही उठा लिया था, साथ ही इस दुनिया के बाशिन्दों को उनकी हुकूमत के लायक़ बनाने की भी। इस काम को सरंजाम देने के लिए वे शरीअत में दी गई हिदायतों की तामीली के मामले में बेहद सख़्त रुख़ अपनाते और ख़िलाफ़-वर्ज़ी करनेवालों को सबक़ देने के मक़सद से हमेशा ही हथियार अपने साथ रखते। शरीअत के ख़िलाफ़ कुछ करते हुए कोई शख़्स पाया जाता तो पहले उससे इल्तिजा करते, नरमाई से उसे समझाते। लेकिन उनकी नेक नसीहतें अगर उस शख़्स के सिर के ऊपर से गुज़र-गुज़र जातीं तो हथियार का इस्तेमाल कर उसे समझाने में भी वे ज़रा नहीं झिझकते थे। शरीअत में हराम या नाजायज़ ठहराई हुई चीजें वे दुकानों से बाहर फेंक देते और अज़ान हो जाने पर भी सामान की बिक्री कर रहे दुकानदार को मजबूर करते कि अपनी दुकान को वह फ़ौरन ही उठा दे, उसे यह ताकीद करते हुए कि नमाज़ पढ़ने के लिए मुसलमान को कोई भी काम जिसमें वह मसरूफ़ हो, हर हालत में रोक देना चाहिए। क्योंकि क़ुरआन-ए-पाक में फ़रमाया गया है : 'नमाज़ तो ईमान वालों पर वक़्त की पाबन्दी के साथ फ़र्ज़ है।'

इतना ही नहीं तो जो भी शख़्स इमाम महदी होने का दावा करता, हर हुक्मरान को उसकी सल्तनत के लिए वह ख़तरा नज़र आता, ख़ास तौर पर तब जब कि उसके मुरीदों की तादाद बहुत ज़्यादा हो जाती। ईरान के शाह इस्माइल की मिसाल अभी ताज़ा जो थी!

क़बीले के मुखिया के बेटे ने एलानिया दावा कर दिया कि वह इमाम मेहदी है, और साथ ही ख़लीफ़ा अली का दूसरा जन्म भी। वक़्त के साथ लड़ाका क़िज़िलबाश फ़िरक़े की ऐसी ज़बर्दस्त वफ़ादारी और अक़ीदत उसने हासिल कर ली कि हेरात, तबरेज़ व बल्ख़ और इनके अलावा भी जो रियासतें अमीर तैमूर की मौत के बाद उसकी अज़ीम सल्तनत के बिखर जाने पर वुजूद में आई थीं, सबको ही जंग में शिकस्त देकर पूरे ईरान पर उन जंगजुओं ने सफ़ाविद ख़ानदान की सल्तनत क़ायम कर दी।

---

1. स्मरण।

शेख़ मुस्तफ़ा बन्दगी जौनपुर के सय्यद मुहम्मद का मुरीद था, जिन्होंने काबा का तवाफ़ करते हुए एलान कर दिया कि वे इमाम महदी हैं, और मक्का के दो बाशिन्दों ने उनके इस दावे की तस्दीक़ भी कर दी थी। किसी मुसलमान के बयान की अगर दो मुसलमान तस्दीक़ कर दें तो उसे सच मानना चाहिए, क़ुरआन शरीफ़ में ऐसी ताकीद की गई है। फिर क्या था! चन्द ही सालों में लाखों ही मुसलमान उनके चेले बन गए, और हुकूमत के लिए दर्द-ए-सिर भी।

गुजरात के पाटन में शेख़ मुस्तफ़ा बन्दगी ने एक आश्रम बना रखा था जिसे दायरा पुकारा जाता था। दायरा में रहन-सहन, खाना-पीना सब साझे में होता था और शरीअत के मुताबिक़ ही सबको चलना होता था। औरतों की रिहाइश के लिए मिट्टी की दीवारों और फूस की छतवाली सैकड़ों झोंपड़ियाँ थीं और इसी तरह के बड़े-बड़े कई कमरे मर्दों के शामिलात तौर पर रहने के मक़सद से बने हुए थे। यह एक क़िस्म की बिरादरी थी जिसमें शामिल शख़्स को ज़ाती मिल्कियत रखने पर पाबन्दी थी। कई दौलतमन्द लोगों ने इस बिरादरी में शरीक होकर अपनी पूरी जायदाद ग़रीबों में तक़्सीम कर दी थी, फ़रियाद करती हुई अपनी बेगमों से यह कहते हुए कि या तो चलकर वे भी दायरा में रहें वर्ना उनसे वे तलाक़ ले लें। अल्लाह पर यक़ीन ऐसा कि रात होते ही यह लोग अपने सारे बर्तन ख़ाली कर देते, नमक व पानी तक बाक़ी नहीं रहने देते। क्योंकि यह क्या अल्लाह की ही रहमत नहीं है जो उन्हें ज़िन्दा रखे हुए है? उसके करम से उनकी ज़रूरत का सामान रोज़ाना उनको हासिल हो ही जाएगा। कई उमरा और बड़े सौदागर उसके दायरा में अकसर ही आया करते।

उसे हलाक किए जाने के फ़तवे पर शाही मोहर लगाने के पहले अकबर ने तय किया कि शेख़ मुस्तफ़ा बन्दगी को अपनी सफ़ाई देने का मौक़ा हासिल होना चाहिए।

शेख़ मुस्तफ़ा बन्दगी दुबला-पतला मरियल-सा और झुके हुए कन्धोंवाला दरम्यानी उम्र का शख़्स था। उसके होंठ कुदरती तौर पर इस तरह घूमे हुए थे कि ऐसा मालूम होता जैसे कि सामनेवाले का वह मज़ाक़ उड़ा रहा हो। भारी पलकों के नीचे उसकी आँखों में मगर ग़ज़ब की चमक थी। बदन पर उसके चिथड़े लटके हुए थे और हाथ-पैर जंजीरों में जकड़े हुए। फिर भी दीवानख़ाना-ए-आम में वह अपना सिर ऊँचा किए हुए बड़ी शान के साथ उलेमा व मुल्लाओं से रूबरू था।

"उलेमा ने हमसे शिकायत की है कि तुम झूठ का कारोबार फैला रहे हो यह दावा करके कि इमाम महदी आए और चले भी गए। इस बाबत तुम्हारा क्या कहना है?" मुस्तफ़ा के चेहरे को, जिस पर बला की ख़ुद-एतमादी नुमायाँ थी, बड़े ग़ौर से देखते हुए अकबर ने पूछा।[1]

"बादशाह सलामत! जौनपुर के आली-जनाब इमाम महदी सय्यद मुहम्मद इस जहाँ में तशरीफ़ लाए थे और अब रुख़्सत हो चुके हैं।"

1. शेख़ मुस्तफ़ा बन्दगी, जिसे हज़रत मुस्तफ़ा गुजराती कहकर भी सम्बोधित किया जाता था, के साथ हुई यह जिरह 'मज्लिस-ए-ख़म्सा' पर आधारित है जो मुस्तफ़ा द्वारा अपने समकालीनों को भेजे गए पत्रों का हज़रत सय्यद दिलावर द्वारा किया गया अनुवाद है और 'promisedmahdi.com' पर उपलब्ध है।

शेख़ मुस्तफ़ा के मुँह से इन अल्फ़ाज़ के निकलने की देर थी कि दीवानख़ाना-ए-आम में ज़बर्दस्त हंगामा बरपा हो गया। उलेमा और मुल्ला गालियों की बारिश से उसे नहलाने लगे और धमकी भरे इशारे उसकी तरफ़ करने लगे।

"जहाँपनाह! इस शख़्स को फ़ौरन हलाक कर दिया जाना चाहिए! यह शख़्स राफ़िज़ी[1] है और जब तक यह ज़िन्दा रहेगा, सिर्फ़ कुफ्र ही फैलाएगा।" मख़्दूम-उल-मुल्क चीख़ा। "अहादीस में बिलकुल साफ़-साफ़ लिखा है कि इमाम महदी इस ज़मीन पर उतरकर जब दज्जाल[2] का ख़ात्मा करेंगे तो पूरी दुनिया इस्लाम के आगे सिर झुकाएगी। इसके अलावा, एक सही हदीस में यह रिवायत भी है कि इमाम महदी के साथ पैग़म्बर ईसा, अलैहिस्सलातु वस्सलम, भी आएँगे और हज करने के बाद वे उन सबको हलाक कर देंगे जो इस्लाम को क़बूल करने से इनकार करेंगे—यहाँ तक कि नस्रानियों[3] को भी। फिर एक हदीस में यह बयान भी है कि उनका निकाह होगा व उनकी औलाद भी होगी और उनके इन्तक़ाल फ़रमा जाने के बाद उन्हें रसूलुल्लाह मुहम्मद, सल्लल्लाहु तआला अलैहि वसल्लम, की क़ब्र के नज़दीक ही दफ़न किया जाएगा। मगर न तो पैग़म्बर ईसा, अलैहिस्सलातु वस्सलम, अब तक आए हैं, न ही उनकी क़ब्र का कहीं नामोनिशान है। और सबसे अहम बात तो यह आलमपनाह! कि इस्लाम को क़बूल न करनेवाले हज़ारों नस्रानी अभी तक न सिर्फ़ ज़िन्दा हैं बल्कि उनकी तादाद बढ़ती भी चली जा रही है। जहाँपनाह! यह ज़लील शख़्स मुर्तद हो गया है लिहाज़ा इसका सिर इसी वक़्त क़लम किया जाना चाहिए।"

फ़ौरन ही सब तरफ़ से "हलाक कर दो इसे! उसे मार डालो!" का शोर उठने लगा।

"हाज़िरीन से गुज़ारिश है कि दरबारी अख़लाक़ का ख़याल रखें!" हाथ उठाकर अकबर ने सबको ख़ामोश हो जाने का इशारा किया। "पहले मुस्तफ़ा की दलीलें ग़ौर से सुनें और उसके ईमान की बाबत मुकम्मल तौर पर और सही मालूमात हो जाने तक सब्र रखें। इसके बाद मुनासिब कार्रवाई बेशक की जाएगी।"

फिर मुस्तफ़ा से मुख़ातिब होकर उसने दरयाफ्त किया, "इतने यक़ीन के साथ तुम कैसे कह सकते हो कि जौनपुर के सय्यद मुहम्मद इमाम महदी ही थे?"

"जहाँपनाह! पैग़म्बर मुहम्मद, सल्लल्लाहु अलैहि वसल्लम, कह गए हैं कि इमाम महदी उनके ही ख़ानदान से होंगे, और यह भी कि उनके ही नक़्श-ओ-क़दम पर चलते हुए वे कभी कोई ग़लती नहीं करेंगे। जहाँपनाह! इमाम सय्यद मुहम्मद की ज़िन्दगी गवाह है कि उन्होंने रसूलुल्लाह मुहम्मद-ए-अरबी, सल्लल्लाहु अलैहि वसल्लम, की सिफ़त, उनकी रविश[4] व उनके चाल-चलन को मुकम्मल तौर पर अपनाया था। और जहाँपनाह,

---

1. शब्दश: अर्थ : वह जो नामंज़ूर करता है; पहले तीन रशीदुन ख़लीफ़ाओं को अनधिकृत माननेवाले शिया मुसलमानों के लिए अपमानसूचक अभिव्यक्ति।
2. बहुत बड़ा मायावी जो क़यामत से कुछ पहले पैदा होगा और ख़ुदा होने का दावा करेगा।
3. यीशु या ईसा जहाँ पले-बढ़े उस स्थान Nazareth को अरबी ज़बान में नासिरत या अन नासिरा पुकारा गया और उस जगह से वाबस्ता यीशु को अन नासिरी पुकारा गया। इस तरह वे यीशु मसीह नासरी कहलाए और उनके अनुयायी यानी ईसाई अरबी ज़बान में नसारा या नस्रानी हो गए।
4. आचार-व्यवहार।

उनके वलीउल्लाह होने की निशानियाँ तो दुनिया भर में ज़ाहिर हुई थीं! जाहिल गँवार तक उनकी सरपरस्ती में रहकर आलिम हो गए और उनका हर मुरीद पीर बन गया।"

"लेकिन यह वजह तो काफ़ी नहीं उन्हें इमाम महदी क़बूल कर लेने के लिए! उलेमा तो बताते हैं कि अहादीस में उनके आने का वक़्त साफ़-साफ़ बयाँ हुआ है।"

"जहाँपनाह! अहादीस में इस बाबत नाइत्तेफ़ाक़ी है। किसी में यह कहा गया है कि इमाम महदी और पैग़म्बर ईसा, अलै हिस्सलाम, एक ही वक़्त ज़मीन पर उतरेंगे, जबकि किसी में बताया हुआ है कि दोनों जुदा-जुदा वक़्त पर आएँगे। एक हदीस में रिवायत है कि दज्जाल इमाम महदी के वक़्त आएगा, जबकि एक दूसरी हदीस में यह दावा है कि वह उनके बाद आएगा।"

"इमाम महदी की क्या ख़ास निशानियाँ हैं तुम्हारे मुताबिक़?" आँखें लाल किए हुए शेख़ अब्द-उन-नबी मुस्तफ़ा पर चिल्लाया। "रसूलुल्लाह मुहम्मद, सल्लल्लाहु अलैहि वसल्लम, ने बिलकुल साफ़ अल्फ़ाज़ में फ़रमाया था कि इमाम महदी की रंगत अरब के बाशिन्दे के मानिन्द होगी व उनके दाएँ गाल पर सियाह तिल होगा। इसके अलावा यह भी कि हज़ार साल के दरमियान इस्लाम में दाख़िल हुई सारी गन्दगी को वे निकाल बाहर करेंगे व उनकी ख़िलाफ़त से ज़मीन और आसमान के बाशिन्दे मसरूर[1] होंगे। कहाँ है तुम्हारे उस इमाम की ख़िलाफ़त?" मुस्तफ़ा की जानिब हिक़ारत भरी निगाह फेंकते हुए शेख़ ने पूछा। "इसके बरख़िलाफ़ उसकी व उसके ताबेदारों की हर जगह मुख़ालिफ़त ही हो रही है!"

"आलमपनाह! पैग़म्बर मुहम्मद, सल्लल्लाहु अलैहि वसल्लम, से क्या सब लोग ख़ुश और राज़ी थे? जो लोग उनके ख़िलाफ़ थे, क्या वे सब उनके साथ हुए?" सवालिया अन्दाज़ में मुस्तफ़ा ने अपने दोनों हाथ फैला दिए।

"तुम्हारी जुर्रत कैसे हुई अपने फ़रेबी इमाम का मुक़ाबला हमारे मुबारक पैग़म्बर के साथ करने की?" मुस्तफ़ा को धमकाते हुए हाजी इब्राहीम सरहिन्दी चिल्लाया। मग़रूर चेहरे व लम्बे-चौड़े शरीर वाला हाजी इब्राहीम एक बड़बोला शख़्स था जो अकबर को शिया बनाने के पाक मगर खुफ़िया मक़सद से हाल ही में ईरान से आया था। बहस-मुबाहिसे के दौरान दलीलों के साथ ही अपने लम्बे-चौड़े बदन और अपने हमलावर रवैए से सामनेवाले को ख़ौफ़ज़दा कर देने का उसे ख़ास शौक़ था। "पैग़म्बर मुहम्मद, सल्लल्लाहु अलैहि वसल्लम, ने फ़रमाया था कि फ़रेब पर हक़ीक़त की हमेशा फ़तह होती है। मगर तुम्हारे नक़ली इमाम के शागिर्द हर जगह ग़रीबी में हैं।" नफ़रत का इजहार करने के अन्दाज़ में अपना हाथ हिलाते हुए हाजी चिल्लाया। "क्या यह सबूत काफ़ी नहीं कि वह जौनपुरिया एक चालबाज़ था? अगर वह वाक़ई इमाम महदी होता तो उसके पैरोकार ज़ंजीरों में जकड़े हुए क्या इस तरह बेकस खड़े होते?"

"यह उससे पूछने की ज़रूरत नहीं, हम बताते हैं!" हाजी की इस बेजा दलील पर अकबर को ग़ुस्सा हो आया। "हक़ीक़त की फ़रेब पर फ़तह इस तरह होती है जिस तरह कि मुस्तफ़ा इस वक़्त हम सब पर ग़ालिब[2] है। हम यहाँ पचास-साठ लोग हैं जो

1. हर्षित, आनन्दित।
2. हावी, छाया हुआ।

अपने सवालों से उसे घेरने में लगे हैं। लेकिन ज़ंजीरों में जकड़ा व चिथड़ों में लिपटा हुआ, अपने हमदर्द व हमराह लोगों से दूर यहाँ अकेला खड़ा हुआ यह शख़्स बेकस या बेचारा मालूम नहीं हो रहा, जैसा कि जनाब फ़रमा रहे हैं। बल्कि ख़ुद्दारी व शान के साथ खड़ा हुआ वह हम सब पर भारी पड़ रहा है। हर सवाल का जवाब निहायत ही इत्मीनान व ख़ुद-एतमादी के साथ वह दे रहा है। इसे कहते हैं फ़रेब पर हक़ीक़त की फ़तह।"

"जहाँपनाह! इसकी दलीलों से हम मुतमइन नहीं!" मख़्दूम-उल-मुल्क ने इस अन्दाज़ में कहा जैसे कि उसके इस बयान से सारी बात ही ख़त्म हो गई।

"जहाँपनाह! इन्हें मुतमइन करना मेरे लिए क्यों ज़रूरी है?" मख़्दूम-उल-मुल्क की तरफ़ इशारा करते हुए मुस्तफ़ा ने पूछा। "इमाम अबू हनीफ़ा और इमाम शाफिई, इस्लाम के आला फ़िक़्ह-दान[1] कभी एक-दूसरे को मुतमइन नहीं कर पाए और उनमें इख़्तिलाफ़-ए-राय हमेशा ही क़ायम रही। न तो मैं इमाम अबू हनीफ़ा से आला हूँ, न ही यह इमाम शाफिई से। फिर हमारे नज़रिये के फ़र्क़ को ख़त्म करना कैसे मुमकिन है?"

मुस्तफ़ा की यह बेहतरीन दलील सुनकर अकबर की आँखें ख़ुशी से चमक उठीं।

'हाँ, बात तो सही है! उलेमा जो भी कहें, हरेक शख़्स को उससे क्यों इत्तेफ़ाक़ रखना चाहिए?'

"जहाँपनाह! ज़्यादातर लोगों का मानना है कि इमाम महदी की आमद अभी बाक़ी है। सिर्फ़ यह चन्द महदवी ही हैं जो कहते रहते हैं कि इमाम महदी आए और चले गए," भौंहें सिकोड़कर शेख़ अब्दुन्नबी ने अपनी नाराज़ नज़र मुस्तफ़ा पर डाली। "ऐसे में इनकी बात पर एतबार करना कैसे मुमकिन है?"

"जहाँपनाह ने पैग़म्बर यूसुफ़, अलै हिस्सलाम की कहानी तो सुनी ही होगी?" मुस्कुराते हुए मुस्तफ़ा ने पूछा।

"जहाँपनाह ने यक़ीनन सुनी होगी और मैंने तो सैकड़ों दफ़ा पढ़ी है," शेख़ अब्दुन्नबी की आवाज़ में अपने इल्म का ग़ुरूर झलक रहा था। "तो उससे क्या?"

किसी भी क़िस्म का ग़ुरूर और शेख़ीबाज़ी अकबर को बेहद नागवार गुज़रती थी, ख़ास तौर पर इल्म का ग़ुरूर और अक़्लमन्दी को लेकर शेख़ीबाज़ी। मगर चूँकि शेख़ नबी की वह तहेदिल से इज़्ज़त करता था, अपने ज़ेहन में उठी चिढ़ को अपने चेहरे पर न आने देते हुए उसने बेहद नरमाई से मुस्तफ़ा से इसरार किया,

"हाँ, मुझे सुनाओ! वह कहानी मैंने तुम्हारी ज़ुबानी नहीं सुनी है।"

"जहाँपनाह! पैग़म्बर याक़ूब, अलै हिस्सलाम, के बारह बेटे थे—दस बेटे एक हयात-ए-शरीक से और दो बेटे यूसुफ़ व बिन-यामीन दूसरी से। पैग़म्बर याक़ूब, अलै हिस्सलाम, अपने बेटों में यूसुफ़ से सबसे ज़्यादा मोहब्बत करते थे और इस वजह से उनके सौतेले भाई उनसे रश्क किया करते थे। उन सबने मिलकर यूसुफ़ का क़त्ल करने की साज़िश की। उनमें सबसे बड़े भाई ने राय दी कि जब तक इसका क़त्ल करने की तरकीब तलाशी जाए, उसे एक ख़ाली कुएँ में फेंक देते हैं। लिहाज़ा बकरियों को चराते वक़्त यूसुफ़ का कुर्ता ज़बर्दस्ती उतरवा कर उन्होंने उसे एक गहरे कुएँ में धकेल दिया। तभी सौदागरों का एक क़ाफ़िला वहाँ से गुज़रा जो इत्र और मसाले लेकर मिस्र जा रहा

1. धर्म-शास्त्री।

था। उन दस भाइयों ने बीस दिरहम के बदले यूसुफ़ को उन सौदागरों को बेच दिया और उनके कुर्ते पर एक बकरी का ख़ून मलकर उसे अपने वालिद के सामने यूसुफ़ के इन्तक़ाल के सबूत बतौर पेश कर दिया। जहाँपनाह क्या यह फ़रमाने की तकलीफ़ करेंगे कि उन भाइयों में झूठा कौन था?"

"यूसुफ़ के सौतेले भाई यक़ीनन!" फ़ौरन ही अकबर बोल पड़ा।

"मगर आलमपनाह, उनकी तादाद तो बनिस्बतन ज़्यादा थी। फिर वे लोग झूठे कैसे हो सकते हैं?"

"बहुत ख़ूब मुस्तफ़ा!" तारीफ़ भरे अन्दाज़ में मुस्तफ़ा को देखते हुए अकबर मुस्कुराया। "शेख़ साहिब की दलील को उनके ही ख़िलाफ़ इस्तेमाल कर रहे हो!"

"जहाँपनाह! हर दौर में हर पैग़म्बर की मुख़ालिफ़त करनेवालों की तादाद ही ज़्यादा रही है और चन्द लोगों ने ही उन पर यक़ीन क़ायम किया था।"

दलील में मुस्तफ़ा से हार होते हुए देख मख़्दूम-उल-मुल्क ने अपना पैतरा बदला।

"जहाँपनाह! इस महदवी मुस्तफ़ा के ख़िलाफ़ मक्का के उलेमा ने भी फ़तवा दिया है, जिनका सिक्का दुनिया भर में चलता है। उनका फ़तवा ग़लत नहीं हो सकता और उसके मुताबिक़ मुस्तफ़ा का सिर कलम कर दिया जाना चाहिए। इसके आगे न तो हमें कुछ कहने की ज़रूरत है, न ही कुछ सुनने या जानने की।" कहते हुए मख़्दूम-उल-मुल्क ने इस अन्दाज़ में अपने दोनों हाथ ऊपर उठा दिए मानो उसके इस बयान के बाद सुनवाई जारी रहने की कोई वजह ही बाक़ी नहीं रही।

"क्या तुम कभी मक्का गए हो?" मुस्तफ़ा से अकबर ने पूछा।

"नहीं जहाँपनाह।"

"मक्का के उलेमा क्या कभी गुजरात आए?"

"नहीं जहाँपनाह।"

"किस तरह के लोग हैं ये?" अकबर की भौंहें तन गईं। "गुजरात आए बग़ैर, कोई पूछताछ किए बग़ैर, और इसके दुश्मनों ने जो भी उनसे कहा सिर्फ़ उसकी बिना पर उन्होंने फ़तवा जारी कर दिया कि इसका सिर कलम कर दिया जाए! अल्लाह से ख़ौफ़ खानेवाले उलेमा का तो यह रवैया नहीं हो सकता।"

"आलमपनाह! मक्का के उलेमा के मुक़ाबिल हम लोग जाहिल हैं!" मख़्दूम-उल-मुल्क ने सफ़ाई दी। "उनके फ़तवे पर एतराज़ करने या उससे इख़्तिलाफ़ रखने के न तो हम क़ाबिल हैं और न ही हक़दार। हमें तो उनके फ़तवे को तामील करना है, बस!"

"मुझे तुम अपने वालिद की बाबत बताओ।" एक आलिम से अकबर मुख़ातिब हुआ। "जो लम्बे वक़्त तक मक्का में रहे थे और बतौर मुदर्रिस[1] व इमाम वहाँ काफ़ी मशहूर हुए थे। लेकिन फिर मक्का के उलेमा ने यह फ़तवा दे दिया कि वे राफ़िज़[2] हैं लिहाज़ा उनका सिर कलम कर दिया जाए। तुम क्या कहते हो? क्या वह फ़तवा सही था और तुम्हारे वालिद का सिर कलम कर दिया जाना वाजिब था? या कि मक्का के उलेमा तुम्हारे वालिद की कामयाबी और नेकनामी का नज़ारा कर कमतरी के अहसास

---

1. अध्यापक, शिक्षक।
2. धर्मभ्रष्ट, जो विधर्मी हो गया।

से भर उठे और इस वजह से उनके ख़िलाफ़ उन्होंने नाजायज़ फ़तवा जारी कर दिया?"

आलिम शर्मिन्दा होकर ख़ामोश खड़ा रह गया।

"बिदअत के गुनहगार इस महदवी के सामने जहाँपनाह अगर हमें ही शर्मिन्दा करेंगे," खेल में हार जाने के बाद रोते हुए बेईमानी की तोहमत लगानेवाले बच्चे की मानिन्द मख़्दूम-उल-मुल्क ने फ़रियाद की, "तो फिर हम दीनपरस्त लोगों की मदद करने कौन आएगा?"

"इस संजीदा मुबाहिसे में आपकी दलीलें दरअसल नावाजिब थीं।" मख़्दूम-उल-मुल्क को यूँ रिरियाते देख अकबर की नाराज़गी कुछ कम हुई। "दलीलों की बुनियाद मुनासिब वजह और हक़ीक़त पर ही रखी जानी चाहिए।"

तभी मुअज़्ज़िन ने अज़ान दी और सभी ज़ुहर की नमाज़ पढ़ने के लिए चल दिए।

"जहाँपनाह! इस मुस्तफ़ा से यह दरयाफ़्त किया जाए," दीवानख़ाने में फिर जमा होने के बाद शेख़ अब्दुन्नबी ने तेज़ व ग़ुस्सैल आवाज़ में कहा कि इसने मुझे नामर्द क्यों कहा और मेरी इमामत में नमाज़ पढ़ने से इनकार क्यों किया?"

"जहाँपनाह! पैग़म्बर मुहम्मद, सल्लल्लाहु अलैहि वसल्लम, ने फ़रमाया था कि अल्लाह की जुस्तजू रखनेवाला मर्द होता है, दूसरे जहाँ का तलबगार ज़नाना होता है और इस दुनिया की ख़्वाहिशात रखनेवाला नामर्द होता है।" शेख़ अब्दुन्नबी की तरफ़ हिक़ारत की नज़र से देखते हुए मुस्तफ़ा ने जवाब दिया। "ये लोग दुनियावी ऐशो-आराम के ख़्वाहिशमन्द हैं जिस वजह से ही यह जहाँपनाह के दरबारी बने हैं। आराम और सहूलियत की ज़िन्दगी को हासिल करने के लिए यह लोग ख़ुशामद और चापलूसी करते हैं। अल्लाह तआला और उसके करम पर भरोसा यह लोग नहीं रख सकते। आलमपनाह! शेख़ अब्दुन्नबी और बाक़ी उलेमा से भी पूछा जाए कि क़ुरआने-पाक में या सुन्ना में क्या कहीं भी यह कहा गया है कि एक मुसलमान किसी नामर्द की इमामत में भी नमाज़ पढ़ सकता है?"

"ओ शेख़ मुस्तफ़ा!" अकबर हँस पड़ा। "तुम वाक़ई एक दानिशमन्द शख़्स हो!"

कहकर उसने उलेमा की जानिब निगाह की, जो मुस्तफ़ा की गुस्ताख़ी से भौचक्के रह गए थे। उन्हें ख़ामोश देखकर अकबर मुस्तफ़ा से फिर मुख़ातिब हुआ।

"मुस्तफ़ा! तुम एक आख़िरी दलील पेश करो यह साबित करने के लिए कि जौनपुर के सय्यद मुहम्मद हक़ीक़त में इमाम महदी थे।"

"जहाँपनाह! जो मैंने अब तक कहा, वह अगर काफ़ी नहीं तो फिर कोई दलील काफ़ी न होगी। पैग़म्बर मुहम्मद, सल्लल्लाहु अलैहि वसल्लम, जब साफ़ सुबूत के साथ आए कि वे रसूलुल्लाह व नबी हैं और क़ुरआन-ए-पाक अल्लाह सुबहानु व तआला का पैग़ाम है, बहुत कम लोग थे जिन्होंने उन पर यक़ीन किया। आफ़ताब आसमान में चढ़ आया है। उसका क्या क़ुसूर जो बेनूर आँख उसे न देख पाए?"

आँखों में ख़ून लिये उलेमा और मुल्ला मुस्तफ़ा पर लानत भेजते रह गए मगर इस्लामी इल्म में उसके दख़ल, मुबाहिसे में उसकी महारत व उसकी बेख़ौफ़ बेबाक़ी से सहमे हुए वे अब उससे और आगे जिरह करने की हिम्मत न जुटा पाए। अकबर लेकिन अब तक यह कड़वा सच जान चुका था कि उसके दरबार में मौजूद

उलेमा व मुल्ला आलिम होने का मुग़ालता ज़्यादा पाले हुए थे बजाय कि हक़ीक़त में आलिम होने के, व जितनी उनमें अक़्ल थी उससे कहीं ज़्यादा अक़्लमन्द होने का उन्हें ग़ुरूर था।

"अब जो भी सवाल शेख़ मुस्तफ़ा से कोई पूछना चाहे, पूछ सकता है," कहकर अकबर उसके तख़्त के पीछे रखे गाव-तकिए पर कोहनी टिकाए हुए अधलेटा हो गया और अधमुँदी आँखों से मुस्तफ़ा को देखने लगा।

फ़ौरन ही मुस्तफ़ा पर सवालों की बारिश शुरू हो गई।

"कितने फ़रिश्ते थे जो मरियम से बात करने आए थे?"

"पैग़म्बर नूह, अलै हिस्सलाम, के बेटे की बाबत क्या कहते हो? वह डूबा कि बच गया?"

"नस्रानी जन्नत जाएँगे या जहन्नुम में डाले जाएँगे?"

"पैग़म्बर मूसा, अलैहिस्सलातु वस्सलम, और इसराइल के बाशिन्दों का पीछा करते हुए फ़िरऔन[1] डूबा कि बच गया?"

तात्त्विक वाद-विवाद को इस्लाम में ज़न्नी[2] कहा जाता है और उसे नाजायज़ माना जाता है। सवाल करने की दिमाग़ की क़ुदरती सिफ़त इस वजह से ऐसे ही मसलों में नुमायाँ होती थी।

निहायत ही ख़ुद-एतमादी व सब्र के साथ मुस्तफ़ा हर सवाल का जवाब क़ुरआने-पाक व सुन्ना में से नज़ीर देता रहा। मगर जब एक मुल्ला ने यह सवाल किया, "पैग़म्बर मुहम्मद, सल्लल्लाहु अलैहि वसल्लम, के वालिदैन बाबत क्या कहते हो? मक्का के बाक़ी क़ुरैश की तरह वे भी तो काफ़िर थे। क्या उनको भी जहन्नुम में नहीं डाला जाएगा?" तो जवाब में मुस्तफ़ा ने एक फ़ारसी कलाम पढ़ा :

ओ नादान आलिम, तूने सिर्फ़ रटकर ही सीखा,
इल्म-ए-हक़ीक़त मगर तुझे हासिल नहीं;
बाल सफ़ेद किए तूने सर्फ़-ओ-नहव[3] सीखने में,
इलाही इल्म का मगर एक हर्फ़ तुझे पता नहीं।

इस पर एक बुज़ुर्ग आलिम अकबर से मुख़ातिब हुआ।

"आलमपनाह! शेख़ मुस्तफ़ा के मुक़ाबिल क़ुरआन-ए-पाक व सुन्ना का इल्म हम लोग यक़ीनन नहीं रखते। वह तो रात-दिन इनका ही मुतालआ[4] किया करता है।"

सुनते ही अकबर का दबा हुआ ग़ुस्सा फूट पड़ा।

"क़ुरआने-पाक और सुन्ना तो इस्लाम की बुनियाद हैं! इतने सालों में आप लोग क्यों इनमें माहिर नहीं हो पाए?"

सुनवाई को उसने मुल्तवी किया, मजलिस बर्ख़ास्त की और मुस्तफ़ा के हाथ-पैरों

1. मिस्र का बादशाह फ़राओ।
2. काल्पनिक, भ्रमात्मक।
3. भाषा-संरचना एवं व्याकरण।
4. अध्ययन, समीक्षा।

में बँधी ज़ंजीरें खुलवाकर उसे आज़ादी दे दी। मगर वापस गुजरात न जाने देकर उसे अपना मेहमान बनाकर सीकरी में ही उसने रख छोड़ा, अपने उन सवालों पर राय-मशविरा करने के लिए जो अभी तक जवाब की तलाश में थे।

मख़्दूम-उल-मुल्क के दुश्मनों को जब मुस्तफ़ा की सुनवाई के दौरान हुई उसकी फ़ज़ीहत का पता चला तो वे उसकी बेईमानी के क़िस्सों और अपने ओहदे का नाजायज़ फ़ायदा उठाने के उसके कारनामों की फ़ेहरिस्त के साथ अकबर के हुज़ूर में पेश हो गए।

इनमें सबसे आगे थे शिया मुसलमान।

अकबर की हुकूमत इस्लामी हुकूमत थी और उलेमा व मुल्लाओं की नज़र में इस्लाम के मायने थे सुन्नी इस्लाम। महदवियों की तरह उनकी राय में शिया भी इल्हाद[1] के क़ुसूरवार थे क्योंकि वे पहले तीन ख़लीफ़ाओं हज़रत अबु बक्र, हज़रत उमर व हज़रत उस्मान को ग़ासिब[2] क़रार देते हैं। बग़दाद के ख़लीफ़ाओं ने इस वजह से इन पर ज़ुल्म तो ढाए ही, इनके जितने भी इमाम हुए तक़रीबन उन सबको ही या तो हलाक करवा दिया या उन्हें क़ैदख़ाने में फिंकवा दिया जहाँ वे, शियाओं की राय में ज़हरखुरानी से इन्तक़ाल फ़रमा गए। इस वजह से शियाओं के लिए तक़य्या[3] को जायज़ क़रार दे दिया गया जिससे कि वे बग़ैर अपना दीन व बग़ैर अपनी मज़हबी रस्मों को छोड़े सुन्नी मुसलमानों में घुल-मिल जाएँ। पहले तीन ख़लीफ़ाओं पर ख़ुलेआम लानत भेजने से भी तक़य्या में उनको छूट थी, जो कि उनके मज़हब में एक ज़रूरी रस्म थी।

तक़य्या की आड़ लिये हुए शियाओं को ढूँढ़ निकालने का मुश्किल काम मख़्दूम-उल-मुल्क ने अपने सिर पर ले रखा था, और ढूँढ़ लेने के बाद उन्हें हलाक किए जाने का फ़तवा जारी करने का भी।

इसके अलावा भी इख़्तिलाफ़-ए-राय की बर्दाश्त न होने की वजह से, अपने इल्म व ओहदे पर ग़ुरूर की वजह से भी, वह उन सबको ही हलाक कर दिए जाने का फ़तवा बग़ैर ज़रा भी शशोपंज[4] के जारी कर देता जिनका क़ुसूर सिर्फ़ इतना होता था कि उन्होंने उसकी मुख़ालिफ़त की थी या उसके बर्ताव पर सवाल उठाया था। वैसे भी उस ज़माने के उलेमा क़ुरआने-पाक व अहादीस की हिदायतों की बारीक से बारीक तफ़सील की सख़्त तामीली पर बेहद ज़ोर दिया करते थे, और उनके मतलब निकालने में भी निहायत तंग-ख़याली अमल में लाते। कोई उलेमा अगर ज़िद पर आ जाए तो इस तरह वह किसी को भी मुर्तद क़रार दे सकता था। इस कारनामे को सरंजाम देने में उन अहादीस से इन्हें काफ़ी मदद मिला करती जिनमें बड़ी तफ़सील के साथ बयाँ हुआ है कि रसूलुल्लाह मुहम्मद किस तरह की पोशाक पहनते थे और रोज़मर्रा में वे क्या करते थे व किस तरह का बर्ताव करते थे, जिसकी हूबहू नक़ल करना एक सच्चे दीनपरस्त पर फ़र्ज़ था। यहाँ तक कि टखने तक या उसके नीचे आता पाजामा पहननेवाले को हलाक किए जाने का फ़तवा जारी हो जाने की मिसाल भी थी।

---

1. बेदीनी या धर्महीनता।
2. ख़िलाफ़त को अनुचित रूप से हड़प लेनेवाले।
3. अपना धर्म छुपाने के लिए छद्म-आचरण।
4. असमंजस।

यह सब जानकार अकबर निहायत रंजीदा-दिल हो उठा। मख़्दूम-उल-मुल्क की सदाक़तपरस्ती[1] व नेकनीयती पर भरोसा करके उसने उसके कई फ़तवों पर अपनी मोहर लगाई थी। लेकिन अब उसके ज़मीर को इन्तिहाई तौर पर कचोटती हुई कड़वी सच्चाई उसके सामने थी कि उसकी सल्तनत के सबसे ख़ास मुहाफ़िज़-ए-इस्लाम के हाथों वह ठगा गया है। और बेगुनाह लोगों के साथ हुई भारी ना-इंसाफ़ियों में, अनजाने ही सही, मगर वह भी शामिल रहा है।

1. सत्यनिष्ठा।

इबादतख़ाना

मौसम-ए-ख़िज़ाँ अभी शुरू ही हुआ था। रोज़ाना की तरह पौ फटने के पहले ही अकबर उठ बैठा। अँधेरे को मिटाने के लिए जद्दोजहद कर रहे चाँद की मदद के लिए सितारे भी अभी कोशिश में थे, हालाँकि ज़्यादा कारगर वे नहीं हो पा रहे थे। तानपूरे के नाद पर उस ज़माने के आलातरीन माहिर-ए-मौसीक़ी मियाँ तानसेन का आलाप पूरे क़िले में गूँज रहा था। दिल को सुकून देती उन स्वर-लहरियों में डूबा हुआ अकबर देर तक पलँग पर ही बैठा रह गया।

रोज़ रात को जमा होनेवाली अकबर की ख़ास महफ़िल का हिस्सा तो तानसेन नहीं था, मगर वह अकबर की ज़िन्दगी का ख़ास हिस्सा ज़रूर था। उसकी सुबह शुरू होती थी तानसेन के सुरीले गले से निकलकर हवा पर तैरते हुए आते राग भैरवी के नाद को अपनी साँसों के साथ रूह में समाते हुए नाक़ाबिले-बयान मसर्रत की हालत में देर तक डूबे रहने से। और हर शाम राग यमन के गम्भीर गहरे नाद में खोकर हुकूमत की परेशानियों से बहुत दूर वह ऊँचे नीले आसमान में पंख फड़फड़ाए बिना तैर रहे परिन्दे की मानिन्द पुरसुकून अहसास से भर जाता। और ऐसा कोई जलसा नहीं हो सकता था जिसमें मौसीक़ी के सरताज का राग ध्रुपद में गायन-वादन सुने बग़ैर ही मेहमान रुख़सत हो जाएँ।

अकबर ने दो बार ताली बजाई और फ़ौरन ही दो बाँदियाँ उसकी ख़्वाबगाह में दाख़िल हो गईं। एक ने उसके हाथों पर गुनगुना पानी डाला जिसे दूसरी ने एक बड़े प्याले में ले लिया। चेहरे पर छींटे मारकर अकबर ने मुलायम सफ़ेद तौलिए से उसे पोंछा और सुर्ख़ रंग मखमल के पापोश[1] में पैर डालकर पश्मीना का शाल लपेटे हुए टहलता हुआ झरोखे पर चला गया। नीचे का मैदान अभी अँधेरे की चादर में लिपटा हुआ था।

'आफ़ताब के आसमान में उठते ही उसकी रोशनी में सब कुछ कैसा साफ़ नज़र आने लगेगा!' उसके दिल में ख़याल आया। 'काश कि मेरे ज़ेहन के अँधेरों को भी ऐसी रोशनी मिल पाती!'

ऐसे ही ख़यालों में डूबा हुआ वह तब तक झरोखे पर बैठा रहा जब तक कि अज़ान नहीं सुनाई दी।

फ़ज्र की नमाज़ के बाद पंचमहल की सीढ़ियाँ चढ़कर वह सबसे ऊपर बनी छतरी के नीचे जाकर बैठ गया। आसमान में कई छोटे-छोटे बादल चौदहवीं के सुन्दर गोल चाँद को घेरे हुए उस पर डोरे डालने की आख़िरी कोशिश में मशग़ूल थे।

'कल पूनम की रात में यह चाँद और भी ख़ूबसूरत हो जाएगा। कितनी अजीब

1. जूती या चप्पल।

बात है कि बारीक हँसिये की शक्ल से बढ़ता हुआ यह चाँद यहाँ तक आ पहुँचा है! और कल के बाद घटते हुए वापस वैसा ही बारीक हँसिया बनकर तक़रीबन ग़ायब ही हो जानेवाला है।' अल्लाह के कारनामे का तसव्वुर कर अकबर ताज्जुब से भर उठा। 'इनसानों को इस तरह वह क्या पैग़ाम देना चाह रहा है? कहीं वह हमें यह तो याद नहीं दिलाते रहना चाहता कि हमारी ज़िन्दगी भी ऐसी ही है? कि एक छोटे नाज़ुक बच्चे से बढ़कर हम बड़े और मज़बूत हुए हैं और अब बूढ़े होकर कमज़ोर होते हुए एक दिन इस दुनिया से विदा हो जाएँगे, इस चाँद की ही तरह।'

सूरज की पहली किरणों ने इमारतों व दरख़्तों पर से जैसे ही अँधेरे को पोंछा, ऊँचाई पर से उसे गाँव से शहर में तब्दील होता हुआ सीकरी दूर-दूर तक नज़र आने लगा। आगरा-सड़क पर, जिसके दोनों बाजू आगरा तक ही अब तो बाज़ार हो गया था, हाथियों की क़तार चली आ रही थी जिनकी पीठ पर गंगाजल से भरे मर्तबान लदे थे। उनके पीछे बैलगाड़ियों की क़तार थी आगरा से पीतल-काँसे के बर्तन, चमड़े की जूतियाँ, सूती-रेशमी कपड़े, काग़ज़ व मसाले और बाक़ी चीज़ों के साथ चीनी मिट्टी से बना सामान भी ढोते हुए।

गुर्राकर व भौंककर हाथियों को अपनी चाल से टस से मस करने में भी नाकामयाब हो जो आवारा कुत्ते मायूस होकर बैठ गए थे, बैलगाड़ियों के उनके नज़दीक पहुँचते ही नए जोश से भर गए और इस बार उन्हें मायूसी का सामना नहीं करना पड़ा। उन बेचारे भागते हुए बैलों के पीछे तब तक वे दौड़ते रहे जब तक कि वे मुतमइन नहीं हो गए कि अपना काम उन्होंने काफ़ी तसल्लीबख़्श तरीक़े से कर लिया है। और फिर पूँछ को फ़तहयाब अन्दाज़ में बुलन्द कर खड़े हो गए।

मुर्ग़ों की कुकड़ूँ-कूँ, कुकड़ूँ-कूँ और मुर्ग़ियों की कूँ-कूँ-कुआँ, कूँ कूँ के साथ ही अकबर ने देखा कि गलियों में आमद-ओ-रफ़्त शुरू हो गई थी। ग्वाले, भिश्ती, मेहरी अपने-अपने काम पर निकल पड़े थे और कुछ मज़दूर भी। मगर ज़्यादा तादाद इन गलियों में उन लोगों की थी जो नीम की टहनी दाँतों के बीच चबाते हुए अलसाए-से टहल रहे थे। गलियों के जोड़ पर जो खुली और चौड़ी जगह थी वहाँ एक बड़ा पुराना इमली का पेड़ था। उसके नीचे बने चबूतरे पर, जिसे चबूतरा-लालइमली कहा जाता है, कुछ ही देर बाद गलियों के बाशिन्दे जमा होने लगे। हिन्दुस्तान के बाक़ी शहरों की तरह ऐसे चबूतरे आगरा के हर मोहल्ले में ही थे जहाँ जमा होकर रोज़ ही ताज़ा ख़बरों के ख़ुलासे के साथ-साथ कुछ गपशप और शेरो-शायरी भी हो जाया करती थी। और हर शुक्रवार शाम को तो बाक़ायदा बज़्मे-मुशायरा जमती थी जिसमें शहर के उभरते हुए शायरों को, हिन्दुस्तान के किसी भी शहर में जिनकी कोई कमी नहीं थी, अपना हुनर दिखाने का पूरा मौक़ा हासिल था। लेकिन लोग तो इन चबूतरों पर हर शाम ही मजलिस लगाते और दुनिया भर के मसलों पर गर्मागर्म बहस किया करते, ख़ास तौर पर सियासी और मज़हबी मसलों पर।

अकबर ने आसमान में निगाह दौड़ाई। बादल अब तक रुख़सत हो चुके थे और तारे भी। चाँद अब तन्हा था, सिवा उसके नज़दीक टिमटिमा रहे एक अकेले नन्हे सितारे के। यह देख अकबर भी तन्हाई के अहसास से भर उठा।

'अभी तो महीना भर ही हुआ है सलीमा को हज पर रवाना हुए और उसकी ग़ैर-मौजूदगी मुझे इतना ज़्यादा सताने लगी है। उसे वापस आते-आते तो दो-तीन साल लग जाएँगे। कैसे गुज़रेगा इतना लम्बा जुदाई का वक़्त?'

सलीमा के साथ बेगम गुलबदन, मिर्ज़ा कामरान की बेटी गुलज़ार बेगम, मरहूम मिर्ज़ा अस्करी की बेवा सुल्तान बेगम के अलावा हरम की कई और औरतें भी हज करने चल दी थीं। उनकी सहूलियत और हिफ़ाज़त के मद्दे-नज़र एक अमीर बतौर मीर-हज उनके साथ था, जिसके सुपुर्द मक्का के शरीफ़ को दिए जानेवाले तोहफ़ों व रक़म के अलावा उलेमा व ग़रीबों में तक़्सीम की जानेवाली रक़म भी थी।

तभी अकबर की नज़र हीरा पर पड़ी। उसकी रिहाइशगाह सुनहरा मकान के आगे एक छोटा मगर ख़ूबसूरत बाग़ीचा था। उसमें बने तुलसी के चौबारे में पानी डालते हुए वह अपने आँचल का पल्लू भी सँभालती जा रही थी जो कि तेज़ हवा में उड़ा-उड़ा जा रहा था। सूरज की पहली किरण के साथ ही सुनहरा मकान चमक उठा। उसकी बाहरी दीवारें लाली लिये हुए पीले पत्थरों की थीं जो सूरज की रोशनी उन पर पड़ते ही सुनहरी चमक छोड़ने लगते। इसकी भीतरी दीवारों पर सोने से फुलकारी की हुई थी और कई दिलकश रंगीन तसवीरों से भी उनको सजाया गया था। एक दीवार पर ज़रा अन्दर को धँसी हुई भगवान कृष्ण की बड़ी-सी मूर्ति थी। और एक खम्भे पर भगवान राम अपने एक हाथ में कमल की कली और दूसरे हाथ में धनुष लिये हुए बड़े-से गुलाबी रंग के कमल पर खड़े थे और हनुमान जी उनके सामने हाथ जोड़े हुए बैठे थे।[1]

'अब मजीरा बजाते हुए हीरा अपनी पुरकशिश आवाज़ में भजन गाएगी। रोज़मर्रा का इसका यह सिलसिला कभी नहीं बदलता।' पंचमहल से नीचे उतरते हुए अकबर के दिल में ख़याल आया। 'गुजरात की मुहिम में काम आए भगवन्तदास के बेटे और इसके भतीजे भूपतसिंह की मातमपुर्सी के लिए जब यह अम्बर गई थी, और फिर अपने वालिद राजा भारमल के इन्तक़ाल के बाद भी, इसके भजन-कीर्तन की याद हर सुबह मुझे बेहद ही आया करती थी!'

आज जुमा था। लिहाज़ा निज़ाम-ए-सल्तनत के कामकाज से अकबर को फ़ुर्सत थी, और वर्ज़िश की भी आज के रोज़ वह छुट्टी कर दिया करता था। देर तक वह यूँ ही इधर से उधर टहलता रहा। नींद से जागते ही बच्चे दौड़े-दौड़े उसके पास चले आए और दालान में बने उस तालाब के चारों तरफ़, जिसे उसने अनूप तालाब का नाम दिया था, उनके साथ वह आँखमिचौनी खेलने लगा। फिर हज्जाम से उसने अपने बदन की तगड़ी मालिश करवाई और इत्मीनान से नहा-धोकर वह हीरा के पास चल दिया, हर रोज़ उसकी माँग में सिन्दूर भरने का अपना निहायत ही ज़रूरी फ़र्ज़ निभाने।

नाश्ता करके उसने हरम की ख़वातीन की शिकायतें सुनीं और उनके ख़र्च के हिसाब पर एक बारीक नज़र डाली। हर बेगम और बीबी के लिए महीने के खर्च की हद मुक़र्रर

---

1. मौलाना मुहम्मद अशरफ़ हुसैन की किताब में बताया है कि मरियम की कोठी में कमल की कली और धनुष लिये हुए और कमल के फूल पर खड़े हुए राम का पत्थरों में उत्कीर्ण चित्र था, जिनकी सेवा में हनुमान भी मौजूद थे। और दक्षिणी दीवार में भीतर को धँसी हुई एक बड़ी जगह में दो बड़ी आकृतियाँ थीं जिनमें से एक श्रीकृष्ण की मालूम होती थी।

की हुई थी। उससे ज़्यादा ख़र्च हो जाने पर उन्हें अकबर को सफ़ाई देनी होती थी।

यह सब होते-होते दोपहर हो गई। आराम से टहलते हुए अब वह तानसेन की बारादरी की तरफ़ निकल गया जो उसके दौलतख़ाने से ज़्यादा दूर नहीं थी।

"जहाँपनाह! कल रात एक नई बन्दिश तैयार की है।" अकबर का ख़ैरमक़दम करने के बाद तानसेन ने अर्ज़ किया। "इजाज़त हो तो..."

"हाँ, हाँ! क्यों नहीं?" ख़ुश होकर अकबर नीचे फ़र्श पर ही बैठ गया।

तानसेन ने तानपूरे के तार छेड़े और नीचे के सुर से आलाप शुरू किया जो आहिस्ता-आहिस्ता ऊपर उठता चला गया। पूरे क़िले में यह आलाप गूँज उठा और बाक़ी सारी आवाज़ें बन्द होती चली गईं। यक़ीनन यह जादू ही था जो मियाँ तानसेन अपनी माहिर उँगलियाँ तानपूरे पर चलाकर और अपने रियाज़ी गले से दिलों में उतर जानेवाले सुरों को पैदा करके जगा रहे थे।

"वल्लाह मियाँ तानसेन! वल्लाह!! यह बन्दिश तो हमें किसी और ही आलम में ले गई थी।" जोशीली आवाज़ में तारीफ़ करते हुए अकबर ने अपने गले में पड़ा मोतियों का तीन लड़वाला हार निकाला और तानसेन के हाथों में दे दिया। "इस लाजवाब बन्दिश को मियाँ की तोड़ी के नाम से जाना जाएगा," उसने एलान किया।[1]

वापस दौलतख़ाने की तरफ़ आते हुए उसके होंठों पर मुस्कान थी और गले में मियाँ की तोड़ी के सुर। अब तक दोपहर के खाने का वक़्त हो चुका था और बाँदियाँ उसके लिए अलग दस्तरख़्वान बिछाए हुए उसका इन्तज़ार कर रही थीं।

दिल्ली में उस पर हुए हमले के बाद से इस बाबत एहतियात काफ़ी बढ़ गई थी कि उसकी ख़ुराक में कहीं कोई ज़हर न मिला दे। शाही बावर्चीख़ाने में कई बकावल[2] तैनात थे जिनकी नज़रों के सामने ही हर चीज़ पकाई जाती थी। फिर भी हर ग़िज़ा[3] को चखने के बाद ही वे उसे सोने व चाँदी की रकाबियों में रखकर उनके मुँह सुर्ख़रंग कपड़े से ख़ुद बाँधकर उन्हें सीलबन्द करते और ताँबा व चीनी मिट्टी के प्यालों के मुँह सफ़ेद कपड़े से बाँधकर। साथ ही साथ उस कपड़े पर लिखते भी जाते कि बर्तन में क्या है और उस जगह अपनी मोहर भी लगाते जाते। दही व अचार के छोटे मर्तबान के साथ ही अदरक, नींबू और कई तरह की रोटियाँ सफ़ेद कपड़े की थैलियों में अलग-अलग बाँधकर नेमतख़ाना[4] के बकावल इसी तरह सीलबन्द व मोहरबन्द किया करते। और सबसे आख़िर में मीर-बकावल हर सामान पर अपनी मोहर लगाते हुए उनकी फ़ेहरिस्त तैयार करता।

अकबर के दौलतख़ाना पहुँच जाने की ख़बर पाते ही "रास्ता दीजिए! रास्ता दीजिए!" चिल्लाते हुए गुर्ज़-बरदार[5] आगे-आगे बढ़ चले व उनके पीछे-पीछे बावर्चियों व नौकरों की क़तार चल दी रकाबियाँ, प्याले और थैलियाँ लिये हुए। उनके बग़ल में

1. तानसेन के जीवन और बैजू बावरा के साथ उसके मुक़ाबले की किंवदन्ती। देखें, 'टिप्पणियाँ'।
2. शाही बावर्चीख़ाने का दारोगा।
3. खाद्य पदार्थ।
4. रसोईघर का भंडार।
5. दंडधारी।

और उनके साथ-साथ बकावल चल रहे थे, अपनी पैनी निगाह इन सब पर टिकाए हुए और यह इत्मीनान करते हुए कि इनके नज़दीक कोई फटक तो नहीं रहा। दौलतख़ाने की दहलीज़ पर खड़ी बाँदियों को यह सारा सामान सुपुर्द करते हुए मीर-बकावल अपनी फ़ेहरिस्त के साथ मिलान करता गया। फिर दौलतख़ाने में सभी सीलें तोड़कर व बँधे हुए कपड़े खोलकर हर ग़िज़ा को बाँदियों ने भी चखा और उसके बाद ही उन्हें दूधिया सफ़ेद दस्तरख़्वान पर सजाया गया।

अकबर अब दस्तरख़्वान पर अकेले ही बैठता था। अपने हाथों को सामने बाँधे हुए बाँदियाँ कुछ दूरी पर तब तक खड़ी रहीं जब तक कि उनके बादशाह उठ नहीं गए।

अल्लाह का शुक्रिया अदा कर अकबर उसके पीर सलीम चिश्ती की दरगाह पर जा पहुँचा और दुआ पढ़ते हुए तब तक वहाँ बैठा रहा जब तक कि जुमे की नमाज़ के लिए अज़ान नहीं हो गई। फिर नज़दीक ही जामा मस्जिद में उसने सबके साथ ही नमाज़ पढ़ी।

वापस आकर उसने एक झपकी ली और फिर तहमद लपेटे हुए ही छत पर चढ़ गया। अब पतंग उड़ाने की बारी थी।

"ढील छोड़ो कबि राय! और ढील दो!" जोश में भरा हुआ अकबर चिल्लाया। "देखो, देखो! वह लाल लहरिया मेरी डोर काटने नीचे से बढ़ी आ रही है!" और हवा के झोंकों से चेहरे पर गिर आए लम्बे बालों को अपना सिर झटककर पीछे फेंकते हुए वह बीरबल से मुख़ातिब हुआ। "तुम देखना कबि राय! आज मैं इसे सिखा देनेवाला हूँ कि पतंग कैसे काटी जाती है।"

"डोर छोड़ते जाओ कबि राय! छोड़ते जाओ!" वह फिर चिल्लाया और चरखी बीरबल के हाथों में तेज़ी से घूमने लगी, जिसमें लिपटे हुए मांजे पर इस जंग के लिए ही काँच के चूरे को लेई में मिलाकर घिसा गया था। और पतंग आसमान में चढ़ती चली गई जहाँ रंग-बिरंगी क़िस्म-क़िस्म की पतंगें छितराई हुई थीं : दो-धारिया, गिलहरिया, चाँद-तारा।

लेकिन पतंग उड़ा लेने के बाद आज वह कबूतरों की उड़ान का नज़ारा करने नहीं गया जैसा कि वह हर जुमे के रोज़ किया करता था। बल्कि उसने अपनी दरबारी पोशाक पहनी, तबीयत से अपने ऊपर अम्बर का इत्र छिड़कवाया और जामा मस्जिद से लगी हाल ही में तामीर हुई इमारत के लिए चल दिया, जिसे उसने इबादतख़ाना का नाम दिया हुआ था।

अब तक जामा मस्जिद के अहाते में उलेमा और मुल्लाओं की अस्सलाम-वालैकुम और वालैकुम-अस्सलाम[1] की आवाज़ें हवा में तैरने लगी थीं। यह सभी उसका दावतनामा पाकर हिन्दुस्तान भर से सीकरी तशरीफ़ ले आए थे। महीनों चली मुस्तफ़ा बन्दगी के साथ बातचीत ने, और अबुल फ़ज़ल के साथ भी, अकबर के दिमाग़ में नए शुबहे पैदा कर दिए थे और कई नए सवाल। इन लोगों को उसने अपने इन्हीं सवालों के जवाब पाने के मक़सद से यहाँ जमा किया था।

अबुल फ़ज़ल से उसकी मुलाक़ात उस वक़्त हुई थी जब बंगाल की पहली मुहिम पर रवाना होने के लिए वह आगरा में था जहाँ हज़ार बड़ी-बड़ी नावों का बेड़ा बंगाल

1. आप सलामत रहें और आप पर भी सलामती रहे।

जाने के लिए जमना नदी में तैयार खड़ा था। वहाँ पर जामा मस्जिद में नमाज़ के बाद क़ुरआने-पाक में सूरा अल बक़र की आयत अल-कुर्सी पर निहायत ही आलिमाना तफ़सीर[1] उसने उसे पेश की थी। फिर जब फ़तहयाब होकर बंगाल से वह वापस आया तब सीकरी की जामा मस्जिद में जुमे की नमाज़ के फ़ौरन बाद सूरा अल-फ़तह पर एक तफ़सीर उसने बाअदब उसे नज़्र की। छोटे कद का मासूम चेहरेवाला और क़ुरआने-पाक की इतनी ज़्यादा इल्मियत रखनेवाला यह शख़्स उस लम्हे में उसे भा गया और उसे उसने दस-सवारी मनसबदारी की पेशकश कर दी। अपनी ईमानदारी व लगन के बलबूते पर अबुल फ़ज़ल जल्द ही अकबर की निगाह में चढ़ने के साथ ही मनसबदारी की सीढ़ियाँ भी चढ़ता चला गया था।

यह पच्चीस साल का नौजवान शेख़ मुबारक का सबसे छोटा बेटा था, हिन्दुस्तान में जिनके पुरखे मुल्क-ए-यमन से आकर बस गए थे। शेख़ मुबारक अपने वक़्त के आला दर्जे के आलिम फ़ाज़िल शख़्स थे जिनका दख़ल इल्मे इलाहियात[2] से लेकर यूनानी फ़लसफ़ा तक और अरबी व फ़ारसी अदब से लेकर दुनिया की तवारीख़ तक में था। आगरा में उनका हिन्दुस्तान भर में मशहूर एक मदरसा था जिसमें दाख़िला लेने बाहर के मुल्कों से भी तालिब-ए-इल्म आते ही रहते थे।

सत्रह साल की उम्र तक अबुल फ़ज़ल अपने वालिद के किताबख़ाने को चाट चुका था फिर भी उसकी इल्म की भूख कम नहीं हुई। यूनानी फ़लसफ़ादाँ अरस्तू और अफ़लातून[3] का तो वह मुरीद हो गया था। शेख़ मुबारक ने अपने ज़हीन बेटे को तब यूनान के उन घुमक्कड़ आलिम फ़ाज़िल सोफ़िया[4] उस्तादों की दानाई की बाबत बताया जो अपने अन्दाज़-ए-दलील से किसी भी बयान या दावे को सही या ग़लत, जैसी उनकी मर्ज़ी हो, साबित कर देने में माहिर थे। और वह सत्रह साल का छोकरा यूनानी मन्तिक़[5] का शैदाई होकर किताबों में हासिल इल्म पर सवाल उठाने लगा।

पच्चीस हज़ार किताबोंवाला अकबर का कुतुबख़ाना उसकी ख़्वाबगाह से लगा हुआ था। जो भी उन्हें पढ़ने का ख़्वाहिशमन्द होता उसे यह किताबें आसानी से हासिल हो जातीं और अबुल फ़ज़ल इस सहूलियत का फ़ायदा हमेशा ही लिया करता। उसके पढ़ने के शौक को देखकर अकबर ने उसे अपनी रोज़ाना देर रात को जमनेवाली महफ़िल में आने का दावतनामा भी एक रोज़ दे ही दिया।

"जहाँपनाह! इस बाबत मैं ग्यारहवीं सदी के ईरान में हुए हरफ़नमौला आलिमे-फ़िक़्ह, फ़लसफ़ादाँ व हकीम शेख़ इब्ने सिना[6] की एक तहरीर से बेहद मुतास्सिर हूँ।" उस रात महफ़िल में उलेमा के इस दावे को लेकर सवाल-जवाब हो रहे थे कि पैग़म्बर मुहम्मद के इस दुनिया में आने और क़ुरआने-पाक उन पर नाज़िल हो चुकने के बाद

1. विद्वत्तापूर्ण व्याख्या या टीका।
2. धर्म-विज्ञान या theology, धर्म-सम्बन्धी दर्शन-शास्त्र।
3. Aristotle and Plato.
4. Sophist.
5. तर्कशास्त्र।
6. एविसेना या Avicenna, इस्लाम के स्वर्णिम काल के सर्वाधिक महत्त्वपूर्ण हस्ताक्षरों में से एक।

तहक़ीक़ का रास्ता बन्द हो चुका है और सच्चे दीनदारों के लिए सिर्फ़ तक़लीद[1] ही अब जायज़ है। "आलमपनाह इजाज़त फ़रमाएँ तो अर्ज़ करूँ।"

"ज़रूर!" कहते हुए अकबर अबुल फ़ज़ल को बड़े ग़ौर से देख रहा था।

"जहाँपनाह! शेख़ इब्ने सिना को यक़ीन था कि तालिब-ए-हक़ीक़त[2] वह नहीं है जो सैकड़ों-हज़ारों साल पहले लिखी या कही गई किसी बात पर सिर्फ़ इस वजह से यक़ीन कर लेता है कि वह बहुत पुराने वक़्त से मंज़ूर होती चली आ रही है या इस वजह से उसे सच मान लेता है कि कहनेवाला शख़्स आलिम फ़ाज़िल है या क़ाबिले एतबार है बल्कि सच्चा तालिब-ए-हक़ीक़त वह है जो उस पर शुबहा करता है और उस पर सवाल उठाता है; जो दलील व सुबूत को मानता है, न कि आदमज़ाद की कही हुई बात को जिसकी फ़ितरत में सब तरह के ऐब और ख़ामियाँ शुमार हैं।"

"क्या यह बात पैग़म्बर मुहम्मद, सल्लल्लाहु अलैहि वसल्लम, पर भी लागू होगी?" ज़रा हिचकिचाते हुए अकबर ने दरयाफ़्त किया और फिर दबी हुई आवाज़ में पूछा, "और क्या क़ुरआने-पाक पर भी?"

"जहाँपनाह! अगर हक़ीक़त को जानना है तो शेख़ इब्ने सिना के नज़रिये के मुताबिक़ किसी भी शख़्स या किताब को तहक़ीक़[3] के दायरे से बाहर रखना मुनासिब नहीं।" अबुल फ़ज़ल ने अपनी राय दी। "और किसी भी उसूल को एक दफ़ा मंज़ूर कर लेने के बाद जहाँपनाह! उसे लागू करने में इन्तिख़ाब[4] उस उसूल के साथ बेईमानी होगी।"

महफ़िल में मिर्ज़ा अज़ीज़ कोका भी मौजूद थे। यह सुनकर उनकी भौंहें चढ़ गईं। अकबर के इस नए चहीते को उन्होंने ग़ुस्सैल निगाह से देखा मगर बोले कुछ नहीं।

"लेकिन यह तो उसके बिलकुल बरख़िलाफ़ है जो उलेमा दावा करते हैं!" अकबर के अन्दाज़ में हैरत थी।

"जहाँपनाह! सिर्फ़ वे लोग जो गहराई से देख-समझकर मुद्दों की पड़ताल करने के लिए ज़रूरी मेहनत व कोशिश करने में काहिली का रास्ता अपनाते हैं, वे ही ऐसा रवैया रखते हैं।" अबुल फ़ज़ल ने सफ़ाई दी। "जहाँपनाह! ऐसे शख़्स उन लोगों में से हैं जिन्होंने ख़रबूज़े को सिर्फ़ इस वजह से मुसलमानों के लिए नाजायज़ क़रार दिया था कि रसूलुल्लाह मुहम्मद, सल्लल्लाहु तआला अलैहि वसल्लम, कैसे इसे खाते थे यह हमें नहीं बताया गया है।"[5]

"यह तो बड़ी बेतुकी बात हुई! बल्कि बेहूदगी की यह तो हद है!" सुनकर अकबर हैरान था। ख़रबूज़ा खाने का वह ख़ुद बेहद शौक़ीन था। "ख़रबूज़ा तो उसी तरह उसका

---

1. अनुसरण या अनुकरण, यहाँ पर आशय अंधानुकरण से है।
2. यथार्थवादी
3. जाँच-पड़ताल
4. चुनाव
5. लाहौर पाकिस्तान से प्रकाशित *The Friday Times* ने 9 अगस्त, 2022 के अंक में लिखा है : पूर्व न्यायाधीश न्यायमूर्ति मियाँ नाज़िर अख़्तर ने एक साक्षात्कार में एलान किया कि कद्दू को नापसन्द करना ईशनिन्दा करने के सदृश है, क्योंकि यह एक सब्ज़ी थी जिसे हमारे मुबारक पैग़म्बर तरजीह देते थे।

मख़्लूक़ है जैसे कि अंगूर या खजूर। यह सब तो वे लाजवाब नेमतें हैं जो उसकी रहमत ने इनसान को अता फ़रमाई हैं। और सिर्फ़ इस वजह से उन्हें ठुकरा देना कि हमें यह नहीं मालूम कि रसूलुल्लाह मुहम्मद, सल्लल्लाहु तआला अलैहि वसल्लम, इन्हें खाते कैसे थे, क्या उसकी तौहीन नहीं?"

"जहाँपनाह की दलील नाक़ाबिले-तर्दीद[1] है!" अपने बादशाह की दानाई से रूबरू होकर अबुल फ़ज़ल को बेहद ख़ुशी हो रही थी। "तक़लीद की तो जहाँपनाह जो वाक़ई दानिशमन्द आलिमे-दीन हुए हैं, उन्होंने कभी भी सिफ़ारिश नहीं की। बल्कि तहक़ीक़ को ही हमेशा उन्होंने सही रास्ता क़रार दिया है।"

अपने हाथ की लकीरों पर निगाह किए ख़यालों में डूबा हुआ अकबर देर तक ख़ामोश बैठा रह गया।

"इस बात से मैं यक़ीनन इत्तेफ़ाक़ रखता हूँ।" कहते हुए उसने अपनी हथेलियों से नज़र उठाकर अबुल फ़ज़ल को देखा। "हमारा और हर सच्चे मुसलमान का यह मज़हबी-अक़ीदा है कि हर शै अल्लाह की बनाई हुई है, हर चीज़ जो इनसान को हासिल है उसकी ही दी हुई है। है कि नहीं?" अकबर ने सवालिया निगाह अबुल फ़ज़ल और फिर मिर्ज़ा अज़ीज़ कोका की तरफ़ फेंकी। "तो फिर इससे क्या यह नतीजा नहीं निकलता कि जो कुछ भी मेरे दिमाग़ में है, वह भी उसका ही भेजा हुआ है? क़ुरआने-पाक में कहा गया है कि पत्ता भी गिरता है तो वह ज़रूर जानता है। और यह भी कि इस कायनात में जो कुछ भी होता है उसकी मर्ज़ी के बग़ैर नहीं होता। तो इसके मानी यह भी हुए कि जो कुछ भी मैं ख़याल करता हूँ, उसमें भी उसकी रज़ा है। और मेरे ज़ेहन में जो भी सवाल-ओ-शुबहा हैं, और उनके जवाब तलाश करने की जो मेरी आरज़ू है, उसमें भी उसकी रज़ामन्दी है।"

"आलमपनाह ने क्या ख़ूब तब्सिरा[2] किया है!" अबुल फ़ज़ल ख़ुशी से उछल पड़ा। अकबर की आज़ाद-ख़याली से वह बेहद मुतास्सिर था। "और जहाँपनाह, क़ुरआने-पाक में यह भी कहा गया है कि अल्लाह किसी शख़्स पर उसकी ताक़त से ज़्यादा वज़न नहीं डालता। इसके मानी यह हुए जहाँपनाह कि अगर इनसान के दिमाग़ में कोई सवाल है तो उसका जवाब पाना उसकी क़ुव्वत के बाहर नहीं। इसके अलावा जहाँपनाह! इस कायनात में बेमक़सद कुछ भी नहीं। शक-ओ-शुबहा और सवालों का भी लिहाज़ा एक मक़सद है। हमारे ज़ेहन में यह अल्लाह के पोशीदा राज़ जानने की तलब पैदा करते हैं और इस तरह उसके नज़दीक पहुँचने में हमारे मददगार साबित होते हैं।"

कुछ कहने से ख़ुद को रोक पाना मिर्ज़ा अज़ीज़ कोका के लिए अब नामुनकिन हो गया।

"जहाँपनाह! कोई भी दुरुस्त दिमाग़वाला शख़्स जो इस क़दर बेवक़ूफ़ न हो कि अल्लाह के मंसूबों का इल्म हासिल कर पाने के ला-महदूद इख़्तियार[3] रखने का दावा करने की जुर्रत करे, यक़ीनन यह क़बूल करेगा कि इनसानी दिमाग़ इतना ताक़तवर नहीं

---

1. अखंडनीय।
2. समीक्षा, समालोचना।
3. असीम अधिकार।

है कि अल्लाह के राज़ मालूम कर सके। जहाँपनाह! अज़ीम फ़िक़्ह-दान[1] इमाम मलिक ने साफ़ तौर पर बताया है कि इनसानी अक़्ल क़ुरआने-पाक और सुन्ना के आगे नहीं जा सकती। इल्म के सिर्फ़ तीन दर्जे हैं, उन्होंने फ़रमाया था : अल्लाह की भेजी हुई किताब, सुन्ना और 'नहीं मालूम'।

"इसके बरअक्स आलमपनाह! इस ग़ुलाम को पुख़्ता यक़ीन है कि हर इनसान का यह फ़र्ज़ है कि इनके आगे जाने के लिए वह अपनी अक़्ल का इस्तेमाल करे।" उनकी बात को काटा जाना मिर्ज़ा अज़ीज़ कोका को बुरा न लगे इसे ख़याल में रखते हुए अबुल फ़ज़ल ने नीची आवाज़ में और निहायत ही अदब के साथ अपनी राय पेश की। "ऐसा न करना क्या उसकी तौहीन नहीं होगी जिसने यह बेशक़ीमती तोहफ़ा सिर्फ़ और सिर्फ़ इनसानी नस्ल को दिया है? इसके अलावा ग़ौर करने की बात यह भी है आलमपनाह! कि इनसान को अक़्ल और दानाई अता करने की अल्लाह सुबहानु व तआला ने ज़रूरत ही क्यों समझी? क्या इस वजह से ही नहीं कि उसकी ख़िल्क़त[2] का नज़ारा कर वह अहसास-ए-अजूबा से भर जाए और उसके पोशीदा राज़ की तफ़्तीश-ओ-तहक़ीक़ के रास्ते पर चलकर उसकी ख़ुसूसियात से रूबरू हो? उसके नज़दीक पहुँचे? दर-हक़ीक़त आलमपनाह, यह हम सबका फ़र्ज़ है कि अपनी पूरी क़ाबिलियत का इस्तेमाल करते हुए हम यह मालूम करने की कोशिश करें कि इस कायनात का वुजूद क्यों है? और जिसने इसे बनाया उसका इसे बनाने के पीछे मक़सद क्या है? और फिर यह पता लगाने की कोशिश भी करें कि हमसे वह क्या उम्मीद करता है?"

"जहाँपनाह! इनसान को अक़्ल इस वजह से अता नहीं की गई कि अल्लाह ने क़ुरआने-पाक में हमारे पैग़म्बर मुहम्मद, सल्लल्लाहु अलैहि वसल्लम, पर जो बड़े साफ़-साफ़ अल्फ़ाज़ में ज़ाहिर किया है उस पर भी वह सवाल उठाने लगे!" कहते हुए मिर्ज़ा ने हिक़ारत भरी निगाह अबुल फ़ज़ल पर डाली। "मगर जिसके लिए आफ़ताब की रोशनी काफ़ी नहीं उसके दिमाग़ के अँधेरों को दूर करने का क्या ज़रिया हो सकता है?"

"जहाँपनाह! मेरी बेअदबी को मिर्ज़ा मुआफ़ करें। मगर मेरी राय में हक़ीक़त से रूबरू होने के लिए आफ़ताब की रोशनी काफ़ी नहीं। इनसान को आँखें खोलकर और आगे बढ़कर कोशिश भी करनी होगी, हक़ीक़त का नज़ारा करने के लिए।" अबुल फ़ज़ल जान रहा था कि अपनी इन दलीलों से वह मिर्ज़ा की नाराज़गी मोल ले रहा है। मगर अकबर की निगाह में दिलचस्पी को पढ़कर उसने अपनी बात कहने की हिम्मत जुटा ही ली। "इसके अलावा जहाँपनाह! पैग़ाम-ए-रसूल और क़ुरआने-पाक का अक़्ल के साथ तो कोई इख़्तिलाफ़ ही नहीं! अक़्ल से इनसान को उसने इस वजह से नवाज़ा है कि वह सही तौर पर समझ सके जो भी उसने ज़ाहिर किया है। क्या यह अक़्ल ही नहीं थी आलमपनाह! जिसने पैग़म्बर मुहम्मद, सल्लल्लाहु अलैहि वसल्लम, पर नाज़िल अल्लाह के पैग़ाम पर इनसान के यक़ीन की बुनियाद रखी? मदीना के बाशिन्दों ने अगर यक़ीन किया तो क्या अक़्ल का इस्तेमाल किए बग़ैर? और अगर मक्का वालों ने ज़्यादातर शक किया और बाद में यक़ीन ले आए तो क्या वह भी अक़्ल के इस्तेमाल

1. धर्मशास्त्री।
2. सृष्टि।

के बग़ैर? लेकिन जहाँपनाह! यह भी है कि अक़्ल को ज़ाहिर तक ही महदूद[1] नहीं रखा जाना चाहिए।"

"जहाँपनाह! अक़्ल की बिना पर मियाँ अबुल फ़ज़्ल क्या यह बताने की इनायत करेंगे कि आफ़ताब मशरिक़ से ही क्यों उगता है और डूबता हमेशा मग़रिब में ही क्यों है?" मिर्ज़ा ने तंज़िया अन्दाज़ में सवाल किया। "जहाँपनाह! इनसानी अक़्ल का वुजूद किससे है? अल्लाह से ही तो! ऐसी हालत में यह दावा करना कि इनसानी अक़्ल उसके दिमाग़ को जान सकती है वैसा ही है जैसे कि मिट्टी का घड़ा यह जानने का दावा करे कि कुम्हार ने उसे किस तरह और किस मक़सद से बनाया।"

कहकर मिर्ज़ा ने अबुल फ़ज़ल को इस अन्दाज़ से देखा कि एकबारगी उसकी हिम्मत नहीं पड़ी कि इस दलील का वह जवाब दे। बेचारगी के अहसास के साथ उसने अकबर को देखा तो उसकी निगाह में ख़ामोश रज़ामन्दी का नज़ारा कर उसका हौसला बढ़ गया।

"जहाँपनाह! गुस्ताख़ी के लिए मिर्ज़ा से फिर मुआफ़ी चाहूँगा। मगर एक जानदार चीज़ जो देख सकती है, सुन और समझ सकती है, तबादला-ए-ख़याल कर सकती है और दलील भी दे सकती है, उसे एक बेजान चीज़ के मुक़ाबिल रखना किसी भी तरह मुनासिब नहीं। साफ़गोई के लिए जहाँपनाह इस ग़ुलाम को मुआफ़ करने की इनायत फ़रमाएँ। मगर हक़ीक़त तो यह है जहाँपनाह! कि जो लोग अपनी जहालत को ही अपना हथियार बना लेने की मंशा रखते थे और अपनी अक़्ल पर वज़न डालना जिन्हें मंज़ूर न था, बुनियादी मसलों का तब्सिरा जिनके लिए परेशानी का सबब था, उन लोगों ने ही गुज़रे ज़माने में तक़लीद की पैरवी की थी और तहक़ीक़ को नाजायज़ क़रार दिया था। उनकी दलील थी कि जो कुछ भी बहस-ओ-मुबाहिसा के लायक़ था उस पर पैग़म्बर मुहम्मद, सल्लल्लाहु अलैहि वसल्लम, अपना फ़ैसला पहले ही दे चुके हैं। और उसके आगे भी किसी मसले पर तब्सिरा अगर दरकार होता तो पैग़म्बर मुहम्मद, सल्लल्लाहु अलैहि वसल्लम, और उनके सहाबा[2], रज़ियल्लाहु अन्हुम, यक़ीनन उसे अंजाम दे चुके होते।"

"अल्लाह ने मुझे अक़्ल व अक़्ल का इस्तेमाल करने की क़ुव्वत व क़ाबिलियत दी है। और उसका कोई काम बे-मक़सद नहीं हो सकता।" अकबर ने, जो अभी तक अबुल फ़ज़्ल को बड़े ही ग़ौर से व दिलचस्पी के साथ सुन रहा था, हवा में देखते हुए अपने ख़यालात को अल्फ़ाज़ देना शुरू किया। "तो सवाल उठता है कि उसने मुझे यह सोचने-समझने और दलील करने की ताक़त किस वजह से दी? किस मक़सद से दी?" कहकर कुछ लम्हों के लिए अकबर ने अपनी छाती पर सिर को झुकाकर आँखें बन्द कर लीं। और फिर जब उसने आँखें खोलीं तो उनमें वैसी ही चमक थी जैसी कि अमेरिका को खोज लेने पर शायद कोलम्बस की आँखों में आई होगी। "हक़ीक़त में तो अक़्ल की फ़ज़ीलत[3] साफ़ ज़ाहिर है! बग़ैर अक़्ल का इस्तेमाल किए तो अक़्ल की

1. सीमित।
2. मदीना में पैग़म्बर मुहम्मद के विशेष सहयोगी।
3. श्रेष्ठता, उत्कृष्टता, प्रतिष्ठा।

फ़ज़ीलत के दावे को नामंज़ूर भी नहीं किया जा सकता!"

मुस्तफ़ा बन्दगी की सुनवाई के दौरान हुई बहस और फिर उसके बाद मुस्तफ़ा के साथ हुई गुफ़्तगू के बाद से ही अकबर का दिमाग़ हर बात की जड़ तक पहुँचने की कोशिश करने लगा था। और अब शेख़ इब्ने सिना की तहरीर पर हुए इस मुबाहिसे के बाद से तो क़ुरआने-पाक की आयतों पर भी उसके ज़ेहन में सवाल उठने लगे जिनके जवाब पाने के लिए कई दफ़ा काफ़िराना नज़र आनेवाले मसलों पर भी वह उलेमा से दरयाफ़्त कर लिया करता।

शेख़ अब्दुन्नबी के कानों तक जब यह बात पहुँची तो अपने बादशाह के इस ग़ैर-इस्लामी रवैए पर पहले तो उसे यक़ीन ही नहीं हुआ। मगर जब कई उलेमा ने इस बात की तस्दीक़ की तो अकबर को ख़बरदार करने के मक़सद से वह दरबार आ पहुँचा।

"जहाँपनाह! क़ुरआने-पाक पर सवाल उठाना तो कुफ्र है और बेहद संगीन गुनाह भी! इसके लिए तो अल्लाह से मुआफ़ी हासिल होना किसी भी हाल में मुमकिन नहीं। हमारे पैग़म्बर मुहम्मद, सल्लल्लाहु अलैहि वसल्लम, की सिफ़ारिश पर भी नहीं!"

"तो शेख़ साहिब फिर मुझे रास्ता बताइए।" परेशान आवाज़ में अकबर बोला। "किताबे-पाक की कई आयतों पर उलेमा और शेख़ मुख़्तलिफ़ राय रखते हैं। तो सही क्या है इसका फ़ैसला कैसे हो?"

"जहाँपनाह! क्यों न उलेमा की एक मज्लिस बना दी जाए।" अबुल फ़ज़ल ने मशविरा दिया। "जो क़ुरआने-पाक की ऐसी तफ़सीर पेश करे जो सबको मंज़ूर हो?"

मगर जल्द ही यह कोशिश फ़ुज़ूल की मशक़्क़त साबित हो गई। ज़्यादातर आयतों पर उलेमा में इत्तेफ़ाक़-ए-राय बन ही नहीं सकी और उनका वक़्त एक-दूसरे को लानत भेजने और चिल्लाने में ही ज़ाया हुआ।

कुसूर इसमें सिर्फ़ उनका ही नहीं था। उनकी तालीम बुनियादी तौर पर फ़रमानों की शक्ल में थी जिस पर थोड़ी-बहुत नुक्ताचीनी तो हो सकती थी मगर उनकी आज़माइश-ओ-तनक़ीद[1] उनके लिए नाक़ाबिले बर्दाश्त थी। इसके अलावा इल्म हासिल करते वक़्त या बाद में किसी नज़रिये को लेकर जो भी किताबें उन्होंने पढ़ी होतीं, सिर्फ़ उनके ही सही और दुरुस्त होने को लेकर भी वे अड़ जाते।

"मुझे ऐसा मालूम होता है कि जब किसी तहरीर के मानी किसी आलिम की अपनी ज़ाती राय के मुताबिक़ नहीं होते," अकबर जो अकसर ही इस मज्लिस की बैठकों में ख़ामोश रहकर शिरक़त किया करता था, एक रोज़ बोल पड़ा, "तो उस साफ़ मानी को ख़ारिज करके पेचीदा दलीलों की मार्फ़त दूर-दराज़ के ऐसे मानी तलाश करने की कोशिश की जाती है जो आलिम की अपनी राय से इत्तेफ़ाक़ रखे। जबकि क़ुरआने-पाक जब पैग़म्बर मुहम्मद, सल्लल्लाहु अलैहि वसल्लम, पर नाज़िल हुई होगी तो वह यक़ीनन मदीना के सीधे-सादे ग़ैर-तालीम-याफ़्ता बाशिन्दों को ख़याल में रखकर ही हुई होगी इसमें मुझे ज़रा भी शुबहा नहीं। अल्लाह के फ़रमान, नसीहतें, हिदायतें असल में तो आम इनसान के लिए ही हैं न! तो क्या अल्लाह ने, जो अल-अलीम है, अपना पैग़ाम ऐसी आसान और साफ़ जबान में न भेजा होगा जिसे समझने में उन लोगों को मुश्किल

1. जाँच और आलोचना।

न हो?" कहते हुए अकबर ने अपनी सवालिया निगाह एक-एक करके सभी उलेमा की जानिब दौड़ाई। "फिर भी अगर यहाँ मौजूद उलेमा की यह राय है कि अल्लाह की किताब में हक़ीक़त साफ़ ज़ाहिर न होकर पोशीदा है जिसे समझने के लिए तफ़सीर ज़रूरी है तो फिर यह भी क़बूल करना होगा कि फ़रिश्ते जिब्राइल से हासिल मज़मून को पैग़म्बर मुहम्मद, सल्लल्लाहु अलैहि वसल्लम, मुनासिब तौर पर समझने या समझाने में नाकामयाब रहे, जो कि किसी भी हालत में मुमकिन नहीं।" अकबर ने इनकार में सिर हिलाया। "और अगर किसी क़िस्म की तफ़सीर ज़रूरी होती ही तो क्या पैग़म्बर मुहम्मद, सल्लल्लाहु अलैहि वसल्लम, इस दुनिया में रहते हुए ही उसे न लिखवाते जैसे कि उन्होंने क़ुरआने-पाक लिखवाई?"

उलेमा को उनके बादशाह की इन दलीलों में भी कुफ़्र की बू आई और उस रोज़ के बाद से अकबर के साथ ही उनकी भी दिलचस्पी इस काम में ख़त्म हो गई।

सही अहादीस को लेकर ना-इत्तेफ़ाक़ी का मसला भी उसने उलेमा के सामने उठाया। मगर वहाँ भी नतीजा वही ढाक के तीन पात रहा। कई रोज़ तक चले मुबाहिसे के बाद भी अपनी-अपनी राय पर उलेमा न सिर्फ़ सख़्ती से क़ायम थे, बल्कि एक-दूसरे की राय की मुख़ालिफ़त करते हुए वे सामनेवाले को मुर्तद क़रार कर देते और कई दफ़ा हाथापाई पर भी उतर आते थे।

आख़िर में अकबर ने तय किया कि इन मुद्दों पर सल्तनत भर के सुन्नी उलेमा से राय-मशविरा किया जाए। जामा मस्जिद के अहाते में जमा हुए उलेमा को सीकरी में उसने इसी मक़सद से तलब किया था। और इस मकसद से ही उसने इबादतख़ाना तामीर करवाया था। शेख़ सलीम चिश्ती की दरगाह के नज़दीक बनी इस इमारत के चार हिस्से थे, जिनके बीचोबीच एक हश्त-पहलू चबूतरा था—अकबर का तख़्त।

उसके इबादतख़ाना पहुँचते ही लोबान के धुएँ से महक रही इमारत में उलेमा व मुल्ला एक-एक करके दाख़िल होने लगे। उनका ख़ैरमक़दम करने अकबर ख़ुद दरवाज़े पर खड़ा होकर उन पर इत्र का छिड़काव कर रहा था और हरेक के हाथों में मुट्ठी-भर सोने की मोहरें भी रखता जा रहा था। जब सब अन्दर दाख़िल हो गए तो वह उस चबूतरे पर आ बैठा जिसके चारों तरफ़ ख़ुशबूदार फूलों के गुलदस्ते सजे हुए थे।

"यह मैं कैसे जानूँ कि सिर्फ़ इस्लाम ही सच्चा दीन है?" बैठते ही अकबर ने सवाल किया।

मुल्ला व उलेमा ऐसे चौंक पड़े जैसे कि तोप का गोला उनके बीच आ गिरा हो। बादशाह सलामत उनके सच्चे मज़हब की जड़ खोदने में ही लग गए थे।

सभी की आँखों में ख़ौफ़, हैरानी व ताज्जुब के शामिल जज़्बात पढ़कर अकबर हँस दिया। "ऐ दानिशमन्द इनसानो! मेरे सवाल को इस्लाम में मेरी बे-एतिक़ादी[1] न समझो। लेकिन जब तफ़तीश करनी ही है तो शुरुआत से ही क्यों न की जाए?"

शेख़ इब्ने सिना को अकबर में एक सच्चा मुरीद हासिल हो गया था।

"जहाँपनाह! अल्लाह तआला ने क़ुरआन मजीद की सूरा आले इमरान में फ़रमाया है : 'और जो कोई चाहेगा इस्लाम के सिवा कोई और दीन तो उससे हरगिज़ क़बूल न

---

1. अनास्था, अश्रद्धा।

किया जाएगा और वह आख़िरत में नुक़सान उठाने वालों में से होगा।" शेख़ अब्दुन्नबी ने नाराज़ निगाह अकबर पर डालते हुए बेहद तल्ख़ लहजे में कहा। "और जहाँपनाह! न तो यह मानी दूर-दराज़ के हैं और न ही यह दलील पेचीदा है," अकबर के अल्फ़ाज़ ही दोहराते हुए शेख़ नबी ने तंज़ किया, "कि सच्चा दीन सिर्फ़ वही हो सकता है जो अल्लाह को क़बूल हो।"

शेख़ साहिब के तंज़ को नज़रअन्दाज़ करते हुए अकबर ने फिर सवाल किया, "लेकिन शेख़ साहिब! यह दलील बिना साबित किए क्या यह फ़र्ज़ नहीं कर रही कि क़ुरआने-पाक को अल्लाह ने ही पैग़म्बर मुहम्मद, सल्लल्लाहु अलैहि वसल्लम पर नाज़िल किया?"

अकबर की गुस्ताख़ी पर मौलाना और उलेमा दंग रह गए व हैरान निगाह से एक-दूसरे को देखने लगे। यह सवाल करना तो साफ़-साफ़ बेदीनी थी! कुफ्र था! किसी और ने यह सवाल किया होता तो उसे फ़ौरन हलाक कर दिए जाने का फ़तवा उसी लम्हे जारी हो गया होता। इस कुफ़राना सवाल का जवाब देने के लिए सबकी नज़रें जाकर उलेमा के सरताज मख़्दूम-उल-मुल्क पर टिक गईं।

"जहाँपनाह! हमारे अज़ीज़ पैग़म्बर मुहम्मद, सल्लल्लाहु अलैहि वसल्लम, के वक़्त भी ऐसे कई लोग थे जिन्होंने ख़ुदा के क़ौल पर नायक़ीनी ज़ाहिर की थी।" मख़्दूम-उल-मुल्क ने निहायत ही संजीदा लहजे में कहना शुरू किया, उसका अन्दाज़ इस बात की गवाही देता हुआ कि उसे इस बात का मुस्तक़िल तौर पर अहसास है कि कितनी पुर-उम्मीद आँखें उस पर लगी हुई हैं। "तब अल्लाह सुबहानु व तआला ने क़ुरआने-पाक की सूरा बनी इस्राइल में यह आयत पैग़म्बर मुहम्मद, सल्लल्लाहु अलैहि वसल्लम, पर नाज़िल की थी : 'तू कह दे अगर तमाम इनसान और जिन इस बात पर जमा हो जाएँ कि वह इस क़ुरआन के मानिन्द ले आएँ तो वह इसके मानिन्द न ला सकेंगे अगरचे वह एक-दूसरे के मददगार हो जाएँ।' इसके अलावा सूरा अल बक़र की यह आयत भी अल्लाह तआला ने भेजी : 'और अगरचे तुम्हें इस कलाम में शक हो जो हमने अपने बन्दे पर उतारा तो इस जैसी एक सूरा ले आओ, और बुला लो अपने मददगार अल्लाह के सिवा अगर तुम सच्चे हो। फिर अगर तुम न कर सको और हरगिज़ न कर सकोगे तो उस आग से डरो जिसका वक़ूद[1] इनसान और पत्थर हैं, काफ़िरों के लिए तैयार की गई।"

कहते हुए मख़्दूम-उल-मुल्क ने अपने एक हाथ की उँगली आसमान की तरफ़ दिखाई और इस अन्दाज़ में अकबर को देखा जैसे कि उसे बता रहा हो कि अपने इन काफ़िराना ख़यालात की बदौलत उसका अंजाम भी उसी आग में जलना तय है।

"लेकिन जहाँपनाह! क़ुरआने-पाक इतनी आली ज़बान में है कि कोई उसके नज़दीक भी पहुँचने में कामयाब नहीं हो सका। जबकि सबको यह इल्म था कि पैग़म्बर मुहम्मद, सल्लल्लाहु अलैहि वसल्लम, तालीम-याफ़्ता नहीं हैं और ऐसी आयतें वे ख़ुद नहीं बना सकते। इसके अलावा रसूलुल्लाह मुहम्मद, सल्लल्लाहु तआला अलैहि वसल्लम, की ईमानदारी व सच्चाई पर तो उनके दुश्मन भी शक नहीं करते थे। इसी

1. ईंधन।

वजह से तो उन्हें अल-अमीन[1] का ख़िताब मिला हुआ था! अल्लाह उन्हें अपनी अमान में रखे! यह भी जहाँपनाह एक बड़ी वजह थी कि उनके कई दुश्मन इस्लाम को क़बूल करने पर राज़ी हो गए।"

"जहाँपनाह! 'वही' की सच्चाई उसमें ख़ुद-इख़्तिलाफ़ और ख़ुद-नामुआफ़िक़त[2] की ग़ैरमौजूदगी से भी तय की जा सकती है।" मख़्दूम-उल-मुल्क आगे कुछ कहे इसके पहले ही शेख़ अब्दुन्नबी फुर्ती से बोल पड़ा। मख़्दूम-उल-मुल्क की जानिब उसे हमेशा यह रश्क रहा करता था कि सबसे आला आलिम उसे ही क्यों माना जाता है और मख़्दूम-उल-मुल्क की इस लम्बी तक़रीर के दौरान बार-बार इस ख़याल से वह पहलू भी बदलता रहा था कि उसके रक़ीब का पलड़ा दरबार में और भी भारी हुआ जाता है। "जहाँपनाह! दुनिया ज़हान की आलिम फ़ाज़िल शख़्सियात को जब दावते-मुक़ाबला दिया गया कि क़ुरआने-पाक में ऐसी एक भी आयत की तरफ़ इशारा करें जिसमें इनमें से एक भी ख़ामी हो तो कोई भी शख़्स ऐसी एक भी आयत नहीं बता पाया। और तब पैग़म्बर मुहम्मद, सल्लल्लाहु तआला अलैहि वसल्लम, पर यह आयत नाज़िल हुई : 'फिर क्या वह क़ुरआन पर ग़ौर नहीं करते? और अगर अल्लाह के सिवा किसी और के पास से होता तो उसमें ज़रूर बहुत इख़्तिलाफ़ पाते।' और जहाँपनाह! यहाँ मौजूद सभी आलिम फ़ाज़िल शख़्सियात को मैं दावतनामा देता हूँ," कहते हुए शेख़ की नज़र अबुल फ़ज़ल पर जा टिकी, "कि वे किताबे-पाक में एक भी कमी निकाल दें।"

अपनी आज़ाद-ख़याली और हर बात पर सवाल उठाने की अपनी आदत के लिए अबुल फ़ज़ल अब तक ख़ासा बदनाम हो चुका था और शेख़ अब्दुन्नबी को ज़रा भी शुबहा न था कि बादशाह सलामत के क़ुरआने-पाक की सदाक़त पर शको-शुबहा करने व रसूलुल्लाह मुहम्मद की ईमानदारी पर ना-एतबारी के लिए ज़िम्मेदार सिर्फ़ और सिर्फ़ वह है।

"लेकिन फिर किताबे-पाक की इतनी अलग-अलग तफ़सीर क्यों है? ऐसा तो नहीं अ...," कहते हुए अकबर थोड़ा झिझक गया। "यह नहीं कि ऐसा हुआ ही हो मगर फिर भी मुमकिन है कि पैग़म्बर मुहम्मद, सल्लल्लाहु अलैहि वसल्लम, के जाने के बाद इसमें किसी ने तब्दीली कर दी हो।"

"यह नामुमकिन है, जहाँपनाह!" मख़्दूम-उल-मुल्क चीख़ उठा और आसमान की तरफ़ इशारा करते हुए चिल्लाया, "आफ़ताब मशरिक़ के बजाय मग़रिब से उग सकता है मगर अल्लाह के भेजे हुए अल्फ़ाज़ में एक हर्फ़ का हेर-फेर भी मुमकिन नहीं!" यह कहते हुए तकरीबन मख़्दूम-उल-मुल्क हाँफ रहा था। "जहाँपनाह को मालूम होना चाहिए कि अल्लाह ने ख़ुद यह क़ौल पैग़म्बर मुहम्मद, सल्लल्लाहु अलैहि वसल्लम, से किया था कि नापाक हाथों से किताबे-पाक की वह हिफ़ाज़त करेगा। अल्लाह ने सूरा अल वाक़िआ में फ़रमाया था : 'बेशक यह क़ुरआन है गिरामी क़द्र[3]। यह एक पोशीदा

1. विश्वसनीय।
2. विरोधाभास और विसंगति।
3. महत्त्वपूर्ण, सम्मानित।

किताब लौहे महफ़ूज़[1] में है। उसे हाथ नहीं लगाते सिवा पाक लोग। तमाम जहानों के रब की तरफ़ से नाज़िल हुआ।"

"जहाँपनाह! क़ुरआने-पाक के नाज़िल होने के पेशतर भी कई ख़ुलासे हुए थे और कई किताबें नाज़िल हुई थीं," मख़्दूम-उल-मुल्क के साँस लेने के लिए रुकने का शेख़ अब्दुन्नबी ने फ़ौरन फ़ायदा उठाया। "मगर जैसा जोश-अफ़ज़ा असर क़ुरआने-पाक का लोगों पर हुआ ऐसा किसी ख़ुलासे या किताब का नहीं हुआ। अल्लाह का यह पैग़ाम ग़जब की तेज़ी के साथ दुनिया भर के लोगों के दिलो-दिमाग़ पर हावी हो गया और यही वजह थी कि देखते ही देखते इस्लाम का परचम आधी से ज़्यादा दुनिया में फहरने लगा था। इससे बड़ा सबूत जहाँपनाह किताबे-पाक की सच्चाई का और क्या हो सकता है, एँह?" कहकर शेख़ अब्दुन्नबी ने अपनी फ़तहमन्द निगाह उलेमा की जानिब दौड़ाई।

"लेकिन मुझे तो यह बताया गया है कि क़ुरआने-पाक की कई आयतें," कहते हुए अकबर ने हकीम अबुल फ़तह गिलानी को देखा और इस पसोपेश में कि कहूँ या न कहूँ एक लम्हे के लिए ठहर गया। लेकिन फिर बोल ही पड़ा, "अ...मंसूख़[2] कर दी गई थीं। अगर यह सही है तो किताबे-पाक के कामिल और बिला ऐब होने के दावे से इस बात का मेल कैसे मुमकिन है?"

अपने भाइयों हकीम हुमाम व हकीम नूरुद्दीन के साथ हकीम अबुल फ़तह गिलानी की हाल ही में ईरान से आमद हुई थी। शाह तहमास्प ने उनके वालिद मौलाना अब्दुर्रज़्ज़ाक को जिस्मानी तकलीफें देकर सिर्फ़ इस वजह से हलाक करवा दिया था कि सुन्नी अक़ीदे की तरफ़ उनका रुझान होने का उसे शक था। यह सभी भाई आलिम फ़ाज़िल होने के साथ ही ख़ुशनुमा अन्दाज़े गुफ़्तगू व ख़ुशगवार शख़्सियत के मालिक भी थे। हकीम अबुल फ़तह गिलानी तो शेख़ शहाबुद्दीन सुहरावर्दी का इशराक़ी फ़लसफ़ा और शेख़ इब्ने, अरबी का वहदत-उल-वुजूद का अक़ीदा: दोनों की ही ज़बर्दस्त इल्मियत रखता था। थोड़े ही वक़्त में अकबर पर उसने अपना ख़ासा असर क़ायम कर लिया था।

"यह सरासर झूठ है!" शेख़ अब्दुन्नबी चीख़ पड़ा। "इसमें रत्ती भर भी सच नहीं! अल्लाह की भेजी हुई एक आयत भी कभी मंसूख़ नहीं हुई।" अपने दोनों हाथों को ज़ोर-ज़ोर से उसने इनकार में हिलाया।

"जहाँपनाह की इजाज़त हो तो मोहतरम शेख़ साहिब से यह ग़ुलाम एक सवाल करने का ख़्वाहिशमन्द है।"

"ज़रूर हकीम गिलानी, ज़रूर!" अकबर ने पुरजोश आवाज़ में कहा। हक़ीक़त में वह तो चाह ही रहा था कि इस बहस में हकीम अबुल फ़तह आगे आए, क्योंकि आयतों के मंसूख़ किए जाने की बाबत जो भी उसने कहा था उसके पीछे हकीम के साथ हुई उसकी गुफ़्तगू का ही हाथ था।

"जहाँपनाह! शेख़ साहिब से मैं दरयाफ़्त करना चाहूँगा कि मक्का में अल-लात,

---

1. सब आसमानों से ऊपर एक स्थान जहाँ संसार में होनेवाली सारी घटनाओं का उल्लेख है और जिसे कोई पढ़ नहीं सकता।
2. निरस्त, रद्द।

अल-उज़्ज़ा व अल-मनात[1] की बाबत नाज़िल हुई आयतों के बारे में वे क्या फ़रमाते हैं। क्या वे आयतें मंसूख़ नहीं हुई थीं?"

यह कहते हुए हकीम अबुल फ़तह ने सिर्फ़ एक उड़ती हुई नज़र शेख़ अब्दुन्नबी पर डाली और फिर अपनी निगाह अपने बादशाह पर टिका ली। शेख़ नबी की आँखों में अंगारे सुलगने लगे थे।

"पूरी दुनिया जानती है कि वे आयतें शैतान ने भेजी थीं, न कि अल्लाह ने।" चीख़ने में शेख़ नबी ने अपने फेफड़ों का पूरा ज़ोर लगा दिया और ग़ुस्से से काँप रही उँगली को धमकी भरे अन्दाज़ में हकीम गिलानी की जानिब हुए चिल्लाया, "वह शैतान था, अल्लाह का क़हर उस पर नाज़िल हो, जिसने हमारे पाकदिल पैग़म्बर मुहम्मद, सल्लल्लाहु तआला अलैहि वसल्लम, के मुँह में यह अल्फ़ाज़ डाल दिए थे। और इन आयतों को कहने के बाद रसूलुल्लाह मुहम्मद, सल्लल्लाहु तआला अलैहि वसल्लम जब पशेमान थे तब फ़रिश्ते जिब्राइल ने आकर उन्हें तसल्ली दी और अल्लाह की भेजी हुई यह आयत उन पर ज़ाहिर की : 'और हमने तुमसे पहले नहीं भेजा कोई रसूल और न नबी मगर जब उसने आरज़ू की तो शैतान ने उसकी आरज़ू में वस्वसा[2] डाला, पीछे शैतान जो डालता है अल्लाह मिटा देता है, फिर अल्लाह अपनी आयत को और मज़बूत कर देता है, और अल्लाह जाननेवाला हिकमतवाला है।' इससे जहाँपनाह! यह बात पानी की तरह साफ़ है कि वे आयतें शैतान की कारिस्तानी थीं। लेकिन राफ़िज़[3] का तो काम ही है सच्चे दीनदारों को गुमराह करना!" कहते हुए शेख़ नबी ने ख़ूनी निगाह से हकीम गिलानी को घूरा। "एक बदमज़हब शख़्स से जहाँपनाह! और उम्मीद भी क्या की जा सकती है?"

"फिर भी जहाँपनाह! आयतें मंसूख़ तो हुई ही थीं, जैसाकि जनाब शेख़ साहिब ने भी फरमाया।" हकीम गिलानी आहिस्ता से बोला। "अल्लाह ने सूरा अल-बक़र में फ़रमाया भी है : 'कोई आयत जिसे हम मंसूख़ करते हैं या उसे हम भुला देते हैं उससे बेहतर या उस जैसी ले आते हैं। क्या तू नहीं जानता कि अल्लाह हर शै पर क़ादिर[4] है?'"

यह सुनते ही अकबर की निगाह में एक नई चमक जाग उठी।

"इससे तो बिलकुल साफ़ ज़ाहिर है कि किताबे-पाक की आयतों को अल्लाह ने वाक़ई बेहतर किया था, और उन बेहतर आयतों को उसने अपने नबी मुहम्मद, सल्लल्लाहु तआला अलैहि वसल्लम, पर नाज़िल भी किया था।" इबादत-ख़ाने में मौजूद उलेमा व मुल्लाओं पर नज़र दौड़ाते हुए अकबर ने ख़ुश-आवाज़ में कहा। लेकिन फिर कुछ सोचते हुए बोला, "मगर पैग़म्बर मुहम्मद, सल्लल्लाहु अलैहि वसल्लम, तो ख़त्म-उल-अम्बिया[5] हैं। ऐसे में क्या यह मान लिया जाए कि बेहतरी का रास्ता बन्द हो गया?"

"जहाँपनाह! अल्लाह सुबहानु व तआला सब सुनते हैं, और सब देखते हैं!" धमकी

1. इस्लाम के आगमन-पूर्व अरब में पूजी जानेवाली तीन देवियाँ।
2. बुरा विचार, भ्रम।
3. जो अपने स्वामी को या अपने धर्म को छोड़कर भाग जाए, धर्मभ्रष्ट।
4. शक्तिशाली, समर्थ।
5. आख़िरी नबी।

भरी उँगली से आसमान की तरफ़ इशारा करते हुए मख़्दूम-उल-मुल्क ने अकबर को ख़बरदार किया। "यह ख़याल करना भी गुनाह है कि उसके अल्फ़ाज़ में राई बराबर भी खोट है। और शक करनेवालों को अल्लाह यक़ीनन पसन्द नहीं करता।"

"आयतों को बेहतर करने का तो जहाँपनाह सवाल ही पैदा नहीं होता!" शेख़ अब्दुन्नबी ने अकबर को समझाया। "क्योंकि पैग़म्बर मुहम्मद, सल्लल्लाहु अलैहि वसल्लम, अपनी ज़िन्दगी में ही क़ुरआने-पाक और मज़हब, दोनों को ही कामिल[1] कर गए थे। अपने आख़िरी हज के बाद ग़दीर-ए-ख़ुम[2] पर अपने ख़ुत्बे में यह हक़ीक़त रसूलुल्लाह मुहम्मद, सल्लल्लाहु अलैहि वसल्लम, ने साफ़ ज़ाहिर भी कर दी और जिसके बाद ही उन पर सूरा अल माइदा की यह आयत नाज़िल हुई : 'आज मैंने तुम्हारा दीन मुकम्मल कर दिया और तुम पर अपनी नेमत पूरी कर दी।"

"मगर फिर क़ुरआने-पाक की आयतों के इतने मुख़्तलिफ़ मानी क्यों बताए जाते हैं?" बेसब्र हो चले अकबर ने अपनी भौंहें सिकोड़कर पूछा।

"जहाँपनाह! किताबे-पाक में क्या है, इसे मुकम्मल तौर पर जान पाने की क़ाबिलियत इनसान में नहीं।" शेख़ अब्दुन्नबी का अन्दाज़े-बयाँ इस दफ़ा ऐसा था जैसे कि मकतब में छोटे दर्जे में पढ़ रहे किसी नादान बच्चे को वह समझा रहा हो। "सूरा आले इमरान में अल्लाह ने ज़ाहिर भी किया है : 'उसमें मुहकम[3] आयतें हैं वह किताब ही अस्ल हैं, और दूसरी मुतशाबेह[4], पीछे जिन लोगों के दिल में कजी[5] है सो वह उससे मुताशाबिहात[6] की पैरवी करते हैं, फ़साद की ग़रज़ से और उसका ग़लत मतलब ढूँढ़ने की ग़रज़ से, और उसका मतलब अल्लाह के सिवा कोई नहीं जानता।' हक़ीक़त यह है जहाँपनाह कि सारी हुज्जत इन मुतशाबेह आयतों को लेकर ही है।"

"मगर इसके मानी यह भी तो हुए कि ऐसी आयतें भी क़ुरआने-पाक में हैं जिन्हें समझ पाना इनसान के बूते का नहीं।" शेख़ नबी की दलील को अकबर और आगे ले गया। "मगर आज तक किसी भी आलिम ने किताबे-पाक की एक भी आयत के मानी बता पाने में अपनी ना-क़ाबिलियत को मेरे सामने आज तक क़बूल नहीं किया। यह कैसे?"

"जहाँपनाह! मोहतरम शेख़ साहिब ने क़ुरआने-पाक की जिस आयत का हवाला दिया है, मेरे ख़याल से उसका इशारा इस असलियत की तरफ़ है कि किताबे-पाक में ऐसी आयतें भी हैं जिनके मानी पैग़म्बर मुहम्मद, सल्लल्लाहु अलैहि वसल्लम, के वक़्त में समझ पाना दीनदारों के लिए मुमकिन न था।" अब तक ख़ामोश बैठे हुए अबुल फ़ज़ल ने अपनी राय दी। "लेकिन क़ुरआने-पाक तो जहाँपनाह हर ज़माने के लिए और दौरे आख़िर तक के लिए नाज़िल हुई थी! लिहाज़ा लाज़िमी है कि नए ज़मानों में

1. सम्पूर्ण।
2. मक्का से मदीना के रास्ते में पड़नेवाले एक तालाब का नाम।
3. निश्चित, सन्देह से परे।
4. सामान, सदृश, जिनके अर्थ में सन्देह हो; क़ुरआन के सन्दर्भ में वह आयत जिसका अर्थ गुप्त हो।
5. विकृति, कुटिलता।
6. क़ुरआन के वे वाक्य जिनका अर्थ स्पष्ट न हो।

इनसान जब नए हालात से और नई असलियत से रूबरू होगा तब अल्लाह के फ़ज़ल से ऐसी आयतों को समझ पाने की कोशिश में कामयाब होकर सच्चे दीनदार नई रोशनी का दीदार करने की ख़ुशकिस्मती हासिल करेंगे। इस तरह किताबे-पाक गुज़रते वक़्त के साथ नए हालात का मुक़ाबला करने की क़ुव्वत और लियाक़त इनसान को अता करेगी, उसी तरह जैसे कि नए-नए हालात का मुक़ाबला करने के लिए क़ुरआने-पाक की आयतें तेईस साल के दौरान हमारे पैग़म्बर मुहम्मद, सल्लल्लाहु अलैहि वसल्लम, पर मुसलसल नाज़िल होती रहीं।"

"जहाँपनाह! इससे ज़्यादा वाहियात और बेहूदा बात तो मैंने आज तक नहीं सुनी!" मख़्दूम-उल-मुल्क ने ऐसी शक्ल बनाई जैसे कि नीम चढ़ा करेला किसी ने उसके मुँह में ज़बर्दस्ती ठूँस दिया हो। "अल्लाह के अल्फ़ाज़ के साथ खेलने से ज़्यादा कमीनगी की और बेहयाई की और बदगुमानी की और बेहूदगी की," अबुल फज़ल के लिए उसके दिल में भरी नफ़रत को मख़्दूम-उल-मुल्क ने अल्फ़ाज़ देने की कोशिश की मगर उसे तसल्ली नहीं हुई, "और गुस्ताख़ व क़ाबिले मलामत बात तो आलमपनाह और दूसरी हो ही नहीं सकती! इस नाक़ाबिले मुआफ़ी गुनाहे अज़ीम के लिए मियाँ अबुल फ़ज़ल को शायद अन्दाज़ा नहीं है कि किस दोज़ख़ में किस अज़ाब के वे हक़दार होंगे, जिसका तसव्वुर करके मेरी तो रूह काँप जाती है।"

"जहाँपनाह! मियाँ अबुल फ़ज़ल क्या यह कहना चाहते हैं कि यहाँ मौजूद उलेमा और मुल्ला सारे के सारे कूढ़-मग़ज़ हैं?" आवाज़ में नक़ली मुलायमियत पैदा कर शेख़ अब्दुन्नबी ने अर्ज़ किया। "और गुज़रे ज़मानों की अज़ीम आलिम फ़ाज़िल शख़्सियात सब की सब अहमक़ थीं जो इतनी आसान बात को भी नहीं समझ पाईं जिसे कि मियाँ अबुल फ़ज़ल ने चुटकी बजाते हुए ही समझ लिया और हम नादान हाज़िरीन को भी समझा दिया।" कहते हुए शेख़ नबी के होंठ तंज़िया अन्दाज़ में घूम गए।

"आलमपनाह! क़ुरआने-पाक में नाज़िल हक़ीक़ते आख़िरी को जानने का दावा करना और यह यक़ीन करना कि इसमें ज़ाहिर असलियत को हम मुकम्मल तौर पर समझ गए हैं, महज बदगुमानी और नादानी के सिवा कुछ नहीं है।" फ़ौरन ही शेख़ मुबारक के मदरसे में तालीम हासिल किए हुए मुरीदों में से एक ने अबुल फ़ज़ल के बचाव में, जिसके इसरार पर ही अकबर ने उन्हें दावतनामा ख़ास तौर पर भेजा था, कहना शुरू किया। "और यह बात गुज़रे हुए दौर के आला-तरीन आलिम फ़ाज़िल शख़्सियात पर भी उतनी ही लागू होती है। जहाँपनाह! किसी भी शख़्स में यह सलाहियत न है और न ही कभी थी कि उसके अल्फ़ाज़ को नाक़ाबिले-तर्दीद का दर्जा हासिल हो। हक़ीक़त की तहक़ीक़ के लिए आलमपनाह कोई मंज़ूरी, कोई इजाज़त न कभी दरकार थी और न ही होनी चाहिए। सच्चाई तक पहुँचने के लिए इनसानी कोशिश की अहमियत को तो जहाँपनाह क़ुरआने-पाक और सुन्ना दोनों ही क़बूल करते हैं।"

"और जहाँपनाह! सच्चाई तक पहुँचने के लिए किसी भी तहरीर के अल्फ़ाज़ को ज़मीनी हक़ीक़त के मुक़ाबिल रखकर देखने की भी ज़रूरत है, और यह क़ुरआने-पाक की आयतों के साथ भी है।" शेख़ मुबारक के मदरसे से निकला एक दूसरा मुरीद बोला। "कई आयतें ऐसी हैं जिनका सही मतलब जानने के लिए हमें यह देखना होता है कि वे

आयतें किन हालात में या किस वजह से पैग़म्बर मुहम्मद, सल्लल्लाहु अलैहि वसल्लम, पर नाज़िल हुई थीं। इसी तरह बदलते दौर के बदले हुए हालात के मद्देनज़र क़ुरआने-पाक की आयतों में हम नए मानी तलाश क्यों नहीं कर सकते? ऐसा करना किसी भी नज़रिये से कुफ्र नहीं। बल्कि कुफ्र तो उस अल-अलीम अल्लाह के अल्फ़ाज़-ओ-पैग़ाम की हदबन्दी करना है, जिसे यह इल्म था और है कि आनेवाले वक़्त में इनसान को किन नए हालात और मुश्किलात से मुक़ाबिल होना पड़ेगा।"

"जहाँपनाह! इस बाबत मैं हाज़िरीन से ख़ास तवज्जो चाहूँगा कि पैग़म्बर मुहम्मद, सल्लल्लाहु अलैहि वसल्लम, ने कभी नहीं कहा कि क़ुरआने-पाक और सुन्ना के आगे दुनिया ख़त्म हो जाती है।" शेख़ मुबारक के मदरसे में अबुल फ़ज़ल के साथ ही तालीम-याफ़्ता एक तीसरे मुरीद ने भी अपनी राय पेश की। "अहादीस में रिवायत है कि पैग़म्बर मुहम्मद, सल्लल्लाहु अलैहि वसल्लम, ने मुआध इब्ने जबल को मुल्के यमन के लिए रवाना करते वक़्त उससे पूछा कि अगर किसी मुक़दमे में क़ुरआने-पाक व सुन्ना दोनों से ही कोई हिदायत हासिल नहीं हुई तो फ़ैसला वह कैसे करेगा। और रसूलुल्लाह मुहम्मद, सल्लल्लाहु अलैहि वसल्लम, बेहद ख़ुश हुए थे जब उसने जवाब दिया कि तब वह फ़ैसला ख़ुद-मुख़्तार होकर करेगा।"

इस नौजवान दस्ते के हमले से मुल्ला व उलेमा बौखला उठे और इस उम्मीद में शेख़ अब्दुन्नबी और मख़्दूम-उल-मुल्क की जानिब देखने लगे कि वे इस हमले का ज़ोरदार जवाब देंगे। मगर वे दोनों तो ख़ुद भी बदहवास थे और हैरतज़दा भी कि यह उनकी जानकारी में कैसे नहीं आया कि ऐसी जमात-ए-आलिम शेख़ मुबारक अपने मदरसे में तैयार कर रहा था। ऐसे नौजवानों की जमात जो आलिम फ़ाज़िल तो थे ही, जिरह में भी महारत जिन्हें हासिल थी।

मगर फिर दोनों ने ख़ुद को सँभाला। इस नए ख़ून के उबाल को अभी से क़ाबू नहीं किया गया तो उनकी ताक़त और उनका रसूख़, दोनों ही उन्हें ख़तरे में नज़र आने लगे थे।

"तुम्हारी यह जुर्रत कि ख़ुद को तुम पैग़म्बर मुहम्मद, सल्लल्लाहु अलैहि वसल्लम, के मुक़ाबिल रखने की गुस्ताख़ हरकत करो!" उन नौजवानों की तरफ़ धमकी भरे अन्दाज़ में देखते हुए मख़्दूम-उल-मुल्क चीख़ा।

"क्या यह कल के लौंडे सिखाएँगे हमें कि हमारे क़ाबिले-एहतिराम रसूलुल्लाह मुहम्मद, सल्लल्लाहु तआला अलैहि वसल्लम, ने क्या कहा और क्या नहीं?" गुस्से में भरकर चिल्लाते हुए शेख़ अब्दुन्नबी ने काँपते हुए हाथों से उन नौजवानों की तरफ़ इशारा किया। "जहाँपनाह! यहाँ मौजूद आलिम फ़ाज़िल हस्तियों की ऐसी बेइज़्ज़ती नाक़ाबिले बर्दाश्त है! यह लोग! यह लोग!..."

अल्फ़ाज़ न मिल पाने की वजह से शेख़ नबी आगे कुछ नहीं कह पाया तो फ़ौरन मख़्दूम-उल-मुल्क ने मोरचा सँभाला।

"आलमपनाह! वह फ़रेब जिसे यह नौजवान इल्म समझे बैठे हैं," शेख़ मुबारक के मुरीदों को नफ़रत भरी निगाह से देखते हुए मख़्दूम-उल-मुल्क चिल्लाया, "उसके असर में यह सही रास्ते से, इस्लाम के रास्ते से गुमराह होकर राफ़िज़ हो गए हैं। और जिस तरह जहाँपनाह पूरे शरीर में ज़हर को फैलने से रोकने के लिए सड़े हुए हिस्से

को काट दिया जाता है, इनका ज़हर अहले-सुन्नत[1] में फैलने से रोकने के लिए इन्हें फ़ौरन हलाक किया जाना निहायत ही ज़रूरी है।" कहते हुए उसने इबादत-ख़ाने में चारों तरफ़ नज़र दौड़ाई जैसे कि वहाँ मौजूद उलेमा से अपनी बात की वह तस्दीक़ करवाना चाह रहा हो।

इबादत-ख़ाने में मौजूद उलेमा और मुल्ला मख़्दूम-उल-मुल्क का इशारा समझ गए और एक साथ चिल्ला उठे,

"इस्लाम के दुश्मन हलाक हों! सारे राफ़िज़ हलाक हों!"

काफ़ी कोशिशों के बावजूद जब शोर-शराबा ठंडा नहीं पड़ा तो मजबूरन अकबर को मज्लिस मुल्तवी करनी पड़ गई।

अगली दफ़ा हिन्दुस्तान के दूर-दराज़ इलाकों के भी कई मुल्ला व उलेमा इबादत-ख़ाने मौजूद थे।

"क़ुरआने-पाक की सूरा अल अनआम में अल्लाह सुबहानु व तआला ने फ़रमाया है : 'हमने किताब में कोई चीज़ नहीं छोड़ी।' तो फिर सुन्ना की ज़रूरत क्यों महसूस हुई?" अकबर ने दरयाफ़्त किया।

"जहाँपनाह! सुन्ना भी अल्लाह ने ही दिया है," मख़्दूम-उल-मुल्क ने राज़ को फ़ाश किया, "इनसान को यह नसीहत करने व हिदायत देने के मक़सद से कि इस दुनिया में उसे किस तरह का बर्ताव करना चाहिए। और यह उसने पैग़म्बर मुहम्मद, सल्लल्लाहु अलैहि वसल्लम, की मार्फ़त नुमायाँ किया। उनके अल्फ़ाज़ में, उनके अमल में व उनके बर्ताव में।"

"जहाँपनाह! सुन्ना इनसान को गुमराही से बचाने और बेहतरी की तरफ़ ले जाने के लिए हैं, मौजूदा नस्ल के लिए और आगे आनेवाली उसकी हर नस्ल के लिए।" शेख़ अब्दुन्नबी ने जोड़ा।

"जहाँपनाह! अल्लाह तो अल-अलीम है जिसे यह इल्म है कि आज के पहले क्या हुआ और आगे क्या होनेवाला है, क़यामत के रोज़ तक और उसके बाद भी।" मख़्दूम-उल-मुल्क ने समझाया। "लिहाज़ा उसके जो भी फ़रमान हैं, उसकी इस पुख़्ता जानकारी के मद्देनज़र इनसान की ख़ैरियत और ख़ुशी के लिए क्या ज़रूरी है इस हिसाब से ही नाजिल हुए हैं। ज़ाहिर है कि उसके जो फ़रमान इनसानी अक़्ल के बाहर हैं, वे भी इनसान के फ़ायदे के लिए ही हैं। अल्लाह के इस फ़रमान की वजह कि सच्चे दीनदार के लिए रोज़ाना कितनी दफ़ा नमाज़ पढ़ना फ़र्ज़ है, पुर-ऐब इनसानी अक़्ल मालूम करने की सिर्फ़ कोशिश कर सकती है, उस कोशिश में कामयाब कभी नहीं हो सकती। लेकिन यक़ीनी तौर पर यह फ़रमान अर-रहीम अल्लाह की रहमत का ही नतीजा है जो हर दौर में इनसान को ईमान और अमन-चैन के रास्ते पर क़ायम रखने के मक़सद से ही नाजिल हुआ है।"

"जहाँपनाह! इसके मानी क्या यह नहीं कि इनसान पर फ़र्ज़ है किताबे-पाक और सुन्ना की तफ़सीर इस मानिन्द करना जो हर दौर में आम रियाया की तकलीफ़ें दूर करने और उसकी गुज़र-बसर सुकून के साथ होने देने में मददगार हो?" अबुल फ़ज़ल ने

1. सुन्नी मुसलमानों का समुदाय।

मासूमियत से पूछा। "और क्या इसके मानी यह नहीं कि तफ़सीर करते वक़्त उस ज़माने की हक़ीक़त व ज़रूरीयात को मद्देनज़र रखना लाज़िमी है?"

अबुल फ़ज़ल की तरफ़ देखते हुए अकबर दिल ही दिल में मुस्कुरा दिया। दरअसल, चन्द रोज़ पहले ही अकबर ने उसके साथ अपनी यह मुश्किल शरीक की थी कि दरबारी उलेमा शरीअत की तफ़सीर अपने ही तंग नज़रिये से किया करते हैं, बदलते हुए वक़्त और मौजूदा ज़मीनी हक़ीक़त दोनों को ही दरकिनार कर। और इस वजह से कई दफ़ा अपनी मर्ज़ी के ख़िलाफ़ ऐसे फ़ैसले लेने के लिए उसे मजबूर होना पड़ता है जो उसके हिसाब से न तो सल्तनत के हक़ में होते हैं, न ही रियाया के।

अबुल फ़ज़ल के इस सवाल में उलेमा व मुल्लाओं को फ़ौरन कुफ़्र की बू आने लगी और उस पर गालियों व धमकियों की बौछार जो शुरू हुई तो अकबर के दख़ल देने पर भी न रुक सकी।

अगले जुमे को फिर मज्लिस बैठी, और फिर उसके बाद भी कई जुमे इस बहस-मुबाहिसे में निकल गए। मगर आख़िर में नतीजा हर बार सिर्फ़ यही निकला—हंगामा, शोर-शराबा, गालियाँ व धमकियाँ।

अकबर के सब्र ने अब जवाब दे दिया और इबादतख़ाना के दरवाजे उसने इस्लाम के सभी फ़िरक़ों के लिए खोल दिए।

जैसी कि उम्मीद उसे भी थी, सुन्नी उलेमा व मुल्लाओं को उसके इस फ़ैसले का इल्म होते ही ज़बर्दस्त हंगामा बरपा हो गया। उसे राफ़िज़ क़रार कर दिया गया और उसके ख़िलाफ़ जिहाद की सुगबुगाहट फिर शुरू हो गई। अकबर के इस फ़रमान से शिया अक़ीदे को न सिर्फ़ एक क़िस्म की मक़बूलियत हासिल हो रही थी बल्कि हलाक कर दिए जाने के किसी भी सुन्नी उलेमा के फ़तवे से बेख़ौफ़ रहकर अपनी बात कहने की—अपने अक़ीदे को लेकर भी—नाक़ाबिले-बर्दाश्त आज़ादी भी शियाओं को अता की जा रही थी।

लेकिन इस सबसे बेपरवाह होकर अकबर ने इस्लाम के तमाम फ़िरक़ों के बीच दुनिया की तवारीख़ में पहली खुली बहस की शुरुआत करते हुए इबादतख़ाना में एलान किया,

"ऐ आलिम-फ़ाज़िल हाज़िरीन! इस मुबाहिसे में मेरा मक़सद सिर्फ़ हक़ीक़त मालूम करना है।"

और फिर उसने वहाँ मौजूद इल्मे-दीन की मशहूर-ओ-माहिर शख़्सियात से एक बड़ा ही सीधा-सादा सवाल किया,

"सच्चा मोमिन कौन है?"[1]

"जहाँपनाह! सच्चा मोमिन वह है जिसका अल्लाह में एतक़ाद क़ायम है।" मख़्दूम-उल-मुल्क ने फ़ौरन जवाब दिया। "जो रोज़-ए-आख़िरत[2] पर व फ़रिश्तों में भरोसा रखता है। और सबसे ख़ास बात, जो किताबे-पाक व पैग़म्बर मुहम्मद, सल्लल्लाहु अलैहि वसल्लम, में यक़ीन रखता है। जो बाज़ाब्ता पाँचों वक़्त की नमाज़ पढ़ता है, रमज़ान के

1. यह सवाल आज तक ही अनुत्तरित है। देखें, 'टिप्पणियाँ'।
2. क़यामत का दिन।

महीने में बिना नागा रोज़ा रखता है और ज़कात चुकाने का पाबन्द है। ऐसा मुसलमान ही सच्चा मुसलमान है, आलमपनाह! नेक और ख़ुदा-परस्त।"

"और आलमपनाह! जो ख़लीफ़ा अली की इमामत को क़बूल करता है। जो यह मानता है कि उम्मत-ए-मुस्लिमा[1] के इमाम को चुनने का हक़ सिर्फ़ अल्लाह को है," यह जौनपुर से आया हुआ एक बेहद बुज़ुर्ग शिया मुल्ला था, "जिसने अपने पैग़म्बरों को चुना। जिसने साहिबे-किताब[2] को अपना आख़िरी नबी बनाया। और जो यक़ीन रखता है कि पैग़म्बर मुहम्मद, सल्लल्लाहु अलैहि वा आलिहि वसल्लम, ने हज़रत सैयदना अली रज़िअल्लाह तआला अन्हु, को ही अपना वारिस व इमाम मुक़र्रर किया था।"

"यह सफ़ेद झूठ है जहाँपनाह!" एक सुन्नी मुल्ला चिल्ला उठा। "पैग़म्बर मुहम्मद, सल्लल्लाहु तआला अलैहि वसल्लम, ने इस दुनिया से रुख़्सत होने के पहले हज़रत अबु बकर, रहमतुल्लाहि अलैहि को ही उम्मत का इमाम बनाना तय किया था क्योंकि अपने आख़िरी वक़्त में अपनी जगह पर नमाज़ियों का इमाम उन्होंने उन्हें ही मुक़र्रर किया था।"

"आलमपनाह! इससे ज़्यादा वाहियात दलील तो कोई हो ही नहीं सकती! इस नादान शख़्स को क्या इतनी भी वाक़िफ़ियत नहीं कि नमाज़ के वक़्त इमाम होना और उम्मत का इमाम होना बिलकुल ही जुदा मसले हैं?" शिया आलिम के होंठ हिक़ारत के अन्दाज़ में मुड़ गए। "ग़दीर-ए-ख़ुम पर नबीउल्लाह मुहम्मद, सल्लल्लाहु अलैहि वा आलिहि वसल्लम, के आख़िरी ख़ुत्बे में यह हक़ीक़त साफ़ बयाँ थी कि हज़रत अली, रज़िअल्लाह तआला अन्हु, को ही उन्होंने अपना जायज़ व हक़दार वारिस चुना है। नाक़ाबिले-इनकार इस हक़ीक़त में सच्चे दीनदार के लिए शक की ज़रा भी गुंजाइश नहीं। मगर एक राफ़िज़ कैसे यह क़बूल कर ले?"

"आलमपनाह! ग़दीर-ए-ख़ुम पर ख़ुत्बे के वक़्त एक लाख से भी ज़्यादा मुसलमान मौजूद थे, और वे तब भी मौजूद थे जब हज़रत अबु बकर अलैहिस्सलातु वस्सलम को पहला ख़लीफ़ा चुना गया। वे सब मुसलमान क्या इतने डरपोक थे जो उन्होंने इस फ़ैसले की मुख़ालिफ़त नहीं की? क़ुरआने-पाक में अल्लाह गवाह है कि हज़रत अबु बकर अलैहिस्सलातु वस्सलम पैग़म्बर मुहम्मद, सल्लल्लाहु अलैहि वसल्लम के सबसे ज़्यादा नज़दीकी सहाबा थे। मक्का के बाशिन्दे जिस वक़्त पैग़म्बर मुहम्मद, सल्लल्लाहु अलैहि वसल्लम के ख़ून के प्यासे हो रहे थे उस वक़्त गुफ़ा में जहाँपनाह उनके साथ कोई मौजूद नहीं था उनके अलावा!

"जहाँपनाह! पैग़म्बर मुहम्मद, सल्लल्लाहु अलैहि वा आलिहि वसल्लम, ने साफ़ फ़रमाया है कि इमाम महदी अहले-बैत[3] से ही होंगे।" जौनपुर का बुज़ुर्ग शिया मुल्ला चिल्लाया। "तो फिर अहले-बैत से दीगर कोई शख़्स इमाम कैसे हो सकता है? अबु बकर और उमर बेशरम व झूठे इनसान थे।"

---

1. मुस्लिम समुदाय।
2. पैगम्बर मुहम्मद।
3. पैग़म्बर मुहम्मद के परिवार के सदस्य।

"अबु बकर पर लानत है! उमर पर लानत है!!" इबादतख़ाना में मौजूद सारे शिया एक साथ खड़े होकर पूरे ज़ोर से चिल्ला उठे।

"जाहिल गँवार लोगो! " सुन्नी भी सारे खड़े हो गए और लाल आँखें किए हुए धमकी भरे इशारे करने लगे। "उन इंसाफ़-पसन्द रशीदुन[1] ख़लीफ़ाओं की शान में ऐसी गुस्ताख़ी करने की तुम्हें जुर्रत कैसे हुई? इस जुर्म के लिए जहाँपनाह इन सबको फ़ौरन हलाक किए जाने का हुक्म सुनाया जाए!"

अकबर हैरान था। सच्चा मुसलमान कौन है इस बाबत न सिर्फ़ इख़्तिलाफ़-ए राय थी बल्कि इस मसले को लेकर इन्तिहाई तौर पर नफ़रत व ग़ुस्से से भरे जज़्बात सुलग उठे थे।

"हाज़िरीन बैठ जाएँ और नर्मी से अपनी बात सामने रखें!" सबको ख़ामोश हो जाने का इशारा करते हुए अकबर ने बुलन्द आवाज़ में समझाया। "अब आगे अगर कोई चिल्लाया या किसी ने बद-ज़ुबानी की तो उसे मैं ख़ुद उठाकर बाहर फेंक देने में ज़रा भी लिहाज़ नहीं करूँगा।"

फिर जौनपुरी मुल्ला से मुख़ातिब होकर उसने उसे ताकीद की अपनी बात वह जारी रखे। वह बेताब था यह जानने को कि शिया मुल्ला और क्या बताना चाह रहा है।

"कहाँ के इंसाफ़-पसन्द और कैसे रशीदुन ख़लीफ़ा जहाँपनाह!" शिया मुल्ला के तर्ज़ो-अन्दाज़ में बेपनाह नफ़रत नुमायाँ थी। "इन लोगों को क्या इल्म नहीं," सुन्नियों की तरफ़ इशारा करते हुए उसने पूछा, "कि पैग़म्बर मुहम्मद, सल्लल्लाहु अलैहि वा आलिहि वसल्लम, के इन्तक़ाल फ़रमा जाने के बाद नेक व पाकीज़ा हज़रत फ़ातिमा ज़हरा सलामुल्लाह अलैहा ने विरासत में उन्हें हासिल बाग़-ए-फ़दक[2] पर जब अपना जायज़ हक़ माँगा तो अबु बकर ने बिलकुल साफ़ इनकार कर दिया। और उसे यह लोग इंसाफ़-पसन्द कहते हैं! जब उस नेक ख़ातून ने उससे दरयाफ़्त किया कि पैग़म्बर की जायदाद से उन्हें महरूम रखकर वह ख़ुद उसका मालिक कैसे हो गया तो उसने बेहद बेरुख़ी के साथ जवाब दिया : 'तुम्हारे वालिद की जायदाद मैंने विरसे में नहीं हासिल की।' जहाँपनाह देखते हैं उस अबु बकर की बदमाशी? हज़रत फ़ातिमा सलामुल्लाह अलैहा ने फिर कभी अपनी विरासत पर दावा नहीं जताया और मुफ़लिसी की हालत में ही वह इन्तक़ाल फ़रमा गई।" शिया मुल्ला की आँखों से आँसू बहने लगे। "इस हद दर्जे की नाइंसाफ़ी से वह पाकीज़ा ख़ातून टूट गई और चन्द हफ़्ते ही उसके बाद वह ज़िन्दा रह पाईं।" कहते हुए शिया मुल्ला रो उठा। वहाँ मौजूद बाक़ी शिया उलेमा व मुल्लाओं की आँखों से भी आँसू बह रहे थे।[3]

1. सन्मार्ग-प्राप्त, प्रथम चार ख़लीफ़ाओं को दिया गया ख़िताब।
2. मदीना के निकट ख़जूर का बाग़ जिसे पैग़म्बर मुहम्मद की निजी सम्पत्ति माना जाता था।
3. शिया-सुन्नी की यह बहस और आगे विभिन्न धर्मों के मतावलम्बियों द्वारा की गई बहस *दबिस्तान-ए-मज़ाहिब* (धर्मों के मत) पर नामक पुस्तक पर आधारित है जो उस वक़्त के हिन्दुस्तान में जितने भी धर्म और सम्प्रदाय थे उन सबकी विचारधाराओं और उनके रिवाज़ों व दस्तूरों का लेखा-जोखा है। यह किताब अकबर की मृत्यु के चालीस-पचास साल बाद ही प्रकाशित हो गई थी।

"जहाँपनाह! ख़लीफ़ा अबु बकर अलैहिस्सलाम के ख़िलाफ़ यह सारे इल्ज़ाम झूठे और बेबुनियाद हैं।" शियाओं को रोते हुए देखकर शेख़ अब्दुन्नबी मुस्कुराया। "ख़लीफ़ा अबु बकर अलैहिस्सलाम ने हज़रत फ़ातिमा के दावे को इस वजह से ठुकराया था कि पैग़म्बर-ए-इस्लाम मुहम्मद, सल्लल्लाहु अलैहि वसल्लम ने एक दफ़ा फ़रमाया था : 'बतौर सौग़ात या सदक़ा[1] जो भी हमें हासिल होता है उसे हम पैग़म्बर अपने वारिसान के लिए नहीं छोड़ा करते।'"

"और उमर ने जहाँपनाह उस नेक-दामन औरत के पेट पर लात मारी उसका क्या? हज़रत फ़ातिमा सलामुल्लाह अलैहा और उनके पेट में पल रहा बच्चा, दोनों के ही वक़्त के पहले इन्तक़ाल की वजह सिर्फ़ और सिर्फ़ उमर था।" अब एक निहायत ही बुज़ुर्ग शिया मुल्ला अखाड़े में दाख़िल हुए। "और जब उस पाकीज़ा ख़ातून ने घर का दरवाज़ा बन्द कर लिया तो वह बदकार शख़्स चिल्लाया : 'आग लगा दो घर में, अन्दर चाहे जो भी हो!' ग़ुस्से की वजह से अल्फ़ाज़ के साथ ही उस बुज़ुर्ग मुल्ला के मुँह से राल भी छिटकी पड़ रही थी। "बावजूद इसके जहाँपनाह कि मुक़द्दस इमाम अली रज़ियल्लाहु अन्हु के साथ-साथ उनके दोनों बेटे हज़रत इमाम हुसैन अलैहिस्सलाम व हज़रत इमाम हसन अलैहिस्सलाम भी घर में मौजूद थे।"

"जहाँपनाह! यह सब फ़र्ज़ी क़िस्से हैं जिनमें राई बराबर भी हक़ीक़त नहीं," मक्खी उड़ाने के अन्दाज़ में मख़्दूम-उल-मुल्क ने हवा में हाथ घुमाया। "हज़रत उमर अलैहिस्सलाम ने ऐसा कुछ भी नहीं किया था।"

"जहाँपनाह इन लोगों से दरयाफ़्त करें कि अपने आख़िरी वक़्त में रसूलुल्लाह मुहम्मद, सल्लल्लाहु अलैहि वसल्लम, ने जब अपनी वसीयत लिखवाने की कोशिश की तो उस उमर ने क्यों उसमें ख़लल डाला?" अपने अक़ीदे की वकालत करने की जिम्मेदारी अब एक शिया आलिम ने अपने जवान कन्धों पर ले ली। "पैग़म्बर मुहम्मद, सल्लल्लाहु अलैहि वा आलिहि वसल्लम, ने काग़ज़ और कलम माँगी थी जिससे कि वे दीनदारों के फ़ायदे के लिए ऐसा कुछ लिखवा जाएँ जिस पर अगर वे अमल करते रहें तो सही रास्ते से वे कभी गुमराह नहीं होंगे। लेकिन उमर ने क्या किया?" सुन्नी मुसलमानों की तरफ़ हिक़ारत भरी निगाह फेंकते हुए उसने सवाल किया। "उसने कहा कि नबीउल्लाह सख़्त बीमार हैं लिहाज़ा उनकी अक़्ल अभी दुरुस्त नहीं। रसूलुल्लाह मुहम्मद, सल्लल्लाहु अलैहि वा आलिहि वसल्लम, के जानिब जहाँपनाह उस बदज़ात का ऐसा गुस्ताख़ रवैया! और वह इन बेहया लोगों को रशीदुन नज़र आता है!" शिया आलिम की आँखों में लाल डोरे खिंच गए। "और इस बहाने से पैग़म्बर मुहम्मद, सल्लल्लाहु अलैहि वा आलिहि वसल्लम, को लिखने का सामान उस कमबख़्त ने आख़िर तक मुहय्या नहीं कराया। जहाँपनाह! उस बदमाश शख़्स को यक़ीन था कि रसूलुल्लाह मुहम्मद, सल्लल्लाहु अलैहि वा आलिहि वसल्लम, चन्द रोज़ के ही मेहमान हैं क्योंकि उस अबु बकर के साथ मिलकर उसने ही तो उन्हें ज़हर देने की साज़िश की थी!"[2]

---

1. दान।
2. देखें, 'टिप्पणियाँ'।

"अल्लाह का क़हर उन पर नाज़िल हो! दोज़ख की आग में दोनों ता-क़यामत जलते रहें!!" सारे शिया उठकर खड़े हो गए।

"जहाँपनाह! यह लोग राफ़िज़ हैं जो सिर्फ़ इसी क़ाबिल हैं कि इन्हें ज़िन्दा जला दिया जाए और फिर हमेशा के लिए यह दोज़ख़ की आग में जला करें!" सुन्नी चिल्लाए।

"उमर पर अल्लाह का क़हर नाज़िल हो! और जो उसे ख़लीफ़ा मानते हैं उन सब पर भी अल्लाह का क़हर नाज़िल हो!" शिया और भी ज़ोर से चिल्लाए।

इसके बाद की मज्लिसों का अंजाम भी कुछ बेहतर नहीं रहा। एक मज्लिस में इमाम अली और पैग़म्बर की बेवा हज़रत आयशा के बीच बसरा में हुई 'ऊँट की लड़ाई' को लेकर गरमागरमी हुई। फिर दूसरी मज्लिस में ख़लीफ़ा अली और उमय्यद के बीच ख़िलाफ़त के दावे को लेकर हुई जंग-ए-सिफ़िन को लेकर ज़बानी ख़ंजर चल गए। और उसके बाद हुई मज्लिस भी इसी क़िस्म के दूसरे मसलों में उलझकर रह गई। यह मुबाहिसे कई दफ़ा तो शिया-सुन्नी की तकरार से आगे जाकर ख़लीफ़ा अली व हज़रत आयशा के किरदार और उनकी नेकचलनी पर भी सवालिया निशान लगाने लगे और इस तरह इस्लाम की बुनियाद पर ही हमला करने लग गए।

अकबर अब बेज़ार हो उठा। इस्लाम के मुल्लाओं व उलेमा पर से उसका यक़ीन अब मुकम्मल तौर पर उठ चुका था।

नाक़ाबिले फ़तह राणा

बदन पर सिर्फ़ एक सफ़ेद धोती कमर के नीचे लपेटे हुए तैंतीस साल की उम्र का प्रतापसिंह अपने वालिद मरहूम राणा उदयसिंह सिसोदिया की चिता के चारों तरफ़ चक्कर लगा रहा था, उसके बाएँ कन्धे पर रखे हुए घड़े की पेंदी में किए गए छेद से गंगाजल नीचे ज़मीन पर गिरता हुआ और लकड़ियों की चड़चड़ाहट के साथ ही ब्राह्मण कुलगुरु के मुँह से निकलते हुए संस्कृत-श्लोक उस ग़मज़दा ख़ामोशी को तोड़ते हुए।

'अपने पिता के साथ मुझे चित्तौड़गढ़ छोड़कर नहीं चले जाना चाहिए था!' दिल ही दिल में प्रतापसिंह पछता रहा था। 'बल्कि क़िले की हिफ़ाज़त करते हुए मुझे भी अपनी जान की क़ुर्बानी दे देनी चाहिए थी।'

प्रतापसिंह राणा उदयसिंह का सबसे बड़ा बेटा था और इसलिए उसके बाद राजगद्दी का जायज़ वारिस भी। चित्तौड़गढ़ पर घेरा डालने के अकबर के मनसूबे की ख़बर पाकर राणा उदयसिंह ज़िद करके उसे इसलिए भी अपने साथ ले गया था। लेकिन अपने आख़िरी वक़्त में राणा ने बजाय प्रताप के अपने छोटे बेटे जगमाल को मेवाड़ का अगला राणा मुक़र्रर कर दिया था। अपने वालिद के इस फ़ैसले से प्रतापसिंह दुखी था। और उसका दुखी होना जायज़ था। जगमाल के मुक़ाबले वह हर तरह से बीस था—बहादुरी में, जंगबाज़ी में, और ज़ाती किरदार में भी। लेकिन अब उसे अपने उस छोटे भाई का हुक्म मानना होगा जिसके साथ उसके रिश्ते कभी भी भाईचारेवाले नहीं थे।

"अब बग़ैर पीछे देखे इस घड़े को ज़मीन पर गिरा दो।" तीन चक्कर पूरे हो जाने के बाद कुलगुरु ने प्रतापसिंह को हिदायत दी।

प्रताप तब सत्ताईस साल का था जब साका और जौहर चित्तौड़गढ़ में हुआ। तब से पाँच साल बीत चुके हैं मगर उस हादसे का दर्द हर मेवाड़ी की तरह, जो आज भी उस क़िले के नज़दीक से गुज़रते हुए अपना मुँह दूसरी तरफ़ फेर लेता है, उसके दिल को भी कचोटता है। जिन लुहारों ने चित्तौड़गढ़ की जंग के जाँबाज़ों के लिए हथियार बनाए थे वे तब से जो अपने घरों को छोड़कर गए तो आज तक नहीं लौटे। अपनी इस कसम पर वे अब तक भी डटे हुए थे कि चित्तौड़गढ़ जब तक उनके राणा को वापस हासिल नहीं होगा वे कहीं भी अपना घर नहीं बसाएँगे। तब से वे बैलगाड़ियों में ही अपना चलता-फिरता मुक़ाम किए हुए हैं जिस वजह से उन्हें एक नया नाम मिल गया है—गाड़िया लुहार।

'एक म्लेच्छ तुर्क के पैरों तले अपनी सरज़मीं और अपने ख़ानदान की इज़्ज़त को कुचले जाते हुए देखने के लिए मुझे ज़िन्दा नहीं रहना चाहिए था!' प्रताप का दिल रो उठा।

उधर गोगुंडा में नया तामीर हुआ क़िला जगमाल के राजतिलक पर होनेवाले जश्न

के लिए सजना शुरू हो चुका था। जिस वक़्त राणा उदयसिंह के अन्तिम संस्कार चल ही रहे थे, जगमाल की माँ भटियाणी रानी ने रोने और बिलखने के दौरान ही अपने बेटे को राजगद्दी पर बैठाने की तैयारियाँ कर लीं। अपने मरहूम खाविन्द पर उसका ऐसा जादू चढ़ा हुआ था कि जब उसने अपने बेटे को राजगद्दी दिए जाने की ज़िद पकड़ ली तो अपनी आख़िरी साँसें गिन रहे राणा उदयसिंह जगमाल को अपना वारिस मुक़र्रर करने के लिए मजबूर हो गए—बावजूद ख़तावारी के अहसास के क्योंकि उन्हें इल्म था कि राजगद्दी के क़ाबिल और उसका असली हक़दार प्रताप ही था।

लेकिन राजपूत ख़ानदानों के कुलप्रधान तो तय किए बैठे थे कि वे प्रताप का ही राजतिलक करेंगे। उनकी दलील थी कि राणा उदयसिंह को राजगद्दी विरसे में हासिल नहीं हुई थी बल्कि बनबीर को बेदख़ल करके उन्होंने ही उसे राजगद्दी पर बिठाया था। लिहाज़ा जैसे ही जगमाल राणा उदयसिंह की गद्दी पर बैठा, प्रताप के मामा सोनगुरा ख़ानदान के कुलप्रधान राव झालोर और मेवाड़ के राजपूत ख़ानदानों के सबसे बुज़ुर्ग कुलप्रधान रावल किसना ने दोनों तरफ़ से उसके दोनों हाथ पकड़े और गद्दी पर से उसे उठा दिया।

"कुछ ग़लती हो गई है महाराज! यह गद्दी आपकी नहीं बल्कि प्रताप की है।"

और यह कहकर उन्होंने प्रतापसिंह को गद्दी पर बिठाकर उसका तिलक कर दिया।

जगमाल ने अपने अपमान का बदला लेने की कसम खाई व अजमेर के लिए चल पड़ा, अकबर जहाँ पड़ाव किए हुए था और जहाज़पुर परगने को उससे बतौर जागीर हासिल कर लिया—यक़ीनन प्रतापसिंह के ख़िलाफ़ उसकी मदद करने का अहद करके ही।

"महाराणा प्रताप की जय हो! महाराणा प्रताप अमर रहें!" इन नारों के बीच प्रताप ने कसम खाई कि जब तक चित्तौड़गढ़ वापस हासिल नहीं हो जाता वह नंगे फ़र्श पर ही सोएगा और सिर्फ़ दोने-पत्तल में खाना खाएगा। इतना ही नहीं तो शाही आराम छोड़कर वह बाँस-मिट्टी से बनी व फूस छाई हुई छतवाली झोंपड़ी में रहने चला गया। ज़िन्दगी में पहली दफ़ा अकबर को एक ऐसे रक़ीब से मुक़ाबिल होना था जो न तो शिकस्त क़बूल करेगा और न ही कभी साका करेगा। बल्कि अपनी सारी नाकामियों व शिकस्तों के बावजूद सख़्त टक्कर वह उसे बिना थके, बिना थमे देता ही चला जाएगा—तमाम मुश्किलात पर क़ाबू पाते हुए व अड़चनों को परे हटाते हुए।

गुजरात की 'तूफ़ानी फ़तह' के पहले अकबर ने तीन दफ़ा पैग़ाम राणाप्रताप को भेजे थे मार्फ़त राजा भगवान दास व राजा टोडरमल के जिनमें बड़ी आसान, नर्म व फ़राख़-दिल शर्तों पर उसकी इक़्तिदारी क़बूल कर लेने की तजवीज़ राणा से की गई थी। उन शर्तों में भी रियायत देने के लिए वह राज़ी था सिर्फ़ एक शर्त के सिवा—नज़राना लेकर राणाप्रताप को ख़ुद उसके दरबार में हाज़िर होकर शहंशाह का एहतिराम करना था। लेकिन राणाप्रताप को ख़ुद पेश होना क़बूल नहीं हुआ और नज़राना लेकर उसने अपने सबसे बड़े बेटे अमरसिंह को अकबर के पास भेज दिया।

"एकलिंग जी का दीवान किसी इनसान के आगे अपना सिर नहीं झुका सकता," उदयसिंह की मार्फ़त राणा ने पैग़ाम भेजा।

उदयपुर के नज़दीक बने मन्दिर में स्थापित भगवान शिव एकलिंग जी मेवाड़ के

राजपूतों के कुलदेवता व मेवाड़ के शासक समझे जाते थे, और राणा उनका दीवान।

गुजरात को फ़तह करने के बाद एक बार फिर राणा को समझाने की कोशिश में मानसिंह गुजरात से वापस आते हुए उदयपुर पहुँच गया। उसका वहाँ शानदार इस्तिक़बाल हुआ और आलीशान दावत का इन्तज़ाम भी। मगर राणाप्रताप का कहीं पता न था।

"राणा जी कहाँ हैं?" उसने पूछा।

"हुकुम के पेट में दर्द है," उदयसिंह ने बताया और दोनों हाथों को जोड़कर झुकते हुए बोला, "आपकी ताबेदारी में मैं हाज़िर हूँ। आप भोजन पाना शुरू करें।"

"मैं जान रहा हूँ यह किस क़िस्म का पेटदर्द है!" गुस्से से यह कहते हुए मानसिंह चावल के चन्द दाने, देवताओं का हिस्सा, अपनी पगड़ी में खोंसकर उठ खड़ा हुआ।

राणाप्रताप को मालूम हुआ तो उन्होंने ख़ुद आकर मानसिंह से अर्ज़ किया कि परोसी हुई थाली को वह न ठुकराए।

"जब तक आपसे मुझे खंसा नहीं मिलेगा, भोजन मैं हरगिज़ नहीं पाऊँगा!"

अपने ख़ास मेहमानों को राजपूत राजा या कुलप्रधान हमेशा खंसा दिया करते थे—अपनी थाली में से खाना लेकर एक दोने में भरकर देना। यह मेहमानों की इज़्ज़त-अफ़ज़ाई समझी जाती थी और किसी राजपूत को अगर दावतनामा मिलता है तो बग़ैर खंसा हासिल किए वह भोजन की थाली को हाथ तक नहीं लगाता। इतना ही नहीं खंसा का उसे न दिया जाना उसके लिए निहायत बेइज़्ज़ती का सबब होता और यह गुनाह न तो कभी बिसराया जाता और न ही कभी माफ़ किया जाता।

"यह तो मुमकिन नहीं!" राणा ने नर्मी से मगर बेलाग कह दिया। "उसे तो किसी हाल में नहीं जिसने एक तुर्क के हाथों खाना क़बूल किया है और अपनी आबरू को उसके पास गिरवी रख छोड़ा है।"

"वे मेरे बादशाह हैं," अपनी ख़ुद्दारी पर चोट सहकर भी मानसिंह ने नरमाई से अपनी बात कही।

"लेकिन मेरे लिए तो वह हमेशा म्लेच्छ तुर्क ही रहेगा," राणा ने बेबाक़ी से कहा।

अपने गुस्से पर मानसिंह अब क़ाबू न रख सका।

"राणा जी! तुम्हारा गुरूर अगर मैंने न तोड़ा तो मेरा नाम मानसिंह नहीं!"

"जंग के मैदान में तुमसे मिलकर मुझे ख़ुशी होगी," राणा ने रुख़ाई से जवाब दिया।

"अपने फूफा को लाना मत भूलना!" आसपास खड़े राजपूतों में से किसी ने तंज़ किया और सबके सब ठहाका मारकर हँस पड़े। हीरा कुँवर मानसिंह की फूफी थी और इस हिसाब से अकबर उसका फूफा।

दीवानख़ाना-ए-ख़ास में राजस्थान के वाक़या-नवीस से हासिल तहरीर पढ़ी जा रही थी।

"जिस जगह पर कुँवर मानसिंह बैठे थे वहाँ की मिट्टी को खोदकर फेंक दिया गया और उसे गंगाजल से धोकर वहाँ दूसरी मिट्टी भरी गई। जो राजपूत वहाँ मौजूद थे उन्होंने अपनी पोशाकें जला डालीं और दरिया में ग़ुस्ल के बाद नए लिबास पहन लिये।"[1]

---

1. कर्नल जेम्स टॉड द्वारा कही गई इस कहानी की विश्वसनीयता पर इतिहासकारों को सन्देह है। देखें, 'टिप्पणियाँ'।

"राणा के साथ इस हिसाब को तो मैं चुकाकर ही रहूँगा!" भरे दरबार में मानसिंह ने अहद किया।

लेकिन राणा को समझा पाने की उम्मीद अकबर ने अब भी नहीं छोड़ी और भगवन्तदास को एक दफ़ा फिर उदयपुर भेजा और इसके दो महीने बाद राजा टोडरमल को भी। लेकिन यह सारी कोशिशें नाकामयाब रहीं और अब राणा के साथ जंग के सिवा कोई रास्ता नहीं बचा। तय हुआ कि बंगाल को फ़तह करने के बाद मेवाड़ के ख़िलाफ़ मुहिम चलाई जाएगी। ख़बर मिलते ही राणा ने भी होनेवाले हमले का मुक़ाबला करने की तैयारी में अपनी रियासत के निज़ाम व दीवानी को दुरुस्त किया और नए हथियार बनवाने व जमा करने शुरू कर दिए।

उदयपुर की वादी में घुसने का शाही फ़ौज के लायक़ रास्ता सिर्फ़ हल्दीघाटी के दर्रे से होकर था। हमलावर फ़ौज के ख़िलाफ़ पहला मोर्चा राणाप्रताप ने इस दर्रे के दोनों तरफ़ पचास कोस तक के गाँवों को यह हुक्म सुनाकर खोल दिया कि खड़ी हुई सारी फ़सल को जलाकर गाँववाले अपने मवेशियों के साथ अरावली की घाटियों में उतर जाएँ। साथ ही मेवाड़ की सरहद पर अकबर की इक़्तिदारी क़बूल कर चुकीं रियासतों में लूट मचाने व अफ़रातफ़री फैलाने के मक़सद से रिसाले भी रवाना कर दिए। हाल ही में अकबर ने चित्तौड़ होकर सूरत के बन्दरगाह तक जानेवाली एक उम्दा और पक्की सड़क बनवाई थी जिसे सड़क-ए-आज़म[1] का नाम दिया गया था। सौदागरों के क़ाफ़िले इस सड़क पर रात-दिन बेख़ौफ़ चला करते थे। इन क़ाफ़िलों को लूटने और तिजारत के लिए बेहद अहम हो चुकी इस सड़क पर आमद-ओ-रफ़्त में ख़लल डालने के लिए भी राणा ने फ़ौजी दस्ते भेज दिए गए।

गर्मी का मौसम तेज़ी पर था जब मानसिंह ने दस हज़ार के रिसाले व सत्तर हज़ार की पियादा फ़ौज के साथ मेवाड़ के लिए कूच किया। इस दस हज़ार के रिसाले में पाँच हज़ार राजपूत थे जिनमें से भी चार हज़ार अम्बर के कछवाहा थे। जैसे ही यह फ़ौज मेवाड़ के इलाक़े में घुसी, हल्दीघाटी के दर्रे के दोनों तरफ़ की पहाड़ियों पर से नज़र रखे हुए भील धूल का गुबार देखते ही राणा को ख़बर देने के लिए दौड़ पड़े। यह सँकरा दर्रा जल्द ही मेवाड़ का 'थर्मोपाइली' बननेवाला था।

मैदान-ए-जंग के लिए रवाना होने के पहले 'अमल' की रस्म निभाई गई जिसमें राणा ने ख़ुद अपने हाथों से कुलप्रधानों की हथेलियों पर अफ़ीम का पानी रखा। इसे पी लेने के बाद घोड़ों की पूजा की गई व उन पर गंगाजल छिड़का गया। और फिर हर जंगजू ने अपने घोड़े की पीठ पर चन्दन के लेप से अपने हाथों की छाप बनाई।

नफ़ीरियाँ बज उठीं और राणा अपनी फ़ौज के साथ हल्दीघाटी के लिए दौड़ पड़ा और दर्रे के सबसे तंग हिस्से पर पहुँचकर वह दुश्मन का इन्तज़ार करने लगा।

राणा की बीस हज़ार की फ़ौज में तीन हज़ार घुड़सवारों के अलावा कई हाथी थे और हकीम ख़ान अफ़ग़ान के मातहत एक छोटा तोपख़ाना भी था। दायाँ बाजू राजा राम साह तँवर ने सँभाल रखा था, जो बाबर बादशाह के हाथों उसके पिता की शिकस्त और ग्वालियर की रियासत छिन जाने के बाद मेवाड़ चला आया था। हरावल दस्ते की

1. अंग्रेज़ों ने बाद में जिसे Grand Trunk Road कहा।

कमान बदनोर का रामदास राठौड़, चित्तौड़गढ़ के वीर जयमल का बेटा, सँभाले हुए था। और बाएँ बाजू देलवाड़ा के राजा मानसिंह झाला डटे हुए थे। राणाप्रताप अपने रिसाले के साथ बीच में थे और हाथी सबसे पीछे।

एक हाथ में राणा के छह गज़ लम्बा भाला था और दूसरे हाथ में मेवाड़ का सुर्ख़ परचम जिसके बीचोबीच सुनहरा सूरज चमक रहा था। लोहे का टोप सिर पर रखे हुए, जिससे लटकी हुई लोहे की ज़ंजीरें उनके चेहरे को ढके हुए थीं और लोहे की ज़ंजीरों से ही बने ज़िरह-बख़्तर को अपने चौड़े सीने पर पहने हुए राणा रणदेवता कार्तिकेय ही मालूम हो रहे थे। सोने पर सुहागा था उनका सफ़ेद शानदार काठियावाड़ी घोड़ा चेतक, जो उस वक़्त से उनका साथी था जब वे ख़ुद एक बालक थे और चेतक एक शावक।

जेठ की ठेठ गर्मी का सूरज आदमी और जानवर दोनों ही के बदन को झुलसा रहा था। राजपूत लड़ाके पसीने में नहा चुके थे जब ज़मीन की नामालूम थरथराहट को महसूस कर उनके घोड़े हिनहिना उठे और खुर पटक-पटककर धूल का गुबार उठाने लगे। मानसिंह की फ़ौज का राजपूतों ने जैसे ही नज़ारा किया, हर-हर महादेव के नारों से हल्दीघाटी गूँज उठी। अगले ही लम्हे उसमें से एक तूफ़ानी दरिया भरभराता हुआ निकला और मानसिंह की फ़ौज के हरावल दस्ते को अपने साथ बहा ले गया। देखते ही देखते इस पुरज़ोश व दमदार हमले ने मानसिंह की फ़ौज के बाएँ बाजू के भी पाँव उखाड़ दिए और उस बाजू के फ़ौजी तितर-बितर होकर हरावल दस्ते के फ़ौजियों को अपने साथ लिये-दिये दाएँ बाजू के फ़ौजियों पर गिर पड़े।

फ़ौरन ही तरतीब खो चुके दुश्मन के सिरों की बारिश करने और उसके ख़ून की नदी बहा देने में राजपूती खाँडे मशग़ूल हो गए, लम्हे भर के लिए भी दम लिये बग़ैर—दोपहर का तपता हुआ सूरज राजपूत जंगजुओं के जोश-ओ-जुनून को और भी ताब देता हुआ। देखते ही देखते हल्दीघाटी लाशों व ज़ख़्मी फ़ौजियों से पट गई और इसकी हल्दी के रंग की मिट्टी लाल हो चली। और प्रताप! वह तो ग़ुस्से से भरे हुए शेर की मानिन्द मैदान-ए-जंग में चारों तरफ़ दौड़ता, दहाड़ता फिर रहा था। अभी यहाँ अपने खाँडे से सिरों को धड़ से जुदा करता हुआ, अभी वहाँ अपने भाले की प्यास को दुश्मन के खून से बुझाता हुआ वह तो पूरी हल्दीघाटी में ही क़हर बरपा किए हुए था—अपने पीछे लाशों के पहाड़ छोड़ता हुआ।

राणा व चेतक दोनों ने ही इस दौरान कई गहरे ज़ख़्म खाए मगर दोनों ही इससे क़तई बेपरवाह थे। राणा अब दुश्मन की फ़ौज में और भी गहरे घुस पड़ा व उसके पीछे-पीछे दूसरे राजपूत जंगजू भी। मानसिंह के हाथियों ने अपने लम्बे, नुकीले दाँतों से उनकी पसलियाँ छाती से बाहर खींच निकालीं और अपनी सूँड़ों में फँसी हुईं तलवारों से उनके पेट खोल दिए लेकिन इससे न तो उन राजपूत बहादुरों की रफ़्तार में कोई कमी आई और न ही उनके खाँडे धीमे पड़े। मैदान-ए-जंग के एक-एक अंगुल के लिए ख़ौफ़नाक लड़ाई हुई और हज़ारों राजपूत अपनी जान से हाथ धो बैठे, मगर कई गुना ज़्यादा तादाद में दुश्मन को ऊपर पहुँचा देने के पहले नहीं। रामदास राठौड़ अपने वालिद के नक़्श-ओ-कदम पर चलता हुआ मैदान-ए-जंग में खेत रहा। राम साह तँवर भी अपने तीन बहादुर बेटों के साथ काम आ गए।

राणा ने देखा कि उसके अधिकतर राजपूत जंगजू अब तक शहीद हो चुके हैं और बाक़ी बचे हुए बेतहाशा ज़ख़्म खाए हुए हैं। वह समझ गया कि जंग को अगर जल्द ही अंजाम पर नहीं पहुँचाया गया तो शिकस्त से बचने का कोई रास्ता बाक़ी न रहेगा। और उसने अपने चेतक को मानसिंह की तरफ़ बढ़ा दिया जो हाथी पर बैठा हुआ दूर से ही उसे नज़र आ रहा था। मानसिंह के फ़ौजी राणा पर टूट पड़े मगर कोई भाला, कोई शमशीर, कोई तीर उसे नहीं रोक सका। जैसे ही वह मानसिंह के नज़दीक पहुँचा, चेतक ने आगे के अपने दोनों पाँव उसके हाथी के मस्तक पर टिका दिए जिससे कि राणा को अपने सबसे बड़े दुश्मन पर पूरी ताक़त से भाला फेंकने में आसानी हो जाए। बचपन से ही साथ-साथ रहकर एक-दूसरे के दिल की बात पढ़ना जो दोनों सीख गए थे!

राणा ने अपना पूरा ज़ोर लगाकर भाला फेंका मगर मानसिंह ने हौदे में नीचे झुककर ख़ुद को बचा लिया।

चेतक अब लँगड़ाने और लड़खड़ाने लगा। मानसिंह के हाथी की सूँड़ में फँसी तलवार ने उसके आगेवाले एक पाँव की मांसपेशियों को काट दिया था। लेकिन वह बहादुर अपने तीन पाँवों पर ही दौड़ता फिरता रहा। राणा के बदन से भी अब ख़ून के धारे फूट निकले थे और शरीर जवाब देने लगा था। जल्द ही दोनों दुश्मन फ़ौजियों के घेरे में थे।

तभी राजा मानसिंह झाला को दूर से आती हुई एक और फ़ौज नज़र आई। यह मानसिंह की पीछे रख छोड़ी गई कुमुक थी। वह समझ गया कि जंग में शिकस्त अब यक़ीनी है और शाही परचम को झपटकर वह एक तरफ़ को दौड़ लिया, राणा को मैदान-ए-जंग छोड़कर महफ़ूज़ जगह पर चले जाने की ताकीद करते हुए। राणा को घेरे हुए फ़ौजी शाही परचम के पीछे-पीछे दौड़ पड़े यह समझकर कि प्रताप निकल भागा है। फ़ौरन ही पाँच-सौ राजपूत शूरवीरों ने दुश्मन की फ़ौज के बीच में से एक हिफाज़ती गलियारा बनाया और वे तब तक वहाँ डटे रहे, लड़ते रहे जब तक कि राणा उसमें से होकर बाहर निकल नहीं गए। और उन पाँच-सौ के पाँच-सौ जंगजुओं ने राजपूती आन के लिए अपनी क़ुर्बानी दे दी। उधर राजा मानसिंह झाला भी अपने खाँडे का स्वाद दुश्मन को तब तक चखाता रहा जब तक कि राणा दूर नहीं निकल गए और फिर गिर पड़ा।

गड्ढों, चट्टानों, कँटीली झाड़ियों और पथरीले मैदानों को तीन ही पाँवों से लाँघता हुआ चेतक उड़ा जा रहा था कि तभी मानसिंह के दो फ़ौजियों की नज़र उस पर पड़ी और वे राणा के पीछे लग लिये। राणा का छोटा भाई शक्तिसिंह मानसिंह की फ़ौज में था। राणा को उसने जब मुसीबत में देखा तो वह उन दोनों फ़ौजियों पर टूट पड़ा और जल्द ही उन्हें दो लाशों में तब्दील कर दिया।

"ओ, नीले घोड़े रे सवार!" राणा के पीछे दौड़ता हुआ वह चिल्लाया। चेतक की अयाल में नीली झलक जो थी!

ठीक तभी चेतक एक चौड़ी नहर के ऊपर से कूद गया। उस पार जब वह पहुँचा तो सख़्त ज़मीन से टकराने का तेज़ झटका वह अपने तीन पाँवों पर नहीं झेल पाया और गिर पड़ा। उसके बग़ल में बैठकर राणा ने अपने सबसे प्यारे व सबसे वफ़ादार साथी का सिर अपनी गोद में रख लिया और उनकी आँखों से आँसू बह निकले। चेतक ने उनकी तरफ़ देखा और फिर आहिस्ता से अपनी आँखें हमेशा के

लिए मूँद लीं, जिनमें से आँसू की दो बूँदें लुढ़ककर उसके गालों पर ठहर गई थीं।

शक्तिसिंह अपने भाई के पैरों पर गिर पड़ा और अपना घोड़ा उसने उन्हें पेश कर दिया।

उस जंग में, हर राजपूत की याददाश्त में जिसने कभी न मिटनेवाली छाप छोड़ी है, राणा के बीस हज़ार जंगजुओं में से बारह हज़ार से भी ज़्यादा शेरदिल राजपूतों ने अपनी क़ुर्बानी दी थी। हल्दीघाटी को पार कर मानसिंह ने गोगुंडा और उदयपुर को भी अपने क़ब्ज़े में ले लिया। राणा ने अब अपना मुक़ाम कुम्भलगढ़ में कर लिया और उसकी क़िलेबन्दी को और भी मज़बूत करने में जुट गया। अरावली की पहाड़ियों में बने बाक़ी क़िलों की मरम्मत भी की जाने लगी।

अकबर के सिपहसालार शहबाज़ ख़ान ने यह ख़बर पाते ही कुम्भलगढ़ पर घेरा डाल दिया। राणा ने सख़्त मुक़ाबला किया और घेरा कई महीने खिंचा। मगर फिर किसी ने क़िले की बावड़ियों व कुँओं में ज़हर डाल दिया—शक आबू के देवड़ा राजपूतों के मुखिया पर गया जो बीकानेर के राजा रायसिंह के बहकावे में आकर दुश्मन के ख़ेमे में जा पहुँचा था। और तब सोनगुरा के राजपूत मुखिया की कमान में आमने-सामने लड़ते हुए क़िले में मौजूद हर राजपूत ने शहादत पाई, मगर संन्यासी के भेस में राणा के हिफ़ाज़त के साथ निकल भागने के पहले नहीं।

अकबर के साथ लड़ाई जारी रखने का राणा का इरादा अब और भी ज़्यादा पुख़्ता हो गया। अपने वफ़ादारों को उसने फिर से जमा किया। मगर अब उसने गुरिल्ला युद्ध नीति अपनाई। वह समझ गया था कि अपनी सारी बहादुरी व जाँनिसारी के बावजूद वे मुट्ठी भर राजपूत अपने से कई गुना बड़ी फ़ौज के साथ कामयाब मुक़ाबला नहीं कर सकेंगे। अरावली की पहाड़ियों में जंगल से घिरे हुए छोटे-छोटे क़िलों व तंग-दर्रों को उसने अब अपना अड्डा बनाया जहाँ से दुश्मन पर अचानक धावा बोलकर राजपूत मार-काट मचाते और फिर उसके हथियार व रसद अपने क़ब्ज़े में लेकर वे अरावली के घने जंगलों व गहरी घुमावदार वादियों में गुम हो जाते।

अकबर के सिपहसालार फ़रीद ख़ान ने क़सम खाई कि राणा को वह ज़िन्दा पकड़कर ही रहेगा। वादी दर वादी राणा का पीछा करते हुए उसने छिपने के उनके सारे ठिकाने अपने क़ब्ज़े में कर लिये। राणा के जंगजू नाउम्मीद हो चले। बचने का कोई रास्ता अब नहीं नज़र आता था। मगर तभी राणा ने साबित कर दिया कि वह मामूली मिट्टी से नहीं बना था। दुश्मन के फ़ौजी जब उसके ही किसी ख़ुफ़िया ठिकाने पर फ़तह का जश्न मना रहे होते, कुछ ख़ास आवाज़ों व इशारों से वह अपने बिखरे हुए जंगबाज़ जमा करके उन पर अचानक हमला बोल देता। और जब तक दुश्मन सँभल पाए, उनके हथियार व रसद छीनकर वे सब घने जंगल में ग़ायब हो जाते। इस क़िस्म की लड़ाई के लिए फ़रीद ख़ान तैयार न था। ऐसे दुश्मन का मुक़ाबला करते-करते वह आज़िज़ आ गया जो न तो कभी ठीक से नज़र आता था, और न ही जिसके मुताल्लिक़ उसे यह समझ आता था कि उसका अगला वार कब, कैसे और कहाँ होगा। एक रोज़ यकायक उसने पाया कि एक तंग वादी में वह अपने छलिया दुश्मन से घिर गया है। देखते ही देखते उसकी पूरी फ़ौज राजपूतों के खाँडों का शिकार हो गई और वह ख़ुद भी हलाक हो गया।

लेकिन लगातार दौड़ते, छिपते और ठिकाने बदलते रहने की कवायद ने आहिस्ता-आहिस्ता राणा के आदमियों को थका दिया। ऊपर से वह अपने परिवार से महीनों दूर पड़े हुए जंगबाज़ राजपूतों को इतना भी नहीं दे पा रहा था कि उनके परिवार को पेट भर खाना नसीब हो सके। उसके लिए वफ़ादारी और अपने परिवार को भूख से बचाए रखने के बीच उनकी कशमकश को राणा ने समझा और उन्हें वापस अपने परिवार के पास चले जाने की इजाज़त दे दी। लेकिन अरावली के जंगलों में बसे हुए भील अब भी पूरी वफ़ादारी और मज़बूती के साथ उससे जुड़े हुए थे।

राणा अब दुश्मन का मुक़ाबला करने के क़ाबिल न रहा और शिकारी कुत्तों की तरह उसका पीछा करते अकबर के फ़ौजियों से बचने के लिए वह एक वादी से दूसरी वादी, एक दर्रे से दूसरे दर्रे भागता फिरने लगा। उसका परिवार भी उसके साथ ही भागते-दौड़ते हुए बेहद तकलीफ़देह मुश्किलों से गुज़रता रहा। अपने परिवार का दुश्मन के हाथ में पड़ जाना राणा का सबसे डरावना ख़्वाब था। केवल बारिश के मौसम में ही कुछ राहत होती थी जब पहाड़ियों और जंगलों में जगह-जगह बरसाती नदियों के बह निकलने और गड्ढों के तालाब बन जाने से दुश्मन के लिए उसका पीछा करना नामुमकिन हो जाता।

इसी तरह साल गुज़रते गए। और हर गुज़रते साल के साथ राणा के ज़रिये घटते चले गए और उसकी मुसीबतें बढ़ती चली गईं। उसके बच्चे ढंग के कपड़ों और जूतों तक के लिए तरसते। और मेवाड़ के राजकुमार व राजकुमारी फटे पुराने कपड़ों में नंगे पैर फिरा करते। उसकी पत्नी, मेवाड़ की महारानी, जंगली घास के बीज बीनकर लाती और उन बीजों को पत्थर पर पीसकर उस आटे से ही अपने बच्चों के लिए रोटी बनाया करती। सिर छिपाने को कई दफ़ा छत भी नसीब नहीं होती थी और न ही कोई महफ़ूज़ बसेरा हुआ करता। शेर और भेड़ियों से बचाने के लिए बच्चों को टोकरी में सुलाकर किसी पेड़ से लटका दिया जाता। उधर अकबर के सिपहसालार राणा पर लगातार दबाव बनाए हुए थे और कई रोज़ तक वफ़ादार भीलों ने उसको और उसके परिवार को ज़ावर की सीसा-खदान में छिपाकर रखा। उन सबके भोजन का बन्दोबस्त भी उन्होंने खदान के भीतर ही किया। राणा के बच्चे भूख से हमेशा अकुलाते रहते और दिन-दिन भर खाने को कुछ न मिलना उनके लिए आम बात हो गई थी। एक दफ़ा तो लगातार पाँच रोज़ तक घास के बीज की रोटी व जंगली बेरी की लगी लगाई पत्तल को छोड़कर सबको भूखे ही भागना पड़ गया।

एक रोज़ अपने परिवार के भविष्य के बारे में सोचता हुआ राणा चिन्तामग्न एक गुफ़ा में बैठा हुआ था कि अचानक उसे अपनी नन्ही बेटी के चीख़ने की आवाज़ सुनाई दी। उस रोज़ उसे सिर्फ़ एक ही रोटी, घास के बीज की, नसीब हो पाई थी और उसको भी एक जंगली बिल्ली उसके हाथ से छीनकर भाग गई। राणा की आँखों से आँसू बह निकले।

'इन मासूम बच्चों की ज़िन्दगी बरबाद करने और ऐसी मुसीबतों और ख़तरों में इन्हें डालने का मुझे क्या हक़ है?' उसने ख़ुद को ही लताड़ा और अकबर के साथ जंग के अपने फ़ैसले की समझदारी पर उसे शक होने लगा। उसी शुबहा भरे लम्हे में वह

अकबर के लिए ख़त लिखने बैठ गया जिसमें उसने उससे अपने बच्चों को इन मुसीबतों और ख़तरों से बचाने की गुहार लगाई।[1]

राणा का अकबर के सामने झुकने से इनकार और हर कोशिश के बावजूद उसे पकड़ पाने में अकबर के सिपहसालारों की नाकामयाबी ने साल दर साल कई अफ़साने राणा के इर्द-गिर्द बुन दिए थे। और कई क़िस्से राणा की बहादुरी व इतने मुश्किल हालात में भी अपना शाही बर्ताव क़ायम रखने को लेकर भी कहे जाने लगे थे। कहा जाता कि गुफ़ा में रहते हुए और जंगली फल खाकर पेट भरने के बावजूद वह किसी भी मेहमान को 'दोना' देना नहीं भूलता। और मेहमान भी उस दोने को पूरी इज़्ज़त के साथ क़बूल करते हैं, हालाँकि उस दोने में चन्द जंगली फलों के सिवा कुछ नहीं होता। इस तरह के क़िस्से अकबर के कानों में रोज़ पड़ते और अपने को वह राणा से हारा हुआ महसूस करता।

इसलिए उसकी ख़ुशी का ठिकाना नहीं रहा जब राणा का पैग़ाम उसे मिला जिसमें उसने एक क़िस्म से हथियार डाल देने की ही पेशकश उसे कर दी थी। अकबर ने सल्तनत भर में जश्न मनाए जाने का फ़रमान जारी कर दिया और राणा का ख़त बीकानेर के राजा रायसिंह के छोटे भाई पृथ्वीराज को दिखाया, जो उसका मनसबदार होकर भी राणा का बहुत बड़ा शैदाई था और यह बात सबको मालूम थी। भरे दरबार में अकबर ने यह ख़त आवाज़े-बुलन्द में पढ़ने का उसे हुक्म दिया। ख़त को पढ़कर पृथ्वीराज बेहद मायूस था मगर उसने अपने असल जज़्बात छिपाते हुए हैरान होने का दिखावा किया व ख़त की सच्चाई पर शक जताया।

"जहाँपनाह! यह ख़त तो मुझे पुत्ता[2] को बदनाम करने के लिए की गई जालसाज़ी मालूम होता है।" पूरे यक़ीन के साथ उसने अकबर से कहा। "उसे मैं बहुत अच्छी तरह जानता हूँ। न तो ऐसा ख़त वह लिख सकता है और न ही वह आलमपनाह के आगे कभी झुक सकता है।"

और अकबर से उसने इस बात की इज़ाज़त ले ली कि राणाप्रताप को पैग़ाम भेजकर वह इस ख़त की सच्चाई का पता लगाए और तस्दीक़ करे कि राणा की असल मंशा क्या है।

लेकिन इस ख़त को लिखने में पृथ्वीराज का असल मक़सद राणा को जंग जारी रखने के लिए जोश दिलाना व उससे हार न मानने का इसरार करना था। उस तक यह पैग़ाम उसे पहुँचाना था कि अकबर से दया की भीख माँगकर वह अपनी शान में बट्टा न लगाए क्योंकि सिर्फ़ उसकी वह शान ही अब राजपूतों के लिए अपनी क़ौम पर फ़ख़्र करने की वजह बाक़ी रह गई है।

कोई भी जंग सबसे पहले आदमी के दिमाग़ में पैदा होती और हक़ीक़त में जीते जाने या हारे जाने के पहले वह दिमाग़ में ही जीती या हारी जाती है। इस ख़त ने एक कमज़ोर

---

1. कर्नल टॉड लिखता है : 'भोजन के लिए उसके बच्चों के विलाप ने उसे नामर्द कर दिया...और अकबर से उसने माँग की कि उसकी तकलीफ़ों को कम करे।' आगे दिया गया उसका मेवाड़ छोड़ने का फ़ैसला इत्यादि घटनाक्रम भी कर्नल टॉड की किताब से ही लिया है।
2. प्रताप का दुलार का नाम।

लम्हे में लिये गए राणाप्रताप के फ़ैसले को बदल दिया। अकबर के सामने कभी भी हथियार न डालने का अपना इरादा उसने एक बार फिर मज़बूत कर लिया। मगर साथ ही उसने मेवाड़ को अकबर के क़ब्ज़े से आज़ाद करने का ख़्वाब भी छोड़ दिया और मेवाड़ से कहीं दूर जाकर बसने का फ़ैसला ले लिया। सिन्ध नदी के किनारे सोगडी में अपना शाही परचम फहराने का इरादा करके, जहाँ पर थार का रेगिस्तान उसके और अकबर की फ़ौज के बीच बड़ी रुकावट बना रहेगा, वह रवाना होने ही वाला था कि एक आसमानी मदद उसके लिए आ पहुँची। मेवाड़ के प्रधान[1] भामाशाह ने, जिसके पुरखे कई पीढ़ियों से इस ओहदे पर रहे थे, अपने ख़ानदान की सारी जमा-पूँजी लाकर राणा के पैरों में रख दी। यह रक़म इतनी बड़ी थी कि पच्चीस हज़ार की फ़ौज के बारह साल तक रख-रखाव के लिए काफ़ी थी।

राणा की टूटती हुई हिम्मत फिर उठ खड़ी हुई। नए जोश के साथ उसने अकबर के साथ मुक़ाबले के लिए फिर अपनी कमर कस ली और चित्तौड़गढ़ को आज़ाद करवाने का उसका ख़्वाब एक बार फिर ज़िन्दा हो उठा। अब उदयपुर के दक्खिन में तक़रीबन तीस कोस पर चावंड नाम की जगह में अपना सदर मुक़ाम क़ायम करके उसके चार कोस के दायरे में कई ख़ुफ़िया पनाहगाह और पोशीदा हथियारख़ाने उसने तामीर करवा दिए। उस इलाक़े के सारे गाँव ख़ाली करवा दिए गए और खड़ी फ़सल जला दी गई। बनजारों को ख़बर पहुँच गई कि उस इलाक़े से वे न गुज़रें और गड़रियों को ताकीद कर दी गई कि अपने जानवर वहाँ न चराएँ।

जल्द ही खेतों में अनाज की बालियों की जगह ऊँची-ऊँची घास और काँस ने ले ली। रास्ते कँटीली झाड़ियों में छुप गए। और जिन मकानों में कभी खेलते हुए बच्चों की हँसी गूँजा करती थी, उनमें जंगली जानवरों का बसेरा हो गया। चारों तरफ़ क़ब्रिस्तान सरीखी ख़ामोशी छा गई जिसे अब सिर्फ़ ख़ूँखार जानवरों की गुर्राहट ही तोड़ा करती। एक दफ़ा बनास नदी के किनारे एक गड़रिया भेड़ें चराता हुआ पाया गया। उससे पूछताछ हुई और फिर उसे मौत की सज़ा सुना दी गई। मेवाड़ की आन-बान दाँव पर थी। लिहाज़ा पाबन्दियों को लेकर हुक्मउदूली नाक़ाबिले-बर्दाश्त थी। और राणा के रिसाले एक बार फिर ख़ास-ख़ास सड़कों पर, आगरा-सूरत सड़क समेत, सौदागरों के क़ाफ़िलों को लूटने के लिए पहुँच गए।

इस लड़ाई में अहम मोड़ हल्दीघाटी की जंग के छह साल बाद आया जब दुश्मन को बेहद क़रारी मात देने में राणा ने कामयाबी हासिल की। अकबर का सिपहसालार शहबाज़ ख़ान कम्बु देवारी के दर्रे पर पड़ाव किए हुए था, जहाँ से ही उत्तर की तरफ़ से मेवाड़ में घुसने का रास्ता था। एक रोज़ रेगिस्तान के पार भागते हुए राणा का नज़ारा अपने ज़ेहन में करते हुए वह दिल ही दिल में बेहद ख़ुश हो रहा था, इस हक़ीक़त से क़तई बेख़बर कि पुरजोश राणा अपनी नई व ताज़ा फ़ौज को लिये हुए उसकी तरफ़ ही बढ़ा चला आ रहा है। नतीजतन अपनी पूरी फ़ौज के साथ उस रोज़ वह भी राजपूती खाँडे की बलि चढ़ गया। और इसके पहले कि कुम्भलगढ़ में बैठा हुआ अकबर का क़िलेदार राणाप्रताप की इस नई हक़ीक़त से वाक़िफ़ हो पाता, क़िले पर हमला करके राजपूत

1. वर्तमान सन्दर्भ में मुख्यमंत्री।

जंगजू उस पर मेवाड़ का शाही परचम फ़हरा चुके थे। अरावली की पहाड़ियों में बिताए हुए उन सालों ने, जब अकबर के फ़ौजी इस क़दर उसके और उसके परिवार के पीछे पड़े हुए थे कि दम मारने की फ़ुर्सत भी उन्हें न देते थे, न सिर्फ़ उनसे बचने की हिकमत राणा को सिखाई थी बल्कि उनके ज़ेहन में उतरने की क़ाबिलियत भी उसे बख़्श दी थी।

इस दौरान अकबर अपने सौतेले भाई मिर्ज़ा हकीम की बग़ावत से निपटने के लिए लाहौर में मुक़ाम किए हुए था। राणाप्रताप के इस पलटवार की ख़बर से वह सकते में आ गया मगर साथ ही अपने दुश्मन के लिए तारीफ़ से भी वह भर उठा।

राणा अब तक राजपूतों के लिए ख़ुद्दारी व क़ुर्बानी की अज़ीम मिसाल बन चुका था और राजपूत मनसबदारों के राणा को लेकर जज़्बात दिल ही दिल में अब अकबर भी महसूस करने लगा।

"जितने राजपूत राजाओं से मैं अब तक मुक़ाबिल हुआ हूँ, प्रताप यक़ीनन उनमें सबसे ज़्यादा बहादुर और हिम्मतवर शख़्स है।" अबुल फ़ज़ल के साथ उसने अपने दिल की बात साझा की।

इसी दौरान बंगाल में फ़ौजी बग़ावत उठ खड़ी हुई। और दूसरी तरफ़ तूरान का सुल्तान अब्दुल्लाह ख़ान उज़्बेक सरहद पर बसे क़बीलों को अकबर के ख़िलाफ़ न सिर्फ़ भड़काने में लगा था बल्कि हथियारों से और रक़म से उनकी मदद भी कर रहा था। इन ख़तरों से निपटने में अकबर की मसरूफ़ियत बढ़ती चली गई और राणा को हर हाल में अपने क़दमों पर झुका लेने की उसकी ज़िद भी कमज़ोर पड़ती चली गई। नतीजतन, अपनी ज़िन्दगी के आख़िरी दस साल राणा ने बनिस्बतन चैन और सुकून के साथ गुज़ारे और मेवाड़ के ज़्यादातर हिस्से पर अपना क़ब्ज़ा फिर से जमा लेने में भी वह कामयाब रहा, जिसमें उदयपुर और गोगुंडा भी शामिल थे। लेकिन चित्तौड़गढ़ पर दोबारा क़ाबिज़ होने के अपने ख़्वाब को वह हक़ीक़त में नहीं बदल पाया।

मेवाड़ की तवारीख़ का रुख़ मोड़ देनेवाली देवारी की जंग में कामयाबी हासिल करने के पन्द्रह साल बाद शिकार के दौरान खाए हुए ज़ख़्मों की वजह से राणा को इस दुनिया से रुख़्सत होना पड़ा। अपने आख़िरी वक़्त में भी वह फ़तहयाब होकर ज़ोर-शोर से चित्तौड़गढ़ में दाख़िल होने का ख़्वाब ही देख रहा था। इस दुनिया से रुख़्सत लेने के पहले अपने बेटे और वारिस अमरसिंह से उसने क़ौल लिया कि चित्तौड़गढ़ पर क़ाबिज़ होकर वह उसकी आख़िरी ख़्वाहिश को हर हाल में पूरा करेगा। अपने इन्तक़ाल के वक़्त राणा सिर्फ़ छप्पन साल का था।

अकबर के दरबारी हैरतज़दा थे यह देखकर कि इस ख़बर को सुनते ही उनके बादशाह की आँखें नम हो आई थीं। एक दिलेर, मज़बूत इरादा और आज़ादी-पसन्द दुश्मन के साथ पच्चीस साल से भी ज़्यादा वक़्त तक जंग करते हुए अकबर को उससे लगाव हो चला था—जिसे शिकस्त वह कभी न दे सका।[1]

1. राणाप्रताप सिंह के साथ अकबर की जंग को एक हिन्दू राजा के ख़िलाफ़ एक मुसलमान बादशाह की जंग बतौर देखने का प्रचलन आजकल बढ़ चला है। लेकिन अपनी शुरुआती तक़रीबन सारी लड़ाइयाँ अकबर ने मुसलमान सुल्तानों के ख़िलाफ़ ही लड़ीं। देखें, 'टिप्पणियाँ'।

मथुरा का ब्राह्मण

सीकरी-पहाड़ी पर एक सुनसान जगह पर बड़ी-सी चट्टान के ऊपर अकबर आँखें मूँदे और सिर को छाती पर झुकाए हुए बैठा था, सुबह के सूरज की किरणों को अपने बदन में सोखता हुआ। उसका दिल उस परवरदिगार के लिए शुक्रगुज़ारी से सराबोर हो रहा था जिसने अपनी रहमत उस पर खुले हाथों लुटाई थी।

'रोज़ ब रोज़ हुकूमत का दायरा बढ़ता चला गया है और हर मुश्किल आसान होती चली गई है। काफ़ी वक़्त तक और निहायत ही शिद्दत के साथ मुख़ालिफ़त करते रहने के बाद आबूगढ़ व सिरोही रियासतों के राजपूत राजाओं ने भी आख़िरकार हथियार डाल ही दिए और इडर के बेहद ख़ुद-सर[1] राजा ने भी मजबूर होकर शिकस्त क़बूल कर ही ली। राय सुरजन हाड़ा के फ़र्ज़न्द की बग़ावत को कुचलकर बूँदी भी दोबारा क़ब्ज़े में आ चुका है। डूँगरपुर के महारावल, सिसोदिया राजपूत ख़ानदान की ही एक शाख़ के बुज़ुर्गवार मुखिया, मेरी इक़्तिदारी क़बूल करके अपने शाही कुनबे की बेटी मुझे दे चुके हैं। अपने क़िले व रियासत को खो चुकने के बाद भी कई सालों तक मेरे सिपहसालारों के साथ ज़िद्दी झड़पों में उलझे रहने के बाद जोधपुर का चन्दरसेन राठौड़ अरावली-पहाड़ियों के वीरानों में गुम हो चुका है। हिन्दुस्तान में अब सिवा मेवाड़ के सिसोदिया राणा के मेरा कोई मज़बूत मुख़ालिफ़[2] बाक़ी नहीं रहा। लेकिन वह भी अपने सारे क़िलों से हाथ धोकर अरावली के जंगल व पहाड़ियों में छिपता फिर रहा है। उसके हथियार डाल देने में भी अब ज़्यादा वक़्त नहीं लगने वाला।'

अकबर का दिल उसके लिए अक़ीदत से लबरेज़ हो उठा जो अल-वहाब[3] है।

लेकिन शेख़ सलीम चिश्ती की कमी उसे बेहद महसूस होती थी। उनकी मौत ने उसके अन्दर एक ख़ालीपन पैदा कर दिया था जिसे भरने की कोशिश में उनके मुरीदों के साथ उसने नज़दीकी ताल्लुक़ात बना लिये। अजमेर से उन्हें अकसर ही वह फ़तेहपुर सीकरी बुलवा लेता और देर रात तक सूफ़ी अक़ीदे के पोशीदा राज़ की वाक़िफ़ियत उनसे हासिल करता रहता व सूफ़ियों के मुख़्तलिफ़ सिलसिले व ख़ुदा की राह पर चलने के उनके तरीक़ों पर गुफ़्तगू किया करता।

लेकिन उलेमा व मुल्लाओं को इसमें भी अकबर की काफ़िराना मंशा नज़र आई। सुन्नी व शिया दोनों ही सूफ़ी अक़ीदे को बिदअत क़रार देते थे। जबकि सुन्नी व शिया मुसलमानों के बुनियादी इख़्तिलाफ़ को सूफ़ी अक़ीदे में बड़े ख़ूबसूरत ढंग से सुलझा

---

1. अक्खड़, उद्दंड।
2. विरोधी, बैरी।
3. अत्यन्त दानशील, अल्लाह के निन्यानबे नामों में से एक।

दिया गया था जिसके बाद उनमें आपसी झगड़े का कोई सबब बाक़ी न रहा था। उनका यक़ीन था कि इमाम अली पैग़म्बर मुहम्मद के रूहानी वलीअहद[1] थे तो ख़लीफ़ा उनके दुनियावी जाँनशीन[2]। सूफ़ी अक़ीदे के पैरोकारों को बाक़ी सभी मुसलमान कुफ़्र का गुनहगार भी पाते थे क्योंकि अपने पीर की दरगाह पर सज्दा करके वे अल्लाह में बे-एतिक़ादी का सबूत दे रहे थे। क्योंकि अल्लाह के सिवा सज्दे का हक़दार कोई नहीं और वह अल-वाहिद है। अपनी ख़्वाहिशात पूरी करने की उन पीरों से दुआ करना भी अल्लाह की शान में गुस्ताख़ी है क्योंकि उसके सिवा अल-मुजीब[3] और कौन है? और अगर वे अपने पीर की मार्फ़त अल्लाह से गुज़ारिश कर रहे हैं तो वह भी इस्लाम के बुनियादी उसूलों के ख़िलाफ़ है क्योंकि अल्लाह से सिफ़ारिश करने के हक़दार सिर्फ़ और सिर्फ़ रसूलुल्लाह मुहम्मद हैं, वह भी सिर्फ़ क़यामत के रोज़।

"क्या अल्लाह तआला ने किताबे-पाक की सूरा अल-कहफ़ में नहीं फ़रमाया है कि 'जिन लोगों ने कुफ़्र किया, क्या वह गुमान करते हैं कि वह मेरे बन्दों को बना लेंगे मेरे सिवा कारसाज़?'" वे याद दिलवाते।

काबा के सिवा किसी और का तवाफ़ भी उलेमा और मुल्लाओं के नज़रिये से शिर्क था—किसी और को अल्लाह के साथ शामिल करना जिसे किसी को भी अपने साथ शरीक करना बर्दाश्त नहीं। अपने पीर ख़्वाजा क़ुतुबुद्दीन बख़्तियार काकी की महरौली में बनी हुई दरगाह के फेरे लगाने के लिए इस मामले में दिल्ली के अज़ीम सूफ़ी ख़्वाजा निज़ामुद्दीन औलिया तक को नहीं बख़्शा गया था।

बार-बार सूफ़ियों के ख़िलाफ़ इन इल्ज़ामात को सुनकर अकबर ने तय किया कि क्यों न सूफ़ी मुरीदों का सामना इबादतख़ाना में सुन्नी व शिया उलेमा के साथ करवा दिया जाए जिससे कि दूध का दूध और पानी का पानी हो जाए?

"अपनी हिफ़ाज़त के लिए और मुश्किलात से निजात पाने के लिए भी अपने सरपरस्त पीर से हम दुआ करते हैं, इससे इनकार नहीं। मगर इसके मानी यह कैसे हो गए कि अल्लाह तआला की जगह उन्हें हम अपना मुहाफ़िज़ समझते हैं?" सूफ़ियों पर लगाए जानेवाले कुफ़्र के इल्ज़ाम का जवाब देते हुए इबादतख़ाना में अजमेर से आया हुआ एक सूफ़ी मुरीद बोला। "अपने सरपरस्त से अपनी हिफ़ाज़त व निगहबानी की उम्मीद अगर कोई रखे तो क्या वह ग़लत है? बादशाह सलामत से क्या यह उम्मीद नहीं की जाती कि बदमाशों व बदकिरदार लोगों से वे हमारी हिफ़ाज़त करें? तो क्या इसका मतलब यह हो गया कि बादशाह सलामत को हमने अल्लाह तआला की जगह रख दिया? और अगर ऐसा नहीं है तो सरपरस्ती और हिफ़ाज़त के लिए अपने पीर से दुआ करना कैसे कुफ़्र हो गया?"

"और अपने पीर की दरगाह पर ज़ियारत करना उनकी मज़ार पर शमा रोशन करना, लोबान जलाना और दुआ करना भी शिर्क कैसे हो गया?" शेख़ मोइनुद्दीन चिश्ती के एक और सूफ़ी मुरीद ने सवाल किया। "हम अल्लाह के सिवा किसी को

1. आध्यात्मिक उत्तराधिकारी।
2. उत्तराधिकारी।
3. दुआएँ सुनने और क़बूल करनेवाला।

भी न तो क़ाबिले-इबादत समझते हैं, न ही क़ाबिले-सताइश। और न ही किसी इनसान की मार्फ़त अल्लाह से हम अपनी सिफ़ारिश करवाते हैं। लेकिन हम अपने अज़ीज़ व मोहतरम पीर से दुआ यक़ीनन करते हैं। जब हम बीमार होते हैं या दर्द में तड़पते होते हैं तो राहत के लिए अल्लाह तआला से दुआ करते हैं मगर साथ ही साथ हम हकीम को भी तलब करते हैं कि वह हमें तकलीफ़ से निजात दिलवाए। हम जब किसी मुसीबत में मुब्तिला होते हैं या मुश्किलात में फँसे होते हैं तो अल्लाह से दुआ तो हम करते ही हैं, मगर साथ ही अपने लोगों, अपने ख़ानदान, अपने दोस्तों से मदद की उम्मीद व ख़्वाहिश भी रखते हैं।" फिर उस सूफ़ी मुरीद ने एक आलिम पर नज़र डालते हुए दरयाफ़्त किया, "रोज़गारी व मुफ़लिसी की हालत में क्या बादशाह सलामत से मदद दरकार नहीं होती? या मुसीबतज़दा होने व हालात बेक़ाबू होने पर बादशाह सलामत से फ़रियाद हम नहीं करते? ऐसे हालात में अल्लाह तआला से उसके करम की दुआ तो हम करते ही हैं, मगर अपनी तकलीफ़ को अपने सरपरस्त बादशाह सलामत के हुज़ूर में भी बयाँ करते हैं। और राहत पाने की उम्मीद भी उनसे करते हैं। तो क्या इससे भी यह समझा जाए कि हम उम्मीद कर रहे हैं कि अल्लाह तआला से वे हमारी सिफ़ारिश करें?"

उलेमा और मुल्ला इन दलीलों का उससे बेहतर जवाब नहीं दे पाए जो गुज़श्ता मुबाहिसों में उन्होंने दिया था—सूफ़ी मुरीदों पर चिल्लाना, उन्हें धमकाना और शोरगुल मचाना।

सूफ़ी अक़ीदे में गहरे उतरने की कोशिशों के दौरान अकबर की मुलाक़ात सूफ़ी शेख़ ताजुद्दीन से हुई जिन्हें ताज उल-आरिफ़ीन कहा जाता था—सूफ़ियों के ताज। दिल्ली में उनके सैकड़ों मुरीद थे और समा—इबादती मौसीक़ी में डूबकर एक दायरे में चक्कर खाते हुए वज्द हासिल करने का सूफ़ी तरीक़ा—उनकी ख़ानक़ाह में मुस्तक़िल तौर पर हुआ करता था। और यह भी एक वजह थी कि कट्टर मिज़ाज मुसलमानों के नज़रिये से सूफ़ी पीर व मुरीद दोनों ही मुर्तद थे।

मौसीक़ी, ख़ास तौर पर तानसेन की, अकबर के दिल में ऐसे जज़्बात जगाया करती कि अल्लाह की बन्दगी में उसका सिर झुक जाता व अल्लाह के साथ नज़दीकी का अहसास उसे होने लगता। इस वजह से उसके दरबार में छत्तीस मूसीक़ार व गुलूकार[1] पनाह पा गए थे, जिनमें मालवा का बाज़ बहादुर भी एक था, बावजूद इसके कि मुल्ला व उलेमा सालों से उसके इस रवैए पर लगातार न सिर्फ़ एतराज़ जताते चले आ रहे थे बल्कि इस बात के लिए जब-तब उसकी मलामत भी किया करते थे। सुन्ना में से नज़ीर देकर वे यह साबित करने की कोशिश करते कि पैग़म्बर मुहम्मद ने मौसीक़ी की न कभी हिमायत की और न ही उसे कभी पसन्द किया। लेकिन कुछ वक़्त पहले जब शेख़ अब्दुन्नबी ने यह फ़तवा जारी कर दिया कि कोई भी साज़ बजाना व गुलूकारी कुफ़्र है, तब इस मसले पर आख़िरी फ़ैसले को वह और नहीं टाल सका। शेख़ अब्दुन्नबी को उसने दीवानख़ाना-ए-आम में तलब किया और उसकी मौजूदगी में ही उसने अबुल फ़ज़ल से इस फ़तवे पर अपनी राय देने को कहा।

"जहाँपनाह! क़ुरआने-पाक की सूरा अन-निसा में अल्लाह तआला ने फ़रमाया है :

---

1. संगीतकार व गायक।

'बेशक हमने आपकी तरफ़ वही भेजी है जैसे हमने वही भेजी थी नूह की तरफ़ और उसके बाद नबियों की तरफ़ और हमने वही भेजी इब्राहीम, इस्माईल, इसहाक़, याक़ूब और औलाद-ए-याक़ूब की तरफ़ और ईसा, अय्यूब, यूनुस, हारून और सुलैमान की तरफ़ वही भेजी और हमने दाऊद को दी ज़बूर[1]।' आलमपनाह! ग़ौर करनेवाली बात यहाँ पर यह है कि ज़बूर में ज़्यादातर नज़्म ही हैं। और अल्लाह तआला ने ज़बूर सिर्फ़ पैग़म्बर दाऊद, अलैहिस्सलाम, को ही अता की क्योंकि वे निहायत ख़ुशगुलू[2] थे। इसके मानी आलमपनाह क्या समझे जा सकते हैं सिवा इसके कि अल्लाह तआला ने पैग़म्बर दाऊद, अलैहिस्सलाम, और उनके मुरीदों के लिए गाना, बजाना जायज़ क़रार दिया था। ऐसी हालत में जहाँपनाह, बाक़ी पैग़म्बरों, अलैहिस्सलातु वस्सलाम, के माननेवालों को मौसीक़ी या गुलूकारी के लिए कुफ्र का गुनहगार किस तरह क़रार किया जा सकता है?"

"हमारे क़ाबिले एहतराम पैग़म्बर मुहम्मद, सल्लल्लाहु अलैहि वसल्लम, को यह बख़ूबी इल्म था कि तुम्हारे सरीखे लोग भी इस दुनिया में कभी पैदा होंगे," अबुल फ़ज़ल को ज़हर बुझी निगाह से घूरते हुए शेख़ अब्दुन्नबी चिल्लाया, "जो इस क़िस्म की बिदअत से इस्लाम को ख़राब करेंगे! सही अल-बुख़ारी में रिवायत है कि सय्यद अबु मलिक ने रसूलुल्लाह मुहम्मद, सल्लल्लाहु अलैहि वसल्लम, को यह फ़रमाते हुए सुना : 'मेरी उम्मत में ऐसे बुरे लोग पैदा हो जाएँगे जो ज़िनाकारी[3], रेशम पहनना, शराब पीना और गाने-बजाने को हलाल बना लेंगे।' यक़ीनन उनमें से ही तुम भी हो।" कहते हुए शेख़ अब्दुन्नबी के नथुने फड़कने लगे और आँखें सुलग उठीं।

उम्मीद के मुताबिक़ शेख़ अब्दुन्नबी ने अबुल फ़ज़ल की पेश की हुई बाक़ी सारी दलीलों को भी ख़ारिज कर दिया और फ़तवा वापस लेने से साफ़ इनकार कर दिया। लिहाज़ा शेख़ ताजुद्दीन से जब अकबर की मुलाक़ात हुई तो पहला सवाल उनसे उसने इसी बाबत किया।

"मुझसे कहा गया है कि इस्लाम में मौसीक़ी हराम है। मगर आप तो अल्लाह की इबादत में मौसीक़ी का ख़ूब इस्तेमाल करते हैं!"

"जहाँपनाह! हम सूफ़ी यक़ीन करते हैं कि अल्लाह की इबादत में जिस भी काम या शै से मदद हासिल हो उसका ख़ैरमक़दम किया जाना चाहिए।" शेख़ ताजुद्दीन ने समझाया। "यह बात मौसीक़ी पर लागू है और नाचने पर भी, जिसे कि वर्ना ना-शाइस्तगी समझा जाता है। ख़ुदा की इबादत में दिल जब मसर्रत से लबरेज हो जाता है तो पाँव ख़ुद ब ख़ुद थिरक उठते हैं। और फिर शिद्दत-ए-जज़्बात में इज़ाफ़ा होता चला जाता है। रस्मो-रिवाज की बन्दिशों से दिल आज़ाद होता चला जाता है। और तब वज्द की हालत में सूफ़ी उस बेख़ुदी में पहुँच जाता है जो कि हक़ीक़त में सूफ़ी की रूह का रूहों की रूह अल्लाह में फ़ना हो जाना ही है। इसे जहाँपनाह! हराम किस तरह कहा जा सकता है?"

शेख़ ताजुद्दीन की दलील ने अकबर को बेहद मुतास्सिर किया और इस मसले को लेकर उसके सारे शको-शुबहा ख़त्म हो गए। उसके बाद तो ताज उल-आरिफ़ीन की

---

1. Psalms.
2. मधुर-कंठ।
3. व्यभिचार।

ख़ानक़ाह में समा का लुत्फ़ लेने वह अकसर ही जाने लगा और ख़्वाजा निज़ामुद्दीन औलिया की दरगाह पर जुमे के रोज़ होनेवाली मज्लिस-ए-क़व्वाली में भी शिरक़त करने लगा। तबले की ताल और सारंगी की धुन पर क़व्वाल ग़ज़ल गाते जिसमें इस्तिआर[1] के इस्तेमाल से अल्लाह की जुस्तजू बयाँ की जाती। साकी यानी मुर्शिद से इल्तिजा की जाती कि शराब यानी इल्म-ए-इलाही वह पिला दे जिससे कि अल्लाह की मोहब्बत में मदहोश हुआ जा सके। सबसे आगे बैठा क़व्वाल ख़ास गुलूकार होता और चार या पाँच गुलूकार उसके पीछे बैठे हुए जुमला दर जुमला ग़ज़ल को दोहराते जाते और तबले की ताल को अपनी तालियों से संगत देते जाते। हिन्दू और मुसलमान दोनों ही इस मज्लिस में बड़ी तादाद में शामिल होते जो ख़ूबसूरत मौसीक़ी, ग़ज़ल के गहरे मानी व झूमने को मजबूर करती गुलूकारी में डूबकर ईश्वर की भक्ति और अल्लाह की इबादत में खो जाते।[2]

शेख़ ताजुद्दीन से यह सुनकर अकबर को बेहद ख़ुशी हुई कि ख़्वाजा निज़ामुद्दीन औलिया ने किसी को भी मुसलमान बनाने में दिलचस्पी कभी नहीं दिखाई, सिवा ऐसे मामलों के जिनमें ख़ुद की मर्ज़ी हो और ज़बर्दस्त ख़्वाहिश भी।

"जहाँपनाह! ख़्वाजा निज़ामुद्दीन औलिया से मुतास्सिर होकर कई हिन्दू मुसलमान बने मगर इसके लिए उन्होंने कभी किसी पर ज़ोर नहीं डाला। एक हिन्दू उनकी तक़रीर सुनने हमेशा आया करता था। ख़्वाजा के एक मुरीद ने उनसे अर्ज़ किया कि उसे वे मुसलमान बना लें। तब ख़्वाजा ने एक क़िस्सा बयान किया। 'सूफ़ी पीर हज़रत बायज़िद अल-बस्तामी के मकान के नज़दीक एक यहूदी रहा करता था जो उनसे बेहद मुतास्सिर था और उनकी तक़रीर सुनने तक़रीबन रोज़ ही उनके पास आया करता था। जब हज़रत बायज़िद का इन्तक़ाल हो गया तो कुछ मुसलमानों ने उससे पूछा कि हज़रत को इतना ज़्यादा पसन्द करने पर भी वह इस्लाम को क़बूल कर मुसलमान क्यों नहीं बन गया? किस क़िस्म का मुसलमान मुझे बनना चाहिए था? यहूदी ने उन लोगों से पूछा। अगर इस्लाम वह है जिससे हज़रत बायज़िद वाबस्ता थे तो मैं ख़ुद को उसके क़ाबिल नहीं पाता। और अगर इस्लाम वह है जिस पर तुम लोग अमल करते हो तो ऐसे इस्लाम से मैं भर पाया।"

सूफ़ी अक़ीदे में जैसे-जैसे अकबर गहरे उतरता गया वैसे-वैसे उसमें उसकी दिलचस्पी और भी ज़्यादा बढ़ती गई। सूफ़ी शेख़ और मुरीद अपने अक़ीदे का फ़लसफ़ा रूहानी कलाम व सूफ़ी पीरों के अक़वाल[3] की मार्फ़त उसे समझाया करते, और रोज़ ब रोज़ और भी ज़्यादा मसर्रत इसमें उसे हासिल होती गई। हुकूमत में अमन-ओ-चैन

1. रूपक।
2. 'वह [शेख़ मुबारक] सूफ़ियों के संगीत और नाचने के हमेशा सख़्त ख़िलाफ़ था और शरिअ: द्वारा अनुशंसित अतिनैतिक जीवन पद्धति को सख़्ती से लागू करता था, लेकिन दिल्ली के चिश्ती सन्तों [ख़्वाजा क़ुतुबुद्दीन उशी और निज़ामुद्दीन औलिया] की मजारों की सैर ने समा के प्रति उसका रवैया पूरी तरह बदल दिया।...संगीत में उसकी दिलचस्पी ने उलेमा को अचम्भे में डाल दिया जो बतौर महदवी उसकी भर्त्सना कर रहे थे।' *Religious and Intellectual History of the Muslim in Akbar's Reign,* Saiyid Athar Abbas Rizvi, पृष्ठ 98, Munshiram Manoharlal Publishers, New Delhi, 1975
3. प्रवचन।

क़ायम रहने की वजह से इसके लिए उसके पास काफ़ी फ़ुर्सत थी। और इसमें अल्लाह भी मानो उसकी तरफ़ मदद का हाथ बढ़ाए हुए था, जैसा कि बंगाल के लिए दूसरी मुहिम पर जाते वक़्त हुआ।

बंगाल को फ़तह करने की पहली मुहिम पर अकबर तब गया था जब सलीम चार साल का था। जमना नदी से हज़ार नावों के बेड़े के साथ ढाई सौ कोस से भी ज़्यादा का सफ़र बेहद मुश्किल और ख़तरनाक होगा, उसे कई उमरा ने आगाह किया। मगर वह अकबर ही क्या जो ख़तरों से पीछे हट जाए!

सबसे ज़्यादा मुश्किलात का सामना पहले तो उसे इटावा में करना पड़ा जहाँ तूफ़ानी रफ़्तार से बहती हुई चम्बल नदी आकर जमना में गिरती है। उमड़ती-उफनती ऊँची मौजें नावों को अपने साथ लिये जाती थीं और नावों पर मल्लाहों का क़ाबू न रहा। फिर प्रयाग के बाद वह कई ज़बर्दस्त तूफ़ानों से मुक़ाबिल हुआ जिसमें कई नावें डूब भी गईं। उसके बाद गंगा नदी में जहाँ गोमती आकर मिलती है वहाँ मौजों के भँवर से ख़ौफ़ खाकर कई उमरा तो ज़मीन के रास्ते चल पड़े। मगर सलीम, सलीमा और हीरा कुँवर को अपने साथ ही लिये हुए अकबर नदी से ही सफ़र करता रहा।

पटना पहुँचकर उसने क़िले पर घेरा डाल दिया जिसमें कि दाऊद ख़ान छिपा बैठा था। बंगाल के हुक्मरान उसके वालिद सुलेमान ख़ान करारानी ने अकबर के नाम का ख़ुत्बा पढ़वाना क़बूल किया था। उनके इन्तक़ाल के बाद दाऊद ख़ान अपने बड़े भाई का क़त्ल करके ख़ुद बंगाल के तख़्त पर क़ाबिज़ हो गया मगर बजाय अकबर के नाम का ख़ुत्बा पढ़वाने के उसने ख़ुद के नाम का ख़ुत्बा पढ़वाना शुरू कर दिया।

दाऊद ख़ान के पास अकबर ने पैग़ाम भेजा कि नाहक ख़ून-ख़राबा करने से बेहतर है कि हम दोनों कुश्ती में ज़ोर आजमा लें। और दाऊद को उसने यह क़ौल भी दिया कि अगर वह फ़तहयाब हुआ तो उसे वह बंगाल का सुलतान क़बूल कर लेगा। मगर बजाय अकबर के साथ कुश्ती का मुक़ाबला करने के दाऊद ख़ान पूरा ख़ज़ाना क़िले से बाहर निकालकर अपने हाथियों के साथ रातोरात भाग खड़ा हुआ, फ़ौजियों को अल्लाह के भरोसे छोड़कर। उसका पीछा करके उसके तीन सौ हाथियों को अकबर ने अपने क़ब्ज़े में ले लिया। मगर बारिश शुरू हो जाने की वजह से दाऊद का और आगे तक पीछा करना मुमकिन न हुआ। लिहाज़ा गंगा नदी से गोमती नदी होते हुए जौनपुर पहुँचकर वह कुछ वक़्त वहाँ ठहरा और फिर जमना नदी के रास्ते वापस आगरा चला आया। बंगाल में बारिश का मौसम छह महीने चलता है और उस दौरान आमद-ओ-रफ़्त वहाँ बेहद मुश्किल हो जाती है। नदी-नालों की तादाद, जो वैसे ही काफ़ी रहती है, तब और भी बढ़ जाती है व जगह-जगह दलदल भी बन जाया करते हैं।

बारिश के बाद बंगाल में महामारी का फैलना भी आम है और मुनीम ख़ान जिसे वह बंगाल का सूबेदार मुक़र्रर कर आया था ऐसी ही एक बीमारी का शिकार हो गया। बड़ी तादाद में फ़ौजियों के अलावा कई उमरा और मनसबदार भी उसके साथ ही इस महामारी में फ़ौत हो गए। इसका फ़ायदा उठकर दाऊद ख़ान दोबारा उस सूबे पर क़ाबिज़ हो गया। तब बंगाल को फिर फ़तह करने के मक़सद से अकबर ने टोडरमल को मरहूम बैरम ख़ान के भतीजे ख़ान जहाँ के साथ रवाना कर दिया। लेकिन अशर्फ़ियों की थैलियाँ

और ख़ुला हाथ उन्हें हासिल होने के बावजूद उन्हें नाकाम होना पड़ा क्योंकि बंगाल की फ़ौज ने ख़ान जहाँ जो उनकी नज़र में सिर्फ़ एक शिया राफ़िज़ था व टोडरमल जो कि एक हिन्दू काफ़िर था, दोनों का ही फ़रमान मानने से इनकार कर दिया।

मजबूरन अकबर ने ख़ुद बंगाल जाने का फ़ैसला किया और ख़्वाजा ग़रीबनवाज़ की दरगाह पर सज्दा करने के बाद अपनी फ़ौज को लेकर बड़ी बेदिली से वह फ़तेहपुर सीकरी से निकल पड़ा—बेदिली से इसलिए जंग के शौक़ की जगह अब फ़लसफ़े पर मुबाहिसे के लिए जोश ने ले ली थी। अल्लाह को भी शायद यह अन्दाज़ा हो गया और उसने अपने बन्दे की ख़्वाहिश को पूरा करने का फ़ैसला कर लिया। फ़तेहपुर सीकरी से अकबर अभी दस कोस भी नहीं चला था कि एक घुड़सवार बंगाल पर फ़तह और दाऊद ख़ान की मौत का पैग़ाम ले आया। मनसबदारों और फ़ौजियों की हुक्म-फ़रमानी ख़रीदने के लिए टोडरमल ने थैलियों के मुँह तो खोल ही दिए थे, दावतों व तोहफ़ों का हिकमत[1] के साथ इस्तेमाल करके उसने यह कामयाबी हासिल की थी। अगले ही रोज़ अकबर वापस सीकरी में था, इलाही और रूहानी राज़ की तहक़ीक़ का लुत्फ़ उठाते हुए।

लेकिन उसके इस शौक़ ने हुकूमत और निज़ाम बाबत उसकी फ़र्ज़ अदायगी में कभी ख़लल नहीं डाला। वज़ीरों के साथ बाक़ायदा बैठकें होतीं और दरबार में फ़रियादें भी बाक़ायदा सुनी जातीं। एक सुबह वह दीवानख़ाना-ए-आम में बैठा उमरा के साथ कुछ मशविरा कर रहा था कि शेख़ अब्दुन्नबी क़ाज़ी मथुरा को साथ ले वहाँ आ पहुँचा।

"आलमपनाह! मथुरा में एक मस्जिद की मरम्मत के लिए जमा किया गया सामान एक बरहमन ने उसके मन्दिर में इस्तेमाल कर लिया। इस पर जब एतराज़ किया गया तो उसने न सिर्फ़ इस्लाम की बाबत बेहद नाशाइस्ता[2] बयान दिए बल्कि हमारे अज़ीज़ पैग़म्बर मुहम्मद, सल्लल्लाहु अलैहि वसल्लम, को लानत भी भेजी।"

"तो उसे चोरी के इल्ज़ाम में गिरफ़्तार क्यों नहीं कर लिया गया?" अकबर ने दरयाफ़्त किया।

"हुक्मनामा भेजा गया था जहाँपनाह।" शेख़ ने कहा और ख़ामोश हो गया।

शेख़ की ख़ामोशी क्या कह रही थी, वहाँ मौजूद हर शख़्स समझ रहा था।

तक़रीबन आधी सदी पहले बंगाल के हिन्दू सन्त स्वामी चैतन्य, जिन्हें गौरांग महाप्रभु कहकर भी पुकारा जाता था और जो अपनी कृष्ण-भक्ति के लिए मशहूर थे, कोई बसीरत[3] हासिल कर मथुरा आ पहुँचे और वृन्दावन के जंगलों में नीम-ग़ाफ़िल हालत में भटकते हुए उन्होंने इल्हाम की मार्फ़त भगवान कृष्ण की जन्मभूमि व लीला-स्थली का पता लगा लिया। इसके बाद उन स्थानों का पुनरुद्धार मथुरावासियों ने बड़ी श्रद्धा-भक्ति के साथ किया। इसके साथ ही उन मन्दिरों को खोजकर उनका जीर्णोद्धार भी किया गया जो मथुरा पर ग़ज़नी के सुल्तान महमूद के हमले के दौरान नेस्तनाबूद कर दिए गए थे और फिर वक़्त की गर्द में छुप गए थे। फिर तो पूरे हिन्दुस्तान से हिन्दू ज़ियारत के लिए वहाँ आने लगे और नए मन्दिरों के बनने का सिलसिला जो तब से शुरू हुआ तो पचास

1. बुद्धिमत्तापूर्ण व कौशलपूर्ण युक्ति।
2. अश्लील, अशिष्ट।
3. अन्तर्दृष्टि।

साल गुज़र जाने पर भी थमने का नाम ही नहीं ले रहा था। इस मक़सद से रक़म राजपूत राजाओं व मनसबदारों के साथ ही अकबर की हिन्दू रानियाँ भी खुले हाथों दान किया करती हैं। चार साल पहले वहाँ चार कृष्ण मन्दिर बनवाने में ख़ुद अकबर की तरफ़ से भी मदद हुई थी। इस बीच सन्त सूरदास भी बाल-कृष्ण की लीला का बखान करते हुए दिल को छू लेनेवाले पद रचने लगे और भाव-विभोर होकर उन्हें वृन्दावन की गलियों में गाते हुए घूमने लगे। उनकी ख्याति अब हज़ारों हिन्दुओं को ब्रजभूमि खींच लाती है और मथुरा व वृन्दावन हिन्दुओं के अब सबसे ज़्यादा पसन्दीदा तीर्थस्थल होते जा रहे हैं।

मथुरा के मन्दिरों के लिए हिन्दुओं का जज़्बा और राजपूत राजाओं व मानसिंह जैसे ताक़तवर मनसबदारों का उनके साथ जुड़ाव होने की वजह से ही मथुरा के मन्दिर के ब्राह्मण पुजारी पर हाथ डालने में सब हिचकिचा रहे थे।[1] किसी भी कार्रवाई का फ़रमान जारी करने के पहले अकबर ने भी मामले की मुनासिब तहक़ीक़ात करने के किए बीरबल और अबुल फ़ज़ल को मथुरा भेजना मुनासिब समझा।

"जहाँपनाह! उस बरहमन ने हमारी मौजूदगी में ही पैग़म्बर मुहम्मद, सल्लल्लाहु अलैहि वसल्लम, के ख़िलाफ़ बद-तहज़ीबी की और उन्हें लानत भी भेजी।" वापस आकर अबुल फ़ज़ल ने बताया।

बीरबल ने अबुल फ़ज़ल के बयान की तस्दीक़ की।

शेख़ अब्दुन्नबी की अदालत में ब्राह्मण के ख़िलाफ़ शिकायत पेश की गई और उसे गिरफ्तार करके ले आने के लिए सिपाही मथुरा भेज दिए गए। इस मुद्दे ने आगरा में ज़बर्दस्त गहमागहमी पैदा कर दी और चबूतरा-लालइमली पर रोज़ाना लगनेवाली मज्लिस इस मामले पर गर्मागर्म बहस के बाद दो-फाड़ हो गई। ब्राह्मण को सज़ा मिलनी चाहिए इस पर तो मुसलमान एकराय थे। मगर सज़ा क्या होनी चाहिए इसको लेकर उनमें इत्तेफ़ाक़ न था। कुछ का ख़्याल था उसे सज़ा-ए-मौत दी जानी चाहिए। और कुछ उस पर भारी जुर्माना करके उसका मुँह काला करके उसे गधे पर उलटा बिठाकर शहर में घुमाने के बाद उसे रिहा कर देने के हिमायती थे। मगर हिन्दू चाह रहे थे कि उस पर मामूली जुर्माना करके उसे छोड़ दिया जाए।

मामला धीरे-धीरे इतना तूल पकड़ गया कि हिन्दुस्तान भर में यह मुबाहिसे का मुद्दा बन गया और ब्राह्मण की पैरवी करने मथुरा और आगरा के अलावा दिल्ली, बयाना व ग्वालियर से भी नुमाइन्दे अकबर के दरबार में हाज़िर होने लगे। गुज़श्ता सुल्तानों की हुकूमत में लम्बे वक़्त तक दबे रहने के बाद अकबर के नर्म रवैए ने ही शायद हिन्दुओं में यह हिम्मत भर दी थी।

"इन काफ़िरों को उनके पुर-फ़रेब मज़हब को मानने की आज़ादी देने का नतीजा इसके सिवा क्या हो सकता था?" जुमे की नमाज़ के बाद चल रही गुफ़्तगू में एक मुल्ला कह रहा था।

---

1. वर्ष 1570 में अकबर मथुरा गया था। कहा जाता है कि तब वह वृन्दावन के गौड़ीय वैष्णव सन्त जीव गोस्वामी से मिला और न सिर्फ़ उन्हें चार मन्दिरों का पुनरुद्धार करने की अनुमति दी बल्कि लाल पत्थर भी इस उद्देश्य के लिए उसने उपलब्ध कराया। यह मन्दिर हैं : मदनमोहन मन्दिर, श्री गोपीनाथ मन्दिर, श्री गोविंद देव मन्दिर और जुगलकिशोर या केसीघाट मन्दिर।

"मियाँ! सुल्तान अलाउद्दीन ख़िलजी के क़ाज़ी-उल-क़ुज़ात ने जो फ़रमाया था उससे हमारे बादशाह को सबक़ लेना चाहिए।" अपनी लम्बी सफ़ेद दाढ़ी को सहलाते हुए एक मौलवी ने अपनी राय ज़ाहिर की। "सुल्तान ने जब उससे पूछा कि हिन्दुओं के साथ कैसा सुलूक किया जाना चाहिए तो उसने कहा, और क्या ख़ूब कहा, कि हिन्दुओं की तौहीन करते रहना मुसलमानों का मज़हबी फ़र्ज़ है क्योंकि यह लोग इस्लाम के और पैग़म्बर मुहम्मद, सल्लल्लाहु अलैहि वसल्लम, के जानी दुश्मन हैं। क़ाज़ी-उल-क़ुज़ात ने अहादीस की एक रिवायत के हवाले से यह भी बताया कि रसूलुल्लाह, सल्लल्लाहु तआला अलैहि वसल्लम, ने इन काफ़िरों की बाबत फ़रमाया था : "उनका मज़हब इस्लाम में तब्दील करो या उन्हें हलाक कर डालो, उन्हें ग़ुलाम बना लो व उनकी मालियत और जायदाद[1] को बरबाद कर डालो।"

शेख़ अब्दुन्नबी की राय हिन्दुओं की जानिब इससे जुदा नहीं थी। लेकिन ब्राह्मण के मुक़दमे में सुनवाई को वह जान-बूझकर टालता रहा। जब अकबर को यह शिकायत मिली कि शेख़ अब्दुन्नबी ने बिना सुनवाई के ब्राह्मण को महीनों से हिरासत में रख छोड़ा है तो उसने उससे इसकी वजह जाननी चाही।

"जहाँपनाह! यह मसला अब मज़हबी नहीं रहा। सियासी हो गया है। लिहाज़ा बेहतर होगा कि इस मामले की सुनवाई शाही दरबार में हो," शेख़ अब्दुन्नबी ने सफ़ाई दी।

हक़ीक़त यह थी कि इस बात से शेख़ अब्दुन्नबी अकबर से बेहद ख़फ़ा था कि मुस्तफ़ा बन्दगी की सुनवाई के बाद से वह पहले जैसी इज़्ज़त उसे नहीं देता और उसके फ़तवों पर तामीली को भी कोई तवज्जो नहीं दे रहा। इस ब्राह्मण के मामले में अकबर को उलझन में डालने व उसे नीचा दिखाने का एक शानदार उसे मौक़ा नज़र आया। अगर वह शरीअत के हिसाब से ब्राह्मण को सज़ा देता है, जो कि उलेमा व मुल्लाओं की राय में सज़ा-ए-मौत से कम क़तई नहीं, तो यह मुसलमानों की व इस्लाम की जीत होगी और हिन्दुओं, ख़ास तौर पर उसके क़रीबी राजपूतों की हार। और अगर वह हिन्दुओं के दबाव में आकर ब्राह्मण को मामूली सज़ा देकर छोड़ देता है तो यह एक सुनहरा मौक़ा होगा मुसलमानों की नज़रों में अकबर को गिराने का, जो कि सही मायनों में इस्लाम की ताक़त थे।

जब से ब्राह्मण के ख़िलाफ़ कार्रवाई की ख़बर शाही हरम में पहुँची थी, उसे रिहा कर देने के लिए अकबर भी काफ़ी दबाव में था।

"हमारे मज़हब के क़ानून के मुताबिक़ एक ब्राह्मण को मौत की सज़ा नहीं सुनाई जा सकती। भले ही उसने कितना ही संगीन जुर्म किया हो। चाहे क़त्ल ही क्यों न किया हो!" जब भी हीरा कुँवर को मौक़ा मिलता, अकबर से वह इसरार किया करती। "और पैग़म्बर की शान में एक भोला-भाला ब्राह्मण ऐसी गुस्ताख़ी बेवजह क्यों करेगा? यक़ीनन उसे भड़काया गया होगा। मैं हाथ जोड़ती हूँ! उस बेचारे बेक़सूर ब्राह्मण को रिहाई दिलवा दीजिए।" कहते हुए उसने अपने दोनों हाथों से अकबर के हाथ थाम लिये।

"लेकिन अबुल फ़ज़ल ने तो उससे ऐसा कुछ नहीं कहा था! फिर भी उसने पैग़म्बर मुहम्मद, सल्लल्लाहु अलैहि वसल्लम, को लानत भेजी! कबि राय गवाह है।"

1. धन और सम्पत्ति।

"यह सब मैं नहीं जानती। मैं सिर्फ़ इतना जानती हूँ कि ब्राह्मण को सज़ा किसी हाल नहीं होनी चाहिए, सज़ा-ए-मौत तो क़तई नहीं। आप तो शहंशाह हैं!" हीरा कुँवर ने बाँकी अदा से मुस्कुराते हुए अपनी निगाहे नाज़[1] का जादू चलाने की कोशिश की। "आपके लिए कहाँ कुछ भी नामुमकिन है?"

फिर एक शाम हीरा कुँवर के साथ अकबर की बाक़ी सात हिन्दू बेगमात भी उस पर घेरा डालकर बैठ गईं, ख़ामोश रहकर ही ब्राह्मण को सज़ा देने के ख़िलाफ़ अपना एतराज़ ज़ाहिर करते हुए।

अकबर पसोपेश में था। हुकूमत का क़ानून शरीअत थी। और इस क़ानून में इस्लाम के ख़िलाफ़ किए गए जुर्म की सज़ा देने का इख़्तियार सिर्फ़ सद्रुस्सुदूर को था यानी शेख़ अब्दुन्नबी को। इसके अलावा अदालती-निज़ाम में दख़ल देना मुनासिब न होगा, अकबर ने ख़याल किया, और मेरा यह क़दम एक ग़लत मिसाल भी क़ायम करेगा और जिसका असर पूरी हुकूमत के निज़ाम पर पड़ेगा।

बीरबल और अबुल फ़ज़ल से उसने इस बाबत राय माँगी।

अबुल फ़ज़ल के बयान की तस्दीक़ कर सच बोल देने के लिए ख़ुद बीरबल भी भारी तनाव में था।

'तुम तो बड़े होशियार बनते हो! बात को क्या इस तरह ज़रा घुमाकर नहीं कह सकते थे कि उस बेचारे ब्राह्मण की जान बच जाती?' हीरा कुँवर का पैग़ाम उसे मिल चुका था। 'आख़िरकार तुम भी तो ब्राह्मण हो! अपने जात-भाई के लिए झूठ बोलना भी पड़ता तो उसमें कुछ ग़लत नहीं होता, बल्कि वह क़ाबिले-तारीफ़ ही होता।'

कुछ इसी से मिलते-जुलते पैग़ाम उसे राजपूत मनसबदारों से भी मिले थे। इस मसले पर काफ़ी ग़ौर करने के बाद अपनी 'ग़लती' को सुधारने का फ़ैसला उसने कर ही लिया।

"जहाँपनाह! एक ज़ेहनी तौर पर तन्दुरुस्त शख़्स जो अपने काम का अंजाम जानता है, सिर्फ़ वह उसकी किसी नागवार हरकत के लिए ज़िम्मेदार ठहराया जा सकता है। मेरी राय में जहाँपनाह, वह ब्राह्मण न तो ज़ेहनी तौर पर तन्दुरुस्त है और न ही उसे यह इल्म था कि वह क्या कह रहा है।"

इस बात की तस्दीक़ के लिए अकबर ने अबुल फ़ज़ल की तरफ़ देखा। मगर उसने न तो बीरबल की बात की तस्दीक़ की और न ही उसे ग़लत ठहराया। बल्कि उसने कहा, "जहाँपनाह! यह ग़लतफ़हमी है कि कलमा-ए-कुफ़्र[2] या किसी भी पैग़म्बर की बेअदबी के लिए शरीअत में सज़ा-ए-मौत मुक़र्रर की गई है। शरीअत क़ानून की बुनियाद क़ुरआने-पाक व सुन्ना हैं। और दोनों में ही इस बात के काफ़ी सुबूत हैं कि उस बरहमन के जुर्म की सज़ा मौत तो क़तई नहीं है।"

"यह तो वाक़ई हैरानी की बात है!" अकबर की आँखें फैल गईं और भौंहें ऊपर को तन गईं। "तो फिर तुम्हारे मुताबिक़ उस बरहमन की सज़ा इस्लाम में क्या है?"

"आलमपनाह! क़ुरआने-पाक में अल्लाह सुबहानु व तआला ने साफ़ फ़रमाया है कि कैसा बर्ताव एक मुसलमान को करना चाहिए जब इस्लाम के ख़िलाफ़ बदज़बानी

---

1. प्रेमिल दृष्टि।
2. ईश-निन्दा।

की जाए या बदतहज़ीबी की जाए।" अबुल फ़ज़ल ने जवाब दिया। "अल्लाह तआला सूरा अल-निसा में फ़रमाते हैं : 'जब तुम सुनो कि अल्लाह की आयतों का इनकार किया जाता है और उनका मज़ाक़ उड़ाया जाता है तो उनके साथ न बैठो यहाँ तक कि वह मशग़ूल हों उसके सिवा किसी और बात में, यक़ीनन उस सूरत में तुम उन जैसे होगे। बेशक अल्लाह जमा करनेवाला है तमाम मुनाफ़िक़ों[1] और काफ़िरों को जहन्नुम में।' जहाँपनाह ग़ौर फ़रमाएँ कि क़ुरआने-पाक का मज़ाक़ उड़ाने के लिए भी अल्लाह ने इस दुनिया में कोई सज़ा तज्वीज नहीं की है। इसके अलावा आलमपनाह! किताबे-पाक की सूरा अल-कहफ़ में अल्लाह तआला फ़रमाते हैं : 'यह उनका बदला है जहन्नुम, इसलिए कि उन्होंने कुफ़्र किया और मेरी आयतों को और मेरे रसूलों को हँसी-मज़ाक़ ठहराया।' और जहाँपनाह! जहन्नुम पहुँचाने का इख़्तियार किसे है सिवा उस अल्लाह के जो इस पूरी कायनात का मालिक है? इससे यह साफ़ ज़ाहिर है कि कलमा-ए-कुफ़्र की सज़ा देने का इख़्तियार सिर्फ़ अल्लाह को है उसके सिवा किसी को नहीं। इमाम अबु हनीफ़ा ने फ़रमाया भी है : 'दूसरों पर कोई फ़ैसला नहीं करना चाहिए, ख़ास तौर पर उन मामलों में जो कि अल्लाह के दायरा-ए-इख़्तियार में हैं।'"

अकबर मुस्कुराया, राहत भरी गहरी साँस ली और इस मसले पर मुबाहिसा होने का फ़ौरन एक फ़रमान जारी कर दिया। सल्तनत के सभी मशहूर-ओ-मारुफ़ आलिम फ़ाज़िल क़ाज़ी, मुफ़्ती[2], मौलवी और मुल्लाओं को तय तारीख़ पर दीवानख़ाना-ए-आम में तशरीफ़ लाने का दावतनामा भेज दिया गया।

कार्रवाई शुरू करते हुए मामले की अहमियत और मुबाहिसे की ज़रूरत मज्लिस को समझाते हुए अकबर ने कहा, "हाज़िरीन को यक़ीनन यह इल्म होगा कि सद्र-उस-सुदूर शेख़ अब्दुन्नबी की अदालत में एक अहम मुक़दमा महीनों पहले पेश हुआ था जिसमें मुज़रिम पर कलमा-ए-कुफ़्र का इल्ज़ाम है। गुज़श्ता इन महीनों के दौरान इस बाबत इख़्तिलाफ़-ए-राय हो गई है कि जुर्म को कितना संगीन क़रार दिया जाए और उसकी माक़ूल सज़ा क्या हो। इस मज्लिस को यह बात साफ़ करने के मक़सद से तलब किया गया है कि शरीअत, सुन्ना व क़ुरआने-पाक के फ़रमानों की रोशनी में क्या फ़ैसला इस मामले में जायज़ होगा, जिससे कि ऐसे मुक़दमों में आगे फ़ैसले लेने के लिए एक नज़ीर भी क़ायम हो सके।"

अकबर का इशारा पाकर अबुल फ़ज़ल ने मुक़दमे को तफ़सील से बयान करने के बाद कहा, "जहाँपनाह! इस नाचीज़ की राय में आला फ़ाज़िल जनाब मख़्दूम-उल-मुल्क इस मसले पर अपनी राय अगर सबसे पहले ज़ाहिर करेंगे तो नवाज़िश होगी।"

"जहाँपनाह! अपनी इस इज़्ज़त-अफ़ज़ाई के लिए मियाँ अबुल फ़ज़ल का मैं शुक्रिया अदा करता हूँ।" यह कहते हुए मख़्दूम-उल-मुल्क के चेहरे पर तंज़िया मुस्कान पसर गई। "और इस मज्लिस को तलब करने के समझदारी भरे फ़ैसले के लिए यहाँ मौजूद आलिम-फ़ाज़िल शख़्सियात की तरफ़ से जहाँपनाह को मैं मुबारकबाद देता हूँ।" कहते हुए उसने शुतुरमुर्ग की मानिन्द अपनी गर्दन अकड़ाते हुए चारों तरफ़ नज़र दौड़ाई

1. पाखंडी, जिसके दिल में कुछ हो और ज़बान पर कुछ और। जो मुसलमान होने का ढोंग करे।
2. धार्मिक विवादों पर निर्णय देने के लिए अधिकृत धर्मवेत्ता।

जिसमें ख़ुद की अहमियत का अहसास साफ़ ज़ाहिर था। गुज़श्ता सालों में वह और भी ज़्यादा दौलतमन्द व ताक़तवर हो गया था और उसका रसूख़ भी बढ़ता चला गया था जिस वजह से, जैसा कि आम तौर पर ऐसे में होता है, वह और भी ज़्यादा मग़रूर व बड़बोला हो चला था।

मख़्दूम-उल-मुल्क की यह अकड़फूँ देखकर अकबर की ज़बर्दस्त ख़्वाहिश हुई कि उठकर एक ज़ोर का घूँसा उसके थोबड़े पर जड़ दे। बमुश्किल ही वह ख़ुद को रोक पाया।

"जहाँपनाह! जो लोग पैग़म्बर मुहम्मद, सल्लल्लाहु अलैहि वसल्लम, की तौहीन करते हैं और जो कलमा-ए-कुफ्र करते हैं, उनको क़त्ल कर देना तो हर हाल में जायज़ है। इस बाबत दो राय मुमकिन ही नहीं!" कहते हुए अपने चेहरे के सामने मख़्दूम-उल-मुल्क ने अपना हाथ यूँ झुलाया मानो मक्खी उड़ाई हो। "किताबे पाक की सूरा अल-अहज़ाब में अल्लाह सुबहानु व तआला फ़रमाते हैं : 'बेशक जो लोग अल्लाह को और उसके रसूल को ईज़ा[1] देते हैं अल्लाह ने उन पर दुनिया और आख़िरत में लानत की और उनके लिए उनके लिए रुसवा करनेवाला अज़ाब तैयार किया।' और यह भी कि 'वह जहाँ कहीं पाए जाएँगे पकड़े जाएँगे, और बुरी तरह मारे जाएँगे। अल्लाह का यही दस्तूर रहा है।"

"जहाँपनाह! आलिम-फ़ाज़िल जनाब मख़्दूम-उल-मुल्क साहब दो आयतों को मिलाने की ग़लती कर रहे हैं और इन आयतों के दरमियान जो है उसे नज़रअन्दाज़ करने की कोशिश भी। जहाँपनाह! क़ुरआने-पाक की सूरा अल-अहज़ाब की आयत सत्तावन में अल्लाह तआला ने फ़रमाया है," यह कहते हुए अरबी ज़बान में ख़ूबसूरत हर्फ़ों में हाथ से लिखी हुई क़ुरआने-पाक अबुल फ़ज़ल ने अपने सामने से उठाई और उसमें से आयतें पढ़ते हुए फ़ारसी ज़बान में उनका तर्जुमा भी करता गया। 'बेशक जो लोग अल्लाह को और उसके रसूल को ईज़ा देते हैं अल्लाह ने उन पर दुनिया और आख़िरत में लानत की और उनके लिए रुसवा करनेवाला अज़ाब तैयार किया।' उसके बाद आयत साठ में अल्लाह तआला ने आगाह किया है कि 'अगर बाज़ न आए मुनाफ़िक़ वह लोग जिनके दिलों में रोग है और मदीने में झूठी अफ़वाहें उड़ाने वाले, तो हम ज़रूर तुम्हें उनके पीछे लगा देंगे, फिर वह इस शहर में चन्द दिन के सिवा तुम्हारे हमसाया न रहेंगे।' और तब जाकर आयत इकसठ में अल्लाह तआला यह फ़रमाते हैं कि 'वह जहाँ कहीं पाए जाएँगे पकड़े जाएँगे, और बुरी तरह मारे जाएँगे। अल्लाह का यही दस्तूर रहा है।' दरम्यानी आयतों को नज़रन्दाज़ कर देने से जहाँपनाह, अल्लाह तआला ने हकीक़त में जो फ़रमाया था उसके मानी बिलकुल ही बदल गए।"

"तो क्या मोहतरम जनाब अबुल फ़ज़ल साहब यह साफ़बयानी करने की तकलीफ़ गवारा करेंगे," तंज़िया लहजे में मख़्दूम-उल-मुल्क ने पूछा, "कि इन आयतों के सही मानी उनकी नज़र में क्या हैं?"

"जहाँपनाह! क़ुरआने-पाक की कई आयतें ख़ास मौक़ों पर और ख़ास हालात से मुक़ाबिल होने के लिए नाज़िल हुई थीं। सूरा अल-अहज़ाब की आयतें पैग़म्बर मुहम्मद,

1. दुख, पीड़ा।

सल्लल्लाहु अलैहि वसल्लम, पर तब नाज़िल हुई थीं जब मक्का वालों को मदीना के मुसलमानों पर हमला करने के लिए मदीना के यहूदी क़बीले उकसा रहे थे। मदीना के मुसलमान कम तादाद में थे व ख़ुद को ग़ैर-महफ़ूज़ महसूस कर रहे थे। उस वक़्त उन यहूदी क़बाइलियों ने मदीना के मुसलमानों के ख़िलाफ़ मक्का वालों से मिलकर साज़िश की और बाद में ख़न्दक़ की लड़ाई के दौरान मक्का वालों की उन्होंने मदद भी की। उन यहूदियों की साज़िश से परेशान पैग़म्बर मुहम्मद, सल्लल्लाहु अलैहि वसल्लम, पर अल्लाह तआला ने जो आयतें नाज़िल की थीं, कलमा-ए-कुफ्र पर जहाँपनाह वे किस तरह लागू हो सकती हैं? क़ुरआने-पाक की हिदायतों का किसी मुक़दमे के फ़ैसले में इस्तेमाल करते वक़्त यह ख़याल रखना निहायत ज़रूरी है कि किन हालात में वे आयतें अल्लाह तआला ने भेजी थीं।"

"मोहतरम जनाब अबुल फ़ज़ल साहब ने जो फ़रमाया क्या वह किसी के दिमाग़ में ज़रा भी घुस पाया है?" कहते हुए मख़्दूम-उल-मुल्क ने चारों तरफ़ घूमकर देखा। उसके होंठ नीचे की तरफ़ घूम गए थे व पहले ही से फूले हुए उसके नथुने और भी फूल गए। यह उसका ख़ास अन्दाज़ था, उसकी मुख़ालिफ़त कर रहे शख़्स को कमतर व ग़लत महसूस करवाने का। "मियाँ अबुल फ़ज़ल क्या यह दावा कर रहे हैं कि अल्लाह सुबहानु व तआला एक मौक़े पर जो फ़रमाते हैं, दूसरे मौक़े पर उसके बरख़िलाफ़ आयत नाज़िल कर देते हैं? और अगर ऐसा नहीं है, जो होना यक़ीनन मुमकिन भी नहीं तो यह नौजवान क्या बताना चाह रहा है यह मेरी अक़्ल के तो बाहर है।" अबुल फ़ज़ल की खिल्ली उड़ाते हुए मख़्दूम-उल-मुल्क ने तंज़िया मुस्कुराहट उसकी तरफ़ फेंकी। "जहाँपनाह! क़ुरआने-पाक की सही तफ़सीर किसी भी ऐरे-ग़ैरे के बस की बात नहीं। एक मुज्तहिद[1] ही इसे अंजाम देने के क़ाबिल है और इसका असली हक़दार भी।" हिक़ारत से अपना हाथ मख़्दूम-उल-मुल्क ने अबुल फ़ज़ल की जानिब फैलाया। अबुल फ़ज़ल का मज़ाक़ उड़ाने से आगे जाकर वह अब साफ़-साफ़ उसकी बेइज़्ज़ती करने पर उतर आया था। "जहाँपनाह! अज़ीम क़ानूनदाँ इमाम शाफ़िई ने क़ुरआने-पाक की सूरा अल-बक़र की दो-सौ सत्रहवीं आयत को ऐसे मामलों में सज़ा-ए-मौत दिए जाने के लिए सबसे अहम दलील क़बूल किया है। इस आयत में अल्लाह तआला ने फ़रमाया है कि अल्लाह के रास्ते से रोकना और उसके साथ कुफ्र करना, क़त्ल से भी बड़ा गुनाह है। जहाँपनाह! कलमा-ए-कुफ्र, जो कुफ्र को बढ़ावा देता है, क्या अल्लाह तआला के साथ कुफ्र करने से बड़ा गुनाह नहीं? तो फिर कलमा-ए-कुफ्र की सज़ा सज़ा-ए-मौत से कम किस तरह हो सकती है?"

"मगर आलमपनाह! कलमा-ए-कुफ्र की वजह से या पैग़म्बर मुहम्मद, सल्लल्लाहु अलैहि वसल्लम, को लानत भेजने से जैसा कि इस मामले में हुआ है, कुफ्र को बढ़ावा मिलना किस तरह साबित होता है? क्या हमारा दीन इतना कमज़ोर है कि कोई भी कलमा-ए-कुफ्र कहेगा और मुसलमानों का अपने मज़हब पर से भरोसा उठ जाएगा, और उस नायाब व बेशक़ीमती ख़ज़ाने को वे ठुकरा देंगे जो नबीउल्लाह, सल्लल्लाहु अलैहि वसल्लम, की मार्फ़त अल्लाह से उन्हें हासिल हुआ है?" अबुल फ़ज़ल की

1. धार्मिक विषयों में निर्णय देने के लिए अधिकृत विद्वान।

आवाज़ तेज़ हो गई थी। "और अगर इस मसले पर बहस को आगे बढ़ाने के मक़सद से यह मान भी लिया जाए कि ऐसा होना मुमकिन है तो," अरबी ज़बान की क़ुरआने-पाक के पन्ने पलटते हुए अबुल फ़ज़ल बोला, "अल्लाह तआला ने क़ुरआने-पाक की सूरा अल-निसा में पैग़म्बर मुहम्मद, सल्लल्लाहु अलैहि वसल्लम से यह भी तो फ़रमाया है : 'वह नहीं बहका रहे हैं मगर अपने आप को, और आपका कुछ भी नहीं बिगाड़ सकते और अल्लाह ने आप पर नाज़िल की किताब।' और फिर यह भी: 'और जो कोई उसके बाद रसूल की मुख़ालिफ़त करे जब कि उस पर हिदायत ज़ाहिर हो चुकी है, और सब मोमिनों के रास्ते के ख़िलाफ़ चले हम उसे जहन्नुम में दाख़िल करेंगे'।"

कहकर अबुल फ़ज़ल ने ललकारने के अन्दाज़ में मख़्दूम-उल-मुल्क को देखा और फिर अपने बादशाह से मुख़ातिब हुआ। "यह बात ग़ौर करने की है जहाँपनाह! कि अल्लाह तआला कहीं भी यह नहीं फ़रमाते कि रसूल की मुख़ालिफ़त की सज़ा किसी शख़्स को उसके इस दुनिया में रहते हुए वे देंगे। इसके अलावा सूरा अल-बक़र की जिस आयत की आलिम फ़ाज़िल शेख़-उल-इस्लाम जनाब मख़्दूम-उल-मुल्क साहब ने मिसाल दी है, उसमें भी अल्लाह तआला ने आगे यह साफ़ ज़ाहिर किया है कि 'जो तुम्हें तुम्हारे दीन से फेर दें और तुममें से जो दीन से फिर जाए, यही लोग दोज़ख़वाले हैं, और वह उसमें हमेशा रहेंगे'।"

अबुल फ़ज़ल की यह तक़रीर सुनकर मज्लिस में ख़ामोशी छा गई। अपने चारों तरफ़ उसने एक नज़र दौड़ाई। चेहरों से ज़ाहिर था कि उसकी दलील से तक़रीबन सभी हाज़िरीन मुतास्सिर थे। यह देख उसने अपनी तक़रीर को आगे बढ़ाया।

"आलमपनाह यह बात ग़ौर करने की है कि दीन से फेर देनेवाले और दीन से फिर जानेवाले, दोनों ही के लिए इस आलम में कोई सज़ा देने बाबत अल्लाह तआला कोई फ़रमान नहीं दे रहे। मगर साथ ही यह भी हक़ीक़त है जहाँपनाह!" मख़्दूम-उल-मुल्क की अगली दलील का अन्दाज़ कर अबुल फ़ज़ल ने अरबी ज़बान की क़ुरआने-पाक में से सूरा अत-तौबा की बारहवीं आयत को पढ़ना शुरू किया, "कि अल्लाह तआला यह हुक्म भी देते हैं : 'तुम्हारे दीन में ऐब निकालें, तो कुफ़्र के सरदारों से जंग करो।' कुफ़्र के सरदारों को क़त्ल करने का हुक्म अल्लाह तआला नहीं दे रहे आलमपनाह! सिर्फ़ उनसे जंग करने का फ़रमान जारी कर रहे हैं। और यह जंग जिस्मानी हो यह तो ज़रूरी नहीं! जंग तो जहाँपनाह ज़ेहनी तौर पर भी लड़ी जा सकती है, और ऐसी जंग बनिस्बतन ज़्यादा असरदार ही होती है।"

क़ुरआन में से हवाला देते वक़्त अबुल फ़ज़ल अरबी ज़बान में आवाज़-ए-बुलन्द से और तलफ़्फ़ुज़ का ख़ास ख़याल इस तरह रखते हुए आयतें पढ़ रहा था कि हर लफ़्ज़ अलहदा-अलहदा साफ़-साफ़ समझ में आए और जहाँ वह ज़रूरी समझता था वहाँ अरबी अल्फ़ाज़ के मानी में बारीक फ़र्क़ भी समझाता जा रहा था। अरबी ज़बान में एक ही लफ़्ज़ के कई मानी तो होते ही हैं, किस क़रीने से और किस हवाले से उसका इस्तेमाल हुआ है उसके मुताबिक़ भी मानी बदल जाया करते हैं।

"जहाँपनाह! पैग़म्बर मुहम्मद, सल्लल्लाहु अलैहि वसल्लम, का बार-बार मज़ाक़ उड़ाया गया। मोहतरम हाज़िरीन देख सकते हैं कि क़ुरआने-पाक की सूरा अल-हिज्र

में कहा हुआ है : 'और वह काफ़िर बोले ऐ वह शख़्स जिस पर क़ुरआन उतारा गया है बेशक तू दीवाना है।' फिर सूरा अल-मोमिनून में रसूलुल्लाह, सल्लल्लाहु अलैहि वसल्लम, की बाबत काफ़िर यह कहते हुए मिलते हैं : 'वह कुछ भी नहीं मगर एक आदमी है जिसको जुनून हो गया है।' लोगों ने उन्हें फ़रेबी व झूठा माना और उनकी बातों पर यक़ीन करने के लिए कोई करिश्मा दिखाने के लिए उनसे कहा, जैसा कि सूरा अल-इस्रा से ज़ाहिर है। इसके अलावा सूरा अल-नहल में रसूलुल्लाह, सल्लल्लाहु अलैहि वसल्लम, से अल्लाह तआला फ़रमाते हैं : 'वह काफ़िर कहते हैं इसके सिवा नहीं कि तुम ख़ुद गढ़ लेते हो।' और यह भी : 'और हम ख़ूब जानते हैं कि वह कहते हैं कि इसके सिवा नहीं कि उसे एक आदमी सिखाता है।' फिर सूरा हा मीम अस-सज्दा में अल्लाह तआला फ़रमाते हैं : 'और उन लोगों ने कहा जिन्होंने कुफ्र किया कि तुम इस क़ुरआन को सुनो ही मत, और अगर सुनाने लगें तो इसमें गुल मचाओ'।"

"जहाँपनाह! यहाँ शायद ही कोई समझ पा रहा है कि इतना सब बयान कर मियाँ अबुल फ़ज़ल आख़िर साबित क्या करना चाह रहे हैं?" इस लम्बी तक़रीर से मख़्दूम-उल-मुल्क न सिर्फ़ अपना सब्र खो रहा था बल्कि अबुल फ़ज़ल का पलड़ा भारी होते हुए देख उसे बेचैनी भी हो चली थी।

"मैं यह बताना चाह रहा हूँ जहाँपनाह! कि इस सबके बावजूद अल्लाह तआला काफ़िरों को इस जहाँ में सज़ा देने की हिदायत मोमिनों को नहीं दे रहा। सूरा अल-नहल में अल्लाह तआला फ़रमाते हैं : 'और जिन लोगों ने कुफ्र किया और अल्लाह की राह से रोका हम उनके लिए अज़ाब पर अज़ाब बढ़ा देंगे।' और अज़ाब वह सज़ा है जो अपने गुनाहों के लिए इनसान उस दूसरी दुनिया में पाएगा, मरने के बाद। अल्लाह तआला दीनदारों को कहीं भी यह हिदायत नहीं दे रहे कि इस दुनिया में ही काफ़िरों को कुफ्र के गुनाह की वे सज़ा दें। सूरा अल-हिज्र में अल्लाह बताते हैं और ताकीद करते हैं : 'जिन लोगों ने क़ुरआन को टुकड़े-टुकड़े कर डाला हम उन सबसे ज़रूर पूछेंगे उसकी बाबत जो वह करते थे पर जिस बात का आपको हुक्म दिया गया है साफ़-साफ़ कह दें और मुशरिकों से एराज़[1] करें।' अल्लाह सुबहानु व तआला मोमिनों को यह हुक्म नहीं दे रहा जहाँपनाह कि क़ुरआने-पाक को फाड़ देने वालों को वे सज़ा दें। बल्कि यह हिदायत दे रहा है कि उनसे वे मुँह मोड़ लें। उन्हें वे नज़रअन्दाज़ करें। आगे इसकी वजह भी अल्लाह तआला फ़रमाते हैं : 'बेशक मज़ाक़ उड़ाने वालों के लिए हम काफ़ी हैं'।"

"वल्लाह! क्या ख़ूब कहा है तुमने मियाँ अबुल फ़ज़ल। आफ़रीन!" अकबर की आँखें ख़ुशी से चमक उठीं। "क्या इसके बाद भी कुछ कहने को बाक़ी रहा है? जनाब शेख़ अब्दुन्नबी और मख़्दूम-उल-मुल्क साहब की क्या राय है?"

लेकिन उन दोनों ने जैसे सुना ही नहीं। वे तो आँखें फाड़े अबुल फ़ज़ल को देखते बैठे थे। पहली दफ़ा वे दोनों ऐसे रक़ीब से मुक़ाबिल हुए थे जिसका न सिर्फ़ क़ुरआने-पाक पर मुकम्मल इख़्तियार था बल्कि अरबी ज़बान में भी जिसे ज़बर्दस्त महारत हासिल थी। इसके पहले जब वे किसी मुबाहिसे में अपना दावा सही साबित करने के लिए वाजिब दलील पेश करने में नाकाम हो रहते तो अपनी आँखों की पुतलियों को

1. मुँह फेर लेना, विमुख होना, उपेक्षा प्रकट करना।

ऊपर घुमाते, चेहरे पर एक राज़ भरी मुस्कान ले आते और फिर उस 'जाहिल' रक़ीब के लिए अपनी निगाह में हिक़ारत व रहम के मिले-जुले जज़्बात लाकर क़ुरआने-पाक या सुन्ना और अहादीस में से कोई इबारत अरबी ज़बान में कहकर, जिस ज़बान पर मुकम्मल इख़्तियार आम तौर पर कम ही लोगों का हुआ करता था, उसके मानी इस मानिन्द कर देते जिससे कि उलझे हुए हालात से बच निकलने का रास्ता उन्हें मिल जाए। यह वही तरीक़ा था जो हिन्दू ब्राह्मण और पंडित सदियों से इस्तेमाल करते चले आ रहे थे, जिसमें वे अपनी ग़ैरवाजिब बात को भी सही साबित करने के लिए संस्कृत भाषा के धर्मशास्त्रों से उद्धरण देते और फिर आम लोगों को संस्कृत की ज़्यादा समझ न होने का फ़ायदा उठाकर उस उद्धरण की व्याख्या अपनी सहूलियत के हिसाब से कर लिया करते।

अपनी इस तरह की उलझनों से बच निकलने का वह रास्ता शेख़ अब्दुन्नबी और मख़्दूम-उल-मुल्क को अब बन्द होता नज़र आ रहा था। इसे लेकर मख़्दूम-उल-मुल्क ख़ास तौर पर हैरान-परेशान दिखाई दिया और अबुल फ़ज़्ल इसका पूरा लुत्फ़ उठा रहा था। उसका पुराना हिसाब जो आज चुकता हो रहा था!

गर्दिश के उस दौर को याद करके अबुल फ़ज़्ल के आँसू आज भी बह निकलते हैं जब उसके वालिद शेख़ मुबारक के साथ वह और उसका छोटा भाई अबुल फ़ैज़ी मख़्दूम-उल-मुल्क के ख़ौफ़ से भागते फिरे थे और जिसके दबदबे की वजह से दोस्तों के दरवाज़े भी उनके लिए बन्द हो गए थे। गिरफ़्तार होने और हलाक कर दिए जाने की दहशत में रातें उनकी जागते हुए बीता करती थीं और दिन यहाँ से वहाँ भागते हुए, उन ख़ौफ़ज़दा ख़रगोशों की तरह जिनके पीछे ख़ूँखार शिकारी कुत्ते पड़े हुए हों।

दरअसल, कई लोगों ने अपने ख़िलाफ़ जारी मख़्दूम-उल-मुल्क के ग़ैरवाजिब फ़तवों से परेशान-हाल हो शेख़ मुबारक से इल्तिजा की कि वह उनकी मदद करें और शेख़ ने, दीनी-इल्म के मामले में जिसका कोई सानी नहीं था, क़ुरआने-पाक और सुन्ना के हवाले से उन फ़तवों में ख़ामियाँ और ग़लतियाँ ज़ाहिर कर दीं जिस वजह से मख़्दूम-उल-मुल्क के कई फ़तवे रद्द हो गए। इसकी कीमत शेख़ मुबारक को मख़्दूम-उल-मुल्क की नफ़रत व ग़ुस्से का शिकार होकर चुकानी पड़ गई और महदवी होने का ठप्पा किसी पर चस्पाँ कर देना उसके लिए सबसे आसान काम था।

"जहाँपनाह! शेख़ मुबारक महदवी हो गया है," अपना फ़तवा अकबर को पेश करते हुए मख़्दूम-उल-मुल्क बोला। "उसे फ़ौरन हलाक किया जाना निहायत ज़रूरी है।"

यह वाक़या अकबर के गुजरात को फ़तह करने और मुस्तफ़ा बन्दगी के साथ हुई उसकी मुलाक़ात और बात के कई साल पहले का है।

"मख़्दूम-उल-मुल्क साहब!" बाअदब अकबर उससे मुख़ातिब हुआ, "यह मसला दीन से ताल्लुक़ रखता है। लिहाज़ा इस मामले में फ़ैसला आपके ही हाथों में है। आपको इख़्तियार है कि उसे आप गिरफ़्तार करवाएँ और क़ानूनी तौर पर जो भी कार्रवाई वाजिब हो उस पर अमल किए जाने के फ़रमान पर हमसे मोहर लगवाएँ।"

और इस तरह शेख़ मुबारक नागौरी को हलाक किए जाने का फ़रमान अकबर की मोहर से जारी हो गया।

इस बात की ख़बर होते ही अपने दोनों बेटों को साथ ले शेख़ मुबारक आगरा से भाग खड़ा हुआ और मदद माँगने शेख़ सलीम चिश्ती के पास जा पहुँचा। मगर उन्होंने इस मामले में दख़ल देने से इनकार करते हुए शेख़ मुबारक को गुजरात भाग जाने की सलाह दी जो तब तक अकबर की सल्तनत का हिस्सा नहीं था। शेख़ मुबारक अहमदाबाद जाकर बस गया और वहाँ भी उसने अपने इल्म और नेकदिली की बदौलत काफ़ी नाम कमाया। कई साल बाद जब मिर्ज़ा अज़ीज़ कोका गुजरात का सूबेदार मुक़र्रर हुआ और शेख़ मुबारक से मुतास्सिर होकर उसने अकबर से उसकी ज़ोरदार पैरवी की, उसके बाद ही शेख़ को हलाक किए जाने का फ़रमान मंसूख़ हो पाया।

अपने दोनों पेशवाओं को ख़ामोश देख वहाँ मौजूद आलिम, क़ाज़ी, मुफ़्ती, मौलवी और मुल्ला आपस में खुसुर-फुसुर करने लग गए थे। और फिर जब अपनी निगाहें उठाकर उन्होंने अबुल फ़ज़ल को देखा तो उनमें उसके लिए एक नई इज़्ज़त थी, अबू जहल[1] कहकर जिसका मज़ाक़ शेख़ अब्दुन्नबी, मख़्दूम-उल-मुल्क और उनके चमचे उड़ाया करते थे।

मख़्दूम-उल-मुल्क ने शेख़ अब्दुन्नबी के क़रीब झुककर धीमी आवाज़ में उसके साथ कुछ मशविरा किया और यकायक हुए इस हमले का मुक़ाबला करने की तरकीब नए सिरे से तय करने के बाद अहादीस के अखाड़े के रुस्तम शेख़ अब्दुन्नबी ने मोर्चा सँभाला।

"जहाँपनाह! इमाम अल-बुख़ारी ने एक सही हदीस में यह रिवायत कही है। काअब बिन अल-अशरफ़ नाम का एक यहूदी मोमिनों के लिए निहायत ही ज़िल्लत से भरे हुए शेर कहा करता था जो हमारे मोहतरम पैग़म्बर मुहम्मद, सल्लल्लाहु अलैहि वसल्लम, को बेहद नागवार गुज़रते थे। तब उसे हलाक किए जाने का फ़रमान सुनाते हुए उन्होंने पूछा : "इस आदमी से कौन मुझे निजात दिलाएगा?" कई मुसलमान इस काम के लिए आगे आए और ख़ंजर से उसे हलाक कर दिया। एक और सही हदीस में अब्दुर्रज्ज़ाक़ की मार्फ़त यह रिवायत है कि एक शख़्स रसूलुल्लाह, सल्लल्लाहु अलैहि वसल्लम, को लानत भेजा करता था और उन्होंने फ़रमाया : 'मेरे इस दुश्मन से कौन मेरी हिफ़ाज़त करेगा?' अज़-ज़ुबैर बोला मैं करूँगा और उसने जाकर उसका क़त्ल कर दिया। अहादीस में एक और भी रिवायत है कि एक औरत हमारे पैग़म्बर मुहम्मद, सल्लल्लाहु अलैहि वसल्लम, को कोसती रहती थी और उन्होंने पूछा : 'इस दुश्मन से मुझे कौन महफ़ूज़ करेगा?' तब सैफ़-अल्लाह[2] खालिद इब्ने अल-वालिद ने जाकर उसे हलाक कर दिया।"

---

1. अम्र इब्ने हिशम क़ुरेशी को उसकी बुद्धिमत्ता और ज्ञान की वजह से मक्का में अबु अल-हकम यानी 'बुद्धिमान न्यायकर्ताओं का पिता' कहा जाता था। मगर किसी व्यक्ति की बुद्धिमानी और ज्ञान अगर उसे इस्लाम की तरफ़ न ले जाए तो वह दरअसल अज्ञानी और मूर्ख है, इस धारणा की वजह से पैग़म्बर मुहम्मद ने उसे अबु जहल यानी 'मूर्खों का पिता' ख़िताब दिया। वह न सिर्फ़ इस्लाम का घोर विरोधी था बल्कि मुहम्मद साहिब को पैग़म्बर मानने से भी इनकार कर उनका वह कट्टर दुश्मन बन बैठा था।
2. अल्लाह की तलवार; मुहम्मद साहब के बेहद कामयाब सिपहसालार होने की वजह से उन्हें यह ख़िताब दिया गया था।

ठहरकर शेख़ अब्दुन्नबी ने चारों तरफ़ नज़र दौड़ाई और उलेमा व मुल्लाओं की निगाहों व मुस्कुराहटों में अपने लिए तारीफ़ पढ़कर नए जोश के साथ उसने अपनी तक़रीर आगे बढ़ाई।

"जहाँपनाह! एक और हदीस के मुताबिक़ इब्ने क़ानी ने बताया कि एक शख़्स पैग़म्बर मुहम्मद, सल्लल्लाहु अलैहि वसल्लम, से मिलने आया और कहने लगा : 'ओ रसूलुल्लाह! अपने वालिद को मैंने आपके बारे में वाहियात बातें करते हुए सुना तो उनका मैंने क़त्ल कर दिया।' और पैग़म्बर मुहम्मद, सल्लल्लाहु अलैहि वसल्लम, यह सुनकर परेशान नहीं थे। ऐसी ही एक रिवायत अहादीस में और भी है जिसमें एक औरत पैग़म्बर मुहम्मद, सल्लल्लाहु अलैहि वसल्लम, को लेकर तंज़ भरे मज़ाक़ किया करती थी और रसूलुल्लाह, सल्लल्लाहु अलैहि वसल्लम, ने दरयाफ़्त किया : 'मेरी ख़ातिर कौन उससे निपटेगा?' तब उस औरत के फ़िरक़े का ही एक शख़्स बोला : 'मैं निपट लूँगा, ओ रसूलुल्लाह!' और उस आदमी ने जाकर उस औरत को हलाक कर दिया। एक अन्धे आदमी की वालिदा की बाबत भी यह सही हदीस है कि पैग़म्बर मुहम्मद, सल्लल्लाहु अलैहि वसल्लम, को वह बुरा-भला कहा करती थी। उस अन्धे आदमी ने अपनी वालिदा को बहुत फटकारा और ऐसा करने से उसे रोकने की कोशिश की लेकिन उस औरत ने अपने बेटे की एक न सुनी। एक रात जब उस औरत ने पैग़म्बर मुहम्मद, सल्लल्लाहु अलैहि वसल्लम, को कोसना और उन पर लानत भेजना शुरू किया तो उसके बेटे ने उसे हलाक कर दिया। फिर उसने आकर रसूलुल्लाह, सल्लल्लाहु अलैहि वसल्लम, से अपने जुर्म का इक़रार किया। तब रसूलुल्लाह, सल्लल्लाहु अलैहि वसल्लम, ने उससे कहा कि दियत[1] उस पर फ़र्ज़ नहीं है।"

आलिम, क़ाज़ी, मुफ़्ती, मौलवी और मुल्ला, सभी के चेहरों पर मायूसी के सायों की जगह अब उम्मीद और ख़ुशी के उजाले ने ले ली थी और "वल्लाह! सुभानअल्लाह! करामात! करामात!!" की आवाज़ों से दीवानख़ाना-ए-आम गुलज़ार हो उठा था। शेख़ अब्दुन्नबी का चेहरा भी ख़िल उठा और अबुल फ़ज़ल को उसने ऐसे मुक्केबाज़ के अन्दाज़ में देखा जिसने अभी-अभी अपने रक़ीब को ज़ोरदार घूँसा रसीद कर पूरे दस अंक हासिल कर लिये हों।

मगर अकबर के चेहरे से साफ़ ज़ाहिर था कि उसे फ़िक्र हो चली थी कि शेख़ अब्दुन्नबी ने जो यह नया मोर्चा खोल दिया है, इस पर मुक़ाबले के लिए अबुल फ़ज़ल के पास माक़ूल हथियार हैं भी कि नहीं? अबुल फ़ज़ल अब तक अपने बादशाह को बड़ी अच्छी तरह समझने लगा था और उसकी ज़ेहनी हालत का अहसास कर उसने भी अपना पैंतरा बदला।

"जहाँपनाह! जहाँ तक इन अहादीस का ताल्लुक़ है जिनका ज़िक्र आली जनाब सद्र-उस-सुदुर ने किया है और जिनकी बुनियाद पर इस मामले में फ़ैसले पर पहुँचने की कोशिश वे कर रहे हैं, यहाँ मौजूद आलिम-फ़ाज़िल शख़्सियात को यक़ीनन यह इल्म होगा कि ऐसे वाक़िये चन्द ही थे और जो भी थे वे ख़ास उलझन का मुक़ाबला करने के लिए ख़ास मौक़ों पर किए गए अमल थे। उसूलन या बतौर दस्तूर ऐसे फ़ैसले कभी

1. ख़ून की क़ीमत, प्राणदंड के बदले हत्यारे से मृतक के परिवारजनों को दिलवाई जानेवाली राशि।

नहीं लिये गए थे। इसके अलावा जहाँपनाह! ख़ास तवज्जो देने और ग़ौर करने की बात यह है कि कलमा-ए-कुफ्र के लिए सज़ा-ए-मौत देने का कोई आम फ़रमान पैग़म्बर मुहम्मद, सल्लल्लाहु अलैहि वसल्लम, ने कभी जारी नहीं किया। यहाँ मौजूद आलिम फ़ाज़िल हाज़िरीन को मैं दावत-ए-मुक़ाबला देता हूँ कि ऐसा कोई फ़रमान सुन्ना या सही अहादीस में से वे लेकर आएँ!"

आलिम, क़ाज़ी, मुफ़्ती, मौलवी और मुल्ला एक-दूसरे का मुँह देखते रहे मगर कहा किसी ने कुछ नहीं। अबुल फ़ज़्ल के होंठों पर फ़तह की मुस्कान तैर गई।

"जहाँपनाह! मक्का के ज़्यादातर बाशिन्दे रसूलुल्लाह, सल्लल्लाहु अलैहि वसल्लम, के न सिर्फ़ ख़िलाफ़ थे बल्कि उनके जानी दुश्मन भी बन बैठे थे। उन्होंने नबीउल्लाह, सल्लल्लाहु तआला अलैहि वसल्लम, की बार-बार तौहीन की। उनकी लानत-मलामत की। उनकी बेइज़्ज़ती की। और उनका क़त्ल करने की कोशिशें भी मक्का वालों ने कई दफ़ा की। उन जाहिल लोगों ने हमारे पैग़म्बर मुहम्मद, सल्लल्लाहु अलैहि वसल्लम, का मज़ाक़ भी सैकड़ों बार उड़ाया और अल्लाह की आयतों की कई दफ़ा इहानत भी की। आलमपनाह! कलमा-ए-कुफ्र के गुनाह की सज़ा अल्लाह के हुक्म से अगर मौत होती तो पैग़म्बर मुहम्मद, सल्लल्लाहु अलैहि वसल्लम, ने जो कि अल्लाह के फ़रमान से ज़र्रा बराबर भी कभी इधर से उधर नहीं हुए और जिन्होंने अल्लाह के हर हुक्म पर ताज़िन्दगी शिद्दत के साथ अमल किया, मक्का पर फ़तह हासिल कर लेने के बाद यक़ीनन वहाँ के बाशिन्दों का क़त्ले-आम किए जाने का हुक्म दे दिया होता। लेकिन उन्होंने ऐसा कुछ नहीं किया। न केवल सबको माफ़ी उन्होंने अता कर दी बल्कि अल्लाह से उनके लिए रहमत की दुआ भी की। मक्का में जो उनके जानी दुश्मन हुआ करते थे उनमें से कई तो उनके नज़दीकी हमराह बन गए जिन्हें आज हम सहाबा कहकर पुकारते है और जो आज हमारे लिए क़ाबिले एहतिराम हैं।"

अबुल फ़ज़्ल ने ठहरकर लम्बी साँस लेते हुए अकबर की तरफ़ देखा और अपने बादशाह के चेहरे पर फ़िक्र की जगह मुस्कान देखकर उसका दिल ख़ुशी से लबरेज हो उठा।

"जहाँपनाह! *तौरात*[1] का मुतालआ करते वक़्त मैंने देखा कि उसमें कलमा-ए-कुफ्र के लिए सज़ा साफ़ तौर पर मुक़र्रर की हुई है। उसमें कहा गया है : 'कोई शख़्स जो यहोवा के नाम के ख़िलाफ़ बोलता है, ज़रूर मार डाला जाए? सभी लोगों को यक़ीनन उस पर पत्थरबाज़ी करनी चाहिए।' तब मुझे यह ख़याल कर हैरत हुई कि क़ुरआने-पाक, जिसकी बाबत पैग़म्बर मुहम्मद, सल्लल्लाहु अलैहि वसल्लम, ने अपनी ज़िन्दगी में ही एलान कर दिया था कि यह किताबे-पाक मुकम्मल हो चुकी है, उसमें कलमा-ए-कुफ्र के लिए कोई सज़ा तजवीज़ क्यों नहीं की गई, जबकि क़त्ल, ज़िनाकारी, डकैती, चोरी तक़रीबन हर गुनाह के लिए सज़ा उसमें मुक़र्रर की हुई हैं? इस सवाल का जवाब

1. यहूदियों का सबसे महत्त्वपूर्ण धर्मग्रन्थ जो ख़ुदा ने हज़रत मूसा को दिया और उन्होंने इस्राइलियों को दिया। यह पुराने विधान या *Old Testament* के पहले पाँच अध्यायों के रूप में अब *बाइबिल* का हिस्सा है।

आलमपनाह मुझे सूरा आले इमरान में मिला जिसकी एक आयत में अल्लाह तआला कुफ्र करनेवालों की बाबत पैग़म्बर मुहम्मद, सल्लल्लाहु अलैहि वसल्लम, से फ़रमाते हैं : 'आपका इसमें दख़ल नहीं कुछ भी, अल्लाह उनकी तौबा क़बूल करे या उन्हें अज़ाब दे'।"

"बहुत ख़ूब, मियाँ अबुल फ़ज़ल!" इस आख़िरी दलील को सुनकर तो अकबर ख़ुशी से उछल पड़ा। "और जनाब सद्र उस-सुदुर को मैं भी एक हदीस याद दिलाना चाहूँगा जो तक़रीबन दस साल पहले उन्होंने जौनपुर में मुझसे कही थी। पैग़म्बर मुहम्मद, सल्लल्लाहु अलैहि वसल्लम, एक दफ़ा अल्लाह का पैग़ाम देने ताइफ़ नाम के शहर में गए तो वहाँ के बाशिन्दों ने उनके साथ बदसलूकी की व उन पर पत्थर फेंके। मगर जब अल्लाह तआला के फ़रिश्ते ने आकर उनसे कहा कि इस गुस्ताख़ी के लिए ताइफ़ के बाशिन्दों को वह तबाह कर देना चाहता है। तब उन लोगों की ग़लतियों को मुआफ़ कर देने का पैग़म्बर मुहम्मद, सल्लल्लाहु अलैहि वसल्लम, ने उससे इसरार किया। मैं नहीं समझ पा रहा हूँ शेख़ साहब कि पैग़म्बर मुहम्मद, सल्लल्लाहु अलैहि वसल्लम, पर लानत भेजना उनके साथ बदसलूकी करने और उन पर पत्थर फेंकने से ज़्यादा संगीन जुर्म किस तरह हो गया?"

शेख़ अब्दुन्नबी के पास इस सवाल का कोई जवाब नहीं था। लेकिन अपनी बात बनाए रखने के लिए उसने अपने एक पुराने हथकंडे का इस्तेमाल किया। अपने दोनों हाथों को उसने इस तरह फेंका जैसे कि इस बहस में एक ऐसे शख़्स के साथ वह नहीं उलझना चाहता जिसका दर्जा इल्म और अक़्ल दोनों में ही उससे कहीं कमतर है और बोला, "जहाँपनाह! मैं पहले ही अर्ज़ कर चुका हूँ कि इस मुक़दमे की सुनवाई शाही दरबार में ही की जाए। या फिर साफ़-साफ़ मुझे बता दिया जाए कि आलमपनाह की क्या मंशा है?"

"बार-बार आप वही बात क्यों दोहराया करते हैं?" ग़ुस्से में अकबर की आवाज़ तेज़ हो गई। "और आपके महकमे में मैं क्यों दख़ल दूँ? अभी यहाँ जो मुबाहिसा हुआ है उसकी रोशनी में और सही क़ानून की बिना पर इस मुक़दमे में आप ख़ुद फ़ैसला करें, बग़ैर डर के और बग़ैर तरफ़दारी के।"

इसके बाद भी मथुरा का वह ब्राह्मण कई महीनों तक क़ैदख़ाने में सड़ता रहा मगर कोई फ़ैसला करना तो दूर रहा, शेख़ अब्दुन्नबी ने मुक़दमे में सुनवाई तक नहीं की। इसी दौरान अकबर अजमेर और फिर पंजाब के दौरे पर निकल गया। जब वह वापस लौटा तो उसे शिकायत मिली कि ब्राह्मण अभी तक क़ैदख़ाने में है और उसका मुक़दमा अभी तक भी शुरू नहीं हुआ। फ़ौरन उसने शेख़ अब्दुन्नबी को दीवानख़ाना-ए-ख़ास में तलब किया और सख़्त लहजे में उससे पूछा,

"शेख़ साहब! मुझे इत्तिला हुई है कि बरहमन के मुक़दमे में आपने अभी तक कोई फ़ैसला नहीं किया है। क्या मैं वजह जान सकता हूँ?"

"जहाँपनाह! यह मसला बेहद नाज़ुक और पेचीदा है। बेहतर होगा अगर आलमपनाह ही इस मुक़दमे की सुनवाई करें और इस पर फ़ैसला लें।"

"आप एक ही बात क्यों दोहराए जाते हैं?" शेख़ अब्दुन्नबी के ज़िद्दी रवैए से

अकबर चिढ़ उठा और तक़रीबन डाँटने के अन्दाज़ में बोला। "जो आपको सही मालूम होता है वह फ़ैसला आप लें! और जल्द लें!"

शेख़ अब्दुन्नबी फ़ौरन दीवानख़ाना-ए-ख़ास से निकल पड़ा व अपनी अदालत पहुँचकर उसने ब्राह्मण को बुलवा भेजा। जब अपना मज़हब इस्लाम में तब्दील करने और हलाक होने में से एक अंजाम चुनने का उसे मौक़ा दिया गया तो ब्राह्मण ने पैग़म्बर मुहम्मद पर फिर लानत भेजी। लिहाज़ा शेख़ अब्दुन्नबी ने उसे सज़ा-ए-मौत सुना दी। और तस्दीक़ के लिए फ़ैसले को बग़ैर बादशाह के सामने पेश किए, जैसा कि सज़ा-ए-मौत के हर फ़ैसले पर अमल के पहले लाज़िमी था, उसी दम ब्राह्मण को उसने हलाक करवा दिया।

उस तक ही पहुँचते हैं सभी रास्ते

हम्माम में सफ़ेद संगमरमर के एक बड़े चिकने पत्थर पर बैठा हुआ अकबर हज्जाम से अपने बाल कटवा रहा था।

यह एक हश्त-पहलू कमरा था जिसके साथ लगा हुआ एक और कमरा लिबास बदलने के लिए था। हम्माम की छत के बीचोबीच एक गुम्बदनुमा खिड़की थी जिसे गुम्बद की ही शक्ल के लोहे से बने ढाँचे में नीम-शफ़्फ़ाफ़ संगमरमर को बिठाकर बनाया गया था और जिसमें से छनकर भरपूर रोशनी अन्दर पहुँच रही थी।

इस हम्माम की मोटी दीवारों में बिठाई हुई मिट्टी की नलकियाँ छत पर बने हौज़ से जुड़ी हुई थीं जिनसे होकर पानी हम्माम के अन्दर लगे नलों में पहुँचता था। गर्म पानी के लिए दीवारों में अलग नलकियाँ थीं जो छत पर ही भट्टी के ऊपर बने हुए दूसरे हौज़ से जुड़ी थीं।

अकबर के बाल काटते और उसके नाख़ून तराशते वक़्त हज्जाम का दिमाग़ पूरी तरह इस बात में लगा हुआ था कि सुन्ना में दिए गए तरीक़े के मुताबिक़ ही यह काम हो। मगर सिर झुकाए व आँखें मूँदे हुए बैठे अकबर का दिमाग़ हम्माम में न होकर कहीं और था। उसे पता ही नहीं चला कि हज्जाम ने कब ताज़ा पके हुए रीठे में से गूदा निकाला और उसे उसके गालों पर लगाया जिससे कि उसकी दाढ़ी के बाल नर्म हो जाएँ। लेकिन जब ताँबे के उस्तुरे को चमड़े के पट्टे पर रगड़कर उसकी धार पैनी करने के बाद हज्जाम ने उसे उसके गालों पर चलाना शुरू किया तो उसकी नज़र अपने सामने रखे बड़े-से आईने की तरफ़ उठ गई।

उसकी आँखों के नीचे सियाह गड्ढे बन गए थे और चेहरे पर मुर्दनी छाई हुई थी। इधर कुछ महीनों से वह ज़ेहनी परेशानियों के दौर से गुज़र रहा है, और ख़ुद को बेहद अकेला भी महसूस कर रहा है। सलीमा को हज पर गए तीन साल होने को आए और हीरा कुँवर ने उस रोज़ से उससे अबोलाकर रखा है जिस रोज़ बरहमन को हलाक किया गया था। हालाँकि अब भी वह रोज़ सुबह सुनहरा मकान जाता है और हीरा कुँवर को उसके इन्तज़ार में पाता है, अपनी माँग में सिन्दूर भरवाने के लिए। लेकिन वह न तो उससे कुछ बोलती है और न ही उससे वह आँखें मिलाती है।

एक सुबह उसकी माँग में सिन्दूर भर जाने के बाद मुड़कर जब वह जाने लगी तो अकबर ने उसका हाथ पकड़ लिया।

"इसमें मेरी कोई ग़लती नहीं थी। उस बरहमन को बचाने की मैंने पूरी कोशिश की थी।"

"क्या जहाँपनाह मुझसे यह यक़ीन करने के लिए कह रहे हैं," तीखी नज़रों से

अकबर को घूरते हुए हीरा कुँवर सीधी तनकर खड़ी हो गई, "कि हिन्दुस्तान का सबसे ताक़तवर शख़्स जिसकी सिर्फ़ मौजूदगी ही दुश्मन के दिल और दिमाग़ को ख़ौफ़ से भर देती है, एक मुल्ला के आगे बेबस था जो कि शहंशाह-ए-आलम का अदना-सा मुलाज़िम भर है?"

अकबर के पास कोई जवाब न था, कम से कम ऐसा जवाब तो नहीं ही था जिसे कि हीरा कुँवर समझ सके।

'सलीमा यहाँ होती तो मेरी मुश्किल को वह यक़ीनन समझती।' सलीमा की कमी को अकबर अब बेइन्तिहाई तौर पर महसूस करने लगा था।

बोझिल पलकों से अधमुँदी हो रही अपनी आँखों को आईने में देखते हुए अकबर को याद आया कि सलीमा उसकी आँखों पर कैसी फ़िदा रहा करती थी। "तुम्हारी आँखों को जब-जब देखती हूँ तो ऐसा महसूस होता है जैसे कि उनमें गहरे कहीं कोई ख़्वाब बसा हुआ है, तुम्हारी भारी पलकें और लम्बी भौंहें जिसे ज़माने से पोशीदा रखने की कोशिश में मशग़ूल हैं।"

सलीमा की याद अकबर के दिल में टीस उठाने लगी।

सलीमा की ही सलाह पर अकबर ने अपने सिर पर लम्बे बाल और कान की लौ के नीचे तक आती क़लम रखनी शुरू की थी। "इससे तुम ज़्यादा रूमानी नज़र आओगे।" यह कहकर सलीमा ने उसके गालों का लम्बा बोसा ले लिया था, अकबर को याद आया और अनजाने ही अपना गाल वह सहलाने लगा।

लम्बी झुकी हुई मूँछें रखने का मशविरा भी उसका ही था। और अकबर का अन्दाज़-ए-लिबास भी उसने ही तय कर दिया था। ख़ुद खड़े होकर दर्जी से उसने हलके बादामी रंग का घुटनों तक आता ज़ामा बनवाकर उस पर उसी रंग के धागों से कशीदाकारी करवाई थी। तब से वह हमेशा ऐसा ही लिबास पहनता आया है। पहले के सुल्तानों और राजपूत राजाओं सरीखे सोने के हार, बालियाँ व हीरे-माणिक जड़ी अँगूठियाँ वह पहने यह भी सलीमा को पसन्द नहीं था। उसकी सलाह ही पर वह सिर्फ़ एक हार अपने गले में पहना करता है जिसमें मोतियों की अलग-अलग लम्बाई की तीन लड़ियाँ रेशमी धागे में पिरोई हुई होती हैं।

"मथुरा के उस बरहमन की बाबत लोग क्या कहते हैं?" उसकी दाढ़ी बना चुकने के बाद उसके सिर में सरसों के तेल की मालिश कर रहे हज्जाम से अकबर ने दरयाफ़्त किया।

"लोग ग़ुस्से में हैं जहाँपनाह! उन्हें यह यक़ीन ही नहीं होता कि बादशाह सलामत की मर्ज़ी के ख़िलाफ़ बरहमन को हलाक किया गया होगा।"

यह सुनना अकबर के लिए बेहद तकलीफ़देह था।

'हाँ! मैं ही ज़िम्मेदार हूँ उस बरहमन की मौत का! ज़िम्मेदार हूँ क्योंकि एक बदकार मुल्ला को मैंने वह इज़्ज़त बख़्शी जिसके कि वह लायक़ नहीं था! उस बदज़ात का ग़ुरूर तो मिस्र के फ़िरऔन को भी शर्मसार कर दे।' ग़ुस्से से अकबर की मूँछें फड़कने लगीं। 'अबुल फ़ज़ल ने उस कमबख़्त को काफ़ी से भी ज़्यादा सबूत दे दिए थे कि कलमा-ए-कुफ़्र के लिए सज़ा-ए-मौत दरकार नहीं। उधर राजपूतों ने मेरी जान

खा रखी थी उस बरहमन की रिहाई के लिए। हीरा कुँवर के इसरार पर कबि राय भी यही दरख़्वास्त लेकर मेरे पास आया था। और वह कुतिया का पिल्ला शेख़ जानता था कि मेरी ख़्वाहिश क्या है! फिर भी उसने उस बरहमन को हलाक करवा दिया। मैंने ही उसे इतनी ताक़त बख़्शी। और उस ताक़त का इस्तेमाल उसने मेरे ही ख़िलाफ़ किया!'

इत्र डाले हुए ठंडे पानी से नहा लेने के बाद अकबर के मिज़ाज की गर्मी कुछ कम हुई। ख़रबूज़ा व सन्तरे का नाश्ता कर वह बेदिली से झरोखे में आ बैठा। वहाँ से उठा तो दीवानख़ाना-ए-आम में जा बैठा जिसके आगे बने बड़े खुले अहाते में रोज़ पचास हाथियों को क़तार से उसके सामने मुआयने के लिए पेश किया जाता है। शाही फ़ीलख़ाने के पाँच हज़ार हाथियों में से हरेक को न सिर्फ़ वह पहचानता था बल्कि एक-एक का नाम उसे ज़बानी याद था। इतना ही नहीं, हर हाथी पर उसकी ऐसी निगाह रहती थी कि एक नज़र में उसे मालूम हो जाता था किस हाथी का महावत उसकी ख़ुराक चोरी कर रहा है। लेकिन आज उसका दिल इतना बेजार था कि मुआयना करने में उसका दिल न लगा और उसके सामने से गुज़रते हाथियों के पार कहीं दूर अपनी निगाह टिकाए हुए वह बैठा रहा। उसे मुँह चिढ़ाते हुए अब्दुन्नबी की शक्ल बार-बार उसके ज़ेहन में घूम जाती और रह-रहकर वह ग़ुस्से से भर उठता।

जल्द ही वह अपनी रियाया की फ़रियादें सुन रहा था। इनमें मुक़दमे की सुनवाई के लिए हाज़िर हुए मुद्दई और मुद्दआअलैह[1] थे। हुकूमत के ओहदेदारों की ज़्यादती, तरफ़दारी या रिश्वतख़ोरी से परेशान शिकायती थे। रोज़गार या वज़ीफ़े के आरज़ूमन्द भी इनमें थे और ख़ैरात के तलबगार भी।

अभी वह इन अर्ज़ियों को सुन ही रहा था कि गुजरात से पाँच रोज़ पहले चला पैग़ाम एक बरीद ले आया। यह मक्का से भेजा हुआ सलीमा बेगम का ख़त था। हिन्दुस्तान से उसके साथ ज़ियारत के लिए वहाँ पहुँचे सभी लोगों को सुल्तान मुराद ने जल्द से जल्द शहर ख़ाली करने का फ़रमान सुना दिया है। वजह फ़रमान में यह बताई गई कि मक्का में उनके मुक़ाम का वक़्त ज़्यादा हो गया है। सलीमा ने ख़त में इस बात को लेकर परेशानी ज़ाहिर की कि इस फ़रमान के बाद मक्का का शरीफ़ वापस जाने के लिए उन पर दबाव बना रहा है।

अकबर के ग़ुस्से की इन्तिहा नहीं थी। 'बादशाह-ए-हिन्दुस्तान के ख़ानदान के साथ ऐसा सुलूक सुल्तान मुराद कैसे कर सकता है?' तूरान के सुल्तान अब्दुल्लाह ख़ान उज़्बेक की उस पेशकश को नामंज़ूर करने का उसे अफ़सोस होने लगा जिसमें तक़रीबन साल भर पहले उसकी तरफ़ उसने दोस्ती का हाथ बढ़ाया था। इसके साथ ही मिलकर ईरान के शाह इस्माईल को शिकस्त देने के बाद इराक़ पर हमला करने की तजवीज़ भी उसने की थी, जो कि सुल्तान मुराद की सल्तनत का हिस्सा था।

'शाह इस्माईल के वालिद शाह तहमास्प के साथ हमारे सलफ़[2] के रिश्ते दोस्ती और मोहब्बत के रहे हैं।' उज़्बेक सुल्तान के पैग़ाम के जवाब में अकबर ने लिखवाया था। 'और जहाँ तक शरीअत और अक़ीदे में ईरान के साथ नाइत्तेफ़ाक़ी का मामला है,

---

1. वादी और प्रतिवादी।
2. पूर्वज।

उस पर हमला करने की जिसे वाजिब वजह आपने क़रार दिया है, हमारी नज़र में यह जायज़ वजह नहीं।'

शाह तहमास्प के इन्तक़ाल के बाद ईरान पर फ़तह पाना मुश्किल नहीं रहा था। उनका सबसे बड़ा बेटा मुहम्मद ख़ुदाबन्द अंधा था और उससे छोटा बेटा इस्माईल बाईस साल से शाही क़ैद में। लिहाज़ा उससे भी छोटे बेटे हैदर को तख़्तनशीं किया गया। मगर इस्माईल किसी तरह क़ैदखाने से निकल भागने में कामयाब हो गया। उसी रोज़ अपने ग्यारह छोटे भाइयों का उसने क़त्ल कर दिया और अपनी बा-असर व जाह-तलब[1] बहन परी ख़ानम की मदद से तख़्तनशीं हो गया। मगर जब सल्तनत का मज़हब उसने शिया इस्लाम से सुन्नी इस्लाम में तब्दील कर दिया और शियाओं के ख़िलाफ़ दहशतगर्दी का आलम खड़ा कर दिया तो परी ख़ानम ने उसकी शराब में नशीली दवाएँ मिलवाकर अपने ख़िदमतगारों से, जो औरतों के लिबास में उसके हरम में घुस आए थे, बेहोशी की हालत में उसका क़त्ल करवा दिया। परी ख़ानम ने अब अन्धे ख़ुदाबन्द को तख़्तनशीं करवा दिया मगर अपनी बहन की साज़िशी फ़ितरत से ख़ौफ़ खाकर वह साल भर बाद ही तख़्त छोड़कर भाग खड़ा हुआ। जल्द ही परी ख़ानम के मुख़ालिफ़ उसके क़त्ल की साज़िश में कामयाब हो गए और तब से ईरान एक तरह से ख़ानाजंगी[2] के दौर से गुज़र रहा था।

ईरान में हो रहे इन वाक़यात का असर हिन्दुस्तान पर भी हो रहा था। शाह इस्माईल का इन्तक़ाल हो जाने से सुन्नी मुसलमान ग़मज़दा थे क्योंकि सच्चे दीन का रहनुमा चला गया और रसूलुल्लाह के बताए हुए सच्चे मज़हब का जो इक़्तिदार उसने ईरान में क़ायम किया था, शिया मुर्तद उसे ख़त्म किए दे रहे हैं। दूसरी तरफ़ शिया मुसलमान ख़ुशी से पागल हो रहे थे कि असली ईमान का परचम उस मुल्क में फिर लहरा उठा है, जो मुल्क उनके अक़ीदे के लिए हमेशा से एक रोशन मीनार की मानिन्द मज़बूती से खड़ा रहा है।

इस्लाम के पैरोकार मुल्ला, मौलवी, उलेमा के साथ ही ज़्यादातर आम मुसलमान भी अपनी रहनुमाई के लिए हिन्दुस्तान के बाहर ही नज़र जमाए रहते थे। सुन्नी मुसलमान सल्तनत-ए-उस्मानिया को उम्मीद भरी निगाह से ताका करते तो शिया मुसलमान ईरान को। शिया मुसलमानों के लिए तो ईरान के शाह का फ़रमान अल्लाह का हुक्म था क्योंकि वह इमाम अली के ख़ानदान से था और उनकी वफ़ादारी भी इसलिए सबसे पहले उसके ही लिए थी। दूसरी तरफ़ सुन्नी मुसलमान सल्तनत-ए-उस्मानिया के सुल्तान मुराद को इस्लाम का ख़लीफ़ा मानते थे और इसलिए उसके लिए उनकी वफ़ादारी उनके अपने मुल्क हिन्दुस्तान के बादशाह के लिए वफ़ादारी से ऊपर थी। इस रुख़ पर एतराज़ करनेवालों से कहा जाता,

"क्या पैग़म्बर मुहम्मद, सल्लल्लाहु अलैहि वसल्लम, ने नहीं फ़रमाया था कि हर मुसलमान को सबसे पहले इस्लाम के लिए वफ़ादार रहना है, और फिर ख़लीफ़ा के लिए?"

इन हालात से अकबर बाख़बर था और इस वजह से फ़िक्रमन्द भी। एक रोज़ शेख़

1. पद और वैभव की लोलुप।
2. गृहयुद्ध।

मुबारक को तलब कर उनसे अपनी परेशानी उसने बयान की।

शेख़ मुबारक से पहली मुलाक़ात उसकी तब हुई थी जब गुजरात की 'तूफ़ानी फ़तह' के बाद वे उसे मुबारकबाद देने आए थे और उसके ज़बर्दस्त कारनामे की तारीफ़ में चन्द ख़ूबसूरत शेर भी कहे थे। फिर जब उसे उनकी क़ाबिलियत और उनके इल्म की बाबत मालूम हुआ तो मुख़्तलिफ़ मसलों पर राय-मशविरा करने के लिए अकसर ही उन्हें तलब करने लगा। क़ुदरती तौर पर शेख़ मुबारक उसके बाद से उसके क़रीब आते चले गए थे।

"शेख़ साहब! सुल्तान मुराद दुनिया भर के मुसलमानों की वफ़ादारी पर जब अपना दावा जताता है तो मैं फ़िक्रमन्द हो उठता हूँ। मेरे दरबार के कमअक़्ल उलेमा व मुल्ला भी अपनी रहनुमाई और हिफ़ाज़त के लिए उससे ही उम्मीद लगाए रहते हैं, क्योंकि उसे इस्लाम का वे ख़लीफ़ा मानते हैं। शेख़ अब्दुन्नबी के इतना ज़िद्दी व गुस्ताख़ होने की वजह और बुनियाद यही है। वर्ना ऐसी ज़ुर्रत वह नहीं कर सकता था।" मथुरा के ब्राह्मण की मौत को अकबर अपने दिमाग़ से निकाल नहीं पा रहा था।

"जहाँपनाह! कोई जायज़ वजह नहीं कि सल्तनत-ए-उस्मानिया के सुल्तान को ख़लीफ़ा क़बूल किया जाए।" शेख़ मुबारक ने एतराज़ ज़ाहिर किया। "हलाकू ख़ान मंगोल ने जब बग़दाद पर हमला किया और ख़िलाफ़त-ए-अब्बासिया[1] के आख़िरी ख़लीफ़ा अल-मुस्तसिम अपनी दारुल-हुकूमत की हिफ़ाज़त नहीं कर पाए जिसके नतीज़े में पाँच लाख मुसलमान हलाक कर दिए गए, हर मस्जिद को नापाक किया गया और बग़दाद शहर को ऐसा नेस्तनाबूद कर दिया गया कि सैकड़ों सालों तक वह वीराना बना रहा। जहाँपनाह ख़िलाफ़त तो उसी रोज़ ख़त्म हो गई! इसके अलावा भी बग़दाद के ख़लीफ़ा का कोई जायज़ वारिस बाक़ी भी कहाँ रहा है? उस हमले में शिकस्त के बाद गिरफ़्तार होकर ख़लीफ़ा अल-मुस्तसिम तो हलाक हुए ही, उनकी किसी औलाद को भी हलाकू ख़ान ने ज़िन्दा नहीं छोड़ा।"

"तो फिर सुलतान मुराद ख़लीफ़ा होने का दावा किस तरह करता है?" अकबर को ताज्जुब हुआ।

"जहाँपनाह! उस आफ़त और बरबादी के बाद ख़लीफ़ा अल-मुस्तसिम के ख़ानदान के किसी शख़्स को मिस्र के मामलुक सुल्तान ने अल-क़ाहिरा में सिर्फ़ एक ख़िताबी ख़लीफ़ा बनाकर बिठा दिया। अभी साठ साल भी नहीं गुज़रे हैं जब सुल्तान मुराद के शोहरत-याफ़्ता परदादा सुल्तान सलीम ने मिस्र के मामलुक सुल्तान को जंग में शिकस्त देकर उस ख़िताबी ख़लीफ़ा को क़ैद कर लिया और उसके साथ ही पैग़म्बर मुहम्मद, सल्लल्लाहु अलैहि वसल्लम, का परचम और उनकी पोशाक को भी लेकर बड़ी धूमधाम से वह अल-कुंस्तुनतुनिया में दाख़िल हुआ। उसके बाद से उससे ख़लीफ़ा जैसा सुलूक किया जाने लगा और उसने ख़ुद भी ऐसा ही रवैया इख़्तियार कर लिया, अगरचे ख़लीफ़ा का ख़िताब उसने बाक़ायदा और रस्मी तौर पर कभी क़बूल नहीं किया। उसी लिहाज़ से सुल्तान मुराद ख़लीफ़ा समझा जाता है और इसी वजह से वह ख़लीफ़ा होने का दावा भी करता है।"

---

1. इस्लाम के ख़लीफ़ाओं का तीसरा वंश, जिसे इसके संस्थापक अब्बास के नाम पर अब्बासिद वंश कहा जाता है और जिसकी ख़िलाफ़त वर्ष 750 से वर्ष 1258 में मंगोल हमले तक क़ायम रही।

"लेकिन मुझे तो मालूम हुआ है कि मक्का में उसके नाम का ख़ुत्बा पढ़ा जाता है!"

"ऐसा इस वजह से जहाँपनाह कि सुल्तान सलीम ने हिजाज़ को भी फ़तह किया था और मक्का का शरीफ़ सल्तनत-ए-उस्मानिया के मौजूदा सुल्तान मुराद को हिजाज़ का हाकिम क़बूल करता है।"

"ये मुल्ला और उलेमा या तो इस हक़ीक़त को जानते नहीं, या फिर इसे क़बूल नहीं करना चाहते।" अकबर ने अपनी तकलीफ़ बयाँ की। "सुल्तान मुराद को अपना मुहाफ़िज़ समझने का उनका रवैया मुझे बेहद नागवार गुज़रता है।"

यकायक अकबर के दिल में ख़्वाजा फ़रीद गंजशकर की पंजाब के पाकपट्टन में क़ायम दरगाह पर सज्दा करने और अपनी रहनुमाई के लिए उनके दरबार में दरख़्वास्त लगाने की ज़बर्दस्त ख़्वाहिश पैदा हुई और वह पंजाब के लिए रवाना हो गया।

जाते हुए जब दिल्ली में वह ख़्वाजा निज़ामुद्दीन औलिया के मुरीद चिराग़-ए-दिल्ली ख़्वाजा नसीरुद्दीन की दरगाह पर था तो वहाँ शेख़ शरीफ़ अमुली ने आकर उससे मुलाक़ात की। अकबर पहली दफ़ा उससे मालवा में मिला था और उसके इल्म से मुतास्सिर होकर उसे अपने दरबार में मुलाज़मत की उसने पेशकश कर दी थी मगर शरीफ़ अमुली ने क़बूल नहीं की।

शेख़ अमुली ईरान से भागकर हिन्दुस्तान चला आया था क्योंकि नुक़्तविय्या फ़लसफ़ा की हिमायत और वकालत के ज़ुर्म में ईरान के मौजूदा सुल्तान शाह अब्बास ने उसे मौत की सज़ा सुना दी थी।[1]

"जहाँपनाह! पैग़म्बर मुहम्मद आख़िरी नबी नहीं थे।" दिल्ली में उसके ख़ेमे में रात को हाज़िर होकर शेख़ अमुली ने नुक़्तविय्या फ़लसफ़ा अकबर को समझाया। "इमाम महमूद पसिखानी उनके बाद पैग़म्बर हुए हैं और उन पर नाज़िल हुई 'वही' के बाद पैग़म्बर मुहम्मद पर नाज़िल फ़रमान और उनकी रिवायतें मंसूख़ हो गई हैं। अब मज़हब-ए-इस्लाम की जगह पैग़म्बर महमूद के मज़हब ने ले ली है। इस नए मज़हब में जहाँपनाह, क़िबला काबा न होकर आफ़ताब है जो कि इस पूरी कायनात का मरकज़ है।"

"यह तो बिलकुल ही नाक़ाबिल-ए-यक़ीन बात है!" अकबर की भौंहें सिकुड़ गईं और उसने मीर ग़यासुद्दीन अली की तरफ़ सवालिया निगाह डाली जो शेख़ शरीफ़ अमुली को ग़ुस्से से घूर रहा था।

'इस शेख़ की ख़ुशक़िस्मती है कि मिर्ज़ा अज़ीज़ कोका यहाँ नहीं है,' मीर ग़यासुद्दीन अली का रुख़ देखकर अकबर को ख़याल हुआ, 'वर्ना इस शेख़ का तो आज क़त्ल ही हो जाता!'

घोड़ों पर दाग लगाने के मुद्दे पर मिर्ज़ा ने अकबर की ज़बर्दस्त मुख़ालिफ़त की

1. उस दौर में धार्मिक कट्टरता से शायद ही कोई देश अछूता रहा था। ज़रा-ज़रा से मतभेद पर प्राणदंड सुना देना आम बात थी, चाहे इस्लामी देश हो या ईसाई—इंग्लैंड और फ्रांस समेत। कट्टरता के शिकार लोगों के लिए अकबर का हिन्दुस्तान एकमात्र सुरक्षित शरणस्थली थी। नुक़्तवी सम्प्रदाय ईरान में इतना ज़्यादा लोकप्रिय हो गया था कि शाह अब्बास घबरा उठा और इस सम्प्रदाय के ख़िलाफ़ मुहिम में उसने क़त्लेआम मचा दिया। देखें, 'टिप्पणियाँ'।

थी। इस वजह से फ़ौरी तौर पर अकबर से उसकी रंजिश हो गई जो दिल्ली में उसकी ग़ैरमौजूदगी का सबब बन गई।

"लेकिन यह तो हक़ीक़त है जहाँपनाह!" शेख़ अमुली ने इसरार किया। "दुनिया की तवारीख़ गोलाई में घूमती है जिसमें बारी-बारी से दौर आते-जाते रहते हैं। अरबी क़ौम के दौर में मुहम्मद पैग़म्बर थे। उन्होंने जो मज़हब दिया उसकी ज़िन्दगी सिर्फ़ हज़ार साल की थी। उनके ज़माने की रिवायतें अब लागू नहीं। उनमें अब तब्दीली हो चुकी है। मौजूदा दौर ईरानी क़ौम का है और इस ज़माने के पैग़म्बर महमूद पसिखानी हैं जिन्होंने उस दौर को ख़त्म कर दिया है जिसमें अरबी क़ौम ईरानी क़ौम की मलामत किया करती थी।"

अकबर के वक़्त से तक़रीबन नौ सौ साल पहले ईरान पर हमला करके अरबी क़ौम ने जो लूटमार मचाई थी, ईरानियों के दिल में उसके ज़ख़्म अब भी ताज़ा थे और उन पर फ़तहयाब हुए अरबों के जानिब हद से ज़्यादा नफ़रत वे अपने ज़ेहन में पाले हुए थे। उनकी नज़र में अरबी क़ौम एक नस्लपरस्त, ख़ूँरेज़ व वहशी क़ौम थी जो उनके अज़ीमोशान मुल्क का बेहिसाब सरमाया लूटने के मक़सद से ही उस पर चढ़ आई थी। और उन जाहिल अरबों ने न सिर्फ़ उन्हें अपनी ज़मीन के मालिकाना हक़ से महरूम कर दिया बल्कि निज़ामे सल्तनत से उन्हें बेदख़ल करने के मक़सद से यह अफ़वाह भी उन्होंने उड़ा दी कि ईरानी क़ौम नापाक व नफ़्स-परस्त[1] क़ौम है जो शैतानी मज़हब को मानती है, और जिसके दरवाज़े पर इस्लाम को लाकर अरबों ने उन्हें दोज़ख़ जाने से बचा लिया है।

"जहाँपनाह! शेख़ इब्ने-ए-सीना से लेकर ख़्वाजा नसिरुद्दीन तूसी तक, शेख़ इब्ने'अरबी से लेकर इमाम मुहम्मद अल-ग़ज़ाली तक और शेख़ सादी से लेकर मौलाना रूमी और ख़्वाजा हाफ़िज़ तक," ईरान से आए मुहाजिर[2] अकबर को यह बताने से कभी नहीं चूकते थे, "इस्लामी अदब और तहज़ीब में जो कुछ भी आलातरीन है और जो कुछ भी इस्लाम में क़ाबिल-ए-नाज़ है, उस सबकी बुनियाद में ईरान ही है।" और यह बताते हुए तो वे बेहद जज़्बाती हो जाते कि इस हमले के चार-सौ साल बाद ईरान में जब अरबी ज़बान का दबदबा क़ायम हो गया और ईरान के बाशिन्दे अपने अज़ीम मुल्क की तवारीख़ और उसका जलाल भूलने लगे थे तब अपने माज़ी की याद बनाए रखने के साथ ही फ़ारसी ज़बान को ख़त्म होने से बचाने के मक़सद से ही मोहतरम जनाब शेख़ अबुल कासिम फिरदौसी ने *शाहनामा* लिखा था।

"तुम्हारा क्या ख़याल है मीर ग़यासुद्दीन अली, इस नुक़्तविय्या फ़लसफ़ा की बाबत?"

"जहाँपनाह! मेरे ख़याल में तो यक़ीनन यह एक फ़रेबी पैग़म्बर का पुर-फ़रेब अक़ीदा है।" मीर ग़यासुद्दीन अली ने तल्ख़ लहजे में जवाब दिया।

"तो क्या फ़रेबी पैग़म्बर भी कभी हुए हैं?" सुनकर अकबर हैरतज़दा था।

"जहाँपनाह! पैग़म्बर मुहम्मद, सल्लल्लाहु अलैहि वसल्लम, के इन्तक़ाल के फ़ौरन बाद ही अरब के कई क़बीलों ने इस्लाम को मानने से इनकार कर दिया और

1. विषय-लोलुप, वासनाग्रस्त।
2. आप्रवासी, शरणार्थी।

ख़ुद को नबीउल्लाह कहलानेवाले फ़रेबी पैग़म्बरों के लिए वफ़ादारी का अहद भी कर लिया।" शेख़ अमुली को मीर ग़यासुद्दीन अली अब भी रह-रहकर ग़ुस्से से घूर रहा था। "तुलेहा, मुसेलिमा और सज्जाह ऐसे ही फ़रेबी पैग़म्बर थे।"

"और उन फ़रेबी पैग़म्बरों का अंजाम क्या हुआ?"

"जहाँपनाह! मुसेलिमा को तो सैफ़-अल्लाह खालिद इब्ने अल-वालिद ने जंग में शिकस्त देकर उसे हलाक कर दिया। उसने ही तुलेहा को भी शिकस्त दी और तब उसके बहकावे में आकर बाग़ी हुए क़बीलों ने फिर से इस्लाम क़बूल कर लिया। तुलेहा ख़ुद मगर बच निकला और भागकर उसने सीरिया में पनाह ली। लेकिन जब सीरिया पर भी मुसलमान फ़तहयाब हो गए तो उसने इस्लाम क़बूल कर लिया।"

"और सज्जाह?"

"जहाँपनाह! नस्रानियों के मज़हब को माननेवाली सज्जाह बला की ख़ूबसूरत इराक़ी ख़ातून थी और निहायत ही पुरकशिश शायरी करनेवाली आलिम फ़ाज़िल शख़्सियत थी। उसके क़बीले में रिवायत थी कि क़बीले की ही कोई औरत कभी नबीउल्लाह होगी। पैग़म्बर मुहम्मद, सल्लल्लाहु अलैहि वसल्लम, के इन्तक़ाल के बाद उसने ख़ुद के नबी होने का एलान कर दिया। उसकी ताक़त को बढ़ते देख मुसेलिमा ने उसके साथ निकाह कर लिया। मगर जब मुसेलिमा फ़ौत हो गया और इराक़ को मुसलमानों ने फ़तहकर लिया तो सज्जाह और उसके क़बीले ने भी इस्लाम क़बूल कर लिया।"

"अल्लामी का इस बाबत क्या कहना है?" अल्लामी[1] का ख़िताब अकबर ने अबुल फ़ज़ल को अता किया था।

"जहाँपनाह! जब यह ग़ुलाम पंजाब और सिन्ध में था तो जिनका नाम भी कभी नहीं सुना था ऐसे कई पैग़म्बरों के मुरीदों से मुलाक़ात इस ग़ुलाम की हुई थी। यह वाक़या आलमपनाह की ख़िदमत में आने के पहले का है। उनके अक़ीदों से जहाँपनाह मैं काफ़ी मुतास्सिर हुआ था। उनमें से हर पैग़म्बर के मुरीद न सिर्फ़ तौहीद[2] में यक़ीन रखते थे बल्कि बाक़ी फ़िरक़ों के लिए बर्दाश्त का जज़्बा भी। लेकिन वे सब अलग-थलग रहना ही पसन्द करते हैं और बाहरी लोगों से मुलाक़ात भी आसानी से नहीं करते।"

"ऐसा क्यों?"

"जहाँपनाह! दूसरे पैग़म्बरों के उन मुरीदों के ज़ुल्मात से बचने के लिए वे लोग हिन्दुस्तान भाग आए थे, जो तादाद में कहीं ज़्यादा थे और ज़्यादा ताक़तवर भी। शायद वे डरते हैं कि अगर यहाँ के बाशिन्दों को उनके अक़ीदे का इल्म हुआ तो उन्हें उनके ज़ुल्म से मुक़ाबिल भी न होना पड़े।"

"यह तो पुराना रिवाज चला आ रहा है, ताक़तवर का कमज़ोर पर ज़ुल्म ढाना। और शायद ऐसे ही आगे भी चलता रहेगा।" कहकर अकबर कुछ लम्हों के लिए अपने ख़यालों में गुम हो गया। "अल्लामी! लाहौर के सूबेदार और पंजाब के सारे कोतवालों को फ़रमान भेजो कि उन फ़िरक़ों के मुखियाओं के साथ हमारी मुलाक़ात तय करें। फ़रमान में यह भी ज़ोर देकर लिखो कि उन फ़िरक़ों को यह तसल्ली दी जाए कि उन्हें

1. महापंडित, सर्वाधिक बुद्धिमान।
2. एकेश्वरवाद, अद्वैत।

अपना अक़ीदा मानने की हिन्दुस्तान में पूरी आज़ादी है और इसमें न तो हुकूमत का कोई दख़ल है और न ही यहाँ के बाशिन्दों का। डरने की कोई वजह ही नहीं है।"

हुक्म पाकर अबुल फ़ज़ल ख़ेमे से बाहर निकल गया और अकबर फिर शेख़ अमुली से मुख़ातिब हुआ।

"हाँ तो जनाब शेख़ अमुली! आप क्या फ़रमा रहे थे?"

"आलमपनाह! ख़ालिक़ और ख़िल्क़त[1] में कोई फ़र्क़ ही नहीं! और हर इनसान में उलूहियत[2] हासिल करने की सलाहियत है! हम सब एक ही शै की मुख़्तलिफ़ शक्ल हैं और इस वजह से ही कायनात में वहदत-उल-वुजूद है। हर इनसान तख़्लीक़, अफ़ज़ाइश, फ़ना और तजदीद[3] के दौर से गुज़रता है। और जैसे-जैसे इनसान इस हक़ीक़त से आगाह होता जाता है कि हज़ारों दफ़ा इस दौर से गुज़रते हुए इस कायनात में परत-दर-परत वह ख़ुद ही जज़्ब है, वह तरक़्क़ी-याफ़्ता होता चला जाता है।"

'क्या यह हयात-ए-सानी[4] नहीं जिसकी बाबत वह बरहमन बता रहा था?' इबादत-ख़ाने में बरसों पहले हुआ मुबाहिसा अकबर को याद हो आया।

सरहिन्द के पड़ाव में साबिअन अक़ीदा माननेवाले कुछ लोगों को वहाँ का कोतवाल ले आया। यह लोग पैग़म्बर दाऊद के मज़हब को मानते थे जो इस्राइल के मशहूर-ओ-मारुफ़ बादशाह थे।

"जहाँपनाह! हम लोग किसी भी पैग़म्बर को ख़ारिज नहीं करते।" एक बेहद बुज़ुर्ग साबिअन ने उसे बताया। "लेकिन साथ ही, किसी न किसी पैग़म्बर के अक़ीदे को मानना भी हम लाज़िमी नहीं समझते। हमारा यक़ीन है कि जो किसी पैग़म्बर को मानता है और उनके बताए हुए रास्ते पर चलता है, वह तो निजात पाएगा ही, लेकिन जो अपनी अक़्ल का इस्तेमाल करके किसी पैग़म्बर के बताए हुए रास्ते सरीखे ही किसी दूसरे रास्ते पर चलता है, वह भी रहमत का हक़दार होगा और गुनाहों की माफ़ी पाएगा। इस बात से कोई फ़र्क़ नहीं पड़ता कि वह किसी पैग़म्बर के बताए हुए रास्ते पर नहीं चला।"

"लेकिन मुझे तो यह बताया गया है कि किसी अक़ीदे की सच्चाई समझने की इनसान में लियाक़त ही नहीं! और इस वजह से पैग़म्बर के बताए रास्ते पर चलकर ही वह निजात पा सकता है," अकबर ने अपना शुबहा बयान किया।

"जहाँपनाह! हक़ीक़त इसके बरख़िलाफ़ है। ख़ुदा ने इनसान को अक़्ल बख़्शने की इनायत ही इस वजह से की है कि उस तक पहुँचने का सही रास्ता वह मालूम कर सके। जैसे कि इस ज़मीन पर सही रास्ता मालूम करने के लिए आसमान में उसने आफ़ताब दिया है। सभी पैग़म्बरों के बताए हुए रास्ते सही थे लेकिन गुनाहों से निजात हासिल करने का कोई अकेला रास्ता नहीं, और न ही कोई रास्ता ख़ास है। उस तक ही पहुँचते हैं सभी रास्ते।"

"क्या यह सुलह-ए-कुल ही नहीं जिसकी बाबत मरहूम अब्दुल लतीफ़ क़जविनी

---

1. स्रष्टा और सृष्टि।
2. ईश्वरत्व।
3. सृजन, वृद्धि, अन्त और पुनरुत्थान।
4. पुनर्जन्म।

साहब हमें बताया करते थे?" मीर ग़यासुद्दीन अली से अकबर ने दरयाफ़्त किया।

पाकपट्टन पहुँचकर अकबर ने एक सारा दिन और एक पूरी रात ख़्वाजा फ़रीद गंजशकर की दरगाह पर दुआ करते हुए ही बिताई।

अगले दिन यज़्दानी फ़िरक़े के लोग मुलाक़ात करने उसके ख़ेमे में आ पहुँचे।

"आलमपनाह! किसी भी अक़ीदे या मज़हब से नफ़रत या दुश्मनी मुनासिब नहीं।" सफ़ेद लम्बी दाढ़ी और तीखे नाक-नक़्शवाले गोरे रंग के शख़्स ने इसरार किया जो अपने तर्ज़-ओ-अन्दाज़ से उस फ़िरक़े का मज़हबी रहनुमा मालूम हो रहा था। "किसी भी अक़ीदे या मज़हब के रास्ते उस तक पहुँचा जा सकता है। और ऐसा कोई अक़ीदा नहीं जिसे इलाही मंज़ूरी से मंसूख़ किया गया हो। वक़्त की ज़रूरत का अल्लाह को बख़ूबी इल्म है। इसी वजह से कई पैग़म्बर हुए हैं और हर पैग़म्बर का दिखाया हुआ रास्ता अल्लाह तक ले जाता है। हक़ीक़त यह है आलमपनाह कि उस तक पहुँचने के रास्तों की तादाद शुमार-ए-आदाद[1] से भी कहीं ज़्यादा है। उस अल्लाह तक, जो कि इस मुकम्मल वुजूद का अल्लाह है, सिर्फ़ एक रास्ते से ही पहुँचा जा सकता है : यह कहना उसकी तौहीन है।"

"मुझे ख़याल पड़ता है कि पारसी दस्तूर मेहरजी राणा ने भी कुछ ऐसी ही बात कही थी," मीर ग़यासुद्दीन अली से अकबर मुख़ातिब हुआ।

"जहाँपनाह की याददाश्त निहायत ही उम्दा है!" कहते हुए मीर ग़यासुद्दीन अली ने अपने जामे की गहरी जेब में से एक याददाश्त-नामा निकाला और उसके पन्ने पलटने लगा। "जहाँपनाह! उन्होंने कहा था कि उनका फ़िरक़ा पैग़म्बर ज़रथुस्त को अपना रहनुमा क़बूल करता है और उनके अक़ीदे के मुताबिक़ सारे मज़हब अहुरा मज़्दा के बनाए हुए हैं, जिसने मुख़्तलिफ़ क़ौमों में ख़ुद को मुख़्तलिफ़ तरीक़ों से नुमायाँ किया है। लिहाज़ा सारे मज़हब बराबर हैं और हर मज़हब के नेक व दयानतदार इनसान को जन्नत नसीब होती है। इस यक़ीन की वजह से ही ईरान के पुराने ज़माने के बादशाहों ने फ़तहयाब की हुई इस्राइली क़ौम को मज़हबी आज़ादी अता की थी। और इसी यक़ीन की वजह से ही अज़ीमोशान बादशाह कुरोश ने बाबिल[2] में ग़ुलाम बनाकर रखे हुए यहूदियों की आज़ादी का फ़रमान जारी कर उन्हें उनके मुल्क वापस चले जाने की इजाज़त दी थी।"

दस्तूर मेहरजी राणा पारसी मोबेद[3] थे जो गुजरात के नवसारी से अकबर का एहतिराम करने तब हाज़िर हुए थे जब सूरत के क़िले पर उसने घेरा डाला हुआ था। उनके इल्म से मुतास्सिर होकर उसने उन्हें फ़तेहपुर सीकरी आने की दावत दे दी जहाँ आकर दस्तूर मेहरजी राणा ने देर रात तक इबादतख़ाने में बैठकर अकबर को अपने मज़हब के अक़ीदे को गहराई से समझाया था।

"अल्लाह तआला तक पहुँचने के तमाम रास्तों में से आप लोगों ने कौन-सा रास्ता इख़्तियार किया है?" देर तक ख़यालों में डूबे रहने के बाद अकबर ने यज़्दानी रहनुमा से सवाल किया।

---

1. गिनतियों या अंकों की संख्या।
2. कुरोश यानी साइरस, बाबिल यानी बेबीलोनिया।
3. आतिश बेहराम (पारसी मन्दिर) के पुजारी।

"जहाँपनाह! हमने राह-ए-नूर इख़्तियार किया है। इस कायनात का दिल है आफ़ताब। यह न होता तो यह दुनिया न होती। यही तो है जो मौसमों को लेकर आता है और क़ुदरत की ताक़त व क़ुव्वत को जगाता है। कायनात के आग़ाज़ के वक़्त पैग़म्बर नहीं थे, न ही इस दुनिया में आज कोई पैग़म्बर मौजूद है। मगर आफ़ताब इब्तिदा से मौजूद था और मौजूद है। उसकी बदौलत ही यह दुनिया क़ायम है। उसके ही करम से मौसम आते और जाते हैं और उसकी ही वजह से इनसान का वुजूद क़ायम है। हमारा यक़ीन है जहाँपनाह कि आफ़ताब की रोशनी में नूरों के नूर की रूह है और नूरिस्तान में हर शै का ख़ास वली मौजूद है।"[1]

"जहाँपनाह! इस अक़ीदे में क्या आली जनाब अफ़लातून के फ़लसफ़ा का अक्स नज़र नहीं आता?" अबुल फ़ज़्ल की आँखों में इल्म का नया पहलू जानने की चमक थी।

"जहाँपनाह! यह नज़रिया सही नहीं। क्योंकि हमारा यक़ीन इसमें नहीं, जैसा कि यूनानी फ़लसफ़ादाँ ने फ़रमाया था कि इस दुनिया की हर शै और इनसान के सारे जज़्बात-ओ-ख़यालात नूरिस्तान में मौजूद इनकी मिसाल का इस ज़मीन पर नुमायाँ हो रहा अक्स है। बल्कि हमारा यक़ीन है कि मुख़्तलिफ़ दर्जे और क़िस्म की रूहें और वुजूद नूरिस्तान में असलियत में मौजूद हैं जो हर इनसान पर और इस दुनिया में मौजूद हर शै पर नाज़िल होते हैं। बेहतर इनसानों पर आला दरजे की रूह नाज़िल होती है और कमतर इनसानों पर निचले दरजे की। लेकिन इनसान के पाक अक़ीदे और नेक कामों से निचले दरजे की रूह ऊँचे दरजे की रूह में तब्दील हो सकती है, यहाँ तक कि आलातरीन रूह का दरजा भी वह हासिल कर सकती है। और इसके बरख़िलाफ़, ऊँचे दरजे की रूह नीचे गिरकर इनसान से जानवर के ज़िस्म में व बदकारी ज़्यादा होने और गुनाहों की इन्तिहा हो जाने पर और भी नीचे गिरते हुए बेजान पत्थरों में भी वह पहुँच सकती है।"

"इसके मानी तो यह हुए कि बेजान, बेहरकत वुजूद में भी रूह है!"

"जहाँपनाह दुरुस्त फ़रमाते हैं।"

"बड़े ताज्जुब की बात है!" हैरतज़दा हो अकबर बीरबल से मुख़ातिब हुआ। "क्या यह तनासुख़-ए-रूह का अक़ीदा ही नहीं जिसमें तुम बरहमन लोग यक़ीन करते हो? हिन्दुस्तान की सरज़मीं में यह यक़ीन कितने गहरे तक उतरा हुआ, यह जानकर बड़ी हैरत होती है!"

"जहाँपनाह! शेख़ शहाबुद्दीन सुहरावर्दी का इशराक़ी फ़लसफ़ा इस अक़ीदे से काफ़ी इत्तेफ़ाक़ रखता है।" शेख़ ताजुद्दीन ने अपनी राय दी जो दिल्ली से ही अकबर बादशाह के साथ हो लिये थे। "शेख़ शहाबुद्दीन सुहरावर्दी की राय में हर शै का वुजूद नूर-ए-अल्लाह की वजह से है। और यह नूर हर दरजे पर बाअमल[2] है। इसके आख़िरी सिरे पर बेजान चीज़ें हैं जिनमें मौजूद नूर इनसानी क़ुव्वत के लिए नाक़ाबिले शिनाख़्त है। लेकिन नूर-ए-अल्लाह यक़ीनन बेजान, बेहरकत चीज़ों में भी है। लेकिन क़ाबिले

1. यहाँ जिन भी धार्मिक मतों व विचारधाराओं का ज़िक्र है उनकी मालूमात *दबिस्तान-ए-मज़ाहिब* से ली गई है। देखें, 'टिप्पणियाँ'।
2. क्रियाशील।

फ़हम नूर सबसे पहले तब उजागर होता है जब बेजान, बेहरकत चीज़ों में क़ुव्वते हरकत पैदा हो जाती है।"

"बरहमनों के फ़लसफ़े से इस अक़ीदे में कितना ग़ज़ब का इत्तेफ़ाक़ है!" ख़ुशी से अकबर चिल्ला उठा। हिन्दुओं के मज़हब में उसकी दिलचस्पी बढ़ती जा रही थी।

"जहाँपनाह! ग़ौर-ओ-खोज़[1] की दुनिया समन्दर की मानिन्द है।" अबुल फ़ज़्ल अपने बादशाह के तरक़्क़ी-पसन्द और आज़ाद खयाल नज़रिये को और मज़बूत होते देख बेहद ख़ुश था। "जिसमें मुख़्तलिफ़ तरफ़ से बहकर आते हुए दरिया ख़ुद को ग़र्क़ कर देते हैं और फिर बारिश की मार्फ़त हरेक को उस समन्दर में से साफ़ पानी हासिल होता है, जिस पानी में हर दरिया का पानी शामिल है। आलमपनाह! इस आलम के अलहदा-अलहदा हिस्से ऐसे कभी नहीं हुए जो एक-दूसरे से बिलकुल ही जुदा रहे हों। तबादला-ए-ख़याल इसमें हमेशा से होता आया है।"

"बहुत सही कहा तुमने अल्लामी!" चन्द लम्हे ख़यालों में डूबे रहने के बाद अकबर बोल उठा। "फिर भी हर मज़हब, हर अक़ीदे का पेशवा दावा करता है कि हक़ीक़त के खजाने की चाबी पर सिर्फ़ वह क़ाबिज़ हैं। मगर इससे भी ज़्यादा अफ़सोस की बात यह है कि इस दावे को सही साबित करने के लिए उन मज़हबी रहनुमाओं के मुक़ल्लिद[2] एक-दूसरे के जानी दुश्मन हो जाते हैं!"

"और जानवरों की बाबत इशराक़ी फ़लसफ़ा क्या फ़रमाता है?" कुछ वक़्त ख़ामोश रहने के बाद अकबर ने दरयाफ़्त किया।

"जहाँपनाह! नूर-ए-अल्लाह को जज़्ब करने की क़ाबिलियत बेजान पत्थर जब हासिल कर लेता है तो उसे क़ुव्वत-ए-हरकत भी हासिल होती है। और तब वह जानवर की शक्ल इख़्तियार करने लगता है।"

"लेकिन यह तो मेरे लिए बिलकुल ही नई बात है!" अकबर की आँखें ताज्जुब से फ़ैल गईं। "मेरे दरबारी उलेमा और मुल्ला तो कहते हैं कि अल्लाह तआला ने जैसे इनसान को बनाया वैसे ही जानवरों को भी बनाया और इस वजह से बनाया कि वे इनसान के इस्तेमाल में आएँ। लेकिन अगर नूर-ए-अल्लाह जो इनसान में है, वह जानवरों में भी है, अलबत्ता बनिस्बतन कम तादाद में ही, तो वे सिर्फ़ आदमी के इस्तेमाल की चीज़ नहीं हो सकते। बल्कि इस कायनात को वुजूद में लाने के पीछे अल्लाह तआला का जो मक़सद है उसे हासिल करने की कोशिश में वे भी बराबरी से शामिल हैं।"

"और इनसान का मुक़ाम इस सिलसिले की बुलन्दी पर होगा?" कुछ देर ठहरकर अकबर ने सवाल किया।

"जहाँपनाह ने बिलकुल दुरुस्त फ़रमाया।" शेख़ ताजुद्दीन ने तस्दीक़ की। "दरअसल आलमपनाह! इस सिलसिले में आदमी का मुक़ाम फ़रिश्तों के भी ऊपर है। इसी वजह से फ़रिश्तों को अल्लाह तआला ने पैग़म्बर आदम, अलै हिस्सलाम, के आगे झुकने का हुक्म दिया था। क़ुरआने-पाक की सूरा अल बक़र में अल्लाह तआला फ़रमाते हैं : 'और जब हमने फ़रिश्तों को कहा तुम आदम को सज्दा करो तो इब्लीस

1. विचार-विमर्श, चिन्तन-मनन।
2. अनुयायी, शिष्य।

के सिवा उन्होंने सज्दा किया, उसने इनकार किया और तकब्बुर[1] किया और वह काफ़िरों में से हो गया।"

"मगर एक बात मुझे कभी समझ नहीं आई।" मुस्कुराते हुए अकबर ने चुटकी ली। "मुल्ला और उलेमा फ़रमाते हैं कि हर आदमी के पीछे शैतान मौजूद है जो उसे अपनी गिरफ़्त में लेने की कोशिश में हमेशा मशग़ूल रहता है। दूसरी तरफ़ इनसान को ख़बरदार करने के लिए कि शैतान के फ़रेब में वह न आए अल्लाह तआला ने फ़रिश्तों को उसके पास भेजा; फिर कई पैग़म्बर भेजे और किताबें भी भेजीं। मगर इसके बावजूद शैतान के मुक़ल्लिद आज ज़्यादा हैं बनिस्बत किसी भी पैग़म्बर के। इसके मानी क्या यह नहीं हुए कि अल्लाह तआला की कोशिशें इतनी कारगर नहीं रहीं जितनी कि शैतान की कोशिशें हुईं?"

"जहाँपनाह! आज से चार सौ पहले के ईरान में मुख़्तलिफ़ ज़बानों के माहिर व इल्म-ओ-हुनर के आलिम और शायर शेख़ नासिर ख़ुसरो हुआ करते थे जिन्होंने इस बाबत एक निहायत ही ख़ूबसूरत नज़्म कही है।"

"इरशाद, फ़ैज़ी!"

अबुल फ़ज़ल का बड़ा भाई था अबुल फ़ैज़ी।

यह शेख़ मुबारक को महदवी क़रार देते हुए उसे हलाक किए जाने का फ़तवा जारी होने के पहले की बात है। अकबर ने चित्तौड़गढ़ पर घेरा डाल रखा था जहाँ किसी ने उससे फ़ैज़ी की शायरी की तारीफ़ कर दी। फ़ौरन ही फ़रमान जारी हुआ कि उस शायर को बादशाह के सामने हाज़िर किया जाए। मख़्दूम-उल-मुल्क को इस फ़रमान में एक शानदार मौक़ा नज़र आया शायर के वालिद शेख़ मुबारक को ज़लील करने का जिसने उसके फ़तवों में ख़ामी निकालने की गुस्ताख़ी की थी। अकबर के इस फ़रमान को फ़ैज़ी की गिरफ़्तारी का हुक्मनामा क़रार देकर वह सिपाहियों को साथ ले शेख़ मुबारक के घर पहुँच गया। और इस तरह कि मानो किसी शातिर ज़रायमपेशा से उसका वास्ता पड़ा हो, मकान के चारों तरफ़ उसने सिपाहियों से घेरा डलवा दिया। मगर फ़ैज़ी घर पर मौजूद नहीं था। मुज़रिम को फ़रार होने में मदद देने के इल्ज़ाम में उसने शेख़ मुबारक के साथ बदज़बानी की और उसकी तौहीन करने में कोई कसर बाक़ी नहीं रख छोड़ी। तलाशी लेने के बहाने सिपाहियों को घर का क़ीमती सामान लूट लेने की इजाज़त भी उसने दे दी। दिल में ख़ौफ़ व आँखों में आँसू लिये हुए उस घर में एक बच्चा यह सब देखते बैठा था। यह बच्चा अबुल फ़ज़ल था।

देर रात फ़ैज़ी जैसे ही घर लौटा, फ़ौरन ही उसे जंजीरों में जकड़ लिया गया और बेरहमी से घसीटकर उसे ले जा रहे सिपाहियों को देखते हुए शेख़ मुबारक व अबुल फ़ज़ल बेबस खड़े रह गए। उसके साथ हो रहे इस सुलूक से फ़ैज़ी भी हैरान था। चित्तौड़ में गर्मजोशी के साथ हुआ उसका ख़ैरमक़दम मगर उसे और भी ज़्यादा हैरतज़दा कर गया। उसकी शायरी सुनकर अकबर बेहद मुतास्सिर हुआ और ख़ुश भी। कई रोज़ वहाँ रहकर अपने बादशाह का दिल बहलाने के बाद थैली भर अशर्फ़ियाँ इनाम में लेकर फ़ैज़ी घर लौटा।

---

1. अहंकार, दर्प।

अबुल फ़ज़ल के शाही दरबार में नौकरी पाने के साल भर पहले ही फ़ैज़ी अकबर का मुलाज़िम बना था।

"जहाँपनाह की ख़ास तवज्जो चाहूँगा।" कहते हुए फ़ैज़ी ने नज़्म सुनानी शुरू की :

क्या है राय सज्दा-ए-आदम से इब्लीस के इनकार बाबत?
सज्दा न करने के लिए मजबूर किया गया उसे?
या इनकार करने की आज़ाद-मर्ज़ी उसे हासिल थी?
ताक़त अगर हासिल थी कि सज्दा वह करे न करे;
तो यक़ीनन नातुवाँ[1] था अल्लाह।
और अगर पेश-तअय्युन था इनकार, जानिब-ए-अल्लाह;
तो फिर अल्लाह नाइंसाफ़ ही रहा होगा।

"इस क़िस्म का अल्लाह पर इल्ज़ाम क्या उस पर ग़ैरयक़ीनी नहीं?" कहकर अकबर अपने ख़यालों में डूब गया और चन्द लम्हे बाद फिर बोल उठा, "नज़्म लेकिन यक़ीनन ख़ूबसूरत है और क़ाबिले ग़ौर भी।"

कहकर अपनी आँखें मूँदे और सिर को छाती पर झुकाए हुए वह दोबारा अपने ख़यालों में डूब गया और देर तक ख़ामोश रहने के बाद शेख़ ताजुद्दीन से मुख़ातिब हो दरयाफ़्त किया।

"इशराक़ी फ़लसफ़ा इस बाबत क्या कहता है, अल्लाह तक पहुँचने के लिए इनसान फ़रिश्तों के दर्जे से भी बुलन्द मुक़ाम किस तरह हासिल करता है?"

"जहाँपनाह! फ़रिश्तों से भी बुलन्द मुक़ाम पर पहुँचने के लिए आदमी की अक़्ल काफ़ी नहीं। इसके लिए इल्हाम ज़रूरी है।"

"इसके मानी यह हुए कि अक़्ल आख़िरकार नाकामयाब ही रही!" अकबर की आवाज़ में नाउम्मीदी का अहसास था।

"नहीं आलमपनाह! अक़्ल नाकामयाब नहीं! क्योंकि उस तक पहुँचने के सफ़र की शुरुआत तो अक़्ल से ही होती है। अगरचे यह ज़रूर है कि अक़्ल की एक हद है जिसके आगे सिर्फ़ इल्हाम ही ले जा सकता है और यह इल्हाम केवल अल्लाह में एतमाद से ही हासिल है। लेकिन अक़्ल तब भी ज़रूरी है जहाँपनाह! क्योंकि बग़ैर अक़्ल के इनसान इल्हाम को समझने में ग़लती करके गुमराह हो सकता है।"

पैग़म्बर जम्शास्प के अक़ीदे को माननेवाले भी अकबर से मिले।

"जहाँपनाह! रूह, फ़रिश्ते, जन्नत, सितारे, इनसान और जानवर, यह ज़मीन और आसमान भी : इन सबका वुजूद सिर्फ़ उसके ख़यालों में है।" उन्होंने दावा किया। "उसके बाहर कोई मौजूद नहीं।"

"लेकिन ऐसा कैसे मुमकिन है?" ताज्जुब से अकबर की भौंहें सिकुड़ गईं। "यह तो बड़ी ही अजीब बात हम सुन रहे हैं!"

"जहाँपनाह! अपने ज़ेहन में अगर एक ऐसे शहर का हम तसव्वुर करें, उसके महलों, बागों और उसके बाशिन्दों समेत, हक़ीक़त में जिसका कोई वुजूद ही न हो। तो

1. असमर्थ।

उस शहर की मौजूदगी सिर्फ़ हमारे ज़ेहन में ही होती है, उसके बाहर नहीं। यह कायनात भी ऐसे ही है, सिर्फ़ उसके ख़यालों में ही क़ायम।"

"यह कुछ वैसा ही नहीं है जैसा शेख़ इब्ने'अरबी फ़रमाते हैं कि जो कुछ भी अल्लाह नहीं, वह वहम के अलावा कुछ नहीं?" अकबर को याद आया।

"जहाँपनाह! हमारे *वेदान्त* के अक़ीदे में भी ठीक यही बात कही गई है।" बीरबल की आवाज़ में ख़ुशी झलक रही थी और उसके चेहरे की चमक में भी। "हमारे *उपनिषद* जिन पर *वेदान्त* का अक़ीदा क़ायम है, इस दुनिया को माया कहते हैं, एक वहम।"

इल्म के ख़ज़ाने से बरसते इन मोतियों को समेटता हुआ अकबर उस बच्चे सरीखा ख़ुश था जिसे उसके पसन्द की मिठाई रोज़ परोसी जा रही हो।

"मुझे बेहद ताज्जुब हो रहा है यह जानकर," देर रात की महफ़िल में अकबर ने उसके दिल में उठ रहे ख़यालात ज़ाहिर किए, "कि हिन्दुस्तान के हर कोने में इल्म के कैसे-कैसे ख़ज़ाने भरे पड़े हैं! और इस मालूमात से भी मैं हैरतज़दा हूँ कि इस दुनिया की तवारीख़ में कितने सारे पैग़म्बर आकर मुख़्तलिफ़ तरीक़ों से हक़ीक़त को बयाँ करते रहे हैं। ऐसे में अगर कोई यह दावा करे कि हक़ीक़त सिर्फ़ उसके मज़हब या अक़ीदे की ही मिल्कियत है तो इससे ज़्यादा बेहूदा बात कोई हो नहीं सकती! सिर्फ़ अपनी छोटी-सी दुनिया में महदूद शख़्स ही, कुएँ के उस मेढक की मानिन्द जो कुएँ के बाहर कभी निकला ही न हो, ऐसा ख़याल कर सकता है।"

झेलम नदी के किनारे भेरा के जंगल में क़मरग़ाह[1] का बन्दोबस्त किया गया था। अपने घोड़े पर सवार हो अकबर देखते ही देखते जंगल में गुम हो गया। बादशाह सलामत के वापस आकर हुक्म देने के बाद ही बाक़ी लोग जंगल में घुस सकते थे।

दो घड़ी भी न बीती होगी कि सिर्फ़ कच्छे पहनकर कबड्डी खेल रहे राजपूतों को वह जंगल से निकलता हुआ दिखाई दिया। उसके चेहरे पर एक अजीब, नाक़ाबिल-ए-बयान अहसास था। घोड़े से उतरकर वह एक घने दरख़्त की छाँव में ज़मीन पर ही बैठ गया और ज़ोर से चिल्लाया।

"हज्जाम कहाँ है? बुलाओ उसे और मेरे सिर पर से यह वज़न उतारो!"

अपने बादशाह को ऐसे चिड़चिड़ाते हुए और ग़ुस्से में भरा हुआ देख हज्जाम डरकर भाग खड़ा हुआ और कहीं जाकर छिप गया। अकबर ने अपनी कटार निकाली और ख़ुद ही अपने लम्बे बालों को काटने लगा। किसी तरह उसे रोका गया और हज्जाम को ढूँढ़कर व समझा-बुझाकर लाया गया। अपने बालों को बिलकुल छोटा करवाकर वह नदी में कूद पड़ा। काफ़ी देर बाद वह बाहर निकला और हाजी का लिबास पहन ख़िदमतगारों व फ़ौजियों में अशर्फ़ियाँ तक़्सीम करने लगा।

"क़मरग़ाह को मुअत्तल किया जाता है!" उसने हुक्म दिया। "जानवरों को उनकी मर्ज़ी के मुताबिक़ जाने दिया जाए!"

---

1. ढोल-ढमाकों और मशालों से जानवरों को डराकर एक सीमित इलाक़े में इकट्ठा कर उनका शिकार करने का तरीक़ा। यह शिकार सिर्फ़ मनोरंजन न होकर फ़ौजियों और उनके घोड़ों की चुस्ती-फुर्ती व दम-ख़म परखने की कवायद हुआ करती थी और फ़ौजियों की निशानेबाज़ी का इम्तिहान भी।

पूरा लश्कर हैरान था। बादशाह सलामत को यह हुआ क्या? जल्द ही अफ़वाहों का बाज़ार गर्म हो चला।

'जानते हो हक़ीक़त में क्या हुआ? जंगल के सारे जानवर बादशाह सलामत को घेरकर खड़े हो गए और उनका शिकार करने के लिए वे इनसानी आवाज़ में उन्हें कोसने लगे। जहाँपनाह का मिज़ाज इसीलिए तो इतना बिगड़ा हुआ था!'

'नहीं, नहीं! ऐसा नहीं है! आसपास के गाँवों के बाशिन्दों से मुझे मालूम हुआ है कि इस जंगल में एक जोगी सैकड़ों सालों से रहता आया है। हक़ीक़त यह है कि उसके अमन-चैन में ख़लल डालने के लिए जहाँपनाह को उसने लानत भेजी और अपनी रूहानी ताक़त की बिना पर उन्हें जंगल से चले जाने के लिए उसने मजबूर कर दिया।'

'तुम्हारी मालूमात में हक़ीक़त से थोड़ा फ़र्क़ है! कोई जोगी नहीं बल्कि वह इस जंगल का देवता है जो अपने कुटुम्ब के साथ इसमें रहता है। और हक़ीक़त यह है कि उसके इलाक़े में किए गए दख़ल से नाराज़ हो वह उड़ता हुआ आलमपनाह तक जा पहुँचा और उनका गला दबोच लिया।'

चन्द लोगों का यह ख़याल था कि अकबर बादशाह को जंगल में कोई रूहानी अहसास हुआ है। कुछ का दावा था कि जंगल में घूमते-फिरते साधुओं से उसे नूर-ए-हक़ीक़त का दीदार हासिल हुआ है, तो कुछ को यह यक़ीन कि जंगल के बेज़ुबान जानवरों ने इल्म-ए-इलाही से उसे वाक़िफ़ कराया है।

मगर जो ख़बर हिन्दुस्तान भर में फैली वह यह कि बादशाह अकबर पागल हो गए हैं। नतीजतन जौनपुर, कन्नौज व बंगाल में छोटी-मोटी बग़ावतें उठ खड़ी हुईं। हमीदा बानो बेगम भी यह सुनकर अपने बेटे के लिए फ़िक्रमन्द हो चलीं और फ़तेहपुर सीकरी से फ़ौरन भेरा के लिए रवाना हो गईं।

भेरा से लौटते हुए अकबर ने एक रात के लिए कलानौर में डेरा डाला। जिस चबूतरे पर उसकी तख़्तनशीनी हुई थी उसके चारों तरफ़ अब एक ख़ूबसूरत बाग़ था। उसे देख उसके दिमाग़ में उस वक़्त की यादें ताज़ा हो आईं और हेमचन्द्र के बेहद बुज़ुर्ग वालिद के बुलन्द आवाज़ व बेख़ौफ़ अन्दाज़ में कहे हुए अल्फ़ाज़ उसके ज़ेहन में गूँज उठे।

"अपनी ज़िन्दगी के अस्सी साल मैंने अपने भगवान की अपने धर्म के मुताबिक़ इबादत की है।" बैरम ख़ान ने उसे इस्लाम या मौत में से एक को चुनने के लिए कहा था और पीर मुहम्मद ख़ान उसकी गर्दन पर नंगी तलवार टिकाए खड़ा था। "अब आज अपना धर्म मैं क्यों बदलूँ? और बिना तुम्हारे धर्म को जाने-समझे सिर्फ़ अपनी मौत से डरकर मैं इबादत के तुम्हारे तरीक़े क्यों इख़्तियार करूँ?"

अगले ही लम्हे उसका सिर पीर मुहम्मद ख़ान के कदमों में पड़ा था।

'इस दुनिया में इतने सारे और इतने मुख़्तलिफ़ क़िस्म के मज़हब हैं कि अगर ख़ुले दिमाग़ से उन पर ग़ौर किया जाए तो यह फ़ैसला कर पाना क़तई मुमकिन न होगा कि एक ख़ास मज़हब ही सही है और बाक़ी सब ग़लत। फिर भी हर मज़हब को माननेवाले अपने मज़हब में बने रहने के लिए अपनी जान भी ख़ुशी से क़ुर्बान कर देते हैं। वह क्या है जो अपने मज़हब पर क़ायम रहने के लिए उन्हें इतनी ताक़त और हिम्मत देता है?' वह सोचने लगा।

एक रात उसने उस तालाब के नज़दीक भी पड़ाव किया जो उस ज़मीन पर खोदा गया था जिसे एक नए अक़ीदे के गुरु अमरदास की बेटी बीबी भानी को तोहफ़ा बतौर उसने दिया था, जब उसकी शादी भाई जेठा के साथ होने जा रही थी। गुरु अमरदास से उसकी पहली मुलाक़ात उस शादी के चार साल पहले ही हुई थी और उनके अक़ीदे की तफ़सीर उनसे सुनकर वह बेहद मुतास्सिर हुआ था, उनसे और उनके अक़ीदे दोनों से। लेकिन सबसे ज़्यादा ख़ुशी उसे उनका लंगर देखकर हुई जिसमें सैकड़ों मुफ़लिसों को मुफ़्त खाना रोज़ खिलाया जाता था। उस मौक़े पर कई गाँवों से मिलनेवाला लगान उसने लंगर-ख़र्च के नाम कर दिया था।[1]

दिल्ली पहुँचकर उसने अपने अब्बा की क़ब्र पर दुआ पढ़ी और निन्यानबे दफ़ा आयत अल-कुर्सी भी। पैग़म्बर मुहम्मद, सल्लल्लाहु अलैहि वसल्लम, से जब पूछा गया कि जो आयतें उन पर अल्लाह ने नाज़िल की हैं उनमें सबसे अज़ीम आयत कौन-सी है तो उन्होंने आयत अल-कुर्सी पढ़ी थी।

मथुरा पहुँचते-पहुँचते उसके दिल में ख़्वाजा ग़रीबनवाज़ की दरगाह शरीफ़ पर सज्दा करने की ज़बर्दस्त ख़्वाहिश पैदा हुई और अपने घोड़े पर सवार हो वह चौथे दिन सौ कोस दूर अजमेर जा पहुँचा। और उसी दिन वहाँ से चलकर अपने घोड़े को बिना रुके दौड़ाता हुआ दो दिन में वह फ़तेहपुर सीकरी पहुँच गया।

वहाँ उसने अनूप तालाब को सोने व चाँदी के सिक्कों से भरवाया और उन्हें नौकरों व मुफ़लिसों में तक़सीम कर दिया। साथ ही अपने सारे ग़ुलामों को उसने आज़ादी दे दी।[2] और अगर वे अपनी मर्ज़ी से उसकी ख़िदमत में बने रहना चाहें तो उन्हें अब ग़ुलाम के बजाय चेला कहकर पुकारा जाएगा, उसने फ़ैसला किया। और उसके सभी ग़ुलाम चेले बन गए। आज़ादी के लुत्फ़ पर आज़ादी का वज़न बाज़ दफ़ा भारी पड़ जाता है, जिसे ढोने के लिए ज़ेहनी तौर पर हर शख़्स तैयार नहीं रहता।

और उसी रोज़ यह फ़रमान भी जारी हुआ। जिज़या, जिसे दस साल के लिए ख़त्म किया गया था, अब हमेशा के लिए ख़त्म कर दिया गया।[3]

हर दरबारी जान रहा था कि बादशाह सलामत के इन फ़ैसलों का भेरा के क़मरग़ाह से ज़रूर कोई ताल्लुक़ है। मगर वहाँ जंगल में हक़ीक़त में हुआ क्या था, इस बाबत कोई भी पक्के तौर पर कुछ कहने की हालत में न था। न ही अकबर ने इस बाबत किसी से कुछ कहा—कभी भी।

---

1. वर्ष 1574 में अकबर व्यास नदी के तट पर गोइन्दवाल पंजाब में सिख गुरु अमरदास से मिला था। भाई जेठा ही अगले सिख गुरु रामदास हुए। स्रोत : इरफ़ान हबीब लिखित *Akbar and His India*.
2. जबकि इसी वक़्त इंग्लैंड की महारानी एलिज़ाबेथ प्रथम अफ्रीका से ज़बर्दस्ती उठाए गए लोगों के अमानवीय व्यापार में ख़ुद हिस्सेदार थी। देखें, 'टिप्पणियाँ'।
3. एम.एल. रायचौधुरी की पुस्तक *दीन इलाही* के अनुसार जिज़या को 1565 में अस्थायी रूप से स्थगित किया गया था, और अब उसे ख़त्म कर दिया गया। देखें, 'टिप्पणियाँ'।

सच की तलाश

"सुनो, सुनो, सुनो! ग़ौर से सुनो! आम-ओ-ख़ास सब लोग सुनो! बादशाह-ए-हिन्दुस्तान शहंशाह जलालुद्दीन मुहम्मद अकबर का फ़रमान सुनो! हर फ़िरक़े व हर जमात के आलिम और हर अक़ीदे व हर मज़हब के फ़ाज़िल, रूहानी इल्म की तलाश में जो रहते हैं और हक़ीक़त को हासिल करने में जो मुब्तिला हैं, अपने इल्म और तजुर्बे पर तबादला-ए-ख़याल के लिए उन सब मोहतरम जनाब को ग़ैबी हिदायत की रात[1] में अपनी तशरीफ़ इबादत-ख़ाने में लाने की दावत दी जाती है ए ए ए..."

हर शहर और हर क़स्बे के हर चौराहे पर ढोल बजाकर लोगों को जमाकर यह मुनादी करते हुए सल्तनत के मुलाज़िम घूम रहे थे।

पंजाब का सफ़र अकबर के लिए एक और 'यादगार सफ़र' बन गया था जिसने मुख़्तलिफ़ अक़ीदों का इल्म हासिल करने की उसकी तलब में और भी इज़ाफ़ा कर दिया था, लिहाज़ा यह मुनादी हो रही थी।

मुल्ला, मौलवी और उलेमा इस मुनादी को सुनकर आपे से बाहर हो रहे थे। हर अक़ीदे व हर मज़हब के आलिम फ़ाज़िल शख़्स को यह दावतनामा देकर अकबर उन्हें उनके मुक़ाबिल रख रहा था। अपनी यह तौहीन उन्हें क़तई बर्दाश्त न थी।

"जहाँपनाह! इस तरह तो काफ़िर और राफ़िज़ और भी ज़्यादा सरकश[2] हो रहेंगे जिसके नतीज़े में बगावतों का होना यक़ीनी हैं।" बग़ैर वक़्त गँवाए मख़्दूम-उल-मुल्क की अगुआई में इस्लाम के पैरोकार अपना एतराज़ ज़ाहिर करने आ पहुँचे। "गुज़श्ता ज़माने के सुल्तानों ने ऐसा कभी नहीं किया।"

"जहाँपनाह! जनाब अब्दुल्ला सुल्तानपुरी दुरुस्त फ़रमाते हैं।" अबुल फ़ज़ल ने मासूमियत से कहा। "गुज़श्ता ज़माने के सुल्तान मज़हबी मामलों में सवाल उठाने से डरते थे कि इस्लाम के ख़िलाफ़ जाने की तोहमत न उन पर लग जाए। लिहाज़ा मज़बूरन यह ज़रूरी मसाइल ऐसे लोगों के सुपुर्द उन्हें करने पड़ गए जिनका इल्म फ़तवा जारी करने में ही ख़र्च हो रहता है।"

"तोहमत लगाए जाने से मैं नहीं डरता, न ही इल्ज़ाम लगाए जाने से!" मख़्दूम-उल-मुल्क को सख़्त निगाह से देखते हुए, जो अबुल फ़ज़ल को ख़ूनी नज़रों से घूर रहा था, अकबर बोला। "और अब मेरा यह पुख़्ता यक़ीन है कि मज़हब की रूह सभी मज़हबों में बयाँ हुई हक़ीक़त को जानने और समझने की ईमानदार कोशिश में बसती है। और एक सच्चे मज़हबी इनसान के बर्ताव में यह कोशिश नुमायाँ होनी चाहिए।"

1. आसमानी सीख या ख़ुदाई हुक्म की रात यानी गुरुवार रात।
2. अवज्ञाकारी, उद्दंड।

मख़्दूम-उल-मुल्क के एतराज़ को अकबर ने यह कहकर ख़ारिज कर दिया।

इबादतख़ाना में हश्त-बाजू चबूतरे पर अकबर के तशरीफ़ रखते ही मुबाहिसा शुरू हो गया।

नस्रानी पादरी जूलियन परेरा भी वहाँ मौजूद था। बादशाह-ए-हिन्दुस्तान का दावतनामा पाकर बंगाल के सदर पादरी ने अपने नुमाइन्दे बतौर सतगाँव से उसे फ़तेहपुर सीकरी भेजा था। यह दावतनामा अकबर ने बंगाल के पुर्तगाली सिपहसालार पेद्रो तवारेस की सिफ़ारिश पर भेजा था, जिससे उसकी पहली मुलाक़ात साल भर पहले ही हुई थी।

उस वक़्त बातों ही बातों में पेद्रो तवारेस ने अकबर को बताया कि बंगाल के नस्रानी पादरी को जब यह मालूमात हुई कि वहाँ के नस्रानी सौदागर लंगर-अन्दाज़ी[1] और सालाना वसूल किया जानेवाला महसूल अदा करने में बेईमानी करके शाही ख़ज़ाने को नुक़सान पहुँचा रहे हैं तो उन्होंने उन सौदागरों को साफ़ बता दिया कि अगर वे यह ख़्वाहिश रखते हैं कि उनके गुनाहों के लिए हज़रत ईसा माफ़ी अता करें तो सारा किराया और महसूल ईमानदारी से वे शाही ख़ज़ाने में जमा कराएँ और यह रक़म जमा करने के लिए उन्होंने उन्हें मजबूर भी किया।

यह सुनकर अकबर बेहद मुतास्सिर हुआ और ऐसे मज़हब के बारे में जानने की उसे ज़बर्दस्त ख़्वाहिश हुई जो तिजारत में ईमानदारी पर इतना ज़ोर देता है।

"हज़रत ईसा का मज़हब क्या है?" पेद्रो तवारेस से वह पूछ बैठा। "और उनकी नसीहतें क्या हैं?"

"जहाँपनाह! *इंजील*[2] में बताया है कि येरुशलम में यहूदियों की इबादतगाह में एक कातिब[3] ने हज़रत ईसा से दरयाफ़्त किया कि हमारे रब का क्या हुक्म है तो उन्होंने फ़रमाया : उसका सबसे पहला हुक्म है कि हमारा मालिक एक है और तू अपनी सारी अक़्ल व अपनी सारी ताक़त से उससे मोहब्बत कर।"

सुनकर अकबर बेहद ख़ुश था।

'शेख़ सलीम चिश्ती भी तो मुझसे यही कहा करते थे। उसकी जुस्तजू करो अपने दिल से और अपनी पूरी ताक़त से।'

अपने पीर की याद आते ही उसकी आँखें भीग गईं।

"और उसका दूसरा हुक्म क्या है?"

"जहाँपनाह! हज़रत ईसा ने कहा, उसका दूसरा हुक्म यह है कि अपने पड़ोसी से अपने सरीखी मोहब्बत कर।"

लेकिन अकबर के सभी सवालों के जवाब दे पाने में पेद्रो तवारेस नाकामयाब रहा और नस्रानियों के मज़हब को ज़्यादा तफ़सील से जानने के लिए उसने उसे बंगाल के पादरियों को बुलाने की सलाह दी।

---

1. बन्दरगाह या समुद्र में लंगर डालकर जहाज़ को खड़े रखने का किराया।
2. शाब्दिक अर्थ अच्छी ख़बर या सुसमाचार, बाइबिल में नव-विधान के प्रथम चार अध्याय, Gospel.
3. शाब्दिक अर्थ लिखने वाला, मुंशी, दस्तावेज़ों व किताबों इत्यादि की नक़ल करनेवाला।

भेरा से वापस आते हुए दिल्ली में अकबर ने बंगाल से आए पादरी जूलियन परेरा को उसका इन्तज़ार करते हुए पाया तो वह बेहद ख़ुश हुआ और गर्मजोशी के साथ उसने उसका इस्तिक़बाल किया।

"तुम्हारा ख़ैरमक़दम है ओ नस्रानी पादरी! मेरी दिली ख़्वाहिश है कि तुम्हारे मज़हब की बाबत मैं मालूमात करूँ।"

"जहाँपनाह! हमारे मज़हब का अक़ीदा चौदह जुमलों में क़ाबिल-ए-बयान है। इनमें से सात जुमले हम सबको पैदा करनेवाले अज़ीम रब के मुताल्लिक़ हैं और सात जुमले हज़रत ईसा की इनसानी सिफ़त की बाबत। पहले सात जुमलों में यह है कि वह क़ादिर-ए-मुतलक़[1] और आलातरीन है। हमें पैदा करनेवाला सिर्फ़ वह है। उसका एक ही फ़र्ज़न्द है जो हज़रत ईसा हैं। वह ख़ालिक़ है। वह ख़ालिस रूह है। वह गुनाहों से निजात दिलानेवाला है। वह जन्नत अता करनेवाला है।"

"और बाक़ी सात जुमले क्या हैं?" अकबर की आवाज़ में बेसब्री ज़ाहिर थी।

"ये जुमले जहाँपनाह हज़रत ईसा की बाबत हैं। मुक़द्दस रूह की ताक़त से वे रब के फ़र्ज़न्द हैं। वे मरियम से पैदा हुए जिसने बग़ैर अपनी बकारत[2] खोए ही उसे पैदा किया। हमारी ख़ातिर वे सलीब पर चढ़े। तीसरे रोज़ वे फिर ज़िन्दा हो गए। वे जन्नत पहुँच गए हैं। आलातरीन क़ादिर-ए-मुतलक़ पिदर के दाएँ बाजू वे बैठते हैं। इस आलम के आख़िरी रोज़ वे नीचे उतरेंगे और ज़िन्दा व मुर्दा सभी का फ़ैसला करेंगे, उनके नेकी व बदी के अमल ज़ाहिर करने के लिए।"

पादरी परेरा अकबर के साथ ही फ़तेहपुर सीकरी चला आया था और अब इबादतख़ाना में वह अपनी मौजूदगी दर्ज करा रहा था, जहाँ दुनिया की तवारीख़ में पहली दफ़ा होनेवाली ऐसी मज्लिस शुरू होने जा रही थी जिसमें सभी मज़हबों के नुमाइन्दे मौजूद थे।

पादरी परेरा का तआरुफ़ अकबर ने मौजूदा हाज़िरीन से कराया जो सबके सब उसे घूर रहे थे, और फिर मुबाहिसे की शुरुआत करने की उसने पादरी परेरा से गुज़ारिश की।

"क्या तुम लोग हज़रत ईसा मसीह में यक़ीन करते हो?" चारों तरफ़ निगाह करते हुए पादरी परेरा ने पूछा।

"हज़रत ईसा को अल्लाह का पैग़म्बर हम यक़ीनन मंज़ूर करते हैं," एक आलिम ने जवाब दिया। "हमारे प्यारे पैग़म्बर मुहम्मद, सल्लल्लाहु अलैहि वसल्लम, ने क़ुरआने-पाक में इस बात की तस्दीक़ की हुई है।"

"जहाँपनाह! हज़रत ईसा, हमारे मसीहा ने एलान किया था कि उनके बाद ऐसे कई शख़्स आएँगे जो पैग़म्बर होने का ढोंग करेंगे," अकबर से मुख़ातिब होकर पादरी परेरा ने कहा और फिर उस आलिम पर नज़र डालते हुए पूछा, "तुम्हारे पैग़म्बर महोमेत का हमारे इंजील में तो कोई ज़िक्र नहीं मगर हज़रत ईसा का ज़िक्र तुम्हारी फ़ुर्क़ान[3] में

1. सर्वशक्तिमान पिता।
2. कौमार्य, कुँवारापन।
3. क़ुरआन।

ज़रूर है, जिसमें एक आयत है : 'जब फ़रिश्तों ने कहा, ऐ मरियम! बेशक अल्लाह तुझे अपने एक कलमे की बशारत[1] देता है, उसका नाम मसीह ईसा इब्ने मरियम है।' इसी सूरा की एक और आयत में फ़रिश्ते मरियम ख़ातून से यह भी कहते हैं : 'और वह उसको सिखाएगा किताब और दानाई और तौरात[2] और इंजील'।"

"हमारे पैग़म्बर मुहम्मद, सल्लल्लाहु तआला अलैहि वसल्लम, का ज़िक्र तौरात में था और इंजील में भी। मगर तुम लोगों ने उसे मिटा दिया," आलिम चिल्लाया।

"क्या तुम्हारे पास वह इंजील या तौरात है जो तुम्हारे मुताबिक़ मुकम्मल है और सही है?"

"नहीं! हमारे पास नहीं है।"

"तो फिर यह कैसे मालूम हो कि महोमेत वाक़ई पैग़म्बर था?"

"हमारे मोहतरम पैग़म्बर मुहम्मद, सल्लल्लाहु अलैहि वसल्लम, की सच्चाई उनकी करामात से ज़ाहिर है, जिनमें चाँद के हिस्से कर देना भी था।"

"जहाँपनाह! चाँद के अगर हिस्से हुए होते तो किसी न किसी मुल्क में किसी न किसी ने यह ज़रूर देखा होता।" पादरी परेरा के चेहरे पर तंज़िया मुस्कान खेल रही थी। "और इस ग़ैरमामूली वाक़िये का ज़िक्र कहीं न कहीं दर्ज तो लाज़िमी तौर पर हुआ होता। मगर सिवा मुसलमानों के इस वाक़िये की गवाही कोई नहीं देता।"

"पैग़म्बर मुहम्मद, सल्लल्लाहु अलैहि वसल्लम, की इस करामत का क्या कहीं ज़िक्र नहीं है? न इंजील में, न तौरात में?" अकबर हैरतज़दा था।

"नहीं जहाँपनाह!" इनकार में पादरी परेरा ने अपना सिर ज़ोर से हिलाया। "इस वाक़िये का ज़िक्र कहीं भी नहीं है।"

"क्या तुम लोगों की किताबों में चाँद के हिस्से होने का कहीं ज़िक्र है?" इबादतख़ाना में मौजूद ब्राह्मणों से मुख़ातिब हो अकबर ने पूछा।

"नहीं जहाँपनाह!" सब एक साथ बोल उठे।

यही सवाल अकबर ने वहाँ मौजूद साबिअन और मैगस[3] लोगों से भी किया और उनका भी इनकार सुनकर वह बेहद ताज्जुब से भर उठा।

"यह तो वाक़ई बड़ी हैरानी की बात है!" कहकर उसने पादरी परेरा की जानिब अपनी निगाह फिराई, जिसके होंठों पर फ़तह की मुस्कान थी।

"लेकिन जहाँपनाह! हज़रत ईसा ने जो करामात दिखाईं उनका ज़िक्र क़ुरआन में है। सूरा अल-इमरान में उनके मुँह से कहलवाया हुआ है : 'तुम्हारे रब की तरफ़ से, मैं तुम्हारे लिए गारे से परिन्दे जैसी शक्ल बनाता हूँ, फिर उसमें फूँक मारता हूँ तो वह

1. क़ौल की ख़ुशख़बरी, वचन का शुभसंवाद।
2. यहूदी धर्म की मूल अवधारणाओं वाला ग्रन्थ जो हजरत मूसा ने इस्राइलियों को दिया और जो *बाइबिल* के पुराने विधान यानी *Old Testament* में उसके प्रथम पाँच अध्याय के रूप में शामिल हैं। इसे तौरात भी पुकारा जाता है।
3. साबिअन सम्भवतः बपतिस्मा देनेवाले योहन्ना या John, the Baptist को अपना पैग़म्बर माननेवाला और सितारों को पूजनेवाला सम्प्रदाय था। मैगस या Magian शायद पशुबलि में विश्वास रखनेवाले ज़रथ्रुस्त के अनुयायी थे। देखें, 'टिप्पणियाँ।'

अल्लाह के हुक्म से परिन्दा बन जाता है, और मैं अच्छा करता हूँ मादरज़ाद[1] अन्धे और कोढ़ी को और मैं अल्लाह के हुक्म से मुर्दे ज़िन्दा करता हूँ'।"

"लेकिन जहाँपनाह! हमारे *तनख़*[2] में तो इनके ईसा का कोई ज़िक्र नहीं!" एक यहूदी ने एतराज़ ज़ाहिर किया।

"कैसे नहीं है?" ताज्जुब से पादरी परेरा की भौंहें सिकुड़ गईं। "जहाँपनाह! इन यहूदियों की किताब में हमारे ईसा मसीह का ज़िक्र बिलकुल साफ़ तौर पर किया गया है। मसलन," कहकर पादरी परेरा ने *तनख़* में से नज़ीरें देना शुरू किया, "हज़रत यशायाह[3] कहते हैं : 'देखो, एक कुँवारी हमल से होगी और वह एक बेटे को पैदा करेगी।' इसके अलावा पैग़म्बर ज़कर्याह[4] ने *तनख़* में पेशीनगोई की है : 'ख़ुशियाँ मनाओ इस्राइल की बेटियो! ज़ोर से चिल्लाओ ओ येरुशलम की बेटियो! तुम्हारा बादशाह तुम्हारे पास आ रहा है इंसाफ़-पसन्द और निजात दिलानेवाला वह गधे पर सवार है।' और जहाँपनाह! इंजील में हमें बताया गया है कि हज़रत ईसा बिलकुल इसी तरह येरुशलम में दाख़िल हुए थे।"

"मगर जहाँपनाह! मरियम की बकारत साबित नहीं है," यहूदी ने ग़ुस्सैल अन्दाज़ में जिरह की। "ख़ुद इनकी किताब कहती है कि ईसा की पैदाइश के पेशतर उसने यूसुफ़ बढ़ई के साथ निकाह किया था।"

"लेकिन जहाँपनाह! यूसुफ़ ने पाकीज़ा मरियम को कभी छुआ तक नहीं!" पादरी परेरा ने तेज़ आवाज़ में सफ़ाई दी।

"यह हक़ीक़त है जहाँपनाह!" अबुल फ़ज़ल ने पादरी की बात की तस्दीक़ की। "किताबे-पाक की सूरा अल-इमरान में बताया है कि मरियम ख़ातून ने जब यह ख़ुशख़बरी सुनी तो उसने कहा : 'ऐ मेरे रब! मेरे बेटा कैसे होगा? जबकि किसी मर्द ने मुझे हाथ नहीं लगाया।' तब उस फ़रिश्ते ने पाक मरियम को समझाया : 'इसी तरह अल्लाह जो चाहे पैदा करता है, जब वह किसी काम का इरादा करता है तो वह कहता है उसको 'हो जा!', तो वह हो जाता है।' अरबी ज़बान में जहाँपनाह यह जुमला है : 'कुन फ़यकुन' जो अल्लाह की तख़्लीक़-कारी[5] की ताक़त को ज़ाहिर करता है।"

"जहाँपनाह! दुरुस्त दिमाग़वाला कोई भी शख़्स अपने होशोहवास में क्या ऐसी वाहियात और अजीबोग़रीब कहानी पर यक़ीन करेगा?" यहूदी ने तंज़िया अन्दाज़ में कहा। "कि इस ज़मीन और आसमान को बनानेवाला रब एक यहूदी औरत के पेट में नौ महीने तक रहा। फिर एक छोटे बच्चे की शक्ल में वह पैदा हुआ। जब वह जवान हुआ तो उसे उसके दुश्मनों के सुपुर्द कर दिया गया जिन्होंने उसे हलाक कर दिया। और जिस ग़ार[6] में उसे दफ़न किया गया था उसमें से वह ज़िन्दा बाहर निकल आया।" कहकर यहूदी दम लेने को रुका और पादरी परेरा के चेहरे पर नज़र आ रहे नफ़रत व

1. जन्मजात।
2. यहूदियों का मुख्य धर्मग्रन्थ। *बाइबिल* का *Old Testament* लगभग इसका ही संस्करण है। तौरात या तौरेत इसका एक हिस्सा है।
3. Isaiah.
4. Zechariah.
5. रचने या सृजन करने की, यहाँ आशय है सृष्टि की सर्जना करने की।
6. गुफा।

ग़ुस्से के जज़्बे को देख मुस्कुरा दिया। "जहाँपनाह! कोई भी अक़्लमन्द और तजुर्बेकार शख़्स इस क़िस्म की अहमक़ाना और बेसिर-पैर की बात पर तब तक यक़ीन नहीं कर सकता जब तक कि उसका दिमाग़ और उसका ज़ेहन ऐसी बेहूदा और ऊलजलूल कहानियों से उसके बचपन से ही न भरा जाता रहा हो। कोई भी शख़्स जो ऐसी कहानी बालिग़ होने पर और सही दिमाग़ से सुनेगा जहाँपनाह! तो क़हक़हा लगाने के सिवा वह क्या कर सकता है?"

यह शख़्स एक सेफ़र्दी यहूदी[1] था जिसके पुरखों को स्पेन से उस वक़्त खदेड़ दिया गया था जब उस पर हुकूमत कर रहे मुसलमान मूर ईसाइयों से हार गए थे। भागकर वे दुनिया भर के मज़लूमों की पनाहगाह हिन्दुस्तान आ गए और गोआ में बस गए। लेकिन जब पुर्तगालियों का क़ब्ज़ा वहाँ हुआ तो यहूदियों की न सिर्फ़ अपने मज़हब को मानने की आज़ादी उनसे छिन गई बल्कि अपने बीबी-बच्चों और माल-मिल्कियत की हिफ़ाज़त भी वे उसी हालत में कर पाए जब उन्होंने ख़ुद को ईसाई बताया और ईसाई होने का ढोंग किया। इन नक़ली ईसाइयों का सफ़ाया करने के मक़सद से गोआ में मज़हबी तफ़्तीश[2] शुरू हुई और मज़हबी अदालत भी बिठाई गई। हुजरा-ए-उक़ूबत[3] में उनके 'इक़बालिया बयान' पर उनसे उनकी 'मर्ज़ी' से दस्तख़त करवाए गए। फिर उनके इक़बालिया गुनाह की सज़ा बतौर मज़हबी अदालत ने उनकी ज़र-ज़मीन व जायदाद को ज़ब्त कर लेने के साथ ही ज़्यादातर को तो ज़िन्दा ही जला देने का फ़ैसला सुना दिया। जो 'गुनहगार' हुजरा-ए-उक़ूबत की तकलीफ़ें सहन नहीं कर पाए थे, मज़हबी अदालत के फ़ैसले के बाद ज़मीन में गड़ी हुई उनकी लाशों को निकालकर उन्हें भी आग के हवाले किया गया। चन्द यहूदी जो क़िस्मत से ज़िन्दा बच पाए, उनमें इस शख़्स के वालिदैन भी थे जो आगरा आकर बस गए थे।

"इसी बदएतिक़ादी की वजह से परवरदिगार ने तुम यहूदियों को निजात से महरूम रखा हुआ है!" यहूदी की जानिब उँगली उठाकर पादरी परेरा ग़ुस्से से चिल्लाया। "जब तुम लोग हज़रत ईसा को लेकर यहूदिया[4] के हाकिम पिलातुस के पास गए और चिल्लाए कि इसे सलीब पर चढ़ा दो। और उसने कहा कि इस शख़्स के ख़ून से मेरा कोई वास्ता नहीं, यह तुम्हारा मामला है। तब क्या तुम यहूदियों ने चीख़-चीख़कर नहीं कहा था कि इसके ख़ून की जवाबदेही हम पर और हमारे बच्चों पर है? तब से ही उस अज़ीम गुनाह की सज़ा तुम लोग भुगत रहे हो। तुम लोग अगर मज़लूम हो तो अपने उसी गुनाह की वजह से! मगर बजाय पशेमान होने के और हज़रत ईसा से माफ़ी तलब होने के तुम लोग अपनी ज़िद पर अब तक भी अड़े हुए हो। ऐसे में क्या उम्मीद तुम लोग करते हो?" पादरी परेरा ने अपनी भौंहें सिकोड़कर इन्तिहाई नफ़रत भरी निगाह से उस यहूदी

1. यहूदियों का एक सम्प्रदाय जो स्पेन और पुर्तगाल में पारम्परिक रूप से निवासरत था।
2. Inquisition. इस मज़हबी अदालत के 'इंसाफ़' का शिकार सिर्फ़ यहूदी ही नहीं हुए बल्कि हिन्दू और मुसलमान भी हुए। देखें, 'टिप्पणियाँ'।
3. यंत्रणागृह।
4. जूडिया (Judeah), रोम के अधीन वह क्षेत्र जिसमें वर्तमान इजराइल का दक्षिणी भाग व पश्चिमी किनारा (West Bank) शामिल था।

को घूरा। "हमारे आक़ा परवरदिगार उस आलम में तुम लोगों को कहाँ जगह देंगे सिवा जहन्नुम के? और वहाँ तुम्हें जो अज़ाब हासिल होनेवाला है उसका तसव्वुर करके ही मेरी तो रूह काँप जाती है!" जज़्बात के ज़ोर से पादरी परेरा अब हाँफने लगा था और उसका लालरंग चेहरा ऐसा सुर्ख़ हो चला था मानो उसकी रगों को फाड़कर ख़ून अभी बाहर को दौड़ पड़ेगा।[1]

"इस बाबत फ़िक्र करने की तुम्हें कोई ज़रूरत नहीं कि हम यहूदी कहाँ जाएँगे!" यहूदी ने ज़हर भरी निगाह से पादरी परेरा को घूरा। "लेकिन एक फ़रेबी पैग़म्बर का मुक़ल्लिद होने की वजह से तुम नस्रानियों को यहोवा[2] और उसके क़हर से यक़ीनन खौफ़ज़दा होना चाहिए! अगर तुम्हारा ईसा इतना ही फ़िक्रमन्द था कि यहूदी उसमें अपना यक़ीन लाएँ तो जब उसे सलीब पर चढ़ाकर उसके बदन में मेख़[3] ठोके जा रहा थे," शरारती मुस्कान के साथ यहूदी ने कहा, "तब उसने हमारा यह दावत-ए-मुक़ाबला क्यों नहीं क़बूल कर लिया कि अगर वाक़ई वह रब का फ़र्ज़न्द है तो सलीब से नीचे उतर आए और हम उसमें यक़ीन ले आएँगे?"

पादरी परेरा की आँखें अब तक अंगारे उगलने लगी थीं और उसके होंठ यहूदियों पर मुसलसल लानत बरसा रहे थे।

मज़हब के नाम पर ऐसी नफ़रत का नज़ारा कर अकबर हैरतज़दा था, ख़ास तौर पर इसलिए भी कि पादरी और यहूदी दोनों ही अहले किताब थे। पादरी परेरा से उसने दरयाफ़्त करना चाहा कि हज़रत ईसा ने क्या वाक़ई यह नसीहत दी थी कि अपने पड़ोसी से अपने सरीखी मोहब्बत कर?

यह सवाल पादरी परेरा ने शायद अकबर की आँखों में पढ़ लिया और ख़ुद को सँभालते हुए बोला, "जहाँपनाह! उस परवरदिगार के हुक्म से इनसान को गुनाहों से निजात सिर्फ़ सच्चे मज़हब की मार्फ़त ही हासिल है।" पादरी परेरा की आवाज़ अब न केवल मुलायम थी बल्कि उसमें इनसानी मोहब्बत भी झलक रही थी, "हज़रत ईसा अगर सलीब से उतर आते आलमपनाह! तो सच्चे मज़हब को इस दुनिया में क़ायम कर पाना मुमकिन न होता, वह मज़हब जो कि निजात पाने के लिए इनसान की अकेली उम्मीद है। उन नादान यहूदियों को अपनी हक़ीक़त पर यक़ीन दिलाने के लिए हज़रत ईसा अगर सलीब से नीचे उतर आते, जो कि उनके लिए ज़रा भी मुश्किल नहीं था, तो निजात हासिल करने से इनसानी नस्ल हमेशा के लिए महरूम रह जातीं। जहाँपनाह! यह हमारे आक़ा, हमारे रब का हुक्म था कि हज़रत ईसा का इन्तक़ाल सलीब पर होने पर ही इनसान के गुनाह मुआफ़ होकर उसे निजात हासिल होगी। और इस हक़ीक़त से जहाँपनाह भी बख़ूबी वाक़िफ़ हैं कि उस परवरदिगार के हुक्म और उसके क़ानून की नाफ़रमानी हज़रत ईसा सरीखी अज़ीम शख़्सियत क़तई नहीं कर सकती थी।"

---

1. आज हमें यह बहस छिछली और बेहूदा मालूम हो सकती है मगर उस दौर में धार्मिक धारणाओं को लेकर बेहद कट्टरपन और संकीर्णता हुआ करती थी। स्वर्ग और नरक परिकल्पनाएँ न होकर हक़ीक़त थीं, और शैतान का अस्तित्व सच्चाई से भी ज़्यादा सच था।
2. यहूदियों के धर्म में परमेश्वर का नाम।
3. खूँटी या कील।

"मैं नहीं यक़ीन करता तुम्हारी इन बेहूदा बातों पर! मगर एक सवाल का जवाब तुम मुझे दो।" यहूदी की आँखों में ख़ुशी की ऐसी चमक थी जो किसी जानी दुश्मन को तकलीफ़ पहुँचाते हुए हासिल होती है। "जब तुम्हारे ईसा ने थोमा[1] को बताया कि फ़ौत होकर वह फिर ज़िन्दा हो गया है मगर उसने यक़ीन नहीं किया तो उसको अपनी उँगलियों से उनके ज़ख़्म तुम्हारे ईसा ने क्यों कुरेदने दिए?"

"क्योंकि इसी में इनसान की भलाई थी! क्योंकि इनसान को गुनाहों से निजात सिर्फ़ हज़रत ईसा पर यक़ीन की मार्फ़त ही हासिल होनी थी! लिहाज़ा थोमा के दिल में उठे शुबहों को ख़त्म करने के लिए सब्र दिखाना हज़रत ईसा के लिए लाज़िमी था। हमारे आक़ा ईसा मसीह ने उसके दिल में उठे शुबहों की जानिब वैसी ही रहमत और नवाज़िश दिखाई जैसी कि कोई वालिद उस नादान बेटे के लिए अपने दिल में रखता है जिसकी माक़ूल रहनुमाई न करने पर उसके भटक जाने और गुम हो जाने का डर हो।"[2]

पादरी परेरा के ख़िलाफ़ अब एक साबिअन ने मोर्चा खोला।

"जहाँपनाह! तौरात में यह ज़िक्र है : 'कोई नबी या ख्वाबों की ताबीर बतानेवाला तुम्हारे पास आ सकता है और वह तुम्हें कोई निशानी बताएगा या कोई करामात दिखाएगा, और तुमसे वह कह सकता है तुम दूसरी आसमानी ताक़तों के पैरौ[3] हो जाओ और उनकी ख़िदमत करो। उस शख़्स की बातों पर तवज्जो मत दो। और उसे हलाक किया जाना चाहिए क्योंकि वह तुम्हें यहोवा का हुक्म मानने से रोक रहा है।' और जहाँपनाह! ईसा को भी हलाक किया गया जो इस बात का साफ़ सबूत है कि वह एक फ़रेबी पैग़म्बर था।"

"जहाँपनाह! अल्लाह ने हज़रत ईसा को अपना पैग़म्बर बनाकर भेजा था, यह हक़ीक़त है।" पादरी परेरा के बचाव में एक आलिम ने दावा किया। "क़ुरआने-पाक की सूरा अल-माइदा में अल्लाह सुबहानु व तआला ने फ़रमाया है : 'और हमने ईसा इब्ने मरियम को उनके निशाने क़दम पर भेजा,उसकी तस्दीक़ करनेवाला जो उससे पहले *तौरात* से दी थी, और हमने उसे *इंजील* दी उसमें हिदायत और नूर है और उसकी तस्दीक़ करनेवाली जो उससे पहले *तौरात* से थी और परहेज़गारों के लिए हिदायत-ओ-नसीहत थी।' इससे यह साफ़ ज़ाहिर है जहाँपनाह कि हज़रत ईसा को फ़रेबी पैग़म्बर कहना क़तई ग़लत है। मगर हज़रत ईसा को सलीब पर चढ़ाए जाने और उनके इन्तक़ाल बाबत ज़रूर यह नस्रानी ग़लती पर हैं। हक़ीक़त यह है कि अल्लाह ने उन्हें उनके जिस्म समेत अपने पास बुला लिया था जैसा कि सूरा अन-निसा में अल्लाह ने ज़ाहिर भी किया है : 'उसको उन्होंने यक़ीनन क़त्ल नहीं किया, बल्कि अल्लाह ने उसको अपनी तरफ़ उठा लिया'।"

"तो यह बात भी पानी की तरह साफ़ है कि मुसलमान बग़ैर मज़हब के हैं।" अपनी बात को काटे जाने से चिढ़े हुए साबिअन ने नाराज़ नज़रों से उस आलिम को घूरा। यह कहते हुए उसके नथुने फड़कने लगे थे। "क्योंकि वे पैग़म्बर की पाकीज़गी

---

1. Saint Thomas.
2. यह बहस भी *दबिस्तान-ए-मज़ाहिब* पर आधारित है।
3. अनुयायी, अनुसरणकर्ता।

पर नायक़ीनी करते हैं और कहते हैं कि पैग़म्बर दाऊद ने ऊरिय्याह को मरवाया।"[1]

"हमारे *तनख़* में यक़ीनन इसका ज़िक्र है।" गोआ से आए यहूदी ने आलिम की इस बात की तस्दीक़ की। "बतशेबा को ग़ुस्ल करते देख बादशाह दाऊद का उस पर दिल आ गया और उसके साथ निकाह करने के लिए उसने साज़िश करके उसके खाविन्द ऊरिय्याह को हलाक करवा दिया।"

"जहाँपनाह! क़ुरआने-पाक में भी फ़रमाया गया है कि पैग़म्बर दाऊद ने परायी औरत की तमन्ना करने का गुनाह किया था," एक और आलिम ने ज़ोर देकर कहा।

"इसका कोई सबूत नहीं है कि मुहम्मद पैग़म्बर था!" साबिअन किसी ज़ख़्मी नाग-सा फुफकार उठा। "तुम्हारी अहादीस की किताब के मुताबिक़ उसने चाँद के हिस्से कर देने का और जन्नत तक चढ़ जाने का दावा किया था। मगर मक्का के बाशिन्दों ने उस पर तब तक यक़ीन करने से इनकार कर दिया जब तक कि वह पानी का चश्मा न बहा दे या खजूर के दरख़्तों का बाग़ न उगा दे या खजूर के बाग़ में दरिया न बहा दे। लेकिन इनमें से वह कुछ भी नहीं कर पाया। और न ही इस बात की गवाही देने के लिए कि उस पर कोई आयत आसमान से नाज़िल हुई किसी फ़रिश्ते को वह बुला पाया। फिर कोई कैसे इस पर यक़ीन कर ले कि फ़रिश्ता जिब्राइल वाक़ई उसके पास आया था? पैग़म्बर नहीं वह..."

इसके आगे साबिअन ने क्या कहा यह उस पर भेजी गई मुल्लाओं और उलेमा की लानतों, मलामातों और धमकियों व गालियों के शोर में दब गया। अकबर को शिया-सुन्नी बहस का अंजाम याद आ गया और उसने एलान किया,

"रात का दूसरा पहर बीत चला है। मुबाहिसे को वक़्ती तौर पर यहीं रोका जाता है।"

अगले रोज़ कबूतरों को आसमान में कलाबाज़ियाँ खाते हुए देखते वक़्त अकबर यकायक अबुल फ़ज़ल से मुख़ातिब हुआ।

"अल्लामी! जब हम लोग पंजाब के सफ़र पर थे तब साबिअन लोगों ने दावा किया था कि वे किसी भी पैग़म्बर को मानने से इनकार नहीं करते और हर पैग़म्बर के पैग़ाम को वे सही क़बूल करते हैं। क्या यह ताज्जुब की बात नहीं कि पैग़म्बर ईसा, अलैहिस्सलाम के लिए और हमारे पैग़म्बर मुहम्मद, सल्लल्लाहु अलैहि वसल्लम, के लिए भी उनमें से ही एक ऐसे ज़िल्लत भरे अल्फ़ाज़ का इस्तेमाल करे?"

"जहाँपनाह! हर अक़ीदे और हर मज़हब की किताबें इनसान को ताकीद करती हैं कि वह नेकी की ज़िन्दगी गुज़ारे, सभी की जानिब वह मोहब्बत रखे और सबके ख़यालात के लिए अपने दिल में वह इज़्ज़त रखे। लेकिन आलमपनाह! किसी भी अक़ीदे या मज़हब की सही शिनाख़्त तो उसको माननेवालों के बर्ताव और रवैए से ही होती है।"

आसमान में ऊँचाई पर एक घेरे में चक्कर खाते हुए कबूतरों को अकबर बिना कुछ कहे देखता रहा। यह कबूतर उसे सफ़ेद जामा पहनकर एक दायरे में घूमते हुए वज्द में डूबे सूफ़ी दरवेशों की याद दिलाते थे।

"तुम सही कहते हो, अल्लामी!" काफ़ी वक़्त तक ख़ामोश रहने के बाद उन

---

1. पैग़म्बर और बादशाह डेविड की यह कहानी *बाइबिल* के पुराने विधान के दसवें अध्याय सैमुएल दूसरा में है।

कबूतरों पर से अपनी नज़र हटाए बग़ैर अकबर बोला।

अगली मज्लिस में अकबर की इजाज़त से एक मैगस ने, पिछली मज्लिस में जो ख़ामोश ही रहा था, मुबाहिसे की शुरुआत की।

"जहाँपनाह! गुज़श्ता मज्लिस में आलिम फ़ाज़िल हाज़िरीन ने पैग़म्बरों की करामात के मुताल्लिक़ शको-शुबहा ज़ाहिर किए थे। लेकिन जहाँपनाह! ऐसे करामात से मुकम्मल तौर पर इनकार नहीं किया जा सकता। हमारे पैग़म्बर ज़रथ्रुस्त का फ़िरदौस जाकर वहाँ से आसमानी किताब *अवेस्ता* को ले आना ऐसी ही करामात थी।"

"तुम लोग अहुर मज़्दा और अहरमन का वुजूद मंज़ूर करते हो न?" पादरी परेरा ने मैगस के साथ जिरह शुरू की। "और इस ख़याल से कि शैतानी दिमाग़वाले अहरमन को पैदा करने के लिए अहुर मज़्दा को ज़िम्मेदार न ठहराया जाए तुम लोग दावा करते हो कि अहरमन उस परवरदिगार ख़ालिक़ के बुरे ख़यालात से वुजूद में आया। लेकिन पाक और नेकदिल रब के ख़याल से भी अहरमन जैसे शैतान का पैदा होना किस तरह मुमकिन है? तुम्हारे मज़हब का बुनियादी उसूल ही ग़लत है, लिहाज़ा उससे हासिल तुम्हारा अक़ीदा भी।"

"इसके बरख़िलाफ़, ज़रा ग़ौर करने पर यह बात साफ़ हो जानेवाली है," मैगस ने दावा किया, "कि इससे ज़्यादा वाजिब बात तो कोई हो ही नहीं सकती! परवरदिगार तो अलीम है, जब्बार[1] है। अगर यह मंज़ूर किया जाए कि अहरमन बग़ैर उसकी जानकारी के वुजूद में आया तो वह अलीम नहीं। हर इनसान साफ़-साफ़ देख सकता है कि यह दुनिया बुराइयों से भरी है। अगर इन बुराइयों को दुनिया से दूर रखने का वह ख़्वाहिशमन्द था लेकिन नाकामयाब रहा तो फिर वह जब्बार नहीं।"

"बहुत ख़ूब!" बेसाख़्ता अकबर के मुँह से निकल पड़ा।

मैगस ने सिर झुकाकर तारीफ़ को क़बूल किया और अपनी दलील जारी रखी।

"लेकिन फिर सवाल उठता है कि इनसानों पर मुसीबत और बदहाली ढाने के लिए उसने अहरमन को पैदा ही क्यों किया? इसका जवाब उसकी रहमत में है और इस हक़ीक़त में भी कि वह आक़िल-ए-कामिल[2] है। इनसान के इस दुश्मन को यक़ीनन उसने उसका इम्तेहान लेने के लिए ही बनाया जिससे कि उन इनसानों को जो अहरमन के फ़रेब में नहीं आते और उसके ख़िलाफ़ मुसलसल जारी जंग-ए-अज़ीम में अहुरा मज़्दा का साथ देते हैं, जन्नत में बुलाकर अपनी रहमत से वह उन्हें मालामाल कर सके।"

एक ब्राह्मण पंडित जो पिछली मज्लिस में भी था मगर ख़ामोश ही बैठा रहा था, अब बोल उठा।

"जहाँपनाह! हमारे अवतार भी शैतानी ताक़तों के ख़िलाफ़ जंग करते हैं।"

फ़ौरन ही पादरी परेरा मैदान-ए-जंग में फिर कूद पड़ा और तंज़िया अन्दाज़ में बोला।

"तुम बरहमन पहले तो क़बूल करते हो कि रब एक है। और फिर दावा करते हो कि वह इस ज़मीन पर उतरकर इनसानी जिस्म रख लेता है। फिर तुम लोग उसको बेगमात भी दे देते हो और बच्चे भी। तुम्हारे इस अक़ीदे में विष्णु, जिसे कोई बरहमन

---

1. सर्वज्ञ है, सर्वशक्तिमान है।
2. परिपूर्ण बुद्धिमान।

तीन इलाही वुजूद में से एक क़बूल करता है तो कोई उसे तीनों में आलातरीन मानता है और कोई-कोई उसे ही रब भी कहता है, अर्श से नीचे उतरकर कभी वह मछली बन जाता है तो कभी सूअर। जब वह राम के जिस्म में था तो उसकी औरत अगवा हो गई मगर वह नावाक़िफ़ रहा कि किसने उसे अगवा किया जब तक कि जंगल के बन्दरों की मार्फ़त उसे मालूम नहीं हुआ। जब वह किशन की शक्ल में था तो नफ़्सपरस्ती[1] और फ़रेब उसकी आदतों में शुमार था जिसके कई क़िस्से तुम्हारी ही किताबों में हैं। तुम आदमी के आज़ा-ए-तनासुल[2] को महादेव कहकर उसकी इबादत करते हो और औरत के जिस्म के उसी हिस्से को उसकी जोरू बताते हो।" कहकर पादरी परेरा ने उस ब्राह्मण को हिक़ारत भरी नज़रों से देखा। "तुम लोग शरीफ़ क़ौम नहीं! बल्कि गुनहगार व नाक़ाबिले माफ़ी लोग हो।"

"और तुम नस्रानियों का क्या जो कहते हैं कि ख़ुदा तीन हैं और उसका एक बेटा भी पैदा कर देते हैं?" ईसाइयों के लिए दिल में रंजिश लिये बैठा वही सेफ़र्दी यहूदी उस ब्राह्मण के बचाव में उतर पड़ा।

"इन अज़ीम उसूलों को तुम नादान यहूदी कभी नहीं समझ सकते!" पादरी परेरा के होंठ तौहीनी अन्दाज़ में घूम गए। "तुम लोगों को इस दुनिया में जहालत में ही पड़े रहने की सज़ा जो हमारे रब ने दी है! और उस दूसरी दुनिया में तुम लोगों के लिए जहन्नुम की आतिश भी उसने तैयार कर रखी है। उसका फ़रमान ग़लत कैसे हो सकता है?"

"हाज़िरीने मज्लिस! मुद्दे से हम लोग क्या भटक नहीं रहे?" सबको ख़ामोश हो जाने का इशारा करते हुए अकबर ने कहा। "बेहतर होगा अगर सब लोग पहले उस बरहमन को अपनी बात मुकम्मल कर लेने दें।"

"जहाँपनाह! हमारे मज़हब में रब को हम परमब्रह्म या सिर्फ़ ब्रह्म पुकारते हैं जो वाहिद है, अलीम है, और जब्बार है। जहाँपनाह! हमारी मज़हबी किताबों की ज़बान संस्कृत है जिस ज़बान में *वेद* और *उपनिषद* कहे गए हैं। और हमारे मज़हब का असल इन किताबों में है, न कि दीगर किताबों में, यक़ीनन ही जिन पर सरसरी तौर पर निगाह डालकर ही जनाब पादरी साहब ने यह नज़ीरें पेश की हैं। आलमपनाह! इन्होंने जो भी कहा हमारे मज़हब की बाबत, न तो वह उसके बुनियादी उसूल हैं और न ही उसका मुकम्मल बयान। रसूलुल्लाह के साथ गुज़रे हुए वाक़यात इस्लाम में *क़ुरआन शरीफ़* की जगह नहीं ले सकते। इसी मानिन्द राम और किशन की कहानियाँ हमारे मज़हब में इन किताबों की जगह नहीं ले सकतीं। और हमारे *उपनिषद* कहते हैं : 'एकमेव अद्वितीयं' यानी ब्रह्म एक अकेला है, उसके जैसा दूसरा कोई नहीं। और यह भी कि 'न तस्य प्रतिमा अस्ति।' यानी उसकी कोई शक्ल-ओ-सूरत नहीं। हमारे मज़हब की सबसे पुरानी किताब *ऋग्वेद* में भी कहा गया है कि ब्रह्म की न कोई शक्ल है, न ही जिस्म। और यह भी कि ब्रह्म सिर्फ़ एक अकेला है, उसकी ही इबादत करो।"

"कमाल है! बिलकुल यही तो इस्लाम भी कहता है!" अकबर के ताज्जुब और ख़ुशी की इन्तिहा नहीं थी। "कि अल्लाह एक है, अकेला है, उसकी कोई शक्ल नहीं

1. काम-लोलुपता।
2. जननेन्द्रिय।

और सिर्फ़ एक वह क़ाबिले इबादत है! तो फिर दोनों मज़हब में फ़र्क़ कहाँ है? है क्या?"

"लेकिन जहाँपनाह! हक़ीक़त में यह लोग कई मलकात[1] की इबादत करते हैं।" बरहमन के मज़हब से अकबर का मुतास्सिर होना पादरी परेरा को मंज़ूर नहीं हुआ। "जिनमें कई तो जहाँपनाह जानवरों की शक्ल में है!" इस 'राज़' को ज़ाहिर करने के बाद उसने बरहमन की तरफ़ हिक़ारत भरी निगाह से देखते हुए दरयाफ़्त किया। "नहीं करते क्या?"

"जहाँपनाह! मोहतरम पादरी साहब से मेरी गुज़ारिश है कि ज़रा सब्र रखें। उनके इस इल्ज़ाम का जवाब भी दिया जाएगा," ब्राह्मण ने तसल्ली-बख़्श अन्दाज़ में कहा और फिर अपने मज़हब का अक़ीदा आगे बताने लगा। "जहाँपनाह! हमारे मज़हब के अक़ीदे का असल हमारे उपनिषदों में इस तरह ज़ाहिर किया गया है : 'ब्रह्म सत्यं जगन्मिथ्या, जीवो ब्रह्मैव नापर:' ब्रह्म ही सिर्फ़ हक़ीक़त है और यह जहान माया है यानी वहम है। ब्रह्म और जीव यानी रूह मुख़्तलिफ़ नहीं। रूह हर इनसान में उस ब्रह्म का ही उंसुर है, बुनियादी तौर पर उनमें कोई फ़र्क़ ही नहीं! और हमारा यह भी यक़ीन है कि रूह और ब्रह्म दोनों ही जावेदाँ हैं।"

कहकर ब्राह्मण साँस लेने के लिए रुका तो इबादतख़ाना में मौजूद हर शख़्स को ग़ौर से अपनी बात सुनते देख हलकी मुस्कराहट उसके होंठों पर खेल गई।

"मगर साथ ही जहाँपनाह! यह भी हम लोगों का पुख़्ता यक़ीन है कि वह आलातरीन ब्रह्म इस ख़िल्क़त की हर शै में मौजूद है, इनसान से लेकर पत्थर तक में, बारीक से बारीक ज़र्रे में भी। दरअसल ब्रह्म ही बेशुमार शक्लों में हमारे सामने ज़ाहिर है। मगर इस वजह से उसके असल में कोई तब्दीली आए, ऐसा न तो होता है और न ही ऐसा होना मुमकिन है। जहाँपनाह! इसे ऐसे समझें कि एक ही शख़्स किसी के लिए पिता है, किसी के लिए बेटा, किसी के लिए शौहर और किसी के लिए दोस्त। मगर उसकी शख़्सियत में इससे कोई फ़र्क़ नहीं आता।"

"वल्लाह! बहुत ख़ूब!" अकबर के मुँह से निकल पड़ा।

"जहाँपनाह! हमारे मज़हब के अज़ीम वली चैतन्य महाप्रभु के लिए वह उनका अज़ीज़ कृष्ण है," ब्राह्मण की आवाज़ में अब नया जोश था। "मीराँबाई उसे अपने ख़ाविन्द बतौर देखती है, और सन्त सूरदास एक खिलन्दड़े बालक कृष्ण की शक्ल में उससे मोहब्बत करते हैं। उसी को कोई शिव कहकर पुकारता है, कोई विष्णु के नाम से उसे बुलाता है। और कोई उसमें माँ दुर्गा का नज़ारा कर उसकी इबादत करता है। मगर असल में ब्रह्म वाहिद है, एक है जिसे सब अपने-अपने नज़रिये से देख रहे हैं। उसे सिर्फ़ एक पिता की शक्ल में देखना, जैसे कि यह नस्रानी उसे देखते हैं, उसे जिंसीयत[2] देना है जो हर शै और हर उस चीज़ से परे है जिसका हम तसव्वुर कर सकते हैं। इसीलिए तो हमारे *उपनिषद* उसका बयान करने की कोशिशों से थककर आख़िर में उसके जानिब फ़रमाते हैं : 'नेति, नेति' ; यह नहीं, यह नहीं।"

"लेकिन जहाँपनाह! हम मुसलमान तो अल्लाह को जिंसीयत नहीं देते!" एक

1. मलक = देवता; मलकात = देवताओं।
2. लिंगता, नर या मादा का फ़र्क़।

आलिम ने एतराज़ ज़ाहिर किया। "न ही हम उसके सिवा किसी को क़ाबिले इबादत क़बूल करते हैं, जैसा कि यह काफ़िर करते हैं।"

"जहाँपनाह! दरअसल, हम लोग भी सिर्फ़ उस ब्रह्म की ही इबादत करते हैं जो एक है, अकेला है। मगर हर शै में नुमायाँ उसके अक्स को भी हम क़ाबिले बन्दगी समझते हैं," ब्राह्मण ने सफ़ाई दी।

"जहाँपनाह! यह लोग दावा करते हैं कि वह रब जो इस पूरे जहाँ की परवरिश करता है, सिर्फ़ इन लोगों की मदद व हिफ़ाज़त करने अर्श से उतरकर ज़मीन पर आ जाता है।" पादरी परेरा के नथुने हिक़ारत से फूल गए और उसका हाथ इल्ज़ाम लगाने के अन्दाज़ में ब्राह्मण की तरफ़ उठ गया। "तो फिर आलमपनाह हमारे जैसे बाक़ी इनसानों का क्या होगा? हम सबका हाल क्या उस कश्ती सरीखा नहीं हो जाएगा जो बिना पाल, पतवार के तूफ़ानी समन्दर की मौजों में घिर गई है?"

"जहाँपनाह! हमारा अक़ीदा कभी यह दावा नहीं करता कि ब्रह्म ज़मीन पर ख़ुद उतर आता है," ब्राह्मण के चेहरे पर पादरी के तर्ज़ो-अन्दाज़ की वजह से कोई जज़्बा ज़ाहिर नहीं था। "हक़ीक़त यह है जहाँपनाह कि ब्रह्म ला-महदूद है और उसका नूर भी। और हम सब उन आईनों की मानिन्द हैं जिनमें उसके ही नूर का अक्स है। आलमपनाह! हम लोग तनासुख़-ए-रूह में यक़ीन करते हैं और इसमें भी कि गुज़श्ता ज़िन्दगानियों में जो भी हमने किया उसका नतीजा हालिया ज़िन्दगी में हासिल होना लाज़िमी है। इस वजह से कभी यह आईना यकसाँ नहीं होता या उसमें दरार होती है तो उसमें उस ब्रह्म का अक्स बदनुमा हो जाता है। कभी यह मैला या दाग़दार रहता है तो उसमें उसका अक्स साफ़ नहीं रहता। लेकिन जब यह आईना बिना ख़राबी के और एकदम साफ़ होता है तो उसमें पड़े उसके अक्स में और उस ब्रह्म में कोई फ़र्क़ बाक़ी नहीं रहता। जब इस तरह किसी शख़्स में, जो एक कामिल और बेदाग़ आईना है, वह ब्रह्म एक इनसान की शक्ल में नुमायाँ होता है तो वह ग़ैरमामूली शख़्स अवतार या मबऊस कहलाता है जैसे कि हमारे भगवान राम और कृष्ण हुए। मगर जहाँपनाह! इसे ब्रह्म का ख़ुद ज़मीन पर उतर आना नहीं कहा जा सकता, जैसी कि नस्रानी पादरी साहब को ग़लतफ़हमी है और जैसा कि यह नस्रानी हज़रत ईसा की बाबत क़बूल करते हैं।"

"लेकिन जहाँपनाह हम यह कभी नहीं कहते कि हमारा रब ख़ुद इस ज़मीन पर आया।" पादरी परेरा ने एतराज़ किया। "हमारा तो यक़ीन है कि उसने सिर्फ़ अपने फ़र्ज़न्द को जिस्मानी तौर पर इस ज़मीन पर भेजा।"

"मगर जहाँपनाह यह लोग हज़रत ईसा को भी अपना रब मानते हैं," ब्राह्मण ने कहा और फिर पादरी परेरा से मुख़ातिब हुआ। "क्या मैं ग़लत कह रहा हूँ? और जहाँ तक इस इल्ज़ाम का सवाल है कि हम लोग कई देवताओं या मलकात की परस्तिश करते हैं, तो यह बात जहाँपनाह पहले ही मैं कह चुका हूँ कि वह जो एक है, अकेला है, वह ख़ुद को मुख़्तलिफ़ शक्लों में ज़ाहिर करता है। और अपनी मदद व हिफ़ाज़त के लिए इनमें से किसी शक्ल की परस्तिश को हम गुनाह नहीं समझते। हमारे मज़हब के मुख़्तलिफ़ फ़िरक़े जहाँपनाह इसी बिना पर क़ायम हैं। लेकिन यह सभी फ़िरक़े चार बुनियादी उसूलों को लाज़िमी तौर पर क़बूल करते हैं। हर इनसान और हर जानवर के

जिस्म में भी रूह मौजूद है। यह रूह गुज़श्ता ज़िन्दगियों में इनसान के हर अमल का नतीजा भुगतने के लिए पाबन्द है। इस वजह से ही इनसान के फ़ौत हो जाने के बाद उसकी रूह बार-बार नया जिस्म इख़्तियार करने के लिए मजबूर है। और हर रूह का आख़िरी मक़सद है मग़्फ़िरत[1], यानी इस आमदो-रफ़्त से निजात पाना।"

ख़ामोशी के साथ और बड़े ग़ौर से हर शख़्स ब्राह्मण को सुन रहा था जो निहायत ही ख़ुद-एतमादी के साथ और सही अल्फ़ाज़ चुनकर अपनी बात रख रहा था।

"जहाँपनाह! जहाँ तक उस आलातरीन ब्रह्म के मछली या सूअर की शक्ल में नुमायाँ होने का मसला है तो वह वक़्त की ज़रूरत के मुताबिक़ था। ज़बर्दस्त सैलाब में जब यह ज़मीन डूब गई थी, जो वाक़या हर मज़हब की किताब में है तो इनसानी नस्ल की हिफ़ाज़त के मक़सद से वह मछली की शक्ल में नुमायाँ हुआ। और जब इनसानों के बोझ से यह ज़मीन पाताल यानी तहतस्सरा में जाने लगी तो सूअर की शक्ल में उसने अपने दाँतों से उसे ऊपर उठा लिया।"

पादरी परेरा की नज़रों में अब भी उस ब्राह्मण के लिए हिक़ारत थी मगर अकबर की नज़रों में उसके लिए तारीफ़ का जज़्बा साफ़ ज़ाहिर था।

"और जहाँपनाह! आदमी और औरत के आज़ा-ए-तनासुल की परस्तिश हक़ीक़त में उस ख़ालिक़ का एहतिराम है जो इनकी मार्फ़त ही इस ख़िल्क़त की हर ज़िन्दा शै को वुजूद में लाता है और लाया है। सिर्फ़ नादान और नासमझ लोगों के दिल में ही इनका ख़याल नफ़्स-परस्ती पैदा करता है। जहाँपनाह! जिस्म के जिन ज़रूरी हिस्सों को वह अल-अलीम इनसानी नस्ल के क़ायम रहने के अज़ीम मक़सद से वुजूद में लाया, उन्हें क़ाबिले हिक़ारत किस तरह समझा जा सकता है? हमारे मज़हब में तो ऐसा क़तई नहीं समझा जाता। बल्कि आलमपनाह! महादेव व उनकी शरीके हयात की निशानियों में ख़िल्क़त के पोशीदा राज़ का नज़ारा कर और तख़्लीक़ से हासिल मसर्रत के अहसास से ताज्जुबशुदा होकर ही हम लोग उनकी परस्तिश किया करते हैं।"

"जहाँपनाह! यह सब..." पादरी परेरा कुछ कहने को हुआ मगर अकबर ने हाथ के इशारे से उसे रोक दिया और ब्राह्मण को अपनी बात पूरी करने दी।

"जहाँपनाह! जनाब पादरी साहब ने हमारे भगवान राम और भगवान कृष्ण में जो ऐब गिनाए थे उनके मुताल्लिक़ मेरा यक़ीन है कि जिससे यहाँ मौजूद आलिम-फ़ाज़िल लोग भी इत्तेफ़ाक़ रखेंगे, वह जो क़ादिर-ए-मुतलक़, अलीम और आलमगीर[2] है, बेवजह वह कोई काम नहीं कर सकता। जब शैतानी ताक़तें इनसानों पर हावी होने लगीं तो उन पर फ़तहयाब होने के लिए उसने राम की शख़्सियत में ख़ुद को ज़ाहिर कर क़ाबिले तक़लीद मिसाल इनसान के सामने पेश की। और जब इनसान मुश्किलों से परेशान, मायूस व पस्त-हौसला था तब उसने ख़ुद को कृष्ण की शक्ल में नुमायाँ कर इनसान को ख़ुशी और हिम्मत अता फ़रमाई। जिसको पादरी साहब भगवान राम की नावाक़िफ़ियत कहते हैं, हक़ीक़त में वह इनसान को यह तालीम देने का तरीक़ा था कि मुश्किल हालात का मुक़ाबला वह कैसे करे। और जिसे भगवान कृष्ण की नफ़्स-परस्ती जनाब पादरी साहब

1. मोक्ष।
2. विश्वव्यापी।

ने कहा है, हकीक़त में वह ख़ुद-परस्त इनसान को उल्फ़त के रास्ते पर लाने और इस तरह दुनिया को बेहतर बनाने की कोशिश थी।"

"जहाँपनाह! यह सब इन लोगों के ख़ुद ईजाद किए हुए क़िस्से हैं, जिस काम में इन बरहमनों को तो महारत हासिल है। सच का झूठ और झूठ का सच करना इन लोगों के लिए मामूली बात है जिसमें इनका ज़मीर, अगर इनमें ज़मीर है, ज़रा भी आड़े नहीं आता।" पादरी के तर्ज़ो-अन्दाज़ में उस ब्राह्मण के जानिब हिक़ारत का जज़्बा अब नफ़रत में तब्दील हो गया था।

शेख़ मुबारक जो अब तक ख़ामोश बैठे हुए यह मुबाहिसा सुन रहे थे, अब बोले बिना न रह सके।

"जहाँपनाह! यह मुबाहिसा इस मक़सद से हो रहा है कि हक़ीक़त को सामने लाया जाए। और हक़ीक़त यह है जहाँपनाह कि ऐसा कोई मज़हब नहीं जिसमें कोई ख़ामी न हो और न ही कोई अक़ीदा ऐसा है जो कि मुकम्मल तौर पर ग़लत हो। लिहाज़ा मैं यहाँ मौजूद मोहतरम शख़्सियात से गुज़ारिश करना चाहूँगा कि अगर कोई आलिम अपने यक़ीन की बिना पर किसी मज़हब या अक़ीदे की बाबत कुछ अर्ज़ करता है, जो यहाँ मौजूद किसी शख़्स के मज़हब या अक़ीदे से नाइत्तेफ़ाक़ी रखता है, तो बजाय उस आलिम की मुख़ालिफ़त करने के उसे समझने की कोशिश की जाए। साथ ही जहाँपनाह मैं यह गुज़ारिश भी करूँगा कि सवाल उस आलिम से लाज़िमी तौर पर किए जाएँ मगर उसके अक़ीदे में पोशीदा राज़ जानने के मक़सद से न कि उसका मज़ाक़ उड़ाने या उसे ज़लील करने के इरादे से।"

"जनाब शेख़ मुबारक की राय से मैं मुकम्मल तौर पर इत्तेफ़ाक़ रखता हूँ।" मज्लिस से मुख़ातिब होकर अकबर ने शेख़ मुबारक की राय से रज़ामन्दी जताई। "लिहाज़ा इस बरहमन की बातें हमें ग़ौर से सुनने की ज़रूरत है।"

"जहाँपनाह! उस अज़ीमतरीन हस्ती की इबादत करने के लिए किसी बुत की क्या ज़रूरत है? यह सवाल भी यहाँ मौजूद मज़हबी लोगों के ज़ेहन में उठ रहा होगा।" बादशाह की हिमायत पाकर ब्राह्मण के दिल में उठी ख़ुशी उसकी आवाज़ में ज़ाहिर थी। "जहाँपनाह! मग़्फ़िरत हासिल करने के रास्ते पर हर रूह का मुक़ाम जुदा है। लिहाज़ा अपने मक़सद को हासिल करने के लिए हर रूह की ज़रूरतें भी जुदा हैं। मदरसे में हर दर्जे के शागिर्द के लिए उस्ताद एक ही निसाबे तालीम[1] नहीं तय करते क्योंकि हर दर्जे के शागिर्द की क़ाबिलियत जुदा है और हासिल की हुई तालीम भी। अगर ऊँचे दर्जे के शागिर्द से उस्ताद सवाल करे कि दो जमा तीन कितने होते हैं तो वह फ़ौरन जवाब दे देगा पाँच। लेकिन अगर पहले दर्जे के शागिर्द से यही सवाल पूछा जाए तो वह दो कौड़ियाँ गिनेगा, फिर तीन कौड़ियाँ गिनकर उठाएगा और सबको साथ रखकर वह फिर गिनेगा और तब जवाब देगा—पाँच। दो और तीन उस पहले दर्जे के शागिर्द के लिए सिर्फ़ अल्फ़ाज़ हैं। उनके मुताल्लिक़ कोई ख़याल करने के लिए उसे कौड़ियाँ दरकार हैं। इसके मानी यह नहीं कि कौड़ियाँ ख़ुद गिनतियाँ हैं। मगर उस पहले दर्जे के शागिर्द के लिए गिनतियों का हिसाब समझने में यह कौड़ियाँ मददगार यक़ीनन हैं।"

1. पाठ्यक्रम।

"वल्लाह! क्या ख़ूब कहा है!" ख़ुशी से अकबर तक़रीबन उछल ही पड़ा। "कितनी ख़ूबसूरती से तुमने अपनी बात समझाई है बरहमन! आफ़रीन! आफ़रीन!"

"जहाँपनाह की ज़र्रानवाज़ी है!" ब्राह्मण ने झुककर सलाम करते हुए बादशाह का शुक्रिया अदा किया और अपनी बात को और भी ज़्यादा साफ़ करने के लिहाज़ से उसने एक मिसाल और दी। "मुझे यह पुख़्ता यक़ीन है जहाँपनाह कि यहाँ मौजूद हर शख़्स अगर अपने ज़ेहन में ईमानदारी से झाँके तो उसे मालूम होगा कि उस बग़ैर शक्लवाले का तसव्वुर कर पाना जिसके जैसा कोई नहीं है और जो अकेला है, नामुमकिन है। मगर फिर भी सबके तसव्वुर में वह किसी न किसी शक्ल में रहता ही है। यही बात एक आम और मामूली इनसान पर भी लागू है। जब उसे यह बताया जाता है कि वह सब देखता है, उसकी हज़ारों हज़ार आँखें हैं तो उसके ज़ेहन में उसकी जो तसवीर उभरेगी उसमें वह सिर्फ़ आँखें ही आँखें होगा और इबादत के वक़्त उससे रूबरू होने में वह मामूली इनसान बेहद मुश्किल महसूस करेगा।"

अकबर का दिल उस ब्राह्मण के लिए तारीफ़ से भर उठा। इस मुश्किल का सामना तो वह भी करता आया है। उस बेसूरत अल्लाह की इबादत करते वक़्त कोई न कोई तसवीर अल्लाह की उसके ज़ेहन में उभरती ही है, और बावजूद हर कोशिश के वह उसे 'बेसूरत' नहीं देख पाता। और ऐसा यक़ीनन यहाँ मौजूद हर मुसलमान के साथ होगा, उसे ख़याल आया।

"जहाँपनाह! इन मुश्किलात की वजह से ही इस जहाँ के आलातरीन मालिक की इबादत के लिए हमारे मज़हब में बुतों का इस्तेमाल वाजिब बताया गया है। अगरचे, कुछ लोग कमतर हस्तियों की परस्तिश भी करते हैं। मगर इस वजह से उन लोगों को हम अपने मज़हब से बेदख़ल नहीं कर देते। बल्कि उन्हें हम मौक़ा देते हैं कि इस पायदान पर चढ़कर वे ऊपर आएँ, भले ही उनकी अगली किसी ज़िन्दगी में ही ऐसा मुमकिन हो पाए।"

"तुमने कहा था कि ब्रह्म ही हक़ीक़त है बाक़ी सब वहम या माया है। कबि राय बीरबल भी मुझे बताते हैं कि उनके मज़हब में मुसलसल तब्दील होते रहनेवाली इस कायनात को असल नहीं माना जाता। मगर यह बात मुझे समझ नहीं आती कि जिस दुनिया की हर शै को मैं महसूस कर सकता हूँ, हर लम्हे और लगातार, वह वहम कैसे हो सकती है?"

"जहाँपनाह! रोज़मर्रा में हमें नाक़ाबिले बर्दाश्त हालात से मुक़ाबिल होना पड़ता है। हमें इल्म रहता है कि क्या ग़लत है और क्या सही। फिर भी सही काम को करने में ख़ुद को हम नाक़ाबिल पाते हैं। हमारे ख़याल ऊँची परवाज़ भरते हैं मगर हम अपने अमल में उतना ऊपर नहीं उठ पाते। इनसान की ज़िन्दगी तकलीफ़ों में मुब्तला है। एक मुश्किल दूर होती है तो दो सामने आकर खड़ी हो जाती हैं। हमें हमारे वली बताते हैं कि इस दुनिया को चलानेवाला जो क़ादिर-ए-मुतलक़ है, इनसान से बेपनाह मोहब्बत करता है। मगर जो कुछ हम अपने चारों तरफ़ देखते हैं, नाइंसाफ़ी और ज़ुल्म, उससे हम लोग इस बात का मेल नहीं बिठा पाते। तो जहाँपनाह सवाल उठता है कि इन पेचीदा हालात की आख़िरकार वजह क्या है जिसमें हर इनसान ख़ुद को उलझा हुआ पाता है? हमारा

अक़ीदा कहता है कि ऐसा इस वजह से है कि यह दुनिया दरअसल वहम है, माया है।"

"यह बात समझ में नहीं आई। इस दुनिया को जिसे मैं देख सकता हूँ, छू सकता हूँ, वह वहम कैसे है? न ही मुझे यह क़ाबिले यक़ीन मालूम होता है कि सिर्फ़ इस वजह से कि यह दुनिया पेचीदा हाल है, यह माया साबित हो जाती है।"

"जहाँपनाह! हमारे *उपनिषद* कहते हैं कि दुनिया को हम सही तरीक़े से नहीं देख पाते। सही तरीक़े से अगर देख पाते तो हमें ब्रह्म ही सब में और सब तरफ़ नज़र आना चाहिए, जो हर शै में समाया हुआ है और पूरी कायनात पर छाया हुआ है। मगर होता यह है कि उस हक़ीक़त पर इस पेचीदा और नक़ली दुनिया को हम थोप देते हैं और उसे ही हक़ीक़त समझने लगते हैं। जहाँपनाह! अकसर ही अँधेरे में रस्सी को देखकर हमें साँप का गुमाँ हो जाता है और हम ख़ौफ़ज़दा हो जाते हैं। जब हम आतिश या रोशनी क़रीब लाते हैं तो मालूम होता है कि वह साँप नहीं, रस्सी है। यह साँप जहाँपनाह माया है, वहम है। सही इल्म की रोशनी में ही हमें यह पता चलता है कि जिसे हम साँप समझ रहे थे वह दरअसल रस्सी है। मगर जब तक अँधेरा था, साँप हमारे ज़ेहन में हक़ीक़त था, जैसे कि इस लम्हे में हमारे लिए यह दुनिया हक़ीक़त है। और साँप की ही मानिन्द यह दुनिया भी इनसान को डराती है। तो फिर इनसान को क्या करना चाहिए? हमारा अक़ीदा कहता है कि योगसाधना से, जो दरअसल उन सब तरीक़ों का शामिल नाम है जो हक़ीक़त को जानने में मददगार है, इस दुनिया की असलियत पहचाननी चाहिए। तब हम जान लेंगे कि इस दुनिया में सिर्फ़ ब्रह्म हक़ीक़त है और बाक़ी सब माया। जब यह इल्म इनसान को हो जाता है तो उसकी सारी ख़्वाहिशात मुकम्मल तौर पर ख़त्म हो जाती हैं, इस दुनिया की किसी भी शै के लिए उसके दिल में कोई तमन्ना बाक़ी नहीं रहती। कोई मुराद, कोई हसरत, कोई आरज़ू बाक़ी नहीं रहती। और इस तरह फिर-फिर जिस्म हासिल कर अपनी नामुकम्मल हसरतों और आरज़ुओं को पूरा करने की ख़्वाहिश से रूह आज़ाद हो जाती है; तनासुख़-ए-रूह से निजात पा लेती है; मग़्फ़िरत हासिल कर लेती है।"

"आफ़रीन! क्या ख़ूब कहा है बरहमन तुमने! कितने बेहतरीन तरीक़े से तुमने अपना अक़ीदे पर तक़रीर की है! तुम्हारे मज़हब की बाबत मेरी कई ग़लतफ़हमियाँ तुमने आज दूर कर दीं।" अकबर की आँखें चमक उठी थीं, उसके चेहरे पर एक नया नूर था और ऊपर उठे हुए उसके दोनों हाथ इल्म की रोशनी से उसके दिल में उठे जज़्बात बयाँ कर रहे थे। "लेकिन यह योगसाधना क्या है जो इनसान को मग़्फ़िरत दिलवाती है? किस क़िस्म की इबादत है यह?"

"जहाँपनाह! हमारे अक़ीदे के मुताबिक़ मग़्फ़िरत हासिल करने के लिए इबादत लाज़िमी नहीं।" बादशाह सलामत के मुँह से ऐसी ज़बर्दस्त तारीफ़ सुनकर ब्राह्मण का चेहरा भी चमक उठा था। "मग़्फ़िरत हासिल करने के दरअसल कई तरीक़े हैं, कई रास्ते हैं जिन्हें हम योग कहते हैं : ज्ञानयोग यानी इल्म का रास्ता; राजयोग या कर्मयोग यानी ईमानदारी से फ़र्ज़ पर अमल का रास्ता; और भक्तियोग यानी उस ब्रह्म की इबादत का रास्ता जो मुख़्तलिफ़ तरीक़ों से इनसान के सामने ज़ाहिर है। मगर भक्तियोग में भी इबादत करने के तरीक़े जहाँपनाह सबके अपने-अपने हो सकते हैं। कोई चाहे तो सन्त

सूरदास की मानिन्द उसकी मोहब्बत के नगमे गा सकता है, या मीराँबाई के मानिन्द ख़ुद की कही हुई नज़्म पर इकतारा बजाते हुए नाच सकता है या वीराने में बैठकर उसका मुराक़बा[1] कर सकता है। हमारे मज़हब में जहाँपनाह मुकम्मल आज़ादी है कि कौन किस तरीक़े से उसकी इबादत करता है। ज़रूरी सिर्फ़ यह है कि उस ख़ालिक़ पर यक़ीन मुकम्मल हो और कोशिश ईमानदार।"

इबादतख़ाना में उस ब्राह्मण की आवाज़ के सिवा मुकम्मल ख़ामोशी थी और हर शख़्स उसकी बातों पर ग़ौर-ओ-ख़याल करने के लिए ख़ुद को मजबूर पा रहा था। अकबर की आँखों में तो उस बरहमन के लिए तारीफ़ का जज़्बा नाक़ाबिले बयान था, जो अपने मज़हब के पोशीदा राज़ इतने बेहतरीन तरीक़े से फ़ाश कर रहा था।

"आलमपनाह! हमारे मज़हब में यह भी नहीं है कि अगर कोई महादेव की इबादत करता है तो वह विष्णु की इबादत नहीं कर सकता या जो भगवान कृष्ण का परस्तार है वह माँ दुर्गा की परस्तिश नहीं कर सकता। भगवान राम की इबादत करनेवाला महादेव की इबादतगाह में जाकर हम्द[2] गा सकता है और माँ दुर्गा की परस्तिशगाह में जाकर भी। और किसी हिन्दू को इसमें कोई एतराज़ नहीं होता। क्योंकि हमारा यह यक़ीन पुख़्ता है कि उस तक पहुँचने के रास्ते बेशुमार हैं और किसी को यह दावा करने का हक़ नहीं कि सिर्फ़ उसका ही रास्ता सही है। और जहाँपनाह इसकी वजह भी क़ाबिले-ग़ौर है। हर मज़हब क़बूल करता है कि सिर्फ़ एक वह रब ही अलीम है बाक़ी कोई नहीं। तो उस तक पहुँचने का कौन-सा रास्ता सही और कौन-सा ग़लत, इसका इल्म भी सिर्फ़ उसे ही है। और हमारा यह भी यक़ीन है कि उसे कोई फ़र्क़ नहीं पड़ता कि कौन किस तरह उसकी इबादत करता है या नहीं भी करता है। वह इस सबसे बेपरवाह है। ख़ास बात सिर्फ़ यह है कि इबादत अगर हम करें तो दिल से करें और उसके जानिब हमारा जज़्बा-ए-मोहब्बत ईमानदार हो।"

इबादतख़ाना में मुबाहिसे के आख़िरी रोज़ अकबर अपनी राय ज़ाहिर कर रहा था, "बरहमन की इस बात का मैं बेहद क़ायल हूँ कि अल्लाह तक पहुँचने के रास्ते कई हैं। कोई कैसे कह सकता है, जैसा कि इस बरहमन ने साफ़ बयान किया है, कि सिर्फ़ उसका मज़हब ही सही है। मेरा दिमाग़ तो यह भी कहता है कि किसी पैग़म्बर को भी हक़ नहीं कि वह ऐसा दावा करे, क्योंकि वह भी आख़िरकार इनसान है और कोई इनसान मुकम्मल नहीं। किसी भी इनसान को न तो अलीम क़बूल किया जा सकता है और न ही कामिल क्योंकि तब तो वह उस के मुक़ाबिल हो जाएगा जो अल-हकीम और अल-कबीर[3] है। और जब उस तक पहुँचने के रास्ते कई हैं तो किसी भी मज़हब के लिए दुश्मनी का जज़्बा रखने की वजह भी कोई नहीं।"

अगले रोज़ दौलतख़ाने में देर रात की महफ़िल में शेख़ ताजुद्दीन भी मौजूद थे। इबादतख़ाना में हुए अब तक के मुबाहिसे की ख़ास बातों को याद करते हुए अकबर ने अपना शुबहा उन पर ज़ाहिर किया।

---

1. ध्यान लगाना, समाधिस्थ होना।
2. ईश्वर की स्तुति।
3. सर्वाधिक बुद्धिमान और महानतम।

"शेख़ ताजुद्दीन साहब! बावजूद इस सबके मुझे यह मंज़ूर नहीं कि यह आलम एक वहम है—उस बरहमन के अल्फ़ाज़ में माया।"

"जहाँपनाह! इस नज़रिये की शेख़ इब्ने अरबी ने अपनी किताब *अल-फ़ुतूहात* में निहायत ही उम्दा तरीक़े से तफ़सीर की हुई है। शेख़ फ़रमाते हैं कि यह दुनिया जिसे हम जानते हैं हक़ीक़त में सिर्फ़ इनसानी तजुर्बा है। और यह भी कि उस तजुर्बे के मानी समझने की कोशिश में ही इस दुनिया की बाबत हमारा ख़याल बनता है जिसे हम असल दुनिया समझ लेते हैं।"

"यह बात कुछ समझ में नहीं आई शेख़ साहब," कुछ देर सोचते रहने के बाद अकबर बोला। "इसको और साफ़ कीजिएगा?"

"जहाँपनाह! शेख़ इब्ने'अरबी फ़रमाते हैं कि यह दुनिया क्या है इसे जानने के लिए इनसान आँख, नाक, कान, ज़बान और जिस्म की खाल का इस्तेमाल करता है। फिर इनसे हासिल तजुर्बात के मानी इनसान का दिमाग़ मालूम करता है। इसका मतलब यह हुआ कि जो कुछ भी इस दुनिया की बाबत हम जानते हैं अपने दिमाग़ और इन पाँच हवास[1] की बदौलत ही जानते हैं और सिर्फ़ उनकी ही मार्फ़त जानते हैं। इस वजह से यह दुनिया असलियत में कैसी है, इसे हम नहीं जान सकते।"

"बहुत ख़ूब!" कहकर अकबर अपने ख़यालों में डूब गया और चन्द लम्हों के बाद उसने दरयाफ़्त किया। "तो इसके मानी यह हुए कि हर इनसान की दुनिया जुदा है क्योंकि हवास और दिमाग़ तो हर इनसान के लिए जुदा हैं।"

"जहाँपनाह ने बिलकुल सही फ़रमाया।" शेख़ ताजुद्दीन ने तारीफ़ के अन्दाज़ में कहा। "और इस दुनिया की हक़ीक़त ही नहीं, उस दुनिया की हक़ीक़त भी हर इनसान अपने तरीक़े से समझता है। जहाँपनाह अपनी एक और किताब *फ़ुसुस अल-हिकम* में शेख़ इब्ने'अरबी सत्ताईस पैग़म्बरों की बाबत बताते हैं जो मुख़्तलिफ़ ख़ुसूसियात के मालिक हैं और अपने ख़ास नुक़्ता-ए-नज़र से बोलते हुए वे अल्लाह और कायनात की बाबत अपने-अपने जुदा नज़रिये से जुदा-जुदा हक़ीक़त बयान करते हैं। लेकिन कोई भी बयान कामिल नहीं है और बाज़ दफ़ा एक पैग़म्बर का बयान दूसरे पैग़म्बर के नज़रिये के बर-ख़िलाफ़ है। मगर कोई बयान ग़लत भी नहीं है क्योंकि कोई पैग़म्बर किस जगह मौजूद है उसके मुताबिक़ ही उसका नज़रिया-ए-हक़ीक़त है। शेख़ इब्ने'अरबी फ़रमाते हैं कि हर बयान-ए-हक़ीक़त दरअसल एक ख़याल है क्योंकि जो भी इल्म इनसान को हासिल है वह हर शख़्स के ख़ास नुक़्ता-ए-नज़र से ही उसे हासिल है।"

"बहुत ख़ूब! बहुत ही ख़ूब! शेख़ इब्ने'अरबी के फ़लसफ़ा में सुलह-ए-कुल कितनी गहराई तक मौजूद है! और बरहमनों के अक़ीदे में तो सुलह-ए-कुल हर क़दम पर ज़ाहिर है। मगर अफ़सोस! उस पर अमल की परवाह कोई नहीं करता।"

"जहाँपनाह! *फ़ुसुस अल-हिकम* में शेख़ इब्ने'अरबी एक मुसलमान से यह कहते हुए भी नज़र आते हैं कि जिसे तुम इल्म समझ रहे हो वह दरअसल एक राय है। इसी तरह सही बुख़ारी में एक हदीस है : 'अल्लाह फ़रमाता है कि मैं अपने बन्दे के गुमान के साथ हूँ।' इसके मानी शेख़ इब्ने'अरबी की राय में यह है कि सिवा उसके गुमान की

1. इन्द्रियाँ।

शक्ल में, ख़ुद को अल्लाह मोमिन के सामने ज़ाहिर नहीं करता।"

"लेकिन यही तो वह बरहमन भी कह रहा था जब इनसान को आईनों के मानिन्द उसने बताया जिनमें उसका अक्स नुमायाँ है!" गावतकिये से टिककर बैठा हुआ अकबर बोल उठा और अपनी कमर को एकदम सीधी करके बैठ गया। "तब तो यह मुकम्मल तौर पर माक़ूल और वाजिब वजह है कि बरहमन उस आलातरीन हस्ती की मुख़्तलिफ़ शक्लों में इबादत करें! क्या मैं ग़लत हूँ?"

"जहाँपनाह की दलील तो सही ही है।" शेख़ ताजुद्दीन तनिक हिचकिचाहट के साथ बोला। "कुल नतीजा तो आलमपनाह यही हासिल है।"

"लेकिन शेख़ इब्ने'अरबी ने अपने नज़रिये को साबित कैसे किया? इस हदीस की जो तशरीह उन्होंने की है, उसकी तस्दीक़ के लिए उन्होंने दलील क्या दी है?"

"जहाँपनाह! शेख़ इब्ने'अरबी फ़रमाते हैं कि अल्लाह तो अल-कामिल व ला-महदूद है। तो उस कामिल व ला-महदूद के ख़याल के लिए एक महदूद और ऐबशुदा हस्ती के ज़ेहन में गुंजाइश कैसे हो सकती है? लिहाज़ा इनसान के मज़हबी यक़ीन में जो अल्लाह है वह दरअसल एक महदूद हस्ती का अपना ख़याल है जो हर इनसान के लिए जुदा-जुदा है। मगर इनमें से कोई भी ख़याल ग़लत नहीं और न ही कोई मुकम्मल तौर पर सही है।"

"वल्लाह! क्या ख़ूब कहा है!" अकबर चिल्ला उठा और फिर अपने ख़ामोश ख़यालों में डूब गया।

"इसके मानी यह हुए कि हर शख़्स अपनी फ़ितरत और अपनी अक़्ल के हिसाब से अल्लाह की इबादत करने का हक़दार है जैसा कि वह बरहमन कह रहा था।" ख़यालों से बाहर आकर अकबर बोला। "तो फिर हिन्दुओं को मुशरिक कहकर मुसलमान उनसे नफ़रत कैसे कर सकते हैं?"

"जहाँपनाह दुरुस्त फ़रमाते हैं।" अबुल फ़ज़ल कह उठा। "जहाँपनाह शेख़ इब्ने'अरबी तो इससे भी आगे जाकर यह कहते हैं कि कोई शख़्स किसी की भी इबादत करे, हक़ीक़त में वह अल्लाह की ही इबादत कर रहा होता है। *क़ुरआने-पाक* की सूरा बनी इस्राइल में से वे नज़ीर देते हैं : 'और तेरे रब ने हुक्म फ़रमा दिया कि उसके सिवा किसी और की इबादत न करो।' इसके मानी वे यह करते हैं कि अल्लाह का फ़रमान है, किसी की इबादत नहीं होती सिवा उसके।"

"लेकिन यह तो हर तरह की इबादत को जायज़ ठहराना हुआ! बशर्ते कि जिसकी भी इबादत की जा रही है उसके पीछे इबादतगार उस एक आलातरीन हस्ती का ही नज़ारा करता हो।" अकबर ने अपना नतीजा निकाला। "फिर तो बुतपरस्ती ग़लत नहीं! क्योंकि उस बरहमन का भी तो यही कहना था कि वह जो अकेला है और ख़ुद को कई तरह से ज़ाहिर करता है, असलियत में वे सिर्फ़ उसकी ही इबादत करते हैं क्योंकि हर बुत में वे उसी एक वाहिद अल-अलीम को देखते हैं।"

उस रोज़ अकबर के दिमाग़ में एक ख़याल का बीज पड़ गया, बरहमनों के मज़हब को और नज़दीक से जानने का।

"लेकिन एक बात अब भी मेरी समझ से बाहर है। जब यहूदी, नस्रानी, मुसलमान

और साबिअन व मैगस भी—सभी अहले किताब हैं और सभी एक रब में यक़ीन करते हैं तो आपस में इनमें फिर मज़हब को लेकर इतनी तक़रार क्यों हुआ करती है? और क्यों उनमें मज़हब को लेकर फ़साद हुआ करते हैं?"

"जहाँपनाह! इसकी एक वजह तो यह है कि हर मज़हब के तरफ़दार अपने मज़हब की अज़मत की बाबत अजीबोग़रीब और ग़ैर-हक़ीक़ी ख़यालात रखते हैं," अबुल फ़ज़ल ने अपनी राय दी, "और आम आदमी के दिमाग़ में यह भर देते हैं कि उनके मज़हब की मामूली और ग़ैर-अहम बातें न केवल मज़हब का ज़रूरी हिस्सा हैं बल्कि वही बातें असल मज़हब है। और जहाँपनाह, ज़्यादातर फ़साद इन छोटी-छोटी बातों को लेकर ही हुआ करते हैं।"

"शेख़ साहब की राय इस बाबत क्या है? शेख़ मुबारक से मुख़ातिब हो अकबर ने पूछा।

"जहाँपनाह! मुख़्तलिफ़ मज़हबों के पैरोकारों में झगड़ा मेरी राय में इस वजह से हुआ करता है कि पहले तो वे ख़ुद ही अपने पैग़म्बरों की नसीहतों के मामलें में अक़्ल के इस्तेमाल से परहेज़ करते हैं। फिर उस पैग़म्बर को माननेवाले जो कमअक़्ल लोग हैं उन्हें वे यह समझाते हैं कि पैग़म्बर के अल्फ़ाज़ के सही मानी उनकी समझ के बाहर हैं। लिहाज़ा जो वे बताते हैं उनकी नसीहतों की बाबत उसे बिना दिमाग़ लगाए वे क़बूल कर लें। और जो अक़्लमन्द लोग हैं उन्हें यह यक़ीन दिलाने की वे कोशिश करते हैं कि इनसानी दिमाग़ पैग़म्बर की हिदायतों में पोशीदा मानी समझ पाने के क़ाबिल ही नहीं। इस तरकीब से उस पैग़म्बर के किसी भी बयान पर सवाल उठाने की मनाही हो जाती है। इस तरह एक तंग नज़रिया बनता चला जाता है। ऊपर से यह पैरोकार अपने पैग़म्बर को सबसे बुलन्द मुक़ाम देकर बाक़ी पैग़म्बरों को नीचे का दर्जा देते हैं और इस तरह वे आपसी फ़साद के बीज बोते हैं।"

"आपकी राय से मैं मुकम्मल इत्तेफ़ाक़ रखता हूँ शेख़ साहब," अकबर ने सिर हिलाया।

"इसके अलावा जहाँपनाह एक मसला और भी है। एक पैग़म्बर आता है और इनसानों को एक मज़हब का पैग़ाम देता है और लोगों को बताता है कि सिर्फ़ वह मज़हब ही सही और जायज़ मज़हब है। जब लोग उस मज़हब को क़बूल कर लेते हैं तो एक दूसरा पैग़म्बर आता है और वह एक दूसरा मज़हब लाता है और फ़रमाता है कि जो मज़हब वह लाया है सिर्फ़ वह मज़हब ही सही और जायज़ है, बाक़ी कोई नहीं। और फिर एक तीसरा पैग़म्बर एक और मज़हब ले आता है और लोग पसोपेश में पड़ जाते हैं कि किस मज़हब को वे सही मानें। जहाँपनाह! जो हक़ीक़त है उसमें ख़ुद-इख़्तिलाफ़ी की कोई गुंजाइश नहीं। मगर इन मुख़्तलिफ़ मज़हबी किताबों में कई बातें ऐसी नज़र आती हैं जिनमें आपस में इख़्तिलाफ़ होता है। ऐसा गुमान होता है जैसे कि पहली दफ़ा अल्लाह तसल्लीबख़्श तरीक़े से अपनी हिदायतें ज़ाहिर नहीं कर पाया और इस वजह से इनसान के लिए उसने दूसरे पैग़म्बर के साथ नया पैग़ाम नाज़िल किया है। और वह दूसरा पैग़म्बर एक नई किताब भी दे जाता है। फिर इसी तरह तीसरा और चौथा। इतना ही नहीं जहाँपनाह! निहायत ही अफ़सोस के साथ मुझे यह कहना पड़

रहा है कि हर मज़हब में कई ऐसे लोग हैं जिन्हें आलिम-फ़ाज़िल समझा जाता है और जिनका एहतराम किया जाता है, मगर वे इन मज़हबी किताबों में दखलन्दाज़ी करने में ख़ुदा का ज़रा भी ख़ौफ़ नहीं खाते। और ऐसा हर मज़हब की किताबों के साथ हुआ है, बरहमनों के मज़हब की भी, मगर किसी भी मज़हब के मुक़ल्लिद इस सच्चाई को कभी क़बूल नहीं करेंगे।"

"मगर *क़ुरआने-पाक* में तो ऐसा दख़ल मुमकिन नहीं!" शेख़ मुबारक का इल्ज़ाम सुनकर अकबर हैरान था। "उलेमा मुझे बताते हैं कि *क़ुरआने-पाक* की हिफ़ाज़त ख़ुद अल्लाह करता है इस वजह से फेरबदल उसमें मुमकिन ही नहीं।"

"जहाँपनाह! पूरे यक़ीन के साथ यह दावा मैं कर सकता हूँ कि *क़ुरआने-पाक* में भी तब्दीलियाँ हुई हैं, कभी जान-बूझकर तो कभी नक़लनवीस की ग़लती से या दीगर वजाहत से भी।[1] वर्ना *क़ुरआने-पाक* की सूरा अल-फ़तह में अल्लाह सुबहानु व तआला पैग़म्बर मुहम्मद, सल्लल्लाहु अलैहि वसल्लम, से ऐसा कैसे फ़रमा सकते हैं कि 'जो लोग आप से बैअत[2] कर रहे हैं इसके सिवा नहीं कि वह अल्लाह से बैअत कर रहे हैं।' इस तरह तो अल्लाह सुबहानु व तआला को पैग़म्बर मुहम्मद, सल्लल्लाहु अलैहि वसल्लम, के बराबर रख दिया गया है जो इस्लामी अक़ीदे के क़तई ख़िलाफ़ है। क्योंकि अल्लाह के बराबर या उसके जैसा तो कोई हो ही नहीं सकता।"

"जहाँपनाह! मज़हबी फ़सादों की एक बड़ी वजह यह भी है कि हर मज़हब में ऐसे लोग हैं जो हैं तो दरअसल जाहिल मगर आलिम समझे जाते हैं," हकीम अबुल फ़तह गिलानी ने जोड़ा। "और इन लोगों में से ही चन्द तंगनज़र और जुनूनी लोग अपने मज़हब के इमाम बने हुए हैं। मुक़द्दस मज़हबी किताबों के अपनी सहूलियत के हिसाब से मानी यह लोग निकालते हैं और अदना मसलों को लेकर बेमानी झगड़े खड़े करते हैं। जहाँपनाह! यह लोग इस बात का फ़ायदा भी उठाते हैं कि यह मज़हबी किताबें आम आदमी की ज़बान में हासिल नहीं। इस वजह से आम आदमी बेख़बर है कि उसके मज़हब का अक़ीदा हक़ीक़त में है क्या? और उसके मज़हब का पैग़म्बर दरअसल क्या नसीहतें उसके लिए छोड़ गया है?"

"तब तो यह बेहद ज़रूरी है कि मुख़्तलिफ़ मज़हबों की सही किताबों का तर्जुमा करवाया जाए," अबुल फ़ज़ल से मुख़ातिब होकर अकबर बोला। "तब मुमकिन है कि एक-दूसरे के मज़हब की हक़ीक़त से और हरेक मज़हब की उम्दा बातों से वाक़िफ़ होकर लोग बेवजह के मज़हबी फ़सादों से परहेज़ करने लगें।"

और जल्द ही एक मकतब-ख़ाना क़ायम हो गया जहाँ संस्कृत, अरबी और फ़ारसी ज़बान के आलिम फ़ाज़िल बादशाह के इरादे को अमली जामा पहनाने में मशग़ूल हो गए। और एक फ़रमान भी जारी हुआ:

'हर मज़हब में सैकड़ों फ़र्ज़ी बातें घुस गई हैं और हर मज़हब में हज़ारों बेमानी दस्तूर जोड़ दिए गए हैं। लिहाज़ा सबको अपने व दूसरों के मज़हब की हक़ीक़त से

---

1. इसकी बड़ी वजह नुक़्ते का अरबी ज़बान में बहुत ज़्यादा इस्तेमाल होना भी हुआ करता था। देखें, 'टिप्पणियाँ'।
2. वफ़ादारी।

वाक़िफ़ होना चाहिए जिससे कि वे ज़ब्त से काम लेकर असबीयत[1] को तर्क करने के ख़्वाहिशमन्द हों।'

"जहाँपनाह! पैग़म्बर मूसा के सैकड़ों साल पहले मिस्र का बादशाह फ़िरऔन अख़नातेन हुआ करता था।"

रात का तीसरा पहर था और अब तक महफ़िल उठ चुकी थी। शेख़ ताजुद्दीन मगर अब भी दौलतख़ाने में बैठा हुआ तक़रीबन फुसफुसाते हुए अकबर से कह रहा था।

"आलमपनाह! बचपन में उसका नाम अमेनहोतेप था। जब वह सिर्फ़ ग्यारह साल का था तो उसके वालिद गुज़र गए। रोज़ सुबह वह उगते हुए सूरज का, मिस्रियों की ज़बान में आतेन का, नज़ारा करता और आसमान में उसके चढ़ने के साथ-साथ क़ुदरत को जागते देख वह हैरतज़दा हो रहता। उसे यक़ीन हो चला कि सूरज की किरनों का बोसा पाकर हरकत में आती और ख़ुशी से झूमती हर शै का नज़ारा उसे एक पैग़ाम दे रहा है। सूरज के लिए उसके दिल से तारीफ़ें निकलने लगीं और वह कह उठा :

दूर और नज़दीक, हर जगह पर इनसान,
उठाता है हाथ अपने, करके उसका नज़ारा।
फड़फड़ाते हैं पंख उसकी इबादत में परिन्दे,
और जानवर उछल-उछल पड़ते हैं।
फूल बन जाती हैं कलियाँ खिलकर,
शाखें छोड़ते हैं पौधे उसका दीदार कर।

"आफ़रीन! आफ़रीन! कितनी ख़ूबसूरत बात कही है!" रात की ख़ामोशी का अदब करते हुए धीमी आवाज़ में अकबर कह उठा।

"आहिस्त-आहिस्ता जहाँपनाह! अमेनहोतेप को यक़ीन हो चला कि अगर कोई ख़ालिक़ है इस कायनात का तो वह सिर्फ़ सूरज यानी आतेन ही हो सकता है। और उसकी तारीफ़ में वह बोल उठा :

मौत की मानिन्द, पोशीदा है सियाह कफ़न में हर शै;
मशरिक़ में जब तक तू आबदार नहीं होता,
किरनें तेरी घेरे हुए ज़मीन तमाम।
सच्चे ईमान के क़ाबिल, कितना रहीम है तू!
ताबदार और अज़ीम!

और जहाँपनाह उसने आतेन के अन्दर की उस ताक़त की परस्तिश को, जो ताक़त उसकी किरनों में क़िस्म-क़िस्म के ख़ूबसूरत रंगों का सर-चश्मा है, अपना अक़ीदा बना लिया। इसके साथ ही उसने अपना नाम भी बदल लिया। अब वह अख़नातेन था, मिस्रियों की ज़बान में आतेन के लिए।"[2]

1. पक्षपात, अन्धभक्ति।
2. बदायूँनी लिखता है : 'उसने (शेख़ ताजुद्दीन ने) शहंशाह की दिलचस्पी फ़िरऔन के अक़ीदे के सवाल पर भी पैदा की, अल्लाह का उस पर क़हर हो!...इस्लाम की हिदायतों पर शहंशाह का यक़ीन कमज़ोर होने की [वह] सबसे ख़ास वजह बना।' (पृष्ठ 266, पूर्वोक्त।)

"तो क्या वह बुतपरस्त हो गया?"

"नहीं जहाँपनाह! उसका अक़ीदा बुतपरस्ती न होकर जश्न-ए-ज़िन्दगी था। उसका यक़ीन था कि आतेन के ताब से ही कायनात में ज़िन्दगी क़ायम है और वह ख़ुद रूह-ए-कायनात है। अख़नातेन ने आतेन की तारीफ़ में जो सुख़न कहे उनमें उसे इब्तिदा-ए-ज़िन्दगानी कहा, जो दिलों में धड़कन बनकर उतरता है, जो आदमी के अन्दर बीज पैदा करता है और जो औरत की कोख में पहुँचकर नए जिस्म में जान डालता है।"

"तो क्या उसने नया मज़हब शुरू किया था?"

"क़तई नहीं जहाँपनाह! मगर उसे ग़लत समझा गया। और इन ग़लतफ़हमियों की वजह थे उसकी सल्तनत के मज़हबी अलमबरदार जिन्होंने उसकी रियाया को यह यक़ीन दिला दिया कि एक नया मज़हब वह उन पर थोपने की कोशिश कर रहा है। लेकिन हक़ीक़त में जहाँपनाह उसकी असल ख़्वाहिश थी, अपनी रियाया के दिलों में मज़हब का असल जज़्बा पैदा करने की। कभी न ख़त्म होनेवाली नाक़ाबिले फ़हम रस्मों, बेमानी हो चुके रिवाज़ों और फ़िज़ूल के दस्तूरों से दूर करके उन्हें वह आतेन का शुक्रगुज़ार बनाना चाहता था—जो निगाह के सामने है और इनसानी ज़िन्दगी का मुहाफ़िज़ है। यक़ीनन वह ख़्वाहिशमन्द था कि उसकी रियाया आतेन-परस्त हो जाए लेकिन अपनी अक़्ल को परे रखकर नहीं। और न ही आतेन-परस्ती को वह अपनी रियाया पर ज़बर्दस्ती थोपना चाहता था। मिस्र के मज़हब की जगह, जिसमें आमेन की इबादत होती थी, आतेन की इबादत का मज़हब उसने कभी नहीं चलाना चाहा। लेकिन यह कोशिश उसकी ज़रूर थी कि मुख़्तलिफ़ मलकात की परस्तिश से, जिसे ही वहाँ के मज़हबी पैरोकारों ने आमेन की इबादत का नाम दे रखा था, और उसमें होते रहनेवाले फ़िज़ूल के रस्म-ओ-रिवाज से अपनी रियाया को आज़ादी दिलवा सके।"

"तो क्या उसकी कोशिश कामयाब हुई?" अख़नातेन में अकबर की दिलचस्पी बढ़ती जा रही थी।

"जहाँपनाह! गुज़री सदियों में मज़हब-ए-आमेन के पैरोकारों पर मासूम रियाया के बेपनाह यक़ीन की वजह से यह पैरोकार मिस्र के निज़ाम पर भी अपना शिकंजा कस चुके थे। इस यक़ीन का नाजायज़ फ़ायदा उठाकर एक तरफ़ तो वे शाही तख़्त के वारिस का इन्तिख़ाब[1] करने में दख़ल देने लगे। ऐसे शख़्स को वे तख़्त पर बैठाने लगे जो न तो तख़्त का हक़दार होता और न ही उसके क़ाबिल। दूसरी तरफ़ क्योंकि वे ख़ुद के काहिन[2] होने का दावा करते थे और रियाया को उनके इस दावे पर बेपनाह यक़ीन भी था, आसमानी शामत का ख़ौफ़ पैदा करके वे अपनी मनमानी चलाया करते और बादशाह को भी इसी तरीक़े से अपने क़ाबू में किए रहते। उनके चंगुल से आज़ाद होने की जद्दोजहद अख़नातेन ज़िन्दगी भर करता रहा और यह जंग उसने जहाँपनाह निहायत ही शिद्दत के साथ लड़ी।"

"तो क्या इस जंग में वह फ़तहयाब हुआ?" पूछने के अन्दाज़ में अकबर की बेताबी साफ़ नज़र आ रही थी।

---

1. चुनाव।
2. भविष्यवक्ता, नजूमी।

"हुआ जहाँपनाह, मगर थोड़े ही वक़्त के लिए। क्योंकि अपने मुख़ालिफ़ खड़े हुए लोगों का रियाया के दिमाग़ पर क़ब्ज़े को वह नहीं हटा सका। आख़िरकार उसने एक नया शहर बसाया और अपनी दारुल-हुकूमत को वह थीब्ज़ से हटाकर वहाँ ले गया।"

"लेकिन यह बर्ताव तो एक बहादुर बादशाह का नहीं! ज़ाती तौर पर वह किस तरह का शख़्स था?"

"जहाँपनाह! अख़नातेन यक़ीनन एक बहादुर शख़्स था। मगर साथ ही सच्चाई और ईमान के साथ किसी भी क़िस्म का समझौता करने पर भी वह क़तई राज़ी नहीं था। इससे ज़्यादा बहादुरी जहाँपनाह और क्या होगी कि जो वह सही समझता था उस पर क़ायम रहने के लिए उसे अपना तख़्त खोना मंज़ूर था, मगर अपने यक़ीन के साथ समझौता करना नहीं। अगरचे वह कोई दरवेश भी नहीं था। वह एक नेक इनसान था। अपनी रियाया की भलाई के लिए हमेशा फ़िक्रमन्द रहता था। मगर ज़ाती ज़िन्दगी में वह परहेज़गार भी नहीं था। ज़िन्दगी का वह पूरा लुत्फ़ लेता था, मगर अख़लाक़ की हद में रहकर।"

जब तक शेख़ ताजुद्दीन दौलतख़ाना से रवाना हुए, ख़ामोश रात गुमसुम-सी सहर के इन्तज़ार में थी। अख़नातेन की ज़िन्दगी में अकबर अपनी ज़िन्दगी का अक्स देख रहा था और उसके लिए उसके दिल में हमदर्दी पैदा हो चुकी थी। आतेन के ख़यालों में खोया हुआ वह पूरी रात बैठा ही रहा। जल्द ही सहर हो गई और परिन्दों की ख़ुशनुमा आवाज़ें सब तरफ़ गूँजने लगीं।

"अगर यह परिन्दे किसी को ख़ुदा मानते होंगे तो यक़ीनन वह आफ़ताब ही होगा।" अकबर के दिल में ख़याल आया और अँधेरे को रोशनी में तब्दील होते हुए देख उसे नाक़ाबिले बयान ख़ुशी महसूस होने लगी। आतेन को वह निहायत पसन्द करने लगा था।

आर-पार की लड़ाई

एक शाम जब शेख़ मुबारक अकबर से मुलाक़ात करने आए तो उनकी बातचीत में मथुरा के ब्राह्मण को सज़ा-ए-मौत दिए जाने का मसला उठ गया।

"निहायत ही ताज्जुब की बात है जहाँपनाह कि शेख़ अब्दुन्नबी ख़ुद को इमाम अबु हनीफ़ा के ख़ानदान से बताते हैं और हनफ़ी फ़िक़्ह के ख़िलाफ़ जाकर फ़ैसले लेते हैं। हनफ़ी फ़िक़्ह के मुताबिक़ एक काफ़िर जिसने मुसलमान हुक्मरान की फ़रमाँबरदारी क़बूल कर ली है, पैग़म्बर मुहम्मद सल्लल्लाहु अलैहि वसल्लम को लानत अगर वह भेजता भी है तो भी उस काफ़िर की हिफ़ाज़त करने के फ़र्ज़ से वह हुक्मरान ख़ुद को आज़ाद नहीं कर सकता। हनफ़ी फ़िक़्ह में बयान है कि किसी गुनाह के लिए निन्यानबे रिवायतें सज़ा-ए-मौत तजवीज़ करती हों मगर एक रिवायत मुल्ज़िम को बरी कर देने की हिमायत करती हो तो उस एक रिवायत की बुनियाद पर ही फ़ैसला लिया जाना चाहिए। और जहाँपनाह! एक बेहद मक़बूल रिवायत यह भी है कि किसी भी क़िस्म का शुबहा होने की हालत में सज़ा को रद्द कर देना जायज़ है। शेख़ अब्दुन्नबी ने इन सब क़ानूनी उसूलों के ख़िलाफ़ जाकर वह फ़ैसला क्यों किया, यह मेरे लिए तो जहाँपनाह नाक़ाबिले फ़हम है।"

"शायद शेख़ इन उसूलों से वाकिफ़ न हो," अकबर ने शुबहा जताया मगर अगले ही लम्हे वह बोल उठा, "लेकिन ऐसा कैसे हो सकता है?"

"जहाँपनाह! यह मुल्ला सिर चढ़ गए हैं और उनकी गुस्ताख़ी व हिम्मत इस क़दर बढ़ गई है कि उन्हें आलमपनाह की ख़्वाहिश की ज़रा भी परवाह नहीं! वर्ना बिना आलमपनाह की इजाज़त के शेख़ नबी सज़ा-ए-मौत दे ही कैसे सकता था?"

यह सुनते ही अकबर के ज़ेहन में उबल रहा ग़ुस्सा फूट पड़ा।

"इन बदज़ात और बदनीयत उलेमा का हुकूमत के निज़ाम में दख़ल अब तो मेरे लिए नाक़ाबिले बर्दाश्त होता जा रहा है। अपनी शमशीर के ज़ोर पर मैंने अपनी हुकूमत को खड़ा किया है और हज़ारों मुसलमानों व हिन्दुओं ने इसके लिए क़ुर्बानी दी है। और यह मग़रूर मुफ़्तख़ोर टाँग पर टाँग रखे बैठे इसके फ़ायदे उठाते रहे हैं। ऊपर से यह नालायक़ और गुस्ताख़ लोग दावा करते हैं कि उनके फ़ैसलों और फ़तवों को क़बूल करना पैग़म्बर मुहम्मद, सल्लल्लाहु अलैहि वसल्लम, के हुक्म से मेरे लिए लाज़िमी है।"

"जहाँपनाह! *क़ुरआने-पाक* की सूरा अल-अम्बिया में अल्लाह सुबहानु व तआला फ़रमाते हैं : 'और हमने उन्हें पेशवा बनाया, वह हमारे हुक्म से हिदायत देते थे।' इससे साफ़ ज़ाहिर है कि आलमपनाह को बादशाह अल्लाह ने मुक़र्रर किया है। आलमपनाह का हर हुक्म अल्लाह की हिदायत है। फिर किस हैसियत से यह उलेमा ऐसा दावा कर

सकते हैं? पैग़म्बर मुहम्मद, सल्लल्लाहु अलैहि वसल्लम, का ऐसा हुक्म सुन्ना में अगर है भी तो वह *क़ुरआने-पाक* में अल्लाह की नसीहतों से ऊपर तो नहीं हो सकता न!"

"जहाँपनाह! बादशाह में नूर-ए-अल्लाह होता है।" अबुल फ़ज़ल भी वहीं मौजूद था। "और बादशाहों को यह नूर बिना किसी को दरमियान में लाए अल्लाह अता करता है।"

"जहाँपनाह तो इस दौर के इमाम हैं!" शेख़ मुबारक ने बताया। "इन उलेमा की मदद आलमपनाह को दरकार ही क्यों होनी चाहिए, जिन्हें असल इल्म का अलिफ़ भी नहीं मालूम?"

"लेकिन किया क्या जाए? जब फ़ैसले लेने का वक़्त आता है तो मुझे शरीअत के मुताबिक़ ही चलना होता है, जिसकी तशरीह मेरे लिए यह ही करते हैं। और मुझे उनका कहा मानना पड़ता है जबकि मैं जान रहा हूँ कि शरीअत की जो तशरीह वे कर रहे हैं, मौजूदा वक़्त और हालात के लिहाज़ से मुनासिब नहीं। वह बेमानी हो चुकी है। हिन्दुस्तान न तो मुल्के अरब है और न ही सल्तनत-ए-उस्मानिया। और चप्पा-चप्पा मैंने हिन्दुस्तान का देखा हुआ है। इस मुल्क की रियाया के लिए क्या मुनासिब है, यह मुझसे बेहतर शायद ही कोई जानता हो। मगर क़ानून में तब्दीली करने का या नया क़ानून बनाने का मुझे कोई इख़्तियार ही नहीं!" अकबर ने अपनी मजबूरी ज़ाहिर की।

"जहाँपनाह! इमाम का मुक़ाम मुज्तहिद के मुक़ाम से कहीं ऊँचा है। रियाया की बेहतरी के मक़सद से मौजूदा क़ानून को बदलने या नया क़ानून बनाने के लिए उसे किसी की इजाज़त या रज़ामन्दी की ज़रूरत ही क्या है?" शेख़ मुबारक ने मशविरा दिया।

"मगर क्या वे लोग इस बात को समझेंगे? और अगर उन्हें दरकिनार कर मैं इस निज़ाम को चलाने की कोशिश करूँ तो यह मौक़ापरस्त बदज़ात लोग इतना गन्द उछालेंगे कि मेरी बेहतर से बेहतर मंशा पर यह पाजी लोग सियाही पोत देंगे। शेख़ साहब! मैं तालिबे राह हूँ।" शेख़ मुबारक की जानिब उम्मीद भरी निगाह से देखते हुए अकबर बोला। "इन मुल्लाओं और उलेमा की गिरफ़्त से मुझे आज़ाद करवाएँ।"

"जहाँपनाह को इज्तिहाद[1] पर अपना हक़ पेश करना चाहिए," शेख़ मुबारक ने सलाह दी, "और महज़रनामा[2] तलब करना चाहिए।"

"किस क़िस्म का महज़रनामा?"

"एक हल्फ़िया बयान जहाँपनाह! जिस पर इन मुल्लाओं और उलेमा के दस्तख़त लिये जाएँ। और जो यह एलान करे कि आलमपनाह इमाम-ए-ज़माँ हैं। इस तरह से क़ानून की तशरीह का हक़ आलमपनाह को मुज्तहिद के ऊपर हासिल हो जाएगा और रियाया की बेहतरी के लिए नए क़ानून बनाने का हक़ भी।"

अकबर जान रहा था कि यह कहना आसान था मगर उस पर अमल तक़रीबन नामुमकिन। उलेमा और मुल्लाओं के पेशवाओं शेख़ अब्दुन्नबी और मख़्दूम-उल-मुल्क पर मुसलमानों का ज़बर्दस्त भरोसा था और उनका एक फ़तवा उसके लिए मुसीबत बन सकता था।

---

1. जहाँ क़ुरआन और अहादीस में निर्देश स्पष्ट न हों वहाँ अपने विवेक से न्यायोचित निर्णय लेना।
2. शब्दार्थ है वह साक्ष्यपत्र या घोषणापत्र जिसमें कई लोगों की गवाही हो, बयान की पुष्टि के लिए सम्बन्धित लोगों ने जिस पर हस्ताक्षर किए हों।

मगर शेख़ मुबारक की सलाह को अमली जामा पहनाने का मौक़ा जल्द ही उसके सामने हाज़िर हो गया।

फ़तेहपुर सीकरी में एक पर्चा घूम रहा था। उसकी एक नक़्ल कहीं से मीर ग़यासुद्दीन अली के हाथ लग गई।

"जहाँपनाह! इस पर्चे में लिखा है," मीर ग़यासुद्दीन अली यह पर्चा पढ़कर अकबर को सुना रहा था, "सल्तनत के हर ख़ास-ओ-आम को इत्तिला की जाती है कि सद्र-उस-सुदुर शेख़ अब्दुन्नबी रिश्वतख़ोरों का सरताज है और अपने ओहदे व इख़्तियारात का इस्तेमाल सिर्फ़ अपना घर भरने के लिए किया करता है। मदद-ए-मआश के किसी भी काग़ज़ पर दस्तख़त करने के लिए उसकी उँगलियाँ घूमती ही नहीं हैं जब तक कि उसके दलालों की उँगलियाँ न घूम जाएँ यह इत्तिला देने के लिए कि रिश्वत की कितनी रक़म उनकी जेब में पहुँच चुकी है। उसका यह कारोबार अब तो इतनी बुलन्दी पर जा पहुँचा है कि अपने सभी ख़िदमतगारों बितिकची, फ़र्राश, दरबान, साइस, भिश्ती और मेहतर[1] को उँगलियाँ घुमाने के काम में लगा देने पर भी कारोबार का बोझ सँभालना उसके लिए मुश्किल हो रहा है। सबको यह भी आगाह किया जाता है कि शेख़ अब्दुन्नबी की इमामत में पढ़ी गई नमाज़ अल्लाह को क़बूल नहीं होगी क्योंकि अपने वालिद के जानिब वह फ़र्ज़-नाशनास[2] रहा है और इस वजह से भी कि वह बवासीर का मरीज़ है।"

अकबर ठठाकर हँस दिया और इस मामले में होशियारी से और ख़बरदार रहकर तहक़ीक़ात करने की ज़िम्मेदारी उसने अबुल फ़ज़ल को सौंप दी।

"जहाँपनाह! माफ़ी दिए जाने के वायदे पर शेख़ अब्दुन्नबी के सदर मुंशी अब्दुर्रसूल ने क़बूल किया है कि उँगलियाँ घुमाने वालों से शेख़ तक रिश्वत उसकी ही मार्फ़त पहुँचती है। उसने जहाँपनाह यह भी बताया कि शुरुआत में शेख़ नबी ईमानदार था मगर वक़्त के साथ उसकी हवस बढ़ती चली गई। आलमपनाह ने उसे मदद-ए-माश के फ़रमानों की तहक़ीक़ के जो इख़्तियार दिए थे, उनका भी उसने रिश्वतख़ोरी के मक़सद से ग़लत इस्तेमाल किया। इस पर भी उसका पेट नहीं भरा तो पुराने मुक़दमों में, जिनका फ़ैसला पहले के सदर कर गए थे, सबूतों के जाली होने या उन सबूतों में ऐब होने का बहाना कर उसने नए सिरे से सुनवाई शुरू कर दी और उनमें भी रिश्वत वसूल की।"

इधर शेख़ अब्दुन्नबी को शक हो रहा था कि यह पर्चा मुल्ला अब्दुल्ला सुल्तानपुरी की शरारत है। और इस शक की वाजिब वजह भी थी। शेख़ जब आगरा का सद्र-उस-सुदुर मुक़र्रर हुआ उसके बहुत पहले मुल्ला को मख़्दूम-उल-मुल्क के ख़िताब से नवाज़ा जा चुका था। तब वह सल्तनत का सबसे ताक़तवर आलिम था और मदद-ए-मआश के लिए उसकी सिफ़ारिश को कभी नज़रअन्दाज़ नहीं किया जाता था। मगर शेख़ नबी के सद्र-उस-सुदुर बनने के बाद ऐसा नहीं रहा और उसकी सिफ़ारिशें बेअसर होने लगीं। इसके अलावा वज़्न बढ़ने के साथ शेख़ नबी के हाथों में मदद-ए-मआश की रक़म भी इन्तिहाई तौर पर बढ़ती चली गई और साथ ही उसके इख़्तियारात भी। यह सब

1. क्रमशः लिपिक या सहायक, गद्दे-कालीन बिछाने व प्रकाश-व्यवस्था करनेवाला सफ़ाईकर्मी, द्वारपाल, घोड़े की देखभाल करनेवाला, पानी भरकर ले आने वाला, मैला उठानेवाला भंगी।
2. कर्तव्यपरायणता से विमुख।

मख़्दूम-उल-मुल्क के दिल में शेख़ अब्दुन्नबी के जानिब रश्क और फिर दुश्मनी का जज़्बा पैदा करने के लिए काफ़ी था।

जल्द ही एक और पर्चा सीकरी की गलियों में घूमने लगा।

'यह जानकारी में आया है कि मुल्ला अब्दुल्ला सुल्तानपुरी ज़कात की रक़म बचाने के फेर में एक चाल चला करता है। हर साल के आख़िर में अपनी सारी जायदाद वह अपनी बेगम के नाम कर देता है और ज़कात चुक जाने के बाद उस जायदाद को फिर अपने नाम पर चढ़वा लेता है।'

शरीअत के तहत मुसलमान को सिर्फ़ उस दौलत पर ज़कात चुकानी होती है जो लगातार एक साल तक उसकी मिल्कियत रही है।

यह पर्चा भी अकबर की जानकारी में आया।

"लेकिन ज़कात के साथ इस तरह बेईमानी करने की छूट उसे मिल कैसे गई?" अकबर को ताज्जुब हुआ।

"जहाँपनाह! ज़कात चुकाने के पहले मुसलमान को अपनी मालियत का एक हिस्सा ख़ैरात में दे देना इमाम अबु हनीफ़ा ने वाजिब ठहराया है।" मीर ग़यासुद्दीन अली ने अपना अन्दाज़ा बताया। "ऐसा मालूम होता है आलमपनाह कि मुल्ला सुल्तानपुरी उसी छूट का नाजायज़ फ़ायदा उठा रहा है।"

फ़ौरन अकबर ने मख़्दूम-उल-मुल्क को तलब किया और उससे सफ़ाई माँगी। लेकिन कोई सफ़ाई होती तो वह देता। अकबर ग़ुस्से से भर उठा और हैरत से भी। मख़्दूम-उल-मुल्क सरीखा शख़्स, जो मुसलमानों का रहबर होने का दावा करता है और जो इस्लाम का परचम ऊँचा उठाए रखने के लिए अपने फ़तवों में किसी भी हद तक जा सकता है, इस क़िस्म की धोखाधड़ी अपने मज़हब के साथ करेगा, यह अकबर के लिए नाक़ाबिल-ए-तसव्वुर था।

"मुल्ला सुल्तानपुरी! तुम्हें यह याद दिलाने की ज़रूरत नहीं होनी चाहिए कि ज़कात अर्कान[1] अल-इस्लाम है। हज़रत अली, रज़ियल्लाहु अन्हु, ने फ़रमाया था कि सबसे ज़्यादा सवाब का काम जो मोमिन कर सकता है और जो अल्लाह को सबसे ज़्यादा मक़बूल है वह है ज़कात देना। और तुम ख़ुद भी दीनदारों को नसीहत देते रहे हो कि ज़कात चुकाने में वे कभी ग़फ़लत न करें। कितनी शर्मिन्दगी की बात है कि इस सबके बावजूद तुमने ज़कात चुकाने में बेईमानी और जालसाज़ी का रास्ता चुना। यह तो गुनाह-ए-अज़ीम है! रियाकारी[2] है!"

इसके फ़ौरन बाद एक और पर्चा सीकरी के बाशिन्दों को हैरतज़दा कर रहा था।

'सल्तनत की रियाया को मालूम हो कि मुल्ला अब्दुल्ला सुल्तानपुरी ने, जो बड़ा दीनपरस्त और ईमानदार होने का दावा करता रहा है, ग़लत तरीक़ों से ढेर सारा सरमाया जमा कर रखा है। इस सियाह दिलवाले बेवक़ूफ़ शख़्स का सबसे पसन्दीदा शगल यह रहा है कि नामी हस्तियों के बयानात और बर्ताव की बारीक़ी से जाँच करके और उनमें कलमा-ए-कुफ्र का या किसी काफ़िराना हरकत का नुक़्स निकाले व उन लोगों को

1. स्तम्भ।
2. पाखंड, ढोंग।

मुर्तद क़रार देकर उनके ख़िलाफ़ फ़तवा जारी कर दे। इस तरीक़े से उसने कई बेगुनाह लोगों को हलाक करवाया है और कई लोगों को अपने ज़ुल्म का शिकार भी बनाया है। सुल्तानपुर का यह मुल्ला इस तरह से लोगों को ख़ौफ़ज़दा कर उनसे क़ीमती तोहफ़े क़बूल करता है और दीगर नाजायज़ तरकीबों से अपना घर भरता है। इसके अलावा जब यह पंजाब का सदर था तब वहाँ की अदालतों के ओहदेदारों और मुंशियों को नौकरी से निकाल दिए जाने का ख़ौफ़ दिखाकर उन लोगों से इसने भारी रिश्वतें खाई हैं।'

इसके बाद तो मुल्ला सुल्तानपुरी के ख़िलाफ़ शिकायतों का जैसे सैलाब आ गया। उसकी नीचता के और उसके कमीनेपन के और उसकी नाइंसाफ़ी के और उसके ज़ुल्म व ज़ोर-ज़बर्दस्ती के क़िस्से एक के बाद एक सामने आने लगे। बात की बात में इन क़िस्सों के साथ-साथ शेख़ नबी की रिश्वतख़ोरी के क़िस्से भी पहले सीकरी और आगरा में और फिर जौनपुर, कन्नौज और लाहौर तक कहे-सुने जाने लगे।

सल्तनत के मुल्ला और उलेमा अब दो धड़ों में बँट गए। एक मख़्दूम-उल-मुल्क का हिमायती था व दूसरा शेख़ अब्दुन्नबी का। और दोनों में एक-दूसरे के ख़िलाफ़ बयान देने की ज़बर्दस्त होड़ लग गई—यहूदियों और मिस्र के बाशिन्दों के दरमियान हुई जंग की तर्ज़ पर—जैसा कि अबुल फ़ज़ल ने अपने रोज़नामचे में दर्ज किया।

अकबर के यह दोनों ख़ास मुख़ालिफ़ अपनी नेकचलनी और मज़हबपरस्ती के दावे से अब हाथ धो बैठे थे और आम मुसलमान के दिल में उनके लिए इज़्ज़त अब बाक़ी न रही थी। मुल्लाओं और उलेमा में भी अब इत्तिहाद नहीं रहा था और एक-दूसरे के ख़िलाफ़ बयान जारी करके वे भी मोमिनों का एतबार खोते जा रहे थे। यह देख अकबर ने शेख़ मुबारक को तलब किया और महज़रनामा का मसौदा तैयार करने के लिए कहा। जल्द ही सल्तनत के ख़ास-ख़ास उलेमा और मुफ़्ती दीवानख़ाना-ए-ख़ास में हाज़िर थे, शेख़ अब्द उन-नबी व मख़्दूम-उल-मुल्क समेत।

अबुल फ़ज़ल ने कार्रवाई शुरू की।

"जहाँपनाह! एक इंसाफ़-पसन्द बादशाह यक़ीनन आम रियाया की बेहतरी के लिए ही हुकूमत करता है। यहाँ मौजूद आलिम-फ़ाज़िल शख़्सियात इस हक़ीक़त से भी नाइत्तेफ़ाक़ी नहीं रख सकतीं कि इस मक़सद को हासिल करने के लिए बादशाह को हक़ होना चाहिए कि ऐसे कानूनों को वह रद्द कर सके जो कि मौजूदा दौर में बेमानी हो चुके हैं और रियाया के लिए बेवजह परेशानी का सबब बनते हैं। साथ ही ऐसे नए क़ानून बनाने का हक़ भी उसे हासिल होना चाहिए जो रियाया की ख़ैर-ओ-बरकत[1] के लिए व सल्तनत में इंसाफ़ का निज़ाम क़ायम रखने के लिए दरकार हों।"

दीवानख़ाना-ए-ख़ास में मौजूद उलेमा और मुफ़्ती अब तक बेख़बर थे कि उन्हें किस मक़सद से बादशाह सलामत ने तलब किया है। मगर अबुल फ़ज़ल की तक़रीर सुनकर उन्हें कुछ-कुछ अन्दाज़ा होने लगा और उनके चेहरों पर हैरत और नायक़ीनी के जज़्बात उभरने लगे।

"यह भी एक नाक़ाबिल-ए-शुबहा हक़ीक़त है कि बादशाहत का सर-चश्मा सिर्फ़ और सिर्फ़ अल्लाह है, जिसकी तस्दीक़ *क़ुरआने-पाक* और सुन्ना भी करते हैं।" अबुल

1. कल्याण व समृद्धि।

फ़ज़ल ने कहना जारी रखा। "लिहाज़ा यह भी साफ़ ज़ाहिर है कि बादशाह सलामत को साहिबे इख़्तियार अल्लाह ने ही बनाया है। नतीज़तन, बादशाह सलामत के इख़्तियारात उलेमा और मुफ़्तियों के इख़्तियारात से कहीं ऊपर हैं। ऐसी हालत में, और इस वजह से भी कि बादशाह को इक़्तिदार से अल्लाह ने ही नवाज़ा है, क़ानून में तब्दीली करने या नया क़ानून लागू करने के उसके फ़ैसलों को किसी भी मुज्तहिद की मंज़ूरी दरकार नहीं।"

"जहाँपनाह! मियाँ अबुल फ़ज़ल जो फ़रमा रहे हैं उससे हम लोग इत्तेफ़ाक़ नहीं रखते," एक बुज़ुर्ग मुफ़्ती ने अपना एतराज़ ज़ाहिर किया। "मुज्तहिद को शरीअत पर..."

"जहाँपनाह! मेरी सभी साहिबान से गुज़ारिश है," उस मुफ़्ती को शेख़ मुबारक ने बीच में ही टोक दिया, "कि तक़रीर जब तक मुकम्मल न हो जाए इस मसले पर मुबाहिसा शुरू न किया जाए।"

वह मुफ़्ती भुनभुनाते हुए ख़ामोश तो हो गया मगर इन बाप-बेटे के लिए उसकी आँखों में ग़ुस्से और नफ़रत के जज़्बात साफ़ नज़र आ रहे थे।

"इन सब बातों के मद्दे-नज़र ज़िल्ले-इलाही[1], जो एक इंसाफ़-पसन्द बादशाह हैं और सल्तनत में अमन-चैन क़ायम रखने व रियाया की ख़ुशहाली में तरक़्क़ी करने की जद्दोजहद में मशग़ूल रहा करते हैं, शरीअत की तशरीह के लिए और नए क़ानून बनाने के लिए सबसे आला इख़्तियारात के हक़दार हैं—यक़ीनन *क़ुरआन मजीद* और सुन्ना की हद में रहकर ही।"

अबुल फ़ज़ल की तक़रीर पूरी होने के बाद महज़रनामा के मसौदे की नक़ल, जिसमें अकबर को ख़लीफ़ा और इमामे ज़माँ क़रार दिया गया था, सभी हाज़िरीन को मुहैया करवाई गईं।

मज्लिस में लम्बी बहस का दौर चला। बादशाह सलामत इज्तिहाद के हक़दार होने का दावा किस तरह कर सकते हैं? आलिम फ़ाज़िल हाज़िरीन एक-दूसरे से दरयाफ़्त करने लगे, अपने इन सवालों में उस शख़्स के लिए हिक़ारत का जज़्बा ज़ाहिर करते हुए जो एक हर्फ़ भी शिनाख्त करने के क़ाबिल नहीं था, न तो अरबी का और न ही फ़ारसी का। जिस आदमी के ख़ानदान का अहल-ए-बैत से दूर-दूर तक कोई रिश्ता नहीं वह मोमिनों का इमाम कैसे हो सकता है, ज़ाहिरा तौर पर वे बहस कर रहे थे। मगर हक़ीक़त में वे कहना चाह रहे थे कि बुतपरस्तों की हिमायत करनेवाला इस बुलन्द ओहदे को हासिल करने का ख़याल भी अपने दिल में कैसे ला सकता है? क्या होगा अगर कोई क़ानून शरीअत की ख़िलाफ़-वर्ज़ी में बना दिया गया, वे फ़िक्रमन्द हो रहे थे। मगर हक़ीक़त में वे इस बात से डरे हुए थे कि उन्हें हासिल इख़्तियारात व सहूलियतों पर तो आरी नहीं चल जाएगी जिनकी बदौलत ही वे चैन-ओ-आराम की ज़िन्दगी बसर कर रहे थे। और जब सुल्तान मुराद पहले से ही मोमिनों के ख़लीफ़ा हैं तो कोई दूसरा इनसान ख़लीफ़ा कैसे बन सकता है, वे जिरह कर रहे थे। मगर वे दरअसल इस बात को लेकर परेशान थे कि जो इनसान काफ़िरों का मुहाफ़िज़ है और उनके मज़हब को क़ाबिले तारीफ़ समझता है, वह इस्लाम का और इस तरह ख़ुद उनका मुक़ाम बुलन्दी पर क़ायम कैसे रख सकता है?

"जहाँपनाह अगर इजाज़त दें तो मैं कुछ अर्ज़ करना चाहूँगा," जिरह को ग़ौर से

1. ईश्वरीय छाया, अकबर के लिए यह सम्बोधन पहली बार इस अवसर पर ही प्रयुक्त हुआ था।

सुन रहे शेख़ मुबारक ने अकबर से दरख़्वास्त की।

"इजाज़त है!" ख़ामोश बैठा इस तमाशे को देख रहा अकबर मानो चौंक पड़ा।

"जहाँपनाह! एक वक़्त था पैग़म्बर मुहम्मद, सल्लल्लाहु अलैहि वसल्लम की हिजरत के तीन सौ साल बाद जब मोमिनों के एक साथ तीन ख़लीफा थे और ऐसा सौ सालों तक रहा।" उलेमा और मुफ़्ती की जानिब निगाह किए हुए शेख़ मुबारक ने जानकारी दी। "अल-अब्बास की नस्ल के ख़लीफ़ा इराक़ में, मुक़द्दस फ़ातिमा के ख़ानदान का ख़लीफ़ा मिस्र में और उमय्यद ख़लीफ़ा अल-अन्दलूस में। दरअसल, अगर दो सरज़मीं दुश्वार-गुज़ार कोह या बेहद वसीअ बहर[1] के दो तरफ़ हों तो दोनों सरज़मीं के लिए जुदा-जुदा ख़लीफ़ा होना जायज़ है।"

शेख़ मुबारक ने इस सवाल का जवाब देने की भी कोशिश की कि बादशाह सलामत इज्तिहाद के हक़दार क्यों हैं और क्यों वे कोई क़ानून शरीअत के ख़िलाफ़ नहीं बना सकेंगे, मगर उन उलेमा व मुफ़्ती को मुतमइन कर पाने में वह नाकामयाब ही रहा। नतीजतन, बहस किसी अंजाम पर नहीं पहुँच पाई।

अगली सुबह शेख़ अब्दुन्नबी और मख़्दूम-उल-मुल्क के नौकरों ने जब घर के दरवाज़े खोले तो दहलीज़ पर उन्हें एक लिफ़ाफ़ा पड़ा मिला। मुल्ला अब्दुल्ला सुल्तानपुरी ने जब लिफ़ाफ़ा खोला तो उसमें बग़ैर कोई दस्तख़त एक ख़त मिला जिसमें सिर्फ़ यह लिखा था कि जालसाज़ी करने के लिए शरीअत में क्या सज़ा मुक़र्रर है। और शेख़ नबी को मिले ख़त में उसके सदर मुंशी अब्दुर्रसूल के साथ किसी अनजान शख़्स की ख़ुफ़िया मुलाक़ात का ज़िक्र और उनके दरमियान हुई गुफ़्तगू की बाबत इशारा था।

अगली मज्लिस में मुख़्तसर तौर पर और बरा-ए-नाम बहस के बाद मुसलमानों के दोनों सरदारों ने अपनी 'ख़ुशी और मुकम्मल रज़ामन्दी' से महज़रनामा पर दस्तख़त कर दिए, मगर अकबर को ख़लीफ़ा क़रार देनेवाला जुमला हटा देने के बाद। यह देख बाक़ी सबने भी बिना ना-नुकुर अपने दस्तख़त उस दस्तावेज़ पर चस्पाँ कर दिए।

अगले ही रोज़ सद्र-उस सुदुर के ओहदे से शेख़ अब्दुन्नबी का इस्तीफ़ा ले लिया गया और मख़्दूम-उल-मुल्क को सद्र क़ाज़ी की ज़िम्मेदारी से बरी कर दिया गया। सल्तनत के सूबों में इस ख़बर के फैलते ही वहाँ कुर्सीनशीन सद्र और क़ाज़ी की रिश्वतख़ोरी व ज़ुल्म के शिकार हुए लोगों की हिम्मत खुल गई और फ़रियादों का सिलसिला चालू हो गया।

मदद-ए-मआश के खाते में ख़ासी रक़म और जागीरें सीधे बादशाह से हासिल होती थीं और सूबे का सद्र उन्हें तक़्सीम करने के इख़्तियार रखता था। मगर ऊँची तालीम के तलबगार ग़रीबों, फ़क़ीरों व दरवेशों या अल्लाह की इबादत में मशग़ूल दीनदारों जिनको वज़ीफ़ा देने के लिए यह रक़म आती थी, उन तक पहुँचने के पहले यह रक़म सद्र के ख़ानदान वालों और नज़दीकी रिश्तेदारों तक थैलियाँ भर-भरकर पहुँच जातीं, और फिर सद्र के जिगरी दोस्तों की बारी आती। जहाँ तक जागीरों का सवाल है तो चन्द ख़ुश-क़िस्मत ही बग़ैर रिश्वत दिए इन्हें हासिल करने में कामयाब हो सकते थे। सूबों के क़ाज़ी भी इस लूट में हिस्सेदार थे क्योंकि उनकी सिफ़ारिश पर ही यह जागीरें किसी के नाम पर सद्र कर सकता था।

---

1. दुर्गम पहाड़ या विशाल समुद्र।

ये फ़रियादें अकबर के बेइन्तिहा ग़ुस्से का सबब बन गईं। सद्र के इख़्तियारात में उसने भारी कटौती कर दी और क़ाज़ियों का तबादला सज़ा बतौर उनके पुश्तैनी मुक़ाम से दूर अन्दरूनी क़स्बों में कर दिया। इसके साथ ही मख़्दूम-उल-मुल्क और शेख़ अब्दुन्नबी को हज पर चले जाने का हुक्मनामा जारी हो गया, इस सख़्त हिदायत के साथ कि शहंशाह की इजाज़त के बग़ैर वे हिन्दुस्तान वापस नहीं आएँ। लेकिन हज पर रवाना होने के पहले चन्द लोगों को एक ख़ुफ़िया और ख़ास ख़बर देना वे दोनों नहीं भूले।

"मियाँ अब तुम भी हिन्दुस्तान में चन्द रोज़ के ही बाशिन्दे हो!"

"क्यों जनाब? ऐसा क्या हो गया?"

"तुमने सुना नहीं? बादशाह सलामत ने उस हरामी बीरबल को उन उलेमा व मुल्लाओं की एक फ़ेहरिस्त तैयार करने का ज़िम्मा सौंपा है जिन्हें भक्कर भेजकर तुर्की घोड़ों के बदले बतौर ग़ुलाम दे दिया जाएगा।"

जैसी कि उन्हें उम्मीद थी, बाक़ी का काम अफ़वाहों ने कर दिया। क़ाबिल-ए-एतबार चश्मदीद गवाहों के हवाले से इस क़िस्म के वाक़यात की कई 'सच्ची कहानियाँ' ईजाद हो गईं। अपने इख़्तियारात में कमी होने से हैरान और मलाईदार ओहदों से महरूम हो जाने की वजह से परेशान क़ाज़ी और मुफ़्ती और मौलवी और उलेमा इन क़िस्सों को सुनकर बेहद ख़ौफ़ज़दा हो गए और अपने पुराने झगड़ों को भुलाकर अकबर के ख़िलाफ़ एक साथ लामबन्द हो गए। जल्द ही एक शामिल फ़तवा अकबर के ख़िलाफ़ जिहाद छेड़ दिए जाने का जारी हो गया और जाँबाज़ जिहादियों की भर्ती के लिए हर मस्जिद और मदरसे में जोशीली तक़रीरें कही जाने लगीं।

"बादशाह के दिमाग़ को नस्रानियों ने काफ़िराना ख़यालों से लबरेज़ कर रखा है।" जुमे की नमाज़ के बाद इमाम की आवाज़ मस्जिद में गूँज रही थी। "उन कमबख़्तों ने हमारे मोहतरम पैग़म्बर मुहम्मद सल्लल्लाहु अलैहि वसल्लम, को भरे दरबार में फ़रेबी क़रार कर दिया और *क़ुरआन मजीद* को नफ़्स-परस्ती की हिमायत करनेवाली क़ाबिल-ए-नफ़रत किताब कहा। मगर बजाय कि उनका सिर वह कलम करवा दे, कुफ़्र फैलाने में वह उनकी हौसलाअफ़ज़ाई ही किया करता है।"

दरअसल, नस्रानी मज़हब के बारे में और भी ज़्यादा जानने को बेताब अकबर के बुलावे पर गोआ के यसूई[1] पादरी फ़तेहपुर सीकरी आए थे और इस यक़ीन के साथ आए थे कि बादशाह को नस्रानी मज़हब क़बूल करवाने में कामयाबी हासिल कर वे पूरे हिन्दुस्तान का मज़हब नस्रानी कर देंगे। और बादशाह के सामने अपने अक़ीदे को इस्लाम से कहीं बेहतर साबित करने की कोशिश में वे पैग़म्बर मुहम्मद और *क़ुरआन* के लिए निहायत ही नामुनासिब अल्फ़ाज़ इस्तेमाल करने की गुस्ताख़ी कर बैठे थे।

"यह कुफ़्र-आश्ना[2] बादशाह बुतपरस्तों के लिए तो नए-नए मन्दिर तामीर करवाता है मगर मस्जिदों की मरम्मत करवाने में भी हीलाहवाला करता है।" मकतब में मौलवी अपने शागिर्दों को सबक़ पढ़ा रहे थे। "कई मस्जिदों को उसने तबेलों में तब्दील हो जाने दिया है। ऊपर से सल्तनत की मुलाज़मत में वह काफ़िर हिन्दुओं को तरजीह देता

---

1. Jesuit.
2. कुफ़्र से और काफ़िरों से प्रेम करनेवाला, आधा काफ़िर।

है। नतीजतन हमारे मुसलमान नौजवान बेरोज़गार और बेकार घूम रहे हैं।"

हक़ीक़त यह थी कि निज़ाम में हिन्दू मुलाज़िमों की तादाद बढ़ जाने की वजह मुल्ला, मौलवी ही थे। फ़ारसी ज़बान को अकबर ने निज़ाम के कामकाज की ज़बान मुक़र्रर कर दिया था, अगरचे बोलचाल की ज़बान, शाही दरबार में भी, रेख़्ता ही बनी रही। वजह यह थी कि हर परगने से महसूल वसूली के अलावा बाक़ी ज़रूरी इत्तिला भी अमलगुज़ार की मार्फ़त उस इलाक़े की ज़बान में पहुँचने से निज़ाम में काफ़ी मुश्किलात का सामना करना पड़ रहा था। हिन्दुओं ने तो फ़ारसी ज़बान में महारत हासिल करने में देर नहीं लगाई, ख़ास तौर पर खत्री और कायस्थ जाति के हिन्दुओं व ब्राह्मणों ने भी, मगर मुसलमान नौजवान फ़ारसी ज़बान सीखने से परहेज़ करते रहे क्योंकि मुल्ला, मौलवी और उलेमा उन्हें बता रहे थे कि इलाही ज़बान अरबी को छोड़कर फ़ारसी ज़बान सीखने का मतलब है अपने दीन को आधा तर्क[1] कर देना। अंजाम यह हुआ था कि हर दफ़्तर में हिन्दू मुलाज़िम बढ़ते चले गए थे और मुसलमान सल्तनत की मुलाज़मत से महरूम होते चले गए। इस वजह से पैदा हुई मुसलमानों की नाराज़गी को अब मुल्ला, मौलवी और उलेमा अकबर के ख़िलाफ़ भुनाने की कोशिशों में लगे थे।

शेख़ अब्दुन्नबी के मदद-ए-माश में किए गए घपलों का राज़ फ़ाश होने के बाद सयूरग़ल[2] के हज़ारों नाजायज़ दावेदार उन्हें हासिल ज़मीनें और जागीरें खो बैठे। वे सब भी बादशाह से नाख़ुश बाक़ी लोगों के साथ हो लिये और अकबर के ख़िलाफ़ आम मुसलमान की नाराज़गी को बग़ावत में तब्दील करने में काफ़ी मददगार साबित हुए, इसलिए भी कि वे सब इज़्ज़तदार और रसूख़वाले लोग थे।

रही-सही कसर बंगाल के सूबेदार मुज़फ़्फ़र ख़ान तुरबती ने पूरी कर दी।

मुज़फ़्फ़र ख़ान शुरुआत में बैरम ख़ान का मुलाज़िम था। अपने मालिक के लिए पूरी वफ़ादारी के साथ वह शाही फ़ौज के ख़िलाफ़ लड़ा था और क़ैदख़ाने में भी कुछ महीने उसने गुज़ारे थे। मगर फिर यकायक आज़ाद कर एक परगने की अमलगुज़ारी उसे दे दी गई। और फिर उसके काम से ख़ुश होकर अकबर ने पहले दीवान और फिर वज़ीर के ओहदे पर उसकी तरक़्क़ी कर दी।

अपने मालिक बैरम ख़ान की सोहबत में रहकर उसका ग़ुरूर भी मुज़फ़्फ़र ख़ान ने काफ़ी हद तक जज़्ब किया था जिसमें उसकी तेज़-रफ़्तार तरक़्क़ी ने और भी इज़ाफ़ा कर दिया। जब वह सूबेदार के ओहदे पर बंगाल पहुँचा तो उसके इस ग़ुरूर में बरतरी का वह अहसास भी जुड़ गया जो निज़ाम-ए-सल्तनत के सदर मुक़ाम से किसी अदना परगने में पहुँचनेवाले के ज़ेहन में आम तौर पर रहा करता है। सूबे का निज़ाम उसे मुकम्मल बरबाद नज़र आया और सूबे के ओहदेदारों को काहिल, नालायक़ और लापरवाह क़रार देते हुए उसने सबके सामने ही उनका पानी उतार दिया। एक भी मनसबदार कौड़ी काम का नहीं था, भरे दरबार में अपनी यह राय ज़ाहिर करने में भी उसने ज़रा देर नहीं की, जो मुफ़्त की रोटी तोड़ रहे थे। यह देखकर तो उसके ग़ुस्से की इन्तिहा नहीं थी कि फ़ौज के घोड़ों पर दाग़ लगाने का काम अभी शुरू भी नहीं हुआ था। बिना इसकी

1. परित्याग।
2. अनुदान में दी जानेवाली लगान-मुक्त भूमि।

वजह दरयाफ़्त किए उसने उसी वक़्त फ़रमान जारी कर दिया कि मनसब के हिसाब से दरकार गिनती के घोड़े दाग़ लगाने के बाद जो भी मनसबदार मंज़ूरी के लिए फ़ौरन उसके सामने पेश नहीं करेगा उसकी जागीर जब्त कर ली जाएगी।

हक़ीक़त यह थी कि बंगाल में घोड़ों पर दाग़ लगाने के काम में कई मुश्किलात थीं। सूबे की देसी नस्ल के घोड़े बड़ी क़द-काठी के खच्चरों से बेहतर नहीं थे और फ़ौजी घोड़ों की कसौटी पर खरे नहीं उतरते थे। और अरबी, ईरानी घोड़े बंगाल के मौसम को झेल पाने में नाकामयाब होकर ज़्यादा वक़्त ज़िन्दा नहीं रह पाते थे। लेकिन मुज़फ़्फ़र ख़ान किसी की भी सुनने को राज़ी ही नहीं था। और आम फ़ौजी के साथ उसका बर्ताव तो बेमुरव्वती की मिसाल थी।

बंगाल से बाहर के बाशिन्दों के लिए सूबे में तबादला काफ़ी मुश्किल तैनाती समझी जाती थी। बरसात का मौसम गुज़रते ही कीड़े-मकोड़ों की भरमार हो जाती और महामारियों के हमले शुरू हो जाते। इनसान और जानवर दोनों ही इनके शिकार होकर बड़ी तादाद में इस दुनिया से ही रुख़्सत हो लेते। इलाक़े में हुकूमत क़ायम रखने की मुश्किलात भी बेइन्तिहा थीं। सूबे में नदी-नालों का जाल बिछा हुआ था और जहाँ-तहाँ दलदल बने हुए थे जिसकी वजह से रिसाले ज़्यादा कारगर नहीं थे। और बरसात के बाद तो घोड़े मुकम्मल तौर पर नाक़ाबिल-ए-हरकत हो जाते जिसका फ़ायदा उठाकर बाग़ी वापस उनके इलाक़ों पर क़ाबिज़ हो लेते। नतीजा यह था कि बाग़ियों को हर साल नए सिरे से क़ाबू में लाने के लिए फ़ौजी मुसलसल ही जंग में मसरूफ़ रहते। अकबर के दरबारियों ने तो बंगाल सूबे का नाम ही बग़लकख़ाना[1] रख छोड़ा था।

फ़ौजियों की इन तकलीफ़ों के मद्दे नज़र अकबर ने बंगाल में तैनात फ़ौजियों के लिए तनख़्वाह का सौ फ़ीसदी भत्ता मंज़ूर किया हुआ था और बग़ल के सूबे बिहार में तैनात फ़ौजियों के लिए पचास फ़ीसदी का। लेकिन मुज़फ़्फ़र ख़ान ने न सिर्फ़ इस भत्ते को नामंज़ूर कर दिया बल्कि गुज़श्ता सालों में भुगतान हुए भत्ते की वसूली भी निकाल दी। उसका यह फ़ैसला ऊँट की पीठ पर आख़िरी तिनका साबित हुआ।

नाराज़गी के इस बारूद में चिनगारी लगाने का काम रोशन बेग़ को फाँसी दिए जाने के मुज़फ़्फ़र ख़ान के फ़ैसले ने कर दिया।

बंगाल में सूबे के निज़ाम की तरफ़ से रोशन बेग़ महसूल वसूली किया करता था और इस वसूली हुई रक़म का ग़बन करके वह काबुल भाग खड़ा हुआ था। चन्द महीनों बाद वह वापस आया और मुज़फ़्फ़र ख़ान के ख़िलाफ़ बग़ावत के लिए फ़ौजियों को भड़काने लगा। ख़ुफ़ियानवीसों से जो ख़बर अकबर को मिली उससे उसे यह यक़ीन हो गया कि रोशन बेग़ मिर्ज़ा हकीम के लिए और उसकी ओट में तूरान के सुल्तान अब्दुल्लाह ख़ान उज़्बेक के लिए काम कर रहा था।

सुल्तान अब्दुल्लाह ख़ान उसकी सल्तनत के पड़ोसी मुल्क ईरान पर क़ाबिज़ होने का ख़्वाहिशमन्द था और उस पर शामिलात हमला करने के लिए उसने अकबर को दोस्ती का पैग़ाम भेजा। मगर ईरान के ख़िलाफ़ उसका साथ देने से अकबर ने साफ़ इनकार कर दिया। तब से अब्दुल्लाह ख़ान मिर्ज़ा मुहम्मद हकीम के साथ रिश्ते बनाने में लग गया।

---

1. बग़लक का अर्थ है बगल का फोड़ा।

काबुल में उसके एलची अकसर ही पहुँचने लगे और मिर्ज़ा को भेजे गए ख़तों में उसको ख़ुदमुख़्तार बादशाह बताकर वह उससे मुख़ातिब होने लगा। मिर्ज़ा ने भी उसके एलची अपने नाबालिग़ बेटों की पेशवाई में तूरान भेजे जिन्होंने वापस आकर तूरान के सुल्तान की तारीफ़ों के पुल बाँध दिए। क्या तो उनका ख़ैर-मक़्दम हुआ! और क्या ही उनके एहतिराम में उसकी फ़ौज की नुमाइश थी, जो पूरी दुनिया को फ़तह करने की ताक़त रखती थी!

ख़ुफ़ियानवीसों से अकबर को जब यह ख़बर मिली कि मिर्ज़ा हकीम न सिर्फ़ ख़ुदमुख़्तार होने के बल्कि अब्दुल्लाह ख़ान के उकसावे में आकर हिन्दुस्तान के तख़्त पर बैठने के ख़्वाब भी देखने लगा है, रोशन बेग़ को गिरफ़्तार कर उसे हलाक कर देने का फ़रमान उसने जारी कर दिया।

मुज़फ़्फ़र ख़ान को सूबे में फ़ौजियों के बग़ावती तेवरों का बख़ूबी अन्दाज़ा था और ऐसे वक़्त में उस जैसे तजुर्बेकार शख़्स से उम्मीद थी कि वह हिकमत-अमली से काम ले। मगर उसने बग़ैर सोचे-समझे अकबर के फ़रमान को निहायत ही जल्दबाज़ी में अमली जामा पहना दिया। इसका नतीजा फ़ौजियों की ख़ुलेआम हुक्मउदूली में जल्द ही सामने आ गया।

उधर जागीरदारों में भी मुज़फ़्फ़र ख़ान के तानाशाह रवैए के ख़िलाफ़ सुगबुगाहट तो हो ही चली थी। मगर जब फ़ौज के लिए मुनासिब घोड़ों को दाग़ देकर नियत गिनती में पेश न कर पाने के जुर्म में उनमें से एक को न सिर्फ़ उसकी जागीर से महरूम कर दिया गया बल्कि जो लगान उसने पेशगी ले लिया था उसकी वसूली के लिए उसे शिकंजे में जकड़वा कर जिस्मानी तकलीफ़ें दी गईं तो उनके भी सब्र का बाँध टूट चला।

इस्लाम के पैरोकारों ने बग़ैर वक़्त गँवाए अल्लाह के दिए हुए मौक़े का फ़ायदा उठाया और बेदख़ल हुए जागीरदारों व सयूरग़लदारों के साथ ही बाक़ी जागीरदारों और मनसबदारों ने भी बग़ावत का परचम उठा लिया। उधर क़वायद के वक़्त सारे फ़ौजी अपना सिर मुँड़वाकर मैदान पर पहुँच गए। फ़ौजी बग़ावत शुरू हो चुकी थी।

सारे वाक़यात की तफ़सील सवाई-निगार से अकबर को जब हासिल हुई तो उसने मुज़फ़्फ़र ख़ान की मलामत करते हुए एक फ़रमान जारी किया। साथ ही, बाग़ियों को एक ख़त भेजकर इंसाफ़ दिए जाने का उसने उनसे वादा किया और सूबेदार के साथ सुलह करके उसके साथ बातचीत की मार्फ़त अपनी शिकायतों को निपटाने का इसरार भी। ज़्यादातर बाग़ी अकबर के पुराने वफ़ादार ही थे और उसके इसरार को दरकिनार कर देना उनके लिए आसान न था। लेकिन बातचीत के दौरान अफ़वाहों की ऐसी हवा चली कि आपसी बदगुमानी की चिनगारी शोला बन गई और बग़ावत की आग फिर भड़क उठी।

जौनपुर के सद्र मुल्ला याज़िदी ने अकबर के ख़िलाफ़ फ़तवा जारी किया।

"मोमिनों पर यह फ़र्ज़ है कि ऐसे बादशाह के ख़िलाफ़ वे जिहाद छेड़ दें जो शरीअत के मुताबिक़ नहीं चलता और जो इस्लाम के ख़ुदा-परस्त ख़िदमतगारों की सयूरग़ल ज़मीनों को ज़ब्त करता है। लिहाज़ा जलालुद्दीन मुहम्मद अकबर के ख़िलाफ़ जिहाद हर मुसलमान का फ़र्ज़ बनता है।"

बंगाल के क़ाज़ी मुल्ला याक़ूब ने भी सभी मुसलमानों से अकबर के ख़िलाफ़ जिहाद छेड़ने की पुरजोश तक़रीर की।

"इस बादशाह के ख़िलाफ़ बग़ावत जो दीनदार मुसलमानों को मदद-ए माश से महरूम करता है, यक़ीनन उस पर ख़ुदा का क़हर है।"

ये ख़बरें जब मिर्ज़ा हकीम तक पहुँचीं, और साथ में मुल्लाओं के पैग़ाम भी कि अकबर की तबाही अब यक़ीनी है और जैसे ही वह हिन्दुस्तान पर हमला करेगा ज़्यादातर उमरा उसकी तरफ़ आ जाएँगे तो उसे हिन्दुस्तान का शहंशाह बनने का अपना ख़्वाब जल्द ही पूरा होता नज़र आया।

मजनूँ ख़ान क़शाल भी बग़ावत पर उतर आया और कई जागीरदार उसके साथ हो लिये। उन लोगों ने जौनपुर सूबे के कई इलाक़े अपने क़ब्ज़े में ले लिये और मीर मुइज़्ज़ुल मुल्क नाम के अमीर ने बड़ी तादाद में फ़ौजियों की भर्ती शुरू कर दी। जौनपुर से कूच करके फ़ौजियों की टुकड़ियाँ बिहार सूबे में जा पहुँचीं और वहाँ के बाग़ियों को साथ लेकर बंगाल सूबे में दाख़िल हो गईं। दूसरी तरफ़ उड़ीसा से अफ़ग़ान सरदार क़ुत्लू ख़ान भी अपनी फ़ौज लेकर बंगाल पर चढ़ आया। बिहार पर जब अकबर की हुकूमत हो गई तो कई अफ़ग़ान वहाँ से उड़ीसा चले आए थे और क़ुत्लू ख़ान ने उस सूबे को अपना मज़बूत गढ़ बना लिया था। जौनपुर से लेकर उड़ीसा तक पूरा मशरिक़ी हिन्दुस्तान अब जल उठा।

मुज़फ़्फ़र ख़ान को बाग़ियों ने टाँडा के क़िले में घेर लिया और क़िले पर क़ाबिज़ होकर उसे मौत के घाट उतार दिया। एक बड़ी फ़ौज के साथ मिर्ज़ा अज़ीज़ कोका को बंगाल का सूबेदार बनाकर भेजा गया। मगर जल्द ही अकबर को मिर्ज़ा का पैग़ाम पहुँचा कि हालात को क़ाबू में लाने के लिए ख़ुद उसका बंगाल आना लाज़िमी है।

"बाग़ियों को काबुल के हाकिम से मदद हासिल हो रही है।" दीवानख़ाना-ए ख़ास में अपने वज़ीरों के साथ राय-मशविरा करते हुए अकबर कह रहा था। "अगर मैंने मशरिक़ के सूबों में मुक़ाम किया तो मुमकिन है कि वह फिर से दरिया-ए-सिन्ध को अपनी फ़ौज के साथ पार करने की कोशिश करे। क्या यह बेहतर नहीं होगा कि हम सल्तनत के मरकज़ में ही अपना मुक़ाम रखें?"

लिहाज़ा ख़ुद न जाकर उसने टोडरमल को बंगाल भेजा और शाहबाज़ ख़ान को वापस बुलाकर, जो अरावली के दर्रों में राणाप्रताप का पीछा कर रहा था, उसे भी मशरिक़ी सूबे के लिए रवाना कर दिया।

उसी वक़्त एक अफ़वाह जंगल की आग की तरह पूरे हिन्दुस्तान में फैल गई कि नस्रानी पादरी क़ुरआने-पाक की किताबें बड़ी तादाद में ख़रीद रहे हैं जिन्हें अल-फ्रांज़ा भेजकर वहाँ के बाज़ारों में सुपुर्द-ए-आतिश किया जाएगा। और यह भी कि इन किताबों को ख़रीदने के लिए अकबर उनकी माली मदद कर रहा है। अकबर के ख़िलाफ़ बग़ावत करने के लिए उकसानेवाले मुल्लाओं व उलेमा के लिए यह ख़ुदा की भेजी हुई नेमत साबित हुई। मालवा का सूबेदार शुजात ख़ान महसूल की रक़म शाही खज़ाने में जमा करवाने के लिए अपने बेटे के साथ ख़ुद सीकरी आ रहा था। उसके अपने पहरेदारों ने बाप-बेटे का क़त्ल करके सारी रक़म लूट ली और बंगाल भाग गए।

अकबर को मुश्किल में फँसा देखकर मिर्ज़ाओं की हिम्मत भी खुल गई और हिन्दुस्तान के तख़्त पर बैठने के उनके ख़्वाब फिर ज़िन्दा हो गए। फ़ैसले की जंग के लिए

उन्होंने गुजरात में बड़ी फ़ौज जमा करनी शुरू कर दी। उधर काबुल से ख़ुफ़ियानवीस ने अकबर को ख़बर भेजी कि मिर्ज़ा हकीम बड़ी तादाद में फ़ौजियों की भर्ती कर रहा है और नए हथियार भी उन्हें मुहैया करा रहा है, जिसके लिए तूरान का सुल्तान खुले हाथ रक़म लुटा रहा है।

गुजरात से लेकर बंगाल तक और काबुल से लेकर मालवा तक बग़ावत की आग भड़क उठी थी, और वह भी एक साथ। सल्तनत का वुजूद ज़बर्दस्त ख़तरे में था और अकबर का जलाल-ओ-इक़बाल[1], जिसकी हरदम मिसाल दी जाती थी, ख़र्च हुआ जान पड़ रहा था।

अपना हमला तेज़ करने का मुल्लाओं को यह सही वक़्त जान पड़ा और सुलह-ए-कुल के अक़ीदे को उन्होंने ग़ैरइस्लामी क़रार देते हुए फ़तवा जारी कर दिया और एलान कर दिया कि वह मोमिनों के ख़िलाफ़ काफ़िरों की साज़िश के सिवा कुछ नहीं।

"अपने हरम की काफ़िर औरतों के असर में आकर ही इस बादशाह ने सुलह-ए-कुल के अक़ीदे को मंज़ूर किया है। यह उनके इशारों पर नाचा करता है और वे उनके काफ़िराना रिवाज इख़्तियार करने के लिए इसे मजबूर किया करती हैं।" मस्जिदों में ख़ुत्बा पढ़ा जा रहा था। "उनके ही बहकाने पर इसने गाय का गोश्त खाना छोड़ा है। अब और क्या बाक़ी रहा यह साबित करने को कि सच्चे दीन को तर्क करके यह काफ़िर हो गया है?"

कई उमरा अकबर को समझाने आए कि सुलह-ए-कुल की बाबत वह एक बार फिर सोच ले। कम से कम वक़्ती तौर पर तो वह उसे नामंज़ूर कर दे। मगर अकबर को यह क़बूल नहीं हुआ।

"अल्लाह मेरे साथ है! तमाशा-ए-तक़दीर हम भी देखेंगे," उसने जवाब दिया।

जल्द ही एक बरीद यह ख़बर ले आया कि बाग़ियों ने बंगाल में मिर्ज़ा मुहम्मद हकीम के नाम का ख़ुत्बा पढ़वा दिया है। दूसरा बरीद लाहौर के क़िलेदार का ख़त लेकर आ पहुँचा। मिर्ज़ा ने लाहौर के क़िले पर घेरा डाल दिया था।

"बस, बहुत हो गया!" अकबर आगबबूला हो उठा। "हकीम मेरी दयानतदारी का नाजायज़ फ़ायदा उठा रहा है!

फ़ौरन ही वह फ़ौज के साथ पंजाब के लिए रवाना हो गया। अभी वह लाहौर से पचास कोस दूर सरहिन्द में ही था कि उसे ख़बर मिली, मिर्ज़ा काबुल के लिए भाग खड़ा हुआ है। दरअसल, मुल्लाओं के पैग़ाम पाकर मिर्ज़ा को यह उम्मीद हो चली थी कि जैसे ही वह क़िले पर घेरा डालेगा, वैसे ही अकबर के सारे उमरा अपने रिसाले लेकर उसके साथ हो लेंगे और क़िले की फ़ौज उसकी ख़िदमत में पेश होकर क़िले को उसके सुपुर्द कर देगी। मगर यह देखकर वह हैरान था कि क़िले की जानिब उसे ज़बर्दस्त मुख़ालिफ़त का सामना करना पड़ रहा है।

लेकिन अबकी दफ़ा अकबर ने तय कर लिया था कि मिर्ज़ा हकीम को सबक़ सिखाना ज़रूरी है। मिर्ज़ा को न सिर्फ़ काबुल की सूबेदारी से महरूम करने का बल्कि उसे काबुल से बेदख़ल करने का फ़ैसला भी उसने कर लिया था। उसने शहज़ादा

1. प्रताप और सौभाग्य।

मुराद को मिर्ज़ा का पीछा करने का हुक्म दिया, जिसने अपने चाचा को जंग में ऐसी ज़बर्दस्त शिकस्त दी कि काबुल को छोड़कर भाग खड़ा होने के सिवा उसके पास कोई चारा नहीं रहा।

काबुल में बाला हिसार[1] में मिर्ज़ा हकीम की बड़ी बहन बख़्तुन्निसा ने अकबर का इस्तिक़बाल किया।

"भाईजान! इतने सालों बाद आपको देखकर मैं निहायत ही ख़ुश हूँ।"

"काबुल आकर मुझे भी ख़ुशी हो रही है। मगर इस तरह आने का मैं कभी भी ख़्वाहिशमन्द नहीं था।"

"हकीम अभी बच्चा है, भाईजान। उसे मुआफ़ कर दीजिए, मैं आपसे इल्तिजा करती हूँ।"

"क्या वह क़ाबिल है मुआफ़ी के? मेरे दुश्मनों के हाथों में वह बार-बार खेलता रहा है।"

"इसके लिए उसे सख़्त अफ़सोस है भाईजान! अगर मुआफ़ी का वादा दिया जाए तो वह वापस आकर आपकी कदमबोसी के लिए राज़ी है।"

"मैं कोई ताल्लुक़ उसके साथ नहीं रखना चाहता और न ही अब उसका नाम सुनना चाहता हूँ!" तैश में आकर अकबर ने बख़्तुन्निसा से कहा। "और मुझे इससे भी कोई वास्ता नहीं कि वह अब्दुल्ला ख़ान की गोद में जाकर बैठता है या किसी और की।"

अकबर को ख़बर थी कि काबुल से भागते हुए मिर्ज़ा पैग़ाम छोड़ गया है, अब्दुल्लाह ख़ान की फ़ौज लेकर वह वापस आएगा।

उस तख़्त पर बैठकर अकबर को अजीब-सी ख़ुशी महसूस हो रही थी जिस पर कभी उसके दादा बैठा करते थे और उनके बाद उसके वालिद भी। सत्ताईस साल पहले जब उसने काबुल छोड़ा था, वह सिर्फ़ एक अदना रियासत का शहज़ादा था। आज वह शहंशाह-ए-हिन्दुस्तान है। इस ख़याल से उसे ख़ुद पर फ़ख़्र होने लगा।

क़िले में घूमते हुए उसने देखा कि उसमें कोई तब्दीली नहीं हुई थी। वह फ़सील भी वैसी ही थी जहाँ उसे गरजती हुई तोपों के सामने खड़ा कर दिया गया था। उस याद ने लेकिन उसे परेशान नहीं किया। एक लम्बा फ़ासला तब से वह तय कर चुका है—वक़्त का भी और ज़ेहनी तरक़्क़ी का भी।

लेकिन जब वह उस दरवाज़े से निकला जहाँ बैठकर एक छोटे बच्चे ने कई रोज़ तक अपनी दादी का इन्तज़ार किया था तो वह झुर्रियों भरा चेहरा उसकी आँखों के सामने घूम गया और उसके आँसू निकल पड़े। यह आँसू दादी की याद में तो थे ही, अपने मासूम बचपन की याद में भी थे। दोनों ही उससे हमेशा के लिए जुदा हो चुके थे।

यकायक उसे सलीमा की बेहद कमी महसूस होने लगी। 'वह अगर यहाँ होती तो हम दोनों मिलकर बचपन का वह वक़्त दोबारा जी लेते! कितने ताज्जुब की बात है कि बचपन से जितना दूर हम होते हैं, वह उतना ही ख़ूबसूरत और ख़ुशनुमा हो जाता है!' उसे ख़याल आया। 'कड़वी यादें तो भुला दी जाती हैं मगर मीठी यादें वक़्त के साथ

1. बाला हिसार का अर्थ है मज़बूत और स्थिर क़िला। वर्ष 1878-80 के दौरान हुए दूसरे आंग्ल-अफ़ग़ान युद्ध में यह ध्वस्त हो गया।

और भी दिलकश, और भी रंगीन मंज़र इख़्तियार कर लेती हैं।'

क़िले के पीछे काबुल दरिया अब भी वैसा ही उछलता-कूदता हुआ बह रहा था और हिन्दूकुश की बर्फ़ से ढकी चोटियों का नज़ारा अब भी उतना ही हसीन था। शफ़्फ़ाफ़ नीले आसमान में दूर बुलन्दी पर उड़ रहे सफ़ेद बादल पहाड़ों के जमाल में और भी इज़ाफ़ा कर रहे थे।

'लेकिन उन ख़ामोश और संजीदा पहाड़ों के पीछे सब इतना पुर-सुकून नहीं होगा।' अकबर को ख़याल आया। 'उनके पीछे तूरान है जहाँ अब्दुल्लाह ख़ान उज़्बेक बुख़ारा में अपने शाही तख़्त पर बैठा हुआ अपनी साज़िश को नाकामयाब होते देख दिल में ख़लिश महसूस कर रहा होगा। मगर वह हाथ पर हाथ रखकर बैठ जाने वालों में से नहीं है। बिना कोई ख़ुराफ़ात किए ज़्यादा वक़्त वह नहीं रह पाएगा। उसका अगला क़दम क्या होगा?' अकबर ने ख़ुद से ही सवाल किया। 'कन्धार पर मुझे सख़्त निगरानी रखवानी होगी। काबुल हाथ से निकल जाने पर उसका अगला निशाना वही बनेगा। और अन्दरूनी झगड़ों व सालों से चली आ रही ख़ाना-जंगी[1] की वजह से ईरान इस वक़्त कन्धार की हिफ़ाज़त करने के क़ाबिल नहीं।'

ईरान के शाह तहमास्प ने अपने बेटे की पेशवाई में क़िज़िलबाश रिसाले इस शर्त पर हुमायूँ को मुहैय्या करवाए थे कि कन्धार को फ़तह करके उसे वह शहज़ादे के हवाले कर देगा। मगर फ़तहयाब होने के पहले ही शहज़ादे का किसी बीमारी की वजह से इन्तक़ाल हो गया और फ़तहयाब होने के बाद ईरानी फ़ौज के सिपहसालारों के साथ हुमायूँ का किसी बात पर इख़्तिलाफ़ हो गया, जिस वजह से कन्धार हुमायूँ के ही क़ब्ज़े में बना रहा। बतौर जागीर इसे हुमायूँ ने बैरम ख़ान को दे रखा था मगर अकबर ने अपने अब्बा का अहद निभाने के लिए बैरम ख़ान के ज़िन्दा रहते ही इसे शाह तहमास्प को सौंप दिया था।

'ऐसी हालत में देर-सबेर अब्दुल्लाह ख़ान इस पर क़ाबिज़ हो ही जाएगा। क्या यह बेहतर नहीं होगा कि पहला क़दम मैं ही उठाऊँ? काबुल की हिफ़ाज़त के लिए और नतीजतन हिन्दुस्तान की हिफ़ाज़त के लिए कन्धार की अहमियत नाक़ाबिल-ए-इनकार है। या कि कन्धार के आगे फ़रग़ाना की अपनी पुश्तैनी रियासत पर भी अपना दावा पेश करूँ? उस पर भी तो अब्दुल्लाह ख़ान ही क़ाबिज़ है!'

यह ख़याल आते ही वह जज़्बाती हो उठा उस फ़रग़ाना के लिए जिसे उसने कभी नहीं देखा था मगर जहाँ फ़िरदौस मकानी पैदा हुए और पले-बढ़े थे और कुछ वक़्त के लिए जिस पर उनकी ही हुकूमत थी।

रोज़ाना वह बीरबल को लेकर उन जगहों पर भी हो आता जिनके साथ उसके बचपन की यादें जुड़ी हुई थीं। चहारबाग़ में घूमते हुए उसे एक वाक़या याद हो आया जो जन्नत आशियानी के पुराने वफ़ादार ख़िदमतगार ख़्वाजा अम्बर नज़ीर ने उसे सुनाया था।

"जानते हो बीरबल? कन्धार फ़तह करने के बाद और काबुल पर चढ़ाई करने के पहले जन्नत आशियानी ने मिर्ज़ा कामरान को सुलह का पैग़ाम ख़ान बाबा के हाथों भेजा था। मिर्ज़ा ने इसी बाग़ में अपने सारे उमरा तलब किए और तख़्त पर बैठकर

1. गृहयुद्ध।

उसने ख़ान बाबा को हुक्म दिया कि वह ख़त वे पेश करें जो जन्नत आशियानी ने भेजा है। उसका इरादा यह था कि इस तरीक़े से उमरा के सामने वह जन्नत आशियानी की बनिस्बत अपना मर्तबा आला और बुलन्द साबित कर देगा जिससे कि जो भी उमरा जन्नत आशियानी के ख़ेमे में शामिल होने का ख़याल दिल में रखे हुए हैं, वे अपना इरादा बदल देंगे। मगर ख़ान बाबा तो इस खेल के मँजे हुए खिलाड़ी थे! फ़ौरन समझ गए कि मिर्ज़ा कामरान की मंशा क्या है। ख़त देने के पहले उन्होंने *क़ुरआने-पाक* मिर्ज़ा को बतौर तोहफ़ा पेश कर दी। उस पाक किताब को इज़्ज़त देने के लिए मिर्ज़ा जैसे ही तख़्त से उठकर खड़ा हुआ, ख़ान बाबा ने जन्नत आशियानी का ख़त फ़ौरन उसे पेश कर दिया। उमरा समझे कि उस ख़त को इज़्ज़त देने के लिए मिर्ज़ा उठकर खड़ा हो गया है और मिर्ज़ा की चाल उलटी पड़ गई।"

कहकर अकबर ठठाकर हँस पड़ा मगर अगले ही लम्हे उसके दिल में उठ रहे जज़्बात उसकी आँखों को गीला कर गए। ख़ान बाबा को अब भी वह बहुत याद करता था।

अगले रोज़ दोनों बाग़-ए-बाबर में फ़िरदौस मकानी के मक़बरे पर जा पहुँचे। उनकी क़ब्र पर यह नक़्श किया हुआ था : 'गर फ़िरदौस बर रुए ज़मीं अस्त, हमीं अस्तो हमीं अस्तो हमीं अस्त।' फिर एक रोज़ दोनों एक पहाड़ी पर चढ़ गए जहाँ एक हमवार चट्टान में एक छोटा गोल हौज़ खुदा हुआ था।[1]

"जन्नत आशियानी ने एक दफ़ा मुझे बताया था कि फ़िरदौस मकानी की यह सबसे पसन्दीदा जगह थी।" बीरबल से मुख़ातिब हो अकबर ने कहा। "इस हौज़ को उम्दा मय-ए गुलगूँ[2] से भरवाकर पहरों वे यहाँ बैठे रहते, दोस्तों के साथ या अकेले ही आब-ए-ख़ुश्क[3] के प्याले से चुस्कियाँ लेते हुए और इन वादियों के," अकबर ने अपनी बाँहें दोनों तरफ़ फैला दीं, "ख़ूबसूरत मंज़र का लुत्फ़ उठाते हुए।" फिर चन्द लम्हों के लिए उस पहाड़ी की ख़ामोशी में डूबे रहने के बाद वह फिर बोल उठा, "और शायद अपने आबाई वतन[4] फ़रग़ाना को उज़्बेकों से फिर हासिल करने का ख़्वाब देखते हुए भी।"

मिर्ज़ा हकीम से अकबर की नाराज़गी आहिस्ता-आहिस्ता कम होती चली गई। साथ ही उसे यह फ़िक्र भी हो चली कि अब्दुल्लाह ख़ान के बहकावे में आकर वह कुन्द-दिमाग़ कोई उलटा-सीधा क़दम न उठा ले। लिहाज़ा मिर्ज़ा को पैग़ाम भेज दिया गया कि वह काबुल वापस आ जाए। उसकी नाजायज़ हरकतों के बावजूद उसे माफ़ी दी जाती है जिससे कि उसे ख़ुद को सुधारने और माज़ी की ग़लतियों पर पछतावा करने का मौक़ा मिल सके। लेकिन मिर्ज़ा नहीं आया।

अब तक सर्दी का मौसम नज़दीक आ पहुँचा था। हिन्दूकुश से आनेवाली सर्द तूफ़ानी हवाएँ जब बर्फ़ की बारिश ले आएँगी तो वापस हिन्दुस्तान के लिए फ़ौज की रवानगी नामुमकिन हो जानेवाली है, अकबर को ख़याल आया। काबुल से निकलना तक मुश्किल हो जाएगा। दो-तीन महीने बाद जब बर्फ़ पिघलेगी उसके बाद ही हिन्दुस्तान

---

1. इसे अब तख़्त-ए-शाह के नाम से जाना जाता है।
2. गुलाब के फूल जैसी सुगन्धित और गुलाबी मदिरा।
3. स्फटिक।
4. पूर्वजों का देश।

वापस जाना हो पाएगा। और इतना वक़्त वह मर्कज़-ए-सल्तनत से दूर और उससे कटे हुए रहने का ख़तरा मोल लेना नहीं चाहता था।

आख़िरकार अकबर ने काबुल का निज़ाम बख़्तुन्निसा के हाथों में देते हुए आगाह कर दिया कि काबुल की सूबेदारी हकीम को बिना उसकी इजाज़त के वापस न दी जाए। लेकिन उसके काबुल छोड़ते ही मिर्ज़ा हकीम वापस आ गया और सूबेदारी भी उसे दे दी गई। अकबर को यह ख़बर मिली मगर इस नाफ़रमानी को उसने नज़रअन्दाज़ कर दिया।

फ़तेहपुर सीकरी में उसके इस्तिक़बाल की ज़बर्दस्त तैयारियाँ हो चुकी थीं। अरबी और ईरानी घोड़ों की पुश्त पर शानदार सुनहरे रंग का ज़ीनपोश और उस पर बैठे हज़ारों फ़ौजी क़तार से आगरा से सीकरी तक के पूरे रास्ते के दोनों तरफ़ मुँह अँधेरे से डटे हुए थे और हज़ारों ही हाथी भी, अल-फ्रांज़ा के सुर्ख़रंग मखमल और सल्तनत-ए-उस्मानिया से आए सुनहरी बुनाईवाले कपड़े से बने पुश्तपोश से सजे हुए। हाथी पर सवार अकबर के दोनों तरफ़ उसके सिपहसालार चल रहे थे पैदल, और आगे-आगे नफ़ीरची[1] व ढोलची। और अपने बादशाह का ख़ैरमक़दम करने जमा हुई भीड़ चिल्ला रही थी :

"बादशाह-ए-हिन्दुस्तान ज़िन्दाबाद! अकबर बादशाह उम्रदराज़ हों!"

दूर से ही अकबर को पंचमहल पर चढ़ी हुई उसकी बेगमात नज़र आ गईं। सबसे बुलन्द मंज़िल पर सूरज की रोशनी में कुछ चमका।

'यक़ीनन वह हीरा कुँवर होगी।' उसने अन्दाज़ा लगाया। 'सिर्फ़ उसके ही जिस्म पर सोने के इतने जेवरात हो सकते हैं कि पत्थर की जालियों के पीछे से भी ऐसे जगमगाएँ। जब वह करवा चौथ के त्योहार पर फ़ाक़ा शिकनी[2] के लिए बाक़ी राजपूत बेगमात के साथ यहीं चढ़कर चाँद का दीदार करने के इन्तज़ार में रहती थी, सब की सब सोने से लदी हुई,' यह ख़याल आते ही अकबर के होंठों पर एक मुस्कान तैर गई, 'मशालों की रोशनी में उनके चारों तरफ़ जैसे हाला[3] बन जाता है।'

हाथी से उतरकर अकबर ने लाल बलुए पत्थर की उस निस्फ़-हश्तपहलू[4] इमारत को देखा जो तक़रीबन मुकम्मल हो चुकी थी। उसकी छत पर बनी छतरियों को देखने के लिए उसे अपनी गर्दन को पूरा पीछे करना पड़ गया।

"वाक़ई बुलन्द और शानदार!" बेसाख़्ता उसके मुँह से निकल पड़ा। "शहंशाह-ए-हिन्दुस्तान के क़द्द-ओ-क़ामत[5] के मुताबिक़ ही! इसे हम बुलन्द दरवाज़े का नाम देते हैं।" उसने एलान किया।

अकबर का ग़ुरूर बेवजह नहीं था। पूरी दुनिया में ऐसा शानदार और बुलन्द दरवाज़ा उस वक़्त तक मौजूद नहीं था।

बयालीस सीढ़ियाँ चढ़कर जब वह जामा मस्जिद के दालान में पहुँचा तो उस परवरदिग़ार के लिए शुक्रगुज़ारी से उसका दिल लबरेज़ हो उठा जिसने उसकी हर

1. शहनाईवादक।
2. उपवास तोड़ना।
3. प्रभामंडल।
4. अर्ध अष्टकोणीय।
5. महत्ता, गुरुता।

ख़्वाहिश को पूरा किया था। दालान में ही बनी हुई अपने पीर सलीम चिश्ती की मज़ार पर जाकर उनकी क़ब्र के सामने वह दुज़ानू बैठ गया और आँखें बन्द कर सज्दा-ए-शुकराना में वह तब तक डूबा रहा जब तक कि अज़ान नहीं सुनाई दी।

बंगाल में बाग़ी रिसालों के ख़िलाफ़ जिसमें तीस हज़ार से ज़्यादा घुड़सवार थे, टोडरमल अभी तक भी मोर्चा सँभाले हुए था और इन्तज़ार कर रहा था कि कब इनके पेशवाओं में फूट पड़ती है। जल्द ही उसका इन्तज़ार खत्म हुआ और एक-एक करके बाग़ी रिसालेदार बातचीत की मार्फ़त समझौता करते गए। जिनके बग़ावती तेवर अब भी क़ायम थे उन्हें जंग में शिकस्त देकर उनसे सुलहकर ली गई।

बंगाल में फ़ौजी बग़ावत होने की खुशख़बरी सुनते ही मुल्ला अब्दुल्लाह सुल्तानपुरी और शेख़ अब्दुन्नबी मक्का से हिन्दुस्तान के लिए रवाना हो गए। मगर उनकी बदक़िस्मती कि जब तक उनका जहाज़ गुजरात पहुँच पाता, बग़ावत तक़रीबन ख़त्म हो चुकी थी। सलीमा सुलतान और गुलबदन बेगम हज करके जब वापस आईं तो शेख़ और मुल्ला उन दोनों के पीछे पड़ गए कि अकबर से वे उन्हें माफ़ी दिलवा दें।

वक़्त की बात कि माफ़ीतलब रहते हुए ही तेज़ बुख़ार के एक दौर में मुल्ला सुल्तानपुरी का इन्तक़ाल हो गया। जब उसकी माल-मिल्कियत का ब्योरा निकालने सल्तनत के मुलाज़िम उसकी हवेली पहुँचे तो एक नक़ली क़ब्र में उन्हें चाँदी के तीन करोड़ सिक्कों के अलावा सोने की ईंटों से भरे हुए कई सन्दूक भी बरामद हुए। यह सारा माल ज़ब्त कर शाही ख़ज़ाने में जमा करवा दिया गया।

मक्का से अकबर को ख़बरें मिलती रहती थीं कि शेख़ अब्दुन्नबी और मुल्ला अब्दुल्लाह उसके ख़िलाफ़ ज़हर उगलते रहते हैं। सबको उन्होंने यह कह रखा था कि वे अपनी मर्ज़ी से हिन्दुस्तान से हिजरत कर गए हैं क्योंकि बादशाह अकबर की हुकूमत में वह मुल्क दारुल इस्लाम नहीं रहा। मक्का के शरीफ़ की मार्फ़त उन दोनों ने सुल्तान मुराद को भी कई पैग़ाम भेजे कि बादशाह अकबर मुर्तद हो चुका है लिहाज़ा हिन्दुस्तान में इस्लाम की हिफ़ाज़त के लिए वह जिहाद छेड़ दे। साथ ही उसे यह यक़ीन भी दिलाया कि हमला करते ही हिन्दुस्तान के सारे मोमिन उसकी तरफ़ आ जाएँगे।

इसलिए सीकरी पहुँचकर शेख़ अब्दुन्नबी अकबर से जब माफ़ीतलब हुआ तो उसने यह सारी बातें उसे याद दिलाईं। मगर शेख़ उलटे अकबर पर इल्ज़ाम लगाने लगा और उससे बहस करने लगा। बहस ने तूल पकड़ लिया और इतनी गरमागरमी हुई कि ग़ुस्से में अकबर ने शेख़ के मुँह पर ज़ोरदार मुक्का जड़ दिया।

"मेरे पेट में ख़ंजर घोंपकर एक बार में ही क्यों नहीं मामला ख़त्म कर देते?" हिक़ारत भरी नज़रों से अकबर को देखते हुए शेख़ नबी चिल्लाया।

मुफ़लिसों को ख़ैरात में तक़सीम करने के मक़सद से शेख़ के हाथों अकबर ने मक्का के शरीफ़ को सत्तर हज़ार रुपये भिजवाए थे और साथ में ख़त भी दिया था कि इस रक़म की रसीद शेख़ को दे दें। अकबर ने वह रसीद शेख़ से माँगी तो उसने कह दिया उसके पास कोई रसीद नहीं है, न ही रक़म का कोई हिसाब है। ग़बन के इल्ज़ाम में उसे गिरफ़्तार कर टोडरमल के सुपुर्द कर दिया गया। रात को हवालात में कुछ गुंडों ने घुसकर उसका क़त्ल कर दिया। उन गुंडों की शिनाख़्त कभी न हो सकी।

फ़र्ज़न्द-ए-ख़ुदा

सुबह के आसमान में रोशन नारंगी गोले को तारीफ़ भरी नज़रों से देखते हुए अकबर दिल ही दिल में कह उठा, 'कितना ख़ूबसूरत! कितना हसीन! अख़नातेन का आतेन!"

अभी-अभी उसने सूरज के एक हज़ार नाम कहे थे, जैसे कि उसे बीरबल ने सिखाया था और हाल ही में एक जैन सन्त ने भी बताए थे। अब अपने दोनों हाथों को हिन्दुओं के नमस्ते के अन्दाज़ में जोड़कर वह तीन बार अपने ही चारों तरफ़ गोल घूमा और अपने कानों की लौ को तीन दफ़ा उसने अपनी उँगलियों से छुआ।[1]

क़िले की छत पर शानदार कारीगरीवाली लकड़ी की एक इमारत में बैठे हुए, जो उसने इसी मक़सद से तामीर करवाई थी, फ़लक पर रंगों को बिखरते देख उसका दिल बाग़-बाग़ हो रहा था। तभी सूरज उफ़क़ के ऊपर आ गया और सारे रंग एक ही झटके में मिट गए।

'बिलकुल कायनात के बार-बार होनेवाले ख़ात्मे की मानिन्द,' उसे ख़याल आया, 'जैसा कि इबादतख़ाना में उस बरहमन ने बताया था।'

इबादतख़ाना में हुए मुबाहिसे में तस्लीस[2] और फ़र्ज़न्द-ए-ख़ुदा की बाबत किए गए सवालों का पादरी जूलियन परेरा तसल्लीबख़्श जवाब नहीं दे सका था। अकबर को उसने सलाह दी कि इस बारीक अक़ीदे को समझने के लिए बेहतर होगा कि पाली पादरियों को वह गोआ से तलब कर ले।

ईसाइयत में रोम और पोप के इक़्तिदार की मुख़ालिफ़त करनेवाले प्रोटेस्टेंट फ़िरक़े को मग़रिबी मुल्कों में ख़राबी फैलाने से रोकने और कुफ़्र के अँधेरे में पड़े हुए मुल्कों को उलूही रोशनी का दीदार करवाकर उन्हें सच्चे मज़हब यानी पोप के इक़्तिदारवाली ईसाइयत[3] में ले आने के लिए लोयोला के सन्त इग्नेशस ने अंजुमन-ए-यसूई[4] क़ायम की थी। इस अंजुमन के पादरियों को तरबियत देने के मक़सद से गोआ में सन्त पॉल

---

1. *मुन्तख़बुल तवारीख़* में बदायूँनी लिखता है : "जहाँपनाह ने आफ़ताब के संस्कृत में एक हज़ार एक नाम फ़राहम (इकट्ठा) करवाए और रोज़ दोपहर को आफ़ताब की तरफ़ घूमकर अक़ीदत के साथ उन्हें पढ़ा करते; फिर अपने दोनों कान वे पकड़ते और तेज़ी से गोल चक्कर लगाते, कानों के निचले सिरे को अपनी मुट्ठी से मारा करते। आफ़ताब-परस्तिश से जुड़े हुए दूसरे कई रिवाज भी उन्होंने अपना लिये और अपनी पेशानी पर हिन्दू निशान लगाया करते..." (पृष्ठ 332, पूर्वोक्त)
2. ईसाई धर्म में त्रिदेव की अवधारणा, Trinity.
3. Catholic Christianity.
4. Society of Jesuits.

मदरसा चालू किया गया जिस वजह से इस अंजुमन के पादरियों को आम तौर पर पॉली पादरी के नाम से ज़्यादा जाना जाता था।

गोआ में इस अंजुमन का मुखिया, जिसे पादरी-ए-सूबा[1] का ख़िताब हासिल था, अकबर का भेजा हुआ दावतनामा पढ़कर गोआ के पुर्तगाली हाकिम को सुना रहा था।

"आप जनाब को यह इल्म हो कि आपके लिए हम निगाहे इज़्ज़त रखते हैं और इस वजह से हम अपने एलची अब्दुल्लाह और उसके तरजुमान[2] डोमिनिक़ पेरेज़ को आपके पास भेज रहे हैं, इस गुज़ारिश के साथ कि आप दो पादरियों को जो आपके मज़हब की मुक़द्दस किताबों के फ़ाज़िल हों और जो क़ायदा व इंजील[3] की ख़ास किताबें अपने साथ लिये हुए हों, हमारे दरबार में हाज़िर करने की आप इनायत फ़रमाएँ।"

ख़त पढ़कर पादरी-ए-सूबा की आँखें चमक उठीं, साथ ही पुर्तगाली हाकिम की भी।

"यह हमारे आक़ा हज़रत ईसा की ही ख़्वाहिश है कि उसकी रहमत और मेहरबानी का नज़ारा इस अज़ीम हुक्मरान को करवाया जाए। यह सुनहरा मौक़ा उस परवरदिग़ार ने हमारी दहलीज़ पर ही भेज दिया है कि इस हुक्मरान को ईसाई बनाकर हिन्दुस्तान के सारसन और जेंटाइल[4] बाशिन्दों को एकमुश्त ईसाई मज़हब में शामिल कर लिया जाए।"

यूरोप में यह 'जिसकी हुकूमत, उसका मज़हब'[5] का दौर था। यानी जो मज़हब सुल्तान का, वही मज़हब सल्तनत का व सल्तनत की रियाया के लिए उसी मज़हब का मुक़ल्लिद होना लाज़िमी। और जो नाफ़रमानी करे, सुल्तान की मर्ज़ी का मज़हब क़बूल न करे, उसके लिए सज़ा-ए-मौत भुगतने के सिवा कोई चारा नहीं। अगरचे सुल्तान अगर रहमदिल हुआ या किसी पर उसे तरस आ गया तो 'गुनहगार' की मिल्कियत ज़ब्त करके वह उसे सिर्फ़ मुल्क-बदर कर देता। गोआ में मज़हबी तफ़तीश शुरू करने का फ़रमान पुर्तगाल के सुल्तान जॉन तीसरे ने इसी उसूल की बिना पर जारी किया था, जिसे गोआ का सूबेदार यसूई पादरियों की मदद से सरंजाम दे रहा था। और इसी उसूल की बिना पर गोआ में पुर्तगालियों की मज़हबी अदालत यहूदियों को ज़िन्दा जला देने का हुक्म सुनाए जा रही थी।

हिन्दुस्तान के लाखों लोगों तक, जो उन पादरियों की नज़र में 'बदकार व जाहिल' थे, उलूही रोशनी पहुँचाने के इस सुनहरे मौक़े को हासिल करने के लिए कई उम्मीदवार खड़े हो गए। लिहाज़ा इस मुहिम के लिए तीन पादरियों को चुनने में पादरी-ए-सूबा को काफ़ी मुश्किलात का सामना करना पड़ा। लम्बे चले ग़ौर-ओ-ख़याल के बाद पादरी रुडोल्फ आक्वावीवा, पादरी आन्तोआइन द मोन्सेर्राते और पादरी फ्रान्सिस हेनरीक़ेज़ को बादशाह-ए-हिन्दुस्तान को बपतिस्मा देने के निहायत ही अहम मक़सद को सरंजाम देने के क़ाबिल समझा गया।

1. Father Provincial.
2. भाषान्तरकार, दुभाषिया।
3. क़ायदा यानी *ओल्ड टेस्टामेंट* की पहली पाँच किताबें जो पैग़म्बर मूसा ने दी थीं और *इंजील* यानी *बाइबिल* का न्यू टेस्टामेंट या सुसमाचार।
4. मध्य युग में यूरोप का ईसाई समुदाय मुसलमानों को सारसन पुकारता था और मूर्तिपूजक काफ़िरों को जेंटाइल।
5. 'Cuius regio, eius religio'.

पादरी रुडोल्फ आक्वावीवा इटली में नेपल्स के एक नजीब[1] ख़ानदान का उनतीस साल की उम्र का मर्द था। सीधे-सादे और सूफ़ियाना तबीयत के इस शख़्स ने प्लेग महामारी के क़हर के दौरान पुर्तगाल में लिस्बन के ईसाइयों की बेख़ौफ़ और बेग़रज़ ख़िदमत की थी। इकतालीस साल की उम्र के पादरी आन्तोआइन द मोन्सेर्राते स्पेन के कैटलान इलाक़े से आते थे और तीनों पादरियों में सबसे ज़्यादा फ़ाज़िल थे। और पादरी फ्रान्सिस हेनरीक़ेज़ फ़ारस की खाड़ी में होरमुज़ जज़ीरे[2] का पैदाइशी मुसलमान बाशिन्दा था जिसने इस्लाम को तर्क कर ईसाई मज़हब क़बूल कर लिया था। और क्योंकि वह फ़ारसी ज़बान जानता था, इस मुहिम में उसे तरजुमानी का ज़िम्मा दिया गया।

रवानगी के वक़्त तक पादरी-ए-सूबा तफ़सील से इन तीनों पादरियों को हिदायतें देते रहे कि उन्हें किस तरह अपने मज़हब को आलातरीन साबित करना है। साथ ही, यह ताकीद भी वे करते रहे कि इस पाक मुहिम को कामयाब बनाने में कोई कसर वे तीनों बाक़ी न रख छोड़ें व बादशाह को बपतिस्मा देकर ही वापस आएँ। और इस मुहिम की कार्रवाइयों की ख़बरें बाक़ायदा उन्हें भेजते रहें।

अपने साथ बेहद शानदार जिल्दसाज़ी की हुई *इंजील-ए-बादशाह*[3] के साथ—जिसमें लातीनी, यूनानी, यहूदी और आर्मीनियाई ज़बानों में *इंजील* आठ किताबों में दर्ज की हुई थी, इस अज़ीम मुहिम पर यह पादरी पुरजोश रवाना हो गए। न सिर्फ़ इस मुहिम के कामयाब होने का उन्हें पूरा यक़ीन था बल्कि यह यक़ीन भी था कि इस कामयाबी से वे ईसाइयत की तवारीख़ को बदलकर एक मिसाल क़ायम कर देनेवाले है। ईसा मसीह व मरियम की ख़ूबसूरत तसवीरें और ईसाई सन्त स्टीफन की क़ाबिले परस्तिश निशानियाँ भी उनके साथ थीं।

इन पादरियों की रवानगी की ख़बर पाते ही गुजरात के सूबेदार को अकबर ने फ़रमान भेजा कि पादरियों के हिन्दुस्तान की सरहद में दाख़िल होते ही उनकी हिफ़ाज़त और उनकी सवारी का इन्तज़ाम करे। मगर जब सूबेदार के तैनात किए हुए पहरेदारों को उन निशानियों की बाबत इल्म हुआ जो यह पादरी अपने साथ लिये हुए थे तो वे दहशत खा गए और ऐसे लोगों के साथ जाने से उन्होंने साफ़ इनकार कर दिया जो मरे हुए आदमी की हड्डियाँ अपने साथ रखते हैं।

यह दौर वह था जिसमें सभी मग़रिबी मुल्क हद से ज़्यादा जहालत में डूबे हुए थे। मज़हब की ख़ातिर जान देनेवाले शहीदों व ईसाई सन्तों की हड्डियाँ ख़ूबसूरत डलिया में बन्द तक़रीबन हर गिरजाघर में जगह पाती थीं और उस डलिया को चूमकर पाकीज़ा रूह से बरक़त के लिए दुआ माँगी जाती थी। यह सिलसिला चौथी सदी से ही जारी था और इन निशानियों को जुलूस की शक्ल में रास्तों पर और मेले में नुमायाँ किया जाता जिससे कि ज़ियारती और मुसाफ़िर, दोनों ही ज़्यादा से ज़्यादा तादाद में उन्हें चूमने के लिए गिरजाघर में आएँ जिससे गिरजाघर व हुक्मरान दोनों की ही आमदनी में इज़ाफ़ा हो। सभी हुक्मरान और दौलतमन्द लोग अपने महलों या हवेलियों के बैठकख़ाने में भी

1. कुलीन।
2. द्वीप।
3. Bible Regia.

यह निशानियाँ नुमायाँ करते और अपने मेहमानों को बड़े फ़ख़्र के साथ बताया करते कि लाखों रुपये अदा कर उन्होंने कितनी मुश्किल से उन्हें हासिल किया था। ऐसी निशानियों को हासिल करने की होड़ भी ऐसे लगी थी—हड्डियाँ, दाँत, कफ़न का टुकड़ा, ख़ून का धब्बा लिये मिट्टी या पत्थर, यहाँ तक कि मांस व चमड़ी भी—कि सन्तों और शहीदों की क़ब्रें खोद दी गईं और नक़ली निशानियों का नाजायज़ कारोबार भी ज़ोरदार ढंग से चल पड़ा। एक ऐसा वक़्त भी आया कि मौत का इन्तज़ार कर रहे ईसाई सन्त की हिफ़ाज़त के लिए पहरा लगाना ज़रूरी हो गया वर्ना उसके मरने की देर नहीं कि उस बेचारे की लाश टुकड़े-टुकड़े होकर ग़ायब हो जानेवाली है।[1]

जब पादरी रुडोल्फ को ख़बर हुई कि पहरेदार किस वजह से उनके साथ जाने से इनकार कर रहे हैं तो उसने पादरी फ्रान्सिस हेनरीक़ेज़ की मार्फ़त उन्हें समझाया, "हम मुर्दों की हड्डियाँ नहीं ले जा रहे बल्कि हम तो ज़िन्दा शहीद की हड्डियाँ ले जा रहे हैं।"

सन्त स्टीफन ईसाई मज़हब के लिए जान देनेवाला पहला शहीद था, जिस पर पत्थरबाज़ी करके येरुशलम के फरिसियों[2] ने उसे मार डाला था। लिहाज़ा वह लाफ़ानी था, जो कभी मरा ही नहीं।

बात लेकिन बनने के बजाय और भी बिगड़ गई।

"ज़िन्दा आदमी में से हड्डियाँ निकाल लेते हैं यह लोग तो!" पहरेदार आपस में गुफ़्तगू करने लगे।

"बेरहमी और शैतानियत की इन्तिहा है!"

"गुनाह-ए-अज़ीम! लेकिन आदमी में जो गोश्त बाक़ी रहता है उसका यह लोग क्या करते हैं?"

"हज़म कर लेते हैं, और क्या करते हैं! देखते नहीं इन लोगों के गाल? कैसे सुर्ख़रंग हैं!"

पहरेदारों की ग़लतफ़हमियाँ दूर करने की कोशिश बहुत की गई मगर वे तो इन पादरियों से ख़ौफ़ खा चुके थे। आख़िरकार इस शर्त पर चलने को वे राज़ी हुए कि 'आदमख़ोर' पादरियों से पूरे रास्ते वे दूर-दूर ही रहेंगे और रात को भी उनसे दूर ही सोएँगे।

सूरत, ख़ानदेश, सारंगपुर, सिरोंज और ग्वालियर होते हुए यह पादरी तीन महीने के सफ़र के बाद फ़तेहपुर सीकरी जा पहुँचे। उसी रोज़ पादरी आन्तोआइन द मोन्सेर्रांते ने पादरी-ए-सूबा को इस अहम मुहिम का पहला ख़बरनामा भेजा।[3]

---

1. कई गिरजाघर तो यह भी दावा करते थे कि यीशु का जब ख़तना हुआ था उस वक़्त काटी गई चमड़ी का टुकड़ा भी उनके पास है। इन नक़ली निशानियों का कारोबार ख़त्म आज भी नहीं हुआ है।
2. यहूदी मन्दिर के पुजारी।
3. पादरी मोन्सेर्रांते ने अपने अनुभवों को लैटिन भाषा में कलमबद्ध किया था जिसका अंग्रेज़ी में अनुवाद J. S. Hoyland ने *Commentary of Father Monserrate* के नाम से किया गया है। इसके अलावा पादरी Pierre du Jarric के अनुभव, जो कि उस दौरान सीकरी में ही था, *Akbar and the Jesuits* नामक किताब में दिए हैं। मोन्सेर्रांते के ख़बरनामे या प्रतिवेदन और आगे दी हुई उसके रोज़नामचे की प्रविष्टियाँ इन दोनों किताबों में दिए गए उन पादरियों के अनुभवों के लगभग शब्दशः अनुवाद हैं।

'ज़ेलाब्दिन महोमेत एकेबर ने, जो बादशाह का पूरा नाम है, ख़ुश तबीयत होकर हमारा ख़ैरमक़दम किया और हमें यहाँ भेजे जाने के लिए शुक्रिया अदा किया। बादशाह ने पाक़ *बाइबिल* को निहायत ही इज़्ज़त के साथ क़बूल किया, हरेक को एक के बाद हाथ में लेकर उसका बोसा लेते हुए, जिसके बाद उसने अपना साफ़ा उतारकर पाक किताबों को अपने सिर पर रखा, जिसके मानी इन लोगों में अदब और एहतिराम करना होता है। उसके बाद उसने दरयाफ्त किया कि इनमें से किस किताब में *इंजील* है और जब इशारे से उसे बताया गया तो उसने बड़े ग़ौर से उसे देखा, दोबारा उसका बोसा लिया और पहले की तरह सिर पर रखा। पादरी रुडोल्फ ने उसे हमारे आक़ा ईसा मसीह और हमारी ख़ातून मरियम की तसवीरें दिखाईं जिन्हें बादशाह ने इतने एहतिराम के साथ अपनी बाँहों में रखा जैसे कि वह ईसाई ही हो। तब इन तसवीरों को हमारे लिए तय जगह तक पहुँचाने में बादशाह ने ख़ुद हमारी मदद की।'

'यह एक अज़ीम और ख़ूबसूरत शहर है जिसे फतेफुल सिकुइरिस [फ़तेहपुर सीकरी] के नाम से जाना जाता है। बादशाह ने दारुलहुकूमत को देलिनम [दिल्ली] से जहाँ यह ईसाई बादशाहों के वक़्त से क़ायम थी अगारा [आगरा] तब्दील कर लिया जहाँ ख़ुद उसकी पैदाइश हुई थी।[1] यहाँ आते हुए रास्ते में हमने देखा कि मुसलमानों के मज़हबी जोश ने सभी बुतख़ानों को तबाह कर दिया है जो कई हुआ करते थे। मगर हिन्दू बुतख़ानों की जगह बदकार और नाकारा मुसलमानों की बेशुमार क़ब्रें और छोटी-छोटी मज़ारें क़ायम कर दी गईं हैं गोया कि वे पीर हों। बादशाह के महल में एक अज़ीम इमारत है जो पिक्र्सेकोलिदेज्कामुस[2] की क़ब्र है, वह फ़लसफ़ादाँ जिसने बादशाह को अपनी रिहाइशगाह सिकुइरिस ले आने के लिए क़ायल किया और जिसकी निहायत ही बेवक़ूफ़ी के साथ पीर की मानिन्द परस्तिश की जाती है, अगरचे मुसलमानों की सारी बदकारियों व गुनाहों से वह दाग़दार था।'

अबुल फ़ज़ल ने, जिसे इन पादरियों के ठहरने और उनके आराम की ज़िम्मेदारी दी गई थी, इन मेहमानों के रहने का इन्तज़ाम क़िले के पीछे बनी सराय-ए-कारवाँ में किया था। शहर कोतवाल को, जिसका दफ़्तर-ओ-रिहाइशगाह इस सराय के नज़दीक ही था, उनकी हिफ़ाज़त व सलामती की ज़िम्मेदारी दी गई और हाथी-पोल के पहरेदारों के सरदार को ताकीद कर दी गई कि रात हो या दिन पादरियों को किसी भी वक़्त क़िले में दाख़िल होने से न रोका जाए।

तीन रोज़ का वक़्त उन्हें अपना बन्दोबस्त करने के लिए देने के बाद अकबर ने उन पादरियों को अपने दौलतख़ाने में तलब किया।

"अबुल फ़ज़ल से मुझे मालूम हुआ कि इस बात से आपको साफ़ इनकार

---

1. जे. एस. होयलैंड द्वारा लैटिन से अंग्रेज़ी में अनुवादित पादरी मोन्सेरीते की *Commentary* में ज़िक्र है : 'इस हक़ीक़त से मैं बख़ूबी वाक़िफ़ हूँ कि तीन सौ साल पहले यह ज़िला [ग्वालियर] ईसाइयों से आबाद था जो कि अफ़सोस, कई लड़ाइयों में मुसलमानों से हार गए और इतनी बुरी तरह कुचले गए कि ईसाइयत की सारी यादें लोगों के दिमाग़ से ख़त्म हो गईं।' देखें, 'टिप्पणियाँ'।
2. पीर शेख़-उल-इस्लाम यानी शेख़ सलीम चिश्ती।

है कि रसूलुल्लाह मुहम्मद, सल्लल्लाहु अलैहि वसल्लम, का ज़िक्र पैग़म्बर ईसा, अलैहिस्सलाम, ने *इंजील* में किया है। क्या यह हक़ीक़त है?" पादरी फ्रान्सिस हेनरीक़ेज़ से मुख़ातिब हो अकबर ने दरयाफ़्त किया, जिसका तर्जुमा करके उसने बाक़ी दोनों पादरियों को सुनाया।

"जहाँपनाह! महोमेत का ईसा मसीह ने *इंजील* में कोई ज़िक्र नहीं किया है," पादरी मोन्सेर्राते के लातीनी ज़बान में दिए गए जवाब का पादरी फ्रान्सिस हेनरीक़ेज़ ने फ़ारसी में तर्जुमा करके बादशाह को सुनाया, "लेकिन बाद में आनेवाले कई फ़रेबी पैग़म्बरों की बाबत ज़रूर हमारे आक़ा ने फ़रमाया है। हज़रत ईसा ने अपने मुरीदों को आगाह किया था : 'मेरे बाद ऐसे बहुत से हैं जो मेरे नाम से आएँगे और कहेंगे 'मैं मसीह हूँ' और वे बहुतों के साथ दग़ा करेंगे' और यह भी कि 'बहुत से झूठे नबी उठ खड़े होंगे और लोगों के साथ फ़रेब करेंगे। और यदि कोई तुम लोगों से कहे, 'देखो, यह रहा मसीह' या 'वह रहा मसीह' तो उसका यक़ीन मत करना। मैं यह कहता हूँ क्योंकि फ़रेबी मसीह और फ़रेबी नबी उठ खड़े होंगे।"

"ज़िल्ले इलाही! इन लोगों को मैंने बताया कि *क़ुरआने-पाक* की सूरा अस सफ़ में अल्लाह सुबहानु व तआला ने फ़रमाया हुआ है : 'और याद करो जब मरियम के बेटे ईसा ने कहा : ऐ बनी इस्राइल! बेशक मैं अल्लाह का रसूल हूँ तुम्हारी तरफ़, उसकी तस्दीक़ करनेवाला जो मुझसे पहले तौरात आई और एक रसूल की ख़ुशख़बरी देनेवाला जो मेरे बाद आएगा जिसका नाम अहमद होगा।' लेकिन यह लोग इस हक़ीक़त को, जो अल्लाह तआला ने रसूलुल्लाह मुहम्मद, सल्लल्लाहु तआला अलैहि वसल्लम, पर नाज़िल की थी, मंज़ूर करने को राज़ी ही नहीं!"

महज़रनामा में अकबर को यह ख़िताब दिए जाने के बाद से उसे ज़िल्ले इलाही कहकर भी पुकारा जाने लगा था।

"जहाँपनाह! महोमेत की क़ाबिल-ए-एतबारी शक के घेरे में है।" पादरी रुडोल्फ के दावे का पादरी फ्रान्सिस हेनरीक़ेज़ ने तर्जुमा किया। "क्योंकि वह क़ायदा और *इंजील* की हिदायतें रद्द करता है, और ग़लत रास्ते पर ले जानेवाले उसके फ़रमान ज़बर्दस्ती लागू करवाने के लिए उन सारे मुल्कों के ख़िलाफ़ वह जंग का एलान करता है जो उसकी दी हुई हिदायतों को क़बूल नहीं करते।"[1]

"जहाँपनाह! उसकी किताब में शुरू से लेकर आख़िर तक सारे बयान पैग़म्बर मूसा का क़ायदा और हज़रत ईसा की *इंजील* की मुख़ालफ़त करते हैं, सिवा चन्द जुमलों के जिन्हें वह भरोसा हासिल करने की ख़ातिर दोहराया करता है।" पादरी मोन्सेर्राते ने हिक़ारत के अन्दाज़ में कहा। 'दरअसल जहाँपनाह! क़ायदा और *इंजील* का किसी भी मुद्दे पर महोमेत से इत्तेफ़ाक़ ही नहीं!"

"ज़िल्ले इलाही! ऐसी हालत में *क़ुरआने-पाक* की बाबत इनकी क्या राय है?" अबुल फ़ज़ल ने सवाल किया।

---

1. ये सारी जिरह और आगे चलकर पादरियों ने अकबर को जो सफ़ाई और सलाह अपने मज़हब के बाबत दी है, पादरी मोन्सेर्राते और पादरी पियर दु जरिक की किताबों के साथ ही *दबिस्तान-ए-मज़ाहिब* पर मुख्यत: आधारित है। *मुन्तख़बुल तवारीख़* से भी इसमें काफ़ी मदद मिली है।

पादरी फ्रान्सिस हेनरीक़ेज़ से सवाल का तर्जुमा सुनकर पादरी मोन्सेर्राते ने अबुल फ़ज़ल की तरफ़ एक तंज़िया मुस्कुराहट फेंकी और कुछ कहते-कहते रुक गया।

"जनाब पादरी साहब! अपनी राय बेख़ौफ़ होकर आप दे सकते हैं," अकबर ने यक़ीन दिलाया।

"जहाँपनाह! महोमेत ने यह एलान ज़रूर किया था कि उसे वह किताब अल्लाह से हासिल हुई है, लेकिन हम इसे हक़ीक़त नहीं मानते।" पादरी मोन्सेर्राते ने इनकार में सिर हिलाया। "क्योंकि जो पैग़ाम रब ने एक पैग़म्बर की मार्फ़त भेजा हो उसे वह दूसरे पैग़म्बर की मार्फ़त रद्द नहीं करता। और न तो कभी वह ख़ुद के बरख़िलाफ़ होता है और न ही नावाजिब। क़ायदा और *इंजील,* हक़ीक़त में जो किताबें रब की भेजी हुई हैं, एक जैसी बात कहती हैं। लेकिन *फ़ुर्क़ान* उससे बिलकुल अलग बात कहती है जो क़ायदा और *इंजील* में कही गई है। लिहाज़ा *फ़ुर्क़ान* को मुक़द्दस किताब क़बूल करने के लिए यह क़बूल करना होगा कि क़ायदा और *इंजील* मुक़द्दस किताबें नहीं। वर्ना फिर यह क़बूल करना होगा कि फ़ुर्क़ान जालसाज़ी है, झूठ है।"

"जहाँपनाह से हम माफ़ी के तलबगार हैं," पादरी रुडोल्फ ने गुज़ारिश की, "अगर हक़ीक़त का इतने साफ़ अल्फ़ाज़ में बयान नागवार गुज़रता हो।"

"या अल्लाह!" अकबर ने इनकार में सिर हिलाया। "मैं उन लोगों में से नहीं हूँ जो ऐसी बातों से मजरूह[1] हो जाऊँ! मैं तो सिर्फ़ तालिब-ए-हक़ीक़त हूँ।"

अपने अगले ख़बरनामे में पादरी मोन्सेर्राते ने न सिर्फ़ इस जिरह की तफ़सील गोआ भेजी बल्कि अकबर के रोज़ाना के कामकाज व उसके रवैए का ब्योरा भी लिखा।

'कभी वह मुआमलात-ए-सल्तनत में मशग़ूल होता है तो कभी रियाया की फ़रियादें सुनने में मसरूफ़ रहता है। और अगले ही लम्हे वह ऊँटों के बाल कतरता हुआ, पत्थर तोड़ता हुआ, लकड़ी काटता हुआ या लोहे को पीटता हुआ नज़र आता है, हरेक काम को ऐसी मसरूफ़ियत के साथ करता हुआ जैसे कि वह अपने ही पेशे में लगा हुआ हो। वह कम खाता है और सोने के लिए रात में बमुश्किल तीन घंटे निकाल पाता है।'

'दरबार में छोटे तबके के साथ वह शाइस्तगी और मुरव्वत से पेश आता है, बख़ुशी उनसे मुलाक़ात करता हुआ और उनकी फ़रियाद सुनता हुआ। उनसे नज़राना क़बूल करते हुए वह बेहद ख़ुश होता है, अपने हाथों में उन्हें लेकर अपने सीने पर रखते हुए जैसा कि उन क़ीमती तोहफ़ों के साथ वह नहीं करता जो उसके उमरा पेश करते हैं।'

जाड़े की शुरुआत हो चुकी थी। मौसम ख़ुशगवार था। ऐसे में अगर धूप निकली हो तो निज़ाम-ए-सल्तनत के कामकाज अकबर अनूप तालाब के दालान में पत्थर से बनी ख़ूबसूरत छतरी के नीचे बैठकर निपटाया करता था। इसके छज्जे को सहारा देते हुए राजपूत इमारतों की तर्ज़ पर बेहद घनी नक़्क़ाशी किए हुए टोड़े थे, तो जैन इमारतों की तर्ज़ पर अजीबोग़रीब जानवर के मुँह की शक्ल में घुमावदार टेक भी।[2]

---

1. आहत।
2. आजकल इसे 'astrologer's seat' कहा जाता है, किन्तु इसे यह कहने का कोई ऐतिहासिक आधार नहीं है। फ़तेहपुर सीकरी की अपनी पाँच यात्राओं में इसे और अनूप तालाब के दालान में इसकी स्थिति को कई बार मैंने देर तक व ध्यान से देखा और इसका यह इस्तेमाल ही मुझे सर्वाधिक उचित प्रतीत हुआ। देखें, 'टिप्पणियाँ'।

"मोहतरम जनाब! अल्लाह का कोई फ़र्ज़न्द होना कैसे मुमकिन है?" दुआ-सलाम के बाद अकबर ने सवाल किया। "यह पहेली मेरी तो समझ के बाहर है!"

"जहाँपनाह! ईसा हक़ीक़त में रब का बेटा है! फिरदौस में वह रब से आया, बग़ैर किसी वालिदा के। इसी तरह इस दुनिया में पाकीज़ा मरियम उसकी वालिदा थी मगर उसका वालिद कोई नहीं।" पादरी रुडोल्फ ने गुत्थी सुलझाई। "ईसा मसीह रब का पैदा किया हुआ अकेला और जावेदाँ बेटा है जो हमेशा से ही मौजूद था। ऐसा कोई वक़्त नहीं था जब उसके बेटे के बग़ैर रब मौजूद था।"

"फिर तो पैग़म्बर ईसा, अलैहिस्सलाम, अल्लाह तआला की बराबरी से जावेदाँ हो जाएँगे!" अकबर ने हैरान आवाज़ में कहा। "बल्कि वे ख़ुद अल्लाह हो जाएँगे! क्या मैं ग़लत कह रहा हूँ?"

"जहाँपनाह! ईसा दरअसल रब ही है!" पादरी मोन्सेर्राते ने साफ़-साफ़ बयान किया। "और यह मंज़ूर करना कि ईसा रब है, हमारे अक़ीदे की ख़ुसूसियत है। जब हवारी[1] फिलिप ने ईसा से कहा कि रब का वे उसे दीदार कराएँ तो ईसा ने उससे कहा : 'जिसने मेरा दीदार किया है उसने रब का दीदार कर लिया है।' जहाँपनाह! यह अक़ीदा एक रब में यक़ीन के ख़िलाफ़ नहीं, न ही मुक़द्दस रूह को आक़ा और ज़िन्दगी देनेवाला मानने से रब के हिस्से हो जाते हैं। हमारा पुख़्ता यक़ीन है कि रब हक़ीक़त में सिर्फ़ एक है : जावेदाँ, ला-महदूद और नाक़ाबिले तब्दील। उसके बेटे और मुक़द्दस रूह के साथ यक़ीनन तीन शख़्सियत। मगर एक सिफ़त और एक उंसुर।"[2]

इस पुर-पेच अक़ीदे को समझने की नाकामयाब कोशिश में अकबर को उलझा हुआ देख कुछ देर के लिए ख़ामोशी छा गई।

"ज़िल्ले इलाही! जनाब पादरी साहब जो फ़रमाते हैं वह न तो इधर का नज़र आता है, न उधर का," आख़िरकार मीर ग़यासुद्दीन अली ने लम्बी ख़ामोशी को तोड़ा। "मेरी अक़्ल में तो जहाँपनाह यह आता है कि यह नस्रानी लोग इबादत दरअसल तीन की करते हैं मगर इस असलियत को यह क़बूल करना नहीं चाहते।"

"क़तई नहीं जहाँपनाह! ऐसा क़तई नहीं है।" पादरी फ्रान्सिस हेनरीक़ेज़ से मीर ग़यासुद्दीन अली की राय का तर्जुमा सुनकर पादरी मोन्सेर्राते भड़क उठा और बुलन्द आवाज़ में बोला, "हम एक ही रब की इबादत तस्लीस में करते हैं और तस्लीस की इबादत तीनों के इत्तिहाद में—बग़ैर शख़्सियात में तज़ब्ज़ुब[3] के, बग़ैर उनके उंसुर के हिस्से किए। जहाँपनाह! रब एक शख़्सियत है, बेटा दूसरी शख़्सियत है और मुक़द्दस रूह तीसरी। मगर उनकी उलूहियत एक है, उनका जलाल एक है, और उनकी अज़मत[4] यकसाँ व बराबरी से जावेदाँ है।

अकबर को पादरी फ्रान्सिस हेनरीक़ेज़ और पादरी मोन्सेर्राते की जानिब हैरान नज़रों से घूरते हुए देख बीरबल ने सुझाव दिया, "ज़िल्ले इलाही! यह कुछ-कुछ हमारे

1. हज़रत ईसा का सहचर या 'Apostle'.
2. हज़रत ईसा का सहचर या 'Apostle'.
3. दुविधा, असमंजस।
4. महिमा, माहात्म्य।

मज़हब के ब्रह्मा, विष्णु और शिव जैसा ही है। तीन ईश्वर मगर सभी उस एक आला हक़ीक़त ब्रह्म के रूप।"

पादरी फ्रान्सिस हेनरीक्रेज़ के अल्फ़ाज़ में बीरबल की राय सुनकर पादरी मोन्सेर्राते के नथुने फूल गए।

"जहाँपनाह! हमारे पाक अक़ीदे की बुनियाद में जो संजीदा व क़ाबिले एहतिराम उसूल है, उसे यह मुशरिक जेंटाइल क्या समझ पाएँगे?" बीरबल को घूरते हुए वह तल्ख़ अन्दाज़ में बोला। "जहाँपनाह! हमारे मज़हब में रब, उसका बेटा, और मुक़द्दस रूह—तख़्लीक़ के तीन उसूल नहीं जैसे कि इनके मज़हब में हैं। बल्कि वे तीनों एक ही उसूल हैं। और शामिलात काम को हरेक उलूही शख़्सियत अपनी ख़ासियत के हिसाब से सरंजाम दिया करती है।"

"और वह शामिलात काम क्या है?" भौंहें सिकोड़कर अकबर ने पूछा जो पादरी मोन्सेर्राते की तक़रीर सुनने के बाद तस्लीस के अक़ीदे को लेकर और भी ज़्यादा शकोशुबहा में मुब्तला हो गया था।

"जहाँपनाह! तस्लीस की तीनों शख़्सियात ग़ैर मुख़्तलिफ़ होने के साथ ही जो काम वे करती हैं उसमें भी वे नाक़ाबिले अलाहिदगी[1] हैं। लेकिन उनमें से हरेक अपने उलूही अमल में सिर्फ़ वह नुमायाँ करता है जो तस्लीस में उसके लिए मुनासिब है। हमारा यक़ीन है कि रब ने हमें बनाया और बेटे को भेजा हमारे गुनाहों की माफ़ी देकर हमें निजात दिलाने के लिए और मुक़द्दस रूह को भेजा कि वह हमें तक़द्दुस[2] अता करे। लेकिन जहाँपनाह! हक़ीक़त में जो भी होता है वह सब हमारा रब ही करता है। जो बेटा करता है और जो मुक़द्दस रूह करती है, रब ही करता है मानो वे दोनों उसके दो हाथ हों। यह ख़िल्क़त दरअसल तस्लीस का शामिल अमल है।"

इस तक़रीर को सुनकर अकबर का दिमाग़ अब मुकम्मल तौर पर चकरा गया।

'इल्मदाँ का वह अज़ीम सरपरस्त है और दानिशमन्द लोगों को हमेशा अपने नज़दीक रखता है,' अपने रोज़नामचे में पादरी मोन्सेर्राते ने लिखा, 'जिन्हें हिदायत है कि उसकी मौजूदगी में वे फ़लसफ़ा, इलाहियात[3] व मज़हब पर मुबाहिसा करें। और अज़ीम बादशाहों की तवारीख़ व गुज़श्ता ज़माने के सर-बुलन्द[4] कारनामे उसे सुनाएँ। सही-ग़लत की बेहतरीन तमीज़ का वह मालिक है और उम्दा याददाश्त का भी। और ऐसे मुबाहिसों को मुस्तक़िल तौर पर और सब्र के साथ सुनने की वजह से कई मज़ामीन[5] का वह ख़ासा जानकार है। इस तरह से न सिर्फ़ अल्फ़ाज़ की अपनी नाजानकारी की, क्योंकि वह लिखने या पढ़ने में मुकम्मल तौर पर नाक़ाबिल है, भरपाई उसने कर ली है बल्कि इस क़ाबिल भी वह हो गया है कि मुश्किल मुद्दों पर राय देकर मसले को साफ़ कर सके।'

---

1. जो अलग न हो सके।
2. पवित्रता।
3. Theology, धर्मज्ञान।
4. गौरवशाली।
5. विषयों।

'किसी भी मुद्दे पर वह अपनी राय इतनी होशियारी व अक्लमन्दी से देता है कि जिसे यह मालूम न हो कि वह हासिले इल्म नहीं है, यही समझेगा कि वह निहायत ही आलिम फ़ाज़िल इनसान है। और वाक़ई वह है भी क्योंकि तेज़ दिमाग़ के अलावा, जिसके बारे में पहले ही कह चुका हूँ, अपनी अवाम के ज़्यादातर आलिम लोगों से तलाक़त[1] में वह आला है, साथ ही बादशाह के लिए मुनासिब अज़मत और शान में भी। दानिशमन्द लोग रोज़ाना उसके सामने अदब[2] से मुताल्लिक़ मसलों पर तक़रार किया करते हैं। तालीम पर वह निहायत ज़ोर देता है और कई ख़ानदानी लड़कों और नौजवानों की, जिनके वालिद का इन्तक़ाल हो चुका है, वह परवरिश करता है और उन्हें आज़ाद-ख़याल तालीम दिलवाता है। और दूसरे हुक्मरानों की हौसलाअफ़ज़ाई करता है व उनसे उम्मीद करता है कि वैसा ही वे भी करें।'

फिर एक रोज़ उलेमा और मुल्लाओं के साथ मुबाहिसे के लिए अकबर ने पादरियों को दीवानख़ाना-ए-आम में तलब किया और पादरी मोन्सेर्राते की जानिब मुख़ातिब होकर कहा,

"आप जनाब ने दावा किया था कि *क़ुरआने-पाक* और *इंजील* में इख़्तिलाफ़ है। ऐसे में हम कैसे जान सकते हैं कि कौन-सी किताब सही है और कौन-सी ग़लत?"

"जहाँपनाह! ख़ुद-इख़्तिलाफ़ी[3] की उलूही किताब में तो कोई जगह होनी ही नहीं चाहिए!" कहते हुए पादरी मोन्सेर्राते की बाँछें खिली हुई थीं। जिरह को वह यहीं पर तो लाना चाह रहा था! "लेकिन *फ़ुर्क़ान* न सिर्फ़ एक बेतुकी किताब है बल्कि कई बातें उसमें एक-दूसरे के मुख़ालिफ़ हैं।"

"ऐसा मोहतरम जनाब कैसे कह सकते हैं?" अकबर की त्योरियाँ चढ़ गईं। साथ ही एक हाथ से उसने मुल्लाओं और उलेमा को सब्र रखने का इशारा किया जो अपने ग़ुस्से का इज़हार करने के लिए बेताब हो रहे थे। अगरचे वह ख़ुद और वहाँ मौजूद उमरा भी पादरी मोन्सेर्राते की इस गुस्ताख़ बयानी से बेहद ख़फ़ा थे।

"जहाँपनाह! *फ़ुर्क़ान* की सूरा अल-मुद्दस्सिर में लिखा है : 'अल्लाह जिसे चाहता है गुमराह करता है और वह जिसे चाहता है हिदायत देता है।' पादरी मोन्सेर्राते लातीनी ज़बान की *क़ुरआन* में से पढ़ता गया और पादरी फ्रान्सिस हेनरीक़ेज़ उसका फ़ारसी में तर्जुमा करता गया। "ऐसा ही जहाँपनाह सूरा अन्नहल में भी कहा हुआ है : 'वह गुमराह करता है जिसको वह चाहता है और हिदायत देता है जिसको वह चाहता है।' लेकिन सूरा साद में इनसानों की बाबत शैतान अल्लाह से कहता है : 'मुझे तेरी इज़्ज़त की क़सम! मैं उन सबको ज़रूर गुमराह करूँगा।' सूरा अन्निसा में भी शैतान यही बात दोहराता है : 'मैं उन्हें ज़रूर बहकाऊँगा।' जहाँपनाह! हमारी कमतर अक़्ल यह नहीं समझ पाती कि इनसान को गुमराह करने का ज़िम्मेदार कौन है? अल्लाह या शैतान?" सवाल करते हुए पादरी मोन्सेर्राते के होंठों पर तंज़िया मुस्कुराहट थी।

अकबर ने सवालिया नज़रों से अबुल फ़ज़ल को देखा।

---

1. वाक्पटुता।
2. साहित्य।
3. अन्तर्विरोध।

"ज़िल्ले इलाही! किताबे-पाक पैग़म्बर मुहम्मद, सल्लल्लाहु अलैहि वसल्लम, पर तेईस साल के दौरान कई किश्तों में नाज़िल हुई थी और कई आयतें कुछ ख़ास मौक़ों पर उनके सामने उठे सवालों का जवाब देने और हालिया उलझनों को सुलझाने के लिए ही उन पर उतरी थीं।" अबुल फ़ज़ल ने सफ़ाई दी। "लिहाज़ा *क़ुरआने-पाक* की आयतों के सही मानी समझने के लिए उन हालात पर ग़ौर करना लाज़िमी है जिन हालात में पैग़म्बर मुहम्मद, सल्लल्लाहु अलैहि वसल्लम, पर वे नाज़िल हुईं। इसके साथ ही, उन आयतों के दरमियान फ़र्क़ करना भी ज़रूरी है जो ख़ास मौक़ों पर वक़्त की ज़रूरत के हिसाब से नाज़िल हुई थीं और जो बतौर आम नसीहत और हिदायत अल्लाह सुबहानु व तआला ने मोमिनों को सही रास्ता दिखाने के लिए भेजी थीं।"

"लेकिन जहाँपनाह! हमारे आक़ा ईसा मसीह की दी हुई सभी नसीहतें वक़्ती ज़रूरत के लिए न होकर हमेशा के लिए हैं। और एक सच्चे पैग़म्बर से उम्मीद भी यही की जाती है और इससे ही उसकी शिनाख़्त होनी चाहिए। लेकिन जैसा कि जहाँपनाह के मुंशी[1] ने इशारा किया है कि फ़ुर्क़ान की आयतें उन हालात से मुक़ाबिल होने के लिए हैं जो महोमेत के ज़िन्दा रहते हुए मुल्क-ए-अरब में मौजूद थे। और यह बात इस हक़ीक़त को यक़ीनी तौर पर साबित करती है कि महोमेत एक फ़रेबी पैग़म्बर था।"[2]

फ़ौरन ही दीवानख़ाना-ए-आम मुल्लाओं व उलेमा की पादरियों पर भेजी हुई लानतों-मलामतों के शोर से भर गया। सबके सब लाल-लाल आँखों से पादरी मोन्सेर्राते को घूरते हुए उसकी तरफ़ धमकी भरे इशारे कर रहे थे।

"अपने इन पादरी साहब से कहो," नाराज़ अन्दाज़ में अकबर पादरी फ्रान्सिस हेनरीक़ेज़ से मुख़ातिब हुआ, "कि इस मामले में सिर्फ़ उतना ही वे बोलें जितनी कि ज़ाहिर हक़ीक़त हो और जो इनसानी अक़्ल को वाजिब मालूम हो। हमारे मोहतरम पैग़म्बर मुहम्मद, सल्लल्लाहु अलैहि वसल्लम, या किताबे-पाक *क़ुरआन मजीद* की बाबत इस तरह की भद्दी व बेहूदा बातें न करें वर्ना इस मुबाहिसे को आगे ले जाना मुमकिन न होगा।"

पादरी फ्रान्सिस हेनरीक़ेज़ ने अकबर के एतराज़ को लातीनी ज़बान में तर्जुमा करके सुनाया और पादरी मोन्सेर्राते मंज़ूर करने के अन्दाज़ में अपना सिर हिलाते हुए लातीनी ज़बान में तर्जुमा की हुई *क़ुरआन* के पन्ने पलटने लगा।

"जहाँपनाह! *फ़ुर्क़ान* की एक और आयत की तरफ़ मैं हाज़िरीन की तवज्जो चाहूँगा। सूरा अन निसा की अठत्तरवीं आयत में अल्लाह महोमेत से कहता है : 'अगर उन्हें कोई भलाई पहुँचे तो वह कहते हैं यह अल्लाह की तरफ़ से है, और अगर उन्हें कुछ बुराई

1. अबुल फ़ज़ल को मुंशी का ओहदा हासिल था और सल्तनत के कामकाज में मुंशी अबुल फ़ज़ल कहकर ही उसे सम्बोधित किया जाता था।
2. ईसाई पादरियों में असहिष्णुता तब भी नज़र आई थी जब शेख़ सलीम चिश्ती के लिए बदकार जैसे अपमानजनक शब्द मोन्सेर्राते ने इस्तेमाल किए, और यहाँ भी उसका मज़हबी कट्टरपन साफ़ नज़र आता है जबकि वह एक विद्वान पादरी था। दरअसल, इस असहिष्णुता और कट्टरपंथ के बीज नव विधान या *New Testament* में ही मौजूद हैं। देखें, 'टिप्पणियाँ'।

पहुँचे तो कहते हैं यह आपकी तरफ़ से है। आप कह दें सब कुछ अल्लाह की तरफ़ से है।' और फिर अगली ही आयत में अल्लाह महोमेत से यह कहते हैं : 'जो तुम्हें कोई भलाई पहुँचे सो वह अल्लाह की तरफ़ से है, और जो तुम्हें कोई बुराई पहुँचे तो वह तुम्हारे नफ़्स[1] से है।' जहाँपनाह! यह दोनों ही आयतें साथ-साथ हैं। लिहाज़ा यह साफ़ ज़ाहिर है कि महोमेत ने इन्हें जब कहा होगा तब वक़्त और हालात एक ही रहे होंगे। यहाँ मौजूद आलिम फ़ाज़िल लोगों से मेरी गुज़ारिश है," पादरी मोन्सेर्राते ने फ़तहयाब निगाह अपने चारों तरफ़ घुमाते हुए तंज़िया अन्दाज़ में कहा, "कि इस उलझन पर रोशनी डालने की ज़हमत करें कि एक ही वक़्त और हालात में दोनों बयान सही होना कैसे मुमकिन है?"

साफ़ था कि पादरी मोन्सेर्राते पूरी तैयारी के साथ इस मुबाहिसे के लिए हाज़िर हुआ था।

"मोहतरम पादरी साहब! मुसलमानों की मौजूदगी में इस्लाम की बाबत कोई बयान देते वक़्त आपके साथ आए हुए पादरियों को एहतियात बरतने की ज़रूरत है।" मुबाहिसा ख़त्म हो जाने के बाद पादरी रुडोल्फ को अलग से बुलाकर, जिसे वह उसके सूफ़ियाना और फ़क़ीराना रहन-सहन की वजह से पसन्द करने लगा था, अकबर ने आगाह किया। "वे लोग आपको नुकसान पहुँचा सकते हैं। आपके मुक़द्दस अक़ीदे को समझने का उन लोगों में न तो सब्र है और न ही अक़्ल।"

"जहाँपनाह! हमें खौफ़ नहीं है! हक़ीक़त में तो हर सच्चा ईसाई या नस्रानी शहादत का तलबगार है।"[2] पादरी रुडोल्फ ने अकबर को इत्मीनान दिलाया, जिसने फ़ारसी ज़बान इस दौरान काफ़ी सीख ली थी। "हमारे आक़ा हज़रत ईसा मसीह ने फ़रमाया है : 'जो कोई अपनी ज़िन्दगी की हिफ़ाज़त करना चाहता है उसे इसको खोना होगा। लेकिन जो कोई मेरे लिए अपनी ज़िन्दगी खोएगा, वही उसकी हिफ़ाज़त करेगा।' जहाँपनाह! अपने सच्चे रहनुमा और उसके दिए हुए मज़हब के जलाल-ओ-अज़मत के लिए इस फ़ानी ज़िन्दगानी को खो देने से ज़्यादा क़ाबिले-जुस्तजू क्या होगा?"

'कोई भी शख़्स जो उससे मुलाक़ात करना चाहे वह कितनी आसानी से यह कर सकता है, इसे बढ़ा-चढ़ाकर कह पाना मुमकिन ही नहीं।' पादरी मोन्सेर्राते ने अपने रोज़नामचे में दर्ज किया। "क्योंकि ख़ासो आम के साथ मुलाक़ात और उनके साथ गुफ़्तगू के लिए तक़रीबन रोज़ ही वह वक़्त निकाला करता है; और कोशिश में रहता है कि उसके साथ बात करने जो भी आए, उसके सामने ख़ुद को वह ख़ुश-गुफ़्तार और ख़ुश-अख़्लाक़[3] ज़ाहिर करे बजाय कि उसके साथ सख़्ती से पेश आए। उसकी इस ख़ुश-गुफ़्तारी और ख़ुश-अख़्लाक़ी का जो असर उसकी रियाया के दिमाग़ पर पड़ता है और उनमें उसके जानिब लगाव पैदा करता है, वह वाक़ई ग़ज़ब का है। क्योंकि महोमेत के मज़हब की बाबत उसके रुख़ में बेहद मुख़ालिफ़त है और ऐसे रवैए को सारसन

1. विषय-वासना।
2. यीशुई पादरियों में अपने मज़हब के लिए शहादत हासिल करने की ज़बर्दस्त ख़्वाहिश रहा करती थी और पादरी रुडोल्फ को भी आख़िरकार शहादत हासिल हुई। देखें, 'टिप्पणियाँ'।
3. मृदुभाषी और मिलनसार।

नाक़ाबिले माफ़ी समझते हैं, बावजूद इसके ज़ेलाब्दिन का अभी तक क़त्ल नहीं हुआ है।'[1]

'उसकी नज़र तेज़ व पारखी है और ख़तरों से अपनी हिफ़ाज़त करने में व अपना मक़सद हासिल करने के लिए सही मौक़े का फ़ायदा उठाने में वह काफ़ी दूरन्देशी दिखाता है। उसे आसानी से ग़ुस्सा आता है मगर जल्द ही ठंडा भी हो जाता है। अपनी सिफ़त से वह हमदर्द व मेहरबान है और मुज़रिम को सज़ा मिले इसके लिए वह दिल से बेताब रहता है, अलबत्ता बग़ैर उसका बुरा चाहे, मगर साथ ही बग़ैर नामुनासिब रहमदिली दिखाए। मगर जिस्म और दिमाग़ की यह सारी उम्दा ख़ुसूसियात सच्चे मज़हब की ताब के बग़ैर अपनी ज़्यादातर आबदारी खो देती हैं। हमारे कान सिवा महोमेत के क़ाबिले नफ़रत और वहशियाना नाम के कुछ और नहीं सुनते। एक लफ़्ज़ में महोमेत ही यहाँ सब कुछ है। ईसा मसीह के दुश्मन का राज है।'

दीवानख़ाना-ए-आम में बुलाई गई मुबाहिसे की अगली मज्लिस में उलेमा भारी तैयारी करके पहुँचे। पादरियों को ग़ुस्सैल और धमकी भरी निगाह से घूरते हुए हाजी इब्राहीम सरहिन्दी ने अपनी कुदरती तौर पर बुलन्द आवाज़ में मुबाहिसे की शुरुआत की।

"जहाँपनाह! यह लोग दावा करते हैं की ईसा अल्लाह का बेटा था और अल्लाह तीन हैं। लेकिन अल्लाह सुबहानु वतआला ने उसके नबी मुहम्मद सल्लल्लाहु अलैहि वसल्लम पर आयत नाज़िल की थी जो किताबे पाक की सूरा अन्निसा में दर्ज है : 'ऐ अहले किताब! अपने दीन में हद से आगे न बढ़ो और न कहो अल्लाह के बारे में हक़ीक़त के सिवा, इसके सिवा नहीं कि मसीह ईसा इब्ने मरियम अल्लाह के रसूल हैं।' और यह भी कि, 'सो तुम अल्लाह और उसके रसूलों पर ईमान लाओ और न कहो ख़ुदा तीन है, उससे बाज़ आओ, तुम्हारे लिए बेहतर है, इसके सिवा नहीं कि अल्लाह माबूदे वाहिद[2] है और उससे पाक है कि उसकी औलाद हो।"

पादरी मोन्सेर्रात को लातीनी क़ुरआन के पन्ने पलटते देख हाजी फ़तहयार्बी के जोश से भर उठा।

"आलमपनाह ग़ौर फ़रमाएँ कि अल्लाह साफ़-साफ़ बता रहा है कि वह इससे पाक है कि उसकी औलाद हो। फिर भी यह जाहिल नस्रानी," कहते हुए हाजी सरहिन्दी ने अपना हाथ पादरियों की तरफ़ बढ़ाकर ग़ुस्से में ज़ोर-ज़ोर से हिलाया, "यह इसरार करने से बाज़ नहीं आते। उफ़! क्या कुफ़्र! क्या कुफ़्र!" वह चिल्लाया। "और ऊपर से गुनाहे अज़ीम यह दावा करना कि ईसा ख़ुदा है और ख़ुदा तीन हैं। यह लोग जहाँपनाह यक़ीनन ला-मज़हब हैं और ख़ुदा की बाबत ग़लत बयानी के गुनाह के लिए सख़्त सज़ा के हक़दार भी।"

"जहाँपनाह! हमने जो भी कहा वह हमारे *इंजील* में है।" पादरी रुडोल्फ ने अपना बचाव किया।

"जहाँपनाह! इनके पास जो *इंजील* है वह सिर्फ़ एक जालसाज़ी के सिवा कुछ

1. यीशुई पादरी दूसरे अक़ीदे के 'ज़िद्दी' लोगों के क़त्ल को वाजिब मानते थे, ख़ास तौर पर अगर वह हुक्मरान है। उनका उसूल था : 'अगर हुक्मरान का अक़ीदा तब्दील नहीं किया जा सकता तो उसे हलाक हो जाने दो।' देखें, 'टिप्पणियाँ'।
2. अकेला ही इबादत के क़ाबिल।

नहीं!" पादरियों को ग़ुस्से से अपनी एक उँगली दिखाते हुए हाजी सरहिन्दी चिल्लाया। "पहले तो जो कुछ उस नापाक यहूदी पॉल ने कहा इन लोगों ने लिख लिया। और फिर लिखने वालों के दिमाग़ में जो आया वह भी उसमें जोड़ दिया। उस बदबख़्त पॉल ने ही यह अफ़वाह फैलाई कि ईसा अल्लाह का बेटा है। इस वजह से ही इन लोगों को अल्लाह ने आगाह किया था, जैसा कि सूरा आले इमरान में उसने फ़रमाया है : 'ऐ अहले किताब! तुम क्यों मिलाते हो सच को झूठ के साथ और तुम हक़ीक़त को छिपाते हो हालाँकि तुम जानते हो।' मगर जहाँपनाह! यह लोग न समझे हैं, न समझेंगे। और मुक़द्दस किताबों के साथ छेड़छाड़ करने की बदकारी से यह जाहिल कभी बाज़ नहीं आएँगे।" हाजी सरहिन्दी की आँखों में लाल डोरे खिंच गए। "आलमपनाह! यह नस्रानी ख़ुद तो जहालत-पसन्द हैं ही, हमारे मज़हब को कमज़ोर करने की कोशिशों में भी यह कमबख़्त लगे ही रहते हैं। इनके इस गुनाह के लिए सिवा इसके कोई सज़ा नहीं हो सकती कि इनके सिर फ़ौरन कलम कर दिए जाएँ।"

"जहाँपनाह! अगर इन जनाब के दावे में ज़रा भी सच्चाई है," पादरी रुडोल्फ ने चुनौती दी, "तो *फ़ुर्क़ान* में ख़ुद-इख़्तिलाफ़ी जैसे हमने ज़ाहिर की है, *तौरात* और *इंजील* में से ऐसी मिसाल देकर यह भी बताएँ।"

"जहाँपनाह! इन लोगों की पुर-फ़रेब किताबें न तो हमारे पास हैं, और न ही हमें उनकी ज़रूरत है," हाजी सरहिन्दी हिक़ारत से बोला।

"जहाँपनाह! हमारी किताबों को पढ़े बग़ैर यह जनाब उनके जालसाज़ी होने और पुर-फ़रेब होने का दावा फिर कैसे कर सकते हैं?" पादरी रुडोल्फ की भौंहें सिकुड़ गईं।

"जहाँपनाह! पैग़म्बर मुहम्मद, सल्लल्लाहु अलैहि वसल्लम, ने जब इस्लाम का मज़हब और अल्लाह की उन पर नाज़िल की हुई *क़ुरआने-पाक* इनसानी नस्ल को दी, तो उसके पेशतर सारे हिदायतनामे रद्द हो गए। और यह नस्रानी इस बात से वाक़िफ़ हैं!" हाजी सरहिन्दी ने 'वाक़िफ़' पर ज़ोर देते हुए दावा किया। "मगर सच्चे मज़हब को क़बूल न करने की जिद पर यह जाहिल अड़े बैठे हैं जहाँपनाह! यह लोग दरअसल मक्कार और फ़रेबी हैं और हक़ीक़त का इल्म होने के बावजूद यह लोग अल्लाह की भेजी हुई किताब को नामंज़ूर करते हैं। पैग़म्बर मुहम्मद, सल्लल्लाहु अलैहि वसल्लम, ने दानिशमन्दी दिखाते हुए पहले की किताबों को रखने या उन्हें पढ़ने की सख़्त मुमानियत कर दी थी क्योंकि इससे दीनदारों के दिमाग़ में गुमराह करनेवाली ग़लत बातें बैठ जाने का ख़तरा था। पढ़ने के लिए दीनदारों को अल्लाह ने *क़ुरआने-पाक* दी है और सिर्फ़ उसको ही हमें पढ़ना है। लेकिन यह जाहिल इस हक़ीक़त को मंज़ूर ही नहीं करते!"

"जहाँपनाह! फिर यह जनाब कैसे कह सकते हैं कि *तौरात* और *इंजील* में ख़राबी की गई है? किस इख़्तियार से?" पादरी मोन्सेर्राते ने तंज़िया अन्दाज़ में सवाल किया।

"अल्लाह के सादिक़[1] पैग़म्बर मुहम्मद, सल्लल्लाहु अलैहि वसल्लम, के इख़्तियार से!" हाजी सरहिन्दी आगबबूला होकर चिल्लाया और ग़ुस्से में अपना जवाब 'जहाँपनाह' से मुख़ातिब होकर देने का क़ायदा भूल गया। "अल-अलीम अल्लाह के नाक़ाबिले इनकार इख़्तियार से! जहाँपनाह सूरा अल-माइदा में अल्लाह ने बनी इस्राइल की बाबत

1. सत्यवादी।

साफ़ ज़ाहिर किया है कि जिस मौक़े पर अल्लाह ने हिदायत दी, उस मौक़े को वे तब्दील कर देते है और यह भी कि, 'वह फ़रामोश कर बैठे उसका बड़ा हिस्सा जिसकी उन्हें नसीहत की गई थी।" गुस्से से लरजती हुई उँगली से हाजी सरहिन्दी ने पादरियों की जानिब इशारा किया। "मगर यह जाहिल उस गुनाह को दोहराए ही जाते हैं!"

"जहाँपनाह! अगर यह जनाब सच बोल रहे हैं तो बताएँ," पादरी मोन्सेर्राते ने, जो हाजी सरहिन्दी की बौखलाहट और उसके तमाशाई अन्दाज़ का पूरा लुत्फ़ उठा रहा था, मुस्कुराते हुए पूछा, "कि क्या तब्दीलियाँ की गई हैं और किस हिस्से को भुला दिया गया है? और अगर यह न बता पाएँ तो और भी कोई हाज़िरीन इस मसले पर रोशनी डाल सकते हैं।"

हाजी सरहिन्दी ने कोई जवाब नहीं दिया, न ही और किसी ने। मगर हाजी सरहिन्दी की आँखों में पादरियों के क़त्ल की ख़्वाहिश साफ़ नुमायाँ थी।

"लेकिन जहाँपनाह! हम यह साबित कर सकते हैं कि *फ़ुर्क़ान* बदचलनी और नफ़्सपरस्ती के रास्ते पर ले जानेवाली किताब है," कहकर पादरी मोन्सेर्राते *क़ुरआन* के लातीनी तर्जुमा के पन्ने पलटने लगा। "हाज़िरीन ग़ौर फ़रमाएँ कि इस किताब की सूरा अद-दहर की एक आयत में महोमेत ने जन्नत का क्या नज़ारा दिखाया है : 'और उन पर दौर होगा चाँदी के बरतनों का और शीशे के प्याले होंगे।' इसी आयत में यह भी बताया गया है कि अल्लाह के इन नेक बन्दों को 'ऐसा जाम पिलाया जाएगा जिसमें अदरक की मिलावट होगी।' फिर सूरा अत-तूर में कहा है : 'और हम उनकी शादी कर देंगे बड़ी आँखोंवाली हूरों से।' इसके अलावा जहाँपनाह! इस किताब की सूरा अल-वाक़िआ ज़ाहिर करती है कि बहिश्त में इन नेक बन्दों के 'इर्द-गिर्द लड़के फिरेंगे आबख़ोरों[1] और सुराहियों के साथ और साफ़ शराब के प्यालों के साथ।' और यक़ीन दिलाया जाता कि उनको हासिल होगा : 'परिन्दों का गोश्त जो वह चाहेंगे, और बड़ी-बड़ी आँखोंवाली हूरें।' और फिर सूरा अद-दुख़ान में यह वादा भी किया जाता है : 'हम ख़ूबरू[2] बड़ी-बड़ी आँखों वालियों से उनके जोड़े बनवा देंगे।"

किताब को बन्द कर पादरी मोन्सेर्राते ने हिक़ारत भरी निगाह से हाजी सरहिन्दी को देखा और फिर तंज़िया अन्दाज़ में घूमे हुए होंठों के साथ अकबर से मुख़ातिब हुआ।

"जहाँपनाह! क्या यह नज़ारा किसी नफ़्सपरस्त बादशाह की ऐशगाह का नहीं मालूम होता? क्या रब के जन्नत की तसवीर ऐसी हो सकती है? ऐसा अन्दाज़ा होता है कि मुल्क-ए-अरब के जाहिल बाशिन्दों को मुसलमान बनाने के लिए उनकी दुनियावी ख़्वाहिशों और जिस्मानी तमन्नाओं को बहिश्त में पूरा करवाने का महोमेत ने उनसे इक़रार किया है। क्या इस दुनिया में रब के बताए रास्ते पर चलते हुए अपनी नफ़्सानी हसरतों को हम इस वजह से तर्क करते हैं कि जन्नत में जाकर उन्हें पूरा करेंगे? जहाँपनाह! मज़हब के नाम पर इससे बड़ा फ़रेब तो मुमकिन ही नहीं!"

"जहाँपनाह! हमारे मज़हब में नफ़्सानी मज़े इनसान का मक़सद नहीं," पादरी रुडोल्फ ने जोड़ा। "और न ही हमारी इबादत में उसका दीदार करने के सिवा कोई

---

1. मिट्टी के प्याले, कुल्हड़ या पुरवा।
2. सुन्दर, हसीन।

आरज़ू होती है। रब का दीदार और उसके दाएँ हाथ पर बैठे हमारे मसीहा हज़रत ईसा का दीदार ही जन्नत में हमारा सबसे बड़ा इनाम होगा।"

"लेकिन जहाँपनाह! यह लोग बुतपरस्त हैं!" पादरियों के इल्ज़ाम का कोई भी जवाब देने में नाकामयाब हाजी सरहिन्दी ने पैंतरा बदला। "इनके गिरजाघरों में ईसा के बुत की परस्तिश होती है।"

"जहाँपनाह! उस रब ने सिर्फ़ फ़रेबी मलकात के बुतों की परस्तिश नामंज़ूर की है, ईसा मसीह के बुत की नहीं।" इस नए वार से अचकचाए हुए पादरी रुडोल्फ ने सफ़ाई देने की नाकामयाब कोशिश की। "हम पर बुतपरस्ती का इल्ज़ाम सरासर ग़लत है। हम सिर्फ़ अपने आक़ा हज़रत ईसा मसीह की बन्दगी करते हैं।"

"जहाँपनाह! जो कुछ इस पादरी ने कहा, सब बकवास है। पहली बात तो यह कि हज़रत ईसा सिर्फ़ पैग़म्बर थे, न कि इनके आक़ा। और दूसरी बात यह कि अपने गिरजाघरों में यह नस्रानी मरियम ख़ातून की भी इबादत करते हैं, जिनकी तसवीर की हर गिरजाघर में नुमाइश होती है।" हाजी सरहिन्दी की तरकश में तीर अभी ख़त्म नहीं हुए थे।

"जहाँपनाह! यह क़तई ग़लतबयानी है कि हम पाकीज़ा मरियम की इबादत करते हैं।" इस बार पादरी मोन्सेर्राते ने समझाने की कोशिश की। "लेकिन हमारे आक़ा ईसा को पैदा करनेवाली दोशीज़ा बतौर उसका एहतिराम हम यक़ीनन करते हैं।"

पादरी रुडोल्फ और पादरी मोन्सेर्राते के यह बयान-ए-सफ़ाई किसी को भी मुतमइन नहीं कर सके, अकबर को तो क़तई नहीं।

"जहाँपनाह! महोमेत की ज़िन्दगी तो जंग और हमले और क़त्ल के सिलसिले की लम्बी दास्तान से ज़्यादा कुछ नहीं।" पादरी रुडोल्फ ने अब जिरह का रुख़ मोड़ने की कोशिश की। "सौदागरों के क़ाफ़िलों पर हमला करके उन्हें लूट लेना उसकी ज़िन्दगी में आम था। मगर वह इतने पर ही नहीं रुका। बनु क़ुरेज़ा क़बीले के यहूदियों को, जिनमें औरतें भी शामिल थीं, उसने निहायत ही बेरहमी से हलाक करवा दिया था। और उसकी नफ़्सानी तमन्नाओं की तो इन्तिहा ही नहीं थी! न सिर्फ़ ग्यारह औरतों के साथ उसने निकाह किया बल्कि अपने गोद लिये हुए बेटे की ज़बर्दस्त हसीन बेगम को भी उसने नहीं छोड़ा।"[1]

अपने मोहतरम पैग़म्बर मुहम्मद के साथ ऐसी बद-तहज़ीबी होते देख उलेमा और मुल्ला भड़क उठे और दीवानख़ाना-ए-आम नाराज़ आवाज़ों से भर गया। बड़ी मुश्किल से अकबर उन्हें ख़ामोश रहने के लिए राज़ी कर पाया, यह इत्मीनान दिलाकर कि पादरियों की बात पूरी हो जाने के बाद उन्हें माक़ूल जवाब दिया जाएगा।

"जहाँपनाह! इसके मुक़ाबले हमारे आक़ा ईसा मसीह ने अपनी पूरी ज़िन्दगी बेहद सादगी से, ईमानदारी से, बग़ैर किसी को ज़रा भी तकलीफ़ या नुकसान पहुँचाए और बग़ैर निकाह किए, बग़ैर किसी भी औरत के साथ जिस्मानी ताल्लुकात बनाए हुए गुज़ारी।" ख़ामोशी क़ायम हो जाने पर पादरी रुडोल्फ ने अपनी तक़रीर को आगे बढ़ाया। "वह तो अपने दुश्मनों तक से मोहब्बत करता था और ऐसा ही करने की नसीहत उसने हमें

---

1. पैग़म्बर का ग़ुलाम ज़ैद जिसे आज़ादी देकर उन्होंने अपना बेटा बना लिया था। यह क़िस्सा *क़ुरआन* की सूरा अल अहज़ाब में है। देखें, 'टिप्पणियाँ'।

दी है! उसने कहा था : 'अपने दुश्मनों से भी मोहब्बत करो। जो तुम्हें तकलीफ़ देते हैं उनके लिए भी दुआ करो। अगर कोई तेरे दाएँ गाल पर थप्पड़ मारे तो दूसरा गाल भी उसकी तरफ़ कर दो। अगर कोई मुक़दमा चलाकर तेरा कुर्ता उतरवाना चाहे तो तू उसे अपना चोगा भी दे दे'।"

यह कहते हुए पादरी रुडोल्फ जज़्बाती हो गया।

"जहाँपनाह! उसने तो अपनी सारी ज़िन्दगी मजबूर और मज़लूम लोगों की ख़िदमत में ही गुज़ारी। अन्धों को आँख और गूँगों को ज़बान देने में; कोढ़ियों का कोढ़ ख़त्म करने और फालिज के मरीज़ों को सेहतयाब करने में; हाथ-पैर से मजबूर व झुकी हुई कमरवाले बूढ़ों को ताक़त अता करने में। और उसमें क़ुव्वत ऐसी कि मुर्दे को उसने ज़िन्दा कर दिया और मछुआरों को राहत देने के लिए समन्दर की तूफ़ानी मौजों को उसने ख़ामोश कर दिया!"

कहकर पादरी रुडोल्फ कुछ वक़्त के लिए रुका। उसकी आँखों में नमी आ गई थी और आवाज़ में लरज़ भी।

"और आख़िर में परवरदिगार के उस आला और नेक बन्दे ने हम सबके गुनाहों की ख़ातिर सलीब पर चढ़ना भी मंज़ूर किया।" पादरी रुडोल्फ की आवाज़ दर्दमन्द हो चली। "इनसान को नजात दिलाने के लिए जहाँपनाह! कौन-सी तकलीफ़ उसने नहीं झेली? जैसा कि पैग़म्बर यशायाह ने हमें बताया है," कहते हुए पादरी रुडोल्फ ने लातीनी ज़बान में तर्जुमा की हुई *तौरात* की किताब के पन्ने पलटे और उसमें से पढ़ना शुरू किया। 'उससे नफ़रत की गई थी और उसके रफ़ीक़ों ने उसे छोड़ दिया था। वह एक ऐसा शख़्स था जो तकलीफ़ को जानता था। उसने हमारे गुनाह अपने ऊपर ले लिये। उसने हमारी तकलीफ़ को हमसे ले लिया। और हम यही ख़याल करते रहे कि परवरदिगार उसे सज़ा दे रहा है।'

पादरी रुडोल्फ के आँसू बहने लगे और गला भर आया। अपने चोगे की आस्तीन से उसने आँसू पोंछे और फिर अपने साथ लाई हुई सुराही में से पानी का घूँट लेकर उसने *तौरात* में से पढ़ना जारी रखा।

"पैग़म्बर यशायाह आगे फ़रमाते हैं, 'लेकिन हक़ीक़त में तो जो क़र्ज़ हमें चुकाना था उसे वह चुका रहा था। उसकी तकलीफ़ों के बदले हमें मुआफ़ी दी गई। उस पर जुल्म हुए और उसे सज़ा दी गई। लेकिन उसके ख़िलाफ़ उसने मुँह नहीं खोला। वह हलाक करने के लिए ले जाती हुई भेड़ के मानिन्द ख़ामोश रहा'।"

पादरी रुडोल्फ आगे नहीं पढ़ सका और फफक उठा। उसकी आँखों से आँसुओं की धार लग गई।

पैग़म्बर मुहम्मद पर नस्रानी लानत भेज रहे हैं और *क़ुरआन मजीद* को बदचलनी सिखानेवाली किताब बताकर उसकी मलामत कर रहे हैं, यह ख़बर जंगल में लगी आग की तरह पूरी सल्तनत में फैल गई और बंगाल की फ़ौजी बग़ावत को और भी ज़्यादा भड़का दिया। वाक़या-नवीसों व ख़ुफ़ियानवीसों की भेजी हुई ख़बरों पर अपने वज़ीरों और सिपहसालारों के साथ मशविरा करने में अकबर अब ज़्यादा वक़्त दे रहा था और बग़ावत को फैलने से रोकने व उसे कुचलने के लिए की गई कार्रवाई का जायज़ा लेने

में भी। इस वजह से कई हफ़्तों तक वह पादरियों को वक़्त नहीं दे पाया।

उधर गोआ में बैठा पादरी-ए-सूबा बेसब्र हो रहा था कि हिन्दुस्तान के बादशाह का बपतिस्मा करने में, जो कि ख़ुद हज़रत ईसा की ख़्वाहिश है, इतना वक़्त क्यों लग रहा है? एक बरीद की मार्फ़त भेजे गए ख़त के ज़रिये उसने अपनी बेचैनी और मायूसी बादशाह को ईसाई बनाने की मुहिम पर भेजे गए इन पादरियों पर ज़ाहिर की।

इधर फ़तेहपुर सीकरी में तीनों पादरी भी परेशान थे कि कई दफ़ा अर्ज़ करने के बाद भी बादशाह अपने गुनाहों की मुआफ़ी हासिल कर निजात पाने यानी ईसाई मज़हब को क़बूल करने में कोई दिलचस्पी नहीं दिखा रहा। उन्हें मालूम हो चुका था कि अबुल फ़ज़ल होशियार और दानिशमन्द शख़्स होने के साथ ही बादशाह का सबसे ख़ास आदमी भी है। तीनों पादरियों ने आपस में मशविरा कर अबुल फ़ज़ल से शिकायत की कि उसका बादशाह इतना मसरूफ़ हो गया है कि *इंजील* में ज़ाहिर ख़ुशख़बरी का इल्म हासिल कर ख़ुद की निजात को यक़ीनी बनाने में वह ज़रा भी वक़्त नहीं दे रहा।

लेकिन जिस वक़्त वे लोग ईसा की पैदाइश के रोज़ मनाए जानेवाले जश्न[1] की तैयारी कर ही रहे थे कि बिन बुलाए ही अकबर वहाँ आ पहुँचा। तीनों पादरियों की उम्मीदें फिर जवाँ हो गईं और वे नए जोश से भर गए। अगले रोज़ पादरी मोन्सेर्रते ने गोआ भेजे गए ख़बरनामे में इस ख़ुशनुमा वाक़ए की जानकारी तो तफ़सील के साथ दी ही, जितना कुछ अकबर के सियासी हालात की बाबत उसे इल्म था वह भी उसने ख़बरनामे में लिखा।

'क्रिसमस के रोज़ अपनी इबादतगाह को हम लोगों ने रेशम के क़ीमती पर्दों से सजाया और नमूने बनाए जिस गुफ़ा में ईसा मसीह पैदा हुए थे उसका; और उस पालने का जिसमें मरियम ने उसे लिटाया; और उस पहाड़ का जिस पर गड़रियों ने देखा।[2] बादशाह अपने बेटों व चन्द और लोगों के साथ आया और उन लोगों से उसने अन्दर घुसने के पहले जूते उतार लेने को कहा। अपने बेटों से उसने ईसा और पाकीज़ा मरियम की तसवीरों का एहतिराम करने के लिए कहा। जब हम लोगों ने दुआ पढ़ी और सना[3] गाई तो पूरे वक़्त वह ज़ानुओं पर बैठा रहा अपने हाथों को जोड़े हुए, गोया कि वह एक ईसाई हुक्मरान हो। लेकिन इनसानी नस्ल की निजात के ख़िलाफ़ हमेशा ही काम करते रहनेवाला शैतान तभी पत्तों की हेराफेरी करने में लग गया और भरपूर फ़सल की कटाई रोकने के लिए पर्थेस या पटानेस[4] को बादशाह के ख़िलाफ़ उसने उकसा दिया।'

'बेन्गाला के जज़ीरों में बग़ावत को बादशाह के मुल्ला उनके और उनके क़ानून के जानिब उसकी हिक़ारत के लिए दी गई सज़ा बतौर देखते हैं। दरअसल, जो नवाज़िश बादशाह ने हम लोगों की जानिब दिखाई है उससे इस अफ़वाह को काफ़ी ज़ोर मिला है कि उसने महोमेत को तर्क कर दिया है और सरेआम यह बहस चला करती है कि वह ईसाई होने की ख़्वाहिश रखता है। यह शक इस बात से भी पुख़्ता होता है कि अब वह

1. Christmas.
2. देखा उस फ़रिश्ते को जो ईसा के पैदा होने की ख़बर लाया।
3. Litany.
4. पठानों।

महोमेत के तय किए हुए वक़्त पर सारासानी दुआ कहने के लिए पाबन्द नहीं है और महीने भर का फ़ाक़ा भी वह नहीं करता है जिसे कि रमदान कहा जाता है।'

फ़ौजी बग़ावत हालाँकि अब भी ज़ोरों पर थी मगर बाग़ियों से निपटने के लिए टोडरमल को बंगाल रवाना करने के बाद अकबर ख़ुद को काफ़ी मुतमइन महसूस कर रहा था और फ़ुर्सत से भी। लिहाज़ा मुबाहिसे की मज्लिस को उसने फिर तलब किया जिसमें मुल्तान के क़ाज़ी जलालुद्दीन को, जो *क़ुरआने-पाक* के आला आलिम बतौर बेहद मशहूर थे, ख़ास तौर पर बुलवाया गया। मुबाहिसे का आगाज़ अकबर ने उनसे ही करवाया।

"जहाँपनाह! इन नस्रानी पादरियों के पास *तौरात* और *इंजील* की जो किताबें हैं, सिरे से ही ग़लत हैं। इनकी किताबों में लिखा है कि हज़रत ईसा को हलाक किया गया। लेकिन आलमपनाह! यह बात क़ाबिले ग़ौर-ओ-ख़याल है कि अपने पैग़म्बर को हलाक किए जाने की इजाज़त अल्लाह किस तरह दे सकता है? नाक़ाबिल-ए-इनकार हक़ीक़त यह है आलमपनाह कि अल्लाह का कोई भी पैग़म्बर कभी हलाक नहीं हुआ। कभी भी नहीं!" क़ाज़ी ने इनकार में अपना सिर हिलाया। "जहाँपनाह! *क़ुरआन मजीद* की सूरा अन-निसा में अल्लाह ने ज़ाहिर किया है : 'और उनके यह कहने के सबब कि हमने क़त्ल किया अल्लाह के रसूल ईसा इब्न-ए-मरियम को, उन्होंने उसको क़त्ल नहीं किया और उन्होंने उसको सूली नहीं दी बल्कि उनके लिए उन जैसी सूरत बना दी गई।' इसके बाद अल्लाह ने इसी सूरा में दोबारा फ़रमाया है : 'उसको उन्होंने यक़ीनन क़त्ल नहीं किया बल्कि अल्लाह ने उसको अपनी तरफ़ उठा लिया।' अल्लाह के इन अल्फ़ाज़ के बाद जहाँपनाह! शक की इसमें कोई गुंजाइश ही बाक़ी नहीं रहती कि हज़रत ईसा को सलीब पर चढ़ाने की इनकी कहानी मुकम्मल तौर पर फ़र्ज़ी है जिसे सिर्फ़ हमदर्दी पैदा करने के मक़सद से इन्होंने ईजाद किया। और इस हमदर्दी का नाजायज़ फ़ायदा उठाकर यह नस्रानी लोग मासूम और नादान लोगों को सच्चे दीन से दूर ले जाते हैं।"

पादरी रुडोल्फ ने फ़ौरन *क़ुरआन* के लातिनी तर्जुमे के पन्ने पलटते हुए कहना शुरू किया और उसकी तक़रीर को पादरी फ्रान्सिस हेनरीक़ेज़ फ़ारसी ज़बान में बताता गया।

"जहाँपनाह! महोमेत की किताब में सूरा अली इमरान में यह लिखा है कि अल्लाह ने कहा : 'ऐ ईसा! मैं तुमको मौत देनेवाला हूँ,' पादरी रुडोल्फ ने मानीख़ेज़ निगाह पहले अकबर और फिर क़ाज़ी जलालुद्दीन की तरफ़ फेंकी। "हाज़िरीन इस हक़ीक़त पर ग़ौर फ़रमाएँ कि ख़ुद अल्लाह ने कहा : 'ऐ ईसा! मैं तुमको मौत देनेवाला हूँ, और तुमको अपनी ओर उठा लेनेवाला हूँ।' इस साफ़ बयानी के बाद इस मसले पर जिरह करने को क्या बाक़ी रहता है?"

"जहाँपनाह! यह ग़लत तर्जुमा है।" क़ाज़ी जलालुद्दीन ने एतराज़ ज़ाहिर किया। "सही आयत यह है : 'ऐ ईसा! मैं तुझे क़ब्ज़ कर लूँगा और तुझे अपनी तरफ़ उठा लूँगा।' यानी हज़रत ईसा से मुख़ातिब होकर अल्लाह यह फ़रमा रहे है कि उन्हें वह अपनी गिरफ़्त में ले लेगा और फिर अपनी तरफ़ उन्हें उठा लेगा। अल्लाह ने कहीं नहीं कहा कि वह हज़रत ईसा को मौत देगा। जहाँपनाह! जिस किताब को यह पादरी हमारी *किताबे-पाक* का तर्जुमा बताते हैं वह उन बेशुमार जालसाज़ियों का ही हिस्सा है जिनको

इन नस्रानियों ने पैग़म्बर ईसा के नाम पर सरंजाम दिया है'।"

"लेकिन जहाँपनाह! *इंजील* में तो साफ़ लिखा है कि ईसा को सलीब पर चढ़ाया गया!" पादरी मोन्सेर्राते तेज़ आवाज़ में और ज़ोर देकर कहा। "और जहाँपनाह! इस हक़ीक़त की तरफ़ आपसे ख़ास तवज्जो चाहूँगा कि *इंजील* को ईसा ने नहीं लिखा। इसके बरख़िलाफ़ *फ़ुर्क़ान* को महोमेत ने ख़ुद ही तैयार किया है। उसमें अपने बारे में सिर्फ़ उसने ही ख़ुद लिखा है, और किसी ने भी नहीं। ख़ुद ही वह अपना गवाह है, अपनी ग़ज़ब की करामातों का, उसके सिवा कोई नहीं।"

पादरी रुडोल्फ ने देखा कि इस बयान से मुल्ला और उलेमा आपस में ग़ुस्से का इज़हार करने लगे हैं। उसने पादरी मोन्सेर्राते को ज़ब्त करने का इशारा किया मगर वह अपनी ही रौ में कहता चला गया।

"जहाँपनाह! किसी भी मसले पर फ़ैसला लेने के लिए सबूत या गवाही दीगर ज़रियों से हासिल होनी चाहिए, न कि उससे जिसका उस मसले से ख़ुद का फ़ायदा जुड़ा हो। किसी तक़रार .या मुक़दमे का फ़ैसला भी अकेले मुद्दई या मुद्दआलेह की गवाही की बिना पर नहीं किया जाता। लेकिन *फ़ुर्क़ान* में महोमेत के बयान और दावों का सबूत सिवा महोमेत के अल्फ़ाज़ के कोई नहीं। लिहाज़ा जहाँपनाह उसके बयान और दावे क़ाबिल-ए-एतबार भी नहीं। अपने बचाव में ख़ुद अपनी ही गवाही पेश करने को जहाँपनाह! सिवा बेशर्मी और मज़ाक़ के और क्या कहा जा सकता है?"

"मारो इन्हें! मार डालो! इन नस्रानी काफ़िरों को हलाक कर दो!"

उलेमा और मुल्ला के साथ ही उमरा भी चिल्ला उठे। उन्हें ख़ामोश करने की अकबर की सारी कोशिशों के बावजूद शोरगुल बढ़ता ही गया और मुबाहिसे को वहीं रोक देना पड़ा।

अब यह पादरी 'इस्लाम के दुश्मन' बन चुके थे। मुसलमानों को इनके ख़िलाफ़ भड़काने के लिए यह अफ़वाह उड़ाई गई कि यह नस्रानी पादरी *क़ुरआने-पाक* ख़रीदकर अल-फ्रांज़ा भेज रहे हैं जहाँ इनको जलाने का जश्न मनाया जाएगा जिसमें पैग़म्बर मुहम्मद की तसवीरें भी सुपुर्द-ए-आतिश की जाएँगी।

पादरियों की हिफ़ाज़त के लिए फ़िक्रमन्द अकबर ने अब उन्हें क़िले के अन्दर ही ठहराने का इन्तज़ाम करवा दिया। साथ ही, उन पादरियों की दरख़्वास्त पर अकबर ने उन्हें उनके ठहरने की जगह में अपनी इबादतगाह बनाने की इजाज़त तो दे ही दी, उन ईसाइयों को जिन्होंने हिन्दुस्तान को ही अपना घर बना लिया था और उन्हें भी जो तिजारत के मक़सद से हिन्दुस्तान आए थे, क़िले के अन्दर बनी उस इबादतगाह में आने की इजाज़त भी दे दी।

'उसे हमने अपने मसीहा और मुक़द्दस मरियम की कई तसवीरों से सजाया,' इस नई इबादतगाह के बारे में गोआ के पादरी-ए-सूबा को अपने ख़बरनामे में बताते हुए पादरी मोन्सेर्राते ने लिखा, 'और रोज़ाना का ख्रीस्तयाग[1] कहा और मोमबत्तियों को रोशन किया और लोबान जलाया। बादशाह बग़ैर किसी मुहाफ़िज़ या दरबारी को साथ लिये इबादतगाह में दाख़िल हुआ, घुसने से पहले अपने जूते उतारकर। पादरी रुडोल्फ ने एक

1. Mass.

के बाद एक किताब खोली और तसवीरों की बाबत बताया। अहदनामे की सन्दूकची[1] के मानी उसने समझाए और बताया कि उसमें क्या रखा है। सुनहरे शमादान में रोशन मोमबत्ती और सुनहरी मेज़ पर रखी बग़ैर ख़मीर की रोटी की बाबत भी उसने समझाया। सन्दूकची पर और इबादतगाह में फ़रिश्तों की तसवीरों पर उसने तफ़सील से तक़रीर की।'

'उसके बाद बादशाह ने अपना साफ़ा उतारा और चेहरे पर गिर आए लम्बे बालों को झटका देकर पीछे किया और ईसा मसीह व मरियम का एहतिराम करने फ़र्श पर लेटकर सज्दा किया। उसके बाद वह अपने ज़ानुओं पर बैठ गया और दुआ कही—सबसे पहले हमारी तरह से और फिर उसकी अपनी तरह से, यानी सारासेन की तरह से जिनका क़ायदा बाहरी तौर पर वह अभी भी मानता है, और आख़िर में जेंटाइल की तरह से। अल्लाह की इबादत, दुआ कहकर उठते हुए उसने कहा, हर तरह से की जानी चाहिए। फिर वह फ़र्श पर बैठ गया और बोला कि ईसा मसीह की ज़िन्दगी और उसके करिश्मों में उसे इनसानी सिफ़त से ज़्यादा कुछ नज़र आता है, लेकिन यह उसकी समझ के बाहर है कि रब का बेटा कैसे हो सकता है।'

'बादशाह जुस्तजू भरे सवाल करने का आदी है बजाय फ़ायदेमन्द सवालों के। उसमें यह ख़राब आदत भी है—जब उसके सवालों में से किसी एक का जवाब दिया जा रहा है तो यकायक और इसके पेशतर कि दिए जा रहे जवाब के लिए मुनासिब वक़्त मिले, वह दूसरा सवाल पूछ लेता है। एक बार में एक जवाब सुनने का उसमें सब्र नहीं है बल्कि इल्म हासिल करने की अपनी बेताबी में वह सब कुछ एक साथ जान लेना चाहता है, उस भूखे शख़्स की मानिन्द जो एक ही निवाले में अपना खाना निगल लेने की कोशिश में हो।'

जब यह ख़बर मिली कि बग़ावत मालवा और गुजरात में भी फैलने लगी है तो पादरी रुडोल्फ ने झिझकते हुए अकबर से कहा,

"जहाँपनाह! हम वापस चले जाएँगे अगर हमारी वजह से आपको तख़्त-ए-शाही छिन जाने का ख़तरा नज़र आता हो।"

अकबर मुस्कुरा दिया और पादरी रुडोल्फ की पीठ थपथपाते हुए बोला, "फ़िक्र की कोई बात नहीं है। अल्लाह के फ़ज़ल से सब जल्द ही ठीक हो जाएगा।"

जैसे ही मिर्ज़ा हकीम के लाहौर पर हमले की ख़बर आई, काबुल की मुहिम पर जाने की तैयारी में अकबर मसरूफ़ हो गया और तीनों पादरी अपना वक़्त शहर घूमने में बिताने लगे। अकसर ही वे अबुल फ़ज़ल से दरयाफ़्त किया करते कि बादशाह की आरज़ू क्या है, ख़ास तौर पर इस बाबत कि बपतिस्मा लेने के लिए ख़ुद को वह कब पेश करेगा? इसमें देरी होने की वजह से उन्हें अपनी मुहिम की कामयाबी को लेकर फ़िक्र हो चली थी।

पादरी रुडोल्फ तो अकबर को काफ़ी पसन्द भी करने लगा था जो उसकी नज़र में दूसरे सारासनों से अलग था और दिल का नेक भी। अकबर को निजात हासिल हो, यह उसकी दिली और ईमानदार ख़्वाहिश थी। इस बात को लेकर वह बेहद परेशान रहता था कि सच्चे मज़हब को क़बूल न करके ख़ुद को वह कितनी बड़ी मुसीबत में डाल रहा है।

---

1. Ark of the Covenant.

बपतिस्मा न लेने की वजह से अकबर का जहन्नुम जाने का ख़याल एक रात पादरी रुडोल्फ को इतनी ज़्यादा तकलीफ़ में मुब्तला कर गया कि वह सुबह तक नहीं रुक सका और आधी रात को ही वह अकबर की ख़्वाबगाह पहुँच गया। पहरेदारों ने उसे अन्दर जाने से रोक दिया मगर अकबर ने, जिसकी नींद गहरी नहीं हुआ करती थी, पादरी रुडोल्फ की आवाज़ पहचान ली और बाहर निकल आया।

"कोई मुश्किल है जनाब पादरी साहब?" अकबर ने फ़िक्रमन्द होकर पूछा।

"जहाँपनाह! इस बात को लेकर मैं बेहद परेशान हूँ कि ईसा की पुकार आपके नेक दिल तक क्यों नहीं पहुँच रही?" पादरी रुडोल्फ ने रंजीदा आवाज़ में अर्ज़ किया। "जहाँपनाह! इसके अलावा कोई अक़ीदा नहीं जो निजात दिलाता है। इसे क़बूल करके जहाँपनाह को उसे तर्क कर देना चाहिए जिस पर फ़िलहाल यक़ीन रखते हैं। हमारे आक़ा ने फ़रमाया था : 'माँगते रहो, तुम्हें दिया जाएगा। तलाश करते रहो तुम्हें हासिल होगा। खटखटाते रहो तुम्हारे लिए दरवाज़ा खोल दिया जाएगा।' जहाँपनाह! कैसे ही गुनाह क्यों न किए हों, हमारे आक़ा ईसा मसीह इसकी मुआफ़ी दिलवा देंगे और जहाँपनाह के लिए जन्नत का रास्ता खोल देंगे। ईसा मसीह ने *इंजील* में बिलकुल साफ़ मंज़ूर किया है : 'मैं नेकचलन लोगों को नहीं बल्कि गुनहगारों को तौबा के लिए तलब करने आया हूँ।"

"लेकिन जनाब पादरी साहब! मैं यह नहीं समझ पा रहा," पादरी रुडोल्फ के कन्धे पर हाथ रखकर अनूप तालाब के दालान में टहलते हुए अकबर ने अपना ताज्जुब ज़ाहिर किया, "कि मुझे आपका मज़हब क़बूल करवाने के लिए आप इतने परेशान और बेताब क्यों हैं? बल्कि किसी को भी अपने मज़हब में शामिल करने के लिए आपको क्यों फ़िक्रमन्द होना चाहिए?"

"जहाँपनाह! हमारे मसीहा की मोहब्बत हमसे इसरार करती है कि उस ज़िन्दा रब का नूर हम उन तक लेकर जाएँ जो उसे नहीं जानते या उसे नामंज़ूर करते हैं। ईसा के लिए हमारी मोहब्बत हमें मजबूर करती है कि दूसरों को उस सच्चे मज़हब से वाक़िफ़ कराएँ जो कि निजात पाने के लिए लाज़िमी है। हमारे आक़ा ने ख़ुद फ़रमाया है : 'जो कोई यक़ीन करता है और बपतिस्मा लेता है वह निजात पाएगा और जो यक़ीन नहीं करता वह गुनहगार ठहराया जाएगा।' हमारे आक़ा इनसान को आवाज़ देते हैं—उसे अपनी पूरी ताक़त और शिद्दत से तलाश करने के लिए, उसे जानने के लिए, उससे मोहब्बत करने के लिए। गुनाहों की वजह से अलहदा हुए इनसानों को ईसाइयत में वह साथ बुलाता है।"

ख़यालों में डूबा हुआ अकबर चलते-चलते रुक गया और अपने सीने पर सिर को झुकाए हुए खड़ा रह गया। अनूप तालाब के दालान में देर तक ख़ामोशी छाई रही।

"जनाब पादरी साहब! जो रास्ता आप सही समझते हैं उस रास्ते पर मुझे ले जाने की आपकी फ़िक्र की मैं क़द्र करता हूँ। लेकिन इस मसले पर मेरी अक़्ल काम नहीं करती।" निहायत ही संजीदा आवाज़ में अकबर बोला, उसकी आँखें अँधेरे को घूरती हुईं, "एक रब में तीन शख़्स कैसे हो सकते हैं? और रब को बेटा किस तरह हो सकता है? *क़ुरआने-पाक* की सूरा मरयम में कहा हुआ है : 'अल्लाह के लिए सज़ावार[1] नहीं

1. योग्य।

है कि वह कोई बेटा बनाए, वह पाक है।' और सूरा अल माइदा में अल्लाह तआला ने फ़रमाया है : 'अलबत्ता वह लोग काफ़िर हुए जिन्होंने कहा बेशक अल्लाह तीन में का एक है। और माबूद[1] वाहिद के सिवा कोई माबूद नहीं।' लेकिन फिर भी आपके अक़ीदे पर मैं यक़ीन कर सकता हूँ बशर्ते आप मुझे मुतमइन कर दें कि *इंजील* वाक़ई रब से ही हासिल हुआ है।"

"जहाँपनाह! हमारी मुक़द्दस किताबें वाक़ई रब की तक़रीर हैं जो ईसा मसीह ने उनके हवारी[2] के सुपुर्द कर दीं और मुक़द्दस रूह ने इसे हवारी के वारिसान तक पहुँचाया। मुक़द्दस रूह अपनी ख़ास सिफ़त से इस अक़ीदे को लगातार और भी ज़्यादा सही व कामिल भी करती रहती है जिससे कि इसे और भी बेहतर तरीक़े से समझा जा सके।"

कहकर पादरी रुडोल्फ ठहरा कि शायद अकबर के जानिब कोई सवाल आए। लेकिन अकबर को ख़ामोश पाकर उसने अपनी तक़रीर जारी रखी।

"जहाँपनाह! पूरी शिद्दत के साथ जो उसे तलाशते हैं, और जो नेक हैं व उसके फ़रमाँबरदार हैं, उन पर रब ख़ुद को ज़ाहिर करता है। फ़रमाँबरदारी चाबी है उसके इज़हार तक ज़्यादा से ज़्यादा पहुँच रखने की। जावेदाँ ज़िन्दगी का रास्ता जहाँपनाह! इतना आसान है कि एक बच्चा भी उसे समझ सकता है और यक़ीन की बिना पर उसे मंज़ूर कर सकता है। सवाल यह है जहाँपनाह!" पादरी रुडोल्फ ने अपना सिर बाएँ कन्धे पर झुकाकर जज़्बाती अन्दाज़ में पूछा, "क्या आप रज़ामन्द हैं एक छोटे बच्चे की मानिन्द होने के लिए?"

पादरी रुडोल्फ की तक़रीर पर ग़ौर करते हुए अकबर आँखें बन्द करके देर तक ख़ामोश खड़ा रहा। उनकी दलील को उसकी अक़्ल मंज़ूर नहीं कर पा रही थी।

"पादरी साहब! यह मसला तो अल्लाह के हाथ में है जिसके पास यह क़ुव्वत है कि वह आपकी आरज़ू पूरी करे। जहाँ तक मेरी बात है, उसका हुक्म मानने से ज़्यादा मुझे दुनिया में किसी चीज़ की ख़्वाहिश नहीं।"

पादरी रुडोल्फ को मायूस कर अकबर को बेहद अफ़सोस हुआ। उसे इत्तिला मिली थी कि सारे-सारे दिन और सारी-सारी रात ज़ानुओं पर बैठा हुआ वह दुआ करता रहता है, बग़ैर कुछ खाए सिवा पानी में डुबाई हुई सूखी रोटी के, शाही दस्तरख़्वान से रोज़ भेजी जा रही आला ख़ुराक को नज़रअन्दाज़ करते हुए—बादशाह की ख़ास मेहरबानी की निशानी जो कम ही किसी को हासिल होती थी। इस वजह से अकबर के दिल में उसके लिए ख़ास जगह बन गई थी।

उधर गोआ में बैठे हुए पादरी-ए-सूबा की बेसब्री हद से ज़्यादा बढ़ चली कि अब तक कोई भी नतीजा क्यों हासिल नहीं है। अपनी नाराज़गी एक ख़त के ज़रिये पादरी मोन्सेर्राते को पहुँचाकर उसने राय ज़ाहिर की कि तीनों ही पादरियों को सीकरी से अब वापस चले आना चाहिए और अपने वक़्त को गोआ में किसी ऐसे काम में इस्तेमाल करना चाहिए जिसका कोई नतीजा निकले।

इधर सीकरी में इन पादरियों को भी शक हो चला कि अकबर ने उन्हें किसी इलाही

---

1. जिसे पूजा जाए, पूजा करने योग्य।
2. ईसा के सहचर या Apostle.

ताकीद के असर में तलब नहीं किया है बल्कि सिर्फ़ नई-नई बातों को जानने की उसकी बेताबी ने ही उससे वह दावतनामा उन्हें भिजवाया था। अगर यह मुहिम रब की होती, उन्होंने आपस में मशविरा किया, तो उसके कामयाब होने में कोई मुश्किल आ ही नहीं सकती थी, और न ही किसी क़िस्म का उसमें ख़लल पड़ सकता था।

एक रात पंचमहल की सबसे ऊपरी छत पर छतरी के नीचे बैठे हुए अकबर को कोड़े मारे जाने की आवाज़ सुनाई दी। वह नीचे उतरा और उस आवाज़ की तरफ़ चल दिया। उसे ताज्जुब हुआ यह जानकर कि वह आवाज़ पादरी रुडोल्फ की रिहाइशगाह के अन्दर से आ रही थी। उसने आहिस्ता से रिहाइशगाह के दरवाज़े को हलका धक्का दिया और दरार में से झाँकने लगा। पादरी रुडोल्फ की सिर्फ़ पीठ उसे दिखाई दी जिस पर ख़ून की लक़ीरें उभरी हुई थीं। ख़ुद अपनी पीठ पर कोड़े मारते हुए पादरी रुडोल्फ सुबक रहा था और अपनी ज़बान में कुछ कह रहा था। यह तो अकबर नहीं समझ सका कि वह क्या कह रहा था मगर इसका अन्दाज़ा उसे ज़रूर हो गया कि अपने रब से वह कुछ अर्ज़ कर रहा था।

दरअसल, पादरी रुडोल्फ बार-बार दोहरा रहा था : "मेरे आक़ा और मेरे रब! हर वे चीज़ मुझसे छीन लो जो मुझे तुमसे दूर करती है। मेरे आक़ा और मेरे रब! मुझे हर वे चीज़ दे दो जो मुझे तुम्हारे नज़दीक लाती है। मेरे आक़ा और मेरे रब! अपना सब कुछ तुम पर निसार कर देने के लिए तुम मुझे ख़ुद से भी अलहदा कर दो।"

दबे पाँव अपनी ख़्वाबगाह की तरफ़ जाते हुए अकबर के ज़ेहन में ख़याल आया : 'ऐसे ही तो मेरे पीर ख़्वाजा सलीम चिश्ती भी अल्लाह से अलहदा होने के दर्द पर रोया करते थे। और ऐसे ही रोते हुए अजमेर में मैंने ख़्वाजा ग़रीबनवाज़ के मुरीदों को देखा था। एक दफ़ा जब मैं मथुरा गया था, किशन से अपनी जुदाई की वजह से जज़्बाती हो रहे वृन्दावन के जोगियों और जोगिनियों को भी ऐसे ही रोते हुए मैंने देखा था।'

उस रात अकबर के दिल में पादरी रुडोल्फ के लिए इज़्ज़त और भी बढ़ गई। अगले ही रोज़ तीनों पादरियों को उसने अपने दौलतख़ाने में तलब किया और क़िले के अन्दर ख़ैराती शिफ़ाख़ाना[1] खोलने की उनकी अर्ज़ी को मंज़ूरी देकर उनकी मुरझाई हुई उम्मीदों को फिर से हरा कर दिया।

'बादशाह मुसलमान नहीं है।' पादरी मोन्सेर्राते ने गोआ भेजे गए अपने अगले ख़बरनामे में लिखा और यह भी साफ़ ज़ाहिर किया कि अकबर का बपतिस्मा करने को लेकर उन्हें नाउम्मीद क्यों नहीं होना चाहिए। 'लेकिन साथ ही, हर मज़हब को लेकर उसके ज़ेहन में शक है और उसका पुख़्ता यक़ीन है कि किसी भी मज़हब को इलाही तस्दीक़ हासिल नहीं, क्योंकि हर मज़हब में ऐसी बातें हैं जो उसकी अक़्ल और उसकी ग़ौर कर पाने की सलाहियत को नागवार गुज़रती हैं। इसके बावजूद वह कभी-कभी यह मंज़ूर करता है कि कोई मज़हब उसे इतना क़ाबिले तारीफ़ नहीं समझ में आता जितना कि इंजील का। और जब एक इनसान यहाँ तक चला आता है कि वह इसे सच्चा मज़हब और बाक़ी से बेहतर मंज़ूर करने लगे तो वह उसे क़बूल करने के नज़दीक है।'

---

1. चिकित्सालय।

'हमारी इबादतगाह में ईसाइयों ने जो नियाज़[1] पेश की है, उससे मरीज़ों के लिए शिफ़ाख़ाना तैयार करने की इजाज़त भी उसने हमें दे दी है। क्योंकि कई जगहों पर यह देखा गया है कि जेंटाइल और सारासेन दोनों ही अक्सर ईसाइयत को क़बूल करने के लिए राज़ी हो जाते हैं जब वे इसके पैरोकारों के ख़ैराती अमल का नज़ारा करते हैं।'

अकबर ने पादरी मोन्सेर्राते को, जिसने थोड़े ही वक़्त में फ़ारसी ज़बान पर महारत हासिल कर ली थी, शहज़ादे मुराद को ईसाइयत के सबक़ देने और उसे पुर्तगाली ज़बान की तालीम देने का ज़िम्मा सौंप दिया था। लिहाज़ा जब काबुल के लिए मुराद भी अकबर के साथ रवाना हुआ तो उसका उस्ताद भी उसके साथ गया। लेकिन पादरी मोन्सेर्राते को काबुल तक के इस सफ़र में बेहद नाउम्मीदी से वाबस्ता होना पड़ गया जब अकबर की आँखों पर बँधी जहालत और बेवक़ूफ़ी की पट्टी को खोलने और सच्चे मज़हब के इलाही नूर का नज़ारा उसे करवाने के लिए उसे ज़रा भी वक़्त हासिल नहीं हुआ।

लिहाज़ा उसकी ख़ुशी की इन्तिहा नहीं रही जब वापसी में एक रोज़ अकबर ने उसे अपने दरबार में बुलवाकर कहा, "जनाब पादरी साहब! इस बात को साफ़-साफ़ जानने के लिए मैं बेहद मुश्ताक़[2] हूँ कि क़ायदा और *इंजील* अलग किताबें हैं या एक ही किताब के दो हिस्से कर दिए गए हैं?"

"जहाँपनाह! दोनों वाक़ई दो अलहदा किताबें हैं जुदा-जुदा वक़्त पर लिखी गईं। लेकिन उनमें ऐसे कोई बयान नहीं हैं जो एक-दूसरे से इख़्तिलाफ़ रखते हों," पादरी मोन्सेर्राते के चेहरे पर और उसके तर्ज़-ओ-अन्दाज़ में उम्मीद की नई रोशनी साफ़ ज़ाहिर थी।

"अगर ऐसा है तो पेशतर किताब की जगह दूसरी किताब देने की ज़रूरत क्या थी?" अकबर ने सवाल किया, "अगर दोनों में एक ही या एक जैसी हिदायतें हैं?"

"जहाँपनाह! रब जो आलातरीन और सबसे बुलन्द है ख़ुद को वह इनसानी समझ के मुताबिक़ कर लेता है, गोया कि पूरी इनसानी नस्ल का वह पिता हो। और जैसे एक पिता अपने बेटे को जब वह कम उम्र होता है तो एक क़िस्म की ख़ुराक देता है; वह बड़ा हो जाए तो उसे दूसरे क़िस्म की ख़ुराक देता है, और जब वह जवान हो जाता है तो उसे अलहदा क़िस्म की ख़ुराक देता है : ऐसे ही उस परवरदिगार ने जो सबका पिता है, इनसान को एक क़िस्म की हिदायतें अता फरमाईं, जब इस ज़मीन पर उसके वुजूद की उम्र निहायत ही कम थी; फिर दूसरे क़िस्म की नसीहतें उसे दीं जब इनसानी वुजूद को इस कायनात में कुछ वक़्त गुज़र गया; और फिर अलहदा क़िस्म की जब गुज़रते वक़्त के साथ इनसान समझदार और अक़्लमन्द हो गया।"

अकबर बड़े ग़ौर से पादरी मोन्सेर्राते को सुन रहा था। यह देखकर पादरी जोश से भर गया और निहायत ख़ुद-एतिमादी के साथ बुलन्द आवाज़ में बोला,

"इस तरह जहाँपनाह! *तौरात* में रब ने एक ख़ास क़िस्म का क़ायदा यहूदियों को दिया जो काफ़िराना वहम-ओ-जहालत से और मिस्रियों की ख़राबियों से दूर करके उन्हें उसकी इबादत की तरफ़ खींच लाए। इसके लिए उससे मिलते-जुलते रस्म-ओ-रिवाज

1. चढ़ावा, प्रसाद।
2. उत्सुक, उत्कंठित, अभिलाषी।

उसने उन्हें दिए जिनके कि वे आदी थे। फिर जब इनसानी नस्ल का वुजूद समझदारी के दौर में पहुँचा तो उसके लिए मुनासिब ख़ुराक उसने *इंजील* में तैयार की। *तौरात* और *इंजील*, दोनों ही इनसान को रूहानी ख़ुराक हासिल करवाते हैं। मगर *तौरात* जहाँ कम उम्र के लिए थी तो *इंजील* जवानी के लिए है। दोनों में फ़र्क़ सिर्फ़ इतना है कि ख़ुराक तैयार किस तरह की गई है।"

"लेकिन ज़िल्ले इलाही! रूहानी ख़ुराक तो *क़ुरआने-पाक* भी देती है।" अबुल फ़ज़ल ने अपनी राय पेश की।

"नहीं जहाँपनाह!" पादरी मोन्सेर्राते ने इनकार में सिर हिलाया। "ख़ुराक नहीं, ज़हर! क्योंकि *तौरात* और *इंजील* के बरख़िलाफ़ हिदायतें इनसानी रूह को इसके सिवा कुछ देने के क़ाबिल ही नहीं।"

क़ुरआने-पाक की ऐसी तौहीन सुनकर दरबार में हाज़िर उमरा भी ग़ुस्से से भर गए। पादरी की नाशाइस्तगी से नाराज़ तो अकबर भी था मगर फिर भी इशारे से उसने ज़ब्त करने की सबको हिदायत दी।

"इस मसले पर फ़ैसला लेने का एक ही तरीक़ा है। *इंजील* और क़ायदा, दोनों का ही फ़ारसी ज़बान में तर्जुमा किया जाए। पादरी फ्रान्सिस हेनरीक़ेज़ *इंजील* को पढ़ेंगे और आवाज़-ए-बुलन्द में उसका फ़ारसी तर्जुमा कहेंगे, जिसे हमारे ख़ुशनवीस काग़ज़ पर उतार लेंगे।"

लेकिन पादरी मोन्सेर्राते ने इस तजवीज़ को नामंज़ूर कर दिया। उसे डर था कि उसके मज़हब की इन मुक़द्दस किताबों में तजुर्मे के दौरान इरादतन, या ग़ैर-इरादतन ही, ख़राबी न दाख़िल हो जाए।

"जहाँपनाह! *इंजील* और *तौरात* का हमारे मुल्क में फ़ारसी ज़बान में तर्जुमा पहले ही हो चुका है।"

जब तक पादरी मोन्सेर्राते वापस फ़तेहपुर सीकरी पहुँचा, अकबर का बपतिस्मा करने की उसकी सारी उम्मीदें धूल में मिल चुकी थीं। अपनी मायूसी की वजह तफ़सील से पादरी रुडोल्फ के सामने ज़ाहिर करने के बाद उसने कहा,

"निजात पाने के लिए मुझे तो बादशाह किसी हाल में राज़ी नहीं नज़र आता। बेहतर होगा कि हम सब वापस गोआ चले चलें।"

पादरी रुडोल्फ ने वापस जाने के लिए अकबर से इजाज़त माँगी तो इस पर उसने अपनी नाख़ुशी ज़ाहिर की। तब तीनों पादरियों ने आपस में सलाह-मशविरा किया कि उन्हें क्या करना चाहिए।

"बादशाह के नेक मंसूबों का यह कोई छोटा-मोटा सबूत नहीं है कि वह हम लोगों के साथ कितनी गर्मजोशी से पेश आता है!" पादरी रुडोल्फ ने अपनी राय ज़ाहिर की। "हालाँकि हम लोग दूसरे मुल्क के बाशिन्दे हैं और बिलकुल ही मुख़्तलिफ़ मज़हब के मुक़ल्लिद। हमारी ख़ैरियत को लेकर भी वह ऐसे फ़िक्रमन्द रहता है गोया कि हम उसके अपने बेटे हैं। और तक़्सीम करने के लिए ख़ैरात के बहाने से हर महीने वह हमें इतनी रक़म पहुँचा देता जो हमारे ख़र्च के लिए काफ़ी हो।"

"यह बात तो बिलकुल सही है! सफ़र के दौरान जब मैं बीमार पड़ गया तो उसने

मेरी काफ़ी फ़िक्र की।" पादरी मोन्सेर्राते को याद आया। "और मेरी तबीयत के बारे में पूछने तो अकसर ही वह मेरे खेमे में चला आता था।"

लिहाज़ा यह फ़ैसला हुआ कि बहुत ज़्यादा एहतियात बरतने के बजाय ठगा जाना कहीं बेहतर है। लेकिन अब सिर्फ़ पादरी रुडोल्फ सीकरी में रहकर बादशाह की निजात के लिए कोशिश जारी रखेगा और पादरी मोन्सेर्राते के साथ पादरी हेनरीक़ेज़ भी गोआ वापस चले जाएँगे।

'अगरचे अपने अमल से बादशाह यह ज़ाहिर करता हुआ मालूम होता है कि ईसाइयत के मज़हब का वह बेहद एहतिराम करता है,' पादरी मोन्सेर्राते के भेजे हुए आख़िरी ख़बरनामे को पादरी-ए-सूबा पढ़ रहा था, 'और उसका कहना है कि क़ायदा क़बूल करने से उसे कोई नहीं रोक सकता अगर कोई बात उसके दिल और दिमाग़ को छू जाए, चाहे पोप की या हमारी अंजुमन के मुखिया की या जो दो पादरी उसके सामने हैं उनकी या किसी और शख़्स की, भले ही वह कितना ही ग़रीब और मामूली इनसान क्यों न हो। मगर मेरा यक़ीन है कि और भी कई बातें हैं जो उसके सच्चे मज़हब को क़बूल करने के रास्ते में अड़चन हैं। पहली तो है, तस्लीस का अक़ीदा और इस हक़ीक़त को कि रब का बेटा ख़ुद इस ज़मीन पर उतरा, मुकम्मल तौर पर समझे बग़ैर मंज़ूर करने को राज़ी न होना। जिस वजह से मुसलसल तौर पर कशमकश की हालत में वह मुब्तला रहता है, कहाँ अपना यक़ीन क़ायम करे इससे नावाक़िफ़।'

'इस हुक्मरान में बेदीन इनसानोंवाली आम ख़राबी भी है जो अक़्ल को अक़ीदत के ताबे में[1] करने से इनकार करते हैं और कोई भी बात जिसे समझ पाना उनके कमज़ोर दिमाग़ के लिए मुमकिन नहीं उसे सच मानने से इनकार करते हैं। इनसानी समझ की बुलन्दतरीन हदों के पार जो मसले हैं उन्हें वह अपनी ख़ामअक़्ल[2] के हवाले करके मुतमइन है। नतीजतन वह बग़ैर पतवार की कश्ती की मानिन्द इधर और उधर डोलता रहता है। लेकिन कई लोगों की नज़रों में जो सबसे बड़ी रुकावट है उसके मज़हब तब्दील करने में, वह है उसकी कई बेगमात का होना जिन्हें कि महोमेत का क़ानून उसे रखने की इजाज़त देता है। उसके ज़नानख़ाने में सौ औरतें हैं और यह कह पाना मुश्किल है कि एक के सिवा बाक़ी को छोड़ देने और उस एक के साथ क़ानूनन शादी करके रहने को वह राज़ी हो पाएगा, जैसा कि ईसाई क़ानून का तक़ाज़ा है।'

अल-अन्दलूस के सुल्तान फिलिप (दूसरे) को उनके पुर्तगाल पर तख़्तनशीं होने के मौक़े पर मुबारकबाद पेश करने के मक़सद से अकबर ने पादरी मोन्सेर्राते के साथ अपना एलची भी गोआ के लिए रवाना कर दिया, जिसके साथ भेजे गए ख़त में फ़ारसी ज़बान का *इंजील* और क़ायदा भेजने की गुज़ारिश सुल्तान फिलिप से की गई। पादरी मोन्सेर्राते को विदा करते हुए अकबर ने उससे अपनी मुश्किल बयाँ की।

"जनाब पादरी साहब! मैं समझता हूँ कि बरहमनों के, मुसलमानों के, याज़्दीनी और यहूदियों के और आपके—इन मुख़्तलिफ़ मज़हबों के जुदा-जुदा रस्म-ओ-रिवाज और दस्तूर हैं। और हर मज़हब के मुक़ल्लिद अपने मज़हब के दस्तूर को किसी भी दूसरे

1. अधीन।
2. अपरिपक्व मति।

मज़हब के दस्तूर से बेहतर मानते हैं। इतना ही नहीं, वे बाक़ी सबको अपना मज़हब क़बूल करवाने की जद्दोजहद में भी मुब्तला रहते हैं। और जो उनका मज़हब क़बूल न करे उससे न सिर्फ़ वे नफ़रत करने लगते हैं बल्कि उसे अपना दुश्मन समझने लगते हैं। और इस वजह से मज़हब को लेकर मेरे ज़ेहन में कई सवाल पैदा हो गए हैं।"

पादरी रुडोल्फ सीकरी में एक साल और रुका। इस पूरे साल के दौरान पादरी-ए-सूबा नतीजे हासिल करने के लिए उस पर मुसलसल ज़ोर डाल रहा था। लिहाज़ा उसने एक आख़िरी कोशिश की कि बपतिस्मा के लिए ख़ुद को पेश करने के लिए अकबर तैयार हो जाए।

"जहाँपनाह! यक़ीन करने से इनकार कर आप ईसा मसीह ने इनसान को जो सुनहरा रास्ता दिखाया है उससे ख़ुद को महरूम कर रहे हैं। जहाँपनाह यक़ीन करके ही जानेंगे कि सिर्फ़ हमारा रास्ता ही सही रास्ता है।"

कुछ वक़्त ख़ामोश रहकर अकबर अपने ख़यालों में डूब गया और फिर बोला,

"जनाब पादरी साहब! तुम्हारा अक़ीदा मुझे काफ़ी मुतास्सिर करता है मगर इसमें दो बातें हैं जिन्हें समझ पाने में मैं ख़ुद को नाकामयाब पाता हूँ। एक तो तस्लीस और दूसरा रब का उसके अपने बेटे की शक्ल में इस ज़मीन पर उतर आना। अगर यह दो बातें तुम मुझे समझा दो तो मैं ख़ुद के नस्रानी हो जाने का एलान कर दूँगा, भले ही इसकी क़ीमत मुझे अपनी सल्तनत से ही क्यों न चुकानी पड़ जाए।"

"जहाँपनाह! रब के बेटे का जिस्मानी तौर पर ज़मीन पर उतरना और तस्लीस का अक़ीदा मसीही तसव्वुफ़ के गहरे राज़ हैं जो इनसानी समझ की हद के बाहर हैं। और अपने सारे राज़ न तो रब ने और न ही हमारे मसीहा ने हम पर ज़ाहिर किए हैं, यक़ीनन इस वजह से ही कि उन्हें समझ पाने के हम क़ाबिल ही नहीं!"

लेकिन अकबर ऐसी किसी बात पर यक़ीन करने को राज़ी नहीं था जो उसकी अक़्ल को क़बूल न हो। आख़िरकार पूरी तरह नाउम्मीद होकर पादरी रुडोल्फ ने यह ख़त गोआ भेजा।

"बादशाह के ढुलमुल रवैए से मैं तंग आ चुका हूँ क्योंकि वह प्रोटियस[1] से भी ज़्यादा अपनी सूरत में तब्दीली करता है। जेंटाइल पर वह ज़्यादा ही मेहरबान होता जा रहा है और महल की छत से रोज़ वह उगते हुए सूरज को देखता है और उसकी परस्तिश करता है। मुझे यह भी शक है कि मौजूदा सभी अक़ीदों में से बातें लेकर वह एक नए मज़हब की बुनियाद रखने का इरादा किए हुए है। लिहाज़ा मुझे यह मुनासिब नहीं मालूम होता कि *इंजील* के मोती उसे अपने पैरों तले दबाने और कुचलने के लिए दिए जाएँ। हमारी मेहनत एक बंजर खेत में बुवाई करना था जिसमें किसी फ़सल की उम्मीद नहीं की जा सकती।"

इस दफ़ा वापस जाने की इजाज़त अकबर से लेते वक़्त वह अड़ गया।

सोना-चाँदी के अलावा भी अकबर ने उसे कई तोहफ़े पेश किए लेकिन उसने कुछ भी क़बूल करने से इनकार कर दिया।

---

1. नदी और समुद्र का ग्रीक देवता जो भविष्य बता सकता था मगर इससे बचने के लिए जो अपने रूप अनवरत बदलता रहता था।

"जहाँपनाह! ईसा ने कहा था : 'मरहबा जो तुम मुफ़लिस हो! जन्नत की हुकूमत तुम्हारी है।' हम ईसाई अपनी मुफ़लिसी में ही ख़ुश हैं। लेकिन अगर जहाँपनाह मुझे इनाम में उस ईसाई ग़ुलाम को दे दें जो मरियम मकानी की ख़िदमत में है, तो मैं बेहद शुक्रगुज़ार रहूँगा।"

अकबर फ़ौरन मान गया।

कई सालों से एक रूसी ग़ुलाम बेगम हमीदा बानो का ख़िदमतग़ार था और मुसलमानों के कई रिवाज उसने अपना लिये थे। उसे और उसके बीवी-बच्चों को सारासेन की तरह बर्ताव करते हुए देखकर पादरी रुडोल्फ को बेहद अफ़सोस होता था। सच्चा ईसाई बनाने के लिए उन्हें वह अपने साथ गोआ ले गया कि अकबर का बपतिस्मा करने की कोशिश में बरबाद हुए सालों की कुछ भरपाई तो इस तरह से हो सकेगी।

पादरी रुडोल्फ को विदा करते हुए अकबर जज़्बाती हो गया।

"जनाब पादरी साहब! तुम्हें मायूस करते हुए मुझे अफ़सोस है। मगर हर इनसान को अल्लाह ने कोई न कोई मक़सद अता किया है, तुमको भी और मुझे भी। मेरा मक़सद है इस अज़ीम मुल्क में इत्तिहाद क़ायम करना। इस काम के लिए अल्लाह ने मुझे दानाई और ताक़त, दोनों से ही नवाज़ा है। अगर यह काम मैं नहीं करूँगा तो फिर कौन करेगा?"

अक़ीदा-ए-मुल्क

आधी रात बीत चुकी है। फ़तेहपुर सीकरी के क़िले में अकबर झरोखे में बैठा है। मूँज की रस्सी से बुनी हुई बाँस की चारपाई ज़मीन से तक़रीबन पन्द्रह गज़ ऊपर उसके सामने हवा में लटकी हुई थी।

"जहाँपनाह! न तो रोशनी थी, न ही अँधेरा। एक नाक़ाबिले तसव्वुर अज़ीम अंडा नुमायाँ हुआ और बेहद से भी ज़्यादा ज़बर्दस्त धमाके के साथ फट गया, ओम की आवाज़ करते हुए। और उसके अन्दर से हमारे ईश्वर ब्रह्मा निकले जिन्होंने फिर इस कायनात को बनाया।"

हवा में लटकी हुई उस चारपाई पर एक अधेड़ तोंदियल शख़्स, लिबास के नाम पर जिसने सिर्फ़ कमर पर गेरुए रंग की धोती बाँधी हुई थी, पालथी लगाए बैठा था। उसके माथे पर बड़ा-सा तिलक और कन्धे से लटकता जनेऊ गवाही दे रहे थे कि वह एक हिन्दू ब्राह्मण है।

इस ब्राह्मण का नाम पंडित देवीप्रसाद है और वह हिन्दुओं के धर्मशास्त्रों का जाना-माना विद्वान है। पुराणों में से अकबर को वह हिन्दू देवी-देवताओं की कहानियाँ सुना रहा है। उनका इनसान की ज़िन्दगी में और इस कायनात में क्या और कितना दख़ल है, यह उसे वह समझा रहा है। इस मक़सद से जब अकबर ने उसे तलब किया तो एक म्लेच्छ की रिहाइशगाह में घुसने से उसने साफ़ इनकार कर दिया क्योंकि इससे उसकी 'पवित्रता' ख़त्म हो जाएगी। मोटे और मज़बूत रस्सों के सहारे यह चारपाई क़िले की छत पर से उसके लिए इसी वजह से लटकाई गई है।

झींगुरों की झाँय-झाँय और रहट के पहियों के घूमने की आवाज़ के सिवा मुकम्मल ख़ामोशी थी। क़िले की ज़रूरतों को पूरा करने के लिए पानी सीकरी के बड़े तालाब से ऊपर खींचा जाता है। अलग-अलग ऊँचाई पर तीन हौज़ बने हैं। तालाब पर रहट चलाकर पानी को पहले एक ऊँची हौज़ में, फिर उस हौज़ पर लगी रहट को चलाकर उससे भी ज़्यादा ऊँचाई पर बनी दूसरी हौज़ में, और फिर इसी तरह क़िले के अन्दर बनी तीसरी हौज़ में भरा जाता है। लोहे की धुरी पर घूमते रहट के पहियों की ची-चू की आवाज़ रात की ख़ामोशी को और भी ख़ामोश बना रही थी।

"और इस कायनात को बनाते वक़्त ब्रह्मा ख़ुद कहाँ खड़े हुए थे," ब्राह्मण की बातों को बड़े ग़ौर से सुन रहे अकबर ने पूछा।

"जहाँपनाह! वे उस अज़ीम कमल के फूल पर बैठे थे जो हमारे दूसरे ईश्वर विष्णु की नाभि से निकला था।"

अकबर ने पूछना चाहा कि नाभि से कमल कैसे निकला और ब्रह्मा अंडे के अन्दर

कैसे और क्यों मौजूद थे, मगर उसने ख़ुद को रोक लिया। अब तक वह जान गया था कि बरहमनों के मज़हब के दो पहलू हैं। एक पहलू तो यह अनोखी कहानियाँ थीं जिनसे पंडित देवीप्रसाद उसे रूबरू करवा रहे थे। और दूसरा पहलू वह समन्दर था जिसमें पंडित पुरुषोत्तमदास उसे गोते लगवा रहे थे। पंडित देवीप्रसाद *पुराण, महाभारत* और *रामायण* में से हिन्दू धर्म की अनुश्रुतियों और लोकाख्यानों पर तक़रीर कर रहे थे तो पंडित पुरुषोत्तमदास *वेदों* व *उपनिषदों* के फ़लसफ़ों की गहराइयों में उसे उतार रहे थे और अपने मज़हब का रूहानी पहलू उसके सामने ज़ाहिर कर रहे थे। और यह अकबर के दिल के क़रीब था।

बरहमनों के मज़हब में अकबर की दिलचस्पी तो उसी वक़्त से हो गई थी जब पारसी मोबेद दस्तूर मेहरजी राणा ने नवसारी से फ़तेहपुर सीकरी आकर उसे बताया था कि उनके अक़ीदे के हिसाब से सारे मज़हब बराबर हैं और हर मज़हब के नेक और दयानतदार इनसान को जन्नत नसीब होती है। फिर जब वह पंजाब के पाकपट्टन में ख़्वाजा फ़रीद गंजशकर की दरगाह पर सज्दा करने गया हुआ था तो एक बुज़ुर्ग साबिअन ने उससे कहा कि वे किसी भी पैग़म्बर को ख़ारिज नहीं करते। वहीं पर मुक़ाम करते हुए यज़्दानी फ़िरक़े के पैरोकार ने यक़ीन ज़ाहिर किया कि किसी भी अक़ीदे या मज़हब के रास्ते से उस तक पहुँचा जा सकता है और हर पैग़म्बर का दिखाया हुआ रास्ता अल्लाह तक ले जाता है। और यह भी कि जानवरों व बेजान चीज़ों में भी नूर-ए-अल्लाह है। पाकपट्टन में ही शेख़ शहाबुद्दीन सुहरावर्दी के इशराक़ी फ़लसफ़े पर तक़रीर करते हुए शेख़ ताजुद्दीन ने भी ज़ाहिर किया कि नूर-ए-अल्लाह इस कायनात की हर शै में है। उसके पहले 'यादगार सफ़र' में बरहमनों के मज़हब की बाबत जो कुछ बीरबल से उसने सुना था, यह सारे अक़ीदे उससे काफ़ी इत्तेफ़ाक़ रखते हुए उसे मालूम हुए थे।

फिर जब इबादतख़ाने में एक बरहमन ने उसके मज़हब के अक़ीदे पर निहायत ही दिलचस्प तक़रीर की, तब से तो बरहमनों के मज़हब में उसकी दिलचस्पी बेहद ही बढ़ गई। उसके बाद से बीरबल से उसके मज़हब की बाबत सवाल उसने तक़रीबन रोज़ ही पूछने शुरू कर दिए। और पहला सवाल वह था जिसका जवाब बेगम हीरा कुँवर उसे नहीं दे पाई थी।

"कबि राय! तुम लोग सूरज की परस्तिश क्यों करते हो और पानी को क्यों उसकी नज़र करते हो? मैं कभी समझ नहीं पाया।"

"ज़िल्ले इलाही! सूरज पूरी कायनात को रोशन करता है और इस ज़मीन पर दरख़्त और फ़सल पैदा करने में मददगार होकर इनसानी ज़िन्दगी को मुमकिन बनाता है। उसकी इस नेकी के लिए ही हम उसे देवता मानकर उसकी परस्तिश करते हैं और पानी उसे नज़र करते हैं।"

"लेकिन उस पानी को तो तुम लोग ज़मीन पर गिरा देते हो! फिर वह पानी उसकी नज़र कैसे हुआ? वैसे भी यह निहायत ही बेवक़ूफ़ी मालूम होती है, यह उम्मीद करना कि तुम्हारा नज़र किया हुआ पानी उस तक इतनी दूर पहुँच पाएगा।"

"ज़िल्ले इलाही! घी, तिल और जौ को जब हम मुक़द्दस आतिश के हवाले करते हैं तो इस यक़ीन के साथ करते हैं कि आतिश के देवता उसे हमारे बाक़ी देवताओं तक

ले जाएँगे। इसी तरह से हम यह भी यक़ीन करते हैं कि सूरज की किरणें नज़र किए हुए पानी को उस तक पहुँचा देंगी। लेकिन जहाँपनाह! अहम बात यह नहीं है कि हमने जो सामान नज़र किया है वह हमारे देवताओं तक पहुँचता है या नहीं। अहम बात है हमारे जज़्बात, उनके जानिब अहसानमन्द होने का अहसास। और यह जज़्बात यक़ीनन देवताओं तक पहुँचते हैं।"

"वल्लाह! क्या ख़ूबसूरत बात कही है!" अकबर ख़ुशी से चिल्ला उठा। "*क़ुरआने-पाक* में भी तो यही कहा गया है! सूरा अल-हज में क़ुर्बानी के ऊँट को ज़िबह करने की बाबत फ़रमाया गया है : 'अल्लाह को हरगिज़ नहीं पहुँचता उनका गोश्त और न उनका ख़ून बल्कि उसको पहुँचता है तक़वा[1], तुम्हारे दिलों की परहेजगारी'।"

"ज़िल्ले इलाही! बुतपरस्ती में भी यह हमारे जज़्बात ही तो हैं जिन्हें अपने देवताओं तक हम पहुँचाते हैं!" बीरबल ने अकबर को समझाया। "यह क़तई हमारा यक़ीन नहीं कि मूरत ख़ुद हमारा देवता है। बल्कि मूरत को हम सिर्फ़ उस देवता की निशानी मानते हैं। जब मूरत के सामने बैठकर हम उसकी परस्तिश करते हैं तो परस्तिश उस मूरत की नहीं कर रहे होते हैं बल्कि उस देवता की कर रहे होते हैं जिसकी नुमाइन्दगी वह मूरत कर रही है। और जहाँपनाह इस परस्तिश में भी अहम हैं हमारे उस देवता के लिए जज़्बात, न कि गुलों का हार या ख़ुशबूवाली बत्तियाँ। यह सब तो उन जज़्बात का इज़हार हैं। इसके अलावा उन जज़्बात को जगाने और उनकी शिद्दत में इज़ाफ़ा करने में यह सब मददगार भी होता है। दरअसल, जहाँपनाह! हमारे मज़हब में जो भी दस्तूर और रिवाज हैं, हक़ीक़त में उन सबका एक ही मक़सद है : देवताओं की हम पर जो नवाज़िश है उसके लिए उनके जानिब अहसान का इज़हार; जिन्हें हम अपना सरपरस्त मानते हैं उनके जानिब हमारे दिल में जो इज़्ज़त है व मोहब्बत है, उसका इज़हार। यही आलमपनाह! हमारे मज़हब में बुतपरस्ती की बुनियाद है।"

"लेकिन कबि राय! देवताओं के लिए जज़्बात जगाने और उन जज़्बात का इज़हार करने के लिए इस सब की ज़रूरत क्या है? यह जज़्बात तो उसकी जानिब क़ुदरती तौर पर पैदा होने चाहिए जो तुम्हारा मददगार और हाफ़िज़ है। है कि नहीं?"

"ज़िल्ले इलाही बजा फ़रमाते हैं। मगर एक मामूली आम इनसान के लिए मूरत और उसकी परस्तिश के यह तमाम तामझाम उसके जज़्बात जगाने और उन्हें ज़ाहिर करने में काफ़ी मददगार होते हैं। जब आँखें मूरत पर टिकी होती हैं और उसे गुलों का हार पहनाकर हम उसकी आरती करते हैं और उसे प्रसाद चढ़ाकर उसके भजन गाते हैं, तो जज़्बात ख़ुद ब ख़ुद जागते हैं और जो जज़्बात मौजूद हैं उनकी शिद्दत में इज़ाफ़ा होता चला जाता है।"

"लेकिन कबि राय! जब तुम जानते हो कि वह सिर्फ़ मिट्टी की मूरत है, गूँगी-बहरी और बेजान तो ऐसी हालत में यह जज़्बात ईमानदार तो हो ही नहीं सकते? क्या यह गुड्डे-गुड़ियों का खेल नहीं जिसमें बच्चे उनका ब्याह ऐसे रचाते हैं जैसे कि वे वाक़ई ज़िन्दा इनसान हों," अकबर के होंठों पर मुस्कुराहट थी, निगाह में दिल्लगी, और अन्दाज़े बयाँ में चुनौती।

---

1. इन्द्रियनिग्रह, संयम।

सुनकर बीरबल भी मुस्कुरा दिया। दरअसल, कभी मज़ाक़ में तो कभी छेड़ने के लिए लेकिन हमेशा ही बीरबल की अक़्ल का इम्तिहान लेने के लिए, जिसका कि अब तक वह निहायत क़ायल हो चुका था, अकबर ऐसे सवाल बीरबल से अकसर ही पूछ लेता जिनका जवाब न तो आसान होता और न ही सीधा। कभी-कभी तो सवाल ऐसे पेचीदा और पहेलीनुमा होते कि सबका दिमाग़ चकरा जाता। मगर बीरबल के पास हर सवाल का जवाब था और हर जवाब लाजवाब था, जो सुननेवाले को या तो हैरत में डाल देता या क़हक़हे लगाने के लिए उन्हें मजबूर कर देता। अकबर-बीरबल के यह क़िस्से और यह सवाल-जवाब अब तो फ़तेहपुर सीकरी और आगरा ही नहीं, दिल्ली, लाहौर और जौनपुर की गलियों में भी दोहराए जाते और सुननेवाले या तो "वाह! वाह!" कर उठते या हँस-हँसकर लोटपोट हो जाते। बच्चों से लेकर बूढ़े तक इन क़िस्सों के दीवाने थे और ऐसे कई सवाल-जवाब और किस्से तो ईजाद भी कर लिये गए थे।

"ज़िल्ले इलाही! जब हम एक मूरत के साथ अपने जज़्बात जोड़ लेते हैं और उसमें उन ख़ूबियों का तसव्वुर करने लगते हैं जो उस देवता में हैं जिसकी वह मूरत है, और ऐसा रोज़ किया करते हैं तो वह मूरत उसके परस्तार के लिए ज़िन्दा हो उठती है जिसे वह अपना शरीक़े ग़म बनाता है तो शरीक़े ख़ुशी भी। फिर वह मूरत आलमपनाह! सिर्फ़ बेजान, गूँगी-बहरी मिट्टी की मूरत बाक़ी नहीं रहती।"

यह सुनकर अकबर को एक वाक़या याद हो आया। एक दफ़ा किसी पड़ाव में टोडरमल के ख़ेमे से ऐसी ही मूरत किसी ने चुरा ली, जिसके सामने रोज़ सुबह घंटी बजाकर आरती करने के बाद ही वह अन्न का दाना मुँह में डालता था। किसी ने शायद मज़ाक़ करने के लिए ही मूरत चुराई थी मगर टोडरमल के लिए यह मज़ाक़ नहीं था। तीन रोज़ तक वह बिना कुछ खाए पड़ा रहा और रोता रहा। बड़ी मुश्किल से अकबर ने उसे मुँह में कुछ डाल लेने के लिए राज़ी किया। उस वक़्त तो अकबर को भी टोडरमल का बर्ताव बचकाना और बेवक़ूफ़ी भरा मालूम हुआ था। मगर आज उसे समझ में आया कि टोडरमल का बर्ताव इतना बचकाना भी नहीं था।

"लेकिन तब भी यह बर्ताव बचकाना तो है ही, और शायद अहमक़ाना भी," अकबर के अन्दाज़ में चुनौती अब भी नज़र आ रही थी।

"ज़िल्ले इलाही! हम अपने पुश्तैनी मकान से मोहब्बत करते हैं जो कि सिर्फ़ ईंट-गारे और पत्थर की बेजान चीज़ है। उस मकान में हमारे पुरखों से जुड़ा कोई सामान है तो उससे भी कभी मोहब्बत हो जाती है। बाज़ दफ़ा तो ऐसे मकान की दीवारें, जिसमें हमारी कई पीढ़ियों ने अपनी ज़िन्दगी गुज़ारी हों, हमसे बात करती हुई हमें मालूम होती हैं। और ऐसा इस वजह से है आलमपनाह कि उस मकान के साथ और उसमें मौजूद सामान के साथ हमारे जज़्बात जुड़े होते हैं। ऐसा ही मूरत के साथ है। एक बेजान मूरत में हमारे जज़्बात जान डाल देते हैं।"

अकबर को ख़यालों में मुब्तला देखकर बीरबल फिर बोल उठा,

"ज़िल्ले इलाही! यह नाक़ाबिल-ए-इनकार हक़ीक़त है कि बेशक्ल-ओ-सूरत वुजूद की इबादत करना आम तौर पर मुमकिन नहीं। जब जहाँपनाह! इस्रा और मेराज की बात होती है और यह बताया जाता है कि पैग़म्बर मुहम्मद को फ़रिश्ता जिब्राइल बुराक़ पर

बैठाकर सातवें आसमान ले गया जहाँ उन्होंने अल्लाह को तख़्तनशीं देखा और उसके साथ नब्बे हज़ार बातें कीं, तो सुननेवाले के तसव्वुर में अल्लाह का कोई न कोई अक्स तो बनता ही है। अगर आलमपनाह आँखें बन्द करके अल्लाह का अभी ख़याल करेंगे तो ज़ेहन में कोई न कोई तसवीर उभरेगी ही।"

यह तक़रीर सुनकर अकबर बीरबल की इनसानी दिमाग़ की समझ से बेहद मुतास्सिर हुआ क्योंकि यह दिक्क़त उसके साथ भी थी जो एक रात उसने सलीमा को भी बताई थी।

"बेगम! जब भी मैं अल्लाह का सज्दा करता हूँ या उसकी इबादत में दुआ पढ़ता हूँ, और तब भी जब मैं सिर्फ़ उसका ख़याल करता हूँ, एक तसवीर मेरे ज़ेहन में उभर आती है, एक ऐसे अज़ीम-ओ-शान शख़्स की जिसके चेहरे पर इलाही नूर है और जिसकी लम्बी सफ़ेद और चाँदी-सी चमकदार दाढ़ी हवा में लहरा रही है। अल्लाह को सूरत देना कुफ्र है, यह मुझे इल्म है। मगर फिर भी ऐसे ख़याल मेरे ज़ेहन में आते ही हैं, उन्हें रोकने की चाहे जितनी कोशिश कर लूँ।"

"मगर ऐसा होना तो क़ुदरती है! मुझे भी ऐसे ख़याल आते हैं!" सलीमा ने ऐसे कह दिया जैसे कि यह बिलकुल आम बात हो।

"लेकिन क्या यह गुनाह नहीं?" अकबर हैरान था कि सलीमा ने कितनी आसानी से यह बात कह दी।

"जलाल! हम जैसे भी हैं, उसने ही तो बनाया है! उसने ही हमारा दिमाग़ ऐसा बनाया जो बेशक्ल-ओ-सूरत वुजूद का तसव्वुर करने के क़ाबिल नहीं। दरअसल, हम किसी भी ऐसे वुजूद के साथ कोई रिश्ता बना ही नहीं सकते, इतना नज़दीकी रिश्ता तो क़तई नहीं जैसा कि हम अल्लाह के साथ रखते हैं या रखने की ख़्वाहिश करते हैं, जिसका हम तसव्वुर न कर सकें या जिसे किसी देखे, सुने, या महसूस किए हुए वुजूद के साथ जोड़ न सकें। और ऐसा न कर पाने के लिए ज़िम्मेदार हम नहीं। यह उसका फ़ैसला था कि हमारे दिमाग़ को वह ऐसा बनाए।"

सुनकर अकबर को बेहद तसल्ली हासिल हुई।

'कितनी सही और कितनी माक़ूल बात कही है बेगम ने!' उसके दिल में ख़याल आया और सलीमा की दानिशमन्दी के लिए उसके दिल में इज़्ज़त और भी बढ़ गई।

बाद में अकबर ने बीरबल से उस बाबत भी तफ़सील से जाना जो इबादत-ख़ाने में उसने बरहमन से सुना था—रूह और ख़ुदा का इत्तिहाद यानी वहदानियत[1] का अक़ीदा, तनासुख़-ए-रूह का क़ायदा और रूह की आमदो-रफ़्त से निजात पाकर मग़्फ़िरत हासिल करने का उसूल।

पंडित पुरुषोत्तमदास अब उसे इस अक़ीदे की और इन उसूलों की और भी गहराइयों में उतार रहे थे।

दोनों ही पंडित रात में आते हैं क्योंकि दिन के वक़्त अकबर निज़ाम-ए-हुकूमत के कामकाज में बेहद मसरूफ़ रहा करता है। लेकिन पंडित देवीप्रसाद को जहाँ एक म्लेच्छ के क़िले में घुसने तक से एतराज़ था, वहीं पंडित पुरुषोत्तमदास दौलतख़ाने

1. अद्वैत।

के अन्दर बैठकर अपने मज़हब के इल्मे इलाहीयात और तसव्वुफ़[1] से अकबर का तआरुफ़ करवा रहे थे।

"जहाँपनाह! हमारे मज़हब में छह सिलसिला-ए-ख़याल[2] ख़ास हैं। इनमें सबसे ज़्यादा मक़बूल और पुराना है सांख्य जिसे दो हज़ार साल पहले हमारे वली कपिल मुनि ने ज़ाहिर किया था। इसके मुताबिक़ इस कायनात के वुजूद में आने के पेशतर जावेदाँ मगर बेहरकत बेजान प्रकृति या कुदरत क़ायम थी, जिसमें जुदा-जुदा सिफ़तवाले और माद्दियत[3] से महरूम तीन उंसुर थे : पहला सत्त्व यानी पाक सिफ़तवाला, दूसरा रजस यानी हैजानी[4] की सिफ़त रखने वाला, और तीसरा तमस जिसकी फ़ितरत में काहिली है। शुरुआत में इन तीनों में तवाज़ुन[5] था और सुकून से बग़ैर किसी बेक़रारी या हलचल के यह तीनों एक-दूसरे की सोहबत में क़ायम थे। मगर जैसे ही पुरुष का, यानी कि वह जो होशमन्द था, इनके साथ ताल्लुक़ हुआ, आपस का इनमें यह तवाज़ुन बिगड़ गया और नतीजतन इनका सुकून व इत्मीनान ख़त्म हो गया।"

"मगर यह तीन उंसुर वुजूद में कैसे आए और पुरुष कहाँ से आया?" अकबर ने सवाल किया।

"जहाँपनाह! यह सब इस जावेदाँ कायनात में, जो ला-महदूद वक़्त से ही क़ायम है, जिसे इस अक़ीदे के मुताबिक़ किसी क़ादिर-ए-मुतलक़ ने, किसी ख़ुदा ने, किसी ईश्वर ने नहीं बनाया, इब्तिदा से ही मौजूद थे।"

"यह तो निहायत ही काफ़िराना ख़याल मालूम होता है," पंडित पुरुषोत्तमदास की तक़रीर सुनकर अकबर बेहद ताज्जुबशुदा था। "फिर?"

"जहाँपनाह! जैसा कि मैंने बताया, रजस में बेचैनी थी और इस ताल्लुक़ की वजह से वह फ़ौरन हरकत में आ गया। एक तरफ़ तो उसने तमस पर क़ाबू करने की कोशिश की जिसके नतीजे में तमस अपनी काहिली को तर्क कर हरकत में आ गया। दूसरी तरफ़ रजस ने सत्त्व पर भी फ़तहयाब होना चाहा जिससे सत्त्व का भी सुकून और इत्मीनान ख़त्म हो गया। इस जंग में आख़िरकार रजस और तमस की फ़तह हुई और पोशीदा से नुमायाँ होने का, नाक़ाबिल-ए-अहसास से क़ाबिले फ़हम होने का सफ़र शुरू हो गया।"

"यानी सत्त्व की, जो पाक-सिफ़त था, उसकी शिकस्त हुई?"

"दुरुस्त जहाँपनाह! कायनात की इब्तिदा में तो यही हुआ, बल्कि तमस रजस पर भी हावी हो गया जिस वजह से माद्दियत[6] वुजूद में आई जिससे कि जामिद[7] पैदा हुआ। लेकिन ऐसा भी हुआ कि कभी रजस और तमस दोनों पर ही सत्त्व हावी हो गया और तब जो रूहानियत ज़ाहिर हुई उससे ज़मीर[8] वुजूद में आया जो इनसान में हालते-

---

1. दर्शनशास्त्र और अध्यात्मवाद।
2. School of Thoughts या विचार-सम्प्रदाय।
3. भौतिकत्व या भौतिक अस्तित्व।
4. अशान्ति, बेचैनी।
5. सन्तुलन।
6. भौतिकत्व।
7. जड़ पदार्थ।
8. अन्तःकरण।

शऊर[1] की वजह बना और उसमें रूह की वजह भी। इन्हीं तीन उंसुर के मुख़्तलिफ़ तरीक़ों से आपस में शरीक होने से जहाँपनाह! बाक़ी जानदार हस्ती और नबातात[2] वुजूद में आए।"

"तुम्हारे इस सिलसिला-ए-ख़याल के मुताबिक़, इस कायनात का वुजूद क़ायम रहने में क्या अल्लाह की कोई शिरकत नहीं?" कायनात में अल्लाह की अहमियत से मुकम्मल तौर पर इनकार अकबर के गले नहीं उतर पा रहा था।

"जहाँपनाह! सांख्य का अक़ीदा तो यही कहता है। इसके मुताबिक़ यह कायनात इन तीन उंसुर की फ़ितरत और उनके मिज़ाज के मुताबिक़ बनती चली गई है। बल्कि यूँ कहें कि इन उंसुर में मौजूद कुदरती ख़ुसूसियात इस कायनात में ज़ाहिर होती चली गई हैं। और इन ख़ुसूसियात का उंसुर में वापस पोशीदा हो जाना ही प्रलय यानी इस कायनात का मुकम्मल ख़ात्मा होना है, जो कि लाज़िमी है और तय है।"

"लेकिन जिसे तुम पुरुष कहते हो और जिसके साथ इन उंसुर का ताल्लुक़ होने से ही कायनात का वुजूद हुआ, क्या वह हस्ती अल्लाह ही नहीं?"

"नहीं जहाँपनाह! पुरुष एक क़िस्म का आलमगीर शऊर[3] है जिसने उंसुर को इब्तिदाई शह दी, इससे ज़्यादा कुछ नहीं। न तो वह अल-मुक़्तदिर है और न ही अल-अलीम जो कि अल्लाह की सिफ़ात[4] हैं।"

"और उस आलातरीन अल-मुक़्तदिर हस्ती के वुजूद से इनकार के बावजूद यह अक़ीदा तुम्हारे मज़हब का हिस्सा है?" अकबर हैरतज़दा था।

एक और रात पंडित देवीप्रसाद उसे दास्तान-ए-महाभारत सुना रहे थे।

"जहाँपनाह! पांडु को हस्तिनापुर की सल्तनत का बादशाह बनाया गया क्योंकि बड़ा भाई धृतराष्ट्र अंधा था। फिर पांडु के फ़ौत हो जाने ने बाद बादशाहत धृतराष्ट्र को हासिल हुई क्योंकि पांडु के पाँचों बेटे उस वक़्त नाबालिग़ थे। जब वे बालिग़ हुए तो उन्होंने अपना हक़ जताया और आधी सल्तनत पर दावा किया। लेकिन धृतराष्ट्र के सबसे बड़े बेटे दुर्योधन ने साफ़ इनकार कर दिया कि आधी सल्तनत तो क्या पाँच गाँव भी वह नहीं देने देगा। इस नाइंसाफ़ी से लड़ने के लिए..."

"मगर नाइंसाफ़ी कहाँ है?" अकबर ने बीच में ही टोक दिया। "जिन्हें पांडु के बेटे कहा गया है वे हक़ीक़त में पांडु के बेटे कहाँ थे? न तो उनकी पैदाइश में उसका हाथ था, जैसा कि तुमने ही मुझे बताया था, और न ही उनकी परवरिश करने में।"

पंडित देवीप्रसाद के पास अकबर के इस सवाल का कोई जवाब नहीं था। लिहाज़ा अकबर ने फ़ैसला लिया कि *महाभारत* का फ़ारसी में तर्जुमा करवाया जाए। वक़्त के साथ संस्कृत ज़बान की और भी कई किताबों का तर्जुमा फ़ारसी ज़बान में करवाने के लिए संस्कृत और फ़ारसी के कई इल्मदाँ मुक़र्रर किए गए। संस्कृत का आलिम फ़ारसी के आलिम को आम ज़बान में समझाता था कि संस्कृत ज़बान की किताब में क्या लिखा है और फ़ारसी का आलिम ख़ुशनवीसों को फ़ारसी ज़बान में उसे लिखवाता जाता। इस

---

1. चैतन्यता।
2. वनस्पतियाँ।
3. विश्वव्यापी चेतना या संज्ञा।
4. सिफ़त का बहुवचन।

तरह किया गया *महाभारत* का तर्जुमा *रज़्मनामा* कहलाया जिसे मुकम्मल करने में मुल्ला अब्दुल क़ादिर बदायूँनी को दस साल लग गए। अगरचे यह तर्जुमा उसने निहायत बेदिली से किया क्योंकि इस काम को वह कुफ्र का दर्जा देता था और इस्लाम के ख़िलाफ़ काफ़िरों की साज़िश का हिस्सा मानता था। फिर भी तर्जुमा बेहतरीन और ख़ूबसूरत हुआ।

भगवान राम की दास्तान *रामायण*, भगवान कृष्ण की कहानी *हरिवंश पुराण*, इलाहीयाती नसीहतें देनेवाले योग वासिष्ठ और *अथर्ववेद* का भी फ़ारसी में तर्जुमा हुआ। आम तालीम-याफ़्ता लोगों में यह किताबें बेहद मक़बूल हुईं जिनकी नक़ल बाज़ार में आसानी से हासिल थी। राजपूत मनसबदार और मुसलमान उमरा दोनों ही अपने लिए ख़ास तौर पर उनकी नक़ल करवाकर रखने और पढ़ने लगे।

अबुल फ़ैज़ी ने, जो अपने भाई अबुल फ़ज़ल की मानिन्द ही संस्कृत ज़बान में माहिर हो गया था, *महाभारत* में दी गई नल-दमयन्ती की दिल को छू लेनेवाली दास्तान को उतने ही दिलकश कलाम *नलदमन* में चार हज़ार शेरों में बयान किया। और फिर *योगवासिष्ठ* व *भागवत पुराण* के साथ ही संस्कृत ज़बान की बाक़ी कई किताबों की बिना पर वहदानियत के फ़लसफ़े पर मक़ाला[1] लिखा।

अपने मज़हब में अकबर की बढ़ती दिलचस्पी को देख हीरा कुँवर हैरान थी। एक सुबह जब वह उसकी माँग में सिन्दूर भरने आया तो उसने पूछ ही लिया,

"हमारी शादी को पन्द्रह साल से ज़्यादा हो गए। लेकिन इसके पहले कभी मेरे मज़हब में आलमपनाह की दिलचस्पी का नज़ारा मैंने नहीं किया।"

"सच कहती हो," हँसकर अकबर ने उसका हाथ अपने हाथों में ले लिया। "लेकिन यह मेरा क़सूर नहीं! हर मुसलमान बच्चे की तरह मुझे भी यह सिखाया गया था कि सिर्फ़ सच्चा मुसलमान ही जो पाँचों वक़्त की नमाज़ पढ़ता है और बिला नागा रोज़ा रखता है, एक नेक इनसान है। और हर काफ़िर, हर बुतपरस्त मुसलमानों का दुश्मन है और उसका मज़हब क़ाबिल-ए-नफ़रत। मगर फिर जब मैं पाँच साल का था, गरजती हुई तोपों के सामने मुझे ला खड़ा किया गया।"

"तोपों के सामने! एक छोटे बच्चे को!" हीरा कुँवर की बड़ी-बड़ी आँखें और भी बड़ी हो गईं।

"हाँ बेगम! लेकिन वह कहानी बाद में। जिस शख़्स ने यह किया वह पाँचों वक़्त की नमाज़ पढ़ता था और रमज़ान के महीने में रोज़ा भी रखता था। फिर भी इसने ऐसा बुरा सुलूक मेरे साथ किया, मेरे ज़ेहन में यह सवाल उठ खड़ा हुआ। इसके साथ ही नमाज़ व रोज़े के साथ इनसान की नेकी के ताल्लुक़ के बाबत मेरे यक़ीन को पहली ठेस लगी। बाद में तुम्हारे साथ और तुम्हारे कुनबे के राजपूतों के साथ जब मेरे ताल्लुक़ात बने, तो मुझे समझ में आया कि तुम्हारे मज़हब में सबके सब शैतान के पैरोकार नहीं। और यह भी समझ में आया कि नेकी किसी एक मज़हब की जागीरदारी नहीं। अच्छे और बुरे इनसान हर मज़हब में हैं। फिर तुम्हारे साथ रहते हुए और बीरबल के साथ गुफ़्तगू में तुम्हारे मज़हब की बाबत और इल्म हासिल हुआ तो यह भी मालूम हुआ कि तुम्हारा मज़हब क़ाबिल-ए-नफ़रत तो किसी भी नज़रिये से नहीं, बल्कि उसमें कई

1. गवेषणापूर्ण लेख या निबन्ध।

उम्दा बातें भी हैं। बस! तब से ही तुम्हारे मज़हब में मेरी दिलचस्पी बढ़ती चली गई।"

यह सुनकर हीरा कुँवर बेहद ख़ुश थी। उसके लिए अकबर अब तक सिर्फ़ उससे मोहब्बत करनेवाला खाविन्द था और रियाया की फ़िक्र करनेवाला बहादुर बादशाह भी। अकबर की शख़्सियत का यह नया पहलू हीरा कुँवर के दिल में अपने खाविन्द के लिए इज़्ज़त को और भी बढ़ा गया।

गर्मी का मौसम था और झुलसाती हुई लू चलने लगी थी। क़िले के पत्थर के फ़र्श और दीवारें चूल्हे पर रखा तवा हो रहे थे। लेकिन फिर भी दौलतख़ाने में, जहाँ इस वक़्त अकबर और पंडित पुरुषोत्तमदास बैठे हैं, ठंडक थी। सारे खिड़की-दरवाज़े ख़स की चटाइयों से ढक दिए गए थे जिन पर पानी का छिड़काव मुसलसल हो रहा था। कुछ गाँववाले इस ख़ुशबूवाली घास को बतौर नज़राना लेकर अकबर के दरबार में आए थे और जल्द ही उसका यह इस्तेमाल क़िले में किया जाने लगा।

"जहाँपनाह! वैशेषिक सिलसिला-ए-ख़याल के मुताबिक़ इस कायनात में मौजूद मुकम्मल माद्दा[1] बेहद बारीक ज़र्रों से बना है, इतने बारीक ज़र्रे कि उनके और हिस्से होना मुमकिन ही नहीं। दो अलग-अलग क़िस्म के ज़र्रे मिलकर जो दो-ज़र्रा बनाते हैं वह उन दोनों ज़र्रों की ख़ुसूसियत से मुकम्मल तौर पर जुदा ख़ुसूसियत का और जुदा क़िस्म का होता है क्योंकि उन ज़र्रों का यह जोड़ ख़ुद भी अपनी ख़ुसूसियत रखता है।"

"जैसे कि बेटा अपने वालिदैन की सिफ़ात के अलावा ख़ुद अपनी सिफ़त भी रखता है। ऐसे ही न?"

"हाँ जहाँपनाह!" पंडित पुरुषोत्तमदास हँस दिया। "कुछ ऐसे ही। तीसरा सिलसिला-ए-ख़याल है आलमपनाह! न्याय सूत्र, जो एक तरह से इल्मे मन्तिक़[2] है। इसके तहत दलील करने के क़ायदों पर चलते हुए जो मालूमात हासिल होती है उसकी तहक़ीक़-ओ-तफ़्तीश के जरिये हक़ीक़त तक पहुँचा जाता है। इस तरीक़े से आगे बढ़ते हुए भी यही नतीजा हासिल हुआ कि यह कायनात नाक़ाबिल-ए-तक़सीम व नाक़ाबिल-ए-दीद[3] ज़र्रों के जुड़ने से ही वुजूद में आई है। दो ज़र्रे मिलकर दु-ज़र्रा बनते हैं और इस दु-ज़र्रे के साथ तीसरा ज़र्रा मिलकर तिहरा ज़र्रा बनता है और इसी तरह से चौथा, पाँचवाँ ज़र्रा जुड़कर मुख़्तलिफ़ माद्दा[4] बनाते चले जाते हैं, मुख़्तलिफ़ तरीक़ों से आपस में जिनके शामिल होने से ही इस कायनात की हर शै वुजूद में आई है।"

"दिलचस्प है! लेकिन इस कायनात में तो सूरज, चाँद और सितारे भी हैं। क्या इनका वुजूद भी इसी तरह क़ायम हुआ होगा?"

"जहाँपनाह दुरुस्त फ़रमाते हैं! वैशेषिक और न्याय सूत्र के सिलसिला-ए-ख़याल के मुताबिक़ तो ऐसा ही है।"

"और यह तमाम सिलसिला-ए-ख़याल, जिनके मुताबिक़ इस कायनात को वुजूद

---

1. मूल पदार्थ, वे तत्त्व जिनसे सृष्टि की रचना हुई है।
2. न्यायशास्त्र या तर्कशास्त्र।
3. अविभाजनीय व अदर्शनीय।
4. मूल तत्त्व जिनसे सृष्टि की रचना हुई है।

में लाने के लिए अल्लाह बिलकुल ग़ैर-ज़रूरी है, तुम्हारे मज़हब में मंज़ूर हैं?"

"यक़ीनन जहाँपनाह!"

"पंडित! तुम्हारा मज़हब भी अजीब है!" अकबर हँस दिया। "एक तरफ़ तो पंडित देवीप्रसाद कहते हैं यह कायनात ब्रह्मा ने बनाई। दूसरी तरफ़ इबादत-ख़ाने में हुए मुबाहिसे में एक बरहमन ने अपनी तक़रीर में साफ़ ज़ाहिर किया था कि वह अकेला और आलातरीन ख़ालिक़ ही इस ख़िल्क़त की हर ज़िन्दा शै को वुजूद में लाया है। हमारे कबि राय भी बताते हैं कि उनके मज़हब में जो आलातरीन हस्ती है ब्रह्म या परमात्मा, वह ख़ालिक़ है। उसने ही इस कायनात की हर शै बनाई है और उसकी मर्ज़ी के बग़ैर कायनात में एक पत्ता भी नहीं खड़कता। तो हक़ीक़त क्या है?"

"हक़ीक़त यह है जहाँपनाह कि यह सभी अक़ीदे हमारे मज़हब को मंज़ूर हैं। हमारे *वेद* कहते हैं : *'एकं सत विप्रः बहुधा वदन्ति।'* हक़ीक़त एक है। दानिशमन्द उसे कई तरह कहते हैं। लेकिन यह फ़र्क़, यह मुख़्तलिफ तरीक़ों से हक़ीक़त को बयान करना, हमारे मज़हब में मुख़ालिफ़त की वजह नहीं बनता।"

"शिया और सुन्नी, दोनों को ही इससे सबक़ लेना चाहिए," बेसाख़्ता अकबर के मुँह से निकल गया।

अकबर का दावतनामा पाकर चार्वाक ऋषि के मुरीद भी चले आए।

"जहाँपनाह! इस जहाँ के आगे कोई जहाँ नहीं, न ही कोई ज़ावेदाँ रूह है। इनसान में होशोहवास और अहसास सिर्फ़ इन चार चीज़ों के आपस में मिलने से पैदा हुए हैं : ज़मीन, पानी, आग और हवा।"

"यह बात तो क़ाबिले यक़ीन मालूम नहीं होती।" उन मुरीदों के बयान की सच्चाई पर अकबर ने शक ज़ाहिर किया। "ज़मीन, पानी, आग, हवा की सिफ़त और इनसान के होशोहवास व अहसास की सिफ़त, इन दोनों में कुछ भी तो एक सरीखा नहीं!"

"जहाँपनाह! जब अनाज को पानी में मिलाकर रख देते हैं तो उसमें ख़मीर उठने लगता है जिससे शराब भी बनाई जा सकती है। और शराब नशा पैदा करती है, जो इनसान को उसके होशोहवास भुला देता है और मुख़्तलिफ़ अहसास भी पैदा करता है। जबकि वह सिफ़त न तो अनाज में है, न ही पानी में। जहाँपनाह! जिस्म से जुदा रूह का वुजूद और तनासुख़-ए-रूह, जन्नत और जहन्नुम, ब्रह्म और ईश्वर: यह सब दीवानों के तसव्वुर हैं और बरहमनों की साज़िश। न तो मौजूदा वुजूद के पहले हमारा कोई वुजूद था और न ही आगे होगा। ईश्वर या अल्लाह सिर्फ़ क़ियास हैं, एक ग़ैरज़रूरी हस्ती। क़ुदरत के हर अमल की वजह उसके नाक़ाबिल-ए-तब्दील क़ायदों की बिना पर बयाँ की जा सकती है।"

"जहाँपनाह! अगरचे शाक्य मुनि का कोई मुक़ल्लिद तो बहुत तलाश करने पर भी नहीं मिल सका। लेकिन एक हिन्दू इल्मदाँ ने मुझे बताया कि कुछ ऐसा ही अक़ीदा उनका भी था कि ईश्वर या अल्लाह सिर्फ़ क़ियास हैं," अबुल फ़ज़ल, जो तक़रीबन हर मज़हब पर तक़रीर के वक़्त अकबर के साथ मौजूद रहता था, बोल पड़ा।

"दुरुस्त है जहाँपनाह! मगर इसके आगे जो शाक्य मुनि की राय थी उससे हम क़तई इत्तेफ़ाक़ नहीं रखते। उनका कहना था कि इनसान का वुजूद सिर्फ़ रंजोग़म की दास्तान

है। उसका पैदा होना ग़मनाक है। उसकी ज़िन्दगानी ग़म में मुब्तला है। और उसकी मौत में भी रंज शामिल है। मगर आलमपनाह! हमारी नज़र में यह ख़याल बेबुनियाद है। ज़ाहिर हक़ीक़त यह है कि रंज और ख़ुशी इस जहाँ में ऐसे ही हैं जैसे कि अनाज और भूसा। बग़ैर एक की मौजूदगी के दूसरे का वुजूद मुमकिन ही नहीं। बग़ैर ग़म के ख़ुशी नहीं और बग़ैर दर्द के आराम नहीं। लिहाज़ा दानाई का तक़ाज़ा है कि भूसा फेंक दिया जाए और अनाज का इस्तेमाल किया जाए। दर्दोग़म को नज़रअन्दाज़ किया जाए और ख़ुशी का लुत्फ़ उठाया जाए। हमारे वली कहा करते थे :

ख़ुशियाँ हैं जहाँ, वहाँ ग़म भी होंगे।
भूसे के साथ क्या दाना भी फेंक दोगे?

"बहुत ख़ूब! आफ़रीन!" ऋषि चार्वाक के अक़ीदे को बड़े ग़ौर से सुन रहा अकबर बोल उठा। "मगर यह बताएँ, जब रूह का वुजूद नहीं और जन्नत सिर्फ़ तसव्वुर में है, तो क्या बरहमनों की मज़हबी किताबें ग़लत हैं?"

"सिर्फ़ ग़लत नहीं जहाँपनाह! बेहूदा, बेतुकी और बेमानी बकवास हैं—वेद भी, जो बदमाश पंडितों ने मासूम और नादान इनसानों को उल्लू बनाकर अपनी ज़ेबें भरने के लिए ईजाद कर रखे हैं। रस्मोरिवाज, मंत्र, और हवन भी आलमपनाह! भोले-भाले और सीधे-सादे इनसानों को मूँड़ने की तरकीबों के सिवा कुछ नहीं।"

अकबर को बेहद ताज्जुब और हैरानी हुई यह जानकार कि ईश्वर और रूह के वुजूद से इनकार करने के बावजूद वे ख़ुद को हिन्दू मानते हैं और उनके इस दावे पर किसी हिन्दू को एतराज़ तक नहीं, उन्हें ला-मज़हब क़रार देना तो दूर रहा।

उस रात को बैठी उसके ख़ास रफ़ीक़ों की महफ़िल में अकबर कह रहा था, "मुझे निहायत ख़ुशी हो रही है यह जानकर कि हिन्दुओं के मज़हब में कितनी ज़बर्दस्त बक़ा-ए-बाहमी[1] है! कितने मुख़्तलिफ़ क़िस्म के अक़ीदे और यक़ीन यह मज़हब अपने दामन में समेटे हुए है! और कुछ तो एक-दूसरे के बिलकुल ही बर-ख़िलाफ़! ऐसे में नाइत्तेफ़ाक़ी-ए-राय तो इनमें यक़ीनन होती है। मगर हर अक़ीदा इनको बर्दाश्त है। वह भी ज़ोर-ज़बर्दस्ती से नहीं बल्कि राज़ी-ख़ुशी से और खुले दिल से। इस मज़हब के हर अक़ीदे के हर मुक़ल्लिद को मुकम्मल आज़ादी है अपने यक़ीन का इज़हार करने की। और यह आज़ादी इन लोगों में रंजिश की वजह नहीं बनती और न ही इनमें आपसी दुश्मनी पैदा करती है।"

कहकर अकबर रुका और बारी-बारी से सब पर नज़र डालने लगा।

"कबि राय कुछ कहने के ख़्वाहिशमन्द मालूम होते हैं।"

"ज़िल्ले इलाही! यह ग़रीब ब्राह्मण सिर्फ़ इतना ही कहना चाह रहा है कि इस बक़ा-ए-बाहमी की वजह 'वसुधैव कुटुम्बकम्' का नज़रिया है जो हमें *उपनिषद* से हासिल हुआ है।" अपने मज़हब की तारीफ़ बादशाह सलामत के मुँह से सुनकर बीरबल की बाँछें खिली हुई थीं।

"यक़ीनन! मगर हम मुसलमानों में तो मामूली से मामूली फ़र्क़ को लेकर इतना

---

1. सह-अस्तित्व की भावना।

इफ़्तिराक़[1] रहता है कि बात-बात में हम तल्ख़-मिज़ाज हो जाते हैं और फ़साद पर उतर आते हैं।" अकबर के तर्ज़ो-अन्दाज़ में अफ़सोस ज़ाहिर था। "और यह फ़र्क़ इस्लाम के बुनियादी उसूलों से वाबस्ता नहीं! इस्लाम का हर फ़िरक़ा क़बूल करता है कि अल्लाह सुबहानु व तआला एक है और अकेला है; कि पैग़म्बर मुहम्मद, सल्लल्लाहु अलैहि वसल्लम, नबीउल्लाह हैं; और *क़ुरआने-पाक* अल्लाह ने ही उन पर नाज़िल की थी। फिर भी इस्लाम में बहत्तर फ़िरक़े हैं और हर फ़िरक़े के मुक़ल्लिद दावा करते हैं कि सिर्फ़ वह दीनदार हैं और सच्चे इस्लाम के पैरोकार हैं। कि सिर्फ़ उनका मज़हब ही इस्लाम है और बाक़ी फ़िरक़े के मुक़ल्लिद राफ़िज़ी हैं। और कई दफ़ा तो सिर्फ़ इस वजह से उनका क़त्ल तक जायज़ कह दिया जाता है।"

कहकर अकबर कुछ वक़्त के लिए अपने सीने पर सिर को झुकाए और आँखें मूँदे हुए कहीं खो गया।

"और यह तो वाक़ई हद है कि शिया और सुन्नी इस मामूली बात पर भी इत्तेफ़ाक़ नहीं रखते कि अज़ान कैसे कही जानी चाहिए! जबकि पैग़म्बर मुहम्मद, सल्लल्लाहु अलैहि वसल्लम, को अज़ान देते हुए मुक़द्दस मदीना में उनके सहाबा, अलैहिस्सलाम, ने सैकड़ों दफ़ा सुना होगा।"

अगले रोज़ अनूप तालाब के दालान में टहलते हुए अकबर ने बीरबल को छेड़ने के अन्दाज़ में उससे कहा,

"दरअसल कबि राय! तुम्हारा मज़हब तो मुझे एक दुकान सरीखा मालूम होता है, अगरचे तुम्हारे जज़्बात का ख़याल रखते हुए मैंने कल रात की महफ़िल में यह राय ज़ाहिर करना मुनासिब नहीं समझा।" कहते हुए अकबर की आँखों में और होंठों पर शरारत भरी मुस्कान तैर गई। "मज़हब की इस दुकान में मुख़्तलिफ़ देवताओं की परस्तिश बिकाऊ है। एक ख़रीदार आता है। एक ख़ास देवता की मूरत ख़रीदता है। उस देवता की परस्तिश का सामान भी ख़रीदता है और साथ में उस देवता के मुताल्लिक़ क़िस्से-कहानियों की किताब भी ले लेता है। और उस मूरत को घर ले जाकर उसे वह ज़रीदार लिबास पहनाता है, गुल-ओ-लोबान से वह उसकी परस्तिश करता है और उसकी तारीफ़ में नग्मे गाकर वह उसे ख़ुश करने की कोशिश करता है जिससे कि वह देवता उसकी मुराद पूरी कर दे। और अगर मुराद पूरी न हो और उस देवता का रवैया उस परस्तार को पसन्द नहीं आए तो उसे आज़ादी है कि दुकान जाकर दूसरे देवता की मूरत और बाक़ी तामझाम ख़रीद लाए और फिर उसकी बन्दगी करने लगे। ऐसा मज़हब तो मेरी समझ के बाहर है।"

"और ज़िल्ले इलाही! इस ग़रीब ब्राह्मण के लिए यह समझ पाना मुश्किल है," बीरबल ने अपने बादशाह के एहतिराम में अपने सिर को झुकाकर अर्ज़ किया, "कि अल्लाह जो इस कायनात का ख़ालिक़ है और अल-रहीम है, जो इस जहाँ के सभी इनसानों की अपने बेटे की तरह फ़िक्र करता है, वह सारे पैग़म्बरों को हिजाज़ और उसके आसपास के इलाक़े में ही भेजना मंज़ूर करे। सारी किताबें भी वह वहीं नाज़िल करे और हम करोड़ों हिन्दुस्तानियों को सच्चे दीन से महरूम कर हज़ारों साल के लिए

1. अलगाव, विभाजन।

अँधेरे में भटकने के लिए छोड़ दे। और फिर एक रोज़ एक दाढ़ीवाले शख़्स को घोड़े पर सवार व अपने हाथ में तलवार लिये हुए वह यहाँ भेजे और जो भी शख़्स उसके सामने पड़ जाए उसे वह हुक्म दे कि या तो वह इस्लाम को अपना मज़हब क़बूल करे और मुहम्मद को अल्लाह का पैग़म्बर माने, या फिर वह अपना सिर कटाने के लिए तैयार हो जाए। उस बेचारे को यह इल्म नहीं कि इस्लाम क्या है; उसे यह नहीं मालूम कि मुहम्मद कौन है; नए मज़हब की किताब अगर उसे दी भी जाती और अगर वह तालीम-याफ़्ता भी होता तो भी वह उसे पढ़ नहीं सकता क्योंकि उस किताब की ज़बान वह नहीं जानता। वह सिर्फ़ इतना जानता है कि इस्लाम को अगर उसने फ़ौरन क़बूल नहीं किया तो उसकी मौत तय है। इस तरह से इस्लाम क़बूल कर हम हिन्दुस्तानियों को क्या हासिल होगा ज़िल्ले इलाही! और इस्लाम का इससे क्या फ़ायदा होगा? यह ग़रीब ब्राह्मण इसे समझ पाने में ख़ुद को नाक़ाबिल महसूस करता है।"

बेबाकी के साथ और बेख़ौफ़ होकर जो तसवीर बीरबल ने खींची थी, उसका तसव्वुर कर अकबर का ज़ोरदार क़हक़हा पूरे दालान को गुँजा गया। अगले ही रोज़ शाही दरबार में अमीरुल उमरा व उलेमा और मुल्लाओं की मौजूदगी में बीरबल को उसने 'मुसाहिब-ए-दानिशवर'[1] का ख़िताब अता कर दिया।

1. बुद्धिमान परामर्शदाता।

ख़ुद पर फ़तह

एक सुबह झरोखा दर्शन के लिए बैठे हुए अकबर को क़िले के सामने से गुज़रती हुई एक औरत दिखाई दी जो मटमैला सफ़ेद चोगा और सिर को ढकती हुई वैसी ही चादर लपेटे हुए नंगे पैर चली जा रही थी। कन्धे पर उसके उसी कपड़े का झोला लटका हुआ था और मुँह पर उसने साफ़ सफ़ेद कपड़े का टुकड़ा बाँध रखा था। जिस रास्ते पर वह जा रही थी, मोरपंखों की झाड़ू से उसे बुहारते हुए कई लोग, जो अपने लिबास से अमीर और शक्ल-ओ-सूरत से अच्छे ख़ानदान के नज़र आ रहे थे, उस औरत के आगे-आगे चल रहे थे। और उसके पीछे सौ से ज़्यादा लोगों की भीड़ थी जिसमें शामिल हरेक शख़्स अदब-ओ-एहतिराम के अन्दाज़ में हाथ जोड़े हुए था।

अकबर को ताज्जुब हुआ यह नज़ारा कर कि जो औरत बिना सवारी के चल रही है और अपने लिबास व तर्ज़ो-अन्दाज़ से कोई ख़ानदानी ख़ातून भी नहीं मालूम होती, उसे ऐसी इज़्ज़त बख़्शी जा रही है जो किसी शहज़ादी को भी हासिल नहीं!

अपने पीछे खड़े मीर अर्ज़ को उसने हुक्म दिया कि वह उस औरत की बाबत दरयाफ़्त करे, कौन है और किस वजह से यहाँ है।

जिस वक़्त शाही घुड़साल में अकबर उन घुरघुराते और हिनहिनाते हुए जंगी घोड़ों का फ़ख़्र के साथ मुआयना कर रहा था जिनकी परवरिश उनकी पैदाइश से ही उसकी हिदायतों के हिसाब से और उसकी निगरानी में ही हुई थी, मीर अर्ज़ ने हाज़िर होकर कोर्निश की।

जंगी घोड़े फ़ौज के लिए बेहद अहम थे और देशी घोड़ों में सिर्फ़ काठियावाड़ी नस्ल ही थी जिसे जंग के लिए तैयार करने में कच्छ के बाशिन्दों ने कुछ हद तक कामयाबी हासिल की थी। इस वजह से हर साल हज़ारों घोड़े ऊँची क़ीमत देकर मुल्के अरब और ईरान व इराक़ से मँगवाए जाते थे। मगर हिन्दुस्तान का मौसम उनके मुआफ़िक़ न होने से उनकी बड़ी तादाद हर साल ही दम तोड़ देती और उनकी एवज में फिर और घोड़ों को इन बाहरी मुल्कों से बुलवाना पड़ जाता। इन मुश्किलात में तब्र और इज़ाफ़ा हो गया जब हिन्दुस्तान के समन्दर पर फ़िरंगियों ने क़ब्ज़ा कर लिया और दूसरे मुल्कों के साथ घोड़ों की मुकम्मल तिजारत पर सिर्फ़ ख़ुद का इख़्तियार क़ायम कर लिया। अकबर ख़ुश था कि नस्लों में मिलावट कर जंगी घोड़ों की ऐसी नस्ल तैयार करने में वह कामयाब हुआ है जो न सिर्फ़ अरबी और ईरानी नस्ल के मुक़ाबिल है बल्कि हिन्दुस्तान का मौसम भी जिसे मुआफ़िक़ आता है।

"क्या मालूम हुआ, मीर?" नए पैदा हुए बच्चों की परवरिश में ज़रूरी एहतियात की बाबत साईसों को हिदायत दे चुकने के बाद अकबर ने पूछा।

"जहाँपनाह! उस औरत का नाम चम्पा है और वह एक श्राविका है यानी जैनियों के मज़हब की जोगन। साल में आठ महीने इधर-उधर फिरा करती है और बारिश के चार महीने, जिसे यह जैन मज़हब वाले चातुर्मास कहते हैं, एक जगह पर ठहर जाया करती है। सीकरी के जैन फ़िरक़े के दावतनामे पर यह चातुर्मास यहाँ बिताने आई है। उसकी बाबत और भी तफ़सील से बताने के लिए यह ग़ुलाम इस शख़्स थानसिंह को अपने साथ ले आया है जो सीकरी का एक नामवर जैन सौदागर है।"

थानसिंह तक़रीबन चालीस साल की उम्र का भरे हुए बदनवाला आदमी था जिसकी शक्ल से दानिशमन्दी ज़ाहिर हो रही थी। देर तक उसके साथ बातें करते हुए अकबर ने जाना कि श्राविका चम्पा जैनियों के तपा गच्छ[1] फ़िरक़े से है जिसका सदर मुक़ाम गुजरात के पालीताना में है और जिसके मुखिया आचार्य हीरविजय सूरी हैं।

"हमें यह बात समझ में नहीं आई थानसिंह कि श्राविका चम्पा जहाँ से गुज़र रही थी वह रास्ता बिलकुल साफ़ था, न कोई गन्दगी न कचरा, फिर भी उस रास्ते पर झाड़ू क्यों लगाई जा रही थी?

"जहाँपनाह! इस ज़मीन पर हर जगह बेहद बारीक और नज़र न आनेवाले कीड़े धूल-मिट्टी में पल रहे होते हैं। उन्हें पैरों के नीचे आने से बचाने के लिए हमारे मज़हब के सन्त जिन्हें हम श्रावक पुकारते हैं और श्राविकाएँ भी चलते हुए अपनी पिच्छिका यानी मोरपंखों की झाड़ू रास्ते पर लगाते चलते हैं। और इस एहतियात के बाद भी जो पैरों के नीचे आ जाएँ वे बेचारे कुचले न जाएँ, इस लिहाज से हमारे श्रावक और श्राविकाएँ नंगे पैर चला करते हैं।" थानसिंह ने बताया। "और जहाँपनाह! हमारे श्रावक या श्राविका चातुर्मास के लिए जहाँ भी पधारते हैं, उनका रास्ता बुहारने का मौक़ा हासिल होना हमारे लिए फ़ख़्र की बात होती है और सवाब अता करनेवाली भी।"

"और मुँह पर कपड़े की वज़ह?"

"जहाँपनाह! नज़र न आनेवाले बेहद बारीक जरासीम[2] हवा में हरदम ही तैरा करते हैं। साँस के साथ वे अन्दर न चले जाएँ इसलिए वह मुँहपट्टी श्राविका चम्पा जी ने बाँध रखी थी।"

"क्या वाक़ई हवा में जरासीम होते हैं?" यह बात अकबर को नाक़ाबिल-ए-यक़ीन मालूम हो रही थी।

थानसिंह इस सवाल का इसके सिवा कोई जवाब नहीं दे पाया कि उसके मज़हब के पैग़म्बर ने, जिन्हें तीर्थंकर महावीर स्वामी कहा जाता है, ऐसा ही कहा था।

जैनियों के मज़हब की बाबत और भी तफ़सील से मालूम करने के लिए अकबर बेताब हो उठा। 'यह किस क़िस्म का मज़हब है जो इतनी बारीक ज़िन्दा शै की न सिर्फ़ मालूमात रखता है बल्कि उनकी हिफ़ाज़त के लिए फ़िक्रमन्द भी रहता है?'

फ़ौरन ही आचार्य हीरविजय सूरी को फ़तेहपुर सीकरी आने का दावतनामा भेजा गया। उनके और उनके अमले के सफ़र के लिए कई हाथियों और ऊँटों का इन्तज़ाम भी करवा दिया गया।

---

1. जैन मठ को गच्छ कहा जाता है।
2. जीवाणु, कीटाणु।

"जहाँपनाह! आचार्य तो पूरे रास्ते पैदल आए हैं।" चन्द हफ़्तों बाद मीर अर्ज़ ने ख़बर दी। "उन्होंने फ़रमाया है कि जानवरों की सवारी करना उनके साथ बेरहमी है और उन पर ज़ुल्म भी।" मीर अर्ज़ के अन्दाज़ में तंज़ था। "पानी भी पीते हैं तो कपड़े से छानकर क्योंकि उनके हिसाब से पानी में भी जरासीम हैं।"

"अजीब है! साफ़ पानी में भी?" जो सुना उस पर अकबर को यक़ीन नहीं आ रहा था।

"हाँ जहाँपनाह! बिलकुल साफ़ पानी में भी। इसके अलावा, सुबह के वक़्त सूरज जब तक हाथ बराबर उफ़क़ से ऊपर न आ जाए तब तक न तो अन्न का दाना मुँह में डालते हैं, न ही पानी का कतरा। और शाम को जब फ़लक पर सूरज उफ़क़ से हाथ बराबर दूर रह जाता है, उसके बाद भी आचार्य कुछ भी नहीं खाते-पीते।"

"ऐसा क्यों?"

"क्योंकि जहाँपनाह! उनका यक़ीन है कि जब सूरज में ताब काफ़ी नहीं रहता तो खाने-पीने की चीज़ों में जरासीम पैदा होने और बढ़ने लगते हैं। इस ग़ुलाम को तो यह जरासीम जहाँपनाह आचार्य का ख़ब्त मालूम होते हैं। बजाय गेहूँ को पीसने और आटे की रोटी पकाने के वे तो गर्म पानी में डुबाकर नर्म किए हुए दानों को ही चबा लेते हैं। गेहूँ को पीसने और रोटी पकाने में जरासीम जो मारे जाते हैं!" कहते हुए मीर अर्ज़ के होंठ तंज़िया अन्दाज़ में नीचे घूम गए।

"ताज्जुब है! तब तो ख़रबूज़ा और अंगूर में भी जरासीम होंगे?" अकबर की आवाज़ में हैरानी ज़ाहिर थी।

"यह तो मालूम नहीं जहाँपनाह! मगर जहाँ वे रात में सोये वहाँ न तो उन्होंने मशाल जलाने दी और न ही एक भी मोमबत्ती। उनकी लौ में कीड़े-पतंगे जो जल जाएँगे! इन कीड़ों की जान की फ़िक्र में जहाँपनाह! ढंग से सोते भी नहीं हैं आचार्य। जिस करवट लेट गए तो उसी करवट रात भर पड़े रहे कि करवट बदली तो कोई कीड़ा उनके नीचे दब जाएगा। सोते वक़्त मुँहपट्टी भी नहीं उतारी।"

आचार्य से मुलाक़ात के लिए अकबर अब तो बेसब्र हो उठा।

फ़तेहपुर सीकरी से कोस भर दूर शहर के जाने-माने सौदागरों और जौहरियों ने, जिनमें शहर ही नहीं बल्कि हिन्दुस्तान के सबसे बड़े जौहरी सेठ ओसवाल भी शामिल थे, आचार्य का ख़ैरमक़दम किया। और उनका रास्ता मोरपंखों की झाड़ू से साफ़ करते हुए उन्हें जैन मन्दिर ले गए जहाँ उनका मुक़ाम तय हुआ था। बादशाह का मेहमान बनने से आचार्य ने साफ़ इनकार कर दिया था।

अगली सुबह जैन मन्दिर से क़िले तक आचार्य के आगे-पीछे जैसे पूरा शहर ही चल रहा था। क़िले के दरवाज़े पर अकबर ने ख़ुद उनका इस्तिक़बाल किया और बाइज़्ज़त उन्हें इबादतख़ाना ले गया, जहाँ ख़ास तौर पर उनके लिए नया और एकदम साफ़ कालीन बिछाया गया था जिस पर उनके बैठने के लिए आरामदेह मसनद भी साफ़ सफ़ेद चादर से ढकी हुई रखी थी।

"आप इस पर तशरीफ़ रखें आचार्य!" अपनी मसनद के सामने रखी उस मसनद की तरफ़ इशारा करते हुए अकबर ने आचार्य से दरख़्वास्त की।

आचार्य ने अपने कन्धे पर टँगे झोले में से बड़े एहतियात के साथ एक छोटी-सी चटाई निकाली। उसे निहायत ही इत्मीनान के साथ उस मसनद पर बिछाया। और बड़े आहिस्ता से उस पर पालथी मारकर बैठ गए। अकबर बड़े ग़ौर से उनकी हर हरकत को देख रहा था। उनके अन्दाज़ में सलीक़ा था, सुकून था, और साफ़ नज़र आनेवाली ख़ुद-एतिमादी भी।

"जहाँपनाह! इस कायनात के ज़र्रे-ज़र्रे में नज़र न आनेवाले मगर जानदार वुजूद क़ायम हैं जिन्हें हम निगोद कहते हैं। यह इतने बारीक हैं कि हर ज़र्रे में हज़ारों ऐसे वुजूद समा जाएँ।" अकबर के किसी सवाल का इन्तज़ार किए बग़ैर आचार्य ने कहना शुरू कर दिया, जैसे कि सवाल का उन्हें इल्म हो या फिर मुमकिन है कि अकबर की आँखों में झाँक रहे सवाल को उन्होंने पढ़ लिया था। "बाल बराबर भी जगह कहीं नहीं जो इनसे भरी न हो। जहाँ आप बैठे हैं, जहाँ मैं बैठा हूँ, जहाँ आपके यह दरबारी बैठे हैं, यह वुजूद करोड़ों की तादाद में आसपास हैं। मसनद पर हैं। लिबास पर हैं। और हवा में भी हैं जो साँस के साथ और बोलते हुए भी जिस्म के अन्दर जा रहे हैं।"

आचार्य का यह बयान सुनकर अकबर के साथ ही बाक़ी जितने भी लोग वहाँ मौजूद थे : अबुल फ़ज़ल, हकीम अबुल फ़तह, हकीम हुमाम, अबुल फ़ैज़ी, मीर ग़यासुद्दीन अली सबके सब हवा में घूरने लगे। सबके चेहरों पर ना-यक़ीनी थी सिवा बीरबल के जिसे इस अक़ीदे की बाबत थोड़ी-बहुत जानकारी पहले ही से थी।

आचार्य ने जब से बोलना शुरू किया था, अकबर की निगाह उनकी मुँहपट्टी पर ही जमी हुई थी जिसके मुसलसल हरकत में होने की वजह से आचार्य उसे कुछ अजीब नज़र आ रहे थे। मगर निगोद की बात सुनकर तो आचार्य की ज़ेहनी सेहतमन्दी पर ही उसे शक हो चला।

"जहाँपनाह जब चीज़ें बहुत ज़्यादा फ़ासले पर या बेहद नज़दीक हों, या फिर निहायत अज़ीम व ला-महदूद या हद से ज़्यादा बारीक हों, तो हवासात की पकड़ में वे नहीं आ पाते।" अकबर और उसके दरबारियों की हरकत में नुमायाँ उनकी परेशानी को आचार्य ने पढ़ लिया था। "निगोद भी उन्हीं में से हैं, वुजूद के सबसे निचले दर्जे की शै जिसके पास सिर्फ़ एक हवास है—छूने का।"

हर बात बड़े आहिस्ता से, धीमी आवाज़ में आचार्य बोल रहे थे और हर लफ़्ज़ को जैसे तौल लेने के बाद ही उसे अपने मुँह से बाहर आने की इजाज़त वे दे रहे थे।

"जहाँपनाह! जैसे वक़्त को किसी ने नहीं बनाया वैसे ही इस कायनात को भी किसी ने नहीं बनाया। न तो इसकी शुरुआत है और न ही आख़िर। और न ही इसमें मौजूद कुल माद्दा की तादाद में कभी तब्दीली आती है। क्योंकि माद्दा न तो पैदा किया जा सकता है और न ही उसका ख़ात्मा मुमकिन है। और इसी वजह से न तो यह मुमकिन है कि इस कायनात को कोई बनाए और इसका कोई बनानेवाला हो, और न ही यह मुमकिन है कि इसका कोई अंजाम हो। ख़ुद की ही फ़ितरत की बिना पर यह कायनात क़ायम है और इसके अपने ही उसूलों से इसका कारोबार चलता है। किसी का इसमें कोई दख़ल नहीं, और न ही किसी का इस पर ज़ोर है।"

अल्लाह को उसकी हर ताक़त से महरूम किया जाता देख मीर ग़यासुद्दीन अली

न रुक सका और तल्ख आवाज़ में बोला, "तो फिर जहाँपनाह! आचार्य से दरयाफ़्त किया जाना चाहिए कि कायनात को अगर किसी ने नहीं बनाया तो फिर अल्लाह ने क्या किया?"

"जहाँपनाह! कायनात को अगर किसी ईश्वर ने अपनी लीला ज़ाहिर करने के लिए बनाया, जैसा कि ब्राह्मण कहते हैं, तो इसके मानी हुए कि वह भी ख़्वाहिशमन्द है। मगर ब्राह्मणों का तो यह दावा है कि वह ख़्वाहिशात से परे है। यह दोनों ही बातें कैसे सच हो सकती हैं? नस्रानियों का यक़ीन है कि इनसान के जानिब मोहब्बत और रहम के जज़्बात की वजह से उनके रब ने उसे इस ज़मीन पर भेजा। तो फिर इस दुनिया में उसे ज़ुल्म-ओ-ज़िल्लत के मुक़ाबिल क्यों होना पड़ता है? क्यों इस जहाँ में बीमारी है? क्यों इतनी मुफ़लिसी है कि इनसान भूख से मरने को मजबूर है? क्यों वह ज़लज़ले और सैलाब लाता है जिसमें इनसान और जानवर हद से ज़्यादा तकलीफ़ से गुज़रकर अपनी जान गँवाते हैं? अल्लाह ने यह कायनात अगर इसलिए बनाई कि वह अपना जलाल ज़ाहिर करे और पैग़म्बर भेजकर इनसान को अपना फ़रमाँबरदार बनाए, जैसा कि आलमपनाह का मज़हब बताता है, तो वह भी हम इनसानों सरीखा ही हुआ जो अपने क़ीमती सामान की नुमाइश करने में अपनी शान समझता है और दूसरों पर अपना हुक्म चलाने की हरदम ख़्वाहिश रखता है।"

आचार्य की इन दलीलों को सुनकर दौलतख़ाने में मौजूद हर शख़्स ख़यालों में डूबा हुआ था, अकबर भी। आचार्य की ज़ेहनी सेहतमन्दी को लेकर उसका शक अब काफ़ूर हो चुका था।

"मैं बादशाह हूँ।" देर तक ख़यालों में डूबे रहने के बाद अकबर बोला। "अपने दरबारियों को मुझे यह बताने की ज़रूरत नहीं कि मैं क्या कर रहा हूँ। और न ही मैं जो करने जा रहा हूँ उसकी वजह को किसी पर ज़ाहिर करने के लिए मैं पाबन्द हूँ। ऐसा ही उस ख़ालिक़ के साथ भी होगा। वह इस कायनात का बादशाह है। ज़मीन और आसमान का, सूरज और चाँद-सितारों का अकेला मालिक है। उसने यह सब क्यों बनाया इस बाबत किसी को बताना उसके लिए लाज़िमी नहीं। और इस बाबत जो भी दावा किया जाता है वह मेरे ख़याल से सिर्फ़ हमारा गुमान है।"

जैसा कि आचार्य अब तक करते आए थे, अकबर की बात उन्होंने बड़े ग़ौर से सुनी। और फिर नर्म व धीमी आवाज़ में बड़े इत्मीनान के साथ कहना शुरू किया।

"यक़ीनन जहाँपनाह! कुछ भी किसी को बताना ख़ालिक़ के लिए लाज़िमी नहीं। क्योंकि किसी ख़ालिक़ का वुजूद ही नहीं!"

"जहाँपनाह! आचार्य तो अल्लाह के वुजूद से ही इनकार कर रहे हैं!" हकीम हुमाम की भौंहें हैरत और ग़ुस्से से चढ़ी हुई थीं।

"आलमपनाह! अल्लाह का जैसा ख़याल आपके मज़हब में है, या ईश्वर के जो मानी ब्राह्मण बताते हैं या नस्रानी जिस तरह से रब को समझते हैं—हाँ, उनका कोई वुजूद नहीं!" आचार्य ने ज़ोर देकर कहा। "बल्कि हमारा तो यक़ीन है कि वह जीव जो हमारे शरीर में मौजूद है और जो हमारे होशमन्द होने की वजह है, अपनी ख़ालिस और पाक हालत में जब वह पुद्गल से आज़ाद हो चुका है, ख़ुद ही रब है, अल्लाह है, ईश्वर है।"

"पुद्गल?" आचार्य का अक़ीदा अकबर को भूल-भुलैया मालूम हो रहा था।

"जहाँपनाह! पुद्गल एक क़िस्म का बारीक माद्दा है जो गुज़श्ता ज़िन्दगियों में हमारे अमल ने जीव में भर दिए हैं।"

"जहाँपनाह! हर मज़हब किसी न किसी ख़ालिक़ के वुजूद में यक़ीन करता है और जिसे अल-अलीम और अल-मुक़्तदिर क़बूल करना हर मज़हब के अक़ीदे की बुनियाद है। आचार्य की राय अगर सही है कि ख़िल्क़त ख़ुद ब ख़ुद तैयार हो गई और ख़ुद ब ख़ुद जारी है, कि इसका कोई ख़ालिक़ नहीं, तब तो आलमपनाह! हर मज़हब एक फ़रेब हुआ!" आचार्य के बयान में ज़ाहिर बेदीनी मीर ग़यासुद्दीन अली को बेचैन कर रही थी।

"शायद हाँ जहाँपनाह! और शायद नहीं भी। आलमपनाह! नय-वाद के अक़ीदे में हम यक़ीन करते हैं जिसके मुताबिक़ हक़ीक़त के कई पहलू होते हैं। और हम स्याद-वाद का अक़ीदा भी क़बूल करते हैं जो कहता है कि मुख़्तलिफ़ नज़रिये से देखने पर हर बयाने हक़ीक़त सही है और ग़लत भी। क्योंकि हमारा यक़ीन है कि मुख़्तलिफ़ क़िस्म की हिदायतें और नसीहतें मुख़्तलिफ़ क़िस्म के लोगों की ज़रूरत और ज़ेहनी क़ुव्वत के मुताबिक़ मौजूद हैं और इनसान में ताक़त नहीं कि वह इनमें सही-ग़लत का फ़ैसला कर सके।"

"मगर यह कैसे मुमकिन है?" अकबर की आवाज़ में ताज्जुब था। "कोई भी बयान या तो सही हो सकता है ग़लत। सही और ग़लत, एक साथ दोनों कैसे हो सकता है?"

"जहाँपनाह! छह अन्धों के बीच एक हाथी को लाकर उनसे कहा गया कि बताएँ वह कैसा है? सबने उस हाथी को छूकर महसूस करना चाहा मगर वह इतना बड़ा था कि हरेक के हाथ में उसका कोई एक हिस्सा ही आया। जिसके हिस्से में हाथी का पाँव आया उसने कहा कि यह तो खम्भे जैसा है। जिसके हाथ में उसकी पूँछ आई वह बोला कि बेशक यह रस्से जैसा है। जिसने हाथी की सूँड़ पकड़ी उसने राय ज़ाहिर की कि वह दरख़्त की शाख़ के मानिन्द है। जिसने उसके कान को टटोला उसे वह सूपे जैसा समझ बैठा। जिसके हाथ में हाथी का दाँत आया उसने एलान कर दिया कि वह सिवा एक चिकनी लाठी के कुछ नहीं। और जिसने उसके बाक़ी बदन पर हाथ फेरा उसे यक़ीन हो गया कि हाथी दीवार सरीखा है। जहाँपनाह हक़ीक़त भी अन्धों का हाथी ही है। दरअसल, हक़ीक़त क्या है यह जानने के लिए मुनासिब नज़र का होना ज़रूरी है। और यह नज़र जिसके पास हो उसे हम अरिहन्त कहते हैं, जो पुद्गल से मुकम्मल तौर पर आज़ाद हो चुका है।"

"क्या शेख़ इब्ने'अरबी भी इसी उसूल की तस्दीक़ नहीं करते कि हक़ीक़त के कई पहलू होते हैं? और क्या सुलह-ए-कुल के अक़ीदे की बुनियाद भी यही नहीं?" अकबर की ख़ुशी की इन्तिहा नहीं थी यह जानकर कि आचार्य का मज़हब भी सुलह-ए-कुल का हामी है।

अब तक शाम के दरबार का वक़्त हो चुका था। न चाहते हुए भी आचार्य से अकबर को मोहलत के लिए दरख़्वास्त करनी पड़ी। दोनों वक़्त का दरबार उसके लिए

फ़र्ज़ था जिसे टाला नहीं जा सकता था। आचार्य भी सूरज डूबने के बाद न तो बोलते थे और न ही अपने ठिकाने से बाहर निकलते थे। लिहाज़ा मुबाहिसे को अगले रोज़ के लिए मुल्तवी कर दिया गया।

"आचार्य! आपने कल कहा था कि किसी खालिक का, किसी अल्लाह, ईश्वर या रब का कोई वुजूद नहीं," अगले रोज़ सुबह आचार्य का अपने दौलतख़ाने में इस्तिक़बाल करने के बाद अकबर ने सवाल किया। "तो इनसान की ज़िन्दगी में ख़ुशी और ग़म के लिए कौन ज़िम्मेदार है?"

"जहाँपनाह! जो भी ख़ुशी और ग़म मौजूदा ज़िन्दगी में जीव के हिस्से में आते हैं, अपनी गुज़श्ता ज़िन्दगी में उसने जो फ़ैसले लिये थे उसकी वजह से आते हैं।" कुछ वक़्त ख़ामोश रहने के बाद आचार्य ने जवाब दिया। "हर लम्हा हम फ़ैसले ले रहे हैं और हमारे इन फ़ैसलों पर हमारी गुज़श्ता ज़िन्दगियों के हमारे अमल का असर यक़ीनन है। एक ख़ास मौक़े पर किसी इनसान का बर्ताव जुदा-जुदा हो सकता है। वह ग़ुस्सा हो सकता है; या बेपरवाह रह सकता है; या फिर हमदर्द हो सकता है।"

"ज़िल्ले इलाही! इस बात को आचार्य क्या और साफ़ करेंगे?" अबुल फ़ज़ल ने इसरार किया।

"जहाँपनाह! एक शख़्स बहुत भूखा है और उसके पास सिर्फ़ एक रोटी है। जैसे ही वह उसे खाने के लिए बैठता है, एक भूखा भिखारी आकर आधी रोटी माँग लेता है। अब तीन तरह उस भिखारी के साथ वह बर्ताव कर सकता है। ग़ुस्सा हो जाए और भिखारी को झिड़की देकर भगा दे। या उस भिखारी को नज़रअन्दाज़ करते हुए पूरी रोटी खा जाए। या फिर उसके दिल में ऐसी रहमत जाग जाए कि पूरी की पूरी रोटी ही वह उस भिखारी को दे दे। बर्ताव का यह फ़र्क़ गुज़श्ता ज़िन्दगियों में हमारे अमल का नतीजा है। या यूँ कहें कि कितना पुद्गल हमने जमा किया और कितना हमने निकाल फेंका, उसके मुताबिक़ हमारा बर्ताव तय होता है। और जैसा हमारा बर्ताव रहता है, उसके मुताबिक़ या तो हम पुद्गल जमा करते हैं या हम उन्हें कम करते हैं।"

"ज़िल्ले इलाही! क्या आचार्य इस बात को साफ़ करेंगे कि पुद्गल को कम करने के लिए कैसा बर्ताव इनसान को करना चाहिए?" बीरबल ने पूछा।

"जहाँपनाह! पुद्गल आगे जमा न हो इसके लिए इनसान को ख़ुद से पाँच अहद करने होते हैं और उन अहद पर हर हाल में क़ायम रहना होता है। पहला और सबसे अहम है अहिंसा। यानी दिल, दिमाग़ और शरीर से हर ज़िन्दा शै के लिए रहम का जज़्बा और हर ज़िन्दगी के जानिब एहतराम का जज़्बा। दूसरा है सत्य। यानी अमल, बयान और ख़याल से हमेशा सच पर क़ायम रहना। किसी भी हाल में झूठ का सहारा न लेना। तीसरा है अस्तेय। यानी चोरी से तौबा जिसमें लालच से आज़ादी और लेन-देन में ईमानदारी भी शामिल है। जैसे महसूल अदा करने में उज्र न करना, ग़ैर-वाजिब मुनाफ़ा न लेना और क़र्ज़ को चुकाने से कभी मुँह न मोड़ना। चौथा है अपरिग्रह। जिन्होंने दुनिया को तर्क कर दिया है, जैसे हमारे श्रावक और श्राविकाएँ, उनके लिए इसके मानी हैं दुनियावी ज़रूरतों के जानिब बेरुख़ी और दुनियावी सामान की मिल्कियत से इनकार। और बाक़ी के लिए इसके मानी है, जो भी हासिल है उसके जानिब लगाव की ग़ैर-मौजूदगी।

और पाँचवाँ है ब्रह्मचर्य, यानी नफ़्सानी ख़्वाहिशात पर मुकम्मल क़ाबू। इन पाँच अहद पर क़ायम रहने से इनसान अपने हवास पर फ़तहयाब होता है और मग्फ़िरत हासिल करके बार-बार पैदा होने से निजात पा लेता है। जहाँपनाह! हमारे मज़हब का नाम जैन दरअसल जिन लफ़्ज़ से निकला है, जिन यानी फ़तह—फ़तह ख़ुद पर।"

"लेकिन ज़िल्ले इलाही! आचार्य ने जो अहद बताए उन पर क़ायम रहने से पुद्गल का सिर्फ़ जमा होना रुकता है। जो पुद्गल जमा हैं, वे ख़त्म किस तरह होते है?" अबुल फ़ज़ल ने दरयाफ़्त किया।

"जहाँपनाह! पुद्गल कभी ख़त्म नहीं होते मगर उनसे आज़ादी हम ज़रूर पा सकते हैं। और यह आज़ादी हासिल होती है तप या तपस्या से, यानी रियाज़त से। और परहेज़गारी व नफ़्सकुशी[1] से। यह ऐसा ही है जहाँपनाह! जैसे कि बीज को आग में झुलसा देना जिससे कि उसकी पैदा होने की सिफ़त ही ख़त्म हो जाए।"

"और पुद्गल से आज़ाद हो जाने पर क्या होता है?" बड़े ग़ौर से आचार्य को सुन रहे अकबर ने सवाल किया।

"तब जहाँपनाह! जीव मुकम्मल पाकीज़गी हासिल करके एक ऐसे तालाब के मानिन्द हो जाता है जिसका पानी साफ़ और शफ़्फ़ाफ़ है; जिसमें कोई मौज नहीं, कोई हरकत नहीं। इस हालत को जहाँपनाह हम निर्वाण कहते हैं, जिसके बाद जीव हमेशा उसी हालत में क़ायम रहता है और परमात्मा हो जाता है।"

"आचार्य! यह जीव क्या बरहमनों के मज़हब का आत्मा ही नहीं?" अकबर ने अन्दाज़ा लगाया।

"जहाँपनाह! जीव आत्मा की मानिन्द इस हद तक ही है कि दोनों जावेदाँ हैं और नाक़ाबिल-ए-फ़ना हैं। लेकिन जीव मुकम्मल तौर पर ख़ुद-मुख़्तार है। आत्मा की मानिन्द वह किसी परमात्मा का हिस्सा नहीं और न ही किसी आलातरीन हस्ती का उसके अमल में कोई दख़ल है। क्योंकि हक़ीक़त में ऐसी किसी हस्ती का वुजूद ही नहीं!"

"फिर आचार्य! किसकी परस्तिश आप लोग अपने मन्दिरों में किया करते हैं? क्योंकि मैंने गौर किया है कि यहाँ सीकरी में कई जैन मन्दिर हैं," अकबर ने आचार्य को याद दिलाया।

"जहाँपनाह! परस्तिश हम किसी की नहीं करते। लेकिन हम दुआ यक़ीनन करते हैं और गुज़ारिश करते हैं उनसे जो हमें मग्फ़िरत हासिल करने की, निजात पाने की राह दिखा गए हैं, हमारे तीर्थंकर जो इनसान के अरि यानी दुश्मनों—गुस्सा, आरज़ू, हवस और नफ़्सपरस्ती—को फ़तह कर अरिहन्त कहलाए। जिन्होंने हमारे दरमियान रहकर हमें यह यक़ीन दिलाया कि उन सिफ़ात को हासिल करना मुमकिन है जिन्हें हासिल कर उन्होंने निजात पाई। और जिस रास्ते वे चले उसी रास्ते पर चलने के लिए हमारी हौसलाअफ़्ज़ाई भी की। जहाँपनाह! जीव ख़ुद अपने नसीब का मालिक है। जो भी वह करता है ख़ुद की मर्ज़ी से करता है और अपने अमल के नतीजे के लिए वह अकेला ज़िम्मेदार है। कोई पैग़म्बर, कोई देवता न तो इसमें दख़ल दे सकता है, न ही मददगार हो सकता है। और जहाँपनाह! कोई रब नहीं जो जीव की मदद के लिए आसमान से

1. इन्द्रियदमन।

उतरे। बल्कि हमें ही ऊपर जाना है। हमें ही रब होना है। हमें ही परमात्मा बनना है। यही इनसान का मक़सद है और यही हमारे मज़हब का लुब्बे-लुबाब है।"

"एक कमज़ोर इनसान पर यह तो बेहद भारी वज़न हुआ!" अकबर के मुँह से बेसाख़्ता निकल गया।

"ज़िल्ले इलाही! आचार्य से दरयाफ़्त किया जाए कि ख़ुद अपने तजुर्बे से किसी जीव को परमात्मा बनते उन्होंने देखा है?" आचार्य की तक़रीर पर अबुल फ़ज़ल ने ना-यक़ीनी ज़ाहिर की। "और अगर नहीं, तो अपने इस अक़ीदे पर उनका यक़ीन किस तरह क़ायम है?"

"जहाँपनाह! जिस तरह कोई भी अन्धा शख़्स नहीं जान सकता कि हाथी वाक़ई में कैसा है, उसी तरह हम भी नहीं जान सकते कि हक़ीक़त क्या है। इसके लिए ऐसे शख़्स की रहनुमाई की ज़रूरत है जिसकी आँखें रोशन हों। हमारे लिए वे हमारे तीर्थंकर हैं। उन्होंने जो हमें बताया उस पर हमें मुकम्मल यक़ीन है। इसके अलावा जहाँपनाह! जो हमारी हवास की क़ुव्वत के बाहर है, दलीलों से उसे समझा भी नहीं जा सकता।"

"आचार्य जी!" पहली दफ़ा अकबर ने एहतराम ज़ाहिर करनेवाले लफ़्ज़ 'जी' का इस्तेमाल आचार्य के लिए किया। "मेरे ज़ेहन में एक शुबहा है। बतौर बादशाह मेरा फ़र्ज़ है कि अपनी सल्तनत की सरहद की मैं हिफ़ाज़त करूँ और सरहद को मैं आगे भी बढ़ाऊँ। इसके लिए मुझे जंग करनी ही होती है जिसमें ज़बर्दस्त ख़ून-ख़राबा होता है। आपके मज़हब के अक़ीदे के मुताबिक़ न तो मैं, न मेरे सिपहसालार और न ही मेरे फ़ौजी—निजात पाने की उम्मीद क़तई नहीं रख सकते।"

"जहाँपनाह! तशद्दुद[1] अगर इस वजह से है कि उससे दामन बचाने पर उससे भी ज़्यादा तशद्दुद का अन्देशा है तो वह तशद्दुद नाजायज़ नहीं।" अकबर के सवाल का सीधा जवाब देने से कतराते हुए आचार्य ने कहा। "मुज़रिम को सज़ा देने में भी तशद्दुद है मगर उसे सज़ा न मिली तो मुँमकिन है कि रियाया को कहीं ज़्यादा तशद्दुद से मुक़ाबिल होना पड़े। इंसाफ़ और अमन की ख़ातिर तशद्दुद बादशाह के लिए लाज़िमी है।"

आचार्य को अकबर ने जगद्गुरु के ख़िताब से नवाज़ते हुए एक फ़रमान 'अमारी घोसना' भी उनके हाथों में सौंप दी जिसके मुताबिक़ जैन त्योहारों जैसे पर्यूषण और महावीर जयन्ती के दौरान किसी भी जानवर को हलाक किए जाने पर पाबन्दी लगा दी गई।

बाद के फ़रमानों में जानवरों को हलाक करने पर इतवार के रोज़ भी पाबन्दी लगा दी गई क्योंकि उसका ताल्लुक आफ़ताब से होने की वजह से वह मुक़द्दस दिन था। हिन्दुओं के त्योहारों पर और जिस महीने में अकबर पैदा हुआ था उस पूरे महीने भी जानवरों को हलाक करना ग़ैरक़ानूनी क़रार कर दिया गया। और अकबर ख़ुद गोश्त खाने से साल में छह महीने से भी ज़्यादा परहेज़ करने लगा। आहिस्ता-आहिस्ता उसके दस्तरख़्वान पर गोश्त साल में सिर्फ़ चार रोज़ ही रहने लगा।

बरहमनों के मज़हब में अकबर की दिलचस्पी को साल दर साल बढ़ते हुए देख उलेमा और मुल्ला ख़ुद को ग़ैर-महफ़ूज़ महसूस करने लगे। उन्हें यह यक़ीन भी हो चला कि नवसारी के पारसी मोबेद ने अकबर को गुमराह कर सच्चे दीन से दूर कर दिया है।

1. हिंसा।

क्योंकि पाक आतिश को ईरान से बुलवाकर उसने अबुल फ़ज़ल को यह ज़िम्मेदारी दे दी है कि उसे वह मुसलसल रोशन रखे। और शाम को क़िले में जब मशालें और मोमबत्तियाँ जलाई जाती हैं उस वक़्त वहाँ मौजूद हर शख़्स के लिए लाज़िमी हो गया है कि रोशनी का एहतराम करने के लिए वह खड़ा हो जाए।

जानवरों को हलाक करने पर पाबन्दियों को मुल्लाओं ने अकबर का मुसलमानों की मुख़ालिफ़त और काफ़िरों की हिमायत करनेवाला रवैया क़रार कर दिया गया। और अहादीस में एक ऐसी रिवायत मौजूद होने का उलेमा ने दावा किया जिसके मुताबिक़ रसूलुल्लाह ने फ़रमाया था कि जो चालीस रोज़ तक गोश्त नहीं खाएगा वह कमज़ोर हो जाएगा। इसके साथ ही कसाइयों का रोज़गार ख़त्म हो जाने को लेकर फ़िक्र की जाने लगी। और नतीजतन उनके कुनबे की होनेवाली बरबादी को लेकर अफ़सोस भी ज़ाहिर किया जाने लगा। इस सबका असर बंगाल पर भी हुआ जहाँ चल रही फ़ौजी बग़ावत ने इस वजह से और भी ज़ोर पकड़ लिया।

मुर्शिद बादशाह

जिस दौरान मुख़्तलिफ़ अक़ीदों और फ़लसफ़ों की तहक़ीक़ के ज़रिये अकबर यह समझने और समझाने में लगा हुआ था कि 'उस तक ही पहुँचते हैं सभी रास्ते' और इसी के साथ अपनी सल्तनत में मज़हबी इत्तिहाद की बुनियाद क़ायम करने की कोशिश में वह मशगूल था, उसी दौरान, और उससे पहले भी, रैदास, धन्ना भगत, पीपा बैरागी, दादू, नरसी मेहता और सन्त तुकाराम जैसे विचारक सन्त हिन्दू मज़हब को बेमानी रिवाज़ों से आज़ाद कर और परस्तिश के लिए मन्दिरों और ब्राह्मणों की ज़रूरत को ख़ारिज कर हिन्दुओं में, ख़ास तौर पर उनके निचले तबक़े में, जिसे न तो बराबरी का दर्जा हासिल था और न ही मन्दिरों में परस्तिश का इख़्तियार, एक नया जोश और जज़्बा भर रहे थे। इन्होंने और इनके जैसे और भी कई सन्तों ने उनके भगवान को मन्दिरों से बाहर निकाल अपने दोहों और चौपाइयों के ज़रिये उसके भक्तों के दिल में उसे बसा दिया, जिसे उनकी मोहब्बत और अक़ीदत के सिवा कुछ भी दरकार न था।

सन्त कबीर तो हिन्दू और मुसलमान दोनों को ही बेमतलब की रस्मों और दस्तूरों की क़ैद से आज़ाद करवाने पर आमादा थे। अपने हथकरघे पर ताने और बाने को एक-दूसरे में पिरोते हुए कपड़ा बुनने के साथ ही वे अल्फ़ाज़ को आपस में पिरोते हुए साखियाँ भी बुन रहे थे—आम आदमी की ज़बान में कहे गए पद जिनमें गहरा फ़लसफ़ा बेहद आसान अल्फ़ाज़ में कह दिया गया था। हिन्दू व मुसलमान दोनों ही उन्हें सुनने को बेताब रहा करते और उनके ठिकाने पर रोज़ ही सैकड़ों तलबगार जमा हो जाते।

"भाई रे! दुई जगदीश कहाँ ते आया? कहू कौन भरमायो?"

(इस जहान के दो मालिक कहाँ से आए भाई, कहो किसने तुम्हें गुमराह किया?)

जमा हुए इन लोगों से वे पूछते और फिर ख़ुद ही अपने सवाल का जवाब भी देते।

"अल्लाह राम करीम केशव, हरि हज़रत नाम धरायो।"

(अल्लाह, राम, करीम, केशव, हरि, हज़रत यह नाम उसने ही तो धर लिये हैं)

दूसरी तरफ़ हिन्दुस्तान के हर शहर, क़स्बे और गाँव में सूफ़ी फ़क़ीर और पीर लोगों को उनकी अपनी ज़बान में समझा रहे थे कि मज़हब की बुनियाद में ख़ुदा की उल्फ़त के सिवा कुछ भी नहीं! कि ख़ुदा को पाने के लिए न तो रोज़ा व नमाज़ लाज़िमी है, और न ही ईश्वर का एहतराम करने के लिए बुतपरस्ती ज़रूरी है। बल्कि वह जो कि ख़ुदा भी है और ईश्वर भी, उसकी इबादत करने के लिए सिर्फ़ उसे दिल से याद करना और उसका ज़िक्र यानी उसका नाम लेना ही काफ़ी है। छोटी-छोटी कहानियों और आम इनसान की ज़िन्दगी से उठाई गई मिसालों के ज़रिये वे अपनी बात समझाया करते। और उन्हें सुनने के लिए ग़रीब और सीधे-सादे ग़ैर-तालीमयाफ़्ता हिन्दू और मुसलमान दोनों

ही सैकड़ों, हज़ारों की तादाद में उनके ठिकाने पर जमा हो जाते।

इसी दौरान सूफ़ी नज़रिया रखनेवाले सय्यद इब्राहीम, जो अपने तख़ल्लुस रसख़ान से ज़्यादा जाने गए, हिन्दुओं के भगवान कृष्ण के भक्त हो जाते हैं और उनकी उल्फ़त में व उनकी तारीफ़ में बेहतरीन दोहे, सवैए और सोरठे[1] कहने लगते हैं। और बैरम ख़ान का बेटा अब्दुर्रहीम, जिसका रुझान भी सूफ़ी अक़ीदे की तरफ़ था, भगवान राम का भक्त होकर उनकी शान में क़सीदे पढ़ने लगता है।

गही सरनागति राम की, भवसागर की नाव;
रहिमन जगत उधार को, और न कोऊ उपाय।[2]

(राम के शरणागत हो जाओ जो भवसागर यानी संसार रूपी समुद्र की नाव हैं;
जगत से उद्धार पाने का यानी मोक्ष पाने का रहीम, और कोई उपाय नहीं।)

वक़्त के साथ यह दोनों ही नज़रिये, हिन्दू सन्तों का और मुसलमान सूफ़ी फ़क़ीरों का, आपस में मिलते चले गए। हिन्दू जोगियों से मुतास्सिर होकर सूफ़ियों ने उनके ध्यान और प्राणायाम जैसे तरीक़े इख़्तियार कर लिये और ख़ुद को ऋषि कहलाने लगे। दूसरी तरफ़ हिन्दुस्तान भर में सूफ़ी पीरों की दरगाहों पर समा हिन्दुओं के भक्ति गीतों से बँधने लगा।

और इस तरह मज़हबी इत्तिहाद के दरख़्त पर ऊपर हुक्मरान के अमल से नए-नए पत्ते आने लगे तो नीचे हिन्दू व मुसलमान सन्तों और फ़क़ीरों की कोशिशों से हिन्दुस्तान की सरज़मीं में वह अपनी जड़ें मज़बूत करने लगा।

दीवानख़ाना-ए-ख़ास में बैठ अकबर सुलह-ए-कुल तक के अपने सफ़र को याद करते हुए कह रहा था,

"जब मैं बीस साल का था तो ज़बर्दस्त रूहानी तिश्नगी से मैं मुक़ाबिल हुआ और गुज़श्ता बीस सालों में कई जोगियों, सूफ़ियों और सन्तों से मैं मिला और उन्हें मैंने सुना। मुख़्तलिफ़ मज़हबों के आलिम फ़ाज़िल पैरोकारों की तक़रीरें भी मैंने सुनीं। सभी मज़हबों की मुक़द्दस किताबों को और उन पर आलिमाना तफ़सीर को भी मैंने सुना। लेकिन जैसा कि मौलाना उमर ख़य्याम फ़रमा गए हैं :

जवान था जब मैं, बेताबी से की मुलाक़ात बारम्बार
मुजाविरों[3] *से और सन्तों से, और सुनी अज़ीम दलीलें,*
इसके बाबत और उसके बाबत, मगर हमेशा ही
निकला उसी दरवाज़े से बाहर, जिससे कि मैं अन्दर गया।

लेकिन इस सारे तजुर्बे से यह मैंने ज़रूर जाना कि कुछ हद तक सच्चाई हर मज़हब में है। और फिर इस नतीजे पर पहुँचा कि अगर कुछ सच्चाई हर मज़हब में है तो यह मानने की कोई वजह नहीं कि हक़ीक़त सिर्फ़ एक ही मज़हब को हासिल है, और वह

1. ये सब नज़्म या छन्द के प्रकार हैं।
2. रामनाम की नाव ही भवसागर से पार कराती है, जगत के उद्धार का और कोई उपाय नहीं।
3. दरगाह का ख़िदमतगार, मन्दिर का पुजारी।

भी इस्लाम जैसे मज़हब में जो कि अभी हज़ार साल पुराना भी नहीं हुआ!"

अकबर का यह कहना था कि मुल्ला दो-पिआज़ा भड़क उठा।

"जहाँपनाह! टिमटिमाने से जुगनूँ आफ़ताब नहीं हो जाता! अगर किसी मज़हब में कुछ सच्चाई है भी तो इसके मानी यह कैसे हो गए कि वह मज़हब सच्चा है? और न ही जहाँपनाह! इस्लाम नया मज़हब है। यह तो पैग़म्बर आदम, अलैहिस्सलाम, के वक़्त से क़ायम है। पैग़म्बर मुहम्मद, सल्लल्लाहु अलैहि वसल्लम, को तो इस्लाम में दाख़िल हो गईं ख़राबियाँ दूर करके इसे फिर से क़ायम करने के लिए अल्लाह ने भेजा था। और अगर यह मान भी लिया जाए कि इस्लाम का मज़हब नया है तो इसके मानी यह कैसे हुए कि बाक़ी मज़हबों से यह कमतर है? बल्कि इससे तो साबित होता है कि अल्लाह के भेजे हुए मज़हबों में सिर्फ़ इस्लाम ही अब जायज़ मज़हब है। बादशाह सलामत का नया फ़रमान क्या उसके पुराने फ़रमानों पर तर्जीह[1] नहीं पाता?"

काफ़िरों की तरफ़दारी करने और उन्हें सल्तनत के निज़ाम में रोज़ ब रोज़ ज़्यादा अहमियत देने की अकबर की नफ़रतअंगेज़ आदत से परेशानहाल मुल्ला दो-पिआज़ा के गुज़श्ता कुछ साल निहायत ही तकलीफ़देह दौर से गुज़रे थे। और उसे यक़ीन था कि इसकी वजह सिर्फ़ वह बदमाश काफ़िर बीरबल है जिसके साथ और भी ज़्यादा वक़्त गुज़ारने का गुनाहे अज़ीम बादशाह अकबर रोज़ ब रोज़ कर रहा था। उसके बहुत समझाने पर भी अकबर का यह रवैया जब नहीं बदला तो उसे यक़ीन हो गया कि गुमराह होकर जहन्नुम पहुँचना और दोज़ख़ की आग में जलना ही अल्लाह ने उसके नसीब में लिखा है। और तब उसने तय कर लिया कि बादशाह की 'मदद' करने की कोशिशों से अब वह अपना हाथ खींच लेगा और मक्का जाकर अल्लाह की इबादत में अपना आख़िरी वक़्त गुज़ार देगा। मक्का जाने के लिए अकबर की इजाज़त हासिल करने ही वह उस रोज़ दीवानख़ाना-ए-ख़ास में हाज़िर हुआ था।

"जहाँपनाह! इस्लाम अकेला ऐसा मज़हब है जो अल्लाह ने मुकम्मल आदमज़ाद के लिए नाज़िल किया है। पैग़म्बर मोहम्मद, सल्लल्लाहु अलैहि वसल्लम, के पहले जो भी पैग़म्बर आए, वे सिर्फ़ उनके अपने लोगों के लिए, उनकी अपनी क़ौम के लिए, उनके अपने मुल्क के लिए ही अल्लाह का पैग़ाम लाए। लेकिन रसूलुल्लाह मोहम्मद, सल्लल्लाहु अलैहि वसल्लम, के ज़रिये अल्लाह ने यह आख़िरी मज़हब पूरी इनसानियत के लिए भेजा। नतीजतन जहाँपनाह! बाक़ी सभी मज़हब अब मंसूख़ हो चुके हैं। लेकिन अल्लाह के हुक्म की नाफ़रमानी करते हुए जो लोग इन मंसूख़ हो चुके पुराने मज़हबों से ही वाबस्ता रहना चाहते हैं, ख़ास तौर पर यह बुतपरस्त काफ़िर," कहते हुए बेइन्तिहा नफ़रत भरी निगाह से मुल्ला दो-पिआज़ा ने बीरबल को घूरा, "तो इनके लिए अल्लाह ने ऐसे अज़ाब का इन्तज़ाम जहन्नुम में किया हुआ है," मुल्ला की एक उँगली आसमान की तरफ़ उठ गई, "कि सुनकर ही इनकी रूह फ़ना हो जाएगी!"

"ज़िल्ले इलाही! काबा का तवाफ़ करने और हजर-ए-असवद[2] का बोसा लेने में हम तो कोई नुक़्स नहीं निकालते! तो फिर बुतपरस्ती के लिए हमसे नफ़रत क्यों?"

---

1. प्रधानता, वरीयता।
2. काबा का काला पत्थर।

"क्योंकि बुतपरस्ती से नफ़रत हमारे मुबारक पैग़म्बर मोहम्मद सल्लल्लाहु अलैहि वसल्लम का सुन्ना है!" बीरबल के गुस्ताख़ बयान को सुनकर मुल्ला दो-पिआज़ा अपने आपे से बाहर हो गया और चीख़ उठा। "क्योंकि बुतपरस्तारों से नफ़रत को *क़ुराने पाक* ने दीनदारों पर फ़र्ज़ क़ायम किया है! क्योंकि अल्लाह को यह मंज़ूर नहीं कि उसके सिवा किसी की कोई इबादत करे!" चीख़-चीख़कर मुल्ला दो-पिआज़ा का चेहरा लाल हो उठा। "जहाँपनाह! इस दुनिया का मालिक सिर्फ़ एक है। अल्लाह! और इस पर अकेले सिर्फ़ उसका ही इख़्तियार है। उसने पैग़म्बर मोहम्मद, सल्लल्लाहु अलैहि वसल्लम, को हिदायतें दीं और उसके मुताबिक़ मोहतरम पैग़म्बर मोहम्मद, सल्लल्लाहु अलैहि वसल्लम, ने वह रास्ता दिखाया जिस पर चलना इनसान का फ़र्ज़ है। और वह रास्ता है इस्लाम का रास्ता। हरेक इनसान के लिए सिर्फ़ यह अकेला जायज़ रास्ता है। इस रास्ते पर न चलना आलमपनाह! अल्लाह की हुक्मउदूली करना है, उसकी नाफ़रमानी करना है।"

"लेकिन उसकी मर्ज़ी के बग़ैर तो कुछ भी होना मुमकिन नहीं," अकबर ने दलील दी। "फिर उसने पैग़म्बर मोहम्मद, सल्लल्लाहु अलैहि वसल्लम, की आमद के बाद भी हज़ार साल तक बुतपरस्ती करते रहने की इन काफ़िरों को इजाज़त कैसे दे दी?"

"जहाँपनाह! अल्लाह ने जो नबातात[1] इस ज़मीन पर पैदा की हैं, उसमें दवा भी है और ज़हर भी। और उसने इनसान को उन दोनों में फ़र्क़ करने की क़ाबिलियत भी अता कर दी है। फिर भी कोई अगर ज़हर ही खाना चाहे तो कसूर किसका?"

"ज़िल्ले इलाही! अल्लाह ने..."

"तुमने ही हमारे नेक बादशाह को गुमराह किया है!" अबुल फ़ज़ल आगे कुछ कह पाता इसके पहले ही मुल्ला दो-पिआज़ा उस पर टूट पड़ा। "और तुम ही हो जो हमारे पाक मज़हब में अक़्ल का दख़ल करके उसे ख़राब करने में लगे हो! लेकिन याद रखो! अल्लाह के हुक्म में अक़्ल का दख़ल सबसे पहले इब्लीस ने किया था जब उसने पैग़म्बर आदम अलैहिस्सलाम के सामने झुकने से इनकार किया था।" अपनी एक उँगली अबुल फ़ज़ल की तरफ़ ग़ुस्से से दिखाते हुए मुल्ला चिल्लाया, "और इस गुनाहे अज़ीम की सज़ा लाज़िमी तौर पर अल्लाह तुम्हें देनेवाला है। दोज़ख़ की आतिश में तुम्हें फेंक दिया जाएगा! तुम चीख़ोगे, चिल्लाओगे! मगर कोई रहम तुम पर नहीं किया जाएगा। ख़ुद का गोश्त के जलने की बदबू से तुम्हारा दम घुटने लगेगा। जब तुम्हारी खाल जल चुकी होगी तो नई खाल तुम्हारे जिस्म पर चढ़ जाएगी और वह फिर से जलेगी।" कहते हुए मुल्ला दो-पिआज़ा के चेहरे पर नफ़रत की लक़ीरें और गहरी हो गईं, "और तुम बेइन्तिहा दर्द की वजह से चीख़-चीख़कर रहम की फ़रियाद करोगे! लेकिन कोई नहीं सुनेगा तुम्हारी फ़रियाद! और तुम इसी तरह हमेशा ही जलते रहने के लिए मजबूर रहोगे!" अपनी बात को पूरी करते-करते मुल्ला दो-पिआज़ा हाँफने लगा था।

दोज़ख़ की यह तसवीर मुल्ला दो-पिआज़ा ने अकबर को नसीहत देने के मक़सद से भी खींची थी। मगर यह देख उसे बेहद नाउम्मीदी हुई कि बादशाह के चेहरे पर इसका कोई असर उसे नहीं नज़र आया।

"ज़िल्ले इलाही! *क़ुराने पाक* की सूरा यासीन में अल्लाह सुबहानु व तआला ने

1. वनस्पतियाँ।

फ़रमाया है," मज़हब में अक़्ल के दख़ल बाबत मुल्ला दो-पिआज़ा के एतिराज़ पर सफ़ाई देते हुए अबुल फ़ज़ल ने कहा, "'क्या मैंने तुम्हारी तरफ़ हुक्म नहीं भेजा था ऐ औलाद-ए-आदम! कि तुम परस्तिश न करना शैतान की?' बेशक वह तुम्हारा खुला दुश्मन है। और यह कि तुम मेरी इबादत करना, यही सीधा रास्ता है। और उसने तुममें से बहुत लोगों को गुमराह कर दिया, तो क्या तुम अक़्ल से काम नहीं लेते थे? आलमपनाह! इससे यह बात सूरज की रोशनी की तरह साफ़ है कि इनसान से अल्लाह यह उम्मीद करता है कि वह अक़्ल से काम ले।"

"जहन्नुम में जाओ तुम और तुम्हारी अक़्ल!" मुल्ला इतनी ज़ोर से चीख़ा कि ऐसा लगा उसके फेफड़े फट ही जाएँगे। "सच्चे दीन में तुम तहक़ीक़ की हवा बहाना चाहते हो न? मगर याद रखो कि ऐसी हवा रोज़-ए-हश्र[1] को दीनदारों पर तबाही भी ला सकती है!"

"ज़िल्ले इलाही! तहक़ीक़ की हवा से जिस मज़हब के दीनदार तबाह हो जाएँ," अबुल फ़ैज़ी ने अपनी राय ज़ाहिर की, "मेरे ख़याल में तो वह मज़हब नहीं बल्कि फ़रेब है।"

अब तो मुल्ला दो-पिआज़ा के मिज़ाज का पारा सारी हदें पार कर गया।

"मत भूलो कि तुम्हारे जैसे बेदीन लोगों के लिए ही अल्लाह ने अज़ाब-ए-जहन्नुम तैयार किया है!" ग़ुस्से से चीख़ते हुए मुल्ला दो-पिआज़ा का बदन लरजने लगा था। "जिसमें जब तुम जलोगे तो तुम्हारे गले में पिघला हुआ सीसा उड़ेला जाएगा! और यह अंजाम उन सबका होना है जो इस्लाम में अक़्ल का दख़ल करेंगे!"

"मेरी फ़िक्र न कीजिए जनाब," फ़ैज़ी हँस दिया। "जिसके मुक़द्दर में जहन्नुम जाना लिखा है वह जाएगा ही। क्योंकि हमारे पैदा होने के पहले ही हम आज़ाद-मर्ज़ी से महरूम कर दिए गए हैं। लिहाज़ा मोहतरम जनाब मुल्ला दो-पिआज़ा क़तई फ़िक्र न करें कि हमारा क्या होना है। हमारा ख़ालिक़ हमें बनाने के पहले ही हम सबका अंजाम तय कर चुका है।"

मुल्हिद[2] बादशाह की हुकूमत में हिन्दुस्तान और हिन्दुस्तान के मोमिनों की यक़ीनन तबाही के ख़याल से निहायत ही ज़ेहनी परेशानी में मुब्तला मुल्ला दो-पिआज़ा बग़ैर अकबर से इजाज़त लिये, मक्का जाने की और दीवानख़ाना-ए-ख़ास से रुख़्सत होने की भी, वहाँ से चल दिया। मक्का पहुँचकर हज करने और हिन्दुस्तान के मोमिनों के लिए अल्लाह से रहम की दुआ करने के बाद वह हेरात और फिर बुख़ारा पहुँच गया, सुल्तान अब्दुल्लाह ख़ान उज़्बेक को इस बात के लिए राज़ी करने के मक़सद से कि हिन्दुस्तान में इस्लाम की हिफ़ाज़त की ख़ातिर अकबर के ख़िलाफ़ वह फ़ौरन जिहाद छेड़ दे।

"इनसान में दिमाग़ और अक़्ल की मौजूदगी यह साबित करती है कि इस कायनात को बनानेवाला ख़ालिक़ वाक़ई अल-हकीम[3] है।" अबुल फ़ज़ल के सिवा बाक़ी सबके दीवानख़ाना-ए-ख़ास से रुख़्सत हो जाने के बाद अकबर अपने ख़याल को अल्फ़ाज़ दे

1. क़यामत का दिन जब यह फ़ैसला किया जाएगा कि किस इनसान ने क्या पाप किए और क्या पुण्य के काम।
2. नास्तिक, ईश्वर के अस्तित्व में विश्वास न रखने वाला।
3. सर्वाधिक बुद्धिमान।

रहा था। "और क्योंकि वह अल-हकीम है और अल-अलीम भी, तो ऐसी इबादत की न तो वह इजाज़त दे सकता है और न ही उसे बर्दाश्त कर सकता है जो जायज़ नहीं। उस अल-मुक़्तदिर की मर्ज़ी के ख़िलाफ़ भला कौन जा सकता है? इसके बावजूद इबादत के तरीक़ों को लेकर इतना इख़्तिलाफ़ है, इतनी लड़ाई है कि हर मज़हब का मुक़ल्लिद दूसरे मज़हब के मुक़ल्लिद को हिक़ारत की निगाह से देखता है और बाज़ दफ़ा तो उससे नफ़रत भी करने लगता है। जबकि देखा जाए तो बुनियादी तौर पर सारे मज़हब एक ही हैं। सब मंज़ूर करते हैं कि ख़ुदा एक है। कि वह अल-अलीम और अर-रहीम है। और यह भी कि उसकी इबादत इनसान पर फ़र्ज़ है और उसकी सिफ़त को अपनी ज़िन्दगी में उतारना उसका मक़सद। तो फिर फ़िरक़ापरस्ती क्यों होनी चाहिए? क्यों मज़हब को लेकर फ़साद होने चाहिए? और क्यों हर मज़हब के मुक़ल्लिद को यह बेबुनियाद यक़ीन होना चाहिए कि सिर्फ़ उसका मज़हब ही सच्चा मज़हब है?"

कहकर अकबर ने अबुल फ़ज़ल को सवालिया निगाह से देखा, मगर जवाब की उम्मीद किए बग़ैर। और एक गहरी साँस भरकर उसने अपनी तक़रीर जारी रखी।

"मेरी हरचन्द[1] कोशिशों के बावजूद हिन्दुओं और मुसलमानों के दरमियान फ़ासला मुझे कम होता नहीं नज़र आता। मुसलमान अब भी हिन्दुओं को क़ाबिले नफ़रत काफ़िर समझते हैं जिन पर ज़ुल्म करना उनके मुताबिक़ इस्लाम का फ़रमान है। और हिन्दू मुसलमानों को म्लेच्छ मानते हैं जिनके छू लेने भर से उनका जिस्म, उनकी ख़ुराक, यहाँ तक कि उनके लिबास और बर्तन भी नापाक हो जाते हैं। इन दोनों मज़हबों में नज़दीकी कैसे बढ़े? कैसे मेरी सल्तनत के मुसलमानों और हिन्दुओं में हमख़याली हो? मैं नहीं समझ पा रहा हूँ। और इस वजह से मेरा दिल परेशान है।"

उस रात अकबर को नींद नहीं आई। देर तक छत को घूरते रहने के बाद वह ख़्वाबगाह से बाहर आ गया और अनूप तालाब के दालान में हाल ही में तैयार हुई इमारत में ऊँचे खम्भे पर बनी कँवल-लाट पर पालथी लगाकर बैठ गया। सबसे अलग-थलग, ख़ामोश रात के अँधेरे में डूबी हुई इस इमारत को देख गुमाँ होता था कि न जाने कौन-से गहरे राज़ यह अपने में समेटे हुए है।

चारों तरफ़ खुले हुए दरवाज़ेवाला यह छोटा मगर काफ़ी ऊँचा चौकोर कमरा था जिसके बीचोबीच एक निहायत ख़ूबसूरत, नक़्क़ाशी किया हुआ खम्भा खड़ा था, जो नीचे से चौकोर फिर गोल फिर हश्त-पहलू[2] और आख़िर में सबसे ऊपर जाकर चौबीस पंखुड़ियोंवाले उलटे कँवल की बुनियाद हो गया था। इस कँवल के ऊपर एक बड़ा-सा गोल व चिकना समतल पत्थर रखा था, जिसके चारों तरफ़ घुटनों तक ऊँची पत्थर की जालियों से घिरा हुआ गलियारा था। जब भी अकबर का दिल परेशान हो उठता और अकेले कहीं बैठकर ग़ौर-ओ-ख़याल करने की उसे आरज़ू होती, या फिर जब अल्लाह का मुराक़बा[3] करने की उसे जुस्तजू होती, तो यहाँ आकर इसी पत्थर पर वह बैठ जाया करता।[4]

1. कितनी भी, इस क़दर।
2. अष्टकोणीय।
3. ईश्वर का ध्यान।
4. इस इमारत को दीवान-ए-ख़ास कहा जाता है, जिसके वास्तविक उपयोग को लेकर विभिन्न मत हैं। देखें, 'टिप्पणियाँ'।

जिस मसले ने उसकी नींद उड़ा दी थी उसकी बाबत ख़याल करते हुए उसे बरसों पहले एक बरहमन की इबादतख़ाना में कही हुई बात याद आ गई। 'एक आम और मामूली इनसान को जब यह बताया जाता है कि उसकी हज़ारों हज़ार आँखें हैं तो उसके ज़ेहन में उसकी जो तसवीर उभरेगी उसमें वह सिर्फ़ आँखें ही आँखें होगा और इबादत के वक़्त उससे रूबरू होने में वह मामूली इनसान बेहद मुश्किल महसूस करेगा।'

'यक़ीनन एक आम आदमी नहीं जानता कि उसका मज़हब हक़ीक़त में क्या है और कैसे उसे अपने ख़ुदा की इबादत करनी है। वह तो सिर्फ़ अपने मज़हब के पैरोकारों को जानता है और जो भी वे कह दें उसे ही अपना मज़हब समझता है—इस यक़ीन के बिना पर कि वे दानिशमन्द हैं, आलिम हैं और नेक हैं। लेकिन कौन फ़रेबी है और कौन सच्चा, कौन क़ाबिले यक़ीन है और कौन नहीं, यह फ़र्क़ करना उसके लिए मुमकिन नहीं। न ही अपनी अक़्ल के इस्तेमाल से यह समझ पाने के वह क़ाबिल है कि क्या दरअसल वाजिब है और क्या ग़ैरवाजिब।'

अगले ही रोज़ अपने ख़ास और क़रीबी लोगों के साथ बैठा हुआ अकबर उनसे कह रहा था, "कल रात भर हम सो नहीं पाए और इस ख़याल में मुब्तला रहे कि हमारी सल्तनत में मज़हबी इत्तिहाद किस तरह क़ायम हो। काफ़ी ग़ौर-ओ-ख़याल के बाद हम इस नतीजे पर पहुँचे हैं कि मज़हबी फ़सादों की वजह यह है कि रियाया नहीं जानती उसका मज़हब वाक़ई क्या है। आम आदमी वाक़िफ नहीं कि उसके मज़हब की हिदायतें और नसीहतें दरअसल क्या हैं? इस बाबत तहक़ीक़-ओ-तफ़्तीश आम आदमी के लिए मुमकिन भी नहीं, और न ही वह करना चाहता है। वह तो सिर्फ़ इतनी मालूमात चाहता है कि अल्लाह या ईश्वर की इबादत उसे किस तरह करनी है और किस तरह का बर्ताव उसे अपनी ज़िन्दगी में करना है जिससे कि वह उसे ख़ुश कर सके। अक़्ल तो अल्लाह की दी हुई नेमत है जो सबको एक बराबर हासिल नहीं, और न ही उसका इस्तेमाल हर कोई कर सकता है। अल्लाह के फ़ज़ल से एक इनसान की परवरिश किस ख़ानदान में हुई, किस माहौल में हुई, कैसी तालीम और तजुर्बा उसे हासिल हुआ और कैसे लोगों का उसे साथ मिला: यही सब उसे अल्लाह की नवाज़ी हुई अक़्ल का इस्तेमाल करने के क़ाबिल बनाता है। और इसमें भी मुझे कोई शुबहा नहीं कि अल्लाह का हर फ़ज़ल, उसकी हर नवाज़िश इनसान पर कुछ फ़र्ज़ क़ायम करती है।"

कहकर अकबर ने दीवानख़ाना-ए-ख़ास में मौजूद अबुल फ़ज़ल, हकीम अबुल फ़तह। हकीम हुमाम, बीरबल, अबुल फ़ैज़ी और मीर ग़यासुद्दीन अली को बारी-बारी से देखा और हँस दिया।

"सब यही ख़याल कर रहे हैं न कि यह मैं आज क्यों कह रहा हूँ? यह इस वजह से कि कल रात मुझे इस बात का यक़ीन हो गया कि इस बाबत जो फ़र्ज़ दानिशमन्द और अक़्लमन्द इनसानों पर क़ायम है वह यह है कि अल्लाह की इस नवाज़िश से महरूम आम इनसान को उसके मज़हब के फ़रेबी पैरोकारों के असर में आकर गुमराह होने से वे बचाएँ। उन्हें सही मज़हब समझाएँ। उन्हें माक़ूल रास्ता दिखाएँ। इस मक़सद को पूरा करने के लिए इन चुनिन्दा लोगों को, बग़ैर तरफ़दारी के, अपने-अपने मज़हब में झाँककर देखना होगा कि हक़ीक़त में उनका मज़हब क्या है? और उनके मज़हब

में दीनदारों के लिए वाक़ई क्या फ़रमान हैं? लेकिन इसके साथ ही दूसरे मज़हबों का इल्म हासिल करना भी उनके लिए लाज़िमी है। और उनमें जो अच्छाई है और जो भी वाजिब व मंज़ूर करने के क़ाबिल बात उसमें समझ में आए, उसको अपनी रोज़मर्रा की ज़िन्दगी में इख़्तियार करना भी ज़रूरी है। ऐसा करने पर मुमकिन है कि आम आदमी, जो सही और ग़लत में फ़र्क़ करने के क़ाबिल नहीं और जो अपने पेशवाओं के बर्ताव और उनकी हिदायतों को ही सही मानकर चलता है, इन चुनिन्दा लोगों की देखादेखी सही रास्ता, इत्तिहाद का रास्ता मंज़ूर कर ले। और इस तरीक़े से शायद उस ताले को खोला जा सके जिसकी चाबी गुम हो चुकी है।"

अपने बादशाह का इशारा समझकर सबके सब खोई हुई चाबी को खोजने के काम में मशगूल हो गए। हिन्दू पंडितों, ईसाई पादरियों, जैन साधुओं, पारसी पुरोहितों, सूफ़ी मुरीदों और फ़क़ीरों के साथ हुई अकबर की हर गुफ़्तगू का मसौदा कलम-नवीसों से तलब किया गया। उन पर ग़ौर किया गया। उन पर बहस की गई और तक़रीरों की वाजिबियत का जायज़ा लिया गया।

क़रीब महीने भर बाद अबुल फ़ज़ल ने रात की महफ़िल में अर्ज़ किया,

"ज़िल्ले इलाही! हर मज़हब के आलिम और वली की आलमपनाह के साथ हुई गुफ़्तगू पर ग़ौर करने के बाद अल्लाह के फ़ज़ल से हम लोग सभी मज़हबों की ऐसी हिदायतों और नसीहतों को तरतीब देने में कामयाब हो गए हैं जो अक़्ल को मंज़ूर है और जिन्हें हम सब क़ाबिले इख़्तियार क़बूल करते हैं। इनमें से चुनकर ऐसे मज़हबी फ़रमानों की हमने फ़ेहरिस्त तैयार की है जो किसी न किसी शक्ल में तक़रीबन हर मज़हब में मौजूद हैं। और इस मुद्दे पर हम सब इत्तेफ़ाक़ रखते है कि इनको मंज़ूर करके मज़हबी इत्तिहाद की बुनियाद इन पर रखी जा सकती है। शायद इसकी मदद से जहाँपनाह! वह ताला खोल पाना मुमकिन हो जिसकी चाबी खो चुकी है।"

अपनी बात पूरी करते हुए अबुल फ़ज़ल मुस्कुरा दिया और उसे सुनकर अकबर हँस दिया।

"तो बताओ अल्लामी! तुम्हारी इस फ़ेहरिस्त में पहला फ़रमान क्या है?"

"ज़िल्ले इलाही! पहला और सबसे ख़ास फ़रमान है उस आलातरीन वाहिद की इबादत जो इस कायनात का मालिक है और जिसकी बन्दगी हर मज़हब की बुनियाद है।"

"वाक़ई! निहायत ही माक़ूल बात कही तुमने! और दूसरा फ़रमान?"

"दूसरा फ़रमान है ज़िल्ले इलाही! एतिसाम को क़बूल करना और नफ़्स-परस्ती[1] को तर्क करना। जिस्मानी और दुनियावी ख़्वाहिशात की तरफ़ से अपना दिल हटाकर ख़ुदा की जुस्तजू में उसे लगाने की नसीहत तो आलमपनाह! हरेक मज़हब देता है।"

"इसमें ग़ुस्से पर क़ाबू पाना भी जोड़ दो। ग़ुस्सा ग़लत फ़ैसले करवाता है," अपने तजुर्बे से अकबर ने कहा। "और आगे के फ़रमान क्या हैं?"

"ज़िल्ले इलाही! आगे के फ़रमानों में है शीरीं ज़बान, आज़ाद-ख़याली, फ़राख़-दिली व नेकचलनी इख़्तियार करना और मुआफ़ी-मिज़ाज होना।"

"ग़लत सोहबत से बचना भी ज़रूरी है। बदकारों और बदमाशों से क़तई कोई

---

1. एतिसाम यानी इन्द्रिय निग्रह या संयम; नफ़्स-परस्ती यानी विषय लोलुपता।

ताल्लुक़ न रखा जाए, यह फ़रमान भी इसमें जोड़ दो। बग़ावत और फ़साद ऐसे ही लोगों की वजह से हुआ करते हैं।"

इन सब फ़रमानों को बाक़ायदा एक मज़मून की शक्ल दी गई जिसका उन्वान रखा गया 'आईन-ए-इरादत-ए-गुज़ीनान'[1]—यानी एतिक़ाद लाने वालों के लिए क़ानून।

"ज़िल्ले इलाही! इस ग़ुलाम का मशविरा है कि जो इसे क़बूल करें इस पर वे तबादला-ए-ख़याल कर सकें और अपने तजुर्बे आपस में साझा कर सकें, इस मक़सद से इनकी एक अंजुमन बनाना मुनासिब होगा जिसका नाम, इस ग़ुलाम की इल्तिजा है, सिलसिला-ए-मुरीदान[2] रखा जाए।" अबुल फ़ज़्ल ने अर्ज़ किया। "और यह गुज़ारिश भी है कि आलमपनाह इस सिलसिले के मुर्शिद होना क़बूल करें।"

किसी ने भी इस पर कोई एतराज़ नहीं किया और आलमपनाह अब मुर्शिद बादशाह थे।

"इस ग़ुलाम की जहाँपनाह से एक इल्तिजा और भी है," अबुल फ़ज़्ल ने कहना जारी रखा। "बुनियादी तौर पर जिस मक़सद से यह अंजुमन बनाई जा रही है, यानी सल्तनत में क़ौमी इत्तिहाद क़ायम करना जिससे कि रियाया अमन-चैन से गुज़र-बसर करे और इस तरह सल्तनत में ख़ुशहाली आए, उसे कामयाब करने के लिए यह लाज़िमी है कि इस अंजुमन में शामिल होनेवाला हर मुरीद यह अहद ले कि ज़रूरत पड़ने पर वह अपनी ज़ायदाद, अपनी ज़िन्दगी, अपनी आबरू, यहाँ तक कि अपना ईमान भी अपने मुर्शद पर क़ुर्बान करने के लिए तैयार रहेगा।"

मिर्ज़ा हकीम की बग़ावत से निपटने के बाद काबुल से अकबर जब वापस आ रहा था तो राजपूतों की तारीफ़ करते हुए उसने अबुल फ़ज़्ल से कहा था,

"नमकहलाली और वफ़ा का जज़्बा राजपूतों में बेमिसाल है! अपना क़ौल रखने के लिए यह अपनी जान, अपनी मिल्कियत, अपनी आबरू, यहाँ तक कि अपनी अक़ीदत की क़ुर्बानी देने में भी पीछे नहीं हटते। और इस जहान में इनके सिवा क्या है? काश कि मेरे पुराने वफ़ादारों में भी यह जज़्बा होता!"

दरअसल, बंगाल की फ़ौजी बग़ावत में उसके पुराने वफ़ादारों का शामिल होना अकबर को दिली ज़ख़्म दे गया था। फिर उसके बेहद अज़ीज़ मिर्ज़ा हकीम की बग़ावत ने भी उसे निहायत तकलीफ़ पहुँचाई, जिसकी कितनी ही गुस्ताख़ियाँ उसने नज़रअन्दाज़ की थीं। न सिर्फ़ इस वजह से कि अपने छोटे भाई से वह बेहद मोहब्बत करता था बल्कि इसलिए भी कि जन्नत आशियानी ने की एक दफ़ा उससे कहा था कि मिर्ज़ा हकीम की जानिब वह मुआफ़ी-बख़्श बर्ताव रखे। और दोनों ही दफ़ा उसके कई उमरा जो सालों से उसके साथ बने हुए थे, बाग़ी ख़ेमे में चले गए। मगर राजपूत मज़बूती के साथ हमेशा उसके पीछे खड़े रहे, अपनी वफ़ादारी और नमकहलाली के हज़ारों सबूत पेश करते हुए।

काबुल जाते वक़्त मानसिंह को भी अकबर ने बंगाल से बुलवा भेजा था। मगर अटक के क़िले के आगे जाने से उसके साथ आए राजपूत मनसबदारों और फ़ौजियों ने इनकार

1. शब्दशः अर्थ है आस्था को चुनने वालों के लिए नियम। यह कोई नया धर्म नहीं था और न ही मूलतः इसका नाम दीन इलाही था। देखें, 'टिप्पणियाँ'।
2. आस्था रखने वालों की श्रेणी।

कर दिया। यह क़िला सिन्धु नदी के इस पार था, जिसे हिन्दुस्तान की सरहद माना जाता था। और जिन हिन्दुओं ने कभी लंका, मलेशिया, जावा, बोर्नियो और वियतनाम तक अपना परचम फ़हराया था, उनके लिए अब समन्दर पार जाने का मतलब था नापाक होकर अपना मज़हब खो देना। मशरिक में हुगली नदी और मग़रिब में सिन्धु नदी को पार करने पर भी यही अंजाम तय था। अकबर को जब यह मालूम हुआ तो यह दोहा उसने मानसिंह को लिख भेजा।

सबै भूमि गोपाल की, जामें अटक कहाँ।
जाके मन में अटक है, सोई अटक रहा।

मानसिंह समझ गया कि अकबर क्या कहना चाह रहा था, और बिना देर किए अपने फ़ौजियों के साथ सिन्धु नदी को पार करके वह काबुल जा पहुँचा। राजपूतों की वफ़ादारी पर दाग़ लगे यह उसे मंज़ूर न था, भले ही ईमान चला जाए। इन्हीं सब बातों का ख़याल करते हुए अकबर के मुँह से यह निकल पड़ा था और अबुल फ़ज़ल ने अपने दिमाग़ में इसे दर्ज कर लिया था।

"कहीं एक नया मज़हब तो नहीं तुम तजवीज़ कर रहे?" अकबर की भौंहें सिकुड़ गईं।

"क़तई नहीं जहाँपनाह! मगर एक जमात की तजवीज़ यक़ीनन, जो ज़िल्ले इलाही की सरपरस्ती में रहेगी, किसी भी मज़हब से वाबस्ता हुए बग़ैर।"

"जहाँपनाह! एक नया मज़हब कोई सुकून इनसानी नस्ल को नहीं दे पाएगा।" शेख़ मुबारक भी इस मौक़े पर मौजूद था। इस आईन और इस क़ायदे को तैयार करने में उसका हाथ भी था। "और एक नए मज़हब के लिए एक ऐसा पैग़म्बर भी दरकार होगा जो करामात दिखाए। क्योंकि करामात ही लोगों को नए मज़हब की तरफ़ खींचती हैं, न कि उसकी हिदायतें या उसकी किताब। यह सब तो तब काम आते हैं जब लोग मज़हब को मंज़ूर और क़बूल करने लग जाएँ। करामात के बग़ैर न तो उसे पैग़म्बर क़बूल किया जाएगा और न ही उसकी किताब को अर्श से नाज़िल हुई माना जाएगा।"

"लेकिन जिस क़ुर्बानी का अहद इस जमात में शामिल लोगों से लिया जाना तजवीज़ किया जा रहा है, क्या वह नावाजिब नहीं?" अपने दिल का शुबहा अकबर ने ज़ाहिर किया। "ख़ुद आगे होकर कोई यह अहद ले ले, वहाँ तक तो वाजिब है। मगर इस अहद को जमात में शामिल होने की शर्त बनाना? मेरी राय में यह किसी हाल मुनासिब नहीं।"

"ज़िल्ले इलाही! इस अहद में यह अल्फ़ाज़ भी तो हैं—ज़रूरत पड़ने पर! और ऐसी ज़रूरत से मुक़ाबिल सिर्फ़ ग़ैर-मामूली हालात में ही होना होगा, जो हालात यक़ीनन सल्तनत की और हिन्दुस्तान की हिफ़ाज़त पर ख़तरा आने से ही पैदा होंगे। ऐसे वक़्त में ऐसी क़ुर्बानी की उम्मीद करना आलमपनाह! क़तई नामुनासिब न होगा।"

"लेकिन फिर इसमें यह भी जोड़ा जाए कि इन चारों क़ुर्बानियों का अहदनामा देने और इस तरह चौथा दरजा पाने के जो ख़्वाहिशमन्द न हों, वे इनमें से एक या दो या तीन क़ुर्बानी की अहद लेकर पहला या दूसरा या तीसरा दर्जा हासिल कर सकते हैं," अकबर ने मशविरा दिया। "दानिशमन्दों ने कहा भी है, अगर पूरा न मिले तो आधे को भी छोड़ देना अक़्लमन्दी नहीं।"

अगले रोज़ दरबार में अकबर ख़ासो आम से मुख़ातिब होकर अपनी राय ज़ाहिर कर रहा था।

"एक बादशाह की हुकूमत में उसकी रियाया, उसके मुलाज़िम ख़ास तौर पर, मज़हब को लेकर इख़्तिलाफ़ रखें और इस वजह से अपने दिलों में एक-दूसरे के लिए बदगुमानी और बदख़्वाही[1] पालें, यह मुनासिब नहीं। लिहाज़ा मैं सबमें इत्तिहाद क़ायम करना चाहता हूँ, इस तरह से कि उनके मज़हब में जो भी उम्दा है उसे छोड़े बग़ैर ही दूसरे मज़हबों में जो कुछ भी बेहतर है उसको मंज़ूर कर लिया जाए। इस तरह हम उस परवरदिगार का एहतिराम करेंगे और रियाया को अमन व सल्तनत को हिफ़ाज़त अता करने में कामयाब हो पाएँगे।"

इसके बाद अबुल फ़ज़ल ने 'सिलसिला-ए-मुरीदान' की बाबत तफ़सील देकर उसके क़ायदे पढ़कर सुनाए और अकबर ने सबसे इसरार किया कि इस बाबत अपनी राय हरेक शख़्स बेख़ौफ़ होकर दे।

"जहाँपनाह क्या एक नया मज़हब लाने का ख़याल कर रहे हैं?" राजा भगवन्तदास ने अपना शुबहा ज़ाहिर किया। "अगर ऐसा है तो यह मंज़ूर करने को मैं राज़ी हूँ कि हिन्दू और मुसलमान, दोनों के ही मज़हब में ख़राबियाँ हैं। मगर फिर जहाँपनाह इस पर रोशनी डालने की इनायत भी फ़रमाएँ कि यह नया मज़हब क्या है और इसकी नसीहतें क्या हैं, जिससे कि इस पर अपना यक़ीन मैं ला सकूँ।"

"जहाँपनाह अगर इजाज़त दें तो इस मसले पर सफ़ाई मैं देना चाहूँगा," अबुल फ़ज़ल के इसरार पर शेख़ मुबारक भी इस वक़्त दरबार में मौजूद था।

"यक़ीनन शेख़ साहब! इजाज़त है।"

"जहाँपनाह! मुकम्मल तौर पर ख़ुद को उस आलातरीन हस्ती के हवाले कर देना अगर मज़हब है, बग़ैर इसमें फ़र्क़ किए कि वह अल्लाह है कि ब्रह्म है या कि अहुरा मज़्दा है या कि वह हज़रत ईसा का रब है, तो यक़ीनन यह मज़हब है। क्योंकि यह बुनियादी फ़लसफ़ा है आईन-ए-इरादत-ए-गुज़ीनान में। लेकिन इसका मज़हब से ताल्लुक़ सिर्फ़ यहीं तक है।" कहकर शेख़ मुबारक राजा भगवन्तदास से मुख़ातिब हुआ। "इस आईन को क़बूल कर लेने पर भी आप हिन्दू ही रहेंगे व अबुल फ़ज़ल मुसलमान ही रहेगा, और दोनों ही अपने-अपने मज़हब के वाजिब दस्तूर पर अमल भी करते रहेंगे। लेकिन इसके साथ ही, कुछ ख़ास उसूलों को मानने पर सिलसिला-ए-मुरीदान में शामिल हर शख़्स रज़ामन्द रहेगा। और इस इत्तेफ़ाक़-ए-राय के ज़रिये एक ऐसी हमख़याल जमात क़ायम होगी जो आम आदमी के लिए एक रोशन मशाल की तरह काम करेगी, जो अपनी अक़्ल से यह जान पाने के क़ाबिल नहीं कि उसके लिए क्या वाक़ई सही है और क्या वाक़ई ग़लत। और जो सिर्फ़ दानिशमन्द पेशवाओं के पीछे चलना ही जानता है।"[2]

1. कुधारणा और अहितचिन्तन।
2. ईसाई पादरियों और पश्चिमी इतिहासकारों द्वारा अकबर पर आरोप लगाया जाता है कि दीन इलाही में वह एक नए धर्म का प्रवर्तन करना चाहता था और उसका उपहास भी उड़ाया जाता है कि ख़ुद वह एक पैग़म्बर कहलाने की महत्त्वाकांक्षा पालता था। देखें, 'टिप्पणियाँ'।

"ज़िल्ले इलाही की इजाज़त हो तो यह ग़ुलाम इसमें कुछ जोड़ने का ख़्वाहिशमन्द है।"

"कहो अल्लामी! क्या कहना चाहते हो?"

"ज़िल्ले इलाही! आम इनसान मज़हब के मानी सिर्फ़ वह समझता है जो कि उसके पुरखे उसे बता गए हैं, या उसके मज़हब के वली या ऋषि कह गए हैं। लेकिन जो भी उसे विरासत में हासिल हुआ है या जो कुछ भी उसके मज़हब के पैरोकार उसे बताते हैं, उसकी सच्चाई ख़ुद जाँचने-परखने की न तो उसमें क़ाबिलियत है और न ही उसकी यह ख़्वाहिश है। क्योंकि अपने मज़हब को लेकर उसे कोई पसोपेश ही नहीं! उसके मज़हब में कोई ख़ामी नहीं, वह मुकम्मल तौर पर मुतमइन है। लेकिन चन्द लोग ऐसे भी हैं जो मज़हब के उसूलों की तहक़ीक़-ओ-तफ़्तीश करने के आरज़ूमन्द हैं। और फिर उसके नतीजे पर ग़ौर-ओ-खौज़ कर वे कोशिश करते हैं कि जो कुछ भी ग़ैरवाजिब और अक़्ल को नाक़ाबिले क़बूल है उसे ख़ारिज कर मुख़्तलिफ़ मज़हबों में इत्तिहाद क़ायम करने की तरकीब वे करें। लेकिन इन कोशिशों के नतीजे अपनी राय में ज़ाहिर करने से वे इस वजह से ख़ौफ़ खाते हैं कि कट्टर क़िस्म के लोग कहीं उन्हें मुल्हिद[1] या मुर्तद क़रार करके उनका जीना मुश्किल न कर दें। और अगर कोई यह हिम्मत कर भी ले तो उसके अपने मज़हब के भोले-भाले और नादान लोग ही उसे पागल क़रार कर देंगे और उसका मज़ाक़ उड़ाएँगे। इस वजह से भी कि जो कुछ वह कहेगा, उनकी अक़्ल और समझ के बाहर ही होगा। और जो उसके मुख़ालिफ़ होंगे या दूसरों को तकलीफ़ और नुकसान पहुँचाना ही जिनकी ज़िन्दगी का मक़सद है, वे तो फ़ौरन कुफ्र का नारा लगाकर उसके ख़ून के प्यासे हो जाएँगे। ज़िल्ले इलाही! सिलसिला-ए-मुरीदान ऐसे लोगों के लिए एक ऐसी अंजुमन का काम करेगी जहाँ वे अपने सरीखे लोगों के साथ तबादला-ए-ख़याल कर सकेंगे और इस तरह सल्तनत में इत्तिहाद और अमन क़ायम करने में मददगार हो पाएँगे।"

अबुल फ़ज़ल की इस तक़रीर पर किसी ने कोई ख़याल ज़ाहिर नहीं किया और दरबार में ख़ामोशी छा गई। अकबर देख पा रहा था कि सिलसिला-ए-मुरीदान के मक़सद को लेकर उसके दरबारियों की पेशानी पर, मुसलमान और हिन्दू दोनों ही, शक की लक़ीरें अब भी क़ायम थीं। उसे ताज्जुब हुआ कि उसके इतने पुराने वफ़ादार साथी भी उसके इरादे की ईमानदारी को लेकर मुतमइन नहीं हैं।

तभी इस ख़ामोशी को तोड़ती हुई शरीफ़ अमुली की बुलन्द आवाज़ दरबार में गूँज उठी।

"साहिबे आलम जलालुद्दीन मुहम्मद अकबर बादशाह शहंशाह-ए-हिन्दुस्तान, सबको मालूम हो कि साहिबे ज़माँ[2] हैं। पैग़म्बर महमूद पसिख़ानी ने, जिनका मैं मुरीद हूँ, एलान किया था कि पैग़म्बर मुहम्मद की हिजरत के नौ सौ नब्बे साल बाद एक ऐसा शख़्स इस दुनिया में नमूदार[3] होगा, जो साहिबे ज़माँ होगा और इस्लाम के बहत्तर

1. नास्तिक, अनीश्वरवादी।
2. संसार के स्वामी।
3. आविर्भूत, अवतरित।

फ़िरक़ों में इख़्तिलाफ़-ए-नज़रिया को ख़त्म करके मज़हब में दाख़िल हो चुके सारे झूठ रद्द कर देगा।"

यह सुनकर अकबर को भी हैरत हुई मगर वह ख़ामोश ही रहा।

"ज़िल्ले इलाही! हक़ीक़त यह है," शरीफ़ अमुली ने अपना बयान जारी रखा "कि हिन्दुस्तान का अवाम, जिसने आलमपनाह की मेहरबान हुकूमत में सैकड़ों सालों के बाद उन ज़ुल्मों से निजात पाई है, जिन्हें बर्दाश्त करने के लिए गुज़श्ता हुकूमतों में वह मजबूर था; और अमन-ओ-ख़ुशहाली के ज़माने का दीदार जिसने बहुत लम्बे वक़्त के बाद किया है—साहिबे आलम को बतौर मुर्शिद और पीर पहले ही क़बूल कर चुका है।"

शरीफ़ अमुली ग़लत नहीं था। उसके साथ मुलाक़ात को अकबर ने अपनी सल्तनत के ग़रीब आम आदमी के लिए इतना आसान बना दिया था कि वह अपनी ज़िन्दगी की अदना से अदना परेशानी और फ़िक्र को लेकर मदद या सलाह के लिए उसके पास आने में ज़रा भी झिझक महसूस नहीं करता था। और अकबर भी उसकी ज़ाती और उसके कुनबे की तकलीफ़ों को न केवल वह बड़े सब्र और ग़ौर से सुनता था बल्कि निहायत ही हमदर्दी के साथ हरेक की मुश्किल को हल करने की ईमानदार कोशिश भी वह किया करता था।

लोग उसके पास इस रंज को लेकर भी आते कि उनकी कोई औलाद नहीं है, और इस ग़म के साथ भी उनका कोई अपना अज़ीज़ उनसे बिछड़ गया है। मर्ज़ से तकलीफ़ज़दा लोग भी उसके दरबार में आते, और अपनी मुफ़लिसी से आजिज़ आए हुए लोग भी। कोई यह फ़रियाद लेकर आता कि उसकी औरत ने उसे दग़ा दे दी तो कोई यह शिकायत लेकर कि उसके बच्चों ने उसका लिहाज़ करना छोड़ दिया। और हरेक की बात को सुनने के लिए वह पूरा वक़्त देता क्योंकि उसे अहसास था कि इन लोगों की ज़िन्दगी में यह आम बातें ही बड़ी ख़ास हैं। हरेक की मुश्किल का हल तो उसके पास यक़ीनन ही नहीं था, लेकिन अपनी नेक सलाह और अपनी दुआ वह ज़रूर उन्हें देता था। हिन्दुस्तान के शहंशाह का यह बर्ताव आम आदमी को अगर उसका मुरीद बना दे तो इसमें हैरत की गुंजाइश कहाँ?

उसकी सलाह और दुआ हासिल होने के बाद अल्लाह के फ़ज़ल और मर्ज़ी से जिनकी मुश्किल हल हो जातीं या उनकी तकलीफ़ दूर हो जाती, ज़माने भर में वे अकबर की तारीफ़ में क़सीदे पढ़ा करते। साथ ही, जैसा कि अपने-अपने गुरु और मुर्शिद की बाबत हिन्दुस्तान की अवाम का दस्तूर रहा है, कई अफ़साने भी ऐसे ईजाद हो गए जिनमें अकबर एक करामाती हस्ती बन गया था। कैसे किसी ने बादशाह सलामत के नाम पर मन्नत माँगी और उसकी आरज़ू पूरी हो गई। जिस मरीज़ को हकीमों ने नाक़ाबिले इलाज बताया था, बादशाह सलामत के हाथ लगाने भर से वह भला-चंगा हो गया। और जो लोग ज़िन्दगी की उम्मीद से हाथ धो बैठे थे, कैसे वे बादशाह सलामत की दुआ से सेहतयाब हो गए।

इन कहानियों से मुतास्सिर होकर लोग इस यक़ीन के साथ अकबर के पास आने लगे कि हर मर्ज़ को वह अपनी इलाही ताक़त से ठीक कर सकता है। औरतें पानी भरे प्याले लेकर आतीं और उससे इल्तिजा करतीं कि पानी में वह फूँक मार दे, इस पुख़्ता

यक़ीन के साथ कि इससे उस पानी में सेहत बख़्शने की सिफ़त आ जाएगी। कई औरतें अपने बीमार बच्चे को लेकर आतीं और उसके पैरों में रख देतीं, इस उम्मीद में कि उसका पाँव लग जाने भर से वह बच्चा सेहतमन्द हो जाएगा। और जिसका बच्चा हकीम के इलाज या किसी और वजह से भी ठीक हुआ होता, इसका सेहरा वह अकबर के सिर पर ही बाँधा करतीं और उसका अहसान मानने के लिए दोबारा आया करतीं। कई लोगों ने तो भरे दरबार में कसम खाकर यह एलान किया कि शहंशाह को याद भर करने से उन्हें रूहानी मदद हासिल हुई है।

अकबर इन सब लोगों के साथ बड़ी मुरव्वत से पेश आता और बावजूद उनके इज़हार पर नायक़ीनी के उन्हें झुठलाने की कोशिश वह नहीं करता था। यक़ीन भी कई मर्ज़ ठीक कर देता है और न बननेवाले काम बना देता है, वह जानता था।[1]

तवारीख़ गवाह है कि हिन्दुस्तान के अवाम ने, ख़ास तौर पर ग़रीब और ग़ैर-तालीमयाफ़्ता लोगों ने, हर ज़माने में ही ऐसे इनसान को बहुत जल्द भगवान बना देने की फ़ितरत को नुमायाँ किया है। और अकबर के ज़माने का आम आदमी इससे अलग नहीं था। लेकिन जो लोग आम नहीं भी थे, अकबर के शानदार और ग़ज़ब के मुक़द्दर की वजह से वे भी इस बात के क़ायल हो गए थे कि अल्लाह का वह अज़ीज़ बन्दा है। वर्ना उस अल-मुक़्तदिर ने पूरे आलम की हुकूमत उसे ही क्यों अता कर दी? वे दलील देते।

इसके अलावा मुख़्तलिफ़ मज़हबों के आलिम फ़ाज़िल लोगों के साथ जो वक़्त उसने गुज़ारा था, उसकी वजह से हर मज़हब के अक़ीदे और उसूलों से वह इतना वाकिफ़ हो गया था कि जब कोई उसके अपने मज़हब को लेकर कोई उससे बात करता, तो उस शख़्स को ऐसा मालूम होता जैसे कि लड़कपन से ही बादशाह सलामत उसके मज़हब का इल्म हासिल करते आए हैं। लिहाज़ा हर मज़हब के माननेवाले के लिए मुर्शिद वह हो चुका था।

शरीफ़ अमुली के दावे को मंज़ूर करते हुए अबुल फ़ज़ल, अबुल फ़ैज़ी और शेख़ मुबारक ने यह एलान कर दिया कि शहंशाह-ए-आलम को वे अपना मुर्शिद क़बूल कर चुके हैं, और फिर शेख़ ताजुद्दीन व बीरबल ने भी।

शेख़ ताजुद्दीन ने शेख़ मुबारक और अबुल फ़ज़ल के साथ मिलकर 'सिलसिला-ए-मुरीदान' में दाख़िले के क़ायदे तय कर दिए। हिदायत[2] सिर्फ़ इतवार को मिलेगी और पहला मुरीद अबुल फ़ज़ल बना।

अपनी पगड़ी को हाथ में लेकर अबुल फ़ज़ल अकबर के नज़दीक पहुँचा और उसके पैरों पर झुक गया। अकबर ने उसे ऊपर उठाया, उसकी पगड़ी उसके सिर पर रखी, और उसे हिदायत दी।

"इस बात का ख़याल रखो कि किसी भी मज़हबी फ़िरक़े के जानिब दुश्मनी से

---

1. इतिहासकार वी. ए. स्मिथ *Akbar the Great Mogul* में लिखता है : 'उसकी चमत्कारिक शक्तियों से कई रोगमुक्त हुए थे।' एम. एल. रायचौधुरी का *दीन इलाही* में कथन है : 'हिन्दू योगियों के लगातार सम्पर्क में रहकर अकबर ने कुछ गूढ़ शक्तियाँ विकसित कर ली थीं जिनका उपयोग वह अपनी प्रजा की भलाई में करता था।'
2. दीक्षा, सन्मार्ग के निर्देश।

अपने दिमाग़ को तुम्हें तारीक[1] नहीं करना है। मुकम्मल अमन के रास्ते पर तुम्हें चलना है और बजाय के फ़िरक़ा-वाराना तक़रार में उलझो, सुलह-ए-कुल का रास्ता तुम्हें इख़्तियार करना है। सिवा जंग और शिकार के, किसी भी जानदार शै को तुम्हें न तो मारना है और न ही खाल उतारना है; और कोशिश करना है कि गोश्त खाने से तुम परहेज़ करो। रोशन वजूद, जैसे आफ़ताब और माहताब, जो अल्लाह के नूर का इज़्हार हैं, उनका तुम्हें एहतिराम करना है। और आख़िरी बात मगर कमतर नहीं, हर वक़्त तुम्हें उसकी हस्ती से बा-ख़बर रहना है जो इस कायनात की असल वजह और ख़ालिक़ है; और उस पर तुम्हें ग़ौर-ओ-फ़िक्र करते रहना है; और उस अल-मुक़्तदिर की ताक़त और उसकी हस्ती को याद रखना है हर वक़्त, हर मौसम में; और तुम्हारा दिल एक लम्हे के लिए भी उसके ख़याल से महरूम न रहे—अवाम में रहो या अकेले में।"

इसके साथ ही अबुल फ़ज़ल को अकबर ने एक शस्त-ओ-शबह[2] दी—रेशमी धागों में लिपटा हुआ सोने का चिकना गोल टुकड़ा जिसकी एक तरफ़ अल्लाह नक़्श किया हुआ था और दूसरी तरफ़ अल्लाहु अकबर। अबुल फ़ज़ल ने उसे आँखों से लगाया और अपनी पगड़ी में खोंस लिया।

इस्लाम के पैरोकारों का जवाबी अमल उम्मीद के मुताबिक़ ही था। अकबर को नया पैग़म्बर और अबुल फ़ज़ल को नए मज़हब के ख़ास मुजाविर[3] के ख़िताब से नवाज़ा गया। और 'सिलसिला-ए-मुरीदान' के हिदायत के तरीक़े पर गलियों में व नुक्कड़ों पर मज़ाक़िया तमाशे खेले जाने लगे और तंज़-ओ-मज़ाक़ से भरी तुकबन्दियाँ कही और सुनी जाने लगीं।

किया है पैग़म्बरी का दावा,
बादशाह ने इस साल।
साल गुज़रने के बाद, या ख़ुदा!
वह तो अल्लाह हो जानेवाला है!

और मस्जिदों में उलेमा नाराज़ और बुलन्द आवाज़ में तक़रीर कर रहे थे,

"अल्लाह सुबहानु व तआला का भेजा हुआ आख़िरी मज़हब है इस्लाम। और *क़ुराने पाक* की सूरा अल-अहज़ाब में अल्लाह तआला का फ़रमान है कि पैग़म्बर मुहम्मद, सल्लल्लाहु अलैहि वसल्लम, ख़तम उन-नबीयिन[4] हैं। ख़ुद के पैग़म्बर होने का दावा करके अकबर बादशाह ने गुनाहे अज़ीम किया है! अल्लाह का क़हर उस पर यक़ीनन नाज़िल होगा, और जल्द ही।"

यह सब बातें अकबर के कानों तक पहुँचा ही करती थीं और सुनकर उसे बेहद तकलीफ़ होती थी। उलेमा और मुल्लाओं को दरबार में उसने यक़ीन दिलाने की कोशिश की कि यह हक़ीक़त नहीं है।

---

1. अन्धकारमय।
2. दीक्षा का प्रतीक चिह्न।
3. पुजारी, पुरोहित।
4. आख़िरी नबी।

"इनसानों की रहनुमाई करने का दावा मैं कैसे कर सकता हूँ, जबकि मैं ख़ुद ही नहीं जानता कि सही रास्ता कौन-सा है!"

लेकिन इसका कोई नतीजा नहीं निकला और अफ़वाह बंगाल तक भी पहुँच गई कि बादशाह ने इस्लाम को तर्क कर दिया है व ख़ुद पैग़म्बर बन बैठा है। लिहाज़ा फ़ौजी बग़ावत से निपटने गए टोडरमल का काम कुछ और मुश्किल हो गया।

अकबर को उम्मीद थी कि सिलसिला-ए-मुरीदान में मानसिंह तो ज़रूर ही शामिल होगा, जिसे उसने अपना फ़र्ज़न्द होने का ख़िताब अता किया हुआ था। छह साल तक उसने सब्र के साथ इन्तज़ार किया और फिर वह एक रोज़ उससे पूछ ही बैठा,

"क्या मुरीदों की जमात में तुम शामिल नहीं होना चाहते मानसिंह?"

"जहाँपनाह! अगर मुरीद होने का मतलब है अपनी ज़िन्दगी को क़ुर्बान करने की तैयारी, तो अपनी जान को मैं अपनी हथेली पर ही लिये रहता हूँ। लिहाज़ा इसके लिए किसी और सबूत की ज़रूरत क्या है? अगरचे इसके मानी कुछ और है जो मज़हब से ताल्लुक़ रखता है—तो यक़ीनन मैं हिन्दू हूँ। आलमपनाह अगर हुक्म देंगे तो मैं मुसलमान हो जाऊँगा। लेकिन सिवा इन दोनों के किसी और मज़हब के वुजूद से मैं वाक़िफ़ नहीं।"

सिलसिला-ए-मुरीदान जब वुजूद में आया तो मिर्ज़ा अज़ीज़ कोका बंगाल का सूबेदार था। जब उसे अकबर की इस 'मज़हबी बिदअत' की बाबत मालूम हुआ तो वह बहुत बेचैन हो उठा। फ़तेहपुर सीकरी आकर अकबर की उसने खुलेआम ख़बर ली और बादशाह सलामत के दिमाग़ में ख़राबी भरने के लिए अबुल फ़ज़ल व बीरबल को उसने ज़बर्दस्त लताड़ लगाई। अकबर ने कुछ वक़्त के लिए उसे आगरा के एक बाग़ में नज़रबन्द करवा दिया जिससे कि अपने गुस्ताख़ बर्ताव पर ग़ौर करने का मौक़ा उसे हासिल हो सके, और फिर उसे गुजरात की सूबेदारी सौंप दी। तीन साल बाद दारुल हुकूमत में ही उसे कोई ज़िम्मेदारी देने के मक़सद से अकबर ने मिर्ज़ा को फ़तेहपुर सीकरी तलब किया तो चोरी-छुपे वह अपने कुनबे के साथ मक्का के लिए रवाना हो गया। वहाँ से उसने एक लम्बा ख़त अकबर को भेजा।

"ख़ुद की मुरीदी को बढ़ावा देना आलमपनाह की जानिब मज़हबी मसलों की बाबत ख़ुद की बरतरी का नज़ारा करवाने की ख़्वाहिश से ज़्यादा कुछ नहीं।" ख़त पढ़कर अकबर को अबुल फ़ज़ल ने सुनाया। "गुज़रे ज़माने में भी ताक़तवर हुक्मरान हुए हैं, लेकिन पैग़म्बरी का दावा पेश करने का ख़याल उनमें से किसी को भी नहीं आया। जब तक कि आसमानी किताब और करामात न हो, लोग इसे कभी मंज़ूर नहीं करेंगे।"

सुनकर अकबर हँस दिया।

"एक तालीम याफ़्ता और ऊँची परवरिश पाए हुए शख़्स का यह हाल है तो आम इनसान से क्या उम्मीद की जा सकती है! इल्म की रोशनी दिमाग़ में दाख़िल हो किस तरह, जब तंग नज़रिये की पट्टी आँखों पर चढ़ा रखी है? आगे क्या लिखता है मिर्ज़ा?"

"ज़िल्ले इलाही! मिर्ज़ा अज़ीज़ कोका ने आगे लिखा है, 'मेरी कमाई और काफ़िरों के ख़िलाफ़ जंग में मेरे कारनामे सुल्तान-ए-उस्मानिया के दरबार में मुझे आज़म ख़ान[1] का ओहदा हासिल करवा सकते हैं। मगर इसके लिए कोशिश मैं नहीं करूँगा और

1. प्रधान सेनापति।

अपनी सारी ज़िन्दगी इस पाक ज़मीन पर मदरसा चलाने में मैं गुज़ार दूँगा, और दाढ़ी बढ़ाने में भी।"

सुनते ही अकबर का क़हक़हा गूँज उठा। दाढ़ी हजामत किए हुए मुरीदों के लिए अकबर की पसन्द पर यह तंज़ था।

मक्का में मिर्ज़ा बारह महीने रहा और वहाँ के शरीफ़ और उलेमा के हाथों उसने बड़ी तकलीफ़ें झेलीं। बड़ी रकम ख़र्च करने के लिए मुख़्तलिफ़ तरीक़ों से उन्होंने उसे मजबूर किया। और इतनी बुरी तरह उसे मूँड़ा गया कि इस्लाम से उसका लगाव काफ़ी ठंडा पड़ गया।

लिहाज़ा जब अकबर का ख़त उसे मिला जिसमें उसकी जानिब अपनी नेक ख़याली क़ायम रहने का उसने उसे यक़ीन दिलाया, और उसे वापस आने के लिए कहा क्योंकि मक्का में उसके मुक़ाम का वक़्त इत्मीनान-बख़्श लम्बी दाढ़ी बढ़ाने के लिए काफ़ी रहा होगा; मक्का से मिर्ज़ा वापस हिन्दुस्तान के लिए रवाना हो गया। यहाँ पहुँचकर वह अकबर का मुरीद बना, उसे उसने सज्दा किया और आईन-ए-इरादत-ए-गुज़ीनान एतिक़ाद लाने वालों के लिए क़ानून के उसूल अबुल फ़ज़ल से उसने मालूम किए।

अकबर के ज़िन्दा रहते हुए सिलसिला-ए-मुरीदान में सिर्फ़ अठारह मुरीदों ने चौथा दरजा हासिल किया[1]—बीरबल उनमें अकेला हिन्दू था।

1. अपनी पुस्तक *दीन इलाही* में एम. एल. रायचौधुरी उन्नीसवाँ मुरीद शहज़ादे सलीम को बताते हैं। अकबर के ख़ास लोगों में से हकीम अबुल फ़तह और उसके भाई व मीर ग़यासुद्दीन अली इन अठारह मुरीदों में शामिल नहीं थे।

आग़ाज़-ए-नया ज़माना

हज करके सलीमा और गुलबदन बेगम मक्का से वापस आ चुकी हैं। क़िले में जश्न और ख़ुशी का माहौल है। नहरों में ताज़ा पानी छोड़ा जा रहा है, जो हवा में ठंडक भरते हुए फूलों की क्यारियों को सींच भी रहा है। अनूप तालाब को ख़ाली करके उसे दोबारा भरा जा रहा है। और बावर्चीख़ाने से उठती ख़ुशबुएँ कह रही थीं कि दस्तरख़्वान की रौनक़ आज ग़ज़ब की रहनेवाली है।

"मदीना की अल-मस्जिद अल-नबवी में—इस ज़मीन पर तामीर हुई सबसे मुक़द्दस मस्जिद जिसे रसूलुल्लाह, सल्लल्लाहु अलैहि वसल्लम, ने ख़ुद अपने हाथों से बनाया था—हमने नमाज़ पढ़ी।" गुलबदन बेगम को घेरकर बच्चे, बड़े सभी बैठे हुए थे। "इसके नज़दीक ही हमारे मोहतरम पैग़म्बर मुहम्मद, सल्लल्लाहु अलैहि वसल्लम, की क़ब्र थी और ख़लीफ़ा अबु बकर, अलैहिस्सलातु वसल्लम, व ख़लीफ़ा उमर, अलैहिस्सलातु वसल्लम, की भी। वहाँ पहुँचते ही मेरे दिल को ऐसा सुकून हासिल हुआ," कहते हुए गुलबदन बेगम ने अपनी छाती पर दोनों हाथ रखकर अपनी आँखें बन्द कर लीं और उनके होंठों पर रूहानी ख़ुशी की मुस्कराहट तैर गई, "जैसा कि इसके पेशतर ताज़िन्दगी महसूस मैंने नहीं किया। और खजूर के दरख़्त के उस ठूँठ पर मैंने जब हाथ रखा," कहते हुए बेगम गुलबदन ने अपनी आँखें खोल लीं, जिनमें एक नई चमक आ गई थी, "जिसके सहारे खड़े रहकर नबीउल्लाह, सल्लल्लाहु अलैहि वसल्लम, ख़ुत्बा पढ़ा करते थे, तो मुझे ऐसा महसूस हुआ जैसे कि मोहतरम पैग़म्बर मुहम्मद, सल्लल्लाहु अलैहि वसल्लम, अभी भी वहाँ मौजूद हैं।"

सलीमा भी अनूप तालाब के दालान में हरम की ख़वातीन से घिरी बैठी थी, और कहने के लिए उसके पास भी कई क़िस्से थे।

"हवाएँ और सगुन दोनों ही मुआफ़िक़ हों, इसके लिए जद्दाह में नाख़ुदा[1] ने हमें पन्द्रह रोज़ इन्तज़ार करवाया। फिर लंगर उठाने के पहले उसने सुलगते हुए कोयलों पर गुग्गुल फेंका जिससे कि उसकी ख़ुशबू और उसके धुएँ से बद-रूहें उसके जहाज़ से निकल जाएँ। तब उसने ख़्वाजा ख़िज़्र[2] से दुआ की और नसीहतनामा[3] पढ़कर बुलन्द आवाज़ में मुसाफ़िरों को साफ़-साफ़ सुनाया। फिर जहाज़ के मस्तूल पर बादबान[4] जब

1. जहाज़ का कप्तान।
2. पैग़म्बर जो आबे हयात (अमृत) पीकर अमर हो गए और अब भूले-भटके मुसाफ़िरों को रास्ता दिखाते हैं। जहाज़ियों के वे संरक्षक सन्त हो गए थे।
3. यात्रियों के लिए करने और न करने लायक बातें, अनुज्ञेय और निषिद्ध कार्य।
4. पाल, पर्दा जिसमें हवा भर जाने पर जहाज़ चलता है।

से खींचे गए, सबसे आगे खड़े रहकर नाख़ुदा ख़ुद देखता रहा कि जहाज़ सही रास्ते तो जा रहा है न! और मस्तूल पर ऊपर एक मल्लाह को भी उसने लटका रखा था कि तूफ़ान और चट्टान दूर से ही नज़र आ जाएँ। इसके बावजूद वह हादसा हो गया।"

कहकर सलीमा ने अपने चारों तरफ़ नज़रें घुमाईं। हादसे का सुनकर सब लोग जैसे साँस रोके बैठे थे।

"मगर नाख़ुदा की इसमें कोई ग़लती नहीं थी। अदन के किनारे समन्दर में डूबी हुई चट्टानें इतनी ख़तरनाक हैं कि पूछो ही मत! हमारी ख़ुशक़िस्मती से नज़दीक ही कई कश्तियाँ थीं जिनके मल्लाहों ने हमारे जहाज़ को डूबते हुए देख लिया और मदद को पहुँच गए। लेकिन हमारा सारा सामान जहाज़ के साथ ही डूब गया। गीले लिबास में ही एक सराय जा पहुँचे। बेगम गुलबदन की कमर में कुछ दीनार बँधे थे। तो बाज़ार से लिबास मँगवा लिये गए। मगर सोना तो कई रोज़ तक हमें खजूर के पत्तों की चटाई और बकरी के बालों से बने ग़ालीचों पर ही पड़ा। ऊपर से पानी की क़िल्लत! यमन के सुल्तान ने पीने के पानी पर अपनी इजारेदारी[1] क़ायम की हुई है। लिहाज़ा महँगे दामों पर पानी ख़रीद कर हमें पीना पड़ा।"

"फिर?" हीरा कुँवर ने पूछा।

"फिर क्या बेगम? अगला जहाज़ मिलता उसके पहले ही मौसमी हवाएँ चलनी शुरू हो गईं। बारिश होने लगी और समन्दर तूफ़ानों से भर गया। तीन महीने तक वहीं अटके रहे। फिर पन्द्रह रोज़ का सफ़र। नाख़ुदा ने जब गिरनार के पहाड़ देखे और हमें बताया कि सूरत अब कुछ ही दूरी पर है, तो हमारी ख़ुशी नाक़ाबिल-ए-बयान थी!"

जिस वक़्त सलीमा पहुँची थी, अकबर दरबार में बैठा हुआ अपनी रियाया की फ़रियादें सुन रहा था। सलीमा के आने की ख़बर तो उसे हो गई मगर फ़रियादियों को वह मायूस न कर सका। उठते-उठते मग़रिब की नमाज़ का वक़्त हो गया। जामी मस्जिद में उसने नमाज़ पढ़ी। सबके सही सलामत वापस आ जाने के लिए अल्लाह का शुकराना अदा किया। फिर दीवानख़ाना-ए-आम को सलीमा की रिहाइशगाह तुर्की सुल्ताना का मकान से जोड़नेवाले पत्थर की नक़्क़ाशीदार जालियाँ लगे गलियारे में वह तेज़ और लम्बे क़दम बढ़ाने लगा।

तुर्की सुल्ताना का मकान के चारों तरफ़ लाल पत्थर में ख़ूबसूरत नक़्क़ाशी की हुई जालियों से घिरा हुआ बरामदा था और चारों ही तरफ़ अन्दर दाख़िल होने के लिए दरवाज़े थे। हर दरवाज़े के ऊपर पत्थर की जालियोंवाला ही रोशनदान था। अन्दर की दीवारों पर क़ुदरत के दिलकश नज़ारे दिखाते हुए कई तसवीरें थीं : जानवर दौड़ते हुए और परिन्दे उड़ते हुए, रंग-बिरँगे फूलों की क्यारियाँ, फलों से लदे दरख़्त, दरिया और तालाब। अकबर जिस वक़्त दाख़िल हुआ, बड़े ग़ौर से और निहायत ही दिलचस्पी के साथ सलीमा उन तसवीरों को देख रही थी। इन्हें उसने पहली दफ़ा देखा था क्योंकि उसकी ग़ैरहाज़िरी में ही यह बनाई गई थीं।[2]

---

1. एकाधिकार।
2. अब यह तसवीरें मौजूद नहीं हैं। मगर फिर भी यह इमारत बेहद ख़ूबसूरत है। बाक़ी इमारतों की तरह इस इमारत का क्या इस्तेमाल रहा होगा, यह भी निश्चित नहीं है। यहाँ भी मैंने स्व-विवेक का इस्तेमाल किया है। देखें, 'टिप्पणियाँ'।

अकबर की नज़र में यह जहान क़ुदरत के करिश्मों से भरा था। और उस्ताद मुसव्विर[1] अब्दुस्समद व मीर सय्यद अली को, जो जन्नत आशियानी के वक़्त ईरान से आकर उनकी मुलाज़मत में लग गए थे, इन करिश्मों को तसवीरों में उतारते हुए बचपन से ही उसने निहायत ही दिलचस्पी के साथ देखा था, और इस फ़न पर अपना हाथ भी उसने आज़माया था। इनसानों, जानवरों, फूलों, दरख़्तों, बादलों, पहाड़ों और आसमान के बदलते हुए मिज़ाज को सफ़ेद काग़ज़ पर उतरते हुए देखना उसे ताज्जुब से भर देता। लिहाज़ा सलीमा की ग़ैरमौजूदगी में इन दोनों उस्तादों को उसने सीकरी में तलब कर लिया और पूरे क़िले को सजाने की ज़िम्मेदारी उन्हें दे दी। जल्द ही उनकी रहनुमाई में सौ से ज़्यादा मुसव्विर इस काम में मसरूफ़ हो गए।

इन तसवीरों को देख कभी ख़ुश होती हुई तो कभी किसी ख़याल में डूबती हुई सलीमा को देख अकबर देर तक ख़ामोश खड़ा रह गया। तसवीरें बनवाने के उसके इस फ़ैसले की कितनी ज़बर्दस्त मुख़ालिफ़त हुई थी, उसे याद आया। क़िले में हो रहे इस ग़ैर-इस्लामी काम को रुकवाने के लिए उलेमा और मुल्ला एक रोज़ उसके दरबार भी आ पहुँचे थे।

"जहाँपनाह! अल्लाह की ख़िल्क़त का अक्स बनाना इस्लाम में नाजायज़ है। सही बुख़ारी में एक हदीस है कि हज़रत आयशा, रज़ियाल्लाहु अन्हा, ने अपने कमरे के दरवाज़े पर एक पर्दा लटका लिया जिस पर ऐसी ही तसवीरें बनी थीं। जब रसूलुल्लाह, सल्लल्लाहु अलैहि वसल्लम, ने उसे देखा तो उसे उतारकर फाड़ डाला और फ़रमाया: 'रोज़-ए-क़यामत पर सबसे सख़्त सज़ा उन लोगों को मिलेगी जो अल्लाह की ख़िल्क़त की नक़्ल करते हैं।"

"लेकिन मैं तो जब एक मुसव्विर को तसवीर बनाते हुए देखता हूँ तो मुझे अहसास होता है कि वह भी अल्लाह की इबादत है, ऐसी इबादत जो अल्लाह के नज़दीक ले जाती है। क़ुदरत की तसवीर उतारते हुए एक ऐसा वक़्त यक़ीनन आता है जब फ़नकार को महसूस होने लगता है कि कितनी भी कोशिश वह कर ले, उसकी बनाई हुई तसवीर में वह बात नहीं आ पाती जो अल्लाह की बनाई क़ुदरत में है। और तब वह अल्लाह का ख़याल करने पर मजबूर हो जाएगा। उस अल-हमीद[2] के फ़न से मुतास्सिर हो वह ताज्जुब व हैरत के जज़्बे से भर जाएगा जिसने हर फूल, हर परिन्दे, हर जानवर को न सिर्फ़ ख़ूबसूरती दी है बल्कि कितनी सारी क़िस्में उसने इनकी बनाई हैं और हर क़िस्म को उसकी जुदा व ख़ास ख़ुसुसियात से भी उसने नवाज़ा है! तब उसका सिर ख़ुद ब ख़ुद उसके सज्दे में झुक जाएगा। और फिर *क़ुरआने शरीफ़* में तो ऐसी कोई आयत नहीं जो क़ुदरत की तसवीर-निगारी पर पाबन्दी लगाती हो!"

"कैसी लगीं यह तसवीरें?" सलीमा चौंक न जाए इस लिहाज़ से अकबर ने धीमी आवाज़ में आहिस्ता से पूछा।

लेकिन तब भी वह चौंक पड़ी। घूमकर वह अकबर से मुख़ातिब हुई और तारीफ़ के अल्फ़ाज़ उसके मुँह से एक के बाद एक निकल पड़े। "ग़ज़ब! लाजवाब! बेमिसाल!"

1. चित्रकार।
2. ख़ूबियों वाला, तारीफ़ के क़ाबिल; अल्लाह के निन्यानबे नामों में से एक।

और फिर ग़ौर से उसे देखते हुए बोली, "मगर तुम तो कुछ बुढ़ा गए मालूम होते हो! वह नौजवान कहाँ है जिसे यहाँ छोड़कर मैं गई थी?"

"वक़्त की रफ़्तार तुम्हारी ग़ैरहाज़िरी में धीमी पड़ गई थी," अकबर के होंठ एक फ़ीकी मुस्कुराहट में फैल गए। "जितने साल चढ़ाने मुनासिब थे, उससे कहीं ज़्यादा साल उसने मुझ पर चढ़ा दिए।"

अकबर के हाथों को अपने मोहब्बत भरे हाथों में ले सलीमा ने उसे मसनद पर बिठा दिया और ख़ुद उसकी गोद में बैठ गई।

"कैसा रहा सफ़र तुम लोगों का?" उसके हाथ अब भी सलीमा के हाथों में थे। "मक्का में मुक़ाम मुश्किल तो नहीं रहा? उस शहर के बाशिन्दे कितने ख़ुशक़िस्मत हैं जो उस जगह रहते हैं जहाँ पैग़म्बर मुहम्मद, सल्लल्लाहु अलैहि वसल्लम पैदा हुए, परवरिश पाई और बड़े हुए। वे लोग यक़ीनन नेक और मज़हबपरस्त लोग होंगे। है कि नहीं?"

अकबर की गोद से उतरकर सलीमा उसके सामने बैठ गई।

"इतने सारे सवाल तुमने एक साथ पूछ डाले! मेरा सफ़र अच्छा रहा क्योंकि मैं फिर तुम्हारे साथ हूँ। मक्का में मुक़ाम अच्छा रहा सिवा सुल्तान मुराद के फ़रमान से पैदा हुई चन्द मुश्किलात के। मगर वहाँ यह अहसास मुसलसल मुझे बना रहा कि तुम अगर साथ होते तो यक़ीनन ज़्यादा मज़ा आता। जहाँ तक मक्का के बाशिन्दों का सवाल है, उम्दा लोग हैं मगर ऐसे मज़हबपरस्त भी नहीं! जो जवान हैं, वे तो पूरे वक़्त कहवाख़ानों में बैठे हुए मिल जाएँगे जहाँ कुल्हड़ों से वे एक सियाह और कड़वा पानी[1] पिया करते हैं। ताज़ा ख़बरों पर गुफ़्तगू करते रहते हैं और शतरंज खेलते रहते हैं। मक्का की मस्जिदों के इमाम इस बात से परेशान हैं कि इस कड़वे पानी की ऐसी लत नौजवानों में लग गई है कि मस्जिद का रुख़ करना ही वे भूल गए हैं। कुछ साल पहले उन लोगों ने इसके ख़िलाफ़ एक फ़तवा भी जारी किया था। लेकिन सल्तनत-ए-उस्मानिया के मरहूम सुल्तान सलीम के आला मुफ़्ती ने उस फ़तवे को रद्द कर दिया। कहते हैं कि सुल्तान सलीम ख़ुद इस कड़वे पानी को पीने का हद से ज़्यादा शौक़ीन था।"[2]

"दिलचस्प है! और वहाँ की औरतें क्या किया करती हैं?"

"औरतें? वे अपने को ख़रीदारी में मसरूफ़ रखती हैं। नए ज़माने के चमकीले, भड़कीले लिबास बाज़ारों में तलाश किया करती हैं, और उम्दा इत्र भी। इत्र की तो इतनी शौक़ीन हैं वहाँ की औरतें कि एक रोज़ उन्हें खाना न मिले तो चल जाएगा, मगर इत्र के बिना एक रोज़ गुज़ारना उनके लिए मुमकिन नहीं। हर जुमेरात की शाम को वे मस्जिदों में नमाज़ पढ़ने के लिए जमा होती हैं। और हर जुमे को नमाज़ के वक़्त उन मस्जिदों के इमाम तेज़ ख़ुशबू की वजह से उनकी नाक ख़राब हो जाने की शिकायत

1. कॉफ़ी उस समय तक हिन्दुस्तान में नहीं आई थी।
2. अपनी दिलचस्प किताब *From the Ruins of Empires* में पंकज मिश्रा लिखते हैं : 'वर्ष 1592 में पोप क्लेमेंट अष्टम को एक इस 'इस्लामी शराब' के लिए ईसाइयों में बढ़ती हुई लत को लेकर पादरियों के बीच उठे विवाद का निपटारा करने के लिए तलब किया गया। अपना फ़ैसला सुनाने के पहले पोप ने इसकी एक चुस्की ली और बोल उठा : क्यों, यह शैतान का पेय इतना लज़ीज़ है कि सिर्फ़ काफ़िरों को इसका इस्तेमाल करने देना ख़ेद की बात होगी।'

करते हैं। इतना ज़्यादा इत्र वे लोग इस्तेमाल करती हैं।" कहकर सलीमा ने शरारत भरी नज़रों से अकबर को देखा और मुस्कुराते हुए बोली, "लेकिन हैं सब की सब बेहद हसीन और दिलफ़रेब!"

"तुम कभी नहीं बदलोगी!" अकबर हँस दिया।

"मगर एक बेहद तकलीफ़देह ख़बर की जानकारी भी मुझे वहाँ हुई!" सलीमा की भौंहें ऊपर चढ़ गईं।

"कैसी ख़बर?"

"काबा की दीवार में लगे हजर-ए-असवद[1] को एक दफ़ा क़रमतिया[2] निकालकर ले गए थे, जब बग़दाद के ख़लीफ़ा को जंग में शिकस्त देने के बाद उन लोगों ने मदीना और मक्का को तबाह-ओ-बर्बाद किया था। उस वक़्त उन लोगों ने हज़ारों जियारती भी हलाक कर दिए थे और उनकी लाशें मुक़द्दस कुएँ ज़मज़म में फेंक दी थीं।"

"या अल्लाह! इनसान किस हद तक हैवानियत पर उतर सकता है!" अकबर ने दाएँ-बाएँ अपने सिर को हिलाया। "लेकिन ऐसा उन लोगों ने किया किस वजह से होगा?"

"क्योंकि मक्का की ज़ियारत और काबा का एहतिराम करने को वे कुफ़्र क़रार देते हैं, बुतपरस्ती और शिर्क।"

"फिर अब जो हजर-ए-असवद है वहाँ, वह कैसे और कहाँ से आया?"

"कैसे क्या आया? ख़लीफ़ा ने बहुत बड़ी रक़म का भुगतान कर और बड़ी मुश्किलों से उसे हासिल किया!"

"निहायत ही अफ़सोसनाक बात है! क़रमतिया भी तो आख़िरकार मुसलमान ही हैं। फिर वे ऐसा कैसे कर सकते हैं? कट्टरपन की भी हद है!"

"जब तक मुसलमान को अक़्ल का मुकम्मल इस्तेमाल करने की आज़ादी हासिल नहीं होती है, ऐसा होता ही रहेगा," कहकर सलीमा ख़यालों में डूब गई।

"किस ख़याल में गुम हो?" देर तक उसे नज़र भरकर देखते रहने के बाद अकबर ने पूछा।

"यूँ ही। मगर तुम्हें पता है जलाल? मेरा ख़याल था कि भिखारी हमारे मुल्क में ही ज़्यादा हैं। लेकिन मक्का में तो बाप रे! हर मस्जिद के बाहर, हर बाज़ार में और हर उस जगह पर जहाँ ख़ैरात तक़सीम हो रही हो या खाने को कुछ मिल रहा हो, ऐसी भीड़ जमा हो जाती थी कि पूछो ही मत! जबकि दुनिया भर से मुसलमान लाखों की तादाद में वहाँ आते हैं और ख़ैरात बाँटते ही रहते हैं, तब भी भिखारियों की भीड़ मक्का में कम होने का नाम ही नहीं लेती।"

"ये हालात तो हर जगह हैं।" अकबर हँसा। शेख़ सादी ने क्या नहीं फ़रमाया था कि हातिम ताई जिसकी फ़राख़दिली दुनिया भर में मशहूर है, वह रेगिस्तान में रहता था। अगर वह किसी शहर में रहता होता तो भिखारियों के हमले के सामने बेचारा बेबस हो जाता और वे भिखारी उसका लिबास चिन्दी-चिन्दी कर देते।"

बेसाख़्ता हँसती हुई सलीमा को अकबर हसरत भरी निगाह से देखता रहा।

---

1. पवित्र काला पत्थर, परिक्रमा करते वक़्त हाजी जिसे चूमते हैं।
2. इस्माइली शिया जो सिर्फ़ सात इमाम मंजूर करते थे और महदी आएँगे इस पर यक़ीन करते थे।

'वही दिलकश हँसी! इसकी कमी मुझे कितनी बेइन्तिहा महसूस हुई है!' वह सोच रहा था। 'या ख़ुदा! यह कभी न बदले। ऐसी ही बनी रहे।'

अकबर की आँखों में सलीमा ने यह हसरत पढ़ ली और दोबारा उसकी गोद में आ बैठी। ज़ोर से अकबर ने उसे अपने से चिपका लिया और उसके गाल पर अपना गाल रख दिया। दोनों के अन्दर एक-दूसरे में कुछ बहने लगा जो उनकी रूह की गहराइयों में उतरता चला गया। देर तक वे दोनों ऐसे ही बैठे रहे—गुफ़्तगू करते हुए, एक-दूसरे की आँखों में झाँकते हुए, अपने वुजूद से बेख़बर और वक़्त से भी—जब तक कि ईशा की नमाज़ के लिए अज़ान नहीं सुनाई दी।

अगली सुबह बेगम हीरा कुँवर को मक्का के तजुर्बे सुनाते हुए सलीमा कह रही थी,

"हम लोग मिर्ज़ा कामरान और सिन्धी बेगम की क़ब्र पर भी गए। उनकी सारी बेगमात में से सिर्फ़ वह ही थी जो उनके साथ मक्का गई जब उन्हें बेनूर कर दिया गया था।"

सुनहरा मकान के सामने बने बाग़ में बनी सीढ़ियों पर बैठकर वे दोनों यह गुफ़्तगू कर रही हैं और अकबर उनके बीच में बैठा हुआ है। क़िले में इमारतें मुख़्तलिफ़ ऊँचाइयों पर बने होने की वजह से जगह-जगह ऐसी सीढ़ियाँ बनी हुई थीं जिन पर बैठ हरम की ख़वातीन गप्पें मारा करती हैं।

"वहाँ नज़दीक ही रहनेवाली औरतों ने मुझे बताया कि रोशनी से महरूम अपने ख़ाविन्द की जैसी ख़िदमत उसने उनके ज़िन्दा रहते हुए की, उसी शिद्दत से उसने उनकी क़ब्र की भी की। रोज़ तीन दफ़ा सफ़ाई करना, फूल चढ़ाना, शमा व लोबान जलाना और सुबह से लेकर शाम तक क़ब्र पर दुआ करते रहना या *क़ुरआन शरीफ़* पढ़ते रहना। और जब उन्होंने बताया कि सफ़ेद लिबास में यह सब करते हुए उसके चेहरे से इलाही नूर टपकता था तो अपने आँसुओं को बहने से मैं रोक नहीं पाई।" कहते हुए सलीमा की आवाज़ में लर्जिश आ गई और आँखों में नमी। "मिर्ज़ा कामरान के इस दुनिया से रुख़्सत होने के चन्द ही हफ़्तों बाद ही वह भी चली गई।"

"वह भी तो आख़िरकार हिन्दुस्तान की ही पैदाइश थी और इसी मुल्क में उसने परवरिश भी पाई! तो फिर इस मुल्क की तहज़ीब वह कैसे न जज़्ब करती?"

अकबर की यह बात सुनकर हीरा कुँवर भी जज़्बाती हो गई और देर तक तीनों ख़ामोश बैठे रहे।

इस दौरान अकबर की निगाह बाग़ में फूलों की क्यारियों और दरख़्तों के दरमियान बहनेवाली नहर पर जमी हुई थी, जो आगे जाकर एक हौज़ में गिर रही थी। इस हौज़ में रंग-बिरंगी मछलियाँ पली हुई थीं। अँधेरा होने पर जब रंगीन कपड़ों से छनकर शमादानों से रोशनी पूरे में फैलती तो बेहद पुर-लुत्फ़ नज़ारा हो जाता।

"लेकिन एक बात तो मंज़ूर करनी होगी।" ख़ामोशी को आख़िरकार सलीमा ने ही तोड़ा। "हमारे मुल्क जैसा कोई मुल्क नहीं। हिजाज़ में नज़ारा बेहद ख़ुश्क है। हरियाली देखने को आँखें तरस जाती थीं। इस नज़ारे को कितनी शिद्दत से वहाँ पर मैंने याद किया," कहते हुए सलीमा ने अपने दोनों हाथ फैलाकर दूर तक खेतों में लहराती हुई गेहूँ और चने की फ़सलों की तरफ़ इशारा किया, "मैं बयान नहीं कर सकती! कितना सुकून हासिल होता है आँखों को इन्हें देखकर!"

"इसके बावजूद वापस आने में तुमने इतना वक़्त लगा दिया!" शिकायती लहजे में अकबर सलीमा से मुख़ातिब हुआ।

"मैं क्या करती? बेगम गुलबदन का तो जी ही नहीं भरता था उन रास्तों पर चलते हुए जिन पर कभी नबीउल्लाह, सल्लल्लाहु अलैहि वसल्लम, ने अपने पाक क़दम रखे होंगे। तुम्हें पता है?" हीरा कुँवर से मुख़ातिब हो सलीमा बोली। "मक्का से मदीना और फिर मदीना से मक्का उन्होंने पैदल ही सफ़र किया। और वह भी तीन दफ़ा!"

"इस पैदल सफ़र का लुत्फ़ तुमने नहीं उठाया?" सलीमा और हीरा कुँवर में इतनी नज़दीकी हो गई थी कि तक़ल्लुफ़ के लिए उनके दरमियान कोई जगह बाक़ी न रही थी।

"हाँ, किया। मगर सिर्फ़ पहली दफ़ा।"

"और उसके बाद?" सलीमा की लम्बी ग़ैर-मौजूदगी के लिए अकबर का दिल अब भी शिकवागर था।

"उसके बाद मुझे अपना वतन और अपने वतन के लोग याद आने लगे," सलीमा ने अपनी मानीखेज़ निगाह अकबर पर डाली।

सलीमा की इस दिलफ़रेब अदा पर अकबर हँस दिया।

"मोहतरम जनाब अमीर ख़ुसरो फ़रमा गए हैं कि वतन से मोहब्बत इनसान के ईमान का हिस्सा है। तो फिर वतन के बाशिन्दों से मोहब्बत भी तो ईमान का हिस्सा हुई। हुई कि नहीं?"

हँसने की बारी इस दफ़ा सलीमा की थी।

"जो भी हो। वतन से मोहब्बत का जज़्बा, ईमान से मोहब्बत के जज़्बे से किसी तरह कम नहीं। और दोनों ही की मोहब्बत में हम सब गिरफ़्तार हैं। क्या मैं ग़लत कह रहा हूँ?" सलीमा और हीरा कुँवर, दोनों से ही अकबर मुख़ातिब था।

अपने खाविन्द की यह बात सुनकर हीरा कुँवर उसके जानिब फ़ख़्र से भर उठी और मोहब्बत भरी नज़रों से उसे देखते हुए सोचती रही, 'कितने बेवक़ूफ़ हैं वे लोग जो इन्हें सिर्फ़ इस वजह से इस मुल्क का नहीं मानते कि यह काबुल से हिन्दुस्तान आए?'

बादलों को चीरकर अपनी रोशनी फैलाने के लिए जद्दोजहद करते हुए सूरज की तरफ़ निगाह किए हुए अकबर अपने ख़यालों में खो गया, और दोनों सहेलियाँ अपनी गप्पों में मसरूफ़ हो गईं।

'हर सुबह यह दिन की शुरुआत करता है, सोये हुए इनसानों को जगाने और यह पैग़ाम देने के लिए कि उठो और काम पर चलो। और फिर एक उफ़क़ से दूसरे उफ़क़ तक पूरे आसमान का सफ़र करने के बाद मग़रिब में छुप जाता है, जिससे कि थके हुए इनसानों को आराम से सोने के लिए ठंडी रात मयस्सर हो सके। रात भर यह कहाँ रहता है?' अकबर को ताज्जुब हुआ। 'सही अल-बुख़ारी में हदीस है कि रसूलुल्लाह, सल्लल्लाहु अलैहि वसल्लम, ने फ़रमाया था कि अल्लाह के तख़्त के नीचे जाकर यह आराम करता है और तब तक वहीं पर बना रहता है जब तक कि उठकर वापस जाने का उसे हुक्म नहीं मिल जाता। लेकिन बरहमन बताते हैं कि ज़मीन की दूसरी तरफ़ एक आलीशान महल है जिसमें वह रात भर आराम करता है। हक़ीक़त जानने का क्या कोई रास्ता नहीं? क्या उफ़क़ ही इनसान के इल्म की हद है?'

उस रात यही सवाल उसने 'मज्लिस-ए-चहलगानी' के सामने रख दिया।

'मज्लिस-ए-चहलगानी' में ईरान, तूरान, सल्तनत-ए-उस्मानिया और हिन्दुस्तान की भी चालीस ऐसी आलिम फ़ाज़िल शख़्सियात थीं जिन्होंने अपने-अपने इल्म में ख़ास महारत हासिल की हुई थी : इल्मे इलाहियात, इल्मे मन्तिक़, इल्मे फ़लसफ़ा, इल्मे तवारीख़, इल्मे अदब वग़ैरह।[1]

उस दौर में हर इस्लामी सल्तनत में जो ग़ैर-दीनी महकमा भी हुआ करता था, इस्लामी उसूलों से पाबन्द होना उसके लिए भी लाज़िमी था। इतना ही नहीं तो मज़हब के पैरोकारों का उन महकमों में न सिर्फ़ दख़ल रहता था बल्कि अकसर ही वह उनकी ही मातहती में हुआ करता था। और उन्हें तो इख़्तिलाफ़-ए-नज़रिया ही बर्दाश्त नहीं था, फिर किसी भी क़िस्म की तहक़ीक़-ओ-तफ़्तीश हो तो कैसे हो? इसके अलावा आज़ाद ख़याल लोगों के सिर पर ऐसे माहौल में यह तलवार भी लटकती रहती कि न जाने उनकी किस बात या नज़रिये को बिदअत क़रार दे दिया जाए और कब उनको हलाक कर दिए जाने का फ़तवा जारी हो जाए।

ईरान में शाह अब्बास सुन्नी मुसलमानों को मजबूर कर रहा था कि वे रशीदुन ख़लीफ़ाओं को सरेआम लानत भेजें और इनकार किए जाने पर 'गुस्ताख़ मुज़रिम' को ख़ुद अपनी तलवार से हलाक करने का सवाब वह हासिल किया करता। तूरान में सुल्तान अब्दुल्लाह ख़ान उज़्बेक ने शिया मुसलमानों के सामने साफ़ पेशकश रख दी कि या तो वे सुन्नी हो जाएँ या फिर इस दुनिया से रुख़्सत होने की तैयारी कर लें। इतना ही नहीं जो सुन्नी मुसलमान इमाम हनीफ़ा के क़ानून के सिवा किसी और इमाम का क़ानून मानते थे, उन्हें हुक्म दे दिया गया कि अपना बोरिया-बिस्तर लेकर सल्तनत से बाहर वे अपनी तशरीफ़ ले जाएँ। उधर सल्तनत-ए-उस्मानिया में शिया मुसलमान दोयम दरजे के बाशिन्दे थे जिनके लिए न तो कोई मस्जिद थी नमाज़ पढ़ने के लिए और न ही सल्तनत की निज़ामत में कोई रोज़गार उन्हें हासिल था।

मग़रिबी मुल्कों का हाल भी कोई बेहतर नहीं था। एलानिया तौर पर इन सभी मुल्कों का मज़हब हज़रत ईसा का मज़हब था और किसी भी ईसाई मुल्क में इज़्ज़त और हिफ़ाज़त के साथ रहना मुसलमानों के लिए नामुमकिन था। ग्यारहवीं और बारहवीं सदी में हुई सलीबी-जंग[2] के बाद सभी मुसलमान ईसाइयों के लिए उनके जानी दुश्मन जो हो गए थे! लेकिन इसका मतलब यह नहीं था कि ईसाइयों में आपस में भाईचारा था। जिस दौरान अकबर गुजरात की अपनी पहली मुहिम पर था, ईसाई सन्त बार्थोलोम्यू की शहादत का एहतिराम किए जाने के मौक़े पर पेरिस में फ्रान्स के ईसाई राजा चार्ल्स (नौवें) की फ़ौज, जो पोप की इक़्तिदारी क़बूल करनेवाले कैथोलिक ईसाई फ़िरक़े से था, हज़ारों ह्यूगनो ईसाइयों का, जो ईसाई सन्त केल्विन के उसूल क़बूल करनेवाले ईसाई फ़िरक़े से थे, क़त्ल करने में मुब्तला थी। और यह तो जैसे इशारा भर था क्योंकि उसके बाद तो हज़रत ईसा को अपना मसीह क़बूल करनेवाले ह्यूगनो ईसाइयों का सफ़ाया करने के नेक काम में हज़रत ईसा को ही अपना मसीह

---

1. दर्शनशास्त्र, तर्कशास्त्र, विज्ञान, इतिहास, साहित्य वग़ैरह।
2. ईसाइयों का धर्मयुद्ध, Crusades.

क़बूल करनेवाले ईसाई पूरे फ्रांस में ही जुट गए, जिसमें ईसाई फ़ौजियों की मदद भी उन्हें हासिल होती रही।[1]

उधर स्पेन के ईसाई राजा फिलिप (दूसरे) ने यहूदियों और मुसलमानों को फ़रमान सुना दिया कि या तो वे ईसाई मज़हब क़बूल कर लें या फिर उसकी सल्तनत से वे बाहर चले जाएँ। और जो यहूदी ईसाई मज़हब क़बूल करने का सिर्फ़ ढोंग करते हुए पकड़े गए, सरेआम उन्हें ज़िन्दा जलाए जाने के जश्न का नज़ारा वह ईसाई पादरियों के साथ ऊँची जगह पर बैठकर किया करता। और इस काम में उसे कितना सवाब हासिल हुआ, पादरियों के साथ इसका हिसाब लगाकर वह ख़ुश भी होता रहता। दूसरी तरफ़ कुछ साल पहले ही ईसाइयत में प्रोटेस्टेंट सुधार का प्रतिपादक विद्वान सन्त मार्टिन लूथर यह घोषणा कर रहा था कि शैतान के साथ मिलीभगत के लिए चुड़ैलों को जला देना चाहिए, भले ही उन्होंने किसी को हानि न पहुँचाई हो और ख़ुद खड़े रहकर जर्मनी के विट्टेनबर्ग में चार को भुनवा दिया था।

इंग्लैंड का हाल भी बेहाल था। रानी मैरी जो कैथोलिक ईसाई फ़िरक़े से थी, जितने वक़्त तख़्तनशीं रही ईसाई सन्त मार्टिन लूथर के उसूल क़बूल करनेवाले प्रोटेस्टेंट ईसाई फ़िरक़े के सैकड़ों आदमियों व औरतों को चौराहों पर ज़िन्दा जलवा देने में ही मसरूफ़ रही। उसके बाद तख़्तनशीं हुई ईसाई रानी एलिज़ाबेथ, जिसकी हुकूमत इंग्लैंड पर तक़रीबन उसी दौरान क़ायम रही जिस दौरान अकबर की हुकूमत हिन्दुस्तान पर क़ायम थी, कैथोलिक ईसाई फ़िरक़े के सैकड़ों लोगों को जिनमें पादरी भी शामिल थे, मुल्क से ग़द्दारी के फ़र्ज़ी इल्ज़ाम में हलाक करवाती रही। साथ ही, उन सब पर ज़ुल्म ढाने में भी वह पूरे वक़्त मशगूल रही जो हाल ही में वुजूद में आए एंग्लिकन ईसाई फ़िरक़े में, जिसकी आलातरीन हस्ती वह ख़ुद ही थी, दाख़िल होने से इनकार कर रहे थे—भले ही वह कैथोलिक ईसाइयों के फ़िरक़े का हो या कि प्रोटेस्टेंट ईसाइयों के फ़िरक़े का।

लिहाज़ा आज़ाद ख़याल इल्मदाँ मुसलमान के लिए—वह सुन्नी हो, शिया हो या वह किसी और फ़िरक़े का हो—हिन्दुस्तान ही अकेली मंज़िल थी। तंग-नज़रिये और कट्टरपन के रेगिस्तान ने जिस दौरान पूरी दुनिया को अपने में जज़्ब कर रखा था, मज़हबी आज़ादी के ख़ुद्दार तलबगारों के लिए यह मुल्क ऐसा नख़लिस्तान[2] बना हुआ था जहाँ वे अपने ज़मीर से समझौता किए बग़ैर इज़्ज़त की ज़िन्दगी गुज़ार सकते थे। जहाँ इख़्तिलाफ़-ए नज़रिया बर्दाश्त होता था और मुख़्तलिफ़ मज़हबों और फ़िरक़ों के इनसान जहाँ इंसाफ़पसन्द बादशाह की हुकूमत में अमन-चैन से रह सकते थे। मज़हबी कट्टरपन के अँधेरे में अकबर का हिन्दुस्तान उस वक़्त एक रोशन मीनार की तरह खड़ा हुआ था, पूरी दुनिया को सुलह-ए-कुल का पैग़ाम देता हुआ।

क़ाबिल और ज़हीन आलिम फ़ाज़िल शख़्सियात की जानिब अपने बादशाह का रुझान देखकर अबुल फ़ज़ल और अबुल फ़ैज़ी बाहरी मुल्कों से आए सौदागरों व मुसाफ़िरों से मुलाक़ात होने पर उनसे दरयाफ़्त करते कि उनके मुल्क में ऐसे आलिम

1. इनसान का इनसान से प्रेम जिस धर्म की केन्द्रीय विचारधारा है, उसके अनुयायियों की अपने ही धर्म के मतावलम्बियों के साथ की गई क्रूरता रोंगटे खड़े कर देती है। देखें, 'टिप्पणियाँ'।
2. मरुद्वीप, Oasis।

फ़ाज़िल कौन लोग हैं। और फिर उन लोगों को हिन्दुस्तान आने का दावतनामा बाक़ायदा अकबर की तरफ़ से भिजवाते, जहाँ उनकी क़ाबिलियत की क़द्र की जाएगी और उनका मुनासिब एहतिराम किया जाएगा।

'मोहतरम जनाब की ख़ुद हासिल की हुई और अल्लाह की नवाज़ी हुई क़ाबिलियत और ख़ूबियों का बयान कई दफ़ा सुनने के बाद हमें आरज़ू हुई कि यह दावतनामा जनाब को भेजा जाए। हम आपको अपनी सरपरस्ती का भरोसा दिलाते हैं और गुज़ारिश करते हैं कि जल्द से जल्द हमारे दरबार में तशरीफ़ फरमाएँ, और दूसरे ज़हीन लोगों को भी अपने साथ लेकर आएँ।'

इस दावतनामे को पहुँचानेवाला मुलाज़िम न्यौते गए शख़्स की सवारी का इन्तज़ाम करता और सफ़र के दौरान ख़र्च के लिए मुनासिब रक़म भी मुहैय्या करवाता। इस तरह यह 'मज्लिस-ए-चहलगानी' फ़तेहपुर सीकरी में मुख़्तलिफ़ मुल्कों से आकर जमा हुई थी, जिसकी सोहबत में अकबर अब अपनी रातें गुज़ारा करता—मुख़्तलिफ़ मसाइल पर गुफ़्तगू करते हुए और अपने शको-शुबहे उनसे दूर करवाते हुए।

"क्या ऐसा कोई तरीक़ा नहीं जिससे कि हमारी अक़्ल हमारे तजुर्बा-ए-हवास[1] के आगे बढ़ सके? अक़्ल क्या अपाहिज है जो हवास की बैसाखी बग़ैर एक क़दम नहीं चल सकती?"

"जहाँपनाह! इस मसले को लेकर शेख़ इब्ने सिना ने एक ख़याली तजुर्बा[2] किया था जिसमें रूह के वुजूद को सिर्फ़ अक़्ल की बिना पर उन्होंने साबित किया था।" शाह फ़तहुल्लाह शीराज़ी ने बताया।

ईरान से आकर शाह फ़तहुल्लाह शीराज़ी बीजापुर के सुल्तान आदिल शाह की मुलाज़मत में, जो कि अकबर की ही तरह आलिम फ़ाज़िल लोगों का अपने दरबार में ख़ैरमक़दम करने के लिए मशहूर था, दाख़िल हो गया। मगर अपने सरपरस्त के इन्तक़ाल के बाद उसे अहसास हुआ कि वहाँ उसकी मौजूदगी को अब पसन्द नहीं किया जा रहा। उसके इल्म व ज़हानत की बाबत मालूमात अकबर को थी ही। जैसे ही शाह फ़तहुल्लाह की इस मुश्किल की ख़बर उसे हुई, दावतनामा भेजकर अकबर ने उसे अपनी मुलाज़मत में बुलवा लिया। शाह फ़तहुल्लाह की शोहरत अक़्लियत-पसन्द व आलिमे मन्तिक़[3] बतौर थी। इल्मे हिन्दसा, इल्मे रियाज़ी, इल्मे फ़लकीयात और इल्मे नुजूम के साथ ही हुनर-ए-आला में भी उसे महारत हासिल थी।[4] सीकरी जब वह पहुँचा तो दो ऊँट सिर्फ़ किताबों से लदे हुए उसके साथ थे।

"जहाँपनाह! शेख़ इब्ने सिना फ़रमाते हैं कि यह तसव्वुर करें कि एक इनसान यकायक वुजूद में आता है हवा में लटका हुआ, सबसे अलग-थलग, और किसी भी क़िस्म के अहसास-ए-हवास से महरूम, अहसास-ए-जिस्म से भी महरूम। लेकिन इस

1. इन्द्रियों के अनुभव।
2. Thought Experiment, आइंस्टाइन ने तो इसी तरह के विचार-प्रयोग द्वारा ही भौतिक विज्ञान की सारी खोजें की थीं।
3. बुद्धिवादी व तर्कशास्त्री।
4. रेखागणित, गणित, खगोलशास्त्र, ज्योतिष के साथ ही यंत्रविद्या (mechanics)।

हालत में भी अपने वुजूद का अहसास उसे यक़ीनन रहेगा। 'मैं हूँ' यह अहसास उसे रहेगा जो उसे उसके वुजूद की शिनाख़्त देगा। जो उस पर ज़ाहिर करेगा कि उसका वुजूद है! कि उसकी मौजूदगी क़ायम है।[1] और यह शिनाख़्त, यह अहसास बावजूद इसके है कि उस इनसान को अपने जिस्म का अहसास नहीं! इसके मानी यह हुए, शेख़ इब्ने सिना फ़रमाते हैं कि यह इल्म कि 'मैं हूँ', यह ख़ुद-शनासाई[2] ही इनसान का अस्ल है, जो जिस्म की मोहताज नहीं। और इस अस्ल को ही जहाँपनाह! जो अपने वुजूद के लिए जिस्म की मोहताज नहीं, आम ज़बान में रूह कहा जाता है।"

"वल्लाह! क्या ख़ूब दलील दी है!" अकबर तक़रीबन उछल ही पड़ा। "इस दलील में ऐब या ख़ामी निकालने की कोई गुंजाइश ही नहीं। आफ़रीन जनाब फ़तहुल्लाह साहब! आफ़रीन!"

वक़्त के साथ अकबर इन मुबाहिसों का इतना आदी हो गया कि एक रोज़ मज्लिस में उसने क़बूल किया :

"इल्म और फ़लसफ़े पर गुफ़्तगू इतनी दिलकश मुझे मालूम होती है कि किसी और काम में मुझे दिलचस्पी ही नहीं रहती, और मुझे कोशिश करके ख़ुद को इससे दूर करना पड़ता है कि सल्तनत की ज़िम्मेदारियों की तरफ़ से मैं लापरवाह न हो जाऊँ।"

बतौर बादशाह अपनी ज़िम्मेदारियों और इन मुबाहिसों के अपने शौक़, दोनों में कोई इख़्तिलाफ़ न हो इसके लिए अकबर ने नींद लेने के वक़्त में तब्दीलियाँ कीं। रात में वह डेढ़ घंटे सोकर उठ जाता और फिर मज्लिस-ए-चहलगानी के साथ सारी रात मुबाहिसे में गुज़ारने के बाद फ़ज्र की अज़ान के पहले फिर डेढ़ घंटे सो लेता।

अकबर का यह रवैया देख बेगम हीरा कुँवर को उसकी सेहत की फ़िक्र हुई।

"यह सही है कि सेहत के लिए नींद ज़रूरी है।" अकबर ने उसे समझाया। "लेकिन ज़िन्दगी तो वह सबसे बड़ी सौग़ात है जिससे अल्लाह ने इनसान को नवाज़ा है! क्या यह बेहतर नहीं होगा कि इसे ज़्यादा से ज़्यादा जागते हुए बसर किया जाए?"

मज्लिस-ए-चहलगानी में हर रात कोई न कोई किताब पढ़ी जाती और फिर उस पर बहस हुआ करती। कई किताबें तो दो, तीन या उससे भी ज़्यादा दफ़ा पढ़ी गई थीं।

मीर ग़यासुद्दीन अली पालथी लगाए बैठा है। उसके सामने लकड़ी की छोटी मेज़ रखी है जिसके दोनों तरफ़ चाँदी के शमादानों में मोमबत्तियाँ जल रही हैं। मेज़ पर *अख़्लाक़-ए-नासिरी* किताब खुली हुई है, जो सभी इस्लामी मुल्कों में बेहद मशहूर किताब है। ईरान में तेरहवीं सदी में हुए फ़लसफ़ादाँ, आलिम-ए-रियाज़ी और माहिर-ए-फ़लकीयात[3] ख़्वाजा नासिर अल-दीन अल-तुसी ने इसमें अख़्लाक़, इंसाफ़ और सियासत

1. फ्रांस के गणितज्ञ व दार्शनिक द'कार्ते ने भी इसी तरह का विचार-प्रयोग (thought experiment) किया और इस नतीजे पर पहुँचा कि शेष ज्ञान का आधार भले ही अनुभव हो लेकिन 'Cognito ergo sum' यानी 'मैं सोचता हूँ इसलिए मैं हूँ' के लिए कोई अनुभव अनिवार्य नहीं। और इसे आधार बनाकर उसने पश्चिमी दर्शनशास्त्र में बुद्धिवादी विचारधारा (Rationalist School of Thought) का आरम्भ किया। यही इब्ने सिना भी कह रहा है मगर दूसरे तरीक़े से, और वह द 'कार्ते के छह सौ साल पहले हुआ था।
2. स्वयं की पहचान, आत्म-जागरूकता।
3. दार्शनिक-वैज्ञानिक, गणितज्ञ और अन्तरिक्षवेत्ता। दर्शन में तब विज्ञान भी शामिल था।

के मुद्दों पर बेहद तफ़सील से तफ़सीर की है। अकबर की यह पसन्दीदा किताब है। वक़्त के साथ इस किताब को पढ़ना सल्तनत के मनसबदारों और ओहदेदारों के लिए लाज़िमी हो गया क्योंकि अकबर का फ़रमान हुआ कि इसकी रोशनी में ही अब सल्तनत की निज़ामत चलनी चाहिए।

मीर ग़यासुद्दीन अली ने अपने जामे की जेब में से आतिशी शीशा निकालकर मुलायम कपड़े से उसे साफ़ किया। फिर किताब के ऊपर उसे वह तब तक नज़दीक और दूर करता रहा जब तक कि हर्फ़ उसे बिलकुल साफ़ नज़र नहीं आने लगे। वक़्त के साथ उसकी नज़र कमज़ोर हो चली थी। फिर पन्ने पलटते हुए वह उस सफ़े पर आया जिस पर अकबर ने ख़ुद एक बारीक निशान बनाया हुआ था, जहाँ तक गुज़श्ता रात उसने सुना था।

"जहाँपनाह! ख़्वाजा नासिर अल-तुसी फ़रमाते हैं : 'जानवरों और परिन्दों की दुनिया का नज़ारा करो। उन्हें वह सब हासिल है जो अपनी हिफ़ाज़त, सलामती और रोज़मर्रा की ज़िन्दगी के लिए ज़रूरी है, ताक़त, हिम्मत और मुनासिब औज़ार भी। उनके जिस्म के कुछ हिस्से तो वाक़ई हथियार हैं, मसलन सींग, दाँत, पंजे। जिन जानवरों को अपनी हिफ़ाज़त का और कोई ज़रिया हासिल नहीं वे भागकर या चालाकी से अपनी हिफ़ाज़त कर लेते हैं। कुछ ऐसी भी क़िस्में हैं जो अपनी सलामती के लिए जमात बना लेती हैं और एक-दूसरे की मदद किया करती हैं जैसे शहद की मक्खी, चींटी और कुछ परिन्दे भी'।"

"वह तो अल-कबीर है! सबका ख़याल रखनेवाला है।" अकबर बोल उठा। "लेकिन ख़्वाजा ने जो कहा उसमें ख़ास क्या है? यह सब तो आम जानकारी में है।"

"जहाँपनाह! ख़्वाजा नासिर अल-तुसी यह कहना चाह रहे हैं," ईरान में नीशापुर से आए मीर अबुल क़ासिम ने बात को साफ़ किया, "कि ख़ुद की हिफ़ाज़त करने के जानवरों के जो मुख़्तलिफ़ तरीक़े हैं, वे अपने माहौल से मुआफ़क़त[1] हासिल करने की उनकी कोशिशों के नतीजे में है। इस तरह ख़्वाजा नासिर अल-तुसी ने यह साबित किया था कि इस तरीक़े से जानवरों के जिस्म के मुख़्तलिफ़ हिस्सों में तब्दीली होती ही रहती है, जिसकी बदौलत वे उनके लिए फ़ायदेमन्द सिफ़त हासिल किया करते हैं। और जानवरों की जो क़िस्म ज़्यादा तेज़ी से यह सिफ़त हासिल करती है, वह अपनी हिफ़ाज़त कर पाने और अपना वुजूद क़ायम रख पाने में जानवरों की दूसरी क़िस्मों के मुक़ाबिल ज़्यादा कामयाब रहती है।"

"इसके मानी तो यह हुए कि अल्लाह ने जानवरों को जैसा बनाया वे उससे बेहतर होते जाते हैं।" देर तक ख़यालों में डूबे रहने के बाद अकबर ने कहा और फिर जैसे ख़ुद से ही दरयाफ़्त किया, "लेकिन यह कैसे मुमकिन हो सकता है? अल्लाह तो अल-कामिल है! अल-अलीम है! उसकी बनाई हुई शै को बेहतर किया जाना कैसे मुमकिन है?"

"जहाँपनाह! बेहतरी के लिए यह तब्दीलियाँ भी तो उसकी मर्ज़ी से ही हैं! इस कायनात का यह क़ायदा है कि तब तक कुछ नहीं होता जब तक कि कोई करनेवाला न हो।" ताशकन्द से आए हाफ़िज़ कुमाकी ने ध्यान दिलाया। "लिहाज़ा यह तब्दीलियाँ

1. अनुकूलता।

भी ख़ुद ब ख़ुद नहीं आ सकतीं। और जहाँपनाह! इन तब्दीलियों को अंजाम देनेवाला अल्लाह तआला के सिवा कौन हो सकता है?"

"बात तो वाजिब है!" मंज़ूरी में अकबर ने सिर हिलाया और फिर मीर ग़यासुद्दीन अली से मुख़ातिब होकर पूछा। "आगे ख़्वाजा क्या फ़रमाते हैं?"

"जहाँपनाह! आगे ख़्वाजा नासिर अल-तुसी की दलील है कि जानवरों में सबसे ज़्यादा फ़ायदेमन्द सिफ़त अक़्ल है। अक़्ल की वजह से ही वे नई बातें सीख पाते हैं और ऐसी नई क़ाबिलियत हासिल कर पाते हैं जो पैदाइश के वक़्त उनमें नहीं थीं। इनसानी नस्ल की बेहतरी का पहला क़दम भी यहीं से शुरू है।"

"तो क्या ख़्वाजा नासिर अल-तुसी जानवर और इनसान को एक ही दरजा दे रहे हैं?" हैरत से अकबर की भौंहें ऊपर को खिंच गईं।

"क़तई नहीं जहाँपनाह! इनसान यक़ीनन ऊँचे दरजे पर है। मगर है वह उसी सीढ़ी पर जिस पर जानवर है।" शाह फ़तहुल्लाह शीराज़ी ने समझाया। "ख़्वाजा नासिर अल-तुसी ने दावा किया था कि इस कायनात की इब्तिदा में बराबर तादाद में और यकसाँ उंसुर हुआ करते थे जिनमें वक़्त के साथ अन्दरूनी इख़्तिलाफ़ नुमायाँ हुआ जिसके बाद कुछ उंसुर बाक़ी उंसुर से जुदा तरीक़े से और तेज़ी से तरक़्क़ी-याफ़्ता होने लगे। यह उंसुर ही पहले जामिद हुए, फिर नबातात में तब्दील में हुए, फिर जानदार शै बने और आख़िर में इनसान।"[1]

"ताज्जुब है! ख़्वाजा नासिर अल-तुसी के दावे का पहला हिस्सा बरहमनों के सांख्य अक़ीदे सरीखा है और बाक़ी हिस्सा तो शेख़ शहाबुद्दीन सुहरावर्दी का इशराक़ी फ़लसफ़ा ही है," अकबर के अन्दाज़ में ख़ुशी का जज़्बा था और हैरत का भी। फिर कुछ देर तक अपने सीने पर सिर को झुकाए हुए ख़यालों में डूबे रहने के बाद वह अबुल फ़ज़ल से मुख़ातिब हुआ। "तुम सही कहते थे अल्लामी! तबादला-ए-ख़याल इस दुनिया में हमेशा ही होता आया है। सिर्फ़ तंग-नज़रिया लोग ही यह मुग़ालता पाले रहते हैं कि उन्हें हासिल इल्म सिर्फ़ उन्हें ही हासिल है। अपने दावे को साबित करने के लिए ख़्वाजा नासिर अल-तुसी ने क्या कोई दलील दी है?"

"जहाँपनाह! तरक़्क़ीयाब जानवर से इनसान कैसे वुजूद में आया इसे जानने के लिए ख़्वाजा नासिर अल-तुसी ने दूर-दूर के और अन्दरूनी इलाक़ों का दौरा किया और फिर वहाँ हासिल तजुर्बों की बिना पर अपना नज़रिया-ए-इर्तिक़ा[2] उन्होंने तफ़सील से पेश किया।" शाह फ़तहुल्लाह शीराज़ी ने जवाब दिया। "उन्होंने ज़ाहिर किया कि मग़रिबी सूडान और दूसरे दूरदराज़ के इलाक़ों में ऐसे इनसानों का वुजूद क़ायम है जो अपनी आदतों से व बर्ताव में जानवरों के बेहद क़रीब हैं, और वे शायद जानवर के दरजे से इनसान के दरजे पर पहुँचने की सीढ़ी पर बीच के पायदान पर मौजूद हैं।"

"लेकिन यह तो *क़ुरआने-पाक* के बिलकुल बरख़िलाफ़ है!" नज़रिया-ए-इर्तिक़ा का उसूल सुनकर अकबर जैसे चौंक पड़ा। "सूरा अल-हिज्र में अल्लाह ने क्या नहीं फ़रमाया है : 'हमने इनसानों को पैदा किया एक खनकनाते हुए सियाह सड़े गारे से'?

1. उंसुर यानी तत्त्व, जामिद यानी जड़ पदार्थ, नबातात यानी वनस्पतियाँ।
2. विकासवाद का सिद्धान्त।

और रिवायत है कि जानवरों की मुख़्तलिफ़ क़िस्मों को अल्लाह एक-एक करके पहले ही पैदा कर चुका था। जानवर और इनसान के बीच की किसी शै का न तो क़ुरआने-पाक में कोई ज़िक्र है और न ही सुन्ना में। ख़्वाजा नासिर अल-तुसी क्या मुल्हिद थे?"

"क़तई नहीं ज़िल्ले इलाही! क़तई नहीं!" हकीम अबुल फ़तह ने इनकार में बड़े ज़ोर-ज़ोर से अपना सिर हिलाया। "यक़ीनन वे ख़ुदा में यक़ीन रखते थे और *क़ुरआने-पाक* में भी। और इस्लाम के वे बेहद नामीगिरामी और नामवर आलिम भी थे। उनके अल्फ़ाज़ पर नायक़ीनी नहीं की जा सकती जब तक कि उनके ख़िलाफ़ कोई सबूत न हो। जहाँ तक उनके अल्फ़ाज़ का *क़ुरआने-पाक* में अल्लाह के बयान से इख़्तिलाफ़ होने का मसला है, तो जहाँपनाह! *किताबे-पाक* में कई बातें बतौर तम्सील या इस्तिआरा[1] कही गई हैं। लेकिन जो जाहिल थे उन्होंने उसके मानी लफ़्ज़ ब लफ़्ज़ कर लिये।"

"क्या यही बात फ़रिश्ते और जिन्न पर भी लागू नहीं होती?" अकबर ने शुबहा ज़ाहिर किया। "शायद उनका ज़िक्र भी बतौर तम्सील ही हुआ हो?"

इन मुबाहिसों का एक नतीजा तो यह हुआ कि फ़रिश्ते व जिन्न के वजूद में अकबर को यक़ीन नहीं रहा और करामात में भी—जो करामातें सुन्ना के मुताबिक़ पैग़म्बर मुहम्मद ने दिखाई थीं उन पर भी।

"सिर्फ़ जाहिल लोग ही करामात में यक़ीन करते हैं," दीवानख़ाना-ए-आम में ख़ासोआम के सामने एक रोज़ उसने अपनी यह राय ज़ाहिर भी कर दी। "दानिशमन्द लोग बग़ैर काफ़ी सबूत के कुछ भी मंज़ूर नहीं करते। करामात हर मज़हब में पाई जाती है। यह सिर्फ़ इनसान के दिमाग़ी वलवले की पैदाइश है।"[2]

ऐसा कोई इब्लीस या शैतान है जो इनसान को गुमराह करने की कोशिशें किया करता है, इस पर भी अकबर का यक़ीन क़तई बाक़ी न रहा और भरे दरबार में उलेमा और मुल्लाओं की मौजूदगी में एक रोज़ उसने एलान किया, बावजूद इसके कि *क़ुरआने-पाक* में इब्लीस यह दावा करता है कि इनसानों को वह गुमराह करेगा।

"ख़राबी और बदी का इल्ज़ाम शैतान पर डालना उसे उस ख़ालिक़ का हिस्सेदार बनाना है जिसके साथ कोई शरीक नहीं। अगर वह राहज़न है तो उसके ऐसा होने के लिए ज़िम्मेदार कौन? शैतान के अफ़साने पुराने और दकियानूसी ख़याल हैं। अल्लाह की मर्ज़ी के ख़िलाफ़ जाने की भला किसमें क़ुव्वत है?"[3]

अकबर अब अक़्ल का शैदाई था और हर बयान व हर दावे की हक़ीक़त को,

---

1. उपमा या रूपक।
2. अकबर का यह बयान एच. ब्लोख्मन द्वारा फ़ारसी से अंग्रेज़ी में अनुवाद की हुई *आईन-ए-अकबरी* में मौजूद है। और यह बात ध्यान देने लायक़ है कि यूरोप के राजा और उनकी प्रजा दोनों उस समय ज़बर्दस्त अन्धविश्वासों में जकड़े हुए थे। बुद्धिवादी युग (Age of Reason) की शुरुआत वहाँ सत्रहवीं सदी के मध्य में हुई थी, यानी जिस समय अकबर यह कह रहा था उसके कम से कम पचास साल बाद।
3. अकबर का यह बयान भी *आईन-ए-अकबरी* से है। और यह वह समय था जब यूरोप के लगभग सभी देशों के राजा बाक़ायदा जादू-टोना क़ानून (Witchcraft Laws) बनाकर मासूम इनसानों को डायन और चुड़ैल घोषित कर उन्हें ज़िन्दा जलवा देने में मगन थे।

भले ही वह दावा या बयान *क़ुरआने-पाक* या सुन्ना में ही क्यों न कहा गया हो, अक़्ल की कसौटी पर वह कसने लगा था।[1]

सालों तक आलिमाना तक़रीरें और किताबें सुनने, उन पर मुबाहिसा और फिर ग़ौर-ओ-ख़याल करते रहने का नतीजा यह भी हुआ कि अकबर को यह यक़ीन हो चला कि अल्लाह हर जगह मौजूद है। और यह भी कि उसकी इबादत रस्म-ओ-रिवाज व दस्तूर के मुताबिक़ ही करने का इसरार सिर्फ़ वही लोग करते हैं जो नादान हैं। क्योंकि इबादत तो असल में केवल दिल का मामला है। ख़्वाजा ग़रीबनवाज़ का सज्दा करने के लिए उसने अजमेर जाना भी छोड़ दिया, अगरचे ख़ैरात वहाँ बराबर भेजी जाती रही।

लेकिन साथ ही अकबर को यह भी समझ में आ गया कि मज़हबी अक़ीदे की पेचीदा और घुमावदार गलियों में अक़्ल उसे मंज़िल तक का रास्ता मुकम्मल तौर पर नहीं दिखा सकती। लिहाज़ा इनसे अपने को वह दूर करता चला गया। अग़रचे तसव्वुफ़[2] पर मुबाहिसा उसे अब भी पसन्द था जबकि उसे समझ में आ चुका था कि उसकी भूल-भुलैयों से पार होना भी तक़रीबन नामुमकिन ही है। लेकिन ग़ौर-ओ-ख़याल करने की उसकी ताक़त में इससे इज़ाफ़ा होता है, उसे महसूस होता था और उसकी अक़्ल की धार को भी यह पैनी करता है। तसव्वुफ़ पर मुबाहिसा उसके दिमाग के लिए वही था जो दिल के लिए ख़ूबसूरत नज़्म हुआ करती है।

लिहाज़ा उसने इल्मे तख़्लीक़, इल्मे फ़लकियात, इल्मे हिन्दिस व तवारीख़[3] के मसाइल पर किताबें व तक़रीरें सुनना शुरू कर दिया और उन्हें भी किसी भूखे इनसान की तरह निगलने लगा।

"जहाँपनाह! ईरान के आलिम फ़ाज़िल शेख़ अबुल रैहान अल-बरूनी गज़नी के सुल्तान महमूद के साथ तक़रीबन छह सौ साल पहले हिन्दुस्तान आए थे।" मज्लिस-ए-चहलगानी में देर रात शाह फ़तहुल्लाह शीराज़ी फ़रमा रहे थे। "यहाँ रहकर उन्होंने संस्कृत ज़बान पर अपनी गिरफ़्त बनाई जिससे कि बरहमनों की किताबें वे पढ़ सकें। और बावजूद इसके कि अपनी किताबों को बरहमन बेहद ख़ुफ़िया तौर पर रखते थे और एक बाहरी मुल्क से आए म्लेच्छ को तो वे किसी भी हाल में उन्हें हाथ नहीं लगाने देते थे, वे किताबें उन्होंने किसी तरह हासिल कर लीं। इल्मे फ़लकियात पर उन्होंने कई किताबें पढ़ीं और उनमें जो कुछ उन्हें हासिल हुआ उसे उन्होंने अपने शाहकार *किताब-उल-हिन्द* में दर्ज कर लिया। वह किताब इस वक़्त मेरे हाथ में है।" शाह फ़तहुल्लाह ने अपने हाथ में लेकर वह किताब दिखाई। "जहाँपनाह की इजाज़त हो तो इसमें से कुछ चुनिन्दा हिस्से इस मज्लिस में सुनाऊँ?"

"हम बेताब हैं सुनने को शाह फ़तहुल्लाह! फ़रमाइए।"

"जहाँपनाह! इस किताब के मुताबिक़ हिन्दुस्तान के गुज़श्ता ज़माने के एक आलिमे

---

1. इस्रा और मेराज मुहम्मद साहब के चमत्कार माने जाते हैं जिनका ज़िक्र *क़ुरआन* की सूरा अल-इस्रा में है और पूरी कहानी सुन्ना में। मगर इन्हें भी अकबर ने नामंज़ूर कर दिया था, अपनी राय की वाजिब वजह बताते हुए। देखें, 'टिप्पणियाँ'।
2. अध्यात्म।
3. सृष्टि विज्ञान, खगोलशास्त्र, गणित और इतिहास।

फ़लकियात का दावा है कि इख़्फ़ा[1] तब तक मुमकिन नहीं जब तक कि ज़मीन गोल गेंद की मानिन्द न हो। इस किताब में हिन्दुस्तान के एक बेहद ज़हीन आलिम वराहमिहिर के हवाले से यह भी बताया हुआ है कि कोह, समन्दर, दरिया, दरख़्त, मकान और जानवर व इनसान इस गोल ज़मीन पर ऐसे मौजूद हैं जैसे कि कदम्ब के गोल फूल के चारों तरफ़ उभरे हुए रेशे। न तो कोई ऊपर है, न ही कोई नीचे।"

"नाक़बिले यक़ीन! मुकम्मल तौर पर नाक़ाबिले यक़ीन! ऐसा होना कैसे मुमकिन है?" ताज्जुब से अकबर की आँखें फैल गईं।

"जहाँपनाह! शेख़ अल-बरूनी ने आगे यह भी बताया है कि ऐसा होना कैसे मुमकिन है। उन्होंने एक और आलिमे फ़लकियात ब्रह्मगुप्त की बाबत फ़रमाया है," शाह फ़तहुल्लाह ने किताब में से पढ़ना शुरू किया, "'ब्रह्मगुप्त का बयान है कि आर्यभट्ट के पैरोकार दावा करते हैं कि आसमान अपनी जगह पर क़ायम है और ज़मीन घूम रही है।[2] लेकिन उनके इस दावे को यह कहकर रद्द कर दिया जाता है कि अगर ऐसा होता तो ज़मीन पर खड़े हुए दरख़्त और पहाड़ गिर जाते। लेकिन ब्रह्मगुप्त इस आम राय से इत्तेफ़ाक़ नहीं रखता और कहता है कि ज़रूरी नहीं कि ऐसा हो। ज़ाहिरा तौर पर इसलिए कि उसका ख़याल है कि क़ुदरत के एक उसूल की वजह से सभी वजनी चीज़ें ज़मीन के मर्कज़ की तरफ़ खिंचती हैं; क्योंकि चीज़ों को खींचना और पकड़कर रखना ज़मीन की सिफ़त है जैसे कि बहते रहना पानी की सिफ़त है, जलना आतिश की सिफ़त है, और हवा की सिफ़त है चलना।"

"निहायत ही हैरतअंगेज़ बात है! बहुत ही हैरतअंगेज़!" बेसाख़्ता अकबर से मुँह से निकल पड़ा और आगे जानने की बेताबी उसकी आँखों की चमक में ज़ाहिर होने लगी।

"जहाँपनाह! मुझे तो यह सब बातें बेहूदा और बेतुकी कहानियाँ मालूम होती जिन्हें ईजाद करने में बरहमनों को तो महारत हासिल है!" मीर ग़यासुद्दीन अली ने नाक-भौं सिकोड़कर कहा। "यह कहना कि ज़मीन घूम रही है आसमान नहीं, ऐसे ही है जैसे कि यह कहना कि समन्दर चल रहा है, जहाज़ नहीं।"

"ज़िल्ले इलाही! नस्रानी पादरियों ने एक दफ़ा मुझसे ज़िक्र किया था कि ऐसा ही कुछ अल-फ्रांज़ा के चन्द बेवक़ूफ़ लोगों ने भी दावा किया था।" अबुल फ़ज़ल ने बताया। "और तब उनके आला पादरी पापा[3] ने फ़रमान जारी किया कि जो कोई भी *इंजील* में बयाँ हुई हक़ीक़त से, यानी ज़मीन अपनी जगह पर क़ायम है, इस बात से इनकार करेगा उसे ज़िन्दा जलवा दिया जाएगा।"

"जहाँपनाह! जिन आलिमे फ़लकियात का इस किताब में ज़िक्र हुआ है, उनकी बड़ी नेकनामी थी और अपने काम में वे निहायत ही माहिर शख़्स थे।" शाह फ़तहुल्लाह ने समझाया। "सालों तक सितारों की चाल पर उन्होंने ग़ौर किया। जो कुछ देखा उसे

---

1. ग्रहण; सूर्यग्रहण व चन्द्रग्रहण।
2. आर्यभट्ट के एक हज़ार साल बाद और ब्रह्मगुप्त के नौ-सौ साल बाद कोपरनिकस ने वर्ष 1543 में प्रकाशित हुई उसकी किताब *दे रेवल्यूशनिबिस* में सौरमंडल की सूर्य केन्द्रित प्रणाली को प्रतिपादित किया था, इस वाद-विवाद के सिर्फ़ चालीस साल पहले। देखें, 'टिप्पणियाँ'।
3. पोप।

दर्ज किया और जो दर्ज किया उसे उन्होंने तरतीब दी। तब फिर रियाज़ी उसूलों का उन पर इस्तेमाल कर ही वे इन नतीजों पर पहुँचे थे।"

"लेकिन अगर आर्यभट्ट और ब्रह्मगुप्त सही हैं, तो हमें यह महसूस क्यों नहीं होता कि ज़मीन चल रही है?" अकबर ने अपना शुबहा ज़ाहिर किया।

इस सवाल का जवाब किसी के पास नहीं था।

शाम की मज्लिस के लिए चबूतरा लालइमली पर लोग जमा होना शुरू हो गए हैं। इन दिनों अकबर बादशाह का रोज़ रात मुबाहिसों में शिरकत करना ही सबसे अहम मुद्दा बना हुआ है, जिस पर गर्मागर्म बहस रोज़ ही छिड़ जाती है।

"इस बादशाह को तो कोई काम ही नहीं इसके सिवा कि तफ़्तीश करो! तहक़ीक़ करो! तफ़्तीश करो! तहक़ीक़ करो!" एक मुल्ला कुड़कुड़ाया। "इस्लामी उसूलों के यह क़तई ख़िलाफ़ हरक़त है।"

"मगर यह मुबाहिसे तो मैंने सुना है कि मज़हब को लेकर नहीं हो रहे।" एक हिन्दू दुकानदार ने अकबर का बचाव किया। "बल्कि यह तो दुनियावी इल्म के संजीदा मुद्दों पर हो रहे हैं।"

"लेकिन ऐसी बेवक़ूफ़ी भरी बातों पर मुबाहिसा होना कि आफ़ताब घूमता है ज़मीन के चक्कर लगाता हुआ, यह तो उस हक़ीक़त से इनकार करना है जो अल्लाह तआला ने हमारे मोहतरम पैग़म्बर मुहम्मद, सल्लल्लाहु अलैहि वसल्लम, पर बिलकुल साफ़-साफ़ नाज़िल की थी।" एक आलिम ने एतिराज़ ज़ाहिर किया। "अल्लाह तआला ने फ़रमाया था कि आफ़ताब दौड़ता है उसकी आरामगाह की तरफ़, न कि ज़मीन। *क़ुरआन शरीफ़* की सूरा अल अम्बिया में साफ़ बयान है : 'और वही है जिसने पैदा किया रात और दिन को, और आफ़ताब और माहताब को, सब अपने-अपने मदार[1] में।' फिर इस मसले पर बहस करना कुफ़्र नहीं है तो क्या है?"

"इस आदमी का दिमाग़ तो चैन पा ही नहीं सकता चाहे जो कर लो!" एक मुल्ला ने अपनी राय पेश की। "कायनात की सात पहेलियाँ भी इसे अगर समझा दी जाएँ तब भी और आगे तफ़्तीश-ओ-तहक़ीक़ करने से यह नामुराद शख़्स बाज़ नहीं आएगा।"

उस रात मज्लिस-ए-चहलगानी में शाह फ़तहुल्लाह शीराज़ी फ़रमा रहे थे, "जहाँपनाह! बरहमन पंडितों से शेख़ अल-बरूनी बेहद ख़फ़ा रहे, यक़ीनन उनके अपने तजुर्बे की वजह से ही। उनके मुताबिक़ पंडितों का ख़याल था कि उनकी किताबें हर इल्म का आख़िरी लफ़्ज़ हैं और किसी भी मुल्क के पास उनके इल्म के जखीरे में इज़ाफ़ा करने के लायक़ कुछ भी नहीं। बाहरी मुल्क से आया हर शख़्स उनके लिए जंगली और जाहिल है। और कोई भी ग़ैर-मुल्की आलिम सिवा उसकी तौहीन के कोई भी उम्मीद बरहमनों से नहीं कर सकता।"

"यह मर्ज़ आज भी इस मुल्क के लिए नासूर बना हुआ है," कहते हुए अकबर ने अफ़सोस के अन्दाज़ में अपना सिर हिलाया।

"जहाँपनाह दुरुस्त फ़रमाते हैं। बरहमन पंडितों के रवैए से शेख़ अल-बरूनी न सिर्फ़ बेहद परेशान रहे जहाँपनाह! बल्कि उनकी बेअक़्ली पर उन्होंने हैरानी भी ज़ाहिर

1. परिधि, कक्षा, भ्रमण मार्ग।

की है। शेख़ लिखते हैं, "शाह फ़तहुल्लाह शीराज़ी ने *किताब अल-हिन्द* में से पढ़ना शुरू किया : 'हिन्दुओं के नाम-निहाद कुल्लियात[1] मुकम्मल तौर पर बे-इन्तिज़ाम हाल में हैं, बग़ैर माक़ूल तरतीब के और बचकाने नुक़्ता-ए-नज़र के साथ शामिल। मोतियों में गोबर मिला हुआ, क़ीमती जवाहरात में कंकड़ मिले हुए। घिसे-पिटे जुमलों को बेढंगे और बेमानी तरीक़े से दोहराने को ही हिन्दुओं में क़ाबिलियत मंज़ूर कर लिया जाता है। इन जुमलों के मानी मुनासिब तौर पर न तो यह पंडित ख़ुद समझते हैं और न ही वे दूसरों को समझा पाते हैं'।"

अल-बरूनी, जो इस्लाम के सुनहरे दौर के आलातारीन आलिम फ़ाज़िल शख़्सियात में से एक था, बिलकुल सही कह रहा था। हिन्दुओं की किताबों में क़ीमती मोती यक़ीनन थे, लेकिन वे उनमें और ज़मीन पर पड़े पत्थरों में फ़र्क़ करना भूल गए थे। इल्म के दरिया का बहाव भी हिन्दुस्तान में रुक गया था, हिन्दुओं के इस बेबुनियाद यक़ीन की वजह से कि सैकड़ों सालों से जिस इल्म को उन्होंने हिफ़ाज़त से सँभाल रखा है वह मुकम्मल तौर पर बेख़ता और आलातरीन दर्जे का है, जिसमें बेहतरी की क़तई कोई गुंजाइश नहीं; और इस वजह से भी कि समन्दर पार करने पर हिन्दू का तो मज़हब चला जाता था और बाहरी मुल्क के आलिम का हिन्दुस्तान आना भी यहाँ के पंडितों को नागवार था, उस आलिम से कुछ हासिल करना तो दूर की बात है। दुनिया भर में इस मुल्क से उस मुल्क में बह रहे इल्म के दरियाओं से ख़ुद को सैकड़ों सालों से अलग-थलगकर लेना और अपने मुल्क में बह रहे इल्म के दरिया के रास्ते में अड़चनें पैदा कर देना—इस दरिया में सड़न पैदा कर रहा था, जिससे अब बदबू उठने लगी थी।

इस बदबू और सड़न का मुक़ाबला करने के मक़सद से बाहरी मुल्कों के चश्मों का ताज़ा पानी इल्म के हिन्दुस्तानी दरियाओं में बहाने के लिए अकबर ने नहरें तो बनाईं ही, बेतरतीबी से जमा हिन्दुस्तान के इल्म में से मोतियों को तलाश कर उन्हें पूरे मुल्क में बिखेरने का अहम काम भी उसने शुरू किया।

एक रात एक बहुत पुरानी किताब *लीलावती* लेकर फ़ैज़ी मज्लिस में आया जो भास्कराचार्य नाम के ब्राह्मण पंडित ने तक़रीबन पाँच सौ साल पहले लिखी थी।

"ज़िल्ले इलाही! संस्कृत ज़बान में लिखी हुई इस किताब में लीलावती नाम की लड़की का वालिद, जो शायद वही है जिसने कि यह किताब लिखी है, अपनी बेटी से एक सवाल करता है जिसका तर्जुमा कुछ इस तरह होगा।" कहकर फ़ैज़ी किताब में से सीधे तर्जुमा करने लगा। 'ओ हिरनी जैसी आँखों वाली! शहद के एक छत्ते में से मक्खियों का छठा हिस्सा अगर चमेली के फूलों की झाड़ी में घुस जाता है, एक-तिहाई कदम्ब के दरख़्त पर चला जाता है, एक-चौथाई आम के दरख़्त की तरफ़ उड़ जाता है, पाँचवाँ हिस्सा चम्पा के फूलों से लदे हुए दरख़्त पर बैठ जाता है, तीसवाँ हिस्सा सूरज की किरणों से खिल उठे ख़ूबसूरत कमलों पर चला जाता है और बाक़ी बची एक मक्खी इधर-उधर उड़ रही है तो मुझे बताओ कि कितनी मक्खियाँ उस छत्ते में थीं?"

"यह तो बड़ा ही दिलचस्प तरीक़ा है तालीम देने का!" ख़ुश अन्दाज़ में अकबर बोला और फिर ठहाका लगाकर ज़ोरों से हँस दिया। उसे काबुल के अपने उस्ताद की

---

1. तथाकथित सूत्र या प्रमेय।

याद हो आई जिन्होंने कबूतरों को उड़ाकर उसे हिसाब सिखाना चाहा था।

"ज़िल्ले इलाही! इस किताब में और भी कई दिलचस्प सवाल हैं। एक और सवाल है जिसका तर्जुमा कुछ इस तरह है : 'एक खम्भे पर सबसे ऊपर एक मोर बैठा है जिसकी बुनियाद में साँप की बाँबी है। दूर से ही उस साँप को देख, जो खम्भे से उसकी ऊँचाई के मुक़ाबले तीन गुना दूरी पर है, वह मोर सीधी लकीर में उस पर झपटता है। अगर दोनों ने बराबर फ़ासला तय किया तो बाँबी से कितने हाथ[1] की दूरी पर दोनों मिले होंगे'?"

"ऐसी किताबों को आम लोगों, ख़ास तौर पर शागिर्दों और उस्तादों की मालूमात में लाना ज़रूरी है," अकबर ने फ़ैसला किया और संस्कृत, अरबी, यहाँ तक कि पुर्तगाली ज़बान में मौजूद ऐसी किताबों को तलाशकर उनका फ़ारसी ज़बान में तर्जुमा करने में कई आलिम फ़ाज़िल लोग मकतब-ख़ाना में मसरूफ़ हो गए।

लीलावती का तर्जुमा करने की ज़िम्मेदारी ख़ुद फ़ैज़ी ने ले ली। यह किताब पंडित भास्कराचार्य के शाहकार *सिद्धान्त शिरोमणि* का हिस्सा थी जिसके बाक़ी तीन हिस्से थे : *बीजगणित, ग्रह-गणित* और *गोलाध्याय* जिसमें गेंद सरीखी गोलाई ली हुई चीज़ों का गणित था। बीजगणित का तर्जुमा करने का काम भी एक आलिम के सुपुर्द कर दिया गया।

कश्मीर से आए आलिम फ़ाज़िल लोगों को संस्कृत ज़बान में कश्मीरी पंडित कल्हण की लिखी हुई *राजतरंगिणी* का, जिसमें बहुत पुराने ज़माने से कश्मीर की तवारीख़ का बयान था, तर्जुमा करने का ज़िम्मा दिया गया। संस्कृत ज़बान की कहानियों की किताब *कथा सरित्सागर* का तर्जुमा करने का काम मुल्ला अब्दुल क़ादिर बदायूँनी को दिया गया। नसीहत देनेवाली कहानियों की संस्कृत ज़बान की किताब *हितोपदेश* का तर्जुमा करने का ज़िम्मा भी फ़ैज़ी ने ले लिया। और बचपन से उसकी पसन्दीदा किताब *क़लीला व दिमना* को आसान फ़ारसी और सादा अन्दाज़ में लिखने का काम अकबर ने अबुल फ़ज़ल के ज़िम्मे कर दिया। इस तर्जुमे को नाम दिया गया *अयार-ए-दानिश*, यानी अक़्ल की कसौटी।

अकसर ही अकबर मकतब-ख़ाने में चला आता और तर्जुमा सुनकर अपनी अक़्ल से सुझाव भी दे दिया करता। उसने इस बात पर बार-बार ज़ोर दिया कि किताब की ज़बान की महक को तर्जुमे में क़ायम रखने की कोशिश की जाए, भले ही इसके लिए फ़ारसी ज़बान के साथ तजुर्बा क्यों न करना पड़े।

मुजमुल बुल्दान[2] का तर्जुमा, अरबी ज़बान की किताब जिसमें दुनिया के सारे मुल्कों, सारे शहरों और दुनिया के अजूबों का भी बयान था, फ़ारसी में किया गया और *हयातुल हैवान*[3] का भी जिसमें दुनिया भर में मुख़्तलिफ़ इलाक़ों में पाए जानेवाले जानवरों व परिन्दों की तफ़सील दी गई थी।

इल्म की न बुझनेवाली प्यास अकबर को मग़रिबी फ़लसफ़े की तरफ़ भी ले गई, ख़ास तौर पर यूनानी फ़लसफ़े की तरफ़। और ऐसी कई यूनानी किताबों का तर्जुमा, जो अरबी ज़बान में हासिल थीं, फ़ारसी में उसने करवाया। फ़ारसी ज़बान के माहिर

---

1. पाँच हाथ, सात फुट।
2. देशों का विश्वकोश।
3. पशुओं का जीवन।

मौलाना अब्दुस्सत्तार से उसने पुर्तगाली ज़बान सीखने की गुज़ारिश की जिससे कि उस ज़बान में हासिल यूनान और रोम की तवारीख़ का तर्जुमा वे कर सकें और यूनानी फ़लसफ़ादाँ की ज़िन्दगियों पर भी किताब लिख सकें। इस किताब को नाम दिया गया *समरातुल फ़लसफ़ा*।[1]

तर्जुमे के अलावा कई असल किताबें भी अकबर ने फ़ारसी ज़बान में लिखवाईं जिनमें *तारीख़-ए-अल्फ़ी*, पैग़म्बर मुहम्मद के बाद गुज़रे एक हज़ार सालों की तवारीख़ और *तबक़ात-ए-अकबरी*, ग़ज़नी के सुल्तान महमूद के हिन्दुस्तान पर हमले से लेकर अकबर की हुकूमत तक जितने भी मुसलमान सुल्तान हिन्दुस्तान में हुए उन सबकी तवारीख़ भी शामिल थी। समरक़न्द और बुख़ारा से अकबर की मुलाज़मत में आए आलिम फाज़िल लोगों को मन्तिक़[2] पर फ़ारसी ज़बान में किताब लिखने का काम सौंपा गया।

फ़ारसी में तर्जुमा हुई यह किताबें बाक़ी तर्जुमा हुई किताबों समेत—*रामायण, हरिवंश पुराण, योग वासिष्ठ* और *अथर्ववेद* वग़ैरह—जल्द ही आम आदमी की पहुँच में हो गईं। सैकड़ों लोगों ने इनकी नक़ल करने को ही अपना रोज़गार बना लिया और बाज़ार में यह सस्ते भाव बिकने लगीं। फेरीवाले इन किताबों को लेकर हाट के रोज़ सड़क के किनारे बैठ जाते और आवाज़ लगा-लगाकर इन्हें और भी सस्ते में बेच देते। नतीजतन, किताबें ख़रीदने और पढ़ने की आदत लोगों में पड़ती गई। शहर-शहर किताबख़ाने खुल गए जिनमें किताबें पढ़ने के लिए मुफ़्त दी जाती थीं। दौलतमन्द सौदागरों ने दिल खोलकर इनके लिए चन्दा दिया। थान सिंह जैन ने अपनी कोशिशों से ऐसे किताबख़ाने आगरा और फ़तेहपुर सीकरी दोनों ही शहरों में चालू करवा दिए। उधर उमरा और मनसबदारों के साथ ही राजाओं, जागीरदारों और ज़मींदारों ने भी इन फ़ारसी किताबों का तर्जुमा अपने-अपने इलाक़े की ज़बान में करवा लिया जिस वजह से यह किताबें घर-घर पहुँचने लगीं। महीनों तक पंडितों से मिन्नत करने पर भी उनकी किताबें अल-बरूनी को जब हासिल नहीं हो सकी थीं और ख़ुफ़िया तरीक़े से उन्हें हासिल कर उसने ख़ुफ़िया तौर पर उन्हें पढ़ा था, उसके मुक़ाबले यह तब्दीली यक़ीनन इंक़लाबी थीं।[3]

इल्म के इस जखीरे को आम आदमी की पहुँच में ले आने के साथ ही अकबर ने रियाया को बेहतर और फ़ायदेमन्द तालीम दिलवाने के लिए भी ज़बर्दस्त बदलाव किए।

हिन्दुस्तान में उस वक़्त तालीम दिए जाने का न तो एक तरीक़ा था और न ही कोई निसाबे तालीम[4]। मुसलमानों के बच्चे मस्जिदों से जुड़े हुए मकतबों में जाते जहाँ वे

---

1. दर्शनशास्त्र के फल या परिणाम।
2. तर्कशास्त्र।
3. अनुवादों की अकबर के द्वारा आरम्भ की गई इस गतिविधि इन अनुवादों के विषय में सैयद एस. ए. ए. रिज़वी कहते हैं : 'विशिष्ट मुग़ल संस्कृति इस बौद्धिक और कलात्मक योगदान के अभाव में बहुत कंगाल रह जाती।' (पृष्ठ 222, पूर्वोक्त।) 'साहित्य को अकबर के प्रश्रय की वजह से साहित्यिक गतिविधियों का अभूतपूर्व प्रस्फोटन हुआ।' —*History of History Writing in India,* Jagadish Narayan Sarkar, 1977, Ratna Prakashan Calcutta.
4. पाठ्यक्रम।

अरबी ज़बान सीखते और *क़ुरआन* का रट्टा लगाते। हिन्दुओं के बच्चे मन्दिरों से जुड़ी हुई पाठशालाओं में जाते और संस्कृत ज़बान सीखते व धर्मशास्त्रों में दिए गए मंत्रों को तोता-रटन्त करते। अलबत्ता गणित दोनों ही जगह पढ़ाया जाता था।

ऊँची तालीम के मामले में भी हिन्दू और मुसलमान बँटे हुए थे। मुसलमानों के लिए मदरसे थे, तालीम देने के लिए जिनमें मौलवी मुक़र्रर थे और हुकूमत की तरफ़ से मदद-ए-मआश की मार्फ़त रक़म से मदद इन्हें हासिल थी। इनमें *क़ुरआन,* उसकी *तफ़सीर* और *फ़िक़्ह* व *शरीअत* में सबक हासिल कर लेने और अरबी ज़बान उम्दा तरीक़े से सीख लेने पर शागिर्द की तालीम मुकम्मल हो जाती थी। दूसरी तरफ़ हिन्दुओं के लिए गुरुकुल थे जो दौलतमन्द हिन्दुओं की मदद से चलते थे और जिनमें ब्राह्मण पंडित पढ़ाया करते थे। संस्कृत ज़बान में माहिर हो जाने और चुनिन्दा धर्मशास्त्रों को पढ़ लेने पर उनमें हिन्दू शागिर्द को कह दिया जाता था कि इससे आगे की तालीम के लिए काशी जाने के सिवा उसके पास कोई रास्ता नहीं। और जो आगे तालीम हासिल करने का ख़्वाहिशमन्द होता, वह वहाँ जाकर *वेद* और *उपनिषद* का अध्ययन कर लेता।

शाह फ़तहुल्लाह शीराज़ी को वज़ीरे-तालीम मुक़र्रर कर अकबर ने उसे ज़िम्मेदारी दी कि तालीम के इन तरीक़ों में वह बदलाव करे और निसाबे तालीम में भी।

शाह फ़तहुल्लाह शीराज़ी ने पहला काम यह किया कि मदरसों को हिन्दुओं के लिए भी खोल दिया और उनमें *क़ुरआन* और सुन्ना के बजाय अब निज़ामत, हिसाब-किताब, सब तरह की हकीमी, यहाँ तक कि खेती की तालीम भी दी जाने लगी। बग़दाद के बेत अल-हिक्मा से जुड़े रहे मूसा अल-ख़्वारिज़्मी की किताब *अल-जब्र* का फ़ारसी तर्जुमा पढ़ना भी शागिर्दों के लिए लाज़िमी कर दिया गया और यूनान के आलिम यूक्लिड की *इल्मे-हिन्दसा* पर किताब का फ़ारसी तर्जुमा पढ़ना भी।[1]

शाही मोहर से एक फ़रमान भी जारी हुआ : 'मौजूदा वक़्त में ज़रूरी चीज़ों को नज़रअन्दाज़ किए जाने की इजाज़त किसी को भी हासिल नहीं होनी चाहिए। अवाम को फ़लकियात, हिन्दीस, हकीमी और फ़लसफ़ा[2] की तालीम लेनी चाहिए और अपनी ज़िन्दगी को उन चीज़ों के पीछे बरबाद नहीं करना चाहिए जो ग़ैरवाजिब हैं।'

इसके अलावा एक फ़रमान उस्तादों के लिए भी जारी हुआ जिसमें उन्हें ताकीद की गई कि जो इल्म शागिर्दों को दिया जा रहा है, याद करवाने के बजाय उसे रोज़मर्रा के मसाइल पर लागू करने पर ज़ोर दिया जाए। 'इस बात का ख़याल रखा जाए कि हर चीज़ को शागिर्द ख़ुद से समझना सीखे; उस्ताद लेकिन उसकी थोड़ी मदद कर सकता है।'

अकबर की मंज़ूरी से दूसरा काम उसने यह किया कि मदरसों में बजाय अरबी

1. *अल-जब्र* ही यूरोप में Algebra हो गया। *बेतुल हिक्मा* यानी मकान-ए-दानाई या बुद्धिमानी का घर आठवीं सदी में बग़दाद के ख़लीफ़ा द्वारा स्थापित किया गया अत्यन्त विशाल पुस्तकालय था। दुनिया भर के विद्वान वहाँ ख़लीफ़ा का संरक्षण पाते थे और ज्ञान के खजाने को भरते रहते थे।
2. खगोलशास्त्र, गणित, चिकित्सा विज्ञान और दर्शनशास्त्र। जिसे आज हम विज्ञान कहते हैं तब वह दर्शनशास्त्र का ही हिस्सा था, यूरोप में भी।

ज़बान के फ़ारसी ज़बान में तालीम दिया जाना ज़रूरी कर दिया।[1] उस दौर में फ़ारसी ज़बान का दुनिया में वही मुक़ाम था जो बाद में अंग्रेज़ी का हो गया। नौवीं और तेरहवीं सदी के दरमियान जब ईसाई मुल्क जाहिलियत के अँधेरे में डूबे हुए थे, इस्लामी मुल्कों में इल्म का उफान आया हुआ था। इल्म की हर शाख़ पर उस दौरान इन मुल्कों में फूल खिले और फ़ारसी ज़बान में हज़ारों किताबें लिखी गईं।[2]

मस्जिदों के इमाम ही अमूमन मदरसों में मौलवी भी हुआ करते थे। उनके लिए भी शाही फ़रमान जारी हुआ: 'इमामों को फ़ारसी ज़बान सीखनी चाहिए और जो निसाबे तालीम[3] सल्तनत की तरफ़ से तय हुआ है उसके मुताबिक़ ही तालीम उन्हें अपने शागिर्दों को देनी चाहिए। फ़ारसी ज़बान में जो माहिर नहीं होगा और नए निसाबे तालीम की किताबों से जो उम्दा तरीक़े से वाक़िफ़ नहीं होगा, तालीम देने की इजाज़त उसे नहीं होगी।'

हिन्दुओं ने तो फ़ारसी ज़बान को फ़ौरन अपना लिया मगर मुसलमानों ने नहीं, क्योंकि मुल्लाओं और उलेमा ने उनसे कह दिया कि अरबी ज़बान, जो इलाही ज़बान है उसे छोड़कर फ़ारसी ज़बान क़बूल करने का मतलब है अपने मज़हब से फिर जाना। अपना एतराज़ उन्होंने दरबार में हाज़िर होकर बादशाह सलामत के सामने ज़ाहिर भी किया।

"जहाँपनाह! शाह फ़तहुल्लाह शीराज़ी मुल्के अजम[4] से है, लिहाज़ा मुल्के अरब की हर बात के वह ख़िलाफ़ है।"

"फ़ैसला मेरा था।" अकबर की आवाज़ में मज़बूती थी। "तालीम का ज़रिया फ़ारसी ज़बान को बनाना वक़्त की ज़रूरत है।"

"जहाँपनाह! अरबी ज़बान *क़ुरआन शरीफ़* की ज़बान है।" नाजायज़ ज़िद पर अड़े हुए बादशाह को एक आलिम ने समझाने की कोशिश की। "और सुन्ना की ज़बान भी अरबी है। और आलमपनाह! *क़ुरआन शरीफ़* व सुन्ना तो हमारे मज़हब की बुनियाद हैं! बग़ैर अरबी ज़बान में माहिर हुए उन्हें समझ पाना कैसे मुमकिन है?"

"जो शागिर्द अरबी ज़बान सीखना चाहें उनके लिए मुमानियत नहीं है। लेकिन यह उन्हें फ़ारसी ज़बान के अलावा सीखनी होगी," सख़्ती भरे लहजे में अकबर ने कहा। "नए निसाबे तालीम की किताबें पढ़ने के लिए फ़ारसी ज़बान सीखना लाज़िमी है।"

"जहाँपनाह! ख़ुदा की बनाई इस ज़मीन पर *क़ुरआने-पाक* को पढ़ने से ज़्यादा ज़रूरी भी कुछ है?" हैरान आवाज़ में एक बुज़ुर्ग मुल्ला ने दरयाफ़्त किया। "शागिर्दों को मदरसों में जो इल्म नए निसाबे तालीम के हिसाब से दिया जाएगा, उसे हासिल करना क्या यह जानने से भी ज़्यादा ज़रूरी है कि अल्लाह की इबादत किस तरह की जाए?"

---

1. हिन्दी जगत की ख्यातनाम पुस्तक *रहीम रत्नावली* के लेखक मायाशंकर याज्ञिक इस पुस्तक की भूमिका में कहते हैं : 'यदि राजा टोडरमल एक भारी भूल न कर देते, तो सम्भव है कि आज हिन्दू और मुसलमान अपनी दो अलग भाषा न कहते और हिन्दी ही सब की एक भाषा, साहित्य तथा बोलचाल की होती। राजा टोडरमल ने फ़ारसी को राजभाषा बनाया था। खेद है कि एक हिन्दू ने भूल की, जिसका दुष्परिणाम आज देश भर को भोगना पड़ रहा है।'
2. विज्ञान, चिकित्सा-शास्त्र, गणित, भूगोल व इतिहास से लेकर दर्शनशास्त्र और साहित्य की इन पुस्तकों की यूरोप के पुनर्जागरण में अहम भूमिका रही थी।
3. पाठ्यक्रम।
4. ईरान।

"*क़ुरआने-पाक* और सुन्ना के सिवा भी किताबें जिन्होंने पढ़ी हैं, यह तो वे ही जान सकते हैं," अकबर की आवाज़ में उसकी झुँझलाहट झाँकने लगी थी। "और मैं जानता हूँ। हमें वक़्त के साथ बदलने की ज़रूरत है। अपनी नई नस्ल को बजाय शरीअत के हमें फ़लसफ़ा से वाक़िफ़ कराना चाहिए। यह लाज़िमी है। और यह सिर्फ़ फ़ारसी ज़बान में ही मुमकिन है।"

"जहाँपनाह! अरबी ज़बान अल्लाह की ज़बान है।" एक और आलिम ने नादान बादशाह को समझाइश दी। "पैदा होते वक़्त हर बच्चा मुसलमान ही होता है और अरबी ज़बान का इल्म अपने साथ लेकर आता है। लेकिन बाद में बाहरी असर उसे यह ज़बान भुला देते हैं।"

"इस दावे पर मैं यक़ीन नहीं करता," अकबर अपना सब्र खोने लगा था। "इनसानों की सोहबत में रहकर ही कोई भी बच्चा बोलना सीखता है। और जिनकी सोहबत में वह रहता है उन लोगों की ज़बान ही उसकी अपनी ज़बान हो जाती है।"

गुस्से से उबल रहे उलेमा और मुल्लाओं के रुख़्सत होते ही अकबर ने एक फ़रमान लिखवाया।

'आम आदमी को अरबी ज़बान क़तई नहीं सीखनी चाहिए क्योंकि अरबी ज़बान की तालीम देनेवाले आम तौर पर गड़बड़ी पैदा करनेवाले होते हैं।'

लेकिन उसके दिमाग़ में यह मज़बूती से बैठ गया कि उलेमा और मुल्ला अरबी ज़बान के बाबत जो दावा कर गए हैं उसकी किसी तरह तस्दीक़ की जाए।

दूरदराज़ के इलाक़ों से कई लोग उन दिनों शहरों में आकर उनकी ग़रीबी की वजह से अपने बच्चों को ग़ुलाम की तरह बेच दिया करते थे, ख़ास तौर पर तब जब सूखा और अकाल पड़ा हो।[1] अकबर ने ऐसे बीस बच्चों को सबसे अलग-थलग एक मकान बनवाकर उसमें दाइयों की देखरेख में रखवा दिया। उन दाइयों का कहीं बाहर आना-जाना मना था। उन बच्चों के सिवा किसी से भी मिलना-जुलना मना था। उन बच्चों से बात करना मना था और आपस में बात करना भी। जितना वक़्त वे बच्चों के साथ होतीं, मुँह पर पट्टी बाँधे रहतीं। उन बच्चों को हर क़िस्म की सहूलियत थी, उम्दा पकवान रोज़ उन्हें खाने को मिलते, आपस में ख़ूब खेलते-कूदते। मगर न तो उन्हें किसी बाहरवाले से मिलने दिया गया और न ही किसी को उनसे बात करने दी गई। चार साल बाद जब अकबर उन बच्चों से मुलाक़ात करने गया तो उनके मुँह से अरबी ज़बान तो क्या किसी भी ज़बान का एक लफ़्ज़ नहीं निकला। अकबर के हर सवाल का जवाब उनके पास सिर्फ़ ऊँ, ऊँआ था। हाँ, हँसना वे सभी यक़ीनन जानते थे।[2]

उसी रोज़ शाही फ़रमान जारी हुआ कि मकतबों में भी तालीम फ़ारसी ज़बान में ही लाज़िमी तौर पर दी जाए।

---

1. यह वह दौर था जब इनसानों की ख़रीद-फ़रोख़्त कोई ताज्जुब की बात न थी और इसको लेकर नैतिकता के सवाल खड़े नहीं होते थे। मानवाधिकार किस चिड़िया का नाम है यह मालूम होने में तो तीन सौ से भी ज़्यादा साल गुज़र जानेवाले थे।
2. *अकबरनामा* में अबुल फ़ज़ल कहता है कि उन बच्चों की परवरिश का माक़ूल इन्तज़ाम हुआ और उनकी तालीम का भी। कुछ ही महीनों में वे इनसानी ज़बान बोलने के क़ाबिल भी हो गए।

इस सबसे अबुल फ़ज़ल बेहद ख़ुश था और अपने रोज़नामचे में उसने दर्ज किया : 'हमारे दानिशमन्द शहंशाह की हुकूमत में अब तफ़्तीश और तहक़ीक़ की गर्म हवा बहती है और दिमाग़ों का बरसों पुराना जुमूद[1] पिघलने लगा।'

वक़्त गुज़रने के साथ अबुल फ़ज़ल ने *अकबरनामा* लिखा जिसमें अकबर के साथ ही हुमायूँ बादशाह की तवारीख़ भी थी। और फिर उसने एक शाहकार लिखा *आईन-ए-अकबरी* जिसमें उस वक़्त के अखलाक़ी दस्तूर, रस्मो-रिवाज़, रहन-सहन, तिजारत, निज़ामत, सिक्के, खेती, मुख़्तलिफ़ फ़सलें और मुख़्तलिफ़ इलाक़ों में खेती की ज़मीनें और उनसे होनेवाली आमदनी का ब्योरा इतनी तफ़सील से उसने दिया कि अगले तीन सौ सालों तक जब भी इन मसाइल को लेकर इख़्तिलाफ़-ए-राय हुई तो इस किताब को बतौर सबूत पेश किया जाता रहा, अदालतों में भी।[2]

कुल पन्द्रह सौ पन्नों की इस किताब में तक़रीबन चार सौ पन्नों में तो सिर्फ़ हिन्दुओं के धर्मशास्त्रों का सार, उनकी अठारह विद्याएँ, उनका संगीत, उनके रीति-रिवाज, उनके त्योहार, उनके सन्त व अवतार की बाबत उसने लिखा है। और तक़रीबन तीन सौ से भी ज़्यादा पन्नों में दिए हैं ज़मीन की नाप के तरीक़े, लगान वसूली की दर तय करने के तरीक़े, लगान वसूली का तरीक़ा, हर सूबे के हर परगने में कितनी ज़मीन पर खेती होती है, गुज़श्ता सालों में हर परगने में किस-किस मौसम में क्या-क्या फ़सलें हुईं और कितनी, उन परगनों में उन सालों में लगान कितना वसूल हुआ, हर परगने में सयूरग़ाल[3] ज़मीन कितनी है, कौन-कौन जाति के लोग वहाँ रहते हैं, वग़ैरा-वग़ैरा।

---

1. जड़ता।
2. ब्रिटिश ईस्ट इंडिया कम्पनी ने अपने मुलाज़िमों के लिए इस किताब को पढ़ना ज़रूरी कर दिया था। इस किताब में माहिर हुए बिना कलेक्टर को तो जिलों में जाने ही नहीं दिया जाता था। मुक़दमों का फ़ैसला करते समय इस किताब में दिए गए विवरण को न सिर्फ़ ध्यान में रखा जाता था बल्कि उनका हवाला भी दिया जाता था। दोनों पक्ष इस किताब को बतौर सबूत और दस्तावेज़ पेश कर सकते थे। यह स्थिति महारानी विक्टोरिया के राज में भी बनी रही।
3. लगान-मुक्त।

नई तहज़ीब

दीवानख़ाना-ए-आम में सुबह का दरबार ख़त्म होने ही वाला था कि अकबर को बेगम हीरा कुँवर का पयाम मिला। सुनहरा मकान में फ़ौरन तशरीफ़ ले आने की उसने उससे गुज़ारिश की थी। अकबर को हैरानी हुई।

'यक़ीनन उसे कुछ बहुत ज़रूरी काम है मुझसे। वर्ना यह पयाम वह दरबार में नहीं भेजती। उसे इल्म है कि दरबार में अपनी हाज़िरी को कितनी अहमियत मैं देता हूँ। बाहरी हमलों से हिफाज़त और सल्तनत में अमन क़ायम करने के बाद रियाया को इंसाफ़ दिलाना ही तो बादशाह का सबसे अहम फ़र्ज़ है! अखलाक़-ए-नासिरी भी यही कहती है।'

पत्थर में नक़्श की हुई जालियों से घिरे गलियारे से गुज़रते हुए उसने ग़ौर किया कि ख़िदमतगारों में आपस में फुसफुसाहट चल रही है। किसी बुरी ख़बर का शुबहा उसे हुआ और इसने अपने क़दम तेज़ कर दिए।

मोटा राजा[1] की पटरानी को घड़ी भर पहले ही सुनहरा मकान की तरफ़ दौड़ते हुए देखा गया था। इसी को लेकर यह फुसफुसाहट थी।

जब वह सुनहरा मकान पहुँचा तो उसे सिसकियों की आवाज़ सुनाई दी। वह घबरा उठा। अन्दर मोटा राजा की पत्नी और बेगम हीरा कुँवर एक-दूसरे के कन्धे पर सिर टिकाए सिसक रही थीं। उसकी बाक़ी राजपूत बेगमें भी वहाँ मौजूद थीं और धीमी आवाज़ में आपस में बातें कर रही थीं। अकबर को देखते ही मोटा राजा की पत्नी ने ओढ़नी को अपनी चेहरे पर खींच लिया।

हीरा कुँवर उठकर आई और अकबर के कान में उसने कुछ फुसफुसाया। फ़ौरन ही अकबर के माथे पर चिन्ता की लक़ीरें उभर आईं। बग़ैर एक भी लम्हा गँवाए वह उलटे पाँव दौड़ पड़ा और इसके पहले कि कोई कुछ समझ पाए, अपने सबसे तेज़ घोड़े पर सवार होकर वह हवा से बातें कर रहा था।

अकबर के दरबारी मनसबदार और उमरा हैरान थे, और क़िले के फाटक पर अन्दर-बाहर तैनात राजपूत फ़ौजी रिसाला भी। रात हो या दिन, क़िले की हिफ़ाज़त राजपूतों की ही ज़िम्मेदारी थी। उनसे ज़्यादा भरोसेमन्द और कौन हो सकता था?

परेशान निगाह से सब एक-दूसरे की तरफ़ देखते हुए मानो पूछ रहे थे कि इस वक़्त उनका क्या फ़र्ज़ बनता है? बादशाह से हुक्म कोई मिला नहीं। क्यों ऐसे दौड़े चले जा रहे हैं यह भी पता नहीं। और न ही यह कि कहाँ जा रहे हैं। हाँ, इतना ज़रूर नज़र आ रहा था कि दक्खिन की तरफ़ उनका रुख़ है।

---

1. जोधपुर का राजा उदयसिंह बेहद मोटा था। लिहाज़ा अकबर उसे इसी नाम से पुकारता था और उसकी देखादेखी उसके दरबारी भी।

चन्द लम्हों के पसोपेश के बाद कुछ राजपूत मनसबदार अकबर के पीछे दौड़ पड़े, इस ख़तरे के बावजूद कि बादशाह सलामत ख़फ़ा हो सकते हैं कि क़िले की हिफ़ाज़त को नज़रअन्दाज़ कर वे क्यों उनके पीछे दौड़े चले आए हैं? बादशाह सलामत की हिफ़ाज़त क़िले की हिफ़ाज़त से ज़्यादा अहम है, उन्होंने इरादा किया।

अकबर अब शहर की हद के बाहर पहुँच चुका था। थोड़ा आगे जाकर वह मग़रिब की तरफ़ मुड़ गया। उसका चेहरा ग़ुस्से के मारे लाल हो रहा था और वह बड़बड़ाते जा रहा था, "इन लोगों की हिम्मत कैसे हुई मेरे हुक्म की नाफ़रमानी करने की? जंगली! इतने संगदिल और जल्लाद यह लोग कैसे हो सकते हैं?"

अब तक उसे ढोलक और नफ़ीरी की आवाज़ें सुनाई देने लगी थीं। जल्द ही दूर एक खुले मैदान में जमा भीड़ भी उसे नज़र आने लगी। यह आवाज़ें वहीं से आ रही थीं। कुछ आगे बढ़ने पर ब्राह्मणों के मंत्रोच्चार की आवाज़ें भी उसके कानों में पड़ीं और लकड़ियों के एक झोंपड़ी-नुमा ढाँचे में से किसी औरत के चीख़ने की भी। जितना ज़ोर से वह चीख़ती, उतनी ही ज़ोर से ढोलक पर थाप पड़ने लगती और उतनी ही ज़ोर से नफ़ीरी भी चिल्ला उठती। एक नौजवान अपने हाथ में जलती हुई मशाल लिये उस झोंपड़ी की तरफ़ बढ़ रहा था और उसके पीछे-पीछे कुछ और नौजवान कुछ चिल्लाते हुए और अपने हाथों को ऊपर हवा में फेंकते हुए चले जा रहे थे। एक घोड़े को तेज़ी से उनकी तरफ़ दौड़ते देख उन लोगों ने अपनी चाल बढ़ा दी।

"रुक जाओ! वहीं रुक जाओ हरामज़ादो! आगे बढ़ने की हिम्मत मत करना!" अकबर चिल्लाया।

अब तक दो राजपूत मनसबदार अकबर के नज़दीक पहुँच चुके थे : राय जगन्नाथ कछवाहा जो हीरा कुँवर का चचेरा भाई था, और रायसल दरबारी शेख़ावत जो अपने फ़ौजियों के साथ हरम की हिफ़ाज़त में तैनात था। बादशाह सलामत को चिल्लाते हुए उन्होंने सुना तो सारा माजरा वे समझ गए। फ़ौरन आगे बढ़कर उन्होंने मशाल लिये हुए नौजवान के हाथों से मशाल छीन ली। जल्द ही और भी मनसबदार वहाँ पहुँच गए और उन सभी नौजवानों को हिरासत में ले लिया गया।

अपने घोड़े से नीचे उतरकर अकबर झोंपड़ी में घुसा। दुल्हन के लिबास और जेवरों में एक औरत लकड़ियों के ढेर पर बैठी थी, जिसके दोनों हाथ उसके पीछे ज़मीन में गाड़े गए मज़बूत लट्ठे से बँधे हुए थे। राय जगन्नाथ से मुख़ातिब हो अकबर ने उस औरत को पालकी में बिठाकर पर्दे में बाइज़्ज़त हरम ले जाने का हुक्म दिया। और ख़ुद वह क़िले की तरफ़ दौड़ पड़ा, हीरा कुँवर को ख़ुशख़बरी सुनाने।

वह औरत मोटा राजा की बेटी व अकबर के मनसबदार राय जयमल कछवाहा की पत्नी थी। अकबर ने राय जयमल को बंगाल की मुहिम पर भेजा था। रास्ते में चौसा में उसकी तबीयत बिगड़ गई। वहीं उसका इन्तक़ाल हो गया और वहीं उसका दाह-संस्कार कर दिया गया।

राय जयमल कछवाहा राजा भारमल के भाई रूपसिंह का बेटा था और इस तरह हीरा कुँवर का वह चचेरा भाई था और ज़िन्दा जलाई जा रही औरत हीरा कुँवर की भाभी थी। जैसे ही अकबर ने उसकी भाभी के सही-सलामत होने की ख़बर हीरा कुँवर

को सुनाई, उसकी आँखों में अपने खाविन्द के किए बेपनाह मोहब्बत उमड़ आई। दीवानख़ाना-ए-आम जाते हुए उन आँखों को याद कर अकबर के होंठों पर तसल्ली और सुकून की मुस्कराहट तैर रही थी।

उन नौजवानों के हाथ बाँधकर उन्हें अकबर के सामने दीवानख़ाना-ए-आम में पेश किया गया।

"तुम लोगों को क्या इल्म नहीं कि जो तुम कर रहे थे वह गुनाह-ए-अज़ीम है, एक बेबस औरत को ज़िन्दा जला देना?" अकबर दहाड़ा।

"हम जो कर रहे थे अपने मज़हब के मुताबिक़ कर रहे थे।" मशाल अपने हाथ में लिये उस झोंपड़ी में आग लगाने जा रहे नौजवान ने गुस्ताख़ अन्दाज़ में जवाब दिया। उसका नाम भी उदयसिंह था। "हमारी क़ौम का यह पुराना दस्तूर है, और हमारे लिए आबरू का सवाल भी।"

हिन्दुओं को यक़ीन था कि अपने पति की मौत के बाद उसकी चिता पर ज़िन्दा जल जाना न सिर्फ़ उस विधवा औरत के लिए स्वर्ग के द्वार खोल देता है बल्कि उसके फ़ौत हो चुके पति के लिए भी। पति की लाश मौजूद न होने पर उसे उसकी तलवार, खंजर या पोशाक के साथ भी चिता पर बैठाया जा सकता था, जैसा कि इस औरत के साथ हो रहा था। चिता में जलकर ऐसी औरत सती कहलाती थीं, यानी पतिव्रता और पवित्र आचरणवाली स्त्री। किसी भी स्त्री का सती होना उसके पूरे ख़ानदान के लिए फ़ख़्र की बात होती थी और उसे देवी मानकर पूजा जाता था। दूसरी तरफ़ कोई विधवा अगर सती होने से इनकार कर दे तो इससे पूरे ख़ानदान की इज़्ज़त में दाग़ लग जाता था जिस गुनाह की सज़ा उस औरत को ताउम्र झेलनी होती थी। घर की किसी अलग-थलग गन्दी और अँधेरी कोठरी में अकेले पड़े हुए व ज़िन्दगी की आम सहूलियतों से भी दूर उसकी बाक़ी ज़िन्दगी गुज़रती थी। ढंग के कपड़े और भरपेट खाना उसे ख़्वाब में नसीब होता हो तो हो, जागते हुए तो वह इसका ख़याल भी नहीं कर सकती थी। मुस्कुराना उसके लिए संजीदा गुनाह था और हँसना बहुत बड़ा पाप। मगर इस सबसे भी ज़्यादा तकलीफ़देह उसके लिए शायद अपने कुनबे के लोगों का बर्ताव होता होगा, जिसमें उसके हिस्से में सिर्फ़ और सिर्फ़ नफ़रत ही आया करती थी। लिहाज़ा कई विधवा औरतें रोज़-रोज़ मरने के बजाय एक बार मर जाना चुन लेती थीं।

"किस बेवक़ूफ़ ने तुमसे कह दिया कि तुम्हारा मज़हब एक बेगुनाह औरत को ज़िन्दा जलाया जाना मंज़ूर करता है?" उस नौजवान की गुस्ताख़ी पर अकबर उबल पड़ा।

"हमारे धर्मग्रन्थ *महाभारत* में इसकी मंज़ूरी है। जहाँपनाह!" जहाँपनाह उदयसिंह ने ऐसे बोला जैसे कि यह बोलने के लिए उसे ख़ुद से ज़बर्दस्ती करनी पड़ रही हो।

"तुम्हारे मज़हब की बाबत मैं तुमसे ज़्यादा जानता हूँ!" अकबर चीख़ा। "अगर तुम माद्री की बात कर रहे हो तो ज़रा ग़ौर से पढ़ो। वहाँ जमा हुए ऋषियों ने उसे पांडु की चिता पर जलने से मना करते हुए कहा था कि ऐसा करने से कोई सवाब हासिल नहीं होता। उसके बावजूद अगर वह जलती हुई चिता पर चढ़ी तो सिर्फ़ इस वजह से कि पांडु की मौत का ज़िम्मेदार वह ख़ुद को मान रही थी। और सबसे अहम बात यह कि अपनी मर्ज़ी से वह अपने खाविन्द की चिता पर जली। किसी ने उसके साथ कोई ज़बर्दस्ती

नहीं की जैसा कि तुम लोग उस बेचारी औरत के साथ करने की कोशिश कर रहे थे।"

उदयसिंह ख़ामोश खड़ा रह गया। इतनी बारीक़ी से *महाभारत* न उसने पढ़ी थी, न ही दरबार में उसके साथ खड़े नौजवानों ने।

"*रामायण* भी तो तुम्हारे मज़हब की किताब है! है कि नहीं?"

"जी जहाँपनाह!" उदयसिंह मिमियाती हुई आवाज़ में बोला। उसके अन्दाज़ की गुस्ताख़ी काफ़ूर हो चुकी थी।

"राजा दशरथ की तीन रानियाँ थीं। उनके इन्तक़ाल के बाद उनमें से कितनी रानियाँ उनकी चिता पर जलीं?"

"कोई भी नहीं, जहाँपनाह!"

"क्यों? क्यों नही जलीं? उनका ख़ानदान भी तो सूर्यवंशी राजपूतों का था?"

कोई जवाब किसी के पास नहीं था।

इन नौजवानों की ख़ामोशी ने अकबर का ग़ुस्सा काफ़ी ठंडा कर दिया।

"इस लौंडे का वालिद कौन है?" मोटा राजा से मुख़ातिब हो अकबर ने दरयाफ़्त किया जो इस वाक़िये का इल्म हासिल होने पर दरबार में हाज़िर हो गया था।

"यह मेरा नाती है जहाँपनाह! मरहूम राय जयमल का बेटा, मेरी बेटी से।"

यह सुनते ही अकबर फिर उबल पड़ा। उसके ग़ुस्से की अब इन्तिहा नहीं थी।

"कमीने तू अपनी ही माँ को जलाने चला था! तुझे सज़ा-ए-मौत सुनाई जाती है!"

"रहम जहाँपनाह!" दोनों उदयसिंह, नाना और नाती, एक साथ बोल उठे और मोटा राजा ने अपनी पगड़ी उतारकर अपना सिर अकबर के पैरों पर रख दिया।

सज़ा-ए-मौत क़ैद में तब्दील हो गई।

उसी रोज़ एक फ़रमान जारी हुआ :

'किसी भी औरत को उसकी मर्ज़ी के ख़िलाफ़ सती नहीं किया जाएगा। किसी को सती होने के लिए मजबूर करनेवाला और ऐसी कोशिश में मदद करनेवाला भी सख़्त सज़ा का हक़दार होगा। सूबा-ए-आगरा में बग़ैर बादशाह सलामत की ज़ाहिरा इजाज़त के और बाक़ी सूबों में बग़ैर कोतवाल की तहरीरी[1] इजाज़त के कोई भी औरत सती नहीं हो सकेगी।'

'कोतवालों को ताकीद की जाती है कि जो औरत सती होने के लिए दरख़्वास्त दे उसकी हौसला-शिकनी के लिए वे पूरा ज़ोर लगा दें। रक़म ख़र्च करने का और उस औरत को एकमुश्त भुगतान करने या हर महीने वज़ीफ़ा दिए जाने का वादा करने का इख़्तियार उन्हें दिया जाता है, अगर वह औरत बाज़ आ जाए। सती होने की इजाज़त देने के पहले उन्हें यह तसल्ली कर लेनी चाहिए कि औरत किसी क़िस्म के सीधे या बिल-वास्ता[2] दबाव में तो नहीं है।'

'जो औरत पेट से हो या जिसके छोटे बच्चे हों उसे सती होने की इजाज़त किसी हाल नहीं दी जाएगी। उसे इत्तिला दे दी जाए कि जब उसके बच्चे बड़े हो जाएँ और तालीम हासिल कर लें तब वह फिर से दरख़्वास्त दे सकती है।'

---

1. लिखित।
2. अप्रत्यक्ष।

'जो औरत नाबालिग हो उसे सती होने की इजाज़त किसी भी हालत में नहीं दी जाएगी, और उसके वालिदैन को व ससुराल वालों को सलाह दी जाए और क़ायल किया जाए कि उसकी वे दोबारा शादी कर दें।'

इसके साथ ही बेवा हिन्दू औरतों की दोबारा शादी को बढ़ावा देने के लिए भी अकबर ने कोशिशें शुरू कर दीं।

जिस वक़्त अकबर उस औरत को बचाने के लिए भागा जा रहा था, यह अफ़वाह फैल गई कि हाल ही में होनेवाले हमले के डर से वह भाग खड़ा हुआ है। मुल्लाओं की ख़ुशी का तो ठिकाना नहीं था! मगर हमलावर कौन है इस बाबत इत्तेफ़ाक़-ए-राय नहीं थी। कुछ को यक़ीन था कि हमला सुल्तान-ए-उस्मानिया करने जा रहा है। क्योंकि वह ख़लीफ़ा है लिहाज़ा इस्लाम की और दीनदारों की हिफ़ाज़त करने के लिए वह काफ़िर हो चुके बादशाह को हिन्दुस्तान के तख़्त से बेदख़ल करने आ रहा है। लेकिन बाक़ी मुल्लाओं को इसमें कोई शक नहीं था कि तूरान का सुल्तान अब्दुल्लाह ख़ान उज़्बेक इस नेक काम को अंजाम देने के मक़सद से रवाना हो चुका है। क्योंकि हुकूमत के निज़ाम में काफ़िरों को तरजीह देने के और इस्लाम के उसूलों के ख़िलाफ़ रोज़ नया क़दम उठाने के अकबर के रवैए से परेशान कई मुल्ला और उलेमा, जिनमें मुल्ला दो-पियाज़ा भी शामिल था, बुख़ारा हिजरत कर गए थे और वहाँ से पैग़ाम भेजते रहते थे कि तूरान का सुल्तान जल्द ही भारी फ़ौज के साथ, जिसके मुक़ाबले दुनिया में कोई फ़ौज न होगी, हिन्दुस्तान में इस्लाम का निज़ाम दोबारा क़ायम करने और मुर्तद बादशाह को सज़ा देने के मक़सद से रवाना होने ही वाला है।

सती होने के ख़िलाफ़ फ़रमान जारी होने और दीगर कार्रवाइयों के बाद औरतों के सती होने की वारदात बन्द तो नहीं हुई, अलबत्ता कमी उनमें यक़ीनन आ गई। मगर यह काफ़ी नहीं थी।[1]

दुल्हन के लिबास में और जेवरों से लदी हुई एक जवान औरत को लेकर फ़तेहपुर सीकरी का कोतवाल एक सुबह अकबर के दरबार में हाज़िर हुआ।

"जहाँपनाह! मेरे बहुत समझाने के बाद भी यह औरत ख़ुद को जलाने की ज़िद पर अड़ी हुई है। कहती है, बादशाह सलामत इजाज़त नहीं देंगे तो भी मैं सती होकर ही रहूँगी।"

"नेक औरत! ख़ुदा की दी हुई इस बेशक़ीमती नेमत को तुम क्यों इस तरह जाया करना चाहती हो? क्या यह उसकी बेइज़्ज़ती नहीं?"

"सती होने पर मुझे बहुत पुण्य मिलेगा जिसकी वजह से मैं और मेरे पति दोनों की आत्मा स्वर्ग जाएगी।" सपाट लहजे में औरत ने एक ही साँस में यह इस तरह कहा कि साफ़ नज़र आ रहा था, उसे सिखाया गया है। अफ़ीम का भी कुछ असर उस पर ज़ाहिर हो रहा था।

1. वर्ष 1829 में विलियम बेंटिक ने सती प्रथा के विरुद्ध जो क़ानून बनाया था उसके ख़िलाफ़ लन्दन की प्रिवी कौंसिल में याचिका दायर की गई थी जिस पर लगभग 800 'प्रमुख व शिक्षित भारतीयों' के हस्ताक्षर थे। आज़ादी के बाद इस क़ानून को हम अपने नए क़ानून में शामिल करना भूल गए थे जब तक कि राजस्थान में रूप कुँवर के सती होने को दिए गए समर्थन से उपजे विवाद ने वर्ष 1987 में भारत सरकार को इस अमानवीय और क्रूर प्रथा के ख़िलाफ़ क़ानून संसद में लाने के लिए मजबूर नहीं कर दिया।

"नेक औरत! तूने जो कहा उसे मैं हक़ीक़त नहीं मंज़ूर करता। लेकिन मैं तुझे यक़ीन दिलाता हूँ कि अगर अपनी बाक़ी ज़िन्दगी तूने तेरे ईश्वर या भगवान की राह में नेकनीयती के साथ गुज़ारी तो न सिर्फ़ इस दुनिया में तुझे उसका करम हासिल होगा बल्कि उस दुनिया में भी तुझे उसकी रहमत से अज़हद और जावेदाँ[1] ख़ुशी हासिल होगी।"

उस औरत के चेहरे पर अकबर की इस गुज़ारिश का कोई असर नज़र नहीं आया और अपने पैर के अँगूठे को वह दाएँ-बाएँ इस तरह फ़र्श पर घुमाती रही मानो उसमें छेद करने का उसका इरादा हो।

"क्या किसी क़िस्म की ज़बर्दस्ती तेरे साथ की जा रही है?" बड़ी मुलायमियत से अकबर ने दरयाफ़्त किया।

ख़ामोश रहकर वह औरत फ़र्श में छेद करने की अपनी मुहिम में लगी रही।

"हो जाने दो इसे सती!" आजिज़ आकर अकबर ने कोतवाल से कहा। "अगर यह आमादा ही है ज़िन्दा जल जाने पर तो क्या किया जा सकता है?"

उस औरत के रिश्तेदार दीवानख़ाना-ए-आम के आगे बने दालान में जमा थे। वह दौड़ती हुई उनके पास जा पहुँची और सबके सब ख़ुशी से पागल हो गए। क़िले के बाहर निकलकर उन लोगों ने पालकी में उस औरत को बिठाया और अपने ही कन्धों पर उसे उठाकर गाते, चिल्लाते और ढोल बजाते हुए चल दिए।

"ज़िल्ले इलाही! *क़ुरआने-पाक* की सूरा अल रअद में अल्लाह तआला ने फ़रमाया है," बादशाह सलामत को मायूस और ख़ामोश देखकर अबुल फ़ज़ल बोल उठा, "'बेशक अल्लाह किसी क़ौम की हालत को नहीं बदलता जब तक कि वह ख़ुद अपनी हालत को नहीं बदलते।"

"तुम सही कहते हो अल्लामी!" आसमान को घूरते हुए अकबर ने कहा। "और हालात बदलने के लिए ज़रूरी है कि अवाम को मुनासिब तालीम हासिल हो।"

इसके साथ ही यह फ़ैसला हुआ कि मदरसे और मकतब ज़्यादा से ज़्यादा खोले जाएँ। शुरुआत फ़तेहपुर सीकरी और आगरा से हुई।

अपनी हुकूमत के शुरुआती सालों में ही अकबर ने ग़ौर किया था कि बंगाल व बिहार के मनसबदार अपनी-अपनी बोली में बात करते हैं और अवध, मालवा व बृज के मनसबदार उनकी अपनी जुदा-जुदा बोली में—चाहे वह मुसलमान हो या हिन्दू। और वे लोग अपनी बोली बोलने वालों के साथ ही अपना मेलजोल रखना पसन्द करते हैं। पंजाब, सिन्ध और गुजरात के मनसबदार भी कुछ अलग नहीं थे। अकबर को उम्मीद थी कि फ़ारसी को दरबारी कामकाज की ज़बान बना देने से और तालीम का ज़रिया भी फ़ारसी ज़बान ही हो जाने पर यह इलाक़ाई फ़र्क़ ख़त्म हो जाएगा। और फ़ारसी ज़बान में किताबें आसानी से हासिल हो जाने की वजह से उनके दिमाग़ भी खुलेंगे जिसकी वजह से उनके नज़रिये की तंगदिली भी ख़त्म होगी। इस तरह वक़्त के साथ हर इलाक़े के मनसबदार एक-दूसरे के नज़दीक आएँगे और क़ौमी इत्तिहाद मज़बूत होगा। ऐसा हुआ तो सही मगर वह काफ़ी नहीं था।

---

1. असीम और शाश्वत।

यह देखकर उसने मनसबदारों को उनके सूबे के अलावा दूसरे किसी सूबे में तैनात करना शुरू कर दिया। राजस्थान और गुजरात के मनसबदार अपने रिसाले के साथ जौनपुर, बंगाल या दिल्ली भेज दिए जाते और कन्नौज, बंगाल व बिहार के मनसबदार पंजाब, मालवा या गुजरात। इन रिसालों के साथ फ़ौजियों के बीबी-बच्चे भी होते, उनके ख़िदमतगार होते और बढ़ई व लुहार जैसे कई कारीगरों के साथ ही कई छोटे-बड़े दुकानदार भी। जहाँ भी यह लोग गए, वहाँ की ज़बान इन लोगों ने सीखी। कई रिवाज भी वहाँ के इन लोगों ने अपना लिये और मुख़्तलिफ़ ज़बान बोलनेवाले लोगों में इस वजह से नज़दीकी बढ़ी।

यह कोशिश भी अकबर ने की कि फ़ौजी दस्तों में हिन्दू और मुसलमान दोनों साथ आएँ। उमरा आम तौर पर मुसलमान फ़ौजी को उससे ज़्यादा तनख़्वाह देते थे जो कि राजपूत फ़ौजी को मिला करती थी। राजपूतों को उमरा से उसने मुसलमानों के बराबर तनख़्वाह दिलवाई। नतीजतन, मुसलमान फ़ौजी दस्तों में कई राजपूत भी शामिल हो गए।

उन मुसलमान बच्चों की तरफ़ भी अकबर फ़िक्रमन्द था जो मुल्लाओं व उलेमा के बहकावे में आकर फ़ारसी ज़बान से दूरी बनाए हुए थे, जिस वजह से हुकूमत के निज़ाम में मुसलमान मुलाज़िमों की भर्ती नहीं हो पा रही थी और हिन्दुओं का दबदबा बढ़ता जा रहा था। लिहाज़ा उन मुसलमानों के लिए उसने वज़ीफ़ा दिए जाने का एलान कर दिया जो फ़ारसी ज़बान सीखने को राज़ी थे। साथ ही कोतवालों के लिए फ़रमान जारी हुआ कि अपने इलाक़े में बेरोज़गार नौजवानों का शुमार वे करवाएँ और फ़ायदेमन्द कारोबार में लगाने के लिए उनको सलाह और मदद भी वे दें। साथ ही, कारोबार के मक़सद से बग़ैर ब्याज का क़र्ज़ देने के लिए सल्तनत भर के शाही ख़ज़ाने भी उसने खुलवा दिए।

नए चाँद की रात थी। दो हाथ और उससे भी ज़्यादा ऊँची और उसी हिसाब से ख़ासी मोटी मोमबत्तियाँ, कई तो छह हाथ से भी ऊँची जिन्हें रोशन करने के लिए सीढ़ी का इस्तेमाल ज़रूरी हो जाता था, अँधेरे के साथ जंग करने में मुब्तला थीं। अनूप तालाब की सीढ़ियों पर अबुल फ़ज़ल अपने बादशाह से दो सीढ़ी नीचे बैठा हुआ था।

"ज़िल्ले इलाही! निहायत हैरत की बात है कि शरीअत के मुताबिक़ ख़तना फ़र्ज़ है मगर पाली पादरियों ने इस ग़ुलाम पर यह ज़ाहिर किया था कि *इंजील* में इसका हुक्म नहीं है। उनकी अगर मानें तो हज़रत ईसा, अलैहिस्सलाम, ख़तने के सख़्त ख़िलाफ़ थे।"

"बड़े ताज्जुब की बात है!" कहकर अकबर अपने ख़यालों में गुम हो गया। "अगर सभी मुक़द्दस किताबें अल्लाह ने ही भेजी हैं," कुछ देर बाद उसने अपने ख़यालों को ज़ाहिर करना शुरू किया, "तो ऐसा क्यों कि पैग़म्बर आदम, अलैहिस्सलाम, और उनकी औलादों पर ख़तना फ़र्ज़ था; फिर पैग़म्बर ईसा, अलैहिस्सलाम, ने इसकी मुख़ालिफ़त की; और उनके बाद पैग़म्बर मुहम्मद, सल्लल्लाहु अलैहि वसल्लम, ने फिर इसे मोमिनों पर फ़र्ज़ बताया?"

अबुल फ़ज़ल ने अकबर के इस सवाल का कोई जवाब नहीं दिया और इस अन्दाज़ से उसे देखता रहा जैसे कि कोई भक्त अपने भगवान को देखे।

मख़्दूम-उल-मुल्क के हाथों उसके वालिद की जिल्लत के बाद बालक अबुल फ़ज़ल का दिल इस दुनिया से उचट गया था और वह एक फ़क़ीर की ज़िन्दगी जीने या

हिमालय पर चले जाने का इरादा करने लगा था। अपने बेटे के ऐसे ख़यालात से वाक़िफ़ होने पर शेख़ मुबारक ने एक तरफ़ तो उसको किताबों में मसरूफ़ किया और फिर ज़िद करके उसे अकबर के हुज़ूर में पेश होने के लिए मजबूर किया। पहली मुलाक़ात से ही अबुल फ़ज़ल के दिल में बादशाह सलामत के लिए इज़्ज़त का जज़्बा पैदा हो गया और उसकी मुलाज़मत में आने के बाद इज़्ज़त के इस जज़्बे ने तक़रीबन इबादत की शक्ल ही इख़्तियार कर ली थी। इसकी वाजिब वजह भी थी।

गुज़श्ता सालों में उसने देखा था कि अपनी रियाया की बेहतरी के लिए किस तरह अकबर हमेशा ही फ़िक्रमन्द रहता है। किस तरह टोडरमल की मदद से दीवानी निज़ाम को उसने ऐसा कर दिया कि बरसों से ज़ुल्म बर्दाश्त करता आ रहा काश्तकार अब अपने बादशाह के क़सीदे पढ़ता है। और रियाया, ख़ास तौर पर मुफ़लिस और फ़क़ीर, इंसाफ़ पाने के लिए बेधड़क उसके दरबार में चली आती है इस यक़ीन के साथ कि बादशाह सलामत उसकी छोटी से छोटी फ़रियाद सुनेंगे और उसका हल निकालेंगे। लेकिन जिस बात ने उसे अकबर का मुरीद बनाया वह थी मज़हबी तअस्सुब और असबियत[1] की ज़ंजीरों से अपनी रियाया को आज़ाद करने की उसकी मुसलसल और शिद्दत भरी कोशिश।

"एतिक़ाद[2] को दोहराना, खाल का एक टुकड़ा निकालना, और अपने हाड़ के सिरे ज़मीन पर टिकाना, यह तो अल्लाह की जुस्तजू नहीं।" अनूप तालाब के पानी को देर से टकटकी लगाए देखता हुआ अकबर बोल उठा। "मुझे हैरत होती है कि उन बच्चों का ख़तना करने पर भी ज़ोर दिया जाता है जो हर मज़हबी फ़र्ज़ से आज़ाद हैं, नमाज़ पढ़ने से भी।

अगले रोज़ वह उस फ़रमान पर अपनी मोहर चस्पाँ कर रहा था जिसमें उसने एलान किया कि मुसलमान बच्चों का ख़तना मोमिनों पर फ़र्ज़ नहीं है। और अगर किया जाए तो ख़तना बच्चे की ज़ाहिरा मंज़ूरी से हो और वह भी सिर्फ़ तब जब वह बारह साल का हो जाए।

एक और फ़रमान में हिन्दुओं और मुसलमानों को पाबन्द किया गया कि लड़कियों की शादी बारह साल की उम्र के पहले और लड़कों की शादी सोलह साल की उम्र के पहले न की जाए। साथ ही, जिन हिन्दू लड़कियों के साथ मुसलमानों ने ज़बर्दस्ती शादी की है, उन्हें उनके वालिदैन के पास वापस जाने के लिए हुकूमत की मदद का वादा किया गया।

लेकिन इस बाबत कोई दरख़्वास्त हासिल नहीं हुई। ऐसी लड़कियों को मालूम था कि म्लेच्छ के साथ रहने और उसके घर में खाना खा लेने के बाद उन्हें उनके मायके में क़बूल क़तई नहीं किया जाएगा।

अगले शाही फ़रमान ने तो इस्लाम के पैरोकारों के होश फाख़्ता कर दिए। इस फ़रमान में अकबर ने फ़ैसला दिया था कि जो हिन्दू अपना मज़हब तब्दील कर मुसलमान बने हैं वे वापस अपने मज़हब में जा सकते हैं। 'हरेक को अपनी पसन्द का मज़हब

1. धार्मिक विद्वेष और सम्प्रदायवाद।
2. आस्था, विश्वास।

क़बूल करने की आज़ादी है। मज़हबी मामलों में किसी की भी और किसी भी तरह की दख़लन्दाज़ी नाक़ाबिले-बर्दाश्त होगी।'

यह तो इस्लामी हुकूमत में मुल्लाओं, मौलवियों व उलेमा के इख़्तियारात पर साफ़-साफ़ कुल्हाड़ी चलाई जा रही थी। अब तो उनके दिमाग़ में रत्ती भर भी शक नहीं रहा कि अकबर ने अपने पुरखों का मज़हब तर्क कर दिया है और इस्लाम की दुहाई देते हुए नाला-ए-फ़रियाद उनकी तरफ़ से एक के बाद एक तूरान पहुँचने लगे। जल्द ही सुल्तान अब्दुल्लाह ख़ान उज़्बेक का एक ख़त अकबर को मिला जिसमें उसकी मलामत की गई थी कि उसने तनसुखियों[1] का मज़हब क़बूल कर लिया है।

हकीम हुमाम के हाथों भेजे गए अपने जवाब में अकबर ने अफ़सोस ज़ाहिर किया कि हक़ीक़त की तस्दीक़ किए बग़ैर बेबुनियाद इल्ज़ामात पर यक़ीन कर लिया गया है। और ख़त के आख़िर में यह कलाम तूरान के सुल्तान को उसने लिखवा भेजा।

अल्लाह की बाबत लोगों ने कहा कि उसका एक बेटा था,
रसूलुल्लाह की बाबत उन्होंने कहा कि वह साहिर[2] था;
न अल्लाह महफ़ूज़ रहा तोहमत-ए-इनसान से न ही रसूलुल्लाह,
मेरा रह पाना कैसे मुमकिन था?

एक शिकायत हिन्दुओं को यह भी थी कि उनके मुक़दमे क़ाज़ी शरीअत की रोशनी में ही सुनते हैं और उसके ही मुताबिक़ उन पर फ़ैसले देते हैं। जल्द ही यह फ़रमान भी जारी हो गया कि जिन मुक़दमों में हिन्दू फ़रीक़[3] हों उनमें फ़ैसले बरहमन करेंगे और उनके अपने क़ानूनों के मुताबिक़ करेंगे। साथ ही, मदद-ए-मआश के दरवाज़े हिन्दू और पारसी तालिब-ए-इल्म के लिए भी उसके हुक्म से खोल दिए गए।

शहर के दीवानख़ानों में शराब के चौथे प्याले के बाद गुफ़्तगू आम और मामूली मुद्दों से संजीदा मुद्दों की तरफ़ घूम गई।

"तुमने ताज़ा ख़बर सुनी क्या?"

"कैसी ख़बर?"

"शहर भर के जोगियों को कल रात, जिसे वे लोग सिवरात[4] कहते हैं, बादशाह सलामत ने क़िले में तलब किया और उन लोगों को तबीयत से उन्होंने खिलाया और पिलाया भी। उसके बाद तो वे लोग चिमटा बजा-बजाकर जमकर नाचे-गाए और क़िले में ज़बर्दस्त होहल्ला मचाया। सुना है कि बादशाह सलामत ने भी उसका पूरा लुत्फ़ उठाया। मगर सबसे ख़ास ख़बर मुझे यह पता चली कि उन जोगियों से उनके अक़ीदे और उनके रस्म-ओ-रिवाज की बाबत वे तफ़सील से दरयाफ़्त करते रहे और आख़िर में उन लोगों को सिवरात पर हर साल आने की दावत भी उन्होंने दे डाली।"

"एक हिन्दू से इसके सिवा तुम उम्मीद भी क्या कर सकते हो?"

---

1. पुनर्जन्म में विश्वास करनेवाले।
2. जो टोना-टोटका करता हो, जादूगर।
3. पक्षकार।
4. शिवरात्रि।

"हिन्दू?"

"और नहीं तो क्या? तुमने सुना नहीं? उस हरामज़ादे बीरबल ने पीछे पड़-पड़कर बरहमनों का मज़हब क़बूल कर लेने पर उन्हें राज़ी कर लिया है और उनको वह धागा भी उस कमीने ने पहना दिया है! क्या कहते हैं उसे? हाँ, जनेऊ।"

"यह तो होना ही था! जब उन्होंने होली खेलना शुरू कर दिया और पेशानी पर हिन्दुओं की तरह तिलक लगाने लगे और बरहमनों से अपनी कलाई पर राखी बँधवाने लगे और दीवाली के मौक़े पर 'राम सीय' सिक्के[1] ढलवाकर हिन्दुओं के उस त्योहार को न सिर्फ़ ख़ुद मनाने लगे बल्कि हर सूबेदार को फ़रमान भेज दिया कि दीवाली की रात सारी सरकारी इमारतों को रोशन किया जाए, मैं तो तभी समझ गया था कि एक रोज़ यह होने ही वाला है।"

"लेकिन सिर्फ़ एक धागा पहनने से कोई कैसे हिन्दू हो जाएगा? ऐसा करने के लिए कोई शहादा[2] भी तो होना चाहिए।"

"बेवक़ूफ़! किस दुनिया में रहते हो तुम? वह रस्मी धागा है! और अपनी हिन्दू बेगम के साथ बैठ हवन करते वक़्त बादशाह अपने कन्धे पर इसे डालने के बाद आग में घी छोड़ता है। अब उसे हिन्दू बनाने के लिए और क्या बाक़ी रहा?"

---

1. सोने और चाँदी के ऐसे सिक्के जिन पर राम के पीछे सीता जाती हुई दिखाई दे रही है और ऊपर देवनागरी लिपि में अंकित है 'राम सीय'। इन सिक्कों का ज़िक्र अबुल फ़ज़ल ने नहीं किया है लेकिन ऐसे सिक्के मौजूद हैं। मुद्राशास्त्रियों का मत है कि ऐसे सिक्के वर्ष 1585 से अकबर की मृत्यु के वर्ष 1605 तक ढाले गए, परंतु बहुत कम संख्या में।
2. शाब्दिक अर्थ गवाही। इस्लाम में अल्लाह और पैग़म्बर में आस्था की घोषणा करने के लिए शहादा कहा जाता है।

दर्दे जुदाई

ज़मीन पर अकबर चारों खाने चित पड़ा था और उसका सिर दर्द के मारे फटा जा रहा था। अपने सिर को उसने टटोला तो उसकी उँगलियों में गाढ़ा ख़ून चिपक गया। उसे कुछ समझ नहीं आया कि हुआ क्या है। वह याद करने की कोशिश करने लगा कि उस जगह पर और उस हालत में वह कैसे आ पहुँचा? और यकायक उसके दिमाग़ में जैसे बिजली कौंधी।

वह शिकार खेलने गया हुआ था कि एक शेर की दहाड़ सुनकर उसका घोड़ा बिदक गया और उसने उसे ज़मीन पर फेंक दिया। नीचे गिरते हुए उसकी पगड़ी खुल गई और उसका सिर एक पत्थर से जा टकराया। उसके बाद उसे होश नहीं कि क्या हुआ।

'क्या यही मेरा अख़ीर[1] है?' अकबर के दिल में ख़याल आया और नायक़ीनी, हसरत, पशेमानी और अफ़सोस के मिले-जिले जज़्बात उसके ज़ेहन में घूम गए।

इसके साथ ही न जाने क्यों उसे कश्मीर जाते हुए भिम्बर दर्रे के ऊपर खड़े होकर देखा हुआ नीली और गहरी वादियों में नीली धुन्ध की झीनी चादर में लिपटे पहाड़ों का कभी न ख़त्म होता नज़र आनेवाला सिलसिला याद हो आया, जो आगे जाकर उसी धुन्ध में कहीं खो गया था—उस धुन्ध में जिसके पार न ज़मीन नज़र आती थी, न ही आसमान। देर तक उस नज़ारे को देखते रहने के बाद उसे ख़याल आया था कि एक रोज़ उसे ऐसी ही धुन्ध के पार जाना होगा—अकेले ही, बग़ैर किसी भी ख़िदमतगार की मदद के, बग़ैर किसी भी सवारी के।

'कुछ ऐसे ही जज़्बात मेरे ज़ेहन में तब भी आए थे,' उसे याद आया।

"जहाँपनाह! इसे पी लीजिए।" ज़ख़्म को साफ़ कर उसकी मरहम-पट्टी कर लेने के बाद जड़ी-बूटियों का काढ़ा अकबर को एक प्याले में पेश करते हुए हकीम अली गिलानी ने गुज़ारिश की। "इससे दर्द कम होगा और ज़ख़्म भी जल्दी भरेगा।"

दो ऊँटों के दरमियान लटकी हुई पालकी में जब उसे लाहौर ले जाया जा रहा था तो अकबर का ज़ेहन गुज़श्ता महीनों के वाक़यात से रूबरू था।

'बहुत ही बुरा था यह साल! पहले तो मेरे बेहद अज़ीज़ मियाँ तानसेन मुझे छोड़ गए।'

तानसेन काफ़ी वक़्त से बीमार चल रहे थे मगर अकबर को यक़ीन था कि वह जल्द ही सेहतमन्द हो जाएँगे। जब उसे ख़बर मिली कि मियाँ तानसेन इन्तक़ाल फ़रमा गए हैं तो उसे यक़ीन ही नहीं हुआ। दीवानख़ाना-ए-ख़ास की दीवार पर निगाह जमाए हुए देर तक वह बैठा रह गया था।

सिर को झुकाए और हाथों को बाँधे हुए खड़ा हुआ अबुल फ़ज़ल समझ नहीं पाया

1. अन्त, मृत्यु-काल।

कि बादशाह सलामत को वह कैसे तसल्ली दे और ख़ामोश खड़ा रहा।

"अल्लामी! इस ज़माने की रूह आज विदा हो गई!"

लरज़ती हुई आवाज़ में अकबर के मुँह से इन अल्फ़ाज़ के निकलते ही अबुल फ़ज़ल के गले में देर से फँसी हुई उसकी साँस भी बाहर निकल आई।

तानसेन के जनाज़े को कन्धा दिए हुए अकबर को एक महीना गुज़रा होगा कि उसे कश्मीर जाना पड़ गया। वहाँ दो गुट बन गए थे जिनमें आपसी झगड़े चलते रहने की शिकायतें उसे काफ़ी वक़्त से हासिल हो रही थीं। इस वजह से निज़ामत पर किसी का ध्यान नहीं था और रियाया परेशान थी। चन्द महीने पहले ही भगवन्तदास के साथ दूसरे सिपहसालारों को भी भेजकर उनमें उसने सुलह करवाई और फिर मोहम्मद यूसुफ़ ख़ान को तख़्त पर बिठा दिया गया। अकबर के नाम का ख़ुत्बा पढ़वाते रहने का उसने वादा किया और बाक़ायदा ख़िराज भेजते रहने का भी। लेकिन भगवन्तदास के वहाँ से रुख़्सत होते ही उसकी नीयत बदल गई। अकबर के नाम का ख़ुत्बा पढ़ने से इनकार कर उसने बड़ी फ़ौज जमा कर ली। इसके पीछे उसका यह यक़ीन भी था कि ज़्यादा बड़ी फ़ौज के साथ अकबर पहाड़ों, तंग दर्रों और उफनते हुए चश्मों को पार नहीं कर पाएगा।

इस दफ़ा फ़ौज के साथ अकबर ने ख़ुद कश्मीर जाने का फ़ैसला किया। तीन हज़ार पत्थर तोड़नेवाले और दो हज़ार बेलदार रवाना कर दिए गए, पहाड़ों में से फ़ौज के गुज़रने लायक़ रास्ता तैयार करने के मक़सद से। और फिर अपनी ग़ैरहाज़िरी में सल्तनत का कारोबार सँभालने की ज़िम्मेदारी भगवन्तदास और टोडरमल को सौंपकर एक बड़ी फ़ौज व एक हज़ार हाथियों के साथ अकबर लाहौर से रवाना हो गया, जहाँ फ़िलहाल उसने अपनी दारुल हुकूमत क़ायम की हुई थी।

रास्ता काफ़ी चौड़ा तैयार हुआ था लेकिन फिर भी फ़ौज को उस पर से गुज़रते वक़्त कई मुश्किलात से मुक़ाबिल होना पड़ गया। चाहे जब बारिश हो जाती और रास्ते पर फिसलन हो जाती। कई घोड़े गहरी वादी में गिर गए, अपने सवार समेत। अकबर का घोड़ा भी लड़खड़ाया। लेकिन ग़ज़ब की फ़ुर्ती दिखाते हुए अकबर उस पर से कूद गया, और बिलकुल ठीक वक़्त पर क्योंकि अगले ही लम्हे वह घोड़ा गहरी वादी में नीचे चला जा रहा था। फिर बर्फ़बारी हो गई। कश्मीर के मुल्की हम्मालों की सलाह पर, फ़ौजियों का सामान अपनी पीठ पर लटकाए हुए जो पीछे-पीछे चले आ रहे थे, बर्फ़ से ढके रास्ते पर चलने के लिए कई फ़ौजियों ने धान के डंठल से रेशे निकालकर बुनी हुई रस्सी के जूते अपने पैरों पर चढ़ा लिये। फिर भी कई फ़ौजी पहाड़ से नीचे गिर पड़े, ज़्यादातर उनकी ख़ुद की लापरवाही की वजह से ही।

आधे रास्ते में कई फ़ौजी बीमार पड़ गए। जो वापस जाने के क़ाबिल थे, वापस चले गए और बाक़ी को आसपास के किसी गाँव में छोड़ना पड़ गया। पीर पंजाल के दर्रे से जैसे ही एक हज़ार हाथी गुज़रना शुरू हुए, सियाह बादल घिर आए और पानी के साथ बर्फ़ की बारिश भी करने लगे। पहाड़ियाँ फिसलने लगीं और बड़ी-बड़ी चट्टानें व पत्थर रास्ते के ऊपर से लुढ़कते हुए वादियों में गिरने लगे। कई फ़ौजी उनके नीचे कुचले गए और कई उनके साथ नीचे जा गिरे। कुचले जाकर भी जो ज़िन्दा बच गए थे उनमें से कई के ज़ख़्म बेहद गहरे थे। उनकी देखभाल के लिए कुछ फ़ौजी वहीं छोड़कर

अकबर को आगे बढ़ जाना पड़ा, हालाँकि उसे साफ़ नज़र आ रहा था कि रास्ते की मुश्किलात और आदमी व जानवर दोनों ही काफ़ी तादाद में खो देने की वजह से रंजीदा और मायूस फ़ौजियों के क़दम अब मुश्किल से ही उठ पा रहे थे।

"जहाँपनाह! एक हिन्दू हम्माल कह रहा था कि इन पहाड़ों में उसके देवताओं का मुक़ाम है।" अबुल फ़ज़ल ने बताया जो अपने बादशाह से कुछ क़दम ही पीछे था। "शोरगुल से वे ख़फ़ा हो जाते हैं। और एक मुसलमान हम्माल बता रहा था कि किसी वली ने बद्दुआ दी हुई है कि अगर कोई बड़ी फ़ौज इन पहाड़ों में से गुज़रेगी तो वह तबाह हो जाएगी।"

फ़ौरन ही फ़ौज के हिस्से कर दिए गए और फ़ौजियों को हिदायत दे दी गई कि छोटे-छोटे दस्ते बनाकर दूर-दूर रहकर वे चलें व शोर बिलकुल न करें।

मोहम्मद यूसुफ़ ख़ान के ख़बरी अकबर की फ़ौज के साथ हो रहे हर हादसे की जानकारी उसे दे रहे थे। हर हादसे के बाद उसे लग रहा था कि अकबर अब वापस हो लेगा। श्रीनगर से जब कुछ ही रोज़ की दूरी बाक़ी रही तो उसे अहसास हुआ कि यह शख़्स मुश्किलात से डरनेवाला नहीं और वह ख़िराज लेकर अकबर के हुज़ूर में पेश हो गया। लेकिन उसे नज़रअन्दाज़ कर अकबर आगे बढ़ता गया और पहाड़ों से वह जैसे ही मैदान में दाख़िल हुआ, वह हक्का-बक्का खड़ा रह गया। यह तो दूसरी ही दुनिया थी! हरे-भरे घास के मैदान, फलों से लदे दरख़्त, फूलों की झाड़ियाँ, गुनगुनाते झरने और हवा में ताज़गी की महक।

श्रीनगर में उसने एक ख़ूबसूरत महीना गुज़ारा। झेलम नदी शहर के बीच से कलकल बह रही थी और दोनों तरफ़ लकड़ी के मकान थे, कई तो पाँच मंज़िला, जिन पर फूलों की बेलें चढ़ाई हुई थीं। कश्मीरी ब्राह्मणों के साथ रोज़ मज्लिस-ए-तहक़ीक़ात बैठती। उसे ख़ुशनुमा ताज्जुब हुआ यह जानकर कि वे लोग भी अपने मज़हब पर यक़ीन हालाँकि अक़्ल का इस्तेमाल किए बग़ैर ही करते हैं, मगर दूसरे मज़हब के लोगों को वे हिक़ारत की नज़र से नहीं देखते। नफ़्सकुशी[1] की वे ज़िन्दगी जीते हैं, और दरख़्तों को लगाने में सभी बेहद दिलचस्पी लेते हैं। ख़ुश होकर उनके लिए उसने एक आलीशान मन्दिर तामीर किए जाने का हुक्म दे दिया और उसकी दीवार पर नक़्श करने के लिए अबुल फ़ज़ल से फ़ारसी ज़बान में एक कलाम लिखने के लिए कहा।

अबुल फ़ज़ल ने लिखा :

या ख़ुदा! हर इबादतगाह में नज़र आते हैं लोग तेरी जुस्तजू में मुझे;
और तेरी तारीफ़ हर ज़बान में करते हुए सुनता हूँ लोगों को मैं।
शिर्क और इस्लाम, करते हैं तेरी ही तलाश;
हर मज़हब कहता है एक है तू, नहीं कोई बराबर तेरे।
अगर यह मस्जिद हो तो, कलामे-पाक पढ़ते हैं लोग;
और अगर नस्रानी गिरजा हो, तो तेरी मोहब्बत में घंटा बजाते हैं।
कभी जाता हूँ मैं नस्रानी गिरजाघर, और कभी मस्जिद;
मगर यह तू है जिसे, मन्दिर मन्दिर खोजता हूँ मैं।

1. इन्द्रिय निग्रह।

तभी यह बुरी ख़बर लाहौर से आई कि शाह फ़तहुल्लाह शीराज़ी नहीं रहे। बीरबल और अबुल फ़ज़ल के बाद वे ही अकबर को सबसे ज़्यादा अज़ीज़ थे। ग़मज़दा हो वह वापस चल दिया। रास्ते में हकीम अबुल फ़तह के इन्तक़ाल की ख़बर मिली। वे भी उसके सबसे अज़ीज़ साथियों में से थे।

लाहौर पहुँचा तो टोडरमल ने दरख़्वास्त दी कि बुढ़ापे की वजह से अब वह फ़ारिग़-उल-ख़िदमत[1] होने का ख़्वाहिशमन्द है। अकबर ने उसे इजाज़त दे दी। मगर जब टोडरमल चला गया तो उसके बग़ैर निज़ामत के मसाइल निपटाने में ख़ुद को वह लाचार महसूस करने लगा। अपनी मेहनत, लगन और ईमानदारी से टोडरमल ने ख़ुद को नागुज़ीर बना लिया था और बावजूद इसके कि वह सिर्फ़ अशरफ़-ए-दीवानी[2] था, वकील-ए-सल्तनत के सभी इख़्तियार वह इस्तेमाल करता था।

एक महीने तक टोडरमल के बग़ैर काम चलाने की कोशिश अकबर करता रहा और फिर हरिद्वार से वापस चले आने का पैग़ाम उसे भेज दिया, जहाँ गंगा के किनारे एक मन्दिर बनवाकर अपना आख़िरी वक़्त गुज़ारने के ख़याल से वह गया था। पैग़ाम पाकर टोडरमल लाहौर के लिए चल पड़ा मगर यह उसका आख़िरी सफ़र साबित हुआ। रास्ते में ही वह बीमार पड़ा और लाहौर पहुँचते ही उसका इन्तक़ाल हो गया।

टोडरमल के दाह-संस्कार से वापस आते ही भगवन्तदास की तबीयत ख़राब हो गई। उसे ज़बर्दस्त उल्टियाँ शुरू हो गईं और कोई दवा काम न आई। पाँच रोज़ में उसने भी दम तोड़ दिया।

'मेरे सभी साथी मुझे छोड़ते जा रहे हैं।' लाहौर के क़िले में अपनी ख़्वाबगाह में बिस्तर पर लेटा हुआ अकबर सोच रहा था। उसके सिर का ज़ख़्म अभी भरा नहीं था और उसमें टीस उठती रहती थी। मगर अपने अज़ीज़ों को खोने का दर्द उसे कहीं ज़्यादा था। 'और फिर मेरा इस तरह घोड़े से गिरना! ऐसा पहले कभी नहीं हुआ। क्या यह उसकी तरफ़ से इशारा है?' अकबर ने ख़ुद से पूछा। 'मेरी उम्र तक़रीबन पचास साल हो चुकी है। इसी उम्र के आसपास बाबा इस दुनिया से रुख़्सत हुए थे और अब्बा भी।'

"मुझे साफ़-साफ़ बताओ बेगम! क्या सल्तनत की बागडोर मुझे अब अपने बेटों के सुपुर्द कर देनी चाहिए?" बेहद कमज़ोर आवाज़ में अकबर ने सलीमा से पूछा जो हौले-हौले उसके माथे को सहला रही थी। "लेकिन कोई भी तो तीनों में से मुझे इस क़ाबिल नज़र नहीं आता! न शेख़ू, न पहाड़ी और न ही दानियाल।"

"क्यों फ़िक्र करते हो जलाल? तुम तो अल्लाह पर यक़ीन करते हो न?" कहते हुए सलीमा ने अकबर की आँखों में झाँका। "तुम आराम करो। अल्लाह सब देख लेगा।"

"कैसे फ़िक्र न करूँ? मौत का फ़रिश्ता एक-एक करके मेरे सारे हमराही मुझसे जुदा करता चला जा रहा है," अकबर की आवाज़ में लर्ज़िश थी और आँखों में नमी। "ऐसा मालूम होता है जैसे मुट्ठी में बँधी रेत की तरह ज़िन्दगी मेरे हाथों से फिसली जा रही है! पहले मेरे कबि राय..." अकबर का गला रुँध गया और आँखों से आँसू बह निकले। "तीन साल हो गए मगर अब तक भी मैं..." और वह फफक उठा।

1. सेवा मुक्त।
2. दीवानी का प्रधान।

"अल्लाह की मर्ज़ी के आगे भला किसकी चली है?" सलीमा की आँखें भी भीग गईं। "तुम सोने की कोशिश करो।" अकबर के गालों पर लुढ़क आए आँसू पोंछकर उसने उसकी दोनों आँखों को भी पोंछा और फिर आहिस्ता से अपनी हथेलियाँ उन पर रख दीं।

"जहाँपनाह! राजा बीरबर नहीं रहे!" सोने और जागने के बीच झूलते हुए अकबर के कानों में गूँजा।

"क्या बेहूदा बात करते हो?" ग़ुस्से में अकबर ने हकीम अबुल फ़तह को फटकारा, जो यह बुरी ख़बर ले आए थे। "दिमाग़ तो नहीं चल गया तुम्हारा?"

सिर को झुकाए हुए हकीम अबुल फ़तह ख़ामोश खड़ा रहा। उसे उम्मीद थी कि यह ख़बर सुनकर बादशाह सलामत कुछ ऐसा ही कहेंगे।

दरअसल, यह ख़बर बादशाह सलामत तक पहुँचाने में सभी डर रहे थे। हकीम अबुल फ़तह अकबर के बेहद क़रीब था। लिहाज़ा सबने इसरार किया कि यह मनहूस ख़बर लेकर जाने की हिम्मत सिर्फ़ वह कर सकता है।

"हकीम साहिब! आपको बख़ूबी इल्म है कि बादशाह सलामत को यह ख़बर देनेवाले पर उनका कैसा क़हर टूटनेवाला है!" ज़ैन ख़ान कोका ने कहा था। "आप बादशाह सलामत के बेहद ख़ास हैं। लिहाज़ा यह काम आप ही कर सकते हैं।"

अकबर अब शायद ही कभी ग़ुस्सा होता था। मगर जब होता था तो फिर ख़ुदा ही बचाए तो बचाए।

हकीम अबुल फ़तह को घूरते हुए अकबर देर तक ख़ामोश बैठा रहा और फिर चिल्ला उठा।

"नहीं रहे? नहीं रहे से क्या मतलब है तुम्हारा? कौन? कौन नहीं रहा?"

"राजा बीरबर, जहाँपनाह!"

"अल्लामी! इसका मुँह तो सूँघकर देखो! सुबह से ही इसने शायद मयनोशी कर ली है।" हकीम अबुल फ़तह को अकबर ने घुड़की दी। "तुमने अपनी आँखों से लाश देखी?"

"नहीं जहाँपनाह!"

"फिर तुम ऐसी वाहियात बात ज़बान पर ला भी कैसे सकते हो?" अकबर चीख़ा। "ज़ैन ख़ान कोका कहाँ है?"

"यहीं हैं जहाँपनाह! मगर वे बेहद पशेमान और शर्मिन्दा हैं। लिहाज़ा आलमपनाह के सामने ख़ुद को पेश करने से वे डर रहे हैं।"

"बुलाओ उसे!" अकबर दहाड़ा। "कबि राय के बग़ैर वापस आने की उसकी हिम्मत कैसे हुई? मानसिंह! कबि राय की तलाश में रिसाले फ़ौरन रवाना किए जाएँ। न जाने किस हाल में होगा मेरा रफ़ीक़!"

काबुल के आगे स्वात की वादी में यूसुफ़ज़ई क़बीले के ख़िलाफ़ मुहिम चलाने के लिए बीरबल को अकबर ने बेहद मजबूर होकर भेजा था।

स्वात की वादी में पहले एक सुल्तानी नाम का क़बीला रहा करता था जो मक्दूनिया के सिकन्दर की एक बेटी से उनकी नस्ल पैदा होने का दावा करता था। यूसुफ़ज़ई तब कन्धार में मुक़ाम किए हुए थे। कुछ पीढ़ियों पहले वे आए और सुल्तानी क़बीले को भगाकर ख़ुद उस वादी में बस गए। पिछली पीढ़ी में उनके क़बीले के शेख़ बायज़ीद ने

ख़ुद के पैग़म्बर होने का एलान कर दिया। वह एक ज़ाहिद[1] की ज़िन्दगी गुज़ारता था और अकसर ही फ़ाक़े करने की वजह से उसका बदन सूखकर हड्डियों का ढाँचा रह गया था। एक ख़ंजर हमेशा शेख़ बायज़ीद की बगल में रहता और फटा, पुराना ऊनी लबादा ओढ़े हुए वह अपनी उँगलियों में तस्बीह फिराता रहता। तस्ख़ीर[2] की उसमें कुछ ऐसी ताक़त थी कि पैग़म्बर होने के उसके दावे को नामंज़ूर करनेवाला शख़्स घड़ी भर भी उसके साथ अकेला रह जाता तो वह उसका मुरीद बन जाता। उसकी रहनुमाई में यूसुफ़ज़ई क़बीले के लोग आपसी रंजिश भुलाकर एक हो गए और बेहद ताक़तवर भी। और शेख़ बायज़ीद एक झोंपड़े में नंगी ज़मीन पर बैठे-बैठे हज़ारों लोगों का सज्दा क़बूल करता व क़ाफिलों पर हमला करने और दुश्मनों से जंग करने के फ़रमान जारी किया करता।

शेख़ बायज़ीद का फ़लसफ़ा यह था कि अल्लाह पूरी कायनात में छाया हुआ है और हर इनसान, जानवर व मादिनीयात[3] में भी वह मौजूद है। लिहाज़ा हर अमल इलाही अमल है। और इस वजह से न तो कोई काम सही है और न कोई काम ग़लत। न कोई काम अच्छा है, न ही कोई काम बुरा। लूटपाट से अपना गुज़ारा करनेवाले क़बीले के लिए यह फ़लसफ़ा बेहद मुफ़ीद था। इसके साथ ही यूसुफ़ज़ई क़बीले को उसने यह मुस्तक़िल यक़ीन भी दिला दिया कि अल्लाह की वह चुनिन्दा क़ौम है। इस दुनिया का मालिक होना अल्लाह ने उनकी तक़दीर में लिखा हुआ है और इस इलाही क़ौल को अंजाम देने के लिए इस ज़मीन पर मौजूद किसी भी माल-ओ-मिल्कियत पर क़ब्ज़ा कर लेना, जो कि अल्लाह की ही अमानत है, न सिर्फ़ जायज़ है बल्कि उनका पैदाइशी हक़ भी है। थोड़े ही वक़्त में शेख़ बायज़ीद के हज़ारों ऐसे मुक़ल्लिद[4] हो गए जो उसके एक इशारे पर मर-मिटने को तैयार थे। उसने इन्हें रोशनाई[5] नाम दिया, यानी अल्लाह का नूर।

तूरान का सुल्तान अब्दुल्लाह ख़ान उज़्बेक बल्ख़ पर क़ब्ज़ा कर लेने के बाद अब काबुल पर अपनी नज़र गड़ाए हुए था। लिहाज़ा काबुल की सरहद पर बसे हुए क़बीलों को फ़साद करने के लिए वह भड़काता रहता। तिजारत को बढ़ावा देने के मक़सद से सड़क-ए-आज़म[6] को लाहौर से बढ़ाकर अकबर काबुल तक ले आया था। उज़्बेक सुल्तान के उकसावे में आकर शेख़ बायज़ीद के बेटे और वारिस शेख़ जलालुद्दीन ने हाल ही में तैयार हुई इस सड़क पर चलनेवाले सौदागरों के कारवाँ लूटने शुरू कर दिए।

इन यूसुफ़ज़ई लुटेरों से निपटने के लिए अकबर ने ज़ैन ख़ान कोका को भेजा। मगर ऐसे लोगों से मुक़ाबला करना आसान न था जिन्हें यह पुख़्ता यक़ीन हो कि फ़तह आख़िर में उनकी ही होनी है क्योंकि अल्लाह का उनसे यह अहद है। तफ़सील से यह हक़ीक़त बयान करते हुए ज़ैन ख़ान कोका ने अकबर को पैग़ाम भेजा कि इन लुटेरे

1. जितेन्द्रिय और जप-तप में ही लगे रहनेवाला व्यक्ति।
2. सम्मोहन, वशीभूत करना।
3. खनिज पदार्थ।
4. अनुयायी।
5. प्रकाश, उजाला।
6. जिसे बाद में ग्रांट ट्रंक रोड कहा गया।

क़बीलाइयों से निपटने के लिए न सिर्फ़ ज़्यादा फ़ौज दरकार होगी बल्कि उनके ख़िलाफ़ मुहिम भी लम्बी चलेगी।

इस दरमियान ज़्यादा शराबनोशी की वजह से मिर्ज़ा हकीम का इन्तक़ाल हो गया। ख़बर पाते ही लाहौर से अकबर काबुल के लिए चल पड़ा। रास्ते में उसे ज़ैन ख़ान कोका का पैग़ाम मिला और अबुल फ़ैज़ी व कई उमरा की सिपहसालारी में उसने बड़ी फ़ौज ज़ैन ख़ान कोका की मदद के लिए रवाना कर दी। इसके साथ ही उसने फ़ैसला किया कि यूसुफ़ज़ई क़बीले से जब तक निपट न लिया जाए—सुल्तान अब्दुल्लाह ख़ान उज़्बेक के इरादों से भी—तब तक लाहौर में ही वह अपनी दारुल हुकूमत क़ायम रखेगा।

सुल्तान अब्दुल्लाह ख़ान उज़्बेक उस वक़्त हिन्दुस्तान के लिए वाक़ई बहुत बड़ा ख़तरा बना हुआ था।

मिस्र के मामलुक सुल्तान को समन्दर की जंग में शिकस्त देकर सुल्तान-ए-उस्मानिया ने जब बहर-ए-क़ुल्ज़ुम[1] पर अपना क़ब्ज़ा जमा लिया तो उसकी सल्तनत के मुलाज़िमों की नाजायज़ महसूल वसूली की वजह से मग़रिबी मुल्कों के सौदागरों के लिए समन्दर के जरिये हिन्दुस्तान के साथ तिजारत करना मुश्किल हो गया। तब चीन को जानेवाले पुराने तिजारती रास्ते[2] के जरिये वे सौदागर तूरान होकर काबुल की राह हिन्दुस्तान आने लगे। सुल्तान अब्दुल्लाह ख़ान उज़्बेक की तो इस वजह से क़िस्मत ही चमक गई! उसके बुलन्द इरादों को अब नई परवाज़ मिल गई और सौदागरों से हासिल महसूल से छप्पर फाड़कर हो रही आमदनी को वह अपनी फ़ौज को ताक़तवर बनाने में ख़र्च करने लगा। इस नई ताक़त का इस्तेमाल करके मिर्ज़ा हकीम के इन्तक़ाल के दो साल पहले ही उसने ईरान के शाह से बल्ख़ छीन लिया था और उसके एक साल बाद वह बदख़्शाँ पर भी क़ाबिज़ हो गया था, जिस पर कभी बाबर पादशाह ने व उनके बाद हुमायूँ बादशाह ने हुकूमत की थी और उसके बाद से भी चग़ताई ख़ानदान के मिर्ज़ाओं की हुकूमत ही उस पर क़ायम थी।

बदख़्शाँ के मौजूदा हाकिम मिर्ज़ा शाहरुख़ की फ़रियाद के बावजूद इस मसले में दख़ल देना अकबर ने अक़्लमन्दी नहीं समझी। अभी हिन्दुस्तान में अपनी सल्तनत में उसे मुस्तक़िल तौर पर एका क़ायम करना बाक़ी था और निज़ामत में मुकम्मल तौर पर तरतीब लाना भी। फिर बदख़्शाँ दूर भी था और इतनी दूर फ़ौज के रसद-पानी का इन्तज़ाम भी मुश्किल था। लेकिन जब ईरान के अन्दरूनी झगड़ों और शाह तहमास्प के इन्तक़ाल के बाद उनके नाबालिग़ वारिस शाह अब्बास की मजबूरी का फ़ायदा उठाकर सुल्तान अब्दुल्लाह ख़ान उज़्बेक ने ईरान का मशरिकी सूबा ख़ुरासान अपनी सल्तनत में शामिल कर लिया तो अकबर को काबुल की हिफ़ाज़त की फ़िक्र हो चली।

ज़ैन ख़ान कोका से अकबर को और कुमुक भेजने की दरख़्वास्त मिली। अबुल फ़ज़ल और बीरबल ने गुज़ारिश की कि यूसुफ़ज़ई लोगों के ख़िलाफ़ मुहिम पर इस दफ़ा उन्हें भेजा जाए। इसकी वजह भी थी।

---

1. लाल सागर (Red Sea)।
2. रेशम मार्ग (Silk Route)।

उस दौर के पैमाने के मुताबिक़ जिसने भी ख़ुद को जंग में साबित नहीं किया वह मर्द कहलाने के क़ाबिल नहीं और इस वजह से इज़्ज़त दिए जाने के लायक़ भी नहीं। इन दोनों की ही पीठ पीछे इस वजह से तंज़िया फ़िक़रे कसे जाते जो इनसे छिपे नहीं थे।

इस मुहिम पर जाने की बीरबल की अपनी वजह भी थी। दो दफ़ा अकबर ने उसकी ज़िन्दगी बचाई थी, एक दफ़ा तो ख़ुद की जान को ख़तरे में डालकर भी।

तीन साल पहले फ़तेहपुर सीकरी में ईद-उल-फ़ितर की रात को अकबर ने शानदार दावत का इन्तज़ाम किया हुआ था और दिल बहलाव का भी; जानवरों की लड़ाई, ऊँटों की दौड़, कुश्ती और चौगान भी। बीरबल को अकबर ने चौगान खेलने में अपने साथ शामिल कर लिया था। खेलते हुए बीरबल अपने घोड़े पर से गिर पड़ा और बेहोश हो गया। अकबर फ़ौरन अपने घोड़े पर से कूदा और बीरबल का सिर अपनी गोद में रखकर उसके मुँह में अपने मुँह से साँस देने लगा। बादशाह सलामत का यह अमल देख सब हैरतज़दा थे। कुछ ही लम्हों में बीरबल को होश आ गया।

उस वाक़िये के दो साल बाद बीरबल हाथियों की लड़ाई देख रहा था, अकबर से कुछ दूर बैठा हुआ। तभी यकायक एक हाथी तमाशबीनों की भीड़ की तरफ़ दौड़ पड़ा और फिर अपना रुख़ बदलकर बीरबल की तरफ़ आने लगा। वहाँ मौजूद बाक़ी लोग तो भाग खड़े हुए मगर बीरबल के पैर जैसे ज़मीन पर चिपक गए। अपनी मौत उसे अब अपने सामने नज़र आ रही थी। यह देखते ही अकबर दौड़कर आया और हाथी व बीरबल के बीच जाकर खड़ा हो गया। वहाँ मौजूद उमरा और मनसबदार तो हैरत में पड़ गए और बादशाह सलामत की ज़िन्दगी को ख़तरे में देखकर बावेला मच गया। लेकिन अकबर ने जब उस हाथी की आँखों में घूरकर देखा तो वह जहाँ खड़ा था वहीं खड़ा रह गया, मानो ज़मीन पर उसके पाँव गोंद से चिपक गए हों।

इन दो वाक़यात के बाद बीरबल तो अपने बादशाह के हाथों बेमोल बिक चुका था। इधर यूसुफ़ज़ई क़बीले से मुक़ाबले के लिए बार-बार कुमुक भेजने की ज़रूरत ने अकबर की पेशानी पर फ़िक्र और परेशानी की लक़ीरें डाल दी थीं। और बीरबल से यह देखते नहीं बन रहा था। उसे अहसास हुआ कि अपने बादशाह के उस पर अहसानों को चुकाने का यह सही मौक़ा है।

अकबर ने बीरबल को बहुत समझाया। यूसुफ़ज़ई बड़े धोखेबाज़ और ख़तरनाक लोग हैं। ऊपर से स्वात की वादी तंग और मुश्किल दर्रों से भरी पड़ी है। लेकिन बीरबल नहीं माना। तब अकबर ने यह तजवीज़ सामने रखी कि अबुल फ़ज़ल और बीरबल के नामों की पर्चियाँ निकाली जाएँ। और पर्ची बीरबल के नाम की निकल आई।

अब बीरबल जितना ख़ुश था अकबर उतना ही फ़िक्रमन्द। यूनानी और हिन्दुस्तानी नुजूमी तलब किए गए और बीरबल की जन्म कुंडली उन्हें दिखाकर मुहिम पर रवाना होने का मुबारक वक़्त उनसे दरयाफ़्त किया गया। जब तक बीरबल फ़ौज के साथ रवाना नहीं हो गया, अकबर उसे हिदायतें देता ही रहा—बिलकुल उस वालिद की मानिन्द जिसका बेटा पहली दफ़ा अपना गाँव छोड़कर जा रहा हो। बीरबल के साथ अकबर ने अपने भरोसे के कई मनसबदार भी कर दिए।

शुरुआत से ही ज़ैन ख़ान कोका और बीरबल में इख़्तिलाफ़-ए-राय हो गई। ज़ैन ख़ान कोका की सलाह थी कि पहले मज़बूत क़िलेबन्दी की जाए फिर आगे बढ़ा जाए। मगर बीरबल तो हमला बोलने के लिए बेताब था। शुरुआती हमलों में बीरबल को कामयाबी भी मिली लेकिन यूसुफ़ज़ई कहाँ अपनी शिकस्तों से घबरानेवाले थे? उन्होंने बीरबल की फ़ौज को परेशान करने की हिकमत अपना ली। अब बजाय आमने-सामने लड़ने के वे शाही फ़ौज का पीछा करते रहते और मौक़ा पाते ही रसद और हथियार लेकर भाग खड़े होते। वादी के दर्रों और पहाड़ियों से उनकी वाक़िफ़ियत इस वक़्त उनका सबसे बड़ा हथियार बन गई थी।

लिहाज़ा यह फ़ैसला हुआ कि इन तंग दर्रों से बाहर निकला जाए। लेकिन किस तरफ़ से जाया जाए इस पर भी ज़ैन ख़ान कोका और बीरबल में बहस छिड़ गई। और ज़ैन ख़ान कोका की सलाह के ख़िलाफ़ बीरबल ने छोटे रास्ते से जाने का फ़ैसला किया। यह ग़लती जानलेवा साबित हुई। पहाड़ियों की भूल-भुलैया में भटककर फ़ौज एक बेहद तंग दर्रे में फँस गई। यूसुफ़ज़ई तो इसी इन्तज़ार में थे। दर्रे के ऊपर से उन्होंने पत्थर और नेज़े फेंकने शुरू कर दिए। फ़ौज में भगदड़ मच गई। तंग दर्रे में मुड़कर वापस जाने की जगह भी नहीं थी। नतीजतन, कई फ़ौजी जिनमें उमरा व मनसबदार भी शामिल थे, खड़ी चट्टानों से नीचे गिर पड़े। जो थोड़े बहुत वादी में ज़िन्दा पहुँच पाए, उनमें से ज़्यादातर बेरहमी से काट डाले गए। क़िस्मत से जो सही सलामत वहाँ से भाग निकलने में कामयाब हो पाए थे, बीरबल उनमें नहीं था।

जब यह सारी हक़ीक़त अकबर के सामने खुली, वह बच्चों सरीखा रो पड़ा और ग़म के समन्दर में डूब गया। दो दिन तक उसने न कुछ खाया, न पिया। "मुझे उसकी बात नहीं मान लेनी थी!" वह दोहराता रहता और रोता रहता। बीरबल की लाश तलाशने के लिए राजा मानसिंह और टोडरमल को भेजा गया जिससे कि अपने सबसे अज़ीज़ रफ़ीक़ का मुनासिब दाह संस्कार वह कर सके। लेकिन हरचन्द कोशिश के बावजूद बीरबल की लाश उन्हें नहीं मिली।

अब तो अकबर के दिल में उम्मीद जाग गई कि बीरबल शायद मरा नहीं है। और उस वक़्त का इन्तज़ार करने लगा जब कहीं से आकर बीरबल उसके सामने खड़ा हो जाएगा।

अफ़वाहबाज़ों के लिए इससे बेहतर वक़्त क्या हो सकता था?

"जहाँपनाह! मैंने ख़ुद अपनी आँखों से राजा बीरबल को जोगी के भेस में बनारस की गलियों में घूमते हुए देखा। लेकिन उनको मैं पकड़ पाता इसके पहले ही वे गली के मोड़ पर घूमे और ग़ायब हो गए। वह गली और उसके आसपास की सारी गलियाँ मैंने छान मारीं मगर उनका कोई सुराग़ नहीं मिला। शायद उनको शक हो गया था कि मैंने उन्हें पहचान लिया है।"

जो शख़्स दरबार में यह कहानी सुना रहा था उस पर अकबर ने फ़ौरन यक़ीन कर लिया और एक थैली भर सोने की मोहर उसे इनाम में दे दीं।

"कबि राय ने जोगी हो जाने की ख़्वाहिश कई दफ़ा मुझसे ज़ाहिर की लेकिन हर बार मैंने उसे रोक लिया।" अपने दरबारियों से अकबर मुख़ातिब हुआ, जिनके चेहरे बता रहे थे कि इस कहानी के मनगढ़न्त होने को लेकर वे मुतमइन थे।

बीरबल को तलाश करने के किए सैकड़ों मनसबदारों को बनारस रवाना किया गया। शहर की उन्होंने सारी गलियाँ छान मारीं और वहाँ के हज़ारों बाशिन्दों से पूछताछ कर डाली मगर एक शख़्स न मिला जिसने बीरबल के हुलिए का कोई जोगी देखा हो। लेकिन कोई भी यह हिम्मत नहीं जुटा पाया कि वापस पहुँचकर बादशाह सलामत से यह कह दे कि जहाँपनाह वह कहानी झूठी थी। जिस इनसान में कड़वे से कड़वा सच अकबर से बोल देने की हिम्मत थी वह तो इस दुनिया से रुख़्सत हो चुका था।

लोगों को मालूम था कि बादशाह सलामत अब भी बीरबल के इन्तज़ार में हैं लिहाज़ा नए-नए क़िस्से रोज़ ही लेकर कोई न कोई अकबर के दरबार में पहुँच जाता।

"जहाँपनाह! जोगियों और संन्यासियों की मंडली में राजा बीरबल नगरकोट की पहाड़ियों में नज़र आए हैं।"

अकबर ने फ़ौरन यक़ीन कर लिया।

"शिकस्त खा जाने की वजह से शायद कबि राय शर्मिन्दा है। लिहाज़ा वह जोगी बना घूम रहा है।" दरबारियों से अकबर ने सफ़ाई देने के अन्दाज़ में कहा और अपने मोतबर मनसबदारों को उसी रोज़ उसने नगरकोट के लिए रवाना कर दिया, इस फ़रमान के साथ कि वहाँ की सारी पहाड़ियाँ वे छान मारें। मगर एक शख़्स उन्हें ऐसा नहीं मिला जिसने बीरबल को देखा हो।

बीरबल को फ़ौत हुए दो साल होने को आए मगर उसे फिर देख पाने की अकबर की उम्मीदों में अब भी वही शिद्दत थी। कालिंजर के अमलगुज़ार का एक तहरीरी बयान लेकर एक मुलाज़िम दरबार में हाज़िर हुआ। अबुल फ़ज़्ल ने बुलन्द आवाज़ में उसे पढ़ा।

"जहाँपनाह! इस ग़ुलाम को ख़बर मिली कि एक नाई ने राजा बीरबर की तेल मालिश करने का दावा किया है। फ़ौरन कई सिपाहियों को लेकर यह ग़ुलाम उस नाई के पास जा पहुँचा और जिस जगह पर राजा बीरबर की मालिश करना उसने बताया, उसके आसपास की सैकड़ों गलियों में सबने तलाश किया। मगर न तो राजा बीरबर नज़र आए और न ही कोई बाशिन्दा उन गलियों में मिला जिसने राजा बीरबर या उन जैसे शक्ल के किसी शख़्स को देखा हो। इस बाबत आलमपनाह के हुक्म के इन्तज़ार में उस नाई को हिरासत में ले लिया गया है।"

अकबर के मनसबदार दौड़े-दौड़े कालिंजर जा पहुँचे, इस शाही फ़रमान के साथ कि नाई को वे फ़ौरन लाहौर ले आएँ। मगर वहाँ का अमलगुज़ार उस नाई को उनके सामने पेश न कर सका। उसने बयान दिया कि बीमारी की वज़ह से उस नाई की हिरासत में ही मौत हो गई लिहाज़ा उसे दफ़ना दिया गया। बीरबल के ज़िन्दा होने की एक और उम्मीद को ख़ाक में मिलते देख अकबर रंजोग़म में डूब गया।

जैसे ही उसके सिर का ज़ख़्म भरा, अकबर हसन अब्दाल[1] पहुँच गया जहाँ हकीम अबुल फ़तह को दफ़नाया गया था वह उनकी क़ब्र पर घड़ियों आँसू बहाता रहा।

---

1. वर्तमान पाकिस्तान के अटक जिले में।

हकीम अबुल फ़तह के इन्तक़ाल के वक़्त उनका भाई हकीम हुमाम तूरान में था। अकबर ने अपना एलची बनाकर उसे वहाँ भेजा था, सुल्तान अब्दुल्लाह ख़ान उज़्बेक के लिए इस पैग़ाम के साथ कि ईरान के ख़िलाफ़ साज़िश करने से वह बाज़ आए।

भाई की मौत पर दिलासा देते हुए अकबर ने एक ख़त उसे भेजा : 'पाक और मुक़द्दस रूह के लिए मौत सिर्फ़ रिहाइशगाह की तब्दीली है—इस आलम की ज़ुल्मत से रुख़्सत लेकर एक नई और जावेदाँ दुनिया में जाना। लिहाज़ा दयानतदार के लिए कोई फ़र्क़ नहीं पड़ता। अल्लाह की मर्ज़ी को मैंने हमेशा क़बूल किया है, जिस वजह से ही मैं सब्र और तस्कीन[1] रख सका हूँ।'

1. ढाढ़स।

फ़िरंगी

मिर्ज़ा अज़ीज़ कोका जब गुजरात के सूबेदार थे तो अकसर ही यह शिकायत अकबर से किया करते,

"जहाँपनाह! अल-फ्रांज़ा से आए बन्दर सरीखे मुँह वालों ने बाक़ी मसालों की तरह काली मिर्च की तिजारत पर भी अपना क़ब्ज़ा जमा रखा है। दक्खिन के काश्तकारों से यह पूरी की पूरी फ़सल ख़रीद लेते हैं और अगर कोई कश्ती इन्हें काली मिर्च से भरी हुई वहाँ से आती दिख जाए तो उसे यह लूट लेते हैं। फिर बेहद महँगे दाम में गुजरात में काली मिर्च को वे बेचा करते हैं। मगर उससे भी ज़्यादा परेशानी की बात यह है आलमपनाह! कि उसका चूरन बनाकर यह लोग कपड़े की थैली में रखकर उसे बेचते हैं। साबुत काली मिर्च के बिना बिरयानी का स्वाद ही जाता रहा है!"

पुर्तगालियों को डर था कि साबुत काली मिर्च का इस्तेमाल बीज की तरह न कर लिया जाए।

हिन्दुस्तान से दूसरे मुल्कों के लिए रवाना होनेवाले जहाज़ और कश्तियाँ भी इन पुर्तगालियों से महफ़ूज़ नहीं थीं। हर जहाज़ और कश्ती के लिए इन्हें महसूल का भुगतान कर कार्ताज़[1] हासिल करना ज़रूरी था। कार्ताज़ में उन जहाज़ों व कश्तियों में भरा हुआ माल, उसकी मंज़िल, बीच में किन-किन बन्दरगाहों पर वे लंगर डालेंगी यह सब तफ़सील से दर्ज होता। समन्दर में जो भी कश्ती या जहाज़ बग़ैर कार्ताज़ के पाया जाता, समन्दर में गश्त करते फिरते फ़िरंगी हर्मद[2] उसका माल लूट लेते और उसके मुसाफ़िरों व मल्लाहों को क़त्ल कर देते या उन्हें ग़ुलाम बनाकर बेच देते।

खम्भात में एक छोटी मुलाक़ात के बाद अकबर का सामना पुर्तगालियों से तब हुआ था जब गुजरात की पहली मुहिम के दौरान वह सूरत के क़िले पर घेरा डाले हुए था।

इस बात का फ़ायदा उठाने के लिए कि अकबर अपनी दारुल हुकूमत से दूर सूरत में उलझा हुआ था, मिर्ज़ा इब्राहीम हुसैन बड़ी फ़ौज के साथ फ़तेहपुर सीकरी को रवाना हो गया और मुहम्मद हुसैन मिर्ज़ा ने शाह मिर्ज़ा के साथ मिलकर पाटन में मोर्चाबन्दीकर ली कि अकबर अगर फ़तेहपुर सीकरी का रुख़ करता है तो उसे वहीं पर उलझाए रखा जाए। सूरत का क़िलेदार हमज़बान इन मिर्ज़ाओं से मिला हुआ था। उसे अहसास हुआ कि उसके क़िले की दीवारें अकबर की तोपों के सामने ज़्यादा देर नहीं टिक पाएँगी और मिर्ज़ाओं से कोई मदद हासिल होना मुमकिन नहीं तो अकबर के साथ सुलह करवाने के लिए उसने गोआ के पुर्तगाली हाकिम से मदद माँगी।

---

1. निकासी या अनुमति पत्र।
2. जहाज़ी बेड़े, Armada का अपभ्रंश जो उस समय की बोलचाल में प्रयुक्त होता था।

अपने ताक़तवर जंगी बेड़े की बदौलत बहर-ए-रुम[1] पर सल्तनत-ए-उस्मानिया की बादशाहत काफ़ी वक़्त से क़ायम थी लेकिन दो साल पहले फ़िरंगियों ने समन्दर की जंग में उसे क़रारी शिकस्त देकर उसके जंगी बेड़े को तबाह कर दिया था।[2] तब से पुर्तगालियों की साख भी बढ़ गई थी और उनके हौसले भी। लिहाज़ा उनके नुमाइन्दे शुतुरमुर्ग की तरह अकड़ से भरे हुए इस यक़ीन के साथ सूरत आए कि उनकी बात को टालना अकबर के लिए मुमकिन न होगा। लेकिन जैसे ही उन्होंने अकबर की फ़ौज और उसकी तोपों का नज़ारा किया, फ़ौरन वे गिरगिट बन गए और अपनी आमद को उन्होंने ताज़ीमी मुलाक़ात[3] एलान कर दिया।

नई-नई बातों को जानने के लिए हमेशा बेताब अकबर ने उनसे उनके मुल्क के बाबत काफ़ी तफ़सील से बातचीत की।

"कितना दूर है तुम्हारा मुल्क? कितने रोज़ का सफ़र?"

"जहाँपनाह! यहाँ से पाँच हज़ार लीग[4] दूर से हम लोग आए हैं। और आने में हमें महीनों लग जाते हैं। बाज़ दफ़ा तो हवा न चलने की वजह से हमारे जहाज़ हफ़्तों बीच समन्दर में ही खड़े रह जाते हैं। इसके अलावा तूफ़ानों से भी हमें मुक़ाबिल होना पड़ता है और हमारे जहाज़ कई दफ़ा डूब भी जाते हैं।"

अकबर को बड़ा ताज्जुब हुआ।

"काली मिर्च की तिजारत में क्या इतना फ़ायदा है जो यह लोग इसके लिए इतना ज़्यादा ख़तरा मोल लेते हैं?" टोडरमल से वह मुख़ातिब हुआ।

"जहाँपनाह! मेरी राय में उनकी आमदनी का सबसे ख़ास ज़रिया कार्ताज़ जारी करना और क़ज़्ज़ाक़ी[5] है।"

टोडरमल ग़लत नहीं था।

उस हादसे को सौ साल भी नहीं हुए थे जब पुर्तगाली जहाज़ी वास्को द गामा ने हिन्दुस्तान के अपने दूसरे सफ़र के दौरान चार सौ मुसलमान हाजियों से भरा जहाज़ बीच समन्दर में रोककर लूट लिया था। उनके बच्चों पर रहम करने का वादा करके औरतों से उनके सोने-जवाहरात के ज़ेवर उतरवा लिये और फिर उन औरतों बच्चों के समेत जहाज़ को जला दिया गया। और यह इसके बावजूद कि अपने पहले सफ़र में मसालों की तिजारत से उस सफ़र पर और माल ख़रीदने में हुए कुल ख़र्च की साठ गुना आमदनी उसे हुई थी।

उनके क़ब्ज़ेवाले इलाक़े दमाओ[6] की हिफ़ाज़त करने की पुर्तगालियों ने अकबर

---

1. भूमध्य सागर।
2. इसे Battle of Lapanto के नाम से जाना जाता है। प्रसिद्ध पुस्तक Don Quixote का लेखक सर्वान्तेस भी इस युद्ध में शामिल होकर एक हाथ गँवा बैठा था, जिसके बाद ही स्पेनी भाषा में यह पुस्तक उसने लिखी थी।
3. सौजन्य भेंट।
4. यूरोप में उन दिनों प्रचलित माप, एक लीग तीन समुद्री मील यानी लगभग साढ़े तीन मील के बराबर होता था।
5. समुद्री डकैती, Piracy।
6. दमन।

से इल्तिजा की और इस बाबत उससे फ़रमान हासिल करने में कामयाब भी हो गए। इसकी एवज में उन्होंने हज करने जा रहे बादशाह के ख़ानदान के लोगों और उनके ख़िदमतगारों को कार्ताज़ मुफ़्त में जारी करने का वादा किया। मगर यह वादा उन्होंने निभाया नहीं, जिस वजह से हज पर जाते वक़्त सलीमा और गुलबदन बेगम को बेहद परेशानी का सामना करना पड़ा। कार्ताज़ उन्हें तभी हासिल हो पाए जब गुलबदन बेगम ने गुजरात के उन गाँवों से लगान वसूल करने का इख़्तियार उन्हें दे दिया, जिन गाँवों से हासिल लगान अकबर ने उनके ज़ाती ख़र्च के लिए मुक़र्रर किया हुआ था।

उसके बाद से इन पुर्तगालियों के लालच और बुरे सलूक के और भी कई वाक़िये अकबर की जानकारी में आए। सूरत के क़िलेदार ने उससे फ़रियाद भी की।

"जहाँपनाह! यह फ़िरंगी बग़ल का काँटा बनते जा रहे हैं और अब नाक़ाबिले बर्दाश्त हो गए हैं। इनकी माँगों में भी रोज़ ब रोज़ इज़ाफ़ा होता चला जाता है और हमारे लोगों के साथ यह बड़ी हिक़ारत से पेश आते हैं। जब अपने आदमी हमने कार्ताज़ हासिल करने के लिए दीव के ज़ंजीरे पर भेजे तो उनके साथ इन फ़िरंगियों ने बदसलूकी की। लिहाज़ा हमने जब बग़ैर कार्ताज़ के जहाज़ों को रवाना कर दिया तो इन लोगों ने उनमें भरा हुआ माल लूटकर उन जहाज़ों को जला दिया और उनके अमले को गोआ के ग़ुलाम बाज़ार में बेच दिया।"

बंगाल की फ़ौजी बग़ावत से कुछ पहले क़ुतबुद्दीन ख़ान कोका को अकबर ने हुक्म दिया था कि मालवा और गुजरात के सूबेदारों से मदद हासिल कर वह इन फ़िरंगियों के ख़िलाफ़ कार्रवाई करे, और दमाओ पर उसने हमला भी किया था। लेकिन उस हमले का कोई नतीजा हासिल नहीं हुआ। उसके बाद ख़ानदेश, अहमदनगर और बीजापुर के सुल्तानों को ख़त भेजकर अकबर ने इन फ़िरंगियों को हिन्दुस्तान से निकाल बाहर करने की मुहिम में उसका साथ देने की उनसे गुज़ारिश की और ऐसा न करने पर नतीजा बुरा होने की तरफ़ नर्म लहजे में उसने इशारा भी कर दिया। लेकिन उनके पुराने और बेहद ताक़तवर दुश्मन विजयनगर सल्तनत के हाकिम रामराय पर हाल ही में हासिल हुई फ़तह[1] से उन सबका दिमाग़ अभी सातवें आसमान पर था। लिहाज़ा उन्होंने अकबर के ख़त का जवाब देना भी मुनासिब नहीं समझा।

उसके कुछ साल बाद ही उसे ख़बर हुई कि मच्छीमार और सूफ़-फ़रोश[2] बाशिन्दोंवाले छोटे-से जज़ीरे की फ़िरंगी बेगम ने अल-अंदुलूस के सुल्तान फिलिप को समन्दर की जंग में ज़बर्दस्त शिकस्त देकर उसके बड़े और ताक़तवर हर्मद[3] को तबाह और बरबाद कर दिया है। तब उसे उस फ़िरंगी की याद आई जो तक़रीबन तीन-चार साल पहले उस फ़िरंगी बेगम का ख़त लेकर उसके दरबार में आया था। उस वक़्त पाली पादरी भी उसके दरबार में मौजूद थे और उन्होंने उस फ़िरंगी बेगम को फ़रेबी और उसके जज़ीरे को चोरों का मुल्क क़रार दिया था जिसकी नज़र हिन्दुस्तान के सरमाए पर है। जो तोहफ़े उस बेगम की तरफ़ से उसे पेश लिये गए वे भी चुगली कर रहे थे कि

1. तालिकोट का युद्ध, वर्ष 1565।
2. ऊन बेचने वाले।
3. यहाँ अर्थ Spanish Armada से है जिसे साल 1588 में इंग्लैंड ने तबाह कर दिया था।

बेगम और उसका मुल्क बेहद ग़रीब हैं। लिहाज़ा उस ख़त का जवाब देने की अकबर ने परवाह नहीं की। अलबत्ता अफ़वाह ज़रूर यह फैली थी कि अपनी आदत के मुताबिक़ उसने उस फ़िरंगी बेगम के साथ निकाह की पेशकश कर दी है।

अब उस बेगम के ख़त को बुलवाकर अकबर ने फ़िरंगी जौहरी विलियम लीड्स को दिया जो उस बेगम के मुल्क से ही था और फ़ारसी ज़बान जानता था। राल्फ़ फ़िच नाम के उसी के मुल्क के सौदागर के साथ कुछ साल पहले उसके दरबार में हाज़िर हुआ था और जिसे उसने अपनी मुलाज़मत में रख लिया क्योंकि वह हीरे-जवाहरात का बड़ा पारखी था। उस ख़त का तर्जुमा फ़ारसी ज़बान में करते हुए उसने उसे बुलन्द आवाज़ में पढ़ा :

"एलिज़ाबेथ, अल्लाह के फ़ज़्ल से, मुहाफ़िज़-ए-ईमान।"

सबसे ज़्यादा नाक़ाबिले फ़तह और सबसे ज़्यादा ताक़तवर सुल्तान, आक़ा ज़ेलाब्दीन एकेबार सुल्तान-ए-केम्बाया।[1]

हमारी रियाया दुनिया की दूर-दूर की जगहों के सफ़र पर जाने का निहायत शौक़ रखती है, यक़ीनन नेक ख़याल से और आपसी दोस्ताना तिजारत के मक़सद से ही। इस ख़त को लानेवाला जॉन न्यूबेरी जो तहज़ीबदार, ईमानदार और हिम्मती है और जो आपकी सल्तनत के सरहदी इलाक़ों तक जा चुका है, हमें शक नहीं कि आपकी शाही अज़मत का बादशाही करम इसे रहमत और दोस्ताना अन्दाज़ में क़बूल करेगा।[2]

इसके बाद उस फ़िरंगी बेगम ने उसकी मेहरबानियों का जितना मुआवज़ा वह चाहे, अकबर को देने का वादा भी किया।

घोड़े पर से गिरकर ज़ख़्मी होने के बाद सेहतयाब होते हुए अकबर बिस्तर पर पड़े-पड़े अपने पुराने फ़ैसलों के बारे में अकसर ग़ौर किया करता और उन पर अबुल फ़ज़्ल के साथ मशविरा भी। उसी दौरान यह फ़ैसला उसने लिया कि पुर्तगालियों पर उसे ज़मीन के रास्ते से हमला बोलना चाहिए। कुछ साल पहले लाहौर में रावी नदी के किनारे सैकड़ों कारीगर बड़े-बड़े जहाज़ बनाने के काम में उसने लगाए थे। लेकिन उसके कारीगर न तो इस काम में कामयाब हो सके थे और न ही ऐसी ताक़तवर तोपें ढालने में जो वज़न में हलकी में हों और जिन्हें जहाज़ पर चढ़ाकर इस्तेमाल किया जा सके।

पुर्तगालियों का सबसे बड़ा अड्डा गोआ था और ज़मीन के रास्ते वहाँ पहुँचने के लिए उसे अहमदनगर के सुल्तान बुरहान निज़ाम-उल-मुल्क को अपने साथ लेना होगा जिसके इलाक़े से होते हुए ही वह गोआ तक पहुँच सकता था। साथ ही, बीजापुर के सुल्तान आदिल शाह की मदद भी उसे चाहिए थी जिसकी सल्तनत की सरहद गोआ की

1. खम्भात। अंग्रेज़ों के लिए उस समय गुजरात का खम्भात ही हिन्दुस्तान था, जहाँ के बन्दरगाह में उनके जहाज़ लंगर डाला करते थे।
2. जे. होर्टन राइली की किताब *राल्फ़ फ़िच* में से इस पत्र का अंग्रेज़ी में शब्दश: उद्धरण 'टिप्पणियाँ' में दिया हुआ है, यह स्पष्ट करने के लिए कि उस वक़्त जब फ़ारसी ज़बान सैकड़ों साल पहले ही निहायत समृद्ध और परिष्कृत हो चुकी थी, अंग्रेज़ी एक अनगढ़ भाषा थी जिसमें शब्दों के हिज्जे तक तय नहीं थे। अंग्रेज़ी भाषा को समृद्ध करने का काम शेक्सपियर ने इंग्लैंड में शुरू ही किया था और उसे परिष्कृत करने के लिए सैमुएल जॉनसन का *अंग्रेज़ी शब्दकोश* अभी पचास साल दूर था।

सरहद से जुड़ती थी और पुर्तगालियों के साथ जिसके तिजारती ताल्लुक़ात भी थे—ख़ास तौर पर जंगी घोड़ों की ख़रीद के मुताल्लिक़। लिहाज़ा यह पैग़ाम उसने दोनों सुल्तानों को फ़ैज़ी के हाथों भेजा :

'हमारी बे-अन्दाज़ा ताक़त के साथ इत्तिहाद से बेहतर क्या हो सकता है? शामिल कोशिश और उसके बाद फ़िरंगियों के इलाक़े और उनके बन्दरगाहों पर फ़तह इसका अंजाम होगा और यह ख़िदमतगुज़ारी बादशाह की तरफ़ से बेशुमार मेहरबानियाँ लेकर आएगी। लेकिन ख़ुद की ना-तजुर्बाकारी की वजह से और इस वजह से भी कि कमबीन[1] लोगों से तुम घिरे हुए हो और फ़ासले को अपना बचाव समझकर हमारी सलाह या हुक्म को अगर नज़रअन्दाज़ करोगे, तो जल्द ही तुम्हारे पूरे इलाक़े को इलाही मदद से फ़तह कर लिया जाएगा, क्योंकि अज़ीम व बुलन्द इरादा बादशाह जो जहान को फ़तह करने के काम को सरंजाम देता है, सदर-ए-सल्तनत से सिवा फ़रमाँबरदारी और वफ़ादारी के कुछ और ख़्वाहिश नहीं रखता।'[2]

लेकिन इस सबका कोई नतीजा न निकलता देख अकबर को दक्खिनी सुल्तानों के ख़िलाफ़ अपनी फ़ौज भेजनी पड़ गई। शहज़ादा मुराद को इसकी सिपहसालारी दी गई और अब्दुर्रहीम ख़ानेख़ाना व शहबाज़ ख़ान कम्बु को यह मुहिम चलाने में उसे मदद करने के लिए भेजा गया।

---

1. अदूरदर्शी।
2. इसके पहले सुल्तान अब्दुल्ला ख़ान उज़्बेक को लिखे गए एक पत्र में भी अकबर ने अपनी यह मंशा ज़ाहिर की थी : 'समन्दर के किनारों पर कई फ़िरंगी काफ़िरों ने ख़ुद को क़ायम कर लिया है और बदअमनी पैदा की हुई है और सौदागरों और मुक़द्दस जगहों के ज़ियारतियों को परेशान और उन पर ज़ुल्म कर रहे हैं, उनको तबाह करने का मैं इरादा रखता हूँ।' (पृष्ठ 44, इंशा-ए-अबुल फ़ज़ल, पूर्वोक्त।) इतिहासकार सतीश चन्द्र की राय में : 'ऐसा प्रतीत होता है कि दक्षिण में अकबर के मूल उद्देश्यों का समीक्षात्मक आकलन अभी किया जाना है...समुद्र और धरती पर पुर्तगाली गतिविधियों द्वारा उपजे ख़तरे की तरफ़ उसका रवैया कुछ ऐसे सवाल हैं जिन पर पूरी तरह प्रकाश अभी डाला जाना है।' *Essays on Medieval Indian History,* Oxford University Press, पृष्ठ 448-49, संस्करण 2012।

सरहद के उस पार

बाबर पादशाह की आपबीती का, जो उन्होंने चगताई ज़बान में लिखी थी, फ़ारसी ज़बान में तर्जुमा कर अब्दुर्रहीम ख़ानेख़ाना ने उसे *वाक़यात-ए-बाबरी* नाम दिया था—ख़ानेख़ाना यानी सिपहसालारों का सिपहसालार। यह ख़िताब अब्दुर्रहीम को अकबर ने हाल ही में उस वक़्त दिया था जब सिन्ध पर उसने फ़तह का परचम फ़हराया था—वह सिन्ध जो अकबर की ज़िन्दगी में ख़ास मुक़ाम रखता था। इस किताब में से ही एक वाक़या पढ़कर ख़ानेख़ाना अकबर को सुना रहा था।

वे दोनों और अबुल फ़ज़ल इस वक़्त क़ुतुबख़ाने में बैठे हुए थे जिसमें अब पच्चीस हज़ार से भी ज़्यादा किताबें थी, नस्तालीक़ में लिखी हुईं—अकबर का पसन्दीदा अन्दाज़े ख़ुशनवीसी। इस तर्ज़ पर बनाए गए हर्फ़ में न मोड़ थे, न सीधी लकीरें बल्कि सिर्फ़ दिलकश गोलाइयाँ थीं जिन्हें मोटी कलम से खींचा गया था। किताबें रखने के लिए क़ुतुबख़ाने की दीवारों को बनाते वक़्त ही जगह-जगह अन्दर को धँसा हुआ उन्हें छोड़ दिया गया था जिनमें मोटे तख़्ते लगाकर उनके हिस्से कर दिए गए हैं। तरतीब से जमाई हुई इन किताबों में सबसे ऊपर के ख़ानों में फ़लसफ़ा और दानाई की किताबें थीं जैसे *योगवासिष्ठ,* मौलाना रूमी की *मसनवी,* शेख़ सादी की *बुस्तान व गुलिस्तान* के साथ ही *लीलावती* व इल्मे फ़लकीयात पर किताबें भी। बीच के ख़ानों में तवारीख़ और अदब की किताबें थीं और सबसे नीचे के ख़ानों में मज़हबी किताबें जैसे *क़ुरआन, रामायण* व *हरिवंश पुराण*।

इनमें से *तूतीनामा, गुलिस्तान, रज़्मनामा, रामायण* व *नल-दमन*[1] के अलावा भी कई किताबों को जवाहरात सरीखे चमकीले व शोख़ रंगों से बनाई गई दिलकश तसवीरों से इफ़रात से सजाया हुआ था। पाली पादरियों ने जो तसवीरें अकबर को तोहफ़े में दी थीं, उनसे अकबर बेहद मुतास्सिर हुआ था और उनसे भी जो क़िले के अन्दर ही तैयार की गई उनकी इबादतगाह में उन लोगों ने लगाई हुई थीं। उन तसवीरों को अपने मुसव्विरों को दिखाकर उसने उन लोगों को अपनी तसवीरों में वैसा ही अहसास-ए-हक़ीक़त पैदा करने का मशविरा दिया, साथ ही तसवीरों में बयान हुई दास्तान को ज़्यादा पुर-असर बनाने पर भी ज़ोर दिया।

उन लोगों ने भी वे तसवीरें और क़ुदरत का मंज़र ग़ौर से कई रोज़ तक देखते रहने के बाद क़ुदरत के नज़ारों की तसवीर में रोशनी और साया इस्तेमाल करके तसवीर में गहराई पैदा करने का फ़न अब सीख लिया था, और दबे-दबे व धुआँ-धुआँ रंगों के इस्तेमाल से ज़िन्दा शै की हरकतों को असलियत का जामा पहनाना भी। आहिस्ता-आहिस्ता अकबर

1. नल-दमयन्ती की कथा पर काव्य जो फ़ैज़ी ने लिखा था।

के मुसव्विर इनसानी चेहरों पर जज़्बात ले आने में भी माहिर हो चले थे।

दास्तान-ए-अमीर हम्ज़ा की चौदह जिल्द थीं और हरेक जिल्द के लिए सौ तसवीरें बनाई जा रही थीं। उन तसवीरों को बनते हुए देखने में अकबर को ख़ास मज़ा आता था। उनमें वे सभी हैवान और फ़रिश्ते फिर से ज़िन्दा हो रहे थे जिनकी कहानियों को सुनते हुए उसका मासूम बचपन गुज़रा था : समन्दर के इफ़्रीत व हैवतनाक आसेब और कुर्नास[1] के साथ-साथ हूरें और परियाँ भी।

"ज़िल्ले इलाही! फ़िरदौस मकानी एक दफ़ा कोह-ए-हिन्दूकुश में बर्फ़ के तूफ़ान में अपने आदमियों समेत फँस गए थे। उसी वाक़िये का बयान करते हुए उन्होंने लिखा है," कहकर अब्दुर्रहीम ख़ानेख़ाना *वाक़यात-ए-बाबरी* में से पढ़ने लगा : "ग़ार[2] ज़रा छोटी मालूम हुई। मैंने बेलचा उठाया और उसके आगे की बर्फ़ को साफ़ करके अपने लिए बैठने की जगह बना ली। सीने तक गहरा खोदा था मैंने फिर भी ज़मीन नहीं मिली थी। लेकिन तूफ़ान से थोड़ी पनाह तो थी ही। वहाँ मैं बैठ गया। कई लोगों ने मुझसे अन्दर आ जाने को कहा लेकिन मैंने इनकार कर दिया। मैंने ख़याल किया कि अपने लोगों को बाहर बर्फ़ और तूफ़ान में छोड़ देना, और मैं ख़ुद आरामदेह गरम जगह पर, या सब लोगों को मुश्किल और मुसीबत में छोड़ देना, और मैं यहाँ बेफ़िक्र सोता हुआ, न तो मर्दाना था और न ही दोस्ताना। जो भी मुश्किल और दुश्वारी होगी, उसे मैं भी झेलूँगा। जो कुछ भी लोग बर्दाश्त कर सकते हैं, मैं भी कर सकता हूँ। फ़ारसी में एक कहावत भी है : दोस्तों के साथ मौत एक दावत है।"

सुनकर अकबर जज़्बाती हो गया। "इसे तो अमली दानाई[3] की किताब पुकारना चाहिए। इसमें वह सब है जिसे सीखने की कोशिश एक इनसान को करनी चाहिए, और जैसा होने की उसे तमन्ना करनी चाहिए।"

अपने बाबा के लिए तारीफ़ों से अकबर का ज़ेहन पहले से ही भरा पड़ा था, मगर जैसे-जैसे उनकी ज़िन्दगी के पन्ने उसके सामने खुलते जाते थे वैसे-वैसे उनकी शख़्सियत पर वह और भी ज़्यादा फ़िदा होता जाता था।

"जहाँपनाह की ज़िन्दगी भी हिदायतआमेज़ वाक़यात से भरी हुई है," अबुल फ़ज़ल बोला। "इस ज़िन्दगी के शानदार कारनामों को दर्ज करना आगे आनेवाली नस्ल की बेहतरी के लिए निहायत ही कारगर साबित होगा।"

"तो इस काम के लिए अल्लामी! तुमसे ज़्यादा मुनासिब और क़ाबिल शख़्स कौन होगा?" अकबर ने कहा और अबुल फ़ज़ल की गुज़ारिश पर उसी रोज़ यह आम फ़रमान उसने जारी कर दिया :

'जिस शख़्स को भी जन्नत आशियानी हुमायूँ बादशाह की ज़िन्दगी की बाबत और ज़िल्ले इलाही की हुकूमत के दौरान हुए वाक़यात के बारे में कोई इल्म हो तो लाहौर आकर उसे सच्चाई से उन्हें बयाँ करना चाहिए; और अगर वह न आ सके तो सच्चाई से उसे लिखकर मुंशी अबुल फ़ज़ल को भेजना चाहिए।'

---

1. समुद्री राक्षस व भयानक भूत-प्रेत और पिशाच।
2. गुफा।
3. व्यावहारिक बुद्धिमत्ता।

इस फ़रमान में यह भी साफ़ ज़ाहिर कर दिया गया कि ज़रूरी नहीं यह तहरीर फ़ारसी ज़बान में ही हो।

अबुल फ़ज़ल की इस काम में मदद के ख़याल से अकबर ने गुलबदन बेगम से गुज़ारिश की कि वह अपने भाई की पुरानी यादों को एक किताब में दर्ज कर ले और नतीजे में *हुमायूँनामा* लिखा गया। पुराने ख़िदमतगारों और हमनशीनों से भी इसरार किया गया कि जो भी उन्हें हुमायूँ बादशाह और अकबर बादशाह की बाबत याद हो, वे ख़ुशनवीसों को लिखवा दें। बायज़ीद बयात हुमायूँ बादशाह के वक़्त से शाही ख़िदमतगारों में शामिल था। जब वह रसोई में काम कर रहा होता, अबुल फ़ज़ल का भेजा हुआ ख़ुशनवीस उसकी यादों को दर्ज करता रहता। इस तरह से *तज़्किरा-ए-हुमायूँ वा अकबर*[1] किताब वुजूद में आई। इसी तरह जौहर आफ़ताबची[2] हुमायूँ बादशाह की ख़िदमत में उनके ईरान जाते वक़्त भी रहा था। उसने *तज़्किरात-उल वाक़यात* में अपनी यादें दर्ज कर लीं। और अपने बचपन की यादें अबुल फ़ज़ल को अकबर ख़ुद सुनाया करता।

"जानते हो अल्लामी? पहली फ़तह मैंने तब हासिल की थी जब मैं सिर्फ़ पाँच साल का था," कहते हुए अकबर का क़हाक़हा फूट पड़ा। "शबे बरात पर मिर्ज़ा कामरान ने दावत का इन्तज़ाम किया हुआ था। सभी बच्चों को मिठाइयाँ मिलीं और तोहफ़े भी। अपने बेटे इब्राहीम को मिर्ज़ा ने ताशा[3] दिया। मेरा दिल उस पर आ गया और मैंने उसे इब्राहीम से छीनने की कोशिश की। उसका रोना सुनकर मिर्ज़ा कामरान आया और मुझसे कहा कि इब्राहीम को अगर मैंने कुश्ती में शिकस्त दे दी तो वह ताशा मेरा हो जाएगा। इब्राहीम मुझसे तीन साल बड़ा था और उसका जिस्म भी मेरे जिस्म से काफ़ी बड़ा था। मगर मैंने आव देखा, न ताव और अपनी एक टाँग उसके सामने अड़ाई, उसकी गर्दन को अपने दोनों हाथों में दबाया और एक झटके के साथ उस पर धोबी-पछाड़ दाँव लगा दिया। अगले ही लम्हे वह चारों खाने चित पड़ा हुआ था। फ़ौरन मैंने वह ताशा अपने गले में लटकाया और अपनी पूरी ताक़त से उसे डंडियों से पीटते हुए चल दिया। वह ताशा फ़तहयाब होने पर मेरी पहली लूट थी।" और अकबर का क़हक़हा फिर गूँज उठा।

यह वाक़या दर्ज करने के लिए सरकंडे की क़लम को अबुल फ़ज़ल ने सीप की दवात में डुबोया ही था कि मीर बख़्शी आ पहुँचा।

"जहाँपनाह! यह बन्द लिफ़ाफ़ा कन्धार से आया है और इस पर 'सिर्फ़ आलमपनाह के लिए' लिखा हुआ है," कोर्निश करने के बाद मीर बख़्शी ने अर्ज़ किया।

"अल्लामी! लिफ़ाफ़े को खोलकर ख़त पढ़ो तो कि कन्धार के ख़ुफ़िया नवीस ने क्या लिखा है?" अकबर को मालूम था कि 'सिर्फ़ आलमपनाह के लिए' लिखा हुआ लिफ़ाफ़ा उसके किसी ख़ुफ़िया नवीस की तरफ़ से ही आया होगा।

"ज़िल्ले इलाही! इसमें लिखा है : 'आलमपनाह की ख़िदमत में यह ग़ुलाम आदाब बजा लाता है और बादशाह सलामत का जलाल हमेशा बढ़ते रहने की दुआ करता है। जहाँपनाह! सुल्तान अब्दुल्लाह ख़ान उज़्बेक का एलची बुख़ारा से आया था। ख़ुफ़िया

1. तज़्किरा यानी वृत्तान्त।
2. आफ़ताब दस्तेवाला छोटा लोटा होता है।
3. छोटा नगाड़ा।

तौर पर उसने क़िलेदार को एक ख़त दिया है। इस ग़ुलाम के मोतबर अन्दरूनी लोगों ने खबर दी है कि ख़त में सुल्तान ने क़िलेदार मुज़फ़्फ़र हुसैन मिर्ज़ा से फ़रमाया है कि कन्धार के क़िले को वह उसके सुपुर्द कर दे। आगे सुल्तान ने धमकी भरे अन्दाज़ में यह भी ज़ाहिर किया है कि क़िले को मिर्ज़ा ज़्यादा रोज़ तक अपने क़ब्ज़े में नहीं रख पाएगा और तोहफ़ों का लालच भी उसे दिया है अगर सुल्तान की बात उसने मान ली।"

"इस बात का मुझे बहुत पहले से डर था," अकबर ने बीच में दख़ल दिया। "मेरे यह ताकीद करने पर भी कि ईरान से वह दूर रहे सुल्तान अब्दुल्लाह ख़ान उज़्बेक ने हेरात के क़िले पर क़ब्ज़ा कर लिया और बहाना बनाया कि हकीम हुमाम मेरा ख़त लेकर जब पहुँचा उसके पहले ही ख़ुरासान पर हमला बोला जा चुका था, मुझे तभी अन्दाज़ा हो गया था कि एक रोज़ यह होनेवाला है। आगे क्या लिखा है ख़त में?"

"जहाँपनाह! ख़त में आगे लिखा है : 'सुल्तान अब्दुल्लाह ख़ान उज़्बेक के फ़ौजी कन्धार में घुसपैठ करते ही रहते हैं और एक से ज़्यादा दफ़ा क़िले पर हमला भी वे बोल चुके हैं। क़िलेदार मुज़फ़्फ़र हुसैन मिर्ज़ा ने ईरान के शाह से फ़रियाद की और मदद माँगी मगर सिवा वादों के उसे कुछ हासिल न हुआ।"

हेरात का क़िला ईरान के सूबे ख़ुरासान में आता था जिसे सिलसिला-ए-सफ़ेद कोह, हिन्दूकुश का मग़रिबी हिस्सा, कन्धार से अलग करता था। पहाड़ों के इस सिलसिले के बीच मगर एक जगह फ़ासला था, एक गुज़रगाह। इस गुज़रगाह के मशरिकी सिरे पर कन्धार का क़िला एक निगहबान की मानिन्द खड़ा हुआ था। बग़ैर इस क़िले पर काबिज़ हुए कोई भी हमलावर काबुल पर मग़रिब यानी हेरात की तरफ़ से धावा नहीं बोल सकता था। लिहाज़ा कन्धार के क़िले पर सुल्तान अब्दुल्लाह ख़ान उज़्बेक का क़ब्ज़ा न होने पाए, यह हिन्दुस्तान की हिफ़ाज़त के लिए भी लाज़िमी था। क्योंकि उज़्बेक सुल्तान जैसा बुलन्द आरज़ू हुक्मरान काबुल पर ही नहीं रुक जाएगा, अकबर यह मुस्तक़िल तौर पर जानता था। और ख़ैबर दर्रे के रास्ते हिन्दुस्तान में घुसने की कोशिश यक़ीनन करेगा।

"मुनासिब मौक़ा हासिल होते ही अब्दुल्लाह ख़ान हम पर हमला बोल देने में एक रोज़ की देर भी नहीं करेगा। ऐसे वक़्त में न तो वह दोस्ती के एलानिया दावों का ख़याल करेगा और न ही तोहफ़ो व नेकनीयती के पैग़ामों के साथ एलचियों की आवाजाही का।" अपने सिपहसालारों व वज़ीरों के साथ दीवानख़ाना-ए-ख़ास में बैठा हुआ अकबर कह रहा था। "हिन्दुस्तान की सरज़मीं पर क़ाबिज़ होने अगर नहीं तो इस मुल्क का सरमाया लूटने के इरादे से तो यक़ीनन ही।"

"ज़िल्ले इलाही दुरुस्त फ़रमाते हैं!" अबुल फ़ज़ल ने अपनी राय ज़ाहिर की। "दानिशमन्द लोग फ़रमा गए हैं जहाँपनाह! कि पड़ोसी मुल्क तब तक ही दोस्त और नेकख़याल है जब तक हम ताक़तवर हैं। मुल्कों के आपसी रिश्तों में आलमपनाह! कमज़ोरी किसी गुनाह से कम नहीं!"

"तुमने बिलकुल सही कहा अल्लामी! राजा टोडरमल ने भी कुछ ऐसा ही कहा था।" कहते हुए अकबर की आँखें नम हो आईं। "वह क्या था अल्लामी?"

"ज़िल्ले इलाही! उन्होंने फ़रमाया था कि पुराने ज़माने के चाणक्य नाम के किसी बरहमन ने नसीहत दी है कि हुक्मरान को हुकूमत की सरहद को आगे बढ़ाने के मक़सद से

जंग का इरादा कभी भी तर्क नहीं करना चाहिए वर्ना उसे कमज़ोर समझकर बाहरी मुल्क उस पर हमला करने पर आमादा होंगे और मुल्क के अन्दर बग़ावती उठ खड़े होंगे।"

"मियाँ अबुल फ़ज़ल ने बिलकुल दुरुस्त फ़रमाया जहाँपनाह!" मीर ग़यासुद्दीन अली ने इस नज़रिये की तस्दीक़ की। "सियासत का हिसाब ही कुछ ऐसा है कि हुक्मरान अगर अपनी ताक़त को साबित न करता रहे तो पड़ोसी मुल्क उसके इलाक़े में दाख़िल होकर लूटमार करने लगते हैं और फिर उसकी सल्तनत पर क़ब्ज़ा करने का इरादा भी करने लगते हैं। लिहाज़ा जहाँपनाह! किसी भी हुक्मरान का यह फ़र्ज़ बनता है कि न सिर्फ़ अपने इलाक़े की वह हिफ़ाज़त करे बल्कि अपनी हुकूमत के इलाक़े में इज़ाफ़ा करने की कोशिश भी वह करता रहे।"

"वाक़ई! उसकी कमी मैं अब भी महसूस करता हूँ। टोडरमल न सिर्फ़ बहादुर और अक़्लमन्द था बल्कि बड़ा हिकमतवाला भी था।" बंगाल की फ़ौजी बग़ावत से निपटने में टोडरमल की तोहफ़ों और दावतवाली तदबीर को याद करके अकबर बोल उठा। "आज वह मौजूद होता अगर तो मेरी कितनी बड़ी मदद हो जाती! राजा मानसिंह बंगाल में है। उसे बुलाना मुमकिन नहीं। और राजा भगवन्तदास! ऐसा वफ़ादार और बहादुर इनसान..."

अकबर का गला भर आया था और आँखें भी।

काफ़ी देर तक सिर झुकाए आँखें मूँदे हुए बैठे रहने के बाद वह अब्दुर्रहीम ख़ानेख़ाना से मुख़ातिब हुआ।

"तुम्हारी क्या राय है ख़ानेख़ाना?"

"जहाँपनाह! जब सिन्ध को फ़तह करने की मुहिम पर मैं गया हुआ था तो वहाँ के बाशिन्दों के साथ गुफ़्तगू में यह ज़ाहिर हुआ कि उन्हें यह मुस्तक़िल यक़ीन है कि वहाँ के रेगिस्तान में इफ़रीत[1] मौजूद हैं जो नज़र का फ़रेब पैदा कर मुसाफ़िरों को नख़लिस्तान से दूर ले जाते हैं, जिससे कि जब वे कमज़ोर होकर ख़ुद की हिफ़ाज़त करने के क़ाबिल न रहें तो उनको वे खा डालें। पड़ोसी मुल्क भी आम तौर पर ऐसे ही इफ़रीत हुआ करते हैं। वे इन्तज़ार करते हैं कि कब हम कमज़ोर होकर ख़ुद की हिफ़ाज़त करने के नाक़ाबिल हो जाएँ और वे हमको हजम कर लें।"

"दुरुस्त बात है। नर्मी की उम्मीद की भी क्यों जाए?" ख़यालों में डूबा हुआ अकबर बोला। "ताक़तवर हमेशा कमज़ोर को हजम कर लेने की फ़िराक़ में रहता है। यह दस्तूर क़ुदरत का ही है, लिहाज़ा इस दुनिया का भी। मज़बूत और ताक़तवर बने रहना एक क़िस्म से हमारी मजबूरी है। ख़ुद अपनी हिफ़ाज़त जो न कर सके, उसे दूसरों से यह उम्मीद क्यों रखनी चाहिए कि वे उसकी हिफ़ाज़त करेंगे?"

चन्द रोज़ बाद ईरान के नए हुक्मरान शाह अब्बास का एलची अकबर के दरबार में आ पहुँचा, तूरान के सुल्तान अब्दुल्लाह ख़ान उज़्बेक के ख़िलाफ़ जंग छेड़ने की तजवीज़ लेकर। ख़ुरासान को खोने के बाद ईरान का सबसे बड़ा दुश्मन उज़्बेक सुल्तान ही था। उसे अलग-थलग करने की कोशिश में सुल्तान-ए-उस्मानिया मुराद के साथ

1. एक क़िस्म के जिन्न जिनकी अवधारणा इस्लामी किताबों में है और जो अरब की लोककथाओं में आदमख़ोर शैतान हो गए।

शाह अब्बास क़रार कर भी चुका था, बावजूद इसके कि क़रार की शर्तें ईरान के लिए माक़ूल नहीं थीं। उज़्बेक सुल्तान के ख़िलाफ़ जंग में शाह अब्बास का साथ देने के लिए अकबर को रज़ामन्द करने के मक़सद से उस एलची ने ऐसे कई वाक़यात का ज़िक्र किया जब शहंशाह-ए-हिन्दुस्तान के पुरखों ने उसके मालिक शाह अब्बास के पुरखों से मदद हासिल की थी।

सुल्तान अब्दुल्लाह ख़ान उज़्बेक ने भी अपना एलची अकबर के दरबार में भेजा, शिया ईरान के मुर्तद हाकिम के ख़िलाफ़ तूरान और हिन्दुस्तान के सुन्नी मोमिन सुल्तानों के शामिल जिहाद की तजवीज़ लेकर।

"ईरान के शाहों के साथ अगर हमारे पुराने रिश्ते न होते तो कन्धार पर हम कब के क़ाबिज़ हो गए होते," कन्धार में अपनी दिलचस्पी मज़बूती से ज़ाहिर करते हुए और सुल्तान अब्दुल्लाह ख़ान उज़्बेक को यह आगाह भी करते हुए कि कन्धार पर वह अपनी बुरी नीयत न रखे, अबुल फ़ज़्ल से अकबर ने यह ख़त लिखवाया। "और इस बात से हमें क़तई इनकार है कि अक़ीदे का इत्तेफ़ाक़ ईरान के ख़िलाफ़ हमारे इत्तिहाद की बुनियाद हो सकता है या हमले के लिए काफ़ी वजह हो सकता है।"

कन्धार को लेकर मज़बूत क़दम उठाने का वक़्त आ गया है, अकबर ने फ़ैसला किया। मगर बजाय जंग करने के उसने हिकमत का इस्तेमाल बेहतर समझा। क़िलेदार मुज़फ़्फ़र हुसैन मिर्ज़ा के वालिद का पुराना ख़िदमतगार क़रा बेग कुछ साल पहले हिन्दुस्तान आकर अकबर का मुलाज़िम हो गया था। उसे अकबर ने मुज़फ़्फ़र हुसैन मिर्ज़ा की वालिदा के लिए क़ीमती तोहफों के साथ कन्धार भेज दिया। वहाँ जाकर उस ख़ातून के सामने क़रा बेग ने अकबर की तारीफ़ों के पुल बाँध दिए और बताया कि बादशाह सलामत ने उसके बेटे मुज़फ़्फ़र हुसैन को मनसबदारी में ऊँचा ओहदा और नफ़ा-बख़्श जागीर देने की तजवीज़ की है, अगर क़िले को वह उनके सुपुर्द कर दे। उस ख़ातून ने अपने बेटे को समझाया कि कन्धार में रहकर उसका कोई मुस्तक़बिल नहीं। बेहतर होगा कि शहंशाह-ए-हिन्दुस्तान की तजवीज़ वह क़बूल कर ले। मगर मुज़फ़्फ़र हुसैन कोई फ़ैसला नहीं कर पाया। क्योंकि अपने ख़त में सुल्तान अब्दुल्लाह ख़ान उज़्बेक ने उसे आगाह किया था कि चग़ताई लोग भरोसे के क़ाबिल नहीं।

'बाबर पादशाह ने शाह-ए-ईरान के साथ हुआ क़रार तोड़ा था और हुमायूँ बादशाह ने भी। दग़ाबाज़ी इनके ख़ून में है।'

मुज़फ़्फ़र हुसैन का छोटा भाई मिर्ज़ा रुस्तम भी अकबर की मुलाज़मत में था जिसे लाहौर की सूबेदारी अता की गई थी। बादशाह सलामत की दरियादिली, नेकनीयती और सच्चाई की कई मिसालें उसने अपने भाई पर ज़ाहिर कीं। आख़िरकार मुज़फ़्फ़र हुसैन अकबर को क़िला सुपुर्द करने पर राज़ी हो ही गया। पाँच-हज़ारी मनसब के साथ ही अकबर ने संभल की जागीर भी उसे दी जिससे होनेवाली आमदनी कन्धार से उसे हो रही आमदनी से कई गुना ज़्यादा थी। कन्धार के क़िले का क़ब्ज़ा हासिल कर लेने के फ़ौरन बाद अकबर ने वह सुलहनामा क़बूल कर लिया जो सुल्तान अब्दुल्लाह ख़ान उज़्बेक ने दो साल पहले उसे भेजा था। इस सुलहनामे में हिन्दूकुश को तूरान और हिन्दुस्तान की सरहद मंज़ूर किया गया था।

अबुल फ़ैज़ी और हकीम हुमाम के इन्तक़ाल के बाद से अकबर को फ़तेहपुर सीकरी की याद सताने लगी थी। दक्खिन से फ़ैज़ी दमा का मर्ज़ लेकर आया था और उसने ही उसकी जान ले ली। उसी साल हकीम हुमाम भी इस दुनिया से रुख़्सत हो लिये। अकबर बेहद ग़मज़दा था। सिवा अबुल फ़ज़ल के उसके सारे अज़ीज़ एक-एक कर उसे छोड़कर चले गए थे। पुरानी यादें, पुराना वक़्त, पुरानी जगहें उसे बुला रही थीं। लेकिन जब तक सुल्तान अब्दुल्लाह ख़ान उज़्बेक का ख़तरा न टल जाए, लाहौर छोड़कर वह जाए भी कैसे?

फिर ज़ल्द ही ख़बर आई कि सुल्तान अब्दुल्लाह ख़ान उज़्बेक का इन्तक़ाल हो गया। उसके जाने के बाद एक तरफ़ तो उसके वारिसों में तख़्त के झगड़े ने तूरान को कमज़ोर किया और दूसरी तरफ़ तूरान के रास्ते हिन्दुस्तान के साथ तिजारत करनेवाले मगरिबी मुल्कों से हासिल महसूल कम होता गया क्योंकि अफ्रीका का पूरा चक्कर लगाकर समन्दर के रास्ते हिन्दुस्तान पहुँचना अब मुमकिन हो गया था।

उज़्बेक ख़तरा ख़त्म हो चुका था।

ईरान की तरफ़ से भी फ़िलहाल कोई ख़तरा नहीं था। क़िज़िलबाश क़बीले की जकड़ से, अब तक जो न केवल बेहद ताक़तवर हो चुका था बल्कि ईरान की सियासत में जिसका दख़ल बर्दाश्त की हद से आगे बढ़ चुका था, ख़ुद को आज़ाद करने की कोशिश में शाह अब्बास अपनी फ़ौज में बुनियादी तब्दीलियों को सरंजाम देने में मशगूल था। दूसरी तरफ़ परी ख़ानम की साज़िशी दौर के बाद चली ख़ानाजंगी[1] के दौरान कई मातहत जागीरदार सरकश हो गए थे और आज़ाद रियासतदार की तरह बर्ताव करने लगे थे, उन्हें क़ाबू में लाने में भी वह मसरूफ़ था। लिहाज़ा अभी कई साल तक ईरान ख़ुद की हिफ़ाज़त के आगे कुछ भी ख़याल करने के क़ाबिल नहीं था।

सल्तनत-ए-उस्मानिया का हाल भी कुछ बेहतर नहीं था। अपने उन्नीस भाइयों की लाश पर पैर रखकर तख़्तनशीं हुआ सुल्तान मुहम्मद काहिल व नाक़ाबिल साबित हुआ और हुकूमत की लगाम हक़ीक़त में मरहूम सुल्तान मुराद की ख़ास बेगम और मौजूदा सुल्तान की वालिदा सैफ़िये सुल्तान के हाथों में चली गई, जिसकी दिलचस्पी सिर्फ़ सल्तनत के ख़ज़ाने से ऊँचा वज़ीफ़ा हासिल करने, सल्तनत की मुलाज़मत और ओहदे बेचकर अपना घर भरने और सियासी शतरंज की चालें खेलने में ही थी। दूसरी तरफ़ सुल्तान मुहम्मद ख़ुद मग़रिब में हैब्सबर्ग ख़ानदान[2] के हुक्मरान रुडोल्फ से मोल ली हुई लम्बी चली जंग में मसरूफ़ था और उसके फ़ौजी इस वजह से नाराज़ थे कि तनख़्वाह में उन्हें ऐसे सिक्के दिए जा रहे हैं जिनमें से सोना-चाँदी तो ग़ायब ही होता जा रहा है। इसका सेहरा भी सैफ़िये सुल्तान के सिर पर ही बँधता था।

मग़रिब की तरफ़ से ख़ुद को बेख़तर महसूस कर अकबर ख़ुशी-ख़ुशी लाहौर से चल पड़ा—दारुल हुकूमत को अपने साथ लेकर।

---

1. गृहयुद्ध।
2. ऑस्ट्रिया-जर्मनी का शाही राजवंश।

शिकस्ता-दिल[1]

फ़तेहपुर सीकरी में रिमझिम बारिश हो रही है। सिर को झुकाए और हाथों को अपने पीछे पीठ पर बाँधे हुए अकबर अनूप तालाब के दालान में टहल रहा है—इस क़िले में गुज़रे हसीन वक़्त की यादों में खोया हुआ। यकायक उसके होंठों पर एक हलकी मुस्कान तैर गई और उसकी नज़र अनूप तालाब के बीचोबीच बने चबूतरे की तरफ़ घूम गई।

'वाक़ई वह जादू ही था जो तानपूरे पर अपनी उँगलियाँ फेरते हुए मियाँ तानसेन अपनी दिलकश आवाज़ से जगाते थे! उनके आलाप मुझे उस भूली-बिसरी दुनिया में ले जाते थे जिसे मैं खो बैठा हूँ। नीली-नीली पहाड़ियाँ, नीला दरिया व नीला आसमान! उसमें तैरते सफ़ेद बादल और उन पर सवार परियाँ! और झुर्रियों के बीच से झाँकती हुई मोहब्बत से लबरेज़ दो आँखें। कई दफ़ा एक नाक़ाबिले बयान हसरत से मेरा दिल भर उठता था!'

अपने पीर शेख़ सलीम चिश्ती की मज़ार पर जाकर अकबर उनकी क़ब्र को अपने अश्कों से भिगोने लगा। दोपहर में अस्र की नमाज़ के लिए अज़ान सुनाई दी। मगर बगल में ही जामी मस्जिद न जाकर उसने नमाज़ वहीं पर पढ़ी। मस्जिद में नमाज़ियों की जमात से अलग इस वक़्त वह अकेला ही रहना चाह रहा था, सिर्फ़ अपने पीर के साथ।

'कितनी सुकून बख़्श हुआ करती थी उनकी मौजूदगी!' इबादतख़ाना की तरफ़ जाते हुए वह सोच रहा था।

ख़ामोश और सुनसान इबादतख़ाना बड़ा अजीब लग रहा था। सालों से उसमें कोई दाख़िल नहीं हुआ था, सिवा सफ़ाई करनेवाले नौकरों के।

"जहाँपनाह! दस्तरख़्वान तैयार है!" बकावल बेगी ने हाज़िर होकर गुज़ारिश की।

थके हुए क़दमों से अकबर दौलतख़ाने की तरफ़ चल दिया। जैसे ही वह दस्तरख़्वान पर बैठा, हँसी और क़हक़हों की आवाज़ें सुनकर वह चौंक उठा। नज़रें उठाकर देखा, वह तो वहाँ अकेला ही था।

'जो इन आवाज़ों की वजह थे, उन कबि राय को गुज़रे हुए तो अर्सा हो गया।' बीरबल को याद कर अकबर का दिल रोने को हो आया और दस्तरख़्वान को हाथ तक लगाए बग़ैर वह उठ गया।

पूरे सोलह साल बाद अकबर फ़तेहपुर सीकरी आया है। तेरह साल तक लाहौर में अपनी दारुल हुकूमत रखने के बाद अकबर जब वहाँ से वापस आया तो उसने अपनी दारुल हुकूमत आगरा में क़ायम कर ली। लेकिन दक्खिन की मुहिम से वापस आते वक़्त फ़तेहपुर सीकरी आने से ख़ुद को वह रोक नहीं पाया।

---

1. भग्न-हृदय।

रिमझिम बारिश बन्द हो चुकी थी। अनूप तालाब के पानी में अब नीले आसमान और चाँदी से चमकते सफ़ेद बादलों के बीच पंचमहल का अक्स बेहद ख़ूबसूरत नज़र आ रहा था।

'क्या ख़ूब दौर था वह जब सलीमा और हीरा कुँवर के साथ हसीं शामें वहाँ बैठकर गुफ़्तगू करते हुए गुज़रती थीं!' अनूप तालाब की सीढ़ियों पर बैठ पंचमहल की छतरी का अक्स नीले पानी में देखते हुए अकबर सोच रहा था। 'यादों का यह ज़ख़ीरा ही मेरा असल सरमाया है। और यह मेरी आख़िरी साँस तक मेरे साथ रहेगा। लेकिन किसे इल्म है? मुमकिन है इस दुनिया से रुख़्सत हो जाने के बाद भी यह ज़ख़ीरा मेरे साथ बना रहे। यह यादें मेरी रूह का, या मेरा इन्तक़ाल हो जाने के बाद जितना भी और जो भी मैं बाक़ी रहूँगा, उसका हिस्सा यक़ीनन हो चुकी हैं।'

तभी उसे आचार्य हीरविजय सूरी की तक़रीर याद हो आई।

'उन्होंने फ़रमाया था कि हवस, ग़ुस्सा, लालच सरीखे जज़्बात जीव में जज़्ब होकर उसे वज़नदार बना देते हैं, जिससे परमात्मा बनने की उसकी परवाज़ में अटक पैदा हो जाती है। लेकिन इसी दलील के मुताबिक़ क्या उस पाक और मासूम ख़ुशी की वजह से जो शेख़ू बाबा, पहाड़ी और दानियाल के साथ इस दालान में खेलते हुए मुझे हासिल हुई, मेरे जीव को हलका होकर ऊपर नहीं उठना चाहिए? उस वक़्त की यादें मेरी रूह में हलकापन अब भी ला देती हैं।'

'और ऐसा ही अहसास मियाँ तानसेन की मौसीक़ी पैदा किया करती थी और मौलाना रूमी की ग़ज़लें व ख़्वाजा हाफ़िज़ का कलाम आज भी पैदा करता है, रूह के हलकेपन का। मुख़्तलिफ़ अक़ीदों और मज़हबों के पैरोकारों के साथ गुफ़्तगू भी मुझे बेहद ख़ुशी देती थी। मगर वह अलग क़िस्म की ख़ुशी थी। जानने की ख़ुशी। इस कायनात पर और इनसानी ज़िन्दगी पर पड़े हुए पर्दों के पीछे पोशीदा राज़ मालूम करने की ख़ुशी। यक़ीनन वह ख़ुशी भी मेरे जीव ने जज़्ब की होगी, और मेरे जिस्म के ख़त्म हो जाने के बाद भी वह उसमें जज़्ब रहेगी। लेकिन क्या वाक़ई कुछ बाक़ी रहता है फ़ौत हो जाने के बाद, इस जिस्म के ज़मीन में दफ़न हो जाने के बाद? किसे मालूम है? लेकिन अगर कुछ बाक़ी रहेगा, तो यह यादें यक़ीनन उसका हिस्सा रहेंगी।'

शाम ढलते ही जली हुई मशालें और शमादानों में जलती हुई मोमबत्तियाँ लेकर ख़िदमतगार अनूप तालाब के दालान में चले आए। उन सबको अकबर ने वापस कर दिया। आसमान में चाँद मुस्कुरा रहा था और अनूप तालाब में उसका अक्स देखकर अकबर को रूहानी ख़ुशी हासिल हो रही थी। एक नज़्म याद करने की उसने कोशिश की जो ऐसे ही नज़ारे को देखते हुए किसी ने कही थी, मगर वह कामयाब नहीं हो पाया।

'मगर असल ख़ूबसूरती अल्फ़ाज़ में किस तरह बयाँ हो सकती है? मोहब्बत के जज़्बे की ख़ूबसूरती व आशिक़ की नज़र में माशूक़ा की ख़ूबसूरती? और उन जज़्बात की ख़ूबसूरती, माशूक़ा को अपनी बाँहों में भर लेने पर दिल जिनसे लबरेज़ हो जाता है? ऐसा ही अल्लाह के साथ है। वह भी नाक़ाबिले बयान है, अल्फ़ाज़ की क़ुव्वत से बाहर। इसके मानी क्या यह नहीं कि जो भी नाक़ाबिले बयान है, वह अल्लाह के क़रीब होना चाहिए?'

रात गहराने लगी थी। टहलते हुए अकबर उस कमरे में जा पहुँचा जो कभी क़ुतुबख़ाना हुआ करता था। आज ही उसमें सफ़ाई हुई थी और लोबान का धुआँ अभी तक महक रहा था। अँधेरा घिरते ही उसमें बड़ी-बड़ी मोमबत्तियाँ जलाकर रख दी गई थीं।

'बग़ैर किताबों के यह कैसा बेरौनक़ नज़र आ रहा है! कैसी मसर्रत अंगेज़ तक़रीरें यहाँ हुआ करती थीं!' गहरी उदासी से अकबर का दिल लबरेज़ हो गया।

अपनी दारुल हुकूमत को जब वह लाहौर ले गया था, तब अकबर को गुमान न था कि इतने साल वह फ़तेहपुर सीकरी से दूर रहेगा। और जब उसने लाहौर को छोड़ा तो यहाँ वापस न आने का फ़ैसला करके उसने आगरा में अपनी दारुल हुकूमत क़ायम कर ली।[1] फ़तेहपुर सीकरी के इस क़िले में आने से उसका दिल डर रहा था। उस दौलतख़ाने से रूबरू होने से जो बीरबल की हाज़िरजवाबी के नतीजे में क़हक़हों से गूँजा करता था। उस दीवानख़ाना-ए-ख़ास में बैठने से वह डरा हुआ था जो अब हकीम अबुल फ़तह और शाह फ़तहुल्लाह शीराज़ी की ग़ैरमौजूदगी में उसे खाने को दौड़ता हुआ मालूम होगा। उस इबादतख़ाना को वीरान देखने का ख़याल ही उसे रंजीदा कर देता था जिसमें कभी दस्तूर मेहरजी राणा ने अपने मज़हब के अक़ीदे को गहराई से उसे समझाया था। जहाँ आचार्य हीरविजय सूरी ने उन बारीक वुजूद के राज़ को फ़ाश किया था जो ज़र्रे-ज़र्रे में मौजूद है। जहाँ उस मैगस ने पैग़म्बर ज़रथ्रुस्त का अक़ीदा समझाया था और अहरमन के वुजूद की बड़ी वाजिब वजह बताई थी। और जहाँ एक बरहमन ने हर ज़र्रे में मौजूद आलातरीन ब्रह्म का फ़लसफ़ा ज़ाहिर किया था और बुतपरस्ती के पीछे के उसूल बड़ी ख़ूबसूरती से बयान किए थे। इसके अलावा भी उस क़िले में रहने के लिए अकबर ख़ुद को तैयार नहीं कर पाया जो मियाँ तानसेन के आलाप से अब कभी नहीं गूँजेगा। जिसकी हर दीवार, जिसका हर खम्भा उसे अपने बिछुड़े हुए अज़ीज़ों की याद दिलाएगा।

'अब तो वह सब ख़्वाब सरीखा मालूम होता है! ज़िन्दगी जैसे मेरे बग़ल से गुज़र गई और मैं नावाक़िफ़ बना रहा। शायद इसी वजह से उस बरहमन ने इस दुनिया को माया बताया था।'

फ़तेहपुर सीकरी को अलविदा कहने के पहलेवाली रात मीर ग़यासुद्दीन अली मौलाना रूमी का एक कलाम पढ़कर अकबर को सुना रहा था :

आओ। आओ। जो भी हो तुम आओ।
काफ़िर, बुतपरस्त या आतिशपरस्त।
इससे फ़र्क़ नहीं पड़ता। आओ।

---

1. अकबर के इस निर्णय के पीछे फ़तेहपुर सीकरी में पानी की कमी और उस बाँध में दरारें पड़ जाना बताया जाता है जिसे अकबर ने सीकरी झील में पानी को रोकने के लिए बनवाया था। और एक ज़रीना नाम की नर्तकी के शाप को इसकी वजह माना जाता है। लेकिन अकबर के फ़तेहपुर सीकरी छोड़ देने के बाद सीकरी शहर उजाड़ नहीं हो गया, जैसा कि पानी की कमी हो जाने पर हो जाया करता है। *दिल्ली आगरा फ़तेहपुर सीकरी* किताब में शशांक शेखर सिन्हा ने इतिहासकार नदीम रिज़वी के हवाले से बताया है कि झील के अलावा शहर में कम से कम तेरह बावड़ियाँ थीं, आठ तालाब थे और इसके अलावा भी शहर भर में पानी के कई स्रोत थे।

हमारी गुज़रगाह नहीं नाउम्मीदी की गुज़रगाह।
आओ अगर अपने क़ौल तुमने सौ दफ़ा भी तोड़े हों।
आओ। फिर आओ। आओ।
मैं वाक़िफ़ हूँ, तुम थके हुए हो। मगर आओ।
रास्ता यही है।

इसे सुनते हुए अकबर के अश्क बहना जो शुरू हुए तो देर तक नहीं रुके।

अपनी यादों के बीच और बिछड़े हुए अज़ीज़ों की जुदाई के ग़म में ग्यारह रोज़ मुब्तला रहने के बाद अकबर जब आगरा के लिए चला, तो बुलन्द दरवाज़े पर यह नक़्श करने का फ़रमान जारी करता गया :

'ईसा इब्ने मरियम ने फ़रमाया : दुनिया एक पुल है, इस पर से गुज़रो, लेकिन इस पर कोई मकान न बनाओ। वह जो एक रोज़ उम्मीद करता है, वह अबद[1] के लिए उम्मीद कर सकता है, मगर यह ज़िन्दगी सिर्फ़ घड़ी भर की है। इसे दुआओं में गुज़ारो, क्योंकि बाक़ी सब अनदेखा है।'

दास्तान-ए-मसीह को सुनते हुए अकबर को हज़रत ईसा की इस नसीहत ने बेहद मुतास्सिर किया था। पुर्तगाली ज़बान में हज़रत ईसा की ज़िन्दगी पर लिखी हुई किताब का मौलाना अब्दुस्सत्तार ने बादशाह सलामत को नस्रानी बनाने की तीसरी और आख़िरी कोशिश में गोआ से लाहौर आए यसूई पादरी जेरोम ज़ेवियर[2] के साथ मिलकर फ़ारसी ज़बान में तर्जुमा अकबर की गुज़ारिश पर इस नाम से किया था। इसे सुनकर अकबर की दिलचस्पी उनमें भी जाग गई जो हज़रत ईसा के हमसफ़र रहे होंगे। तब बादशाह सलामत की फ़रमाइश पर यसूई पादरी जेरोम ज़ेवियर ने पुर्तगाली ज़बान में जो किताब लिखी उसका भी फ़ारसी ज़बान में तर्जुमा मौलाना अब्दुस्सत्तार ने इसी तरह किया, जिसका नाम रखा गया *दास्तान-ए-अहवाल-ए हवारियाँ*।[3]

आगरा के रास्ते में मन्धाकर क़स्बे में एक बाग़ में सलीमा ने अकबर का ख़ैरमक़दम किया। यह वही जगह थी जहाँ के जंगल में निकाह के बाद उन दोनों ने कई रोज़ तक यादगार मुक़ाम किया था। यह बाग़ सलीमा ने ख़ुद अपनी निगरानी में तैयार करवाया था जिसमें ख़ुद के लिए मक़बरा भी वह बनवा रही थी।

"इतनी ज़हमत क्यों उठाई तुमने?" सलीमा की तरफ़ अकबर ने एक फ़ीकी मुस्कान फेंकी। "आगरा यहाँ से दूर नहीं! आठ-दस घड़ी में मैं पहुँच ही रहा था।"

"मुझे ख़याल हुआ कि जहाँपनाह उम्रदराज़ हो चले हैं। लिहाज़ा ताज़ादम होने के लिए उन्हें कुछ आराम और नाश्ते की ज़रूरत होगी," शरारत भरी मुस्कान के साथ सलीमा ने जवाब दिया।

सलीमा ग़लत नहीं थी। अकबर वाक़ई ख़ुद को बूढ़ा महसूस करने लगा था। पुराना दमख़म और जोश अब उसमें बाक़ी न था। सिर के बाल भी सफ़ेद होने लगे थे और चेहरे पर झुर्रियाँ गहरा गई थीं।

1. वह समय जिसका अन्त न ज्ञात हो; सर्वदा।
2. Grand-nephew of St. Francis Xavier.
3. अहवाल यानी समाचार, हालात। हवारी के मानी हैं Apostle.

'कौन कहता है कि उम्र के साथ दिमाग़ तेज़ होता है और जिस्म मुरझाता जाता है?' सलीमा को तारीफ़ भरी निगाह से देखते हुए अकबर को ख़याल आया। 'इस पर तो उम्र का कोई असर ही नहीं! जिस्म भी जवान है और दिमाग़ भी। उम्र के साथ बल्कि इसकी नफ़ासत में इज़ाफ़ा हो गया है और इसकी कशिश भी। हाज़िरजवाबी का तो कहना ही क्या?'

"मगर तुम्हारी उम्र तो जैसे उलटी तरफ़ जा रही है! सुल्तान इस्कन्दर तो आबे हयात[1] नहीं तलाश पाए। पर गुमान होता है कि तुम्हारे हाथ वह ज़रूर लग गया है।"

अकबर के यह कहते ही सलीमा का वही शोख़ और खनखनाता हुआ क़हक़हा ख़ेमे में गूँज उठा।

"तुमने सही ही कहा, शायद! मैं वाक़ई बूढ़ा हो चला हूँ।" हसरत भरी निगाह सलीमा पर डालते हुए अकबर ने ख़यालों में डूबी हुई आवाज़ में कहा। "बुलन्द दरवाज़ा जितना बुलन्द कल था, आज भी उतना ही बुलन्द है। मगर ख़ुद को उसके सामने अब मैं बौना महसूस करने लगा हूँ।" अकबर के चेहरे पर से जैसे एक साया गुज़र गया।

"लेकिन तुम्हें ऐसा क्यों महसूस होना चाहिए? तुम तो अब पहले से ज़्यादा बुलन्द हो! सबसे ज़्यादा वक़्त तक हिन्दुस्तान पर हुकूमत करनेवाले ऐसे शहंशाह जिसकी रियाया को सैकड़ों सालों बाद ऐसी अमनचैन की ज़िन्दगी हासिल हुई है!"

"क्योंकि ख़ुद को मैं नाकामयाब महसूस करता हूँ! अपने बेटों की तरफ़ जो मेरा फ़र्ज़ था, उसे निबाहने में नाकामयाब! वर्ना वे क्यों मेरी नाफ़रमानी करते? मेरे ताकीद करने के बावजूद हद से ज़्यादा मयनोशी करने पर एक का इन्तक़ाल हो चुका है और दूसरा मेरे ख़िलाफ़ बग़ावत पर उतर आया है। पहाड़ी के फ़ौत होने ने मुझे अन्दर तक हिलाकर रख दिया है! अपने ख़ात्मे की तरफ़ वह बढ़ता रहा और मेरी जानकारी में! मगर मैं..."

अकबर का गला भर्रा गया था।

अब्दुर्रहीम ख़ानेख़ाना व शहबाज़ ख़ान कम्बु की मदद से दक्खिन के सुल्तानों के ख़िलाफ़ मुहिम चलाने के लिए अकबर ने मुराद को रवाना किया था। मगर शुरुआत ही ग़लत हो गई। अब्दुर्रहीम ख़ानेख़ाना को अपनी फ़ौज के साथ अहमदनगर पहुँचने में कुछ देर हो गई जहाँ मुराद ने पड़ाव किया हुआ था। इस बात पर से मुराद ने ख़ानेख़ाना के साथ भरे दरबार में बदसलूकी कर दी। शहबाज़ ख़ान कम्बु जितना अपनी बहादुरी और वफ़ादारी के लिए जाना जाता था उतना ही अपनी ख़ुद्दारी के लिए भी। जिस रोज़ यह वाक़या हुआ उस रोज़ से उसने दरबार जाना छोड़ दिया। मुराद के तलब करने पर भी वह नहीं गया।

अहमदनगर के क़िले पर घेरा डाला जा चुका था। सल्तनत के नाबालिग सुल्तान बहादुर शाह की सरपरस्त की हैसियत से उसकी बुआ चाँद सुल्ताना[2] इस वक़्त क़िले की हिफ़ाज़त में लगी थी। मराठों के साथ मिलकर, जो तब तक निहायत ताक़तवर हो चले थे और सल्तनत के अन्दरूनी इलाक़ों में उनका ही दबदबा था, अहमदनगर

1. अमृत।
2. चाँद बीबी के नाम से मशहूर।

की फ़ौजी टुकड़ियों ने शाही फ़ौज के लिए रसद का पहुँचना नामुमकिन कर दिया। नतीजतन, शाही लश्करगाह में खाने की कमी हो गई। तजुर्बेकार और पुराने वफ़ादार उमरा ने मुराद को सलाह दी कि फ़ौज के तीन हिस्से किए जाएँ। एक हिस्सा क़िले को फ़तह करने की कोशिश जारी रखे। दूसरा हिस्सा आसपास के गाँवों को अपने क़ब्ज़े में लेकर वहाँ से रसद का इन्तज़ाम करे। और तीसरा हिस्सा रसद पहुँचाने के लिए रास्तों को महफ़ूज़ करे जिन पर मराठों ने क़ब्ज़ा जमाया हुआ था। लेकिन इनमें से कुछ भी न हो सका और मुराद शराब में अपनी परेशानियों का हल खोजने लगा।

तभी चाँद सुल्ताना की तरफ़ से सुलह का पैग़ाम आया। दरअसल, अहमदनगर के क़िले में भी रसद की कमी हो चली थी। सुलह की एवज़ में बरार के सूबे पर अपना हक़ छोड़ने को वह तैयार थी। मुराद ने ख़ुशी-ख़ुशी सुलह कर ली। अकबर को यह ख़बर मिली तो उसने मुराद को डाँटते हुए ख़त भेजा। मुहिम का मक़सद यह नहीं था। उसके बाद शराब में मुराद और भी गहरे डूबता चला गया।

चाँद सुल्ताना अहमदनगर के मरहूम सुल्तान हुसैन निज़ामशाह की बहन थी और बीजापुर के मरहूम सुल्तान अली आदिलशाह के साथ उसका निकाह हुआ था। उसने बीजापुर के मौजूदा सुल्तान इब्राहीम आदिलशाह और गोलकोंडा के सुल्तान मुहम्मद क़ुली क़ुतुबशाह को अहमदनगर के साथ मिलकर मुराद के ख़िलाफ़ जंग के लिए राज़ी कर लिया। गोदावरी नदी के किनारे हुई ज़बर्दस्त जंग में दुश्मन की फ़ौज तीन-चार गुना होने के बावजूद फ़तह तो मुराद की हुई मगर इसकी क़ीमत उसे बहुत ज़्यादा चुकानी पड़ गई, बहुत बड़ी तादाद में अपने फ़ौजियों को खोकर।

इस दरमियान भी मुराद की मयनोशी बढ़ती चली गई थी और उसके पेट में दर्द रहने लगा था। लेकिन इसे वह छिपा गया। तभी उसे अपने नौ साल के बेटे रुस्तम के इन्तक़ाल की ख़बर मिली। बड़ा प्यारा बच्चा था वह और मुराद के साथ ही अकबर का भी वह बड़ा चहेता था। मायूसी के अँधेरे मुराद को घेरने लगे और उसकी मयनोशी बढ़ती चली गई। कुछ रोज़ बाद उसमें मिरगी के आसार नज़र आने लगे। अकबर के खुफ़िया नवीस सारी ख़बर उसे पहुँचाते ही रहते थे। उसने फ़रमान जारी किया कि मुराद को शराब न हासिल होने पाए, इसके लिए उस पर पहरेदार तैनात किए जाएँ। साथ ही मुराद को आगरा ले आने के लिए उसने अबुल फ़ज़ल को दक्खिन रवाना कर दिया। मगर जिस रोज़ वह पहुँचा, उसी रोज़ मुराद का इन्तक़ाल हो गया।

उस पर पहरेदार बैठा दिए जाने के बाद से अपने ख़िदमतगारों की मुराद ख़ुशामद किया करता था कि किसी तरह वे उसे शराब ला दें। एक बन्दूक़बाज़ अपनी बन्दूक़ की नली में शराब भर लाया। जैसे ही मुराद ने उस शराब को पिया, वह गिर पड़ा और फिर नहीं उठा। बन्दूक़ की नली में जमी हुई जंग और बारूद ने शराब में घुलकर उसे ज़हर बना दिया था।

मुराद के फ़ौत होने की ख़बर हमीदा बानू बेगम ने ख़ुद अपने बेटे को दी। उसकी गोद में गिरकर अकबर बच्चों जैसा बिलख उठा। चन्द रोज़ बाद मुराद का ताबूत आ पहुँचा। जनाज़े को कन्धा देते हुए अकबर को अहसास हुआ कि बेटे का जनाज़ा बाप के कन्धे पर कितना भारी होता है!

अकबर के गालों को तरकर रहे अश्क सलीमा ने मुलायमियत से पोंछे और उसके हाथों को उसने अपने हाथों में ले लिया।

"और अब सलीम! उसका ख़याल है कि मैं उसका दुश्मन हूँ," लरज़ती हुई आवाज़ में अकबर बोला।

"तुम फ़िक्र मत करो! वह सिर्फ़ ख़राब सोहबत में पड़ गया है," सलीमा ने उसे तसल्ली दी। "जल्द ही उसे अपनी ग़लती का अहसास हो जाएगा," उसने यक़ीन दिलाया।

"काबुल की मुहिम के वक़्त वह मेरा कितना फ़रमाँबरदार बेटा था! अल्लाह जाने उसके बाद क्या हुआ जो वह ऐसा हो गया?"

अकबर नहीं समझ पाया कि छोटी-छोटी शिकायतों ने किस तरह सलीम के ज़ेहन में जमा होकर उसे बाग़ी बना दिया था।

सबसे बड़ा बेटा होने की वजह से अकबर को सलीम से बड़ी उम्मीदें थीं। वह चाहता था कि उसका बेटा हर बात में उससे सवाया निकले। लेकिन ऐसा हो पाना तक़रीबन नामुमकिन है, इस हक़ीक़त को अकबर नहीं समझ पाया और उससे नाउम्मीद होकर जब तब सलीम को वह डाँट पिला देता। आहिस्ता-आहिस्ता सलीम अकबर से दूर होता चला गया।

सलीम की तरफ़ से मायूस होकर अकबर मुराद और दानियाल को ज़्यादा तवज्जो और अहमियत देने लगा। काबुल की मुहिम में मिर्ज़ा हकीम का पीछा करने तो मुराद को भेजा गया और सलीम से कहा गया कि वह पेशावर में बना रहे। मुराद को जब फ़तह की मुबारकबादें मिल रही थीं, सलीम पेशावर में बैठा अपनी उँगलियाँ चटका रहा था। इस सबकी वजह से भी सलीम अकबर के लिए ग़ुस्से से भरता चला गया।

रही-सही कसर मेहरुन्निसा[1] के वाक़िये ने पूरी कर दी।

मेहरुन्निसा एक निहायत ही शाइस्ता और तहज़ीब-याफ़्ता गुलबदन हसीना[2] थी जिसके वालिद ग़यासुद्दीन बेग का ताल्लुक़ ईरान के एक आला ख़ानदान से था। तक़दीर के फेर ने उन्हें ईरान छोड़कर हिन्दुस्तान आने के लिए मजबूर कर दिया, ख़ाली हाथ—सिवा मेहनत से हासिल किए हुए इल्म के और उस दानाई के जिसकी तालीम मुश्किल वक़्त ने उन्हें दी थी। रास्ते में उनकी बेगम ने बैलगाड़ी में एक बेटी को जन्म दिया जिसका नाम रखा गया मेहरुन्निसा।[3]

फ़तेहपुर सीकरी पहुँचकर ईरान के एक सौदागर की सिफ़ारिश पर ग़यासुद्दीन बेग दीवानी में बितिकची[4] बन गए। उनकी बेगम ख़ुशअख़्लाक़ और ख़ुशगुफ़्तार[5] दानिशमन्द ख़ातून थी। ज़ल्द ही हरम में उसने अपनी पहुँच बना ली और अपनी दिलपसन्द बातों से वह शाही ख़वातीन की चहेती बन गई। इस बात का फ़ायदा उठाकर उसने हरम की ख़वातीन की ज़रूरत और फ़रमाइश का सामान मुहैया करवाने का ज़िम्मा अपने शौहर

1. बाद में जो नूरजहाँ के नाम से मशहूर हुई।
2. सभ्य और सुसंस्कृत फूलों जैसी रंगतवाली रूपवती नारी।
3. शब्दश: स्त्रियों में सूर्य।
4. लिपिक या सहायक।
5. सुशील और मधुरभाषी।

को दिलवा दिया और शाही बावर्चीख़ाने के लिए फल, सब्ज़ी, गोश्त व किराना मँगवाने का भी। यह काम बड़े नफ़ेवाला था क्योंकि बेचनेवाला भी उम्मीद नहीं करता था कि बग़ैर दस्तूरी[1] दिए उसका भुगतान हो जाएगा।

हिसाब-किताब में ग़यासुद्दीन बेग तेज़ था और इस बात के लिए वह शहर भर में मशहूर हो गया कि जितनी दस्तूरी का रिवाज चला आता है उससे न तो वह एक भी कौड़ी ज़्यादा माँगता है और न ही एक भी कौड़ी वह छोड़ता है। छोटे-बड़े सबके साथ वह बड़े अदब से पेश आता। अपनी तमीज़ व तहज़ीब के बूते पर वह बाअसर दरबारियों की नज़रों में चढ़ता गया और इसके साथ ही उसका ओहदा भी बढ़ता गया। मिर्ज़ा हकीम के इन्तक़ाल के बाद अकबर ने न सिर्फ़ उसे काबुल की दीवानी का मुकम्मल दारोमदार दे दिया बल्कि एतमाद-उद-दौला[2] के ख़िताब से भी उसे नवाज़ा।

उसकी अपनी ज़िन्दगी के तजुर्बों से ग़यासुद्दीन बेग को यह बख़ूबी इल्म हो गया था कि तालीम से बेहतर कोई दौलत नहीं। लिहाज़ा अपनी बेटी को उम्दा से उम्दा तालीम दिलवाने में उसने ख़र्च की कभी परवाह नहीं की। जल्द ही मेहरुन्निसा अरबी और फ़ारसी ज़बान में माहिर हो गई और रेख़्ता ज़बान वह निहायत ही नफ़ासत के साथ बोलने लगी। मौलाना रूमी की *मसनवी*, ख़्वाजा हाफ़िज़ का *दीवान* और शेख़ फ़िरदौसी का *शाहनामा* उसकी ज़बान पर था। ख़ूबसूरत नज़्म वह ख़ुद भी लिखा करती और अपनी शीरीं आवाज़ में उन्हें ख़ूबसूरत अन्दाज़ में गाने में भी वह होशियार हो गई। ग़यासुद्दीन बेग ने जाने-माने उस्तादों से उसे रुबाब बजाने, नाचने और तसवीर बनाने की तरबियत भी दिलवाई। वक़्त के साथ उसकी जिस्मानी ख़ूबसूरती भी बढ़ती चली गई।

एक रोज़ मेहरुन्निसा अपने घर पर नाचने का रियाज़ कर रही थी जब ग़यासुद्दीन बेग के साथ मुलाक़ात करने सलीम वहाँ आ पहुँचा। दीवानख़ाने में जब गाने और घुँघरू छनकने की आवाज़ें सुनाई दीं तो ग़यासुद्दीन बेग ने ख़ुद उसे बताया कि यह उसकी बेटी मेहर के गाने और नाचने की आवाज़ है। मेहर से मुलाक़ात करने की ख़्वाहिश सलीम ने जब ज़ाहिर की तो ग़यासुद्दीन बेग इनकार न कर सका।

सफ़ेद सलवार के ऊपर मेहरुन्निसा ने चाँदी के कामवाली आसमानी रंग की रेशमी कुर्ती डाल रखी थी। लखनवी चिकनकारी का उसी रंग का नीम शफ़्फ़ाफ़ दुपट्टा रेशमी ज़ुल्फ़ों को आधा ढकता हुआ उसके कन्धे पर लटक रहा था। सलीम का इस्तिक़बाल करते हुए अपनी गोरी लम्बी उँगलियों को पेशानी तक ले जाकर उसने उसे तस्लीम की तो उन ख़ूबसूरत उँगलियों पर से अपनी नज़र वह हटा ही नहीं पाया। और सलीम की फ़रमाइश पर जब मेहर ने नाचना शुरू किया तो उसके गुलाबी पाँव और दिलकश अन्दाज़ में उनका उठना-गिरना ही वह देखता रह गया।[3]

1. कमीशन।
2. शब्दशः राज्य का सहारा। बेटी नूरजहाँ द्वारा बनवाया हुआ आगरा में इसका मक़बरा सफ़ेद संगमरमर से बनी हिन्दुस्तान की पहली इमारत है। ग़यासुद्दीन बेग की पोती मुमताज़ महल का मक़बरा ताज़महल इसके बाद बना था।
3. मेहरुन्निसा को सलीम ने दो कबूतर सौंपे जिसमें से एक उड़ गया। सलीम ने पूछा कि कैसे उड़ गया तो उसने दूसरा भी अपने हाथ से छोड़ते हुए कहा 'ऐसे'; और इस अदा पर सलीम फ़िदा हो गया—यह सिर्फ़ क़िस्सा है।

'गुलाब की ख़ुशबू है उसमें, आवाज़ उसकी बुलबुल सरीखी और लब जैसे तरबूज़ की पतली फाँकें,' उस रात सलीम ने अपने रोज़नामचे में दर्ज किया।

उस रोज़ के बाद तो वह किसी न किसी बहाने ग़यासुद्दीन बेग के घर पहुँच जाता और देर तक मेहरुन्निसा के गाने की आवाज़ व घुँघरुओं की झंकार का इन्तज़ार करता रहता। ज़ल्द ही मेहरुन्निसा के साथ निकाह की अपनी आरज़ू उसने ग़यासुद्दीन बेग के सामने ज़ाहिर कर दी। इसके लिए बादशाह सलामत की मंज़ूरी हासिल करने की ग़यासुद्दीन बेग ने सलीम से इल्तिजा की। अकबर की जानकारी में जैसे ही यह इश्क़ आया, मेहरुन्निसा का निकाह उसने अपने मनसबदार अली क़ुली ख़ान इस्ताज्लु[1] के साथ करवा दिया, जो ईरान से भागकर हिन्दुस्तान आया था, और उसकी तैनाती हिन्दुस्तान के दूसरे सिरे पर बंगाल में कर दी।

उस वक़्त तक सलीम के कई निकाह हो चुके थे। पहला तो तब हुआ जब उसकी उम्र सोलह साल थी। हिन्दू रिवाज के मुताबिक़ उसकी बारात लेकर अकबर ख़ुद राजा भगवन्तदास के महल पहुँचा था जिसकी बेटी मान बाई के साथ सलीम की शादी तय हुई थी। उसके एक साल बाद ही मोटा राजा की बेटी जगत गोसाईं के साथ, जिसे जोधाबाई भी कहा जाता है क्योंकि वह जोधपुर की शहज़ादी थी और जो उस औरत की छोटी बहन थी जिसे अकबर ने सती किए जाने से बचाया था, सलीम का निकाह मोटा राजा के महल में हिन्दू और मुस्लिम दोनों रिवाज़ों के मुताबिक़ हुआ। निकाह के बाद जमकर नगाड़ा बजाते हुए अकबर ने अपनी ख़ुशी का वहाँ पूरे पहर भर इज़हार किया। इसके बाद सलीम का निकाह बीकानेर के राजा रायसिंह की सोलह साल की बेटी और फिर जैसलमेर के राय कल्याणमल की बेटी के साथ हुआ।

ये सभी निकाह अकबर ने करवाए थे और इनमें सलीम की रज़ामन्दी ज़रूरी नहीं समझी गई थी। लेकिन जब ज़ैन ख़ान कोका की बेहद ख़ूबसूरत बेटी ज़ीनत, बाद में जिसे ख़ास महल का ख़िताब हासिल हुआ, के साथ निकाह करने की ख़्वाहिश सलीम ने ज़ाहिर की, तो अकबर ने इसकी मुख़ालिफ़त की। अकबर अब तक नज़दीकी रिश्तेदारों में आपस में शादी करने के ख़िलाफ़ हो चला था और सलीम का निकाह ज़ैन ख़ान कोका के चाचा ख़्वाजा हसन की बेटी साहिब जमाल के साथ हो चुका था।

ज़ीनत का सलीम तब से ही आशिक़ था जब जवानी की दहलीज़ पर अपना पहला क़दम वह रखने ही जा रहा था। लेकिन इस डर से कि इस निकाह को मंज़ूरी नहीं मिल पाएगी, अपने दिल की बात अकबर से वह कह नहीं सका था। लेकिन अब हिम्मत जुटाकर उसने अपनी दादी हमीदा बानो बेगम के सामने अपना दिल खोलकर रख दिया। हमीदा बानो बेगम का सलीम बेहद लाड़ला था। उन्होंने ज़ीनत के साथ अपने पोते का निकाह बग़ैर अकबर की जानकारी के करवा दिया।

इस निकाह की बाबत अकबर को जब मालूम हुआ था तो सबके सामने ही सलीम को उसने बुरी तरह लताड़ा था। अब यह मेहरुन्निसा को उससे जुदा कर देना ऊँट की पीठ पर आख़िरी तिनका साबित हुआ। सलीम ने शराब पहली दफ़ा तब चखी थी जब वह शिकार खेलते हुए बेहद थक गया और एक ख़िदमतगार ने थकन उतारने के लिए

1. एक शेर के साथ निहत्थे भिड़न्त करने पर बाद में उसे शेरख़ान का ख़िताब मिला था।

उसे एक प्याला शराब दी थी। लेकिन मय-परस्त वह तब भी नहीं बना था। मगर अब अपनी नाफ़रमानी ज़ाहिर करने के लिए और अपनी बग़ावत को शक्ल देने के लिए भी, क्योंकि शराब पीने के लिए अकबर उसे मना करता था, वह सुबह से शुरू होकर रात तक शराब पीने लगा। हालात यहाँ तक पहुँच गए कि उसके हाथ बुरी तरह काँपने लगे और उसके ख़िदमतगार शराब का प्याला उसके होंठों पर लगाते तब ही वह शराब पी पाता।

जिसको पाने के लिए राजपूताना की गर्म रेत पर कई रोज़ तक वह नंगे पाँव चला था, उसे ख़ुद को इस तरह ख़त्म करते हुए देख अकबर का दिल रो उठता। सलीम को उसने कई तरह से और कई दफ़ा नसीहत दी। लेकिन सलीम पर कोई असर नहीं हुआ। तभी मुराद का इन्तक़ाल हो गया, शराब पीने से ही। सलीम के लिए अकबर की फ़िक्र का कोई अन्दाज़ा न था। मगर दक्खिन से भी पैग़ाम आ रहे थे कि बग़ैर बादशाह सलामत की मौजूदगी के दक्खिन की मुहिम नाकामयाब रहनेवाली है। दक्खिन रवाना होने के पहले सलीम को उसने अपने ख़ास और भरोसे के उमरा व मनसबदार के साथ मेवाड़ के राणा उदयसिंह के ख़िलाफ़ जंग छेड़ने के लिए बड़ी फ़ौज लेकर भेज दिया, इस उम्मीद में कि इस ज़िम्मेदारी के काम में मसरूफ़ियत शायद उसका शराब पीना कम कर दे। मगर अकबर के रवाना होने के हफ़्ते-दस दिन बाद ही सलीम ने उस फ़ौज के साथ इलाहाबाद का रुख़ किया और वहाँ पहुँचकर उसने ख़ुद के बादशाह होने का एलान कर दिया। इसके साथ ही पुराने जागीरदारों को बेदख़ल करके उनकी जागीरें उसने अपने मोतबर लोगों को अता करना शुरू कर दिया और उसके ख़ुशामदी व चापलूस लोग बड़े-बड़े ख़िताबों से नवाज़े जाने लगे।

अकबर को पहले तो यक़ीन ही नहीं हुआ कि सलीम ने उसके ख़िलाफ़ बग़ावत कर दी है। लेकिन जब उसे सलीम की मोहर चस्पाँ किया हुआ शाही फ़रमान मिला तो उसे यक़ीन करना पड़ा।

फ़रमान पढ़कर मीर ग़यासुद्दीन अली ने अकबर को सुनाया।

"चन्द शरारती लोगों की शह पर मेरे वालिद ने वे बन्दोबस्त ख़त्म कर दिए हैं जो मस्जिदों के ख़तीब व मुअज़्ज़िन[1] और इमाम के लिए किए गए थे और जमात में बैठकर नमाज़ पढ़ने पर पाबन्दी लगा दी है। कई मस्जिदों को उन्होंने गोदामों और अस्तबलों में तब्दील कर दिया है।"

"यक़ीनन यह मुल्लाओं की कारिस्तानी है!" अकबर का ग़ुस्सा उबल पड़ा। "सिर्फ़ वे ही ऐसी वाहियात बातें उसके दिमाग़ में ठूँस सकते हैं! यह लिखवाने के पहले सलीम को हक़ीक़त तो मालूम कर लेनी थी!" नाराज़गी से अपनी भौंहें सिकोड़कर अकबर ने हाथ फैला दिए। "आगे और क्या जहर उगलवाया है उन मुल्लाओं ने उस नालायक़ से?"

"जहाँपनाह! आगे लिखा है : 'इस क़िस्म का बर्ताव उनकी जानिब नामुनासिब था। ओहदेदारों को चाहिए कि मस्जिदों की मरम्मत और उनके ख़तीब, मुअज़्ज़िन व इमाम के वज़ीफ़े का भुगतान दोबारा शुरू करें और नमाज़ पढ़ने के लिए लोगों को क़ायल करें। इस बाबत ढिलाई दिखानेवाले को सज़ा दी जाएगी।"

1. ख़तीब यानी ख़ुत्बा पढ़ने वाला, मुअज़्ज़िन यानी अज़ान देनेवाला।

मन्धाकर से आगरा पहुँचकर क़िले के मग़रिब में बने दिल्ली दरवाज़े से अकबर अन्दर दाख़िल हुआ और हाथी पोल पर अपने हाथी से नीचे उतर गया। दोनों बाजू खड़े हुए संगमरमर के हाथियों ने अपनी सूँड़ों को जोड़कर ख़ूबसूरत मेहराब बनाई हुई थी।

'इन्हें शक्ल देते हुए संगतराशों को मैं कितनी दिलचस्पी से देखा करता था!' उन दोनों हाथियों को अकबर ने मोहब्बत से सहलाया। 'लेकिन अब तो किसी भी चीज़ में मेरी दिलचस्पी बाक़ी नहीं रही।'

दौलतख़ाने में हीरा कुँवर अपने हाथों में आरती का थाल लिये अकबर का इन्तज़ार कर रही थी। आरती उतारने के बाद उसने कोने में रखे एक पुलिन्दे की तरफ़ इशारा किया।

"इलाहाबाद से सलीम ने भेजा है।"

अकबर के हुक्म से एक बाँदी ने वह पुलिन्दा खोला। उसमें सोने व चाँदी के सिक्के थे जिन पर नक़्श किया हुआ था : 'नूरुद्दीन मुहम्मद सलीम इब्ने जलालुद्दीन मुहम्मद अकबर इब्ने नसीरुद्दीन मुहम्मद हुमायूँ इब्ने ज़हीरुद्दीन मुहम्मद बाबर।'

"कितना नीचे गिर गया है सलीम!" अपनी आँखों में दर्द लिये हीरा कुँवर को देखते हुए अकबर कराह उठा। "ये सिक्के भेजने में उसका मक़सद साफ़ है : मेरी बादशाहत को नामंज़ूर करना। मेरे ख़िलाफ़ क्या वह जंग का एलान कर रहा है?" ग़ुस्से से अकबर चिल्लाया। "मेरे ख़िलाफ़? अपने वालिद के ख़िलाफ़?"

हीरा कुँवर की आँखों से, जो अपने बेटे की इस हरक़त पर शर्मसार होकर सिर झुकाए खड़ी थी, आँसू बह निकले और वह दौड़ती हुई हरमसरा में चली गई।

मीर ग़यासुद्दीन अली को बुलवाकर अकबर ने सलीम के लिए एक ख़त लिखवाया, उसके बर्ताव के लिए जिसमें उससे सफ़ाई तलब की गई। जवाब में सलीम ने अकबर का क़दमबोसा करने के लिए आगरा आने की इजाज़त चाही। अर्ज़ी मगर नामंज़ूर कर दी गई। तब भी सलीम सत्तर हज़ार घुड़सवार फ़ौजियों के साथ आगरा के लिए रवाना हो गया और इटावा पहुँचकर उसने अपना पड़ाव कर लिया जो आगरा से सिर्फ़ पचास कोस दूर था।

सलीम को उसकी इस हरक़त के लिए डाँटते हुए अकबर ने उसे फ़रमान भेजा जिसमें यह हिदायत उसे दी गई कि इटावा से आगे बढ़ने का नतीजा ख़तरनाक होगा।

'तुम्हें मालूम होना चाहिए कि तुम्हारी सलामती और ख़ुशहाली इलाहाबाद वापस जाने में ही है। ख़िदमत बजा लाने की ख़्वाहिश ने अगर तुम्हें गिरफ़्त में ले लिया है, तो दरबार में तुम्हें तन्हा हाज़िर होना चाहिए।'

इस फ़रमान को पाकर सलीम की हिम्मत जवाब दे गई और इटावा से वह वापस इलाहाबाद के लिए चल दिया।

अकबर को अब अबुल फ़ज़ल की कमी बेहद खलने लगी। दक्खिन से उसे वापस बुलवाने के लिए उसने एक ख़त लिखवाया।

"इस नाज़ुक हालत से निपटने के लिए किसी और पर भरोसा नहीं किया जा सकता। नई नस्ल क़द्र नहीं कर सकती कि किस तरह सल्तनत को खड़ा किया गया और उसे मज़बूत किया गया, थोड़ा-थोड़ा करके—सलीम तो क़तई नहीं।"

आगरा में कई रोज़ से बारिश हो रही थी मगर आज आसमान साफ़ था। क़िले की

छत पर से अकबर नीले आसमान में उड़ रहे अपने कलाबाज़ कबूतरों को देख रहा था। गोल चक्कर लगाते हुए यकायक वे ठहर गए और इस तरह नीचे गिरने लगे जैसे कि जान उनमें बाक़ी न रही हो।

एक हिजड़े ने आकर कोर्निश करने के बाद अकबर से अर्ज़ किया कि शेख़ फ़रीद बख़्शी बेगी ख़िदमत में हाज़िर होने के ख़्वाहिशमन्द हैं।

"अकेले?" अकबर की पेशानी पर फ़िक्र की लकीरें पड़ गईं।

"जी, जहाँपनाह!"

"फ़ौरन उसे भेजो!"

'वह अकेला क्यों है? अल्लामी कहाँ है?' अकबर को शुबहों ने घेर लिया। शेख़ फ़रीद बख़्शी बेगी अबुल फ़ज़ल के साथ दक्खिन गया था।

शेख़ फ़रीद ने हाज़िर होकर कोर्निश की और ख़ामोश खड़ा रह गया। उसके हाथ में काला रूमाल बँधा देखकर अकबर के दिल की धड़कन तेज़ हो गई।

"क्या बात है शेख़? जो भी बात हो बेख़ौफ़ होकर कहो! और फ़ौरन कहो!"

अपने जानुओं पर गिरकर शेख़ फ़रीद रोते-रोते बोला, "शेख़ अबुल फ़ज़ल नहीं रहे जहाँपनाह!"

अकबर चीख़ उठा और गिरकर बेहोश हो गया। चीख़ सुनकर सलीमा दौड़ी-दौड़ी छत पर आई और पानी बुलवाकर अकबर के चेहरे पर छिड़कने लगी। होश में आते ही अकबर बिलख उठा।

"ओ मेरे अल्लामी! ओ मेरे अज़ीज़! या अल्लाह! वही तो सिर्फ़ मेरा हबीब इस दुनिया में बाक़ी था!" अकबर के दर्द-ए-दिल की इन्तिहा नहीं थी। यकायक उसके सीने में टीस उठी और दर्द से वह दोहरा हो गया। सलीमा ने ताली बजाई और ख़िदमतगार दौड़े चले आए। दौलतख़ाने में उसे आराम से मसनद पर लिटा दिया गया और हकीम को ख़बर कर दी गई।

"यह कैसे हुआ?" दर्द से परेशान हाल होने के बावजूद अकबर शेख़ फ़रीद बख़्शी बेगी से मुख़ातिब हुआ।

"जहाँपनाह! जब वे आगरा के रास्ते में थे तो नरवर के जंगल में डाकुओं ने हमला कर दिया।"

"ओ मेरे जिगरी अल्लामी!" अकबर की रुलाई फिर फूट पड़ी।

बाद में अकबर को ख़बर हुई कि इस हादसे का ज़िम्मेदार सलीम था जिसने इनाम का लालच देकर ओरछा के राजा वीरसिंह बुन्देला को अबुल फ़ज़ल का क़त्ल करने के लिए राज़ी किया था।

अबुल फ़ज़ल से सलीम तब से ख़ार खाता था जब से उसे अकबर ने उसका उस्ताद मुक़र्रर किया था। सलीम के साथ वह एक आम शागिर्द सरीखा बर्ताव करता और किसी भी तरह की ढिलाई या नरमी तालीम को लेकर उसके साथ नहीं की जाती थी, जैसा कि अकबर का हुक्म भी था। और उसी हुक्म के मुताबिक़ उसकी हर ख़ता, उसकी हर ग़फ़लत अकबर के कानों तक पहुँचती जिसके नतीजे में सलीम को डाँट-फटकार तो मिलती ही, कई दफ़ा अकबर के थप्पड़ भी खाने पड़ जाते।

इसके अलावा यह यक़ीन भी सलीम को हो चला था कि अकबर के साथ उसकी अनबन बढ़ते जाने में अबुल फ़ज़ल का भी हाथ था, जो उसके ख़िलाफ़ उसके वालिद के कान हर वक़्त भरा करता था। और इलाहाबाद में मुल्लाओं ने उसके कान भर दिए कि अबुल फ़ज़ल अगर वापस आगरा पहुँच गया तो बादशाह सलामत और भी ज़्यादा उसके ख़िलाफ़ हो जाएँगे जिसके नतीजे में हिन्दुस्तान के तख़्त का वारिस बनना उसके लिए तक़रीबन नामुमकिन हो जाएगा।

नतीजतन, अबुल फ़ज़ल के आगरा पहुँचने के पहले ही उसे हलाक कर देने का काम सलीम ने वीरसिंह बुन्देला को सौंप दिया।

'यह तूने क्या किया शेख़ू बाबा? मेरी जान ले लेता!" धाड़ मारकर अकबर रो उठा। "उस मासूम और बेगुनाह इनसान को क्यों क़त्ल करवाया?"

अपने तसव्वुर में अबुल फ़ज़ल पर हमला होते हुए और बेरहमी से उसे क़त्ल किए जाते देख अकबर के अश्क कई रोज़ तक बहते रहे।

"मैं कहाँ ग़लत हुआ," सलीमा से उसने पूछा, "अपने बेटों की परवरिश में? पहाड़ी ने शराब में अपनी ज़िन्दगी ख़त्म कर डाली और सलीम ने ऐसा ज़लील काम किया!"

इस बार सलीमा के पास कोई जवाब नहीं था।

उज्जैन के नज़दीक अबुल फ़ज़ल को इत्तिला हुई थी कि आगे उसकी जान को ख़तरा है। उसे सलाह दी गई कि दो कोस दूरी पर शाही फ़ौज मौजूद है, घूमकर वह उस रास्ते से चला जाए। मगर अबुल फ़ज़ल ने सलाह नहीं मानी और इसकी वजह भी उसने बताई।

"आला इनसान के लिए बहादुरी से फ़ौत होना क़ाबिले एहतिराम है बजाय बुज़दिली का दाग़दार बनने के! अगर यह मेरा आख़िरी दिन है, जो कि हरेक के साथ होना है, तो इसका क्या इलाज है? और मैं क्या सलाह मंज़ूर करूँ? मेरे मेहरबान शहंशाह ने मुझे एक शागिर्द के दर्जे से एक अमीर, एक वज़ीर और एक सिपहसालार के बुलन्द मुक़ाम तक पहुँचाया। इस रोज़ अगर मैं ज़िल्ले इलाही की मेरे बारे में राय के बरख़िलाफ़ अमल करता हूँ, तो अपने मेहरबान आक़ा के हुज़ूर में कभी भी ख़ुद को मैं कैसे पेश कर पाऊँगा?"

जब अपने हथियारबन्द गिरोह के साथ वीरसिंह दूर से नज़र आया तब उसे दोबारा सलाह दी गई कि अपनी हिफ़ाज़त के लिए वह रास्ता बदल ले लेकिन उसने दोबारा इनकार कर दिया और बेमिसाल बहादुरी के साथ वह लड़ा। हमलावर तादाद में कहीं ज़्यादा थे। अबुल फ़ज़ल को उन सबने मिलकर घेर लिया और वीरसिंह ने उसके दिल में नेज़ा घुसा दिया।

विदाई की घड़ियाँ

दो साल होने को आए मगर अपने अल्लामी को याद करके अकबर के मुँह से आह अब भी निकल जाती है। बड़ी शिद्दत से उसे आरज़ू थी कि वीरसिंह बुन्देला को अपने दरबार में तलब कर एक दफ़ा उससे दरयाफ़्त करे : 'ऐसे नगीना सरीखे इनसान का क़त्ल तूने क्यों किया, ऐसी बेरहमी से?' उसे गिरफ़्तार करने के लिए अबुल फ़ज़ल के बेटे के सुपुर्द उसने बड़ा रिसाला कर दिया था। लेकिन वीरसिंह न जाने किस सूराख़ में जा घुसा था। तलाश करने की हर तरह कोशिश के बावजूद उसका कुछ पता नहीं था।

दक्खिन से ख़बर आई कि दानियाल भी मुराद के रास्ते पर चल पड़ा है। इस मुहिम की बागडोर सौंपते हुए अकबर ने एक सुर्ख़रंग ख़ेमा उसे अता किया था—इस बात की पुख़्ता निशानी कि वह उसका वारिस है। दक्खिन रवाना होते वक़्त दानियाल ने अकबर से अहद किया कि शराब को वह हाथ तक नहीं लगाएगा। शराब की सुराहियाँ और प्याले भी उसने तोड़ डाले और कुछ वक़्त तक वाक़ई वह शराब से दूर रहा। लेकिन अब अपना अहद उसने तोड़ दिया था।

मीर ग़यासुद्दीन अली से अकबर ने दानियाल को एक ख़त लिखवाया। पहले के वक़्त में ऐसे अहम ख़त या तो अबुल फ़ज़ल से लिखवाए जाते थे या रवाना करने के पेशतर उसे दिखाए जाते थे। फिर उसके मशविरे और उस मशविरे पर अकबर की राय के मुताबिक़ उनमें तब्दीली करके दोबारा उन्हें लिखा जाता था।

'क्यों अपनी जवानी और रानाई[1] पर तुम रहम नहीं खाते, और क्यों तुम अपने बड़े भाई की मिसाल से नसीहत नहीं लेते? ख़ालिक़ को और मुझे ख़ुश करने की अगर तुम्हें ख़्वाहिश है, उस नुक़सानदेह शरीक[2] की सोहबत से ख़ुद को तुम अलग कर लोगे और लम्हाती लुत्फ़ के लिए हमेशा की अपनी तबाही को नहीं बुलाओगे।'

इसके बावजूद उसे ख़बर मिलती रही कि दानियाल की हिचकियाँ एक लम्हे के लिए भी नहीं रुकतीं। कि मुसलसल शराब गटकते रहने की वजह से वह बेहद कमज़ोर और बीमार हो गया है। अकबर ने फ़रमान भेजा कि वह उसके दरबार में हाज़िर हो। लेकिन दानियाल नहीं गया और बीरबल के बेटे हरहर राय के हाथों उसने हाज़िर न होने के लिए मुआफ़ी तलब करते हुए अर्ज़ी भेज दी, यह क़ौल करते हुए कि आगे से वह कभी शराब नहीं पिएगा। क़ौल मगर कभी नहीं रखा गया। और बार-बार वापस बुलाए जाने के बावजूद, एक न एक बहाने से दानियाल आगरा आने से कतराता रहा।

इधर हमीदा बानो बेगम और गुलबदन बेगम अकबर पर ज़ोर डाल रही थीं कि

1. सुन्दरता।
2. सहयोगी, साझेदार।

सलीम के साथ वह सुलह कर ले। सलीमा को अपना नुमाइन्दा बनाकर उसने इलाहाबाद रवाना कर दिया और किसी तरह वह सलीम को इस बात के लिए राज़ी करने में कामयाब हो गई कि अपने वालिद से वह मुआफ़ी माँग ले।

"तुम्हारे अब्बा नारियल के मानिन्द हैं," अकबर का सामना करने से घबरा रहे सलीम को उसने समझाया। "बाहर से सख़्त अन्दर से नर्म।"

'और अपने अन्दर ऐसे राज़ समेटे हुए,' सलीम को समझाते हुए उसके दिल में ख़याल आया, 'जिन तक कभी कोई पहुँच पाएगा, इसमें मुझे शक है।'

इलाहाबाद से सलीम सलीमा के साथ ही आगरा आ पहुँचा लेकिन जमना नदी को वह पार करे उसके पहले ही हमीदा बानो बेगम जमना पार पहुँच गई और सलीम को अपनी हिफ़ाज़त में ले उसे अपने साथ रख लिया। ख़बर मिलते ही अकबर अपनी वालिदा के जमना पार वाले मकान में जा पहुँचा। उसे देखते ही हमीदा बानो बेगम ने सलीम को ऐसा धक्का दिया कि वह अकबर के पैरों पर जा गिरा। अपने शेख़ू बाबा को उठाकर अकबर देर तक उसकी आँखों में बड़े ग़ौर से देखता रहा। दानियाल की तरफ़ से मायूस होकर शायद वह सलीम में अब हिन्दुस्तान का अगला बादशाह खोज रहा था।

अगले रोज़ सलीम दरबार में हाज़िर हुआ और अकबर ने उसे अपनी मोहब्बत भरी आगोश में भर लिया। दरबारियों ने भी उसका इस्तिक़बाल किया। और फिर अकबर ने अपनी दाईं तरफ़ उसे बिठाकर यह समझाइश दी कि अधूरा छोड़ा हुआ काम अब उसे पूरा कर लेना चाहिए, मेवाड़ के राणा उदयसिंह पर फ़तह हासिल करने का। फ़रमाँबरदार बेटे की तरह सलीम ने हामी भर दी और फ़ौज को लेकर आगरा से निकल पड़ा। मगर फ़तेहपुर सीकरी के आगे वह नहीं गया और वहीं पर पड़ाव कर लिया। अगले रोज़ अकबर को सलीम का ख़त मिला जिसमें उसने लिखा था कि उसे दी गई फ़ौज कम तादाद और हथियार नाकाफ़ी होने की वजह से वह सौंपे गए काम को सरंजाम देने में ख़ुद को नाक़ाबिल पाता है। जवाब में अकबर ने लिखवाया कि एक मुबारक काम के लिए निकल पड़ने के बाद पाँव वापस खींचना मुनासिब नहीं, लिहाज़ा वह इलाहाबाद के लिए रवाना हो सकता है।

दानियाल की बाबत ख़बरें अकबर को अब और भी ज़्यादा मायूस और रंजीदा कर रही थीं। हकीम अबुल फ़तह के बेटे हकीम फ़तहुल्लाह को उसने दानियाल को समझाइश और नसीहत देने व उसकी शराब की लत छुड़ाने के लिए दक्खिन रवाना कर दिया। लेकिन कुछ हासिल नहीं हुआ। तब अपने मोतबर उमरा को उसने दानियाल को आगरा ले आने की ज़िम्मेदारी दी। उन लोगों ने हर तरह दानियाल को मनाया मगर वह आगरा जाने के लिए राज़ी न हुआ।

उधर इलाहाबाद के ख़ुफ़िया नवीस ने जो ख़बर भेजी उससे सलीम की बाबत उसकी फ़िक्र बहुत ही ज़्यादा बढ़ गई।

"जहाँपनाह! शराब का प्याला एक लम्हे के लिए भी शहज़ादे सलीम के लबों से दूर नहीं रहता।" मीर ग़यासुद्दीन अली ने वह ख़त बुलन्द आवाज़ में पढ़कर अकबर को सुनाया। "शराब पीना हर रोज़ बढ़ता जाता है और शहज़ादे रोज़ बीस प्याले से भी

ज़्यादा पीने लगे हैं और शराब के इतने आदी हो गए हैं कि मदहोशी के लिए शराब में अफ़ीम मिलाने लगे हैं। वह दरबार में भी पीते हैं और नशे की हालत में हलके से हलके जुर्म पर भी सज़ा-ए-मौत सुना देते हैं। अपनी मौजूदगी में उन्होंने एक बितिकची की ज़िन्दा हाल ही ख़ाल उतरवा दी। इसके अलावा एक ख़ादिम को उन्होंने आख़्ता[1] करवा दिया और एक नौकर को तो पीट-पीटकर मरवा डाला।"

सुनकर अकबर बेज़ार हो उठा और सलीम को उसकी ख़ताओं की सज़ा देने के लिए उसने फ़ौरन इलाहाबाद रवाना होने का फ़ैसला कर लिया। जमना नदी में वह कुछ ही दूर गया होगा कि उसकी कश्ती रेत में धँस गई। अगले रोज़ से बारिश होने लगी और तीन रोज़ तक मुसलसल और ज़बर्दस्त बारिश हुई। तूफ़ान में सारे ख़ेमे उखड़ गए सिवा उसके अपने ख़ेमे के। और फिर ख़बर आई कि हमीदा बानो बेगम बेहद बीमार हैं।

अकबर को पहले तो यक़ीन नहीं हुआ। हमीदा बानो बेगम ने उसके इस मुहिम की ज़बर्दस्त मुख़ालिफ़त की थी और ख़ान बाबा से अलगाव के वक़्त उनका बीमारी के बहाने से उसे दिल्ली बुला लेना भी अकबर को याद था। लेकिन जब उसके ख़ास लोगों ने बताया कि वे वाक़ई बहुत बीमार हैं, इतनी ज़्यादा कि हकीमों ने दवा देना बन्द कर दिया है, तो वह फ़ौरन वापस भागा।

हमीदा बानो बेगम की बग़ल में बैठ अकबर ने उनसे उनकी तकलीफ़ दरयाफ़्त करनी चाही मगर तब तक वे बोलने की ताक़त खो चुकी थीं। अकबर फूट-फूटकर रो पड़ा और सारी रात वह अपनी ख़्वाबगाह में बैठा अल्लाह से दुआ करता रहा कि उसकी अम्मी को वह अपनी रहमत से नवाज़े। अलस्सुबह उसे ज़ोर-ज़ोर से रोने की आवाज़ें सुनाई दीं और वह जान गया कि अल्लाह की मर्ज़ी के आगे उसकी दुआ नाकाम हो गई है। अपनी पगड़ी उसने उतार फेंकी और हज्जाम को बुलवाकर अपना सिर उसने मुँड़वा लिया और मूँछें भी साफ़ करा लीं।

अपनी वालिदा के जनाज़े को कन्धा देते हुए अकबर को महसूस हुआ कि उसकी ज़िन्दगी के अब कोई मानी बाक़ी नहीं रहे और यकायक ज़िन्दा रहने की उसकी ख़्वाहिश ख़त्म हो गई। कई मुद्दों पर हमीदा बानू बेगम से इख़्तिलाफ़ होने के बावजूद वह उनसे बेपनाह मोहब्बत करता था। उसके ख़ास उमरा और मनसबदार जनाज़े को दिल्ली ले गए, जन्नत आशियानी की क़ब्र के बाजू में हमीदा बानू बेगम को दफ़न करने। और अकबर ख़ुद क़िले में वापस आकर अपनी ख़्वाबगाह में बैठा रहा, अपनी अम्मी की मोहब्बत के साए में गुज़रे बचपन को याद करते हुए और ख़ुद को तसल्ली देते हुए कि अम्मी अब अब्बा के साथ रहेंगी।

ग़मज़दा होने के बावजूद उस शाम को यह एलान करना वह नहीं भूला, "क्योंकि कल दशहरे का त्योहार है। ख़िदमतगार मातम करना छोड़ सकते हैं।"

दो रोज़ तक वह दस्तरख़्वान पर नहीं बैठा मगर हर सुबह वह झरोखे पर ज़रूर बैठा और दरबार में भी। और रियाया की उसने फ़रियादें भी सुनीं।

अपनी दादी की बीमारी की ख़बर पाकर सलीम ने आगरा आने की इजाज़त चाही। अपनी वालिदा से ज़्यादा वह अपनी दादी के क़रीब था। हमीदा बानो बेगम ने भी सूद

1. बधिया।

समेत वह मोहब्बत सलीम पर लुटाई थी जो ईरान जाने की मजबूरी में अकबर को बचपन में वे नहीं दे पाई थीं।

लेकिन जब तक सलीम आगरा पहुँचा, हमीदा बानो बेगम इस फ़ानी दुनिया को अलविदा कह चुकी थीं। दरबार में जाकर उसने अकबर के पैरों में अपना सिर रख दिया। अकबर ने भी उसे बड़ी मोहब्बत से अपने नज़दीक बिठाया। लेकिन दरबार ख़त्म होने के बाद दोनों जैसे ही दौलतख़ाना पहुँचे, अकबर ने उसे तमाचे जड़ना शुरू कर दिया।

"यह सीखा है तुमने? नशे में ग़ाफ़िल होकर बेगुनाह लोगों को हलाक करना?" अकबर चिल्लाता गया और सलीम को तमाचे मारता गया। "अपने ख़िदमतगारों पर बेवजह ज़ुल्म करना? उनकी ज़िन्दा ख़ाल खिंचवा लेना और उन्हें आख़्ता करना?"

सिर को झुकाए हुए सलीम तमाचे खाता रहा और अश्क बहाता रहा। देर तक सलीम पर अपना ग़ुस्सा निकाल चुकने के बाद अकबर ने उसे ग़ुस्लख़ाने[1] में बन्द करवा दिया और नौकरों को ताकीद कर दी गई कि शहज़ादे को शराब वे अपना सिर कलम किए जाने का ख़तरा उठाकर ही मुहैय्या करवा सकते हैं।

सलीम की बहनों ने आकर उसे तसल्ली दी और उसकी तरफ़ से अपने वालिद से दरख़्वास्त की कि वह पशेमान है और अब बदल गया है। दस रोज़ बाद सलीम को आज़ादी मिली मगर इस पाबन्दी के साथ कि जमना पार वाले मकान में ही उसे रहना होगा—अकेले। जिससे कि माज़ी में उससे हुई ख़ताओं और हिमाक़तों पर वह ग़ौर कर सके।

दानियाल की बाबत ख़बरें सिर्फ़ नाउम्मीदी ज़ाहिर कर रही थीं। उस पर भी अकबर ने पहरेदार तैनात कर दिए थे जिससे कि उसे शराब हासिल न होने पाए। लेकिन इससे क्या? दानियाल की फ़िक्र करनेवाले उसके दोस्त जो मौजूद थे! वे उसे शिकार पर ले गए, उनके कन्धों पर लटकी हुई बन्दूक़ों की नलियों में और ढीले जामे के अन्दर पेट पर लपेटी हुई गाय की अँतड़ियों में शराब भरे हुए।[2] हाँ, इतनी समझदारी उन दोस्तों ने ज़रूर दिखाई कि बन्दूक़ों की नलियों में शराब भरने के पहले उनको अन्दर से उन्होंने ख़ूब अच्छी तरह साफ़ कर लिया।

"जहाँपनाह! शहज़ादा दानियाल का जिस्म जवाब देता जा रहा है," एक ख़ुफ़िया नवीस ने अकबर को ख़बर पहुँचाई। "उनकी नसें और हाथ-पैर सुन्न हो गए हैं और उनकी भूख ख़त्म हो गई है। सिर्फ़ शराब को ही वे तलब करते रहते हैं। अकसर बेहोशी के आलम में बड़बड़ाया भी करते हैं। शायद उनके दिमाग़ में ख़लल पड़ गया है।"

ज़ल्द ही दक्खिन से वह ख़बर भी आ गई जिसका अकबर को डर था। बिस्तर पर पड़े-पड़े दानियाल 'शराब, शराब, शराब' चिल्लाता रहा और चालीसवें रोज़ उसकी रूह उसके जिस्म से जुदा हो गई। अभी उसने चौंतीस बहारें भी न देखी थीं।

इस दफ़ा यह मनहूस ख़बर अकबर ने बड़े सब्र के साथ और कोई भी जज़्बात ज़ाहिर किए बग़ैर सुनी। अपने अज़ीज़ों की मौत से बार-बार रूबरू होकर उसका दिल

---

1. हम्माम या स्नानागार से लगा हुआ यह बड़ा कमरा हुआ करता था जिसमें ख़ास लोग ही आ सकते थे, बादशाह के साथ परामर्श करने।
2. गाय की अँतड़ियों को पीने का पानी भरकर ले जाने के लिए इस्तेमाल किया जाता था।

अब सख़्त हो चला था। और अल्लाह की मर्ज़ी को सिर झुकाकर, बग़ैर फ़रियाद किए मंज़ूर कर लेना भी उसने सीख लिया था।

अगली सुबह बिना किसी को बताए वह जमना पार उस मकान में गया जिसमें सलीम का मुक़ाम था। दोपहर बाद जब वह वापस आया तो बेहद थका हुआ और उदास था। उसके अगले रोज़ उसने सलीम के बेटे ख़ुसरो को दस-हज़ारी मनसब के साथ ही नगाड़ा और परचम से भी नवाज़ा व राजा मानसिंह को सात-हज़ारी मनसबदार बनाकर उन्हें उनके भानजे का सरपरस्त मुक़र्रर कर दिया। पैग़ाम साफ़ था : बादशाह सलामत ख़ुसरो को अपना वारिस बनाने पर ग़ौर कर रहे हैं।

राजा मानसिंह की बहन और ख़ुसरो की वालिदा मान बाई ने गुज़श्ता साल ख़ुदकुशी कर ली थी। इस हादसे के लिए ख़ुसरो अपने वालिद को ज़िम्मेदार मानता था जिन्होंने उसके मुताबिक़ उसकी वालिदा के साथ इतनी ज़्यादती और बदसलूकी की कि यह क़दम उठाने पर वे मजबूर हो गईं।[1]

ख़ुसरो का निकाह मिर्ज़ा अज़ीज़ कोका की एक बेटी के साथ हो चुका था लिहाज़ा वे उसके ससुर थे। उन्होंने ख़ुसरो के मामा राजा मानसिंह के साथ मिलकर घेरेबन्दी शुरू कर दी और ख़ुसरो को वारिस मुक़र्रर करने के लिए अकबर पर ज़ोर देने के मक़सद से कई उमरा और मनसबदार अपनी तरफ़ मिला लिये। सारे उमरा और मनसबदार अब दो ख़ेमों में बँट गए और साज़िशी दौर चल पड़ा।

लेकिन कोई फ़ैसला हो सके उसके पहले ही अकबर बेहद बीमार पड़ गया। उसके पेट में दर्द और मरोड़ उठने लगे और फिर दस्त लग गए। हकीम अली ने आठ रोज़ तक कोई दवाई नहीं दी कि पेट की सफ़ाई हो रही है, और दस्त पेचिश में तब्दील हो गए। अब हकीम फ़िक्रमन्द हो उठा और उसने ऐसी दवा दे दी कि अकबर को ज़बर्दस्त क़ब्ज़ हो गया। पेट में भयंकर दर्द होने के साथ अब उसे तेज़ बुख़ार भी चढ़ गया।

इसके बावजूद अकबर रोज़ सुबह झरोखे पर बैठ रहा था। लेकिन दरबार में हाज़िर रहना उसके लिए मुमकिन न हुआ। निज़ामत के ज़रूरी मसले ख़्वाबगाह में उसे पेश किए जाते और बिस्तर पर लेटे-लेटे ही वह उन पर फ़ैसले देता।

उन्नीसवें रोज़ हकीम अली दहशत से भर उठा और अकबर को उसने दस्तावर काढ़ा पिला दिया। दस्त हुए मगर साथ में ख़ून भी बह निकला। और हैरान-परेशान हकीम अली ने आगे कोई भी दवा करने से अपने हाथ खींच लिये।

---

1. अबुल फ़ज़ल का ख़याल था कि पागलपन के दौरे में उसने ख़ुद को ज़हर दे दिया, ज़्यादा तादाद में अफ़ीम खाकर, जिसके लिए उसके अपने छोटे भाई मधु सिंह और उसके बेटे ख़ुसरो का उसके साथ बर्ताव ज़िम्मेदार था।

आख़िरी मंज़र

"दूर कर दो इस नाकारा इनसान को मेरी नज़रों से!" अकबर चिल्लाया।

हकीम अली का चेहरा ज़र्द पड़ गया, दिल ज़ोरों से धड़क उठा और उसके घुटने काँपने लगे। कोर्निश करता हुआ वह उलटे पाँव चलकर ख़्वाबगाह के बाहर हो गया।

अकबर ने आँखें बन्द कर लीं। कुछ देर बाद उसने अपने नंगे पेट पर दो मुलायम हाथ महसूस किए और फिर उस लेप की ठंडक को भी, जिन्हें वे हाथ बड़ी नरमी से उसके पेट पर गोल-गोल घूमते हुए मल रहे थे। वह समझ गया कि यह किसके हाथ हैं फिर भी उसने अपनी आँखें खोलकर देखा। सलीमा ही थी।

'उतनी ही दिलकश जितनी मेरे साथ निकाह के वक़्त थी! सिर पर सफ़ेद बालों की लट ने उम्र में इज़ाफ़ा करने के बजाय इसकी ख़ूबसूरती में ही और इज़ाफ़ा कर दिया है।'

अपनी आँखों को अकबर ने फिर बन्द कर लिया। ज़ल्द ही उसे पाज़ेब की छन-छन और चूड़ियों की खन-खन सुनाई दी।

'हीरा कुँवर के सिवा कौन हो सकती है?' उसने अन्दाज़ा लगाया मगर आँखें नहीं खोलीं।

अकबर का अन्दाज़ा सही था। बिस्तर के पैताने पर बैठ हीरा एक कटोरी में से तेल अपने हाथों में लेकर अकबर के तलवों पर आहिस्ता-आहिस्ता मलने लगी। किसी वैद्य ने उसे बताया था कि इनसान के बदन की सारी नाड़ियाँ उसके तलवों से होकर जाती हैं।

"मैंने चिन्तामन बैद को बुलवाया है। बहुत बड़े नाड़ी-बैद हैं। नब्ज़ पर हाथ रखते ही मर्ज़ की जड़ तक पहुँच जाते हैं," हीरा कुँवर ने बताया। वह इस बात को लेकर बड़ी परेशान थी कि अकबर को यह शक है कि उसे ज़हर दिया गया है और इसमें सलीम का हाथ है।

'मुझे बख़ूबी यह इल्म है कि सलीम को इस इल्ज़ाम से बरी करवाने के लिए ही हीरा उस वैद को बुलवा रही है।' अधखुली आँखों से अकबर ने बेगम हीरा कुँवर को देखा। 'मेरी बेगम होने के साथ ही वह सलीम की वालिदा भी तो है! लेकिन सलीम ने अगर यह हरक़त की भी है तो इसमें इसका क्या कसूर? वह तो शुरू से बेगम हमीदा बानू और रुक़य्या बेगम के ही साथ रहा और उनकी सरपरस्ती में ही उसने परवरिश पाई।'

"जहाँपनाह अब कैसा महसूस कर रहे हैं?" सलीमा ने पूछा।

"काफ़ी बेहतर! तुम्हें मुझे पहले ही बुला लेना था।"

"ये बाँदी तो कब से इस इन्तज़ार में थी! मगर जहाँपनाह तो हकीम अली की मलामत करने में ही मसरूफ़ थे!" मुस्कुराते हुए सलीमा बोली।

अकबर के होंठों पर एक फ़ीकी मुस्कान आ गई।

उसके तलवों पर घूमते हुए हीरा के हाथों में पड़ी चूड़ियों की एक लय में हो रही खनक ने अकबर की आँखों में नींद भर दी और आँखें बन्द करते ही उसे झपकी आ गई।

तभी किसी ने उसके पैरों में सिर रख दिया। अकबर की नींद टूट गई। आँखें खोलकर देखा, सलीम था। पलकें भारी और आँखें लाल। जैसे रोता रहा हो। अकबर ने उसे नज़दीक आने का इशारा किया। अपने वालिद के बग़ल में सलीम फ़र्श पर जानुओं के बल बैठ गया।

'शायद इसमें इसका कसूर नहीं। शायद इसका इन्तज़ार बहुत लम्बा हो गया। बाबा बारह साल के थे जब वे तख़्तनशीं हुए, अब्बा बाईस साल के और मैं सिर्फ़ तेरह साल का। और सलीम पैंतीस साल का हो चुका है।'

"तुझसे मैं मोहब्बत करता हूँ शेख़ू बाबा!" कहते हुए अकबर की आँखों में आँसू तैर गए।

'हाँ, इससे मैं अब भी मोहब्बत करता हूँ। आख़िरकार मेरा बेटा है यह! जानुओं पर चलते हुए मैं इसके लिए घोड़ा बना हूँ। इसमें मैंने अपना बचपन जिया है और अपनी जवानी भी। कितना बहादुर और होनहार लड़का था यह जब मेरे साथ काबुल की मुहिम पर चला था। तब यह बारह साल का था, उसी उम्र का जिस उम्र में अब्बा के साथ मैं काबुल से हिन्दुस्तान के लिए रवाना हुआ था। न जाने क्या हुआ उसके बाद इसे कि मुझसे दूर होता चला गया और शराब का ग़ुलाम बन गया?'

सलीम के चले जाने के बाद अकबर के पैरों पर सिर रखकर हीरा उन्हें अपने आँसुओं से भिगोने लगी।

'सलीम के जानिब मेरे मुआफ़ीबख़्श बर्ताव ने यक़ीनन इसके दिल का बोझ हलका कर दिया है।' हीरा कुँवर को इशारे से अकबर ने अपने नज़दीक बुलाया। 'बड़ी मासूम दिल है यह। अपनी बुतपरस्ती के लिए कितनी तकलीफ़ इसने बर्दाश्त की है!'

अकबर के सीने पर सिर रखे हुए हीरा के आँसू अब भी बह रहे थे। उसकी पीठ सहलाकर अकबर ने उसे तसल्ली देने की कोशिश की।

'अब ज़्यादा वक़्त नहीं है मेरे पास! जाने के पहले मुझे अपने वारिस का फ़ैसला कर लेना चाहिए। जमना पार वाले मकान में सलीम के साथ हुई लम्बी गुफ़्तगू में मैं जान गया था कि रियाया की बेहतरी के लिए और मुख़्तलिफ़ मज़हबों पर ईमान लाने वालों में इत्तिहाद क़ायम करने के मक़सद से जो इस्लाह[1] मैंने लागू किए हैं और जो तब्दीलियाँ निज़ामत में मैंने की हैं, उनसे वह इत्तेफ़ाक़ नहीं रखता। ख़ुराफ़ाती मुल्लाओं का उस पर बहुत असर है जिन्हें इलाहाबाद में उसके दिमाग़ में बेअक़्ली और बेवक़ूफ़ी की बातें भर देने का बड़ा ही शानदार मौक़ा हासिल हुआ। उस रोज़ से ही मैं पसोपेश में पड़ गया कि सलीम क्या मेरा वारिस बनने के क़ाबिल है? उस हिन्दुस्तान का बादशाह क्या मैं उसे मुक़र्रर करूँ जिस हिन्दुस्तान को मैंने दिलोजान से चाहा है? जिसके लिए मैंने कई ख़्वाब देख रखे हैं? सुलह-ए-कुल का ऐसा हिन्दुस्तान जिसमें मज़हबी फ़साद न होंगे। और तब काफ़ी ग़ौर करने के बाद मुझे महसूस हुआ कि ख़ुसरो को अपना वारिस बनाना शायद बेहतर होगा। मगर अब मुझे यह फ़ैसला ज़ल्द कर लेना चाहिए।

1. सुधार।

मेरे बाद भी सल्तनत में अमनचैन क़ायम रहे, इसके लिए वारिस का फ़ैसला अभी हो जाना बेहद ज़रूरी है। लेकिन कौन हो मेरा वारिस? मेरी सबसे बड़ी ख़्वाहिश तो यह है कि सुलह-ए-कुल का परचम पूरे हिन्दुस्तान में लहराए। मगर इसके लिए सुलह-ए-कुल को लम्बा फ़ासला तय करना होगा। तंग-नज़र मुल्ला और उलेमा इस रास्ते का सबसे बड़ा रोड़ा हैं, आम मुसलमान पर जिनका ज़्यादा ही असर है। इन फ़ितरती लोगों ने ही आईन-ए-इरादत-ए-गुज़ीनान के ग़लत मतलब निकाल लिये और तमाम अफ़वाहें इस बाबत फैला दीं।'

तभी अकबर के कानों में शेख़ ताजुद्दीन के अल्फ़ाज़ गूँज उठे।

"सल्तनत के मज़हबी अलमबरदारों ने उसकी रियाया को यक़ीन दिला दिया कि अख़नातेन एक नया मज़हब उन पर थोपने की कोशिश कर रहा है लेकिन हक़ीक़त में जहाँपनाह! उसकी ख़्वाहिश थी बेमानी हो चुके रिवाज़ों और फ़िज़ूल के दस्तूरों से उन्हें दूर करके अपनी रियाया के दिलों में मज़हब का असल जज़्बा पैदा करना।"

'रियाया तो नादान है। हमेशा से यह ऐसी थी और हमेशा ही यह ऐसी रहेगी, बशर्ते कि हर इनसान इतना तालीमयाफ़्ता न हो जाए कि भला-बुरा ख़ुद अपनी अक़्ल से समझ पाने की क़ाबिलियत वह हासिल कर ले। ऐसा होने तक तो फ़साद-पसन्द लोगों के बहकावे में रियाया आती ही रहेगी। मिस्र के मज़हबी पैरोकारों की बाबत शेख़ ताजुद्दीन ने जो फ़रमाया था, वह आज के हिन्दुस्तान पर भी सही बैठता है। कि आसमानी शामत का ख़ौफ़ पैदा करके वे अपनी मनमानी चलाया करते थे और जिनके चंगुल से आज़ाद होने की जद्दोजहद अख़नातेन ज़िन्दगी भर करता रहा। अख़नातेन की मानिन्द ही मैं भी सारी ज़िन्दगी इन मुल्लाओं और उलेमाओं से जूझता रहा हूँ। क्या इनका मुक़ाबला ख़ुसरो कर पाएगा? मुझे शक है। फिर सलीम को ही क्यों न अपना वारिस मुक़र्रर कर दूँ? ख़ुसरो को वारिस बना देने पर ख़ानाजंगी भी तो हो सकती है!'

तभी राजा मानसिंह ने ख़्वाबगाह में दाख़िल होकर कोर्निश की और अकबर के पैताने पर जाकर खड़े हो गए। उनकी आँखें लाल थीं और उनमें आँसू तैर रहे थे।

'मेरा इतना फ़रमाँबरदार है यह शख़्स कि मेरे हुक्म से अपनी जान दे दे। मगर आईन-ए-इरादत-ए-गुज़ीनान को इसने क़बूल नहीं किया। उसके पीछे मेरे इरादे, मेरा मक़सद क्या है, इसे समझ ही नहीं आया। ज़्यादातर को ही नहीं समझ आया। नादान रियाया को फ़रेबी और फ़साद-फ़रोश लोग मज़हब के नाम पर गुमराह करने न पाएँ इस मक़सद से मैं हर मज़हब के ऐसे अक़्लमन्द और ईमानदार लोगों की जमात क़ायम करने का ख़्वाहिशमन्द था जो उसे न सिर्फ़ सही रास्ता दिखाएँ बल्कि अपने रसूख़ का इस्तेमाल करके उसे सही रास्ते पर बनाए रखने को भी अपना फ़र्ज़ समझें। लेकिन नासमझ लोगों ने मेरी इस नेक मंशा का मज़ाक़ ही उड़ाया। शायद इसका वक़्त अभी नहीं आया है।'

यकायक अकबर का दिल मुराद और दानियाल की बेवक़्त मौत को याद करके रो पड़ा।

'कितना होनहार बच्चा था मुराद! और दानियाल भी! बेहद अज़ीज़ थे दोनों मुझे! लेकिन दूर दक्खिन में दोनों शराबनोशी से लम्हा-लम्हा अपनी मौत के क़रीब जाते गए

और मैं बेबस देखता रह गया! कहीं मेरा शराब का शौक़ तो इसके लिए ज़िम्मेदार नहीं?' सोचकर अकबर पशेमान हो उठा। 'काश कि वक़्त का रुख़ मैं पलट सकता!'

'*क़ुरआने-पाक* में अल्लाह तआला ने फ़रमाया है : 'और नहीं गिरता कोई पत्ता मगर वह उसको जानता है।' यानी उसे एक-एक पत्ते के गिरने की ख़बर है। फिर तो इसके मानी यह भी हुए कि अल्लाह तआला को यह इल्म था कि मेरे यह दो बेटे ऐसी नागवार मौत मरेंगे! मगर अल्लाह तआला तो बग़ैर मक़सद के कुछ नहीं करेगा। तो इसके पीछे उसका मक़सद क्या रहा होगा? उसमें नाएतिक़ादी के लिए मुझे सज़ा देना? लेकिन मैंने तो उसमें यक़ीन को कभी तर्क नहीं किया! मुख़्तलिफ़ मज़हबों और उनके अक़ीदों की गहराई में जब मैं उतरा तो मुझे अहसास हुआ कि अल्लाह पर यक़ीन और उसकी इबादत तो हर इनसान का ज़ाती मामला होना चाहिए। फिर यह मन्दिर और मस्जिद किसलिए? क्या अल्लाह तआला ने नहीं फ़रमाया है कि 'मैं क़रीब हूँ, मैं क़बूल करता हूँ पुकारनेवाले की दुआ जब वह मुझसे माँगे।' तो फिर किसी ज़रिये की ज़रूरत ही क्या उस तक पहुँचने के लिए? उस तक पहुँचने के लिए जो इस पूरी कायनात का ख़ुदा है, न कि सिर्फ़ मुसलमानों का। उस तक पहुँचने के लिए जिसे बख़ूबी यह इल्म है कि किसी भी इनसान के दिल में क्या है। यही वजह थी कि मैंने नमाज़ पढ़ना और रोज़े रखना छोड़ दिया और ख़्वाजा ग़रीबनवाज़ की दरगाह पर जाना भी। मुल्ला और उलेमा इसी वजह से मुझे अल्लाह तआला का गुनहगार मानते हैं। अगर मैं गुनहगार हूँ भी तो इसकी सज़ा अल्लाह तआला दो जवान और नेक बन्दों को क्यों देगा? यक़ीनन अल्लाह तआला ग़ैर वाजिब नहीं हो सकता। तो क्या इसके मानी यह हुए कि हरेक पत्ता उसकी मर्ज़ी से नहीं गिरता?'

जाड़े का मौसम शुरू हो चुका था। हीरा कुँवर से कहकर अकबर ने अपना बिस्तर अनूप तालाब के दालान में बिछवा लिया। कुनकुनी धूप बड़ी ही सुहानी महसूस हो रही थी।

'दर्द ही ज़िन्दगी की सिर्फ़ हक़ीक़त मालूम होता है! सिवा मौत के। मैं नहीं जानता कौन-सा दर्द ज़्यादा तकलीफ़देह था। नन्हे-नन्हे हसन और हुसैन को खो देने का या दो जवान बेटों को? किसी जंग में नहीं, बल्कि बिस्तर पर पड़े-पड़े और शराब-शराब चिल्लाते हुए। ज़ल्द ही मैं तिरसठ साल का हो जाऊँगा। कुछ साल पहले इस दुनिया से रुख़्सत हो जाता तो बेहतर था, मुराद और दानियाल की बेवक़्त मौत के पहले। लेकिन तब मुझे मौत का ख़याल ही नहीं आता था। बल्कि मुझे यक़ीन था कि मैं सौ साल तो ज़िन्दा रहूँगा ही। मगर अब मुझे एक रोज़ भी और ज़िन्दगी की ख़्वाहिश नहीं!'

अपनी मौत के बारे में सोचते हुए अकबर को वह कहानी याद हो आई जो पंडित देवीप्रसाद ने कभी उसे सुनाई थी। युधिष्ठिर के चारों भाई एक-एक करके जंगल में एक तालाब से पानी लेने जाते हैं और तालाब के यक्ष से इजाज़त लिये बग़ैर पानी पीने के जुर्म में अपनी ज़िन्दगी से हाथ धो बैठते हैं। उस तालाब पर पहुँचकर युधिष्ठिर अपने भाइयों को बेजान पड़ा हुआ देख जब रो रहा होता है तो यक्ष उन्हें इस शर्त पर ज़िन्दा कर देने की तजवीज़ उसके सामने रखता है कि उसके सवालों का सही-सही जवाब वह दे दे। और युधिष्ठिर का एक जवाब अकबर के ज़ेहन में गहरे बैठ गया था। इस दुनिया में सबसे ज़्यादा ताज्जुब की बात क्या है? यक्ष ने पूछा और युधिष्ठिर ने जवाब

दिया : 'हर रोज़ हज़ारों इनसान मरते हैं। फिर भी हर इनसान इस तरह से जीता है जैसे कि वह ला-फ़ानी है।'

'मैंने भी अपनी ज़िन्दगी इसी तरह गुज़ारी है। कभी यह ख़याल तक नहीं आया कि अपने अज़ीज़ों को—कबि राय, अल्लामी व मियाँ तानसेन को, फ़तहुल्लाह शीराज़ी व हकीम अबुल फ़तह को अपने सामने ही मौत के मुँह में जाते हुए मुझे देखना होगा। मगर मुझे तो अपने जवान बेटों को भी...'

अकबर का ज़ेहन बेइन्तिहा दर्द से भर उठा।

'कितनी उम्मीदों से मैंने फ़तेहपुर सीकरी में अपनी ज़िन्दगी की शुरुआत की थी। सारा आलम जैसे मेरी मुट्ठी में था! मेरी हर आरज़ू को अल्लाह हक़ीक़त का जामा पहना रहा था। अनूप तालाब के दालान में हर सुबह तीनों बेटों को अपने कन्धों पर बैठाकर या उनका घोड़ा बनकर उन्हें अपनी पीठ पर लादे हुए घूमा करता, उनके साथ आँखमिचौली खेलता। और फिर हर रात देर तक अपने अज़ीज़ों के साथ महफ़िल जमाता और उसमें मज़हब, फ़लसफ़ा और दुनिया-जहान के मसाइल पर गुफ़्तगू करता। सब कुछ कितना ख़ूबसूरत था। लेकिन अब महसूस होता है कि अपने बेटों के साथ मुझे और ज़्यादा वक़्त गुज़ारना था। और शायद सलीमा और हीरा कुँवर के साथ भी। कोई भी दरिया सीधी लकीर में कब बहता है? यही क़ायदा ज़िन्दगी का भी है।'

नज़रें उठाकर अकबर ने देखा, आसमान में सफ़ेद बादल सूरज के साथ आँख-मिचौली खेल रहे थे।

'अपने बेटों की परवरिश में मुमकिन है मुझसे चूक हो गई हो। मगर क्या अपनी रियाया की परवरिश में भी मुझसे चूक हुई है, जिसे एक वक़्त के बाद मैं अपने बच्चों सरीखा ही मानने लगा था? मेरा यक़ीन था, और है, कि रियाया की ख़ुशहाली के लिए अमन-चैन और इंसाफ़ के साथ ही मज़हबी इत्तिहाद भी बेहद ज़रूरी है। मगर इसको लेकर क्या मेरी कोशिशें कामयाब हो पाई हैं? हिन्दू और मुसलमान, दोनों के ही मज़हबी निज़ाम अपनी-अपनी जगह निहायत ही मज़बूत हैं, और ताक़तवर भी। और जब दो ताक़तवर दरिया एक-दूसरे से टकराते हैं तो ज़बर्दस्त और ख़तरनाक मौजों का उठना लाज़िमी है। लेकिन फिर दोनों दरिया आपस में घुल-मिल जाते हैं और सुकून से साथ-साथ बहते जाते हैं। यह शुरुआत यक़ीनन हो चुकी है और बड़ी तादाद में हिन्दू मुसलमान हमक़दम हो चले है। आख़िरी अंजाम तो लेकिन अल्लाह के हाथों में ही है। है कि नहीं?'

इस वक़्त यह इल्म होना अकबर के लिए बेहद सुकून बख़्श होता कि हर मन्दिर, हर मस्जिद, और गिरजाघर में भी उसकी लम्बी ज़िन्दगी के लिए दुआएँ माँगी जा रही थीं। आम आदमी उससे दिली मोहब्बत करने लगा था, आगरा ही नहीं, पूरे हिन्दुस्तान में। दर्शनिया ब्राह्मण हवन कर रहे थे उसकी सेहत के लिए तो बाक़ी हिन्दू अपने-अपने भगवान से मन्नत माँग रहे थे और बादशाह सलामत के सेहतयाब होने पर अपनी-अपनी हैसियत के मुताबिक़ प्रसाद चढ़ाने का वादा कर रहे थे। हरिया सरीखे अकबर के मुरीद तो हर उस मन्दिर में मत्था टेकने जा रहे थे जिसके बारे में उन्होंने सुन रखा था कि वहाँ के भगवान भक्तों की हर मुराद पूरी करते हैं।

मुसलमान भी, ख़ास तौर पर निचले तबक़े के, मस्जिदों में नमाज़ के बाद अकबर

की सेहत के लिए दुआ माँग रहे थे और उसकी लम्बी ज़िन्दगी के लिए अपने घरों में नफिल की नमाज़[1] भी पढ़ रहे थे। सूफ़ी मुरीद अपने-अपने पीर की दरगाह पर सज्दा करते हुए बादशाह की सलामती के लिए दुआ कर रहे हैं। और ईसाई उनके गिरजाघरों में, ख़ास तौर पर आर्मीनियाई जिनकी तादाद आगरा शहर ही नहीं बल्कि सल्तनत भर में काफ़ी थी, हज़रत ईसा और मरियम ख़ातून की तसवीरों के सामने मोमबत्तियाँ जला रहे थे, उस इनसान के लिए जो सारी दुनिया में ऐसा अकेला मुसलमान बादशाह था जिसने उन्हें उसकी सल्तनत में मुसलमानों को भी ईसाई बनाने की आज़ादी दी हुई है।

मदरसों के निसाबे तालीम में शाह फ़तहुल्लाह शीराज़ी ने जो तब्दीलियाँ की थीं उनकी बदौलत इस वक़्त तक कई मुसलमान नौजवान दीनी और ग़ैर-दीनी, दोनों ही तरह की तालीम हासिल कर न सिर्फ़ तंग नज़रिये से आज़ाद हो चुके थे बल्कि उनके ख़याल भी तरक़्क़ी-पसन्द हो गए थे। इसमें शेख़ मुबारक के मदरसे का भी बड़ा हाथ था। यह सब अब गली-नुक्कड़ पर खड़े होकर आते-जाते लोगों पर या रोटियाँ सिंकने का इन्तज़ार करते हुए तन्दूर के आसपास मौजूद लोगों पर मुल्लाओं और उलेमा की असलियत को ज़ाहिर किया करते।

"अपने ज़ाती फ़ायदे के लिए यह लोग तुम्हारा इस्तेमाल करते हैं। दिल्ली के सुल्तानों के वक़्त से जो रियायतें और ख़ास हक़ इन्हें हासिल हैं, इनकी सारी कवायद उन्हें क़ायम रखने भर की है जिसे यह लोग मज़हबी जामा पहना देते हैं। तारीख़ गवाह है कि इस्लाम ख़तरे में है, का नारा यह लोग सिर्फ़ तब बुलन्द करते हैं जब कोई हुक्मरान इनकी नाजायज़ माँगों को मंज़ूर करने से इनकार कर देता है और इनके उस मकड़जाल से आज़ाद होने की कोशिश करता है जिसमें यह लोग मज़हब के नाम पर उसे उलझाए रखते हैं। कभी हिन्दुओं को निशाना बनाकर तो कभी शियाओं को और कभी महदवियों को, सिवा फ़तवे जारी करने के यह लोग क्या कभी कोई और काम करते हैं? आम इनसान की बेहतरी और ख़ुशहाली के लिए किसी काम की तो इनसे उम्मीद की ही नहीं जा सकती। ख़ुद के ग़ैर-महफ़ूज़ होने का अहसास इन लोगों पर इस क़द्र हावी है कि यह लोग कभी किसी को चैन से जीने ही नहीं देंगे, अकबर बादशाह जैसे इंसाफ़ पसन्द और रियाया की तरक़्क़ी की आरज़ू रखनेवाले इनसान को तो क़तई नहीं।"

सफ़ेद बादलों के छोटे-छोटे टुकड़ों ने एक साथ जुड़कर सूरज को पूरी तरह ढक लिया तो अकबर वापस अपनी ख़्वाबगाह चला आया। मौलाना रूमी की मसनवी सुनना अकबर को हमेशा से ही बेहद पसन्द था। लिहाज़ा बिस्तर के सिरहाने पर बैठ सलीमा अपने एक हाथ में मसनवी थामे हुए और दूसरे हाथ की उँगलियों को अकबर के गेसुओं में फिराते हुए तरन्नुम में उसमें से पढ़ने लगी। उसकी शीरीं आवाज़ में मौलाना रूमी का कलाम आँखें बन्द कर लेटे हुए अकबर को रावी दरिया में कश्ती के उस सफ़र पर दोबारा ले गया जहाँ पहली दफ़ा सलीमा से उसने तरन्नुम में उसका सुख़न सुना था।

'कितने ख़ूबसूरत थे वे रोज़! जब मोहब्बत ने मेरे दिल में पहली दफ़ा अँगड़ाई ली थी। उस दिल में जो अभी मासूम था। अपने नज़दीकी और अज़ीज़ लोगों की साज़िशी फ़ितरत से जो अनजान था। वह दिल जिसका अभी इतना बेरहम होना बाक़ी था कि

1. नफिल या नफ़्ल की नमाज़ ऐच्छिक नमाज़ है, मुसलमान पर फ़र्ज़ नहीं है।

हज़ारों लोगों के कत्ले आम को बर्दाश्त कर सके और मैदान-ए-जंग में फ़ौत हुए दुश्मनों के सिर मीनार में चिने जाते हुए देख सके। और वह दिल जो ख़ान बाबा की मौत के लिए ज़िम्मेदार होने के अहसास-ए-गुनाह से अभी आज़ाद था।'

अकबर की मुँदी हुई आँखों से दो आँसू लुढ़क पड़े।

'कितने क़ाबिल और वफ़ादार इनसान थे, और मुझसे कितनी मोहब्बत करते थे! फिर भी उनकी नीयत पर मैंने शक किया? इसके लिए ख़ुद को मैं कभी मुआफ़ नहीं कर सकूँगा।'

अपने गालों पर सलीमा की हथेली को महसूस कर अकबर ने आँखें खोल दीं और उनमें तैर आए आँसू अब धार लगाकर बहने लगे।

"ऐसा मत करो जलाल!" सलीमा फफक उठी।

उसका हाथ अपने हाथों में लेकर अकबर ने अपने सीने पर आहिस्ता से दबाया और आँखें बन्द कर कई साल पीछे जा पहुँचा।

'बैरम ख़ान! मेरे जिगर का टुकड़ा आज से तुम्हारी हिफ़ाज़त और सरपरस्ती में है," अपनी गोद में बैठे हुए जलाल की तरफ़ इशारा करते हुए जन्नत आशियानी फ़रमा रहे थे। "इसे मर्द बनाओ, और फिर बादशाह!"

'यह सुनकर ख़ान बाबा के चेहरे पर जो जज़्बात आए थे, तब तो मैं नहीं पहचान पाया था। मगर अब मैं जानता हूँ : अपने बादशाह की नवाज़िश के लिए अहसान, बादशाह को उन पर इतना एतिबार होने पर गुरूर और मेरे लिए मोहब्बत।'

"काश मियाँ तानसेन यहाँ होते!" आँखें खोलकर अकबर हसरत भरी आवाज़ में बोला। "उसकी मौसीक़ी में इलाही मसर्रत थी। कैसा सुकून रूह को देती थी!"

ख़ुद के रूह लफ़्ज़ को इस्तेमाल करने पर वह मुस्कुरा दिया।

'इस रूह को लेकर इबादतख़ाने में कितनी तक़रार हुआ करती थी! क्या रूह या आत्मा जैसी वाक़ई कोई शै है? जिस्म ख़त्म हो जाने पर क्या अंजाम होता है उसका? आख़िरी फ़ैसले के लिए क्या उसे ज़लज़ला और क़यामत का इन्तज़ार करना होता है या वह दूसरा जिस्म इख़्तियार कर लेती है, जैसा कि हिन्दुओं को यक़ीन है? हक़ीक़त जो भी हो, एक ज़िन्दगी में हुई ग़लतियों को दुरुस्त करने के लिए दूसरी ज़िन्दगी हासिल होने का ख़याल दिलचस्प है। शेख़ इब्ने'अरबी ने इनसान में जिस रूह का तसव्वुर किया है वह हिन्दुओं में आत्मा का जो ख़याल है उससे काफ़ी नज़दीक है, ख़ुद की तलाश के मुसलसल जारी रहनेवाले सिलसिले के दौरान जो अपना दरजा बढ़ाती जाती है और, जैसा कि इशराक़ी फ़लसफ़ा भी कहता है, अँधेरे से रोशनी की तरफ़ चलती चली जाती है। क्या इसी सिलसिले के अंजाम को हिन्दू मज़हब में मोक्ष और जैन अक़ीदे में निर्वाण नहीं कहते?'

'मगर हक़ीक़त क्या है, कौन जानता है? अक़्ल की भी अपनी बन्दिशें हैं। आत्मा या रूह का वुजूद साबित करने में यह नाकाम ही रहेगी। लिहाज़ा न तो तनासुख़ की हक़ीक़त यह बता पाएगी और न ही ज़लज़ला और क़यामत की हक़ीक़त। लेकिन फिर सच्चाई मालूम करने का और क्या ज़रिया इनसान के पास बाक़ी रहता है?'

क़िले में बेचैन ख़ामोशी ठहरी हुई थी। ख़िदमतगार दबे पाँव किसी न किसी बहाने

ख़्वाबगाह के सामने से गुज़र रहे थे इस उम्मीद में कि कोई हुक्म मिल जाए उन्हें, बादशाह सलामत की ख़िदमत करने का। अकबर के वे ग़ुलाम जो भेरा क़मरग़ाह के वाक़िये के बाद ग़ुलाम न रहकर चेले हो गए थे, अल्लाह से दुआ कर रहे थे कि वह उनकी जान ले ले मगर उनके बादशाह सलामत को सेहत और ज़िन्दगी बख़्श दे। और आते-जाते सब एक-दूसरे को सवालिया निगाहों से देख रहे थे।

यकायक अकबर ने सलीम को बुलवाया और बिस्तर से उठने में उसकी मदद करने के लिए सलीमा को कहा।

"ऐसा क्या ज़रूरी काम है जलाल जो आज ही तुम्हें करना है? आराम करो अभी।"

"मत रोको मुझे! इस दुनिया में अपना आख़िरी फ़र्ज़ मुझे पूरा करना है। मेरी पगड़ी और शमशीर ला दो।"

सलीम को इत्तिला हुई कि बादशाह सलामत ने याद किया है तो वह दौड़ा-दौड़ा चला आया। उसके सिर पर अकबर ने अपनी पगड़ी रख दी और शमशीर को अपने काँपते हाथों से उसके कमरबन्द में खोंस दिया। अकबर के वारिस और हिन्दुस्तान के अगले शहंशाह का फ़ैसला हो चुका था। आँसू बहाते हुए सलीम अकबर के पैरों पर गिर पड़ा।

उस रात अकबर बड़ी गहरी नींद सोया।

सुबह जब वह जागा तो ख़ुद को ताज़ादम और चुस्त-दुरुस्त महसूस कर रहा था। टहलते हुए वह दौलतख़ाने की ड्योढ़ी की तरफ़ निकल गया और संगमरमर में नक़्श की हुई जालियों में से देर तक जमना नदी का नज़ारा करता रहा। हालाँकि इसके लिए देर हो चुकी थी, फिर भी वह दर्शन-झरोखे पर जाकर बैठ गया। उसे ताज्जुब हुआ, नीचे भीड़ अभी भी जमा थी। उसे देखते ही ज़बर्दस्त ख़ुशी की लहर भीड़ में दौड़ गई। रोज़ ही सुबह से लेकर शाम तक लोग झरोखे के नीचे इस इन्तज़ार में खड़े रहते कि बादशाह सलामत की सलामती की कोई ख़बर मिल जाए।

झरोखे से उठा तो अनूप तालाब के दालान में चला आया और तालाब की सीढ़ियों पर बैठे-बैठे अपनी सबसे लाडली बेटी आराम बानो व अपने पोतों-पोतियों के साथ खेलता रहा। कुछ देर बाद मिर्ज़ा अज़ीज़ कोका आ पहुँचे जो इसरार करके उसे ख़्वाबगाह में ले तो इसलिए गए कि वह आराम कर सके मगर ख़ुद वहाँ लतीफ़े सुनाने बैठ गए।

तभी ईसाई पादरी चले आए, इस उम्मीद में कि इन आख़िरी लम्हों में बादशाह सलामत बपतिस्मा के लिए शायद रज़ामन्द हो जाएँ। रियाया को नस्रानी बनाने की इजाज़त बादशाह सलामत से हासिल हो जाने के बाद ईसाई पादरियों को यह तजुर्बा हुआ था कि बपतिस्मा के लिए अकसर लोग राज़ी हो जाते हैं अगर उन्हें वे यह यक़ीन दिला पाने में कामयाब हो जाएँ कि इसके बग़ैर जन्नत में कोई भी दाख़िल न हो सकेगा। अभी कुछ ही साल पहले की बात है जब पंजाब में ताऊन[1] ने क़हर ढाया था। तब बीमार बच्चों के वालिदैन, जिन्हें उनके बचने की कोई उम्मीद बाक़ी न रही थी, हज़ारों की तादाद में उन बच्चों को बपतिस्मा दिलवाने के लिए ले आए थे। लेकिन उनकी मायूसी की इन्तिहा नहीं थी जब मुलाक़ात की इजाज़त का इन्तज़ार करते हुए उन्होंने अकबर की ख़्वाबगाह में से आते हुए क़हक़हों की आवाज़ सुनी।

1. प्लेग।

"जहाँपनाह को अब आराम करना चाहिए," सलीमा भी वहीं थी।

मिर्ज़ा अज़ीज़ कोका फ़ौरन उठ खड़े हुए और अकबर की लम्बी ज़िन्दगी की दुआ करते हुए बाहर चले गए।

'मगर मैं तो अब और जीना ही नहीं चाहता!' मिर्ज़ा से अकबर ने कहना चाहा पर कह न सका।

लेटकर अकबर ने आँखें बन्द कर लीं और सलीमा ने उसे रजाई ओढ़ा दी।

'रुख़्सत होने के लिए अब मैं तैयार हूँ। बहुत उम्दा ज़िन्दगी मैंने जी ली है। उस बरहमन ने कहा था यह दुनिया माया है, एक ख़्वाब है। अगर यह ख़्वाब है तो इस ख़्वाब को भी मैंने भरपूर जिया है। और इस ज़िन्दगी ने भी दोनों हाथों से अपनी मेहरबानियाँ मुझ पर लुटाई हैं। अब मेरी कोई ख़्वाहिश बाक़ी नहीं! हाँ, यह ज़रूर है कि हिन्दुस्तान के लिए, जितना और जो कुछ करने की मेरी आरज़ू थी, वह मैं न कर सका। लेकिन जहाज़ की मर्ज़ी से कब हवा बहती है? न ही किसी भी इनसान की मर्ज़ी से यह दुनिया चलती है। यह दुनिया जिसने बनाई, इसमें मर्ज़ी भी उसकी ही चलती है। मुझे कोई शिकायत नहीं। मैंने ईमानदार कोशिश की, इतना मैं जानता हूँ और इतना ही मेरे लिए काफ़ी है। अंजाम पर इनसान का कब इख़्तियार रहा है?'

मग़रिब की नमाज़ के वक़्त तक उसकी तबीयत फिर बिगड़ने लगी। बेगम हीरा कुँवर और सलीमा के मुताबिक़ इसकी वजह आराम करने के बजाय इधर-उधर फिरते रहना और कभी इससे तो कभी उससे गुफ़्तगू करते रहना था। लेकिन हक़ीक़त का अकबर को इल्म था। यह आख़िरी पुकार है। सलीमा से उसने यह कहा भी मगर उसके मुँह के बिलकुल नज़दीक कान ले जाने पर भी सलीमा को अल्फ़ाज़ साफ़ सुनाई नहीं दिए। सिर्फ़ गरगर की आवाज़ ही सुनाई दे रही थी। अपनी बात को कह पाने की ताक़त ख़त्म हो जाने के बाद भी लेकिन अकबर का दिमाग़ बिलकुल दुरुस्त था और वह साफ़-साफ़ सोच पा रहा था।

'अपना फ़र्ज़ मैंने बख़ूबी निभाया है। जवानी में मुझसे गलतियाँ हुई हैं, और कुछ गलतियाँ नादानी की वजह से भी हो गईं। नए पौधे आसमान की तरफ़ ही देखते हैं। झुककर ज़मीन की तरफ़ तो उम्रदराज़ हो जाने पर ही देखा करते हैं। ऐसा ही इनसान के साथ है। एक उम्र के बाद सिवा रियाया की बेहतरी के कोई और ख़्वाहिश मेरी बाक़ी न रही थी, सिवा उस नाक़ाबिले दीदार को देखने की ख़्वाहिश के।'

यकायक उसके ज़ेहन में मौलाना उमर ख़य्याम का कलाम गूँज उठा :

अजीब है कि नहीं? उन बेहिसाब लोगों में से जो,
गुज़रे हमसे पेशतर दरवाज़े से ज़ुल्मतकदे[1] के;
एक नहीं आता वापस बताने वह राह हमें,
तलाश करने जिसे, करना होगा हमें भी सफ़र।

आधी रात होने तक अकबर की सुनने की ताक़त भी ख़त्म थी और अपनी आँखों से उसे सिर्फ़ नज़दीक खड़े लोगों की धुँधली परछाइयाँ ही दिखाई दे रही थीं। हिन्दुस्तान

---

1. तिमिर लोक।

के सबसे ताक़तवर इनसान का यूँ बेबस, बेसहारा बिस्तर पर पड़े रहना सभी के लिए निहायत ही तकलीफ़देह था। लेकिन साथ ही इस फ़ानी दुनिया से बादशाह सलामत की रवानगी के लिए ज़ेहनी तौर पर तैयार हो पाना भी सबके लिए ही मुश्किल हो रहा था।

आहिस्ता-आहिस्ता अजीबोग़रीब थकन ने अकबर को घेर लिया। एक लम्बी, बहुत लम्बी नींद लेने की बड़ी शिद्दत से उसे तलब होने लगी। दूर बज रही घंटियाँ उसे साफ़ सुनाई देने लगी थीं और उनकी टन-टन के साथ यह सुख़न भी।

ओ आशिक़ो, ओ आशिक़ो,
वक़्त है रुख़्सत होने का इस जहान से अब,
बिहिश्त के लिए रवानगी का नगाड़ा,
गूँज रहा है मेरी रूह के कानों में;
सारबान[1] जाग चुका है, कारवाँ तैयार है,
और हमसे मुआफ़ी तलब है,
क्यों ग़ाफ़िल हो नींद में ओ मुसाफ़िर?
सब तरफ़ हमारे हैं आवाज़ें रवानगी की,
और ऊँट की घंटियों की;
हर लम्हा एक रूह और एक जान,
रुख़्सत होती है उस ग़ैर-जगह के लिए।

सब नींद में खोए हुए थे, वह मुल्ला भी जिसे रुक़य्या सुल्तान बेगम ने *क़ुरआन मजीद* की तिलावत[2] के लिए मुक़र्रर किया हुआ था। लेकिन हीरा कुँवर जाग रही थी और सलीमा भी। उनके हाथों को अपनी पेशानी पर महसूस कर अकबर की आँखों से दो आँसू लुढ़क पड़े। कोई डोर थी जो अब भी टूटी नहीं थी।

लेकिन फिर वह गहरे अँधेरे में डूबने लगा। उसका मुकम्मल वुजूद एक नाक़ाबिल-ए-बयान सुकून में उतरता चला गया और उस गहरी ख़ामोशी में कुछ ऐसा अहसास उसकी रूह में जाग उठा कि वह अपने घर जा रहा है, उसके पास। और एक ख़ुशी की लहर उसके ज़ेहन में दौड़ गई। उसे महसूस हुआ जैसे कि उस ख़ुशी के वज़न से वह ज़मीन के अन्दर उतरता जा रहा है।

यहाँ मैं कैसे पहुँचा? खम्भात में समन्दर की रेत पर खड़ा हुआ अकबर हैरान था। पीछे मुड़कर देखा, दूर तक उसके क़दमों के निशान गीली रेत पर उभरे हुए थे। सीपियाँ और शंख पूरे में बिखरे पड़े थे। उसे तमन्ना हुई, इनको जमा कर अपने जामे की जेबों में भर लूँ। तभी एक ज़बर्दस्त मौज ऊँची उछाल भरती हुई उसे अपनी तरफ़ आती हुई दिखाई दी। उसके इस्तिक़बाल में अकबर ने अपने दोनों हाथ फैला दिया और उस मौज ने समन्दर की गहराइयों में उसे गुम कर दिया।

आख़िरकार रुख़्सत हुए तुम और चल दिए नाक़ाबिल-ए-दीदार के पास।

कितने शानदार तरीक़े से तर्के दुनिया किया तुमने।

---

1. ऊँटवाला या चालक।
2. पाठ करना, विशेष रूप से धर्मग्रन्थ का।

अपने पंख फैलाए तुमने, अपने पिंजरे से निकल भागे;

और जहान-ए-रूह को उड़ गए।

अब आफ़ताब हो तुम; किस काम का है ताज?

आफ़ताब उफ़क़ पर आ पहुँचा तब हीरा कुँवर और सलीमा को यह इल्म हुआ कि शहंशाह-ए-आलम जलालुद्दीन मुहम्मद अकबर ज़िल्ले इलाही नहीं रहे। दहाड़ मारकर रोते हुए हीरा कुँवर ने अपने हाथों को ज़ोर से फ़र्श पर टकराकर अपनी चूड़ियाँ तोड़ दीं। और ख़ामोश रहकर आँसू बहाती हुई सलीमा ने अकबर की पेशानी को आख़िरी दफ़ा चूम लिया।

अकबर की लाश को ग़ुस्ल करवाकर उसे कफ़न में लपेटा गया और मशरिकी दीवार का एक हिस्सा तोड़कर, जैसा कि दस्तूर था, उसका जनाज़ा बिहिश्तपुरा ले जाया गया, जहाँ वह अपना मक़बरा बनवाना शुरू कर चुका था, पाँच मंज़िल वाला, पंचमहल सरीखा।

क़ब्र में अकबर के ताबूत पर मिट्टी फेंकते हुए मीर ग़यासुद्दीन अली वह ग़ज़ल कह रहा था जिसे सुनने के लिए अपने आख़िरी वक़्त में बादशाह सलामत ने कई दफ़ा उससे फ़रमाइश की थी :

मेरा जनाज़ा निकलते जब देखो तुम, मत कहना कि वह बिछुड़ रहा है;
यह लम्हा मेरे लिए मुलाक़ात और इत्तिहाद का है।
जब दफ़न करो मुझे तो अलविदा न कहो!
क़ब्र तो क्योंकि पर्दा है बिहिश्त में तक़ाबुल[1] पर।
नीचे उतारते हुए जब तुम देखो, तो ऊपर उठने का ख़याल करो;
क़ैद मालूम हो सकती है क़ब्र, लेकिन रूह के लिए यह आज़ादी है।
इस तरफ़ मुँह जब बन्द करो तुम; दूसरी तरफ़ उसे खोलो,
और गूँजने दो अपना नग़्मा तही[2] की फ़ज़ाओं में।

---

1. आमना-सामना होना, भेंट।
2. शून्यता।

आख़िरी बात

अकबर के ताबूत को क़ब्र में जिस वक़्त उतारा जा रहा था, आगरा के कई बाशिन्दे इस बहस में मशगूल थे कि अकबर का मज़हब वाक़ई था कौन-सा?

मुख़्तलिफ़ लोगों की मुख़्तलिफ़ राय थी। कुछ का मानना था कि वह नस्रानी[1] हो गया था, सिवा नाम के। कई लोग कह रहे थे कि उसने बरहमनों का मज़हब क़बूल कर लिया था। और चन्द ऐसे लोग भी थे जिन्हें यक़ीन था कि आख़िरी वक़्त तक वह मुसलमान ही बना रहा। लेकिन जो अकबर को वाक़ई जानते थे, उन्हें हक़ीक़त मालूम थी : इनमें से वह कोई भी नहीं था।

'जहाँपनाह को हरेक बात जानने के लिए बेताब नहीं रहना चाहिए।' यसूई पादरी रुडोल्फ ने अकबर को आगाह किया था। 'वर्ना जहाँपनाह हरेक बात से नावाक़िफ़ रह जाएँगे। हर मज़हब को मंज़ूर करके जहाँपनाह हर मज़हब को नामंज़ूर कर रहे हैं।'

यही शायद अकबर के मज़हब का सबसे सही बयान था, यसूई पादरी जेरोम ज़ेवियर ने भी जिसकी तस्दीक़ की जब उसने लिखा : 'जैसे यह किसी को नहीं मालूम कि किस मज़हब में वह जिया, किस मज़हब में वह मरा यह भी कोई नहीं जानता। क्योंकि हर मज़हब के लिए उसने जगह बनाई।'[2]

अकबर के इन्तक़ाल के वक़्त जौनपुर के जौहरी बनारसीदास की उम्र महज उन्नीस साल थी। ब्रजभाषा में अपनी आपबीती *अर्धकथानक* में उसने लिखा :

आई ख़बर जौनपुरमाह, प्रजा अनाथ भई बिनु नाह।
पुरजन लोग भए भयभीत, हिरद ब्याकुलता मुख पीत।
अकसमात बानारसी, सुनि अकबर कौ काल।
सीढ़ी परि बठ्यौ हुतो, भयौ भरम चित चाल।
आइ तवाला गिरि पर्‌यौ, सक्यौ न आपा राखि
फूटि भाल लोहू चल्यौ कह्यौ 'देव' मुख भाखि
इस ही बीच नगर में सोर, भयौ उदंगल चारिहु ओर।
घर-घर दर-दर दिए कपाट, हटवानी नहिं बैठे हाट।
भले बस्त्र अरु भूसन भले, ते सब गाड़े धरती तले।
हँडवाई गाड़ी कहुँ और, नगदी माल निभरमी ठौर।

---

1. ईसाई।
2. पादरी ज़ेवियर को अकबर ने लाहौर और आगरा में गिरजाघर के लिए ज़मीन दी थी। आगरा में 'अकबर का चर्च' नाम से गिरजाघर अब भी है।

घर घर सबनि बिसाहे सस्त्र, लोगन्ह पहिरे मोटे बस्त्र।
ओढ़े कम्बल अथवा खेस, नारिन्ह पहिरे मोटे बेस।
ऊँच नीच कोउ न पहिचान, धनी दरिद्री भए समान।[1]

इसके तक़रीबन एक साल बाद एक ख़त में पादरी जेरोम ज़ेवियर ने लिखा :

'उसके साथ गुज़र गया एक शाही इनसान जो वाक़ई एक बादशाह था, जिसने यह पक्का किया कि उसके हुक्म की तामील हो और जिसे इल्म था कि हुकूमत कैसे की जाती है। मुकम्मल जहान में वह निहायत ही अज़ीज़ था, बड़े जिससे ख़ौफ़ खाते थे, छोटे जिसे मोहब्बत करते थे, सबके लिए एक समान : वह मुल्की हो, ग़ैर-मुल्की हो, छोटा या बड़ा हो। मूर[2], ईसाई, जेंटाइल हरेक यह महसूस करता था कि वह उसकी तरफ़ है।'

अकबर के इन्तक़ाल के छियासी साल बाद आगरा को फ़तह कर भरतपुर का राजा सूरजमल जाट कई हफ़्ते तक शहर पर क़ाबिज़ रहा। पोशीदा ख़ज़ाने की तलाश में अकबर के मक़बरे को उसने पूरा खुदवा दिया। कुछ भी हाथ नहीं आने पर उसने उसमें भूसा भरवाकर आग लगा दी जिससे कि मक़बरे की छत और दीवारों पर लगा हुआ सोना पिघलाकर वह ले जा सके। साथ ही, क़ब्र में से अकबर की हड्डियाँ खींच निकाली गईं और उन्हें आग में फेंक दिया गया।

दफ़न होने के बाद दाह-संस्कार भी! इससे बेहतर अंजाम ऐसे इनसान का क्या हो सकता था जिसका मज़हब कोई नहीं जान सका?

---

1. आई ख़बर जौनपुर में, बिना नाथ के प्रजा हुई अनाथ। डरे हुए नगर के लोग, घबराहट दिल में चेहरा ज़र्द। यकायक बनारसी, सुनकर अकबर की मौत। बैठा हुआ था सीढ़ी पर, घबरा उठी तबीयत। गिर पड़ा ग़श खाकर, रख न सका आपा। फूटा माथा निकला ख़ून, मुँह से निकला 'देव'। मच गया इस बीच नगर में शोर, होने लगे दंगे चारों ओर। घर-घर बन्द हुए दरवाज़े, बाज़ार में नहीं बेचने वाले। उम्दा कपड़े और उम्दा गहने, गाड़े धरती तले। सोना-चाँदी गाड़े कहीं, नगदी और माल महफ़ूज़ जगह। घर-घर सबने ख़रीदे हथियार, पहने लोगों ने ख़स्ताहाल लिबास। ओढ़े कम्बल या खेस, पहनी औरतों ने खुरदरी पोशाक। ऊँच-नीच की रही न पहचान, अमीर-ग़रीब हुए एक समान।
2. यहाँ अर्थ मुसलमान से है।

परिशिष्ट

टिप्पणियाँ

भूमिका

हिन्दू राजाओं का चरित्र

जयपाल, पंजाब का हिन्दूशाही राजा जिसकी राजधानी पेशावर थी, ग़ज़नी के महमूद से दो बार हारा और इस अपमान को सहन न कर पाने की वजह से उसने जलती चिता में अपने को ज़िन्दा जला दिया। उसके बाद उसका बेटा आनन्दपाल राजगद्दी पर बैठा। महमूद को फिर हमला करने के लिए आते देख उसने उत्तर भारत के सभी राजाओं से महमूद के ख़िलाफ़ मदद चाही लेकिन कोई आगे नहीं आया, और इस इन्तज़ार में रहे कि उसके हार जाने के बाद वे उसके इलाक़ों पर क़ब्ज़ा कर लेंगे। और महमूद ने एक-एक करके इन सभी राजाओं को धूल चटाई : दिल्ली के तोमर, मालवा के परमार, कन्नौज के प्रतिहार, और गुजरात के चालुक्य।

फिर जब शहाबुद्दीन ग़ौरी के ख़िलाफ़ दिल्ली और अजमेर के शासक पृथ्वीराज सिंह ने मदद की गुहार लगाई तो उस समय उत्तर भारत के सबसे शक्तिशाली राजा कन्नौज के जयचन्द ने बजाय मदद करने के पृथ्वीराज सिंह पर आई इस विपदा पर ख़ुशी ज़ाहिर की। तराइन की दूसरी लड़ाई में पृथ्वीराज सिंह को हराने के बाद शहाबुद्दीन ग़ौरी ने कन्नौज पर हमला बोला। उत्तर और पूर्वी भारत के सभी राजाओं से राजा जयचन्द ने आग्रह किया कि शहाबुद्दीन ग़ौरी का मुक़ाबला एकजुट होकर किया जाए। लेकिन कोई आगे नहीं आया और तराइन की दूसरी लड़ाई के दो साल के अन्दर ही शहाबुद्दीन ग़ौरी के नुमाइन्दे क़ुतुबुद्दीन ऐबक के साथ लड़ाई में राजा जयचन्द ने न सिर्फ़ बेहद बुरी शिकस्त खाई बल्कि अपनी जान से भी वह हाथ धो बैठा।

राजा जयचन्द के एकजुट होकर लड़ने के प्रस्ताव पर कालिंजर के चन्देल राजा ने उसकी खिल्ली उड़ाई थी, इसलिए भी कि अपने क़िले की अजेयता को लेकर वह मुतमइन था। तराइन की दूसरी लड़ाई के दस साल के अन्दर क़ुतुबुद्दीन ऐबक इस अभेद्य क़िले पर अपना क़ब्ज़ा कर चुका था। और इस तरह शुरू हुआ दिल्ली सल्तनत का युग और मुसलमान सुल्तानों द्वारा हिन्दुओं पर अत्याचारों का दौर, उनके मन्दिरों और पूजा-स्थलों को ढहाने, उनमें तोड़-फोड़ करने और उन्हें अपवित्र करने का सिलसिला। इसके बाद अकबर के शासनकाल तक गुज़रे चार सौ सालों में इस दौर और इस सिलसिले की रोकथाम के लिए हिन्दू राजाओं को जरा भी समय नहीं मिला कि अपने आपसी झगड़ों को एक तरफ़ रख हिन्दुओं पर आई इस मुसीबत से

निपट लें। सल्तनत-युग में भी उनके राजकीय व्यवहार में कोई बदलाव नहीं आया और आपसी लड़ाइयों में वे उसी तल्लीनता से व्यस्त रहे।

अबुल फ़ज़ल की विश्वसनीयता

आईन-ए-अकबरी के अनुवादक ब्लोख्मन के मतानुसार : 'सत्य के लिए उसका [अबुल फ़ज़ल का] प्रेम और उसकी जानकारी की विशुद्धता किताब के हर पृष्ठ पर स्पष्ट हैं।' (पृष्ठ vii, *आईन-ए-अकबरी* भाग 1, Low Price Publications, Delhi, पुनर्मुद्रण 2011)

'अबुल फ़ज़ल में यह कमियाँ [निष्पक्षता और तटस्थता] हो सकती हैं लेकिन इतिहास के अध्ययन में बुद्धि और धर्मनिरपेक्षता पर आधारित एक नई प्रणाली को सोच निकालने का और तथ्यों को एकत्रित करने और आलोचनात्मक छानबीन की कसौटी पर उनकी परीक्षा करने के बाद ही उन्हें प्रयुक्त करने की कार्य पद्धति का श्रेय सिर्फ़ उसे जाता है।...अबुल फ़ज़ल के आधिकारिक इतिहास में किसी भी तथ्य में हेरफेर नहीं किया गया है।' (पृष्ठ viii-ix, दूसरा खंड, *A History of India Muntakhabut-t-Tawarikh* by Abdul-Qadir Ibn-i-muluk Shah, translated by George S. A. Ranking, publisher Saeed International, New Delhi, Edition 1990)

'इससे इनकार नहीं कि जिन तथ्यों को अबुल फ़ज़ल ने दर्ज किया उनकी सत्यता सुनिश्चित करने में वह बहुत सावधान रहा है। लेकिन विषयवस्तु के प्रतिपादन में वस्तुनिष्ठ होने के बजाय वह व्यक्तिनिष्ठ ज़्यादा हो गया है।...उसके [अबुल फ़ज़ल के] आकलन में अकबर के जो गुण थे उससे विरोध रखनेवाली कुछ घटनाओं और तथ्यों से बचते हुए।' (पृष्ठ xv-xvi, पूर्वोक्त।) पाद-टिप्पणी में इतिहासकार बी. एन. लूनिया के हवाले से लिखा है : 'वी. ए. स्मिथ कहता है...अपने नायक का बेशर्म चापलूस सच को कभी-कभी छुपाता है, यहाँ तक कि जान-बूझकर विकृत करता है...' (पृष्ठ xvi, पूर्वोक्त।)

'इतिहासकार की आधुनिक धारणा के अबुल फ़ज़ल सबसे क़रीब है। हालाँकि उसकी शैली 'राजा-केन्द्रित' है।' (*History of History Writing in India* by Jagadish Narayan Sarkar, Published in 1977 by Ratna Prakashan, Calcutta)

बदायूँनी का इतिहास लेखन

फ़ारसी भाषा पर बदायूँनी की पकड़ अबुल फ़जल से बेहतर थी मगर अपनी रुचियों से वह साहित्यकार था। अकबर के विचारों में परिवर्तन को उसने वर्षानुसार और विस्तार से बताया है और इस वजह से *मुन्तख़बुल तवारीख़* मेरे लिए अत्यन्त उपयोगी सिद्ध हुई है। लेकिन इतिहासकार वाले अनुशासन का उसमें नितान्त अभाव था और वह ऐसे मुद्दे भी अपनी किताब में ले लेता है कि दाढ़ी को पोषण अंडकोष से प्राप्त होता है इसलिए किसी हिजड़े की दाढ़ी नहीं पाई जाती। (पृष्ठ 313, पूर्वोक्त।) इसके अलावा वैसे अवसर भी उसे उपलब्ध न थे तथ्य एकत्रित करने के लिए जैसे कि अबुल फ़ज़ल को थे, ऐसा इसलिए भी था कि अपनी किताब उसने गुप्त रूप से लिखी थी जिसका प्रकाशन

भी अकबर की मौत के बाद हुआ। न ही उसे अबुल फ़ज़ल के जैसे संसाधन उपलब्ध थे। मगर उसके लेखन में इतिहास तथ्यात्मक होने में सन्देह का जो सबसे बड़ा कारण है, वह है उसकी किताब में साफ़ नज़र आता उसका agenda, जैसा कि इतिहासकार जगदीश नारायण सरकार ने भी लिखा है : 'बदायूँनी का लेखन वास्तव में उसके समय के कट्टर मुस्लिम दिमाग़ का सूचक था।...उसका पूरा दृष्टिकोण अकबर-विरोधी था। उसने तथ्यों को चुना उनमें मूलभूत मूल्य के लिए नहीं बल्कि उसके दृष्टिकोण से मेल खाने के लिए और उन्हें अपनी निजी सनक से रँगकर व्यंग्यपूर्ण भाषा में अपने आन्तरिक सन्तोष के लिए उसने प्रस्तुत किया।...बदायूँनी का इतिहास अकबर की उदारवादिता के विरुद्ध कट्टर सुन्नी प्रचार था।' (*History of History Writing in India* प्रकाशन वर्ष 1977, Ratna Prakashan, Calcutta)

हिन्दुस्तानी संस्करण की प्रस्तावना

अकबर पर जिन दो किताबों को पढ़कर मैं क्षुब्ध व निराश हुआ था और जिस वजह से यह किताब लिखना मेरे लिए ज़रूरी हो गया उनमें एक तरफ़ तो इतिहास को हद से ज़्यादा तोड़ा-मारोड़ा गया है और दूसरी तरफ़ हिन्दुस्तान की तहज़ीब को या तो नज़रअन्दाज़ किया गया है या उसकी जानकारी ही लेखकों को नहीं है।

अपनी किताब *The Argumentative Indian* में अमर्त्य सेन लिखते हैं कि जेम्स मिल ने भारत के इतिहास पर जो पुस्तक लिखी थी उसे लॉर्ड मैकाले ने गिब्बों के बाद लिखी गई अंग्रेज़ी में महानतम इतिहास की पुस्तक कहा था। इस पुस्तक की प्रस्तावना में मिल लिखता है कि इसे लिखते हुए न तो भारत की यात्रा उसने की और न ही किसी भारतीय भाषा को सीखा ताकि विषयवस्तु के नज़दीक जाकर वह पूर्वग्रह से ग्रस्त न हो जाए। इन दोनों किताबों के लेखकों ने भी शायद ऐसा ही किया है। अकबर का मूलतत्त्व तो भुला ही दिया गया है और जंग में उसके कारनामे और बिस्तर पर भी, इनके केन्द्र में हैं। और अकबर की क्रूरता भी।

एलेक्स रदरफोर्ड

इस लेखक की किताब में इतिहास की ग़लतियाँ तो कई हैं, उन ग़लतियों की सिर्फ़ एक बानगी यहाँ पेश है।

हुमायूँ की मौत हो चुकी है। *हेमू के बाग़ी* दिल्ली पर चढ़ आए हैं। पुराने क़िले में सोए पड़े अकबर को हमीदा बानो बेगम जगाती है और ख़ुफ़िया तौर पर दिल्ली छोड़ देने के लिए उसे राज़ी कर लेती है क्योंकि उसकी जान ख़तरे में है। एक पालकी में उसे हमीदा बानो बेगम व गुलबदन बेगम अपने साथ ले जाती हैं और दिल्ली से पचास मील दूर अपना पड़ाव अकबर डालता है जहाँ उसकी तख़्तनशीनी होती है। (पृष्ठ 8-9, *Empire of the Moghul,* published by Headline Publishing Group, London, first edition 2011)

अदहम ख़ान पानीपत की लड़ाई में अकबर के साथ था। (पृष्ठ 19) तरदी बेग हेमू के फ़ौजियों से लड़ते हुए पानीपत में मारा जाता है। (पृष्ठ 28) बैरम ख़ान चम्बल नदी

के किनारे शिकार कर रहा था जब उस पर हुए हमले में वह मारा जाता है। (पृष्ठ 47) रणथम्भौर पर फ़तह के बाद आगरा में ऊँटों की दौड़ हो रही है जिसके बाद अकबर भगवन्तदास से कहता है : 'मैं तुम्हारी सबसे छोटी बहन से शादी करना चाहता हूँ।... कृपया मुझे निराश मत करना।' (पृष्ठ 108-09) अपनी एक रखैल से अकबर कहता है कि वह उसे कामशास्त्र पढ़कर सुनाए। (पृष्ठ 191)

हीरा कुँवर पहली ही रात को अकबर का क़त्ल करने की कोशिश करती है जिसकी सज़ा उसे, जिसके पिता, भाई और भतीजा ऊँचे दर्जे के राजपूत मनसबदार हैं, अकबर द्वारा रोज़ बलात्कार किए जाने के रूप में मिलती है। (पृष्ठ 112-14) यह बात मुझे हजम नहीं हुई और सलीम का अपनी पत्नी मान बाई के साथ सहवास का अश्लील चित्रण (पृष्ठ 259) व अनारकली के साथ सहवास का विस्तार से बयान भी। (पृष्ठ 300)

डिर्क कोलियर

डिर्क कोलियर ने ग़लतियाँ तो कम की हैं मगर यूरोपीय तहज़ीब को उसने पात्रों पर थोप दिया है। इससे भी ज़्यादा तकलीफ़देह मुझ जैसे पाठक के लिए यह था कि पूरी किताब बेहद लम्बे और ऊबाऊ ख़तों के रूप में है जो पाँचवीं मंज़िल के कमरे में फ़र्श के पत्थर के नीचे दबे हुए 'शेखू बाबू जी' को अकबर के मरने के बाद मिलेंगे और इस जगह का पता उसे अकबर की पगड़ी में रखे हुए एक ख़त से मिलेगा। (पृष्ठ 7, *The Emperor's Writings'* published by Amaryllis of Manjul, Publishing House, Bhopal, edition 2011)

सलीम को अकबर ख़ुद पत्र लिखता है : 'तुम्हें शायद यह जानकर ताज्जुब होगा कि मैं लिख सकता हूँ...(पृष्ठ 2) आज रात मैं ज़हर लेना शुरू करूँगा, अनियमित अन्तराल पर और विभिन्न मात्राओं में।' (पृष्ठ 7) लेकिन फिर लेखक यह टिप्पणी भी करता है कि इस बात का कोई प्रमाण नहीं कि अकबर की मौत प्राकृतिक न होकर अन्य किन्हीं कारणों से हुई थी। (पृष्ठ 589)

एक नाचनेवाली के साथ यौन सम्बन्ध बनाने की विस्तृत जानकारी अपने बेटे को अकबर चटखारे लेते हुए देता है। (पृष्ठ 78-79)

माहम अंगा को अकबर माहम जी कहकर सम्बोधित करता है। (पृष्ठ 126) बीरबल को 'master Birbal' पुकारता है और मानसिंह, अब्दुल लतीफ़ व टोडरमल को 'friends'। (पृष्ठ 295)

अहमदाबाद से सलीमा सीधे आगरा आती है। एक पर्ची भेजकर अकबर अपनी 'cousin' को 'dinner' के लिए आमंत्रित करता है। भोजन वह ख़ुद उसे परोसता है और बार-बार साग्रह परोसता है। (पृष्ठ 171) उसे शराब भी पिलाता है। (पृष्ठ 179)

अम्बर के राजा बिहारीमल को आश्वासन देता है कि जो सल्तनत के प्रति वफ़ादार रहेंगे उन्हें सुलह-ए-कुल यक़ीनी तौर पर हासिल होगा, सबके लिए अमन। (पृष्ठ 199) अब्दुल लतीफ़ बाबर बादशाह की आख़िरी वसीयत अकबर को देता है। (पृष्ठ 217)

एक पत्र पच्चीस पृष्ठों का है जिसमें अकबर से या उसकी कहानी से सम्बन्धित कुछ नहीं है (पृष्ठ 384-409) वहीं इबादत ख़ाने की बहस को सिर्फ़ एक पृष्ठ में समेट

दिया है, (पृष्ठ 425) और सूफ़ियों, पारसियों, हिन्दुओं व जैनों के साथ हुई चर्चा को केवल आधे पृष्ठ में। (पृष्ठ 432)

सलीमा से कहता है, 'ज़्यादातर लड़ाई [चित्तौड़गढ़ में] उन किसानों ने लड़ी थी जो क़िले में पनाह लिये हुए थे। अगर उनको मैं ज़िन्दा छोड़ देता, शायद किसी दिन मुझे फिर उनसे लड़ना पड़ता।' (पृष्ठ 290)

पेट दर्द से आराम के लिए हकीम गिलानी अकबर को चाय पीने की सलाह देता है। (पृष्ठ 559)

रेख़्ता, हिन्दवी और उर्दू

रेख़्ता का अर्थ है मिश्रित। इसकी उत्पत्ति और विकास उस समय सेना के पड़ावों में हुआ। सेना में तुर्क, उज़्बेक, चग़ताई, ईरानी, ख़ुरासानी, अफ़ग़ानी, अरबी सैनिक एक-दूसरे के साथ संवाद करते हुए, और उन हिन्दुस्तानियों के साथ भी जो उनके सेवक थे और कारीगर व दुकानदार या व्यापारी थे जिनके साथ उनका वास्ता रोज़ ही रहता था, एक ऐसी बोली का इस्तेमाल करने लगे जो उनके देशों की भाषा के शब्दों के साथ उत्तर भारत के हिन्दुस्तानियों की उस समय की ज़बान हिन्दवी के शब्दों की मिली-जुली खिचड़ी बोली थी। हिन्दवी में भी ब्रज बोली, खड़ीबोली और अवधी बोली के शब्द इस्तेमाल होते थे। यही बोली रेख़्ता कहलाई।

उधर मुग़ल दरबार की अधिकृत भाषा फ़ारसी में भी हिन्दवी के शब्द मिलते गए जिन्हें फ़ारसी ज़बान के ही लहजे में बोला जाता था। इस तरह भाका ज़बान बनी। इस भाका का रेख़्ता के साथ सम्मिश्रण हुआ और बोलने का लहजा भी फ़ारसी ज़बानवाला होता चला गया। जिसके बाद यह मिश्रित भाषा धीरे-धीरे और बड़े लालित्यपूर्ण ढंग से समृद्ध होती चली गई जिसमें ख़ूबसूरत ग़ज़लें कही जाने लगीं और दास्तानें भी। अकबर के पोते शाहजहाँ के वक़्त तक इस बेहद लोकप्रिय हो चुकी भाषा को उसने नाम दिया उर्दू। यह एक तुर्की भाषा का शब्द है जिसका अर्थ है लश्करगाह यानी सैनिक छावनी। अंग्रेज़ी शब्द horde का उद्‌भव, जिसका प्रयोग यूरोप में मंगोल और मध्य एशियाई क्षेत्रों से आए दूसरे हमलावरों के समूह व बाद में ख़ानाबदोश लोगों के लिए भी किया गया, उर्दू शब्द से ही हुआ है।

आगरा की एक सुबह

हिन्दुओं से जिज़या की वसूली को रद्द करना।

इस्लाम में जिज़या प्रति व्यक्ति कर है जो युद्ध हारे हुए लोगों से वसूल किया जाता है जिन्हें ज़िम्मी (अरबी उच्चारण में धिम्मी) कहकर पुकारा गया। ज़िम्मी यानी जो मुसलमान न होकर भी इस्लामी राज्य की प्रजा है। जिज़या की एवज में ज़िम्मी को हमलों से सुरक्षा का अधिकार प्राप्त था और फ़ौज में शामिल होने से छूट के साथ अपना धर्म पालने की आज़ादी भी। भारत में सबसे पहले इसे मुहम्मद-बिन-क़ासिम ने वसूल किया और उसके बाद आए सभी मुसलमान शासकों ने भी, जब तक अकबर ने उसे रद्द नहीं किया।

ज़ियाउद्दीन बर्नी ने अपनी किताब *तारीख़-ए-फ़िरोज़ शाही* में लिखा है कि बयाना के एक क़ाज़ी ने सुल्तान अलाउद्दीन ख़िलजी को सलाह दी कि जब उनसे चाँदी माँगी जाए उन्हें बिना सवाल किए और पूरी विनम्रता से सोना देना चाहिए। और अगर उनके मुँह में धूल फेंकी जाए तो उन्हें बिना हिचकिचाहट के अपना मुँह उसे ले लेने के लिए पूरा खोल लेना चाहिए।

एक ख़ुशगवार मुलाक़ात

तूरानी, उज़्बेक, ख़ुरासानी और चग़ताई

तूरानी तूरान (Transoxiana) के निवासी थे जो मध्य एशिया में आमू (Oxus) दरिया और सिय्र (Jaxartes) दरिया के मध्य का क्षेत्र था जिसमें आज के उज़्बेकिस्तान, ताजकिस्तान, दक्षिणी किर्गिज़स्तान और दक्षिणी-पश्चिमी कज़ाख़स्तान शामिल थे। उज़्बेक उज़्बेकिस्तान के निवासी थे जिस नाम से देश आज भी है जो अफ़गानिस्तान, ताजकिस्तान और कज़ाख़स्तान व तुर्कमेनिस्तान से घिरा हुआ है। तब उज़्बेकिस्तान का क्षेत्र बड़ा था जिसमें उसे घेरे हुए इन देशों के भी कुछ हिस्से आते थे। ख़ुरासानी ईरान के पूर्वी प्रान्त ख़ुरासान के रहनेवाले थे जिसमें आज के अफ़गानिस्तान, ताजकिस्तान और तुर्कमेनिस्तान के साथ ही वर्तमान उज़्बेकिस्तान का भी कुछ हिस्सा शामिल था। चग़ताई मंगोल सम्राट चंगेज़ ख़ान के बेटे चग़ताई ख़ान के वंशज थे। तैमूर लंग भी चग़ताई मंगोल था। बाबर के पिता तैमूर के वंश से थे और उसकी माँ चंगेज़ ख़ान के वंश से। आरम्भ में यह दक्षिण-पूर्वी उज़्बेकिस्तान और दक्षिणी ताजकिस्तान तक सीमित थे। मंगोल शब्द ही अंग्रेज़ों की ज़बान में मुग़ल हो गया।

मेवाती राजपूत

कहा जाता है कि दो राजपूत ज़मींदार भाई तेरहवीं शताब्दी में ख़्वाजा मोइनुद्दीन चिश्ती के मुरीद सूफ़ी पीर क़ुतुबुद्दीन बख़्तियार काकी चिश्ती के प्रभाव में आकर मुसलमान बन गए। मेवाती ख़ुद को यदुवंशी बताते हैं और अर्जुन के वंशज भी। यदुवंशी कृष्ण की बहन सुभद्रा का विवाह अर्जुन के साथ हुआ था। शायद वे उनकी सन्तानें हों। 'पांडुन कड़ा' आज भी इन लोगों में गाई जानेवाली लोकप्रिय गाथा है जो दरअसल दोहों में कही गई *महाभारत* की कहानी ही है। इतिहास में उनका ज़िक्र सबसे पहले वर्ष 1260 में मिलता है जब बलबन ने 'लुटेरे, हत्यारे' मेवातियों को सज़ा देने के लिए मेवात पर हमला किया। मेवात में वर्तमान अलवर और भरतपुर ज़िलों के अलावा राजस्थान के कुछ और ज़िले भी शामिल थे। खानवा के युद्ध में हसन ख़ान मेवाती राणा साँगा की तरफ़ से लड़ा। हुमायूँ जब ईरान से वापस आया तो उसने जमाल ख़ान मेवाती, जो इस्लाम शाह सूर की मौत के बाद अलवर का स्वतंत्र शासक हो गया था, की बड़ी बेटी के साथ शादी की और बैरम ख़ान की शादी उसकी छोटी बेटी के साथ करवा दी। भक्त कवि रहीम बैरम ख़ान की इसी मेवाती पत्नी के बेटे थे।

माहम अंगा

बालक अकबर को हुमायूँ की सभी बेगमों के साथ एक कमरे में क़ैद करना

हुमायूँनामा में गुलबदन बेगम लिखती हैं : 'उसने [कामरान ने] अज़ीम बेगमों को मिर्ज़ा अस्करी के मकान में रख दिया और वहाँ एक कमरे को ईंटों और गारे से और कंडों से बन्द कर दिया और ख़वातीन को पानी और खाना चहारदीवारी के ऊपर से वे दिया करते थे।' (पृष्ठ 181, अनुवादक ऐनेट सुसन्नाह बेवरिज, प्रकाशक Low Price Publications दिल्ली, प्रकाशन वर्ष 2011)

बालक अकबर को गरजती हुई तोपों के सामने खड़ा करना

'एक रोज़ यह हुआ कि मिर्ज़ा कामरान अपने मकान से छत पर गया और किसी ने तोप दाग़ दी। वह भागा और ख़ुद को वहाँ से दूर हटा लिया। तब उसने शहंशाह [अकबर] की बाबत हुक्म दिया : उसे लेकर आओ और सामने खड़ा कर दो। किसी ने जन्नत आशियानी को बताया कि मिर्ज़ा मुहम्मद अकबर को सामने खड़ा किया गया है तो उन्होंने तोपें दाग़ने से मना कर दिया और उसके बाद बाला-ए-हिसार [काबुल के क़िले] पर किसी ने निशाना नहीं लगाया।' (पृष्ठ 183-84 उपर्युक्त)

अकबरनामा में अबुल फ़ज़्ल लिखता है : 'अपनी बेवक़ूफ़ी से मिर्ज़ा कामरान... ख़ुद की हिफ़ाज़त के लिए...आलमपनाह शहंशाह को तोपों के सामने ले आया और ऐसी जगह खड़ा कर दिया जहाँ से फ़तहयाब फ़ौज के तोपचियों के निशाने की वजह से एक चींटी या एक टिड्डे का गुज़रना भी मुश्किल था। क्या इनसानियत थी यह?' (पृष्ठ 511, खंड पहला, अनुवादक एच. बेवरिज, प्रकाशक Low Price Publications दिल्ली, वर्ष 2007 में पुनर्मुद्रित)

तारीख़-ए-अकबरी में मुहम्मद आरिफ़ कन्धारी ने लिखा : 'मिर्ज़ा कामरान ने सिन्ध से वापस आकर हिजरी सन् 952/1545 में काबुल पर क़ब्ज़ा कर लिया और उसे [अकबर को] क़ैद कर लिया।...बदख़्शाँ का अपना मंसूबा छोड़कर वे [हुमायूँ] फ़ौरन काबुल के लिए चल दिए और घेरा डाल दिया। हालत को समझकर तोप, तीर और नेज़े से बचते हुए मिर्ज़ा कामरान ने अकबर को अपनी ढाल बना लिया।' (पृष्ठ संख्या 37, अनुवादक, तंसीम अहमद, प्रकाशक, प्रगति पब्लिकेशन्स दिल्ली, प्रकाशन वर्ष 1993)

ख़्वाजा की दरगाह में

राजपूत चरित्र

भारतीय वायु सेना में विंग कमांडर रहे डॉ. एम.एस. नरावने लिखते हैं : 'ख़ानदानों की आपसी प्रतिद्वंद्विता, मुखियाओं का वैयक्तिक अहम, युद्ध के सिद्धान्तों की उचित समझ न होना, यह सब एक अव्यवस्थित भीड़ खड़ी करता था जिसमें विभिन्न मुखियाओं की फ़ौज में समन्वय का अभाव था। फ़ौज के सेनापति के अपने विचार थे और मुखियाओं द्वारा प्रस्तावित योजना का वह हमेशा पालन नहीं करता था। ऐसा शायद इसलिए था कि

मुखियाओं का पूर्ण सहयोग और आज्ञाकारिता को लेकर शायद ही कभी वह सुनिश्चित हो पाता था।...तथाकथित शौर्य की धारणा जीत या लगभग जीत को अकसर हार में बदल देती थी।...टॉड ने इसे घमंड, राजनीतिक अन्धत्व, अहंकार और उदारता का सम्मिश्रण कहा है।...सम्भावित पीछे हटने के लिए तैयारी शायद ही कभी की जाती थी।...आरक्षित फ़ौज और उसके इस्तेमाल को न कभी समझा गया, न उसका प्रावधान किया गया।...तलवार चलाने में दक्षता और दुस्साहस भरी बहादुरी राजपूतों के लिए महान गौरव लेकर आई। लेकिन यह हार का गौरव था, न कि जीत का।' (पृष्ठ 83-87, *The Rajputs of Rajputana* by Dr. M. S. Naravane, A. P. H. Publishing Corporation, New Delhi, Edition 1999.)

इस विषय में इतिहासकार सतीश चन्द्र लिखते हैं : राजपूतों में 'वैर कई पीढ़ियों तक चलता था। उनकी मूल कमज़ोरी थी अनन्य समूह बना लेना, हरेक दूसरे पर श्रेष्ठता का दावा करता हुआ। भाईचारे की भावना को वे ग़ैर-राजपूतों तक बढ़ाने के लिए राज़ी नहीं थे। युद्ध को वे खेल की तरह लेते थे। आदर्श राजा वह था जो दशहरे का त्योहार मनाने के बाद अपनी फ़ौज का नेतृत्व पड़ोसी के इलाक़े पर हमला करने के लिए करता था। इस नीति से गाँवों और शहरों, दोनों ही जगह के लोग कष्ट उठाते थे।'

सफ़र में एक शहर

हिन्दुओं में जातिगत रूढ़िवादिता

न सिर्फ़ भंगी, चांडाल या चमार बल्कि किसी म्लेच्छ के सम्पर्क में आनेवाला हिन्दू भी अपवित्र हो जाता था। एक हज़ार साल तक मुहम्मद-बिन-क़ासिम से शुरू होकर महमूद ग़ज़नवी, मुहम्मद ग़ौरी, अमीर तैमूर, नादिर शाह और अहमद शाह अब्दाली हिन्दुस्तान से लाखों ग़ुलाम ले गए जिन्हें बग़दाद, समरक़न्द, बुख़ारा, ग़ज़नी के ग़ुलाम बाज़ारों में बेच दिया गया। वहाँ पर उन औरतों व बच्चों को भी अपने मालिक की कामवासना का शिकार होना पड़ता जो हिन्दुस्तान के किसी रईस ख़ानदान से आते थे। उनमें से कभी कोई जान का भारी ख़तरा उठाकर और हिम्मत तोड़ देनेवाली मुश्किलों से जूझता हुआ वापस अपने देश आ जाने में कामयाब हो जाता तो उसे अपने हिन्दू भाइयों की सहानुभूति नहीं हासिल होती थी। क्योंकि उनके अनुसार म्लेच्छों के घर पर रहने और उनका दिया खाना खाने से वह धर्मभ्रष्ट हो चुका था, जबकि इसमें उसकी अपनी कोई ग़लती न होकर उन हिन्दू राजाओं की ग़लती थी जो प्रजारक्षण के अपने कर्तव्य को निभाने में असमर्थ रहे थे। अत: अब वह जात-बाहर था जो किसी ऊँची जाति के हिन्दू के, वे भी जो उसका अपना परिवार थे, सम्पर्क में भी नहीं आ सकता था। किसी के घर या मन्दिर में जाने का तो प्रश्न ही नहीं उठता। यही हाल उनका भी था जो हिन्दुस्तान में रहते हुए ही ज़बर्दस्ती मुसलमान बना लिये गए थे या ऐसे लोगों के वंशज थे। वापस हिन्दू बनने के और अपनी जाति में स्वीकार किए जाने के उनके सारे रास्ते बन्द थे।

फिर भी अगर कोई ज़िद पर अड़ जाए कि उसे वापस अपनी जाति में शामिल कर लिया जाए तो उसके बेहद ख़र्चीला और कठिन कर्मकांड था। सबसे पहले तो उसे कई

रोज़ गाय के गोबर और मूत्र के ढेर में अपने गले तक दबा हुआ रहना होता था। उस दौरान वह सिर्फ़ उस गोबर में से अन्न के दाने ढूँढ़कर खा सकता और गोमूत्र से ही अपनी प्यास बुझा सकता था। उसके बाद जो जीवित रह जाए उसे कई रोज़ तक गोबर, गोमूत्र, शहद और दही की ख़ुराक पर रहना होता था। फिर एक ख़र्चीले हवन और शानदार ब्राह्मण भोज व बेहद भारी दक्षिणा के बाद ही वह दोबारा 'पवित्र' हो पाता था।

और यह तब था जबकि हिन्दू धर्मशास्त्र कहते थे, और कहते हैं कि 'आपत्तिकाले धर्म नास्ति'। गर्दन पर जब तलवार रखी हुई हो तो उससे ज़्यादा आपत्ति का काल क्या हो सकता है? अकाल के समय भूख से मरते हुए ऋषि विश्वामित्र ने भी चांडाल के घर से कुत्ते का मांस चोरी करके खाया था। फिर भी वे ऋषि और पूज्य बने रहे। इस मामले में हिन्दुओं से बड़ा पाखंडी कोई नहीं।

टोडरमल

भारत का पहला सांख्यिकीविद्

लाखों काश्त का विस्तृत सर्वेक्षण, उनकी सीमाएँ तय करके उनके रकबे की नाप, उस रकबे का रेखाचित्र, उसमें उगाई गई विभिन्न फ़सलों का दस साल का विवरण एकत्रित करना और हर जिंस की उस क्षेत्र में प्रचलित रही हर साल की क़ीमत भी : आज ऊँची तकनीक उपलब्ध होने के बाद भी शायद यह करना मुश्किल होगा। टोडरमल को अगर भारत, या शायद विश्व का भी, पहला सांख्यिकीविद् कहा जाए तो अतिशयोक्ति न होगी। उन्नीसवीं शताब्दी के ब्रिटिश प्रशासक और इतिहासकार एच. जी. कीन ने उसके बन्दोबस्त को लेकर टिप्पणी की थी : 'ब्रिटिश भारत की बेहद कामयाब भू-राजस्व प्रणाली इन सिद्धान्तों [टोडरमल का बन्दोबस्त] के परिवर्तित रूप से अधिक कुछ नहीं।' ईस्ट इंडिया कम्पनी और फिर महारानी विक्टोरिया के शासनकाल में भी ज़िले और तहसील में नियुक्त हुए अधिकारियों के लिए टोडरमल का *आईन-ए-दहसाला* अच्छी तरह से पढ़ लेना अनिवार्य था। और उनकी अदालत में दायर हुए राजस्व सम्बन्धी मुकदमों में *आईन-ए-अकबरी* और *आईन-ए-दहसाला* को बतौर सबूत पेश किया जा सकता था।

एक आईने का टूटकर बिखरना

बादलगढ़

राजपूत राजा से यह क़िला पहले लोदी सुल्तानों के क़ब्ज़े में चला गया और जब सुल्तान सिकन्दर लोदी अपनी राजधानी को दिल्ली से आगरा ले आया तब यह उसका मुक़ाम बना। पानीपत में इब्राहीम लोदी की हार के बाद बाबर के निर्देश पर हुमायूँ ने इसे अपने क़ब्ज़े में कर लिया जहाँ उसे बहुत बड़ा शाही ख़ज़ाना भी हाथ लगा। कहते हैं कि इस ख़ज़ाने में उसे कोहिनूर हीरा भी मिला जिसे उसने बाबर को बताए बग़ैर अपने पास रख लिया और ईरान में शाह तहमास्प को भेंट कर दिया जब दिल्ली का तख़्त वापस हासिल करने के लिए उससे उसने मदद माँगी। चौसा और कन्नौज में हुमायूँ की शिकस्त

के बाद यह क़िला शेरशाह सूरी के हाथ चला गया और फिर वर्ष 1555 में हुमायूँ ने ईरान से वापस आकर दोबारा इसे अपने क़ब्ज़े में ले लिया। लेकिन ख़ुद उसने दिल्ली में रहना पसन्द किया जहाँ 'दीनपनाह' क़िला उसने अपने लिए बनवाया। वर्ष 1558 में अकबर अपनी राजधानी दिल्ली से आगरा ले आया जिसके बाद यह उसका और उसके हरम का मुक़ाम हो गया।

ख़ौफ़ का चेहरा

इस अख़बार नवीस प्रणाली ने ही हिन्दुस्तान में शुरुआती समाचार-पत्र को जन्म दिया। क़स्बों में, गल्ला मंडियों में, परगनों में, अदालतों में, दफ़्तरों में और कोतवाली वग़ैरह में वाक़या नवीस अपने ख़बरी बनाता था और बादशाह सलामत को पहुँचाई जानेवाली ख़बरों के अलावा जो ख़बरें होती थीं उनका विवरण समय-समय पर लिखकर आम जानकारी और बहस के लिए उपलब्ध करा देता था। यह विवरणियाँ शहर-शहर घूमते व्यापारी एक शहर से दूसरे शहर ले जाते। निज़ामत के काग़ज़ात लाने, ले जाने के लिए अकबर ने एक डाक प्रणाली भी विकसित की थी जिसमें सल्तनत भर में फैली हुई सरायें डाक चौकी का काम करती थीं। यह व्यापारी इन सरायों में रुकते तो इन सरायों में ठहरने वाले मुसाफ़िर भी इन विवरणियों में रुचि लेते थे। धीरे-धीरे इन डाक चौकियों के ज़रिये इन विवरणियों की पहुँच बढ़ती चली गई जो फिर नियमित समाचार-पत्र का रूप लेती गईं।

क़ैद से अकबर और हुमायूँ की बेगमों की मुक्ति

हुमायूँनामा में बेगम गुलबदन लिखती हैं : अपनी औरतों, बच्चों, बेगमों और कुनबे वग़ैरह की ख़ातिर शहंशाह [हुमायूँ] ने तोपों को नहीं चलवाया, न ही बड़े मकानों को मुश्किल में डाला। लम्बा चला घेरा जब ख़त्म हो गया तो उन्होंने [क़ैद महिलाओं ने] ख़्वाजा दोस्त खावन्द मदार्ची को जहाँपनाह के पास भेजा यह कहने : 'ख़ुदा के लिए मिर्ज़ा कामरान जो चाहता है कर दें और अल्लाह के ख़िदमतगारों को तंग किए जाने से बचाएँ।' शहंशाह...ने लिखा : 'उनकी ख़ातिर मैं क़िले के ख़िलाफ़ ताक़त का इस्तेमाल न कर सका...अगर क़िले के ख़िलाफ़ हमने ताक़त का इस्तेमाल किया होता तो मिर्ज़ा मुहम्मद अकबर ग़ायब हो जाते।'

हमारे लोगों और बेगम के लोगों और दूसरे जो बाहर थे, उन्होंने दरवाज़ा खींच लिया जिसने हमें बन्द कर रखा था...थोड़ी देर में शहंशाह अन्दर आए...और कहा : 'इस जगह से जल्दी बाहर चलो। ख़ुदा अपने बन्दों को ऐसे मकान से बचाए और ऐसी जगहों को उसके दुश्मनों के हिस्से आने दे।'

सुल्तान इस्कन्दर मकदूनिया का एलेक्जेंडर था

ग्यारहवीं सदी में लिखे गए महान ग्रन्थ *शाहनामा* में फ़िरदौसी ने सिकन्दर या एलेक्जेंडर को यूनान के राजा फिलिप की बेटी नाहिद और ईरान के राजा दाराब का बेटा बताया है। नाहिद बेहद ख़ूबसूरत थी मगर उसके मुँह से बदबू आती थी इसलिए राजा दाराब ने

उससे रिश्ता तोड़ लिया और उसे उसके पिता के घर भेज दिया। नाहिद तब तक गर्भवती हो चुकी थी और उसने एक पुत्र को जन्म दिया जिसका नाम रखा गया सिकन्दर। राजा दाराब ने इस बीच दूसरी शादी कर ली और इस पत्नी से उसे जो बेटा मिला वह दारा (तृतीय) के नाम से ईरान की राजगद्दी पर बैठा। दाराब का सबसे बड़ा बेटा होने के नाते ईरान की राजगद्दी पर सिकन्दर का हक़ बनता था जिसे पाने के लिए ही सिकन्दर ने दारा से युद्ध किया और अपना जायज़ हक़ पाया।

फिर तेरहवीं सदी की शुरुआत में ईरान के शायर निज़ाम गंजवी का फ़ारसी में लिखा हुआ महाकाव्य *इस्कन्दरनामा* प्रकाशित हुआ। पन्द्रहवीं सदी आते-आते यह महाकाव्य और इसके साथ मकदूनिया (Macedonia) का एलेक्जेंडर महान इस्कन्दर के नाम से सभी इस्लामी देशों का लोकप्रिय नायक हो गया। *इस्कन्दरनामा* में उसे ईरान का शहज़ादा बताया है जो अपने सौतेले भाई दारा (Darius) को हराने के बाद ईरान पर इंसाफ़ के साथ हुकूमत करता है। फिर पूरी दुनिया को अल्लाह के नाम पर फ़तह करके हज करने मक्का जाता है। उसकी बाद की ज़िन्दगी में उसे सत्य की खोज करनेवाला बताया है जो हिन्द के निर्वस्त्र ब्राह्मणों के साथ विवाद करता है। इस विवाद को *आईन-ए-अकबरी* में विस्तार से दिया हुआ है। फिर इस्लाम के तौहीदी (एकेश्वरवादी) अक़ीदे का एलान करते हुए पूरी दुनिया में घूमता है। उसकी तलाश का अन्त आबे हयात (अमृत) के लिए उसकी नाकामयाब कोशिश से होता है।

दुश्मन और दोस्त

अकबर पर तीर से हमला

घाव यक़ीनन गहरा था। अबुल फ़ज़ल के मुताबिक़ यह हादसा 11 जनवरी, 1564 को हुआ और 21 जनवरी तक ही अकबर दिल्ली से आगरा जाने लायक हो पाया और यह सफ़र उसने धीरे-धीरे और ज़्यादातर पालकी में किया। इससे स्पष्ट है कि घाव गम्भीर था। तीसरे। उस हब्शी को बिना पूछताछ के मार दिए जाने की बाबत अबुल फ़ज़ल लिखता है कि अकबर ने '*इशारा* किया कि उसे (उस हब्शी को) ज़ल्द *हलाक कर दिया जाना चाहिए वरना कई वफ़ादार शक के घेरे में आ जाएँगे।*' आगे यह भी उसने कहा है कि बाद में 'पता लगा कि उस हब्शी का नाम क़त्लक़ फ़ौलाद था जो मिर्ज़ा शरफ़ुद्दीन के वालिद का ग़ुलाम था और इस काम के लिए शरफ़ुद्दीन ने ही उसे भेजा था। स्पष्ट है कि यह साज़िश थी और अकबर को अन्दाज़ था कि उसके नज़दीकी लोग इस साज़िश में शामिल हैं। शायद यही वज़ह थी कि उसका 'इशारा' कि वह 'चाहता है' हमलावर को हलाक कर दिया जाए, उसके साथ 'मौजूद' उमरा ने उसका हुक्म मानकर फ़ौरन ही उस हब्शी के टुकड़े-टुकड़े कर भी दिए।

हिन्दुओं के प्रति अकबर की नीति पर प्रतिक्रियाएँ

'धोखेबाज़ चोर ब्राह्मणों ने...शहंशाह से कहा कि वह राम, कृष्ण और दूसरे काफ़िर राजाओं की तरह अवतार है...उनकी चापलूसी के लिए वे संस्कृत श्लोक खोज लाए

जिन्हें पुराने ऋषियों के वचनों से लिया गया बताया, जिनमें यह भविष्यवाणी थी कि एक महान विजेता का भारत में उद्गम होगा जो ब्राह्मणों व गायों को सम्मान देगा और धरती पर न्यायपूर्ण शासन करेगा।' (पृष्ठ 336, दूसरा खंड, *A History of India, Muntakhabut-'i-Tawarikh* by Abdul-Qadir Ibn-i-muluk Shah, translated by George S. A. Ranking, publisher Saeed International, New Delhi, Edition 1990)

अकबर का एक फ़रमान यहाँ उल्लेखनीय है जो उसके उदार धार्मिक दृष्टिकोण को रेखांकित करता है। 'लोगों के मज़हबी यक़ीन में किसी ओहदेदार को दख़ल नहीं देना चाहिए क्योंकि जान-बूझकर ग़लत मज़हब को कोई क़बूल नहीं करता।' (पृष्ठ 316 एस. ए. ए. रिज़वी *Religious and Intellectual History of the Muslims in Akbar's Reign* published by Munshiram Manoharlal Publishers New Delhi in 1975)

इस विषय में जदुनाथ सरकार लिखते हैं : 'यह उदारवादी नीति, उसके समय से बहुत आगे की, भले ही हम तत्कालीन यूरोप या एशिया की तरफ़ नज़र दौड़ाएँ, एक नौजवान ने आरम्भ की जो अभी बीस साल का भी नहीं था, अपनी सहज मानवता और विचारों की मौलिकता की वजह से...यह प्राच्य चापलूसी नहीं थी बल्कि तराइन की दूसरी लड़ाई के बाद उनके देश की हालत की याद थी जिसने उस समय के हिन्दू समाज से अकबर का अभिवादन एक भगवान की तरह 'दिल्लीश्वरे व जगदीश्वररे व' करवाया।' (पृष्ठ 39, *A History of Jaipur,* publisher Orient BlackSwan पुनर्मुद्रण 2011) यहाँ उल्लेखनीय है कि वर्ष 1192 में हुई तराइन की दूसरी लड़ाई में दिल्ली नरेश पृथ्वीराज चौहान की मुहम्मद ग़ौरी के हाथों हार होने के बाद ही हिन्दुस्तान के इतिहास में सल्तनत-युग शुरू हुआ था।

प्रबुद्ध इतिहासकार हरबंस मुखिया लिखते हैं : 'राजस्थानी साहित्य में उसका [अकबर का] हिन्दुओं के पौराणिक भगवानों राम और कृष्ण की तरह कीर्तिगान किया जाता है, और राम के भाई लक्ष्मण और हिन्दू महाकाव्य *महाभारत* के केन्द्रीय चरित्र अर्जुन की तरह भी उसका हवाला दिया जाता है। एक मध्ययुगीन राजस्थानी कवि नरोत्तम पार्थ, अर्जुन, की तरह उसका गुणगान करते हुए थकता नहीं है, यहाँ तक कि युग की हिन्दू धारणा के चतुर्युग के चक्र में वर्तमान युग के पहले बीत चुके युग, द्वापर युग में उसे रख देता है। कवि घोषणा करता है कि अकबर हिन्दुओं से प्यार करता है और तुर्कों के लिए परायों की भावना रखता है; उनसे निकटता वह नहीं महसूस करता।' और उत्साह के साथ इस निष्कर्ष पर पहुँचता है कि 'अकबर का एक हिन्दू राज है। मुस्लिम राज इसे कौन कहेगा?' (पृष्ठ 62-63, *The Mughals of India* Blackwell Publishing पुनर्मुद्रण Wiley India PvT. Ltd. नई दिल्ली, वर्ष 2009)

इसके अलावा *भविष्य पुराण* में 'अकबर बादशाह वर्णन' नामक एक खंड है जिसमें यह दावा किया गया है कि अतीत में अकबर शंकराचार्य के गोत्र में पैदा हुआ ब्रह्मचारी मुकुन्द था जिसने प्रयाग में तपस्या की और जब उसने म्लेच्छों के क्रूर राजा बाबर को हिन्दू भगवानों का अपमान करते हुए देखा तो स्वयं को हवन की आग में झोंक दिया।

उस म्लेच्छ का नाश करने के लिए उसके शिष्यों ने भी इसी तरह स्वयं की बलि दे दी और अकबर के समकालीनों की तरह उनका पुनर्जन्म हुआ। उनमें से एक बीरबल था।

बग़ावतें और बाग़ी

अंग्रेज़ पादरी जे. ओविंगटन की किताब *A Voyage to Surat in 1689* में लिखा है : 'रस्सी का गुच्छा अपने हाथों में लेकर ऊपर हवा में फेंकता है जब तक कि वह पूरा खुल नहीं जाता और तब उस कमज़ोर रस्सी पर चढ़ते हुए उसके शीर्ष तक जाता है, फिर टुकड़े-टुकड़े ज़मीन पर गिरता है और जब सब गिर जाते हैं तो अलग हुए हिस्से दोबारा जुड़ जाते हैं। एंग्लो-डच जहाज़ी एडवर्ड मेल्टन ने वर्ष 1670 में यह करतब बटाविया में चीनी बाज़ीगरों के समूह द्वारा दिखाए जाते हुए ख़ुद देखा था और उसे विश्वास था कि यह उन लोगों ने शैतान की मदद से किया था। भारत की यात्रा पर आए पादरी फ्रेडरिक जॉर्ज ली ने वर्ष 1885 में प्रकाशित पुस्तक *Glimpses in the Twilight* में इस करतब का आँखों देखा हाल लिखा है। अगस्त, 1889 में *Times of India* ने कलकत्ता के निकट दिखाए गए ऐसे करतब की आँखों देखी कहानी प्रकाशित की थी। (पृष्ठ 315-16 *Jadoowallahs, Jugglers and Jinns* by John Zubrzycki publisher Picador India, संस्करण 2018)

रणथम्भौर

गोंडवाना की चन्देल क्षत्राणी रानी दुर्गावती

रानी दुर्गावती अकेली राजपूत शासक है जिसके लिए *अकबरनामा* में अबुल फ़ज़ल ने पूरा एक अध्याय दिया है और उसकी बहादुरी की तारीफ़ करते हुए वह नहीं अघाता। दुर्गावती महोबा के चन्देल राजा कीरत राय की बेटी थी, जिनके पुरखे चार सौ साल पहले कालिंजर आ बसे थे जब दिल्ली के तोमर राजा पृथ्वीराज सिंह चौहान ने जंग में उन्हें शिकस्त देकर महोबा छोड़ने पर मजबूर कर दिया था। उसका विवाह गोंडवाना के गोंड शासक दलपत शाह से हुआ, जिसकी मौत के बाद शासन उसने अपने हाथों में ले लिया।

उसकी ख़ूबसूरती, बहादुरी और ताक़त दन्तकथाओं का विषय थी। अत्यन्त विशाल और प्रचंड हाथी पर वह बेझिझक सवारी करती थी। बन्दूक़ और धनुष, दोनों से ही वह अचूक निशाना लगाती थी। और डर किस चिड़िया का नाम है, यह उसे मालूम न था। उसे पता भर हो जाए कि उसके इलाक़े में कोई शेर या चीता है। फिर तो जब तक उसका शिकार वह न कर ले, न तो खाने की सुध उसे रहती थी और न ही पीने की। और उस वहशी का शिकार वह अकेले ही किया करती थी, बग़ैर किसी की भी मदद के। अपने शासनकाल के आरम्भिक वर्षों में उसने मालवा के राजा बाज़ बहादुर के हमले को न सिर्फ़ नाकाम किया था बल्कि उसे इतना भारी नुक़सान भी पहुँचाया कि उसके बाद उसकी फिर कभी गोंडवाना पर हमला करने की हिम्मत नहीं हुई।

उज़्बेक बग़ावत के ठीक पहले पन्ना के सूबेदार आसफ़ ख़ान ने उसके सूबे से

लगे हुए गोंडवाना पर हमले की इजाज़त अकबर से माँगी और वह उसे मिल गई। दुर्गावती ने अप्रशिक्षित व कम तादाद फ़ौज जिसके पास हथियार के नाम पर ज़्यादातर तीर कमान ही थे, दुर्गावती ने आसफ़ ख़ान को सिर्फ़ ज़बर्दस्त टक्कर दी बल्कि एक से ज़्यादा बार उसे पीछे हटने के लिए मजबूर कर दिया। ख़ुद वह हमेशा फ़ौज के आगे रहकर लड़ी और लड़ाई में उसकी बहादुरी की कई कहानियाँ *अकबरनामा* का हिस्सा हैं कि कैसे वह तलवार हाथ में लेकर हाथी पर से कूद गई जब उसके तीर ख़त्म हो गए और आसफ़ ख़ान के फ़ौजियों को उस जीवटवाली रानी ने अकेले ही खदेड़ दिया, एक बार नहीं कई बार।

आख़िरी लड़ाई में वह हाथी पर सवार थी कि एक तीर सनसनाता हुआ आया और उसकी दाईं कनपटी में गहरा चुभ गया। उस ग़ज़ब की हिम्मतवाली रानी ने फ़ौरन उसे निकाल फेंका मगर उसका फ़लक अन्दर ही रह गया। तभी एक दूसरा तीर उसकी गर्दन में जा चुभा। इसे भी उसने बेमिसाल बहादुरी दिखाते हुए निकाल फेंका। मगर बेतहाशा दर्द की वजह से उसे मूर्च्छा आ गई। यह देख उसके ज़्यादातर फ़ौजी मैदान छोड़कर भाग खड़े हुए। आधार सिंह, रानी के अत्यन्त विश्वसनीय और उसके दीवान, ने सलाह दी कि अभी पीछे हट लिया जाए और ताज़ा फ़ौज के साथ वापस आया जाए। यह सुनते ही रानी आगबबूला हो उठी। "तुमने मेरे लिए ऐसा अपयश पसन्द किया है, रणभूमि से पलायन कर जाना? तुम सोच भी कैसे सकते हो कि एक चन्देल क्षत्राणी ऐसा करेगी? अपकीर्ति के साथ जीने के बजाय गौरव के साथ मरना बेहतर है!" और एक भी लम्हा खोए बिना उसने अपना ख़ंजर ख़ुद अपने गले में घोंप दिया और अपने आख़िरी वक़्त में भी वह बहादुरी और ख़ुद्दारी की मिसाल बन गई।

यादगार सफ़र

राजपूतों के साथ विवाह सम्बन्धों की नीति

इतिहासकार सतीश चन्द्र ने लिखा है : पहले की ऐसी शादियों में 'लड़कियाँ सामान्यत: अपने परिवार से हमेशा के लिए बिछुड़ जाती थीं और शादी के बाद कभी वापस नहीं आती थीं।...अकबर ने अलग नीति अपनाई। अपनी हिन्दू पत्नियों को उसने पूर्ण धार्मिक स्वतंत्रता दी और उनके माता-पिता व रिश्तेदारों को सम्मानजनक स्थान दिया...रणथम्भौर के हाड़ाओं के साथ कोई वैवाहिक सम्बन्ध नहीं बने फिर भी वे अकबर के कृपापात्रों में ऊँचे स्थान पर रहे।' (पृष्ठ 243, *History of Medieval India, Orient Blackswan* नई दिल्ली पुनर्मुद्रण 2011)

सर जदुनाथ सरकार का कहना था : 'वर्ष 1176 में हमें पढ़ने को मिलता है कि उच्छ के राजा की रानी ने अपनी बेटी की सगाई शहाबुद्दीन ग़ौरी के साथ की... अकबर की नीति इन सम्बन्धों को नातेदारों के एक नए वर्ग के लिए आरम्भिक बिन्दु बनाने की थी जिसमें उसके हिन्दू रिश्तेदार उसके ससुर और साले के साथ बराबरी के आधार पर खड़े होंगे। उसके दरबार में वे अपना सिर उतना ही ऊँचा रखेंगे।...इस तरह मुग़ल राजवंश में शादी के लिए एक बेटी को देना उस समय के दरबारी समुदाय

और परिष्कृत हिन्दू समाज में हिन्दू पिता के लिए अप्रतिष्ठा की बात नहीं रही।...जब हिन्दू और मुस्लिम सामन्त बराबरी की शर्तों पर मिले...विचारों का आदान-प्रदान और दो संस्कृतियों का त्वरित गति से सम्मिश्रण हुआ जिसने भारतीय राष्ट्रीयता के लिए एक समान नैतिक आधार दिया। (पृष्ठ 36-37, *A History of Jaipur* by Jadunath Sarkar, publisher Orient BlackSwan, पुनर्मुद्रण 2011)

आगरा से सीकरी

हिन्दुओं की बहुपत्नी प्रथा

उस दौर में छोटे-छोटे ज़मींदार और जागीरदार भी सामान्यत: एक दर्ज़न या और ज़्यादा औरतें अपने ज़नाने में रखा करते थे। वास्तव में पत्नियों और रखैलों की ज़नाने में संख्या सामाजिक प्रतिष्ठा का मापदंड हुआ करती थी और हर इज़्ज़तदार आदमी से उम्मीद की जाती थी कि जितनी औरतों को रखने का ख़र्च वह उठा सकता है उतनी औरतें अपने हरम में रखे। इतिहासकार हरबंस मुखिया लिखते हैं : 'कालिंजर का राय पूरनमल, जिसे शेरशाह ने 1545 में अपनी ज़िन्दगी की आख़िरी जंग में हराया था, उसके हरम में, अकबर के शासनकाल के इतिहासकार निज़ाम अल-दीन अहमद का बयाँ है, दो हज़ार हिन्दू और मुस्लिम औरतें थीं। मनुक्सी द्वारा दी गई संख्या के मुताबिक़ वर्तमान तमिलनाडु में मन्दिरों के शहर तंजावुर का शासक सात-सौ पत्नियों और पन्द्रह हज़ार रखैलों के लिए जाना जाता था। अकबर का प्रिय राजपूत सिपहसालार मानसिंह का, जहाँगीर के अनुसार, पन्द्रह सौ पत्नियों का...ऐसा ही विशाल हरम था।' (पृष्ठ 114, *The Mughals of India* Blackwell Publishing, पुनर्मुद्रण 2009)

लेकिन राजा मानसिंह के इतिहासकार राजीव नैन प्रसाद के अनुसार, 'मानसिंह की दो दर्ज़न से ज़्यादा पत्नियाँ नहीं थीं यह इस तथ्य से और भी सिद्ध होता है कि अम्बर के अपने महल में उसने अपनी रानियों के लिए चौबीस कमरे बनवाए थे। इसके अलावा बिहार में रोहतासगढ़ में जिसे कछवाहा राजा ने अपनी रानियों के लिए बनवाया था सिर्फ़ पन्द्रह महिलाओं के रहने का ही प्रावधान है। (पृष्ठ 130, *Raja Mansingh of Amber* by Rajiva Nain Prasad, published in 1966 by World Press Calcutta)

इस हिसाब से अगर फ़तेहपुर सीकरी के क़िले को देखें तो अकबर की सैकड़ों रानियाँ और रखैलें होना नामुमकिन है।

ख़्वाबगाह में तसवीरें

ये तसवीरें अब मौजूद नहीं हैं। जिन किताबों का हवाला मौलवी मुहम्मद अशरफ़ हुसैन ने अपनी पुस्तक में दिया है उनमें वर्ष 1876 में प्रकाशित जेम्स फ़र्गुसन की *The History of Indian and Eastern Architecture; सैयद मुहम्मद लतीफ़ की लिखी और वर्ष 1896 में प्रकाशित Agra, Historical Descriptive : With an Account of Akbar and His Court and of the Modern City of Agra;* ई. डब्ल्यू. स्मिथ

की वर्ष 1898 में प्रकाशित *The Mughal Architecture of Fathepur-Sikri;* हेनरी जॉर्ज कीन की वर्ष 1899 में प्रकाशित *A Handbook for Visitors to Agra and Its Neighbourhood;* वर्ष 1904 में प्रकाशित ई. बी. हैवल की *A Handbook to Agra and the Taj Sikandra, Fatehpur-Sikri and the Neighbourhood;* वी. स्मिथ की वर्ष 1911 में प्रकाशित *A History Of Fine Art In India And Ceylon* के अलावा *अकबरनामा, मुन्तख़बुल तवारीख़* व *तुज़ुक-ए-जहाँगीरी* भी हैं।

सैयद मुहम्मद लतीफ़ ने सुनहरी मंज़िल में कुँवारी (Virgin) और एक फ़रिश्ते के चित्र का ज़िक्र किया है। ई. बी. हैवल के अनुसार ख़्वाबगाह की 'दीवारें शुरुआत में भित्तिचित्रों से पूरी तरह भरी हुई थीं, लेकिन अब उनके कुछ ही अंश शेष हैं। बदक़िस्मती से इन्हें वार्निश की परत से सुरक्षित किया गया...अधिक वैज्ञानिक तरीक़ा इन्हें सुरक्षित रखने के लिए नहीं अपनाया गया।' हैवल ने यह ज़िक्र भी किया है कि उसमें 'गुफा के सामने अपनी बाँहों में एक नवजात शिशु को लिये हुए पंखवाला प्राणी भी था।...तुर्की सुल्ताना के मकान में 'डैडो पट्टियाँ (dado panels) वृक्षों, फूलों, पक्षियों और जानवरों के दिलकश पारम्परिक प्रस्तुतीकरण के लिए ख़ास तौर पर उल्लेखनीय हैं। औरंगज़ेब के कुछ मतान्ध अनुयायियों के हाथों इन्हें काफ़ी नुक़सान पहुँचा है, और सजीव प्रकृति के सभी प्रतिरूप बिगाड़ दिए गए हैं।'

यहाँ यह उल्लेखनीय है कि वर्ष 1857 के विद्रोह को दबाने के लिए दूसरे प्रदेशों से जो सैनिक टुकड़ियाँ उत्तर भारत में आई थीं, उनकी रिहाइश के लिए इस वीरान पड़े हुए क़िले की सफ़ाई के साथ इसकी दीवारों पर चूने से पुताई भी करवा दी गई। फिर इस क़िले का सैन्य उपयोग दोनों विश्व युद्धों के दौरान भी सैनिक छावनी की तरह हुआ। शशांक शेखर सिन्हा लिखते हैं : 'औपनिवेशिक शासन और उसके बाद मूल संरचना, कुछ मामलों में, या तो ढहा दी गई है या सुधार और पुनरुद्धार की प्रक्रिया में बदल दी गई है।' (पृष्ठ 160, *Delhi Fatehpur Agra Monuments, Cities and Connected Histories,* MacMillan, New Delhi, First Published 2021)

सूफ़ी तरीक़े की गहराई में अकबर का उतरना

इतिहासकार एम. एल. रायचौधुरी लिखते हैं : 'सलीम के जन्म के बाद से सलीम चिश्ती की ख़ानक़ाह उसका [अकबर का] मनपसन्द बसेरा हो गया। दिन के विभिन्न समय वह उसके महल के नज़दीक एक छोटी झोंपड़ी में गहरे ध्यान में अपना समय बिताया करता एक सूफ़ी की तरह [तस्बीह के] दाने गिना करता। आम बातचीत तक में वह ख़ुदा, इबादत, शरीअत, और अख़्लाक़ के बारे में बोला करता।' फिर बदायूँनी के हवाले से वे कहते हैं : "लोगों के सामने रहते हुए भी सभी निर्गमन अन्तर्गमन [egress and ingress] को रोककर वह मौन धारण कर लेता ताकि आश्रम सरीखे एकान्त में प्रस्थान कर जाने का अभ्यास वह अपने ही बाग़ में कर सके।' यहाँ निर्गमन अन्तर्गमन को रोकने से अर्थ सम्भवतः न कुछ कहना और न कुछ सुनना रहा होगा। (पृष्ठ 44 *The Din-i-Ilahi* Munshiram Manoharlal Publishers Pvt. Ltd., New Delhi संस्करण 1997)

तूफ़ानी फ़तह

गुजरात की इस मुहिम में अकबर की फ़ौज और मिर्ज़ाओं की फ़ौज की तुलना करते हुए निज़ामुद्दीन अहमद ने *तबकात-ए-अकबरी* में लिखा है : 'जहाँपनाह ने अपनी फ़ौरी हिदायत के तहत सौ घुड़सवार रखे...अगरचे उनके परचम तले घुड़सवार सिर्फ़ तीन हज़ार की तादाद में थे और दुश्मन के बीस हज़ार से ज़्यादा थे।' *अकबरनामा* में अबुल फ़ज़ल लिखता है : अकबर के पास 'तीन सौ से चार सौ का पहले दर्जे का रिसाला था, बीस हज़ार के मुक़ाबले में।' बदायूँनी ने लिखा : 'गुजराती बीस हज़ार की फ़ौज के साथ...उन्होंने [अकबर ने] अपनी हिदायत में सौ घोड़े रखे...उनकी मुकम्मल फ़ौज में तीन हज़ार से ज़्यादा घोड़े नहीं थे...जंग इतनी ग़ज़बनाक हुई कि उसे कई नस्लों और ज़मानों तक याद रखा जाएगा।'

इबादतख़ाना

मियाँ तानसेन

ग्वालियर के निकट एक गाँव में ब्राह्मण परिवार में जन्मे रामतनु पांडे ग्वालियर के तत्कालीन तोमर राजपूत राजा मानसिंह की निगाह में आए जिन्होंने इस बालक की संगीत प्रतिभा से प्रभावित हो अपने संरक्षण में इसे रख लिया और आगे संगीत सीखने के लिए वैष्णव सन्त हरिदास के पास वृन्दावन भेज दिया। वहाँ से जब वह लौटा तो राजा मानसिंह जंग में मारे जा चुके थे और ग्वालियर के क़िले पर लोदी सुल्तान का क़ब्ज़ा हो चुका था। तब सूफ़ी सन्त मुहम्मद ग़ौस ने उन्हें संरक्षण दिया। रीवा के राजा रामचन्द को रामतनु की संगीत प्रतिभा का पता चला तो उन्होंने अपने दरबार में उन्हें जगह दे दी। रामतनु पांडे की ख्याति अकबर तक पहुँची तो उसने बीरबल को रीवा भेजकर राजा रामचन्द और रामतनु दोनों को राज़ी कर लिया कि रामतनु उसके दरबार में आ जाए। मियाँ तानसेन का ख़िताब रामतनु पांडे को अकबर ने दिया था।

बैजू बावरा और तानसेन में संगीत के मुक़ाबले का क़िस्सा प्रसिद्ध है। मगर बैजू बावरा नाम से तो तत्कालीन इतिहासकारों ने किसी गायक का ज़िक्र नहीं किया है मगर मुल्ला बदायूँनी ने यह ज़रूर लिखा है : '(लाहौर में) उस हौज़ को शहंशाह ने मुँह तक ताँबे के सिक्कों से भरवा दिया जिनकी क़ीमत बीस करोड़ तक थी। एक रोज़ वे [शहंशाह] जौनपुर के शेख़ अधान के शिष्य शेख़ बंझु नामक गायक से मिले और बहुत अच्छा समय इसमें गुज़ारा। उसके बाद उन्होंने मियाँ तानसेन और हिन्द के दूसरे बेमिसाल गायकों को तलब किया; लेकिन उन सबमें उन्हें वह पसन्द आया और उन्होंने हुक्म दिया कि वह सारी रक़म शेख़ बंझु ले जाए।' (पृष्ठ 273, दूसरा खंड, *A History of India Muntakhabut-'t-Tawarikh* by Abdul-Qadir Ibn-i-muluk Shah, translated by George S. A. Ranking, publisher Saeed International, New Delhi, Edition 1990)

सच्चा मोमिन कौन?

इस्लाम में सच्चा मोमिन कौन है, इसका फ़ैसला तब से चार सौ साल से भी ज़्यादा गुज़र जाने पर भी नहीं हो पाया है। वर्ष 1953 में पाकिस्तान में अहमदिया सम्प्रदाय के ख़िलाफ़ बड़े पैमाने पर हुए दंगों की जाँच के लिए न्यायविद् एम. मुनीर आयोग गठित हुआ था। अपनी रिपोर्ट में आयोग ने यह परिभाषित करने में अपनी असमर्थता ज़ाहिर की कि मुस्लिम कौन है। आयोग ने सभी इस्लामी विचारधाराओं के प्रमुखों को तलब कर उनसे मुस्लिम की परिभाषा देने को कहा था। मगर न्यायविद् एम. मुनीर ने अपनी रिपोर्ट में यह स्वीकार किया कि इस मुद्दे पर कोई दो उलेमा एक-दूसरे से सहमत नहीं थे; और अगर अपनी ख़ुद की कोई परिभाषा देने का वे साहस करते हैं, उन्हें भय है कि ख़ुद उन्हें काफ़िर घोषित कर दिया जाएगा।

शिया आलिम के इल्ज़ाम की बुनियाद

अबू सूफ़ियान के नेतृत्व में मक्का के क़ुरेशियों के साथ उहुद की जंग में पैग़म्बर मुहम्मद के कुछ दाँत टूट गए थे जिस वजह से अपने आख़िरी वक़्त में वे दर्द से काफ़ी परेशान थे। शिया यह दावा करते हैं कि उस वक़्त पैग़म्बर मुहम्मद ने काग़ज़, कलम और स्याही माँगी जिससे कि वे मोमिनों के लिए कुछ ऐसी हिदायतें लिख दें कि उनके मुताबिक़ चलने पर वे कभी गुमराह नहीं होंगे। मगर ख़लीफ़ा उमर ने यह कहकर यह सब देने से इनकार कर दिया कि दर्द की वजह से वे ऐसी बातें लिख सकते हैं जो दुरुस्त दिमाग़ के मुताबिक़ नहीं होंगी और उनके लिए *क़ुरआन* काफ़ी है।

शिया यह यक़ीन भी करते हैं कि पैग़म्बर मुहम्मद को उनकी पत्नियों आयशा और हफ़्सा ने अपने पिताओं अबु बकर और उमर के कहने पर ज़हर दिया था। हालाँकि सुन्नी इस बात से इनकार करते हैं और कहते है कि एक यहूदी औरत ने उन्हें ज़हर दिया था, जो मुसलमानों की यहूदी क़बीले बानू नादिर के साथ हुई ख़ैबर की जंग में अपने पिता और भाई की मौत का बदला लेना चाहती थी।

नाक़ाबिले फ़तह राणा

मानसिंह का राणा प्रताप सिंह द्वारा अपमान

'यह कहानी कि उसने [राणाप्रताप ने] मानसिंह का अपमान किया ऐतिहासिक तथ्य नहीं है...एक बार तो ऐसा लगा कि राणा समझौते के लिए तैयार था। अकबर का भेजा हुआ शाही लिबास उसने पहन लिया और अपने बेटे अमरसिंह को भगवन्तदास के साथ भेज दिया अकबर का एहतिराम करने और उसकी मुलाज़मत में दाख़िल होने।' (पृष्ठ 244, Satish Chandra, *History of Medieval India,* Orient Blackswan नई दिल्ली, पुनर्मुद्रण 2011)

सर जदुनाथ सरकार अकबरनामा के हवाले से बताते हैं कि जून, 1573 में मानसिंह जब मेवाड़ गया था और तथाकथित रूप से राणा के हाथों अपमानित हुआ था उसके बाद अक्टूबर में उसी साल भगवन्तदास गुजरात से लौटते हुए गोगुंडा जा पहुँचा 'यहाँ

प्रताप बाहर आया और उससे भेंट की, अपने पहले के बर्ताव और शाही दरबार में हाज़िर होने में असफल रहने पर अफ़सोस ज़ाहिर करते हुए...उसके साथ अपने बेटे उमरा (यानी अमरसिंह) को भेजा...राजा की मार्फ़त उसने (अकबर को) याचिका पेश की...अपने बेटे को फ़रमाँबरदारी की निशानी बतौर भेज रहा है।' (पृष्ठ 43, *A History of Jaipur* by Jadunath Sarkar, publisher Orient BlackSwan, पुनर्मुद्रण 2011)

साम्राज्य विस्तार में अकबर का उद्देश्य और उसका परिणाम

पानीपत में अकबर आदिल शाह की फ़ौज और उसके सिपहसालार के ख़िलाफ़ लड़ा और उसके बाद पंजाब, जौनपुर, मालवा, कन्नौज, गुजरात, बिहार और बंगाल के मुसलमान शासकों के ख़िलाफ़। दक्षिण भारत में भी उसकी सभी लड़ाइयाँ मुस्लिम सुल्तानों के ख़िलाफ़ ही थीं।

अज़फ़र मोइन ने *The Millennial Sovereign: Sacred Kingship and Sainthood in Islam* में लिखा है : 'अकबर के लिए यह इलाक़े फ़तह करने का शून्य जोड़ का खेल (zero sum game) नहीं था। यह साम्राज्य निर्माण की लम्बी अवधिवाली परियोजना में भागीदारों को साथ लाने की उल्लेखनीय रूप से कामयाब मुहिम थी जिसने दक्षिण एशिया के राजनीतिक भूगोल को बदलकर रख दिया।' इतिहासकार जगदीश नारायण सरकार के मत में : 'अकबर का युग, जो राजनीतिक, धार्मिक और सामाजिक विक्षोभ का युग था, राजनीतिक स्थायित्व व सामाजिक सुरक्षा चाहता था।' (*History of History Writing in India,* published in 1977 by Ratna Prakashan, Calcutta)

पंडित राहुल सांकृत्यायन लिखते हैं : 'प्रताप की वीरता और त्याग इतिहास के पन्नों में सोने से लिखा गया है। पर हमारे देश का कल्याण अलग-अलग राजवंशों में बँटने से नहीं था। सारे देश को एकच्छत्र करने में इन वंशों का उच्छेद आवश्यक था, जैसा कि 1948 में हुआ।' (पृष्ठ 234, *अकबर,* किताब महल, इलाहाबाद, प्रकाशन संस्करण 2015)। कुछ ऐसे ही विचार प्रख्यात इतिहासकार जदुनाथ सरकार के हैं : 'सैकड़ों राजा, निरन्तर लड़ते-झगड़ते हुए और एक-दूसरे के इलाक़े पर धावा बोलते हुए, ज़मीन के अपने छोटे-से टुकड़े की स्वतंत्रता के लिए व्यग्र रहे, जिसे बनाए रखना ही उसके जीवन का एकमात्र लक्ष्य है इन व्यवधानों को दूर करके ही...भारत एकजुट हो सकता था और एक भारत राष्ट्र का सपना देखा जा सकता था।' (पृष्ठ 53, *A History of Jaipur,* publisher Orient BlackSwan, पुनर्मुद्रण 2011)

इतिहास की पुस्तकों के प्रसिद्ध लेखक अब्राहम एराली का मत है कि मुग़ल-मेवाड़ संघर्ष में गौरव निश्चित रूप से निहित था लेकिन वह प्रतापसिंह का व्यक्तिगत गौरत्र था, न कि राजपूत या हिन्दू गौरव। यहाँ यह भी उल्लेखनीय है कि इन सभी राजपूत राजाओं ने अंग्रेज़ों के सामने बिना लड़े अपने हथियार डाल दिए थे और हमारे आज़ादी के संघर्ष में एक-दो राजाओं को छोड़कर, जिनमें भी राजपूत राजा कोई नहीं था, यह सभी अंग्रेज़ों का साथ देते रहे और अपनी फ़ौजों का इस्तेमाल उनके हक़ में और भारत की आज़ादी के लिए लड़ रहे सिपाहियों के ख़िलाफ़ वे करते रहे।

उस तक ही पहुँचते हैं सभी रास्ते

नुक़्तवी सम्प्रदाय

पुनर्जन्म और आवर्ती सृष्टि विनाश व पुनरुत्पत्ति में विश्वास करनेवाले नुक़्तवी सम्प्रदाय में उस वक़्त आम लोगों के अलावा न सिर्फ़ विद्वान और कुलीन लोग शामिल हो गए थे बल्कि बेहद ताक़तवर और राजनीति में प्रभावशाली क़िज़िलबाश क़बीला भी इस सम्प्रदाय का अनुयायी बन गया था। इस सम्प्रदाय के ख़िलाफ़ चलाई गई शाह अब्बास की ख़ूनी मुहिम से ज़िन्दा बच पाने में जो कामयाब हो सके, उनमें से ज़्यादातर हिन्दुस्तान भाग आए और कुछ अकबर के दरबार में भी शरण पा गए। इस सम्प्रदाय के अनुयायियों की दुर्दशा का विवरण सुनकर शाह अब्बास को अकबर ने वर्ष 1594 में यह ख़त लिखा : 'दुनिया के लम्हाती और आरिज़ी (क्षणिक और अस्थायी) मामलों में भी आदमी जान-बूझकर और बा-मक़सद ग़लती नहीं करते। तो अक़ीदत और मज़हब के मामलों में क्यों उन्हें लापरवाह समझा जाना चाहिए, जो मुस्तक़िल और जावेदाँ (स्थायी और सर्वदा) हैं? कुछ लोग अगर ग़लती से एक ख़ास अक़ीदा मंज़ूर कर लेते हैं और नादानी की वजह से उस पर अमल करते हैं तो वे रहमदिल और हमदर्दाना बर्ताव के हक़दार हैं, न कि सख़्ती और मलामत के।' साथ ही शाह अब्बास को अकबर ने यह सलाह भी दी कि मुल्क पर हुकूमत उसे इलाही मर्ज़ी के मुताबिक़ करनी चाहिए और हर अक़ीदे की रियाया के दिलों को सुलह-ए-कुल के उसूलों के मुताबिक़ सुकून पहुँचाना चाहिए, क्योंकि इलाही करम हर तरह के अक़ीदे के साथ ख़ुद को जोड़ता है। [स्रोत *मुकातबात-ए-अल्लामी* (इंशा-ए-अबुल फ़ज़ल) सम्पादनकर्ता मंसूर हैदर, Munshiram Manoharlal Publishers, New Delhi, First Published 1998)

विभिन्न सम्प्रदाय और उनके सिद्धान्त

उस दौर में कितने क़िस्म के सम्प्रदाय हिन्दुस्तान में थे और कैसे-कैसे उनके उसूल थे, यह जानकर ताज्जुब होता है! ईसाई, मुस्लिम, हिन्दू, यहूदी, पारसी, मैगियान, साबियन के अलावा भी कई सम्प्रदायों के बारे में *दबिस्तान-ए-मज़ाहिब* में अत्यन्त विस्तार से बताया गया है। इनमें से पैग़म्बर मज़्दक को माननेवाला एक सम्प्रदाय ऐसा भी था जिसके अनुयायी यह यक़ीन करते थे कि इस दुनिया में सारे फ़सादों की जड़ दौलत और औरतें हैं। लिहाज़ा वे यह पैरवी करते थे कि दौलत सबकी शामिलात हो और औरतज़ात को खाविन्दों की इजारादारी (एकाधिकार) से आज़ादी दे देनी चाहिए। उनके मुताबिक़ यह बेहद नाइंसाफ़ी है कि एक आदमी की औरत ख़ूबसूरत हो और उसके पड़ोसी की बदसूरत। इंसाफ़ का और सच्चे मज़हब का तक़ाज़ा यह है कि ख़ूबसूरत औरत के खाविन्द को कुछ वक़्त के लिए अपनी औरत बदसूरत औरत के खाविन्द अपने पड़ोसी को उधार दे देनी चाहिए।

ग़ुलामी प्रथा

यह दौर वह था जब इनसानों को ग़ुलाम बनाना और बाज़ार में उन्हें एक वस्तु की तरह

बेच देना, पूरी दुनिया में ही आम बात थी। किसी भी और व्यापार की तरह यह भी एक व्यापार था जो तब और भी ज़्यादा फ़ायदेमन्द हो गया जब एक तरफ़ तो अमेरिका के गन्ना, तम्बाकू और फिर कपास के बाग़ानों में ख़ून-पसीना एक करने के लिए मजबूत और आधा पेट खाकर सुबह से रात तक हर तरह की मेहनत करने के बाद भी कई साल तक ज़िन्दा रह पानेवाले ग़ुलामों की माँग बढ़ गई और ऐसे ग़ुलाम अफ़्रीका से बड़े ही सस्ते में और काफ़ी तादाद में हासिल होने लगे। यूरोप के हुक्मरानों ने भी न ग़ुलाम-व्यापार को सक्रिय रूप से प्रोत्साहित किया और जंगली जानवरों को फन्दे में या जाल में जैसे फँसाया जाता है उसी तरह से अफ़्रीका के आदमी, औरत और बच्चे धोखे से पकड़वाने में ग़ुलामों के व्यापारियों की मदद करने के लिए अपनी फ़ौज का इस्तेमाल वे करने लगे। ढुलाई भी सस्ती पड़े इस वजह से मालवाहक जहाज़ों के पेंदे में उन्हें नंगा करके एक से एक चिपकाकर लिटा दिया जाता और महीनों लम्बे सफ़र में वे अपनी विष्ठा और मूत्र में सने हुए पड़े रहते। इंग्लैंड की रानी एलिज़ाबेथ, जो अकबर की समकालीन थी, इनसानों के इस ग़ैर-इनसानी और बेरहम व्यापार से फ़ायदा उठाने का लालच न छोड़ सकी और ग़ुलामों के एक बड़े व्यापारी जॉन हॉकिंस की साझीदार बन गई, जो पश्चिमी अफ़्रीका से बेगुनाह और भोले-भाले लोगों को बहलाकर-फुसलाकर, धोखे से या ज़बर्दस्ती करके ऐसे ही मछलियों की तरह जहाज़ों के पेंदे में भर लाया करता था।

ग़ुलाम हिन्दुस्तान में भी थे मगर उनके साथ बर्ताव अमानवीय नहीं होता था, बल्कि उनके साथ रहमदिली से पेश आया जाता था और मुनासिब इज़्ज़त भी उन्हें बख़्शी जाती थी। अगर उनका मालिक उनके साथ बेरहमी से पेश आए तो उनके लिए अदालतों के दरवाज़े खुले थे जहाँ पर इल्ज़ाम साबित हो जाने पर उन्हें आज़ादी पाने का हक़ हासिल हो जाता था। उनके लिए खाना-पीना और कपड़ों के अलावा इतना नगद भुगतान भी उन्हें किया जाता कि चाहें तो उसमें से बचत करके वे अपनी आज़ादी ख़रीद लें। उनके अच्छे बर्ताव और अच्छे काम से ख़ुश होकर भी उन्हें आज़ादी दे दी जाती थी। इस्लाम में तो ख़ास तौर पर उनका दर्जा काफ़ी ऊँचा था। पैग़म्बर मुहम्मद ने हिदायत दी थी कि ग़ुलाम को जब तक खाना न मिल जाए दीनदार ख़ुद दस्तरख़्वान पर न बैठें और यह नसीहत दी थी कि ग़ुलाम को आज़ाद करने से बढ़कर सवाब का कोई काम नहीं। हिन्दुस्तान के पहले-पहले सुल्तान क़ुतुबुद्दीन ऐबक और इल्तुतमिश कभी ग़ुलाम ही हुआ करते थे।

जिज़या का हमेशा के लिए रद्द किया जाना

'अकबर उनके [उलेमा] के असर से बाहर नहीं निकल पाया और फ़रमान जारी किया कि ग़ैर-मुसलमानों पर जिज़िया की शर्तें तय की जाएँ क्योंकि अस्थायी छूट का समय ख़त्म हो चुका था। जिज़या को 1565 में अस्थायी रूप से दस साल के लिए रोका गया था और अब उसे रद्द करना चाहा।' (पृष्ठ 48, चतुर्थ संस्करण 1997, *The Din-I-Ilahi,* Makhan Lal Roychoudhury, Munshiram Manoharlal Publishers, New Delhi)

बदायूँनी के अनुसार : 'इस साल [1579] तमग़ा और जिज़या जिनसे कई करोड़

दाम की आमदनी होती थी, रद्द कर दिए गए और इस आशय के फ़रमान पूरी सल्तनत में भेज दिए गए।' (पृष्ठ 284, दूसरा खंड, पूर्वोक्त)

पाकिस्तानी इतिहासकार अहमद बशीर ने अपनी किताब *अकबर, महान मुग़ल* में लिखा है कि जिज़या के बदले हासिल जान की हिफ़ाज़त और मज़हब की आज़ादी को ईसाई स्वागत योग्य समझते थे क्योंकि इससे उन्हें धर्म के नाम पर प्रताड़ना से मुक्ति मिलती थी। और अगर ग़ैर-मुस्लिम सैन्य मदद करते थे तो उन्हें जिज़या नहीं देना होता था। इसलिए जब राजपूत और दूसरे हिन्दू फ़ौज और दीवानी में अकबर को अहम सेवाएँ देने लगे तो उसने जिज़या को ख़त्म कर दिया। इसमें क्रान्तिकारी जैसा कुछ नहीं था।...बदायूँनी ने बताया है कि जिज़या 1579 में रद्द हुआ। 1579 में अकबर हिन्दू और मुसलमान दोनों का आध्यात्मिक प्रमुख बनने की कोशिश कर रहा था।...1579 में अकबर का ख़ज़ाना भी पूरा भरा हुआ था। (पृष्ठ 157-58, प्रथम भारतीय संस्करण 2009, *Akbar The Great Mughul* by Ahmad Bashir, publisher Aakar Books, Delhi)

सच की तलाश

मैगस सम्प्रदाय

पैग़म्बर ज़रथ्रुस्त के अनुयायी यह लोग पुरोहित वर्ग से थे, हिन्दुओं के ब्राह्मण पंडितों के जैसे, और उनकी ही तरह किसी भी काम में सफलता प्राप्त करने के लिए शकुन निकालने में माहिर थे और साथ ही भविष्यवाणी करने और सपनों का अर्थ बताने में भी। ईरान के हुक्मरान इनकी सेवाएँ लेते और इनसे सलाह भी, जिसका फ़ायदा उठाकर यह राजनीतिक रूप से ताक़तवर हो गए और ईरान के शुरुआती इतिहास में इनकी अहम भूमिका रही। फिर जब अरबों ने ईरान पर हमला कर दिया तो धार्मिक प्रताड़ना से बचने के लिए यह लोग, बाक़ी दुनिया में भी धर्म के नाम पर प्रताड़ना झेल रहे लोगों की तरह ही, हिन्दुस्तान भाग आए और सिन्ध में आकर बस गए जहाँ मुल्तान में इन लोगों ने एक भव्य और विशाल सूर्य-मन्दिर भी बनवाया। जब बग़दाद के ख़लीफ़ा के सिपहसालार मुहम्मद-बिन-क़ासिम ने सिन्ध पर हमला किया और इनके मन्दिर को नेस्तनाबूद कर दिया तो यह लोग पंजाब भाग आए।

Goan Inquisition

पुर्तगालियों ने उनके क़ब्ज़ेवाले इलाक़े में रहनेवाले हिन्दू और मुसलमान, दोनों की ही मज़हबी आज़ादी छीन ली थी। हिन्दू जनेऊ नहीं पहन सकते थे; लम्बे बाल और चोटी नहीं रख सकते थे; एक-दूसरे के अभिवादन में नमस्ते नहीं कह सकते थे। यहाँ तक कि अपने घर के सामने तुलसी का पौधा भी नहीं उगा सकते थे। हिन्दुओं पर यह अत्याचार 1560 से 1812 तक 252 साल चला। इस दौरान कई हिन्दुओं को ईसाई बनाया गया और तीन सौ मन्दिर ढहा दिए गए। किसी के घर में एक छोटी मूर्ति भी मिल जाती या किसी को अपने देवता की प्रार्थना को फुसफुसाते हुए भी सुन लिया जाता तो उसे क़ैद

कर लिया जाता और उसे घोर यंत्रणा दी जाती। फ्लोरेंस इटली से गोआ आए यात्री फिलिप्पो सस्सेत्ती ने, जो वर्ष 1578 से 1588 तक यहाँ रहा, लिखा है : 'हज़ारों बेगुनाह हिन्दू खूँटों पर जला दिए गए। मुसलमानों को आम तौर पर सीधे क़त्ल ही कर दिया जाता या गोआ के इलाक़े से भाग जाने के लिए मजबूर कर दिया जाता।'

इस अदालत की जेल और जेलों में दी जानेवाली यंत्रणा के अपने ख़ुद के त्रासदायक अनुभव एक फ्रांसीसी M. Dellon ने अपनी किताब में लिखे हैं जिसका अंग्रेज़ी में अनुवाद वर्ष 1812 में *An Account of the Inquisition at Goa* के शीर्षक से प्रकाशित हुआ था। उसके अनुसार क़ैदियों को छत से लटका दिया जाता और उनके पैरों को जलाया जाता जब कि वे अपना 'पाप' क़बूल न कर लें। अपनी जान और जायदाद बचाने की ख़ातिर जो ईसाई बन गए मगर अपने पुराने रिवाज नहीं छोड़ पाए, उन्हें भी इसी तरह प्रताड़ित किया जाता रहा।

नुक़्ता

अपना नज़रिया आगे बढ़ाने के लिए नक़लनवीस सिर्फ़ एक नुक़्ता घटाकर या एक नुक़्ता बढ़ाकर मानी को बदल सकता था। *आईन-ए-अकबरी* के अपने अनुवाद में एच. बेवरिज ने एक पाद-टिप्पणी दी है : 'अरबी ज़बान में नुक़्ते की बड़ी अहम भूमिका है। नक़लनवीस की ग़लती से या स्याही फीकी पड़ जाने की वजह से एक नुक़्ता कम हो जाना, या जिस जगह पर कोई मक्खी बैठ गई हो या ग़ैर-इरादतन नक़लनवीस का कलम जहाँ छू गया हो वहाँ पर एक नुक़्ता ज़्यादा हो जाना मानी को बदल सकता है।' *क़ुरआन* की कई आयतों में मैंने ख़ुद भी नुक़्ते गिने। आयत की लम्बाई के अनुसार हर आयत में चालीस से लेकर सौ तक नुक़्ते थे।

हिन्दुस्तान में ईसाई-राज

पादरी मोन्सेर्राते के इसको लिखने के भी तक़रीबन चार सौ साल पहले से एक ईसाई राजा प्रेस्टर जॉन की कहानी यूरोप में बेहद लोकप्रिय थी, पूर्व में मुसलमानों और काफ़िरों के बीच जो कहीं खो गया था। यह कहानी सम्भवतः उन जिहादियों द्वारा प्रचलित हुई, 'पवित्र भूमि' येरुशलम को मुसलमानों के क़ब्ज़े से छुड़ाने के लिए ग्यारहवीं शताब्दी में और उसके बाद भी जिन्होंने कई बार येरुशलम पर हमले किए। जो भी हो, बारहवीं शताब्दी तक प्रेस्टर जॉन के अस्तित्व में यूरोप के ईसाइयों का यक़ीन पक्का हो चला था। इटली के मशहूर यात्री मार्को पोलो ने अपने यात्रा विवरण में उसकी शिनाख़्त तातार सुल्तान उंग ख़ान से की है जिसे चंगेज़ ख़ान ने मध्य एशिया में कहीं तेंदुक की लड़ाई में मार डाला था। लेकिन इससे इस विश्वास में कोई कमी नहीं आई कि प्रेस्टर जॉन हिन्दुस्तान में कहीं अब भी शासन कर रहा है। पुर्तगाली जहाज़ी मगर पन्द्रहवीं शताब्दी में इस नतीजे पर पहुँचे कि दरअसल वह इथियोपिया में शासन कर रहा है।

Astrologer's Seat

लगभग तीन वर्गमीटर क्षेत्रफल की यह छतरी चार खम्भों पर टिकी हुई है जो नीचे

वर्गाकार हैं और ऊपर जाकर अष्टकोणीय हो गई हैं। यह आपस में तोरण से जुड़े हैं जो मगरमच्छ या किसी समुद्री जन्तु की शक्ल में है। प्रचलित कहानी यह है कि एक हिन्दू ज्योतिषी इसमें बैठा करता था जिससे अकबर सलाह लिया करता था इसलिए इसका नाम पड़ा। शशांक शेखर सिन्हा की राय है : 'शायद वह जगह थी जहाँ से शहंशाह मातहत अधिकारियों और ज़रूरतमन्दों में ताँबे के सिक्कों का वितरण देखते थे। (पृष्ठ 173, *Delhi Fatehpur Agra Monuments, Cities and Connected Histories,* MacMillan, New Delhi, First Published 2021) लेकिन ऐसे किसी ज्योतिषी का न तो तत्कालीन इतिहास में कहीं ज़िक्र मिलता है, न ही फ़तेहपुर सीकरी के क़िले में घूमते हुए मेरा मन यह मानने को तैयार हुआ कि इतनी ख़ूबसूरत छतरी बजाय शहंशाह अकबर के किसी ज्योतिषी के इस्तेमाल में आती होगी, और न ही मैं शशांक शेखर की राय से पूरी तरह सहमत हूँ।

नवविधान (New Testament) में असहिष्णुता

ईसाई कम असहिष्णु और कट्टर नहीं थे मुसलमानों के मुक़ाबले में, और न ही हैं। यह असहिष्णुता व कट्टरपंथीपन नवविधान में भी परिलक्षित है।

'जो यह नहीं मानता कि इस धरती पर मनुष्य के रूप में यीशु मसीह आया है, वह छली है तथा मसीह का दुश्मन (anti-Christ) है।' (Second Epistle of John 1 : 7, पृष्ठ 1094, *The Holy Bible,* King James Version published in India by Random House Publishing Group as Ballantine Books Edition, September 1991)

'किन्तु जो यह कहता है कि यीशु मसीह नहीं है, वह झूठा है। ऐसा व्यक्ति मसीह का शत्रु (anti-Christ) है। जो पिता और पुत्र दोनों को नकारता है वह मसीह का दुश्मन (anti-Christ) है।' (पृष्ठ 1091, First Epistle of John 2:22, पूर्वोक्त)

'मैं तुमसे सत्य कहता हूँ, लोगों को हर बात की क्षमा मिल सकती है...किन्तु पवित्र आत्मा को जो कोई भी अपमानित करेगा, उसे क्षमा कभी नहीं मिलेगी। वह अनन्त पाप का भागी है।' (पृष्ठ 885, Mark 4:29, पूर्वोक्त)

यानी जो ईसा को मसीहा न माने वह झूठ का पुतला, जो Father and Son को न माने वह anti-Christ और जो मुक़द्दस रूह या Holy Ghost के वुजूद से इनकार करे वह अनन्त पाप का दोषी।

दूसरी तरफ़ अकबर का उदाहरण है।

अंग्रेज़ यात्री थॉमस कोरयट ने, जो जहाँगीर के शासनकाल में भारत आया था, मुग़ल दरबार के अपने अनुभव साझा करते हुए लिखा था : 'एक बर शाह...ने [अपनी माँ को] कभी किसी बात के लिए इनकार नहीं किया सिवा इसके कि उसने उससे चाहा कि हमारी *बाइबिल* एक गधे की गर्दन पर लटका दी जाए और उसे पीटते हुए आगरा शहर में घुमाया जाए, इस वजह से कि पुर्तगालियों ने...*[क़ुरान]* को एक कुत्ते की गर्दन पर लटकाकर उसे पीटते हुए ओर्मुज़ शहर में घुमाया था। लेकिन उसकी गुज़ारिश को उसने नामंज़ूर कर दिया, यह कहते हुए कि अगर पुर्तगालियों का *अल-क़ुरान* के साथ

ऐसा करना बुरा है, तो एक बादशाह के लिए बुराई के बदले बुराई मुनासिब नहीं, इस वजह से कि किसी भी मज़हब की बेइज़्ज़ती करना अल्लाह की बेइज़्ज़ती करना है।' (पृष्ठ 278, *Early Travels in India* edited by William Foster, Low Price Publications, Delhi, पुनर्मुद्रण 2012)

ईसाइयों में शहादत की चाहत और पादरी रुडोल्फ

पहली से तीसरी सदी तक रोम के बादशाहों के हुक्म से कई ईसाइयों को मौत के घाट उतारा गया था और वे सभी ईसाई सन्त कहलाए। रोम के हुक्मरानों के ख़िलाफ़ इल्ज़ाम लगाते हुए भाषण यह ईसाई खुलेआम करते और एक तरह से जान-बूझकर अपनी मौत को या अपनी शहादत को बुलावा देते। ईसाइयों की प्रताड़ना का यह सिलसिला पहली सहस्राब्दी के उत्तरार्ध और उसके बाद भी चलता रहा जब तक कि रोम के सम्राट शालमेन ने नौवीं सदी के पहले दशक में ख़ुद बपतिस्मा नहीं ले लिया और ईसाई धर्म को राज्य-धर्म नहीं घोषित कर दिया। फ़तेहपुर सीकरी छोड़ने के कुछ ही महीनों बाद पादरी रुडोल्फ जब कोंकण में गिरजाघर के लिए कोई ज़मीन देख रहा था, ईसाई पादरियों द्वारा उनके धर्म में दख़लन्दाज़ी से नाराज़ स्थानीय लोगों की भीड़ ने उस पर हमला बोल दिया और उसे मारकर उसकी लाश को एक कुएँ में फेंक दिया। लिहाज़ा वह भी शहीद कहलाया और उसकी लाश को संरक्षित कर लिया गया। यूरोप में उस समय ईसाई शहीदों की यादगार निशानियों की भारी माँग थी। लिहाज़ा पादरी रुडोल्फ के जिस्म की एक बाँह वर्ष 1600 में उसके किसी चाचा या मामा को और दूसरी बाँह वर्ष 1634 में नेपल्स के महाविद्यालय अध्यक्ष को भेज दी गई। गोआ के सन्त पॉल गिरजाघर में दफ़नाए हुए उसकी लाश के बाक़ी हिस्सों को वर्ष 1862 में पुराने गोआ की धर्मपीठ (Cathedral) में रखवा दिया गया जहाँ से बाद में कुछ हिस्सा रोम भेज दिया गया और कुछ हिस्सा बम्बई में अंग्रेज़ों के क़िले के प्रार्थनालय में रखा गया। ईसाई धर्म के लिए की गई उसकी क़ुर्बानी और जिस कुएँ में उसकी लाश फेंकी गई थी उस कुएँ के पानी की चमत्कारिक शक्तियों की वजह से वर्ष 1893 में पादरी रुडोल्फ को 'धन्य' घोषित कर उसे सन्त की उपाधि दे दी गई।

अकबर का क़त्ल न होने को लेकर पादरी मोन्सेर्रांते का अचरज

यह अचरज यसूई पादरियों के उसूलों और उन्हें हासिल निर्देशों के अनुरूप ही था। *A History of Christianity* में पॉल जॉनसन लिखता है : 'यसूइयों की व्यापक रूप से पहचान इस नज़रिये से थी कि कैथोलिक हित जब दाँव पर लगे हों तो नैतिक आचार-संहिता को किसी प्रकार निलम्बित रखा जा सकता है। अपधर्म (heresy) के ख़िलाफ़ यसूई न सिर्फ़ जंग की अनुशंसा वैध साधन के रूप में करते थे बल्कि प्रोटेस्टेंट की चयनात्मक हत्या का भी समर्थन करते थे, ख़ास तौर पर अगर वे महत्त्वपूर्ण दर्जा रखते हों। यह उनकी शैक्षिक प्रणाली का विस्तार था : एक शासक का अगर धर्मान्तरण नहीं किया जा सकता तो उसे क़त्ल हो जाने दो।'

सिर्फ़ और सिर्फ़ कैथोलिक ईसाई धर्म के सही होने को लेकर यसूई पादरियों की

हठधर्मिता वाक़ई सारी हदें पार कर गई थी। पॉल जॉनसन के अनुसार चौथी सदी में हुए हिप्पो के मशहूर बिशप सन्त ऑगस्टीन भी इस नज़रिये के थे कि जंग हमेशा छेड़ी जा सकती, बशर्ते कि वह विधर्मियों का मतान्तर करने और अपधर्मियों को नष्ट करने के ईश्वर के दैवीय आदेश की वजह से की जाती है।

पैग़म्बर मुहम्मद का अपने बेटे की औरत के साथ निकाह

हसीन नौवीं सदी के इतिहासकार अल-तबारी ने इस वाक़िये का ज़िक्र इस तरह किया है। ज़ैद मुहम्मद साहब का ग़ुलाम था जिसे आज़ादी देकर उन्होंने अपना बेटा बना लिया था। उसकी औरत ज़ैनब बेहद ख़ूबसूरत थी और कहा जाता है कि वास्तव में मुहम्मद साहब के साथ वह निकाह करना चाहती थी मगर उन्होंने उसे ज़ैद के साथ निकाह करने के लिए राज़ी कर लिया। एक दफ़ा मुहम्मद साहब ज़ैद के घर गए और सामने के दरवाज़े पर लगा पर्दा उड़कर एक तरफ़ हो गया। ज़ैनब उस वक़्त सिर्फ़ एक कमीज़ पहने बैठी हुई थी। मुनासिब लिबास पहनने के लिए उठते हुए ज़ैनब ने बताया कि ज़ैद घर पर नहीं है लेकिन वे अन्दर आ सकते हैं। लेकिन मुहम्मद साहब कुछ ऐसा कहते हुए बाहर से ही चल दिए : 'तारीफ़ अल्लाह की, जो दिलों को पलट देता है।' ज़ैद को जब यह बात पता चली तो ज़ैनब को उसने तलाक़ दे दिया और उससे इसरार किया कि मुहम्मद साहब के साथ वह निकाह कर ले।

लेकिन यह वाक़या अहादीस में नहीं है, इस्लाम के उलेमा बचाव में कहते हैं, और मुहम्मद साहब ज़ैनब को उसके निकाह के कई साल पहले से जानते थे। ख़ूबसूरती अगर वजह थी तो वे चाहते तो पहले ही ज़ैनब के साथ निकाह कर सकते थे। *क़ुरआन* की सूरा अल अहज़ाब की एक लम्बी आयत 36 में इस वाक़िये का ज़िक्र करते हुए अल्लाह तआला ने जो फ़रमाया है उसका लब्बोलुबाब यह है कि पैग़म्बर ने ज़ैद से कहा कि अपनी बीबी ज़ैनब को वह अपने पास रखे मगर अपने दिल की बात को तानों के डर से कहने में वे डरते थे। लेकिन जब ज़ैद ने तलाक दे दिया तो ज़ैनब के साथ उन्होंने निकाह इस वजह से किया कि इस तरह से मोमिनों को तंगी से बचाने की मिसाल क़ायम हो।

ईसा ने सिर्फ़ अमन और प्रेम का ही पैग़ाम नहीं दिया

Harper Collins Noida U. P. द्वारा वर्ष 2013 में प्रकाशित बेहद विवादास्पद किताब *Zealot : The Life and Times of Jesus of Nazareth,* में रज़ा अस्लान ने यह दावा किया है कि ईसा सिर्फ़ अमन और प्रेम के ही हिमायती नहीं थे। अपने इस दावे के समर्थन में वह *बाइबिल* के नवविधान में से उद्धरण देता है : तब उसने उनसे कहा, "किन्तु अब जिस किसी के भी पास कोई बटुआ है वह उसे ले ले और वह थैला भी ले चले। और जिसके पास भी तलवार न हो, वह अपना चोग़ा तक बेचकर उसे मोल ले ले।" (लूका 22:36, पृष्ठ 935, *The Holy Bible* पूर्वोक्त, उक्त पुस्तक का पृष्ठ क्रमांक 78) इसके अलावा इसी पृष्ठ पर यह उद्धरण भी रज़ा अस्लान ने अपनी इस किताब में दिया है : वे बोले, "हे प्रभु, देख यहाँ दो तलवारें

हैं।" इस पर उसने कहा, "बस बहुत हैं।" (लूका 22:38 पूर्वोक्त)

ईसा की इस स्वीकारोक्ति की तरफ़ भी रज़ा अस्लान ध्यान आकृष्ट करता है : "यह मत सोचो कि मैं धरती पर शान्ति लाने आया हूँ। शान्ति नहीं बल्कि तलवार का आवाहन करने मैं आया हूँ।" (मत्ती 10:34, पृष्ठ 858, पूर्वोक्त, उक्त पुस्तक का पृष्ठ क्रमांक 120) यही नहीं तो अपनी सर्वव्यापी मोहब्बत के लिए जाने जानेवाले ईसा अपने अनुयायी को घृणा का सबक़ भी दे रहे हैं : 'यदि मेरे पास कोई भी आता है और अपने पिता, माता, पत्नी, और बच्चों, अपने भाइयों और बहनों और यहाँ तक कि अपनी ख़ुद की ज़िन्दगी से भी घृणा नहीं करता, वह मेरा शिष्य नहीं हो सकता।' (लूका 14:26, पृष्ठ 925, पूर्वोक्त। उक्त पुस्तक का पृष्ठ क्रमांक 97)

अक़ीदा-ए-मुल्क

सच्चा मोमिन कौन?

इस्लाम में सच्चा मोमिन कौन है, इसका फ़ैसला तब से चार सौ साल से भी ज़्यादा गुज़र जाने पर भी नहीं हो पाया है। वर्ष 1953 में पाकिस्तान में अहमदिया सम्प्रदाय के ख़िलाफ़ बड़े पैमाने पर हुए दंगों की जाँच के लिए न्यायविद् एम. मुनीर आयोग गठित हुआ था। अपनी रिपोर्ट में आयोग ने यह परिभाषित करने में अपनी असमर्थता ज़ाहिर की कि मुस्लिम कौन है। आयोग ने सभी इस्लामी विचारधाराओं के प्रमुखों को तलब कर उनसे मुस्लिम की परिभाषा देने को कहा था। मगर न्यायविद् एम. मुनीर ने अपनी रिपोर्ट में यह स्वीकार किया कि इस मुद्दे पर कोई दो उलेमा एक-दूसरे से सहमत नहीं थे; और अगर अपनी ख़ुद की कोई परिभाषा देने का वे साहस करते हैं, उन्हें भय है कि ख़ुद उन्हें काफ़िर घोषित कर दिया जाएगा।

ख़ुद पर फ़तह

बदायूँनी लिखता है : 'मुख़्तलिफ़ फ़रमानों में, जो इस साल [1591 में] जारी हुए, गायों, भैंसों, भेड़ों, घोड़ों और ऊँटों के गोश्त पर पाबन्दी लगा दी गई।' (पृष्ठ 388, दूसरा खंड, पूर्वोक्त)

कुछ वर्ष पहले अहमदाबाद नगर निगम ने जैन त्योहार पर्यूषण पर कसाईख़ाने बन्द रखने का आदेश जारी किया था जिसके ख़िलाफ़ दायर मुकदमे में सर्वोच्च न्यायालय ने वर्ष 2015 में यह फ़ैसला सुनाया था : 'उसने [अकबर ने] अपना खाना-पीना कम किया और आख़िरकार साल में कई महीने गोश्त की ख़ुराक से उसने पूरी तरह परहेज रखा। शिकार का, जो उसका पसन्दीदा मनबहलाव था, उसने परित्याग कर दिया, मछली पकड़ने को सीमित कर दिया और क़ैदियों व पिंजरों में बन्द परिन्दों को आज़ाद कर दिया। पशुवध पर निश्चित दिनों के लिए पाबन्दी लगा दी गई और अन्त में 1587 में साल के लगभग आधे दिनों के लिए। शहंशाह अकबर गुजरात में अगर साल में छह महीने के लिए गोश्त खाने पर पाबन्दी लगा सकता था, तो आज अहमदाबाद में साल में नौ दिनों के लिए गोश्त से परहेज रखना अनुचित है?'

मुर्शिद बादशाह

दीवान-ए-ख़ास

शशांक शेखर सिन्हा के अनुसार इसे 'Jewel House' भी कहा जाता है। वे लिखते हैं : 'दीवान-ए-ख़ास के केन्द्रीय कक्ष की कार्यात्मकता कार्योपयोगिता स्थापित करना कठिन है। केन्द्रीय गोल चबूतरे की पहचान को इतिहासकार और विद्वान नाना प्रकार से बताते हैं एक ऐसी जगह जहाँ से शहंशाह शाही जवाहरात और रत्नों का निरीक्षण करते थे, चारों कोनों पर बैठे मंत्रियों पर ध्यान देते थे या विभिन्न धर्मों की दलीलें सुना करते थे।' (पृष्ठ 172), पूर्वोक्त मौलवी मुहम्मद अशरफ़ हुसैन भी इस राय के हैं कि चबूतरे पर अकबर बैठता था और चारों कोनों पर चार मंत्री।

स्थानीय गाइड भी यही बताते हैं कि इस पत्थर पर बैठ अकबर गलियारे के चारों कोनों पर बैठे हुए अपने वज़ीरों से या धार्मिक विद्वानों से चर्चा किया करता था। ऊपर यहाँ तक पहुँचने की सीढ़ियाँ बेहद खड़ी चढ़ाईवाली हैं और सँकरी हैं। गलियारा इतना सँकरा है कि एक आम डीलडौलवाला व्यक्ति ही शायद उसमें से बा ग़ैर आड़ा-तिरछा हुए गुज़र पाए। उसे घेरे हुए जालियाँ घुटनों से भी नीचे तक ही आती हैं जिस वजह से उसमें से गुज़रना असुरक्षित भी है। फिर इस तरह की चर्चाओं के लिए दीवान-ए-ख़ास तो था ही, जो कि आकार में बड़ा और सुविधाजनक भी था। लेकिन उस इमारत में कुछ समय गुज़ारकर मुझे इस तरह के विचार-मंथन और ध्यान के लिए यह चबूतरा सर्वाधिक उपयुक्त लगा।

आईन-ए-इरादत-ए-गुज़ीनान या दीन इलाही?

इतिहासकार श्रीराम शर्मा ने काफ़ी विस्तार से इस विषय पर चर्चा करते हुए यह निष्कर्ष निकाला है : 'इसका आधिकारिक नाम तौहीद-ए-इलाही था, दैवीय एकेश्वरवाद। इसके विश्वास और रीतियों के बारे में आईन *[आईन-ए-अकबरी]*, बदायूँनी और *दबिस्तान-ए-मज़ाहिब* से जो अत्यल्प जानकारी मिलती है, इसे धर्म की श्रेणी तक उठाना निरी अतिशयोक्ति होगी।...इसके अनुयायी बनाने के लिए अकबर अधिक उत्कंठित नहीं था।' (पृष्ठ 42-43, *The Religious Policy of the Mughal Emperors* published by Munshiram Manoharlal Publishers, संस्करण 1998) हालाँकि बदायूँनी को यक़ीन था : 'वास्तव में जहाँपनाह ने अगर थोड़ी रकम ख़र्च की होती तो अपने शैतानी जाल में आसानी से अपने ज़्यादातर दरबारी और कहीं ज़्यादा आम लोगों को फाँस लिया होता।' (पृष्ठ 323, पूर्वोक्त)

विख्यात इतिहासकार एम. अथर अली स्पष्ट लिखते हैं : '...किसी धर्म को आरम्भ करने का इरादा अकबर का नहीं था और निश्चित ही दीन इलाही शब्द को न उसने गढ़ा और न इस्तेमाल किया। लेकिन पूर्व-अनुमानित धारणा की शक्ति ऐसी है कि ब्लोख्मन, योग्यतम अनुवादकों में से एक, लगातार ऐसी ग़लती करता रहा। 'आईन-ए-इरादत-ए-गुज़ीनान' को उसने...ईश्वरीय धर्म के विधान कर दिया...हलक़ा-ए-इरादत और सिलसिला-ए-मुरीदान...को 'दीन इलाही' और 'नया धर्म' कर दिया।'

(पृष्ठ 163, *Mughal India* published by Oxford University Press, New Delhi, संस्करण 2012)

इतिहासकार एस. ए. ए. रिज़वी का स्पष्ट मत है : 'तत्कालीन स्रोतों का परीक्षण हमें इस नतीजे पर नहीं ले जाता कि अकबर ने एक नया धर्म गढ़ा था।' (पृष्ठ 110, *The Wonder That Was India II* published by Pan MacMillan in 2005) सतीश चन्द्र लिखते हैं : 'कोई साक्ष्य नहीं यह प्रमाणित करने के लिए अकबर ने इरादा किया था या वास्तव में एक नया धर्म प्रवर्तित किया। *अबुल फ़ज़ल और बदायूँनी ने तथाकथित नए पथ के लिए शब्द तौहीद-ए-इलाही इस्तेमाल किया है,* जिसका शब्दश: अर्थ है दैवीय एकेश्वरवाद।' (पृष्ठ 256, *History of Medieval India* published by Orient Longman, पुनर्मुद्रण वर्ष 2011) एक और स्थान पर वे यह भी कहते हैं : 'तौहीद-ए-इलाही मूलत: एक राजनीतिक उपाय था...उदारवाद, न्याय और सब धर्मों के साथ बराबरी के व्यवहार पर आधारित एक नई राज्य व्यवस्था।' (पृष्ठ 182, *Medieval India From Sultanat to the Mughals* published by Har-Anand Publications, New Delhi, पुनर्मुद्रण वर्ष 2015)

अब्राहम एराली इस नतीजे पर पहुँचे हैं : 'इसमें एक व्यापक और प्रशंसनीय राजनीतिक उद्‌देश्य था, साम्राज्य में साम्प्रदायिक कलह का अन्त करना और अपनी प्रजा को सामंजस्य के साथ रहने के योग्य बनाना।...दीन इलाही...के प्राथमिक सरोकार सामाजिक-राजनीतिक थे, बजाय धार्मिक के। (पृष्ठ 206-07, *The Last Spring* published by Penguin Books India in 1997) 'दीन इलाही...आम जनता के लिए नहीं था। स्पष्ट रूप से अकबर सहयोगियों की अनन्य, छोटी और बन्द बिरादरी तक दीन इलाही को सीमित रखना चाहता था...परस्पर विरोधी धार्मिक निष्ठाओं से न बँटा हुआ एक मूल समूह...' (पृष्ठ 211, पूर्वोक्त)

एस. ए. ए. रिज़वी को विश्वास है : 'यह धर्म नहीं था और एक रहस्यात्मक संघ भी नहीं था।' (पृष्ठ 415, *Religious and Intellectual History of the Muslims in Akbar's Reign* published by Munshiram Manoharlal Publishers, New Delhi in 1975)

The *Din-i-Ilahi* पुस्तक के लेखक माखनलाल रायचौधुरी का मत है कि दीन-ए-इलाही या दीन-ए-इस्लाम एक नया धर्म नहीं था; यह एक सूफ़ी सिलसिला था। (पृष्ठ 195, प्रकाशक मुंशीराम मनोहरलाल पब्लिशर्स, संस्करण वर्ष 1997)

आशीर्वादीलाल श्रीवास्तव इसे दीन-इलाही ही कहते हैं मगर इसे वे मात्र एक नया सम्प्रदाय मानते हैं। उनके कथनानुसार यह अकबर की सार्वजनिक सहिष्णुता की नीति का परिणाम था और उसके राष्ट्रीय आदर्शवाद का प्रमाण भी। (पृष्ठ 164-65, *मुगलकालीन भारत* प्रकाशक शिवलाल अग्रवाल एंड कम्पनी, आगरा, नवीनतम संस्करण, प्रकाशन वर्ष नहीं दिया है)

अकबर के इस साहसिक और दूरदर्शी उद्योग का दीन इलाही नामकरण सम्भवत: बदायूँनी ने ही किया था। पंडित राहुल सांकृत्यायन ने अपनी पुस्तक *अकबर* में बदायूँनी को उद्धृत करते हुए लिखा है कि 'दीन इलाही में प्रवेश के लिए एक प्रतिज्ञा-पत्र

लिखना पड़ता था, जिसके कुछ वाक्य होते थे—"...व दर-दीने-इलाही अकबरशाही दर आमदम..." अर्थात् 'दीन इलाही अकबरशाही में दाख़िल होता हूँ।' (पृष्ठ 269-70, किताब महल, प्रकाशन वर्ष 2015)

आग़ाज़-ए-नया ज़माना

तुर्की सुल्ताना का मकान

किस इमारत का क्या इस्तेमाल रहा होगा, यह फ़ैसला करने में भी अपने विवेक का इस्तेमाल मैंने किया है। तुर्की सुल्ताना के मकान अपनी बनावट और सजावट में इतना परिष्कृत रूप से सुन्दर है कि मुझे लगा यह सिर्फ़ सलीमा की रिहाइशगाह ही हो सकता है। सुनहरा मकान या सुनहरी मंज़िल में दीवारों और खम्भों पर सोने से काम किया हुआ था। लिहाज़ा यह मुझे सोने के गहने पहनने की शौक़ीन हीरा कुँवर के लिए उपयुक्त जान पड़ा। शशांक शेखर सिन्हा का मत है : 'सीकरी की कई इमारतों को ठीक-ठीक पहचान पाने में कुछ समस्याएँ हैं। कभी-कभी एक ही इमारत का हवाला विद्वान अलग नाम और विशेषताओं से देते हैं। प्रशासन द्वारा संरचनाओं पर लगाई गई नाम-पट्टियों पर नाम अधिकांशतः उन्नीसवीं शताब्दी के पर्यटक गाइडों से लिये गए हैं जो अकसर स्थानीय निवासी थे जिन्हें पुरातत्त्व या इतिहास में कोई पेशेवर प्रशिक्षण हासिल नहीं था।' (पृष्ठ 160, *Delhi Fatahpur Agra Monuments, Cities and Connected Histories,* MacMillan, New Delhi, First Published 2021)

भारतीय पुरातत्त्व सर्वेक्षण द्वारा सैलानियों के लिए प्रकाशित पुस्तिका भी कहती है : 'वक़्त गुज़रने के साथ...कई दन्त कथाएँ, ज़रूरी नहीं कि ऐतिहासिक रूप से शुद्ध, उनके [इमारतों के] साथ जुड़ गईं, तथ्य और कल्पित कथा में भेद कर पाने को और भी मुश्किल बनाते हुए।'

यूरोप में धर्म के नाम पर क्रूरता

ईसाइयों के विभिन्न सम्प्रदायों के बीच कई शताब्दियों तक चले झगड़ों और युद्धों में हुई अमानवीय क्रूरता के कई उदाहरण पॉल जॉनसन ने *A History of Christianity* में विस्तार से दिए है। सुसंस्कृत देश की ख्याति रखनेवाले यूरोपीय देश फ्रांस में हुई बर्बरता के विषय में पुलित्ज़र पुरस्कार से सम्मानित डेविड ब्रिओं डेविस ने लिखा है : '1572 के सन्त बार्थोलोम्यू नरसंहार में कैथोलिकों ने पचास हजार प्रोटेस्टेंट (ह्यूगनो) आदमी, औरत और बच्चे मार दिए; उनके शरीर के अंग गलियों में ख़ुलेआम बेचे गए, पोप ग्रेगोरी तेरहवें ने इस कैथोलिक फ़तह के जश्न में अलाव जलाए जाने का हुक्म दिया...अठारहवीं शताब्दी तक...यूरोपीय जनता न सिर्फ़ असंवेदनशील थी बल्कि यंत्रणा, अंग-विच्छेदन और मौत के बेहद भयानक तमाशे देखने के लिए दौड़ पड़ती थी।' (पृष्ठ 96, 'Oxford University Press, 2008)

प्रख्यात इतिहासकार श्री सुरेश मिश्र ने अपनी पुस्तक *अकबर* में पृष्ठ 93 पर यह

भी ज़ाहिर किया है कि 'स्वयं पोप ने इस घटना पर हर्ष व्यक्त किया था।' (द्वितीय संस्करण, प्रकाशन वर्ष 2001, पंचशील प्रकाशन, जयपुर)

इस्त्रा और मेराज

इस्त्रा का अर्थ है रात्रि में यात्रा और मेराज का अर्थ है सीढ़ी पर से ऊपर चढ़ना। सूरा बनी इस्त्राइल या अल इस्त्रा की पहली आयत में अल्लाह तआला ख़ुद के बारे में फ़रमाते हैं : 'पाक है वह जो अपने बन्दे को रातोरात ले गया मस्जिदे हरम [जिसके अहाते में काबा है] से मस्जिदे अक़्सा [येरुशलम स्थित सबसे मुक़द्दस मस्जिद] तक...' इसके आगे की कहानी सुन्ना में है। यह 1500 किलोमीटर की दूरी मुहम्मद साहब ने बुर्राक़ पर बैठकर तय की, जो पंखोंवाले खच्चर सरीखा जीव था और जिसे फ़रिश्ता जिब्राइल लेकर आया था, और फिर वहाँ से सीढ़ी चढ़कर सातवें आसमान तक गए जहाँ ख़ुदा का तख़्त है। और यह सब करके जब वे वापस आते हैं तो उनका बिस्तर अभी भी गर्म था।

इस बाबत मुल्ला बदायूँनी बताता है कि अकबर का कहना था : 'वास्तव में मुझे ताज्जुब होता है कि कोई अपने होश में रहते हुए कैसे यक़ीन कर सकता है कि एक आदमी, जिसके जिस्म का कुछ वज़न है, एक लम्हे के दौरान अपना बिस्तर छोड़ता है, आसमान तक जाता है, ख़ुदा के साथ वहाँ 90,000 बातें करता है, और फिर भी वापस आने पर अपना बिस्तर अब भी गर्म पाता है? लोग भी कैसी बचकाना कहानियों पर यक़ीन कर लेते हैं!' (पृष्ठ 326, पूर्वोक्त)

सूर्य-केन्द्रित सौरमंडल

सूर्य को सौरमंडल का केन्द्र लेकिन कोपरनिकस द्वारा अपनी किताब में दिए गए सारे सबूतों के बावजूद यूरोप के वैज्ञानिक समुदाय तक ने स्वीकार नहीं किया और अगले दो सौ सालों तक इस नए सिद्धान्त को नकारने के लिए और यह साबित करने के लिए कि सूर्य घूमता है और पृथ्वी स्थिर है यह तर्क दिया जाता रहा कि तोरात में जोशुआ ने सूर्य को स्थिर खड़े रहने के लिए कहा था, न कि पृथ्वी को। यह स्थिति तब बदलना शुरू हुई जब गैलीलियो ने सत्रहवीं सदी के उत्तरार्ध में इस सूर्य-केन्द्रित सौरमंडल को समर्थन दिया।

फ़िरंगी

महारानी एलिज़ाबेथ का अकबर के नाम पत्र

Elizabeth, by The Grace of God, Defender of Faith.

To the most invincible and most mightie prince, lord Zelabdim Echebar king of Cambaya.

The great affection which our Subjects have to visit the most distant places of the world, not without good will and intention to introduce the mutual and friendly trafique of marchandize on both sides, the bearer of this letter John Newbery with a curteous and honest boldnesse, doe repaire to the borders and countreys of your Empire. We doubt not but that your imperial Majestie through your royal grace, will favourably and friendly accept him. And that in respect of the hard journey which they have undertaken to places so far distant, it would please your Majesty to gratifie it, with such privileges as to you shall seeme good: which curtesie if your Imperiall majestie shall to our subjects at our requests performe, wee, according to our royall honour, will recompence the same with as many deserts as we can. And herewith we bid your Imperial Majestie to farewel.

पुर्तगालियों के प्रति अकबर की नीति

पुर्तगालियों की बढ़ती हुई ताक़त से अकबर सशंकित था।...स्पष्टतया अकबर ने महसूस किया कि 'दक्षिणी राज्यों के साथ मुग़ल देखरेख में समन्वय और साधनों को इकट्ठा करना पुर्तगाली ख़तरे को, अगर ख़त्म नहीं कर पाया, अवरुद्ध कर देगा।' (पृष्ठ 262, Satish Chandra, *History of Medieval India,* Orient Blackswan, नई दिल्ली, पुनर्मुद्रण 2011) अहमदनगर के सुल्तान बुरहान निज़ाम-उल-मुल्क को अकबर ने अपने ख़त में यह भी लिखा था : '...अगर उन्होंने फ़रमाँबरदारी का रवैया अपनाया तो अल्लाह के फ़ज़्ल से फ़िरंगी काफ़िरों के ख़िलाफ़ कामयाब मुहिम का मंसूबा किया जा सकता है।'

मीना बाज़ार

इस विषय में सबसे पहले तो उस तथाकथित घटना की समीक्षा अधिक विस्तार से मैं करना चाहता हूँ जिसमें उस अकबर को जिसकी ताक़त एक मिसाल थी, एक राजपूत रणचंडी ने ज़मीन पर पटक दिया व अपनी कटार उसे दिखाते हुए और उसकी छाती पर पैर रखकर धमकी दी और जंग में अपनी जान पर खेल जानेवाला अकबर थरथर काँपने लगा।

जिस रणचंडी का ज़िक्र कर्नल टॉड करते हैं उनके अनुसार वह शक्तावत वंश के संस्थापक व राणाप्रताप के छोटे भाई शक्तिसिंह की बेटी थी। इस क़िस्से को सुनाते हुए वे यह भी साफ़ कर देते हैं : "लेकिन रायसिंह, राजसी चारण का बड़ा भाई, इतना ख़ुशक़िस्मत नहीं था; उसकी पत्नी में या तो हिम्मत की कमी थी या शाही नाराज़गी का मुक़ाबला कर सकने वाले सदाचार की, और वह रेगिस्तान में उनके निवास पर वापस आई अपनी शुचिता लुटाकर, लेकिन जवाहरात से लदी हुई; या जैसा कि पिरथीराज बयान करता है : 'अपने घर वह लौटी उसके बदन पर सोने के गहनों व रत्नों की टन-टन की आवाज़ पर चलती हुई; लेकिन, मेरे भाई, तुम्हारे होंठों पर मूँछ कहाँ है'?" (पृष्ठ 275, भाग 1, पूर्वोक्त)

यह आख़िरी जुमला भारत देश में आबरू या इज़्ज़त को खो देने पर तंज़ की तरह इस्तेमाल होता है। राजसी चारण पिरथीराज यहाँ अकबर का मनसबदार पृथ्वीसिंह राठौड़ है और उसका बड़ा भाई रायसिंह राठौड़ बीकानेर का राजा है।

यह जुमला कि 'मेरे भाई, तुम्हारे होंठों पर मूँछ कहाँ है?' जो पृथ्वीराज के मुँह से कहलवाया गया है, स्पष्ट संकेत है कि कर्नल टॉड की इस जानकारी के स्रोत पृथ्वीराज के वंशज और उनके चारण ही रहे होंगे। और यह तथ्य अपने आप में बहुत कुछ कहता है।

अपने वंश को बाक़ी हरेक राजपूत वंश के मुक़ाबले श्रेष्ठतर मानना और अपने वंश में स्वयं के खानदान को श्रेष्ठतम सिद्ध करने की कोशिश राजपूती चरित्र का उतना ही अभिन्न अंग है जितनी कि उनकी दुस्साहसपूर्ण बहादुरी। इतिहासकार सतीश चन्द्र के शब्दों में : 'उनकी मूल कमज़ोरी थी अनन्य समूह बना लेना, हरेक दूसरे पर श्रेष्ठता का दावा करता हुआ।' डॉ. एम. एस. नरावने इसे खानदानों की आपसी प्रतिद्वंद्विता और मुखियाओं का वैयक्तिक अहम बताते हैं तो कर्नल टॉड घमंड, राजनीतिक अन्धत्व, अहंकार और उदारता का सम्मिश्रण।

दूसरी तरफ़ उत्तराधिकार को लेकर प्रतिद्वंद्विता और जागीर के स्वामित्व को लेकर हुए झगड़ों से उनका इतिहास भरा पड़ा है—जदुनाथ सरकार के शब्दों में 'निरन्तर लड़ते-झगड़ते और एक-दूसरे के इलाक़े पर धावा बोलते हुए।' राज्य या जागीर को

लेकर भाई-भाई में वैर और पिता-पुत्र में वैर की घटनाओं के विवरण तो कर्नल टॉड की किताब में भरपूर उपलब्ध हैं।

यही वैर रायसिंह के प्रति पृथ्वीसिंह के मन में अगर नहीं तो उसके वंशजों के मन में तो ज़रूर पला होगा, जिसके नतीजे में ही यह मूँछ का सवाल उठ खड़ा हुआ था।

मानसिंह कछवाहा के मुक़ाबले में अगर कोई राजपूत मनसबदार अकबर का चहेता था तो वह था रायसिंह राठौड़। न सिर्फ़ बीकानेर की राजगद्दी उसे हासिल हुई बल्कि लगभग पूरे गुजरात सूबे का, जिसमें जूनागढ़, सौराष्ट्र और काठियावाड़ शामिल थे, सर्वेसर्वा अकबर ने उसे बना दिया। ऐसे संकेत मिलते हैं कि जालौर पर घेरे में उसकी भूमिका से ख़ुश होकर अकबर ने यह इनाम रायसिंह को दिया था। जालौर पर घेरे में तो पृथ्वीसिंह भी अपनी फ़ौज को लेकर शामिल हुआ था। लेकिन उसे इनाम में सिर्फ़ गागरौन की जागीर मिली। इस वजह से दोनों भाइयों के वैभव और प्रतिष्ठा में ज़मीन-आसमान का फ़र्क़ हो गया जो आज़ादी के बाद राजे-रजवाड़ों के ख़त्म होने तक क़ायम रहा, प्रिवी-पर्स की राशि में अन्तर स्वरूप शायद बाद तक भी।

वर्ष 1829 में जब कर्नल टॉड अपनी किताब के लिए सामग्री इकट्ठी कर रहे थे तब उनकी जानकारी के मुख्य स्रोत राजपूत राजाओं और जागीरदारों के वंशजों के साथ चर्चाएँ और उनके चारणों द्वारा गाए जानेवाले गीत थे जो स्वाभाविक रूप से उनके स्वामी की तारीफ़ और उनके प्रति-द्वंद्वियों के अवमूल्यन से ही ओतप्रोत रहे होंगे। और यही भाव इन शब्दों में प्रकट होता है जो कर्नल टॉड ने पृथ्वीसिंह के गुज़र जाने के दो सौ साल बाद उसके लिए कहे : 'सिर्फ़ क्षात्रधर्मी पिरथीराज अपनी पत्नी मेवाड़ की राजकुमारी के अदम्य साहस और शुचिता के कारण उनमें से एक[1] होने से बच पाया।' (भाग 1, पृष्ठ 275, पूर्वोक्त)

कर्नल टॉड के इस कथन में कि 'कुलीन वंश के कई लोगों ने नौरोज़ में अपनी इज़्ज़त को खोया किन्तु अपनी इज़्ज़त को जो बचा पाई वह थी पृथ्वीराज राठौड़ की वीरांगना पत्नी,' यह निहितार्थ स्पष्ट है कि बाक़ी सभी नहीं तो अधिकांश राजपूत राजाओं और मनसबदारों की पत्नियाँ भी गहनों के लालच में अपनी इज़्ज़त अकबर के हाथों गँवा बैठी थीं।

औरत की इज़्ज़त लुटना तो वैसे ही हिन्दू समाज में डूब मरने की बात समझी जाती है फिर राजपूत तो इज़्ज़त की ख़ातिर मरने मिटने के लिए तैयार रहते थे। अकबर इनकी औरतों की इज़्ज़त लूट रहा है, यह हक़ीक़त छुप तो नहीं सकती थी। अगर इसके बावजूद राजपूत मनसबदार अकबर के लिए वफ़ादार बने रहे तो यह स्वीकार करना होगा कि उनकी वफ़ादारी उनके वंश, ख़ानदान और उनकी औरतें—सबकी इज़्ज़त और आबरू पर भारी पड़ रही थी।

जो भी हो, सारे राजपूत राजाओं की इज़्ज़त पर दाग़ लगानेवाले इस बयान की सत्यता की जाँच करना इतिहासकार ही नहीं, हर उस शख़्स पर फ़र्ज़ बनता है जो उसे किसी किताब में दर्ज करने जा रहा है। लेकिन इस बात का कोई प्रमाण कर्नल टॉड नहीं

1. यहाँ 'उनमें से एक' से मन्तव्य है वे सारे राजपूत जिनकी पत्नी अकबर की हवस का शिकार हो गईं या जिसने अपनी इज़्ज़त को स्वर्णाभूषणों के बदले में उसे बेच दिया।

देते कि उन्होंने बीकानेर के राजा के वंशजों या बाक़ी किसी राजपूत राजा के वंशजों से इस कहानी की प्रामाणिकता या सत्यता की पुष्टि की हो। न ही यह जानने में आता है कि किसी अन्य स्रोत द्वारा इस कहानी की सत्यता का उन्होंने प्रति-परीक्षण किया हो, जैसा करना किसी भी अनुशासित इतिहासकार के लिए लाज़िमी है। अकीर्तिकर और लोकापवादी ख़बर, ख़ास तौर पर वह अगर किसी ख़ास शख़्सियत के बारे में हो, विचित्र आनन्द देती है और शायद इसीलिए आम तौर पर तत्परता से सत्य स्वीकार कर ली जाती है। कर्नल टॉड के साथ भी क्या यही हुआ?

मीना बाज़ार को लेकर अकबर का निन्दागान यूरोपीय यात्रियों थॉमस कार्यट और निकोलाई मनुक्सी के विवरणों के आधार पर भी किया जाता है, जबकि वे दोनों ही अकबर के जीवनकाल में हिन्दुस्तान में थे ही नहीं। ऐतिहासिक तथ्यों की व्याख्या करते हुए या उनके गूढ़ार्थ निकालते हुए कालक्रम को ध्यान में न रखना अनर्थकारी सिद्ध होता है। इसके अलावा थॉमस कार्यट ने तो जो जहाँगीर के शासनकाल में आया था, जो लिखा उसका आशय सिर्फ़ यह है कि शहर की ख़ूबसूरत औरतों का नज़ारा करने के लिए ही जहाँगीर मीना बाज़ार भरवाता था।

जहाँ तक निकोलाई का सवाल है वह शाहजहाँ के शासनकाल के अन्तिम दिनों में हिन्दुस्तान आया था और मुख्यतया वह औरंगजेब के काल में यहाँ रहा। इसलिए उसने जो भी तथाकथित रूप से आँखों-देखा हाल लिखा वह अकबर के समय का नहीं था। वस्तुतः वह शाहजहाँ के बारे में लिख रहा था जब वह कहता है कि बादशाह ख़ूबसूरत औरतों का नज़ारा करने के लिए ही मीना बाज़ार भरवाता है। वह यह भी लिखता है कि किसी अमीर की बेटी अगर ख़ूबसूरत होती तो वह अपनी माँ के साथ मीना बाज़ार ज़रूर आती ताकि वह बादशाह की नज़रों में आ सके और शाही ख़वातीन के साथ मेलजोल भी बढ़ा सके। ऐसी हर लड़की अपने साथ कोई न कोई चीज़ बेचने के लिए भी ले आती थी मगर सबसे उम्दा चीज़ जो वह दे सकती थी वह तो उसका अपना जिस्म ही था। यह आख़िरी फ़िक़रा सिर्फ़ उसकी राय है जो यूरोप के उसके तत्कालीन पाठकों को गुदगुदाने मात्र के लिए ही है। इसके अलावा भी यह सिर्फ़ सुनी-सुनाई बात ही हो सकती थी क्योंकि जब वह यहाँ पहुँचा बूढ़े शाहजहाँ के बेटों में उत्तराधिकार की लड़ाई शुरू हो चुकी थी और तख़्तनशीं होते ही औरंगजेब ने मीना बाज़ार के भरे जाने पर पाबन्दी लगा दी थी।

मीना बाज़ार भरने के विषय में अबुल फ़ज़ल लिखता है : 'लिहाज़ा जहाँपनाह को जब जमशेदों के पर्व, और पारसी पुरोहितों के त्योहारों की जानकारी दी गई उन्होंने उनको अपना लिया...जहाँपनाह के हरम के लोग [बाज़ार में] आते हैं और दूसरे लोगों की औरतों को भी बुलावा भेजा जाता है...औरतों के मीना बाज़ार के बाद आदमियों के लिए बाज़ार भरता है...' (पृष्ठ 286-87, *आईन-ए-अकबरी,* भाग 1, पूर्वोक्त) और अब्राहम एराली का कहना है : 'औरतों के लिए मीना बाज़ार की कल्पना मूलतः हुमायूँ की थी...यह शायद अकबर था जिसने मीना बाज़ार सालाना लगाने का रिवाज शुरू किया।' (पृष्ठ 137, *The Mughal World,* published by Penguin Books India, 2007)

लेकिन मीना बाज़ार को अपनी कामवासना की पूर्ति करने के लिए अकबर ने

इस्तेमाल किया, इस आरोप के ख़िलाफ़ सबसे वज़नदार दलील है *मुन्तख़बुल तवारीख़*। अफ़वाहों और क़िस्सों को बेहद दिलचस्पी लेकर अपनी किताब में कहनेवाला और अकबर की निन्दा और बुराई का कोई भी मौक़ा नहीं छोड़नेवाला मुल्ला बदायूँनी इस बाबत सिर्फ़ यह लिखता है : 'हमारे मज़हब पर एक और चोट करने के इरादे से जहाँपनाह ने हुक्म दिया कि नौरोज़ को लगनेवाले मीना बाज़ार[1] में दुकानें एक ख़ास वक़्त के लिए बेगमों और हरम की औरतों के, और बाक़ी किसी शादीशुदा ख़वातीन के भी, दिलबहलाव के लिए दे दी जाएँ। ऐसे मौक़े पर जहाँपनाह काफ़ी रक़म ख़र्च करते हैं और हरम के लोगों के अहम मामले, निकाह के इक़रार, लड़कों और लड़कियों की मँगनी इन मुलाक़ातों में तय करते हैं।' (पृष्ठ 350, पूर्वोक्त)

यहाँ पर यह उल्लेख करना समीचीन होगा कि अकबर अपने पीछे अपनी कई बेटियों को कुँवारी छोड़ गया था क्योंकि उनके लायक़ खाविन्द उन्हें नहीं मिल सके; और यह बताना भी मुनासिब होगा कि राजस्थानी स्रोतों के अनुसार अकबर चाहता था कि उसकी बेटियों की शादी राजपूतों में हो मगर कोई भी राजपूत ख़ानदान इसके लिए राज़ी न था। आख़िरकार था तो अकबर उनकी नज़र में म्लेच्छ ही!

महापंडित और स्वतंत्रता सेनानी राहुल सांकृत्यायन मीना बाज़ार को लेकर यह टिप्पणी करते हैं : 'आईन-ए-अकबरी से मालूम होता है, कि हर महीने के तीसरे दिन आगरे के क़िले में एक जनाना बाज़ार लगता था, जिसे मीना बाज़ार कहते थे। अकबर ने चाहा था...अन्तःपुरों और हरमसराओं के भीतर घुटतीं महिलाएँ कम-से-कम महीने में एक बार एक जगह खुलकर मिलें। मीना बाज़ार में उसके अपने महल की बेगमें, बेटियाँ, बहुएँ, अमीरों और राजाओं के घरों की महिलाएँ आती थीं। स्त्रियों के उपयोग की हर तरह की अच्छी-अच्छी चीज़ बाज़ार में बिकती थीं। दुकानों पर केवल औरतें बैठती थीं। उन्हीं का वहाँ पहरा रहता था।...बादशाह और दूसरे अमीर भी कभी-कभी आकर बाज़ार की सैर करते थे। इसीलिए पीछे कहना शुरू किया गया कि वह लोगों की बहू-बेटियों को देखने आता था। अकबर ने अत्यन्त तरुणाई को छोड़ कभी असंयम से काम नहीं लिया। तरुणाई में इसके कारण उसे तीर खाना पड़ा था। इसका यह अर्थ नहीं कि उसकी हरमसरा में सैकड़ों सुन्दरियाँ नहीं थीं। लेकिन यह सुन्दरियाँ तो उस समय हलाल समझी जाती थीं। सोलह हज़ार रानियोंवाले हिन्दू राजा भी परम धर्मात्मा माने जाते थे। अकबर के हरम में सुन्दरियों की संख्या उतनी नहीं थी।' (पृष्ठ 330, *अकबर,* प्रकाशक किताब महल, इलाहाबाद, संस्करण 2015)

---

1. *मुन्तख़बुल तवारीख़* और *आईन-ए-अकबरी,* दोनों ही किताबों के अनुवादकों ने fancy bazar लिखा है जिसका अर्थ शौक़िया या सजावटी चीज़ों का बाज़ार होना चाहिए। मीना बाज़ार शब्द की उत्पत्ति कब और कैसे हुई यह मैं मालूम न कर सका। शायद यह मीनाकारी शब्द से उत्पन्न हुआ हो जिसका अर्थ है सोने-चाँदी का जड़ाऊ काम। न तो अबुल फ़ज़ल ने, न बदायूँनी ने और न ही कर्नल टॉड ने मीना बाज़ार शब्द इस्तेमाल किया है। यूरोपीय यात्रियों थॉमस कार्यट, निकोलाई मनुक्सी और बर्नियर ने इसके लिए 'fair' शब्द इस्तेमाल किया है। उर्दू शब्दकोश के अनुसार मीना बाज़ार का अर्थ है वह बाज़ार जहाँ सिर्फ़ औरतें ही ख़रीदी-बिक्री करें। लेकिन शब्दकोश में यह शब्द और इसका यह मतलब कब शामिल हुआ, यह कह पाना मुश्किल है।

अकबर पर क्रूरता के आरोप

अकबर के समकालीन इतिहासकारों ने उस पर क्रूरता के आरोप लगाए हों, ऐसा मेरे पढ़ने में कहीं नहीं आया। ऐसा कदाचित इस वजह से भी हो कि क्रूरता के मापदंड उस समय वे नहीं थे जो आज हैं।

इन आरोपों की शुरुआत तब हुई जब फ़ारसी ज़बान में अकबर के समकालीन और परवर्ती इतिहासकारों द्वारा अकबर पर लिखी गई किताबों को उन्नीसवीं शताब्दी में यूरोपीय इतिहासकारों ने अंग्रेज़ी में अनूदित किया और फिर ख़ुद भी उन्होंने अकबर के इतिहास को कलमबद्ध किया।

अकबर के इतिहास पर किताबों के अंग्रेज़ी अनुवादों में कालक्रम से शायद आईन-ए-अकबरी सर्वप्रथम था। ब्लोख्मन द्वारा अनूदित इस का प्रथम खंड वर्ष 1873 में प्रकाशित हुआ। पाँच साल बाद उनकी मृत्यु हो जाने पर दूसरा और तीसरा खंड कर्नल एच. एस. जैरेट द्वारा अनुवाद किए गए जो क्रमश: वर्ष 1891 और वर्ष 1894 में प्रकाशित हुए। *मुन्तख़बुल तवारीख़* का प्रकाशन शुरू हुआ वर्ष 1884 में और जॉर्ज रैंकिंग, डब्ल्यू. एच. लोवे व टी. डब्ल्यू. हैग द्वारा किया गया इसका तीन खंडों में अनुवाद वर्ष 1925 तक प्रकाशित होता रहा।

उपर्युक्त सभी अनुवादक अकबर के व्यक्तित्व के इस पहलू के बारे में मौन हैं।

इसके बाद अनूदित हुआ अबुल फ़ज़ल का *अकबरनामा* जिसकी प्रस्तावना में क्रूरता के कई आरोप इस पुस्तक के अनुवादक हेनरी बेवरिज ने लगाए हैं।

अंग्रेज़ सरकार के आई. सी. एस. अधिकारी हेनरी बेवरिज ने जनवरी, 1858 में इक्कीस साल की उम्र में कलकत्ता पहुँचकर पदभार सँभाला था, यानी जिस समय अंग्रेज़ी शासन से मुक्ति पाने की हिन्दुस्तानियों की पहली लड़ाई में दिल्ली पर फ़तह हासिल कर लेने के बाद अंग्रेज़ दिल्ली की आम जनता में क़त्लेआम मचा चुके थे और झाँसी की बहादुर रानी के साथ उनकी जंग जारी थी।

अकबरनामा का अनुवाद हेनरी बेवरिज ने आरम्भ तो वर्ष 1897 में कर दिया था। लेकिन इस अनुवाद का पहला खंड प्रकाशित हुआ वर्ष 1907 में और तीसरा व अन्तिम खंड वर्ष 1921 में। यानी जिस समय अंग्रेज़ सरकार के ख़िलाफ़ भारत की आज़ादी की लड़ाई में गांधी जी द्वारा प्रवर्तित असहयोग आन्दोलन अपने शीर्ष पर था। अपने इतिहास लेखन में औपनिवेशिक दृष्टिकोण अपनाने के लिए जाने जानेवाले बेवरिज *अकबरनामा* की प्रस्तावना में लिखते हैं :

'वह निष्ठुर और असंयमी दोनों था। वह इनसान जो शाही बिस्तर पर सो जाने के अपराध में एक चिराग़ जलानेवाले को [क़िले के] परकोटे पर से फेंक दिए जाने का

हुक्म दे सकता है, और कुछ बीस बच्चों को मौत या जड़बुद्धिता में झोंक सकता है क्योंकि...इस तरह से वह जान पाएगा कि इनसान की आदिम भाषा क्या है, और जो एक अधिकारी को हाथी के पैरों के नीचे फिंकवा देने की यंत्रणा दे सकता है हालाँकि उसे न मारने का हुक्म उस वहशी को गुप्त रूप से दे दिया गया था। एक-दूसरे अवसर पर एक ग़रीब आदमी के उसकी मौजूदगी में नशे में धुत्त आने पर ग़ुस्से में उसे ठंडे पानी से तरबतर करवा देता है जिसके नतीजे में अन्ततः वह सदमे से मर जाता है।'

किसी भी वाक़िये से कोई नतीजा निकालना मुनासिब नहीं बग़ैर यह जाने कि उस वाक़िये के पीछे मंशा क्या थी और किन हालात में ऐसा हुआ। बेवरिज ने जिन घटनाओं के आधार पर क्रूरता का इल्ज़ाम लगाया है, उनकी हक़ीक़त इस तरह है।

चिराग़ जलानेवाले को परकोटे पर से फेंक दिए जाने की घटना का विवरण असद बेग लिखित *वाक़या-ए-असद* में है : 'उन दिनों शहंशाह शाम की नमाज़ के बाद लम्बे समय के लिए आराम करने चले जाते थे जिस दौरान ख़िदमतगार और दरबारी इधर-उधर हो जाते थे।...दक्खिन की ख़बर सुनने के लिए उस शाम वे आम वक़्त से पहले बाहर चले आए और एक भी ख़िदमतगार को महल में नहीं पाया। जब वे अपने तख़्त और बिस्तर के पास आए, एक बदक़िस्मत चिराग़ जलानेवाले को शाही बिस्तर के नज़दीक साँप की तरह कुंडली मारे हुए मौत सरीखी नींद में बेपरवाह सोए देखा। इस नज़ारे पर ग़ुस्से में भरकर उसे मीनार से फेंक देने का हुक्म सुना दिया...'

यहाँ जो दक्खिन की ख़बर सुनने के लिए अकबर की बेसब्री का ज़िक्र है, वह वास्तव में अपने सबसे छोटे बेटे दानियाल की ख़बर सुनने की बेसब्री थी जो दक्खिन में ख़ुद को शराब में डुबोए हुए था और अपनी मौत की तरफ़ खिंचता चला जा रहा था। सबसे बड़ा बेटा सलीम बग़ावत कर चुका था और मझला बेटा मुराद दक्खिन में ही शराब पी-पीकर अपनी जान गँवा चुका था। उसके सभी जिगरी लोग बीरबल, टोडरमल, तानसेन, भगवन्तदास, हकीम अबुल फ़तह, शाह फ़तहुल्लाह शीराज़ी उसे छोड़कर जा चुके थे और अबुल फ़ज़ल की हत्या हो चुकी थी।

अकबर की अगर उस समय की मानसिक अवस्था पर विचार किया जाए और फिर यह कल्पना की जाए कि हिन्दुस्तान के शहंशाह को अपनी परेशानी में एक ख़िदमतगार नज़र नहीं आया जो उसका हुक्म बजा लाए, तो ऐसा ज़बर्दस्त ग़ुस्सा अकबर को आना अस्वाभाविक नहीं था। लिहाज़ा चिराग़ जलानेवाले को परकोटे पर से फिंकवा देना अफ़सोसनाक यक़ीनी तौर पर था, मगर यह क्रूरता नहीं थी बल्कि अकबर के ग़ुस्से का नतीजा था। यही नहीं, अकबर के पचास वर्ष के शासनकाल में यह अकेली ऐसी घटना है जब बग़ैर किसी गम्भीर अपराध के कोई इस तरह से अकबर के ग़ुस्से का शिकार हुआ हो। एक घटना से, और वह भी जो ग़ुस्से के सिर्फ़ एक लम्हे का नतीजा थी, अकबर का चरित्र निर्धारण कर लेना पूर्वग्रह का द्योतक ही समझा जा सकता है, और शायद दुर्भावना का भी।

'कुछ बीस बच्चों को मौत या जड़बुद्धिता में झोंक सकता है', इस मुद्दे पर मेरी किताब के अध्याय 'आग़ाज़-ए-नया ज़माना' में पर्याप्त रूप से मैं बता ही चुका हूँ। यह एक प्रयोग था जो मुल्लाओं के इस दावे की तस्दीक़ करने के लिए किया गया

था कि पैदा होते वक़्त हर बच्चा अरबी ज़बान का इल्म अपने साथ लेकर आता है। ऐसा अकबर ने क्रूर प्रवृत्ति से नहीं बल्कि प्रगतिशील और उदारवादी क़दमों का विरोध करनेवालों को जवाब देने के लिए किया था। और यह आरोप कि उन बच्चों को मौत या जड़बुद्धिता में झोंक दिया गया, दुराग्रहपूर्ण है क्योंकि इसका कोई आधार ही नहीं। अबुल फ़ज़ल के मुताबिक़ उन बच्चों की परवरिश और तालीम का माक़ूल इन्तज़ाम हुआ और वे इनसानी ज़बान बोलने के क़ाबिल भी हो गए।

तीसरी मिसाल बेवरिज ने दी है एक अधिकारी को हाथी के पैरों के नीचे फिंकवा देने की हालाँकि उसे न मारने का निर्देश उस जानवर को गुप्त रूप से दे दिया गया था।

जिस अधिकारी की बात बेवरिज कर रहा है वह सलीम का अतगा था जो जौनपुर की बग़ावत के वक़्त बाग़ियों से जा मिला था। शरीअत के मुताबिक़ तो, और उस दौर के दस्तूर के मुताबिक़ भी, ग़द्दारी करनेवाले को सज़ा-ए-मौत ही दी जानी चाहिए थी। अगर मौत न देकर अकबर ने उसे कुछ घंटों के लिए ख़ौफ़ज़दा ही किया तो बजाय क्रूरता के यह उसकी दयाशीलता ही कहलाएगी।

आख़िरी मिसाल बेवरिज ने उस ग़रीब आदमी की दी है जो अकबर की मौजूदगी में नशे में धुत्त चला आता है और ग़ुस्से में अकबर उसे ठंडे पानी से तरबतर करवा देता है जिसके नतीजे में वह आदमी सदमे से मर जाता है।

पहली बात तो यह कि इस वाक़िये के बाद वह आदमी बीमार पड़ा यह तो पढ़ने को मिलता है और उसके बाद उसकी मौत हो गई यह भी। मगर यह मौत उस वाक़िये की वजह से सदमा लगने से हुई, यह सिर्फ़ बेवरिज महोदय का अनुमान है।

यह तथाकथित रूप से ग़रीब आदमी नशे में धुत्त होकर अकबर के दरबार चला आया था। नशे में धुत्त होकर कोई शहंशाह के सामने और वह भी उसके दरबार में आने की जुर्रत करे, उसकी इस गुस्ताख़ी के लिए यह ठंडा पानी उस पर फेंका जाना, जो कि आम तौर किसी का भी नशा उतारने के लिए किया जाता है, अकबर की क्रूरता कहीं से नहीं दिखलाता। और वह भी तब जबकि उसने यह फ़रमान जारी किया हुआ था : 'हकीमों की सलाह के मुताबिक़ जिस्म को ताक़त देने के लिए शराब की इजाज़त है; लेकिन इसके इस्तेमाल के नतीजे में कोई फ़साद या नाशाइस्ता बर्ताव नहीं होना चाहिए।' और नशे में धुत्त होने और हुल्लड़ मचाने के लिए सख़्त सज़ा का प्रावधान भी उसने किया था। इस तरह के बर्ताव के लिए कई मनसबदार और उमरा को वह सज़ा दे भी चुका था।

अकबर पर क्रूरता के आरोप इसके अलावा इतिहासकार वी. ए. स्मिथ ने भी लगाए हैं जिन्होंने भारत के इतिहास पर कई किताबें लिखी हैं। वर्ष 1917 में उनकी एक किताब प्रकाशित हुई थी *Akbar the Great Mogul* जिसमें अदहम ख़ान और उसके uncle मुअज़्ज़म को ग़ैरक़ानूनी ढंग से सरसरी तौर पर फ़ैसला करके सज़ा-ए-मौत दे देने का आरोप वे अकबर पर लगाते हैं।

अदहम ख़ान का क़िस्सा जो इस किताब में दिया गया है, ऐतिहासिक रूप से तथ्यात्मक है। इसलिए इस बारे में कुछ कहने की आवश्यकता मैं नहीं समझता। हाँ, इतना ज़रूर कहना चाहूँगा कि उस वक़्त तक अंग्रेज़ी न्याय व्यवस्था हिन्दुस्तान में नहीं

क़ायम हुई थी जिसमें कई सालों तक गवाहियों, पेशियों और बहसों के बाद कोई फ़ैसला होता है बल्कि जिसे ग़ैरक़ानूनी ढंग से सरसरी तौर पर फ़ैसला करना श्री स्मिथ कह रहे हैं, उस दौर में इसी तरीक़े से फ़ैसला तक़रीबन पूरी दुनिया के बादशाह किया करते थे।

जहाँ तक ख़्वाजा मुअज़्ज़म को सज़ा-ए-मौत दे देने का सवाल है, उसकी मौत की वजह इस प्रकार थी।

हमीदा बानो बेगम का सौतेला भाई मुअज़्ज़म उमरा के साथ गुस्ताख़ी भरा और बेतहज़ीब बर्ताव करने के लिए बदनाम था। एक दफ़ा हुमायूँ बादशाह के दीवान को क़त्ल करके वह फ़रार हो गया। वापस आकर उसने जब अपनी हरकत पर अफ़सोस जताया तो हुमायूँ ने अपने साले को मुआफ़ कर दिया। अकबर जब तख़्तनशीं हुआ तो उसने अपने दरबार में आने की मुअज़्ज़म को इजाज़त दे दी। मुअज़्ज़म ने फिर अपना पुराना रवैया अपना लिया और दरबारियों के साथ बदतमीज़ी करने लगा।

मुअज़्ज़म का निकाह अकबर की उर्दू बेगी की बेटी के साथ हुआ था, जो हुमायूँ के वक़्त से मुलाज़मत में थी। एक रोज़ उसने फ़रियाद की कि मुअज़्ज़म उसकी बेटी के साथ बेरहमी का बर्ताव करता है और उसे डर है कि कहीं वह उसे मार न डाले। मुअज़्ज़म को समझाइश देने के ख़याल से अकबर ने उसके घर जाने का फ़ैसला किया और अपने आने का एलान करने के लिए अपने मनसबदारों को वहाँ भेजा। अकबर के आने का एलान सुनकर मुअज़्ज़म ने उर्दू बेगी को क़त्ल कर दिया और ख़ून से सना हुआ ख़ंजर खिड़की के बाहर फेंककर चिल्लाया: "मैंने उसका ख़ून कर दिया! जाओ और बता दो!" अकबर ने उसे ग्वालियर के क़िले में क़ैद करवा दिया जहाँ उसकी मौत हो गई, अबुल फ़ज़ल के मुताबिक़ अवसाद और दिमाग़ में गड़बड़ी की वजह से।

अदहम ख़ान और मुअज़्ज़म दोनों क़ातिल थे और क़त्ल उन दोनों ने ही निहायत गुस्ताख़ अन्दाज़ में और अकबर के नजदीकी लोगों का किया। इन दोनों को जो सज़ा मिली उसे किसी भी तरह से ग़ैरवाजिब नहीं कहा जा सकता, ख़ास तौर पर उस दौर में जब सारी दुनिया में बादशाह या सुल्तान का हुक्म क़ानून होता था। लिहाज़ा इन घटनाओं में एक विद्वान इतिहासकार द्वारा अकबर की क्रूरता को देखना अंग्रेज़ों की उस मनोवृत्ति का ही परिचायक है जिसमें गोरे लोगों का ख़ुद को काले लोगों से हर मामले में ऊँचे पायदान पर होने का मुग़ालता हुआ करता था, नैतिकता के मामले में भी। वर्ना इन घटनाओं में उन्हें अकबर की क्रूरता नज़र क़तई नहीं आती।

अपने दीवान शाह मंसूर शीराज़ी को दी गई फाँसी भी अकबर की क्रूरता की मिसाल कही जाती है। मिर्ज़ा हकीम के ख़िलाफ़ मुहिम के दौरान मानसिंह ने कुछ ऐसे ख़त अकबर को दिए जिनसे मालूम होता था कि मंसूर मिर्ज़ा हकीम से जा मिला है। फिर जब पंजाब के सोनपत में लश्कर ने पड़ाव किया हुआ था तब मिर्ज़ा हकीम का एक पुराना मुलाज़िम आकर मंसूर के ख़ेमे में ठहर गया और अफ़वाह उड़ गई कि वह मिर्ज़ा हकीम का जासूस है। इसके बाद फिरोज़पुर में शाह मंसूर की जागीर के रखवाले से ऐसे ख़त कोतवाल को हासिल हुए जिनसे मंसूर की मिर्ज़ा हकीम के साथ मिलीभगत का शक और भी पक्का हो गया। मंसूर को सज़ा-ए-मौत देने का पूरे पड़ाव में हल्ला मच गया। अकबर ने तब भी मंसूर को फाँसी नहीं दी बल्कि उससे कहा कि अपने बर्ताव

के लिए वह एक इज़्ज़तदार आदमी की गारंटी दे। लेकिन किसी ने उसकी गारंटी नहीं दी क्योंकि, अबुल फ़ज़ल के मुताबिक़: 'अहम लोग उसकी जान के ख़िलाफ़ साज़िश कर रहे थे।' और ऐसा इस वजह से कि 'माली मामलों में वह बारीक था।' और यह भी कि वह सख़्ती से पेश आता था। अबुल फ़ज़ल बताता है कि मंसूर को जब पेड़ से लटकाया गया तो पूरे पड़ाव में ख़ुशी मनाई गई। इस पूरे वाक़िये से बैरम ख़ान के साथ जो हुआ, वह याद आता है।

दस दिन बाद ही अकबर अपने इस फ़ैसले को लेकर पछता रहा था जब उसे यह मालूम हुआ कि सारे ख़त जिनकी बिना पर मंसूर पर शक किया गया, जाली थे। लेकिन जंग की मुहिम के दौरान, ख़ास तौर पर उस हाल में जब पूरे हिन्दुस्तान में अकबर के ख़िलाफ़ बग़ावत उठ खड़ी हुई थी, और डर और शक के ऐसे माहौल में जब, अबुल फ़ज़ल के मुताबिक़ कई उमरा मिर्ज़ा हकीम से जा मिले थे, यह ग़लती किसी से भी हो सकती थी।

अकबर की क्रूरता की मिसाल बतौर फ़ौज के एक ओहदेदार को सांड की खाल में सिलवाकर नदी में फेंक देने का वाक़या भी बताया जाता है। मिर्ज़ा हकीम के ख़िलाफ़ इसी मुहिम के दौरान उफ़ान पर आई हुई सिन्ध नदी को हिफ़ाज़त के साथ पार करने के लिए एक जगह की तस्दीक़ करने के मक़सद से अकबर ने उसे भेजा था, जहाँ पर उसे ख़याल था कि पहले कभी नदी को उसने उथला पाया था। उस ओहदेदार ने वापस आकर बताया कि ऐसी कोई जगह उसे नहीं मिली। मगर अकबर को जब यह मालूम हुआ कि वह उतनी दूर तक गया ही नहीं जितनी दूर तक जाने के लिए उसे कहा गया था, तो वह अपना आपा खो बैठा और उसे सांड की खाल में सिलवाकर नदी में फेंक दिए जाने का हुक्म सुना दिया। मैं समझता हूँ कि जंग के दौरान आज भी अगर कोई फ़ौजी ऐसी लापरवाही और हुक्मउदूली करे तो उसका कोर्ट मार्शल होना यक़ीनी है और सख़्त सज़ा दिया जाना भी।

ग़ुस्सा थोड़ा ठंडा होने पर अकबर ने यह हुक्म दिया कि अगर वह आदमी नदी में डूब न गया हो तो उसे बाहर निकाल लिया जाए। जब वह आदमी सही सलामत अकबर के हुज़ूर में पेश किया गया तो उसे ग़ुलाम की तरह नीलाम करने का हुक्म उसने दे दिया। तब उस आदमी के एक दोस्त ही ने उसे खरीद लिया और उसे आज़ादी दे दी।

अकबर का यह क़दम कुछ हद तक क्रूर कहा जा सकता है मगर उस दौर में यह अपवाद नहीं था। इतिहासकार अथर अली लिखते हैं : 'बनिस्बतन अकबर एक नर्म दिल हुक्मरान था। *तारीख़-ए-आलम आरा-ए-अब्बासी* को लेकर मैंने शाह अब्बास (1587-1629), महान सफ़विद शासक द्वारा मौत की सज़ा दिए गए प्रमुख कुलीन व्यक्तियों की फ़ेहरिस्त बनाई। मैंने पाया कि इकतीस साल में उसने कम से कम अपने अड़तालीस ख़ास ओहदेदारों को सज़ा-ए-मौत दी, आम तौर पर बेहद ज़रा-सा शक होने की बिना पर। कुछ सज़ा-ए-मौत मज़हबी वजह से दी गईं। इस ख़ौफ़नाक कारनामे से जब हम मुग़ल सल्तनत की तारीख़ की तरफ़ घूमते हैं तो हम पाते हैं कि सज़ा-ए-मौत तो क्या बर्ख़ास्तगी भी कभी कभार है। किसी संजीदा ग़लती के लिए ऊँचे ओहदेदार अगर बर्ख़ास्त किए गए तो आम तौर पर ज़मीन की शक्ल में उन्हें वज़ीफ़ा

दिया गया।' (पृष्ठ 67, *Mughal India* published by Oxford University Press, New Delhi; संस्करण 2012)

सज़ा-ए-मौत पाए हुए अपराधियों को हाथी के पाँवों तले खुलेआम कुचले जाने को लेकर भी अकबर पर क्रूरता के आरोप लगाए जाते हैं। निश्चित ही अकबर ने ऐसा किया मगर उन लोगों के साथ ही किया जिन्हें बग़ावत के जुर्म में सज़ा-ए-मौत मिली थी, जैसे कि जौनपुर की बग़ावत में शामिल उन बाग़ियों को जो अपनी गद्दारी पर शर्मिन्दा तक नहीं थे। और खुलेआम ऐसा करवाने के पीछे मंशा उसकी यह थी कि आगे बग़ावत करने के मनसूबे जो लोग बाँध रहे हों वे बाज़ आएँ। इसके अलावा उस दौर में खुलेआम सज़ा-ए-मौत देना अपवाद नहीं था, यूरोप में भी। अकबर के समय से लगभग तीन सौ साल बाद वर्ष 1868 तक भी इंग्लैंड में अपराधियों को, गम्भीर अपराध के दोषी नहीं बल्कि चोरों और उठाईगीरों को, खुलेआम फाँसी पर लटकाया जाता रहा। इस 'मनोरंजक' नज़ारे का लुत्फ़ उठाने के लिए, दुकानदार अपनी दुकान बन्द कर और कर्मचारी अपना काम छोड़कर भाग जाते थे। और फाँसी पर लटक रहे व्यक्ति को तड़पता देखकर उत्तेजित भीड़ ताली बजा-बजाकर हँसते हुए अपनी ख़ुशी ज़ाहिर करती। इस प्रकार के दृश्यों का बड़ा मार्मिक और प्रभावशाली चित्रण चार्ल्स डिकेंस ने अपने उपन्यासों में किया है।

हिन्दुओं का ज़बर्दस्ती धर्म परिवर्तन करवाने का आरोप भी अकबर पर लगाया गया है। और इसका आधार अकबर के यह कथन हैं : 'दीन के मुताल्लिक़ हक़ीक़त की किरणें हमारे दिल पर पड़तीं उसके पहले पुराने क़ायदों के हिसाब से जो हमने किया उसके लिए हम ख़ुद को ही इल्ज़ाम देते हैं।' और यह कथन भी कि 'पहले मैंने ज़बर्दस्ती [लोगों को] मेरे मज़हब में तब्दील किया; और इसे मुसलमानी समझा। जैसे मैं इल्म में बढ़ता गया, शर्म से मैं डूब गया। ख़ुद मुस्लिम न होकर, दूसरों को ऐसा होने के लिए मजबूर करना मुझे नामुनासिब मालूम हुआ। मजबूरी में [मज़हब] तब्दील किए हुए आदमियों से मुस्तक़िल मिज़ाज (स्थिर चित्त) की क्या उम्मीद की जा सकती है?'

ये कथन दरअसल शियाओं और महदवियों की प्रताड़ना और उनको ज़बर्दस्ती सुन्नी मुसलमान बनाए जाने को लेकर थे। इस काम में अकबर किस तरह शामिल हो गया, यह इस किताब के अध्याय 'कड़वी हक़ीक़त' में कहा जा चुका है। लेकिन उन मुबाहिसों के बाद जो इबादत-ख़ाने में शुरू हुए, उसका यह पछतावा उसकी धार्मिक उदारता और सहृदयता का ही परिचायक है, न कि कट्टरता और क्रूरता का। अकबर पर इस वजह से क्रूरता का आरोप लगानेवाले यह इतिहासकार भूल जाते हैं कि अकबर की समकालीन उनकी रानी एलिज़ाबेथ सैकड़ों बेगुनाह और मासूम आदमी औरतों व बूढ़ों को उसी दौर में धर्म के नाम पर ज़िन्दा जलवाए दे रही थी।

जहाँ तक चित्तौड़गढ़ में हुए क़त्लेआम का सवाल है, और फ़तहयाबी के एलानिया फ़रमान में उस जंग को जिहाद व ख़ुद ग़ाज़ी बताए जाने का भी, तो ध्यान देनेवाली बात यह है कि यह पहला और आख़िरी ऐसा फ़रमान था जो अकबर ने जारी किया था। उस समय उसकी उम्र 26 साल की भी नहीं थी और फ़ौज में ज़्यादा तादाद अभी सुन्नी तुर्क

मुसलमान व शिया ईरानी मुसलमान उमरा और मनसबदारों की ही थी। राजपूत अभी तक बहुत ही कम संख्या में अकबर की फ़ौज का हिस्सा हुए थे। लिहाज़ा इस वक़्त तक वह सुन्नी और शिया मुसलमानों के ख़िलाफ़ जाने की हालत में नहीं था। बाक़ी इस फ़रमान की पृष्ठभूमि अध्याय 'रणथम्भौर' में दी हुई है ही।

चित्तौड़गढ़ में हुए क़त्लेआम की बाबत वरिष्ठ इतिहासकार आशीर्वादी लाल श्रीवास्तव लिखते हैं : 'अकबर का यह अनावश्यक नृशंसतापूर्वक कृत्य उसके नेक नाम पर एक बड़ा धब्बा है।' (पृष्ठ 143, *मुगलकालीन भारत;* प्रकाशक शिवलाल अग्रवाल एंड कम्पनी, आगरा, नवीनतम संस्करण)। और अकबर के उनके इस आकलन से मैं पूरी तरह सहमत हूँ। सिर्फ़ इतना ही मैं इसमें जोड़ना चाहूँगा कि मेसीडोनिया के सिकन्दर महान ने यूनान के शहर थीबिज़ को फ़तह करने ने बाद उसके बाशिन्दों के साथ जो किया, या यूरोप में डेन्यूब नदी के किनारे बसे हुए गैटाई या भूमध्यसागर के किनारे बसे हुए ट्राइबली लोगों पर फ़तह हासिल करने के बाद जो उनके साथ किया, जिन घटनाओं के बारे में फिलिप फ्रीमैन ने अपनी किताब *Alexander The Great* में विस्तार से बताया है, या यूनान के शहर टायर पर फ़तह हासिल करने के बाद उसके बाशिन्दों के साथ जो उसने किया—चालीस हज़ार की आबादी में से तीस हज़ार को ग़ुलाम बनाकर बेच दिया और आठ हज़ार बाशिन्दों को मौत के घाट उतार दिया जिनमें से दो हज़ार नौजवानों को छाँटकर सूली पर उसने चढ़वाया जो कि सर्वाधिक यंत्रणादायक और सबसे क्रूर तरीक़ा हुआ करता था प्राणदंड देने का, इस सबके मुक़ाबले में ही अकबर के इस फ़ैसले को हमें देखना चाहिए।

इसके अलावा, उन्नीसवीं सदी में मानवता और मानवाधिकार के प्रति प्रबुद्ध हो चुके यूरोप ने पहले विश्वयुद्ध में डेढ़ करोड़ इनसानों को अपनी ज़मीन की अपनी हवस की बलि चढ़ा दिया, जिनमें से 60 लाख ग़ैर-फ़ौजी थे; और दूसरे विश्वयुद्ध में हुक्मरानों की सनक की ख़ातिर 8 करोड़ लोगों ने अपनी जान गँवाई। जिनमें से 2.8 करोड़ लोग ऐसे थे जिनका इस युद्ध से कोई लेना-देना नहीं था। और दोनों ही युद्धों में ज़हरीली गैस और नापाक बमों का इस्तेमाल बेगुनाह लोगों पर किया गया और फिर तबाही ला देनेवाले अणु बम का भी। युद्ध शायद ऐसे ही लड़े जाते रहे हैं और ऐसे ही लड़े जाते रहेंगे।

समस्या यहाँ पर यह भी है कि उन्नीसवीं सदी के चश्मे से सोलहवीं सदी के हुक्मरान को देखा जा रहा है। मानवतावादी दृष्टिकोण और मानवाधिकारों के प्रति जागरूकता इंग्लैंड में उन्नीसवीं सदी के उत्तरार्ध में आना आरम्भ हुई, जिस काल में यह सारे उपर्युक्त इतिहासकार हुए। लेकिन वे यह भूल गए कि सोलहवीं सदी के पूर्वार्ध में जब इंग्लैंड की आबादी हिन्दुस्तान के मुक़ाबले सिर्फ़ 0.03 प्रतिशत थी, राजा हेनरी अष्टम ने अपने तीस साल के शासनकाल में 72,000 लोगों को फाँसी पर लटकाया था! उस वक़्त इंग्लैंड में आवारगी को भी अपराध माना जाता था, जिसमें बेरोज़गार होना भी शामिल था, और इस 'अपराध' में दूसरी बार पकड़े जाने पर प्राणदंड दे दिया जाता था। इतना ही नहीं, उन्नीसवीं सदी के पूर्वार्ध तक भी छोटी सी चोरी पर औरतों और बच्चों को फाँसी की सज़ा दी जा रही थी। सिर्फ़ बारह पेंस चुराने पर, जो एक मज़दूर के एक हफ़्ते की कमाई का बारहवाँ हिस्सा था, एक छोटे बच्चे को भी मौत की सज़ा

दे दी जाती थी। वर्ष 1801 में तेरह साल के एक बच्चे को घर में घुसकर एक **चम्मच** चुरा लेने के अपराध में फाँसी पर लटका दिया गया था।

कदाचित यसूई पादरी पेरुशी (Peruschi) द्वारा, जो सोलहवीं सदी के अन्त में हिन्दुस्तान आया था, अकबर का यह आकलन सच्चाई के सबसे क़रीब है : 'यह हुक्मरान कभी-कभार ही अपना आपा खोता है, लेकिन अगर वह आवेश से भर जाए तो यह कहना मुश्किल है कि उसका ग़ुस्सा किस हद तक जा सकता है; अच्छी बात यह है कि थोड़ी ही देर में वह शान्त हो जाता है, और उसका ग़ुस्सा थोड़ी देर का है, ज़ल्द ही उसमें से चले जाने वाला।' (पृष्ठ 341, *Akbar the Great Mogul* by V. A. Smith, Published in 1917 by Oxford University Press)

शब्दों के अर्थ हिन्दी में

अक़ीदत = श्रद्धा, आस्था
अक़ीदा = धर्म, मत
अख़लाक़ = आचारसंहिता
अज़मत = प्रतिष्ठा, बड़ाई
अज़ीम = महान, विशाल
अतालीक़ = गुरु, प्रशिक्षक
अफ़ज़ा = बढ़ानेवाला
अल-अन्दलूस = स्पेन
अल-मग़रिब = मोरक्को
असलहा = अस्त्र-शस्त्र
आईन-ए-इरादत-ए-गुज़ानीन = आस्था लाने वालों के लिए क़ानून
आजिज़ी = असहायता, लाचारी
आमेज़ = मिलने वाला, जो मिलता है
आलिम = विद्वान
इक़्तिदार = सत्ता, प्रभुत्व
इख़्तिलाफ़ = विरोध
इजारेदारी = एकाधिकार
इन्तिख़ाब = चुनना
इत्तेफ़ाक़ = सहमति, संयोग
इलाहियात = ब्रह्मज्ञान सम्बन्धित शास्त्र आदि
इल्हाद = बेदीनी या धर्महीनता
इल्हाम= ईश्वरीय प्रेरणा
इस्तिआर = रूपक अलंकार
एतमाद = भरोसा, विश्वास
एतिक़ाद = आस्था, विश्वास
एलची = राजदूत
उलेमा = आलिम का बहुवचन
कामिल = सम्पूर्ण, परिपूर्ण
कीमियागरी = रसायन विद्या
कुतुबख़ाना = पुस्तकालय
कैफ़ियत = समाचार, हाल
कोह = पहाड़
ख़वातीन = भद्र महिलाएँ
ख़ातून = भद्र महिला
ख़ालिक़ = स्त्रष्टा
ख़िराज = अधीनस्थ राजा द्वारा दी जाने वाली भेंट
ख़िलअत = सम्मान-स्वरूप दिए गए वस्त्रादि
ख़ुशनवीस = सुलेखक
ख़ुसूसियात = ख़ासियत का बहुवचन
ख़ैरमक़दम = स्वागत या आवाभगत करना
ग़ालिब = विजेता, शक्तिशाली
ग़िज़ा = खाद्य पदार्थ, भोजन
ज़रख़ेज़ = उपजाऊ
ज़हानत = प्रतिभा, बुद्धिमत्ता
ज़िक्र = चर्चा, जप
जिहाद = धर्म युद्ध, इन्द्रियसंयम के लिए खुद से लड़ना
तक़लीद = अनुसरण या अनुकरण
तक़्सीम = बाँटना
तख़्लीक़ = सृजन
तजवीज़ = उपाय, सलाह
तनासुख़ = आत्मा का आवागमन
तफ़सीर = व्याख्या, विवेचना
तब्सिरा = समीक्षा, समालोचना
तर्क = त्याग, परित्याग
तर्दीद = खंडन

तरबियत = प्रशिक्षण
तवाफ़ = परिक्रमा
तसव्वुफ़ = अध्यात्मवाद
तस्कीन = सान्त्वना, दिलासा
तस्बीह = नाम जपने की माला
तस्लीस = तीन में बाँटना, ईसाइयों में त्रिदेव
तहरीर = लिखी हुई बात, लिखना
तहक़ीक़ = जाँच-पड़ताल, गवेषणा
ताबीर = स्वप्नफल
तारी = छाया हुआ, छा जानेवाला
दानाई = बुद्धिमत्ता, दानिशमन्दी
नफ़्सानी = काम-वासना सम्बन्धित
नस्रानी = ईसाई
नागुज़ीर = जिससे छुटकारा न हो, अनिवार्य
नाज़िल = नीचे उतरना, उतरा हुआ
नुतफ़ा = वीर्य, पुंसत्व
पशेमान = पश्चात्तापपूर्ण, लज्जित
फ़लसफ़ा = दर्शनशास्त्र, विज्ञान
फ़रामोश = विस्मृत, विस्मृत कर देनेवाला
फ़रिश्ता सिफ़त = दैवीय
फ़र्ज़न्द = बेटा
फ़सील = परकोटा
फ़ाज़िल = ज्ञानी, समस्त विद्या का जानकार।
फ़िक़्ह = इस्लामी धर्मशास्त्र, शरीअत
फ़ित्ना = विद्रोह, षड्यंत्रपूर्वक उपद्रव
फ़िदाई = भक्त, वफ़ादार
बयाज़ = उद्धरण, विचार, शायरी की कॉपी
बाद = हवा, फूँक
वाबस्ता = सम्बन्धित
बिदअत = नई बात जो इस्लाम में नहीं थी।
मन्तिक = तर्क शास्त्र
मंसूख़ = निरस्त
मक़बूलियत = लोकप्रियता
मक़ामी = स्थानीय
मख़्लूक़ = सृष्टि
मग़रिब = पश्चिम दिशा
मग़्फ़िरत = मोक्ष
मफ़ादात = लाभ
मरकज़ = केन्द्र
मशरिक़ = पूर्व दिशा
मसर्रत = आनन्द, हर्ष
मसाइल = मसले का बहुवचन
महदूद = सीमित
ला-महदूद = असीमित
माक़ूलीयत = औचित्य
मीर बकावल = शाही बावर्चीख़ाने का प्रमुख
मुन्किर = जो इनकार करे, कृतघ्न
मुन्तज़िर = प्रतीक्षारत
मुआफ़क़त = अनुकूलता
मुक़्तदिर = सत्तावन, प्रभुत्व-सम्पन्न
मुख़ालिफ़ = विरोधी, शत्रु
मुख़्तलिफ़ = विभिन्न, अन्य, पृथक
मुज्तहिद = धार्मिक विषयों में निर्णय लेनेवाला
मुतालआ = अध्ययन
मुतास्सिर = प्रभावित
मुराक़बा = ईश्वर का ध्यान, समाधि
मुर्तद = धर्म का त्याग करनेवाला, विधर्मी
मुर्शिद = धर्मगुरु, पीर
मुशरिक = बहु-ईश्वरवादी
मुसलसल = लगातार
मुसव्विर = चित्रकार
मुस्तक़िल = स्थायी, अटल
मुस्तहकम = स्थिर, स्थायी
मुहाफ़िज़ = रक्षक
मोमिन = मुसलमान
मौसीक़ी = संगीत
याफ़्ता = पाया हुआ (प्रत्यय के रूप में)
राफ़िज़ = अपने स्वामी या धर्म छोड़कर भागने वाला, धर्मभ्रष्ट, जो विधर्मी हो गया, भगोड़ा
रिवायत = सुनी हुई बात

रिसाला = घुड़सवारों या सैनिकों की टुकड़ी
लरज़ = लरज़िश = कँपकँपी, थरथराहट
वज्द = आनन्दातिरेक से आत्म-विस्मृति
वहदत = अद्वैत भाव या एकत्व
वही = ईश्वर-प्रेषित आदेश या सन्देश
शनासाई = पहचान, परिचय
शफ़्फ़ाफ़ = स्वच्छ, उज्ज्वल
शश-पहलू = षट्भुजाकार
शाइस्तगी = शिष्टता, सभ्यता
शाइस्ता = शिष्ट, सुसंस्कृत
शिर्क = अनेकेश्वरवाद
सयूरगल = मदद-ए-माश या अनुदान की भूमि
सिताइश = प्रशंसा, स्तुति
सिफ़त = गुण, प्रभाव
सुख़नवर = कवि, वार्ताकार
हवास = इन्द्रियाँ
हश्तपहलू = अष्टभुजाकार
हिकमत = युक्ति, कौशल

सन्दर्भ ग्रन्थ सूची

अंग्रेज़ी संस्करण की सन्दर्भ ग्रन्थ सूची

A Critical Survey of Indian Philosophy by Dr. Chandradhar Sharma
A History of Christianity by Paul Johnson
A History of Civilization in Ancient India by R. C. Dutt
A History of Iran by Michael Axworthy
A History of Jaipur by Jadunath Sarkar
A History of Sikhs by Khushwant Singh
Ain-i-Akbari by Abul-Fazl Allamiin 3 volumes, translated by Col. H. S. Jarrett
Akbar and His India edited by Irfan Habib
Akbar and the Jesuits by Fr. Pierre du Jarric
Akbar and the Rise of Mughal Empire by G. B. Malleson
Akbar Nama of Abul Fazl in 3 volumes, translated by H. Beveridge
Akbar the Great Mogul by Vincent A. Smith
Akbar the Great Mughal—His New Policy and His New Religion by Ahmad Basher
Al-Biruni's India in 2 volumes, translated by Dr. Edward C. Sachall
Alexander The Great by Philip Freeman
An Account of the Inquisition at Goa In India of M. Dellon
Annals & Antiquities of Rajasthan in 2 volumes by Col. James Tod
Ardhakathanak, an autobiography by Banarsidas of Jaunpur translated by Rohini Chowdhury as 'A Ḥalf Story' and published by Penguin Publications.
Arthashastra of Kautilya translated by Dr. R. Ramasastry
Babur Nama translated by Wheeler M. Thackston
Bound Together by Nayan Chanda
Brahma Sutra Bhashya of Shankaracharya, translated by Swami Gambhiranand
Dabistan i-Mazhahib translated from Persian by David Shea and Anthony Trover, available at www.persianpackum.com, a website of Asiatic Society
Dalpat Vilas, A History of Marwar in Rajasthani language
Early Greek Philosophy by Jonathan Barnes
Early Travels in India edited by William Forster
Elements of Hindustani Classical Music by Shruti Jauhri
Essays on Medieval Indian History by Satish Chandra
Exploring Medieval India edited by Meena Bhargava
Ferishta's History of Deccanat www.persianpackum.com
From the Ruins of Empire by Pankaj Mishra
Gulbadan by Rumer Godden
History of Medieval India by Satish Chandra
Humayun Nama by Gulbadan Begum, translated by Annette S. Beveridge
Ibn Battuta, Travels in Asia and Africa by H. A. R. Gibb
Indigenous Characteristics of Mughal Architecture by R. Nath

Islam and the Millenium : Sacred Kingship and Popular Imagination in early Modern India and Iran by Ahmed Azfar Moin
Islam by Karen Armstrong
Jainism by Jeffery D. Lyong
Journey to the Lord of Power by Ibn 'Arabi translated by Rabia Terri Harris
Life and Letters under the Mughals by Ashajanak Publications New Delhi
Markandeya Puran published by Geeta Press Gorakhpur
Medieval India from Sultanate to the Mughals by Satish Chandra
Medieval Seafarers by Lakshmi Subramaniam
Mughal India by M. Athar Ali
Muhammad, A Biography of the Prophet by Karen Armstrong
Muhammad, Prophet of Our Time by Karen Armstrong
Mukatabat-i-Allami (Insha-i Abu'l Fazl) translated by Dr. Mansura Haidar
Muntakhabu't-Tawarikh by al-Badauni, 3 volumes, tr. by George S. A. Ranking
Panchtantra of Pundit Vishnu Sharma translated by G. L. Chandiramani
Poet Saints of India by M. Sivaramkrishna and Sumita Roy
Private Life of the Mughals of India by R. Nath
Religion, State, and Society in Medieval India by S. Nurul Hasan
Religious and Intellectual History of the Muslims in Akbar's Reign by Saiyid Athtar Abbas Rizvi
Royal Mughal Ladies by Dr. Soma Mukherjee
Rubaiyat of Omar Khayyam tr. by Edward Fitzgerald puB. by Rupa Publications
Sahih al-Bukhari at ahaditH.co ıuk
Shrimad Bhagwad Geeta published by Geeta Press Gorakhpur
Tarikh-i-Akbari of Muhammad Arif Qandhari, tr. by Tanseem Ahmad
The Argumentative Indian by Amartya Sen
The Army of Indian Mughals by William Irvine
The Commentary of Father Monserrate by S. N. Banerjee at https://archive.org
The Din Ilahi by Makhan Lal Roy Choudhury
The Essence of Rumi by John Baldock
The Essence of Sufism by John Baldock
The Garden of Heaven, Poems of Hafez, translated by Gertrude Bell
The Gulistan translated by John T. Platts
The History of India—As told by its own Historians, in 8 volumes, by Sir H. M. Elliot and John Dowson
The Holy Bible, King James version published by Ivy Books New York
The House of Wisdom by Jonathan Lyons
The Jesuits and The Great Mogul by Sir Edward Macglan
The Lady of the Lotus of Ahmadu'l Umri translated by L. M. Crump
The Languages of Political Islam in India by Muzaffar Alam
The Last Spring—Great Mughals by Abraham Eraly
The Life and Times of Akhnaton Pharaoh of Egypt by Arthur E. P. Weigall
The Making of History—Essays presented to Irfan Habib, edited by K N Panikkar
The Mughal World by Abraham Eraly
The Mughals of India by Harbans Mukhia
The Ottoman Centuries by Lord Kinross
The Qur'an tr. by Tariff Khalidi, published by Penguin Books
The Rajputs of Rajputana by Dr. M. S. Naravane
The Royal Rajputs by Manoshi Bhattacharya
The Wonder That Was India II by S. A. A. Rizvi

Travels in Mogul Empire of Francois Bernier translated by Vincent A Smith
Tuzuk i-Jahangiri in 2 volumes, translated by Alexander Rogers
What is Islam by Research Division Darussalam
World Heritage Series by ASI on Fatehpur Sikri and Agra Fort
Collections of Persian poetry available at www.persianpackum.com

हिन्दुस्तानी संस्करण की सन्दर्भ ग्रन्थ सूची

Raja Man Singh of Amber by Rajiva Nain Prasad
Allahu Akbar by Manimugdha Sharma
A Guide to Fatehpur Sikri by Muhmmad Ashraf Husain published by ASI in 1937
Shivaji and His Times by Jadunath Sarkar
Life and Times of a Bengali Chemist by Prafulla Chandra Ray
Notes of Some Wanderings with the Swami Vivekananda by Sister Nivedita
Complete Works of Mahatma Gandhi Volume I, published by Ministry of Information & Broadcasting GOI
A History of History Writing in India by Jagadish Narayan Sarkar
Jadoowallahs, Jugglers and Jinns by John Zubrzycki
Delhi Fatehpur Agra Monuments, Cities and Connected Histories by Shashak Shekhar Sinha.
Zealot : The Life and Times of Jesus of Nazareth by Reza Aslan
The Religious Policy of the Mughal Emperors by Sri Ram Sharma
Inhuman Bondage by David Brion Davis
Medieval India edited by Irfan Habib
स्वामी विवेकानन्द के सम्पूर्ण कार्य, प्रकाशक अद्वैत आश्रम
अर्धकथानक का हिन्दी संस्करण, प्रकाशक नाथूराम प्रेमी
कलम तलवार और त्याग, मुंशी प्रेमचन्द
अकबर, राहुल सांकृत्यायन, प्रकाशक किताब महल, इलाहाबाद, संस्करण वर्ष 1967
सगत रासो, गिरधर आसिआ, प्रताप शोध प्रतिष्ठान उदयपुर द्वारा प्रकाशित
मुगलकालीन भारत, आशीर्वादी लाल श्रीवास्तव
अकबर, श्री सुरेश मिश्र, संस्करण वर्ष 2001

कालक्रम

साल	विवरण
1531	मौत के इन्तज़ार में बिस्तर पर पड़ा हुआ बाबर पादशाह अपने सबसे बड़े बेटे मिर्ज़ा हुमायूँ को अपना वारिस मुक़र्रर करता है, जिसकी तख़्तनशीनी आगरा में होती है।
1539	बादशाह हुमायूँ को चौसा में अफ़ग़ान सुल्तान शेरशाह सूरी से ज़बर्दस्त शिकस्त हासिल होती है।
1540	शेरशाह सूरी हुमायूँ को कन्नौज में फिर से भारी शिकस्त देता है।
1542	सिन्ध में अमरकोट के राजपूत राणा प्रसाद राव के क़िले में बेगम हमीदा बानो की कोख से जलाल, जो आगे चलकर बादशाह अकबर के नाम से मशहूर हुआ, की 15 अक्टूबर, 1542 के रोज़ पैदाइश होती है।
1543	हुमायूँ के भाई मिर्ज़ा कामरान और मिर्ज़ा अस्करी उसकी जान के दुश्मन बन जाते हैं और क़ैद किए जाने के डर से वह नवम्बर के महीने में बैरम ख़ान के साथ सिन्ध से ईरान के लिए भाग खड़ा होता है। जलाल को मिर्ज़ा अस्करी कन्धार ले जाता है।
1545	ईरान के बादशाह की बड़ी फ़ौज के साथ हुमायूँ वापस आता है। मिर्ज़ा कामरान के हुक्म से जलाल को कन्धार से उसके पास काबुल भेज दिया जाता है। पहले कन्धार और फिर काबुल के क़िले बाला हिसार पर हुमायूँ फ़तहयाब होता है।
1546	जंग की मुहिम पर बदख़्शाँ के लिए निकला हुआ हुमायूँ नींद की बीमारी में हफ़्तों सोया रहता है। बाला हिसार पर क़ब्ज़ा करके मिर्ज़ा कामरान बेगम हमीदा बानो और जलाल को एक कमरे में क़ैद कर देता है जिसके खिड़की, दरवाज़े ईंटों से चिनवा दिए जाते हैं। हुमायूँ वापस आकर बाला हिसार पर घेरा डाल देता है।
1547	बाला हिसार पर घेरा सात महीने चलता है। इसी बीच मिर्ज़ा कामरान पाँच साल के जलाल को गरजती हुई तोपों के सामने ला खड़ा करता है। अपनी शिकस्त नज़दीक देखकर कामरान अपने कुनबे के साथ भाग खड़ा होता है।
1550	बदख़्शाँ की मुहिम पर हुमायूँ फिर निकलता है। रास्ते में मिर्ज़ा कामरान घात लगाकर उस पर हमला करता है और उसकी मौत का एलान करके बाला हिसार पर वह दोबारा क़ाबिज़ हो जाता है।
1554	हिन्दुस्तान में अपनी बादशाहत दोबारा क़ायम करने हुमायूँ नवम्बर के महीने में रवाना होता है। जलाल उसके साथ ही हिन्दुस्तान जाता है।

1555 जून के महीने में सरहिन्द की जंग में जलाल बेमिसाल बहादुरी दिखाता है। अगस्त में हुमायूँ दिल्ली पर क़ाबिज़ हो जाता है।

1556 जनवरी की 27 तारीख़ को हुमायूँ का दिल्ली के दीनपनाह क़िले में इन्तक़ाल हो जाता है। जलालुद्दीन मुहम्मद अकबर की तख़्तनशीनी 14 फरवरी को पंजाब के कलानौर में होती है। अक्टूबर के महीने में हेमचन्द्र (हेमू) की फ़ौज दिल्ली पर क़ब्ज़ा कर लेती है। अकबर के साथ उसकी जंग पानीपत के मैदान में 5 नवम्बर को होती है।

1557 काबुल से हुमायूँ के कुनबे के साथ सलीमा भी लाहौर पहुँचती है। दिल्ली जाते हुए रास्ते में जलन्धर में उसका निकाह दिसम्बर के महीने में बैरम ख़ान के साथ हो जाता है।

1558 अक्टूबर के महीने में अपनी दारुल-हुकूमत (राजधानी) को अकबर दिल्ली से आगरा ले आता है।

1560 मार्च के महीने में वकील-अस-सल्तनत (प्रधानमंत्री) बैरम ख़ान को उसके ओहदे से बर्ख़ास्त कर दिया जाता है। बग़ावत नाकामयाब रहने पर वह अक्टूबर के महीने में अकबर के सामने अपने हथियार डाल देता है।

1561 अपने कुनबे समेत हज के लिए जा रहे बैरम ख़ान का गुजरात में जनवरी के महीने में क़त्ल हो जाता है। अदहम ख़ान को मालवा फ़तह करने की मुहिम पर भेजा जाता है। सितम्बर के महीने में सलीमा गुजरात से आगरा आ पहुँचती है जहाँ उसका अकबर के साथ निकाह हो जाता है। टोडरमल अकबर की मुलाज़मत में आता है। दिसम्बर के महीने में अकबर अजमेर में ख़्वाजा ग़रीबनवाज़ की दरगाह के लिए रवाना होता है।

1562 अम्बर की शहज़ादी हीरा कुँवर से 14 जनवरी को साँभर में अकबर का निकाह होता है। मई के महीने में अदहम हलाक हुआ। बीरबल ने अकबर की मुलाज़मत क़बूल की।

1563 रीवा के राजा के दरबार में मुलाज़िम अज़ीम मौसीक़ीकार तानसेन को आगरा लिवा लाने के लिए बीरबल को अकबर रीवा भेजता है।

1564 तीर्थस्थानों पर हिन्दुओं से वसूल किया जानेवाला महसूल ख़त्म किया जाता है। ज़हर-बुझे तीर से अकबर पर दिल्ली में हमला होता है। हिन्दुओं से वसूल किए जानेवाले जिज़या को दस साल के लिए ख़त्म किया जाता है। अकबर के जुड़वाँ बेटों हसन और हुसैन का चन्द दिनों की ही उम्र में इन्तक़ाल हो जाता है।

1565 आगरा के बादलगढ़ क़िले को गिराकर नया क़िला बनाने का हुक्म देकर अकबर वक़्ती तौर पर 'नगरचैन' में बनाए गए महल में रहने चला जाता है। जौनपुर में उज़्बेक बग़ावत पर उतर आते हैं।

1567 बग़ावत आख़िरकार कुचल दी जाती है। अक्टूबर के महीने में सिसोदिया राजपूत राजा उदयसिंह के क़िले चित्तौड़गढ़ पर अकबर घेरा डालता है।

1568 23 फरवरी को चित्तौड़गढ़ पर अकबर फ़तहयाब होता है। राजपूत मर्द शाका

करते हैं और उनकी औरतें जौहर में ज़िन्दा जल जाती हैं।

1569 रणथम्भौर पर अकबर घेरा डालता है। हाड़ा राजपूत राजा क़िले का क़ब्ज़ा अकबर को देता है। मई के महीने में अकबर आगरा में नए बने क़िले में आ जाता है। हीरा कुँवर से अकबर को एक बेटा होता है जिसका नाम वह सलीम रखता है।

1570 अजमेर के लिए अकबर 'यादगार सफ़र' पर पैदल निकलता है। जून के महीने में उसका दूसरा बेटा मुराद पैदा होता है।

1571 सीकरी में अकबर शेख़ सलीम चिश्ती के साथ ठहरता है और वहाँ क़िला बनवाने की शुरुआत करता है।

1572 गुजरात पर अकबर फ़तहयाब होता है और खम्भात में पहली दफ़ा समुन्दर देखता है।

1573 गुजरात को फ़तह करने की मुहिम पर अकबर दोबारा जाता है और 'तूफ़ानी फ़तह' हासिल करता है। सीकरी के आगे फ़तेहपुर जुड़ जाता है। बुलन्द दरवाज़ा बनना शुरू होता है। शेख़ मुस्तफ़ा बन्दगी को गुजरात में गिरफ़्तार करके आगरा लाया जाता है।

1574 एक हज़ार बड़ी-बड़ी नावों का बेड़ा लेकर यमुना नदी के रास्ते अकबर बंगाल को फ़तह करने की मुहिम पर रवाना होता है। अबुल फ़ज़ल से अकबर की मुलाक़ात होती है और वह उसे अपनी मुलाज़मत में रख लेता है।

1575 शेख़ मुस्तफ़ा बन्दगी को आज़ाद कर दिया जाता है। सलीमा सुल्तान हज पर जाती है। इबादतख़ाना में सभी मज़हबों के आलिम मुबाहिसे की मज्लिसों में शरीक होते हैं।

1576 मेवाड़ के राणा प्रताप के साथ अकबर के राजपूत सिपहसालार मानसिंह का उदयपुर के पास हल्दीघाटी में युद्ध 18 जून को। ईरान के शाह तहमास्प का इन्तक़ाल।

1577 मथुरा के एक ब्राह्मण को शेख़ अब्दुन्नबी ने सज़ा-ए-मौत दी। टोडरमल ने गुजरात का दीवानी बन्दोबस्त पूरा किया।

1578 पंजाब के पाकपट्टन में शेख़ फ़रीद शकरगंज की दरगाह पर सज्दा करने अकबर रवाना होता है। जून के महीने में झेलम नदी के किनारे जंगल में शिकार के लिए क़मरग़ह का इन्तज़ाम। इबादतख़ाना सभी मज़हबों के लिए खोला गया। दिसम्बर के महीने में गोआ के ईसाई पादरियों को अकबर ने फ़तेहपुर सीकरी आने का दावतनामा भेजा।

1579 शरीअत के मानी पर फ़ैसला लेने के मामले में ख़ुद का इख़्तियार सबसे ऊपर होने का एलान करनेवाले महज़रनामे या सनद पर अकबर ने जून के महीने में इस्लाम के पैरोकारों से दस्तख़त करवाए।

1580 अकबर के हुक्म से हिन्दुस्तान में पुर्तगालियों के क़ब्ज़ेवाले बन्दरगाहों पर हमला। पुर्तगालियों के ख़िलाफ़ मिलकर जंग लड़ने के लिए दक्खिन के सभी सुल्तानों के पास अकबर ने पैग़ाम भेजा। गोआ के ईसाई पादरी फ़तेहपुर सीकरी

पहुँचे। बंगाल में फ़ौजी बग़ावत की शुरुआत।

1581 काबुल के सूबेदार और अकबर के सौतेले भाई मिर्ज़ा हकीम का लाहौर पर हमला। मिर्ज़ा हकीम का पीछा करते हुए अकबर काबुल पहुँचता है।

1582 जैन साधु हीरविजय सूरी ने फ़तेहपुर सीकरी पहुँचकर अकबर को अपने मज़हब की तफ़सील बताई। इरादत-ए-गुज़ीनान यानी 'एतिक़ाद लाने वाले' अथवा 'आस्था को चुनने वाले' के नाम से अकबर ने अंजुमन शुरू की जिसे एक नया मज़हब दीन इलाही कहा गया। सलीमा हज से वापस आती है। शेख़ मख़्दूम-उल-मुल्क की मौत।

1583 पादरी रुडोल्फ वापस गोआ चला जाता है। जोधपुर के राजपूत राजा उदयसिंह की विधवा बेटी को अकबर जलती हुई चिता में सती होने से बचाता है। तूरान का सुलतान अब्दुल्लाह ख़ान उज़्बेक बल्ख़ पर क़ब्ज़ा कर लेता है।

1585 बदख़्शाँ पर भी अब्दुल्लाह ख़ान उज़्बेक का क़ब्ज़ा। मिर्ज़ा हकीम का जुलाई के महीने में इन्तक़ाल। अकबर काबुल जाता है और वापस आकर लाहौर को अपनी दारुल-हुकूमत बनाता है।

1586 फ़रवरी के महीने में अफ़ग़ानिस्तान के क़बीलाइयों से लड़ते हुए स्वात की पहाड़ियों में बीरबल की मौत।

1587 अकबर तालीमी सुधारों की शुरुआत करता है। ईरान की गद्दी पर शाह अब्बास बैठता है।

1588 कश्मीर पर अकबर की फ़तह। स्पेन के जहाज़ी बेड़े पर इंग्लैंड की ज़बर्दस्त फ़तह। अब्दुल्लाह ख़ान उज़्बेक ख़ुरासान को हेरात समेत अपनी सल्तनत में शामिल कर लेता है।

1589 26 अप्रैल को तानसेन की मौत। 18 अगस्त को हकीम अबुल फ़तह का इन्तक़ाल। 8 नवम्बर को टोडरमल की बनारस के रास्ते में मौत। अम्बर के राजपूत राजा और अकबर के साले व जिगरी दोस्त भगवन्तदास की मौत।

1592 अकबर के सिपहसालार और अपने दोहों के लिए मशहूर अब्दुर्रहीम ख़ानेख़ाना की सिन्ध पर फ़तह।

1593 मज़हब के मसले पर अकबर के आज़ाद-ख़याल रुख़ से नाराज़ हो मिर्ज़ा अज़ीज़ कोका मक्का में बसने के इरादे से हिन्दुस्तान को छोड़ देता है।

1594 बलूचिस्तान पर अकबर अपनी हुकूमत क़ायम कर लेता है। लाहौर में सलीम मेहरुन्निसा पर फ़िदा हो जाता है, जो आगे चलकर नूरजहाँ के नाम से मशहूर हुई, और अकबर उसका निकाह अपने मनसबदार शेर क़ुली से करवा देता है।

1595 कन्धार का क़िला अकबर को बग़ैर जंग किए हासिल हो जाता है। अपने मझले बेटे मुराद को वह दक्खिन को फ़तह करने की मुहिम पर भेजता है।

1596 अबुल फ़ज़्ल के भाई और बेहतरीन शायर व अकबर के नवरत्नों में से एक अबुल फ़ैज़ी की मौत। हकीम हुमाम का इन्तक़ाल। *अकबरनामा* पूरा करके अबुल फ़ज़्ल *आईने अकबरी* लिखना शुरू करता है। दक्खिन में बीजापुर के क़िले पर मुराद अकबरी फ़ौज का घेरा डलवा देता है।

1597 जंगली सूअर का शिकार करते वक़्त लगे ज़ख़्मों से महाराणा प्रताप की मौत।

1598 सुल्तान अब्दुल्लाह ख़ान की मौत। लाहौर से अपनी दारुल-हुकूमत को अकबर आगरा ले आता है। शराबनोशी से मुराद का दक्खिन में इन्तक़ाल।

1599 दक्खिन की मुहिम पर अकबर ख़ुद रवाना होता है।

1600 सलीम बग़ावत पर उतर आता है। अकबर दक्खिन से वापस आता है और रास्ते में फ़तेहपुर सीकरी में ग्यारह रोज़ का मुक़ाम करता है।

1601 अपने सबसे छोटे बेटे दानियाल को अकबर दक्खिन की मुहिम पर भेज देता है।

1602 अबुल फ़ज़ल को वीरसिंह बुन्देला हलाक कर देता है।

1603 शराबनोशी से दानियाल की दक्खिन में मौत। अकबर की बुआ और *हुमायूँनामा* की कलमकार गुलबदन बेगम का फ़रवरी के महीने में इन्तक़ाल।

1604 अकबर की वालिदा बेगम हमीदा बानो का इन्तक़ाल।

1605 15 अक्टूबर मंगलवार की रात अकबर का इन्तक़ाल।